आर० गुप्ता® कृत

पॉपुलर मास्टर गाइड

बी.एड.

Bachelor of Education

प्रवेश परीक्षा

- विशेषज्ञों द्वारा रचित उत्कृष्ट अध्ययन सामग्री एवं बहुसंख्य वस्तुनिष्ठ प्रश्नोत्तर
- पूर्व परीक्षा प्रश्न-पत्र (हल सहित)

RPH संपादक मंडल
द्वारा संपादित

2027
EDITION

रमेश पब्लिशिंग हाउस, नई दिल्ली

प्रकाशकः ओ॰पी॰ गुप्ता, **रमेश पब्लिशिंग हाउस**

प्रशासनिक कार्यालय

12-H, न्यू दरियागंज रोड, ऑफिसर्स मेस के सामने,
नई दिल्ली-110002 ✆ 23275224, 23245124
E-mail: info@rameshpublishinghouse.com
For Online Shopping: www.rameshpublishinghouse.com

विक्रय केन्द्र

- बालाजी मार्किट, नई सड़क, दिल्ली-110006 ✆ 23282525 📱 9354373464
- 4457, नई सड़क, दिल्ली-110006

Book Code: R-65

ISBN: 978-81-7812-490-2

मूल्यः ₹ 330

मुद्रकः दीपक ऑफसैट, दिल्ली

विषय-सूची

अध्ययन सामग्री

पिछले प्रश्न-पत्र

B.Ed. प्रवेश परीक्षा, 2025*

भाग-A

खण्ड-I : General English Comprehension

Directions (Qs. No. 1-10): *Read the following passage carefully and choose the most appropriate answer out of the four choices given after each question:*

Bacteriophages (usually referred to simply as phages) are viruses that invade bacteria and seize their genetic material to make copies of themselves. The resulting brood escapes from the bacterium by destroying it. Such viruses are ubiquitous and can even be isolated from wastewater containing human excreta. The human gut contains a large collection of viruses (the phageome), which balances the bacterial microbiome by killing the bad bacteria and allowing good bacteria to thrive. As efficient gene-delivery agents, phages also help bacteria by bringing them new genes. The amazing ingenuity of nature, in this balancing of contending forces in the microbial world, protects us from harm. Across our natural world, phage predation is estimated to destroy one-half of the world's bacteria every 48 hours.

The lower the diversity of the phageome in our bodies, the greater the risk of diseases like inflammatory bowel diseases and colorectal cancer. There are good phages and bad phages. High levels of diversity assure the dominance of good phages. Like the microbiome, phage population is responsive to environmental factors like the composition of our diet, drinking water quality, tobacco and alcohol consumption.

Phages abound in places where bacteria grow–wastewater, garbage, bilge, human and animal excreta. Many countries are now actively hunting for phages, hoping to counter antimicrobial resistance, which is predicted to kill 40 million persons by 2050. India, too, must use its scientific agencies and research institutions to search for friendly phages amidst its vast natural resources of land and water.

* Exam held on 16-03-2025. (Conducted by IGNOU)

1. Phages make copies of genetic material of ....
1. virus
2. bacteria
3. microbe
4. fungus

2. Bacterial microbiome in the gut is balanced by ....
1. phageome
2. virus
3. microbe
4. pH in the gut

3. Bacteriophage destroys ....
1. bacterium
2. fungus
3. worms
4. virus

4. .... deliver new genes to bacteria.
1. Nutrients
2. Pathogen
3. Microbes
4. Phages

5. The amazing ingenuity of nature. Here 'amazing' is the ....
1. adverb 2. verb
3. adjective 4. noun

6. 'Ingenuity of nature' is an example of ....
1. alliteration
2. personification
3. hyperbole
4. metaphor

7. The risk of inflammatory bowel disease can be reduced by ....
1. low level diversity of the phageome
2. high level diversity of good phages
3. low level diversity of microbiome
4. Both 1 and 3

8. Why does the author say that India should search for phages?
1. to fight antimicrobial resistance
2. to fight drug-resistant bacteria
3. to develop antibiotic drugs
4. Both 1 and 2

9. Phages are found in wastewater because of the presence of:
1. virus
2. microbes
3. bacteria
4. Both 1 and 2

10. What is the main theme of the above passage?
1. virtuous viruses
2. drug resistance
3. gut health
4. antibiotics

1. 2	**2.** 1	**3.** 1	**4.** 4	**5.** 3
6. 2	**7.** 2	**8.** 4	**9.** 3	**10.** 1

खण्ड-II : तार्किक एवं विश्लेषणात्मक चिन्तन

निर्देश (प्रश्न संख्या 11-14): *निम्नलिखित में से प्रत्येक प्रश्न में संख्याओं/अक्षरों के दो युग्म हैं। प्रथम युग्म में एक निश्चित सम्बन्ध है। उसी सम्बन्ध की पहचान करते हुए दूसरे युग्म को पूरा कीजिए।*

11. 121 : 1331 :: 441 : ?
1. 1632 2. 8763
3. 9261 4. 9973

12. यदि $a * b = \frac{a+b}{ab}$, तब 4 * 1 = ?
1. 0.80 2. 1.25
3. 0.67 4. 1.75

13. CDE : HIJ :: BCD : ?
1. FGH 2. EFG
3. FGI 4. GHI

14. ACPN : BDQO :: JLYW : ?
1. KMXZ 2. MKZX
3. MKXZ 4. KMZX

निर्देश (प्रश्न संख्या 15-18): *निम्नलिखित में से प्रत्येक प्रश्न में एक संख्या/अक्षरों का श्रेणीक्रम दिया गया है जिसमें से एक पद अनुपस्थित है। श्रेणीक्रम के आधार की पहचान करते हुए अनुपस्थित पद चुनकर श्रेणीक्रम को पूरा कीजिए।*

15. 1, 2, 3, 6, 4, 5, 6, 15, ...?
1. 7 2. 12
3. 13 4. 21

16. 1, 1, 2, 8, ..., 27.
1. 5 2. 7
3. 3 4. 6

17. AMZ, BLY, CKX, ..., EIV.
1. DIW 2. DJW
3. EJV 4. EKW

18. AMNZ, BLOY, CKPX, ..., EIRV.
1. DJQW 2. DKOW
3. CJQW 4. CKPV

19. यदि BAT का कूट रूप DCV तथा CART का कूट रूप ECTV है, तो SECOND का कूट रूप होगा :
1. UGFOGE 2. UHFOGE
3. UHEPHE 4. UGEQPE

20. यदि CARE का कूट रूप ERAC तथा SCOPE का कूट रूप EPOCS है, तो SYSTEM का कूट रूप होगा :
1. METSSY
2. SYSMET
3. METSYS
4. SYSTEM

21. यदि CAR का कूट रूप 105 तथा DRIVER का कूट रूप 253765 हो, तो REVIVE का कूट रूप होगा :
1. 562736 2. 567637
3. 567376 4. 536752

11. 3	**12.** 2	**13.** 4	**14.** 4	**15.** 1	**16.** 3
17. 2	**18.** 1	**19.** *	**20.** 3	**21.** 3	

22. यदि 35 को 8 तथा 6243 को 87 लिखा गया हो, तो 453615 को लिखा जाएगा :

1. 766 2. 996
3. 897 4. 985

23. एक व्यक्ति अपने घर से पूर्व की ओर 3 किमी. गया और बायीं ओर मुड़ गया। फिर वह 4 किमी. जाकर रुक गया। फिर वह सबसे छोटे संभवतः रास्ते से घर लौटा, कुल मिलाकर वह कितनी दूरी तक टहला?

1. 14 किमी. 2. 13 किमी.
3. 12 किमी. 4. 10 किमी.

24. आप उत्तर-पूर्व की ओर देख रहे हैं और 12 किमी. तक टहलने चले जाते हैं, फिर आप बायीं ओर मुड़कर 5 किमी. जाते हैं। आप अपने मूल प्रस्थान बिन्दु से कितनी दूर हैं?

1. 9 किमी.
2. 11 किमी.
3. 13 किमी.
4. 17 किमी.

25. इस चित्र में कुल कितने वर्ग हैं?

1. 16 2. 24
3. 30 4. 36

26. यदि मोहन, सोहन के पुत्र के पुत्र का भाई है, तो मोहन का सोहन से क्या संबंध है?

1. भतीजा 2. भाई
3. चचेरा भाई 4. पौत्र

27. एक परीक्षा में 48% विद्यार्थी अंग्रेजी में अनुत्तीर्ण हैं और 52% विद्यार्थी गणित में अनुत्तीर्ण हैं। यदि 12% विद्यार्थी दोनों विषयों में अनुत्तीर्ण हों, तो कितने प्रतिशत विद्यार्थी दोनों विषयों में उत्तीर्ण हैं?

1. 88% 2. 76%
3. 24% 4. 12%

निर्देश (प्रश्न संख्या 28-30): *निम्नलिखित सूचना को पढ़कर दिए गए प्रश्नों के उत्तर दीजिए :*

A, B, C, D तथा E मित्र हैं। A, B से बड़ा है। C, B से बड़ा है परन्तु A से छोटा है। D, E तथा B से छोटा है। B, E से बड़ा है।

28. किसकी आयु C तथा E के बीच में है?

1. A 2. B
3. C 4. D

29. पाँचों में से किसकी आयु माध्यिका है?

1. A 2. B
3. C 4. D

30. सभी मित्रों में से सबसे बड़ा कौन है?

1. A 2. B
3. C 4. D

22. 2 **23.** 3 **24.** 3 **25.** 3 **26.** 4 **27.** 4 **28.** 2 **29.** 2 **30.** 1

खण्ड-III : शैक्षिक एवं सामान्य चेतना

31. किसकी शिक्षाओं ने फ्रांसीसी क्रांति को प्रेरित किया?
1. लॉक 2. रूसो
3. हेगेल 4. प्लेटो

32. ऋग्वेद में मंत्र/स्तोत्र (हिम्स) हैं :
1. 1000 2. 2028
3. 1028 4. 1038

33. निम्नलिखित में से किस राष्ट्रवादी नेता को राजनीति में उग्र सुधारवादी (रेडिकल) लेकिन सामाजिक मुद्दों पर रूढ़िवादी (कन्जरवेटिव) के रूप में वर्णित किया गया है?
1. जी.के. गोखले
2. बी.जी. तिलक
3. लाला लाजपत राय
4. मदन मोहन मालवीय

34. एलोरा गुफाओं का निर्माण किनके द्वारा किया गया था?
1. पल्लवों 2. चोलों
3. राष्ट्रकूटों 4. पालों

35. ब्रिटिश भारत में स्थानीय स्व-शासन आरंभ करने के लिए पंचायती राज का अग्रदूत किसे कहा जाता था?
1. वारेन हेस्टिंग्ज
2. लॉर्ड विलियम बैंटिंक
3. लॉर्ड कैनिंग
4. लॉर्ड रिपन

36. भारतीय मानक समय 82.5°E पूर्व देशान्तर का स्थानीय समय है, जो ... . से होकर गुजरता है।
1. गुंटूर 2. दिल्ली
3. प्रयागराज 4. कोलकाता

37. किस देश को दुनिया का चीनी का कटोरा कहा जाता है?
1. क्यूबा 2. भारत
3. अर्जेन्टीना 4. यू.एस.ए.

38. निम्नलिखित में से कौन-सी नदी सिन्ध I की सहायक नदी नहीं है?
1. सतलज 2. झेलम
3. भागीरथी 4. चिनाब

39. पृथ्वी पर किसके कारण वायुमण्डलीय दाब पड़ता है?
1. पृथ्वी के घूर्णन
2. पृथ्वी के परिक्रमण/परिभ्रमण
3. गुरुत्वाकर्षण बल
4. पृथ्वी का असमान तापन

40. भारत में 'टाइगर स्टेट' किसे कहा जाता है?
1. मध्य प्रदेश 2. राजस्थान
3. उत्तर प्रदेश 4. जम्मू और कश्मीर

41. आमने-सामने (फेस-टू-फेस) और प्रौद्योगिकी मध्यस्थ (टेक्नोलॉजी-मीडिएटेड) अनुदेशन के संयोजन को जाना जाता है :
1. तुल्यकालिक अधिगमन (सिंक्रोनस लर्निंग)
2. मिश्रित अधिगम (ब्लेंडेड लर्निंग)
3. अतुल्यकालिक अधिगम (असिंक्रोनस लर्निंग)
4. दूरस्थ अधिगम (डिस्टेंस लर्निंग)

31. 2	**32.** 3	**33.** 2	**34.** 3	**35.** 4	**36.** 3
37. 1	**38.** 3	**39.** 3	**40.** 1	**41.** 2	

42. राष्ट्रीय शिक्षा नीति, 2020 किन शिक्षाशास्त्रों (पेडागॉजी) की संस्तुति देती है?

1. परीक्षा-केन्द्रित 2. शिक्षक-केन्द्रित
3. शिक्षार्थी-केन्द्रित 4 . विषय-केन्द्रित

43. सकल राजस्व और सकल व्यय में अन्तर को कहा जाता है :

1. पूँजीगत घाटा (कैपिटल डेफिसिट)
2. राजस्व घाटा (रिवेन्यू डेफिसिट)
3. राजकोषीय घाटा (फिस्कल डेफिसिट)
4. बजटीय घाटा (बजटरी डेफिसिट)

44. भारत किसके कारण एक संघीय राज्य (फेडरल स्टेट) है?

1. द्वैध/दोहरी न्यायपालिका
2. यहाँ द्वैध नागरिकता प्रचलित है
3. केन्द्र और राज्यों के बीच शक्ति का बँटवारा
4. कठोर संविधान

45. किस अनुच्छेद के अन्तर्गत संविधान द्वारा धन विधेयक को परिभाषित किया गया है?

1. 109 2. 110
3. 111 4. 112

46. भारतीय संविधान के किस अनुच्छेद में शिक्षा के अधिकार अधिनियम, 2009 को शामिल किया गया है?

1. अनुच्छेद 45 2. अनुच्छेद 250
3. अनुच्छेद 252 4. अनुच्छेद 21 (A)

47. आर.टी.ई. अधिनियम की कौन-सी धारा (सेक्शन) शिक्षकों के कर्तव्यों के बारे में चर्चा करती है?

1. धारा (सेक्शन) 7
2. धारा (सेक्शन) 11
3. धारा (सेक्शन) 24
4. धारा (सेक्शन) 35

48. राष्ट्रीय शिक्षा नीति (एन.ई.पी., 2020) का मौलिक सिद्धान्त क्या है?

1. भारतीय ज्ञान पद्धति/प्रणाली (आई.के.एस.)
2. शिक्षा का बहुविषयी (मल्टी-डिसिप्लनरी) उपागम
3. दोनों 1 और 2
4. मॉडल विद्यालयों की स्थापना

49. निम्नलिखित में से भारत की किस शैक्षिक नीति/अधिनियम में शिक्षण और निगरानी (मॉनिटरिंग) के लिए भारतीय सांकेतिक भाषा (इंडियन साइन लैंग्वेज) शामिल है?

1. आर.पी.डब्ल्यू.डी. अधिनियम, 2016
2. पी.डब्ल्यू.डी. अधिनियम, 1995
3. एन.पी.ई. 1986
4. एन.ई.पी. 2020

50. एक प्रमुख एम.ओ.ओ.सी. (मूक) मंच (प्लेटफॉर्म) के रूप में किस वर्ष भारत में एस.डब्ल्यू.ए.वाई.ए.एम. (स्वयम) को प्रारम्भ किया गया?

1. 2017 2. 2018
3. 2019 4. 2020

42. 3	**43.** 4	**44.** 3	**45.** 2	**46.** 4
47. 3	**48.** 3	**49.** 1	**50.** 1	

51. डी.आई.ई.टी. (DIET) की स्थापना किसकी संस्तुतियों का परिणाम थी?
1. राष्ट्रीय शिक्षा नीति, 1986
2. विश्वविद्यालय शिक्षा आयोग, 1948-49
3. माध्यमिक शिक्षा आयोग, 1952-53
4. शिक्षा आयोग, 1966

52. आकार के रूप में सौरमण्डल में पृथ्वी का क्या क्रम है?
1. तीसरा 2. चौथा
3. पाँचवां 4. छठा

53. "शिक्षा मानव को आत्मनिर्भर और निःस्वार्थी बनाती है।" ऐसा किसमें कहा गया है?
1. सामवेद
2. अथर्ववेद
3. यजुर्वेद
4. ऋग्वेद

54. एम.ई.आर.यू. (मेरु) का अर्थ है :
1. बहुविषयी शिक्षा एवं अनुसंधान उपक्रम (मल्टी- डिसिप्लनरी एजूकेशन एंड रिसर्च अंडरटेकिंग)
2. बहुचरणी शिक्षा एवं अनुसंधान विश्वविद्यालय (मल्टीस्टेज एजूकेशन एंड रिसर्च यूनिवर्सिटीज)
3. बहुविषयी शिक्षा एवं अनुसंधान विश्वविद्यालय (मल्टीडिसिप्लनरी एजूकेशन एंड रिसर्च यूनिवर्सिटीज)
4. बहुभाषी शिक्षा एवं अनुसंधान विश्वविद्यालय (मल्टीलिंगुअल एजूकेशन एंड रिसर्च यूनिवर्सिटीज)

55. एक वृक्ष की आयु का (वर्षों में) किसके द्वारा पता लगाया जा सकता है?
1. इसके कुण्डलाकार छल्लों की संख्या
2. इसके भार
3. इसकी ऊँचाई
4. इसकी जड़ों की लम्बाई

खण्ड-IV : शिक्षण-अधिगम एवं विद्यालय

56. निम्नलिखित में से कौन-सा स्तर शिक्षण का आत्मविश्लेषी स्तर (इन्टरोस्पेक्टिव लेवल ऑफ टीचिंग) कहलाता है?
1. स्मृति स्तर (मेमोरी लेवल)
2. बोध स्तर (अंडरस्टैंडिंग लेवल)
3. चिन्तन स्तर (रिफ्लेक्टिव लेवल)
4. ज्ञान स्तर (नॉलेज लेवल)

57. शिक्षण एवं अधिगम से संबंधित गलत कथन का चयन कीजिए :
1. शिक्षण का लक्ष्य व्यवहार में परिवर्तन करना है।
2. शिक्षण एवं अधिगम अन्तःसंबंधित हैं।
3. शिक्षण एवं अधिगम विद्यार्थियों को उनके ज्ञान की रचना के लिए आदान-प्रदान और स्वीकार करने का विषय होना चाहिए।
4. शिक्षण एवं प्रशिक्षण में कोई अन्तर नहीं है।

58. शिक्षण की प्रभाविता को किस रूप में आंकना चाहिए?
1. पाठ्यक्रम पूरा करने
2. विद्यार्थियों के अधिगम प्रतिफल
3. विद्यार्थियों की अभिवृत्ति
4. कक्षाकक्ष में मल्टीमीडिया के प्रयोग

51. 1 **52.** 3 **53.** 4 **54.** 3 **55.** 1 **56.** 3 **57.** 4 **58.** 2

59. निम्नलिखित में से कौन-सी अकादमिक क्रेडिट बैंक की विशेषता नहीं हैं?
1. विद्यार्थियों की बहुविषयक (मल्टी-डिस्प्लिनरी) शैक्षणिक गतिशीलता
2. अहस्तांतरणीय क्रेडिट (नॉन-ट्रांसफरेबल क्रेडिट)
3. मल्टीपल एन्ट्री एंड एग्जिट विकल्प (मल्टीपल एंट्री एंड एग्जिट ऑप्शन्स)
4. क्रेडिट संचय (एकुमुलेशन)

60. अधिगम वातावरण क्या है?
1. स्थान जहाँ पर विद्यार्थी गृहकार्य करते हैं
2. कक्षाकक्ष में केवल भौतिक वातावरण
3. कक्षाकक्ष में बैठने की व्यवस्था
4. कक्षाकक्ष में भौतिक, मनोवैज्ञानिक और निर्देशात्मक वातावरण

61. आधिकारिक प्रशासन किस पर आधारित है?
1. परस्पर आदान-प्रदान (म्युचुअल शेयरिंग)
2. अहस्तक्षेप (नॉन-इन्टरफरेंस)
3. मान्यता (रिकॉग्नीशन)
4. तानाशाही (डिक्टेटरशिप)

62. कक्षाकक्ष में उपलब्ध स्थान के साथ शिक्षक सकारात्मक वातावरण का निर्माण किस प्रकार कर सकता है?
1. बहुत सारे पोस्टर खरीदकर
2. यह सुनिश्चित करके कि विद्यार्थी घर से सामग्री लाएं
3. प्रकाशवान, स्वच्छ व व्यवस्थित स्थान बनाकर
4. विद्यार्थियों को कम मूल्य की शिक्षण सामग्री का प्रयोग करने की अनुमति देकर

63. एक व्यवहारपरक उद्देश्य को तैयार करने के लिए किस उपयुक्त क्रिया का प्रयोग किया जा सकता है?
1. प्रशंसा करना (टु एप्रीशिएट)
2. जानना (टु नो)
3. समझना (टु अंडरस्टैंड)
4. प्रदर्शन करना (टु डिमांस्ट्रेट)

64. किस प्रकार के प्रश्न में अंकन की बढ़ती वस्तुनिष्ठता होती है?
1. निबन्धात्मक
2. लघु अनुच्छेद
3. अति लघु उत्तर वाले
4. बहुविकल्पीय प्रकार वाले

65. किस प्रकार के प्रश्नों में दो वस्तुओं के मध्य संबंध की पहचान करना संभव है?
1. सत्य/असत्य
2. मिलान करने वाली
3. बहुविकल्पीय
4. पूरा करने वाली

66. किस रजिस्टर में सरकारी अनुदानों और व्यय को अभिलेखित (रिकॉर्ड) किया जाता है?
1. शिफ्ट रजिस्टर
2. स्टॉक रजिस्टर
3. रोकड़ (कैश) रजिस्टर
4. कंटिजेंट रजिस्टर

67. निर्णयन प्रक्रिया (प्रोसेस ऑफ मेकिंग जजमेंट) है :
1. आकलन 2. मापन
3. बजटिंग 4. मूल्यांकन

59. 2 **60.** 4 **61.** 4 **62.** 3 **63.** 4 **64.** 4 **65.** 2 **66.** 3 **67.** 4

68. "कक्षा 10 का एक विद्यार्थी अपने नियमित कक्षा समय के अलावा फिटनेस कार्यक्रम में उपस्थित होता है।" यह किसका उदाहरण है?
1. औपचारिक शिक्षा
2. अनौपचारिक शिक्षा
3. निरौपचारिक शिक्षा
4. व्यावसायिक शिक्षा

69. निम्नलिखित में से कौन-सी अधिगम प्रतिफल की विशेषता नहीं है?
1. अधिगम प्रतिफल यथार्थवादी होना चाहिए।
2. अधिगम प्रतिफल विशिष्ट होना चाहिए।
3. अधिगम प्रतिफल सामान्य होना चाहिए।
4. अधिगम प्रतिफल को अधिगम प्रक्रिया पर फोकस करना चाहिए।

70. निम्नलिखित में से कौन-सा भावात्मक क्षेत्र (अफेक्टिव डोमेन) से संबंधित नहीं है?
1. अभिव्यक्ति (आर्टीकुलेशन)
2. प्रतिक्रिया करना (रेसपांडिंग)
3. मूल्य निर्धारण करना (वैल्यूइंग)
4. ग्रहण/प्राप्त करना (रिसीविंग)

71. एन.ई.पी., 2020 के अनुसार विद्यालय शिक्षा में शामिल आयु वर्ग क्या है?
1. ज्ञान (जी.वाई.ए.एन.)
2. दीक्षा (डी.आई.के.एस.एच.ए.)
3. परख (पी.ए.आर.ए.के.एच.)
4. एन.सी.एफ.सी.एस.

72. एन.ई.पी., 2020 के अनुसार विद्यालय शिक्षा में शामिल आयु वर्ग क्या है?
1. 3–14
2. 3–18
3. 5–18
4. 6–14

73. **अभिकथन (A):** शिक्षार्थी-केन्द्रित उपागम वह है, जहाँ शिक्षार्थी सभी अधिगम का केन्द्र है।

तर्क (R): माध्यमिक विद्यालय (मिडिल स्कूल) में विद्यार्थी सर्वोत्तम तब सीखते हैं, जब उनसे विषय वाक्य/उद्धरण (टेक्स्ट) को ज्यों का त्यों प्रतिलिपि तैयार करने (रिप्रोड्यूस) के लिए कहा जाता है।

सही विकल्प का चयन कीजिए :
1. दोनों (A) और (R) सत्य हैं।
2. दोनों (A) और (R) असत्य हैं।
3. (A) सत्य है, परन्तु (R) असत्य है।
4. दोनों (A) और (R) सत्य हैं और (R), (A) की सही व्याख्या है।

74. एस.ई.डी.जी. (SEDGs) का मतलब है :
1. सामाजिक-आर्थिक रूप से विभाजित समूह
2. सामाजिक-आर्थिक रूप से वंचित समूह
3. सामाजिक-शैक्षिक रूप से वंचित समूह
4. सामाजिक-आर्थिक रूप से अपमानित समूह

75. शिक्षण के किस स्तर में शिक्षार्थी संकल्पनाओं के सकारात्मक और नकारात्मक प्रतिमानों (इक्जेम्पलर्स) में विभेद करने का अवसर प्राप्त करता है?
1. बोध स्तर
2. मूल्यांकन स्तर
3. स्मृति स्तर
4. चिन्तन स्तर

76. अवधारणा निर्माण किस पर निर्भर करता है?
1. अधिगम
2. अन्तरण
3. सर्जनात्मकता
4. कल्पना

68. 3 **69.** 4 **70.** 1 **71.** 3 **72.** 2 **73.** 3 **74.** 2 **75.** 1 **76.** 1

77. संकलनात्मक मूल्यांकन का उपकरण है :
1. दैनिक दत्तकार्य/नियत कार्य
2. कक्षाकक्ष प्रेक्षण
3. सत्रांत परीक्षा
4. प्रश्नोत्तरी

78. अभिवृत्तियाँ, मूल्य और रुचियाँ किसके द्वारा प्रतिबिम्बित होती हैं?
1. संज्ञानात्मक क्षेत्र
2. भावात्मक क्षेत्र
3. क्रियात्मक/क्रियावृत्तिक (कोनेटिव) क्षेत्र
4. मनोगामक क्षेत्र

79. रचनात्मक मूल्यांकन है :
1. पूर्वानुमानित (प्रेडिक्टिव)
2. नैदानिक
3. व्यापक
4. सतत्

80. रचनावाद अधिगम अशक्तताओं (लर्निंग डिसएबिलिटीज) वाले विद्यार्थियों की किस प्रकार सहायता करता है?
1. जिस क्षेत्र में विद्यार्थी सबसे अधिक समर्थ (स्ट्रांगेस्ट) हैं उसमें अवधारणाओं को पृथक् कर सकते हैं।
2. विद्यार्थी दूसरों के व्यवहारों पर फोकस कर सकते हैं और उन्हें यह सीखने में सहायता करता है।
3. एक कमजोर क्षेत्र में उन्हें ज्ञान निर्माण हेतु सहायता करने के लिए विद्यार्थी बहुविषय वस्तुओं से अवधारणाओं को संयुक्त कर सकते हैं।
4. अधिगम को संयुक्त करने के लिए विद्यार्थी विविध शास्त्रों में अवधारणाओं के बारे में पढ़ सकते हैं।

भाग-B

खण्ड-V : विषय सक्षमता (*i*) विज्ञान

81. उच्च गलनांक के साथ यौगिक की पहचान कीजिए :
1. मीथेन 2. एथेनॉल
3. एसीटिक एसिड 4. क्लोरोफॉर्म

82. सही प्रतिक्रियाशीलता शृंखला है :
1. पोटैशियम > मैग्नीशियम > सीसा (लेड) > सोना (गोल्ड)
2. मैग्नीशियम > पोटैशियम > सीसा (लेड) > सोना (गोल्ड)
3. सीसा (लेड) > मैग्नीशियम > पोटैशियम > सोना (गोल्ड)
4. सोना (गोल्ड) > पोटैशियम > मैग्नीशियम > सीसा (लेड)

83. क्षार लाल लिटमस के रंग को कर देते हैं :
1. सफेद 2. नीला
3. काला 4. बैंगनी

84. $CH_4 + O_2 \rightarrow CO_2 + H_2O$ है :
1. एक संतुलित रासायनिक समीकरण
2. एक संरक्षित द्रव्यमान के साथ समीकरण
3. एक स्टोइकोमेट्रिक रासायनिक समीकरण
4. एक कंकाली रासायनिक समीकरण

77. 3 **78.** 2 **79.** 4 **80.** 3 **81.** 3 **82.** 1 **83.** 2 **84.** 4

85. निम्नलिखित में से कौन-सा आलकारक सूचक (ऑलफैक्टर इंडिकेटर/olfactor indicator) है?
1. लोहा (आयरन) 2. सोना (गोल्ड)
3. नाइट्रोजन 4. फेनॉल्फ्थैलीन

86. एथेनॉल जल में .... है।
1. घुलनशील
2. आंशिक रूप से घुलनशील
3. आंशिक रूप से अघुलनशील
4. अघुलनशील

87. ऑक्सीकरण (एरोबिक रेसपिरेशन) किसकी उपस्थिति में घटित होता है?
1. कार्बन डाईऑक्साइड
2. नाइट्रोजन
3. ऑक्सीजन
4. हाइड्रोजन

88. निम्नलिखित में से कौन-सा मानव उत्सर्जन तंत्र का भाग नहीं है?
1. सेप्टम
2. गुर्दा (किडनी)
3. मूत्रमार्ग (यूरेथ्रा)
4. मूत्राशय (यूरीनरी ब्लैडर)

89. अनेक अनैच्छिक क्रियाएँ किसके द्वारा नियंत्रित की जाती हैं?
1. मध्य मस्तिष्क (मिड ब्रेन)
2. पश्च मस्तिष्क (हिंड ब्रेन)
3. मध्य मस्तिष्क और पश्च मस्तिष्क
4. अग्र मस्तिष्क (फोर ब्रेन)

90. वृद्धि हार्मोन (ग्रोथ हॉर्मोन) किसके द्वारा स्रावित होता है?
1. वृषण ग्रंथि (टेस्टिस ग्लैंड)
2. अधिवृक्क ग्रंथि (एड्रेनल ग्रंथि)
3. थायराइड ग्रंथि
4. पिट्यूटरी ग्रंथि

91. प्लैनेरिया का प्रजनन किसके द्वारा होता है?
1. विभंजन (फिशन)
2. विखंडन (फ्रैगमेंटेशन)
3. पुनर्जनन (रिजनरेशन)
4. मुकुलन (बडिंग)

92. "आपतन कोण के साइन और अपवर्तन कोण के साइन का अनुपात दिए गए रंग के प्रकाश के लिए और दिए गए माध्यम के जोड़े के लिए स्थिर होता है।" इस नियम को जाना जाता है :
1. हुक का नियम 2. स्नेल का नियम
3. लेंज का नियम 4. पास्कल का नियम

93. फोकल लंबाई (f) के लिए लेंस की शक्ति (P) को किसके द्वारा दिया जाता है?
1. $P = 1 / f$ 2. $P = f$
3. $P = 2f$ 4. $P = 3f$

94. दूरदृष्टिदोष (हाइपरमेट्रोपिया) से पीड़ित व्यक्ति देख सकता है :
1. कुछ नहीं
2. प्रत्येक वस्तु को साफतौर पर
3. नजदीक की वस्तुओं को साफतौर पर
4. दूर की वस्तुओं को साफतौर पर

85. 4	**86.** 1	**87.** 3	**88.** 1	**89.** 3
90. 4	**91.** 3	**92.** 2	**93.** 1	**94.** 4

95. आकाश का रंग नीला किसके कारण होता है?
1. प्रकीर्णन (स्कैटरिंग)
2. परिक्षेपण (डिसपर्शन)
3. अपवर्तन (रिफ्रैक्शन)
4. व्यतिकरण (इन्टरफरेंस)

96. विद्युत विभवान्तर की एस.आई. इकाई (SI यूनिट) है :
1. कूलॉम्ब (C) 2. वोल्ट (V)
3. हर्ट्ज (Hz) 4. जूल (J)

97. एक चुम्बक के आसपास का क्षेत्र जिसमें चुम्बकीय बल का पता लगाया जा सके, कहलाता है :
1. विद्युत क्षेत्र
2. विद्युत बल
3. चुम्बकीय क्षेत्र
4. चुम्बकीय बल

98. शॉर्ट सर्किट के दौरान करेन्ट :
1. अचानक बढ़ जाता है।
2. अचानक घट जाता है।
3. धीरे-धीरे बढ़ता है।
4. धीरे-धीरे घटता है।

99. किसी दिए गए बिन्दु पर उत्पन्न चुम्बकीय क्षेत्र बढ़ जाता है जब चालक (कंडक्टर) के माध्यम से करेन्ट :
1. परिवर्तित नहीं होता है
2. शून्य हो जाता है
3. घट जाता है
4. बढ़ जाता है

100. चुम्बकों के विपरीत ध्रुव :
1. एक-दूसरे पर कोई प्रभाव नहीं डालते हैं
2. एक-दूसरे के चारों ओर घूमते हैं
3. एक-दूसरे को आकर्षित करते हैं
4. एक-दूसरे को पीछे हटाते हैं

(*ii*) गणित

101. '?' के स्थान पर कौन-सी संख्या आएगी?
45 : 36 :: 63 : ?
1. 71 2. 54 3. 61 4. 64

102. 46 की एक कक्षा/वर्ग में सैम की बारहवीं रैंक है। नीचे से उसकी क्या रैंक है?
1. 33वीं 2. 35वीं
3. 37वीं 4. 34वीं

103. 22, 54, 108 और 135 का लघुतम समापवर्त्य (एल.सी.एम.) है :
1. 5405 2. 5490
3. 5940 4. 5095

104. चार अंकों की छोटी से छोटी और तीन अंकों की बड़ी से बड़ी संख्या का योग होता है :
1. 1999 2. 1989
3. 1900 4. 1909

105. एक माली 17956 वृक्षों का रोपण इस तरह करता है कि उतनी ही पंक्तियाँ हैं जितने कि एक पंक्ति में वृक्ष हैं। एक पंक्ति में वृक्षों की संख्या है :
1. 136 2. 144
3. 134 4. 143

95. 1	**96.** 2	**97.** 3	**98.** 1	**99.** 4	**100.** 3
101. 2	**102.** 2	**103.** 3	**104.** 1	**105.** 3	

106. दो संख्याओं का अनुपात 3 : 4 है और उनका महत्तम समापवर्तक (एच.सी.एफ.) 4 है। उनका लघुत्तम समापवर्त्य (एल.सी.एम.) है :

1. 12
2. 16
3. 24
4. 48

107. निम्नलिखित में सबसे छोटी (न्यूनतम) है :

1. 0.2
2. 1 ÷ 0.2
3. 0.20
4. $(0.20)^2$

108. x के लिए निम्नलिखित समीकरण को हल कीजिए :

$$\frac{x}{2}+\frac{x}{3}-\frac{x}{4}=1$$

1. 12/7
2. 13/7
3. 7/12
4. 5/12

109. प्रथम नौ अभाज्य संख्याओं (प्राइम नम्बर्स) का औसत है?

1. 9
2. 11
3. $11\frac{1}{9}$
4. $11\frac{2}{9}$

110. एक परीक्षा में उत्तीर्ण होने के लिए परीक्षार्थी को 80% अंक लाना अनिवार्य है। परीक्षार्थी जो 210 अंक प्राप्त करता है, 50 अंकों से अनुत्तीर्ण हो जाता है। अधिकतम पूर्णांक हैं :

1. 235
2. 523
3. 325
4. 352

111. सामान्य/साधारण ब्याज (सिम्पल इन्टरेस्ट) की दर से ₹ 12,500 की एक धनराशि 4 वर्षों में ₹ 15,500 हो जाती है, तो ब्याज की दर क्या होगी?

1. 3% प्रति वर्ष
2. 4% प्रति वर्ष
3. 6% प्रति वर्ष
4. 5% प्रति वर्ष

112. प्रत्येक तीन वर्षों के अन्तराल पर पैदा हुए 5 बच्चों की आयु का योग 50 वर्ष है। सबसे छोटे बच्चे की आयु क्या है?

1. 4 वर्ष
2. 8 वर्ष
3. 10 वर्ष
4. 12 वर्ष

113. 'A' किसी कार्य को 10 दिनों में पूरा कर सकता है और 'B' उसी कार्य को 15 दिनों में पूरा करता है। उसी कार्य को वे दोनों साथ-साथ कितने दिनों में पूरा करेंगे?

1. 5 दिन
2. 6 दिन
3. 8 दिन
4. 9 दिन

114. पाइप A एक टैंक को 5 घंटों में भर सकता है, पाइप B, 10 घंटों में और पाइप C, 30 घंटों में। यदि सभी पाइपों को खोल दिया जाए, तो टैंक कितने घंटों में भर जाएगा?

1. 2 घंटे
2. 2.5 घंटे
3. 3 घंटे
4. 3.5 घंटे

115. यदि 6 खिलौनों का दाम ₹ 264 है, तो 5 खिलौनों का दाम क्या होगा?

1. ₹ 140
2. ₹ 100
3. ₹ 200
4. ₹ 220

106. 4	**107.** 4	**108.** 1	**109.** 3	**110.** 3
111. 3	**112.** 1	**113.** 2	**114.** 3	**115.** 4

116. $\left(7+3\sqrt{5}\right)\left(7-3\sqrt{5}\right)$ का मान है :

1. 4 2. $\sqrt{5}$
3. 2 4. $3\sqrt{5}$

117. यदि $x^3 - 6x^2 + 12x - 4$ को $x - 2$ से भाग दिया जाता है, तो शेषफल होगा :

1. 4 2. 0
3. 5 4. 6

118. यदि $\sqrt{4^n} = 1024$, तो n का मान होगा :

1. 5 2. 8
3. 10 4. 12

119. यदि तीन संख्याओं का लघुत्तम समापवर्त्य (एल.सी.एम.) 9570 है, तो उनका महत्तम समापवर्तक (एच.सी.एफ.) होगा :

1. 11 2. 12
3. 19 4. 21

120. दो संख्याओं का योग 42 है और उनका गुणनफल 437 है, तो उनका अन्तर है :

1. 9 2. 4
3. 18 4. 5

(iii) सामाजिक विज्ञान

121. भारतीय संविधान के अनुच्छेद 21(A) का सम्बन्ध है :

1. सूचना के अधिकार से
2. बच्चों के लिए निःशुल्क एवं अनिवार्य शिक्षा के अधिकार से
3. कानून के समक्ष समानता के अधिकार से
4. छुआछूत के उन्मूलन से

122. अलमट्टी बाँध किस नदी पर बना है?

1. कावेरी नदी
2. गोदावरी नदी
3. कृष्णा नदी
4. महानदी

123. निम्नलिखित में से कौन-सा भारत का सबसे नया पर्वत है?

1. हिमालय 2. नीलगिरि
3. अरावली 4. विंध्याचल

124. पल्लवों की राजधानी थी :

1. अर्काट 2. मालखेड़
3. बनारस 4. कांचीपुरम्

125. 'हर्षचरित' के लेखक हैं :

1. बाणभट्ट 2. हर्षवर्धन
3. कनिष्क 4. रविकीर्ति

126. भारतीय स्वतंत्रता आंदोलन में 'करो या मरो' का नारा किसने दिया?

1. सुभाषचन्द्र बोस
2. बाल गंगाधर तिलक
3. महात्मा गांधी
4. लाल लाजपत राय

127. आर्य समाज की स्थापना किसने की?

1. बाल गंगाधर तिलक
2. गोपालकृष्ण गोखले
3. स्वामी श्रद्धानन्द
4. स्वामी दयानन्द सरस्वती

116. 1	**117.** 1	**118.** 3	**119.** 1	**120.** 2	**121.** 2
122. 3	**123.** 1	**124.** 4	**125.** 1	**126.** 3	**127.** 4

128. राजकोषीय नीति का संबंध है :
1. जन राजस्व व खर्च से
2. आयात व निर्यात से
3. मुद्रा निर्गमन से
4. जनसंख्या नियंत्रण से

129. गांधी-इरविन समझौते का संबंध निम्नलिखित में से किस आन्दोलन से है?
1. सविनय अवज्ञा आन्दोलन
2. असहयोग आन्दोलन
3. खिलाफत आन्दोलन
4. भारत छोड़ो आन्दोलन

130. तात्कालिक जन महत्व के विषय संसद सदस्य कब उठा सकते हैं?
1. एडजर्नमेंट मोशन (स्थगन प्रस्ताव) में
2. कट-मोशन (कटौती प्रस्ताव) में
3. गुईलोटॉइन में
4. शून्यकाल में

131. निम्नलिखित में से कौन-सी एक रूपान्तरित चट्टान है?
1. चूना-पत्थर 2. बलुआ पत्थर
3. संगमरमर 4. ग्रेनाइट

132. हरित क्रान्ति का संबंध किससे है?
1. दुग्ध उत्पादन
2. उद्योग
3. विज्ञान एवं तकनीकी
4. कृषि

133. 1976 में 42वें संविधान संशोधन अधिनियम द्वारा भारत के संविधान में कितने मूल कर्तव्य जोड़े गए?
1. 9 2. 10
3. 11 4. 12

134. भारत के किस राज्य में कोलार सोने की खान है?
1. कर्नाटक
2. मध्य प्रदेश
3. पश्चिम बंगाल
4. तमिलनाडु

135. कपास के उत्पादन हेतु कौन-सी मिट्टी (मृदा) उपयुक्त है?
1. काली 2. लाल
3. जलोढ़ 4. बलुई

136. अंग्रेजों ने अपनी राजधानी कलकत्ता से दिल्ली कब प्रतिस्थापित की?
1. 1914 2. 1911
3. 1909 4. 1905

137. ग्रांड ट्रंक रोड का निर्माण किसने करवाया?
1. शाहजहाँ 2. जहाँगीर
3. अकबर 4. शेरशाह सूरी

138. भारत की सबसे ऊँची चोटी कौन-सी है?
1. कंचनजंघा
2. माउंट एवरेस्ट
3. नंदा देवी
4. अन्नपूर्णा

128. 1	**129.** 1	**130.** 4	**131.** 3	**132.** 4	**133.** 2
134. 1	**135.** 1	**136.** 2	**137.** 4	**138.** 1	

139. लाल सागर किसका उदाहरण है?
1. अवशिष्ट संरचना
2. दोषपूर्ण संरचना
3. मुड़ी हुई संरचना
4. लावा संरचना

140. भूटान की मुद्रा क्या है?
1. रुपया
2. दीनार
3. नगुल्टरम
4. टका

(iv) English

Directions (Qs. No. 141-145): *Choose the word that is nearest in meaning to the underlined word:*

141. The western powers treat the countries of the third world in a callous manner.
1. hate 2. insensitive
3. rude 4. aggressive

142. The thief got a death sentence; that was the verdict of the jury.
1. voice 2. judgement
3. decision 4. outcome

143. White tigers are becoming very rare; in fact almost extinct.
1. distant
2. unwell
3. non-existent
4. visible

144. The girl inadvertently stepped on the toes of her grandmother, who was in great pain.
1. willingly 2. jokingly
3. accidently 4. lovingly

145. Science and religion are two of the most persuasive influences the world has known.
1. powerful
2. capable
3. likely
4. valid

Directions (Qs. No. 146-150): *In the following group of words, only one is correctly spelt. Select the one with the correct spelling:*

146. 1. Alleniate
2. Alienate
3. Allienate
4. Aliennate

147. 1. Buroucracy
2. Bureaucracy
3. Buraucracy
4. Bureaurecy

148. 1. Pedagogy
2. Pedagoguey
3. Pedagogi
4. Paedagogy

139. 2	140. 3	141. 2	142. 2	143. 3
144. 3	145. 1	146. 2	147. 2	148. 1

149. 1. Curriculum
2. Curiculum
3. Curiculam
4. Cariculum

150. 1. Antrapreneur
2. Enterapreneur
3. Entaraprenur
4. Entrepreneur

Directions (Qs. No. 151-154): *Choose the word that is opposite to meaning to the underlined word:*

151. His progress in his business surprised many.
1. stagnation
2. show
3. speed
4. rise

152. She was optimistic joining a new course in the college close to her house.
1. aesthetic
2. pessimistic
3. agnostic
4. puristic

153. The king had no choice but to abdicate his throne.
1. surrender 2. retain
3. leave 4. retire

154. She emanates power and confidence.
1. show 2. divulge
3. emit 4. conceal

Directions (Qs. No. 155-156): *Pick out the most appropriate word from the given alternatives to complete the sentence:*

155. The ………… king would not even spare children from punishment.
1. tyrannical
2. bossy
3. controlling
4. philanthropic

156. You already have an ………….. personality, we believe you will overcome the crises.
1. anxious 2. ardent
3. extrovert 4. adventurous

Directions (Qs. No. 157-160): *Choose the correct answer:*

157. Which of the following Indian writers got a Nobel Prize for literature in 1913?
1. Shart Chandra
2. Premchand
3. Rabindranath Tagore
4. Bankim Chandra Chatterjee

158. The book 'Train to Pakistan' by Khushwant Singh is about heart-rending stories of:
1. The Partition, 1947
2. The Independence Day
3. The Indian Republic
4. The British Rule

149. 1	**150.** 4	**151.** 1	**152.** 2	**153.** 2
154. 4	**155.** 1	**156.** 3	**157.** 3	**158.** 1

159. 'Romeo and Juliet' is a play written by:
1. William Shakespeare
2. Bernard Shaw
3. John Keats
4. Jane Austen

160. Vikram Seth, the English writer is known for his novel:
1. A Suitable Boy
2. Swamy and Friends
3. Gora
4. Fire on the Ganges

(*v*) हिन्दी

निर्देश (प्रश्न संख्या 161 से 165 तक): *निम्नलिखित गद्यांश को ध्यानपूर्वक पढ़कर उसके आधार पर पूछे गए प्रश्नों के उत्तर दीजिए।*

समय-चक्र की गति बड़ी अद्‌भुत है। इसकी गति में अबाधता है। समय का चक्र निरंतर गतिशील रहता है, रूकना इसका धर्म नहीं है। इस संसार की कोई भी वस्तु रूक सकती है, किसी में किसी भी प्रकार का अवरोध उत्पन्न हो सकता है, किन्तु समय की गति अबाध रूप से चलती रहती है, इसमें निरंतरता है। यदि मनुष्य की सम्पत्ति एक बार नष्ट हो जाए तो संभव है परिश्रम, प्रयत्न एवं संघर्ष से वह उसे पुनः प्राप्त कर ले, किंतु बीता हुआ समय पुनः वापस नहीं आ सकता।

समय कभी किसी की प्रतीक्षा नहीं करता। आप चाहें तो समय को व्यर्थ की बातों में नष्ट कर सकते हैं और चाहें तो उसका सदुपयोग कर सकते हैं, जिससे वह आपकी उन्नति में चार चाँद लगा सकता है। समय के सदुपयोग में ही जीवन की सफलता का रहस्य निहित है। संसार में जितने भी महापुरुष हुए हैं, वे सभी समय का सदुपयोग करने के कारण ही इस पद पर पहुँच सके हैं।

161. प्रस्तुत गद्यांश के लिए एक उचित शीर्षक दीजिए :
1. समय और धन
2. पश्चाताप का समय
3. महापुरुषों का जीवन
4. समय का महत्व

162. समय की गति 'अबाध' है, क्योंकि :
1. समय का बहाव स्थिर है।
2. वह निरन्तर चलता रहता है।
3. वह दूसरों की गति बाधित करता है।
4. वह अनिश्चित है।

163. समय और धन में क्या अन्तर है?
1. धन जोड़ा जा सकता है, समय जुड़ता है।
2. धन से लोग धनी होते हैं जबकि समय से नहीं।
3. धन समय के साथ-साथ बढ़ता है।
4. गया हुआ धन लौट सकता है, समय नहीं।

159. 1	160. 1	161. 4	162. 2	163. 4

164. मानव की उन्नति में चार चाँद कैसे लग सकता है?

1. समय को व्यर्थ न बिताकर
2. अपनी पूँजी कमाकर
3. समय को वश में करके
4. प्रचार-प्रसार में समय बिताकर

165. महापुरुषों ने समय का उपयोग कैसे किया?

1. काम को आराम-आराम से करके
2. दूसरों से काम कराकर
3. काम को समय पर सम्पन्न करके
4. धन के विषय में सोचते हुए

166. 'अमोल' का तत्सम क्या है?

1. अनमोल 2. अमूल्य
3. अमल 4. अचलस्थ

167. 'तुरंग' का अर्थ है :

1. पृथ्वी 2. आकाश
3. घोड़ा 4. बैल

168. 'कौमुदी' इनमें से किसका पर्यायवाची है?

1. चाँदनी 2. कस्तूरी
3. समुद्र 4. चंदन

169. 'अस्तित्व' का विलोम क्या है?

1. अवरोहण
2. अपसरण
3. अनस्तित्व
4. विकर्षण

170. 'घी' क्या है?

1. स्त्रीलिंग
2. पुल्लिंग
3. दोनों 1 और 2
4. इनमें से कोई नहीं

171. 'जिसका वर्णन न हो सके' ऐसे व्यक्ति को कहते हैं?

1. अनिवार्य 2. अनित्य
3. अनिरुद्ध 4. अनिर्वचनीय

172. 'ऐतिहासिक' शब्द में प्रत्यय है :

1. इक 2. सिक
3. क 4. क्

173. 'लड़की ने गीत गाया' में है :

1. कर्म कारक
2. कर्ता कारक
3. संप्रदान कारक
4. संबोधन कारक

174. 'मुनि' का बहुवचन है :

1. मुनियों 2. मुनि लोग
3. मुनि 4. मुनि जन

175. निम्नलिखित में से कौन-सा शब्द उपसर्ग से नहीं बना है?

1. स्वागत 2. प्रतिमूर्ति
3. दुर्घटना 4. स्थिति

176. 'सुनीता' के लेखक हैं :

1. जैनेन्द्र कुमार 2. अज्ञेय
3. यशपाल 4. प्रेमचंद

164. 1	**165.** 3	**166.** 2	**167.** 3	**168.** 1	**169.** 3	**170.** 2
171. 4	**172.** 1	**173.** 2	**174.** 3	**175.** 4	**176.** 1	

177. 'हाथ के तोते उड़ जाना' का आशय है :
1. घबरा जाना
2. पछताना
3. दुर्बल होना
4. कल्पना में होना

178. 'अपना काम महाकाम' कहावत का अर्थ है :
1. बिना परिश्रम के सिद्धि
2. अपनी प्रतिष्ठा का ध्यान
3. अपना अभीष्ट सर्वोपरि
4. छोटी वस्तु की रक्षा

179. 'पीपर पात सरिस मन डोला' में कौन-सा अलंकार है?
1. श्लेष 2. यमक
3. अनुप्रास 4. उपमा

180. कौन-से शब्द की वर्तनी अशुद्ध है?
1. काँच 2. बँगला
3. अत्योक्ति 4. दुरवस्था

EXPLANATORY ANSWERS

1. **(2):** Phages are viruses that "invade bacteria and seize their genetic material" to replicate. Therefore, they make copies of the genetic material of bacteria.

2. **(1):** The passage says, "The human gut contains a large collection of viruses (the phageome), which balances the bacterial microbiome by killing the bad bacteria." Hence, phageome balances the bacterial microbiome.

3. **(1):** Phages destroy bacteria by replicating within and then bursting them. The phrase "escapes from the bacterium by destroying it" confirms this.

4. **(4):** The passage states, "phages also help bacteria by bringing them new genes", indicating that phages are gene-delivery agents.

5. **(3):** In the phrase "The amazing ingenuity of nature", the word "amazing" qualifies or describes the noun "ingenuity", thus it functions as an adjective.

6. **(2):** "Ingenuity of nature" assigns human-like intelligence or craftiness to nature, which is a personification

7. **(2):** The passage explains that a higher diversity of phages reduces risk of diseases like inflammatory bowel disease and promotes the dominance of good phages.

8. **(4):** The passage says countries are hunting for phages "hoping to counter antimicrobial resistance" and India must do the same. Fighting drug-resistant bacteria is part of combating antimicrobial resistance. Hence, both 1 and 2.

9. **(3):** The passage says phages "abound in places where bacteria grow" such as wastewater. Thus phages are found there due to the presence of bacteria.

177. 1	178. 3	179. 4	180. 3

10. (1): The passage focuses on the beneficial role of phages (viruses) in maintaining gut health, combating bacteria, and fighting drug resistance.

Hence, the most appropriate theme is virtuous viruses.

11. (3): 121 : 1331 : 441 : ?

$\Rightarrow \quad (11)^2 : (11)^3 :: (21)^2 : (21)^3$

$\Rightarrow \quad 121 : 1331 :: 441 : \boxed{9261}$

$\therefore \quad ? = 9261.$

12. (2): दिया है, $a * b = \dfrac{a+b}{ab}$

$\therefore \quad 4 * 1 = \dfrac{4+1}{4 \times 1} = \dfrac{5}{4}$

$= 1.25.$

13. (4): C D E → (+5, +5, +5) → H I J

इसी प्रकार, B C D → (+5, +5, +5) → G H I

$\therefore$ CDE : HIJ :: BCD : $\boxed{\text{GHI}}$

$\therefore$? = GHI.

14. (4): A C P N → (+1, +1, +1, +1) → B D Q O

इसी प्रकार, J L Y W → (+1, +1, +1, +1) → K M Z X

$\therefore$ ACPN : BDQO :: JLYW : $\boxed{\text{KMZX}}$

$\therefore$? = KMZX.

15. (1):

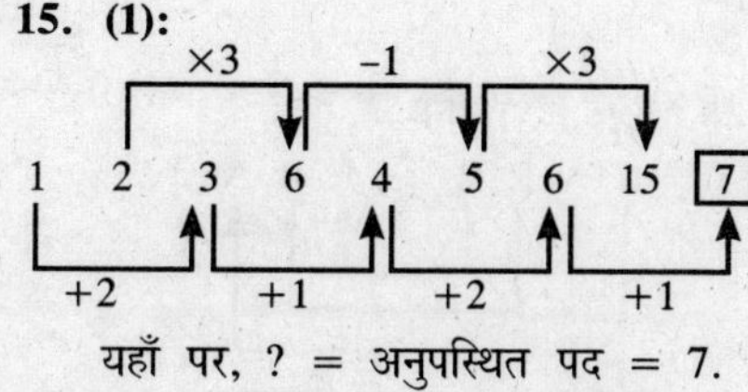

यहाँ पर, ? = अनुपस्थित पद = 7.

16. (3):

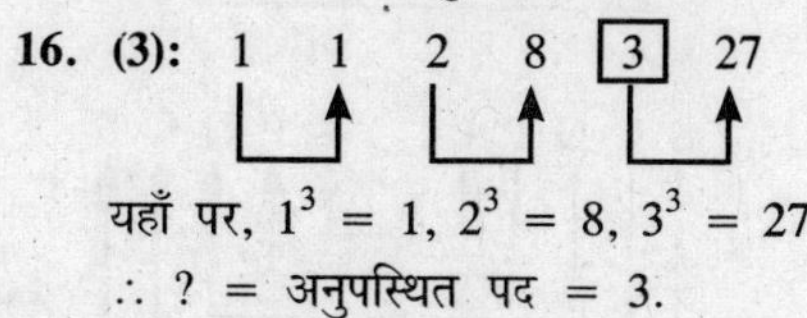

यहाँ पर, $1^3 = 1$, $2^3 = 8$, $3^3 = 27$

$\therefore$? = अनुपस्थित पद = 3.

17. (2):

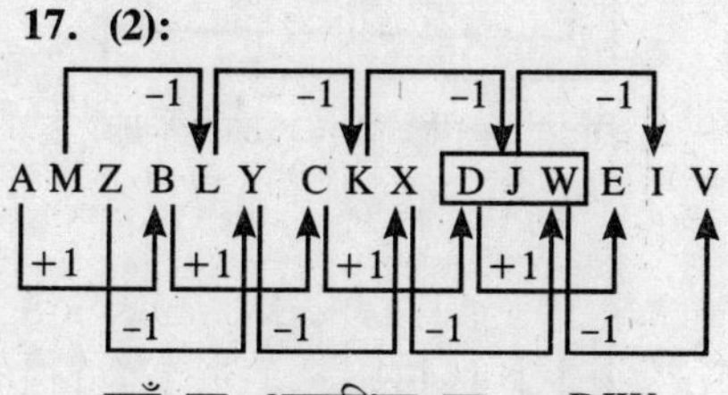

यहाँ पर, अनुपस्थित पद = DJW.

18. (1):

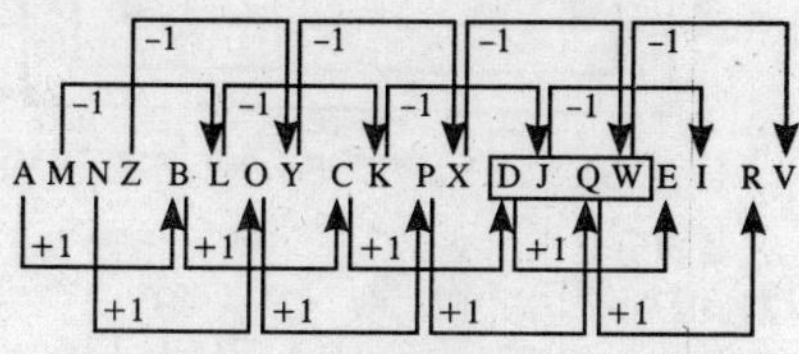

यहाँ पर, अनुपस्थित पद = DJQW.

19. (*): दिया गया है,

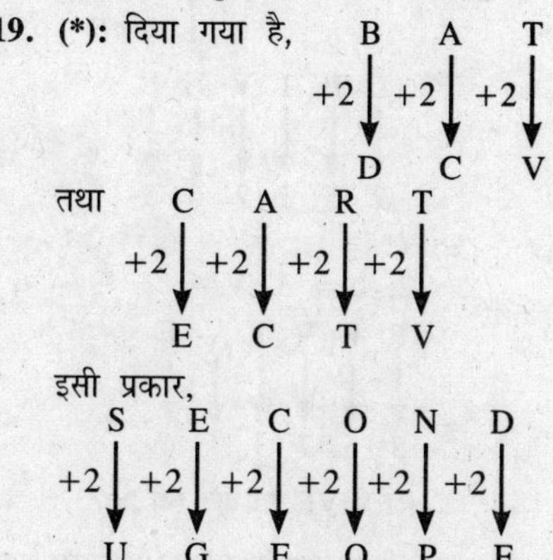

$\therefore$ SECOND का कूट UGEQPF होगा।

20. **(3):** दिया गया है,

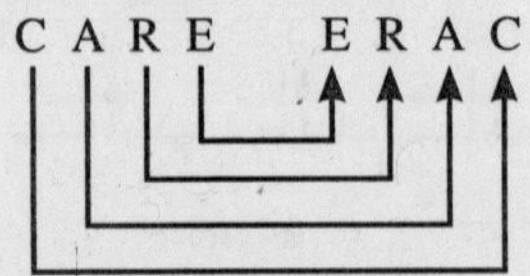

तथा

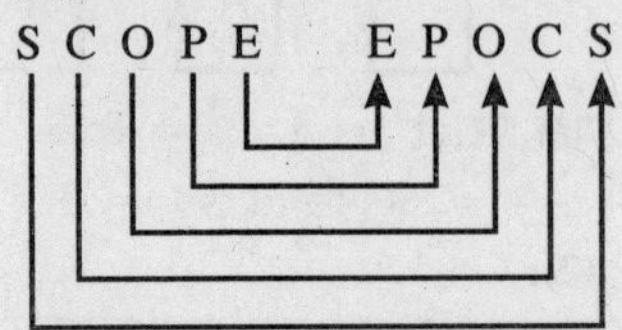

कोडित अक्षर शब्द का उल्टा लिखा हुआ अक्षर है।

इसी प्रकार,

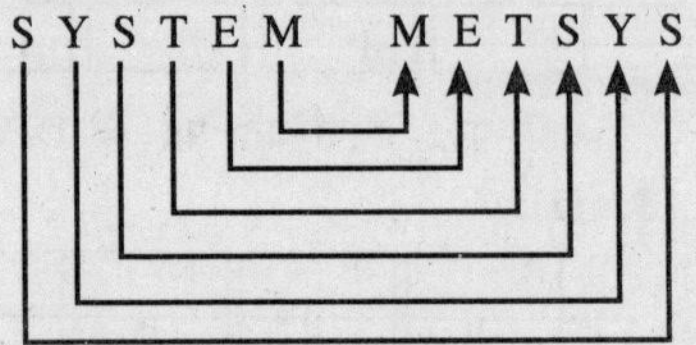

∴ SYSTEM का कूट रूप METSYS होगा।

21. **(3):** दिया गया है,

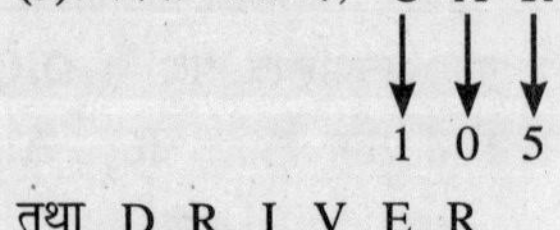

तथा D R I V E R → 2 5 3 7 6 5

⇒ C = 1, A = 0, R = 5, D = 2, I = 3, V = 7, E = 6

∴

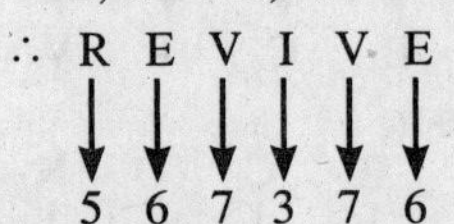

∴ REVIVE का कूट रूप 567376 होगा।

22. **(2):** दिया गया है, 35 को 8 लिखा गया है

⇒ 3 + 5 = 8

तथा 6243 को 87 लिखा गया है

⇒ 6 + 2 = 8

4 + 3 = 7

इसी प्रकार, 4 + 5 = 9

3 + 6 = 9

1 + 5 = 6

∴ 453615 को 996 लिखा जाएगा।

23. **(3):** यहाँ पर प्रारंभिक बिन्दु = H

HA = 3 किमी., AB = 4 किमी.

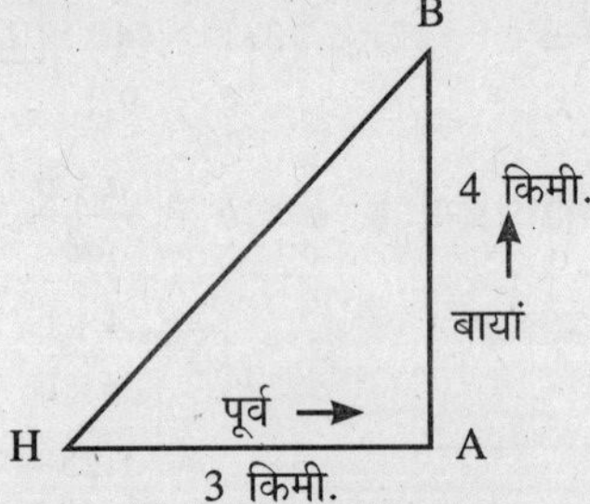

$$\therefore \quad BH = \sqrt{BA^2 + AH^2}$$

$$= \sqrt{4^2 + 3^2} = \sqrt{25}$$

= 5 किमी.

⇒ BH = 5 किमी.

∴ सबसे छोटा रास्ता = BH = 5 किमी.

∴ वह कुल दूरी टहला

= 3 + 4 + 5 = 12 किमी.।

24. **(3):** यहाँ पर, प्रस्थान बिन्दु = 0,

OA = 12 किमी., AB = 5 किमी.

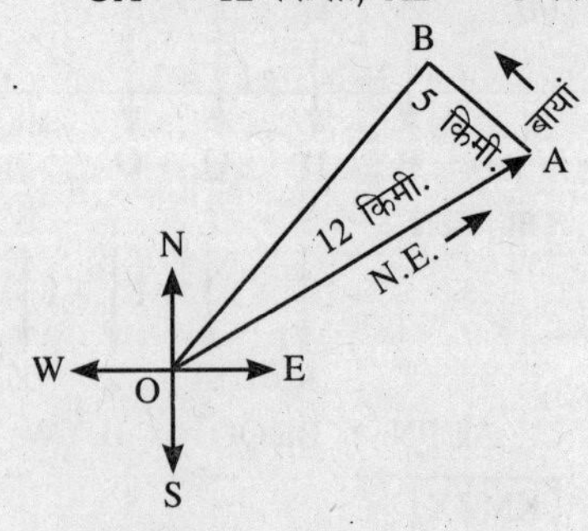

ΔOAB में,

$$OB = \sqrt{OA^2 + AB^2}$$

$= \sqrt{12^2 + 5^2}$

$= \sqrt{144 + 25} = \sqrt{169}$

= 13 किमी.

$\Rightarrow$ OB = 13 किमी.

$\therefore$ आप अपने मूल प्रस्थान बिंदु से 13 किमी. की दूरी पर हैं।

25. (3): माना कि दी गई आकृति में वर्ग हैं :

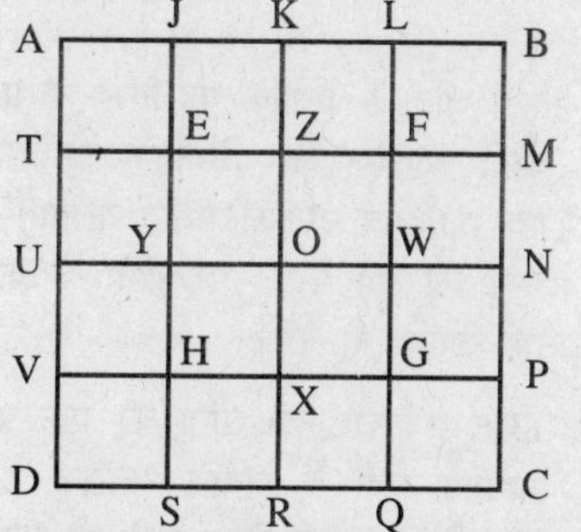

AJET, JKZE, KLFZ, LBMF, TEYU, EZOY, ZFWO, FMNW, UYHV, YOXH, OWGX, WNPG, VHSD, HXRS, XGQR, GPCQ, AKOU, KBNO, UORD, ONCR, JLWY, EFGH, YWQS, TZXV, ZMPX, ALGV, JBPH, TFQD, EMCS, ABCD

$\therefore$ आकृति में कुल वर्गों की संख्या = 30.

26. (4):

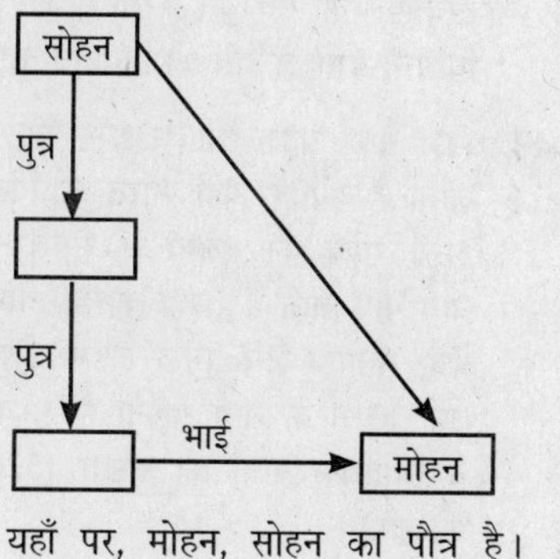

यहाँ पर, मोहन, सोहन का पौत्र है।

27. (4): माना कि A तथा B छात्रों के समूह हैं जो अंग्रेजी तथा गणित में अनुत्तीर्ण हैं

तब, $n(A) = 48\%$

$n(B) = 52$

$n(A \cap B) = 12$

अतः, $n(A \cup B)$

$= n(A) + n(B) - n(A \cap B)$

$= 48 + 52 - 12$

$= 100 - 12 = 88$

$\Rightarrow \quad n(A \cap B) = 88$

$\Rightarrow$ 88% छात्र दोनों विषयों में उत्तीर्ण हैं।

$\therefore$ छात्र जो दोनों विषयों में उत्तीर्ण हैं = 100 − 88 = 12%.

प्रश्न संख्या 28-30 के लिए :

दी गई सूचना से : A, B, C, D तथा E मित्र हैं

A > C > B > E > D

28. (2): B की आयु C तथा E के बीच में हैं।

29. (2): पाँचों में से B की आयु माध्यिका है।

30. (1): सभी पाँचों में से A सबसे बड़ा है।

31. (2): फ्रांसीसी क्रांति की प्रेरणा के स्रोतों में जिन विचारकों की प्रमुख भूमिका रही, उनमें ज्यां जैक्स रूसो (Jean-Jacques Rousseau) का नाम सबसे प्रमुख है। उनकी पुस्तक 'The Social Contract' (1762) में दिए गए विचार—'Man is born free, but everywhere he is in chains'—ने लोगों को सामाजिक असमानताओं और निरंकुश शासन के खिलाफ खड़ा होने के लिए प्रेरित किया। उन्होंने लोकप्रिय संप्रभुता, समानता और स्वतंत्रता की अवधारणा को बल दिया, जिससे फ्रांसीसी क्रांति (1789) को वैचारिक आधार मिला।

32. (3): ऋग्वेद, चारों वेदों में सबसे प्राचीन और मुख्य वेद है, जिसमें कुल 1028 ऋचाएँ या सूक्त हैं। ये मंत्र ऋषियों द्वारा देवताओं की स्तुति, प्रार्थना, और यज्ञ संबंधी अनुष्ठानों के लिए रचे गए थे। ऋग्वेद में ऋचाएँ 10 मंडलों में विभाजित हैं, और यह भारतीय आर्य सभ्यता का प्रमुख साहित्यिक स्रोत है।

33. **(2):** बाल गंगाधर तिलक को एक ओर जहाँ राष्ट्रीय आंदोलन में उग्र सुधारवादी (Extremist) नेता के रूप में जाना जाता है, वहीं दूसरी ओर वे सामाजिक मुद्दों पर तुलनात्मक रूप से रूढ़िवादी थे। वे जाति प्रथा, बाल विवाह आदि पर बहुत अधिक उदार नहीं थे। उन्होंने कहा था–'Swaraj is my birthright, and I shall have it', जिससे उनकी राजनीतिक सक्रियता का आक्रामक दृष्टिकोण स्पष्ट होता है।

34. **(3):** एलोरा की गुफाएँ, विशेष रूप से प्रसिद्ध कैलाश मंदिर, राष्ट्रकूट वंश के शासकों द्वारा निर्मित करवाई गई थीं। ये महाराष्ट्र में स्थित हैं और हिंदू, बौद्ध और जैन धर्मों से संबंधित हैं। राष्ट्रकूट शासक कृष्ण प्रथम (8वीं शताब्दी) ने कैलाश मंदिर का निर्माण करवाया था, जो एक एकाश्म शिल्पकला का अद्भुत उदाहरण है।

35. **(4):** लॉर्ड रिपन को भारतीय इतिहास में 'स्थानीय स्वशासन का जनक (Father of Local Self-Government)' कहा जाता है। उन्होंने 1882 में स्थानीय स्वशासन संबंधी सुधार किए और नगरपालिकाओं तथा जिला बोर्डों को स्थानीय जनता के प्रशासन में भागीदारी के लिए प्रोत्साहित किया। यह भारतीय प्रशासन में विकेंद्रीकरण की शुरुआत थी।

36. **(3):** भारत का मानक समय (IST) 82.5°E देशांतर रेखा पर आधारित है, जो उत्तर प्रदेश के प्रयागराज जिले के पास स्थित नैनी से होकर गुजरती है। यह ग्रीनविच मीन टाइम (GMT) से 5 घंटे 30 मिनट आगे है। इस रेखा को भारत का समय निर्धारण हेतु आधार बनाया गया है ताकि पूरे देश में एक समान समय हो।

37. **(1):** क्यूबा को 'दुनिया का चीनी का कटोरा (Sugar Bowl of the World)' कहा जाता है, क्योंकि यह विश्व के प्रमुख चीनी उत्पादक और निर्यातक देशों में से एक है। इसके उष्णकटिबंधीय जलवायु और गन्ने की बड़े पैमाने पर खेती के कारण यह उपाधि दी गई।

38. **(3):** भागीरथी नदी, गंगा की एक प्रमुख सहायक नदी है, जबकि सतलज, झेलम और चिनाब सभी सिन्धु नदी की सहायक नदियाँ हैं। भागीरथी हिमालय से निकलती है और अलकनंदा के साथ मिलकर गंगा का निर्माण करती है। अतः यह सिंधु प्रणाली का भाग नहीं है।

39. **(3):** वायुमंडलीय दाब का मुख्य कारण गुरुत्वाकर्षण बल है, जो पृथ्वी के वायुमंडल पर बल लगाता है और उसे पृथ्वी के पास बनाए रखता है। पृथ्वी का गुरुत्व बल ही वायुमंडल को संकुचित करता है और उसकी विभिन्न परतों में दाब को नियंत्रित करता है।

40. **(1):** मध्य प्रदेश को 'टाइगर स्टेट' कहा जाता है क्योंकि यहाँ भारत के किसी भी अन्य राज्य की तुलना में सबसे अधिक बाघ पाए जाते हैं। यहाँ कान्हा, बांधवगढ़, पेंच, सतपुड़ा जैसे प्रमुख टाइगर रिजर्व हैं। वर्ष 2018 के बाघ गणना में मध्य प्रदेश ने सर्वाधिक बाघों की संख्या (526) दर्ज की थी।

41. (2): जब आमने-सामने की कक्षा शिक्षण (Face-to-Face Teaching) और प्रौद्योगिकी आधारित शिक्षण (जैसे ऑनलाइन प्लेटफॉर्म, वीडियो लेक्चर आदि) को एक साथ मिलाकर प्रयोग किया जाता है, तो इसे मिश्रित अधिगम (Blended Learning) कहा जाता है। यह विधि शिक्षण को अधिक लचीला और प्रभावशाली बनाती है, और नई राष्ट्रीय शिक्षा नीति में भी इसे प्रोत्साहित किया गया है।

42. (3): राष्ट्रीय शिक्षा नीति 2020 में यह स्पष्ट रूप से कहा गया है कि शिक्षण की प्रक्रियाएँ शिक्षार्थी-केन्द्रित (Learner-Centric) होंगी। इसका अर्थ है कि शिक्षा छात्रों की रुचियों, गति और शैली के अनुसार होनी चाहिए, जिससे वे ज्ञान अर्जन में सक्रिय रूप से भाग लें।

43. (4): जब सरकार के कुल व्यय (राजस्व + पूंजीगत) उसकी कुल प्राप्तियों (राजस्व + पूंजीगत) से अधिक हो जाते हैं (उधार को छोड़कर), तो इस अंतर को बजटीय घाटा कहा जाता है। यह पूरे बजट का समग्र घाटा दर्शाता है, न कि केवल राजस्व व्यय का। इसे सरकार की आर्थिक स्थिति का प्रमुख संकेतक माना जाता है और यह बताता है कि सरकार को कितनी उधारी की आवश्यकता है।

44. (3): भारत एक संघात्मक राज्य है क्योंकि इसके संविधान में केन्द्र और राज्यों के बीच विधायी, कार्यकारी तथा वित्तीय शक्तियों का स्पष्ट विभाजन किया गया है (अनुच्छेद 245-254 और सातवीं अनुसूची)। यह संघात्मक विशेषता की बुनियादी शर्त है।

45. (2): भारतीय संविधान के अनुच्छेद 110 में यह स्पष्ट रूप से परिभाषित किया गया है कि धन विधेयक (Money Bill) क्या होता है। इसमें यह उल्लेख किया गया है कि किन प्रकार की विधायी विषय-वस्तुएँ केवल धन विधेयक के अंतर्गत आती हैं, जैसे कर, ऋण, व्यय आदि।

46. (4): शिक्षा का अधिकार अधिनियम, 2009 (RTE Act) को संविधान में अनुच्छेद 21(A) द्वारा शामिल किया गया, जो कहता है कि 6 से 14 वर्ष तक के बच्चों को निःशुल्क और अनिवार्य शिक्षा प्रदान की जाएगी। यह मौलिक अधिकार 86वें संशोधन अधिनियम (2002) द्वारा जोड़ा गया।

47. (3): RTE अधिनियम की धारा 24 शिक्षकों के कर्तव्यों को परिभाषित करती है, जैसे समय पर स्कूल पहुँचना, विद्यार्थियों की नियमित मूल्यांकन करना, और पठन-पाठन के स्तर को बनाए रखना आदि। यह प्रावधान शिक्षण की गुणवत्ता को सुनिश्चित करने के लिए रखा गया है।

48. (3): राष्ट्रीय शिक्षा नीति 2020 के मूलभूत सिद्धांतों में भारतीय ज्ञान परंपरा (Indian Knowledge Systems) का समावेश और बहु-विषयी दृष्टिकोण (Multidisciplinary Approach) प्रमुख हैं। नीति का उद्देश्य शिक्षा को केवल विषय तक सीमित न रखकर उसे व्यापक और समावेशी बनाना है।

49. (1): Rights of Persons with Disabilities (RPWD) Act, 2016 के अंतर्गत भारतीय सांकेतिक भाषा (Indian Sign Language) को शिक्षा और निगरानी में शामिल करने की संस्तुति की गई है। यह अधिनियम दिव्यांगजनों को समान अवसर और समावेशी शिक्षा सुनिश्चित करने के लिए बनाया गया।

50. (1): भारत सरकार ने SWAYAM (Study Webs of Active Learning for Young Aspiring Minds) प्लेटफॉर्म को 2017 में लॉन्च किया। यह एक प्रमुख MOOC (Massive Open Online Course) मंच है, जो स्कूली शिक्षा से लेकर उच्च शिक्षा तक निःशुल्क गुणवत्ता पाठ्यक्रम प्रदान करता है।

51. (1): डी.आई.ई.टी. (District Institute of Education and Training) की स्थापना राष्ट्रीय शिक्षा नीति 1986 की संस्तुतियों के आधार पर की गई थी। इसका उद्देश्य प्राथमिक शिक्षकों के प्रशिक्षण, नवाचारों और शैक्षिक अनुसंधान को जिला स्तर पर बढ़ावा देना है।

52. (3): सौरमंडल में आकार के अनुसार यदि ग्रहों की तुलना की जाए तो पृथ्वी पाँचवें स्थान पर आती है। सबसे बड़ा ग्रह बृहस्पति है, इसके बाद शनि, यूरेनस, नेपच्यून और फिर पृथ्वी का स्थान आता है।

53. (4): 'शिक्षा मानव को आत्मनिर्भर और निःस्वार्थी बनाती है'—यह विचार ऋग्वेद से जुड़ा हुआ है। ऋग्वेद में ज्ञान, आत्म-विकास और सामाजिक दायित्वों पर विशेष बल दिया गया है। इसमें शिक्षा को आत्मबल और चरित्र निर्माण का माध्यम माना गया है, जिससे व्यक्ति न केवल आत्मनिर्भर बनता है, बल्कि निःस्वार्थ रूप से समाज की सेवा के लिए भी प्रेरित होता है।

54. (3): बहुविषयी शिक्षा एवं अनुसंधान विश्वविद्यालय (Multi-disciplinary Education and Research Universities): एम.ई.आर.यू. (MERU) का आशय उन संस्थानों से है जिन्हें राष्ट्रीय शिक्षा नीति 2020 के तहत उच्च गुणवत्तापूर्ण बहुविषयी विश्वविद्यालयों के रूप में विकसित किया जाएगा।

55. (1): एक पेड़ की उम्र उसके तने को काटकर देखे गए वार्षिक कुण्डलाकार छल्लों (Annual Rings) की संख्या के आधार पर अनुमानित की जाती है। यह अध्ययन डेंड्रोक्रोनोलॉजी कहलाता है।

56. (3): चिन्तन स्तर शिक्षण का उच्चतम और आत्मविश्लेषी स्तर होता है, जहाँ विद्यार्थी अपने अनुभवों, ज्ञान और व्यवहार पर सोचते हैं तथा समस्याओं का समाधान निकालते हैं।

57. (4): शिक्षण एवं प्रशिक्षण में कोई अन्तर नहीं है। यह कथन गलत है क्योंकि शिक्षण ज्ञान, मूल्यों और दृष्टिकोणों का विकास करता है, जबकि प्रशिक्षण कौशल, दक्षता और कार्य की योग्यता को बढ़ाता है।

58. (2): शिक्षण की प्रभाविता का सही मूल्यांकन विद्यार्थियों द्वारा प्राप्त अधिगम प्रतिफलों (Learning Outcomes) से किया जाता है, न कि केवल पाठ्यक्रम पूरा करने से।

59. (2): अकादमिक क्रेडिट बैंक (Academic Credit Bank) की यह विशेषता नहीं है। इसके अंतर्गत क्रेडिट का हस्तांतरण और संचय मुख्य उद्देश्य होता है जिससे बहुविषयी लचीलापन सुनिश्चित हो।

60. (4): अधिगम वातावरण वह संपूर्ण वातावरण है जिसमें विद्यार्थी सीखते हैं, जिसमें शारीरिक (physical), मानसिक (psychological), और निर्देशात्मक (instructional) कारक शामिल होते हैं।

61. (4): आधिकारिक प्रशासन का आधार तानाशाही नहीं बल्कि विधिसम्मत और औपचारिक संगठन होता है, लेकिन यदि

प्रश्न यह पूछ रहा है कि किस पर आधारित है और विकल्पों में केवल 'तानाशाही' का ही सीधा प्रशासनिक नियंत्रण से संबंध है, तो इस संदर्भ में इसका उत्तर 4 दिया गया है। हालाँकि तानाशाही का संबंध कठोर नियंत्रण और आदेश आधारित प्रशासन से होता है, जो निर्देशों के पालन पर केंद्रित होता है। प्रशासनिक ढांचे में जब अधिकारी आदेश देते हैं और अधीनस्थ उसका पालन करते हैं, तो उसे तानाशाही शैली के निकट माना जा सकता है, विशेषतः जब निर्णय लेने की स्वतंत्रता कम हो।

62. **(3):** कक्षा में सकारात्मक वातावरण का निर्माण केवल सामग्री या सजावट से नहीं होता, बल्कि वहाँ का भौतिक वातावरण बहुत महत्त्वपूर्ण भूमिका निभाता है। यदि कक्षा स्वच्छ, रोशनी से युक्त और व्यवस्थित हो, तो वह विद्यार्थियों के सीखने की प्रक्रिया को बेहतर बनाती है। ऐसे वातावरण में छात्रों को मानसिक शांति और एकाग्रता मिलती है, जिससे उनका शैक्षिक प्रदर्शन सुधरता है। इसके अतिरिक्त, एक सुव्यवस्थित कक्षा शिक्षक की गरिमा बढ़ाती है और उसमें अनुशासन बनाए रखना भी आसान हो जाता है।

63. **(4):** व्यवहारपरक उद्देश्य (Behavioural Objectives) वे होते हैं जिन्हें देखा और मापा जा सकता है, इसलिए इन उद्देश्यों को व्यक्त करने के लिए ऐसे क्रिया शब्दों का प्रयोग किया जाता है जो स्पष्ट रूप से क्रिया या कार्य को दर्शाते हों। 'प्रदर्शन करना (Demonstrate)' ऐसा ही एक क्रिया शब्द है जो किसी कौशल, ज्ञान या प्रक्रिया को क्रियात्मक रूप में व्यक्त करता है। इसके विपरीत 'जानना', 'समझना' आदि शब्द अमूर्त होते हैं और उनका मूल्यांकन करना कठिन होता है। अतः एक व्यवहारपरक उद्देश्य को तैयार करते समय 'To Demonstrate' उपयुक्त क्रिया है।

64. **(4):** बहुविकल्पीय प्रश्नों (Multiple Choice Questions —MCQs) में अंकन की अत्यधिक वस्तुनिष्ठता होती है क्योंकि इनमें पूर्वनिर्धारित सही उत्तर होते हैं जिन्हें केवल टिक या चयन करना होता है। यह प्रश्न प्रणाली उत्तरदाता के ज्ञान का शीघ्र और निष्पक्ष मूल्यांकन करने में सहायक होती है। इसके अलावा, ये प्रश्न OMR शीट या कम्प्यूटर आधारित परीक्षाओं में स्वतः जाँचे जा सकते हैं, जिससे मूल्यांकन में मानवीय पक्षपात या त्रुटि की संभावना समाप्त हो जाती है। इसीलिए MCQs को सबसे अधिक वस्तुनिष्ठ माना जाता है।

65. **(2):** मिलान करने वाले प्रश्न (Matching Type Questions) दो वस्तुओं या अवधारण ााओं के बीच संबंध की पहचान करने में सहायक होते हैं। उदाहरण के लिए, एक कॉलम में वैज्ञानिकों के नाम दिए जाते हैं और दूसरे में उनके आविष्कार–विद्यार्थी को उचित जोड़ी बनानी होती है। इस प्रकार के प्रश्न विश्लेषणात्मक कौशल को विकसित करते हैं और ज्ञात सूचनाओं के सही संबंध को पहचानने की क्षमता को मापते हैं। यह प्रश्न प्रकार विशेष रूप से स्मृति और तर्क का संतुलित प्रयोग करवाता है।

66. **(3):** रोकड़ रजिस्टर में किसी संस्था को प्राप्त सरकारी अनुदानों और दैनिक नगद व्ययों का विवरण संधारित किया जाता है। यह रजिस्टर दिखाता है कि कौन सी राशि कब, क्यों और किस मद में खर्च की गई। इसकी सहायता से लेखा परीक्षण (Audit) और वित्तीय पारदर्शिता सुनिश्चित

की जाती है। यह विद्यालय प्रशासन में जवाबदेही का एक अभिन्न हिस्सा है और प्रधानाध्यापक या संस्था प्रमुख द्वारा नियमित रूप से हस्ताक्षरित होता है। इसलिए सरकारी व्ययों को दर्ज करने के लिए सबसे प्रामाणिक रजिस्टर यही माना जाता है।

67. **(4):** निर्णयन प्रक्रिया का अर्थ होता है किसी वस्तु, ज्ञान, कौशल या प्रक्रिया के गुण, मान या स्तर के आधार पर निर्णय लेना। मूल्यांकन केवल तथ्यों के मापन तक सीमित नहीं होता, बल्कि यह तय करता है कि कोई प्रक्रिया या अधिगम अनुभव कितना प्रभावी रहा। इसमें मापन और आकलन के बाद गुणात्मक विश्लेषण कर निर्णय लिया जाता है, जैसे—क्या विद्यार्थी ने सीखने के उद्देश्य पूरे किए? क्या सुधार की आवश्यकता है? इसलिए मूल्यांकन को निर्णयन का अंतिम और निर्णायक चरण माना जाता है।

68. **(3):** निरौपचारिक शिक्षा वह शिक्षा होती है जो स्कूल जैसे औपचारिक ढांचे के बाहर होती है लेकिन संरचित, उद्देश्यपूर्ण और योजनाबद्ध होती है। जब एक छात्र नियमित कक्षा समय से अलग किसी फिटनेस कार्यक्रम या कोचिंग में भाग लेता है, तो वह औपचारिक शिक्षा का हिस्सा नहीं होते हुए भी सिखाने का एक साधन बनता है। इस प्रकार की शिक्षा व्यक्ति के कौशल विकास और व्यक्तित्व निर्माण में योगदान देती है और यह जीवनपरक होती है।

69. **(4):** अधिगम प्रतिफल (Learning Outcome) का उद्देश्य यह दर्शाना होता है कि विद्यार्थी ने क्या सीखा, क्या प्रदर्शन किया या किस स्तर तक कौशल अर्जित किया। ये प्रतिफल स्पष्ट, विशिष्ट और मापनीय होने चाहिए, और इनका ध्यान शिक्षा के परिणामों पर होता है, न कि शिक्षण प्रक्रिया पर। अधिगम प्रक्रिया अध्यापक की गतिविधियों से जुड़ी होती है, जबकि प्रतिफल छात्र की उपलब्धि को दर्शाते हैं। इसलिए यह कथन कि प्रतिफल प्रक्रिया पर केंद्रित होना चाहिए, गलत और भ्रामक है।

70. **(1):** अभिव्यक्ति (Articulation) मुख्यतः संज्ञानात्मक (Cognitive) या कौशलात्मक (Psychomotor) डोमेन से संबंधित होती है, जहाँ छात्र किसी ज्ञान या प्रक्रिया को क्रमबद्ध और स्पष्ट रूप में व्यक्त करता है। इसके विपरीत, भावात्मक क्षेत्र (Affective Domain) भावनाओं, मूल्यों, दृष्टिकोणों और रुचियों से जुड़ा होता है—जैसे ग्रहण करना (Receiving), प्रतिक्रिया देना (Responding), मूल्य निर्धारण (Valuing) आदि। अतः 'अभिव्यक्ति' को भावात्मक क्षेत्र की श्रेणी में नहीं रखा जाता, और यह इससे संबंधित नहीं है।

71. **(3):** NEP 2020 के अनुसार, 'PARAKH' (Performance Assessment, Review and Analysis of Knowledge for Holistic Development) एक राष्ट्रीय आकलन केंद्र के रूप में स्थापित किया जाएगा। इसका उद्देश्य विद्यालय स्तर (3-18 वर्ष) की मूल्यांकन प्रणाली को सुधारना और मानकीकृत करना है। यद्यपि प्रश्न में 'विद्यालय शिक्षा में आयु वर्ग' पूछा गया है, विकल्पों में केवल 'परख' ही ऐसा नाम है जो विद्यालयी शिक्षा की समग्रता को दर्शाता है, इसलिए यही उपयुक्त उत्तर है।

72. **(2):** NEP 2020 में एक राष्ट्रीय मूल्यांकन केंद्र स्थापित करने का प्रस्ताव है जिसका

उद्देश्य है—आकलन पद्धति में परिवर्तन लाना। इसका नाम होगा 'PARAKH' (Performance Assessment, Review and Analysis of Knowledge for Holistic Development)। यह केंद्र 3 से 18 वर्ष तक के बच्चों के लिए राष्ट्रीय स्तर पर मूल्यांकन की मानक पद्धति तैयार करेगा, जिससे सीखने के परिणामों की वास्तविक जाँच हो सके। इसलिए सही विकल्प है – 3-18।

73. **(3):** अभिकथन (A) एकदम सही है क्योंकि शिक्षार्थी-केन्द्रित उपागम में शिक्षण की सारी प्रक्रिया का केन्द्र विद्यार्थी होता है, न कि शिक्षक या पाठ्यक्रम। लेकिन तर्क (R) यह कहता है कि मिडिल स्कूल में बच्चे सबसे अच्छा सीखते हैं जब उनसे पाठ को रटवाया जाता है या हूबहू लिखवाया जाता है, जो कि शिक्षार्थी-केन्द्रित सिद्धांत के बिल्कुल विपरीत है।

अतः (A) सही है, पर (R) गलत है और यह (A) की व्याख्या नहीं करता।

74. **(2):** SEDGs (Socially and Economically Disadvantaged Groups) का मतलब है वे समूह जो सामाजिक या आर्थिक कारणों से शिक्षा या अवसरों से वंचित रह जाते हैं। इनमें अनुसूचित जाति/जनजाति, पिछड़े वर्ग, गरीब, दिव्यांग, आदिवासी, और ग्रामीण क्षेत्र के लोग शामिल हो सकते हैं। NEP 2020 का एक प्रमुख लक्ष्य ऐसे समूहों को शिक्षा की मुख्यधारा में लाना है।

75. **(1):** बोध स्तर वह अवस्था होती है जिसमें विद्यार्थी जानकारी को समझने, उसका विश्लेषण करने और विभिन्न उदाहरणों के बीच भेद करने में सक्षम होता है। इस स्तर पर शिक्षक विद्यार्थियों को सकारात्मक और नकारात्मक उदाहरणों के माध्यम से अवधारणाओं को स्पष्ट करने का अवसर देता है। यह हेर्बर्ट के शिक्षण सिद्धांत पर आधारित होता है, जिसमें तुलना और वर्गीकरण प्रमुख भूमिका निभाते हैं।

76. **(1):** अवधारणा निर्माण (Concept Formation) एक मानसिक प्रक्रिया है जिसमें विद्यार्थी सीखी हुई सूचनाओं, अनुभवों और उदाहरणों के आधार पर एक सामान्यीकृत विचार बनाते हैं। यह प्रक्रिया तभी संभव होती है जब छात्र निरंतर अधिगम में संलग्न हो। अधिगम के बिना न तो तुलना हो सकती है, न वर्गीकरण, और न ही सामान्यीकरण। अतः अवधारणाओं के निर्माण की नींव अधिगम ही है।

77. **(3):** संकलनात्मक मूल्यांकन (Summative Assessment) वह प्रक्रिया है जिसमें किसी शैक्षणिक सत्र या अध्याय के अंत में विद्यार्थी के अधिगम स्तर का मूल्यांकन किया जाता है। सत्रांत परीक्षा इसका सर्वश्रेष्ठ उदाहरण है, क्योंकि यह विद्यार्थी द्वारा संपूर्ण अवधि में सीखे गए ज्ञान, कौशल और समझ का समग्र परीक्षण करती है। यह आमतौर पर अंक आधारित होती है और प्रमोट करने का आधार बनती है।

78. **(2):** भावात्मक क्षेत्र में अभिवृत्तियाँ, मूल्य और रुचियाँ सम्मिलित होती हैं। इसमें व्यक्ति का व्यवहार, सामाजिक दृष्टिकोण, सहानुभूति, और मूल्यों के प्रति प्रतिक्रिया शामिल होती है। यह बेंजामिन ब्लूम के तीन अधिगम क्षेत्रों में से एक प्रमुख क्षेत्र है। Receiving, Responding, Valuing, Organizing, Characterizing जैसी क्रियाएँ इसी डोमेन के अंतर्गत आती हैं।

79. (4): रचनात्मक मूल्यांकन (Formative Assessment) एक सतत् (Continuous) और समग्र (Comprehensive) प्रक्रिया होती है, जो शिक्षण के दौरान ही विद्यार्थियों की प्रगति का आकलन करती है। इसका उद्देश्य छात्रों की कमजोरियों की पहचान कर उसी समय सुधारात्मक गतिविधियों द्वारा उन्हें सहायता देना होता है। यह प्रक्रिया प्रतिदिन कक्षा में होने वाले कार्य, सहभागिता, व्यवहार आदि पर आधारित होती है।

80. (3): एक कमजोर क्षेत्र में उन्हें ज्ञान निर्माण हेतु सहायता करने के लिए विद्यार्थी बहुविषय वस्तुओं से अवधारण ाओं को संयुक्त कर सकते हैं। रचनावाद (Constructivism) यह मानता है कि विद्यार्थी अपने अनुभवों और ज्ञान के आधार पर नई अवधारणाओं का निर्माण करते हैं। विशेष रूप से अधिगम में कठिनाई वाले छात्रों के लिए, यह दृष्टिकोण मदद करता है कि वे विभिन्न विषयों (Multidisciplinary Inputs) से सामग्री लेकर अपने कमजोर क्षेत्रों में भी नए ज्ञान का निर्माण कर सकें। इसमें शिक्षक एक सुविधाकर्ता (facilitator) की भूमिका निभाता है और छात्र स्वयं अपनी गति से अधिगम करते हैं।

81. (3): एसीटिक एसिड (CH_3COOH) का गलनांक सबसे अधिक होता है क्योंकि यह एक कार्बोक्जिलिक अम्ल है, जिसमें मजबूत हाइड्रोजन बॉन्डिंग होती है। ये बंध आपस में अणुओं को कसकर पकड़ते हैं जिससे उन्हें ठोस से द्रव में परिवर्तित होने के लिए अधिक ऊष्मा (गर्मी) की आवश्यकता होती है। मीथेन और क्लोरोफॉर्म जैसे यौगिक गैर-ध्रुवीय होते हैं और इनमें इंटरमॉलिक्युलर बल कमजोर होते हैं, जिससे इनका गलनांक काफी कम होता है। एथेनॉल भी हाइड्रोजन बॉन्ड बनाता है, परंतु एसीटिक एसिड की तरह दोहरे बंध (COOH समूह) नहीं रखता।

82. (1): पोटैशियम > मैग्नीशियम > सीसा > सोना

धातुओं की प्रतिक्रियाशीलता शृंखला उन्हें उनके इलेक्ट्रॉन खोने की प्रवृत्ति (oxidation potential) के आधार पर क्रमबद्ध करती है। इस शृंखला में पोटैशियम सबसे अधिक सक्रिय धातु है क्योंकि यह बहुत आसानी से इलेक्ट्रॉन खो देता है और तेजी से प्रतिक्रिया करता है।

इसके बाद मैग्नीशियम, फिर सीसा, और अंत में सोना, जो एक अक्रिय (noble) धातु है और प्रतिक्रिया में भाग नहीं लेता। यह शृंखला विद्युत-रासायनिक शृंखला (electrochemical series) पर आधारित है जो धातुओं की औद्योगिक क्रियाओं को समझने में सहायक होती है।

83. (2): क्षार (Alkali), जैसे सोडियम हाइड्रॉक्साइड (NaOH) या पोटैशियम हाइड्रॉक्साइड (KOH), एक क्षारीय माध्यम प्रदान करते हैं। जब लाल लिटमस पेपर को क्षार में डाला जाता है तो वह नीला हो जाता है। यह परिवर्तन क्षारीय प्रकृति की उपस्थिति को दर्शाता है और इसका उपयोग रासायनिक पहचान में किया जाता है। यह प्रतिक्रिया लिटमस के pH परिवर्तन पर आधारित होती है और शिक्षा प्रयोगशालाओं में आम है।

84. (4): दी गई रासायनिक प्रतिक्रिया $CH_4 + O_2 \rightarrow CO_2 + H_2O$ एक असंतुलित समीकरण है क्योंकि इसमें अणुओं की संख्या सभी तत्वों के लिए बराबर नहीं है।

यह केवल एक कंकाली समीकरण (skeletal equation) हैं, जो दर्शाता है कि कौन से अभिकारक और उत्पाद भाग लेते हैं, परंतु इसमें अणु संतुलन (balancing of atoms) नहीं किया गया है। संतुलित समीकरण होगा :

$CH_4 + 2O_2 \rightarrow CO_2 + 2H_2O$ ।

85. **(4):** फेनॉल्फ्थैलीन एक सामान्य रूप से प्रयोग किया जाने वाला दृष्टिगत संकेतक (visual indicator) है, जो अम्लीय माध्यम में रंगहीन और क्षारीय माध्यम में गुलाबी रंग दर्शाता है। हालाँकि यह विकल्पों में केवल वही यौगिक है जो सूचक (indicator) की श्रेणी में आता है, इसलिए इसी को उत्तर माना गया है। वास्तविक ऑलफैक्टर इंडिकेटर जैसे कि प्याज, वनीला और गुलाब की गंध के आधार पर कार्य करते हैं, लेकिन यहाँ दिए विकल्पों में वे नहीं हैं।

86. **(1):** एथेनॉल (C_2H_5OH) एक ध्रुवीय अणु है जिसमें हाइड्रॉक्सिल समूह (-OH) होता है, जो जल (H_2O) जैसे ध्रुवीय विलायक के साथ हाइड्रोजन बॉन्डिंग करने में सक्षम होता है। इस कारण एथेनॉल जल में पूरी तरह से घुल जाता है और एक सजातीय (homogeneous) विलयन बनाता है। इस प्रकार के विलयन को मिस्सिबल (miscible) कहा जाता है और यह रसायन विज्ञान में महत्वपूर्ण अवधारणा है।

87. **(3):** एरोबिक श्वसन (Aerobic Respiration) वह जैव-रासायनिक प्रक्रिया है जिसमें ग्लूकोज को ऑक्सीजन की उपस्थिति में पूर्ण रूप से विघटित किया जाता है। इस प्रक्रिया से उच्च मात्रा में ऊर्जा (ATP) उत्पन्न होती हैं, साथ ही कार्बन डाइऑक्साइड और जल उपोत्पाद के रूप में बनते हैं। यह प्रक्रिया माइटोकॉन्ड्रिया में घटित होती है और यह कोशिकीय चयापचय का एक महत्वपूर्ण हिस्सा है।

88. **(1):** सेप्टम (Septum) मानव शरीर में हृदय का वह भाग है जो दोनों निलयों और अलिंदों को विभाजित करता है। यह उत्सर्जन तंत्र का हिस्सा नहीं है, जबकि गुर्दा (किडनी), मूत्राशय और मूत्रमार्ग मूत्र निर्माण और निष्कासन में सीधे भाग लेते हैं। उत्सर्जन तंत्र शरीर से नाइट्रोजन अपशिष्ट को निकालने में सहायक होता है।

89. **(3):** अनैच्छिक क्रियाएँ जैसे हृदय गति, श्वसन, रक्तचाप, संतुलन आदि का नियंत्रण मध्य मस्तिष्क (Midbrain) और पश्च मस्तिष्क (Hindbrain) द्वारा किया जाता है। मध्य मस्तिष्क दृष्टि और श्रवण के साथ अनैच्छिक गतिविधियों को नियंत्रित करता है, जबकि पश्च मस्तिष्क में स्थित मेडुला और सेरिबेलम जैसे भाग श्वसन और शारीरिक संतुलन नियंत्रित करते हैं। ये दोनों मिलकर शरीर के स्वचालित कार्यों को सुचारू रूप से संचालित करते हैं।

90. **(4):** पिट्यूटरी ग्रंथि (Pituitary Gland) को 'मास्टर ग्रंथि' कहा जाता है क्योंकि यह कई अन्य ग्रंथियों को नियंत्रित करती है। यह मस्तिष्क के आधार पर स्थित होती है और इसमें दो भाग होते हैं—अग्र (anterior) और पश्च (posterior)। वृद्धि हार्मोन (Growth Hormone—GH) अग्र पिट्यूटरी से स्रावित होता है जो शरीर की कोशिकीय वृद्धि, ऊँचाई और चयापचय को नियंत्रित करता है। इसकी कमी से बौनापन और अधिकता से जाइगेंटिज्म हो सकता है।

91. **(3):** प्लैनेरिया एक सपाट कृमि (flatworm) है, जो पुनर्जनन (regeneration) के द्वारा प्रजनन करता है। इसका तंत्र इतना

सक्षम होता है कि यदि इसे दो या अधिक भागों में विभाजित किया जाए, तो प्रत्येक भाग स्वतंत्र रूप से एक पूर्ण जीव में विकसित हो सकता है। यह प्रक्रिया केवल मरम्मत नहीं है, बल्कि पूरे शरीर के अंगों और संरचनाओं को पुनः उत्पन्न करने की क्षमता है, जो जीव के स्टेम कोशिकाओं (neoblasts) की विशेषता पर आधारित होती है।

92. **(2): स्नेल का नियम (Snell's Law):** Snell's Law कहता है कि जब प्रकाश एक माध्यम से दूसरे माध्यम में प्रवेश करता है, तो आपतन कोण (angle of incidence) और अपवर्तन कोण (angle of refraction) के साइन का अनुपात एक नियतांक (constant) होता है।

यह अनुपात माध्यमों की अपवर्तनांक (refractive indices) पर निर्भर करता है :

$$\frac{\sin i}{\sin r} = \frac{n_2}{n_1}$$

जहाँ n अपवर्तनांक है। इस नियम का उपयोग लेंस और प्रिज्म के व्यवहार को समझने में किया जाता है।

93. **(1):** लेंस की शक्ति (P) उस प्रकाशीय उपकरण की क्षमता को दर्शाती है जिससे वह प्रकाश को झुका (bend) सकता है। इसे मीटर में फोकल लंबाई (f) के व्युत्क्रमानुपाती (reciprocal) से मापा जाता है।

P (in diopters) = 1 / f (in meters)

यदि फोकल लंबाई 0.5 मीटर है, तो लेंस की शक्ति होगी 2 डायॉप्टर। यह सूत्र अवतल और उत्तल दोनों लेंसों पर लागू होता है।

94. **(4):** दूरदृष्टिदोष (Hypermetropia) व्यक्ति केवल दूर की वस्तुओं को स्प[...] देख सकता है, जबकि नजदीक की वस्[...] धुंधली दिखाई देती हैं। यह तब होता [...] जब आँख की लेंस की फोकल लंब[...] अधिक हो जाती है या आँख की गोल[...] सामान्य से कम होती है। इसका समाध[...] उत्तल (convex) लेंस से किया जाता [...]

95. **(1):** आकाश का रंग नीला इस कार[...] होता है कि वायुमंडल में उपस्थित ग[...] अणु सूर्य के प्रकाश को प्रकीर्णित क[...] हैं, और नीली रोशनी की तरंगदैर्ध्य छो[...] होने के कारण यह सबसे अधिक प्रकी[...]त होती है। यह रेली प्रकीर्णन सिद्ध[...] (Rayleigh scattering) के अंतर्गत आ[...] है। यही कारण है कि सुबह और शाम [...] सूर्य लाल दिखता है क्योंकि तब लाल [...] कम प्रकीर्णित होता है।

96. **(2):** विद्युत विभवान्तर (Electric Potent[...] Difference) की SI इकाई वोल्ट ([...] होती है। एक वोल्ट वह विभवान्तर है[...] है जब एक कुलॉम्ब आवेश को स्थानांत[...] करने में एक जूल कार्य करता है।

V = W / Q,

जहाँ W = कार्य (Joule), Q = आ[...] (Coulomb)। वोल्टेज किसी परिपथ [...] ऊर्जा प्रवाह का संकेत देता है।

97. **(3):** चुंबक के चारों ओर वह स्थान [...] उसकी चुंबकीय शक्ति या बल अनु[...] किया जा सकता है, उसे चुंबकीय [...] (Magnetic Field) कहा जाता है। [...] क्षेत्र में यदि कोई लौह वस्तु रखी जाए [...] वह आकर्षित हो जाती है। चुंबकीय [...] की दिशा चुंबक के उत्तरी से दक्षिणी [...] की ओर होती है और इसे रेखाओं (fi[...] lines) द्वारा निरूपित किया जाता है।

98. (1): शॉर्ट सर्किट उस स्थिति को कहते हैं जब विद्युत परिपथ में प्रतिरोध अत्यधिक कम हो जाता है, जिससे धारा (current) तेजी से बढ़ जाती है। यह स्थिति तारों में अधिक गर्मी उत्पन्न कर सकती है और आग लगने जैसी दुर्घटनाएँ हो सकती हैं। इसलिए सुरक्षित सर्किटों में फ्यूज लगाए जाते हैं जो धारा के अचानक बढ़ने पर सर्किट को तोड़ देते हैं।

99. (4): यदि किसी चालक (conductor) में बहने वाली धारा बढ़ा दी जाए, तो चुंबकीय क्षेत्र की तीव्रता भी उसी अनुपात में बढ़ जाती है। यह सिद्धांत ओर्स्टेड के प्रयोग पर आधारित है, जिसमें देखा गया कि विद्युत धारा एक चुंबकीय क्षेत्र उत्पन्न करती है। यह नियम विद्युत चुंबक और ट्रांसफॉर्मर जैसे यंत्रों में लागू होता है।

100. (3): चुंबकों के विपरीत ध्रुव—उत्तर (North) और दक्षिण (South) एक-दूसरे को आकर्षित करते हैं, जबकि समान ध्रुव एक-दूसरे को प्रतिस्थापित करते हैं। यह चुंबकीय बल की मौलिक प्रकृति है और चुंबकीय क्षेत्र रेखाएँ भी उत्तर से दक्षिण ध्रुव की ओर बहती हैं। यह सिद्धांत कंपास, मोटर, और विद्युत उपकरणों में कार्यान्वयन हेतु उपयोग होता है।

101. (2): 45 : 36 :: 63 : ?

$\Rightarrow 9 \times 5 : 9 \times 4 :: 9 \times 7 : 9 \times 6$

$\Rightarrow 45 : 36 :: 63 : \boxed{54}$

अतः प्रश्नचिह्न के स्थान पर 54 आएगा।

102. (2): दिया गया है, 46 की एक कक्षा में सैम की रैंक बारहवीं है।

∴ नीचे से उसकी रैंक

= 46 – 12 + 1 = 35th.

103. (3):

$22 = 2 \times 11$

$54 = 2 \times 3^3$

$108 = 2^2 \times 3^3$

$135 = 3^3 \times 5$

∴ 22, 54, 108 तथा 135 का ल.स.

$= 2^2 \times 3^3 \times 5 \times 11$

$= 4 \times 27 \times 55$

$= 5940.$

104. (1): चार अंकों की सबसे छोटी तथा तीन अंकों की सबसे बड़ी संख्या का योग = 1000 + 999 = 1999.

105. (3): पंक्ति में वृक्षों की संख्या

$= \sqrt{17956} = 134.$

106. (4): माना कि दो संख्याएँ $3x$ तथा $4x$ हैं।

तब, HCF = x = 4 (दिया गया है)

तथा LCM = $3 \times 4x = 12x$

$= 12 \times 4 = 48$

⇒ उनका LCM = 48.

107. (4): (1) 0.2

(2) $1 \div 0.2 = \frac{1}{0.2} = \frac{10}{2} = 5$

(3) 0.20

(4) $(0.2)^2 = 0.04$

$\therefore 5 > 0.20 > 0.2 > 0.04$

∴ 0.04 दिए गए विकल्पों में सबसे छोटा है।

108. (1): $\frac{x}{2} + \frac{x}{3} - \frac{x}{4} = 1$

$\Rightarrow \frac{6x + 4x - 3x}{12} = 1$

$\Rightarrow 7x = 12$

$\Rightarrow x = \frac{12}{7}.$

109. (3): प्रथम नौ अभाज्य संख्याओं का औसत

$$= \frac{2+3+5+7+11+13+17+19+23}{9}$$

$$= \frac{100}{9} = 11\frac{1}{9}.$$

110. (3): माना कि अधिकतम पूर्णांक x है

तब, $x \times \frac{80}{100} = 210 + 50$

$\Rightarrow \quad x \times \frac{4}{5} = 260$

$\Rightarrow \quad x = 260 \times \frac{5}{4} = 65 \times 5$

$\Rightarrow \quad x = 325.$

111. (3): साधारण ब्याज = मिश्रधन – मूलधन
= ₹ 15,500 – ₹ 12,500 = ₹ 3,000
तथा $t = 4$ वर्ष

$\therefore$ ब्याज की दर $= \frac{\text{ब्याज} \times 100}{\text{मूलधन} \times \text{समय}}$

$= \frac{3000 \times 100}{12500 \times 4}$

$= \frac{30 \times 25}{125} = 6\%$

$\Rightarrow$ ब्याज की दर = 6%.

112. (1): माना कि सबसे छोटे बच्चे की आयु x वर्ष है

तब, $x + (x + 3) + (x + 6) + (x + 9) + (x + 12) = 50$

$\Rightarrow \quad 5x + 30 = 50$

$\Rightarrow \quad 5x = 20$

$\Rightarrow \quad x = 4$ वर्ष।

113. (2): A का 1 दिन का कार्य $= \frac{1}{10}$

B का 1 दिन का कार्य $= \frac{1}{15}$

(A + B) का 1 दिन का कार्य

$= \frac{1}{10} + \frac{1}{15}$

$= \frac{3+2}{30} = \frac{5}{30} = \frac{1}{6}$

उसी कार्य को वे दोनों साथ-साथ 6 दिनों में पूरा करेंगे।

114. (3): पाइप A द्वारा 1 घंटे में भरा गया भाग $= \frac{1}{5}$

पाइप B द्वारा 1 घंटे में भरा गया भाग $= \frac{1}{10}$

तथा पाइप C द्वारा 1 घंटे में भरा गया पाइप $= \frac{1}{30}$

$\therefore$ (A + B + C) द्वारा 1 घंटे में भरा गया भाग

$= \frac{1}{5} + \frac{1}{10} + \frac{1}{30}$

$= \frac{6+3+1}{30} = \frac{10}{30} = \frac{1}{3}$

$\therefore$ टैंक 3 घंटों में भर जाएगा।

115. (4): दिया गया है, 6 खिलौनों का दाम = ₹ 264

$\Rightarrow$ 1 खिलौने का दाम $= \frac{264}{6}$
= ₹ 44

$\therefore$ 5 खिलौनों का दाम = 5 × 44
= ₹ 220.

116. (1): $\left(7+3\sqrt{5}\right)\left(7-3\sqrt{5}\right)$

$= (7)^2 - \left(3\sqrt{5}\right)^2$

$= 49 - 45 = 4.$

117. **(1):** दिया गया है, $x^3 - 6x^2 + 12x - 4$ को $(x - 2)$से भाग दिया गया है

$$
\begin{array}{r|l|l}
(x - 2) & x^3 - 6x^2 + 12x - 4 & (x^2 - 4x + 4) \\
 & x^3 - 2x^2 & \\
 & - \quad + & \\
\hline
 & -4x^2 + 12x - 4 & \\
 & -4x^2 + 8x & \\
 & + \quad - & \\
\hline
 & 4x - 4 & \\
 & 4x - 8 & \\
 & - \quad + & \\
\hline
 & 4 &
\end{array}
$$

अतः अभीष्ट शेषफल = 4.

118. **(3):** दिया गया है, $\sqrt{4^n} = 1024$

$\Rightarrow \quad (4^n)^{1/2} = 32 \times 32$

$\Rightarrow \quad 4^{n/2} = 2^5 \times 2^5$

$\Rightarrow \quad (2^2)^{n/2} = 210$

$\Rightarrow \quad 2^n = 210$

$\Rightarrow \quad n = 10.$

119. **(1):** $\because$ तीन संख्याओं का ल.स. = 9570

2	9570
3	4785
5	1595
11	319
29	29
	1

$\therefore$ ल.स. $= 2 \times 3 \times 5 \times 11 \times 29 = 9570$

संख्याएँ, $\quad 11 \times 30 = 330$

$11 \times 29 = 319$

$11 \times 1 = 11$

$\therefore$ म.स. = 11.

120. **(2):** माना कि दो संख्याएँ a तथा b हैं

तब, $a + b = 42$, $ab = 437$

$\because \quad (a - b)^2 = (a + b)^2 - 4ab$

$\therefore \quad (a - b)^2 = (42)^2 - 4 \times 437 = 1764 - 1748 = 16$

$\Rightarrow \quad (a - b)^2 = (4)^2$

$\Rightarrow \quad a - b = 4$

$\therefore$ दोनों संख्याओं का अन्तर 4 है।

121. **(2):** अनुच्छेद 21(A) भारत के संविधान में 86वें संशोधन (2002) के माध्यम से जोड़ा गया था। यह अनुच्छेद 6 से 14 वर्ष के बच्चों के लिए मुफ्त और अनिवार्य शिक्षा को मौलिक अधिकार के रूप में मान्यता देता है। इसके अनुसार, 'राज्य 6 से 14 वर्ष तक की उम्र के सभी बच्चों को विधि द्वारा निर्धारित तरीके से मुफ्त और अनिवार्य शिक्षा प्रदान करने के लिए बाध्य होगा।' यह शिक्षा का अधिकार अधिनियम (RTE Act, 2009) का संवैधानिक आधार है।

122. **(3):** अलमट्टी बाँध (Almatti Dam) भारत के कर्नाटक राज्य में स्थित है और यह कृष्णा नदी पर बना है। यह नदी दक्षिण भारत की प्रमुख नदियों में से एक है, जो महाराष्ट्र से निकलकर कर्नाटक और आंध्र प्रदेश से होकर बहती है। अलमट्टी बाँध ऊर्जा उत्पादन, सिंचाई और बाढ़ नियंत्रण जैसे कार्यों के लिए महत्त्वपूर्ण है। यह उपरी कृष्णा परियोजना (Upper Krishna Project) का हिस्सा है और कृषि क्षेत्र में जल आपूर्ति हेतु रणनीतिक महत्व रखता है।

123. **(1):** हिमालय पर्वत शृंखला विश्व की सबसे युवा पर्वत शृंखला है, जो टेक्टोनिक प्लेट्स के टकराव से बनी है। यह पर्वत अभी भी भूगर्भीय रूप से सक्रिय है और ऊँचाई में परिवर्तन जारी है। हिमालय की तुलना में अरावली बहुत प्राचीन (Precambrian) पर्वत प्रणाली है, और नीलगिरि एवं विंध्याचल उससे पुराने हैं। इसलिए, भारत का सबसे नया पर्वत हिमालय ही है।

124. (4): पल्लव वंश की राजधानी कांचीपुरम् (Kanchipuram) थी, जो आज के तमिलनाडु राज्य में स्थित है। पल्लवों ने 4वीं से 9वीं शताब्दी के बीच दक्षिण भारत में शासन किया। कांचीपुरम् शैव, वैष्णव और जैन धर्मों का प्रमुख केंद्र थी और यहाँ कई प्राचीन मंदिरों का निर्माण हुआ, जैसे कि कैलाशनाथ मंदिर। यह शहर प्राचीन काल से विद्या और संस्कृति का केंद्र भी रहा है।

125. (1): 'हर्षचरित' संस्कृत में लिखित एक ऐतिहासिक जीवनी है, जिसे बाणभट्ट ने लिखा था। वे सम्राट हर्षवर्धन के दरबारी कवि थे और इस कृति में उन्होंने हर्षवर्धन के जीवन, शासन, पराक्रम और सांस्कृतिक योगदान का वर्णन किया है। 'हर्षचरित' को भारतीय ऐतिहासिक जीवनी लेखन का प्रारंभिक उदाहरण माना जाता है। इसमें गद्य और पद्य का संयोजन है और यह गद्यकाव्य शैली में लिखी गई है।

126. (3): 'करो या मरो' (Do or Die) का नारा महात्मा गांधी ने भारत छोड़ो आंदोलन (1942) के समय दिया था, परन्तु इस प्रश्न में विशेष रूप से पूछा गया है कि किसने यह नारा दिया, इसलिए सही उत्तर गांधीजी ही हैं। यह नारा उन्होंने 8 अगस्त 1942 को मुंबई में अखिल भारतीय कांग्रेस समिति के अधिवेशन में दिया था, जिससे पूरे देश में स्वतंत्रता के लिए एक जनक्रांति आरंभ हुई।

127. (4): आर्य समाज की स्थापना स्वामी दयानन्द सरस्वती ने 1875 में बॉम्बे (अब मुंबई) में की थी। इसका उद्देश्य था—वेदों की शुद्ध शिक्षाओं का प्रचार, अंधविश्वासों का खंडन और सामाजिक सुधार। आर्य समाज ने स्त्री शिक्षा, विधवा पुनर्विवाह, बाल विवाह विरोध जैसे सुधार आंदोलन चलाए। 'वेदों की ओर लौटो (Back to the Vedas)' इनका प्रमुख नारा था।

128. (1): राजकोषीय नीति के ज़रिये सरकार आर्थिक स्थिरता, विकास और रोजगार को प्रभावित करती है। यह नीति आमतौर पर वित्त मंत्रालय द्वारा बनती है और इसका क्रियान्वयन वार्षिक बजट के माध्यम से होता है।

129. (1): गांधी-इरविन समझौता 1931 में सविनय अवज्ञा आंदोलन के समय हुआ था। यह समझौता महात्मा गांधी और तत्कालीन वायसराय लॉर्ड इरविन के बीच हुआ था, जिसमें नमक सत्याग्रह समाप्त करने और कांग्रेस को गोलमेज सम्मेलन में भाग लेने की अनुमति दी गई थी। इसके बदले सरकार को सत्याग्रहियों को रिहा करना पड़ा और दमनात्मक नीतियों में ढील दी गई।

130. (4): शून्यकाल (Zero Hour) भारतीय संसद की कार्यवाही में वह समय होता है, जो प्रश्नकाल के बाद और दोपहर 12 बजे से शुरू होकर एक घंटे तक चलता है। इस अवधि में सांसद बिना किसी पूर्व सूचना के तत्काल जनहित के मुद्दे उठा सकते हैं। यह विशेष रूप से तात्कालिक और गंभीर सार्वजनिक महत्व के मामलों को उठाने का समय होता है। यह भारत की संसद की एक अनूठी और लचीली विशेषता है, जिसे नियम पुस्तिका में निर्दिष्ट नहीं किया गया है।

131. (3): संगमरमर (Marble) एक रूपांतरित (Metamorphic) चट्टान है, जो मूल रूप से चूना-पत्थर (Limestone) से उच्च ताप और दबाव में परिवर्तित होती है। इसमें मुख्य रूप से कैल्साइट खनिज होते हैं। बलुआ पत्थर और चूना-पत्थर अवसादी

(sedimentary) हैं, जबकि ग्रेनाइट आग्नेय (igneous) चट्टान है। इसलिए संगमरमर ही सही उत्तर है।

132. **(4):** हरित क्रांति (Green Revolution) का संबंध कृषि उत्पादकता में वृद्धि से है। यह आंदोलन 1960 के दशक में भारत में शुरू हुआ, जिसमें उन्नत बीज, रासायनिक उर्वरक, कीटनाशक और सिंचाई तकनीकों का प्रयोग किया गया। इसका नेतृत्व एम. एस. स्वामीनाथन ने किया और यह विशेष रूप से गेहूं और चावल की उपज बढ़ाने पर केंद्रित था।

133. **(2):** 42वें संविधान संशोधन अधिनियम (1976) द्वारा भारतीय संविधान में भाग IV-A जोड़ा गया, जिसमें 10 मूल कर्तव्य (Fundamental Duties) शामिल किए गए। ये कर्तव्य नागरिकों को संविधान, राष्ट्रीय प्रतीकों, संस्कृति और पर्यावरण का सम्मान करने हेतु प्रेरित करते हैं। एक और कर्तव्य 2002 में जोड़ा गया, जिससे कुल 11 हो गए।

134. **(1):** कोलार सोने की खान (Kolar Gold Fields—KGF) भारत के कर्नाटक राज्य के कोलार जिले में स्थित है। यह कभी भारत की सबसे प्रमुख और पुरानी सोने की खान थी। हालाँकि अब यह बंद है, लेकिन इसके ऐतिहासिक और औद्योगिक महत्व के कारण यह आज भी प्रसिद्ध है।

135. **(1):** काली मिट्टी (Black Soil) जिसे रेगुर मृदा भी कहते हैं, कपास उत्पादन के लिए सर्वाधिक उपयुक्त मानी जाती है। यह मिट्टी जलधारण क्षमता में समृद्ध होती है और इसमें चूना व मैग्नीशियम की अधिकता होती है। यह मिट्टी मुख्य रूप से दक्कन क्षेत्र में पाई जाती है।

136. **(2):** ब्रिटिश शासन ने अपनी राजधानी 1911 में कोलकाता से दिल्ली स्थानांतरित की। इसकी घोषणा किंग जॉर्ज पंचम ने दिल्ली दरबार में की थी। 1912 से दिल्ली में प्रशासनिक कार्य शुरू हुआ, और फिर नई दिल्ली की योजना बनी जो 1931 में उद्घाटित हुई।

137. **(4):** ग्रांड ट्रंक रोड का निर्माण शेरशाह सूरी ने 16वीं शताब्दी में करवाया। यह मार्ग बंगाल से पंजाब होते हुए अफगानिस्तान तक जाता था और भारत में व्यापार, प्रशासन और संचार के लिए अत्यंत महत्वपूर्ण था। बाद में मुगलों और अंग्रेजों ने इसे और विस्तृत किया।

138. **(1):** कंचनजंघा (Kangchenjunga) भारत की सबसे ऊँची चोटी है, जिसकी ऊँचाई लगभग 8,586 मीटर है। यह सिक्किम और नेपाल की सीमा पर स्थित है। हालाँकि माउंट एवरेस्ट विश्व की सबसे ऊँची चोटी है, वह भारत में नहीं बल्कि नेपाल-चीन सीमा पर स्थित है।

139. **(2):** लाल सागर (Red Sea) एक दोष संरचना (fault structure) का उदाहरण है, जो टेक्टोनिक प्लेटों के अलग होने (divergent boundary) से बना है। यहाँ अफ्रीकी और अरब प्लेटें दूर हो रही हैं, जिससे समुद्र की आकृति बनी है और यह धीरे-धीरे चौड़ा हो रहा है।

140. **(3):** भूटान की आधिकारिक मुद्रा नगुल्टरम (Ngultrum) है, जिसका संक्षेप है BTN। यह भारतीय रुपये से 1:1 के अनुपात में जुड़ी हुई है और दोनों मुद्राएँ भूटान में चलन में हैं। यह मुद्रा भूटान के रॉयल मॉनेटरी अथॉरिटी द्वारा जारी की जाती है।

141. **(2):** The word "callous" means emotionally hardened, unfeeling, or insensitive to others' suffering. So, the word closest in meaning is "insensitive". It refers to a lack of empathy or compassion, particularly in dealing with vulnerable individuals or groups.

142. **(2):** The word "verdict" refers to the formal decision or judgment given by a jury or judge in a court of law. Hence, the nearest in meaning is "judgement", which is a more general term but fits the context of a legal conclusion.

143. **(3):** If something is extinct, it means it no longer exists, especially in terms of species that have died out. Therefore, the word "non-existent" accurately conveys the meaning of being gone or no longer living.

144. **(3):** "Inadvertently" means without intention; accidentally or unknowingly. The correct synonym is "accidently" (a variant spelling of "accidentally"), which matches the context of the girl unintentionally stepping on someone's toes.

145. **(1):** "Persuasive" in this context refers to having a strong influence or effect on someone's thoughts or behaviour. While it usually implies convincing power, here it refers more broadly to being influential or powerful, making "powerful" the best fit.

146. **(2):** "Alienate" means to cause someone to feel isolated or estranged, and this is the correct spelling. All other options are incorrect variations.

147. **(2):** "Bureaucracy" refers to a system of government or management run by departments or officials. Option 2 is correctly spelled; the others contain errors in syllables or vowels.

148. **(1):** "Pedagogy" is the science or art of teaching and education. This is the standard spelling. Other options are incorrect or archaic spellings.

149. **(1):** "Curriculum" refers to the set of courses or content offered by an educational institution. This is the correct spelling; others are misspellings.

150. **(4):** An "Entrepreneur" is someone who starts and runs a business, taking on financial risks. Option 4 is the correct spelling; the rest are incorrect phonetic attempts.

151. **(1):** The word "progress" means advancement or forward movement, especially in terms of success or development. Its opposite is "stagnation", which implies a lack of growth or movement, often resulting in no improvement or development.

152. **(2):** "Optimistic" refers to having a positive and hopeful outlook. Its antonym is "pessimistic", which describes someone who expects the worst outcome or has a negative viewpoint about future events.

153. **(2):** To "abdicate" means to give up or renounce power or a position, especially a throne. The opposite of that is to "retain", which means to keep or hold onto something, in this case, the throne or position of power.

154. (4): The word "emanates" means to radiate or issue forth, often used with qualities like power or light. The opposite is "conceal", which means to hide or suppress something so that it does not show or become evident.

155. (1): The sentence describes a king who punishes even children, suggesting cruel and oppressive behavior. The word "tyrannical" fits best, as it refers to a ruler who uses power unjustly or cruelly. Other options like "bossy" or "controlling" are too mild, and "philanthropic" (charitable) is opposite in tone.

156. (3): An extrovert is someone who is outgoing, confident, and socially active, which aligns with a strong personality capable of handling crises. The sentence implies encouragement based on personality traits, making "extrovert" the most appropriate word.

157. (3): Rabindranath Tagore was awarded the Nobel Prize for Literature in 1913 for his collection "Gitanjali", making him the first non-European to receive this honor. His works are noted for their spiritual depth and lyrical beauty.

158. (1): "Train to Pakistan" by Khushwant Singh is a powerful novel that portrays the horrific events and human suffering during the Partition of India in 1947. It captures the trauma, violence, and loss experienced by people on both sides of the border.

159. (1): "Romeo and Juliet" is a famous tragedy written by William Shakespeare, centered on the doomed love story of two young lovers from feuding families. It remains one of the most well-known plays in world literature.

160. (1): Vikram Seth is best known for his epic novel "A Suitable Boy", a sweeping story set in post-independence India. The novel explores themes of family, politics, and arranged marriage, and is one of the longest novels published in a single volume.

161. (4): गद्यांश में समय की महत्ता, उसकी अबाध गति, और सदुपयोग से मिलने वाली जीवन की सफलता पर बल दिया गया है। अतः 'समय का महत्व' सबसे उपयुक्त शीर्षक है।

162. (2): गद्यांश में स्पष्ट कहा गया है कि समय का चक्र निरंतर गतिशील रहता है और रुकना उसका धर्म नहीं है। अतः उसकी गति अबाध है क्योंकि वह निरंतर चलता रहता है।

163. (4): गद्यांश में कहा गया है कि मनुष्य की नष्ट हुई सम्पत्ति को प्रयास से फिर पाया जा सकता है, लेकिन बीता हुआ समय लौट कर नहीं आता। इससे स्पष्ट है कि यही मुख्य अंतर है।

164. (1): गद्यांश में कहा गया है कि समय का सदुपयोग करें तो यह उन्नति में चार चाँद लगा सकता है। इसका अर्थ है कि समय को व्यर्थ न गँवाकर इसका सही उपयोग करने से व्यक्ति सफल हो सकता है।

165. (3): महापुरुषों ने समय का सदुपयोग किया, इसलिए वे महान बन सके। इससे स्पष्ट है कि उन्होंने काम को समय पर पूर्ण करके समय का उचित उपयोग किया।

166. (2): 'अमोल' शब्द का तत्सम रूप होता है 'अमूल्य', जिसका अर्थ है—जिसका मूल्य न हो सके या बहुत अधिक मूल्यवान।

167. (3): 'तुरंग' शब्द का अर्थ होता है—घोड़ा। यह एक संस्कृत-निष्ठ शब्द है जो तेज गति से दौड़ने वाले पशु के लिए प्रयुक्त होता है।

168. (1): 'कौमुदी' शब्द का पर्यायवाची है 'चाँदनी'। यह शब्द शरद पूर्णिमा की रात्रि में विशेष रूप से चन्द्रप्रकाश को दर्शाने के लिए प्रयुक्त होता है।

169. (3): 'अस्तित्व' का अर्थ होता है 'होना' या 'वजूद' और उसका विलोम होगा 'अनस्तित्व', जिसका अर्थ है 'न होना' या 'अभाव'।

170. (2): 'घी' शब्द एक पुल्लिंग शब्द है।
उदाहरण : यह घी शुद्ध है।
अतः इसका लिंग है पुल्लिंग।

171. (4): 'अनिर्वचनीय' का अर्थ होता है—जिसका वर्णन न किया जा सके, यानी जो अवर्णनीय हो। यह शब्द 'निर्वचन' (वर्णन) में 'अन्' उपसर्ग और 'ीय' प्रत्यय जोड़कर बना है।

172. (1): 'ऐतिहासिक' शब्द में 'इतिहास' मूल शब्द है और इसमें 'इक' प्रत्यय जुड़कर 'ऐतिहासिक' बना है। यह विशेषण बनाने वाला सामान्य प्रत्यय है।

173. (2): वाक्य 'लड़की ने गीत गाया' में 'लड़की ने' कार्य करने वाली है, इसलिए यह कर्ता कारक है। 'ने' कर्ता कारक का चिह्न है।

174. (3): 'मुनि' शब्द का बहुवचन रूप भी 'मुनि' ही होता है, विशेषतः संस्कृतनिष्ठ या साहित्यिक हिंदी में।
जैसे—'कई मुनि वहाँ एकत्र हुए।'
'मुनियों' प्रयोग तो पदबद्ध रूप (जैसे मुनियों') में होता है, लेकिन सरल बहुव में 'मुनि' ही सही है।

175. (4): 'स्थिति' शब्द धातु 'स्था' से बना इसमें कोई उपसर्ग नहीं है।
जबकि 'स्वागत; (स्व + आगत), 'प्रतिमू (प्रति + मूर्ति), और 'दुर्घटना' (दुर् घटना) उपसर्ग से बने हैं।

176. (1): 'सुनीता' उपन्यास के लेखक हैं जै कुमार, जो हिंदी के प्रमुख मनोवैज्ञा कथा लेखक माने जाते हैं।

177. (1): 'हाथ के तोते उड़ जाना' मुहावरे अर्थ है—अचानक घबरा जाना या बहुत जाना। यह उस स्थिति को दर्शाता है व्यक्ति पूरी तरह स्तब्ध या हक्का-ब रह जाता है।

178. (3): 'अपना काम महाकाम' का अ कि व्यक्ति को अपना कार्य सबसे लगता है। यह कहावत स्वार्थपूर्ण सोच भी इंगित करती है।

179. (4): पंक्ति 'पीपर पात सरिस मन ड में मन की चंचलता की तुलना पीप पत्ते से की गई है। 'सरिस' (समान) उ और उपमान को जोड़ता है, इसलिए उपमा अलंकार है।

180. (3): यहाँ 'अत्योक्ति' शब्द की व अशुद्ध है। इसका शुद्ध रूप है—'अत जिसका अर्थ है—अतिशयोक्ति कर बढ़ा-चढ़ाकर कहना। अन्य सभ शुद्ध हैं।

B.Ed. प्रवेश परीक्षा, 2024*

भाग-A

खण्ड-I : सामान्य हिन्दी बोध

निर्देश (प्रश्न संख्या 1 से 10): *निम्नलिखित अनुच्छेद को ध्यानपूर्वक पढ़िए व प्रत्येक प्रश्न के समक्ष दिए गए चार विकल्पों में से सर्वाधिक उपयुक्त विकल्प का चयन कीजिए:*

मैं छः से बारह वर्ष की आयु वर्ग के बच्चों के लिए सभी संगठित खेलकूद गतिविधियों को लेकर चिंतित हूँ। मैं जो नुकसान देख रहा हूँ, वह सम्पर्कीय व सम्पर्करहित खेलों, स्थानीय तथा राष्ट्रीय स्तर पर आयोजित होने वाले खेलों, सभी का परिणाम है। उच्च रूप से संगठित प्रतिस्पर्धी खेल अक्सर प्रौढ़ मानदंडों पर खेले जाते हैं, जो बच्चों के लिए विकासात्मक रूप से अनुपयुक्त हैं, साथ ही शारीरिक व मनोवैज्ञानिक रूप से हानिप्रद भी। और, क्योंकि बहुत से बच्चे प्रतिस्पर्धा करने से पहले ही संगठित खेलों से बाहर आ जाते हैं, वे भविष्य के खिलाड़ी या प्रशंसक, दोनों के निर्माण में वास्तव में विपरीत उत्पादी हैं और अंततः चूँकि इनमें प्रतिस्पर्धा और जीतने पर जोर रहता है, दुर्भाग्य से यह कुछ प्रशिक्षकों और अभिभावकों को अपनी कल्पनाओं और आवश्यकताओं को बच्चों के भले से पहले रखने का अवसर देता है।

अत्यधिक प्रतिस्पर्धी खेलों का सबसे बोधात्मक खतरा यह है कि बच्चों को उन शारीरिक क्रियाकल्पों में संलग्न करते हैं, जो उनके बढ़ रहे शरीरों के लिए खराब हैं। यद्यपि आधिकारिक लिटिल लीग वेबसाइट यह मानती है कि बेसबाल खेलते समय बच्चों को चोटों का खतरा रहता है, पर यह जोर देती है, कि "कुछ चोटें .... निरन्तर नहीं लगतीं।" यह खतरा, स्केटबोर्ड, एक साइकिल या विद्यालयी बस में चढ़ने से बहुत कम है। फिर भी लियोनार्ड कॉपेट, स्पोटर्स इल्यूजन, स्पोटर्स रियलिटी में दावा करते हैं कि एक घुमावदार गेंद को फेंकने में बारह वर्षीय बच्चा, अपनी विकसित हो रही भुजाओं और कंधे की माँसपेशियों पर अतिरिक्त तनाव डालता है, जो कभी-कभी जीवनपर्यन्त बनी रहने वाली चोटों में बदल सकता है।

*Exam held on 07 Jan., 2024 (Conducted by IGNOU)

शारीरिक क्षतियों एवं तनावों के अतिरिक्त, प्रतिस्पर्धा खेल, बच्चों के लिए मनोवैज्ञानिक खतरे भी उत्पन्न करते हैं। न्यूयॉर्क टाइम्स के पूर्व खेल संपादक, मार्टिन रावलोब्स्की कहते हैं कि जितने भी वर्षों उन्होंने छोटे बच्चों को प्रतिस्पर्धा खेल खेलते देखा है, उनमें से बहुत कम को मुस्कुराते देखा है। "मैंने बच्चों को अभ्यास-पूर्व गपशप का मजा लेते देखा है, जो प्रशिक्षक की सीटी बजते ही गंभीर एवं औपचारिकता में बदल जाते हैं। रावलोब्स्की कहते हैं, "खेलने की इच्छा अचानक गायब हो जाती है और खेल एक नौकरी की तरह हो जाता है।" एक वृत्तिक खिलाड़ी का प्राथमिक लक्ष्य, जीतना, बच्चों के लिए उपयुक्त नहीं है। उनके लिए लक्ष्य, मजे करना, सीखना और दोस्तों के साथ रहना होना चाहिए। यद्यपि जीतना भी आनन्दप्रद होता है, परन्तु बहुत से प्रौढ़ क्या अधिक महत्वपूर्ण है यह भूलकर जीतने को सबसे महत्वपूर्ण लक्ष्य बना लेते हैं। बहुत से अध्ययन बताते हैं कि जब बच्चों से यह पूछा गया कि वे जीतने वाली टीम की बेंच का हिस्सा बनना पसन्द करेंगे या एक लगातार हारने वाली टीम से खेलना, लगभग 90% ने बाद वाला अवसर चुना।

जीतना और हारना प्रौढ़ जीवन का अभिन्न अंग हो सकता है पर उसे बचपन का हिस्सा नहीं होना चाहिए। बहुत छोटी आयु में बहुत अधिक प्रतिस्पर्धा एक बच्चे के विकास को प्रभावित कर सकती है। बच्चे जल्दी प्रभावित हो जाते हैं, और जब उन्हें अहसास होता है कि उनकी क्षमताएँ और उनका मूल्य उनके माता-पिता और प्रशिक्षकों की उच्च अपेक्षाओं को पूरा करने की उनकी योग्यता पर आधारित है, वे हतोत्साहित और निराश हो सकते हैं।

1. अनुच्छेद के लिए सर्वाधिक उपयुक्त शीर्षक हो सकता है:
A. बच्चों को खेलने की आवश्यकता है, प्रतिस्पर्धा की नहीं
B. केवल काम करना और नहीं खेलना, एक ऊर्जाहीन बालक बना देता है
C. बचपन को उजाड़ना
D. सहयोग न कि प्रतिस्पर्धा

2. अनुच्छेद का प्राथमिक स्वरूप है:
A. तार्किक B. वर्णनात्मक
C. ऐतिहासिक D. वृत्तान्तक

3. अनुच्छेद का मूलविचार है:
A. अधिकांश बच्चों को खेल के अवसर नहीं मिलते
B. जो बच्चे खेल पर ध्यान नहीं देते, अलगाव में चले जाते हैं।
C. भविष्य के प्रतिस्पर्धी विकसित नहीं करें, क्योंकि यह प्रतिस्पर्धा के लिए नुकसानदायक है।
D. कुछ बच्चों के लिए खेलने मात्र का आनन्द ही श्रेष्ठ है।

4. अनुच्छेद के पैराग्राफ-1 में 'विपरीत उत्पादी' शब्द का अभिप्राय है:
A. मूल्यहीन B. अशक्त
C. अप्रभावी D. नाउम्मीद

1. A **2.** A **3.** D **4.** C

5. कथन "............ कुछ प्रशिक्षकों और अभिभावकों को अपनी कल्पनाओं और आवश्यकताओं को बच्चों के भले से पहले रखने का अवसर देता है।" का अभिप्राय है:
   A. अभिभावक और प्रशिक्षक बच्चों के खेलों पर प्रौढ़ों के मानक लादते हैं, जो बच्चों के लिए अच्छा नहीं।
   B. अभिभावक और प्रशिक्षक अपने सपने, अपने बच्चों के माध्यम से पूरा करते हैं, जो बच्चों के लिए लाभप्रद नहीं है।
   C. हताश अभिभावक और प्रशिक्षक अपने बच्चों पर उस हद तक दबाव डालते हैं कि वे अस्वस्थ हो जाते हैं।
   D. अभिभावक और प्रशिक्षक अपने बच्चों की हमेशा चिन्ता करते हैं कि वे खेल से बाहर न हो जाएँ।

6. पैराग्राफ-2 क्या सुझाव नहीं देता है?
   A. खतरनाक खेलों को खेलना बच्चों के लिए शारीरिक रूप से स्वास्थ्यप्रद नहीं है।
   B. बच्चों का विकास रुक जाएगा, यदि वे इन खेलों को खेलेंगे।
   C. बच्चों को बहुत चोटें लग सकती हैं, और वे खेलने लायक न रहें।
   D. खेलने के दौरान बच्चों को ऐसे शारीरिक विन्यास प्रदर्शित करने पड़ें जो उनके शरीर के लिए ठीक नहीं हों।

7. पैराग्राफ-3 में लेखक सुझाता है कि बच्चे:
   A. जीतना पसन्द नहीं करते।
   B. केवल आनन्द लेना चाहते हैं।
   C. हार या जीत की चिन्ता के बिना खेलना चाहते हैं।
   D. अपने जीवन के इस मोड़ पर गम्भीर नहीं होते हैं।

8. पैराग्राफ-3 में बताए गए 'मनोवैज्ञानिक खतरे' का अर्थ है कि ऐसे बच्चों को यह झेलना पड़ सकता है:
   A. अभिभावकों/प्रशिक्षकों की अवास्तविक अपेक्षाओं के परिणाम के कारण
   B. क्योंकि बच्चे खेलने से डरते हैं
   C. अभिभावकों/प्रशिक्षकों के प्रति आदर की कमी के कारण
   D. अत्यधिक व अनावश्यक शारीरिक तनाव के कारण

9. "जीतना और हारना, प्रौढ़ जीवन का अभिन्न अंग है।" कथन में जीतना और हारना क्या है?
   A. संज्ञा
   B. क्रिया
   C. क्रियावाचक संज्ञा
   D. कृदन्त

10. नीचे दिए गए विचारों में एक को छोड़कर सभी को अनुच्छेद में स्थान मिला है। उस एक को पहचानिए:
   A. जीवन में सफलता के लिए सहयोग की योग्यता महत्वपूर्ण है।
   B. प्रतिस्पर्धात्मक खेल बहुत चयनात्मक हैं और केवल कुछ बच्चों को भागीदारी का मौका मिलता है।
   C. बच्चों के लिए जीतना सबसे महत्वपूर्ण चीज नहीं होनी चाहिए।
   D. सम्पर्कीय खेल, बच्चों के लिए शारीरिक रूप से हानिकारक हो सकते हैं।

5. B	6. B	7. C	8. A	9. C	10. B

खण्ड-II : तार्किक एवं विश्लेषणात्मक चिन्तन

निर्देश (प्रश्न संख्या 11-14): *निम्नलिखित में से प्रत्येक प्रश्न में संख्याओं/अक्षरों के दो युग्म हैं। प्रथम युग्म में एक निश्चित सम्बन्ध है। उसी सम्बन्ध की पहचान करते हुए दूसरे युग्म को पूरा कीजिए।*

11. 169 : 26 :: 361 : ?
A. 66 B. 54
C. 38 D. 27

12. 11 : 122 :: 17 : ?
A. 288 B. 289
C. 290 D. 291

13. CDE : WVU :: KLM : ?
A. ONP B. NOP
C. RPO D. PON

14. ACEG : NPRT :: BDFH : ?
A. PSRT B. OQSU
C. MPRS D. ORSU

निर्देश (प्रश्न संख्या 15-18): *निम्नलिखित में से प्रत्येक प्रश्न में संख्याओं/अक्षरों का एक श्रेणीक्रम दिया गया है जिसका एक पद अनुपस्थित है। श्रेणीक्रम का आधार समझकर सही पद चुनकर श्रेणीक्रम को पूरा कीजिए।*

15. 31, 37, 41, ?, 47, 53, ____ .
A. 42 B. 43
C. 44 D. 45

16. 17, 26, 35, 44, 53, ?,
A. 58 B. 62
C. 68 D. 72

17. AMZ, BLY, CKX, ________, EIV.
A. DJW B. DHU
C. DKV D. DIV

18. AMZN, BLYO, CKXP, ______, EIVR.
A. DKUX B. DJUV
C. DLXV D. DJWQ

19. यदि NET का कूट रूप PGV तथा LEAD का कूट रूप NGCF है, तो STORM का कूट रूप होगा:
A. WUSRP B. UVQTO
C. UXRSO D. VUPSP

20. यदि NO का कूट रूप ON तथा ARE का कूट रूप ERA हो, तो RAMA का कूट रूप होगा:
A. MARA B. AMRA
C. ARMA D. AMAR

21. यदि 234 का कूट रूप 345 है तथा 514 का 625 तो 4273 का कूट रूप होगा?
A. 3162 B. 5384
C. 5172 D. 5372

22. यदि PEAK का कूट रूप 5236 तथा PORT का कूट रूप 5147 हो, तो ORPAT का कूट रूप होगा:
A. 45321 B. 53172
C. 23517 D. 14537

11. C	12. C	13. D	14. B	15. B	16. B
17. A	18. D	19. B	20. D	21. A	22. D

23. एक व्यक्ति पूर्व दिशा में टहल रहा है, तो 135° बायीं ओर मुड़ जाता है, फिर वह 90° दक्षिण की ओर मुड़ता है, तो अभी वह दिशा में घूम रहा है?

A. दक्षिण-पूर्व
B. दक्षिण-पश्चिम
C. पूर्व-पश्चिम
D. उत्तर-पूर्व

24. एक लड़का अपने घर से उत्तर दिशा में साइकिल चला रहा है। 8 किमी. जाने के बाद दाहिने घूमकर 6 किमी. जाता है। वह अपने घर से कितनी दूर है?

A. 8 किमी. B. 10 किमी.
C. 12 किमी. D. 14 किमी.

25. निम्नलिखित शब्द, शब्दकोश में किस क्रम में आयेंगे?

(*a*) PURE
(*b*) PEAR
(*c*) POOR
(*d*) POUR

A. (*a*), (*c*), (*b*), (*d*)
B. (*b*), (*c*), (*d*), (*a*)
C. (*d*), (*b*), (*c*), (*a*)
D. (*a*), (*b*), (*d*), (*c*)

26. दिए गए चित्र में कितने त्रिभुज हैं?

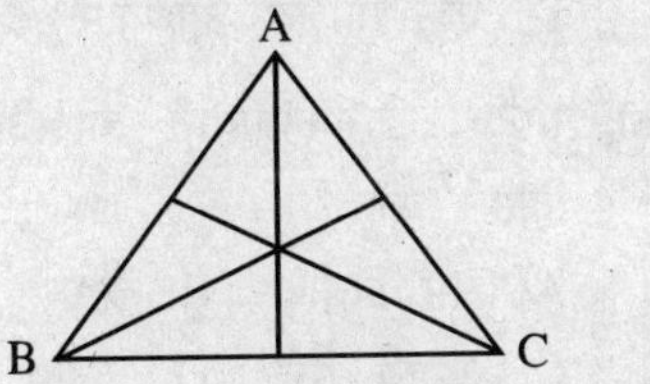

A. 6 B. 8
C. 12 D. 16

27. पाँच लड़कों की औसत आयु 15 वर्ष है। यदि समूह में एक और लड़का जुड़ जाए, तो औसत आयु 6 माह बढ़ जाती है। नए लड़के की आयु कितनी है?

A. 17 वर्ष
B. 18 वर्ष
C. 19 वर्ष
D. 20 वर्ष

28. पाँच पुस्तकें A, B, C, D और E इस प्रकार रखी हैं कि A, D के नीचे और B से ऊपर है। B, E और D से ऊपर है पर C के नीचे। कौन-सी पुस्तक बीच में है?

A. A B. B
C. C D. D

29. निम्नलिखित श्रेणी में कौन-सी संख्या अनुपस्थित है?

5376412, 537641, 37641, ______, 764, 76

A. 3764
B. 7641
C. 5376
D. 76412

30. A, B के पिता की पत्नी के अकेले भाई का पुत्र है। A का B से क्या सम्बन्ध है?

A. भाई B. मामा
C. ममेरा भाई D. भतीजा

23. D	24. B	25. B	26. D	27. B	28. A	29. A	30. A

खण्ड-III : शैक्षिक एवं सामान्य चेतना

31. प्राचीन भारत में निम्नलिखित में से कौन चिकित्साशास्त्र (मेडिसिन) से सम्बद्ध नहीं है?

A. सुश्रुत B. चरक
C. धन्वन्तरि D. भास्कराचार्य

32. पिछड़े वर्गों का उत्थान किसका मुख्य कार्यक्रम था?

A. प्रार्थना सभा
B. आर्य समाज
C. रामकृष्ण मिशन
D. सत्य शोधक समाज

33. निम्नलिखित में से कौन-सा क्षेत्र 1857 के विद्रोह से प्रभावित नहीं था?

A. झाँसी B. जगदीशपुर
C. चित्तौड़ D. लखनऊ

34. भारत में सबसे प्राचीन वंश निम्नलिखित में से कौन-सा है?

A. मौर्य वंश B. चोल वंश
C. गुप्त वंश D. पल्लव वंश

35. अन्तर्राष्ट्रीय समझौते को प्रभाव देने हेतु कानून बनाने के लिए भारतीय संविधान का कौन-सा अनुच्छेद संसद को शक्तिशाली बनाता है?

A. अनुच्छेद 249
B. अनुच्छेद 250
C. अनुच्छेद 252
D. अनुच्छेद 253

36. भारत के संविधान ने भारतीय संघ की योजना को किस देश के संविधान से लिया?

A. यू.एस.ए. B. कनाडा
C. आयरलैण्ड D. यू.के.

37. भारतीय संविधान में कितनी अनुसूचियाँ हैं?

A. 11 B. 12
C. 13 D. 14

38. सरकारिया आयोग का गठन किनके बीच सम्बन्धों की समीक्षा करने के लिए किया गया था?

A. प्रधानमंत्री और राष्ट्रपति
B. विधायिका और कार्यपालिका
C. कार्यपालिका और न्यायपालिका
D. केन्द्र और राज्य

39. राज्य के नीति निदेशक तत्व हैं:

A. न्यायसंगत (जस्टीसिएबल)
B. गैर-न्यायसंगत (नॉन-जस्टीसिएबल)
C. अर्ध-न्यायसंगत (क्वासी-जस्टीसिएबल)
D. एक मौलिक अधिकार

40. राष्ट्रीय ज्ञान आयोग की अध्यक्षता किसने की?

A. सैम पित्रोदा B. डी.एस. कोठारी
C. अमर्त्य सेन D. अजीम प्रेमजी

31. D	**32.** D	**33.** C	**34.** A	**35.** D
36. B	**37.** B	**38.** D	**39.** B	**40.** A

41. भारतीय स्वतंत्रता संघ/लीग का गठन किसके द्वारा किया गया था?
A. रास बिहारी बोस
B. एस.एम. जोशी
C. जय प्रकाश नारायण
D. अरुणा आसफ अली

42. महात्मा गांधी ने सविनय अवज्ञा आंदोलन के लिए प्रेरणा किससे प्राप्त की?
A. थूरो B. रस्किन
C. कन्फ्यूशियस D. टॉलस्टॉय

43. भारत में ए.बी.सी. योजना कब शुरू की गई?
A. 2020 B. 2022
C. 2021 D. 2023

44. भारत में बड़े पैमाने पर कॉफी की कौन-सी किस्म उगाई जाती है?
A. ओल्ड चिक्स B. कूर्ग (Coorgs)
C. अरेबिका D. केन्ट्स

45. भारत में किस पर्वत में सबसे पुरानी चट्टानें हैं?
A. हिमालय
B. अरावली
C. इंडो-गंगा का मैदान (इन्डो-गंगेटिक प्लेन)
D. शिवालिक

46. हिमालय पर्वत प्रणाली (हिमालयन माउंटेन सिस्टम) का सम्बन्ध निम्नलिखित में से किससे है?
A. वलित पर्वत B. ज्वालामुखी पर्वत
C. काला पर्वत D. अरावली

47. निम्नलिखित में से भारत में कौन-सा सबसे लम्बा बाँध है?
A. भाखड़ा नांगल बाँध
B. हीराकुड बाँध
C. नागार्जुन सागर बाँध
D. तुंगभद्रा बाँध

48. एम.ओ.ओ.सी. (MOOC) का पूर्ण रूप क्या है?
A. मैसिव ऑफिस ऑनलाइन कोर्सेज
B. मैसिव ओपेन ऑनलाइन कोर्सेज
C. मॉडर्न ऑनलाइन ऑफिस कोर्सेज
D. मैसिव ओपेन ऑफलाइन कोर्सेज

49. एन.ई.पी., 2020 प्रस्तावित करती है कि अधिगम को होना चाहिएः
A. अनुस्मरण (रिकाल) आधारित
B. अनुभवात्मक
C. पाठ्य-पुस्तक केन्द्रित
D. परीक्षोन्मुख

50. सामान्य नमक (कॉमन साल्ट) समुद्री जल से किस प्रक्रिया द्वारा प्राप्त किया जाता है?
A. ऊर्ध्वपातन B. वाष्पीकरण
C. क्रिस्टलीकरण D. निस्यंदन

51. सबसे गहरा महासागर कौन-सा है?
A. आर्कटिक B. अटलांटिक
C. प्रशान्त D. हिन्द

41. A	42. A	43. C	44. C	45. B	46. A
47. B	48. B	49. B	50. B	51. C	

52. राष्ट्रीय शिक्षा नीति, 2020 का उद्देश्य 2035 तक उच्च शिक्षा में सकल नामांकन अनुपात को कितने प्रतिशत तक बढ़ाना है?
A. 50% B. 35%
C. 26.3% D. 40%

53. भारत में दशमलव सिक्का प्रणाली कब आरम्भ की गई?
A. 1950 B. 1957
C. 1947 D. 1960

54. भारत में भूमि का कितना भाग वनाच्छादित है?
A. 1/5वाँ B. 1/4वाँ
C. 1/3वाँ D. 2/5वाँ

55. एम.ओ.ओ.सी (MOOC) किसके विचार पर बनाया गया है?
A. समूह अधिगम
B. समसमूह (Peer) अधिगम
C. वेब आधारित अधिगम
D. सहयोगी अधिगम

खण्ड-IV : शिक्षण-अधिगम एवं विद्यालय

56. कक्षाकक्ष में शिक्षक को वैयक्तिक भिन्नताओं का निराकरण किस प्रकार करना चाहिए?
A. मानसिक आयु के आधार पर विद्यार्थियों को विभाजित करना/बाँटना
B. प्रत्येक विद्यार्थी की सबलताओं और दुर्बलताओं को जानना
C. विभिन्न विद्यार्थियों की रुचियों, क्षमताओं और आवश्यकताओं के अनुसार पाठ्यचर्या को डिजाइन करना
D. शिक्षण की एकल पद्धति को अपनाना

57. एन.ई.पी., 2020 के अनुसार 'माध्यमिक' स्तर पर कौन-सी कक्षाएँ शामिल हैं?
A. कक्षा 6 से 9
B. कक्षा 9 से 12
C. कक्षा 6 से 8
D. कक्षा 11 और 12

58. "समय-सारणी (Timetable) में दो निरन्तर/क्रमागत कालांशों में एक ही विषय नहीं रखना चाहिए।" समय-सारणी निर्माण करने के निम्नलिखित में से किस सिद्धान्त से यह कथन सम्बन्धित हैं?
A. लचीलेपन (Elasticity) का सिद्धान्त
B. विषयों के सापेक्ष महत्व का सिद्धान्त
C. न्याय का सिद्धान्त
D. विविध का सिद्धान्त (Principle of Variety)

52. A **53.** B **54.** B **55.** C **56.** C **57.** B **58.** D

59. निम्नलिखित में से कौन-सा शिक्षार्थी की अधिगम प्रक्रिया को प्रभावित नहीं करता है?

A. अभिप्रेरणा (Motivation)

B. अधिगम के लिए इच्छा (Desire for learning)

C. बुद्धि (Intelligence)

D. सामाजिक मान्यता (Social recognition)

60. समूह गतिकी (Group dynamics) को केवल किसके द्वारा समझा जा सकता है?

A. पुस्तक-पठन

B. नोट लेना (Note-taking)

C. सहयोगी कार्य (Collaborative work)

D. आत्म-चिन्तन (Self-reflection)

61. निम्नलिखित क्रियाकलापों में से कौन-सा मूर्त अनुभव (Concrete experience) का उदाहरण है?

A. समानताएँ/समरूपतायें (Analogies)

B. क्षेत्र भ्रमण (Field visit)

C. स्व-चिन्तन/आत्म-चिन्तन (Self-thinking)

D. परिचर्चा

62. यदि आप बच्चों में प्रेक्षण करने की क्षमता को बढ़ाना चाहते हैं, तो निम्नलिखित में से किसे संस्तुत करेंगे?

A. इन्द्रियों को तीव्र करना (Sharpening the senses)

B. विषय में रुचि विकसित करना

C. एक मॉडल तैयार करना

D. मानसिक शक्तियों (Mental faculties) को प्रशिक्षित करना

63. देश में शिक्षक शिक्षा के नियोजन एवं संयोजन में शामिल शीर्ष संस्था कौन-सी है?

A. यू.जी.सी.

B. एन.सी.टी.ई.

C. एन.सी.ई.आर.टी.

D. आर.सी.आई.

64. निम्नलिखित में से कौन-सी विधि विद्यार्थियों में संज्ञानात्मक, भावनात्मक और शारीरिक विकास विकसित करती है?

A. प्रदर्शन विधि (Demonstration method)

B. व्याख्यान विधि (Lecture method)

C. खेल विधि (Play-way method)

D. अन्वेषण/खोज विधि (Heuristic method)

65. एक उद्दीपन के प्रति प्रतिक्रिया करने के निम्नलिखित में से कौन-सी क्षमता/योग्यता (Ability) व्यक्ति को विभिन्न उपागमों/दृष्टिकोणों (Approaches) के प्रयोग करने में सहायता करती है?

A. प्रवाह (Fluency)

B. लचीलापन (Flexibility)

C. मौलिकता (Originality)

D. विस्तार (Elaboration)

59. D **60.** C **61.** B **62.** A **63.** B **64.** C **65.** B

66. परख (PARAKH) का अर्थ है:
A. Performance Assessment Review and Analytical Knowledge for Holistic Development
B. Peer Assessment Review and Analysis of Knowledge for Holistic Development
C. Performance Assessment Review and Analysis of Knowledge for Holistic Development
D. Peer Assessment Retention and Analysis of Knowledge for Holistic Development

67. एक नया पाठ आरम्भ करने से पहले शिक्षक अपने शिक्षार्थियों को ब्रेनस्टोर्मिंग में शामिल करता/करती है। इसका प्रयोजन है:
A. शिक्षार्थियों को उत्साहित/क्रियाशील करना
B. शिक्षार्थियों के पूर्व ज्ञान का आकलन करना
C. कक्षाकक्ष में शिक्षार्थियों को अनुशासित करना
D. कक्षाकक्ष में नीरसता को कम करना

68. 'अपशिष्ट प्रबन्धन' (Waste Management) शीर्षक के बारे में शिक्षक शिक्षार्थियों से विचारों पर तीव्रता से सोचने के लिए कहता है और उनसे अपने विचारों को नोटबुक में लिखने के लिए भी कहता/कहती है। वह किस प्रकार फोकस कर रहा/रही है?
A. ब्रेनस्टोर्मिंग B. नोट-टेकिंग
C. ड्रिल D. जर्नल-लेखन

69. एक शिक्षक कक्षा तीन के विद्यार्थियों के लिखित निष्पादन का विश्लेषण करता है और यह महसूस करता है कि 80% विद्यार्थी एक अंक के गुणा/गुणन ठीक से करने में सक्षम नहीं रहे। शिक्षण के किस चरण में यह क्रियाकलाप/गतिविधि घटित होगी?
A. पूर्व-शिक्षण चरण
B. परिचयात्मक शिक्षण चरण
C. शिक्षण चरण
D. उत्तर-शिक्षण चरण (Post-teaching phase)

70. ए.बी.सी. (ABC) का अर्थ है:
A. Academic, Business and Community
B. Antecedent, Behaviour and Consequence
C. Academic Bank of Credit
D. Accountability Basics and Control

71. शिक्षकों के लिए राष्ट्रीय डिजिटल ढाँचा (नेशनल डिजिटल इन्फ्रास्ट्रक्चर) प्रदान करने वाला पोर्टल है:
A. डी.आई.के.एस.एच.ए. (DIKSHA)
B. एस.एच.आई.के.एस.एच.ए. (SHIKSHA)
C. जी.वाई.ए.एन. (GYAN)
D. एस.एच.ए.के.टी.आई. (SHAKTI)

66. C **67.** B **68.** A **69.** D **70.** C **71.** A

72. निम्नलिखित में से कौन-सा शिक्षण के लक्ष्य से सम्बन्धित है?
A. विद्यार्थियों की सहभागिता सुनिश्चिता करना
B. ज्ञान प्रदान करना
C. व्यवहार में वांछनीय परिवर्तन लाना
D. सूचना प्रदान करना

73. निम्नलिखित में से किस कौशल में पूर्व ज्ञान का परीक्षण आता है?
A. प्रस्तावना कौशल (Skill of introduction)
B. प्रदर्शन कौशल (Skill of demonstration)
C. उद्दीपन परिवर्तन कौशल (Skill of stimulus variation)
D. समापन कौशल (Skill of closure)

74. एक विशिष्ट शिक्षण कौशल के साथ लघु रूप में शिक्षण (Teaching in miniature) जहाँ पर कि इसे कक्षा के समय और कार्य के आकार में कम किया जाता है, जाना जाता है:
A. वृहद्-शिक्षण (Macro-teaching)
B. सहयोगी शिक्षण (Collaborative teaching)
C. समूह शिक्षण (Team teaching)
D. सूक्ष्म-शिक्षण (Micro-teaching)

75. तात्कालिक वातावरण में दूसरों का प्रेक्षण कर नये व्यवहारों और अनुभवों के अर्जन पर निम्नलिखित में से कौन-सा सिद्धान्त फोकस करता है?
A. व्यवहारपरक सिद्धान्त
B. सामाजिक अधिगम सिद्धान्त
C. संज्ञानात्मक सिद्धान्त
D. मनोसामाजिक सिद्धान्त

76. विद्यालय प्रभाविता से सम्बन्धित निम्नलिखित में से कौन-सा कठिन मुद्दा है?
A. उत्तम अभिवृत्ति का विकास करना
B. नेतृत्व शैली
C. उपयुक्त कौशलों का विकास करना
D. नीतियाँ

77. विद्यालयों में सांस्कृतिक गतिविधियाँ/क्रियाकलाप आयोजित करने का निम्नलिखित में से कौन-सा उद्देश्य है?
A. स्वतंत्र चिन्तन विकसित करना
B. बोध कौशल विकसित करना
C. राष्ट्रीय एकता को बढ़ावा देना
D. एक शीर्षक से सम्बन्धित सन्दर्भों का पता लगाना

78. संचयी अभिलेख (Cumulative record card) का उदारहण है:
A. शिक्षार्थी अभिलेख
B. शिक्षक अभिलेख
C. समस्त स्टॉफ अभिलेख
D. स्टॉफ बैठक अभिलेख

72. C **73.** A **74.** D **75.** B **76.** D **77.** C **78.** A

79. शिक्षकों के व्यावसायिक विकास से सम्बन्धित निम्नलिखित में से कौन-सा नहीं है?

A. विषय-वस्तु की प्रवीणता

B. शिक्षा में अभिनव प्रवृत्तियों को जानना

C. उच्च वेतन प्राप्त करना

D. शिक्षाशास्त्र (Pedagogy) को समझना

80. शिक्षण व्यवसाय में शिक्षकों को प्रशिक्षित करने वाले शिक्षकों की गुणवत्ता किस गुणवत्ता कारक से सम्बन्धित है?

A. सन्दर्भ कारक (Context factor)

B. प्रक्रिया कारक (Process factor)

C. उत्पाद कारक (Product factor)

D. अभिशासन कारक (Governance factor)

भाग-B

खण्ड-V : विषय सक्षमता (*i*) विज्ञान

81. रासायनिक अभिक्रिया हुई है, यह निर्धारित करने के लिए निम्नलिखित में से कौन सहायता करेगा?

A. अवस्था में परिवर्तन

B. रंग में परिवर्तन

C. गैस का विकास (Evolution)

D. ये सभी

82. सबसे तन्य धातु है:

A. सोना B. लोहा

C. ताँबा D. एल्यूमिनियम

83. यशदीकरण/यशदलेपन (Galvanisation) स्टील और लोहे को जंग लगने से बचाने की विधि है जिसमें उन पर किसकी एक पतली परत लगाई जाती है?

A. चाँदी

B. जिंक (Zinc)

C. एल्युमिनियम

D. सीसा (Lead)

84. अम्लीय घोल/विलयन का pH मान (pH वैल्यू) है:

A. 7 से कम B. 7 से ज्यादा

C. 0 D. 7

85. अधिकांश कार्बन यौगिक (Compounds) विद्युत धारा के ________ चालक हैं।

A. बहुत अच्छे/सुचालक

B. अच्छे

C. खराब

D. बहुत खराब

79. C **80.** B **81.** D **82.** A **83.** B **84.** A **85.** C

86. ईथेन की संरचना है:

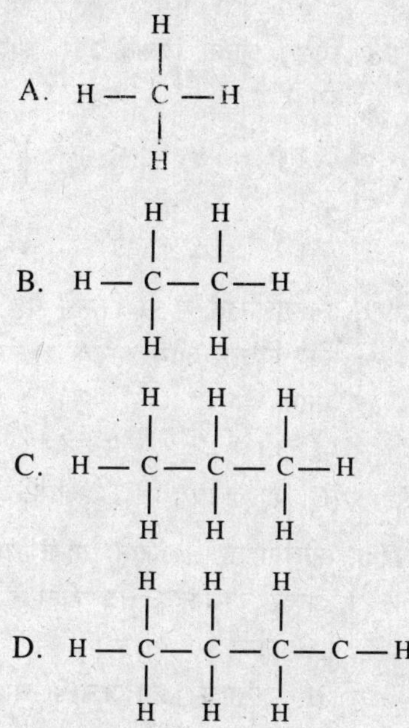

87. मानव प्राणियों में पोषण-नाल/अन्ननाल (Alimentary canal) का सबसे लम्बा भाग है:

A. बड़ी आँत

B. छोटी आँत

C. भोजन-नलिका/ग्रासनली

D. यकृत

88. पौधे/पादप के एरियल अंगों (Aerial parts) से वाष्प के रूप में जल की क्षति को जाना जाता है:

A. वाष्पोत्सर्जन

B. प्रकाश-संश्लेषण

C. श्वसन

D. अवशोषण/अवचूषण

89. रक्त शर्करा स्तर को नियमित करने वाला हॉर्मोन है:

A. टेस्टोस्टेरॉन B. एड्रेनालाईन

C. इंसुलिन D. ग्रोथ हॉर्मोन

90. निम्नलिखित में से कौन-सा पादप हॉर्मोन (Plant hormone) है?

A. इंसुलिन B. थाइरॉक्सीन

C. एस्ट्रोजन D. साइटोकाइनिन

91. पुष्प के प्रजनन अंग हैं:

A. पंखुड़ी और बाह्य दल

B. पंखुड़ी और पुष्प-केसर

C. पुष्प-केसर और पुष्प-योनि/स्त्रीकेसर

D. बाह्य दल और पुष्प-योनि/स्त्रीकेसर

92. मानव शरीर कोशिका में गुणसूत्रों (Chromosomes) के जोड़ों की संख्या है:

A. 46 B. 23

C. 69 D. 92

93. गोलीय दर्पण (Spherical mirror) की वक्रता त्रिज्या (R) और फोकस दूरी (Focal length) (F) के मध्य सम्बन्ध है:

A. R = 2F B. R = 3F

C. R = 4F D. R = 5F

94. अवतल दर्पण द्वारा बनने वाले प्रतिबिम्ब की प्रकृति आभासी और सीधा होती है, जब वस्तु को रखा जाता है:

A. अनन्त पर

B. C पर

D. C और F के बीच

D. P और F के बीच

86. B **87.** B **88.** A **89.** C **90.** D **91.** C **92.** A **93.** A **94.** C

95. _______ से पीड़ित व्यक्ति नजदीक की वस्तुओं को स्पष्ट रूप से देख सकता है लेकिन दूर की वस्तुओं को साफतौर पर नहीं देख सकता है।

A. निकट दृष्टि दोष (Myopia)
B. दूरदृष्टि-दोष (Hypermetropia)
C. दूरदृष्टिता (Far-sightedness)
D. जरा दूरदृष्टि (Presbyopia)

96. सूर्य के प्रकाश के ______ के कारण तारा टिमटिमाता है।

A. विक्षेपण (Dispersion)
B. अपवर्तन (Refraction)
C. विवर्तन (Diffraction)
D. व्यतिकरण (Interference)

97. एक परिपथ में विद्युत प्रवाह को मापने के लिए प्रयोग किया जाने वाला उपकरण है:

A. वोल्टमीटर
B. तुंगतामापी (Altimeter)
C. एम्मापी/ऐमीटर (Ammeter)
D. पवन-वेग-मापी (Anemometer)

98. विद्युत् शक्ति किसके द्वारा व्यक्त की जाती है?

A. $P = VI$ B. $P = \frac{V}{I}$
C. $P = \frac{I}{V}$ D. $P = VR$

99. निम्नलिखित में से किसने यह दर्शाया कि विद्युत् और चुम्बकत्व सम्बन्धित घटना है?

A. बोह्र B. लॉरेंज
C. हाइजेनबर्ग D. ओर्स्टेड

100. सोलेनाइड से जाने वाली धारा के अन्दर चुम्बकीय क्षेत्र होता है:

A. शून्य
B. अन्त की ओर जाने पर घटता हुआ
C. समान
D. असमान

(ii) गणित

101. 6 से भाग देने योग्य प्रथम 40 धनात्मक पूर्णांकों का योग होगा?

A. 4120
B. 4720
C. 4920
D. 5120

102. 12 संख्याएँ निम्नवत् हैं:

10, 13, 18, 22, 12, 24, 27, 22, 28, 30, 34, 36

इनकी माध्यिका होगी:

A. 22 B. 24
C. 23 D. 27

103. प्रथम व तीसरे चतुर्थांश के अन्तर को 2 से भाग देने पर प्राप्त होता है:

A. मध्यमान विचलन
B. चतुर्थांश विचलन
C. मानक विचलन
D. मानक त्रुटि

95. A	**96.** B	**97.** C	**98.** A	**99.** D
100. C	**101.** C	**102.** C	**103.** B	

104. जब मध्यमान < माध्यिका हो, तब वक्र होता है:

A. नकारात्मक झुकाव वाला

B. सकारात्मक झुकाव वाला

C. बारम्बारता वक्र

D. सामान्य सम्भाव्यता वक्र

105. $(1 + \tan\theta + \sec\theta)(1 + \cot\theta - \operatorname{cosec}\theta)$ का मान होगा:

A. –1 B. 0

C. 1 D. 2

106. एक बिन्दु एक टॉवर के आधार से 30 मी. दूर है, वहाँ से टॉवर के शीर्ष का उन्नयन कोण 30° है। टॉवर की ऊँचाई है:

A. $10\sqrt{3}$ मी. B. $\frac{10}{\sqrt{3}}$ मी.

C. $8\sqrt{3}$ मी. D. $\frac{8}{\sqrt{3}}$ मी.

107. दो समरूप त्रिभुजों की भुजाओं का अनुपात 4 : 9 है। उनके क्षेत्रफलों का अनुपात होगा:

A. 81 : 16

B. 16 : 81

C. 4 : 9

D. 2 : 3

108. राम और श्याम एक कार्य को अलग-अलग करते हुए क्रमशः 9 दिनों तथा 12 दिनों में पूरा करते हैं। यदि दोनों साथ कार्य करें, तो कार्य कितने दिनों में पूर्ण होगा?

A. $5\frac{1}{2}$ दिन

B. $10\frac{1}{2}$ दिन

C. $7\frac{1}{3}$ दिन

D. $8\frac{2}{3}$ दिन

109. एक घड़ी का चिन्हित मूल्य ₹ 720 था। जिसे एक व्यक्ति ने दो बार छूट प्राप्त करके ₹ 550.80 में खरीदा। यदि पहली छूट 10% थी, तो दूसरी छूट कितने प्रतिशत की है?

A. 11% B. 13%

C. 14% D. 15%

110. एक शंक्वाकार टेंट, जिसका व्यास 14 मी. तथा ऊँचाई 4.5 मी. हो, खड़ा किया जाना है। यदि कपड़े की पार्श्व भुजा 6 मी. हो, तो कितना कपड़ा चाहिए होगा?

A. 132 वर्ग मी.

B. 180 वर्ग मी.

C. 208 वर्ग मी.

B. 120 वर्ग मी.

111. दशमलव के दो स्थानों तक सही मान क्या होगा?

$$\frac{0.0343 \times 2.92 \times 49}{146 \times 0.07 \times 4.9}$$

A. 0.09 B. 0.10

C. 0.11 D. 0.08

104. A **105.** D **106.** A **107.** B **108.** A **109.** D **110.** A **111.** A

112. 108 मी. लम्बी एक रेलगाड़ी 50 किमी./घंटा की गति से विपरीत दिशा से आती 112 मी. लम्बी रेलगाड़ी को 6 सेकण्ड में पार कर लेती है। दूसरी रेलगाड़ी की गति क्या होगी?

A. 52 किमी./घण्टा

B. 62 किमी./घण्टा

C. 72 किमी./घण्टा

D. 82 किमी./घण्टा

113. एक विद्यार्थी के एक परीक्षा में 300 अंक हैं, जिसमें न्यूनतम उत्तीर्णांक 40% है। यदि उसके 20 अंक और आते, तो वह असफल नहीं होता। परीक्षा का पूर्णांक क्या है?

A. 700 B. 750
C. 800 D. 850

114. एक धनराशि जो 5 वर्ष में 2% वार्षिक के साधारण ब्याज से ₹ 1,331 हो गई, वह क्या है?

A. ₹ 1,210 B. ₹ 1,100
C. ₹ 1,300 D. ₹ 1,250

115. सबसे बड़ी संख्या जो किन्हीं दो जुड़वाँ अभाज्य संख्याओं के योग को बराबर विभाजित करती है, वह है:

A. 1 B. 2
C. 4 D. 8

116. एक व्यक्ति का वेतन पहले 20% बढ़ाया गया, फिर 15% घटाया गया, तो कुल परिवर्तन होगा:

A. 2% कमी B. 2% बढ़ोत्तरी
C. 3% बढ़ोत्तरी D. 3% कमी

117. तीन वर्ष पूर्व एक परिवार के 5 सदस्यों की औसत आयु 27 वर्ष थी, परिवार में एक बच्चा जुड़ जाने के बाद परिवार के सदस्यों की औसत आयु अभी भी 27 वर्ष है। बच्चे की वर्तमान आयु क्या है?

A. 15 वर्ष B. 10 वर्ष
C. 11 वर्ष D. 12 वर्ष

118. एक थैले में काली और सफेद गेंदें 3 : 1 के अनुपात में हैं। यदि हम 5 काली गेंदें जोड़ दें और 5 सफेद गेंदें निकाल लें, तो अनुपात 5 : 1 हो जाता है। प्रारम्भ में सफेद गेंदों की क्या संख्या थी?

A. 10 B. 15
C. 20 D. 25

119. एक पिता की आयु पुत्र की आयु से 4 गुना है। पाँच वर्ष बाद पिता की आयु पुत्र की आयु की 3 गुनी होगी। अभी पिता की क्या आयु है?

A. 36 वर्ष B. 40 वर्ष
C. 44 वर्ष D. 48 वर्ष

120. दो अंकों की एक संख्या 50 से छोटी है। यदि अंकों का योग 13 और अन्तर 5 हो, तो संख्या होगी:

A. 27 B. 38
C. 49 D. 16

112. D	**113.** C	**114.** A	**115.** C	**116.** B
117. D	**118.** B	**119.** B	**120.** C	

(*iii*) सामाजिक विज्ञान

121. 'ए हिस्ट्री ऑफ ब्रिटिश इण्डिया' पुस्तक का लेखक कौन है?
A. जेम्स मिल
B. रुडयार्ड किपलिंग
C. राबर्ट ओरमा
D. फजल, खान चन्गावी

122. बम्बई में किस वर्ष पहली सूती कपड़ा मिल स्थापित हुई?
A. 1834 B. 1844
C. 1854 D. 1864

123. किस शासक को 'देवानांप्रिय' और 'प्रियदर्शी' कहा जाता था?
A. बिन्दुसार B. अशोक
C. चन्द्रगुप्त D. बृहद्रथ

124. भारत में शिक्षा की पहली राष्ट्रीय नीति कब आयी?
A. 1967 B. 1968
C. 1969 D. 1970

125. भारत का संविधान कब लागू हुआ?
A. 15 अगस्त, 1948
B. 26 नवम्बर, 1949
C. 5 दिसम्बर, 1949
D. 26 जनवरी, 1950

126. शिक्षा का अधिकार अधिनियम, 2009 में उच्च प्राथमिक स्तर पर सुझाया गया शिक्षक-छात्र अनुपात है:
A. 35 : 1 B. 30 : 1
C. 25 : 1 D. 40 : 1

127. निम्नलिखित में से कौन-सी उत्तर प्रदेश की सर्वाधिक लोकप्रिय शास्त्रीय नृत्य शैली है?
A. कुचीपुड़ी B. भरतनाट्यम्
C. कथक D. कथकली

128. निम्नलिखित में से कौन-सी पर्वत शृंखला भारत में सबसे पुरानी है?
A. हिमालय B. अरावली
C. काराकोरम D. सतपुड़ा

129. सतपुड़ा शृंखला की सबसे ऊँची चोटी है?
A. गुरुशिखर B. पचमढ़ी
C. महेन्द्रगिरि D. धूपगढ़

130. निम्नलिखित में से कौन-सी नदी एशिया में सबसे लम्बी है?
A. यांग्तजे B. गंगा
C. ब्रह्मपुत्र D. सिन्धु

131. नीति आयोग का अध्यक्ष कौन होता है?
A. उपराष्ट्रपति B. प्रधानमंत्री
C. वित्तमंत्री D. गृहमंत्री

132. निम्नलिखित में से कौन-सी एक आग्नेय चट्टान नहीं है?
A. बेसाल्ट B. हेलाइट
C. डायोनाइट D. ग्रेनाइट

121. A	**122.** C	**123.** B	**124.** B	**125.** D	**126.** A
127. C	**128.** B	**129.** D	**130.** A	**131.** B	**132.** B

133. एक मिश्रित अर्थव्यवस्था में:

A. आर्थिक समस्याओं का समाधान सरकारी विभाग करते हैं।

B. आर्थिक निर्णय निजी क्षेत्र व मुक्त बाजार द्वारा लिए जाते हैं।

C. आर्थिक समस्याओं का समाधान पूँजीपति करते हैं।

D. आर्थिक समस्याएँ सरकार व निजी क्षेत्र द्वारा मिलकर सुलझायी जाती हैं।

134. यदि किसी वस्तु की अतिरिक्त इकाइयों की खपत से संतुष्टि का स्तर कम होता है, तो ऐसी परिस्थिति को कहते हैं?

A. सीमान्त उपयोगिता का धुंधलापन (ह्रास)

B. स्वरुचि उपयोगिता

C. सीमान्त उपयोगिता में वृद्धि करना

D. शून्य सीमान्त उपयोगिता

135. किसी अर्थव्यवस्था में महँगाई को नियन्त्रित करने की सर्वाधिक उपयुक्त गणनात्मक विधि है:

A. नैतिक प्रोत्साहन

B. चयनित कर्ज नियन्त्रण

C. कैश रिजर्व रेशियो

D. बैंक रेट पॉलिसी

136. भारत के किस प्रथम शासक की सीमाएँ भारत से परे जाती थीं?

A. अशोक

B. कनिष्क

C. हर्षवर्धन

D. चन्द्रगुप्त मौर्य

137. चिपको आन्दोलन का प्रारम्भ किसने किया?

A. गौरी देवी

B. सुरक्षा देवी

C. चंडी भट्ट

D. सुन्दरलाल बहुगुणा

138. जब केवल कुछ वस्तुओं के लिए बहुत अधिक धन लगने लगे, तो यह महँगाई कहलाती है:

A. कॉस्ट-पुश इन्फ्लेशन

B. डिमांड-पुल इन्फ्लेशन

C. बिल्ट-इन इन्फ्लेशन

D. क्रीपिंग इन्फ्लेशन

139. भारत नागरिकता कानून कब लागू हुआ?

A. 1955 B. 1952

C. 1950 D. 1949

140. संसद से पारित कानून को निरस्त करने के लिए भारत के राष्ट्रपति को शक्ति कौन से 'वीटो' में प्रदान की गई है?

A. क्वालीफाइड वीटो

B. पॉकेट वीटो

C. एब्सोल्यूट वीटो

D. सस्पेन्सिव वीटो

133. D **134.** A **135.** C **136.** D **137.** D **138.** B **139.** A **140.** C

(*iv*) English

Directions (Qs. No. 141-145): *Choose the word that is nearest in meaning to the underlined word:*

141. The Roman Empire was overthrown by Nordic barbarians.
A. rude
B. aggressive
C. impolite
D. uncivilised

142. The captain bemoans the fact that his team lost again.
A. disagrees
B. hates
C. laments
D. criticizes

143. Her career reached its zenith in the 1990s.
A. end
B. side
C. middle
D. pinnacle

144. His ambition is to sail around the world.
A. plan
B. roadmap
C. desire
D. thought

145. The talks have failed. There seems to be no way out of this impasse.
A. obstacle
B. indecision
C. stalemate
D. rough patch

Directions (Qs. No. 146-150): *In each of the following group of words, only one of them is correctly spelt. Select the one with the correct spelling:*

146. A. embarrassment
B. embarasment
C. embbarrasment
D. emmbarasment

147. A. reccomend
B. rreccomend
C. recommend
D. recomend

148. A. pronunciation
B. pronounciation
C. pronnuounciation
D. prrounciation

149. A. supercede
B. supperceed
C. superrcede
D. supersede

150. A. amateur
B. amature
C. ematurre
D. emature

141. D	**142.** C	**143.** D	**144.** C	**145.** C
146. A	**147.** C	**148.** A	**149.** D	**150.** A

Directions (Qs. No. 151-154): *Choose the word that is opposite in meaning to the underlined word:*

151. The animal body decided to be kind to animals in its vicinity.
A. soft B. happy
C. hard D. cruel

152. The teacher asked the boy to be polite.
A. sad B. rude
C. quiet D. smart

153. His article in the newspaper got adverse comments.
A. intolerable
B. harmful
C. favourable
D. evil

154. The tourists got an incredulous view of the Taj Mahal in moonlight.
A. believable B. unlikely
C. shaky D. laughable

Directions (Qs. No. 155 & 156): *Pick out the most appropriate word from the given alternatives to complete the sentence:*

155. The baby bird was restless as it was _______.
A. fed B. abandoned
C. rejected D. killed

156. We all agreed after dinner, Shobha had organised a _______ evening.
A. proficient
B. magnificent
C. major
D. big

Directions (Qs. No. 157-160): *Choose the correct answer:*

157. Which of the following novels is written by R.K. Narayan?
A. Malgudi Days
B. The Flight of the Pigeons
C. Train to Pakistan
D. Anand Math

158. The author of the series on 'Harry Potter' is:
A. H.G. Wells
B. Roald Dahl
C. J.K. Rowling
D. Harry Potter

159. Who is the author of the famous book, 'Alice in Wonderland'?
A. Anita Desai
B. William Shakespeare
C. Lewis Carroll
D. Premchand

160. Ruskin Bond has written the following in the famous Rusty Series:
A. Wings of Fire
B. The Namesake
C. The Room on the Roof
D. The Blue Umbrella

151. D	152. B	153. C	154. A	155. B
156. B	157. A	158. C	159. C	160. C

(v) हिन्दी

निर्देश (प्रश्न संख्या 161 से 165 तक): *निम्नलिखित गद्यांश को पढ़कर उसके आधार पर पूछे गए प्रश्नों के उत्तर दीजिए।*

"यदि हमारे वृक्ष स्वस्थ हैं, तो निश्चित मानिए हम भी स्वस्थ हैं। हमें प्राणवायु वृक्षों से ही मिलती है। हम उन्हें कार्बन डाइऑक्साइड देते हैं और वे बदले में हमें ऑक्सीजन देते हैं जो हमारे जीवन की हर क्रिया के लिए आवश्यक है। हमारे स्वास्थ्य का हर बिन्दु ऑक्सीजन की उपलब्धता से अनुप्राणित है, यह वैज्ञानिक प्रामाणिकता है। यदि हम आस-पास खड़े वृक्षों की रक्षा की जिम्मेदारी अपने कंधों पर उठा लें, तो निश्चित मानिए हमने अपने स्वास्थ्य को लंबे समय तक स्वस्थ रखने की गारंटी प्राप्त कर ली है। वृक्षों की रक्षा में ही हमारे जीवन की सुरक्षा का राज छिपा है। कहा जाता है कि एक स्वस्थ मन हजारों सोने के सिंहासनों से कहीं अधिक मूल्यवान होता है क्योंकि स्वस्थ मन ही स्वस्थ देश की रचना करने में समर्थ है। कुत्सित विचारों वाले लोग अपना जीवन तो चला सकते हैं, किन्तु समाज और देश को नहीं चला सकते।

161. गद्यांश का उचित शीर्षक चुनिए :
A. वृक्षों का जीवन
B. जीवन में वृक्षों की महत्ता
C. स्वस्थ समाज का निर्माण
D. वृक्ष और आत्म-निर्भरता

162. हमारा स्वास्थ्य वृक्षों पर निर्भर है, क्योंकि ये :
A. पर्यावरण को शुद्ध रखते हैं।
B. हमें फल देते हैं।
C. प्राणवायु देते हैं
D. छाया देते हैं।

163. हमारे स्वास्थ्य का हर बिन्दु अनुप्राणित है :
A. ऑक्सीजन की उपलब्धता से
B. कार्बन डाइऑक्साइड की उपलब्धता से
C. पेड़-पौधों से
D. श्वासों से

164. हजारों सिंहासनों से कहीं अधिक मूल्यवान है :
A. हमारा जीवन B. एक स्वस्थ मन
C. हरियाली D. स्वस्थ पर्यावरण

165. स्वस्थ रहने की गारंटी है :
A. स्वस्थ देश की रचना
B. दुनिया के समस्त वृक्षों की रक्षा
C. अपना जीवन मर्जी से जीना
D. अपने आस-पास के पेड़ों की रक्षा

166. अव्ययीभाव समास किसमें है?
A. निस्सन्देह B. गंगाजल
C. पुष्प D. सीताराम

161. B **162.** C **163.** A **164.** B **165.** D **166.** A

167. 'कोई' विशेषण है :
A. परिमाणवाचक विशेषण
B. गुणवाचक विशेषण
C. सार्वनामिक विशेषण
D. इनमें से कोई नहीं

168. 'काली घटा का घमंड घटा' में अलंकार है :
A. श्लेष अलंकार
B. यमक अलंकार
C. अनुप्रास अलंकार
D. अर्थालंकार

169. दोहे का उल्टा छंद है :
A. बरवै B. सोरठा
C. रोला D. चौपाई

170. 'आँख' का तत्सम रूप है :
A. लोचन B. चक्षु
C. नेत्र D. अक्षि

171. 'अंगुली' का तद्भव रूप कौन-सा है?
A. अंगुल B. अंगुठा
C. उंगली D. अंगुलीनी

172. 'प' वर्ग का अंतिम व्यंजन है :
A. फ B. म
C. ब D. न

173. 'अक्ल का दुश्मन' मुहावरे का सही अर्थ है :
A. शत्रु
B. मित्र
C. मूर्खता से काम करने वाला
D. समझदार

174. 'जो माँस खाता है' के लिए उपयुक्त शब्द है :
A. हिंसावादी B. सर्वभक्षी
C. सामिष D. निरामिष

175. निम्नलिखित में से देशज शब्द है :
A. किशन B. गड़बड़
C. हिमालय D. परिवार

176. 'आलस्य' शब्द का विशेषण है :
A. आलसी B. आलस्य
C. आलसीपन D. आलस

177. शुद्ध शब्द है :
A. ईतिहासिक
B. इतिहासिक
C. अतिहासिक
D. ऐतिहासिक

178. देवनागरी लिपि में लिखी जाती है :
A. हिन्दी B. अंग्रेजी
C. पंजाबी D. उर्दू

179. 'अधिकतम' शब्द का विलोम होगा :
A. सर्वाधिक
B. न्यूनतम
C. थोड़ा नम
D. थोड़ा अधिक

180. 'रंगभूमि' किसकी रचना है?
A. मुंशी प्रेमचन्द
B. जयशंकर प्रसाद
C. महादेवी वर्मा
D. मोहन राकेश

167. C	**168.** B	**169.** B	**170.** D	**171.** C	**172.** B	**173.** C
174. C	**175.** B	**176.** A	**177.** D	**178.** A	**179.** B	**180.** A

व्याख्यात्मक उत्तर

1. **(A):** दिए गए अनुच्छेद के लिए उपयुक्त शीर्षक "बच्चों को खेलने की आवश्यकता है, प्रतिस्पर्धा की नहीं।

गद्यांश में लेखक बच्चों की खेलकूद की गतिविधियों और उन पर लादे गए जीतने का दबाव की परिपाटी से चिंतित है। उसका मानना है कि उच्च रूप से संगठित प्रतिस्पर्धी खेल अक्सर प्रौढ़ मानदण्डों पर खेले जाते हैं, जो बच्चों के लिए विकासात्मक रूप से अनुपयुक्त हैं, साथ ही शारीरिक और मनोवैज्ञानिक रूप से हानिप्रद भी क्योंकि बहुत से बच्चे प्रतिस्पर्धा करने के पहले ही संगठित खेलों से बाहर आ जाते हैं। ये बच्चे खेल का आनंद लेने, सीखने के लिए नहीं बल्कि किसी बोर्ड या संगठन के लिए वृति के तौर पर लेते हैं। उन पर मैच जीतने का अग्रिम दबाव होता है। चूंकि जीतना और हारना प्रौढ़ जीवन का अभिन्न अंग हो सकता है परंतु उसे किसी बचपन का हिस्सा नहीं होना चाहिए।

2. **(A):** पूरे अनुच्छेद में लेखक खेल, बचपन और प्रतिस्पर्धा पर अपना तार्किक विचार प्रस्तुत किया है। लेखक उन स्थितियों पर दुख प्रकट कर रहा है कि किस प्रकार खेल के माध्यम से बच्चों की शारीरिक और मानसिक गतिविधियाँ अवरूद्ध हो रही हैं। यहाँ लेखक बचपन को लेकर पूरी परिस्थिति का तार्किक विवेचन कर रहा है।

3. **(D):** लेखक का प्राथमिक उद्देश्य खेल में आनन्द से है। बच्चों में आनन्द की परिपाटी कैसे गायब होती जा रही, इस पर लेखक चर्चा करता है कि एक पेशेवर खिलाड़ी के लिए प्राथमिक लक्ष्य जीतना, बच्चों के लिए उपयुक्त नहीं है। बच्चों के लिए खेल का लक्ष्य मजे करना, सीखना और दोस्तों के साथ रहना होना चाहिए। यद्यपि जीतना भी आनन्दप्रद होता है। अध्ययन में जब यह पूछा गया कि वे जीतने वाली टीम के बेंच का हिस्सा बनना पसंद करेंगे या एक लगातार हारने वाली टीम से खेलना? आश्चर्य है कि 90% बच्चों ने दूसरे वाले विकल्प को चूना। इससे स्पष्ट है कि अधिकांश बच्चों की इच्छा खेल में आनन्द व सीखने से है।

4. **(C):** प्रतिस्पर्धा के कारण बहुत से बच्चे संगठित खेलों से बाहर हो जाते हैं, वे भविष्य के खिलाड़ी या प्रशंसक, दोनों के निर्माण में वास्तव में विपरीत उत्पादी हैं और अंततः इनमें प्रतिस्पर्धा और जीतने पर जोर रहता है। यहाँ खिलाड़ी की उस मनोस्थिति की पड़ताल

है जहाँ पर पेशेवर होकर खेलने की कला और उद्देश्य दोनों से ही वंचित रह जाता है। यहाँ 'विपरीत उत्पादी' का आशय अप्रभावी होने से है।

5. (B): अवतरण में बच्चों पर जीतने का दबाव और इच्छा के विपरीत कार्य करने को लेकर लेखक चिंतित है। अक्सर यह भी देखा जाता है कि कई सारे अभिभावक और प्रशिक्षक अपनी असफलताओं की परिपूर्ति अपने प्रशिक्षु और संतानों से करवाना चाहते हैं। इससे बच्चे के ऊपर एक अतिरिक्त दबाव होता है। बच्चे की इच्छा न रहने के बावजूद उसे वह कार्य करना पड़ता है। इससे बच्चे की उत्पादकता तो क्षीण होती ही है वह मनोवैज्ञानिक दबाव में भी होता है। दिए गए प्रश्न का अभिप्राय बच्चे की इसी परिस्थिति से है जहाँ बच्चा अपने अभिभावक का सपने पूरा करते-करते अपना बचपन तो खोता ही है अंततः निष्क्रियता तथा अवसाद का भी शिकार हो जाता है।

6. (B): पैराग्राफ-2 खेलते समय लगने वाली चोट तथा वेबसाइट और स्पोटर्स रियलिटी के दावों से सम्बन्धित है। इसमें लियोनार्ड कॉपेट, स्पोटर्स रियलिटी का मानना है कि एक घुमावदार गेंद को फेंकने में बारह वर्षीय बच्चा अपनी विकसित हो रही भुजाओं और कंधे की माँसपेशियों पर अतिरिक्त तनाव डालता है, जो कभी-कभी जीवनपर्यन्त बनी रहने वाली चोटों में बदल सकता है। इस अंश में लगने वाली चोटों की चिंता तो है परन्तु खेलों को खेलने से बच्चों का विकास रूक जाएगा–इसका उल्लेख नहीं है।

7. (C): न्यूयार्क टाइम्स के पूर्व खेल संपादक मार्टिन रावलोवस्की कहते हैं कि जितने भी वर्ष उन्होंने छोटे बच्चों को प्रतिस्पर्धी खेल खेलते देखा है, उनमें से बहुत कम को मुस्कुराते देखा है। संपादक का मानना है कि ये बच्चे खेल आरम्भ होने से पहले ही भारी तनाव में होते हैं। उनके ऊपर जीतने का दबाव होता है। इसी तरह जब एक शोध किया गया तो 90% बच्चों का मानना था कि वे लगातार हारने वाली टीम का हिस्सा बनेंगे। पैराग्राफ-3 के माध्यम से लेखक सुझाता है कि ये बच्चे दबाब या तनाव रहित होकर हार-जीत की चिंता से परे आनन्द और सीखने के लिए खेलना चाहते हैं।

8. (A): पैराग्राफ-3 के आरम्भ में ही लेखक का मानना है कि शारीरिक क्षतियों एवं तनावों के अतिरिक्त, प्रतिस्पर्धी खेल, बच्चों के लिए मनोवैज्ञानिक खतरे भी उत्पन्न करते हैं। चूँकि अभिभावकों एवं प्रशिक्षकों का अपने प्रशिक्षुओं/अभ्यर्थियों से यह भारी उम्मीद रहती है कि उनके

अभ्यर्थी को सफल होना ही है। यहाँ सफल होने का आशय 'जीतने' से है। यह जीत लेने का भूत अभ्यर्थी के मस्तिष्क पर हावी हो जाता है, जिससे उनके कौशल पर नकारात्मक प्रभाव पड़ता है। प्रश्न में 'मनोवैज्ञानिक खतरा' का सम्बन्ध इसी अवास्तविक परिणाम से है।

9. **(C):** जिन शब्दों के माध्यम से क्रिया अथवा कर्म का बोध होता है क्रियावाचक संज्ञा कहे जाते हैं। जैसे– व्यायाम करने से सेहत का लाभ होता है। जीतना और हारना, प्रौढ़ जीवन का अभिन्न अंग है।

10. **(B):** प्रस्तुत अवतरण प्रतिस्पर्धा और दबाव के कारण बच्चों में नकारात्मक प्रभाव से सम्बन्धित है। अवतरण में सहयोग होना तथा सम्पर्कीय खेल के दुष्प्रभाव के साथ-साथ खेल में आनन्द का उल्लेख है, परंतु प्रतिस्पर्धात्मक खेल में मात्र कुछ बच्चों की भागीदारी होती है, वास्तविकता भले ही कुछ और हो परंतु लेखक इस बात की चर्चा नहीं करता।

11. **(C):** 169 : 26

$\Rightarrow \sqrt{169} \times 2 = 13 \times 2 = 26$

$\therefore$ 361 : ?

$\Rightarrow \sqrt{361} \times 2 = 19 \times 2 = 38$

अतः, 169 : 26 : : 361 : $\boxed{38}$

अतः, ? = 38.

12. **(C):** 11 : 122

$\Rightarrow 11 \times 11 + 1$

$= 121 + 1$

$= 122$

$\therefore$ 17 : ?

$\Rightarrow 17 \times 17 + 1$

$= 289 + 1$

$= 290$

अतः, 11 : 122 : : 17 : $\boxed{290}$.

13. **(D):** CDE : WVU

⇒ C D E

↓ ↓ ↓

W V U

C + W = 26

D + V = 26

E + U = 26

और KLM : ?

⇒ K L M

↓ ↓ ↓

P O N

K + P = 27

L + O = 27

M + N = 27

$\therefore$ CDE : WVU : : KLM : $\boxed{\text{PON}}$

यहाँ, ? = PON.

14. **(B):** ACEG : NPRT

⇒ A C E G

+13↓ +13↓ +13↓ +13↓

N P R T

$\therefore$ BDFH : ?

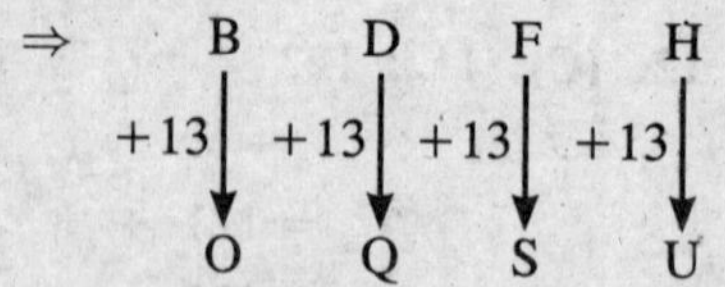

∴ ACEG : NPRT : :

BDFH : OQSU

अतः, ? = OQSU

15. (B):

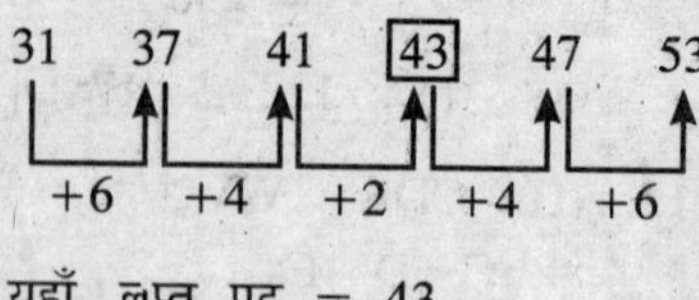

यहाँ, लुप्त पद = 43

16. (B):

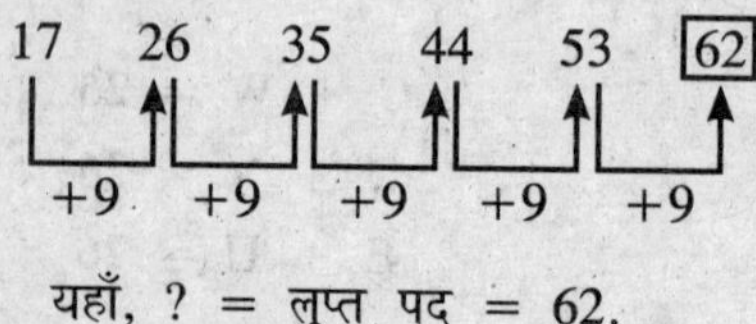

यहाँ, ? = लुप्त पद = 62.

17. (A):

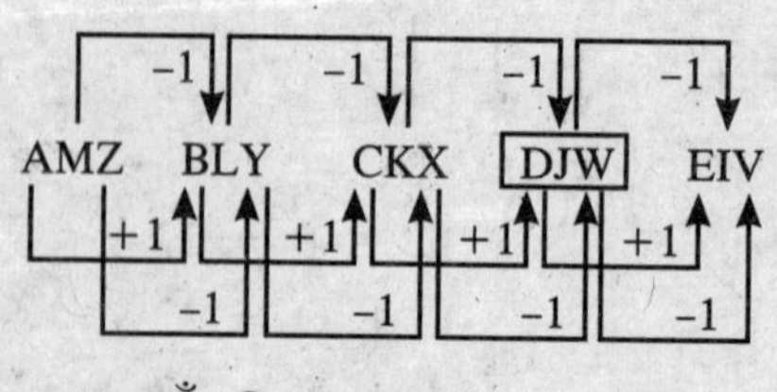

यहाँ, ? = लुप्त पद = DJW.

18. (D):

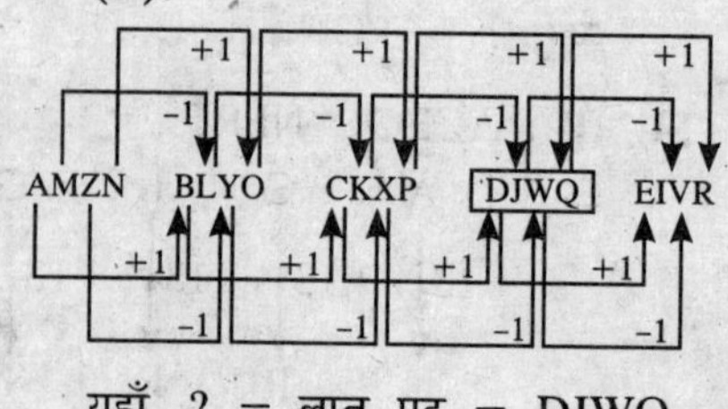

यहाँ, ? = लुप्त पद = DJWQ.

19. (B): दिया है,

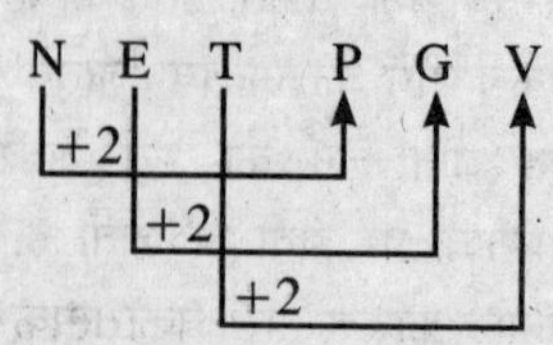

और

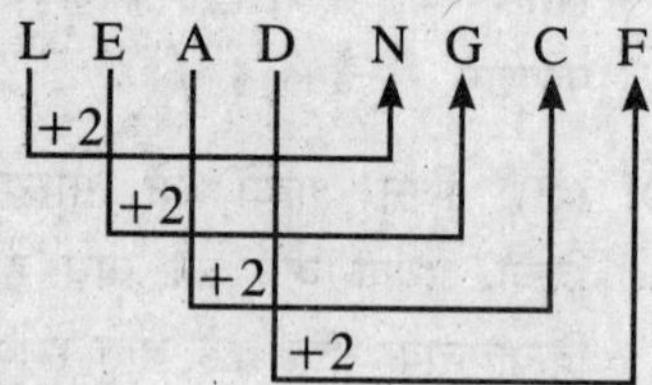

इसी प्रकार,

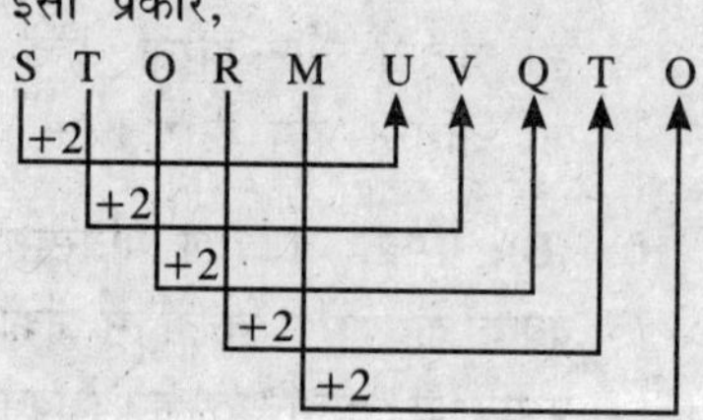

∴ STORM का कूट रूप UVQTO होगा।

20. (D): दिया है, NO ⇒ ON

ARE ⇒ ERA

(विपरीत क्रम में अक्षर)

इसी प्रकार, RAMA ⇒ AMAR

∴ RAMA का कूट रूप AMAR होगा।

21. (A): दिया है, 234 का कूट रूप 345 है।

⇒ 345 – 234 = 111

और 514 का कूट रूप 625 है

⇒ 625 – 514 = 111

इसी प्रकार,

$4273 - 1111 = 3162$

$\Rightarrow \quad 4273 - 3162 = 1111$

$\therefore$ 4273 का कूट रूप 3162 होगा।

22. (D): दिया है, P E A K और

P → 5, E → 2, A → 3, K → 6

P O R T

P → 5, O → 1, R → 4, T → 7

$\Rightarrow$ P = 5, E = 2, A = 3, K = 6,

O = 1, R = 4, T = 7

इसी प्रकार, O R P A T

O → 1, R → 4, P → 5, A → 3, T → 7

$\therefore$ ORPAT का कूट रूप 14537 होगा।

23. (D):

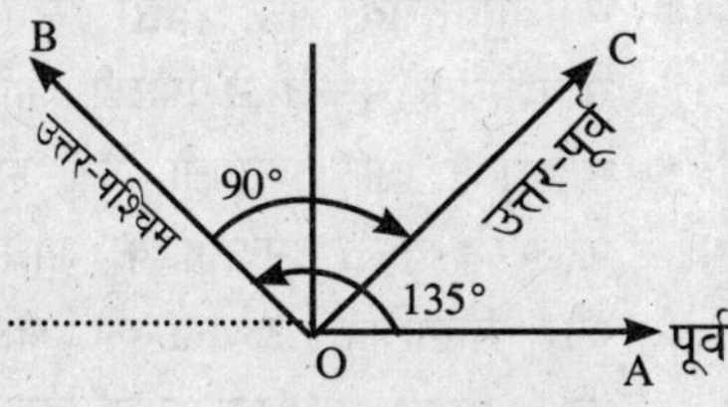

यहाँ, अभी वह उत्तर-पूर्व दिशा में घूम रहा है।

24. (B): यहाँ, O = लड़के का घर = प्रारंभिक बिंदू

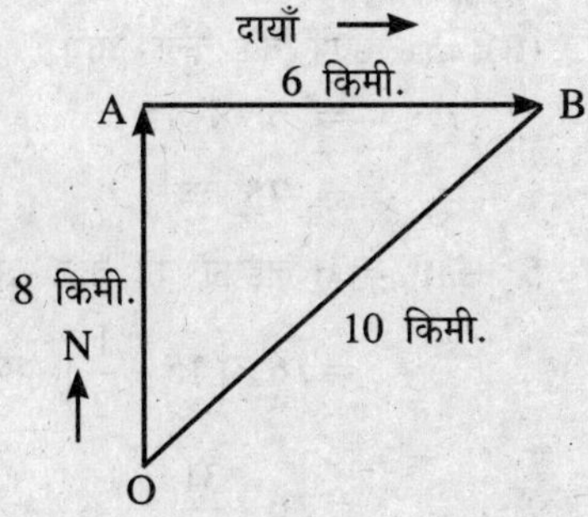

OA = 8 किमी., AB = 6 किमी.

$\therefore \quad OB = \sqrt{OA^2 + AB^2}$

$= \sqrt{8^2 + 6^2}$

$= \sqrt{64 + 36} = \sqrt{100}$

$=$ 10 किमी.

अतः, अब वह (B) अपने घर (O) से 10 किमी. दूर है।

25. (B): दिए गए शब्दः अंग्रेजी शब्दकोश के अनुसार,

PEAR → POOR → POUR → PURE

यहाँ, विकल्प (B) सही क्रम है।

26. (D):

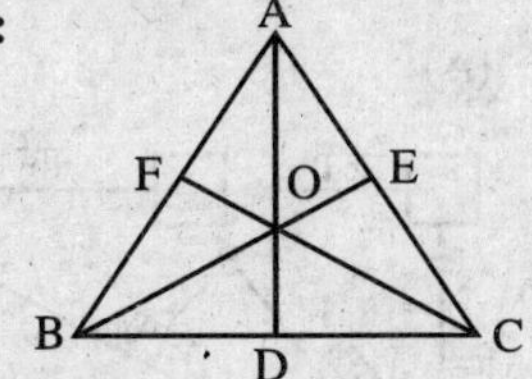

दिए गए चित्र में त्रिभुजः

ΔAOF, ΔBOF, ΔBOD, ΔCOD, ΔCOE, ΔAOE, ΔAOB, ΔBOC, ΔAOC, ΔABD, ΔACD, ΔBAE, ΔBCE, ΔCAF, ΔCBF, ΔABC

अतः, दिए गए चित्र में त्रिभुजों की कुल संख्या = 16 है।

27. (B): 5 लड़कों की कुल आयु

$= 5 \times 15$

$= 75$ वर्ष

5 + 1 = 6 लड़कों की कुल आयु

$= 6 \times \left(15 + \frac{1}{2}\right)$ वर्ष

$= 6 \times \frac{31}{2}$

$= 93$ वर्ष

$\therefore$ नए लड़के की आयु = 93 – 75 = 18 वर्ष।

28. (A): दिया है, 5 पुस्तकें इस प्रकार रखी हैं।

C

D

A — बीच का पुस्तक

B

E

यहाँ, पुस्तक-A बीच में है।

30. (A):

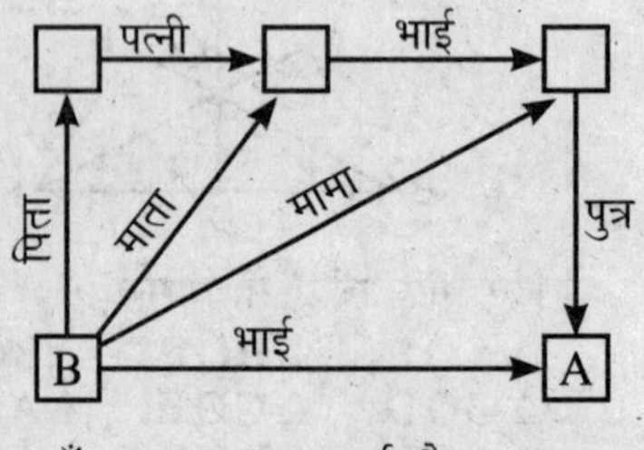

यहाँ, A, B का भाई है।

31. (D): भास्कराचार्य प्राचीन भारत में चिकित्सा से जुड़े नहीं थे। भास्कराचार्य एक प्रसिद्ध गणितज्ञ और खगोलशास्त्री थे जो 12वीं शताब्दी ईस्वी में विद्यमान थे। उन्होंने गणित में महत्वपूर्ण योगदान दिया, विशेषकर बीजगणित, कलन और ज्यामिति के क्षेत्र में। उनकी रचनाएँ, जैसे ''लीलावती'' और ''बीजगणित'', भारतीय गणित के इतिहास में प्रमुख रचना मानी जाती हैं। दूसरी ओर, सुश्रुत, चरक और धन्वंतरि सभी प्राचीन भारतीय चिकित्सा से सम्बद्ध थे। सुश्रुत को सर्जरी और चिकित्सा पर एक प्राचीन संस्कृत पाठ ''सुश्रुत संहिता'' का लेखक माना जाता है, जबकि चरक को आयुर्वेद के लिए जाना जाता है, 'चरक संहिता' चरक की रचना है। धन्वंतरि भी आयुर्वेद के आचार्य थे और माना जाता है कि उन्होंने आयुर्वेद विज्ञान की खोज की थी।

32. (D): सत्य शोधक समाज का मुख्य कार्यक्रम पिछड़े वर्गों का उत्थान था। भारत के महाराष्ट्र में 19वीं शताब्दी में ज्योतिराव फुले द्वारा स्थापित, सत्यशोधक समाज ने पिछड़ी जातियों, महिलाओं और किसानों जैसे हाशिए पर रहने वाले समुदायों के अधिकारों और सामाजिक उत्थान की वकालत की। समाज सुधारक और कार्यकर्ता फुले ने सामाजिक समानता और जाति-आधारित भेदभाव के उन्मूलन की पुरजोर वकालत की। सत्य शोधक समाज का उद्देश्य शिक्षा को बढ़ावा देना, सामाजिक सुधार को प्रोत्साहित

करना और उत्पीड़ित वर्गों को अपनी शिकायतें व्यक्त करने के लिए एक मंच प्रदान करके समकालीन भारतीय समाज में प्रचलित दमनकारी जाति व्यवस्था को चुनौती देना था। अपनी विभिन्न पहलों और अभियानों के माध्यम से, सत्यशोधक समाज ने पिछड़े वर्गों को सशक्त बनाने और अधिक न्यायपूर्ण और न्यायसंगत बनाने की मांग की।

33. (C): 1857 के विद्रोह से चित्तौड़ प्रभावित नहीं हुआ था। यद्यपि 1857 का विद्रोह, जिसे भारतीय विद्रोह या प्रथम स्वतंत्रता संग्राम के रूप में भी जाना जाता है, भारत के विभिन्न क्षेत्रों में फैल गया, तथापि इस अवधि के दौरान राजस्थान में कोई बड़ी विद्रोही गतिविधियाँ नहीं देखी गईं। विद्रोह मुख्य रूप से विभिन्न कारणों से भड़का, जिसमें ब्रिटिश शासन के प्रति आक्रोश, आर्थिक शोषण और सामाजिक और धार्मिक मुद्दे शामिल थे। हालाँकि, विद्रोह के दौरान चित्तौड़ अपेक्षाकृत शांत रहा, ऐतिहासिक दस्तावेजों में यहाँ विद्रोह या प्रतिरोध का कोई उल्लेखनीय उदाहरण दर्ज नहीं किया गया। इसके बजाय, 1857 का विद्रोह झाँसी, जगदीशपुर और लखनऊ जैसे क्षेत्रों में हुआ, जहाँ ब्रिटिश औपनिवेशिक शासन के खिलाफ बड़े विद्रोह के हिस्से के रूप में महत्वपूर्ण लड़ाई और विद्रोह हुए थे।

34. (A): मौर्य राजवंश भारत का सबसे पुराना राजवंश है, जिसकी स्थापना चंद्रगुप्त मौर्य ने की थी और यह 325-185 ईसा पूर्व तक अस्तित्व में था। मौर्य साम्राज्य पहला अखिल भारतीय साम्राज्य था, जो अधिकांश भारतीय क्षेत्रों में फैला था। इसे किसी भारतीय राजवंश द्वारा स्थापित किया गया अब तक का सबसे बड़ा साम्राज्य माना जाता है। मौर्य राजवंश की रा. जधानी पाटलिपुत्र थी, जो अशोक के अधीन अपने चरम पर पहुंच गया था।

35. (D): भारतीय संविधान का अनुच्छेद 253 संसद को ऐसे कानून बनाने का अधिकार देता है जो अन्तर्राष्ट्रीय समझौतों या संधियों के तहत भारत सरकार के दायित्वों को पूरा करने के लिए आवश्यक है। यह अनुच्छेद संसद को अन्तर्राष्ट्रीय संधियों या समझौतों से उत्पन्न मामलों पर कानून बनाने के लिए कानूनी आधार प्रदान करता है, तथा सुनिश्चित करता है कि भारत अपनी अन्तर्राष्ट्रीय प्रतिबद्धताओं का अनुपालन करता है। अनिवार्य रूप से, अनुच्छेद 253 भारत के घरेलू कानूनी ढांचे में अन्तर्राष्ट्रीय कानून के एकीकरण को सक्षम बनाता है, जिससे अन्य देशों के साथ किए गए समझौतों के कार्यान्वयन की अनुमति मिलती है। इस प्रावधान के माध्यम से संसद के पास ऐसे कानून पारित

करने की शक्ति है जो अन्तर्राष्ट्रीय संधियों की शर्तों के साथ संरेखित होते हैं और उन्हें लागू करते हैं, जिससे अन्तर्राष्ट्रीय मानकों और दायित्वों के साथ सहयोग और क्रियान्वयन की सुविधा मिलती है।

36. (B): भारत के संविधान ने अपने संघीय ढांचे के लिए कनाडा के संविधान से प्रेरणा ली। यह केंद्र और राज्य सरकारों के बीच शक्तियों का वितरण, राज्यों में राज्यपालों की नियुक्ति और राष्ट्रीय स्तर पर द्विसदनीय विधायिका की उपस्थिति से सम्बन्धित है। कनाडा की तरह, भारत ने एक संघीय ढांचे को अपनाया जो प्रत्येक के लिए स्वायत्तता को बनाए रखते हुए केंद्र सरकार और राज्य सरकारों दोनों को विशिष्ट शक्तियां आवंटित करता है। इसके अतिरिक्त, भारत की संसदीय प्रणाली, जिसमें राष्ट्रपति राज्य का प्रमुख होता है और प्रधानमंत्री सरकार का प्रमुख होता है, कनाडाई संविधान के प्रभावों को दर्शाता है। कुल मिलाकर, कनाडा से प्रभावित भारतीय संविधान की संघीय योजना का उद्देश्य एक मजबूत केंद्रीय प्राधिकरण की आवश्यकता के साथ संघवाद के सिद्धांतों को संतुलित करना, राष्ट्र के भीतर विविधता को समायोजित करते हुए एकता सुनिश्चित करना है।

37. (B): भारतीय संविधान में 12 अनुसूचियां शामिल हैं, जो शासन प्रशासन और अन्य महत्वपूर्ण मामलों के विभिन्न पहलुओं से संबंधित अतिरिक्त विवरण और जानकारी प्रदान करती हैं। इन अनुसूचियों में विषयों की एक विस्तृत शृंखला शामिल है, जिसमें राज्यसभा (संसद का ऊपरी सदन) में सीटों का आवंटन, विभिन्न संवैधानिक पदाधिकारियों के लिए परिलब्धियाँ और भत्ते, विभिन्न राज्यों और केंद्र शासित प्रदेशों में मान्यता प्राप्त आधिकारिक भाषाएँ और सार्वजनिक पदधारकों के लिए शपथ और प्रतिज्ञान शामिल है। इसके अतिरिक्त, आदिवासी क्षेत्रों के प्रशासन और आवंटन, अनुसूचित जातियों और जनजातियों की मान्यता और राज्यों और केंद्र शासित प्रदेशों के विधायी निकायों में सीटों के आवंटन के प्रावधानों जैसे मुद्दों को भी संबोधित करती हैं।

38. (D): भारत में केंद्र (केंद्र सरकार) और राज्यों (राज्य सरकारों) के बीच संबंधों की समीक्षा के लिए सरकारिया आयोग की स्थापना की गई थी। इसका गठन 1983 में न्यायमूर्ति राजिंदर सिंह सरकारिया की अध्यक्षता में भारत सरकार द्वारा किया गया था। सरकारिया आयोग का प्राथमिक उद्देश्य भारतीय संविधान में उल्लिखित केंद्र

और राज्य सरकारों के बीच शक्तियों और जिम्मेदारियों के वितरण का विश्लेषण और मूल्यांकन करना था। आयोग ने सहकारी संघवाद, प्रशासनिक सहयोग और राज्यों में राज्यपालों की भूमिका सहित केंद्र-राज्य संबंधों के विभिन्न पहलुओं का व्यापक अध्ययन किया। इसकी सिफारिशों का उद्देश्य भारतीय राजनीति की संघीय संरचना और अखंडता को बनाए रखते हुए संघ और राज्यों के बीच सहयोग को बढ़ाना था।

39. (B): राज्य के नीति निदेशक सिद्धांत (DPSP) न्यायालय में प्रवर्तनीय नहीं हैं। इसका मतलब यह है कि उन्हें अदालत के माध्यम से लागू नहीं कराया जा सकता है। हालाँकि, वे देश के शासन में मौलिक हैं और राज्य को कानून बनाते समय उन्हें लागू करना आवश्यक है। डीपीएसपी ऐसे आदर्श हैं जिन्हें राज्य को नीतियां बनाते समय और कानून बनाते समय ध्यान में रखना चाहिए। वे सकारात्मक निर्देश हैं। DPSP कानूनी रूप से बाध्यकारी नहीं हैं। अगर सरकार DPSP लागू नहीं करती है तो लोग अदालत में अपील नहीं कर सकते हैं।

40. (A): 2005 से 2009 तक सैम पित्रोदा की अध्यक्षता में राष्ट्रीय ज्ञान आयोग की स्थापना जून 2005 में प्रधानमंत्री डॉ. मनमोहन सिंह द्वारा की गई थी। यह आयोग भारत में ज्ञान से संबंधित संस्थानों और बुनियादी ढांचे में सुधार से संबंधित है। इस उच्च स्तरीय सलाहकार निकाय को नीतिगत सिफारिशें प्रदान करने का काम सौंपा गया था। सैम पित्रोदा के नेतृत्व में, आयोग ने सामाजिक-आर्थिक विकास को बढ़ावा देने और ज्ञान निर्माण और प्रसार की संस्कृति को बढ़ावा देने के लिए प्रौद्योगिकी और नवाचार का लाभ उठाने पर ध्यान केंद्रित किया। शिक्षा, अनुसंधान, नवाचार और सूचना प्रौद्योगिकी से संबंधित मामलों पर प्रधानमंत्री को सलाह देकर, आयोग का उद्देश्य ज्ञान-संचालित अर्थव्यवस्था और समाज के रूप में भारत की प्रगति में योगदान देना है।

41. (A): भारतीय स्वतंत्रता लीग की स्थापना 1942 में जापान में अपने निर्वासन के दौरान पश्चिम बंगाल में पैदा हुए एक क्रांतिकारी नेता रासबिहारी बोस ने की थी। बोस ने भारतीय स्वतंत्रता के लिए अपनी उत्कट इच्छा से प्रेरित होकर इस उद्देश्य से लीग की स्थापना की थी। लीग में बोस के नेतृत्व की विशेषता क्रांतिकारी गतिविधियों के प्रति उनकी दीर्घकालिक प्रतिबद्धता थी, जिसमें गदर पार्टी में उनकी भागीदारी और बाद में भारत में मृत्यु-दण्ड से बच जाना

शामिल था। हालाँकि अंततः उनका जापानियों के इरादों से मोहभंग हो गया, जिसके कारण 1943 में लीग से उनका मोहभंग हो गया। उनके प्रयासों ने सुभाष चंद्र बोस को नेतृत्व संभालने और भारतीय स्वतंत्रता की दिशा में लीग के मिशन को जारी रखने के लिए आधार तैयार किया।

42. (A): महात्मा गांधी ने सविनय अवज्ञा आंदोलन के लिए हेनरी डेविड थोरो के निबंध जिसका शीर्षक "सविनय अवज्ञा" था, से प्रेरणा ली। अन्यायपूर्ण कानूनों और सरकारी कार्रवाइयों के खिलाफ अहिंसक प्रतिरोध की वकालत करने वाले थोरो के विचार, गांधी के सत्याग्रह (सत्य-बल) और अहिंसा के दर्शन से गहराई से मेल खाते थे। "सविनय अवज्ञा" में, थोरो का तर्क है कि व्यक्तियों का नैतिक दायित्व है कि वे उन कानूनों का विरोध करें जिन्हें वे अन्यायपूर्ण मानते हैं, भले ही इसका मतलब अवज्ञा के परिणामों का सामना करना हो। गांधी, थोरो के सिद्धांतों से बहुत प्रभावित थे। उन्होंने दमनकारी औपनिवेशिक शासन को चुनौती देने के साधन के रूप में अहिंसक विरोध की शक्ति पर जोर देते हुए, उन्हें भारतीय स्वतंत्रता आंदोलन में अपनाया और लागू किया। इस प्रकार, थोरो के लेखन ने सविनय अवज्ञा के प्रति गांधी के दृष्टिकोण और भारतीय स्व-शासन की उनकी खोज को आकार देने में महत्वपूर्ण भूमिका निभाई।

43. (C): अकादमिक बैंक ऑफ क्रेडिट (एबीसी) योजना जुलाई 2021 में शुरू की गई थी। यह योजना राष्ट्रीय शिक्षा नीति (एनईपी) 2020 के तहत प्रस्तावित की गई थी। एबीसी योजना छात्रों को भारत में उच्च शिक्षण संस्थानों में अध्ययन करने में मदद करती है। यह संकाय को छात्रों द्वारा अर्जित क्रेडिट को प्रबंधित करने और जांचने में भी मदद करता है।

44. (C): अरेबिका बीन्स भारत के कॉफी की खेती में प्रमुख किस्म हैं, जो देश के कॉफी उत्पादन का 60% से अधिक है। कर्नाटक, केरल और तमिलनाडु के दक्षिणी राज्यों में फलने-फूलने वाली अरेबिका कॉफी को इसके हल्के स्वाद और सुगंध के लिए सराहा जाता है। यह किस्म इन राज्यों के ठंडे, पहाड़ी क्षेत्रों में पनपती है, जहाँ परिस्थितियाँ इसकी खेती के लिए अनुकूल हैं। अरेबिका कॉफी की नाजुक प्रकृति के कारण इसे अत्यधिक धूप से बचाने के लिए सावधानीपूर्वक खेती की पद्धतियों और छाया की आवश्यकता होती है। यह अपने विशिष्ट स्वाद और सुगन्ध के लिए प्रसिद्ध है।

45. **(B):** भारत के उत्तर-पश्चिमी हिस्से में फैली अरावली श्रृंखला, देश की सबसे पुरानी चट्टानों की श्रृंखला है। मुख्य रूप से आग्नेय और रूपांतरित चट्टानों से बनी अरावली महत्वपूर्ण भूवैज्ञानिक महत्व रखती है, जो भारतीय उपमहाद्वीप के प्रारंभिक इतिहास और गठन की अंतर्दृष्टि प्रदान करती है। लाखों वर्षों में, ये चट्टानें विभिन्न भूवैज्ञानिक प्रक्रियाओं से गुजरी हैं, जिनमें उत्थान, क्षरण और टेक्टोनिक गतिविधि शामिल हैं, जिससे क्षेत्र के परिदृश्य को आकार मिला है। यह एक अपशिष्ट पर्वत श्रृंखला का उदाहरण है।

46. **(A):** हिमालय पर्वत प्रणाली एक प्रकार का नवीन वलित पर्वत है। वलित पर्वत दुनिया में सबसे आम प्रकार के पर्वत हैं। इनका निर्माण दो टेक्टोनिक प्लेटों के टकराने के कारण अभिसारी सीमाओं पर होता है। हिमालय को युवा वलित पर्वत माना जाता है क्योंकि इसका निर्माण कुछ मिलियन वर्ष पहले ही हुआ है। हिमालय पर्वत श्रृंखला का निर्माण भारतीय प्लेट और यूरेशियन प्लेट के बीच टकराव के परिणामस्वरूप हुआ, जो 50 मिलियन वर्ष पहले शुरू हुआ और आज भी जारी है। हिमालय चीन, भूटान, नेपाल, भारत और पाकिस्तान की सीमाओं से होकर गुजरता है।

47. **(B):** हीराकुड बांध भारत का सबसे लंबा बांध है, जिसकी लंबाई 25.79 किलोमीटर है। यह दुनिया के सबसे लंबे बांधों में से एक है। हीराकुड बांध भारत के ओडिशा राज्य में महानदी पर स्थित है।

48. **(B):** एमओओसी का मतलब मैसिव ओपन ऑनलाइन कोर्स है। ये ऑनलाइन पाठ्यक्रम हैं जिनका उद्देश्य इंटरनेट के माध्यम से असीमित भागीदारी और खुली पहुंच उपलब्ध करवाना है। एमओओसी आमतौर पर बड़ी संख्या में शिक्षार्थियों को व्याख्यान, रीडिंग और असाइनमेंट जैसी पाठ्यक्रम सामग्री प्रदान करते हैं, जो अक्सर निःशुल्क होती है। वे एक लचीला शिक्षण वातावरण प्रदान करते हैं जहां प्रतिभागी इंटरनेट कनेक्शन के साथ कहीं से भी आसानी से पाठ्यक्रम सामग्री से जुड़ सकते हैं। एमओओसी ने भौगोलिक स्थिति या वित्तीय बाधाओं की परवाह किए बिना दुनिया भर के व्यक्तियों को उच्च गुणवत्ता वाले शिक्षण संसाधनों तक पहुंच प्रदान करके शिक्षा को लोकतांत्रिक बनाने की अपनी क्षमता के लिए लोकप्रियता हासिल की है। वे विश्वविद्यालयों, कॉलेजों और ऑनलाइन शिक्षण प्लेटफार्मों द्वारा पेश किए जाते हैं, जो विषयों और अनुशासनों की एक विस्तृत श्रृंखला को कवर करते हैं।

49. (B): राष्ट्रीय शिक्षा नीति (एनईपी) 2020 प्रस्तावित करता है कि सीखना अनुभवात्मक होना चाहिए। यह दृष्टिकोण व्यावहारिक, इंटरैक्टिव सीखने के अनुभवों पर जोर देता है जो छात्रों को सीधे सीखने की प्रक्रिया में संलग्न करता है। केवल रटने या स्मरण-आधारित मूल्यांकन पर ध्यान केंद्रित करने के बजाय, अनुभवात्मक शिक्षा छात्रों को गतिविधियों, प्रयोगों और वास्तविक दुनिया की परियोजनाओं में सक्रिय रूप से भाग लेने के लिए प्रोत्साहित करती है। सामग्री के साथ व्यावहारिक और गहन तरीके से जुड़कर, छात्र अवधारणाओं की गहरी समझ विकसित कर सकते हैं और महत्वपूर्ण सोच, समस्या-समाधान और संचार कौशल बढ़ा सकते हैं। एनईपी 2020 समग्र विकास को बढ़ावा देने और छात्रों को 21वीं सदी की चुनौतियों के लिए तैयार करने के लिए शिक्षा के सभी स्तरों पर अनुभवात्मक शिक्षा को एकीकृत करने की वकालत करता है।

50. (B): सामान्य नमक वाष्पीकरण की प्रक्रिया के माध्यम से समुद्री जल से प्राप्त किया जाता है। इस प्रक्रिया में समुद्री जल को नियंत्रित परिस्थितियों में वाष्पित होने देना शामिल है। जैसे-जैसे समुद्री जल का वाष्पीकरण होता है, पानी की मात्रा कम हो जाती है, जिससे घुले हुए लवण युक्त गाढ़ा नमकीन पानी शेष बच जाता है। समय के साथ, जैसे-जैसे वाष्पीकरण जारी रहता है, संतृप्ति बिंदु तक पहुंचने तक लवण की सांद्रता बढ़ती जाती है, जिससे नमक के क्रिस्टल बनते हैं। फिर इन नमक क्रिस्टलों को यांत्रिक तरीकों से काटा जाता है और परिष्कृत सामान्य नमक प्राप्त करने के लिए आगे संसाधित किया जाता है।

51. (C): प्रशांत महासागर पृथ्वी पर सबसे बड़ा और सबसे गहरा महासागर है, जो पृथ्वी ग्रह की सतह के लगभग एक तिहाई हिस्से को कवर करता है। इसमें दुनिया का आधे से अधिक मुक्त पानी मौजूद है और यह किसी भी अन्य महासागर की तुलना में अधिक समुद्री प्रजातियों का घर है। प्रशांत महासागर में विश्व की 70% मछली पकड़ी जाती है। प्रशांत महासागर उत्तर में आर्कटिक महासागर से लेकर दक्षिण में दक्षिणी महासागर तक फैला हुआ है। इसकी सीमा पश्चिम में एशिया और ओशिनिया और पूर्व में अमेरिका से लगती है। प्रशांत महासागर की औसत गहराई 4,000 मीटर (13,000 फीट) है।

52. (A): राष्ट्रीय शिक्षा नीति (एनईपी) 2020 का लक्ष्य 2035 तक उच्च शिक्षा में सकल नामांकन अनुपात (जीईआर) को 50% तक बढ़ाना है। यह महत्वाकांक्षी लक्ष्य उच्च शिक्षा तक

पहुंच बढ़ाने और यह सुनिश्चित करने की नीति पर बल देता है। जीईआर को 50% तक बढ़ाकर, एनईपी 2020 उच्च शिक्षा में समावेशिता और समानता को बढ़ावा देता है, जिससे हाशिए पर रहने वाले और वंचित पृष्ठभूमि के लोगों सहित अधिकतम व्यक्तियों को गुणवत्तापूर्ण उच्च शिक्षा संस्थानों तक पहुंच में सक्षम बनाया जा सके। इस लक्ष्य को प्राप्त करने के लिए नए विश्वविद्यालयों और कॉलेजों की स्थापना, मौजूदा संस्थानों का विस्तार, लचीले शिक्षण मार्गों को अपनाना, पहुंच और सामर्थ्य बढ़ाने के लिए डिजिटल प्रौद्योगिकियों को बढ़ावा देने सहित कई रणनीतियों को लागू करना शामिल है।

53. (B): अंग्रेजों से आजादी मिलने के दस साल बाद 1 अप्रैल, 1957 को भारत में दशमलव सिक्का प्रणाली को अपनाया गया। दशमलव मुद्रा प्रणाली में मुद्रा की प्रत्येक इकाई को 100 उप-इकाइयों में विभाजित किया जा सकता है। भारत का रुपया मूल्य और नामकरण में अपरिवर्तित रहा, लेकिन अब इसे 16 आने या 64 पैसे के बजाय 100 पैसे में विभाजित किया गया है। 1957 और 1964 के बीच ढाले गए सिक्कों पर "नया पैसा" लिखा हुआ था। 1 जून, 1964 को, "नया" शब्द हटा दिया गया और इस मूल्य-वर्ग को केवल "एक पैसा" कहा जाने लगा।

54. (B): भारत का 24.62% भौगोलिक क्षेत्र जंगलों और पेड़ों से ढका हुआ है। यह लगभग भारत के भूमि क्षेत्र के लगभग एक-चौथाई के बराबर है। वनों को समर्पित भूमि का यह महत्वपूर्ण हिस्सा भारत के पारिस्थितिकी तंत्र और पर्यावरण में वनों की महत्वपूर्ण भूमिका को रेखांकित करता है। वन जैव विविधता संरक्षण, कार्बन पृथक्करण, मृदा संरक्षण और जल विनियमन सहित कई पारिस्थितिक लाभ प्रदान करते हैं। इसके अतिरिक्त, वन आवश्यक संसाधन और पारिस्थितिकी तंत्र सेवाएं प्रदान करके स्वदेशी समुदायों सहित लाखों लोगों को आजीविका मुहैया कराते हैं। इसलिए, इस व्यापक वन आवरण के महत्व को पहचानते हुए, वर्तमान और भविष्य की पीढ़ियों के लिए भारत के वनों की सुरक्षा के लिए मजबूत संरक्षण उपायों और टिकाऊ वन प्रबंधन प्रथाओं को लागू करना अनिवार्य है।

55. (C): एमओओसी (मैसिव ओपन ऑनलाइन पाठ्यक्रम) वेब-आधारित शिक्षा के विचार पर बनाए गए हैं। ये पाठ्यक्रम एक साथ बड़ी संख्या में प्रतिभागियों तक शैक्षिक सामग्री पहुंचाने के लिए इंटरनेट-आधारित प्रौद्योगिकियों का लाभ उठाते हैं। एमओओसी प्लेटफार्मों के माध्यम से, शिक्षार्थी इंटरनेट कनेक्शन के साथ

कहीं से भी विभिन्न विषयों को कवर करने वाले पाठ्यक्रमों की एक विस्तृत श्रृंखला तक पहुंच सकते हैं। एमओओसी आमतौर पर शिक्षार्थियों को सीखने की प्रक्रिया में संलग्न करने के लिए वीडियो व्याख्यान, इंटरैक्टिव क्विज, चर्चा मंच और डाउनलोड करने योग्य संसाधनों जैसे मल्टीमीडिया का उपयोग करते हैं। एमओओसी की वेब-आधारित प्रकृति पहुंच और शेड्यूलिंग के मामले में लचीलेपन को सक्षम बनाती है, जिससे शिक्षार्थियों को अपनी गति से और अपनी व्यक्तिगत प्राथमिकताओं के अनुसार पाठ्यक्रम सामग्री के माध्यम से प्रगति करने की सुविधा मिलती है।

56. (C): शिक्षकों को पाठ्यक्रम को इस तरह से डिजाइन करने का प्रयास करना चाहिए जो विभिन्न छात्रों की विविध रुचियों, क्षमताओं और आवश्यकताओं को समायोजित कर सके। विभेदित निर्देश के रूप में जाना जाने वाला यह दृष्टिकोण, छात्रों की सीखने की शैलियों, प्राथमिकताओं और तैयारी के स्तर से मेल खाने के लिए शिक्षण रणनीतियों, सामग्री और गतिविधियों को तैयार करता है। विभिन्न शिक्षण विधियों को शामिल करके, सीखने के लिए कई रास्ते प्रदान करके, छात्रों की पसंद और स्वायत्तता के अवसर प्रदान करके, शिक्षक कक्षा में मौजूद व्यक्तिगत मतभेदों को प्रभावी ढंग से संबोधित कर सकते हैं। यह सुनिश्चित करता है कि सभी छात्रों को पाठ्यक्रम के साथ सार्थक तरीके से जुड़ने और शैक्षणिक सफलता प्राप्त करने का अवसर मिले।

57. (B): राष्ट्रीय शिक्षा नीति (एनईपी) 2020 के अनुसार, माध्यमिक चरण में कक्षा 9-12 शामिल हैं। माध्यमिक चरण को दो चरणों में विभाजित किया गया है, पहले चरण में कक्षा 9-10 और दूसरे में कक्षा 11-12। माध्यमिक चरण में 14-18 आयु वर्ग के बच्चे शामिल हैं। माध्यमिक स्तर पर पाठ्यक्रम छात्रों को व्यापक शिक्षा प्रदान करने के लिए डिजाइन किया गया है जो उन्हें उच्च शिक्षा, व्यावसायिक प्रशिक्षण या कार्यबल में प्रवेश के लिए तैयार करता है। इसका उद्देश्य अकादमिक और व्यावसायिक सफलता के लिए आवश्यक आलोचनात्मक सोच, समस्या-समाधान कौशल और विषय-विशिष्ट दक्षताओं को बढ़ावा देना है। इसके अतिरिक्त, माध्यमिक चरण छात्रों को विविध विषयों का पता लगाने और वैकल्पिक पाठ्यक्रमों या विशेष धाराओं के माध्यम से रुचि के क्षेत्रों को आगे बढ़ाने का अवसर प्रदान करता है, जिससे वे अपनी प्रतिभा और आकांक्षाओं को और अधिक विकसित करने में सक्षम होते हैं।

58. (D): समय सारणी निर्माण में विविधता के सिद्धांत का उद्देश्य लगातार पढ़ाए जाने वाले विषयों में विविधता सुनिश्चित करके छात्रों के बीच एकरसता और थकान को रोकना है। यह सिद्धांत मानता है कि किसी एक विषय या टॉपिक पर लंबे समय तक ध्यान केंद्रित करने से छात्रों का ध्यान और जुड़ाव कम हो सकता है। विषयों और गतिविधियों को वैकल्पिक करके, शिक्षक पूरे स्कूल के दिन छात्रों की रुचि और प्रेरणा बनाए रखने में मदद कर सकते हैं। उदाहरण के लिए, लगातार अवधियों में विभिन्न विषयों की गतिविधियों को शेड्यूल करने से छात्रों को अपना ध्यान स्थानांतरित करने और विभिन्न संज्ञानात्मक कौशल का उपयोग करने, मानसिक थकान को रोकने और समग्र सीखने के अनुभवों को बढ़ाने में सुविधा मिलती है।

59. (D): सामाजिक मान्यता मुख्य रूप से बाहरी प्रेरणा के रूप में कार्य करती है, जिसका अर्थ है कि यह आंतरिक इच्छाओं के बजाय बाहरी स्रोतों से उत्पन्न होती है। हालांकि यह कुछ मामलों में भागीदारी और प्रयास को प्रोत्साहित कर सकता है, लेकिन यह सीखने में शामिल संज्ञानात्मक प्रक्रियाओं को सीधे प्रभावित नहीं करता है। पूरी तरह से सामाजिक मान्यता से प्रेरित शिक्षार्थी विषय वस्तु में वास्तविक रुचि के बजाय बाहरी मान्यता को प्राथमिकता दे सकते हैं, जिससे संभावित रूप से सीखने की कला विकसित करने या अर्जित ज्ञान को आंतरिक बनाने की उनकी क्षमता में बाधा आ सकती है। इसके अतिरिक्त, केवल सामाजिक मान्यता जैसे बाह्य कारकों पर निर्भर रहने से सतही समझ या सामग्री के साथ सतही जुड़ाव हो सकता है, क्योंकि शिक्षार्थी अपनी समझ को गहरा करने के बजाय दूसरों की अपेक्षाओं को पूरा करने पर अधिक ध्यान केंद्रित कर सकते हैं।

60. (C): समूह की गतिशीलता, समूह के सदस्यों के बीच बातचीत और संबंधों को सहयोगात्मक कार्य के माध्यम से सबसे अच्छी तरह से समझा जा सकता है। सहयोगात्मक गतिविधियों में शामिल होने से व्यक्तियों को कार्रवाई में समूह की गतिशीलता का प्रत्यक्ष अनुभव और अवलोकन करने की अनुमति मिलती है। समूह परियोजनाओं, चर्चाओं और समस्या-समाधान कार्यों में भागीदारी के माध्यम से, व्यक्ति यह देख सकते हैं कि विभिन्न व्यक्तित्व, संचार शैली और नेतृत्व दृष्टिकोण समूह के कामकाज और परिणामों को कैसे प्रभावित करते हैं। इसके अतिरिक्त, सहयोगात्मक कार्य व्यक्तियों को समूह की गतिशीलता में सक्रिय रूप से योगदान करने और

आकार देने के अवसर प्रदान करता है, जिससे समूह व्यवहार को संचालित करने वाले कारकों की गहरी समझ को बढ़ावा मिलता है। सहयोगात्मक गतिविधियों में संलग्न होकर, व्यक्ति न केवल समूह की गतिशीलता में अंतर्दृष्टि प्राप्त करते हैं बल्कि विभिन्न व्यक्तिगत, शैक्षणिक और व्यावसायिक मामलों में प्रभावी सहयोग के लिए आवश्यक टीम वर्क और पारस्परिक कौशल भी विकसित करते हैं।

61. (B): एक क्षेत्र का दौरा एक मूर्त अनुभव का उदाहरण है, जिसमें वास्तविक जीवन की स्थितियों या घटनाओं के साथ प्रत्यक्ष सम्बन्ध शामिल है। किसी क्षेत्र के दौरे के दौरान, व्यक्तियों को भौतिक वातावरण से जुड़ने, प्राकृतिक या मानव निर्मित संरचनाओं का निरीक्षण करने, लोगों के साथ बातचीत करने और प्रत्यक्ष अवलोकन के माध्यम से आँकड़े या जानकारी एकत्र करने का अवसर मिलता है। यह व्यावहारिक दृष्टिकोण व्यक्तियों को मूर्त और अनुभवात्मक तरीके से अवधारणाओं या विषयों का पता लगाने, उनकी समझ को गहरा करने और वास्तविक दुनिया के संदर्भों में सैद्धांतिक ज्ञान के अनुप्रयोग को सुविधाजनक बनाने की अनुमति देता है। फील्ड दौरे शिक्षार्थियों के सैद्धांतिक अवधारणाओं को व्यावहारिक अनुभवों के साथ जोड़ने, उनके सीखने के परिणामों को बढ़ाने और विषय वस्तु के लिए गहरी समझ को बढ़ावा देने के अवसर प्रदान करते हैं।

62. (A): बच्चों में निरीक्षण करने की क्षमता बढ़ाने के लिए इंद्रियों को तेज करने की सलाह दी जाती है। इसमें दृष्टि, श्रवण, स्पर्श, स्वाद और गंध सहित संवेदी क्षमताओं को उत्तेजित और परिष्कृत करना शामिल है। बच्चों को प्रकृति की खोज, प्रयोग करने या व्यावहारिक गतिविधियों में भाग लेने जैसे संवेदी-समृद्ध अनुभवों में शामिल होने के अवसर प्रदान करके, उनके अवलोकन कौशल को विकसित किया जा सकता है। बच्चों को अपने आस-पास की दुनिया को समझने और व्याख्या करने के लिए सक्रिय रूप से अपनी इंद्रियों का उपयोग करने के लिए प्रोत्साहित करना न केवल उनकी अवलोकन क्षमताओं को बढ़ाता है बल्कि जिज्ञासा, आलोचनात्मक सोच और वैज्ञानिक जांच को भी बढ़ावा देता है। इसके अतिरिक्त, बच्चों को संवेदी इनपुट से अवगत कराने से उनके अवधारणात्मक क्षितिज का विस्तार करने में मदद मिलती है, जिससे उन्हें उन विवरणों, पैटर्न और बारीकियों को नोटिस करने में मदद मिलती है। इसलिए, इंद्रियों को तेज करना गहन अवलोकन कौशल को

विकसित करने और बच्चों में समग्र संज्ञानात्मक विकास को बढ़ावा देने में एक मूलभूत कदम के रूप में कार्य करता है।

63. **(B):** राष्ट्रीय अध्यापक शिक्षा परिषद (एनसीटीई) पूरे भारत में शिक्षक शिक्षा कार्यक्रमों की योजना, समन्वय और विनियमन के लिए जिम्मेदार शीर्ष निकाय के रूप में कार्य करती है। 1995 में भारत सरकार द्वारा स्थापित, एनसीटीई राष्ट्रीय शिक्षक शिक्षा परिषद अधिनियम, 1993 के तहत संचालित होता है। इसके प्राथमिक उद्देश्यों में शिक्षक शिक्षा के लिए मानक स्थापित करना और बनाए रखना, शिक्षक शिक्षा संस्थानों (टीईआई) और उनके कार्यक्रमों को मंजूरी देना, अनुसंधान और नवाचारों को बढ़ावा देना शामिल है। एनसीटीई शिक्षा क्षेत्र की उभरती जरूरतों को पूरा करने के लिए शिक्षकों की व्यावसायिक दक्षताओं को बढ़ाने पर ध्यान देने के साथ शिक्षक शिक्षा से संबंधित नीतियों और प्रथाओं को आकार देने में महत्वपूर्ण भूमिका निभाता है।

64. **(C):** प्ले-वे विधि एक शिक्षार्थी-अनुकूल विधि है जो बच्चों को संज्ञानात्मक, भावनात्मक और शारीरिक कौशल विकसित करने में मदद करती है। प्ले-वे पद्धति विकास के मनोवैज्ञानिक सिद्धांतों पर आधारित है और प्राथमिक विद्यालय के बच्चों को पढ़ाने के लिए एक उपयुक्त पद्धति मानी जाती है। खेल के माध्यम से बच्चों को भावनात्मक रूप से विकसित करने में मदद करने के लिए, देखभालकर्ता पहेलियाँ, खेल, कला और शिल्प सामग्री प्रदान कर सकते हैं। रचनात्मक शिल्प किट बच्चों को कौशल विकसित करने के साथ-साथ रचनात्मक रूप से अपनी भावनाओं को व्यक्त करने में मदद करती हैं। सीखने की प्रक्रिया में गेम, पहेलियाँ, रोल-प्लेइंग, कहानी कहने और अन्य इंटरैक्टिव गतिविधियों को शामिल करके, प्ले-वे पद्धति छात्रों को व्यावहारिक अनुभवों में संलग्न करती है जो उनकी संज्ञानात्मक क्षमताओं को विकसित करती है, और समस्या-समाधान कौशल को बढ़ावा देती है।

65. **(B):** लचीलेपन से तात्पर्य किसी व्यक्ति की उत्तेजना पर प्रतिक्रिया देने में विभिन्न तरीकों का उपयोग करने की क्षमता से है। इसमें अनुकूलनशीलता, खुले दिमाग और वैकल्पिक दृष्टिकोण या रणनीतियों पर विचार करने की इच्छा शामिल है। संज्ञानात्मक शब्दों में लचीलापन व्यक्तियों को किसी स्थिति के संदर्भ या मांगों के आधार पर अपनी सोच, समस्या-समाधान के तरीकों या व्यावहारिक प्रतिक्रियाओं

को बदलने में सक्षम बनाता है। यह कौशल समस्या-समाधान, रचनात्मकता, निर्णय लेने और पारस्परिक बातचीत सहित विभिन्न क्षेत्रों में महत्वपूर्ण है। लचीलापन व्यक्तियों को नई चुनौतियों या बदलती परिस्थितियों का सामना करने पर जटिलताओं से निपटने, बाधाओं को दूर करने और अपने कार्यों या दृष्टिकोण को प्रभावी ढंग से समायोजित करने की अनुमति देता है।

66. (C): परख का मतलब समग्र विकास के लिए प्रदर्शन मूल्यांकन, समीक्षा और ज्ञान का विश्लेषण है। इसे राष्ट्रीय शिक्षा नीति (एनईपी) 2020 में एक राष्ट्रीय मूल्यांकन केंद्र के रूप में स्थापित किया गया था। परख एक निकाय है जो भारत में सभी मान्यता प्राप्त स्कूल बोर्डों के मूल्यांकन के लिए मानक, दिशानिर्देश और मानदंड निर्धारित करता है। रूपरेखा एक संतुलित मूल्यांकन दृष्टिकोण के महत्व पर जोर देती है जो शैक्षणिक उपलब्धियों और गैर-शैक्षणिक कारकों दोनों को समग्र विकास के लिए महत्वपूर्ण मानता है। परख के माध्यम से, शिक्षक छात्रों की क्षमता, सुधार के क्षेत्रों और व्यक्तिगत सीखने की जरूरतों के बारे में अंतर्दृष्टि प्राप्त कर सकते हैं, जिससे वे समग्र विकास को प्रभावी ढंग से बढ़ावा देने के लिए निर्देश और समर्थन तैयार करने में सक्षम हो सकते हैं।

67. (B): एक नया पाठ शुरू करने से पहले शिक्षार्थियों को विचार-मंथन में शामिल करना उनके पिछले ज्ञान का आकलन करने के उद्देश्य को पूरा करता है। छात्रों को विषय से संबंधित अपने विचारों और पूर्व अनुभवों को साझा करने के लिए प्रोत्साहित करने से, शिक्षक छात्रों की मौजूदा समझ और गलतफहमियों के बारे में महत्वपूर्ण अंतर्दृष्टि प्राप्त करते हैं।

यह सक्रिय भागीदारी शिक्षकों को शिक्षार्थियों के बीच ज्ञान की विविधता का आकलन करने और आगामी पाठ को तदनुसार तैयार करने की सुविधा देता है। इसके अतिरिक्त, विचार-मंथन छात्रों के बीच स्वामित्व और जुड़ाव की भावना को बढ़ावा देता है, क्योंकि वे सीखने की प्रक्रिया में अपने योगदान को महत्वपूर्ण महसूस करते हैं। इसके अलावा, यह पाठ के लिए एक सहयोगी स्वर सेट करता है, बातचीत और साथ कार्य करने के कौशल को बढ़ावा देता है।

68. (A): शिक्षक का शिक्षार्थियों से "अपशिष्ट प्रबंधन" विषय के बारे में जल्दी से विचार उत्पन्न करने के लिए कहना और उनके विचारों को एक नोटबुक में नोट करना विचार-मंथन की अवधारणा के साथ संरेखित होता है। विचार-मंथन एक रचनात्मक तकनीक है जिसका उद्देश्य कम समय में किसी

समस्या के लिए बड़ी संख्या में विचार या समाधान उत्पन्न करना है। छात्रों को विचार-मंथन के लिए प्रोत्साहित करके, शिक्षक एक सहयोगात्मक और खुले वातावरण को बढ़ावा देता है जहाँ शिक्षार्थी स्वतंत्र रूप से अपने विचारों को व्यक्त करते हैं। इसके अतिरिक्त, विचारों को एक नोटबुक में नोट करने से छात्रों को अपने विचारों को व्यवस्थित करने, महत्वपूर्ण जानकारी बनाए रखने और अपने योगदान को देखने में मदद मिलती है। विचार-मंथन और नोट करने में यह सक्रिय संलग्नता विषय की गहरी समझ को बढ़ावा देते हुए शिक्षार्थियों के बीच महत्वपूर्ण सोच, रचनात्मकता और समस्या-समाधान कौशल को बढ़ाती है।

69. **(D):** छात्रों के लिखित प्रदर्शन का विश्लेषण करने और यह महसूस करने की गतिविधि कि 80% ने एकल-अंकीय गुणन में सही ढंग से महारत हासिल नहीं की है, आमतौर पर शिक्षण के बाद के चरण के दौरान होती है। इस चरण में, शिक्षक निर्देश दिए जाने के बाद छात्रों के प्रदर्शन का आकलन करता है। मूल्यांकन परिणामों के आधार पर, शिक्षक कमजोरी या गलतफहमी के क्षेत्रों की पहचान करता है और फिर उसके अनुसार अपनी शिक्षण रणनीतियों को समायोजित करता है।

70. **(C): अकादमिक बैंक ऑफ क्रेडिटः** यह अकादमिक उद्देश्यों के लिए एक बैंक है जो क्रेडिट सत्यापन, क्रेडिट संचय, क्रेडिट हस्तांतरण और अकादमिक पुरस्कारों के प्रमाणीकरण जैसी सेवाएं प्रदान करता है। छात्रों द्वारा अर्जित क्रेडिट सात वर्षों के लिए वैध हैं और इन्हें किसी भी समय भुनाया जा सकता है।

71. **(A):** दीक्षा एक पोर्टल है जो शिक्षकों के लिए एक राष्ट्रीय डिजिटल बुनियादी ढांचे के रूप में कार्य करता है, जो शिक्षण और सीखने में सहायता के लिए शैक्षिक संसाधनों और उपकरण मुहैया करता है। दीक्षा के माध्यम से, शिक्षक विभिन्न विषयों और ग्रेड स्तरों पर पाठ योजनाओं, कार्यपत्रकों, इंटरैक्टिव सिमुलेशन और मल्टीमीडिया संसाधनों सहित डिजिटल सामग्री के विशाल भंडार तक पहुंच प्राप्त करते हैं। इसके अतिरिक्त, मंच शिक्षकों के शैक्षणिक कौशल और विषय ज्ञान को बढ़ाने के लिए व्यावसायिक विकास पाठ्यक्रम, प्रशिक्षण मॉड्यूल और कार्यशालाएँ प्रदान करता है। दीक्षा चर्चा मंचों, अभ्यास समुदायों और सहकर्मी शिक्षण नेटवर्क के माध्यम से शिक्षकों के बीच सहयोग और ज्ञान साझा करने की सुविधा भी प्रदान करती है।

72. (C): शिक्षण का लक्ष्य केवल ज्ञान प्रदान करने या जानकारी प्रदान करने से परे है; इसमें छात्रों के व्यवहार में वांछनीय परिवर्तन लाने का व्यापक उद्देश्य शामिल है। जबकि ज्ञान प्रदान करना शिक्षण का एक अनिवार्य पहलू है, अंतिम उद्देश्य छात्रों को सकारात्मक व्यवहार परिणामों के लिए प्रेरित करना और मार्गदर्शन करना है। प्रभावी शिक्षण में महत्वपूर्ण कौशल को बढ़ावा देना, रचनात्मकता को बढ़ावा देना, सामाजिक और भावनात्मक विकास को बढ़ावा देना और सहानुभूति, अखंडता और लचीलापन जैसे मूल्यों को स्थापित करना शामिल है। आकर्षक सीखने के अनुभव बनाकर, एक सहायक कक्षा के माहौल को बढ़ावा देकर, और विभिन्न अनुदेशात्मक रणनीतियों को नियोजित करके, शिक्षक छात्रों को अपने ज्ञान, कौशल और समझ को वास्तविक दुनिया की स्थितियों और चुनौतियों पर लागू करने के लिए सशक्त बनाने का प्रयास करते हैं। अंततः, शिक्षण का लक्ष्य छात्रों को व्यक्तिगत विकास, शैक्षणिक और उससे आगे की सफलता और समाज में सक्रिय भागीदारी के लिए आवश्यक दक्षताओं, दृष्टिकोण और मूल्यों से लैस करना है।

73. (A): प्रभावी शिक्षण अनुभव शुरू करने के लिए परिचय का कौशल महत्वपूर्ण है। इसमें शिक्षार्थियों का ध्यान आकर्षित करना, प्रासंगिकता स्थापित करना और पढ़ाए जा रहे विषय के लिए संदर्भ प्रदान करना शामिल है। एक अच्छी तरह से तैयार किए गए परिचय के माध्यम से शिक्षक एक सकारात्मक शिक्षण वातावरण बना सकते हैं और छात्रों की रुचि और जिज्ञासा को प्रोत्साहित कर सकते हैं। इसके अतिरिक्त, यह कौशल शिक्षकों को छात्रों के पूर्व ज्ञान और समझ का आकलन करने में सक्षम बनाता है, जो निर्देशात्मक निर्णयों को सूचित करता है और शिक्षार्थियों की आवश्यकताओं को प्रभावी ढंग से पूरा करने के लिए पाठ को तैयार करने में मदद करता है। एक सफल परिचय सार्थक जुड़ाव के लिए मंच तैयार करता है और पूरे पाठ में गहन शिक्षा के लिए आधार तैयार करता है। इसलिए, आकर्षक और प्रभावशाली शिक्षण अनुभवों को सुविधाजनक बनाने के लिए परिचय के कौशल में महारत हासिल करना आवश्यक है।

74. (D): सूक्ष्म-शिक्षण एक शैक्षणिक तकनीक है जहां शिक्षण छोटे पैमाने पर किया जाता है। इसमें शिक्षण प्रक्रिया को प्रबंधनीय घटकों में विभाजित करना और विशिष्ट शिक्षण कौशल या रणनीतियों पर ध्यान केंद्रित करना शामिल है। सूक्ष्म-शिक्षण सत्रों

के दौरान, शिक्षक साथियों या छात्रों के एक छोटे समूह को संक्षिप्त पाठ देते हैं, जिससे केंद्रित अवलोकन, प्रतिक्रिया और प्रतिबिंब की अनुमति मिलती है। यह दृष्टिकोण शिक्षकों को अपनी शिक्षण तकनीकों का अभ्यास करने और उन्हें परिष्कृत करने, विभिन्न शिक्षण विधियों के साथ प्रयोग करने का अवसर प्रदान करता है।

75. **(B):** सामाजिक अधिगम सिद्धांत इस बात पर केंद्रित है कि लोग दूसरों को देखकर और उनकी नकल करके नए व्यवहार कैसे सीखते हैं। यह इस बात पर भी विचार करता है कि लोग पुरस्कारों और दंडों को देखकर कैसे सीखते हैं। सामाजिक अधिगम सिद्धांत इस विचार से परे है कि सीखना पर्यावरण के साथ प्रत्यक्ष अनुभव का परिणाम है। साथ ही यह सुझाव देता है कि लोग कैसे और क्यों सीखते हैं। इसमें अवलोकन प्राथमिक भूमिका निभाते हैं। सामाजिक अधिगम सिद्धांत पारंपरिक व्यवहार सिद्धांतों का विस्तार करता है, जो व्यवहार को केवल सुदृढीकरण द्वारा नियंत्रित मानता है। यह सीखने वाले व्यक्ति में विभिन्न आंतरिक प्रक्रियाओं की महत्वपूर्ण भूमिकाओं पर जोर देता है।

76. **(D):** स्कूल की प्रभावशीलता से संबंधित एक कठिन मुद्दा नीतियों के इर्द-गिर्द घूमता है। नीतियों में नियमों और दिशानिर्देशों की एक विस्तृत श्रृंखला शामिल है जो स्कूल संचालन, पाठ्यक्रम विकास, संसाधन आवंटन और छात्र परिणामों के विभिन्न पहलुओं को नियंत्रित करती है। प्रभावी नीतियों को तैयार करने और लागू करने के लिए विविध हितधारक दृष्टिकोण, शैक्षिक अनुसंधान, कानूनी ढांचे और सामाजिक आवश्यकताओं पर सावधानीपूर्वक विचार करने की आवश्यकता होती है। राजनीतिक, आर्थिक और सामाजिक गतिशीलता को नेविगेट करते हुए समानता, समावेशिता, जवाबदेही और शैक्षिक गुणवत्ता जैसे जटिल मुद्दों को संबोधित करने वाली नीतियां बनाने में चुनौतियां उत्पन्न होती हैं।

77. **(C):** स्कूलों में सांस्कृतिक गतिविधियों का आयोजन राष्ट्रीय एकता को बढ़ावा देने के उद्देश्य को पूरा करता है। ये गतिविधियाँ विविध सांस्कृतिक पृष्ठभूमि के छात्रों को एक साथ आने, अपनी साझा विरासत का जश्न मनाने और राष्ट्र को बनाने वाली संस्कृतियों की समृद्ध परम्परा की सराहना करने के लिए एक मंच प्रदान करती हैं। त्योहारों, प्रदर्शनों और प्रदर्शनियों जैसे सांस्कृतिक कार्यक्रमों में भागीदारी के माध्यम से, छात्रों में विभिन्न संस्कृतियों, भाषाओं और परंपराओं के लिए एकता, सम्मान और समझ की भावना विकसित होती है। ये अनुभव समावेशिता, सहिष्णुता

और सद्भाव की भावना को बढ़ावा देते हैं, जिससे छात्रों के बीच राष्ट्रीय पहचान और अपनेपन की मजबूत भावना पैदा करने में मदद मिलती है। स्कूल समुदाय के भीतर सांस्कृतिक गतिविधियाँ, आपसी सम्मान, सहयोग और एकजुटता को बढ़ावा देने के लिए उत्प्रेरक के रूप में काम करते हैं, जिससे राष्ट्रीय एकता और सामाजिक एकजुटता को बढ़ावा मिलता है।

78. (A): संचयी रिकॉर्ड कार्ड शिक्षार्थियों के रिकॉर्ड का एक उदाहरण है। यह एक छात्र का स्थायी रिकॉर्ड है जिसमें उनका शैक्षिक इतिहास, स्कूल की उपलब्धियाँ, उपस्थिति, स्वास्थ्य, परीक्षण स्कोर और अन्य संबंधित डेटा शामिल हैं। शिक्षक किसी छात्र के बारे में नई जानकारी दर्ज करके संचयी रिकॉर्ड कार्ड को अद्यतन रखते हैं। कार्ड एक छात्र की शैक्षिक प्रगति, पिछली उपलब्धियों और वर्तमान स्थिति की पूरी तस्वीर प्रदान करता है। संचयी रिकॉर्ड कार्ड को व्यक्तिगत डेटा कार्ड या स्थायी डेटा कार्ड भी कहा जा सकता है।

79. (C): शिक्षकों का व्यावसायिक विकास मुख्य रूप से उनके शिक्षण कौशल, शैक्षणिक ज्ञान और कक्षा में समग्र प्रभावशीलता को बढ़ाने पर केंद्रित है। इसमें शिक्षण प्रथाओं और छात्र परिणामों में सुधार लाने के उद्देश्य से कार्यशालाएं, सेमिनार, कोर्सवर्क और सहयोगात्मक शिक्षण जैसी गतिविधियां शामिल हैं। हालांकि वेतन कुछ शिक्षकों के लिए एक प्रेरक कारक हो सकता है, लेकिन यह सीधे तौर पर व्यावसायिक विकास से संबंधित नहीं है। हालाँकि योग्य शिक्षकों को आकर्षित करने और बनाए रखने के लिए पर्याप्त वेतन आवश्यक है, परन्तु यह व्यावसायिक विकास पहल का प्राथमिक उद्देश्य नहीं है। इसलिए, वेतन संबंधी विचार शिक्षकों के समग्र कल्याण के लिए महत्वपूर्ण हैं, उन्हें आम तौर पर व्यावसायिक विकास गतिविधियों के दायरे में शामिल नहीं किया जाता है।

80. (B): शिक्षकों को प्रशिक्षित करने वाले शिक्षकों की गुणवत्ता शिक्षण पेशे में निकटता से जुड़ी हुई है। यह शिक्षकों के बीच सीखने और पेशेवर विकास को सुविधाजनक बनाने के लिए शिक्षकों द्वारा अपनाए गए तरीकों, दृष्टिकोण और रणनीतियों को शामिल करता है। शिक्षकों को प्रशिक्षित करने वाले शिक्षक शिक्षण प्रथाओं, शैक्षणिक ज्ञान और निर्देशात्मक प्रभावशीलता को आकार देने में महत्वपूर्ण भूमिका निभाते हैं। उनकी विशेषज्ञता, शैक्षणिक कौशल और प्रभावी शिक्षण रणनीतियों को मॉडल बनाने की क्षमता सीधे शिक्षक प्रशिक्षण कार्यक्रमों की गुणवत्ता और छात्रों के सीखने के परिणामों को

प्रभावित करती है। परामर्श, मार्गदर्शन और फीडबैक प्रदान करके, ये शिक्षक शिक्षकों को निरंतर सुधार और व्यावसायिक विकास में योगदान करते हैं, जिससे अंततः शिक्षा वितरण की समग्र गुणवत्ता में वृद्धि होती है। इस प्रकार, प्रक्रिया कारक शिक्षक प्रशिक्षण संदर्भों में प्रभावी शिक्षण पद्धतियों और निर्देशात्मक प्रथाओं के महत्व को रेखांकित करता है।

81. (D): अवस्था में परिवर्तन, रंग में परिवर्तन और गैस का विकास– ये संकेत दे सकते हैं कि एक रासायनिक अभिक्रिया हुई है। जब कोई रासायनिक अभिक्रिया होती है, तो पदार्थ अपनी भौतिक अवस्था में परिवर्तन से गुजर सकते हैं, जैसे ठोस से तरल, तरल से गैस, या इसके विपरीत। इसके अतिरिक्त, रंग में परिवर्तन विभिन्न रासायनिक गुणों वाले नए पदार्थों का निर्माण हो सकता है। इसके अलावा, किसी प्रतिक्रिया के दौरान गैस का निकलना या अवशोषण, जिसे गैस का विकास कहा जाता है, रासायनिक परिवर्तन का एक सामान्य संकेतक है। अतः रासायनिक अभिक्रिया में संकेतकों के लिए दिए गए सभी विकल्प सही हैं।

82. (A): सोना अपनी असाधारण लचीलेपन के लिए प्रसिद्ध है, जो इसे दिए गए विकल्पों में सबसे अधिक लचीला धातु बनाता है। लचीलापन किसी सामग्री की तनाव के तहत विकृत होने की क्षमता को संदर्भित करता है, जैसे कि बिना टूटे हुए खींचना या पतले तारों में खींचा जाना। सोना उल्लेखनीय लचीलापन प्रदर्शित करता है, जिससे इसे आसानी से बिना टूटे लंबे, पतले तारों में खींचा जा सकता है। इलेक्ट्रॉनिक्स, आभूषण निर्माण और दंत चिकित्सा सहित विभिन्न उद्योगों में इसे अत्यधिक महत्व दिया जाता है। संक्षारण प्रतिरोध और चालकता जैसे अन्य वांछनीय गुणों के साथ इसकी बेहतर लचीलापन इसके महत्व को काफी बढ़ा देता है।

83. (B): गैल्वनीकरण एक ऐसी प्रक्रिया है जिसका उपयोग स्टील और लोहे की सतहों पर जस्ता की एक पतली परत लगाकर उन्हें जंग लगने से बचाने के लिए किया जाता है। जिंक की यह सुरक्षात्मक कोटिंग धातु और आसपास के वातावरण के बीच एक बाधा के रूप में कार्य करती है। कठोर वातावरण में भी, अपने उत्कृष्ट संक्षारण प्रतिरोध गुणों के कारण जिंक को गैल्वनीकरण के लिए चुना जाता है। हॉट-डिप गैल्वनाइजिंग, इलेक्ट्रोप्लेटिंग या स्प्रेइंग जिंक कोटिंग के प्रकार हैं।

84. (A): अम्लीय घोल का pH मान 7 से कम होता है। pH किसी घोल की अम्लता या क्षारीयता का माप है। pH

स्केल पर 0 से 14 तक मान अंकित रहता है। 7 से नीचे का pH मान अम्लता को दर्शाता है, जबकि 7 से अधिक मान क्षारीयता को दर्शाता है। अम्लीय पदार्थों में, हाइड्रोजन आयन (H^+) की प्रचुरता होती है, जो खट्टे स्वाद वाले होते हैं। ये धातुओं के साथ प्रतिक्रिया कर क्षारों को निष्क्रिय कर सकते हैं और लिटमस पेपर को लाल कर सकते हैं। अम्लों के उदाहरणों में नींबू का रस, सिरका और पेट में गैस्ट्रिक एसिड शामिल हैं।

85. (C): अधिकांश कार्बन यौगिक विद्युत के कुचालक होते हैं। ऐसा इसलिए है क्योंकि कार्बन यौगिक, जैसे–कार्बनिक अणु, आम तौर पर परमाणुओं के बीच इलेक्ट्रॉनों को साझा करने से बनने वाले सहसंयोजक बंधन से बने होते हैं। इन यौगिकों में, इलेक्ट्रॉन सहसंयोजक बंधों के भीतर कसकर बंधे होते हैं और स्वतंत्र रूप से नहीं चलते हैं। परिणामस्वरूप, कार्बन यौगिकों में बिजली के संचालन के लिए आवश्यक मुक्त-गति वाले आवेशित कणों (आयनों या इलेक्ट्रॉनों) की कमी होती है। हालाँकि, इसके अपवाद भी हैं, उदाहरण के लिए, कुछ कार्बन यौगिक, जैसे ग्रेफाइट, अपनी संरचना के भीतर डेलोकलाइज्ड इलेक्ट्रॉनों की उपस्थिति के कारण बिजली का संचालन कर सकते हैं। फिर भी, धात्विक या आयनिक यौगिकों की तुलना में, कार्बन यौगिक आम तौर पर खराब विद्युत चालकता प्रदर्शित करते हैं।

87. (B): छोटी आंत मानव आहार नाल का सबसे लंबा हिस्सा है। यह लगभग 22 फीट लंबा या मानव शरीर की लंबाई का साढ़े तीन गुना है। छोटी आंत बड़ी आंत की तुलना में संकरी होती है, लेकिन यह पाचन नली का सबसे लंबा खंड है। छोटी आंत शरीर में प्राथमिक पाचन अंग है। यह वह जगह है जहां सबसे अधिक पाचन और अवशोषण होता है। छोटी आंत को तीन भागों में बांटा गया हैः ग्रहणी, मध्यान्त्र और शेषान्त्र।

88. (A): वाष्पोत्सर्जन एक पौधे के माध्यम से पत्तियों, फूलों और तनों से वाष्पित होने की प्रक्रिया है। यह एक निष्क्रिय प्रक्रिया है। वाष्पोत्सर्जन तब होता है जब पौधे मिट्टी से पानी को अवशोषित करते हैं और पत्तियों से जलवाष्प को हवा में छोड़ते हैं।

89. (C): रक्त शर्करा के स्तर को नियंत्रित करने वाला हार्मोन इंसुलिन है। अग्न्याशय द्वारा निर्मित इंसुलिन शरीर में ग्लूकोज होमियोस्टैसिस को बनाए रखने में महत्वपूर्ण भूमिका निभाता है। जब भोजन के बाद रक्त शर्करा का स्तर बढ़ता है, तो इंसुलिन रक्तप्रवाह में जारी होता है, जिससे

यकृत, मांसपेशियों और वसा ऊतकों में कोशिकाएं ऊर्जा या भंडारण के लिए ग्लूकोज को अवशोषित करने के लिए प्रेरित होती हैं। यह प्रक्रिया हाइपरग्लेसेमिया को रोकने, रक्त शर्करा के स्तर को कम करने में मदद करती है। इसके विपरीत, जब रक्त शर्करा का स्तर गिरता है, तो इंसुलिन का स्राव कम हो जाता है, जिससे संग्रहीत ग्लूकोज रक्तप्रवाह में उपयुक्त स्तर बनाये रखता है।

90. **(D):** दिए गए विकल्पों में से पादप हार्मोन साइटोकानिन है। इंसुलिन, थायरॉक्सिन और एस्ट्रोजन के विपरीत, साइटोकानिन पौधों में विभिन्न प्रक्रियाओं में शामिल हार्मोन का एक वर्ग है। ये हार्मोन पौधों की वृद्धि, विकास और बदलती परिस्थितियों में अनुकूलन को विनियमित करने में महत्वपूर्ण भूमिका निभाते हैं। इंसुलिन, थायरॉक्सिन और एस्ट्रोजन जीव-जन्तु और मानव में पाए जाने वाले हार्मोन हैं।

91. **(C):** फूल के प्रजनन भाग स्त्रीकेसर और पुंकेसर हैं। पंखुड़ियों और बाह्यदलों को फूल का गैर-प्रजनन भाग माना जाता है, जबकि पुंकेसर और स्त्रीकेसर सीधे प्रजनन प्रक्रिया में शामिल होते हैं। पुंकेसर नर प्रजनन अंग हैं, जिसमें फिलामेंट और परागकोष शामिल हैं, जहां पराग का उत्पादन होता है। स्त्रीकेसर, मादा प्रजनन अंग है, जिसमें अंडाशय होते हैं, जहां अंडाणु उत्पन्न होते हैं।

92. **(B):** मानव शरीर की कोशिका में गुणसूत्रों के जोड़ों की संख्या 23 है। इसमें 22 जोड़ी ऑटोसोम (गैर-सेक्स क्रोमोसोम) और एक जोड़ी सेक्स क्रोमोसोम शामिल हैं। प्रत्येक माता-पिता प्रत्येक जोड़ी में एक गुणसूत्र का योगदान करते हैं, जिसके परिणामस्वरूप प्रत्येक माता या पिता से 23 गुणसूत्र बनते हैं, इस प्रकार कुल 46 गुणसूत्र बनते हैं।

93. **(A):** गोलाकार दर्पण की वक्रता त्रिज्या (R) और फोकल लंबाई (F) के बीच संबंध R = 2(F) है। यह संबंध अवतल और उत्तल दोनों गोलाकार दर्पणों के लिए सही है, जहां वक्रता त्रिज्या फोकल लंबाई से दोगुनी है। दूसरे शब्दों में, वक्रता केंद्र से दर्पण की सतह तक की दूरी, फोकस बिंदु से दर्पण की सतह तक की दूरी से दोगुनी है।

94. **(C):** जब कोई वस्तु अवतल दर्पण के वक्रता केंद्र (C) और फोकस बिंदु (F) के बीच स्थित होती है, तो एक आभासी और सीधी छवि उत्पन्न होती है। ऐसा इसलिए होता है क्योंकि वस्तु से निकलने वाली प्रकाश किरणें दर्पण

द्वारा परावर्तित होती हैं और उसके पीछे एकत्रित होती दिखाई देती हैं, जिससे एक ऐसी छवि बनती है जिसे परदे पर प्रक्षेपित नहीं किया जा सकता है। इसके बजाय, पर्यवेक्षक छवि को ऐसे देखता है जैसे कि वह दर्पण के पीछे स्थित हो, इसलिए आभासी है।

95. (A): मायोपिया, जिसे निकट दृष्टि दोष के रूप में भी जाना जाता है, आंख की एक अपवर्तक त्रुटि है जहां दूर की वस्तुएं धुंधली दिखाई देती हैं जबकि निकट की वस्तुएं स्पष्ट रूप से देखी जा सकती हैं। यह स्थिति तब होती है जब नेत्रगोलक बहुत लंबा होता है या कॉर्निया बहुत घुमावदार होता है, जिससे प्रकाश किरणें सीधे रेटिना पर केंद्रित होने के बजाय उसके सामने केंद्रित होती हैं। परिणामस्वरूप, दूर की वस्तुएं रेटिना पर ठीक से केंद्रित नहीं हो पाती हैं, जिससे दृष्टि धुंधली हो जाती है। हालाँकि, आस-पास की वस्तुओं को अभी भी स्पष्ट रूप से देखा जा सकता है क्योंकि फोकल बिंदु रेटिना के सामने पड़ता है।

96. (B): किसी तारे की टिमटिमाहट पृथ्वी के वायुमंडल से गुजरते समय तारे के प्रकाश के अपवर्तन के कारण होती है। जब तारों का प्रकाश पृथ्वी के वायुमंडल में प्रवेश करता है, तो उसे अलग-अलग घनत्व और तापमान वाली हवा की विभिन्न परतों का सामना करना पड़ता है। इन विविधताओं के कारण प्रकाश जमीन पर प्रेक्षक की ओर बढ़ते समय लगातार मुड़ता या अपवर्तित होता है। परिणामस्वरूप, तारे की स्पष्ट स्थिति में थोड़ा उतार-चढ़ाव होता दिखाई देता है, जिससे ऐसा प्रतीत होता है मानो वह टिमटिमा रहा हो। यह घटना उसी तरह है जैसे एक माध्यम (हवा) से दूसरे (पानी) में जाने पर प्रकाश की गति में परिवर्तन के कारण पानी में आंशिक रूप से डूबे रहने पर एक तिनका मुड़ा हुआ दिखाई देता है।

97. (C): सर्किट में विद्युत धारा को मापने के लिए इस्तेमाल किया जाने वाला उपकरण एमीटर है। धारा को मापने के लिए एमीटर को सर्किट के साथ शृंखला में जोड़ा जाता है। इसका प्रतिरोध आमतौर पर कम होता है इसलिए यह सर्किट में वोल्टेज ड्रॉप का कारण नहीं बनता है। विद्युत धारा मापने की S.I. इकाई एम्पीयर (A) है, जो प्रति सेकंड एक कूलॉम आवेश के प्रवाह के बराबर है।

98. (A): किसी सर्किट में विद्युत शक्ति की गणना (P) = V.I.

जहां V = विभवान्तर (वोल्ट में)

I = धारा का मान (एम्पीयर में) से प्राप्त होती है। शक्ति (P) का S.I. मात्रक वॉट होता है।

99. (D): हंस क्रिश्चियन ओर्स्टेड (1777-1851) विद्युत और चुंबकत्व के बीच संबंध का सुझाव देने वाले पहले व्यक्ति थे। 1820 में, डेनिश भौतिक विज्ञानी और रसायनज्ञ ने पाया कि विद्युत प्रवाह वाले तार के पास रखे जाने पर एक कंपास सुई विक्षेपित हो जाती है। इसने विद्युत और चुंबकीय घटना के बीच संबंध का पहला अनुभवजन्य साक्ष्य प्रदान किया। ओर्स्टेड की खोज से पता चला कि विद्युत धाराएँ चुंबकीय क्षेत्र बनाती हैं।

100. (C): ज़ब विद्युत धारा किसी परिनालिका से होकर गुजरती है, तो यह परिनालिका के अंदर एक चुंबकीय क्षेत्र बनाती है। इस चुंबकीय क्षेत्र की विशेषता इसकी एकरूपता है, जिसका अर्थ है कि चुंबकीय क्षेत्र की क्षमता सोलनॉइड के भीतर सभी बिंदुओं पर सुसंगत है। यह एकरूपता सोलनॉइड में तार कॉइल की व्यवस्था से उत्पन्न होती है, जो यह सुनिश्चित करती है कि चुंबकीय क्षेत्र रेखाएं समानांतर हैं और पूरे आंतरिक स्थान में समान रूप से वितरित हैं। परिणामस्वरूप, सोलनॉइड के अंदर चुंबकीय क्षेत्र अवलोकन बिंदु की स्थिति से स्वतंत्र स्थिर रहता है, जो विद्युत चुंबक और चुंबकीय सेंसर जैसे विभिन्न अनुप्रयोगों के लिए एक स्थिर और पूर्वानुमानित चुंबकीय वातावरण प्रदान करता है।

101. (C): माना $S_{40} = 6$ से भाग देने योग्य प्रथम 40 धनात्मक पूर्णांकों का योग

$\therefore a = 6, d = 6, n = 40$

$$\because S_n = \frac{n}{2}[2a+(n-1)d]$$

$$S_{40} = \frac{40}{2}[2\times 6+(40-1)\times 6]$$

$$= \frac{40}{2}\times 6\ [2+39]$$

$$= 20 \times 6\ [41]$$

$$\Rightarrow S_{40} = 120 \times 41$$

$$= 4920.$$

102. (C): 12 प्रेक्षणों को बढ़ते क्रम में व्यवस्थित करने पर 10, 13, 18, 22, 12, 24, 27, 28, 30, 34, 36

$n = 12$ (सम)

$\therefore$ माध्यिका =

$$\frac{1}{2}\left[\frac{n}{2}\text{th term}+\left(\frac{n}{2}+1\right)\text{th term}\right]$$

$$= \frac{1}{2}[\text{6th term}+\text{7th term}]$$

$$= \frac{1}{2}[22+24] = \frac{46}{2} = 23$$

अतः अभीष्ट माध्यिका = 23.

105. (D):

$$(1+\tan\theta+\sec\theta)(1+\cot\theta-\operatorname{cosec}\theta)$$

$$= \left(1+\frac{\sin\theta}{\cos\theta}+\frac{1}{\cos\theta}\right)\left(1+\frac{\cos\theta}{\sin\theta}-\frac{1}{\sin\theta}\right)$$

$$= \left(\frac{\cos\theta + \sin\theta + 1}{\cos\theta}\right)\left(\frac{\sin\theta + \cos\theta - 1}{\sin\theta}\right)$$

$$= \frac{(\sin\theta + \cos\theta + 1)(\sin\theta + \cos\theta - 1)}{\sin\theta\cos\theta}$$

$$= \frac{(\sin\theta + \cos\theta)^2 - 1^2}{\sin\theta\cos\theta}$$

$$= \frac{\sin^2\theta + \cos^2\theta + 2\sin\theta\cos\theta - 1}{\sin\theta\cos\theta}$$

$$= \frac{1 + 2\sin\theta\cos\theta - 1}{\sin\theta\cos\theta} = \frac{2\sin\theta\cos\theta}{\sin\theta\cos\theta}$$

$= 2.$

106. (A): माना AB एक टॉवर है।

और BC = 30 मी.

$\angle ACB = 30°$

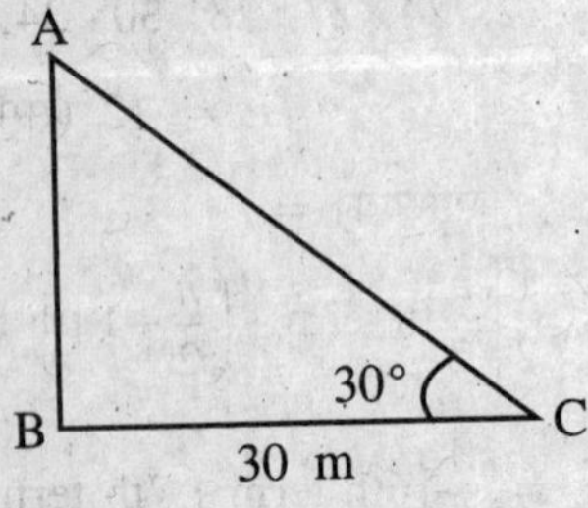

Δ ABC में,

$$\tan 30° = \frac{AB}{BC}$$

$$\Rightarrow \quad \frac{1}{\sqrt{3}} = \frac{AB}{30}$$

$$\Rightarrow \quad AB = \frac{30}{\sqrt{3}} = 10\sqrt{3}$$

अतः टावर की ऊँचाई = $10\sqrt{3}$ मी.

107. (B): ∵ दो समरूप त्रिभुज के क्षेत्रफलों का अनुपात उनके भुजा के वर्ग के अनुपात के बराबर होता है।

∴ उनके क्षेत्रफलों का अनुपात

$\Rightarrow 4^2 : 9^2 = 16 : 81.$

108. (A): राम का 1 दिन का कार्य

$$= \frac{1}{9}$$

श्याम का 1 दिन का कार्य

$$= \frac{1}{12}$$

∴ (राम + श्याम) का 1 दिन का कार्य

$$= \frac{1}{9} + \frac{1}{12} = \frac{4+3}{36}$$

$$= \frac{7}{36}$$

अतः दोनों एक साथ काम करें तो कार्य

$\frac{36}{7} = 5\frac{1}{7}$ दिनों में पूर्ण होगा।

109. (D): माना दूसरी छूट $x\%$ है

तब,

$$720 \times \frac{100-10}{100} \times \frac{100-x}{100} = 550.80$$

$$\Rightarrow 720 \times \frac{90}{100} \times \frac{100-x}{100} = 550.80$$

$$\Rightarrow 72 \times 9 \times (100 - x) = 55080$$

$\Rightarrow \quad 100 - x = \frac{55080}{72 \times 9}$

$\Rightarrow \quad 100 - x = 85$

$\Rightarrow \quad x = 100 - 85$

$= 15\%$

$\Rightarrow \quad x = 15\%.$

110. (A): यहाँ, $r = \frac{14}{2} = 7$ मी.

$h = 4.5$ मी.,

$l = 6$ मी.

$\therefore$ शंक्वाकार टेंट का पार्श्व पृष्ठ क्षेत्रफल

$= \pi rl$

$= \frac{22}{7} \times 7 \times 6$

$= 132$ वर्ग मी.

अतः, अभीष्ट कपड़े = 132 मीटर^2

111. (A): $\frac{0.0343 \times 2.92 \times 49}{146 \times 0.07 \times 4.9}$

$= \frac{0.0343 \times 292 \times 10}{146 \times 7 \times 1}$

$= \frac{0.343 \times 2}{7}$

$= \frac{0.7 \times 0.7 \times 0.7 \times 2}{7}$

$= 0.49 \times 0.2$

$= .098$

$= 0.09.$

112. (D): माना दूसरी रेलगाड़ी की गति x किमी/घंटा है।

तब, सापेक्षिक गति

$= (50 + x)$ किमी/घंटा

$\therefore \quad \frac{108 + 112}{(50 + x) \times \frac{5}{18}} = 6$

$\Rightarrow 220 = (50 + x) \times \frac{5}{3}$

$\Rightarrow 660 = 250 + 5x$

$\Rightarrow 5x = 410$

$\Rightarrow x = 82$ किमी/घंटा

अतः दूसरी रेलगाड़ी की गति 82 किमी/घंटा है।

113. (C): माना परीक्षा का पूर्णांक x है।

तब, $x \times \frac{40}{100} = (300 + 20)$

$\Rightarrow \quad x \times \frac{2}{5} = 320$

$\Rightarrow \quad x = 160 \times 5$

$\Rightarrow \quad x = 800.$

114. (A): $\because$ मिश्रधन $= P + \frac{Prt}{100}$

$\therefore \quad 1331 = P + \frac{P \times 2 \times 5}{100}$

$\Rightarrow \quad 1331 = \frac{110P}{100}$

$\Rightarrow \quad P = 1331 \times \frac{10}{11}$

$= 121 \times 10$

$\Rightarrow \quad P = 1210.$

116. (B): माना एक व्यक्ति का वेतन = ₹ 100

तब, नया वेतन

$$= ₹\ 100 \times \frac{120}{100} \times \frac{85}{100}$$

$$= 6 \times \frac{85}{5}$$

$$= 6 \times 17$$

$$= ₹\ 102$$

अतः कुल परिवर्तन 2% वृद्धि है।

117. (D): 3 वर्ष पहले परिवार के 5 सदस्यों की कुल आयु = 27 × 5 = 135 वर्ष

∴ परिवार के 5 सदस्यों की वर्तमान आयु

= 135 + 3 × 5
= 135 + 15
= 150 वर्ष

और 6 सदस्यों की कुल वर्तमान आयु

= 27 × 6
= 162

अतः बच्चे की वर्तमान आयु

= 162 – 150
= 12 वर्ष।

118. (B): माना थैले में काले और सफेद गेंदो की संख्या $3x$ और x है।

तब, $(3x + 5) : (x - 5) = 5 : 1$

$\Rightarrow 1(3x + 5) = 5(x - 5)$

$\Rightarrow \quad 3x + 5 = 5x - 25$

$\Rightarrow \quad 5x - 3x = 5 + 25$

$\Rightarrow \quad 2x = 30$

$\Rightarrow \quad x = 15$

∴ प्रारंभ में सफेद गेंदों की संख्या 15 थी।

119. (B): माना पुत्र की आयु x वर्ष है।

तब पिता की आयु $4x$ वर्ष है।

5 वर्ष बाद,

$4x + 5 = 3(x + 5)$

$\Rightarrow \quad 4x + 5 = 3x + 15$

$\Rightarrow \quad 4x - 3x = 15 - 5$

$\Rightarrow \quad x = 10$

अतः पिता की आयु

$= 4x = 4 \times 10$

= 40 वर्ष।

120. (C): माना इकाई अंक x है और दाहाई अंक y है।

तब, दो अंकों की संख्या है $10y + x$

अब, $\quad x + y = 13 \quad \ldots(i)$

और $\quad x - y = 5 \quad \ldots(ii)$

(i) और (ii), से पाते हैं।

$x = 9$ और $y = 4$

अतः संख्या $= 10y + x$

$= 10 \times 4 + 9$

$= 49.$

121. (A): "ए हिस्ट्री ऑफ ब्रिटिश इंडिया" पुस्तक जेम्स मिल द्वारा लिखी गई थी। वह एक ब्रिटिश इतिहासकार, अर्थशास्त्री, राजनीतिक सिद्धांतकार और दार्शनिक थे, जो ब्रिटिश उपनिवेशवाद

और भारतीय इतिहास पर अपने प्रभावशाली कार्यों के लिए जाने जाते थे। 1817 में प्रकाशित, मिल की पुस्तक ने औपनिवेशिक प्रशासन के राजनीतिक, आर्थिक और सामाजिक पहलुओं पर ध्यान केंद्रित करते हुए भारत में ब्रिटिश शासन का एक व्यापक अवलोकन किया। उनके कार्य ने 19वीं शताब्दी के दौरान भारत और औपनिवेशिक नीतियों के बारे में ब्रिटिश धारणाओं को आकार देने में महत्वपूर्ण भूमिका निभाई।

123. **(B):** 'देवानांप्रिय' और 'प्रियदर्शी' के नाम से जाना जाने वाला शासक अशोक था, जो मौर्य वंश का तीसरा सम्राट था। अशोक, जिसे अशोक महान भी कहा जाता है, कलिंग युद्ध के बाद बौद्ध धर्म में परिवर्तन और उसके बाद अपने साम्राज्य में बौद्ध धर्म की शिक्षाओं को फैलाने के प्रयासों के लिए प्रसिद्ध है। 'देवानांप्रिय' या 'प्रियदर्शी' उपाधि का अर्थ क्रमशः देवताओं के और प्रजा के प्रिय से है।

124. **(B):** भारत में शिक्षा पर पहली राष्ट्रीय नीति, 1968 में तैयार की गई, जिसने देश के शैक्षिक परिदृश्य में एक महत्वपूर्ण मील का पत्थर साबित किया। राष्ट्र की विविध शैक्षिक आवश्यकताओं को संबोधित करने के उद्देश्य से, इसने शिक्षा की गुणवत्ता और पहुंच में सुधार के लिए व्यापक दिशानिर्देश और उद्देश्य निर्धारित किए। नीति की मुख्य विशेषताओं में सार्वभौमिक प्रारंभिक शिक्षा को बढ़ावा देना, व्यावसायिक और तकनीकी प्रशिक्षण का विस्तार, बयस्क शिक्षा कार्यक्रमों को बढ़ाना और विविध आवश्यकताओं को पूरा करने वाले शैक्षणिक संस्थानों की स्थापना शामिल है।

125. **(D):** भारत का संविधान 26 जनवरी, 1950 को लागू हुआ। भारत की संविधान सभा ने 26 नवंबर, 1949 को संविधान को अपनाया। इस दिन को संविधान दिवस या राष्ट्रीय कानून दिवस के रूप में मनाया जाता है। संविधान सभा की पहली बैठक दिसंबर 1946 में हुई और नवंबर 1949 तक संविधान के मसौदे को मंजूरी दे दी गई।

126. **(A):** बच्चों के लिए मुफ्त और अनिवार्य शिक्षा का अधिकार (RTE) अधिनियम, 2009 कहता है कि उच्च प्राथमिक विद्यालयों के लिए छात्र-शिक्षक अनुपात (PTR) 35:1 होना चाहिए। PTR प्रति शिक्षक छात्रों की संख्या है, जिसकी गणना शिक्षकों की कुल संख्या को छात्रों की संख्या से विभाजित करके की जाती है।

128. **(B):** भारत की सबसे पुरानी पर्वत शृंखला अरावली पर्वत शृंखला है।

गुजरात, राजस्थान, हरियाणा और दिल्ली राज्यों तक फैली अरावली शृंखला दुनिया की सबसे पुरानी पर्वत शृंखलाओं में से एक है, जिसकी भूवैज्ञानिक संरचनाएँ लाखों वर्ष पुरानी हैं। यह दक्षिण-पश्चिम से उत्तर-पूर्व तक लगभग 800 किलोमीटर लम्बी है। हालाँकि अरावली पर्वतमाला हिमालय जितनी ऊँची नहीं है, फिर भी इसका महत्वपूर्ण सांस्कृतिक, पारिस्थितिक और भूवैज्ञानिक महत्व है।

129. (D): सतपुड़ा रेंज की सबसे ऊंची चोटी धूपगढ़, मध्य प्रदेश में अवस्थित है। समुद्र तल से लगभग 1,350 मीटर (4,429 फीट) की ऊंचाई पर यह आगंतुकों को मनोरम दृश्य प्रदान करता है। अपने शांत वातावरण और खुबसूरत प्राकृतिक परिवेश के लिए प्रसिद्ध, धूपगढ़ पर्यटकों और प्रकृति प्रेमियों को समान रूप से आकर्षित करता है जो इसकी प्राकृतिक सुंदरता का आनंद लेने के लिए आते हैं। चाहे सूर्योदय देखना हो या शांत वातावरण का आनंद लेना हो, धूपगढ़ की यात्रा सतपुड़ा पर्वत शृंखला के मनोरम आकर्षण के बीच तरोताजा कर देने वाले अनुभव हैं।

131. (B): भारत के प्रधानमंत्री नीति आयोग के अध्यक्ष के रूप में कार्य करते हैं। नीति आयोग का पूर्ण रूप नेशनल इंस्टीट्यूशन फॉर ट्रांसफॉर्मिंग इंडिया है। नीति आयोग भारत सरकार का एक थिंक टैंक है जिसका उद्देश्य रणनीतिक और दीर्घकालिक नीतियां बनाकर देश के विकास को सुविधाजनक बनाना और मार्गदर्शन करना है। 2015 में स्थापित, नीति आयोग ने योजना आयोग का स्थान लिया और सहकारी संघवाद, नवाचार और आर्थिक विकास को बढ़ावा देने पर ध्यान केंद्रित किया। प्रधान मंत्री के नेतृत्व में, नीति आयोग भारत के विकासात्मक एजेंडे को आकार देने और अर्थव्यवस्था के विभिन्न क्षेत्रों में सतत और समावेशी विकास को बढ़ावा देने में महत्वपूर्ण भूमिका निभाता है।

132. (B): आग्नेय चट्टानें मैग्मा या लावा के ठंडा होने और जमने से बनती हैं। बेसाल्ट और ग्रेनाइट आग्नेय चट्टानों के दो सामान्य उदाहरण हैं। बेसाल्ट आमतौर पर पृथ्वी की सतह पर लावा प्रवाह से बनता है और इसकी विशेषता इसकी छोटे कण वाली संरचना और गहरे रंग से होती है। दूसरी ओर, ग्रेनाइट, पृथ्वी की सतह के नीचे मैग्मा के धीमी गति से ठंडा होने से बनता है और अपनी मोटे दाने वाली बनावट और हल्के रंग की उपस्थिति के लिए जाना जाता है। हेलाइट एक प्रकार की तलछटी चट्टान है जो वाष्पित होने वाले जल निकायों के खनिजों से बनती है, जो इसे बेसाल्ट और ग्रेनाइट जैसी आग्नेय चट्टानों से अलग बनाती है।

133. (D): मिश्रित अर्थव्यवस्था में आर्थिक निर्णय निजी क्षेत्र और सरकार दोनों द्वारा लिए जाते हैं। यह आर्थिक प्रणाली पूंजीवाद, जहां निजी क्षेत्र आर्थिक गतिविधियों पर हावी है, और समाजवाद, जहां सरकार अर्थव्यवस्था के प्रबंधन में महत्वपूर्ण भूमिका निभाती है, दोनों के तत्वों को जोड़ती है। भारत में मिश्रित अर्थव्यवस्था की प्रणाली को अपनाया गया है।

134. (A): ह्रासमान सीमांत उपयोगिता उस आर्थिक सिद्धांत को संदर्भित करती है जो बताता है कि एक उपभोक्ता किसी वस्तु या सेवा की अधिक इकाइयों का उपभोग करता है, प्रत्येक क्रमिक इकाई से प्राप्त अतिरिक्त संतुष्टि या उपयोगिता कम हो जाती है। यह अवधारणा इस विचार में निहित है कि व्यक्ति आमतौर पर अपनी सबसे जरूरी जरूरतों को पहले पूरा करते हैं, इसलिए जैसे-जैसे वे किसी विशेष वस्तु का अधिक उपभोग करते हैं, इसकी सीमांत उपयोगिता कम हो जाती है। व्यावहारिक रूप से, इसका मतलब यह है कि उपभोक्ता किसी वस्तु की अतिरिक्त इकाइयों के लिए कम भुगतान करने को तैयार हैं क्योंकि वे इसकी अधिक मात्रा प्राप्त करते हैं, जो उपभोग की गई प्रत्येक अतिरिक्त इकाई से प्राप्त कथित मूल्य या संतुष्टि में कमी को दर्शाता है।

135. (C): अर्थव्यवस्था में मुद्रास्फीति को नियंत्रित करने का सबसे अच्छा मात्रात्मक तरीका नकद आरक्षित अनुपात (CRR) का उपयोग है। CRR कुल जमा के उस हिस्से को संदर्भित करता है जिसे बैंकों को रिजर्व के रूप में केंद्रीय बैंक के पास रखना होता है। CRR बढ़ाकर, केंद्रीय बैंक उधार देने के लिए उपलब्ध धन की मात्रा कम कर देता है, जिससे अर्थव्यवस्था में अतिरिक्त तरलता पर अंकुश लगता है। यह कुल मांग को कम करके और कीमतों में अत्यधिक वृद्धि को रोककर मुद्रास्फीति को नियंत्रित करने में मदद करता है। CRR को समायोजित करने से सीधे धन आपूर्ति पर प्रभाव पड़ता है, जिससे यह मुद्रास्फीति नियंत्रण के लिए एक शक्तिशाली उपकरण बन जाता है।

136. (D): महान शासक चंद्रगुप्त मौर्य, जिसने मौर्य वंश की स्थापना की, निर्विवाद रूप से भारत का पहला शासक था जिसकी सीमाएं भारत से बाहर भी जाती थीं। उसने न केवल प्राचीन भारत में सभी छोटे राज्यों को जीता बल्कि सभी को मिलाकर एक बड़ा साम्राज्य खड़ा कर दिया जिसकी सीमाएं अफगानिस्तान और फारस के सीमा तक विस्तृत कीं।

137. (D): चिपको आंदोलन का नेता सुंदरलाल बहुगुणा को माना जाता है। यह आंदोलन 1973 में भारत के

उत्तराखंड के चमोली जिले के मंडल गांव में शुरू हुआ। यह आंदोलन अहिंसक था और इसका उद्देश्य पेड़ों की व्यावसायिक कटाई को रोकना था। पेड़ों को कटने से बचाने के लिए चमोली जिले की महिलाएँ एवं अन्य ग्रामीण पेड़ों से लिपट गए। सुन्दरलाल बहुगुणा के अलावा गौरा देवी इस आंदोलन से सम्बन्धित थीं।

138. (B): जब बहुत अधिक धन बहुत कम वस्तुओं पर लगाया जाता है, तो परिणामी मुद्रास्फीति को "मांग-प्रेरित मुद्रास्फीति" कहा जाता है। इस प्रकार की मुद्रास्फीति तब होती है जब अर्थव्यवस्था में वस्तुओं और सेवाओं की मांग उनकी आपूर्ति से अधिक हो जाती है, जिससे कीमतों पर दबाव बढ़ जाता है। यह अक्सर बढ़े हुए उपभोक्ता खर्च, विस्तारवादी राजकोषीय या मौद्रिक नीतियों, या आपूर्ति की कमी जैसे कारकों के कारण उत्पन्न होता है। मांग-प्रेरित मुद्रास्फीति के परिणामस्वरूप सामान्य मूल्य स्तर में वृद्धि हो सकती है और पैसे की क्रय शक्ति कम हो सकती है।

139. (A): भारतीय नागरिकता अधिनियम 1955 में पारित किया गया था। यह कानून परिभाषित करता है कि किसे भारत का नागरिक माना जा सकता है। इसमें उस प्रक्रिया को निर्धारित किया गया है जिसके द्वारा नागरिकता प्राप्त की जा सकती है, समाप्त की जा सकती है, या रद्द की जा सकती है। अधिनियम ने नागरिकता के संबंध में विभिन्न प्रावधानों की स्थापना की, जिसमें जन्म, वंश, पंजीकरण या देशीयकरण द्वारा नागरिकता शामिल है। इसमें भारतीय नागरिकों के अधिकारों और विशेषाधिकारों के साथ-साथ नागरिकता से जुड़े दायित्वों और कर्तव्यों का भी वर्णन किया गया है।

140. (C): वीटो शक्ति भारत के राष्ट्रपति को संसद द्वारा पारित विधेयक को अस्वीकार करने की शक्ति देता है। पूर्ण वीटो किसी विधेयक पर सहमति रोकने की राष्ट्रपति की शक्ति है।

पिछले प्रश्न-पत्र (हल सहित)

बी.एड. प्रवेश परीक्षा-2023*

भाग-A

खण्ड-I : सामान्य हिन्दी बोध

निर्देश (प्रश्न संख्या 1 से 10): *दिए गए अनुच्छेद को ध्यानपूर्वक पढ़िए। प्रत्येक प्रश्न के साथ दिए गए विकल्पों में से सर्वाधिक उपयुक्त का चयन कीजिए।*

सीखने का सबसे अच्छा तरीका है, पढ़ाना। यह संदेश विभिन्न विद्यालयों के उन प्रयोगों से आया है जिनमें किशोरवय बच्चे, जिनको समस्याएँ थीं, छोटे बच्चों को पढ़ाते थे। दोनों ओर उल्लेखनीय परिणाम आए हैं।

अमेरिकी शोध के अनुसार, शिक्षार्थी-शिक्षण बहुत हद तक कम्प्यूटरीकृत अनुदेशन को बेहतर है और अमेरिकी शिक्षक कहते हैं कि किसी अन्य अद्यानुतन नवाचार ने निरंतर इतनी सफलता अर्जित नहीं की है।

अब यह विचार ब्रिटेन में फैल रहा है। इस पूरे सबमें, ट्रिनिटी समग्र के 14 वर्षीय बच्चों का एक समूह, प्रत्येक सप्ताह में एक घंटा पास के प्राथमिक विद्यालय में कमजोर बच्चों की पठन में मदद कर रहे हैं। छोटे बच्चे, अपने प्रशिक्षक के साथ जोर से पढ़ते हैं और फिर उनके साथ खेल खेलते हैं।

14 वर्षीय सभी बच्चों में हर किसी के कोई न कोई विशेष इकाई के अपने-अपने पाठ हैं, जिसमें बच्चों को कठिनाई आ रही है यद्यपि उनकी बुद्धिमत्ता औसत है, पर उनमें से अधिकांश पढ़ने, लिखने व गणित में पीछे रह गए हैं और कुछ अवसरों पर इससे कक्षा में कामचोरी या बुरा बर्ताव भी दिखाई दिया है। जीन बॉण्ड, जो एक विशेष इकाई चलाते हैं, कहते हैं कि शिक्षण (ट्यूटरिंग) का सबसे बड़ा लाभ किशोरों में स्वाभिमान में सुधार होना है। "छोटे बच्चे दौड़ते हुए जाते हैं और उनका स्वागत करते हैं। इससे शिक्षण देने वाले को महत्व का अहसास होता है, जबकि सामान्य विद्यालय कक्षाओं में यह अक्सर अपर्याप्त रहता है। हर किसी को लाभ मिलता है। बड़े बच्चों को पठन का अभ्यास करना होता है, पर यह उन्हें अपनी कक्षाओं में करना होता है। वे कह सकते हैं कि वह बहुत बचकानी सामग्री थी और चेहरा बचाने का डर रहता है। छोटे बच्चों को बहुत सहनशील लोगों से व्यक्तिगत ध्यान मिलता है। शिक्षण देने वाले ट्यूटर भी कभी-कभी विद्यालय में संघर्ष करते हैं। जब छोटे बच्चे नहीं सीखते, उन्हें वास्तविक कारण नहीं पता होता है।"

ट्यूटर सहमत हैं। मार्क ग्रेगर कहते हैं, "जब मैं छोटा था, मैं बचता था, और कहता

* Exam held on 08 January, 2023 (Conducted by IGNOU)

था मैं नहीं कर पाऊँगा, जबकि मैं कर सकता था। 'मैं जिस बच्चे को पढ़ाता हूँ, वह भी यही कहता है। वह कहता है कि अपनी पुस्तक का एक पृष्ठ भी नहीं पढ़ सकता है तो मैं उसे कहता हूँ, अगर वह ऐसा करेगा तो हम खेलेंगे और यह काम करता है।''

जीन बॉण्ड, जो शिक्षार्थी शिक्षण को एक 'शैक्षिक जादुई उपाय' मानते हैं, ने पहले वाले प्रयोग किए हैं। पहले में, छः बिगड़ैल किशोरों ने (जिनकी आयु 15 वर्ष से अधिक थी) 12 शिशुओं के पढ़ने व गणित में मदद की। छः में से किसी ने भी अपने ट्यूटरिंग सत्रों में बदमाशी नहीं की। बॉण्ड कहते हैं कि ''अपने प्रशिक्षुओं के साथ काम करते हुए, उन्होंने जो एकाग्रता का उल्लेखनीय स्तर दिखाया, उन्होंने विद्यालय कार्य को किसी भी समय करने में बहुत कम योग्यता दिखाई थी।'' ट्यूटर एक विश्वसनीय, कर्तव्यनिष्ठ व ध्यान देने वाले बन गए।

उनका अपना पठन, जो पहले बहुत मशीनी और एकांगी था, बच्चों के जोर से कहानियाँ सुनाते-सुनाते स्वयं भी भावबोधक हो गया। शिक्षा को लेकर उनके विचार, जिसे उन्होंने पहले 'बकवास' और 'समय की खराबी' मानकर झुठला दिया था, बदल गए। उन्होंने निष्ठापूर्वक प्रण लिया कि वे अपने बच्चों को विद्यालय प्रारम्भ होने से पहले पढ़ाएँगे, उनमें से एक ने कहा, ''अगर वो रोजगार माँगने जाएँगे, और वे लिख नहीं सकते, तो क्या आप उन्हें रोजगार देंगे?'' ट्यूटर अपने शिक्षकों की समस्याओं को लेकर भी अधिक संवेदनशील हो गए। क्योंकि उन्हें स्वयं भी गुस्सा आता था, जब शिशु उनका मजाक बनाते थे।

1. लेखक के अनुसार, ट्यूटर सामान्यतः कक्षा में पठन अभ्यास नहीं करेंगे, क्योंकि :

A. वे इसे अपमानजनक मानेंगे।

B. वे एकाग्रचित नहीं हो पाएँगे।

C. उनके अध्यापक इसे आवश्यक नहीं मानते।

D. उनके अध्यापक उनके साथ धैर्य खो देंगे।

2. ट्यूटर एक सफल शिक्षक बन सकते हैं, इसका मुख्य कारण हो सकता है, कि :

A. वे आकर्षण का केन्द्र बनना पसन्द करते हैं।

B. वे अपने शिष्यों की समस्याओं को समझ सकते हैं।

C. वे कभी अपने शिष्यों के साथ कठोरता से नहीं बोलते।

D. उनके बच्चे, उनके साथ खेल खेलना पसन्द करते हैं।

3. कथन ''यह किशोरों के आत्मविश्वास में वृद्धि करता है'' सुझाता है कि किशोर :

A. अधिक आत्मविश्वास अनुभव करते हैं।

B. अपने मूल्य की समझ बढ़ जाती है।

C. अधिक स्वागत योग्य अनुभव करते हैं।

D. अपनी योग्यताओं पर गर्व अनुभव करते हैं।

4. शिक्षार्थी शिक्षण को एक 'शैक्षणिक जादुई युक्ति' कहा गया है क्योंकि :

A. कोई नहीं जानता यह कैसे इतना अच्छा काम करता है।

B. इसने मीडिया का ध्यान आकर्षित किया है।

C. शैक्षणिक प्रशासनिक इकाइयाँ इसे सन्देह से देखती हैं।

D. यह श्रेष्ठतम परिणामों वाला साधारण विचार है।

5. ट्रिनिटी प्रयोग के सबसे अच्छे परिणामों में से यह एक था कि ट्यूटर :

A. पढ़ने का भय दूर करना सीख लेते हैं।

B. बोलने की अपनी योग्यता में सुधार करते हैं।

C. लेखन कौशल के महत्व को समझ लेते हैं।

D. अपने विद्यार्थियों से प्यार करना सीख लेते हैं।

6. ट्यूटर "अपने शिक्षकों की कठिनाइयों के प्रति अधिक संवेदी हो जाते हैं" क्योंकि :

A. वे अपने शिक्षकों के प्रयासों एवं धैर्य को मूल्य देते हैं।

B. वे अनुभव कर लेते हैं कि पढ़ने में पठन कौशल एक कठिन कौशल है।

C. वे अपने शिक्षकों की उन भावनाओं को समझ लेते हैं जब उनके विद्यार्थी उनसे दुर्व्यवहार करते हैं।

D. वे समझ जाते हैं कि शिक्षण-अधिगम एक कठिन प्रक्रिया है।

7. "उनका अपना पठन, पहले बहुत मशीनी और एकांकी ______" कथन में 'मशीनी' और 'एकांकी' हैं :

A. क्रिया B. विशेषण

C. क्रियाविशेषण D. संज्ञा

8. इस अनुच्छेद के लिए सर्वाधिक उपयुक्त शीर्षक होगा :

A. किशोर शिक्षक

B. बिगड़ैल बच्चे

C. सभी समस्याओं का एक समाधान

D. पठन कौशल कैसे सुधारें

9. यह अनुच्छेद ______ का एक भाग है।

A. एक प्रतिवेदन B. एक लेख

C. एक वृत्त D. एक प्रस्ताव

10. अनुच्छेद के अनुसार निम्नलिखित में से कौन-सा कथन सही नहीं है?

A. ट्यूटर व शिक्षार्थी दोनों के पठन कौशल में सुधार होता है।

B. ट्यूटर अपने शिक्षार्थियों के लिए भविष्य की योजना बनाते हैं।

C. ट्यूटर महत्वपूर्ण अनुभव करते हैं जब उनके विद्यार्थी उनका स्वागत करते हैं।

D. ट्यूटर, शिक्षार्थियों के साथ बहुत धैर्य से व्यवहार करते हैं।

खण्ड-II : तार्किक एवं विश्लेषणात्मक चिन्तन

निर्देश (प्रश्न संख्या 11 से 14): *निम्नलिखित में से प्रत्येक प्रश्न में संख्याओं/अक्षरों के दो युग्म हैं। प्रत्येक युग्म में एक निश्चित सम्बन्ध है। समान सम्बन्ध के आधार पर दूसरे युग्म को पूरा कीजिए :*

11. 12 : 143 :: 2 : ?

A. 1 B. 2

C. 3 D. 4

12. 225 : 14 :: 81 : ?

A. 7 B. 8

C. 9 D. 10

13. ABD : BCE :: NOQ : ?
A. PRS B. ORS
C. PRT D. OPR

14. AZYB : CXWD :: BYXC : ?
A. DWVE B. EXDE
C. DXVE D. CXDE

निर्देश (प्रश्न संख्या 15 से 18): *निम्नलिखित में से प्रत्येक प्रश्न में एक संख्या/अक्षर श्रेणीक्रम दिया गया है जिसमें से एक पद नहीं दिया गया है। श्रेणीक्रम को समझकर सही पद चुनकर श्रेणीक्रम को पूरा कीजिए :*

15. 3, 13, 23, 43, 53, 73, ?, ______
A. 33 B. 83
C. 93 D. 103

16. 5, 10, 20, 35, ?, 80, 110, ______
A. 30 B. 45
C. 55 D. 75

17. BAC, CBD, ?, EDF, FEG, ______
A. CDE B. ACE
C. BDC D. DCE

18. MNAZ, LOBY, KPCX, JQDW, ?, ______
A. HRCW B. IREV
C. ISDV D. HTZX

19. यदि RATS का कूटरूप STAR तथा TOPS का कूटरूप SPOT है, तो SMART का कूटरूप क्या होगा?
A. STRMS B. RASTM
C. TARMS D. TRAMS

20. यदि BAR का कूटरूप RAB और REAK का कूटरूप KAER है, तो SPEAR का कूटरूप होगा :
A. ARESP
B. PARES
C. RAEPS
D. PEARS

21. यदि RACE का कूटरूप 1234 तथा SPARK का कूटरूप 56217 है, तो SPEAKER का कूटरूप होगा :
A. 5642741 B. 5424417
C. 6512341 D. 6413542

22. यदि 1234 को 10 तथा 3456 को कूटरूप में 18 लिखा जाए, तो 5678 को लिखा जाएगा :
A. 28 B. 26
C. 32 D. 36

23. कपिल उत्तर-पूर्व दिशा में टहल रहा है; फिर वह दाहिनी ओर घूमता है। 1 मिनट तक घूमने के बाद वह पुनः दाहिनी ओर घूमता है, तो अब वह किस दिशा में घूम रहा है?
A. पूर्व-दक्षिण B. उत्तर-पश्चिम
C. दक्षिण-पूर्व D. दक्षिण-पश्चिम

24. एक व्यक्ति पूर्व की ओर मुँह करके खड़ा है। वह घड़ी की सूई की दिशा में 45° घूमता है, फिर वह घड़ी की सूई की उल्टी दिशा में 180° घूम जाता है। अब उसका मुँह किस दिशा की ओर होगा?
A. उत्तर-पश्चिम B. पश्चिम
C. दक्षिण D. उत्तर-पूर्व

25. निम्नलिखित में से कौन-सा शब्द शब्दकोश में सर्वप्रथम आएगा?
A. Mountain B. Monument
C. Momentum D. Movement

26. निम्नलिखित चित्र में कुल कितने आयत होंगे?

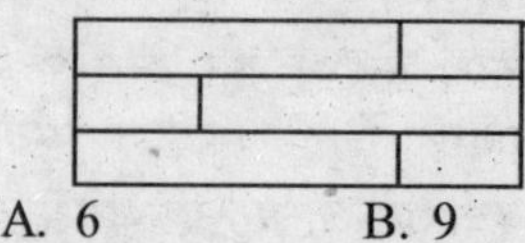

A. 6 B. 9
C. 12 D. 16

27. दो भाइयों में बड़ा भाई, छोटे से 6 वर्ष बड़ा है। तीन वर्ष बाद, बड़े भाई की आयु छोटे से दो गुनी होगी। छोटे भाई की वर्तमान आयु है :

A. 3 वर्ष B. 4 वर्ष
C. 5 वर्ष D. 6 वर्ष

28. एक पुरुष आपकी बेटी की माँ के पिता का पुत्र है। वह आपका कौन हो सकता है?

A. दामाद B. साला
C. ससुर D. मामा

29. A, B, C, D तथा E मित्र हैं। B, A से लम्बा परन्तु E से छोटा है। B, D से लम्बा है परन्तु C से छोटा है। E सबसे बड़ा है। किसकी लम्बाई माध्यिका हो सकती है?

A. A B. C
C. D D. B

30. निम्नलिखित में से कौन-सा नाम अन्य से किसी एक प्रकार से भिन्न है?

A. वी.पी. सिंह B. चन्द्रशेखर
C. मनमोहन सिंह D. एच.डी. देवगौड़ा

खण्ड-III : शैक्षिक एवं सामान्य चेतना

31. 'एपीसेन्टर' शब्द का सम्बन्ध है :

A. भूकम्प से
B. ज्वालामुखी से
C. चक्रवात से
D. भूस्खलन से

32. प्रोग्राम ऑफ एक्शन (POA) के रूप में राष्ट्रीय शिक्षा नीति, 1986 का पुनरावलोकन किसके द्वारा किया गया?

A. शिक्षकों पर राष्ट्रीय आयोग
B. यशपाल समिति
C. राममूर्ति समिति
D. हंसा मेहता समिति

33. भारत में पहला मुक्त विश्वविद्यालय कब स्थापित हुआ?

A. 1961 B. 1982
C. 1985 D. 2001

34. सारनाथ स्तम्भ का निर्माण किसने करवाया?

A. हर्षवर्धन B. अशोक
C. गौतम बुद्ध D. कनिष्क

35. भारत के संविधान में कुल कितनी अनुसूचियाँ हैं?

A. 6 B. 14
C. 12 D. 10

36. किस शासक ने आगरा शहर की स्थापना की?

A. सिकन्दर लोदी B. अकबर
C. फिरोज तुगलक D. शाहजहाँ

37. 'ए फेयरवेल टू आर्म्स' के लेखक हैं :

A. अर्नेस्ट हेमिंग्वे B. जॉर्ज ऑरवेल
C. जे.के. गैलब्रेथ D. गुन्नार मिर्डल

38. नीति आयोग के पहले उपाध्यक्ष कौन थे?

A. अरविंद पनगड़िया
B. रघुराम राजन
C. चन्द्रशेखर सुब्रमण्यम्
D. राजीव कुमार

39. कौन-सी नदी कर्क रेखा को दो बार पार करती है?

A. नर्मदा B. ताप्ती
C. चम्बल D. माही

40. प्रत्यक्ष कर कोड, भारत में निम्नलिखित में से किससे सम्बन्धित है?
A. बिक्री कर B. आयकर
C. उत्पाद शुल्क D. सेवा कर

41. भारत में किसी वाणिज्यिक बैंक की सम्पत्ति में निम्नलिखित में से किसे सम्मिलित नहीं किया जाता?
A. अग्रिम
B. जमा
C. निवेश
D. लघु अवधि/माँग पर आधारित धन

42. संविधान के किस अनुच्छेद में वयस्क मताधिकार को मान्यता दी गई है?
A. 324 B. 325
C. 326 D. 327

43. भारत के अटार्नी जनरल की नियुक्ति करता है :
A. कानून मंत्री
B. भारत के राष्ट्रपति
C. लोकसभा अध्यक्ष
D. प्रधानमंत्री

44. बक्सर का युद्ध कब लड़ा गया?
A. 1764 B. 1757
C. 1526 D. 1761

45. 'जजिया' किसके काल में पुनः लगाया गया?
A. अकबर B. औरंगजेब
C. जहाँगीर D. हुमायूँ

46. किस बैंक ने भारत में पहला एटीएम लगाया?
A. सिटी बैंक B. HSBC
C. PNB D. SBI

47. अढ़ाई दिन का झोंपड़ा, अजमेर में किसने बनवाया?
A. शेरशाह
B. कुतुबुउद्दीन ऐबक
C. जलालुद्दीन फिरोज खिलजी
D. बलबन

48. भारत में किस वर्ष सुनामी आई?
A. 2005 B. 2004
C. 2006 D. 2007

49. निम्नलिखित में से कौन-सी खरीफ की फसल है?
A. गेहूँ B. जौ
C. बाजरा D. सरसों

50. भारत में किस राज्य की समुद्री सीमा सबसे लम्बी है?
A. महाराष्ट्र B. आंध्र प्रदेश
C. केरल D. गुजरात

51. दिल्ली में जामा मस्जिद किसने बनवाई?
A. अकबर B. कुतुबुद्दीन ऐबक
C. जहाँगीर D. शाहजहाँ

52. निम्नलिखित में से कौन-सा मन्दिर खजुराहो में नहीं है?
A. पार्श्वनाथ B. विश्वनाथ
C. कंदरिया महादेव D. लिंगराज

53. शिक्षक शिक्षा कार्यक्रमों में प्रवेश हेतु चयन परीक्षा का सुझाव किसने दिया?
A. NCTE B. NAAC
C. NPERL D. NCERT

54. अशक्त व्यक्तियों के लिए अन्तर्राष्ट्रीय दिवस कब मनाया जाता है?
A. 5 दिसम्बर B. 3 दिसम्बर
C. 11 दिसम्बर D. 15 दिसम्बर

55. 1959 में किस राज्य ने सर्वप्रथम पंचायती राज व्यवस्था अपनाई?
A. राजस्थान B. कर्नाटक
C. गुजरात D. पंजाब

खण्ड-IV : शिक्षण-अधिगम एवं विद्यालय

56. राष्ट्रीय शिक्षा नीति, 2020 के अनुसार, विद्यालयी शिक्षा का स्वरूप होगा :
A. 10 + 2 + 3
B. 11 + 2 + 2
C. 5 + 3 + 3 + 4
D. 3 + 3 + 5 + 4

57. विद्यालय के संदर्भ में CCE का पूर्णरूप क्या है?
A. Centres for Continuing Education
B. Continuous-Comprehensive Evaluation
C. Core Committee on Education
D. Committee on Curriculum Evaluation

58. "विद्यार्थी एक वाणिज्यिक बैंक के कार्यकलाप उद्धृत कर सकेंगे।" यह उद्देश्य संबंधित है :
A. संज्ञानात्मक पक्ष से
B. भावात्मक पक्ष में
C. मनोगत्यात्मक पक्ष से
D. संज्ञानात्मक व भावात्मक, दोनों पक्षों से

59. वह विधि, जो विद्यार्थियों से स्वयं सीखने की अपेक्षा करती है, है :
A. व्याख्यान विधि
B. प्रदर्शन विधि
C. खोज विधि
D. व्याख्यान-सह-प्रदर्शन विधि

60. निम्नलिखित में से कौन-सा लक्षण, वैज्ञानिक अभिवृत्ति का वर्णन नहीं करता है?
A. वस्तुओं के बारे में जानने की उत्कण्ठा
B. आलोचनात्मक चिन्तन
C. किसी घटना का 'क्या', 'क्यों' और 'कैसे' खोजना
D. मुक्त मस्तिष्क वाला न होना

61. निम्नलिखित में से कौन-सा कथन पाठ्यवस्तु और पाठ्यचर्या में अन्तर को सबसे अच्छी तरह दर्शाता है?
A. पाठ्यवस्तु में मात्र शैक्षणिक विषय आते हैं परन्तु पाठ्यचर्या अधिगम अनुभवों की सम्पूर्णता से जुड़ी है।
B. पाठ्यचर्या विस्तृत नहीं होती परन्तु पाठ्यवस्तु होती है।
C. पाठ्यचर्या बच्चों की आवश्यकता पर आधारित होती है परन्तु पाठ्यवस्तु नहीं।
D. पाठ्यचर्या विद्यालय केन्द्रित होती है परन्तु पाठ्यवस्तु कक्षाकक्ष केन्द्रित होती है।

62. व्यवहारवाद को वर्णित नहीं करता है :
A. ज्ञान निर्माण
B. अधिगम हेतु तैयारी
C. त्रुटि एवं प्रयास द्वारा अधिगम
D. अनुकूलन

63. 'निष्ठा' पोर्टल सहायता देता है :
A. विद्यालयी शिक्षकों के सेवाकालीन प्रशिक्षण में
B. विद्यालयी शिक्षकों के सेवापूर्व प्रशिक्षण में
C. विश्वविद्यालयी शिक्षकों के सेवाकालीन प्रशिक्षण में
D. विश्वविद्यालयी शिक्षकों के सेवापूर्ण प्रशिक्षण में

64. संज्ञानवाद के अनुसार, अधिगम होता है :
A. त्रुटि एवं प्रयास में
B. नये व पुराने अधिगम को जोड़कर
C. सामाजिक परिस्थितियों में
D. अनुकूलन द्वारा

65. एक अच्छी मनोरंजनात्मक गतिविधि ____ के विकास को प्रोत्साहित करती है।
A. केवल शरीर
B. केवल मस्तिष्क
C. मस्तिष्क व शरीर दोनों
D. न मस्तिष्क न शरीर

66. आज के संसार में ज्ञान का विस्फोट शिक्षक से अपेक्षा रखता है कि वह :
A. अधिगम का सुसाध्यकर्ता हो
B. ज्ञान का प्रदाता हो
C. ज्ञान का निर्माणकर्ता हो
D. ज्ञान का निर्माणकर्ता व प्रदाता दोनों हो

67. निम्नलिखित में से क्या एक सह-शैक्षणिक (पाठ्य-सहगामी) क्रियाकलाप नहीं है?
A. एक कक्षा में एक प्रश्नोत्तरी
B. एक सांस्कृतिक कार्यक्रम
C. एक पाठ्यपुस्तक पढ़ना
D. विद्यालय पुस्तकालय में एक कहानी की पुस्तक पढ़ना

68. दूरस्थ शिक्षा तंत्र में अनुदेशन मुख्यतः प्रदान करते हैं :
A. व्यक्तिगत सम्पर्क कार्यक्रम द्वारा
B. मुद्रित अध्ययन सामग्री द्वारा
C. रेडियो द्वारा
D. टेलीविजन द्वारा

69. श्रव्य-दृश्य सामग्री के प्रयोग के सन्दर्भ में क्या सही नहीं है?
A. बहुसंवेदी अंगों का प्रयोग
B. नवाचारों का सृजन
C. अमूर्त को मूर्तरूप देना
D. सरल सम्प्रत्ययों को जटिल बनाना

70. यूनेस्को को दी गई जैक्स डेलर रिपोर्ट का शीर्षक था :
A. इन्टरनेशनल कमीशन ऑन एजूकेशन रिपोर्ट
B. मिलेनियम डेवलपमेंट रिपोर्ट
C. लर्निंग : द ट्रेजर विदइन
D. वर्ल्ड डिक्लेरेशन ऑन एजूकेशन फॉर ऑल

71. भारत में प्राथमिक शिक्षा में गुणवत्ता सुधार हेतु नई शिक्षा नीति, 1986 में किसकी स्थापना का प्रतिवेदन किया गया?
A. NCERT B. SCERT
C. DIET D. IASE

72. कौन-सी शिक्षण विधि शिक्षार्थियों की भागीदारी को इष्टतम और पूर्वसक्रिय बनाती है?
A. विचार-विमर्श विधि
B. व्याख्यान विधि
C. प्रदर्शन विधि
D. व्याख्यान-सह-प्रदर्शन विधि

73. योगात्मक मूल्यांकन है :
A. एक प्रकरण पढ़ाते समय आकलन
B. एक प्रकरण पढ़ाने के बाद आकलन
C. एक सेमस्टर के अंत में आकलन
D. एक अध्याय पढ़ाने के बाद में आकलन

74. एक जीवन्त कक्षाकक्ष परिस्थिति में, यह असम्भव है कि वहाँ हो :
A. कभी-कभी हँसी का शोर
B. पूर्णतः शांति
C. निरंतर अध्यापक-छात्र वार्तालाप
D. विद्यार्थियों में परिचर्चा

75. शिक्षण में सम्मिलित होना चाहिए :
A. निकटता से बचना
B. स्वर आरोह-अवरोह
C. रूकावटों की पुनरावृत्ति
D. निश्चित भाव-भंगिमा

76. RCI का पूर्ण रूप है :
A. Reserve Court of India
B. Rehabilitation Centre of India
C. Reserve Council International
D. Rehabilitation Council of India

77. संगी-साथियों से सीखने को कौन-सा उपागम व्याख्यायित करता है?
A. व्यवहारवाद
B. संज्ञानवाद
C. रचनावाद
D. सामाजिक रचनावाद

78. विद्यालयों में विद्यार्थियों के समस्या समाधान के लिए किया जाने वाला शोध कहलाता है :
A. मौलिक शोध
B. क्रियात्मक शोध
C. अनुप्रयुक्त शोध
D. मूल शोध

79. अभिवृत्ति में परिवर्तन का सम्बन्ध है :
A. संज्ञानात्मक पक्ष से
B. मनोगत्यात्मक पक्ष से
C. भावात्मक पक्ष से
D. संज्ञानात्मक व भावात्मक पक्ष दोनों से

80. भारतीय संविधान के अनुच्छेद ________ के अन्तर्गत प्रारम्भिक शिक्षा एक मूल अधिकार है।
A. 15 A B. 20 A
C. 21 A D. 20 B

भाग-B

खण्ड-V : (*i*) विज्ञान

81. इन्द्रधनुष के किस रंग की तरंगदैर्ध्य अधिकतम होती है?
A. बैंगनी B. हरा
C. पीला D. लाल

82. एक वृत्त के परिधि पर घूमती वस्तु में एक स्थिर _____ होता है।
A. गति B. वेग
C. संवेग D. त्वरण

83. एक सामान्य आँख में एक वस्तु का प्रतिबिम्ब बनता है?
A. आइरिस पर B. कॉर्निया पर
C. रेटिना पर D. प्यूपिल पर

84. वायुदाब को मापने के लिए प्रयोग होने वाला उपकरण है :
A. थर्मामीटर B. सोनोमीटर
C. बैरोमीटर D. हाइग्रोमीटर

85. जल का घनत्व अधिकतम होता है :
A. –4°C B. 0°C
C. 4°C D. 100°C

86. यदि एक व्यक्ति का धरती पर भार W_E तथा चन्द्रमा पर भार W_M है, तो :
A. $W_E > W_M$
B. $W_E < W_M$
C. $W_E = W_M$
D. कोई अनुमान संभव नहीं

87. एक कार्बनिक तत्व में निश्चित रूप से होना चाहिए :

A. हाइड्रोजन B. कार्बन

C. ऑक्सीजन D. सिलिकॉन

88. हीरे बने होते हैं :

A. शुद्ध कार्बन के

B. कार्बन तथा सिलिकॉन के

C. काँच और सिलिकॉन के

D. शुद्ध सिलिकॉन के

89. सफेद फॉस्फोरस को गर्म करने पर यह लाल फॉस्फोरस में बदल जाती है। यदि इसमें थोड़ा आयोडीन मिला दिया जाए, तो यह प्रक्रिया तीव्र हो जाती है। यहाँ आयोडीन का कार्य है :

A. ऑक्सीकारक B. उत्प्रेरक

C. लुब्रीकेन्ट D. डिटरजेन्ट

90. स्टार्च की पहचान आयोडीन की एक बूँद के प्रयोग से हो जाती है। स्टार्च की उपस्थिति में आयोडीन :

A. नीली हो जाती है।

B. उड़ जाती है।

C. रंगहीन हो जाती है।

D. काली हो जाती है।

91. गीगर-मुलर काउन्टर उपकरण का प्रयोग किसके मापन में होता है?

A. समय B. एक्स-रे

C. फोटॉन D. रेडियोएक्टिविटी

92. जंग लगने के लिए किसकी उपस्थिति आवश्यक नहीं है?

A. लोहा

B. पानी

C. ऑक्सीजन

D. कार्बन डाइऑक्साइड

93. निम्नलिखित में से कौन-सा एक रासायनिक यौगिक है?

A. ताँबा B. ऑक्सीजन

C. साधारण नमक D. लोहा

94. निम्नलिखित में से एक को छोड़कर सभी अंग मानव शरीर में बाएँ और दाएँ दोनों भागों में स्थित होते हैं :

A. वृक्क B. फेफड़े

C. आँखें D. तिल्ली

95. टायफाइड का कारण है :

A. जीवाणु B. विषाणु

C. हॉर्मोन D. कुकुरमुत्ता

96. सभी सजीवों में यह प्रक्रिया होती है :

A. श्वसन B. प्रकाश संश्लेषण

C. साँस लेना D. वाष्पोत्सर्जन

97. मॉलिब्डेनम है एक :

A. मैक्रोन्यूट्रिएन्ट

B. माइक्रोन्यूट्रिएन्ट

C. कोई न्यूट्रिएन्ट नहीं

D. यौगिक

98. मोतियाबिंद किसका रोग है :

A. आँख B. कान

C. फेफड़े D. हृदय

99. कौन-से प्रकार के दाँत भोजन को पीसने का कार्य करते हैं?

A. भेदन B. चवर्णक

C. कृन्तक D. दूध के दाँत

100. वातावरण में ओज़ोन की परत के क्षरण का कारण है :

A. नाइट्रस ऑक्साइड

B. सल्फर डाइऑक्साइड

C. कार्बन डाइऑक्साइड

D. क्लोरोफ्लोरोकार्बन

खण्ड-V : (*ii*) गणित

101. 8 के प्रथम 15 गुणांकों का योग होगा :
A. 760
B. 1060
C. 860
D. 960

102. नीचे कुल 12 संख्याएँ दी गई हैं, इनका बहुलक होगा :
14, 25, 14, 28, 18, 17, 18, 14, 23, 22, 14, 18
A. 14
B. 17
C. 18
D. 22

103. 25वाँ प्रतिशतांक वही है जो है :
A. प्रथम चतुर्थांक
B. द्वितीय चतुर्थांक
C. तृतीय चतुर्थांक
D. चतुर्थांक विचलन

104. जब माध्य > माध्यिका हो, तो वक्र होता है :
A. सकारात्मक झुकाव वाला
B. नकारात्मक झुकाव वाला
C. सामान्य सम्भाव्यता वक्र
D. बारम्बारता वक्र

105. $9 \sec^2 A - 9 \tan^2 A$ का मान होगा :
A. 1
B. 0
C. 8
D. 9

106. एक टॉवर भूमि पर सीधा खड़ा है। टॉवर के आधार से 15 मी. दूर एक बिन्दु से टॉवर के शीर्ष का उन्नयन कोण 60° है, तो टॉवर की ऊँचाई क्या है?
A. $\frac{15}{\sqrt{3}}$ मी.
B. $15\sqrt{3}$ मी.
C. $\frac{5}{\sqrt{3}}$ मी.
D. $5\sqrt{3}$ मी.

107. ABC तथा BDE दो इस प्रकार के समबाहु त्रिभुज हैं कि D, BC का मध्य बिन्दु है। ABC तथा BDE त्रिभुजों के क्षेत्रफल का अनुपात होगा :
A. 4 : 1
B. 1 : 4
C. 1 : 2
D. 2 : 1

108. 16 पुरुष या 20 महिलाएँ किसी कार्य को 25 दिन में कर सकते हैं। उसी कार्य को 28 पुरुष और 15 महिलाएँ कितने दिनों में करेंगे?
A. 10 दिन
B. $14\frac{2}{7}$ दिन
C. $18\frac{3}{4}$ दिन
D. $20\frac{1}{3}$ दिन

109. एक नारियल विक्रेता पाता है कि 2750 नारियलों का क्रय मूल्य, 2500 नारियलों के विक्रय मूल्य के समान है। लाभ या हानि का प्रतिशत होगा :
A. 15% हानि
B. 15% लाभ
C. 10% लाभ
D. 10% हानि

110. एक पहिया 1750 चक्करों में 5.5 किमी. की दूरी तय करता है, तो पहिये का व्यास कितना है?
A. 0.5 मी.
B. 0.75 मी.
C. 1.0 मी.
D. 1.25 मी.

111. $3\sqrt{5} - 4\sqrt{3} + 2\sqrt{80} + 2\sqrt{12}$ का सबसे निकटतम मान होगा :
A. 24
B. 24.5
C. 25.0
D. 24.6

112. एक रेलगाड़ी और प्लेटफॉर्म की लम्बाई समान है। यदि रेलगाड़ी की गति 90 किमी./घं. है और वह प्लेटफॉर्म को 1 मिनट में पार कर लेती है, तो रेलगाड़ी की लम्बाई (मी. में) होगी :

A. 700 मी. B. 750 मी.
C. 800 मी. D. 850 मी.

113. यदि एक विद्यार्थी के 201 अंक है और वह 30 अंकों से अनुत्तीर्ण हो गया है। यदि न्यूनतम उत्तीर्णांक 33% हो, तो परीक्षा का पूर्णांक होगा :

A. 700 B. 750
C. 650 D. 600

114. एक धनराशि 2 वर्ष में ₹ 1,008 तथा 3 वर्ष में ₹ 1,112 हो जाती है, तो ब्याज की दर होगी :

A. 13.5% B. 12%
C. 13% D. 12.5%

115. निम्नलिखित दस संख्याओं की माध्यिका होगी :
14, 32, 24, 18, 29, 15, 13, 27, 26, 31

A. 27 B. 26
C. 24 D. 25

116. एक व्यक्ति का वेतन पहले 25% बढ़ाया गया फिर कुछ प्रतिशत कम करके इसे पूर्व के स्तर पर लाया गया। कितने प्रतिशत की कमी की गई?

A. 25% B. 20%
C. 24% D. 18%

117. A, B तथा C का औसत भार 45 किग्रा. हैं। यदि A तथा B का औसत भार 40 किग्रा. तथा B तथा C का औसत भार 43 किग्रा. है, तो B का भार है :

A. 31 किग्रा. B. 41 किग्रा.
C. 36 किग्रा. D. 38 किग्रा.

118. दो संख्याओं का अनुपात 7 : 4 है। यदि छोटी संख्या में 12 जोड़ दें तो यह अनुपात 7 : 5 हो जाता है। बड़ी संख्या है :

A. 48 B. 64
C. 77 D. 84

119. 12 वर्ष पूर्व एक पिता की आयु अपने पुत्र की आयु से दो गुनी थी। तीन वर्ष बाद पिता-पुत्र की आयु का अनुपात 5 : 3 होगा। पुत्र की क्या आयु है?

A. 38 वर्ष B. 40 वर्ष
C. 42 वर्ष D. 45 वर्ष

120. एक दो अंकों की संख्या 30 से कम है। यदि दोनों अंकों का योग 10 व अन्तर 6 है, तो वह संख्या है :

A. 24 B. 26
C. 28 D. 29

खण्ड-V : (*iii*) सामाजिक विज्ञान

121. ब्रिटिश राज में भारत का प्रथम गवर्नर जनरल कौन था?

A. लॉर्ड माउंटबेटन
B. वारेन हेस्टिंग्स
C. विलियम बैंटिंक
D. चार्ल्स वुड

122. प्रथम विश्वयुद्ध को समाप्त करने वाला समझौता था :

A. पेरिस समझौता
B. ब्रेस्ट-लिटोवस्क का समझौता
C. वर्साय की संधि
D. नेविले समझौता

123. ब्रह्मसमाज आन्दोलन के जनक कौन थे?
A. बिपिनचन्द्र पाल
B. बाल गंगाधर तिलक
C. लाला लाजपत राय
D. राजा राममोहन राय

124. राष्ट्रीय शिक्षा नीति, 2020 में विद्यालयी शिक्षा की कौन-सी संरचना सुझाई गई है?
A. 5 + 3 + 4 + 3
B. 5 + 4 + 3 + 3
C. 4 + 5 + 3 + 3
D. 5 + 3 + 3 + 4

125. संविधान सभा में भारत के संविधान को कब अंगीकार किया गया?
A. 26 जनवरी, 1950
B. 5 दिसम्बर, 1949
C. 26 नवम्बर, 1949
D. 15 अगस्त, 1948

126. भारतीय संविधान के किस अनुच्छेद में निःशुल्क एवं अनिवार्य बाल शिक्षा का अधिकार अधिनियम, 2009 को सम्मिलित किया गया है?
A. अनुच्छेद 21 (A)
B. अनुच्छेद 45
C. अनुच्छेद 30
D. अनुच्छेद 29 (1)

127. कुचीपुड़ी किस राज्य का एक शास्त्रीय नृत्य प्रारूप है?
A. कर्नाटक　　B. आंध्र प्रदेश
C. केरल　　D. ओडिशा

128. अरावली पर्वत श्रृंखला, भारत के किन राज्यों में फैली है?
A. महाराष्ट्र, गोवा व कर्नाटक
B. केरल, तमिलनाडु व आंध्र प्रदेश
C. दिल्ली, हरियाणा, राजस्थान व गुजरात
D. पंजाब, हिमाचल प्रदेश व जम्मू एवं कश्मीर

129. गन्ना उत्पादन के लिए कौन-सी मृदा उपयुक्त है?
A. काली मिट्टी　　B. जलोढ़ मिट्टी
C. लाल मिट्टी　　D. चिकनी मिट्टी

130. विश्व की सबसे लम्बी नदी कौन-सी है?
A. नील　　B. अमेजन
C. यांगटिसी　　D. गंगा

131. 'समाजशास्त्र का जनक' किसे कहा जाता है?
A. कार्ल मार्क्स　　B. अगस्ट कॉम्टे
C. मैक्स वेबर　　D. हैरियट मॉर्टिन्यू

132. निम्नलिखित में से कौन-सी तलछटी चट्टान नहीं है?
A. लाइमस्टोन　　B. सैंडस्टोन
C. ग्रेनाइट　　D. सिल्टस्टोन

133. भारत में सभी बैंकों का नियमन व नियंत्रण किसके द्वारा किया जाता है?
A. भारत का केंद्रीय बैंक
B. भारतीय स्टेट बैंक
C. भारतीय रिजर्व बैंक
D. पंजाब नेशनल बैंक

134. निम्नलिखित में से कौन-सा लेन-देन व्यवस्था का उदाहरण नहीं है?
A. संतरों की आम से अदला-बदली
B. नमक की चाय से अदला-बदली
C. जूतों की कपड़ों से अदला-बदली
D. धन देकर बाजार भाव पर वस्तुएँ क्रय करना

135. कार्ल मार्क्स द्वारा लिखित पुस्तक 'दास कैपिटल' प्रकाशित हुई :

A. 1867 में B. 1877 में
C. 1887 में D. 1897 में

136. 326 ई.पू. में सिकन्दर और महाराजा पुरु के मध्य कौन-सा युद्ध लड़ा गया?

A. पानीपत B. हाइडेस्पस
C. बक्सर D. तराइन

137. चिपको आन्दोलन का सम्बन्ध किससे है?

A. मानवाधिकार
B. दुग्ध उत्पादन
C. पर्यावरण संरक्षण
D. कृषि उत्पादन

138. ब्रिटिश राज्य में प्रांतीय स्वायत्तता प्रदान करने वाला अधिनियम था :

A. भारत सरकार अधिनियम, 1919
B. भारत सरकार अधिनियम, 1909
C. भारत सरकार अधिनियम, 1858
D. भारत सरकार अधिनियम, 1935

139. 'छाया मंत्रिमंडल' की परिपाटी कहाँ जन्मी?

A. भारत B. ग्रेट ब्रिटेन
C. अमेरिका D. इटली

140. हीराकुड बाँध किस नदी पर बना है?

A. महानदी B. कावेरी
C. गोदावरी D. कृष्णा

खण्ड-V : (*iv*) English

Directions (Qs. No. 141-145): *Choose the word that is nearest in meaning to the underlined word:*

141. Covalent compounds consist of <u>discrete</u> molecules.

A. Concrete B. Grouped
C. Separate D. Convoluted

142. The pearls bought by Anaisha are <u>genuine</u>.

A. Inexpensive B. Attractive
C. Expensive D. Authentic

143. There is not a single word that is <u>redundant</u> in the report.

A. Bombastic B. Unimportant
C. Flowers D. Unnecessary

144. All mail is <u>censored</u> by the government during war time.

A. distributed B. confiscated
C. examined D. supervised

145. The art movie that I watched this evening has put me in <u>expensive</u> mood.

A. cheerful B. reflective
C. confused D. depressed

Directions (Qs. No. 146-150): *In each of the following group of words, only one of them is correctly spelt. Select the one with the correct spelling:*

146. A. asending B. ascending
C. acending D. ascanding

147. A. presumptous B. presamptous
C. presumptus D. presamptus

148. A. fasade B. facade
C. fasad D. facad

149. A. mundane B. mondane
C. mundan D. mondan

150. A. falacy B. fallacy
C. falecy D. fallecy

Directions (Qs. Nos. 151-154): *Choose the word that is opposite in meaning to the underlined word:*

151. The Gupta rulers patronised all cultural activities and thus the period came to be called the 'Golden Age' of Indian history.
A. admired B. rejected
C. indulged D. favoured

152. Tilak always advocated the use of indigenous goods.
A. cheap B. native
C. silly D. foreign

153. His timidity led him to trouble.
A. boldness
B. arrogance
C. self-assertion
D. self-confidence

154. We should not belittle the value of small things.
A. expand B. downplay
C. praise D. scorn

Directions (Qs. Nos. 155 and 156): *Pick out the most appropriate word from the given alternatives to fill in the blank to complete the sentence:*

155. He is too ______ to be deceived easily.
A. strong B. modern
C. kind D. intelligent

156. The police have ________ a complaint against the culprits.
A. entered B. registered
C. noted D. lodged

Directions (Qs. Nos. 157-160): *Choose the correct answer:*

157. The novel 'Jane Eyre' was written by:
A. Charlotte Bronte
B. Emily Bronte
C. George Eliot
D. Jane Austen

158. The poem 'Ode to the West Wind' was written by:
A. Keats B. Shelley
C. Wordsworth D. Byron

159. The play 'Othello' was written by:
A. Shakespeare
B. Bernard Shaw
C. Eugene O'Neil
D. Brecht

160. The novel 'Gora' was written by:
A. Tagore
B. R.K. Narayan
C. Anita Desai
D. Khushwant Singh

खण्ड-V : (*v*) हिन्दी

निर्देश (प्रश्न संख्या 161 से 165): *निम्नलिखित गद्यांश को ध्यानपूर्वक पढ़कर उसके आधार पर पूछे गए प्रश्नों के उत्तर दीजिए :*

निर्लिप्त रहकर दूसरों का गला काटने वालों से लिप्त रहकर दूसरों की भलाई करने वाले कहीं अच्छे होते हैं। क्षात्रधर्म का संबंध लोकरक्षा से है। अतः वह जनता के सम्पूर्ण जीवन को स्पर्श करने वाला है। कोई राजा होगा तो अपने घर का होगा .... इससे बढ़कर झूठी बात शायद ही कोई हो। झूठे खिताबों द्वारा यह कभी

सच नहीं की जा सकती। क्षात्र जीवन के इतना व्यापक होने के कारण ही हमारे मुख्य अवतार राम और कृष्ण क्षत्रिय हैं।

कर्म-सौंदर्य की योजना जितने रूपों में क्षात्र जीवन में संभव है, उतने रूपों में किसी में नहीं। शक्ति के साथ क्षमा, वैभव के साथ विनय, तेज के साथ कोमलता, पराक्रम के साथ रूप-माधुर्य, प्रताप के साथ कठिन धर्म-पथ का अवलंबन क्षात्रधर्म में ही हो सकता है। इस व्यापार युग में, इस वणिग्धर्म प्रधान युग में क्षात्रधर्म की चर्चा करना शायद पुरानी बातों को याद करना समझा जाए परन्तु आधुनिक व्यापार की अन्याय रक्षा भी शास्त्रों द्वारा ही की जाती है। क्षात्रधर्म का उपयोग समाप्त नहीं हुआ है, केवल धर्म के साथ उसका असहयोग हो गया है।

161. प्रस्तुत गद्यांश के लिए एक उचित शीर्षक दीजिए :

A. क्षात्रधर्म से हानि
B. क्षात्रधर्म की महत्ता
C. वणिग्धर्म के दोष
D. राम-कृष्ण का व्यक्तित्व

162. क्षात्रधर्म में कौन-सा सौंदर्य अनेक रूपों में दिखाई देता है?

A. धर्म B. अर्थ
C. कर्म D. भलाई

163. वणिग्धर्म किसको कहा गया है?

A. व्यापारी के काम को
B. व्यापारी के सौंदर्य को
C. व्यापारी के धन को
D. व्यापारी की सोच को

164. क्षात्रधर्म का संबंध किससे है?

A. जीवरक्षा B. पशुरक्षा
C. लोकरक्षा D. झूठे खिताबों से

165. क्षात्रधर्म की चर्चा वणिग्धर्म प्रधान युग में कैसी समझी जाती है?

A. पुरानी बातों को याद करने जैसी
B. सफलता प्रदान करने वाली
C. व्यर्थ की
D. बहुत ही ज्ञानवर्धक

166. सब कुछ जानने वाले को कहते हैं :

A. कृतज्ञ B. सर्वज्ञ
C. अज्ञ D. विशेषज्ञ

167. हिन्दी वर्णमाला में अयोगवाह वर्ण कौन-से हैं?

A. अ, आ B. इ, ई
C. उ, ऊ D. अं, अः

168. 'ऋजु' का विलोम शब्द कौन-सा है?

A. मृदु B. वक्र
C. अद्यतन D. निश्चित

169. कौन-से शब्द की वर्तनी अशुद्ध है?

A. कवियत्री B. कवयित्री
C. आकलन D. प्रादुर्भाव

170. जिस वाक्य में 'एक कर्त्ता' और 'एक क्रिया' हो, उसे कहते हैं :

A. संयुक्त वाक्य B. मिश्र वाक्य
C. सरल वाक्य D. विकसित वाक्य

171. 'अथ' का विलोम शब्द है :

A. अंत B. शब्द
C. अर्थ D. इति

172. किस शब्द में 'आवा' प्रत्यय नहीं है?

A. चढ़ावा B. दिखावा
C. लावा D. भुलावा

173. निम्नलिखित शब्दों में से विशेषण कौन-सा शब्द है?

A. सौंदर्य B. कृतज्ञ
C. व्यक्तित्व D. बड़प्पन

174. 'अमिय' का पर्यायवाची शब्द है :
A. आम्र B. सुधा
C. विष D. मधुप

175. 'ध्रुवस्वामिनी' नाटक के रचनाकार का नाम है :
A. महादेवी वर्मा B. जयशंकर प्रसाद
C. मुंशी प्रेमचंद D. मोहन राकेश

176. 'कहाँ राजा भोज कहाँ गंगू तेली' कहावत का अर्थ है?
A. गुण के विरुद्ध नाम होना
B. उच्च और साधारण की तुलना कैसी
C. घर के गुणी व्यक्ति को तुच्छ समझना
D. केवल बाह्य प्रदर्शन

177. 'आँख-कान खुले रखना' मुहावरे का अर्थ है :
A. आँख खोलकर सुनना
B. एक-दूसरे को देखना
C. सचेत रहना
D. होश में रहना

178. 'काली घटा का घमंड घटा' में अलंकार है :
A. श्लेष B. यमक
C. अनुप्रास D. अर्थालंकार

179. पुस्तक कौन-सा शब्द है?
A. तद्भव B. तत्सम
C. विदेशज D. देशज

180. 'देशभक्ति' में कौन-सा प्रत्यय है?
A. तत्पुरुष समास B. कर्मधारय समास
C. द्वंद्व समास D. द्विगु समास

उत्तरमाला

1. (A) **2. (B)** **3. (B)**
4. (D) **5. (A)** **6. (C)**
7. (B) **8. (D)** **9. (A)**
10. (D)

11. (C): 12 : 143
$\Rightarrow (12)^2 - 1 = 144 - 1 = 143,$
2 : ?
$\Rightarrow (2)^2 - 1 = 4 - 1 = 3$
$\therefore \quad ? = 3$

12. (B): 225 : 14
$\Rightarrow \sqrt{225} - 1 = 15 - 1 = 14$
81 : ?
$\Rightarrow \sqrt{81} - 1 = 9 - 1 = 8$
$\therefore \quad ? = 8.$

13. (D) **14. (A)**

15. (C):

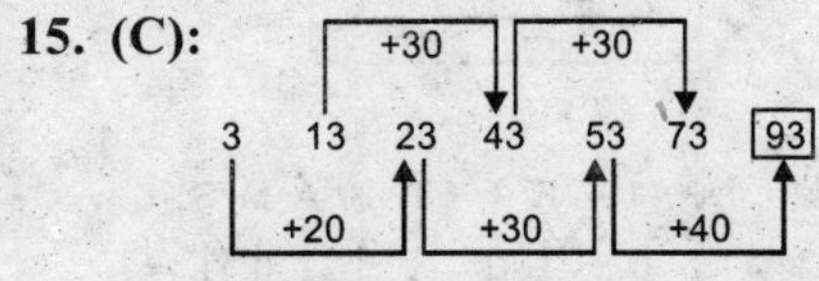

∴ लुप्त संख्या = 93.

16. (C): 5 10 20 35 55 80 110
+5 +10 +15 +20 +25 +30

∴ लुप्त संख्या = 55.

17. (D):

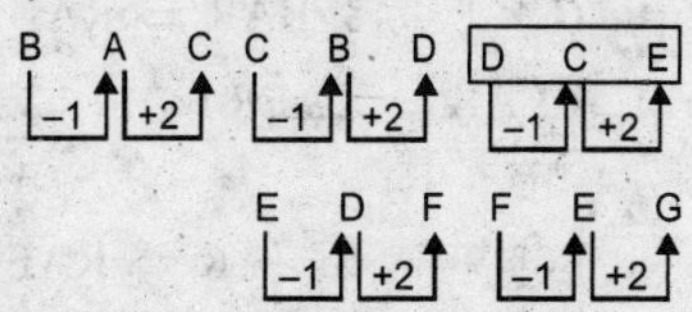

∴ लुप्त पद = DCE.

18. (B): शब्द के अक्षर को उसके विपरीत श्रृंखला के अक्षर में कूट किया गया है :

C O M E

→ प्राकृतिक श्रृंखला में अक्षर

X L N V

→ विपरीत श्रृंखला में अक्षर

↓ ↓ ↓ ↓

3rd 15th 13th 5th

∴ 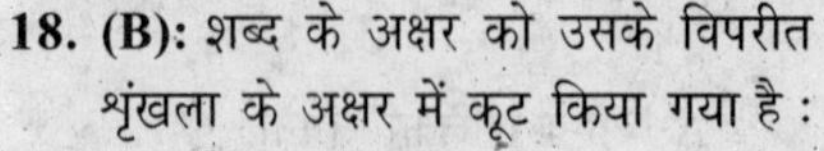

∴ लुप्त पद = IREV.

19. (D): दिया है,

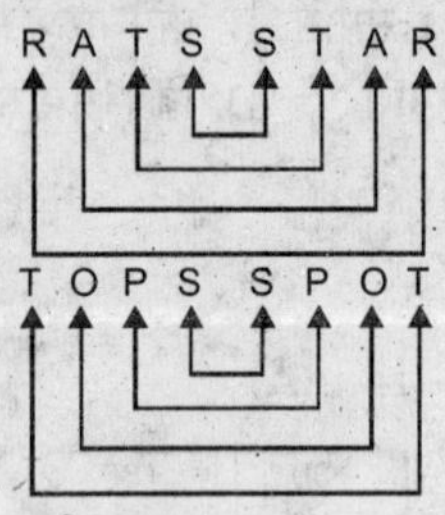

इसी प्रकार,

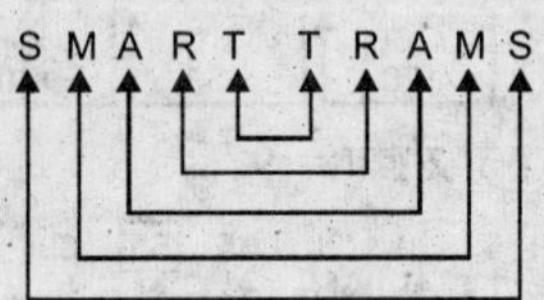

∴ SMART को TRAMS में कूट किया जाएगा।

20. (C): दिया है, BAR ⇒ RAB

REAK ⇒ KAER (अक्षरों को विपरीत लिखने पर)

इसी प्रकार, SPEAR ⇒ RAEPS

∴ SPEAR को RAEPS से कूट किया जाएगा।

21. (A): दिया है,

	R	A	C	E			
	↓	↓	↓	↓			
	1	2	3	4			
और	S	P	A	R	K		
	↓	↓	↓	↓	↓		
	5	6	2	1	7		
∴ S	P	E	A	K	E	R	
↓	↓	↓	↓	↓	↓	↓	
5	6	4	2	7	4	1	

∴ SPEAKER को 5642741 से कूटित किया जाएगा।

22. (B): दिया है, 1234 = 10

⇒ 1 + 2 + 3 + 4 = 10

और 3456 = 18

⇒ 3 + 4 + 5 + 6 = 18

इसी प्रकार 5678 = ?

⇒ 5 + 6 + 7 + 8 = 26

∴ 5678 को 26 से कूट किया जाएगा।

23. (D):

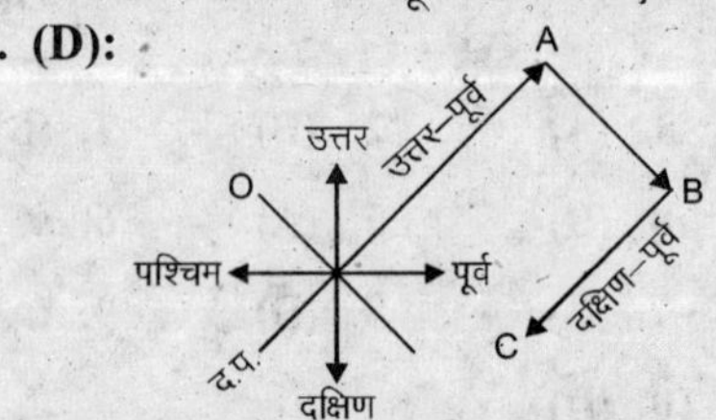

यहाँ, प्रारंभिक बिन्दु = O

अंततः वह दक्षिण-पूर्व दिशा में चल रहा है।

24. (A):

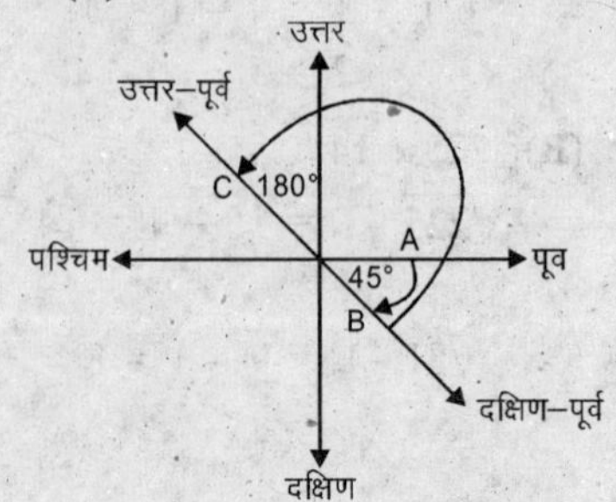

यहाँ, प्रारंभिक बिन्दु = A,

अन्तिम बिन्दु = C

अतः उसका मुख उत्तर-पश्चिम दिशा में है।

25. (C): Momentum → Monument → Mountain → Movement.

शब्दकोश में Momentum प्रथम आएगा।

26. (C)

27. (A): माना छोटे भाई की वर्तमान आयु x वर्ष है

तब, बड़े भाई की वर्तमान आयु $(x + 6)$ वर्ष है

प्रश्नानुसार, 3 वर्ष बाद,

$$x + 6 + 3 = 2(x + 3)$$

$\Rightarrow \quad x + 9 = 2x + 6$

$\Rightarrow \quad 2x - x = 9 - 6$

$\Rightarrow \quad x = 3$ वर्ष

28. (B):

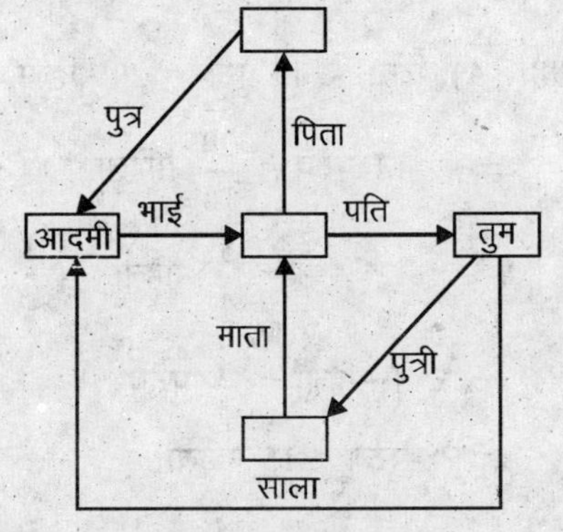

यहाँ, वह तुम्हारा साला है।

29. (D): E > B > A, C > B > D

⇒ E > C > B > A > D

यहाँ, माध्यिका ऊँचाई B है।

30. (C)	**31. (A)**	**32. (C)**
33. (B)	**34. (B)**	**35. (C)**
36. (A)	**37. (A)**	**38. (A)**
39. (D)	**40. (B)**	**41. (B)**
42. (C)	**43. (B)**	**44. (A)**
45. (B)	**46. (B)**	**47. (B)**
48. (B)	**49. (C)**	**50. (D)**
51. (D)	**52. (D)**	**53. (A)**
54. (B)	**55. (A)**	**56. (C)**
57. (B)	**58. (D)**	**59. (C)**
60. (D)	**61. (D)**	**62. (A)**
63. (A)	**64. (C)**	**65. (C)**
66. (D)	**67. (C)**	**68. (B)**
69. (D)	**70. (C)**	**71. (C)**
72. (A)	**73. (C)**	**74. (B)**
75. (B)	**76. (D)**	**77. (D)**
78. (B)	**79. (D)**	**80. (C)**
81. (D)	**82. (A)**	**83. (C)**
84. (C)	**85. (C)**	**86. (A)**
87. (B)	**88. (A)**	**89. (B)**
90. (A)	**91. (D)**	**92. (D)**
93. (C)	**94. (D)**	**95. (A)**
96. (A)	**97. (B)**	**98. (A)**
99. (B)	**100. (D)**	

101. (D): [प्रथम n प्राकृतिक संख्याओं का योग $= \frac{n(n+1)}{2}$]

यहाँ 3 के गुणज प्रथम 15 संख्याओं का योग = 8(1 + 2 + 3 + ... + 15)

$$= 8\left[\frac{15(15+1)}{2}\right]$$

$$= 8\left[\frac{15\times16}{2}\right]$$

$= 8[15 \times 8]$

$= 8[120] = 960.$

102. (A): दिए गए आँकड़ों में, 14, 4 बार है।

$\therefore$ बहुलक = 14.

103. (A) **104. (A)**

105. (D): $9 \sec^2 A - 9 \tan^2 A$

$= 9(\sec^2 A - \tan^2 A = 9 \times 1 = 9$

$[\because \sec^2 A - \tan^2 A = 1]$

106. (B): माना AB, h ऊँचाई का एक टॉवर है

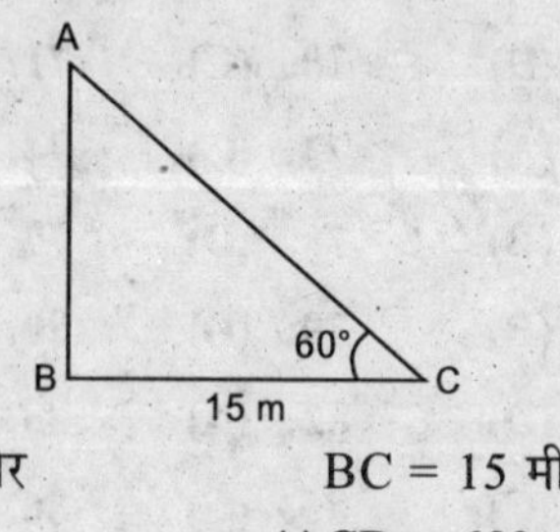

और BC = 15 मी.

$\angle ACB = 60°$

ΔABC में, $\tan 60° = \frac{AB}{BC}$

$\Rightarrow \sqrt{3} = \frac{h}{15}$

$\Rightarrow h = 15\sqrt{3}$ मी.

$\therefore$ टॉवर की ऊँचाई = $15\sqrt{3}$ मी.।

107. (A): दिया है, ΔABC और ΔBDE दो समबाहु त्रिभुज हैं। D, BC का मध्य-बिन्दु है।

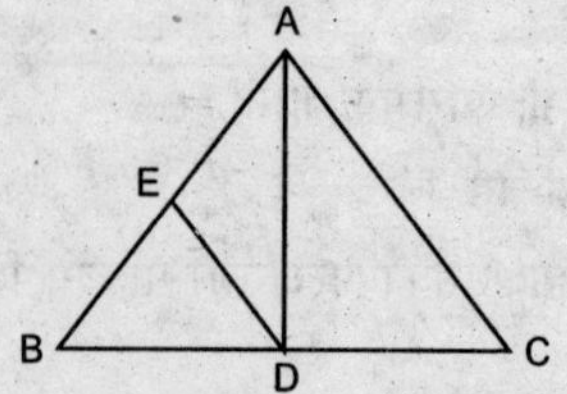

माना समबाहु ΔABC की भुजा = x

तब, $BD = \frac{x}{2}$

$\therefore$ समबाहु ΔBDE की भुजा = $\frac{x}{2}$

[$\because$ समबाहु त्रिभुज का क्षेत्रफल

$= \frac{\sqrt{3}}{4} \times$ (भुजा)^2]

$\therefore$ क्षेत्रफल (ΔABC) : क्षेत्रफल (ΔDBC)

$$= \frac{\sqrt{3}}{4}(x)^2 : \frac{\sqrt{3}}{4}\left(\frac{x}{2}\right)^2$$

$$= \frac{\sqrt{3}}{4}x^2 : \frac{\sqrt{3}}{4}\times\frac{x^2}{4}$$

$$= 1 : \frac{1}{4} = 4 : 1.$$

108. (A): दिया है, 16 पुरुष = 20 महिला

$\Rightarrow$ 1 पुरुष = $\frac{20}{16}$ महिला

$= \frac{5}{4}$ महिला

$\Rightarrow$ 1 महिला = $\frac{4}{5}$ पुरुष

$\therefore$ 28 पुरुष + 15 महिला

= 28 पुरुष + $15 \times \frac{4}{5}$ पुरुष

= 28 पुरुष + 12 पुरुष

= 40 पुरुष

$\because$ अधिक पुरुष, कम दिन $\rightarrow$ विलोमानुपात

पुरुष दिन

$16 : 40 :: x : 25$

$\Rightarrow 16 \times 25 = 40 \times x$

$$\Rightarrow \quad x = \frac{16 \times 25}{40} = \frac{16 \times 5}{8} = 2 \times 5 = 10$$

$\therefore$ दिनों की अभीष्ट संख्या = 10.

109. (C): माना 1 नारियल का विक्रय मूल्य = ₹ 1

तब, 2750 नारियल का विक्रय मूल्य = ₹ 2750

और 2750 नारियल का क्रय मूल्य = 2500 नारियल का विक्रय मूल्य = ₹ 2500

लाभ = विक्रय मूल्य – क्रय मूल्य

$\therefore$ लाभ = 2750 – 2500 = ₹ 250

$$\therefore \text{लाभ \%} = \frac{\text{लाभ} \times 100}{\text{क्रय मूल्य}} = \frac{250 \times 100}{2500} = \frac{100}{10} = 10\%.$$

110. (C): यहाँ, दूरी = 5.5 किलोमीटर

= 5.5 × 1000 मीटर

= 5500 मीटर

और चक्करों की संख्या = 1750

$$\therefore \quad 1 \text{ चक्कर} = \frac{5500}{1750} = \frac{22}{7} \text{ मीटर}$$

$$\Rightarrow \quad 2\pi r = \frac{22}{7}$$

$$\Rightarrow \quad 2 \times \frac{22}{7} r = \frac{22}{7}$$

$\Rightarrow$ $2r$ = 1 मीटर

$\Rightarrow$ व्यास = 1 मीटर।

111. (D): $3\sqrt{5} - 4\sqrt{3} + 2\sqrt{80} + 2\sqrt{12}$

$= 3\sqrt{5} - 4\sqrt{3} + 2\sqrt{16 \times 5} + 2\sqrt{4 \times 3}$

$= 3\sqrt{5} - 4\sqrt{3} + 8\sqrt{5} + 4\sqrt{3}$

$= 11\sqrt{5} = 11 \times 2.2360 = 24.59$

= 24.6 (लगभग)

112. (B): माना रेलगाड़ी की लंबाई = प्लेटफार्म की लंबाई = x मी.

दिया है, रेलगाड़ी की चाल = 90 किमी./घं.

$= 90 \times \frac{5}{18}$ मी./से.

= 25 मी./से.

$$\because \quad \text{समय} = \frac{\text{दूरी}}{\text{चाल}}$$

$$\Rightarrow \quad \frac{x + x}{25} = 1 \text{ मिनट}$$

$$\Rightarrow \quad \frac{2x}{25} = 60 \text{ सेकंड}$$

$\Rightarrow$ $2x = 60 \times 25$

$\Rightarrow$ $x = 30 \times 25$ = 750 मीटर

$\therefore$ रेलगाड़ी की लंबाई = 750 मीटर।

113. (A): माना परीक्षा के लिए अधिकतम अंक $= x$

तब, $x \times \frac{33}{100} = 201 + 30$

$\Rightarrow \quad \frac{33x}{100} = 231$

$\Rightarrow \quad x = \frac{231 \times 100}{33}$

$= 7 \times 100$

$\Rightarrow \quad x = 700.$

114. (C): प्रश्नानुसार,

1 वर्ष में ब्याज = ₹ 1112 – ₹ 1008

= ₹ 104

$\Rightarrow$ 2 वर्ष में ब्याज

$= 2 \times 104 =$ ₹ 208

$\therefore$ 2 वर्ष में मूलधन

$= 1008 - 208$

= ₹ 800

$\therefore$ ब्याज की दर $= \frac{\text{ब्याज} \times 100}{\text{मूलधन} \times \text{समय}}$

$= \frac{208 \times 100}{800 \times 2}$

$= \frac{26}{2} = 13\%.$

115. (D): दिया है, बढ़ते क्रम में दस संख्या 13, 14, 15, 18, 24, 26, 27, 29, 31, 32

यहाँ आँकड़ों की संख्या

$n = 10$ (सम संख्या)

$\therefore$ माध्यिका

$= \frac{1}{2}\left[\frac{n}{2}\text{वाँ पद} + \left(\frac{n}{2}+1\right)\text{वाँ पद}\right]$

$= \frac{1}{2}$[5वाँ पद + 6वाँ पद]

$= \frac{1}{2}[24 + 26]$

$= \frac{1}{2} \times 50 = 25.$

116. (B): कम प्रतिशत

$= \frac{25}{100 + 25} \times 100$

$= \frac{25}{125} \times 100$

$= \frac{1}{5} \times 100 = 20\%.$

117. (A): A, B और C का कुल वजन

$= 3 \times 45 = 135$ किग्रा.

A और B का कुल वजन

$= 2 \times 40 = 80$ किग्रा.

B और C का कुल वजन

$= 2 \times 43 = 86$ किग्रा.

$\therefore$ A + 2B + C का कुल वजन

$= 80 + 86 = 166$ किग्रा.

$\therefore$ B का वजन

$= 166 - 135 = 31$ किग्रा.।

118. (D): माना दो संख्याएँ $7x$ और $4x$ हैं।

तब, $\frac{7x}{4x + 12} = \frac{7}{5}$

$\Rightarrow \quad 7x \times 5 = 7 \times (4x + 12)$

$\Rightarrow \quad 35x = 28x + 84$

$\Rightarrow \quad 35x - 28x = 84$

$\Rightarrow \quad 7x = 84$

$\therefore$ बड़ी संख्या = 84.

119. (C): माना 12 वर्ष पहले पिता की आयु $2x$ वर्ष तथा पुत्र की आयु x वर्ष थी। तब, पिता की वर्तमान आयु

$= 2x + 12$ वर्ष

पुत्र की वर्तमान आयु $= x + 12$ वर्ष

अब 3 वर्ष बाद,

$(2x + 12) + 3 : (x + 12) + 3$

$= 5 : 3$

$\Rightarrow (2x + 15) : (x + 15) = 5 : 3$

$\Rightarrow 3(2x + 15) = 5(x + 15)$

$\Rightarrow \quad 6x + 45 = 5x + 75$

$\Rightarrow \quad 6x - 5x = 75 - 45$

$\Rightarrow \quad x = 30$

$\therefore$ पुत्र की वर्तमान आयु $= x + 12$

$= 30 + 12$

$= 42$ वर्ष।

120. (C): माना दो अंकों की संख्या $10y + x$ है।

प्रश्नानुसार, $x + y = 10$ ...(*i*)

और $x - y = 6$ ...(*ii*)

(*i*) और (*ii*) को जोड़ने पर,

$2x = 16$

$\Rightarrow \quad x = 8$

x का मान (*i*) में रखने पर,

$8 + y = 10$

$\Rightarrow \quad y = 2$

$\therefore$ संख्या $= 10 \times 2 + 8$

$= 28.$

121. (C)	**122. (C)**	**123. (D)**
124. (D)	**125. (C)**	**126. (A)**
127. (B)	**128. (C)**	**129. (D)**
130. (A)	**131. (B)**	**132. (C)**
133. (C)	**134. (D)**	**135. (A)**
136. (B)	**137. (C)**	**138. (D)**
139. (B)	**140. (A)**	**141. (C)**
142. (D)	**143. (D)**	**144. (C)**
145. (A)	**146. (B)**	**147. (A)**
148. (B)	**149. (A)**	**150. (B)**
151. (B)	**152. (D)**	**153. (A)**
154. (C)	**155. (D)**	**156. (D)**
157. (A)	**158. (B)**	**159. (A)**
160. (A)	**161. (B)**	**162. (C)**
163. (A)	**164. (C)**	**165. (A)**
166. (B)	**167. (D)**	**168. (B)**
169. (A)	**170. (C)**	**171. (A)**
172. (C)	**173. (B)**	**174. (B)**
175. (B)	**176. (B)**	**177. (C)**
178. (B)	**179. (B)**	**180. (A)**

पिछले प्रश्न-पत्र (हल सहित)

बी.एड. प्रवेश परीक्षा-2022*

भाग-A

खण्ड-I : सामान्य हिन्दी बोध

निर्देश (प्रश्न संख्या 1 से 10): *निम्नलिखित गद्यांश को ध्यानपूर्वक पढ़िए और दिए गए प्रश्नों के चार विकल्पों में से सर्वाधिक उपयुक्त विकल्प को चुनिए :*

वैश्विक पर्यावरणीय क्षरण और इसकी उपादेयताओं पर वृहद स्तर पर चर्चा जारी है। यद्यपि, कुछ लोग इसे चुनौती देते हैं कि विकासशील देशों के अक्षय प्राकृतिक संसाधनों पर अभूतपूर्व परिमाण का दबाव है। यह जो दबाव दिखाई दे रहा है, कुछ हद तक उसका कारण बढ़ती हुई जनसंख्या तथा निरन्तर बढ़ती खाद्य आपूर्ति की चाहत है। क्योंकि, बहुसंख्यक गरीबों का स्वास्थ्य, पोषण और सामान्य देखभाल, उनके प्राकृतिक संसाधनों की अखंडता और उत्पादकता पर सीधे निर्भर हैं, दीर्घकालिक रूप से उन्हें प्रभावी ढंग से प्रबंधित करने की सरकारों की क्षमता ऐसे में सर्वाधिक महत्वपूर्ण हो जाती है।

विकासशील देश उन तौर-तरीकों के प्रति अधिक जागरूक हो रहे हैं जिनमें वर्तमान और भविष्य का आर्थिक विकास एक ठोस और शाश्वत प्राकृतिक संसाधन आधार पर निर्मित होगा। कुछ पर्यावरण संरक्षण के हमारे परम्परागत तौर-तरीकों की ओर देख रहे हैं और अमेरिकी सहायता के चंगुल में हैं जो इन उष्णकटिबंधीय देशों में सामाजिक और पारिस्थितिकीय तंत्रों की विशिष्टता को महत्व देता है। विकासशील देश, अपने मुद्दों को विश्लेषित करने की क्षमता को सुधारने और अपने प्राकृतिक संसाधनों के प्रबंधन की आवश्यकता को पहचानते हैं। सेनेगल, भारत, इंडोनेशिया, थाईलैंड जैसे कुछ देश अब अपनी आर्थिक विकास की प्रकृति में संरक्षण चिंताओं को सम्मिलित कर रहे हैं।

चूँकि विकासशील देशों की बहुत-सी सरकारों ने इन मुद्दों के महत्व को पहचाना है, अतः आज आवश्यकता केवल अतिरिक्त सचेतना बढ़ाने की नहीं, बल्कि शाश्वत विकास की प्राप्ति के लिए आवश्यक प्रभावी संसाधन प्रबंधन तंत्रों की स्थापना पर केन्द्रित सावधानीपूर्वक संरचित और तेजी से ध्यान केन्द्रित करने वाले क्रियाकलापों की है।

1. एशिया और अफ्रीका के कुछ विकासशील देशों ने :

A. अपने क्षेत्र के आवास क्षेत्रों को बचाने की बहुत महत्वाकांक्षी योजनाएँ बनाई हैं।

* Exam held on 08 May, 2022 (Conducted by IGNOU)

B. अपने शैक्षणिक प्रयासों में प्राकृतिक संसाधनों के संरक्षण पर अत्यधिक बल दिया है।

C. नियोजित आर्थिक विकास की सम्पूर्ण रणनीतियों में पर्यावरण संरक्षण को सावधानी से सम्मिलित किया है।

D. पर्यावरण क्षरण की समस्याओं के समाधान हेतु अमेरिकी विशेषज्ञों से सहायता माँगी है।

2. अमेरिका में विकसित तकनीकी प्रविधियाँ :

A. विकासशील देशों के तकनीकीविदों को आसानी से स्वीकार्य नहीं हैं।

B. इस आधार पर ठीक से उपयोग की जा सकती हैं कि विकासशील देश अपनी विशिष्ट समस्याओं का गहन अध्ययन करने योग्य होंगे।

C. प्राकृतिक क्षरण की समस्याओं के समाधान हेतु आसानी से उधार ली जा सकती हैं।

D. उष्ण कटिबंधीय देशों के संसाधन प्रबंधन की समस्याओं के समाधान में बहुत प्रभावी हो सकती हैं।

3. पूरे भूमंडल पर वासस्थानों का अत्यधिक नुकसान हुआ है, जिसका कारण है :

A. जनसंख्या विस्फोट

B. अभूतपूर्व शहरीकरण

C. विकासशील देशों में वृहदूस्तरीय औद्योगीकरण

D. वृहद् स्तर पर निर्वनीकरण

4. विकासशील दुनिया के गरीब लोग भी एक प्रसन्न और स्थिर जीवन जी सकते हैं, यदि :

A. विस्तृत रूप से विकासशील दुनिया को अबाध रूप से सहायता मिलती रहे।

B. कृषि आधारित उद्योग विकसित हों।

C. आर्थिक विकास, प्राकृतिक संसाधनों के संरक्षण की सीमा में ही हो।

D. भोजन और चिकित्सकीय देखभाल की सुनिश्चित आपूर्ति हो।

5. विकासशील और विकसित दुनिया में कितना पर्यावरणीय प्रदूषण हुआ है?

A. विकसित देशों में पर्यावरण प्रदूषण कुछ हद तक और विकासशील देशों में वृहद् स्तर पर नुकसान हुआ है।

B. पूरे विश्व में पर्यावरण का काफी प्रदूषण हुआ है।

C. विकसित और विकासशील दुनिया, दोनों में ही पर्यावरण क्षरण काफी हुआ है।

D. पूरे विश्व में हुआ पर्यावरणीय प्रदूषण अभी भी अनुमान और अन्वेषण का मुद्दा है।

6. गद्यांश के अनुसार, आज की प्रश्न से परे वास्तविकता क्या है?

A. अक्षय प्राकृतिक संसाधन गहरे संकट में हैं और समाप्ति की ओर हैं।

B. विकासशील देशों में अक्षय प्राकृतिक संसाधन कभी समाप्त नहीं होंगे।

C. पूरी दुनिया में शीघ्र ही अक्षय प्राकृतिक संसाधन समाप्त हो जाएँगे।

D. विकसित देशों में अक्षय प्राकृतिक संसाधन शीघ्र ही समाप्त हो जाएँगे।

7. विकासशील देशों में प्राकृतिक संसाधनों के घटने का सबसे महत्वपूर्ण कारण क्या है?

A. जानकारी का अभाव
B. जनसंख्या विस्फोट
C. लोगों की जीवन शैली
D. उनकी सरकारों की अनदेखी

8. प्राकृतिक संसाधनों के संरक्षण के लिए सर्वाधिक महत्वपूर्ण क्या है?
A. संसाधन प्रबंधन हेतु बाह्य स्रोतों से धनराशि प्राप्त करना
B. संसाधन प्रबंधन हेतु विज्ञान एवं प्रौद्योगिकी में विकास
C. संसाधन प्रबंधन हेतु लोगों में जागरूकता
D. संसाधन प्रबंधन हेतु सरकारों की क्षमता

9. प्राकृतिक संसाधनों के संरक्षण पर केन्द्रित क्रियाकलाप महत्वपूर्ण किसके लिए हैं?
A. सामाजिक विकास
B. शाश्वत विकास
C. राजनैतिक विकास
D. सांस्कृतिक विकास

10. गद्यांश किसके बारे में है?
A. जनसंख्या विस्फोट
B. खाद्य आपूर्ति में वृद्धि
C. प्राकृतिक संसाधनों के संरक्षण हेतु अमेरिकी सहायता
D. शाश्वत विकास हेतु प्रभावी संसाधन प्रबंधन

खण्ड-II : तार्किक एवं विश्लेषणात्मक चिन्तन

11. यदि 4 + 4 = 15 तथा 6 + 6 = 35 है, तो 8 + 8 = होगा :
A. 65 B. 63
C. 64 D. 62

12. यदि SYSTEM का कोड METSYS तथा FORMER का कोड REMROF है, तो CARPET का कोड होगा :
A. PETCAR B. PETRAC
C. TEPRAC D. RACTEP

13. एक शब्दकोश में निम्नलिखित में कौन-सा शब्द सबसे अन्त में आएगा?
A. Dress B. Drink
C. Dream D. Drift

14. एक परीक्षण में गौरव का स्थान ऊपर से 23वाँ और नीचे से 22वाँ है, तो परीक्षण में कितने विद्यार्थियों ने भाग लिया?
A. 43 B. 44
C. 45 D. 46

15. एक कोड व्यवस्था में NAME को 3245 तथा MINT को 4137 लिखा गया है, तो MITE को लिखा जाएगा :
A. 4317 B. 4725
C. 4571 D. 4175

16. निम्नलिखित श्रेणी में अगला पद क्या होगा?

2, 9, 28, 65, ____
A. 99 B. 121
C. 126 D. 145

17. पाँच किताबें इस प्रकार रखी हैं कि किताब C, किताब D के ऊपर है, किताब E, किताब A के नीचे है, किताब D, किताब A के ऊपर है तथा किताब B, किताब

E के नीचे है, तो सबसे नीचे कौन-सी किताब है?

A. A B. B
C. C D. D

18. एक थैले में 1 रुपया, 50 पैसा और 25 पैसा के एक समान मात्रा में सिक्के हैं। यदि थैले में कुल ₹ 35 हैं, तो प्रत्येक प्रकार के सिक्कों की संख्या कितनी है?

A. 15 B. 18
C. 20 D. 25

19. एक व्यक्ति उत्तर से दक्षिण की तरफ चलते हुए दाहिनी ओर समकोण पर मुड़ता है, फिर पुनः दाहिनी ओर समकोण पर मुड़ता है। अब वह किस दिशा की ओर चल रहा है?

A. पूर्व B. उत्तर
C. दक्षिण D. पश्चिम

20. निम्नलिखित में से कौन-सा अंक-युग्म, अन्य से किसी एक रूप में भिन्न है?

A. 27–57 B. 25–63
C. 18–28 D. 36–96

21. निम्नलिखित श्रेणी में रिक्त स्थान पर कौन-सी संख्या आयेगी?

20, 19, 17, ____, 10, 5

A. 9 B. 11
C. 14 D. 16

22. एक महिला ने एक पुरुष की ओर इंगित करते हुए कहा, "उसकी माँ मेरी माँ की अकेली बेटी है।" वह महिला, पुरुष की कौन है?

A. भतीजी B. बहन
C. बेटी D. माँ

23. निम्नलिखित में से कौन-सी संख्या अन्य से किसी रूप में भिन्न है?

A. 42 B. 81
C. 121 D. 144

24. यदि CHDR, DIES को निरूपित करता है, तो SHLD किसे निरूपित करेगा?

A. LIME B. LINE
C. SINE D. TIME

25. निम्नलिखित श्रेणी में कौन-सा अंक निरंतरता में आयेगा?

1, 8, 27, 64, 125, ____?

A. 156 B. 196
C. 216 D. 225

26. EFGH : DEFG :: OPQR : ?

A. PQRS B. QRST
C. MNOP D. NOPQ

27. श्रेणी में अगला पद क्या होगा?

CE, HJ, MO, RT, ____?

A. WY B. YZ
C. XZ D. UV

28. 'शिक्षा' का जो संबंध 'अनभिज्ञता' से है, वही संबंध बीमारी का होगा :

A. चिकित्सक से B. चिकित्सालय से
C. दवा से D. परिचारिका से

29. निम्नलिखित श्रेणी में रिक्त स्थान पर क्या आयेगा?

25, 100, 225, ____, 625

A. 256 B. 324
C. 400 D. 484

30. निम्नलिखित श्रेणी को पूरा कीजिए :

ABD, DEH, HIM, MNS, ____?

A. STZ B. SRY
C. TSR D. TSY

खण्ड-III : शैक्षिक एवं सामान्य चेतना

31. 'स्टोरी ऑफ माय लाइफ' के लेखक हैं :
A. मोरारजी देसाई
B. अब्दुल कलाम
C. विवेकानन्द
D. टैगोर

32. अंग्रेजी कविता के जन्मदाता थे :
A. ज्योफरी चाउसर
B. शेक्सपीयर
C. वर्ड्सवर्थ
D. ड्रायडन

33. विश्व जल दिवस मनाया जाता है :
A. 21 मार्च को B. 22 मार्च को
C. 24 मार्च को D. 23 मार्च को

34. राज्य सरकार को कानूनी मामलों में सलाह कौन देता है?
A. अटार्नी जनरल
B. एडवोकेट जनरल
C. उच्च न्यायालय के मुख्य न्यायाधीश
D. सर्वोच्च न्यायालय के मुख्य न्यायाधीश

35. लोकसभा में शून्यकाल का अधिकतम समय है :
A. 30 मिनट B. 60 मिनट
C. 2 घंटा D. अनिश्चित काल

36. ''न अपील, न दलील, न वकील'', निम्नलिखित में से किससे सर्वाधिक उचित रूप से जुड़ा है?
A. रौलेट एक्ट
B. असहयोग आंदोलन
C. सत्याग्रह
D. स्वदेशी आंदोलन

37. 'एलिस इन वन्डरलैंड' के लेखक हैं :
A. जॉर्ज ऑरवेल B. लुईस कैरोल
C. चेस्टर बाउल्स D. सिन्क्लेयर लुईस

38. सभा में प्रश्नकाल के बाद पूछा गया मौखिक प्रश्न कहलाता है :
A. पूरक प्रश्न B. अल्पसूचना प्रश्न
C. तारांकित प्रश्न D. अतारांकित प्रश्न

39. भारत के संविधान के अनुच्छेद 280 का संबंध है :
A. वित्त आयोग से
B. सूचना आयोग से
C. चुनाव आयोग से
D. लोक सेवा आयोग से

40. 'न्यू मूर आइलैंड' कहाँ स्थित है?
A. अरब सागर
B. हिन्द महासागर
C. बंगाल की खाड़ी
D. मन्नार की खाड़ी

41. भारत की समुद्री सीमा का विस्तार कितना है?
A. 4 नॉटिकल मील
B. 12 नॉटिकल मील
C. 200 नॉटिकल मील
D. 400 नॉटिकल मील

42. 'विश्व आर्थिक मंच' की स्थापना की थी :
A. क्लास स्वाब ने
B. पॉल क्रुगमैन ने
C. बिल गेट्स ने
D. पीटर थील ने

43. निम्नलिखित में से किसने बुनियादी तालीम का प्रारूप तैयार किया?
A. सप्रू कमीशन
B. शिक्षा सम्मेलन, वर्धा
C. राधाकृष्णन् कमीशन
D. जाकिर हुसैन समिति

44. लक्षद्वीप में कितने निर्जन द्वीप हैं?
A. 17 B. 20
C. 10 D. 15

45. निम्नलिखित में से हरियाणा के कौन-से ऐतिहासिक स्थल पर 4500 वर्ष से पुरानी सभ्यता के प्रमाण खुदाई में मिले?
A. राखीगढ़ी
B. सिसवाल
C. रोहतक
D. करनाल

46. बाल गंगाधर तिलक को किसने 'आधुनिक भारत का निर्माता' कहा?
A. जी.के. गोखले
B. महात्मा गांधी
C. जवाहरलाल नेहरू
D. बी.सी. पाल

47. किस वर्ष की औद्योगिक नीति में भारत को "मिश्रित अर्थव्यवस्था" के रूप में घोषित किया गया?
A. 1948 B. 1951
C. 1954 D. 1956

48. मुगलकाल में अथर्ववेद का फारसी अनुवाद किसने किया?
A. अब्दुल हामिद लाहौरी
B. हाजी इब्राहीम सरहिंदी
C. खाथी खान
D. मलिक मुहम्मद जायसी

49. ऋग्वेद में हैं :
A. 1028 ऋचाएँ B. 1000 ऋचाएँ
C. 2028 ऋचाएँ D. 1038 ऋचाएँ

50. किस नदी को जैविक रेगिस्तान कहा जाता है?
A. ब्रह्मपुत्र B. गंगा
C. दामोदर D. यमुना

51. आर्थिक राष्ट्रवाद का अग्रदूत किसे माना जाता है?
A. विपिनचन्द्र पाल
B. गोखले
C. आर.सी. दत्त
D. मदन मोहन मालवीय

52. 15वाँ प्रवासी भारतीय दिवस, 2019 कहाँ आयोजित हुआ?
A. लखनऊ B. आगरा
C. प्रयागराज D. वाराणसी

53. डायट (DIET) की स्थापना किसकी अनुशंसा का परिणाम था?
A. भारतीय शिक्षा आयोग (1964-66)
B. विश्वविद्यालय शिक्षा आयोग (1948-49)
C. माध्यमिक शिक्षा आयोग (1952-53)
D. राष्ट्रीय शिक्षा नीति (1986)

54. तैमूर के आक्रमण के समय भारत में किस वंश का शासन था?
A. लोधी B. तुगलक
C. सैयद D. खिलजी

55. भारतीय विश्वविद्यालय अधिनियम, कर्जन ने कब पास किया?
A. 1901 B. 1902
C. 1903 D. 1904

खण्ड-IV : शिक्षण-अधिगम एवं विद्यालय

56. निम्नलिखित में से कौन एक शिक्षण-सूत्र है?

A. सरल से कठिन B. अज्ञात से ज्ञात
C. अमूर्त से मूर्त D. दूर से पास

57. मानव विकास का निर्धारण होता है :

A. व्यक्ति के आनुवंशिक स्वरूप से।
B. अर्जित तथा पर्यावरणीय कारकों के समुच्चय से।
C. मुख्यतः पर्यावरणीय कारकों से जिनके ऊपर व्यक्तियों का कोई नियन्त्रण नहीं रहता।
D. मुख्यतः पर्यावरणीय कारकों से जिन पर व्यक्तियों का नियंत्रण होता है।

58. अनौपचारिक शिक्षा से तात्पर्य है :

A. मुक्त शैक्षणिक संस्थानों से प्राप्त शिक्षा
B. औपचारिक विद्यालयों से प्राप्त शिक्षा
C. पॉलीटेक्निक से प्राप्त शिक्षा
D. परम्परागत विश्वविद्यालय से प्राप्त शिक्षा

59. राष्ट्रीय स्तर पर पाठ्य-पुस्तक विकास किसके द्वारा किया जाता है?

A. UGC B. NCERT
C. NCTE D. AICTE

60. निम्नलिखित में से कौन-सा शिक्षण-अधिगम का एक रचनावादी उपागम है?

A. ब्लूम उपागम
B. 5-E उपागम
C. मॉरीसन उपागम
D. हरबार्ट उपागम

61. राष्ट्रीय विज्ञान प्रतिभा खोज योजना का उद्देश्य है :

A. एक अखिल भारतीय स्तर की परीक्षा का आयोजन करना
B. वैज्ञानिक पदों पर नियुक्ति हेतु विद्यार्थियों की पहचान करना
C. मेधावी छात्रों की पहचान और उनकी मेधा का परिवर्धन करना
D. विज्ञान शिक्षण में समरूपता लाना

62. विद्यार्थियों को परामर्श देते समय, एक अध्यापक को :

A. अधिकांश बातचीत की योजना बनानी चाहिए।
B. विद्यार्थियों के साथ सौहार्द स्थापित करना चाहिए।
C. सूचना देने से बचना चाहिए।
D. समस्या समाधान की पूरी जिम्मेदारी लेनी चाहिए।

63. शिक्षण में यदि कुछ नहीं सीखा गया है, तो कुछ भी नहीं :

A. पढ़ाया गया है।
B. पढ़ा गया है।
C. परीक्षण किया गया है।
D. देखा गया है।

64. व्याख्यान विधि की सफलता की मूल आवश्यकता है :

A. शिक्षण सहायक सामग्री का प्रयोग
B. रुचिकर भाषा में विषय-वस्तु का अन्तरण
C. प्रतिभागियों में शीर्षक आधारित अंतःक्रिया
D. बड़ी संख्या में विचारों का शामिल करना

65. शिक्षण की प्रभावशीलता को प्रभावित करने वाले सबसे महत्वपूर्ण कारकों में एक है :

A. शिक्षकों का लिंग

B. शिक्षकों का अनुभव

C. विद्यालय की स्थिति

D. शिक्षकों का संप्रेषण कौशल

66. मूल्य शिक्षा प्रदान करने का सर्वश्रेष्ठ माध्यम है :

A. किसी धर्म विशेष के साहित्य पर चर्चा

B. विषय-वस्तु में मूल्यों का समावेशन

C. धार्मिक परिचर्चा

D. मूल्यों पर व्याख्यान

67. सतत् एवं व्यापक मूल्यांकन का उद्देश्य है :

A. शैक्षणिक व सह-शैक्षिणक आयामों का सतत् मूल्यांकन

B. सत्रांत परीक्षा को प्राथमिकता देना

C. मुख्यतः शैक्षणिक पक्षों का मूल्यांकन

D. मुख्यतः सह-शैक्षणिक पक्षों का मूल्यांकन

68. अच्छे शिक्षण के लिए क्या आवश्यक नहीं है?

A. दिशा

B. निदान

C. समाधान

D. अध्यापक का पक्षपात

69. निम्नलिखित में से कौन-सा कारक शिक्षण को प्रभावित नहीं करता है?

A. अधिगम को प्रोत्साहित करने वाली कक्षाकक्ष गतिविधियाँ

B. शिक्षकों का सामाजिक-आर्थिक स्तर

C. अनुभवों से सीखना

D. शिक्षकों का ज्ञान

70. एक अच्छा शिक्षार्थी वह है, जो :

A. केवल याद करता है।

B. मुक्त विचारों वाला नहीं है।

C. अभिसारी चिंतन नहीं करता है।

D. आलोचनात्मक चिंतन करता है।

71. शिक्षा द्वारा अनुदेशन की सामग्री का प्रयोग किया जाता है :

A. शैक्षणिक नीतियों के अनुपालन हेतु

B. विद्यालय के संसाधनों के प्रयोग हेतु

C. सम्प्रत्ययों के स्पष्टीकरण हेतु

D. अनुशासन सुनिश्चित करने हेतु

72. CLASS का पूर्ण रूप है :

A. Complete Literacy and Studies in Schools

B. Computer Literates and Students in Schools

C. Computer Literacy and Students in Schools

D. Centre for Literacy and Studies in Schools

73. स्वतंत्रता के बाद भारत में पहली शिक्षा नीति निर्मित हुई :

A. 1948 में   B. 1958 में

C. 1968 में   D. 1978 में

74. कक्षाकक्ष परिवेश में नहीं होना चाहिए :

A. अंतःक्रिया   B. क्रियाकलाप

C. निरंकुशता   D. विचार-विमर्श

75. "डंडा छूटा, बच्चा बिगड़ा" ("Spare the rod and spoil the child") इस कथन का संदेश है कि :

A. कक्षा में दंड को प्रतिबंधित किया जाए।

B. शारीरिक दंड अस्वीकार्य है।

C. अनपेक्षित व्यवहार को अवश्य दंडित किया जाए।

D. सकारात्मक अनुशासन को बढ़ावा देना चाहिए।

76. यशपाल समिति के प्रतिवेदन का क्या नाम है?

A. बोझ के साथ शिक्षा

B. बिना बोझ के शिक्षा

C. सम्मान के साथ शिक्षा

D. प्रगति के लिए शिक्षा

77. NCERT का पूर्ण रूप है :

A. National Coordinator of Educational Resources and Tools

B. National Council of Educational Research and Training

C. National Centre for Educational Research and Training

D. New Center of Educational Resources and Tools

78. विकल्पों के साथ रिक्त स्थान वाले प्रश्न कैसे प्रश्न हैं?

A. मुक्त प्रश्न

B. वस्तुनिष्ठ प्रश्न

C. लघु उत्तरीय प्रश्न

D. विषयनिष्ठ प्रश्न

79. कक्षाकक्ष प्रबंधन अप्रभावी होता है, जब यह :

A. निरंकुश हो

B. प्रजातांत्रिक हो

C. सहचारी हो

D. प्रतिभागितायुक्त हो

80. बुनियादी शिक्षा का विचार किसने प्रतिपादित किया?

A. डॉ. जाकिर हुसैन

B. डॉ. राजेन्द्र प्रसाद

C. महात्मा गांधी

D. रवीन्द्रनाथ टैगोर

भाग-B

खण्ड-V : (*i*) विज्ञान

81. नीचे दिये गए चित्र में बिन्दु A से B के बीच प्रभावी प्रतिरोधकता क्या होगी?

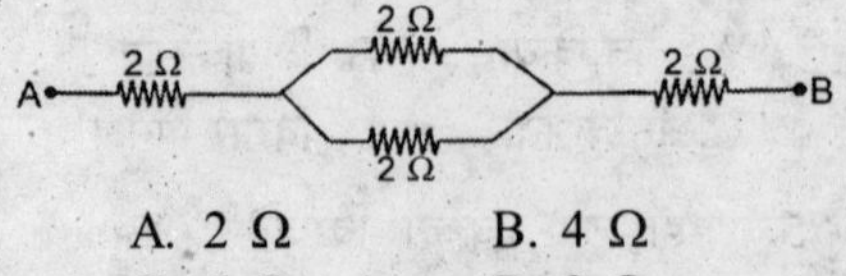

A. 2 Ω B. 4 Ω

C. 5 Ω D. 8 Ω

82. प्रकाश वर्ष किसकी इकाई है?

A. समय B. दूरी

C. घनत्व D. दाब

83. एक सिलेण्डर में बर्फ, पानी पर तैर रही है और पानी का स्तर 'A' पर है, यदि बर्फ पिघल जाये, तो पानी का स्तर क्या होगा?

A. कोई बदलाव नहीं होगा

B. ऊपर चला जाएगा

C. नीचे चला जाएगा

D. ऊपर भी जा सकता है या नीचे भी

84. एक आदर्श फ्यूज़ तार होना चाहिए :
A. कम प्रतिरोधकता व कम गलनांक
B. अधिक प्रतिरोधकता व अधिक गलनांक
C. कम प्रतिरोधकता व अधिक गलनांक
D. अधिक प्रतिरोधकता व कम गलनांक

85. पूर्णतः आंतरिक परावर्तन हो सकता है जब प्रकाश की किरण यात्रा करती है :
A. वायु से काँच में B. वायु से जल में
C. जल से काँच में D. काँच से वायु में

86. हमारे संसार में सबसे हल्का तत्व है :
A. हाइड्रोजन B. हीलियम
C. ऑक्सीजन D. क्लोरीन

87. धरती की ऊपरी सतह 'क्रस्ट' पर सर्वाधिक पायी जाने वाली धातु है :
A. लोहा B. जिंक
C. एल्यूमीनियम D. ताँबा

88. हीलियम का केन्द्रक है :
A. एक अल्फा कण के समान
B. एक बीटा कण के समान
C. एक गामा कण के समान
D. एक प्रोटॉन

89. यदि एक रासायनिक अभिक्रिया में ताप उत्पन्न होता है, तो वह है :
A. ऊष्माक्षेपी अभिक्रिया
B. ऊष्माशोषी अभिक्रिया
C. उत्क्रमणीय अभिक्रिया
D. रेडॉक्स अभिक्रिया

90. प्रेशर कुकर किस सिद्धांत पर कार्य करता है?
A. जब दाब बढ़ता है, जल का क्वथनांक बढ़ जाता है।
B. जब दाब बढ़ता है, जल का क्वथनांक कम हो जाता है।
C. दाब का क्वथनांक पर कोई प्रभाव नहीं होता।
D. ताप और वाष्प, प्रेशर कुकर से नहीं निकल पाते।

91. मशीन के विभिन्न घटकों में घर्षण रोकने के लिए, निम्नलिखित में से किसका प्रयोग किया जाता है?
A. लुब्रीकेन्ट B. डिटर्जेंट
C. लीवर D. कैटालिस्ट

92. दूध में शर्करा का प्राकृतिक स्वरूप है :
A. ग्लूकोज B. सुक्रोज
C. लैक्टोज D. फ्रक्टोज

93. निम्नलिखित में से कौन-सा तत्व हड्डी में नहीं होता है?
A. ऑक्सीजन B. फॉस्फोरस
C. यूरेनियम D. कैल्शियम

94. जिस व्यक्ति के वृक्क कार्य नहीं कर रहे हैं, उन्हें किस उपचार की सलाह दी जाती है?
A. वृक्कों को सर्जरी से निकाल देना
B. रेडियोथैरेपी
C. रक्त चढ़ाना
D. डायलेसिस

95. यदि कोशिका से माइटोकॉण्ड्रिया को निकाल दिया जाए, तो :
A. कुछ नहीं होगा
B. कोशिका में प्रजनन नहीं होगा
C. पत्तियाँ सफेद हो जायेंगी
D. कोशिका का ऊर्जा उपापचय कम हो जाएगा

96. गर्भ में शिशु के विकास की निगरानी की जाती है :

A. X-किरणों द्वारा
B. माइक्रोवेव द्वारा
C. अल्ट्रासोनिक्स से
D. अल्ट्रावायलेट किरणों से

97. वायरस को वृद्धि के लिए आवश्यकता होती है :

A. जीवित होस्ट की B. मृत होस्ट की
C. लवणों की D. शर्करा की

98. निम्नलिखित में से कौन-सी प्रक्रिया वायु में कार्बन डाईऑक्साइड की मात्रा नहीं बढ़ाती?

A. श्वसन
B. प्रकाश-संश्लेषण
C. पेट्रोल का जलना
D. वनस्पतियों का सड़ना

99. पोलियो किस प्रकार का रोग है?

A. वायुजनित B. जलजनित
C. भोजनजनित D. जीवाणुजनित

100. मुख्य प्रदूषक हैं :

A. ऑक्सीजन व कार्बन डाईऑक्साइड
B. ऑक्सीजन व नाइट्रोजन
C. हाइड्रोजन व नाइट्रोजन
D. कार्बन मोनोऑक्साइड तथा लेड

खण्ड-V : (*ii*) गणित

101. निम्नलिखित में से किसका मान सबसे अधिक है?

A. $\sqrt{10}$ B. $\sqrt{100}$
C. $\frac{1}{\sqrt{0.01}}$ D. $\frac{1}{0.01}$

102. $5\frac{1}{2}-\left[2\frac{1}{3}\div\left\{\frac{3}{4}-\frac{1}{2}\left(\frac{2}{3}-\frac{1}{6}+\frac{1}{8}\right)\right\}\right]$ का मान है :

A. $5\frac{1}{2}$ B. $5\frac{1}{3}$
C. $\frac{1}{6}$ D. $\frac{1}{8}$

103. एक बैट्समैन ने x पारियों में 448 रन बनाये। अगली पारी में उसने 62 रन बनाये फलस्वरूप औसत में 2 रनों की बढ़ोत्तरी हुई। x का मान है :

A. 16 B. 18
C. 20 D. 22

104. A का वेतन B से 50% अधिक है। B की आय A से कितने प्रतिशत कम है?

A. $33\frac{1}{3}\%$ B. 40%
C. 100% D. 150%

105. एक चाय उत्पादक दो प्रकार की चाय प्रथम ₹ 150 प्रति किग्रा. तथा दूसरी ₹ 200 प्रति किग्रा. को 7 : 3 के अनुपात में मिलाता है। मिश्रण को वह ₹ 181.50 प्रति किग्रा. की दर से बेचता है। उसका लाभ प्रतिशत है :

A. 20 B. 15
C. 10 D. 8

106. एक व्यापारी सामान को अंकित मूल्य से 10% की छूट पर बेचता है। बताइए कि

₹ 900 मूल्य की वस्तु पर 10% लाभ प्राप्त करने हेतु वह कितना मूल्य लिखे?

A. ₹ 1,000 B. ₹ 1,100

C. ₹ 1,150 D. ₹ 1,200

107. ₹ 1,000 की राशि 10% वार्षिक चक्रवृद्धि ब्याज की दर से ₹ 1,331 हो जाती है। इसका समय है :

A. 2 वर्ष B. 3 वर्ष

C. 3½ वर्ष D. 4 वर्ष

108. एक मनुष्य ₹ 240 नकद मूल्य के एक पेन को किश्तों पर खरीदता है। वह ₹ 60 तत्काल मूल्य तथा ₹ 32 की 6 समान मासिक किश्तों में देता है। व्यापारी द्वारा ली गई ब्याज की दर है :

A. 18% B. 20%

C. 22% D. 24%

109. एक हवाई जहाज अपने निर्धारित समय से 30 मिनट देरी से उड़ा। 1500 किलोमीटर की दूरी पर समय पर पहुँचने के लिए हवाई जहाज की सामान्य गति को 250 किलोमीटर/घंटा बढ़ाया गया। हवाई जहाज की सामान्य गति है :

A. 850 किलोमीटर/घंटा

B. 800 किलोमीटर/घंटा

C. 750 किलोमीटर/घंटा

D. 700 किलोमीटर/घंटा

110. यदि $\sec\theta + \tan\theta = m$, तो $\sin\theta$ का मान है :

A. $\frac{m+1}{m-1}$ B. $\frac{m-1}{m+1}$

C. $\frac{m^2+1}{m^2-1}$ D. $\frac{m^2-1}{m^2+1}$

111. $2\left(\frac{\sin 43°}{\cos 47°}\right)^2 - \frac{\cot 30°}{\tan 60°} - \sqrt{2}\sin 45°$ का मान है :

A. 0 B. 1

C. –1 D. $\sqrt{2}$

112. 60 मीटर ऊँची एक बिल्डिंग से एक बिजली के खम्भे के शीर्ष तथा आधार का अवनमन कोण क्रमशः 30° तथा 60° है। बिजली के खम्भे तथा बिल्डिंग की ऊँचाइयों का अंतर है :

A. $20\sqrt{3}$ मी. B. $\frac{20}{\sqrt{3}}$ मी.

C. 20 मी. D. 25 मी.

113. एक त्रिभुज की भुजाएँ 3 : 4 : 5 अनुपात में हैं। इस त्रिभुज का परिमाप 144 सेमी. है। त्रिभुज का क्षेत्रफल है :

A. 840 सेमी.^{2} B. 1080 सेमी.^{2}

C. 1440 सेमी.^{2} D. 864 सेमी.^{2}

114. एक घड़ी की मिनट की सुई 12 सेमी. लंबी है। मिनट की सुई द्वारा 35 मिनट में घड़ी के मुख पर दर्शाया गया क्षेत्रफल है :

A. 210 सेमी.^{2} B. 264 सेमी.^{2}

C. 280 सेमी.^{2} D. 285 सेमी.^{2}

115. एक धातु के शंकु के आधार की त्रिज्या 2.1 सेमी. तथा ऊँचाई 8.4 सेमी. है। इसको पिघलाकर एक गोला बनाया गया। गोले की त्रिज्या है :

A. 2.1 सेमी. B. 1.05 सेमी.

C. 1.5 सेमी. D. 2 सेमी.

116. 14 सेमी. व्यास के एक पाइप में पानी 15 किलोमीटर/घंटा की गति से बहकर एक आयताकार टैंक जिसकी लम्बाई

50 मी. एवं चौड़ाई 44 मी. है, में आ रहा है। टैंक में पानी की ऊँचाई 21 सेमी. होने का कुल समय है :

A. 1 घंटा B. 1½ घंटे
C. 2 घंटे D. 2½ घंटे

117. निम्नलिखित सारणी का बहुलक 36 है :

वर्ग अंतराल	बारम्बारता
0 – 10	8
10 – 20	10
20 – 30	?
30 – 40	16
40 – 50	12
50 – 60	6
60 – 70	7

अज्ञात बारंबारता है :

A. 10 B. 12
C. 8 D. 7

118. एक सामान्य वर्ष में 53 सोमवार आने की प्रायिकता है :

A. $\frac{2}{7}$ B. $\frac{1}{7}$
C. $\frac{7}{53}$ D. $\frac{7}{52}$

119. 7 के गुणज तीन अंकों की प्राकृत संख्याओं का योग है :

A. 70336 B. 73306
C. 76033 D. 73360

120. p का वह मान, जिस पर बिन्दु (–5, 1), (1, p) तथा (4, –2) सरेखीय हैं, है :

A. 2 B. –2
C. 1 D. –1

खण्ड-V : (*iii*) सामाजिक विज्ञान

121. राष्ट्रपति और उपराष्ट्रपति की अनुपस्थिति में राष्ट्रपति के कार्य का उत्तरदायित्व किस पर होता है?

A. महान्यायवादी
B. भारत का मुख्य न्यायाधीश
C. भारत के प्रधानमंत्री
D. महाधिवक्ता

122. निम्नलिखित में से किस संस्थान के पास मौलिक अधिकार को बढ़ाने की शक्ति है?

A. उच्च न्यायालय
B. सर्वोच्च न्यायालय
C. राष्ट्रीय मानव अधिकार आयोग
D. राज्य मानव अधिकार आयोग

123. चुनाव आयोग में कितने सदस्य हैं?

A. 1 B. 2
C. 3 D. 4

124. पंचायती राज इनमें से किस विचारधारा के साथ जुड़ा है?

A. लोकतांत्रिक विकेन्द्रीकरण
B. सरकार में लोक सहभागिता
C. केन्द्रीयकरण
D. सामुदायिक विकास

125. संयुक्त राष्ट्र संघ की स्थापना कब हुई?

A. 24 सितम्बर, 1945
B. 15 जुलाई, 1945
C. 24 अक्टूबर, 1945
D. 26 अगस्त, 1945

126. 'सार्क' देशों में किस देश को आखिर में सदस्यता मिली थी?
A. श्रीलंका B. बांग्लादेश
C. मालदीव D. अफगानिस्तान

127. निम्नलिखित में से किस देश ने 'मुक्त द्वार नीति' अपनाई है?
A. चीन B. जापान
C. अमेरिका D. साउथ कोरिया

128. वाणिज्यिक फसलों के लिए मूल्य समर्थन कार्यों को लागू करने के लिए केन्द्रीय नोडल एजेंसी है :
A. नाफेड B. नाबार्ड
C. एफ.सी.आई. D. ट्राईफेड

129. ह्रासमान सीमान्तकारी उपयोगिता किसका आधार है?
A. आपूर्ति का नियम
B. लौटाने का नियम
C. माँग का नियम
D. उपभोग का नियम

130. पूँजी के ब्याजगत आय में कमी किसका उदाहरण है?
A. बाह्यतम लागत B. आंतरिक लागत
C. सीमांत लागत D. प्रत्यक्ष लागत

131. 1820 के उत्तरार्द्ध और 1830 के दशकों में युवा बंगाल आंदोलन के नेता व प्रेरक कौन थे?
A. रशिक कृष्ण मलिक
B. रामत्रु लाहिड़ी
C. हेनरी विवियन दोरजी
D. पिराय चन्द मित्र

132. किस भारतीय शासक ने सबसे पहले सहायक संधि को स्वीकार किया?
A. अवध के नबाव
B. हैदराबाद का निजाम
C. पेशवा बाजी राव
D. झाँसी की रानी

133. राजा-रानी का मंदिर कहाँ बनाया गया है?
A. भुवनेश्वर B. खजुराहो
C. कांचीपुरम् D. वाराणसी

134. पश्चिम की तरफ बहने वाली नदी कौन-सी है?
A. गोदावरी B. कावेरी
C. कृष्णा D. ताप्ती

135. "फैनी" शब्द का इस्तेमाल किस संदर्भ में किया गया?
A. तूफान के रूप में
B. वर्षा के रूप में
C. बाढ़ के रूप में
D. भूस्खलन के रूप में

136. 2011 में भारत की साक्षरता दर थी :
A. 72.04% B. 73.04%
C. 74.04% D. 75.04%

137. दोहरी अर्थव्यवस्था का अर्थ किसके अस्तित्व से है?
A. औद्योगिक व कृषि दोनों क्षेत्र
B. सरकारी व निजी दोनों क्षेत्र
C. समाजवादी व पूँजीवादी दोनों अर्थव्यवस्थायें
D. विदेशी व देशी दोनों निवेश

138. भारतीय राष्ट्रीय झंडे (स्वतंत्र भारत के झंडे का मूल और पूर्वगामी स्वरूप) का आरोहण करने वाले प्रथम भारतीय कौन थे?
A. दादा भाई नौरोजी
B. तारकनाथ दास
C. राजा महेन्द्र प्रताप
D. मैडम भीकाजी कामा

139. ऑपरेशन फ्लड .... के रूप में भी जाना जाता है।
A. हरित क्रान्ति B. श्वेत क्रान्ति
C. नीली क्रान्ति D. काली क्रान्ति

140. भारत में कर्क रेखा कितने राज्यों से होकर गुजरती है?
A. 7 B. 8
C. 6 D. 5

खण्ड-V : (*iv*) English

Directions (Q. Nos. 141-145): *Choose the word that is nearest in meaning to the underlined word:*

141. Employers like diligent employees.
A. Conscientious
B. Obedient
C. Meticulous
D. Hardworking

142. The meeting was adjourned after discussion for two hours.
A. Postponed B. Stopped
C. Begun D. Reviewed

143. He is such sham that it is different to get along with him.
A. pretender B. unnatural
C. blunt D. unfair

144. On who despises his colleagues can never be successful.
A. accuses B. ignores
C. hates D. discourages

145. The school took the students of 9th class on a three days' excursion to Goa.
A. trip B. picnic
C. visit D. tournament

Directions (Q. Nos. 146-150): *In each of the following group of words, only one of them is spelt correctly. Select the one with the correct spelling.*

146. A. megnificent B. magnifecent
C. magnificant D. megnifecant

147. A. tanacious B. tenacious
C. tanecious D. tenecious

148. A. consummation
B. consumation
C. consammation
D. consamation

149. A. menifest B. menifast
C. manifest D. manifast

150. A. posterity B. postarity
C. posterety D. portarety

Directions (Q. Nos. 151-154): *Choose the word that is opposite in meaning to the underlined word:*

151. The criminal was detained by the police.
A. protected B. dismissed
C. released D. deterred

152. His depressing attitude was not liked by anyone.
A. horrifying B. uplifting
C. bewildering D. digressing

153. Feasibility of the project is under study.
A. Unsuitability
B. Impracticability
C. Impropriety
D. Applicability

154. A mammoth statue overlooked the building.
A. effluent B. tiny
C. huge D. narrow

Directions (Q. Nos. 155 and 156): *Pick out the most appropriate word from the given alternatives and fill in the blanks to complete the sentence:*

155. This book is about a man who ______ his family and went to live in the Himalayas.
A. exited B. deserted
C. banished D. expelled

156. The villagers ______ the death of their leader by keeping all the shops closed.
A. announced B. protested
C. mourned D. consoled

Directions (Q. Nos. 157-160): *Choose the correct answer:*

157. The novel 'Persuasion' was written by:
A. Charlotte Bronte
B. Emily Bronte
C. George Eliot
D. Jane Austen

158. The poem 'Ode to Nightingale' was written by:
A. Keats
B. Shelley
C. Wordsworth
D. Bacon

159. The play 'Desire under the Elms' was written by:
A. Shakespeare
B. Bernard Shaw
C. Eugene O'Neill
D. Brecht

160. The novel 'Train to Pakistan' was written by:
A. Tagore
B. R.K. Naryan
C. Anita Desai
D. Khushwant Singh

खण्ड-V : (*v*) हिन्दी

निर्देश (प्रश्न संख्या 161 से 165): *निम्नलिखित गद्यांश को ध्यानपूर्वक पढ़कर उसके आधार पर पूछे गए प्रश्नों के उत्तर दीजिए :*

"मनुष्य की विशेषता उसके चरित्र में है। चरित्र के कारण ही एक मनुष्य दूसरे से अधिक सम्मानित समझा जाता है। विद्या का मान तभी होता है जब विद्यावान विनय एवं चरित्र से युक्त हो। विद्या, बल तथा पद होते हुए भी रावण अपने राक्षसी कर्म के कारण निंदनीय रहा। रावण ज्ञानी होते हुए भी सम्मानित नहीं बन पाया। मनुष्य का मूल्य उसके चरित्र में है। विनय, उदारता, सत्यता, धैर्य, वचन प्रतिबद्धता तथा कर्त्तव्यपरायणता ये सब गुण चरित्र में आते हैं।

161. मनुष्य की विशेषता किसमें है?
A. उसके पद में
B. उसके ज्ञान में
C. उसके अच्छे विचारों में
D. उसके चरित्र में

162. मनुष्य सम्मान किस कारण से पाता है?
A. चरित्र के कारण
B. पद के कारण

C. शिक्षा के कारण
D. विचार के कारण

163. चरित्र में कौन-कौन से गुण आते हैं?
A. अधिक शिक्षित होना
B. सत्यता तथा वचन प्रतिबद्धता
C. अच्छे पद पर आसीन होना तथा धन कमाना
D. आर्थिक रूप से सम्पन्न होना तथा व्यवसाय करना

164. रावण की निंदा क्यों की जाती थी?
A. उसके ज्ञानी होने के कारण
B. वेदों के ज्ञाता होने के कारण
C. राक्षसी कर्मों के कारण
D. सीता हरण के कारण

165. विद्यावान का मान कब होता है?
A. जब वह आर्थिक रूप से सम्पन्न हो।
B. जब वह विनय तथा चरित्र से युक्त हो।
C. जब वह अच्छे पद पर आसीन हो।
D. जब वह उच्च जाति से संबंध रखता हो।

166. 'महात्मा' में कौन-सा समास है?
A. बहुब्रीहि समास
B. अव्ययीभाव समास
C. तत्पुरुष समास
D. कर्मधारय समास

167. किस शब्द में अनुस्वार के स्थान पर 'ण' लिखा जाता है?
A. पंडित B. पंक्ति
C. पंजा D. पंद्रह

168. कौन-सी भाववाचक संज्ञा है?
A. बचपन B. पानी
C. नदी D. समुद्र

169. 'क्ष' ध्वनि किसके अन्तर्गत आती है?
A. घोष वर्ण B. तालव्य
C. संयुक्त वर्ण D. अघोष वर्ण

170. इनमें से विरामचिह्न नहीं है :
A. अवतरण
B. अल्पविराम
C. पूर्णविराम
D. विस्मयादिबोधक

171. संज्ञा के भेद हैं :
A. पाँच B. सात
C. आठ D. दस

172. हवा का पर्यायवाची है :
A. तनुज B. बयार
C. आँधी D. तूफान

173. 'पृथ्वीराज रासो' किस काल की रचना है?
A. आदिकाल
B. भक्तिकाल
C. रीतिकाल
D. आधुनिककाल

174. प्रत्यययुक्त शब्द है :
A. आजन्म B. खुशबू
C. इकहरा D. पगड़ी

175. 'ई' और 'इ' किस प्रकार के वर्ण हैं?
A. दन्तोष्ठ्य B. कण्ठ्य
C. दन्त्य D. तालव्य

176. 'आँखें बिछाना' किस मुहावरे का अर्थ है?
A. धमकी देना
B. बहुत इज्जत देना
C. बेइज्जती करना
D. आँख बंद कर लेना

177. 'काली घटा का घमंड घटा' में अलंकार है :
A. श्लेष अलंकार
B. यमक अलंकार
C. अनुप्रास अलंकार
D. अर्थालंकार

178. 'आग' कौन-सा शब्द है?
A. विदेशज B. देशज
C. तद्भव D. तत्सम

179. 'पुस्तक' कौन-सा शब्द है?
A. तद्भव B. तत्सम
C. विदेशज D. देशज

180. निम्नलिखित में से किसके प्रथम तथा तृतीय चरण में 13-13 तथा द्वितीय व चतुर्थ चरण में 11-11 मात्राएँ होती हैं?
A. दोहे में B. चौपाई में
C. सोरठा में D. रोला में

उत्तरमाला

1. (D) **2. (D)** **3. (A)**
4. (C) **5. (D)** **6. (A)**
7. (B) **8. (D)** **9. (B)**
10. (D)

11. (B): ∵ $4 + 4 = 15$
⇒ $4 \times 4 - 1 = 15$
तथा $6 + 6 = 35$
⇒ $6 \times 6 - 1 = 35$
तब, $8 + 8 = 63$
⇒ $8 \times 8 - 1 = 63$.

12. (C): S Y S T E M
↓ ↓ ↓ ↓ ↓ ↓
M E T S Y S
और F O R M E R
↓ ↓ ↓ ↓ ↓ ↓
R E M R O F
तब, C A R P E T
↓ ↓ ↓ ↓ ↓ ↓
T E P R A C

13. (A)

14. (B): 23 + 21 = 44
अतः परीक्षण में 44 विद्यार्थियों ने भाग लिया।

15. (D): N A M E
↓ ↓ ↓ ↓
3 2 4 5
तथा M I N T
↓ ↓ ↓ ↓
4 1 3 7
तब, M I T E
↓ ↓ ↓ ↓
4 1 7 5

16. (C):
2 9 28 65 [126]
↓ ↓ ↓ ↓ ↓
$(1)^3+1$ $(2)^3+1$ $(3)^3+1$ $(4)^3+1$ $(5)^3+1$
अतः इस श्रेणी में अगला पद 126 होगा।

17. (B):
किताब — C
किताब — D
किताब — A
किताब — E
किताब — B

अतः किताब B सबसे नीचे है।

18. (C): माना कि प्रत्येक प्रकार के सिक्कों की संख्या = x

प्रश्नानुसार,

$$x+\frac{x}{2}+\frac{x}{4}=35$$

$$\Rightarrow \frac{4x+2x+x}{4}=35$$

$$\Rightarrow 7x=4\times 35$$

$$\Rightarrow x=\frac{4\times 35}{7}=20$$

अतः प्रत्येक प्रकार के सिक्कों की संख्या = 20.

19. (B):

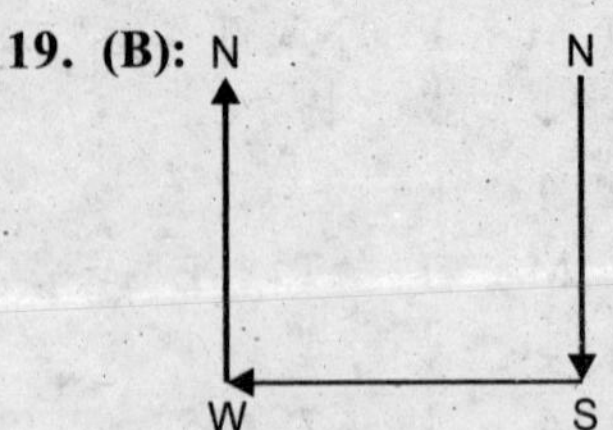

अब, व्यक्ति उत्तर दिशा की ओर चल रहा है।

20. (B): 27 – 57

18 – 28

36 – 96

लेकिन 25 – 63 युग्म के संख्याओं के इकाई अंक एक जैसे नहीं हैं।

अतः 25 – 63 युग्म अन्य से भिन्न है।

21. (C):

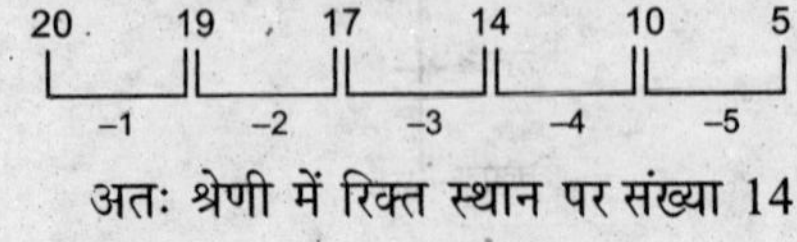

अतः श्रेणी में रिक्त स्थान पर संख्या 14 आएगी।

22. (B):

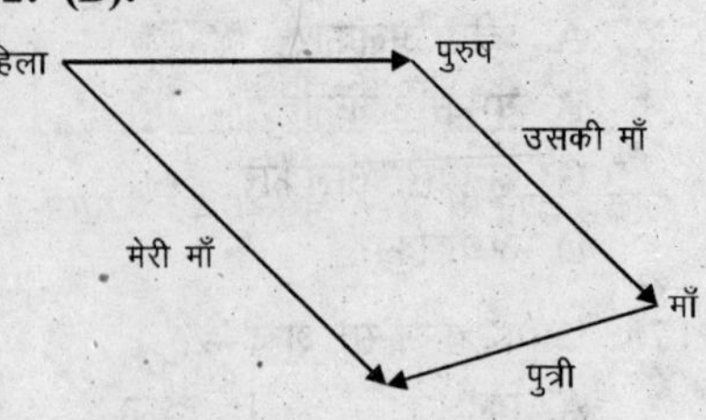

अतः महिला, पुरुष की बहन है।

23. (A):

42	81	121	144
↓	↓	↓	↓
किसी का वर्ग नहीं है	9^2	11^2	12^2

अतः 42 अन्य से भिन्न है।

24. (D):

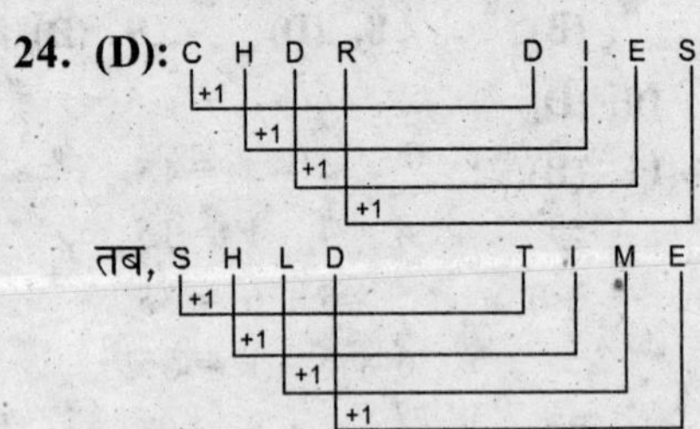

25. (C):

1	8	27	64	125	216
↓	↓	↓	↓	↓	↓
1^3	2^3	3^3	4^3	5^3	6^3

अतः श्रेणी में 216 अंक निरंतरता में आएगा।

26. (D):

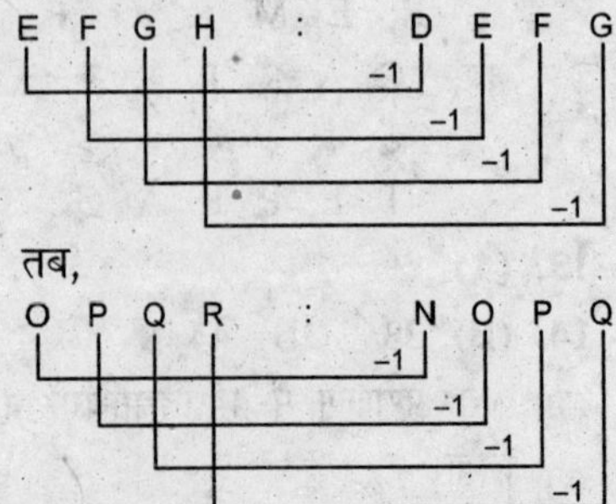

27. (A):

C E H J M O R T W Y

+1 +2 +1 +2 +1 +2 +1 +2 +1

अतः श्रेणी में WY अगला पद होगा।

28. (C)

29. (C): 25 100 225 [400] 625

↓ ↓ ↓ ↓ ↓

5^2 10^2 15^2 20^2 25^2

अतः श्रेणी में 400 रिक्त स्थान पर आएगा।

30. (A):

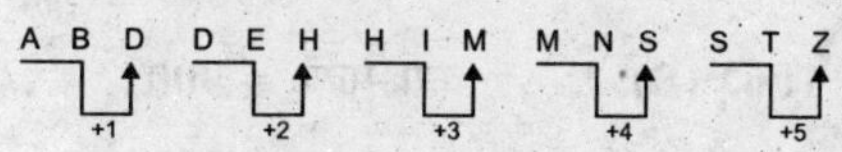

अतः STZ से श्रेणी पूरा किया जा सकता है।

31. (A)	**32. (A)**	**33. (B)**
34. (B)	**35. (A)**	**36. (A)**
37. (B)	**38. (A)**	**39. (A)**
40. (C)	**41. (B)**	**42. (A)**
43. (D)	**44. (C)**	**45. (A)**
46. (B)	**47. (A)**	**48. (B)**
49. (A)	**50. (C)**	**51. (C)**
52. (D)	**53. (D)**	**54. (B)**
55. (D)	**56. (A)**	**57. (B)**
58. (A)	**59. (B)**	**60. (D)**
61. (C)	**62. (A)**	**63. (A)**
64. (B)	**65. (B)**	**66. (D)**
67. (A)	**68. (D)**	**69. (B)**
70. (D)	**71. (C)**	**72. (C)**
73. (C)	**74. (C)**	**75. (C)**
76. (B)	**77. (B)**	**78. (A)**
79. (A)	**80. (C)**	**81. (C)**
82. (B)	**83. (A)**	**84. (D)**
85. (D)	**86. (A)**	**87. (C)**
88. (A)	**89. (A)**	**90. (A)**
91. (A)	**92. (C)**	**93. (C)**
94. (D)	**95. (D)**	**96. (C)**
97. (A)	**98. (B)**	**99. (B)**

100. (D)

101. (D): $\frac{1}{0.01} = \frac{1}{\frac{1}{100}} = 100$

$\frac{1}{0.01}$ का मान सबसे अधिक है।

102. (C):

$$5\frac{1}{2} - \left[2\frac{1}{3} \div \left\{\frac{3}{4} - \frac{1}{2}\left(\frac{2}{3} - \frac{1}{6} + \frac{1}{8}\right)\right\}\right]$$

$$= \frac{11}{2} - \left[\frac{7}{3} \div \left\{\frac{3}{4} - \frac{1}{2}\left(\frac{16-4+3}{24}\right)\right\}\right]$$

$$= \frac{11}{2} - \left[\frac{7}{3} \div \left\{\frac{3}{4} - \frac{1}{2} \times \frac{15}{24}\right\}\right]$$

$$= \frac{11}{2} - \left[\frac{7}{3} \div \left\{\frac{3}{4} - \frac{5}{16}\right\}\right]$$

$$= \frac{11}{2} - \left[\frac{7}{3} \div \left\{\frac{12-5}{16}\right\}\right]$$

$$= \frac{11}{2} - \left[\frac{7}{3} \div \frac{7}{16}\right]$$

$= \frac{11}{2} - \left[\frac{7}{3} \times \frac{16}{7}\right]$

$= \frac{11}{2} - \frac{16}{3} = \frac{33-32}{6} = \frac{1}{6}.$

103. (A): प्रश्नानुसार,

$$\frac{448+62}{x+1} - \frac{448}{x} = 2$$

$$\Rightarrow \quad \frac{510x - 448x - 448}{x(x+1)} = 2$$

$\Rightarrow \quad 62x - 448 = 2x^2 + 2x$

$\Rightarrow \quad 2x^2 - 60x - 448 = 0$

$\Rightarrow \quad x^2 - 30x - 224 = 0$

$\Rightarrow \quad (x - 16)(x - 14) = 0$

$\Rightarrow \quad x = 16$

or $x = 14$

अतः x का मान = 16.

104. (A): $\because$ A का वेतन B से 50% अधिक है।

$\therefore$ B का वेतन A से कम

$= \left(\frac{100 \times x}{100 + x}\right)\%$

$= \left(\frac{100 \times 50}{100 + 50}\right)\%$

$= \left(\frac{100 \times 50}{150}\right)\%$

$= \frac{100}{3}\%$

$= 33\frac{1}{3}\%.$

105. (C): 1 कि.ग्रा. मिश्रित चाय का क्रय मूल्य

$= \frac{7 \times 150 + 3 \times 200}{10}$

$= \frac{1650}{10}$

= ₹ 165

लाभ = 181.50 − 165

= ₹ 16.50

लाभ % = $\frac{16.50}{165} \times 100 = 10\%.$

106. (B): $\because$ क्रय मूल्य = 900

लाभ = 10%

$\therefore$ विक्रय मूल्य = $\frac{110}{100} \times 900$

= ₹ 990

अब, छूट = 10%

$\therefore$ विक्रय मूल्य = ₹ 90

जब विक्रय मूल्य ₹ 90 तब अंकित मूल्य = ₹ 100

जब विक्रय मूल्य ₹ 990 तब अंकित मूल्य

= ₹ $\frac{100}{90} \times 990$

= ₹ 1100

अतः वस्तु का अंकित मूल्य = ₹ 1100.

107. (B): $A = P\left(1 + \frac{r}{100}\right)^t$

$\Rightarrow \quad 1331 = 1000\left(1 + \frac{10}{100}\right)^t$

$$\Rightarrow \quad \frac{1331}{1000} = \left(1+\frac{10}{100}\right)^t$$

$$\Rightarrow \quad \left(\frac{11}{10}\right)^3 = \left(1+\frac{10}{100}\right)^t$$

$$\Rightarrow \quad \left(\frac{11}{10}\right)^3 = \left(\frac{11}{10}\right)^t$$

$$\Rightarrow \quad t = 3$$

अतः समय = 3 वर्ष।

108. (*)

109. (C): माना कि हवाई जहाज की सामान्य गति = x किमी/घंटा

प्रश्नानुसार,

$$\frac{1500}{x} - \frac{1500}{x+250} = \frac{1}{2}$$

$$\Rightarrow \frac{1500(x+250-x)}{x(x+250)} = \frac{1}{2}$$

$$\Rightarrow \quad 3000 \times 250 = x^2 + 250x$$

$$\Rightarrow x^2 + 250x - 750000 = 0$$

$$\Rightarrow x^2 + 1000x - 750x - 750000 = 0$$

$$\Rightarrow x(x + 1000) - 750(x + 1000) = 0$$

$$\Rightarrow (x - 750)(x + 1000) = 0$$

$$\Rightarrow \quad x = 750$$

या $\quad x = -1000$

अतः हवाई जहाज की सामान्य गति = 750 किमी./घंटा।

110. (D): $\because \sec\theta + \tan\theta = m \quad ...(i)$

हम जानते हैं कि

$$\sec^2\theta - \tan^2\theta = 1$$

$$\Rightarrow (\sec\theta + \tan\theta)(\sec\theta - \tan\theta) = 1$$

$$\Rightarrow m(\sec\theta - \tan\theta) = 1$$

$$\Rightarrow \quad \sec\theta - \tan\theta = \frac{1}{m} \quad ...(ii)$$

समीकरण (i) तथा (ii) को जोड़ने पर

$$\sec\theta + \tan\theta + \sec\theta - \tan\theta = m + \frac{1}{m}$$

$$\Rightarrow \quad 2\sec\theta = \left(m+\frac{1}{m}\right)$$

$$\Rightarrow \quad \sec\theta = \frac{1}{2}\left(m+\frac{1}{m}\right)$$

समीकरण (ii) में से (i) को घटाने पर

$$\tan\theta = \frac{1}{2}\left(m-\frac{1}{m}\right)$$

विभाजित करने पर हम पाते हैं कि

$$\sin\theta = \frac{m^2-1}{m^2+1}.$$

111. (A):

$$2\left(\frac{\sin 43^\circ}{\cos 47^\circ}\right)^2 - \frac{\cot 30^\circ}{\tan 60^\circ} - \sqrt{2}\sin 45^\circ$$

$$= 2\left[\frac{\sin 43^\circ}{\sin 43^\circ}\right]^2 - \frac{\sqrt{3}}{\sqrt{3}} - \sqrt{2}\times\frac{1}{\sqrt{2}}$$

$$= 2 - 1 - 1$$

$$= 2 - 2 = 0.$$

112. (C):

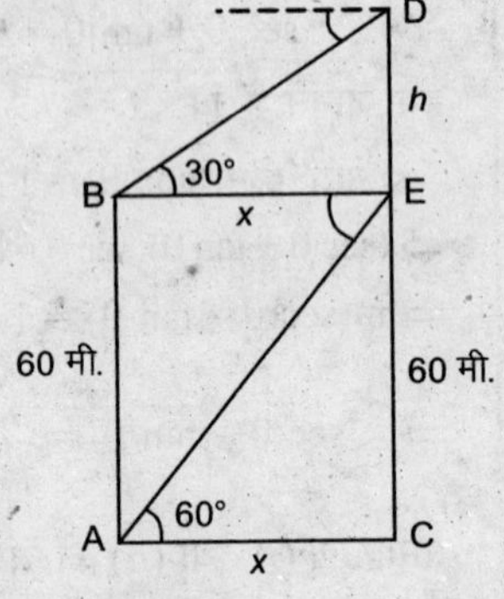

$$\tan 30° = \frac{h}{x}$$

$$\Rightarrow \quad \frac{1}{\sqrt{3}} = \frac{h}{x}$$

$$\Rightarrow \quad x = \sqrt{3h} \quad ...(i)$$

$$\tan 60° = \frac{60}{x}$$

$$\Rightarrow \quad \sqrt{3} = \frac{60}{x}$$

$$\Rightarrow \quad \sqrt{3}x = 60°$$

$$\Rightarrow \quad x = \frac{60}{\sqrt{3}} \quad ...(ii)$$

समीकरण (*i*) तथा (*ii*) से,

$$\sqrt{3}h = \frac{60}{\sqrt{3}}$$

$$\Rightarrow \quad 3h = 60$$

$$\Rightarrow \quad h = 20 \text{ मी.}$$

अतः अभीष्ट अंतर

= 80 मी. – 60 मी.

= 20 मी.

113. (D): माना कि त्रिभुज की भुजाएँ $3x$, $4x$ और $5x$ हैं।

प्रश्नानुसार,

$$3x + 4x + 5x = 144$$

$$\Rightarrow \quad 12x = 144$$

$$\Rightarrow \quad x = 12$$

$\therefore$ भुजाएँ $3 \times 12 = 36$ सेमी.

$4 \times 12 = 48$ सेमी.

तथा $5 \times 12 = 60$ सेमी.

अब, $S = \frac{a+b+c}{2}$

$= \frac{36+48+60}{2}$

$= \frac{144}{2}$

$= 72$

त्रिभुज का क्षेत्रफल

$= \sqrt{S(S-a)(S-b)(S-c)}$

$= \sqrt{72(72-36)(72-48)(72-60)}$

$= \sqrt{72 \times 36 \times 24 \times 12}$

$= \sqrt{2 \times 36 \times 36 \times 2 \times 12 \times 12}$

$= 36 \times 12 \times 2$

$= 864$ सेमी.^{2}.

114. (B): 60 मिनट में मिनट की सुई 360° का कोण बनाती है।

35 मिनट में मिनट की सुई कोण बनाएगी

$$= \frac{360}{60} \times 35$$

$$= 210°$$

वृत्तखण्ड का क्षेत्रफल

$$= \frac{210}{360}\times\frac{22}{7}\times 12\times 12$$
$$= 22 \times 12$$
$$= 264 \text{ सेमी.}^2$$

अतः घड़ी के मुख पर दर्शाया गया क्षेत्रफल

$$= 264 \text{ सेमी.}^2$$

115. (A): शंकु का आयतन = गोले का आयतन

$$\Rightarrow \frac{1}{3}\pi(2.1)^2\times 8.4 = \frac{4}{3}\pi r^3$$

$$\Rightarrow \frac{21}{10}\times\frac{21}{10}\times\frac{84}{10} = 4r^3$$

$$\Rightarrow \frac{21\times 21\times 21}{10\times 10\times 10} = r^3$$

$$\Rightarrow r = \frac{21}{10} = 2.1$$

अतः गोले की त्रिज्या = 2.1 सेमी.

116. (C): आयताकार टैंक का आयतन

$$= 50\times 44\times\frac{21}{100} \text{ मी.}^3$$

$$= 22 \times 21 \text{ मी.}^3$$

1 घंटा पाइप के द्वारा बहते हुए पानी का आयतन

$$= \frac{22}{7}\times\frac{7}{100}\times\frac{7}{100}\times 15000 \text{ मी}^3$$

$$= 11 \times 7 \times 3 \text{ मी.}^3$$

प्रश्नानुसार,

$$11 \times 7 \times 3 \times x = 22 \times 21$$

[जहाँ x = लिया गया समय]

$$\Rightarrow x = \frac{22\times 21}{11\times 7\times 3} = 2 \text{ घंटे}$$

अतः लिया गया अभीष्ट समय = 2 घंटे

117. (A): बहुलक

$$= l+\left(\frac{f-f_1}{2f-f_1-f_2}\right)\times h$$

$$\Rightarrow 36 = 30+\left(\frac{16-f_1}{32-f_1-12}\right)\times 10$$

$$\Rightarrow 6 = \frac{160-10f_1}{20-f_1}$$

$$\Rightarrow 120 - 6f_1 = 160 - 10f_1$$
$$\Rightarrow 10f_1 - 6f_1 = 160 - 120$$
$$\Rightarrow 4f_1 = 40$$
$$\Rightarrow f_1 = 10$$

अतः अज्ञात बारंबारता = 10.

118. (B)

119. (A): 105, 112, 119, ..., 994

$$994 = 105 + (n-1)7$$

[$\because$ nवाँ पद = $a + (n-1)d$]

$$\Rightarrow n = 128$$

$$S_n = \frac{n}{2}\{2a+(n-1)d\}$$

$$= \frac{128}{2}\{2\times 105+(128-1)\times 7\}$$
$$= 64\{210 + 889\}$$
$$= 1099 \times 64$$
$$= 70366$$

अतः 7 के गुणज सभी तीन अंकों की प्राकृत संख्याओं का योग = 70366.

120. (D): चूँकि, बिन्दुएँ संरेखीय हैं, अतः क्षेत्रफल = 0

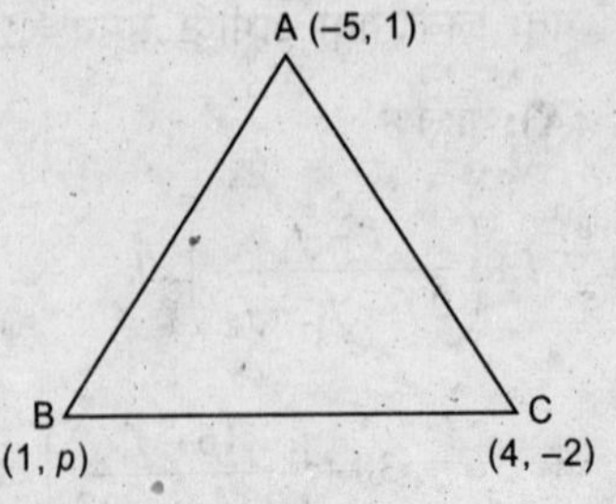

त्रिभुज का क्षेत्रफल

$$= \frac{1}{2}[x_1(y_2 - y_3)x_2 + (y_3 - y_1) + x_3(y_1 - y_2)]$$

$$0 = \frac{1}{2}[-5(p+2) + 1(-2-1) + 4(1-p)]$$

$\Rightarrow \quad 0 = [-5p - 10 - 3 + 4 - 4p]$

$\Rightarrow \quad 0 = -9p - 9$

$\Rightarrow \quad 0 = -9(p + 1)$

$\Rightarrow \quad p + 1 = 0$

$\Rightarrow \quad p = -1.$

121. (B) **122. (B)** **123. (C)**

124. (A) **125. (C)** **126. (D)**
127. (A) **128. (A)** **129. (C)**
130. (B) **131. (C)** **132. (B)**
133. (A) **134. (D)** **135. (A)**
136. (C) **137. (A)** **138. (D)**
139. (B) **140. (B)** **141. (C)**
142. (A) **143. (A)** **144. (C)**
145. (A) **146. (*)** **147. (B)**
148. (A) **149. (C)** **150. (A)**
151. (C) **152. (B)** **153. (B)**
154. (B) **155. (B)** **156. (C)**
157. (D) **158. (A)** **159. (C)**
160. (D) **161. (D)** **162. (A)**
163. (B) **164. (C)** **165. (B)**
166. (D) **167. (A)** **168. (A)**
169. (C) **170. (A)** **171. (A)**
172. (B) **173. (A)** **174. (C)**
175. (D) **176. (B)** **177. (B)**
178. (C) **179. (B)** **180. (A)**

पिछले प्रश्न-पत्र (हल सहित)

बी.एड. प्रवेश परीक्षा–2021*

भाग-A

खण्ड-I : सामान्य हिन्दी बोध

निर्देश (प्रश्न संख्या 1 से 10): *निम्नलिखित गद्यांश को ध्यानपूर्वक पढ़िए तथा प्रत्येक प्रश्न के सम्मुख दिए गए चार विकल्पों में से सर्वोत्तम उत्तर चुनिए।*

प्रकृति व्यापार की भाँति है। व्यापारिक समझ यह निर्धारित करती है कि हम अपनी पूँजी की सुरक्षा करते हैं और ब्याज पर जीवन यापन करते हैं। सजीव वस्तुओं की प्रचुर विविधता से प्राकृतिक सम्पदा परिपूर्ण है। इसके बिना, न तो हम स्वयं को खिला सकते हैं, न स्वयं बीमारी का इलाज कर सकते हैं और न ही सम्पत्ति निर्माण के लिए उद्योग को कच्चा माल उपलब्ध करा सकते हैं। हार्वर्ड विश्वविद्यालय के प्रोफेसर एडवर्ड विल्सन के अनुसार "आनुवंशिक और प्रजातिगत विविधता के हो रहे ह्रास के लिए हमारे पूर्वज शायद ही हमें क्षमा कर पाएँ। इसमें सुधार करने में लाखों वर्ष लग सकते हैं।"

पौधों की केवल 150 प्रजातियाँ ही व्यापक रूप से उगाई जाती हैं। यद्यपि 75,000 से अधिक जंगली पौधों की प्रजातियाँ खाने-योग्य हैं। एक भुखमरी से ग्रस्त दुनिया, जिसमें प्रति वर्ष 90 मिलियन आबादी बढ़ जाती है, इतनी अधिक क्षमता का ह्रास दुखद है। जंगल से एक वर्ष में लगभग 40 बिलियन डॉलर मूल्य की दवाएँ प्राप्त होती हैं। 5000 से अधिक प्रजातियों को ऐसे रसायन उत्पन्न करने के लिए जाना जाता है, जो कैंसर से लड़ने की क्षमता रखती हैं। वैज्ञानिकों का अनुमान है कि वर्तमान में दुनिया में लगभग 10-30 मिलियन प्रजातियाँ हैं, जिनमें से केवल 1.4 मिलियन की ही पहचान हुई है।

जीवन-तंत्र तब बिखर जाता है, जब मनुष्य तात्कालिक लाभ के लिए प्राकृतिक संसाधनों का दोहन करता है। कुछ वाणिज्यिक वस्तुओं को प्राप्त करने के लिए उष्णकटिबंधीय कठोर लकड़ियों का व्यापार, सम्पूर्ण जंगल को नष्ट कर सकता है। अवैज्ञानिक कृषि पद्धतियों से प्रति वर्ष लगभग 24 बिलियन टन मिट्टी की ऊपरी परत का क्षरण हो जाता है, जिससे प्रति वर्ष 9 मिलियन टन अनाज प्राप्त हो सकता था। इस प्रकार के अनुपयुक्त दोहन को रोककर और "सतत उपयोगिता" को स्थापित करके पर्यावरणीय संकट को हर प्रकार से कम करने में सहायता मिलेगी।

Exam held on 11 April, 2021 (Conducted by IGNOU)

1. लेखक ने 'प्रकृति' की तुलना 'व्यवसाय' से क्यों की है?

A. प्रकृति एवं व्यापार में पूँजी की कमी के कारण

B. उस समानता के कारण, जिसके साथ दोनों का उपयोग कर सकते हैं

C. समान ब्याज स्तर की उपज के कारण

D. विविध पूँजीगत लागतों में विविधता के कारण

2. ''ह्रास के लिए हमारे पूर्वज शायद ही हमें क्षमा कर पाएँ'' में लेखक किस व्यापार के ह्रास के बारे में कह रहा है?

A. लाभ सीमा को कम करना

B. लाभ में से कुछ पूँजी को व्यापार में न लगाना

C. व्यापार के लिए पूँजी आधार को समाप्त करना

D. पूँजी के ब्याज को पुनः व्यापार में लगाना

3. गद्यांश के सन्दर्भ में निम्नलिखित में से कौन-सा कथन **असत्य** है?

A. मानव अस्तित्व के लिए पादप विविधता आवश्यक है।

B. वैज्ञानिक अधिकांश पादप प्रजातियों की उपयोगिता जानते हैं।

C. कैंसर के उपचार के लिए, रसायन पौधों से प्राप्त होते हैं।

D. खोजे गए पौधों की तुलना में दस गुनी ज्यादा पादप प्रजातियाँ अज्ञात हैं।

4. दुनिया की भूखमरी की चिंता करने हेतु, निम्नलिखित में से क्या सही तरीके से लेखक के विचार को प्रदर्शित करता है?

A. खाद्य-योग्य पौधों की प्रजातियों के उत्पादन की संख्या बढ़ाना

B. वर्तमान में उगायी जा रही 150 प्रजातियों का उत्पादन बढ़ाना

C. चिकित्सा उपयोग वाले पौधों का उत्पादन बढ़ाना

D. उत्पादित नहीं किए जा रहे खाद्य-योग्य पौधों की क्षमता बढ़ाना

5. निम्नलिखित में से कौन-सा जंगल के विनाश का तात्कालिक कारण है?

A. मृदा क्षरण

B. निवास स्थानों का विनाश

C. पेड़ों को काटना

D. अवैज्ञानिक कृषि पद्धतियाँ

6. लेखक ने 'अनुपयुक्त दोहन' के दो उदाहरण दिए हैं। वे हैं :

A. अवैज्ञानिक कृषि पद्धतियाँ और मृदा क्षरण

B. अवैज्ञानिक कृषि पद्धतियाँ और उष्णकटिबंधीय कठोर लकड़ी का व्यापार

C. उष्णकटिबंधीय कठोर लकड़ी का व्यापार और मृदा क्षरण

D. उष्णकटिबंधीय कठोर लकड़ी का व्यापार और टनों अनाज का उत्पादन खो देना

7. गद्यांश किसके बारे में है?

A. व्यापार

B. प्रकृति

C. पर्यावरणीय संकट

D. कृषि पद्धतियाँ

8. लेखक के अनुसार 'पर्यावरणीय संकट' क्या है?

A. उष्णकटिबंधीय कठोर लकड़ी का व्यापार

B. अवैज्ञानिक कृषि पद्धतियाँ

C. मृदा क्षरण

D. आनुवंशिक और प्रजातिगत विविधता का हो रहा ह्रास

9. गद्यांश में प्रयुक्त हुए 'ह्रास' शब्द के लगभग समान अर्थ वाला शब्द निम्नलिखित में से कौन-सा है?

A. उपभुक्त

B. उड़ाया गया

C. अप्रयुक्त (अनुपयोगी)

D. लाभहीन

10. गद्यांश में प्रयुक्त हुआ शब्द 'कम करने' का लगभग विपरीतार्थक शब्द कौन-सा है?

A. एकजुट करना B. अनदेखा करना

C. जोड़ना D. संयोजन करना

खण्ड-II : तार्किक एवं विश्लेषणात्मक चिन्तन

11. निम्नलिखित श्रेणीक्रम में अगला पद क्या होगा?

PAT, PEN, PIT, PON, ?

A. PET B. POT

C. PUT D. PAN

12. निम्नलिखित श्रेणी का अगला क्रम क्या होगा?

2, 4, 6, 9, 12, ?

A. 14 B. 15

C. 16 D. 17

13. निम्नलिखित श्रेणी में रिक्त स्थान की पूर्ति कीजिए :

25, 49, 81, ?, 169

A. 100 B. 64

C. 121 D.144

14. रोहित ने एक लड़की से कहा, "तुम्हारी माँ, मेरी सास की एकमात्र पुत्री है।" रोहित का उस लड़की से क्या सम्बन्ध है।

A. पिता B. चाचा

C. भाई D. चचेरा भाई

15. एक कूट भाषा में, STAR को RATS लिखा जाता है, तो ROUT को लिखा जाएगा :

A. TOUR B. TORU

C. ROTU D. TUOR

16. एक कूट भाषा में, 25 का अर्थ 'हरा सेब', 35 का अर्थ 'लाल सेब' तथा 34 का अर्थ 'लाल चेरी' है। 'हरा चेरी' का कोड क्या होगा?

A. 23 B. 24

C. 34 D. 43

17. पिता ने पुत्र से कहा, "जब तुम पैदा हुए थे, तो मेरी आयु तुम्हारी वर्तमान आयु के बराबर थी।" यदि पिता की वर्तमान आयु 36 वर्ष हो, तो 7 वर्ष पूर्व उसके पुत्र की आयु क्या थी?

A. 11 वर्ष B. 13 वर्ष
C. 15 वर्ष D. 17 वर्ष

18. एक समतल सतह पर एक वृत्ताकार सिक्का रखा है। उसी आकार के कितने और सिक्के उसके चारों ओर इस प्रकार रखे जा सकते हैं कि प्रत्येक सिक्का साथ वाले सिक्के और मध्य के सिक्के को छूता रहे?
A. 4 B. 6
C. 8 D. 10

19. एक प्रारम्भ बिन्दु से एक व्यक्ति 3 किमी. उत्तर दिशा में जाता है, फिर पश्चिम की ओर मुड़कर 2 किमी. पैदल चलता है, फिर पीछे मुड़कर 1 किमी. सीधा जाता है और फिर 5 किमी. पूर्व की ओर वहाँ से जाता है। अपने प्रारम्भिक बिंदु से अब वह कितना दूर है?
A. 5 किमी. B. 8 किमी.
C. 10 किमी. D. 12 किमी.

20. यदि 3 दिसम्बर को शनिवार है, तो उस माह का अन्तिम दिवस कौन-सा होगा?
A. सोमवार B. शनिवार
C. गुरुवार D. रविवार

21. पाँच घर A से E तक एक सीधी रेखा में हैं। A, B के दाएँ में है; E, C के बाएँ है और A के दाएँ है तथा B, D के दाएँ है। कौन-सा घर मध्य में है?
A. D B. C
C. B D. A

22. एक त्रिभुज ABC की माध्यिकाएँ बिन्दु D पर एक-दूसरे को काटती हैं। इसके परिणामस्वरूप बनी आकृतियों में कितने त्रिभुज निर्मित होते हैं?
A. 18 B. 16
C. 12 D. 8

23. यदि 6 + 7 = 43 और 5 + 6 = 31 है, तो 4 + 5 होगा :
A. 9 B. 20
C. 21 D. 25

24. यदि 213 को 6 तथा 432 को 9 लिखा जाए, तो 543 को लिखा जाएगा :
A. 10 B. 11
C. 12 D. 13

25. यदि प्रथम 13 अंग्रेजी अक्षरों के क्रम को उलट दिया जाए, तो किस अक्षर का स्थान **नहीं** बदलेगा?
A. E B. F
C. G D. H

26. निम्नलिखित श्रेणी में कौन-सा अंक इसे पूरा करता है?
1, 2, 3, 1, 4, 9, 1, ?, 27
A. 5 B. 6
C. 7 D. 8

27. एक नगर की जनसंख्या में 45% पुरुष और 40% महिलाएँ हैं। यदि बच्चों की संख्या 30,000 है, तो नगर की कुल जनसंख्या होगी :
A. 2 लाख B. 3 लाख
C. 4.5 लाख D. 6 लाख

28. निम्नलिखित में से कौन-सा शब्द, शब्दकोश में पहले आएगा?
A. Compensate
B. Compassionate

C. Compression
D. Competition

29. प्रीति की अपनी कक्षा में ऊपर तथा नीचे से 38वीं रैंक है। प्रीति की कक्षा में कितने विद्यार्थी हैं?

A. 77 B. 76
C. 75 D. 74

30. एक वर्ग को 16 समान भागों में इसकी भुजाओं के समानान्तर प्रतिच्छेदी रेखाओं द्वारा विभाजित किया जाता है। परिणामस्वरूप आकृति में कुल कितने वर्ग बनेंगे?

A. 16 B. 28
C. 30 D. 36

खण्ड-III : शैक्षिक एवं सामान्य चेतना

31. किसान दिवस कब मनाया जाता है?

A. 23 अक्टूबर
B. 23 नवम्बर
C. 23 दिसम्बर
D. 23 सितम्बर

32. "ए बन्च ऑफ ओल्ड लेटर्स" के लेखक हैं :

A. जवाहरलाल नेहरू
B. महात्मा गाँधी
C. अब्दुल कलाम
D. मोरारजी देसाई

33. "मैन ऑफ डेस्टिनी" किसे कहा जाता है?

A. एडोल्फ हिटलर
B. जॉर्ज बर्नार्ड शॉ
C. नेपोलियन
D. शेक्सपियर

34. नवाचार मिशन का उद्देश्य है :

A. जलवायु परिवर्तन से निपटने के लिए स्वच्छ ऊर्जा नवाचारों को त्वरित करना
B. नैनो सैटेलाइटों के भारत में निर्माण को प्रोत्साहित करना
C. कृषि के नए तरीके अपनाना
D. जल संचयन की नई विधियों को अपनाना

35. भारत छोड़ो आन्दोलन के समय वायसरॉय कौन थे?

A. लॉर्ड वारेन हेस्टिंग्स
B. लॉर्ड डलहौजी
C. लॉर्ड कर्जन
D. लॉर्ड लिनलिथगो

36. भारत में प्रारम्भ हुए 'रेड लाइन कैम्पेन' का सम्बन्ध निम्नलिखित में से किस क्षेत्र से है?

A. भारत-पाकिस्तान सीमा पर बाड़बंदी
B. खुले में शौच को शून्य करना
C. एंटीबायोटिक्स के अतार्किक प्रयोग को रोकना
D. शून्य भ्रष्टाचार

37. भारतीय संविधान के किस अनुच्छेद के तहत यूनियन (केन्द्रीय) बजट प्रस्तुत किया जाता है?

A. 110 B. 111
C. 112 D. 113

38. भारतीय डाक घर अधिनियम कब पारित हुआ?
A. 1852 B. 1853
C. 1854 D. 1898

39. निम्नलिखित में से कौन-सा भारतीय स्वतंत्रता आन्दोलन में सर्वप्रथम घटित हुआ?
A. साइमन कमीशन
B. असहयोग आन्दोलन
C. गाँधी-इरविन समझौता
D. काँग्रेस का त्रिपुरा अधिवेशन

40. जनहित याचिका संकल्पना (विचार) कहाँ प्रारंभ हुई?
A. यू.के. B. कनाडा
C. यू.एस.ए. D. दक्षिण अफ्रीका

41. किस देश ने व्हॉट्सएप और फेसबुक पर वर्ष 2018 में कर लगाया?
A. युगांडा B. ज़ाम्बिया
C. ज़िम्बाब्वे D. तंज़ानिया

42. विश्व बैंक के अनुसार वर्ष 2018 में कौन-सा देश प्रेषित धन प्राप्त करने में शीर्ष पर रहा?
A. भारत B. चीन
C. मैक्सिको D. फिलिपीन्स

43. मकर रेखा किस देश से नहीं गुजरती?
A. अर्जेंटीना B. बोलीविया
C. ब्राजील D. चिली

44. सिमलीपॉल टाइगर रिजर्व किस राज्य में स्थित है?
A. ओडिशा B. मध्य प्रदेश
C. पश्चिम बंगाल D. कर्नाटक

45. 'शांत घाटी' किस राज्य में स्थित है?
A. तमिलनाडु B. केरल
C. असम D. अरुणाचल प्रदेश

46. "द फ्यूचर वी वॉन्ट" नामक दस्तावेज, निम्नलिखित में से किस संस्था से सम्बन्धित है?
A. यूनाइटेड नेशन्स कॉन्फ्रेंस ऑन सस्टेनेबल डेवलपेंट
B. ग्लोबल एनवायरनमेंट फेसिलिटी
C. यूनाइटेड नेशन्स फ्रेमवर्क कन्वेंशन ऑन क्लाइमेट चेंज
D. कन्वेंशन ऑन बायोलॉजिकल डायवर्सिटी

47. निम्नलिखित में से किस समुद्र में 'स्प्रैटली आइलैंड्स (द्वीप)' स्थित हैं?
A. कैस्पियन सागर
B. काला सागर
C. भूमध्यसागर
D. दक्षिण चीन सागर

48. ताप्ती नदी मध्य प्रदेश के किस जिले से उद्गमित होती है?
A. बेतूल B. बालाघाट
C. छिंदवाड़ा D. होशंगाबाद

49. निम्नलिखित में से कौन-सा भारतीय स्मारक, विश्व विरासत **नहीं** है?
A. फतेहपुर सीकरी
B. अजंता व एलोरा
C. खजुराहो
D. दिल्ली का जंतर-मंतर

50. 'लाइफ डिवाइन' के लेखक हैं:
A. अरविंद घोष

B. वी.वी. गिरि

C. अमृता प्रीतम

D. वी.डी. सावरकर

51. उच्च न्यायालय, निचली अदालतों को कानूनी कार्यवाही से रोकने के लिए कौन-सी रिट जारी करता है?

A. बंदी प्रत्यक्षीकरण (हेबियस कॉर्पस)

B. प्रतिषेध (प्रोहिबिशन)

C. अधिकार-पृच्छा (क्वो वारंटो)

D. उत्प्रेषण-लेख (सर्टीयोररी)

52. आयकर अधिनियम की किस धारा के अन्तर्गत आयकर रिटर्न दाखिल किया जाता है?

A. धारा 138(1)

B. धारा 142(1)

C. धारा 139(1)

D. धारा 129(1)

53. राष्ट्रीय ज्ञान आयोग के अध्यक्ष थे :

A. अशोक गांगुली

B. पी. बालाराम

C. सैम पित्रोदा

D. दीपक नय्यर

54. भारत में शिक्षक शिक्षण के क्षेत्र में निम्नलिखित में से कौन-सी शीर्ष इकाई है?

A. UGC
B. NIEPA
C. NCTE
D. NCERT

55. 'शिक्षा के चार आधार (स्तंभ)' का विचार किसने सुझाया?

A. UNICEF
B. UNESCO
C. UNDP
D. UNITAR

खण्ड-IV : शिक्षण-अधिगम एवं विद्यालय

56. शिक्षा का अधिकार अधिनियम, 2009, में सभी बच्चों के निःशुल्क प्रवेश का प्रावधान किस प्रकार के स्कूलों में है?

A. सैनिक स्कूलों में

B. आर्मी स्कूलों में

C. पड़ोस के स्कूलों में

D. नवोदय स्कूलों में

57. "बिना बोझ के शिक्षा" नामक रिपोर्ट को प्रस्तुत करने वाली समिति के अध्यक्ष कौन थे?

A. प्रो. अमृत देसाई

B. प्रो. अमरीक सिंह

C. प्रो. वेद प्रकाश

D. प्रो. यशपाल

58. एक पोस्टर का मौखिक घटक क्या है?

A. चित्र

B. शीर्षक

C. आरेख (ग्राफ)

D. तालिका

59. अध्येता (शिक्षार्थी) का निम्नलिखित में से कौन-सा अभिलक्षण शिक्षण को सर्वाधिक प्रभावित करता है?

A. अध्येता का पूर्व ज्ञान (अनुभव)

B. अध्येता के माता-पिता का शैक्षणिक स्तर

C. अध्येता के संगी साथी

D. अध्येता के परिवार का आकार, जिससे वह आता है

60. प्रति वर्ष 11 नवम्बर को राष्ट्रीय शिक्षा दिवस किसकी याद में मनाया जाता है?
A. सर्वपल्ली राधाकृष्णन
B. मौलाना अबुल कलाम आजाद
C. जाकिर हुसैन
D. महात्मा गाँधी

61. शिक्षा के उद्देश्यों को निर्धारित करना किसका उत्तरदायित्व है?
(*a*) माता-पिता (*b*) शिक्षक
(*c*) विद्यार्थी (*d*) समाज
नीचे दिए गए कूटों में से सही उत्तर का चयन कीजिए :
A. (*b*) तथा (*c*)
B. (*b*), (*c*) तथा (*d*)
C. केवल (*a*)
D. (*a*), (*b*), (*c*) तथा (*d*)

62. शिक्षण की तात्कालिक निष्पत्ति किससे सम्बन्धित है?
A. विद्यार्थियों के व्यवहार में अपेक्षित परिवर्तन
B. विद्यार्थियों के व्यक्तित्व का विकास
C. विद्यार्थियों का नैतिक विकास
D. रोजगार क्षमता (नियोजनीयता) बढ़ाना

63. कक्षा में अनुशासन अनिवार्यतः मदद करता है :
A. अध्यापक का प्राधिकार स्थापित करने में।
B. बच्चों में यह समझ विकसित करने में कि अनुशासनहीनता दंडनीय है।
C. कक्षाकक्ष गतिविधियों को संगठित व क्रमबद्ध करने में।
D. समय-सारणी के अनुपालन में।

64. प्रभावी शिक्षण के लिए निम्नलिखित में से कौन-सा वांछनीय **नहीं** है?
A. प्रश्न पूछना
B. शिक्षण सहायक सामग्रियों का प्रयोग
C. पाठ्य-पुस्तक का कठोर अनुपालन
D. विद्यार्थियों में वार्तालाप का प्रोत्साहन

65. सतत एवं व्यापक मूल्यांकन के क्या अभिलक्षण हैं?
(*a*) बहुत से परीक्षण
(*b*) कसौटी-आधारित परीक्षण
(*c*) अधिगम हेतु आकलन
(*d*) पाठ्यगामी और सहपाठ्यगामी पक्षों का आकलन
नीचे दिए गए कूटों में से सही उत्तर का चयन कीजिए :
A. (*a*), (*b*) तथा (*d*)
B. (*b*) तथा (*d*)
C. (*a*), (*b*) तथा (*c*)
D. (*a*), (*b*), (*c*) तथा (*d*)

66. बहुविकल्पी प्रश्नों के संदर्भ में निम्नलिखित में से कौन-सा कथन सही है?
A. ये वस्तुनिष्ठ होते हैं।
B. ये विषयनिष्ठ होते हैं।
C. इन्हें उचित भ्रामकों की आवश्यकता नहीं है।
D. इनका निश्चित उत्तर नहीं होता है।

67. शिक्षण के दौरान शिक्षक-विद्यार्थी सम्प्रेषण का मुख्य घटक है :
A. मनोविनोद
B. विद्यार्थियों (शिक्षार्थियों) की समस्याएँ
C. विषय-वस्तु
D. अभिप्रेरक कथन

68. निम्नलिखित में से कौन-सी एक शिक्षक-केन्द्रित विधि है?
A. परियोजना
B. व्याख्यान
C. समूह कार्य
D. विचार-विमर्श (विचारावेश)

69. एक सुगमकर्ता के रूप में शिक्षक वह है जो :
A. व्याख्यान देता है।
B. सम्प्रत्ययों व सिद्धांतों की व्याख्या करता है।
C. विद्यार्थी को मुद्रित नोट्स देता है।
D. विद्यार्थियों को अधिगम हेतु प्रोत्साहित करता है।

70. निम्नलिखित में से किसे अभिप्रेरक शिक्षण का संकेतक मान सकते हैं?
A. विद्यार्थी प्रश्न पूछते हैं
B. विद्यार्थियों की अधिकतम उपस्थिति
C. कक्षा में पूर्ण शान्ति
D. विद्यार्थी नोट्स लिखते हैं

71. एक कक्षा में, शिक्षक शब्दों या चित्रों के माध्यम से संदेश भेजता है। विद्यार्थी हैं :
A. कोडित्र B. कूटवाचक
C. शोर नियंत्रक D. प्रेषक

72. CIET का अर्थ है :
A. एकीकृत शिक्षा और प्रौद्योगिकी केन्द्र (Centre for Integrated Education and Technology)
B. इंजीनियरिंग और प्रौद्योगिकी का केन्द्रीय संस्थान (Central Institute for Engineering and Technology)
C. शैक्षिक प्रौद्योगिकी का केन्द्रीय संस्थान (Central Institute for Educational Technology)
D. एकीकृत मूल्यांकन तकनीक केन्द्र (Centre for Integrated Evaluation Techniques)

73. एक प्रभावी कक्षाकक्ष परिवेश में होता है :
A. कोई शिक्षक सहायक सामग्री नहीं
B. सजीव विद्यार्थी-शिक्षक अंतःक्रिया
C. शांति
D. कठोर अनुशासन

74. नालन्दा और तक्षशिला के साथ भारत किस काल में उच्च शिक्षा का केन्द्र बना?
A. चोल काल
B. गुप्त काल
C. हड़प्पा सभ्यता काल
D. मुगल काल

75. पाठ्यचर्या है :
A. पाठ्यवस्तु के समान।
B. पढ़ाई जाने वाली विषय-वस्तु।
C. विद्यालय में तथा बाहर की सम्पूर्ण शैक्षणिक गतिविधियाँ।
D. केवल शिक्षण, अन्य गतिविधियाँ नहीं।

76. SWAYAM का पूर्ण रूप क्या है?
A. Study Webs of Active-Learning for Young Aspiring Minds
B. Study Webs for Accustomed Learning for Young Aspiring Minds
C. Study Ways of Active-Learning for Young Aspiring Minds

D. Study Webs of Actual Learning for Young Aspiring Minds

77. राष्ट्रीय शिक्षा नीति (1986) के तहत ऑपरेशन ब्लैकबोर्ड प्रारम्भ किया गया था।

A. विद्यालयों को उचित संख्या में श्यामपट्ट देने के लिए

B. श्यामपट्ट का प्रयोग करने हेतु जागरूकता हेतु

C. विद्यालयों को न्यूनतम आवश्यक सुविधाएँ प्रदान करने हेतु

D. शिक्षण-अधिगम प्रक्रिया में श्यामपट्ट के प्रभावी प्रयोग हेतु

78. शिक्षण की प्रभावशीलता के निर्णय का आधार होता है :

A. पाठ्यवस्तु की पूर्णता

B. शिक्षण उद्देश्य

C. विद्यार्थियों की अधिगम निष्पत्तियाँ

D. कक्षाकक्ष में शिक्षण सहायक सामग्रियों का प्रयोग

79. अच्छे शिक्षण में शामिल नहीं है :

A. निर्देशन

B. अभिप्रेरण

C. व्याख्या

D. रटने हेतु प्रोत्साहन

80. परियोजना विधि किस सिद्धांत पर आधारित है?

A. खेल-खेल में सीखना

B. करके सीखना

C. शिक्षक से सीखना

D. पुस्तकों से सीखना

भाग-B

खण्ड-V : (*i*) विज्ञान

81. अम्लीय वर्षा का कारण है :

A. जीवाश्म ईंधनों के वातावरण में जलने के कारण कार्बन, नाइट्रोजन तथा सल्फर के ऑक्साइडों का निर्मुक्त होना

B. बादलों के बीच घर्षण के कारण उत्पन्न विद्युत् आवेश

C. आर्द्रता से अम्लीय वाष्प का बनना

D. सूर्य बादलों को गर्म कर देता है

82. निम्नलिखित में से किसकी प्रकृति अम्लीय है?

A. सामान्य नमक का विलयन

B. शुद्ध जल

C. नींबू का रस

D. खाने के सोडे का विलयन

83. मानक ताप एवं दाब (S.T.P.) पर 16 ग्राम ऑक्सीजन का आयतन क्या है?

A. 22.4 लीटर B. 11.2 लीटर

C. 22.4 सेमी^{3} D. 11.2 सेमी^{3}

84. एक तत्त्व की द्रव्यमान संख्या X है तथा उसमें 11 इलेक्ट्रॉन हैं। उसमें न्यूट्रॉनों की संख्या होगी :

A. X + 11 B. X
C. 11 D. X – 11

85. रासायनिक परिवर्तन का एक उदाहरण है :

A. जल का बर्फ में परिवर्तन
B. जल का वाष्प में परिवर्तन
C. धारा के प्रवाह से एक प्रतिरोधक का गर्म होना
D. दूध का दही में बदलना

86. दीवार पर लगे एक समतल दर्पण में बने अपने प्रतिबिम्ब से एक व्यक्ति 10 फीट की दूरी पर है। वह 3 फीट दर्पण की ओर चलता है। अब उसके और प्रतिबिम्ब के मध्य कितनी दूरी है?

A. 2 फीट B. 3 फीट
C. 4 फीट D. 6 फीट

87. यदि एक प्रकाश की किरण वायु से काँच में जा रही है और आपतन कोण i तथा अपवर्तन कोण r है, तब :

A. $i < r$
B. $\sin i = \sin r$
C. $\frac{\sin i}{\sin r}$ = नियतांक
D. $\sin i \times \sin r$ = नियतांक

88. 2 ओम के दो प्रतिरोध एक-दूसरे से समान्तर में जुड़े हैं। तुल्य प्रतिरोध कितना होगा?

A. 1 ओम B. 2 ओम
C. 3 ओम D. 4 ओम

89. एक 25 किग्रा के पिंड को 5 मी./से. से 10 मी./से. तक 5 सेकण्ड में त्वरित करने के लिए कितना असंतुलित बल न्यूटन (N) में लगाना होगा?

A. 1 N B. 5 N
C. 25 N D. 50 N

90. वाट किसकी इकाई है?

A. ऊर्जा B. कार्य
C. बल D. शक्ति

91. हमारे सौरमंडल में पृथ्वी के सबसे निकट का ग्रह है :

A. बुध B. शुक्र
C. मंगल D. बृहस्पति

92. अल्फा कण हैं :

A. धनावेशित
B. ऋणावेशित
C. अनावेशित
D. फोटॉनों के समान

93. रतौंधी का कारण है :

A. विटामिन 'A' की कमी
B. विटामिन 'B' की कमी
C. विटामिन 'C' की कमी
D. विटामिन 'A' की अधिकता

94. बादलों की गड़गड़ाहट सुनाई देने से पूर्व बिजली की चमक क्यों दिखाई देती है?

A. क्योंकि प्रकाश की गति ध्वनि से अधिक होती है
B. क्योंकि प्रकाश काफी पहले उत्पन्न होता है
C. क्योंकि बादल, ध्वनि में अवरोध उत्पन्न करते हैं
D. क्योंकि ध्वनि, बहुत दूर उत्पन्न होती है

95. 'पीलिया (Jaundice)' रोग सम्बन्धित है :

A. आँखों से B. फेफड़ों से
C. मसूड़ों से D. यकृत से

96. प्रकाश की उपस्थिति में हरे पौधों द्वारा कार्बोहाइड्रेट के रूप में भोजन के निर्माण की प्रक्रिया कहलाती है :

A. ऑसमोसिस (परासरण)
B. रेडियोऐक्टिविटी
C. फोटोसिंथेसिस (प्रकाश-संश्लेषण)
D. इकोलॉजी (पारिस्थितिकी)

97. पौधों के लिए निम्नलिखित में से कौन-सा एक आवश्यक सूक्ष्मपोषक नहीं है?

A. जिंक B. कॉपर
C. बोरॉन D. सोडियम

98. एक द्रव की अम्लीयता का मापन क्या है?

A. क्वथनांक B. हिमांक
C. pH D. घनत्व

99. निम्नलिखित में से किसे 'हास्य गैस' भी कहते हैं?

A. हीलियम
B. नाइट्रस ऑक्साइड
C. नाइट्रोजन डाइऑक्साइड
D. नाइट्रोजन

100. श्वसन में किसका आदान-प्रदान सम्मिलित है?

A. ऑक्सीजन व कार्बन डाइऑक्साइड
B. ऑक्सीजन व नाइट्रोजन
C. नाइट्रोजन व कार्बन डाइऑक्साइड
D. हाइड्रोजन तथा नाइट्रोजन

खण्ड–V : (*ii*) गणित

101. 0 से 50 के बीच की विषम संख्याओं का योगफल है :

A. 575 B. 625
C. 675 D. 725

102. दस प्रेक्षणों को बढ़ते हुए क्रम में निम्न प्रकार से व्यवस्थित किया गया है :

29, 32, 48, 50, x, $x + 2$, 72, 78, 84, 95

माध्यिका 63 है। x का मान होगा।

A. 60 B. 61
C. 62 D. 64

103. 75वाँ शततमक .... से संपाती होता है।

A. माध्यिका B. बहुलक
C. प्रथम चतुर्थक D. तृतीय चतुर्थक

104. माध्य, माध्यिका तथा बहुलक संपाती (एक ही स्थान पर) होते हैं :

A. धनात्मक विषम (झुके) वक्र में
B. ऋणात्मक विषम (झुके) वक्र में
C. सामान्य प्रायिकता वक्र में
D. तृतीय चतुर्थक

105. $\sec A(1 - \sin A)(\sec A + \tan A)$ का मान है :

A. 0 B. 1
C. $\sin A$ D. $\cos A$

106. एक टॉवर के आधार (पाद) से एक इमारत के शीर्ष का उन्नयन कोण 30° है और इमारत के आधार (पाद) से टॉवर के शीर्ष का उन्नयन कोण 60° है। टॉवर की ऊँचाई 50 मी. है। इमारत की ऊँचाई क्या है?

A. $16\frac{2}{3}$ मी. B. $16\frac{1}{3}$ मी.

C. $14\frac{2}{3}$ मी. D. $14\frac{1}{3}$ मी.

107. ΔABC में, $AB = 6\sqrt{3}$ सेमी, $AC = 12$ सेमी और $BC = 6$ सेमी है। कोण B है :

A. 45° B. 60°
C. 90° D. 120°

108. 8 आदमी एक गड्ढा 20 दिन में खोदते हैं। यदि एक आदमी, एक लड़के से आधा अधिक कार्य करता है, तो 4 आदमी और 9 लड़के उसी गड्ढे को कितने दिन में खोदेंगे?

A. 12 दिन B. 14 दिन
C. 16 दिन D. 18 दिन

109. एक पुस्तक की 12 प्रतियाँ ₹ 1,800 में बेची गईं, जिससे तीन प्रतियों की लागत कीमत के बराबर लाभ प्राप्त हुआ। एक प्रति की लागत कीमत होगी :

A. ₹ 100 B. ₹ 120
C. ₹ 140 D. ₹ 160

110. एक लकड़ी का बॉक्स 110 सेमी × 90 सेमी × 40 सेमी आकार का है। 22 सेमी लम्बे, 15 सेमी चौड़े और 6 सेमी ऊँचे पैकेट इसमें रखे जाने हैं। बॉक्स में कितने पैकेट आएँगे?

A. 160 B. 180
C. 200 D. 220

111. $0.4 \times 0.4 + 0.04 \times 0.04 + 0.04$ का लगभग मान होगा :

A. 0.16 B. 0.20
C. 0.44 D. 0.46

112. दो रेलगाड़ियाँ, जिनकी लम्बाइयाँ क्रमशः 126 मी. और 114 मी. हैं, विपरीत दिशाओं में दौड़ रही हैं। एक की गति 30 किमी/घंटा और दूसरी की 42 किमी/घंटा है। मिलने से कितने समय में वे एक-दूसरे को पार करेंगी?

A. 13 सेकण्ड B. 12 सेकण्ड
C. 11 सेकण्ड D. 10 सेकण्ड

113. एक विद्यार्थी ने 440 अंक प्राप्त कर एक परीक्षा प्रथम श्रेणी में उत्तीर्ण की, परन्तु 75% विशेष योग्यता अंक प्राप्त करने से 10 अंक पीछे रह गया। उस परीक्षा का पूर्णांक क्या था?

A. 500 B. 550
C. 700 D. 600

114. एक धनराशि 2 वर्षों में ₹ 1,800 तथा 4 वर्षों में ₹ 2,592 हो जाती है, तो चक्रवृद्धि ब्याज दर क्या होगी?

A. 10% B. $12\frac{1}{2}\%$
C. 15% D. 20%

115. दो संख्याओं का महत्तम समाववर्त्य और लघुतम समापवर्तक क्रमशः 16 और 672 है। यदि एक संख्या 112 है, तो दूसरी संख्या क्या होगी?

A. 96 B. 192
C. 80 D. 48

116. एक व्यक्ति के वेतन में पहले 30% की कमी और फिर 30% की वृद्धि होती है। शुद्ध (नेट) परिवर्तन होगा :

A. 10% वृद्धि B. 10% कमी
C. 9% कमी D. 9% वृद्धि

117. एक फर्म में पुरुष कर्मचारियों का औसत वेतन ₹ 5,200 तथा महिला कर्मचारियों का औसत वेतन ₹ 4,200 है। सभी कर्मचारियों का औसत वेतन ₹ 5,000 है। महिला कर्मचारियों का प्रतिशत होगा :

A. 15% B. 20%
C. 25% D. 30%

118. यदि ₹ 890 को A, B और C के बीच इस प्रकार बाँटा गया है कि A : B = 4 : 5 है और B : C = 6 : 7 है, तो A को कुल कितनी धनराशि मिलेगी?

A. ₹ 160 B. ₹ 200
C. ₹ 220 D. ₹ 240

119. एक पिता की आयु, अपनी बेटी की आयु की पाँच गुनी है। पाँच वर्ष पहले, यह 9 गुनी थी। पिता की वर्तमान आयु कितनी है?

A. 45 वर्ष
B. 50 वर्ष
C. 55 वर्ष
D. 60 वर्ष

120. एक दो-अंकों की संख्या 30 से कम है। इसके अंकों का योगफल 7 और गुणनफल 10 है। संख्या है :

A. 16 B. 24
C. 25 D. 28

खण्ड-V : (*iii*) सामाजिक विज्ञान

121. निम्नलिखित में से कौन-सा/सी पत्र/पत्रिका का उसके संपादक से सही मिलान **नहीं** है?

A. वन्दे मातरम : अरविंद घोष
B. संध्या : बारिंद्र घोष
C. न्यू इंडिया : बिपिन चन्द्र पाल
D. युगान्तर : भूपेन्द्रनाथ दत्त

122. भूकम्प के दौरान धरती की कम्पन (गति) का मापन करने वाला यंत्र है :

A. सिस्मोमीटर
B. सिस्मोग्राम
C. सिस्मोलॉजी
D. सिस्मोग्राफ

123. भारतीय संविधान में 'राज्य नीति के निदेशक तत्त्वों' की अवधारणा किस संविधान से ली गई है?

A. आयरलैंड
B. ऑस्ट्रेलिया
C. ब्रिटेन
D. संयुक्त राज्य अमेरिका

124. "लोकपाल" बिल का विचार कहाँ से लिया गया?

A. ब्रिटेन
B. अमेरिका
C. स्कैनडिनेवियन देशों से
D. फ्रांस

125. भारतीय राष्ट्रीय काँग्रेस की पहली महिला अध्यक्ष कौन थी?

A. सरोजिनी नायडू
B. राजकुमारी अमृत कौर
C. ऐनी बेसेंट
D. विजय लक्ष्मी पंडित

126. महात्मा गाँधी ने वल्लभभाई पटेल को 'सरदार' की उपाधि उनके संगठनात्मक कौशल (निपुणता) को देखकर किस समय दी?

A. खेड़ा सत्याग्रह
B. बारदोली सत्याग्रह
C. नमक सत्याग्रह
D. चम्पारण सत्याग्रह

127. अण्डमान जंगली सुअर एक उदाहरण है :

A. लुप्तप्राय प्रजातियों का
B. स्थानिक प्रजातियों का
C. दुर्लभ प्रजातियों का
D. विलुप्त प्रजातियों का

128. कौन-सा देश सबसे ज्यादा चावल का उत्पादन करता है?

A. भारत B. चीन
C. श्रीलंका D. बांग्लादेश

129. भारत की राष्ट्रीय आय का मुख्य स्रोत .... है।

A. प्राथमिक क्षेत्र B. द्वितीयक क्षेत्र
C. सेवा क्षेत्र D. संबद्ध क्षेत्र

130. केन्द्रीय बैंकिग कार्य किसके द्वारा निष्पादित किए जाते हैं?

A. सेंट्रल बैंक ऑफ इंडिया
B. भारतीय रिजर्व बैंक
C. भारतीय स्टेट बैंक
D. पंजाब नेशनल बैंक

131. पानीपत का प्रथम युद्ध वर्ष .... में हुआ।

A. 1520 B. 1526
C. 1530 D. 1535

132. कौन "भारत के तोते" के रूप में आमतौर पर जाने जाते थे?

A. अमीर खुसरो
B. ख्वाजा नसीर
C. पार्थसारथी मिश्रा
D. चंदबरदाई

133. महाराजा रणजीत सिंह के राज्य की राजधानी थी :

A. लाहौर B. अम्बाला
C. पटियाला D. अमृतसर

134. निम्नलिखित चार घटनाओं में से कौन-सी सबसे बाद में घटित हुई?

A. क्रिप्स मिशन
B. शिमला सम्मेलन
C. कैबिनेट मिशन योजना
D. द रेटिंग्स म्यूनिटी

135. वर्ष 1206-1290 के दौरान भारत में शासन करने वाला वंश कौन-सा था?

A. मौर्य वंश
B. गुलाम (दास) वंश
C. गुप्त वंश
D. चालुक्य वंश

136. विश्व के लगभग सभी देशों के बीच व्यापार समझौते कराने वाली संस्था है।

A. WTO B. UNO
C. UNDP D. IMF

137. पृथ्वी के वायुमंडल की सबसे निचली परत है :

A. समताप मंडल
B. मध्यमंडल
C. क्षोभमंडल
D. बाह्य वायुमंडल (थर्मोस्फीयर)

138. काली मिट्टी किस खेती के लिए उपयुक्त है?
A. धान B. मक्का
C. रुई (कपास) D. गेहूँ

139. निम्नलिखित में से किस नदी को दक्षिण गंगा कहा जाता है?
A. कावेरी B. कृष्णा
C. गोदावरी D. तुंगभद्रा

140. भारत में सबसे पहली बार लोक सेवा आयोग की स्थापना किसके द्वारा की गई?
A. भारतीय काउंसिल ऐक्ट, 1892
B. भारत सरकार ऐक्ट, 1919
C. 1909 का ऐक्ट
D. भारत सरकार ऐक्ट, 1935

खण्ड–V : (*iv*) English

Directions (Q. Nos. 141-145): *Choose the word that is nearest in meaning to the underlined word.*

141. Being a big businessman, Gita's father is very affluent.
A. Prosperous B. Poor
C. Talkative D. Intelligent

142. The massacre of Kashmiri Pandits in 1990 was tragic.
A. Stabbing B. Slaughter
C. Murder D. Genocide

143. The young boys were reprimanded for watching obscene videos.
A. Objectionable
B. Vulgar
C. Displeasing
D. Condemnable

144. He pilfered many precious things from the palace.
A. Destroyed B. Damaged
C. Stole D. Snatched

145. Resilience is a desirable human trait.
A. Flexibility B. Pride
C. Rigidity D. Joyfulness

Directions (Q. Nos. 146-150): *In each of the following group of words, only one of them is correctly spelt. Select the one with the correct spelling.*

146. A. acomodate
B. accomodate
C. accommodate
D. acommodate

147. A. purtinacious
B. pertinacious
C. purtenacious
D. pertenecious

148. A. perilous B. parilous
C. perilus D. parilus

149. A. bleeth B. blith
C. blithe D. bleethe

150. A. invidous B. invidious
C. envidous D. envidious

Directions (Q. Nos. 151-154): *Choose the word that is opposite in meaning to the underlined word.*

151. He is mystic by nature.
A. spiritual B. magical
C. visionary D. worldly

152. The number of words in a dictionary are finite.
A. strange B. endless
C. indefinite D. vague

153. He had ample number of days to prepare for the exam.
A. insufficient B. large
C. small D. adequate

154. He lived a lavish life:
A. showy B. rich
C. simple D. moral

Directions (Q. Nos. 155 and 156): *Pick out the most appropriate word from the given alternatives to fill in the blank to complete the sentence.*

155. The soldiers were instructed to .... restraint and handle the situation peacefully.
A. exercise B. control
C. prevent D. enforce

156. Since one cannot read all books, one should be content with making a .... selection.
A. normal B. standard
C. judicious D. moderate

Directions (Q. Nos. 157-160): *Choose the correct answer.*

157. The novel 'Wuthering Heights' was written by:
A. Charlotte Bronte
B. Emily Bronte
C. George Eliot
D. Jane Austen

158. The poem 'Daffodils' was written by:
A. Keats B. Shelley
C. Wordsworth D. Byron

159. The play 'Man and Superman' was written by:
A. Shakespeare
B. Bernard Shaw
C. Eugene O'Neil
D. Aurobindo Ghosh

160. The novel 'The Guide' was written by:
A. Rabindranath Tagore
B. R.K. Narayan
C. Anita Desai
D. Khushwant Singh

खण्ड–V : (*v*) हिन्दी

निर्देश (प्रश्न संख्या 161 से 165): *निम्नलिखित गद्यांश को ध्यानपूर्वक पढ़कर उसके आधार पर पूछे गए प्रश्नों के उत्तर दीजिए।*

सच्चे वीर अपने प्रेम के जोर से लोगों को सदा के लिए बाँध देते हैं। वीरता की अभिव्यक्ति कई प्रकार से होती है, कभी लड़ने से, खून बहाने से, तोप तलवार के सामने बलिदान करने से होती है, तो कभी जीवन के गूढ़ तत्व और सत्य की तलाश में बुद्ध जैसे राजा विरक्त होकर वीर हो जाते हैं। वीरता हमेशा निराली और नई होती है। वीरों को बनाने के कारखाने नहीं होते हैं और वे देवदार वृक्ष की तरह बिना किसी के पानी दिए, बिना दूध पिलाए बढ़ते हैं। जीवन के केन्द्र में निवास करो और सत्य की चट्टान पर

दृढ़ता से खड़े हो जाओ। बाहर की सतह छोड़कर जीवन के अंदर की तहों में पहुँचो तब नए रंग खिलेंगे। यही वीरता का संदेश है।

161. इस गद्यांश के लिए उपयुक्त शीर्षक होगाः
A. वीरता संस्मरण
B. वीरों का जन्म
C. सच्ची वीरता
D. सच्चे वीर

162. वीरता का संदेश क्या है?
A. उद्देश्य के लिए सच्चाई पर चट्टान की तरह अटल रहना।
B. यह संकल्प की किसी भी तरह युद्ध जीतना है।
C. बुद्ध जैसे राजा की भाँति विरक्त होना।
D. युद्ध में पराजय को स्वीकार कर लेना।

163. 'वीर' शब्द का विलोम क्या है?
A. निर्भीक B. कायर
C. निडर D. जीतना

164. बुद्ध जैसे राजा विरक्त कैसे हो जाते हैं?
A. जीवन के गूढ़ तत्व और सत्य की तलाश में बुद्ध जैसे राजा विरक्त होकर वीर हो जाते हैं।
B. वे झूठ के कारणों की खोज करते हैं।
C. कभी भी सत्यता की खोज नहीं कर पाते।
D. पराजय को स्वीकार करना सत्यता समझ लेते हैं।

165. वीरों की देवदार वृक्ष से तुलना क्यों की गई है?
A. क्योंकि दोनों लम्बे होते हैं
B. क्योंकि दोनों संघर्ष करते हुए बढ़ते हैं।
C. क्योंकि दोनों स्वयं पैदा होते हैं और बिना किसी के पानी पिलाए बढ़ते हैं।
D. दोनों में नए-नए रंग होते हैं।

166. 'म' किस वर्ग का अंतिम व्यंजन है?
A. पवर्ग B. कवर्ग
C. टवर्ग D. चवर्ग

167. वर्णों के समूह को क्या कहते हैं?
A. संयुक्त शब्द B. वर्णमाला
C. ऊष्म शब्द D. समूह शब्द

168. सप्ताह में कौन-सा समास है?
A. बहुब्रीहि B. तत्पुरुष
C. द्विगु D. कर्मधारय

169. मृत्यु + उपरांत में संधि करने पर कौन-सा शब्द बनता है?
A. मृत्यूपरांत
B. मृत्योपरांत
C. मत्र्योपरांत
D. मृत्युपर्यन्त

170. आँख शब्द किस शब्द का तद्भव रूप है?
A. नेत्र B. चक्षु
C. अक्षि D. लोचन

171. 'फूल' इनमें से कौन-सी संज्ञा है?
A. भाववाचक
B. व्यक्तिवाचक
C. समूहवाचक
D. जातिवाचक

172. 'मैं' इनमें से कौन-सा पुरुष है?
A. उत्तम पुरुष
B. मध्यम पुरुष
C. अन्य पुरुष
D. प्रथम पुरुष

173. किस शब्द में उपसर्ग नहीं है?
A. प्रभाव B. अपवाद
C. ओढ़ना D. अनुपस्थित

174. अशुद्ध शब्द है :
A. कलश B. पूण्य
C. कल्याण D. शत्रुता

175. इनमें से कौन-सा पद अव्ययी भाव समास है?
A. आचार B. कुशल
C. प्रतिदिन D. चतुर्भुज

176. 'विनयपत्रिका' के रचनाकार हैं :
A. सूरदास B. रहीमदास
C. तुलसीदास D. केशवदास

177. दो वर्णों के मेल से होने वाले विकार को कहते हैं :
A. संधि B. उपसर्ग
C. समास D. प्रत्यय

178. 'आसमान से बातें करना' मुहावरे का अर्थ है :
A. आसमान में उड़कर बातें करना
B. बहुत ऊँचा होना
C. आसमान की ओर देखना
D. ऊँचे सपने देखना

179. 'जलज' किसका पर्यायवाची शब्द है?
A. कमल B. तालाब
C. नदी D. सागर

180. 'जेते तुम तारे तेते नभ में न तारे हैं' में अलंकार है :
A. उपमा B. रूपक
C. यमक D. श्लेष

उत्तरमाला

1	2	3	4	5	6	7	8	9	10
D	C	B	C	C	B	B	D	C	D
11	**12**	**13**	**14**	**15**	**16**	**17**	**18**	**19**	**20**
C	C	C	A	D	B	A	B	A	B
21	**22**	**23**	**24**	**25**	**26**	**27**	**28**	**29**	**30**
D	B	C	C	C	D	A	B	C	C
31	**32**	**33**	**34**	**35**	**36**	**37**	**38**	**39**	**40**
C	A	C	A	D	C	C	D	B	C
41	**42**	**43**	**44**	**45**	**46**	**47**	**48**	**49**	**50**
A	A	B	A	B	A	D	A	D	A
51	**52**	**53**	**54**	**55**	**56**	**57**	**58**	**59**	**60**
B	C	C	C	B	C	D	B	A	B

61	62	63	64	65	66	67	68	69	70
D	B	C	C	D	A	D	B	D	A
71	**72**	**73**	**74**	**75**	**76**	**77**	**78**	**79**	**80**
B	C	B	B	C	A	C	C	D	B
81	**82**	**83**	**84**	**85**	**86**	**87**	**88**	**89**	**90**
A	C	B	D	D	C	C	A	C	D
91	**92**	**93**	**94**	**95**	**96**	**97**	**98**	**99**	**100**
A	A	A	A	D	C	D	C	B	A
101	**102**	**103**	**104**	**105**	**106**	**107**	**108**	**109**	**110**
B	C	D	C	B	A	C	C	B	C
111	**112**	**113**	**114**	**115**	**116**	**117**	**118**	**119**	**120**
B	B	D	*	A	C	B	D	B	C
121	**122**	**123**	**124**	**125**	**126**	**127**	**128**	**129**	**130**
B	D	A	C	C	B	B	B	C	B
131	**132**	**133**	**134**	**135**	**136**	**137**	**138**	**139**	**140**
B	A	A	C	B	A	C	C	C	B
141	**142**	**143**	**144**	**145**	**146**	**147**	**148**	**149**	**150**
A	D	B	C	A	C	B	A	C	B
151	**152**	**153**	**154**	**155**	**156**	**157**	**158**	**159**	**160**
D	B	A	C	A	C	B	C	B	B
161	**162**	**163**	**164**	**165**	**166**	**167**	**168**	**169**	**170**
C	A	B	A	C	A	B	C	A	C
171	**172**	**173**	**174**	**175**	**176**	**177**	**178**	**179**	**180**
D	A	C	B	C	C	A	B	A	C

व्याख्यात्मक उत्तर

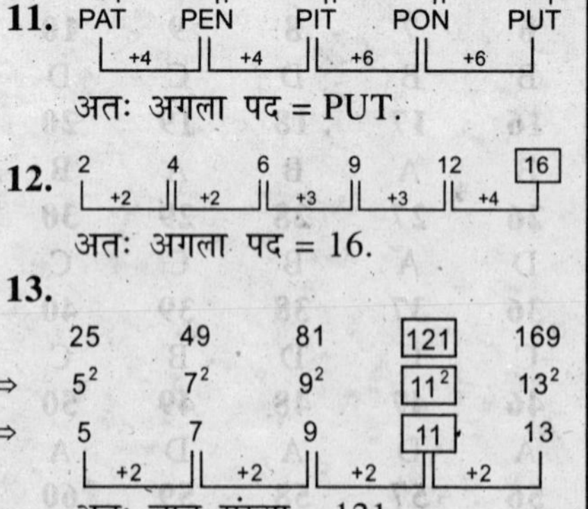

14.

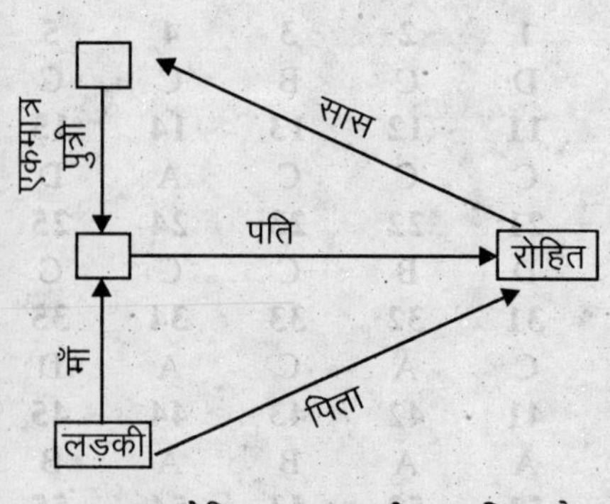

अतः रोहित उस लड़की का पिता है।

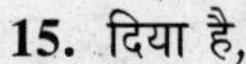

15. दिया है,

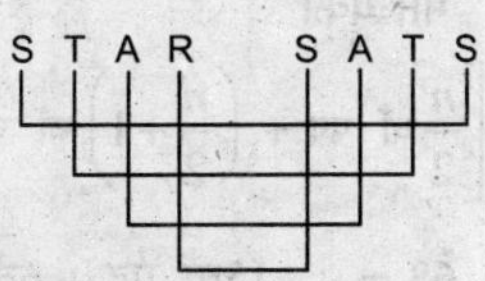

इसी प्रकार,

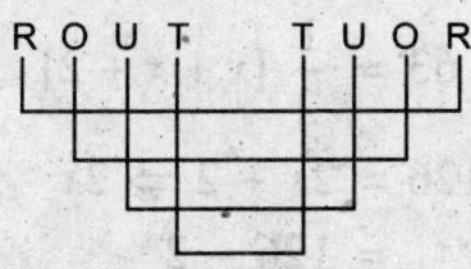

शब्द के अक्षर को उल्टे क्रम में लिखा गया है।

अतः ROUT को TOUR लिखा जाएगा।

16. दिया है,

25 का अर्थ 'हरा सेब' ...(*i*)

35 का अर्थ 'लाल सेब' ...(*ii*)

34 का अर्थ 'लाल चेरी' ...(*iii*)

(*i*) और (*ii*) से, 5 का अर्थ 'सेब'

(*ii*) और (*iii*) से, 3 का अर्थ 'लाल'

(*iii*) से 4 का अर्थ 'चेरी'

(*ii*) से 2 का अर्थ 'हरा'

अंतः 'हरा चेरी' का अर्थ '24'.

अतः हरा चेरी का कोड 24 है।

19.

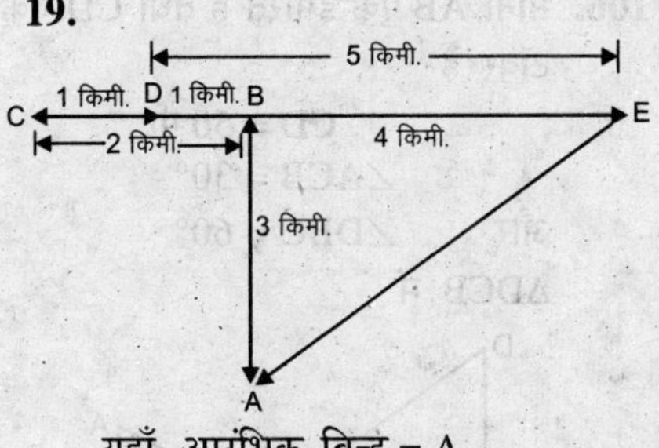

यहाँ, आरंभिक बिन्दु = A

AB = 3 किमी.,

BC = 2 किमी.,

CD = 1 किमी.,

DE = 5 किमी.

$\therefore$ DB = 1 किमी.

$\therefore$ BE = DE – DB

= 5 – 1

= 4 किमी.

$\because$ $(EA)^2 = (BE)^2 + (AB)^2$

$\Rightarrow$ $(EA)^2 = 4^2 + 3^2$

$\Rightarrow$ $(EA)^2 = 16 + 9$

$\Rightarrow$ $(EA)^2 = 25$

$\Rightarrow$ $(EA)^2 = 5^2$

$\Rightarrow$ EA = 5 किमी.

अतः अब वह अपने आरंभिक बिन्दु से 5 किमी. दूर है।

20. दिया है, 3 दिसम्बर = शनिवार

18 दिसम्बर = 17 दिसम्बर

= 24 दिसम्बर

= 31 दिसम्बर

= शनिवार

अतः उस माह का अंतिम दिवस शनिवार होगा।

22. परिणामस्वरूप बनी आकृतियों में निर्मित त्रिभुज की संख्या = 16

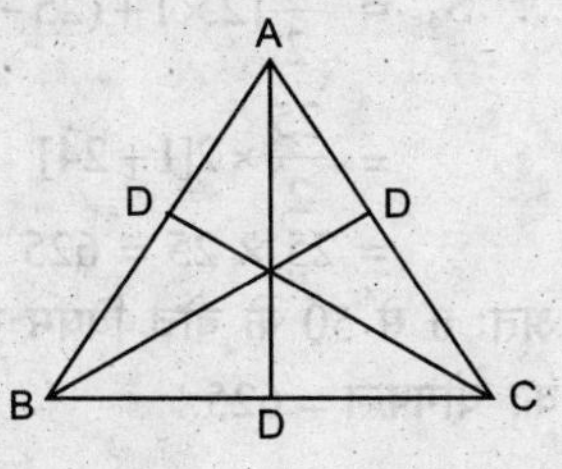

26.

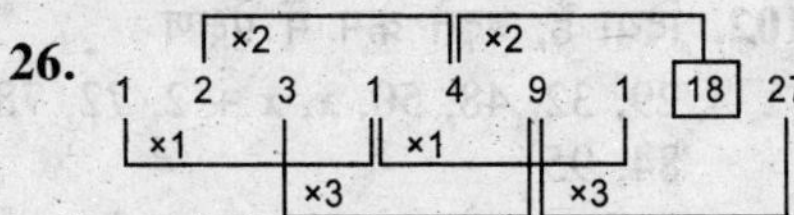

27. माना नगर की कुल जनसंख्या = x
तब, बच्चों की संख्या

$$= x \times \frac{100-(45+40)}{100}$$

$$\Rightarrow 30{,}000 = x \times \frac{15}{100}$$

$$\Rightarrow \quad x = 200000$$

अतः नगर की कुल जनसंख्या 2 लाख होगी।

30. माना दिया गया वर्ग = 4 × 4 इकाई^2
∵ वर्गों को 16 बराबर भाग में विभाजित किया
∴ सबसे छोटा वर्ग 1 × 1 वर्ग इकाई होगा
1 × 1 इकाई का 16 वर्ग होगा
2 × 2 इकाई का 9 वर्ग होगा
3 × 3 इकाई का 4 वर्ग होगा
4 × 4 इकाई का 1 वर्ग होगा
अतः वर्गों की कुल संख्या = 16 + 9 + 4 + 1 = 30

101. यहाँ, $a = 1, d = 2, n = 25$

$$\therefore \quad S_n = \frac{n}{2}[2a+(n-1)d]$$

$$\therefore \quad S_{25} = \frac{25}{2}[2\times1+(25-1)\cdot2]$$

$$= \frac{25}{2}\times2[1+24]$$

$$= 25 \times 25 = 625$$

अतः 0 से 50 के बीच विषम संख्याओं का योगफल = 625.

102. दिया है, बढ़ते क्रम में प्रेक्षण
29, 32, 48, 50, x, x + 2, 72, 78, 84, 95
यहाँ, n = 10 एक सम संख्या है

∴ माध्यिका

$$= \frac{1}{2}\left[\frac{n}{2}\text{वाँ पद} + \left(\frac{n}{2}+1\right)\text{वाँ पद}\right]$$

$$\Rightarrow \quad 63 = \frac{1}{2}\,[5\text{वाँ पद} + 6\text{वाँ पद}]$$

$$\Rightarrow \quad 63 = \frac{1}{2}\,[x + x + 2]$$

$$\Rightarrow \quad 126 = 2x + 2 \Rightarrow 2x = 126 - 2$$

$$\Rightarrow \quad 2x = 124$$

$$\Rightarrow \quad x = 62$$

105. sec A (1 – sin A) (sec A + tan A)

$$= \sec A\,(1-\sin A)\left(\frac{1}{\cos A}+\frac{\sin A}{\cos A}\right)$$

$$= \sec A(1-\sin A)\frac{(1+\sin A)}{\cos A}$$

$$= \sec A\frac{(1-\sin^2 A)}{\cos A}$$

$$= \sec A\cdot\frac{\cos^2 A}{\cos A} = \sec A\,.\cos A$$

$$= \sec A\cdot\frac{1}{\sec A} = 1$$

106. माना AB एक इमारत है तथा CD एक टॉवर है

CD = 50 मी.,
∠ACB = 30°
और ∠DBC = 60°
ΔDCB में

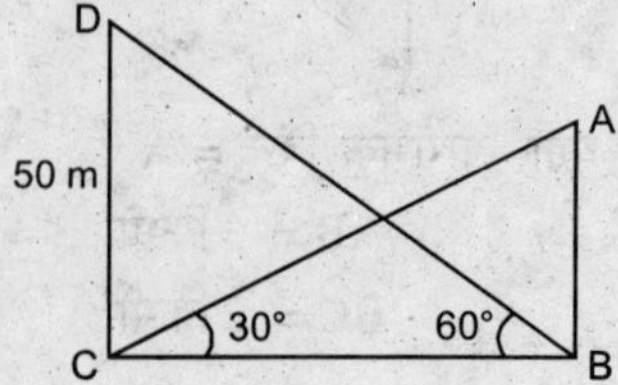

$$\tan 60° = \frac{DC}{CB}$$

$$\Rightarrow \quad \sqrt{3} = \frac{50}{CB}$$

$$\Rightarrow \quad CB = \frac{50}{\sqrt{3}} \text{ मी.}$$

ΔABC में $\tan 30° = \dfrac{AB}{BC}$

$$\Rightarrow \quad \frac{1}{\sqrt{3}} = \frac{AB}{\frac{50}{\sqrt{3}}}$$

$$\Rightarrow \quad \frac{1}{\sqrt{3}} = \frac{AB\sqrt{3}}{50}$$

$$\Rightarrow \quad 3AB = 50$$

$$\Rightarrow \quad AB = \frac{50}{3} \text{ मी.}$$

अतः इमारत की ऊँचाई,

$$AB = 16\frac{2}{3} \text{ मी.}$$

107. ΔABC में, $AC^2 = AB^2 + CB^2$

$$\Rightarrow \quad 12^2 = \left(6\sqrt{3}\right)^2 + 6^2$$

$$\Rightarrow \quad 144 = 108 + 36$$

$$\Rightarrow \quad 144 = 144$$

अतः ΔABC एक समकोण त्रिभुज है।

$$\therefore \quad \angle B = 90°$$

108. दिया है,

1 आदमी $= \dfrac{3}{2}$ लड़का

$\therefore$ 8 आदमी $= 8 \times \dfrac{3}{2}$ लड़के

$= 12$ लड़के

और 4 आदमी 9 लड़के $= 4 \times \dfrac{3}{2} + 9$

$= 6 + 9 = 15$ लड़के

$\because$ अधिक लड़के, कम दिन $\rightarrow$ विलोमानुपात

$\therefore$ लड़के दिन

$$12 : 15 : : x : 20$$

$$\Rightarrow 12 \times 20 = 15 \times x$$

$$\Rightarrow \quad x = \frac{12 \times 20}{15}$$

$$= \frac{12 \times 4}{3}$$

अतः दिनों की अभीष्ट संख्या = 16.

109. माना पुस्तक की 1 प्रति का क्रय मूल्य $= ₹\, x$

तब, पुस्तक की 12 प्रति का क्रय मूल्य $= ₹\, 12x$

$\because$ लाभ = वि.मू. – क्र.मू.

$$\therefore \quad 3x = 1800 - 12x$$

$$\Rightarrow 3x + 12x = 1800$$

$$\Rightarrow \quad 15x = 1800$$

$$\Rightarrow \quad x = \frac{1800}{15}$$

$$\Rightarrow \quad x = 120$$

अतः एक प्रति की लागत मूल्य ₹ 120 होगी।

110. पैकेटों की संख्या

$$= \frac{\text{बॉक्स का आयतन}}{\text{पैकेट का आतयन}}$$

$$= \frac{110 \times 90 \times 40 \text{ सेमी}^3}{22 \times 15 \times 6 \text{ सेमी}^3}$$

$$= \frac{10 \times 6 \times 40}{2 \times 6}$$

$$= 10 \times 20 = 200$$

112. तय की गयी दूरी = 126 + 114 = 240 मी.

और सापेक्षिक चाल = 30 + 42 = 72 किमी./घंटा

$$= 72 \times \frac{5}{18} \text{ मी./से.}$$

$$= 20 \text{ मी./से.}$$

∴ एक-दूसरे को पार करने में लगा समय

$$= \frac{240}{20} = 12 \text{ सेकंड}$$

117. माना पुरुष और महिला कर्मचारियों की संख्या क्रमशः x और y है

तब, $5200\,x + 4200\,y$

$= 5000\,(x + y)$

$\Rightarrow 5200\,x + 4200\,y$

$= 5000\,x + 5000\,y$

$\Rightarrow 5200\,x + 5000\,x$

$= 5000\,y - 4200\,y$

$\Rightarrow \quad 200\,x = 800\,y$

$\Rightarrow \frac{x}{y} = \frac{4}{1} \Rightarrow x : y = 4 : 1$

119. माना, बेटी की आयु = x वर्ष

तब, पिता की आयु = $5x$ वर्ष

अब, 5 वर्ष पहले $9(x - 5) = 5x - 5$

$\Rightarrow \quad 9x - 45 = 5x - 5$

$\Rightarrow \quad 4x = 40$

$\Rightarrow \quad x = 10$

अतः पिता की वर्तमान आयु = $5x$

= 50 वर्ष

120. माना संख्या x और y है

तब, $x + y = 7$ ...(*i*)

और $xy = 10$

$\because \quad (x - y)^2 = (x + y)^2 - 4xy$

$= 49 - 40$

$\Rightarrow \quad (x - y)^2 = 9 = (3)^2$

$\Rightarrow \quad x - y = 3$ ...(*ii*)

(*i*) और (*ii*) को जोड़ने पर

$2x = 10$

$\Rightarrow \quad x = 5$

(*i*) से, $y = 7 - 5 = 2$

अतः संख्या = 25 (30 से कम)

पिछले प्रश्न-पत्र (हल सहित)

बी.एड. प्रवेश परीक्षा-2020*

Directions (Qs. No. 1 to 5): *Read the passage given below and answer the following questions:*

As 15-year-old Perry shuffled into my office, with his parents trailing tentatively behind, he glanced at me with a strained neutral expression that I'd found usually masked either great anger or great distress; in Perry's case it was both. Although anorexia is a disorder most often associated with girls, Perry was the third in a line of anorexic boys I had recently seen. When he came to see me, Perry's weight had dropped to within 10 pounds of the threshold requiring forced hospitalization, yet he denied there was any problem.

"He just won't eat," his mother began. Then, turning to Perry as if to show me the routine they'd been enacting, she asked with tears in her eyes, "Perry, why can't you at least have a simple dinner with us?" Perry refused to eat with his family, always claiming he wasn't hungry at the time and that he preferred to eat later in his room, except that rarely happened. New menus, gentle encouragement, veiled threats, nagging, and outright bribes had all been tried, to no avail. Why would an otherwise healthy 15-year-old boy be starving himself? The question hung urgently in the air as we all talked.

Let's be clear from the outset. Perry was a smart, good kid: shy, unassuming, and generally unlikely to cause trouble. He was getting straight A's in a challenging and competitive public school honours curriculum that spring. And he later told me that he hadn't gotten a B on his report card since fourth grade. In some ways he was every parent's dream child.

But beneath his academic success, Perry faced a world of troubles, and while he took a while to get to know, eventually the problems came pouring out. The problems weren't what I'd expected, though. Perry wasn't abused, he didn't do drugs, and his family wasn't driven by conflict. Rather, at first glance, his problems would seem more like typical adolescent complaints. And they were, in a way. But it was only as I got to understand him that I realized the adolescent problems Perry experienced weren't just occasional irritations, as they'd been for me and my cohort as teens, but rather, had grown to the point where they cast a large shadow over much of his day-to-day world. I'd later come to realize that Perry wasn't alone in that regard.

One big problem was that while Perry was a strong achiever, he was not at all a happy one. "I hate waking up

* Online exam held on 09/09/2020 (Conducted by NTA for DU)

in the morning because there's all this stuff I have to do," he said. "I just keep making lists of things to do and checking them off each day. Not just schoolwork, but extracurricular activities, so I can get into a good college."

Once he got started, Perry's discontent spilled out in a frustrated monologue.

"There's so much to do, and I have to really work to get myself motivated because I feel like none of it really matters... but it's really important I do it anyway. At the end of it all, I stay up late, I get all my homework done, and I study really hard for all my tests, and what do I get to show for it all? A single sheet of paper with five or six letters on it. It's just stupid!"

Perry was gifted enough to jump through the academic hoops that had been set for him, but it felt like little more than hoop-jumping, and this ate at him. But that wasn't his only problem.

Perry was well loved by his parents, as are most of the young people we see. But in their efforts to nurture and support him, his parents inadvertently increased his mental strain. Over time, they had taken on all his household chores, in order to leave him more time for schoolwork and activities. "That's his top priority," they said almost in unison when I asked about this. Although removing the chores from Perry's plate gave him a bit more time, it ultimately left him feeling even more useless and tense. He never really did anything for anyone except suck up their time and money, and he knew it. And if he thought about backing off on his schoolwork...well, look how much his parents were pouring into making it go well. Sandwiched between fury and guilt, Perry had literally begun to wither.

1. This passage is narrated from the point of view of:

A. a college professor studying the effects of bulimia on young males.

B. a young male named Perry, struggling with the effects of anorexia.

C. a concerned therapist who works with struggling young adults.

D. a doctor who treats eating, compulsive, and sleeping disorders.

2. According to the passage, Perry's two biggest problems were:

A. being an unhappy achiever and his parents' role in increasing his mental strain.

B. his poor attitude towards school and his consumption of everyone's time and money.

C. his work load and his inability to express himself.

D. his inability to prioritize his activities and anorexia.

3. The primary purpose of the passage is to:

A. describe a young man's struggle with anorexia and, in doing so, provide possible reasons a young person may use to defend an eating disorder.
B. advocate for young males who are struggling with an eating disorder and the decisions they have made that have brought them to that struggle.
C. relate an emotional reaction to the shock of an eating disorder, such as that of Perry's, a typical young adult.
D. explain how today's youth often develop eating disorders and other terrible issues in their overactive lives.

4. Which of the following does the author use in the sentence starting of the fourth paragraph "But beneath his academic success, Perry faced a world of troubles, and while he took a while to get to know, eventually the problems came pouring out"?

A. simile B. anecdote
C. irony D. metaphor

5. In the second sentence of the last paragraph, the word "inadvertently" most nearly means:

A. steadily
B. monumentally
C. incrementally
D. mistakenly

6. मान लीजिए कि $f(x) = 2x - 5$ तथा $g(x) = -4x + 7$ द्वारा परिभाषित f तथा g वास्तविक फलन हैं उन वास्तविक संख्याओं x, जिनके लिए $f(x) = g(x)$ है, निम्नलिखित में से कौन-सा कथन सत्य होगा?

A. x अक्ष के धनात्मक पक्ष की ओर दो इकाइयों को काटने वाली y अक्ष के समांतर एक सीधी रेखा
B. x अक्ष के ऋणात्मक पक्ष की ओर दो इकाइयों को काटने वाली y अक्ष के समांतर एक सीधी रेखा
C. y अक्ष के धनात्मक पक्ष की ओर दो इकाइयों को काटने वाली x अक्ष के समांतर एक सीधी रेखा
D. y अक्ष के ऋणात्मक पक्ष की ओर दो इकाइयों को काटने वाली x अक्ष के समांतर एक सीधी रेखा

7. यदि बहुपद $ax^3 + 3bx^2 + 3cx + d$ के शून्यक लगातार स्थिर संख्या 'r' से बढ़ रहे हैं तो निम्नलिखित में से कौन-सा संबंध सही है?

A. $2b^3 - 3abc + a^2d = 0$
B. $2b^3 - 3abc - a^2d = 0$
C. $2b^3 + 3abc + a^2d = 0$
D. $2b^3 + 3abc - a^2d = 0$

8. 10 से 50 तक चिह्नित कार्डों को एक बॉक्स में रखा गया और सबको मिश्रित कर दिया गया है। यदि प्रत्येक कार्ड को निकालने की प्रायिकता की संभावना समान है, तो कोई भी एक कार्ड जिस पर वर्ग संख्या चिह्नित हों तो निकालने की प्रायिकता क्या है?

A. 1/4 B. 4/41
C. 7/40 D. 10/41

9. बिंदुओं (7, –6) तथा (3, 4) को जोड़ने वाली रेखाखंड को आंतरिक रूप से 1 : 2 में विभाजित करने वाली बिंदु की स्थिति है :

A. प्रथम चतुर्थांश B. द्वितीय चतुर्थांश
C. तृतीय चतुर्थांश D. चतुर्थ चतुर्थांश

10. एक पवनचक्की में बिजली उत्पन्न होती है :

A. टॉवर की ऊँचाई पर निर्भर करता है
B. बारिश के मौसम में अधिक होता है, क्योंकि नम हवा का मतलब होता है अधिक वायु द्रव्यमान का ब्लेड से टकराना
C. हवा के वेग पर निर्भर करता है
D. टॉवर के करीब ऊँचे पेड़ लगाकर इसे बढ़ाया जा सकता है

11. किसी अप्रगामी तरंग के लिए निम्नलिखित में कौन से कथन सत्य हैं?

(*a*) प्रत्येक कण में एक नियत आयाम होता है जो इसके निकटतम पड़ोसी कण से भिन्न होता है
(*b*) सभी कण अपनी माध्य स्थिति को एक साथ पार करते हैं
(*c*) सभी कण समान आयाम से दोलन करते हैं
(*d*) किसी भी तल के आर-पार ऊर्जा का नेट स्थानांतरण नहीं होता है
(*e*) कुछ कण सदैव स्थिर रहते हैं

A. (*a*) और (*b*) B. (*c*)
C. (*e*) D. (*d*)

12. केप्लर का दूसरा नियम आधारित है :

A. न्यूटन का पहला नियम
B. ऊर्जा का संरक्षण
C. न्यूटन का दूसरा नियम
D. कोणीय गति का संरक्षण

13. यदि सूर्य का द्रव्यमान 10 गुना छोटा तथा गुरुत्वीय नियतांक G परिणाम में 10 गुना बड़ा हो, तो :

A. वायुयान को अधिक तीव्रता से चलना पड़ेगा
B. वर्षा की बूँद अत्यधिक तेजी से गिरेगी
C. पृथ्वी के गुरुत्वीय त्वरण में परिवर्तन नहीं होगा
D. पृथ्वी पर चलना अधिक कठिन होगा

14. निम्नलिखित में से कौन विटामिन है?

A. एस्पर्टिक अम्ल
B. एस्कोर्बिक अम्ल
C. एडिपिक अम्ल
D. सैकेरिक अम्ल

15. निर्जलीय $AlCl_3$ की बोतल के चारों ओर श्वेत धूम बन जाते हैं। इसका कारण यह है कि :

A. निर्जलीय $AlCl_3$ वायुमंडलीय ऑक्सीजन के साथ आंशिक रूप से ऑक्सीकृत होकर Al_2O_3 विसर्जित करेगा, जो श्वेत रंग में दिखाई देगा
B. $AlCl_3$ आंशिक रूप से वायुमंडलीय नमी के साथ जल अपघटित होकर HCl गैस विसर्जित करता है, जो श्वेत रंग का दिखाई देगा
C. $AlCl_3$ वायुमंडलीय नाइट्रोजन के साथ अभिक्रिया करके AlN विसर्जित करता है, जो श्वेत रंग का दिखाई देगा
D. $AlCl_3$ वायुमंडलीय प्रदूषण के साथ अभिक्रिया करके श्वेत धूम विसर्जित करता है

16. निम्नलिखित अभिक्रिया एक उदाहरण है :

$4NH_3(g) + 5O_2(g) \rightarrow 4NO(g) + 6H_2O(g)$

(*a*) प्रतिस्थापन अभिक्रिया का
(*b*) संयोजन अभिक्रिया का
(*c*) उपचयन-अपचयन (रेडोक्स) अभिक्रिया का
(*d*) उदासीनीकरण अभिक्रिया का

A. (*a*) और (*d*) B. (*b*) और (*c*)
C. (*a*) और (*c*) D. (*c*) और (*d*)

17. दो रासायनिक स्पीशीज X तथा Y आपस में संयुक्त होकर P उत्पाद बनाती है जिसमें दो X तथा Y दोनों उपस्थित हैं :

$X + Y \rightarrow P$

X तथा Y को सरल रासायनिक अभिक्रिया द्वारा सरल पदार्थों में नहीं तोड़ा जा सकता है। निम्नलिखित में से कौन-सा X, Y तथा P के लिए सत्य है?

(*a*) P एक यौगिक है
(*b*) X तथा Y यौगिक है
(*c*) X तथा Y तत्व है
(*d*) P का एक निश्चित संगठन है

A. (*a*), (*b*) तथा (*c*)
B. (*a*), (*b*) तथा (*d*)
C. (*b*), (*c*) तथा (*d*)
D. (*a*), (*c*) तथा (*d*)

18. ________ उज्ज्वल प्रकाश द्वारा उत्तेजित और रंग भेद कर सकते हैं, लेकिन वे रात की दृष्टि से कार्य नहीं करते हैं :

A. शंकु
B. दंड
C. दृष्टि (ऑप्टिक) तंत्रिका
D. दृष्टिपटल (रेटिना)

19. मनुष्य के गाल (कपोल) के कोशिका की स्लाइड को सूक्ष्मदर्शी (40 गुना आवर्धन) में देखने पर निम्नलिखित में से कौन-कौन से घटक दिखाई देते हैं?

A. कोशिका झिल्ली, प्लास्टिड्स, केंद्रिका
B. कोशिका भित्ती, कोशिका द्रव्य, केंद्रिका
C. कोशिका भित्ती, जीव द्रव्य, केंद्रिका
D. कोशिका झिल्ली, कोशिका द्रव्य, केंद्रिका

20. किसी आहार-शृंखला में गैर-जैवनिम्नीकरणीय पीड़कनाशियों का प्रत्येक उच्चतर पोषी स्तर पर बढ़ती हुई मात्रा में एकत्रित होते जाना क्या कहलाता है?

A. जैव आवर्धन B. एकत्रीकरण
C. प्रदूषण D. सुपोषण

21. एक विद्यार्थी को उस प्रक्रिया की पहचान करने के लिए कहा गया था जो तब होती है जब किशमिश पानी में भिगोई जाती है, इस प्रक्रिया को कहते हैं :

A. ओसमोसिस B. जीवद्रव्यकुंचन
C. एंडोसाइटोसिस D. विसरण

22. तांबे के बर्तनों पर हरे रंग की कोटिंग किसके बनने के कारण होती है?

A. $CuCO_3$ B. $Cu(OH)_2$
C. CuO D. CuS

23. रेशम, नायलॉन, सूती और ऊन के कपड़े के बराबर माप के टुकड़े का वजन लेकर उसे पानी से भरे बीकर में भिगोए जाते हैं। कुछ मिनटों के बाद, कपड़े के टुकड़े बीकर से निकाले गए और फिर से तौला गया। निम्नलिखित में से कौन-सा विकल्प उन्हें अपने अंतिम भार के सही क्रम में रखता है?

A. ऊन > रेशम > नायलॉन > सूती
B. सूती > रेशम > नायलॉन > ऊन

C. ऊन > सूती > रेशम > नायलॉन
D. रेशम > ऊन > सूती > नायलॉन

24. आयोडीन घोल की कुछ बूंदों को मिलाने से एक खाद्य नमूना नीला-काला हो गया। इस नमूने में शामिल हैं :

A. वसा B. ग्लूकोज
C. स्टार्च D. प्रोटीन

25. वृक्क के अक्रिय होने की स्थिति में रक्त से अपशिष्ट उत्पादों को साफ करने की प्रक्रिया, को कहा जाता है :

A. अपोहन B. कृत्रिम वृक्क
C. प्रतिरोपण D. निथारना

26. भारत में औपनिवेशिक वानिकी के निम्नलिखित में से कौन-से प्रभाव थे?

I. आरक्षित वनों के जाल पर प्रतिबंध
II. वन संचालन के लिए बंदी श्रमिकों की आपूर्ति
III. पेड़ों की कुछ प्रजातियों को वैज्ञानिक ढंग से लगाना
IV. चराई, शिकार, मछली पकड़ने और जंगलों के दोहन को बढ़ावा देना

A. केवल I और III
B. केवल II और III
C. केवल I, II और III
D. केवल II, III और IV

27. एम.के. गांधी ने पूरे देश को खादी पहनाने का विकल्प चुना क्योंकि :

I. यह विभिन्न धर्मों के बीच मतभेद को मिटाने का एक माध्यम होगा
II. यह विभिन्न वर्गों के बीच मतभेद को मिटाने का एक माध्यम होगा
III. जो लोग जातिगत परंपराओं की वजह से वंचित थे, वे इसे आत्म-स्वाभिमान के लिए पहनेंगे
IV. बहुत सारे लोग गांधी जैसा इकहरा किसानी वस्तु आसानी से अपना सकते थे

A. केवल I और II
B. केवल I और III
C. केवल I, II और III
D. केवल I, II और IV

28. निम्नलिखित दो कथनों का परीक्षण करें और दिए गए विकल्पों में से सही विकल्प का चयन करें :

कथन I : गिरमिटिया श्रम की प्रणाली उन्नीसवीं सदी में गुलामी की एक नई प्रणाली के रूप में उभरकर सामने आई।

कथन II : श्रमिकों ने स्वयं को जीवित रहने के लिए 'चटनी संगीत' जैसे सांस्कृतिक सम्मिश्रण के अपने ही तौर-तरीके विकसित किए।

A. कथन I असत्य है और कथन II सत्य है
B. कथन I सत्य है और कथन II असत्य है
C. कथन I और II दोनों ही सत्य है और कथन II कथन I की सही व्याख्या है
D. कथन I और II दोनों ही सत्य है और कथन II कथन I की सही व्याख्या नहीं है

29. वर्तमान में हम कैसे जानते हैं कि पुरापाषाण काल के दौरान भारत में शुतुरमुर्ग पाए जाते थे?

A. हमारे पास मध्य प्रदेश के भीमबेटका के चित्रों में इन पक्षियों का विशद चित्रण है
B. महाराष्ट्र के पटने में बड़ी मात्रा में शुतुरमुर्ग के अंडे के छिलके मिले हैं
C. हमारे पास दिल्ली के राष्ट्रीय संग्रहालय में शुतुरमुर्गों पर चित्रात्मक अभिलेख हैं
D. ये अफ्रीका से आए शुरूआती विदेशी यात्रियों के संस्मरणों में वर्णित हैं

30. भारत के संविधान की प्रस्तावना में किस संशोधन द्वारा परिवर्तन किया गया?
A. सत्रहवां संशोधन
B. चालीसवां संशोधन
C. चौबीसवां संशोधन
D. बयालीसवां संशोधन

31. निम्न में से पंचायती राज के विषय में कौन-सा कथन सही है?
A. पंचायत समितियों और जिला परिषदों का गठन प्रत्यक्ष निर्वाचित सदस्यों द्वारा होना चाहिए
B. पंचायत स्तर पर चुनाव लड़ने की न्यूनतम आयु सीमा 18 वर्ष होनी चाहिए
C. पंचायती राज संस्थाओं के चुनाव राज्य निर्वाचन आयोग के निर्देशन में आयोजित होने चाहिए
D. पंचायतों की वित्तीय समीक्षा के लिए प्रत्येक छह वर्ष के बाद राज्य वित्त आयोग की स्थापना की जाती है

32. 1952 में हुए पहले आम चुनावों में लोकसभा के साथ-साथ ________ के चुनाव शामिल थे।
A. भारत के उपराष्ट्रपति
B. राज्य विधानसभाएं
C. राज्यसभा
D. भारत के राष्ट्रपति

33. ______ दक्षिण एशिया में एक देश है, और एक निरंकुश राजशाही से एक संवैधानिक राजशाही में परिवर्तित हो गया है।
A. भारत B. पाकिस्तान
C. श्रीलंका D. भूटान

34. **अभिकथन (A)** : कन्याकुमारी में दिन और रात के समय के बीच का अंतर शायद ही महसूस किया जाता है, लेकिन कश्मीर में ऐसा नहीं है।
कारण (R) : देशांतरीय विस्तार दिन और रात की अवधि को प्रभावित करती हैं जैसे ही हम दक्षिण से उत्तर की ओर बढ़ते हैं।

दिए गए विकल्पों में से सही विकल्प का चयन करें।
A. दोनों (A) और (R) सही हैं, लेकिन (R) व्याख्या नहीं करता है (A) की।
B. (A) सही है और (R) गलत है।
C. (A) गलत है और (R) सही है।
D. दोनों (A) और (R) सही हैं, और (R) व्याख्या करता है (A) की।

35. निम्नलिखित पर विचार करें :
(*a*) तापमान और नमी
(*b*) अक्षांश और ऊँचाई
(*c*) ढलान और मृदा की मोटाई
(*d*) हवा बहने की दिशा

उपरोक्त में से किन कारकों के कारण विभिन्न क्षेत्रों में प्राकृतिक वनस्पति के प्रकार और उसकी सघनता में भिन्नता होती है?

A. केवल (*a*) और (*c*)
B. केवल (*c*) और (*d*)
C. केवल (*a*), (*b*) और (*c*)
D. केवल (*a*), (*b*) और (*d*)

36. पृथ्वी के विषुवत वृत्तीय क्षेत्रों की अपेक्षा उत्तरी गोलार्ध के उपोष्ण कटिबंधीय क्षेत्रों का तापमान अधिकतम होता है, इसका मुख्य कारण है :

A. विषुवतीय क्षेत्रों की अपेक्षा उपोष्ण कटिबंधीय क्षेत्रों में कम बादल होते हैं
B. उपोष्ण कटिबंध क्षेत्रों में गर्मी के दिनों की लंबाई विषुवतीय क्षेत्रों से ज्यादा होती है
C. उपोष्ण कटिबंध क्षेत्रों में ग्रीन हाउस प्रभाव विषुवतीय क्षेत्रों की अपेक्षा ज्यादा होता है
D. उपोष्ण कटिबंधीय क्षेत्र विषुवतीय क्षेत्रों की अपेक्षा महासागरीय क्षेत्र के ज्यादा करीब है

37. निम्नलिखित सूची पर विचार करें :

आल्प्स, अरावली, अप्लेशियन, हिमालय, यूराल, वासजेस

इस सूची में निम्नलिखित में से कौन-सा दूसरों से अलग है?

A. वासजेस B. आल्प्स
C. यूराल D. अरावली

38. निम्नलिखित में से कौन-सी नीति उत्पादन की संभावना सीमा वक्र के करीब बिंदु पर ले जाकर उत्पादन बढ़ाएगी, लेकिन वक्र को स्थानांतरित नहीं करेगी?

A. एक नीति जो फर्मों को अधिक औद्योगिक संयंत्र खरीदने के लिए प्रोत्साहित करे
B. एक नीति जो फर्मों को बेहतर तकनीक विकसित करने और पेश करने के लिए प्रोत्साहित करे
C. एक नीति जो फर्मों को अपने श्रमिकों को प्रशिक्षण प्रदान करने के लिए प्रोत्साहित करे
D. एक ऐसी नीति जो फर्मों को पहले से उपलब्ध संसाधन का अधिकतम उपयोग करने के लिए प्रोत्साहित करे

39. यदि आरबीआई (भारतीय रिजर्व बैंक) एक विस्तारवादी मुक्त बाजार संचालन नीति अपनाता है, तो इसका मतलब है कि यह होगा :

A. गैर-सरकारी धारकों से प्रतिभूतियाँ खरीदें
B. खुले बाजार में प्रतिभूतियों को बेचे
C. वाणिज्यिक बैंकों को खुले बाजार में अधिक ऋण प्रदान करे
D. बाजार में खुले तौर पर घोषणा करे कि वह क्रेडिट का विस्तार करना चाहता है

40. भारत में चालीस वर्षों में आर्थिक गतिविधियों में होने वाले बदलाव के बारे में निम्नलिखित कथनों पर विचार करें :

(*a*) प्राथमिक क्षेत्र की जगह द्वितीयक क्षेत्र भारत में सबसे बड़ा उत्पादक क्षेत्र बनकर उभरा है
(*b*) जीडीपी में तीनों क्षेत्रों की हिस्सेदारी में बदलाव हुआ है, उसी तरह समान बदलाव उससे रोजगार में नहीं हुआ है

सही विकल्प चुनें :

A. दोनों सही हैं

B. (*a*) सही है, लेकिन (*b*) गलत है

C. (*a*) गलत है, लेकिन (*b*) सही है

D. दोनों गलत हैं

41. किसी देश में खाद्य सुरक्षा सुनिश्चित की जाती है अगर वहाँ :

(*a*) सभी व्यक्तियों के लिए पर्याप्त भोजन उपलब्ध है

(*b*) सभी पुरुषों में स्वीकार्य गुणवत्ता का भोजन खरीदने की क्षमता है

(*c*) भोजन तक पहुँच में कोई बाधा नहीं है

नीचे दिए गए कोड का उपयोग करके सही उत्तर चुनें :

A. केवल (*a*) और (*b*)

B. केवल (*b*) और (*c*)

C. केवल (*a*) और (*c*)

D. केवल (*a*), (*b*) और (*c*)

42. भौतिक संस्कृति के घटक ____ और वस्तुनिष्ठ हैं।

(*a*) बाह्य

(*b*) आंतरिक

(*c*) मूर्त

नीचे दिए गए कोड से सही विकल्प का चयन करें :

A. केवल (*a*)

B. केवल (*b*)

C. केवल (*c*)

D. (*a*) और (*c*) दोनों

43. थॉमस रॉबर्ट माल्थस, जिन्होंने 'जनसंख्या के सिद्धांत पर निबंध' लिखा था, किस वर्ष में पैदा हुआ था?

A. 1766 B. 1778

C. 1834 D. 1938

44. किसी के द्वारा अपने सांस्कृतिक मूल्यों के अनुसार अन्य संस्कृतियों के लोगों के व्यवहार और विश्वासों का मूल्यांकन है :

A. विश्वबंधुत्व (कोसमोपोलितनिज्म)

B. स्वजातीय-उत्कृष्टता में विश्वास (एथनोसेंटरिज्म)

C. दूसरी संस्कृतियों के प्रति सांस्कृतिक विद्वेष (जेनोसेंट्रिज्म)

D. अतिवाद

45. वे समाजशास्त्री जिन्होंने आत्महत्या के सामाजिक और आर्थिक व्यवहार से संबंध को समझा, वह है :

A. कार्ल मार्क्स

B. एम.एन. श्रीनिवास

C. मैक्स वेबर

D. एमिल दुर्खीम

46. Choose one word that is suitable for both sentences:

Sentence 1 : The ____ of wood selected by the interior designer was exceptionally beautiful.

Sentence 2 : It was a state of crisis. Immediately, the government constituted a ____ to discuss the course of action required to calm the situation.

Choose one word that is suitable for both sentences:

A. Panel B. Committee

C. Plank D. Consortium

47. Choose the correct option to fill in the blanks:

"Now it was Ali's turn to travel, _____ who gathered at every station _____ to passionate speeches."

A. rouse the crowds; to listen
B. rousing the crowds; to listen
C. rouse the crowds; for listening
D. rousing the crowds; to listening

48. 'पोस्ट बॉक्स नं. 203 नाला सोपारा' को किसने लिखा है :

A. मृदुला गर्ग   B. गोविंद मिश्र
C. चित्रा मुद्गल   D. संजीव

49. 'हरि-पद कोमल कमल से' में कौन-सा अलंकार है?

A. उपमा   B. रूपक
C. उत्प्रेक्षा   D. मानवीकरण

50. जोश मलीहाबादी किसके लिए प्रसिद्ध है?

A. उपन्यास   B. लघुकथाएँ
C. कविताएँ   D. नाटक

51. रुबई एक तरह की कविता है, जिसमें _____ पंक्तियाँ होती हैं।

A. दो   B. चार
C. छह   D. आठ

52. 'कंबदी कलाई' कविता के रचयिता कवि कौन हैं?

A. प्रेमचंद
B. मोहन सिंह
C. भाई वीर सिंह
D. शिव कुमार बटालवी

53. 'रसीदी टिकट' किसकी आत्मकथा है?

A. अजीत कौर   B. दलीप कौर
C. अमृता प्रीतम   D. खुशवंत सिंह

54. निम्न में से किस विषय वस्तु की विवेचना भास्कराचार्य द्वारा लिखित 'लीलावती' में की गई है?

A. गणित   B. शल्य चिकित्सा
C. व्याकरण   D. नाट्य शास्त्र

55. निम्न में से कौन-सी कृति कालिदास की रचना नहीं है?

A. मेघदूत   B. गीत गोविंद
C. रघुवंशम्   D. कुमारसंभव

56. शृंखला को पूरा करें :

ADR, VGP, RJN, NML, ?

A. JPJ   B. JOJ
C. JPK   D. IPJ

57. नीचे दिए गए प्रश्न में तीन कथन दिए गए हैं, उसके बाद निष्कर्ष I, II, III, IV हैं।

आपको दिए गए कथनों को सत्य मानना है, भले ही वे सामान्यतः ज्ञात तथ्यों से भिन्न प्रतीत होते हों। निष्कर्ष पढ़ें और निर्णय लें कि दिए गए कथनों में से कौन-सा निष्कर्ष सामान्यतः ज्ञात तथ्यों की अवहेलना करते हुए दिए गए कथनों का तार्किक रूप से अनुसरण करता है।

कथन : कुछ बिल्लियाँ चूहे हैं।
सभी चमगादड़ टेबल हैं।
सभी चूहे चमगादड़ हैं।

निष्कर्ष : I. कुछ बिल्लियाँ चमगादड़ हैं।
II. सभी चमगादड़ चूहे हैं।
III. सभी टेबल बिल्लियाँ हैं।
IV. सभी चमगादड़ बिल्लियाँ हैं।

A. केवल I और II सत्य हैं
B. केवल I सत्य है
C. केवल I और IV सत्य हैं
D. केवल II सत्य है

58. '>' का अर्थ है 'इससे बड़ा'; '<' का अर्थ है 'इससे कम'
निम्नलिखित कथनों पर विचार करें और सही विकल्प चुनें :

कथन : $Q > T > N$
$A > S > Q$
$A < M$

निष्कर्ष : I. $N < A$
II. $M > T$

A. निष्कर्ष I और II दोनों सत्य हैं
B. न तो निष्कर्ष I और न ही II सत्य हैं
C. केवल निष्कर्ष I सत्य है
D. केवल निष्कर्ष II सत्य है

59. पहले समूह में अक्षरों का एक निश्चित संबंध है, इस संबंध के आधार पर, दूसरे समूह के लिए सही विकल्प क्या है?
AST : BRU : : NQV : ?

A. ORW B. MPU
C. MRW D. OPW

60. चार अनुगामी सम संख्याओं का औसत 27 है। इन संख्याओं में सबसे बड़ी संख्या कौन-सी है?

A. 36 B. 32
C. 30 D. 28

61. 20 मार्च, 1995 को सोमवार पड़ता है तो 3 नवंबर 1994 को क्या दिन था?

A. गुरुवार B. रविवार
C. मंगलवार D. शनिवार

62. एक निश्चित कोड में, PAN को 31 और PAR को 35 के रूप में लिखा जाता है। इस कोड में PAT को किस प्रकार लिखा जाता है :

A. 30 B. 37
C. 38 D. 39

63. एक क्रॉस कंट्री दौड़ में, रितेश ललित से पीछे है लेकिन अमर से आगे है। विकास से आगे अमर है। पंकज अमर से आगे है लेकिन रितेश से पीछे है। आखिर में कौन है?

A. अमर B. विकास
C. पंकज D. रितेश

64. एक तस्वीर में एक आदमी की ओर इशारा करते हुए, एक महिला ने कहा, "उसके भाई के पिता मेरे दादा के इकलौते बेटे हैं" तस्वीर में पुरुष से संबंधित महिला कौन है?

A. चाची B. बहन
C. माँ D. बेटी

65. नीचे दिए गए समीकरण में x का मूल्य क्या होगा?
$x + 3x + 4x + 5x = 39$

A. 3 B. 4
C. 2 D. 5

66. नीचे एक प्रश्न और दो कथन I और II दिए गए हैं। आपको यह तय करना होगा कि कथनों में दिया गया डेटा उत्तर देने के लिए पर्याप्त है या नहीं। दोनों कथनों को पढ़ें और उत्तर दें।

प्रश्न : बिंदु P और Q के बीच की दूरी क्या है?

कथन I : बिंदु S, बिंदु P से पूर्व दिशा में 4 मीटर दूर है। बिंदु T, बिंदु S के 2 मीटर उत्तर में है।

कथन II : बिंदु Q, बिंदु T के उत्तर-पश्चिम में है।

A. कथन I का डेटा अकेले प्रश्न का उत्तर देने के लिए पर्याप्त है, जबकि कथन II में दिए गए आंकड़े प्रश्न का उत्तर देने के लिए पर्याप्त नहीं हैं।

B. अकेले कथन II में डेटा प्रश्न का उत्तर देने के लिए पर्याप्त है, जबकि कथन I में डेटा प्रश्न का उत्तर देने के लिए पर्याप्त नहीं है।

C. कथन I में या कथन II में अकेले प्रश्न का उत्तर देने के लिए पर्याप्त डेटा नहीं है।

D. I और II दोनों कथनों में भी डेटा प्रश्न का उत्तर देने के लिए पर्याप्त नहीं है।

67. रिया एक निश्चित बिंदु से 30 किलोमीटर उत्तर की ओर जाती है, फिर उसके दाईं ओर मुड़ने के बाद वह 15 किलोमीटर जाती है। इसके बाद वह दाईं ओर मुड़कर 30 किलोमीटर जाती है वह अपने शुरूआती बिंदु से कितनी दूर और किस दिशा में है?

A. 15 किलोमीटर पूर्व में

B. 15 किलोमीटर पश्चिम में

C. 30 किलोमीटर पूर्व में

D. 30 किलोमीटर दक्षिण में

68. नीचे दो कथन दिए गए हैं। दोनों कथनों को पढ़ें और उत्तर दें :

कथन : सभी लैपटॉप कम्प्यूटर हैं।
कुछ लैपटॉप नोटबुक हैं।

निष्कर्ष : I. कुछ नोटबुक कम्प्यूटर हैं।
II. सभी नोटबुक कम्प्यूटर हैं।

A. केवल निष्कर्ष I कथन के अनुरूप है

B. केवल निष्कर्ष II कथन के अनुरूप है

C. दोनों निष्कर्ष I और II कथन के अनुरूप हैं

D. या तो निष्कर्ष I या निष्कर्ष II कथन के अनुरूप है

69. मध्य प्रदेश में किस अभयारण्य को भारत सरकार द्वारा पर्यावरण-संवेदनशील क्षेत्र घोषित किया गया है?

A. घाटीगांव वन्यजीव अभयारण्य

B. राष्ट्रीय चंबल अभयारण्य

C. खियोनी वन्यजीव अभयारण्य

D. रतापानी टाइगर रिजर्व

70. अंतर्राष्ट्रीय वित्त निगम (IFC) की स्थापना कब की गई थी?

A. जुलाई 1956 B. अप्रैल 1956

C. जून 1980 D. अगस्त 1980

71. सुपर कम्प्यूटर 'PARAM' कहाँ विकसित किया गया था?

A. आईआईटी-कानपुर

B. सी-डैक

C. आईआईटी-खगड़पुर

D. टाटा

72. भारतीय इतिहास का पहला भारतीय इतिहासकार था :

A. मेगस्थनीज B. फाह्यान

C. ह्वेन सांग D. कल्हन

73. तमिलनाडु के तटीय बेल्ट में पीने के पानी की कमी का कारण है :

A. उच्च वाष्पीकरण

B. सुनामी के कारण समुद्र के पानी में बाढ़

C. नलकूपों द्वारा भूजल का दोहन
D. समुद्री जल का रिसाव

74. निम्नलिखित में से किसे फरवरी 2020 में यूनेस्को से विश्व विरासत प्रमाणपत्र प्राप्त हुआ है?
A. पुष्कर
B. अजमेर
C. जयपुर
D. जोधपुर

75. अरुणाचल प्रदेश विधानसभा का पेपरलेस सत्र किस ऐप के कार्यान्वयन से शुरू हुआ?
A. ई-सभा B. ई-विधान
C. ई-अरुणाचल D. ई-देश

76. किस प्रसिद्ध उद्योगपति के लिए महात्मा गाँधी ने कहा था कि जब वह (गांधी) भारत की राजनीतिक स्वतंत्रता के लिए लड़ रहे थे, तो यह उद्योगपति भारत की औद्योगिक स्वतंत्रता के लिए अंग्रेजों से लड़ रहे थे?
A. अर्देशिर गोदरेज
B. रामनारायण रुइया
C. जमशेदजी टाटा
D. महाराजा सयाजीराव गायकवाड़

77. निम्न में से किस घटना के कारण 2020 की पहली तिमाही में वैश्विक मंदी और शेयर बाजारों में गिरावट का डर बना?
A. कोरोना वायरस का प्रकोप
B. बर्फ के टुकड़ों के पिघलने की खबर
C. रुपए के सिक्कों के विकल्प के रूप में बिटकॉइन का आरम्भ
D. अफगानिस्तान से अमेरिकी सैनिकों की वापसी

78. जनवरी 2022 में कौन-सा देश कॉमनवेल्थ शूटिंग और तीरंदाजी चैम्पियनशिप की मेजबानी करने जा रहा है?
A. रूस B. भारत
C. चीन D. इंग्लैंड

79. विश्व में कच्चे इस्पात के उत्पादन के लिए वर्ष 2019 में किस देश को शीर्ष स्थान दिया गया है?
A. संयुक्त राज्य अमेरिका
B. चीन
C. भारत
D. जापान

80. निम्नलिखित में से कौन-सी सुरक्षित डिजिटल बैंकिंग की विशेषताएँ हैं?
(*a*) लेनदेन अलर्ट के लिए बैंकों के साथ मोबाइल नंबर और ई-मेल दर्ज करना
(*b*) आसान और सुरक्षित पहुँच के लिए ई-मेल ऐप में सुरक्षित रूप से बैंकिंग डेटा संग्रहित करना
(*c*) बैंकिंग पासवर्ड को नियमित रूप से बदलना
(*d*) आपातकालीन समय के लिए परिवार के सदस्यों या दोस्तों के साथ बैंकिंग पासवर्ड साझा करना
A. केवल (*a*), (*b*) और (*c*)
B. केवल (*a*) और (*b*)
C. केवल (*b*), (*c*) और (*d*)
D. केवल (*a*) और (*c*)

81. विस्फोटक संसूचन (खोज) पर राष्ट्रीय कार्यशाला ने एक नया विस्फोटक संसूचन यंत्र विकसित किया है जिसका नाम ________ है।
A. फाइंडर-X B. ट्रलोक-X
C. ईडिटेक्शन-X D. राल्डर-X

82. एक लड़के को अक्सर संख्याओं को समझने में परेशानी होती है और वह जोड़ और घटाव का सरल संचालन करने में सक्षम नहीं होता है। निम्नलिखित में से कौन-सी अधिगम विकलांगता से पीड़ित होने की संभावना है?

A. डिस्प्रेक्सिया B. डिस्लेक्सिया
C. डिस्केलकुलिया D. डिस्फेजिया

83. मस्तिष्क के उस क्षेत्र का नाम बताएँ जो तीव्र संवेग से जुड़ा है :

A. मध्यांश (मेडुला)
B. अनुमस्तिष्क (सेरिबेलम)
C. प्रमस्तिष्क (सेरिब्रल कोर्टेक्स)
D. लिम्बिक सिस्टम

84. निम्न में से किसमें सामाजिक अंतःक्रिया और संप्रेषण कौशलों तथा रूढ़िवादी तरीकों के व्यवहारों, अभिरुचियों और गतिविधियों को समझने में कठिनाई आती है। इन बच्चों को विभिन्न संदर्भों के अंतर्गत सामाजिक अंतःक्रिया और संप्रेषण में कठिनाई होती है, उनकी बहुत सीमित अभिरुचियाँ होती हैं तथा उनमें एक नियमित दिनचर्या की तीव्र इच्छा होती है :

A. अवधान-न्यूनता अतिक्रिया विकार
B. स्वलीनता वर्णक्रम विकार
C. बौद्धिक अशक्तता
D. विशिष्ट अधिगम विकार

85. क्षुधा अभाव (एनोरेक्सिया नर्वोसा) के लिए किसी भी उपचार के प्राथमिक लक्ष्यों में से एक को पहचानें :

A. अनियंत्रित भोजन को अन्य व्यवहारों के साथ बदलें
B. वजन को सामान्य स्तर तक कम करें
C. वजन को सामान्य स्तर तक बढ़ाएं
D. व्यक्ति को खाने से रोकें

निर्देश (प्र.सं. 86 से 90 तक) : *निम्नलिखित गद्यांश को पढ़ें और उस पर आधारित निम्न प्रश्नों के उत्तर दें :*

कामकाजी बच्चों की भी चाहत है कि वह पढ़-लिखकर 'बड़ा आदमी' बनें। इस चाहत में बच्चे अपने आपको स्कूल के दहलीज तक तो ले जाते हैं, किंतु परिस्थितिवश ज्यादा देर टिक नहीं पाते।

जो बच्चे काम के साथ पढ़ाई करना चाहते हैं, क्या स्कूल का वातावरण उनके अनुकूल है? बिल्कुल नहीं। उनके लिए अतिरिक्त व्यवस्था कर, उनके सपनों को भी स्कूल में जगह देने पर विचार ही नहीं किया गया। यही कारण है कि भारत में उच्च माध्यमिक स्तर आयु वर्ग में लगभग आधे बच्चे स्कूल नहीं जा पाते।

अगर हम चाहते हैं कि स्कूल एक ऐसी जगह बने जहाँ कामकाजी बच्चे भी सम्मानजनक तरीके से शिक्षा प्राप्त कर सकें तो शिक्षा व्यवस्था को लचीला बनाना होगा। हमें स्वीकार करना होगा कि सबका बचपन एक सा नहीं होता। सामान्य परिवारों के बच्चों के बचपन और श्रमिक बच्चों के बचपन में बहुत अंतर है। स्कूलों में इन कामकाजी बच्चों के लिए अवसर और सुविधाएँ जब तक इस दृष्टि और समझ के साथ नहीं दी जाएंगी, तब तक यह संभव ही नहीं है। बहुबचपन समाज की एक सच्चाई है और इसे बहुत ही संवेदनशीलता, उदारता और व्यावहारिक समझ के साथ देखा जाना चाहिए। शिक्षा से इन बच्चों का जुड़ाव तभी सुगम और संभव होगा जब नीति निर्माताओं और शिक्षकों में बहुबचपन की स्पष्ट समझ बनी हो।

86. प्रस्तुत गद्यांश में बड़ा आदमी किस सन्दर्भ में प्रयुक्त हुआ है?

A. वयस्क आदमी के सन्दर्भ में

B. सफल आदमी के सन्दर्भ में

C. साक्षर आदमी के सन्दर्भ में

D. वृद्ध आदमी के सन्दर्भ में

87. प्रस्तुत गद्यांश में 'दहलीज' शब्द का प्रयोग ______ के रूप में हुआ है।

A. मर्यादा B. रूकावट

C. देहरी D. खिड़की

88. लचीला शब्द उदाहरण है ______ का।

A. संज्ञा B. सर्वनाम

C. क्रियाविशेषण D. विशेषण

89. बहुबचपन शब्द में 'बहु' क्या है?

A. उपसर्ग

B. क्रिया

C. प्रत्यय

D. क्रियाविशेषण

90. स्कूलों में कामकाजी बच्चों को भी स्थान देने के लिए किस प्रकार की शिक्षा व्यवस्था की आवश्यकता है?

A. समतापूर्ण शिक्षा व्यवस्था

B. समानतापूर्ण शिक्षा व्यवस्था

C. विभेदीकृत शिक्षा व्यवस्था

D. विकृत शिक्षा व्यवस्था

निर्देश (प्र.सं. 91 से 95 तक) : *निम्नलिखित गद्यांश को पढ़ें और उस पर आधारित निम्न प्रश्नों के उत्तर दें :*

शिक्षुता की प्राचीन, उत्तम ढंग से नियमित व्यवस्था शिक्षा के वैकल्पिक साधन के रूप में विकसित की जा सकती है न कि दोहन करने वाली व्यवस्था के रूप में बिना सोचे समझे बच्चों के हस्तशिल्प सीखने पर प्रतिबंध लगाने से उच्च अर्थोपार्जन करने में सक्षम कुशल कार्यबल का निर्माण करने का एकमात्र अवसर हाथ से जाता रहेगा। इससे हम वे अवसर भी खो देंगे जिनसे बढ़ती हुई बेरोजगारी वाले इस देश में स्वरोजगार उपलब्ध हो सकें तथा ग्रामीण युवा और विशेषकर घरेलू महिलाओं के लिए भी रोजगार पैदा किए जा सकें। लेकिन मुझे यह भी कहना है कि कोई बच्चा जो पंद्रह वर्ष की आयु से कम है और विद्यालय में नहीं है, वह बाल श्रमिक है यह बहुत दुख की बात है कि भारत के हस्तशिल्प क्षेत्र में ज्यादातर ऐसा होता है कि शिल्पकारों के बच्चों को ही यह चुनाव करना है कि वे या तो अनपढ़ रहते हुए अपने पूर्वजों के कौशल सीखें (इस प्रकार से काम करते हुए और पारिवारिक आय में अपना योगदान देते हुए) या फिर औपचारिक शिक्षा लें।

ग्रामीण और राज्य द्वारा दी जाने वाली शिक्षा के गिरते स्तर को देखते हुए यह कहा जा सकता है कि इस प्रकार की औपचारिक स्कूली शिक्षा उन बच्चों को भविष्य में वास्तव में जीविकोपार्जन के योग्य बनाने में सक्षम नहीं है। रणथंभौर का एक ग्रामीण स्कूल शिक्षक अपनी ड्यूटी पर हाजिर होता है, दैनिक उपस्थिति रजिस्टर में हस्ताक्षर करता है, और फिर टूरिस्ट गाइड के रूप में जंगलों में चला जाता है।

मेरे लिए यह एक जरूरी चिंता है, गरीबी नहीं, जिसका उदाहरण बालश्रम की पैरवी करते हुए दिया जाता है परंतु क्या बच्चों के लिए वैकल्पिक शिक्षा के अवसर उपलब्ध हैं जो उन्हें उसी तरह के रोजगार के अवसर प्रदान कर सकें। क्या बालश्रम हस्तांतरित हो सकता है—प्रशिक्षण और सशक्तिकरण के एक गतिमान

नए रूप में? मुझे यहाँ यह स्पष्ट कर देना चाहिए कि मैं इस मुद्दे को आज पूर्ण रूप से शिल्प क्षेत्र के परिप्रेक्ष्य में देख रही हूँ, विशेषतः पारंपरिक घरेलू उद्योगों में तथा उनमें जो महिलाओं से संबंधित हैं।

शिल्प कौशलों में प्रशिक्षण, चाहे घर में हो या पारंपरिक गुरु-शिष्य संबंध के द्वारा, को औद्योगिक प्रशिक्षण के रूप में पहचाने जाने की आवश्यकता है और उसे उसी तरह का सहयोग दिए जाने की आवश्यकता है जैसा कि तकनीकी और व्यावसायिक शिक्षा के दूसरे रूपों को दिया जाता है। परिवार, मास्टर, शिल्पकार, सहकारी समिति, संस्थान या गैर सरकारी संस्थान जो कि प्रशिक्षण दे रहे हैं, उन्हें कुछ वृत्ति जरूर दी जानी चाहिए ताकि नियोक्ता के बजाय बच्चे को कुछ धन मिल सके जो वे इस अवधि के दौरान कमा सकते हैं नहीं तो कौशल सिखाने के बहाने बंधक बाल श्रमिकों की परंपरा के आगे हार मान लेने का एक प्रलोभन सा हमेशा ही रहेगा जैसा कि उत्तर प्रदेश और आंध्र प्रदेश के कांस्य उद्योग में दिखाई देता है जहाँ यह हस्तशिल्प पारिवारिक पेशा न रहकर एक बड़ी उद्योग गतिविधि में बदलता जा रहा है।

(लैया तैयबजी, चाइल्ड लेबर इन क्राफ्ट्स ट्रेड क्राफ्ट वर्कशॉप, 2003)

91. उपर्युक्त गद्यांश में प्रयुक्त हुए शब्द 'शिक्षुता' का अर्थ है?
A. स्वरोजगार की व्यवस्था
B. प्रशिक्षण लेने की व्यवस्था
C. मुनाफा कमाने की व्यवस्था
D. कारखाना मालिक बनाने की व्यवस्था

92. उपरोक्त गद्यांश में भारत के हस्तशिल्प क्षेत्र का एक महत्व निम्नलिखित में से किस रूप में परिलक्षित नहीं होता है?
A. यह उच्च अर्थोपार्जन करने में सक्षम कुशल कार्यबल का निर्माण करता है
B. यह बढ़ती हुई बेरोजगारी वाले इस देश में स्वरोजगार उपलब्ध करता है
C. यह ग्रामीण युवा और विशेषकर घरेलू महिलाओं के लिए रोजगार पैदा करता है
D. यह बाल श्रमिक जैसी व्यवस्था का खात्मा करता है

93. शिल्प कौशलों में प्रशिक्षण को औद्योगिक प्रशिक्षण के रूप में स्थापित करने के लिए करना होगा :
A. गुरु-शिष्य परंपरा को बढ़ावा
B. सांस्थानिक वृत्ति की व्यवस्था
C. रहने और भोजन की व्यवस्था
D. अच्छे प्रशिक्षक की व्यवस्था

94. औपचारिक स्कूली शिक्षा शिल्पकारों के बच्चों को भविष्य में जीविकोपार्जन के योग्य बनाने में सक्षम नहीं है क्योंकि :
A. शिल्पकारों के बच्चे औपचारिक शिक्षा के लिए अयोग्य हैं
B. शिल्पकारों के बच्चों में औपचारिक शिक्षा के प्रति अरुचि है
C. अधिकांश शिल्पकारों के बच्चे बालश्रमिक हैं
D. राज्य गुणवत्तापूर्ण शिक्षा देने में अक्षम है

95. औपचारिक स्कूली शिक्षा शिल्पकारों के बच्चों को भविष्य में जीविकोपार्जन के योग्य बनाने में सक्षम नहीं है क्योंकि :
A. कौशल सिखाने के बहाने बाल श्रमिकों की परंपरा स्थापित करना
B. शिल्पकारों द्वारा अपने बच्चों को काम पर लगाना

C. बच्चों में एक-दूसरे को देखकर बालश्रम के प्रति झुकाव होना

D. पंद्रह वर्ष की आयु से कम के बच्चों का स्वरोजगार करना

Directions (Qs. No. 96-100): *Read the passage given below and answer the following questions:*

The phrase "white privilege" is one that rubs a lot of white people the wrong way. It can trigger something in them that shuts down conversation or at least makes them very defensive. (Especially those who grew up relatively less privileged than other folks around them). And I've seen more than once where this happens and the next move in the conversation is for the person who brought up white privilege to say, "The reason you're getting defensive is because you're feeling the discomfort of having your privilege exposed."

I'm sure that's true sometimes. And I'm sure there are a lot of people, white and otherwise, who can attest to a kind of aha moment or paradigm shift where they "got" what privilege means and they did realize they had been getting defensive because they were uncomfortable at having their privilege exposed. But I would guess that more often than not, the frustration and the shutting down is about something else.

It comes from the fact that nobody wants to be a racist. And the move "you only think that because you're looking at this from the perspective of privilege" or the more terse and confrontational "check your privilege!" kind of sound like an accusation that someone is a racist (if they don't already understand privilege). And the phrase "white privilege" kind of sounds like, "You are a racist and there's nothing you can do about it because you were born that way."

And if this were what "white privilege" meant—which it is not—defensiveness and frustration would be the appropriate response. But privilege talk is not intended to make a moral assessment or a moral claim about the privileged at all. It is about systemic imbalance. It is about injustices that have arisen because of the history of racism that birthed the way things are now. It's not saying, "You're a bad person because you're white." It's saying, "The system is skewed in ways that you maybe haven't realized or had to think about precisely because it's skewed in YOUR favor."

I am white. So I have not experienced racial privilege from the "under" side firsthand. But my children (and a lot of other people I love) are not white. And so I care about privilege and what it means for racial justice in our country. And one experience I have had firsthand, which has helped me to understand privilege and listen to privilege talk without feeling defensive, is riding my bike.

If I am on the sidewalk—which is sometimes the safest place to be—people will yell at me to get on the road. People in cars think it's funny to roll down their window and yell something right when they get beside me. Or to splash me on purpose. People I have never met are angry at me for just being on a bike in "their" road and they let me know with colorful language and other acts of aggression.

I can imagine that for people of color life in a white-majority context feels a bit like being on a bicycle in midst of traffic. They have the right to be on the road, and laws on the books to make it equitable, but that doesn't change the fact that they are on a bike in a world made for cars. Experiencing this when I'm on my bike in traffic has helped me to understand what privilege talk is really about.

...This is what privilege is about. Like drivers, nice, non-aggressive white people can move in the world without thinking about the "potholes" or the "gravel" that people of color have to navigate, or how things that they do—not intending to hurt or endanger anyone—might actually be making life more difficult or more dangerous for a person of color. Talk about white privilege is a way of trying to make visible the fact that system is not neutral, it is not a level-playing field, it's not the same experience for everyone. There are biases and imbalances and injustices built into the warp and woof of our culture.

96. The author has used the analogy of bike riding to talk about white privilege. From the statements given below choose the one which is an example of an analogy.

A. That's as useful as rearranging deck chairs on the Titanic.
B. The promise between us was a delicate flower.
C. That new car cost an arm and a leg.
D. Elsa said that she has changed but actions speak louder than words.

97. In the context of the passage which of the following is ***not*** true?

A. Talk about white privilege causes discomfort among a lot of Whites
B. Talk about white privilege has the purpose of making moral assessment about the Whites
C. White privilege is caused by systemic imbalances
D. White privilege is about inequalities rooted in racism

98. Which of the following is ***not*** implied by the author in the passage?

A. Talk about white privilege can be a source of embarrassment for the Whites
B. What the law states is entirely different from what happens in the real world
C. White people can navigate their day to day life without thinking about white privilege
D. White people can never truly understand the concept of white privilege

99. "Virat Kohli is known for his <u>hostility</u> towards opponents on field." Which of the following forms of words from the passage can best replace the underlined word?

A. aggression
B. defensiveness
C. frustration
D. racism

100. Which of the following things is ***not*** true in the context of bike riding?

A. Roads are built for automobile owners
B. People intentionally endanger the lives of bike riders
C. Laws on the books are not equitable after all
D. Bike riders get yelled at from both pedestrians and automobile owners

उत्तरमाला

1	2	3	4	5	6	7	8	9	10
C	A	A	D	D	A	A	B	D	C
11	**12**	**13**	**14**	**15**	**16**	**17**	**18**	**19**	**20**
B	D	C	B	B	C	D	A	D	A
21	**22**	**23**	**24**	**25**	**26**	**27**	**28**	**29**	**30**
A	A	C	C	A	B	A	D	B	D
31	**32**	**33**	**34**	**35**	**36**	**37**	**38**	**39**	**40**
C	B	D	B	C	B	A	D	C	C
41	**42**	**43**	**44**	**45**	**46**	**47**	**48**	**49**	**50**
C	D	A	B	D	A	B	C	A	C
51	**52**	**53**	**54**	**55**	**56**	**57**	**58**	**59**	**60**
B	C	C	A	B	A	B	A	D	C
61	**62**	**63**	**64**	**65**	**66**	**67**	**68**	**69**	**70**
A	B	B	B	A	D	A	A	B	A
71	**72**	**73**	**74**	**75**	**76**	**77**	**78**	**79**	**80**
B	D	D	C	B	C	A	B	B	D
81	**82**	**83**	**84**	**85**	**86**	**87**	**88**	**89**	**90**
D	C	D	B	C	B	C	D	A	A
91	**92**	**93**	**94**	**95**	**96**	**97**	**98**	**99**	**100**
B	D	B	D	A	A	B	D	A	B

व्याख्यात्मक उत्तर

6. $\because \quad f(x) = g(x)$

$\therefore \quad 2x - 5 = -4x + 7$

$\Rightarrow \quad 2x + 4x = 7 + 5$

$\Rightarrow \quad 6x = 12$

$\Rightarrow \quad x = 2$

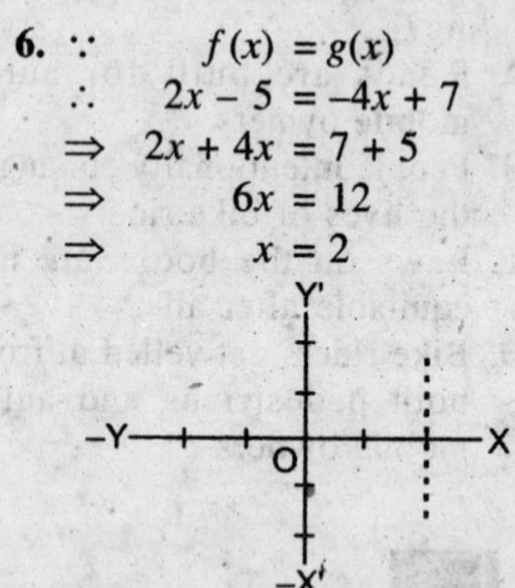

अतः X-अक्ष के धनात्मक पक्ष की ओर दो इकाइयों को काटने वाली Y अक्ष के समानांतर एक सीधी रेखा।

8. यहाँ, प्रतिदर्श समष्टि,

S = {10, 11, 12, ... 50}

$\therefore \quad n(S) = 41$

E = घटना

= {16, 25, 36, 49}

$\therefore \quad n(E) = 4$

अतः किसी घटना E के घटने की प्रायिकता :

$$P(E) = \frac{n(E)}{n(S)} = \frac{4}{41}.$$

9. $\because$ बिन्दुओं $(x_1, y_1) = (7, -6)$ तथा $(x_2, y_2) = (3, 4)$ को जोड़ने वाली रेखाखण्ड को आंतरिक रूप से 1 : 2 $(m : n)$ के अनुपात में विभाजित करने वाले बिन्दु के निर्देशांक :

$$\left(\frac{mx_2 + nx_1}{m+n}, \frac{my_2 + ny_1}{m+n}\right)$$

$$= \left(\frac{1\times3+2\times7}{1+2}, \frac{1\times4+2\times-6}{1+2}\right)$$

$$= \left(\frac{17}{3}, \frac{4+-12}{3}\right)$$

$$= \left(\frac{17}{3}, \frac{-8}{3}\right)$$

$= (x, -y) = (+, -)$

अतः बिन्दु की स्थिति चतुर्थ चतुर्थांश में है।

56.

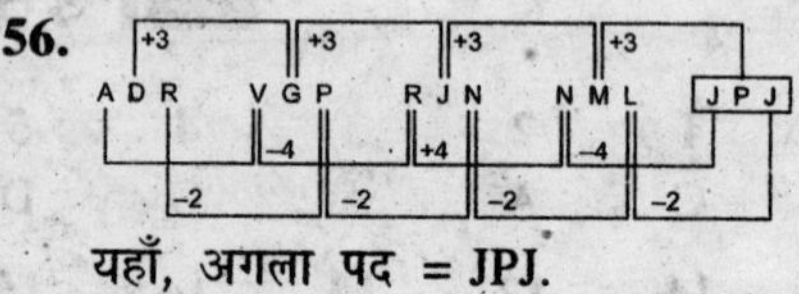

यहाँ, अगला पद = JPJ.

57. **कथन** : कुछ बिल्लियाँ चूहे हैं। सभी चमगादड़ टेबल हैं। सभी चूहे चमगादड़ हैं।

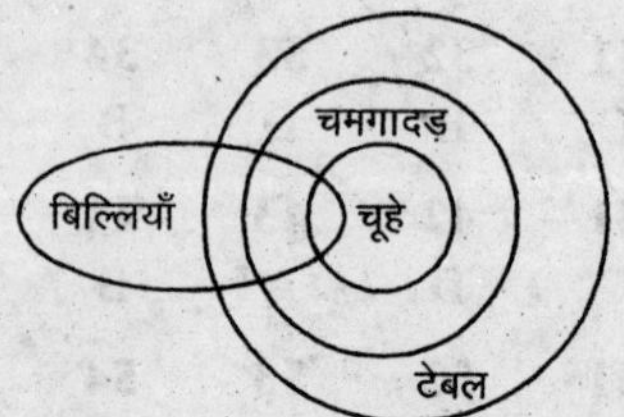

निष्कर्ष : I. कुछ बिल्लियाँ चमगादड़ हैं।

अतः केवल I सत्य है।

58. **कथन** : $Q > T > N$

$A > S > Q$

$A < M$

कथन से, $M > A > S > Q > T > N$

निष्कर्ष : I. $N < A$

II. $M > T$

अतः निष्कर्ष I और II दोनों सत्य हैं।

59. AST : BRU : : NQV : ?

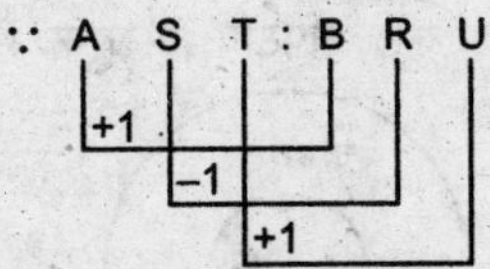

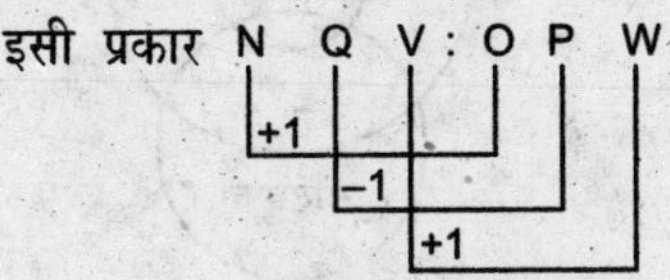

अतः सही विकल्प OPW है।

60. माना चार अनुगामी सम संख्याएँ $2x$, $2x + 2$, $2x + 4$ तथा $2x + 6$ हैं।

तब, संख्याओं का कुल योग $= 4 \times 27$

$\therefore 2x + 2x + 2 + 2x + 4 + 2x + 6 = 108$

$\Rightarrow 8x + 12 = 108$

$\Rightarrow 8x = 108 - 12 = 96$

$\therefore x = 12$

अतः सबसे बड़ी संख्या

$= 2x + 6$

$= 2 \times 12 + 6$

$= 30.$

61. दिया है, 20 मार्च, 1995 = सोमवार

∴ 3 नवंबर, 1995

= सोमवार + 11 + 30 + 31 + 30 + 31 + 31 + 30 + 31 + 3 (मार्च से नवंबर)

= सोमवार + 228 दिन

= सोमवार + 7 × 32 + 4

= सोमवार + 4 दिन

= शुक्रवार

∵ वर्ष 1994 एक साधारण वर्ष है, इसके अतिरिक्त दिन = 1

∴ 3 नवंबर, 1994 का दिन 3 नवंबर, 1995 के दिन से 1 दिन पहले होगा। अतः यह दिन = 3 नवंबर, 1994 = गुरुवार।

62. PAN = 16 + 1 + 14 = 31

PAR = 16 + 1 + 18 = 35

∴ PAT = 16 + 1 + 20 = 37.

63. दिया है, दौड़ में,

रितेश > ललित > अमर > विकास

रितेश > पंकज > अमर

यहाँ, सबसे आखिर में विकास है।

64.

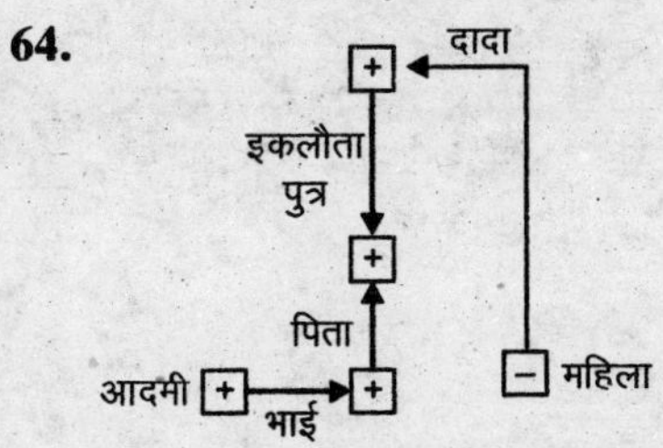

यहाँ, तस्वीर में पुरुष (आदमी) से संबंधित महिला बहन है।

65. $x + 3x + 4x + 5x = 39$

$\Rightarrow 13x = 39$

$\Rightarrow x = 3.$

66. कथन I और II से,

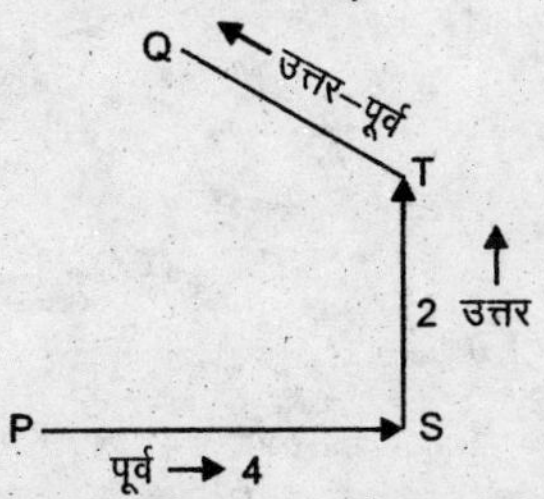

अतः I और II दोनों कथनों में भी डेटा प्रश्न का उत्तर देने के लिए पर्याप्त नहीं है।

67.

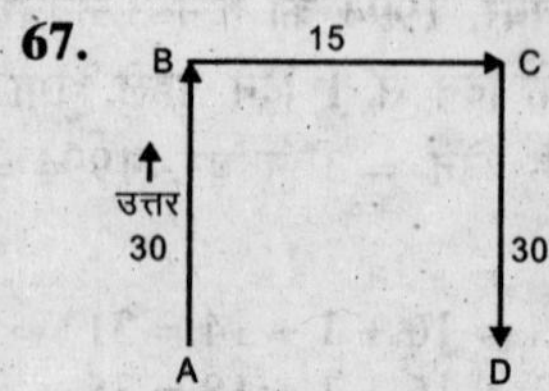

यहाँ, शुरूआती बिंदु = A

AB = 30 किलोमीटर

BC = 15 किलोमीटर

CD = 30 किलोमीटर

$\therefore$ AD = BC = 15 किलोमीटर

68. कथन : सभी लैपटॉप कम्प्यूटर हैं।
कुछ लैपटॉप नोटबुक हैं।

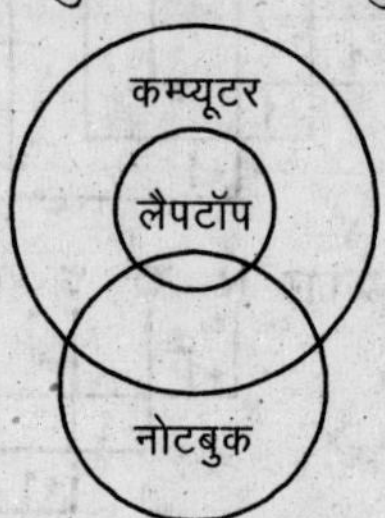

निष्कर्ष : I. कुछ नोटबुक कम्प्यूटर हैं।
अतः निष्कर्ष I कथन के अनुरूप है।

पिछले प्रश्न-पत्र (हल सहित)

बी.एड. प्रवेश परीक्षा-2019*

Directions (Qs. No. 1 to 5): *Read the passage given below carefully and answer questions:*

Rakesh was on his way home from school when he bought the cherries. He paid fifty paise for the bunch. It took him about half-an-hour to walk home, and by the time he reached the cottage there were only three cherries left. 'Have a cherry, Grandfather,' he said, as soon as he saw his grandfather in the garden. Grandfather took one cherry and Rakesh promptly ate the other two. He kept the last seed in his mouth for some time, rolling it round and round on his tongue until all the tang had gone. Then he placed the seed on the palm of his hand and studied it. 'Are cherry seeds lucky?' asked Rakesh.

'Of course.'

'Then I'll keep it.'

'Nothing is lucky if you put it away. If you want luck, you must put it to some use.'

'What can I do with a seed?'

'Plant it.'

So, Rakesh found a small space and began to dig up a flowerbed. 'Hey, not there,' said Grandfather, 'I've sown mustard in that bed. Plant it in that shady corner, where it won't be disturbed.' Rakesh went to a corner of the garden where the earth was soft and yielding. He did not have to dig. He pressed the seed into the soil with his thumb and it went right in. Then he had his lunch, and ran off to play cricket with his friends, and forgot all about the cherry seed.

When it was winter in the hills, a cold wind blew down from the snows and went whoo-whoo-whoo in the deodar trees, and the garden was dry and bare. In the evenings Grandfather and Rakesh sat over a charcoal fire, and Grandfather told Rakesh stories and in turn Rakesh would read to him from the newspaper, Grandfather's eyesight being rather weak. Rakesh found the newspaper very dull – especially after the stories – but Grandfather wanted all the news.

One morning in the garden he bent to pick up what he thought was a small twig and found to his surprise that it was well rooted. He stared at it for a moment, then ran to fetch Grandfather, calling, 'Dada, come and look, the cherry tree has come up!' 'What cherry tree?' asked Grandfather, who had forgotten about it. 'The seed we planted last year –look, it's come up!' Rakesh went down on his haunches, while Grandfather bent almost double and peered down at the tiny tree. It was about four inches high. 'Yes, it's a cherry tree,' said Grandfather. 'You should water it now and then.' Rakesh ran indoors and came back with a

* Online exam held on 03/07/2019 (Conducted by NTA)

bucket of water. 'Don't drown it!' said Grandfather. Rakesh gave it a sprinkling and circled it with pebbles. 'What are the pebbles for?' asked Grandfather. 'For privacy,' said Rakesh. He looked at the tree every morning, but it did not seem to be growing very fast, so he stopped looking at it except quickly, out of the corner of his eye. And, after a week or two, when he allowed himself to look at it properly, he found that it had grown – at least an inch!

The cherry tree grew quickly during monsoon. It was about two feet high when a goat entered the garden and ate all the leaves. Only the main stem and two thin branches remained. 'Never mind,' said Grandfather, seeing that Rakesh was upset. 'It will grow again; cherry trees are tough.' Towards the end of the rainy season new leaves appeared on the tree. Then a woman cutting grass scrambled down the hillside, her scythe swishing through the heavy monsoon foliage. She did not try to avoid the tree: one sweep, and the cherry tree was cut in two. When Grandfather saw what had happened, he went after the woman and scolded her; but the damage could not be repaired. 'Maybe it will die now,' said Rakesh. 'Maybe,' said Grandfather. But the cherry tree had no intention of dying. By the time summer came again, it had sent out several new shoots with tender green leaves.

One day he found a bright green praying-mantis perched on a branch, peering at him with bulging eyes. Rakesh let it remain there; it was the cherry tree's first visitor. The next visitor was a hairy caterpillar, who started making a meal of the leaves. Rakesh removed it quickly and dropped it on a heap of dry leaves. Come back when you're a butterfly,' he said.

Winter came early. The cherry tree bent low with the weight of snow. In February it was Rakesh's birthday. He was nine – and the tree was four, but almost as tall as Rakesh. One morning, when the Sun came out, Grandfather came into the garden to 'let some warmth get into my bones,' as he put it. He stopped in front of the cherry tree, stared at it for a few moments, and then called out, 'Rakesh! Come and look! Come quickly before it falls!' Rakesh and Grandfather gazed at the tree as though it had performed a miracle. There was a pale pink blossom at the end of a branch. 'There are so many trees in the forest,' said Rakesh. 'What's so special about this tree? Why do we like it so much?' 'We planted it ourselves,' said Grandfather. That's why it's special. 'Just one small seed,' said Rakesh, and he touched the smooth bark of the tree that he had grown. He ran his hand along the trunk of the tree and put his finger to the tip of a leaf. 'I wonder,' he whispered. 'Is this what it feels to be God?'

1. The plot of the story revolves around the concept(s) of:

A. relation between grandfather and Rakesh

B. hope, responsibility, perseverance and pride

C. how to plant trees

D. how to feel like God

2. The author is an ardent lover of:
   A. cherries
   B. grandfather stories
   C. nature and animals
   D. reading newspaper
3. Why does Rakesh circle the plant with some pebbles?
   A. His grandfather asked him
   B. He likes to play with pebbles
   C. To beautify his garden
   D. For privacy
4. In the story, the Cherry tree symbolises:
   A. beauty B. innocence
   C. birth D. survival
5. The status of 'the cherry tree' in this story can be compared today with that of a:
   A. birds B. trees
   C. animals D. humans

Directions (Qs. No. 6 to 10): *Read the passage given below carefully and answer questions:*

Although speech is the most advanced form of communication, there are many ways of communicating without using speech — signals, signs, symbols and gestures — that may be found in every known culture. The basic function of a signal is to impinge upon the environment in such a way that it attracts attention, as, for example the dots and dashes of a telegraph circuit. Coded to refer to speech the potential for communication is very great. Less adaptable to the codification of words, signs also contain meaning in and of themselves. A stop sign, for example, conveys meaning quickly and conveniently. Symbols are more difficult to describe then either signals or signs because of their intricate relationship with the receiver's cultural perceptions. In some cultures, applauding in a theatre provides performers with an auditory symbol of approval. Gestures such as waving and handshaking also communicate certain cultural messages.

Although signals, signs, symbols and gestures are very useful, they do have a major disadvantage. They usually do not allow ideas to be shared without the sender being directly adjacent to the receiver, as a result, means of communication intended to be used for long distances and extended periods are based upon speech, radio, television and the telephone are only a few of such means.,

6. Which of the following would be the best title for the passage?
   A. Dramatics
   B. Pedagogy
   C. Story telling
   D. Communication
7. What does the author say about speech?
   A. It is necessary for communication to occur
   B. It is the most advanced form of communication
   C. It is dependent upon the advances made by inventors
   D. It is the only true form of communication
8. Why were the telephone, radio and TV invented?
   A. People believed that signs, signals and symbols were obsolete

B. People were unable to understand signs, symbols and signals
C. People wanted to communicate across long distances
D. People wanted new forms of entertainment

9. The phrase "impinge upon" is the closest in meaning to:
A. Intrude B. Improve
C. Vary D. Prohibit

10. It may be concluded from the passage that:
A. Waiving and handshaking are not related to culture
B. Signal, sign, symbols and gestures are form of communication
C. Only some gestures have signal signs and symbols
D. Symbols are very easy to define and interpret

11. एक मंजिल पर दो कतारों में उत्तर और दक्षिण की ओर खुलने वाले छः फ्लैट *p, q, r, s, t* और *u* को आवंटित किये गये। *q* को उत्तर की ओर खुलने वाला फ्लैट मिलता है जो कि *s* की बगल में नहीं है। *s* और *u* को विकर्ण में विपरीत दिशाओं में खुलने वाले फ्लैट मिलते हैं। *r* का *u* की बगल में दक्षिण की ओर खुलने वाला और *t* को उत्तर की ओर खुलने वाला फ्लैट मिलता है। यदि *p* और *t* के फ्लैट आपस में बदल दिये जाएँ, तो *u* की बगल वाला फ्लैट जिसका होगा, वह है:
A. *t* B. *r*
C. *q* D. *p*

12. विज्ञान के क्षेत्र में नोबेल पुरस्कार जीतने वाले एकमात्र भारतीय कौन हैं?
A. मेघनाद साहा
B. ए.पी.जे. अब्दुल कलाम
C. एस.एन. बोस
D. सी.वी. रमन

13. इंग्लैण्ड के कपड़ा व्यापारी स्टेपलर्स से कपड़ा खरीदते थे। इस संदर्भ में 'स्टेपलर्स' का अभिप्राय है:
A. ऐसा व्यक्ति जो स्मार्ट फोन के सहारे कपड़े खरीदता है
B. ऐसा व्यक्ति जो रेशों के हिसाब से ऊन को छांटता है
C. वह व्यवस्था जिसमें व्यावसायिक आदान-प्रदान होता था
D. वह प्रक्रिया जिसमें कपास को कताई के लिए तैयार किया जाता है

14. भारत के संविधान में अंतरराष्ट्रीय शांति और सुरक्षा की अभिवृद्धि का उल्लेख है:
A. राज्य के नीति निदेशक तत्वों में
B. नौंवी अनुसूची में
C. मूल कर्तव्यों में
D. संविधान प्रस्तावना में

15. पांच मित्र, A, B, C, D, E एक सर्कल में बैठे हैं। A, C के दाईं ओर बैठा है। D, B और E के बीच में बैठा है। E, A और D के बीच में बैठा है। D के दायें कौन बैठा है?
A. E B. B
C. A D. C

16. कश्मीर की स्थिति अभी भी तनावपूर्ण और मुश्किल है। लोगों से अनुरोध किया गया है कि वे अपने घरों में ही रहें। उपरोक्त कथन के संदर्भ में कौन-सी पूर्व अवधारणा सही हैं?
I. वहाँ कुछ गम्भीर घटनाएँ हुई हैं

II. लोगों को दफ्तर/विद्यालय नहीं जाना चाहिए

III. जल्द ही सामान्य स्थिति बहाल हो जाएगी

A. केवल I अन्तर्निर्हित है

B. केवल I और III अन्तर्निहित हैं

C. केवल I और II अन्तर्निहित हैं

D. कोई भी अन्तर्निहित नहीं है

निर्देश (प्र.सं. 17 एवं 18) : *P, Q, R, S, T और U एक क्लब के सदस्य हैं। इनमें से प्रत्येक, एक खेल खेलता है तथा प्रत्येक खेला गया खेल दूसरे खेल से अलग है। कुल छः खेल हैं– क्रिकेट, फुटबॉल, बास्केटबॉल, हॉकी, टेनिस और कैरम।*

S फुटबॉल खेलता है और वह Q से विवाहित है।

समूह के दो विवाहित जोड़े में से एक जोड़ा बास्केटबॉल और हॉकी खेलता है

कोई भी महिला टेनिस या कैरम या फुटबॉल नहीं खेलती है

R कैरम खेलता है और U टेनिस खेलता है

P, U का भाई है

17. Q कौन-सा खेल खेलना अधिक पसंद करता है?

A. हॉकी
B. क्रिकेट
C. टेनिस
D. बास्केटबॉल

18. U का T से क्या सम्बन्ध है?

A. साला/जीजा
B. भाई
C. पत्नी
D. पति

19. निम्नलिखित में से कौन-सा जेंडर रूढ़िबद्धता का उदाहरण नहीं है?

A. कक्षा में अनुशासन बनाए रखने के लिए लड़कों एवं लड़कियों को अलग-अलग पंक्तियों में बिठाया जाता है

B. यद्यपि लड़के कक्षागत चर्चा में दबदबा बनाने का प्रयास करते हैं लेकिन लड़कियों एवं लड़कों, दोनों की सहभागिता को प्रोत्साहित करने पर ध्यान दिया जाता है।

C. सिर्फ लड़कों को फुटबॉल टूर्नामेंट में भाग लेने के लिए प्रोत्साहित किया जाता है

D. सिर्फ लड़कियों को कक्षा का बोर्ड सजाने के लिए कहा जाता है

20. ब्रिटिश शासन के तहत भारत में राष्ट्रवाद के सरोकारों को समझने के लिए निम्नलिखित में से कौन-सा/से एक 'प्राथमिक स्रोत' माना जाता है?

I. अबनिंद्रनाथ टैगोर की पेंटिंग भारत माता

II. बंकिम चंद्र चट्टोपाध्याय का उपन्यास आनंदमठ

III. मोहनदास करमचंद गांधी की पुस्तक हिन्द स्वराज

IV. सर्वपल्ली गोपाल की पुस्तक जवाहरलाल नेहरू: ए बायोग्राफी

A. II, III, IV
B. केवल I और II
C. I, II, IV
D. I, II, III

21. निम्न में से कौन-सा समानता के मौलिक अधिकार का हनन है?

I. कुछ घरों में केवल कुछ समुदाय के व्यक्तियों द्वारा प्रयोग होने वाले बर्तनों का विशेष तौर पर अलग रखा जाना।

II. आप किसी विद्यालय में कार्यभार सम्भालने आए हैं परंतु प्राध्यापक आपकी जाति और धर्म जानने से पूर्व आपको कार्यभार नहीं दे रहे।

III. कुछ स्कूलों में कक्षा-शिक्षक द्वारा वार्ड-परिषद के बच्चों को विशिष्ट सत्कार नहीं दिया जाता।

IV. कुछ गाँवों के समुदाय विशेष के लोग गाँव की मुख्य सड़क पर बारात आयोजित नहीं कर सकते।

A. केवल II और III
B. केवल II और IV
C. केवल I, II और IV
D. केवल II, III और IV

22. निम्नलिखित में से कौन-सी सरकार की राष्ट्रपति प्रणाली की एक विशेषता है?
A. अधिकारों का विभाजन
B. द्विदलीय प्रणाली
C. सामूहिक जिम्मेदारी
D. संसद की सर्वोच्चता

23. निम्न में से कौन-सी माँग के सिद्धान्त की पूर्वअवधारणा है?
A. माँग रेखा निश्चित तौर पर एक-रेखीय (linear) होनी चाहिए
B. माँगी गई मात्रा परिवर्तित नहीं होनी चाहिए
C. प्रतिस्थानिक (सब्स्टियूट) का मूल्य परिवर्तित नहीं होना चाहिए
D. वस्तु का मूल्य बदलना नहीं चाहिए

24. निम्नलिखित में से कौन-सा पौधा सोलनैस कुल का नहीं है?
A. आलू B. बैंगन
C. बीन्स D. टमाटर

25. एक स्कूल के शैक्षणिक भ्रमण में जीरो, बोमडिला, नमदाफा राष्ट्रीय उद्यान, तवांग लिसांग गाँव को शामिल किया गया। विद्यार्थियों द्वारा भ्रमण किए गए राज्य हैं:
A. अरुणाचल प्रदेश एवं मणिपुर
B. मणिपुर एवं सिक्किम
C. मिजोरम एवं मेघालय
D. नगालैंड एवं त्रिपुरा

26. जब कंपनियां एकाधिकार प्रतियोगिता में आर्थिक लाभ कमाती हैं, तबः
A. नई फर्में उद्योग में प्रवेश करती हैं इसलिए उत्पादन बढ़ता है और आर्थिक लाभ बढ़ता है
B. नई फर्में उद्योग में प्रवेश करती हैं इसलिए उत्पादन घटता है और आर्थिक लाभ बढ़ता है
C. नई फर्में उद्योग में प्रवेश करती हैं और इसलिए कीमत घट जाती है और लंबी अवधि में आर्थिक लाभ घटकर शून्य हो जाता है
D. नई फर्में उत्पाद भेदभाव के कारण लंबे समय में अति-सामान्य लाभ कमाती हैं

27. अगर PALE का कूट संकेत 2134 है, EARTH का कूट संकेत 41590 है, तो फिर PEARL का इस भाषा में कूट संकेत निम्न में से क्या होगा?
A. 29530 B. 24153
C. 25430 D. 25413

28. भारतीय स्वतंत्रता संग्राम के संदर्भ में, दूसरा गोलमेज सम्मेलन में निम्नलिखित में से कौन भारत की महिला प्रतिनिधि थी?
A. अरुणा आसफ अली
B. विजयलक्ष्मी पंडित
C. सुचेता कृपलानी
D. सरोजिनी नायडू

29. निम्नलिखित में से किस राज्य में भारत के सबसे बड़े स्टार्ट-अप परिस्थितिकी को प्रारम्भ किया गया?

A. केरल B. तमिलनाडु
C. कर्नाटक D. ओडिशा

30. कच्चा रेशम है:
A. कृत्रिम रेशम
B. जंगली रेशम
C. कागज का रेशम
D. काता हुआ रेशम

31. **कथन I:** प्रदूषण से पर्यावरण परिवर्तन होता है।
कथन II: प्रदूषण से सामाजिक परिवर्तन होता है।
सही विकल्प चुनें:
A. कथन II सत्य है लेकिन कथन I गलत है
B. कथन I सत्य है लेकिन कथन II गलत है
C. कथन I और कथन II दोनों सत्य हैं
D. कथन I और कथन II दोनों असत्य हैं

32. किसने फिलोसोफे नेचुरलिस प्रिंसिपिया मैथमेटिका लिखा था?
A. आइजैक न्यूटन
B. ऑगस्टिन-लुई कॉची
C. कार्ल फ्रेडरिक गॉस
D. निकोलस कोपरनिकस

33. एक्स-रे की खोज किसने की थी?
A. मेरी क्यूरी
B. पियरे क्यूरी
C. जेम्स चाडविक
D. डब्ल्यू.सी. रॉन्जेन

34. निम्न में से किन्हें 2019 में मरणोपरांत भारत रत्न से सम्मानित किया गया?
A. श्री देवी एवं नानाजी देशमुख
B. कृष्णा सोबती एवं भूपेन हजारिका
C. अटल बिहारी वाजपेयी एवं श्री देवी
D. भूपेन हजारिका एवं नानाजी देशमुख

35. 'विस्तारित होता हुआ ब्रह्मांड' की खोज का श्रेय किसे दिया जाता है?
A. अल्बर्ट आइंस्टीन
B. विलियम हर्शल
C. सी.वी. रमन
D. एडविन हबल

36. कम्प्यूटिंग का जनक किसे माना जाता है?
A. चार्ल्स बैबेज B. एलन ट्यूरिंग
C. जॉन वॉन न्यूमैन D. सर्गी ब्रिन

37. बीसवीं सदी में भारत में, महिलाओं के बीच उपन्यास लोकप्रिय होने लगे क्योंकि:
I. वे नारीत्व से संबंधित पारंपरिक दृष्टिकोण को मजबूत और संरक्षित करते थे।
II. कई उपन्यासों की मूल कथानक- प्रेम कहानियों- में ऐसी महिलाओं को दर्शाया गया है, जो अपने साथी या रिश्ते खुद चुन सकती थीं, या उन्हें अस्वीकार कर सकती थीं।
III. उनमें ऐसी महिलाओं का चित्रण था जो कुछ हद तक अपनी जिंदगी की मालकिन खुद थीं।
IV. कुछ लेखिकाओं ने ऐसी महिलाओं के बारे में भी लिखा जिन्होंने पुरुष और महिलाओं, दोनों की दुनिया बदल डाली।
A. II, III, IV B. केवल IV
C. I, II, III D. I, II, IV

38. निम्नलिखित में से नृत्य की किस शैली में विषय/कहानी हमेशा महाभारत और रामायण से ली जाती है?
A. भरतनाट्यम B. कुचिपुड़ी
C. मोहिनीअट्टम D. ओडिसी

39. यदि बिजली की आपूर्ति से जुड़ा हुआ एक रेफ्रिजरेटर का दरवाजा खुला छोड़ दिया जाता है, तो वह कमराः

A. कुछ कहा नहीं जा सकता क्योंकि प्रारंभिक तापमान नहीं दिया गया है

B. ठंडा हो जायेगा

C. गरम हो जायेगा

D. कोई प्रभाव नहीं होगा

40. निम्नलिखित में 'विविधता' का एक उदाहरण हैः

A. परितोष को बांग्ला अच्छी आती है, वहीं सुचिता हिंदी बोलती है

B. रघु नटवर को फुटबॉल की टीम में शामिल नहीं करना चाहता है क्योंकि वह समाज के एक खास समुदाय से आता है

C. एलेन एक गरीब परिवार से वास्ता रखता है, जबकि साईमन का परिवार बहुत अमीर है

D. सरोज को स्कूल जाने का मौका मिला जबकि निर्मला को स्कूल जाने का मौका नहीं मिला

41. आकस्मिकता दृष्टिकोण प्रबंधन की एक विधि हैः

A. जहां विभागों को उप-प्रणालियों में विभाजित किया जाता है

B. जहाँ इन्वेंट्री या स्टॉक गतिविधियों को नियंत्रित किया जाता है

C. जहाँ शीर्ष स्तर पर निर्णय लिए जाते हैं

D. समस्याओं के विभिन्न तरीकों का उपयोग कर हल किया जाता है

42. मोहित 3 मार्च 1960 को पैदा हुआ था। सबीना, मोहित से 6 दिन पहले पैदा हुई थी। यदि उस वर्ष गणतंत्र दिवस रविवार को पड़ा हो, तो बतायें कि सबीना सप्ताह के किस दिन को पैदा हुई थी?

A. सोमवार B. शुक्रवार

C. वृहस्पतिवार D. बुधवार

43. साईकैस (Cycas) में विशेष प्रकार की जड़ें पाई जाती हैं जो नाइट्रोजन स्थिरीकरण करती हैं उन्हें क्या कहा जाता है?

A. स्टिल्ट जड़ें

B. कोरालॉइड जड़ें

C. एडवेंटिशियस जड़ें

D. न्यूमाटोफोरस

44. निम्नलिखित कथनों पर विचार करेंः

(झूम खेती का नाम)	**(वह क्षेत्र जहाँ इसे अपनाया जाता है)**
I. मसोल	कांगो
II. रोका	ब्राजील
III. झुमिंग	नॉर्थ ईस्ट इंडिया
IV. चेंगिन	मलेशिया

सही कथनों को पहचानेंः

A. केवल I और IV

B. केवल I, II और III

C. केवल II और IV

D. केवल II और III

45. कल्पना कीजिए कि आप बीसवीं सदी के पूर्वार्ध में एक गैर-यहूदी जर्मन महिला थीं। निम्नलिखित में से कौन-सा कथन आपके जीवन की वास्तविकता हो सकती है?

I. आपको पत्थर दिल और आक्रामक होना सिखाया गया था।

II. 14 वर्ष की आयु में आप नाजी युवा संगठन में शामिल हो गयीं।
III. आपको छः नस्लीय वांछित बच्चे पैदा करने के लिए एक रजत क्रॉस से सम्मानित किया गया।

A. केवल III
B. केवल I और II
C. केवल I
D. केवल II और III

46. माल्थस के अनुसार, _______ जनसंख्या वृद्धि को रोकने का एक 'प्राकृतिक निरोध' है।

A. यौन संयम
B. निरोधकों का इस्तेमाल
C. अकाल
D. विवाह का स्थगन

47. पानी के नीचे एक पनडुब्बी से पानी की सतह पर वस्तुओं को देखने के लिए, इस्तेमाल किया जाने वाला उपकरण है:

A. दूरबीन B. स्पेक्ट्रोस्कोप
C. पेरिस्कोप D. बहुरूपदर्शक

48. यूजिनिक्स एक अध्ययन है:

A. यूरोपीय मूल के लोगों का समूह
B. पादप आनुवांशिकी का अध्ययन
C. मानव जाति की विभिन्न प्रजातियों का अध्ययन
D. मानव उपजातियों में सुधार

49. क्रिकेट खिलाड़ी एक कैच लेते समय अपने हाथों को गतिमान गेंद की दिशा में क्यों लेकर जाता है?

A. आवेग का समय बढ़ाने के लिए
B. बल का क्षेत्र बढ़ाने के लिए
C. कैच सुरक्षित रूप से पकड़ने के लिए
D. आवेग का समय घटाने के लिए

50. पारम्परिक समाज में होता है:

A. विशिष्ट मूल्य
B. समरूपता
C. मानकीकृत अभिप्सा
D. अमूर्त मूल्य

51. निम्नलिखित कथनों को पढ़ें और सबसे उपयुक्त उत्तर चुनें:

I. लेटराइट मिट्टी में ह्युमस की मात्रा कम होती है।
II. उच्च तापमान वाले क्षेत्रों में लेटेराइट मिट्टी विकसित होती है।

A. दोनों कथन सत्य हैं और I का कारण II है
B. दोनों कथन सत्य हैं लेकिन I का कारण II नहीं है
C. I सत्य है और II असत्य है
D. I असत्य है और II सत्य है

52. कल्पना कीजिए कि आप औपनिवेशिक काल में मुंबई की एक चाली के निवासी हैं। निम्न में से कौन से कथन आपके परिवेश को दर्शाएँगे?

I. साँझे कमरों में रहने वाले लोगों की अधिक संख्या।
II. उत्पीड़ित एवं निम्न वर्गों के व्यक्तियों की बहु-संख्या।
III. विभिन्न गतिविधियों जैसे खाना बनाने, कपड़े धोने, और सोने के लिए सड़कों और आस-पड़ोस की जगहों का उपयोग।
IV. शराब की दुकानों एवं अखाड़ों का खुले स्थानों पर होना।

A. केवल I, III और IV
B. केवल II और III
C. केवल II, III और IV
D. केवल I, II और III

53. डिस्लेक्सिया में एक व्यक्ति को क्या करने में कठिनाई होती है?

A. खड़े होने

B. व्यक्त करने

C. बोलने

D. पढ़ने और लिखने

54. पृथ्वी का आकार पूर्ण गोलाकार न होकर चपटा- अंडाकार है क्योंकि

I. पृथ्वी की घूर्णी गति होती है और उसकी घूर्णी गति ध्रुव से भूमध्यरेखा की ओर बढ़ती है

II. भूमध्यरेखा सूर्य का गुरुत्वाकर्षण बल अधिक महसूस करता है।

III. सूर्य प्रकाश की तीव्रता ध्रुव के वनिस्पत भूमध्यरेखा पर अधिक होती है।

A. केवल I

B. केवल III

C. केवल I, II और III

D. केवल I और II

55. 'न्यूनतम समर्थन मूल्य' पर सही कथन कौन से हैं?

I. किसानों से कृषि उत्पाद खरीदने के लिए सरकार द्वारा तय की गई न्यूनतम कीमत।

II. बाजार कीमत में गिरावट की स्थिति में यह किसानों के लिए समर्थन तंत्र का कार्य करती है।

III. सामान्यतः यह प्रचलित बाजार कीमत से कम तय की जाती है।

IV. इसके प्रमुख उद्देश्य किसानों को संकटकालीन बिक्री और सार्वजनिक वितरण हेतु अनाज के लिए समर्थन करना है।

A. I, II, III B. I, II, IV

C. I, III, IV D. II, III, IV

56. गर्भवती माँ के लिए कितने आयरन की आवश्यकता है?

A. 45 मि.ग्रा. B. 25 मि.ग्रा.

C. 30 मि.ग्रा. D. 38 मि.ग्रा.

57. ''मानव आंख, आंख के लेंस की फोकल लंबाई को समायोजित करके विभिन्न दूरी की वस्तुओं पर केंद्रित कर सकती है। यह जिसके कारण होता है, वह है:

A. निकट दृष्टि B. दूर दृष्टि

C. जरादूरदृष्टि D. समायोजन

58. मिटोसिस में आनुवांशिक निरंतरता सुनिश्चित करने का तंत्र निम्न में से किसके जरिए होता है?

A. दो अनुज़ात कोशिकाओं की एक समान गुणसूत्र संख्या

B. विनिमय एवं आनुवंशिक सामग्री का आदान-प्रदान

C. गुणसूत्रों की 2N संख्या वाली कोशिकाओं का निर्माण

D. समान डीएनए वाली दो अनुजात कोशिकाओं का गठन

59. भारत सरकार के किस मिशन को लोगों की क्षमताओं का विकास नौकरी पाने एवं उद्यमशील बनने के लिए प्रारंभ किया जा रहा है?

A. कौशल भारत (स्किल इंडिया)

B. स्वच्छ भारत (क्लीन इंडिया)

C. डिजिटल इंडिया

D. मेक इन इंड़िया

60. साबुन के अणु में होता है:

A. जल-विरागी शीर्ष तथा जल-रागी पूँछ

B. जल-विरागी शीर्ष तथा जल-विरागी पूँछ

C. जल-रागी शीर्ष तथा जल-विरागी पूँछ

D. जल-रागी शीर्ष तथा जल-रागी पूँछ

61. प्लास्टिड जिसमें स्टार्च, तेल और प्रोटीन कणिकाओं जैसी सामग्री संग्रहीत होती है:

A. जेरेन्टोप्लास्ट्स

B. लियुकोप्लास्टस

C. क्रोमोप्लास्ट्स

D. क्लोरोप्लास्ट

62. वन अनुसंधान संस्थान स्थित है:

A. भोपाल B. लखनऊ

C. शिमला D. देहरादून

निर्देश (प्र.सं. 63 से 67): *गद्यांश को पढ़कर नीचे दिए गए प्रश्नों के उत्तर दीजिये:*

बीसवीं सदी की शुरुआत में जो महिलाएँ पढ़ने, समाज सुधारने और लिखने की हिमाकत कर रही थीं, उनमें एक नाम रुकय्या सखावत हुसैन का भी है। जमींदार परिवार में पैदा हुई रुकय्या और उनकी बड़ी बहन को पर्दे के नियमों को तोड़ने और शिक्षा प्राप्त करने की अनुमति नहीं थीं। लेकिन पश्चिमी शिक्षा के उदारवादी दर्शन से प्रभावित उनके बड़े भाई ने उन दोनों को छुपकर घर पर ही बांग्ला और अंग्रेजी की शिक्षा दी। 15 साल की उम्र में उनकी बड़ी बहन की शादी हो गई और इस बात ने रुकय्या को ताउम्र बाल-विवाह का विरोधी बना दिया। 1898 में 16 साल की रुकय्या की शादी सरकारी अफसर, सैयद सखावत हुसैन से हो गयी। उन्होंने रुकय्या की शिक्षा जारी रखी। 1909 में अपने पति की मौत के कुछ महीनों बाद ही उन्होंने भागलपुर में मुसलमान लड़कियों की शिक्षा के लिए पहला स्कूल खोला। लड़कियों की शिक्षा को वो उनकी स्वतंत्रता और स्वायत्तता का आधार मानती थीं। उनके अनुसार लड़कियों के लिए शिक्षा इसलिए जरूरी थी कि वे अपनी इच्छा से जी सकें और अपने भरण-पोषण के लिए पुरुषों पर निर्भर न हों। उनका मानना था कि जैसे अगर एक पैर बंधा हो तो व्यक्ति ज्यादा दूर तक नहीं जा सकता, वैसे ही अगर आधी आबादी बंधी हो तो समाज ज्यादा आगे नहीं जा सकता। इसके अतिरिक्त उन्होंने कई पुस्तकें और लेख भी लिखे, जो मूलतः जन-भाषा बांग्ला में ही थे। उनके द्वारा लिखा गया 'सुल्ताना का सपना' एक ऐसा उपन्यास है जो बड़े आसान, व्यंग्यात्मक और तर्कपूर्ण ढंग से यह स्थापित करता है कि जो काम सदियों से औरतों की जिम्मेदारी रही है, या औरतों से जिस व्यवहार की उम्मीद की जाती है वह कितना अमानवीय और अन्यायपूर्ण है। बुद्धि और विवेक के मामले में महिलाओं को पुरुषों से कम करके आंकने के खिलाफ रुकय्या तर्क देती हैं—शेर आदमी से ज़्यादा ताकतवर होता है, पर इन्सान उसको अपने ऊपर हावी नहीं होने देता। महिलाओं ने अपने अधिकारों को लेकर बहुत लापरवाही बरती, जिससे पुरुष उन पर हावी हो गए। इस उपन्यास में रुकय्या उस नारीवादी दृष्टिकोण का आभास कराती हैं, जिसमें इंसानी रिश्तों, प्रकृति और काम की एक अलग ही परिभाषा मिलती है। जब देश के मर्द सेना को ताकतवर बनाने में लगे थे तब महिलाएँ वैज्ञानिक शोध में लगी हुई थीं। वह दिखाती हैं कि कैसे तकनीक और ऊर्जा का इस्तेमाल सामाजिक संबंधों पर निर्भर करता है। औरतें बिजली का प्रयोग खेत जोतने के लिए करतीं। उनके पास किसी की जमीन हड़पने या हीरे के एक टुकड़े के लिए लड़ने का

न ही समय होता और न ही लालच। इस दुनिया में मर्द जनानखाने में सीमित थे और समाज में अपराध खुद-ब-खुद खत्म हो गया। औरतों द्वारा चलाई जाने वाली इस दुनिया में न फाँसी की सजा के लिए कोई जगह थी और न ही शरणार्थियों को मदद देने से इंकार किया जाता था।

63. उपरोक्त अनुच्छेद में 'आधी आबादी' शब्द का प्रयोग किया गया है:
A. तृतीय लिंग वर्ग के लिए
B. महिला वर्ग के लिए
C. अल्पसंख्यक वर्ग के लिए
D. पुरुष वर्ग के लिए

64. 'हिमाकत' का अर्थ है:
A. दार्शनिकता B. दृष्टता
C. मूकता D. धृष्टता

65. 'सुल्ताना का सपना' एक .... उपन्यास है:
A. नारीवादी दृष्टिकोण से प्रभावित
B. अतियथार्थवादी
C. संजीदा
D. अतर्कपूर्ण

66. 'सुल्ताना का सपना' उपन्यास में रुकय्या ने ....समाज की कल्पना की है:
A. पारंपरिक B. अन्यायपूर्ण
C. अमानवीय D. अहिंसक

67. रुकय्या के अनुसार लड़कियों की शिक्षा जरूरी थी:
A. ताकि वे अपनी तथाकथित परंपरागत सामाजिक जिम्मेदारियों का पालन कर सकें
B. ताकि वे स्वावलंबी एवं आत्मनिर्भर बन सकें
C. ताकि वे अपने बच्चों को पढ़ा सकें
D. ताकि वे सामाजिक आयोजनों में अपने पति के समकक्ष खड़ी हो सकें

निर्देश (प्र.सं. 68 से 72): *गद्यांश को पढ़कर नीचे दिए गए प्रश्नों के उत्तर दीजिये:*

तय किए गए सामान्य उद्देश्यों के अनुसार लक्ष्य, विषयवस्तु, शिक्षणशास्त्र और आकलन स्तर सापेक्ष होंगे। विज्ञान शिक्षा के क्षेत्र में किए गए शोधों, राष्ट्रीय और राज्य स्तर पर पाठ्यचर्या के विगत कुछ दशकों के अनुभवों और स्वैच्छिक संगठनों के विभिन्न हस्तक्षेपकारी कार्यक्रमों ने स्कूली पाठ्यचर्या के कार्यक्षेत्र और क्रमिक परिवर्तन पर काफी प्रकाश डाला है। विज्ञान पाठ्यचर्या में वर्गीकरण के बारे में निर्णय लेते समय इस बात को ध्यान में रखना चाहिए कि दसवीं कक्षा तक विज्ञान को अनिवार्य विषय के रूप में पढ़ने वालों में से अधिकांश विद्यार्थी वैज्ञानिक या तकनीकी का पेशा अपनाने नहीं जाएँगे; तथापि उन्हें वैज्ञानिक रूप से साक्षर होना जरूरी है क्योंकि आज समाज द्वारा उठाए गए कई सामाजिक, राजनैतिक और नैतिक (मूल्यगत) मुद्दे विज्ञान और प्रौद्योगिकी के इर्द-गिर्द ही घूमते हैं। इसलिए दसवीं तक की विज्ञान की पाठ्यचर्या को मुख्यतः विद्यार्थियों में विज्ञान, तकनीकी और समाज के अंतर्संबंधों के प्रति जागरूकता लाने की ओर उन्मुख होना चाहिए। साथ ही पर्यावरण व स्वास्थ्य सम्बन्धी समस्याओं के प्रति उन्हें चेताते हुए उनमें व्यावहारिक कुशलता भी विकसित की जानी चाहिए ताकि काम की दुनिया में वे टिक सकें। जोर केवल विषय-वस्तु पर नहीं होना चाहिए, बल्कि विज्ञान सीखने के तरीके को भी प्रकाश में लाना चाहिए। विज्ञान की प्रक्रिया कौशल अर्थात् विज्ञान सीखने की विधियाँ व तकनीकी

ज्यादा जरूरी है। यह जरूरी है क्योंकि ये ज्यादा स्थायी होता है और विद्यार्थियों को विज्ञान व तकनीकी की लगातार तेजी से बदलती दुनिया से जूझने में कारगर सिद्ध होते हैं। इसका मतलब यह नहीं कि विषयवस्तु को नजरंदाज कर दिया जाए। तथ्य, नियम, सिद्धांत और विभिन्न परिघटनाओं को समझने के लिए उनका उपयोग विज्ञान की नब्ज है और इसलिए विज्ञान-पाठ्यचर्या को विद्यार्थयों को इन सभी बातों से जोड़ने वाला होना चाहिए। तथापि दसवीं तक विज्ञान को एक ही संयुक्त विषय के रूप में पढ़ाना चाहिए न कि अलग-अलग संकायों-भौतिकी, रसायन और जीव-विज्ञान में बाँटकर। उच्च माध्यमिक स्तर पर जरूर अलग-अलग संकाय के रूप में ज्यादा गहराई तक जाकर तथा उस अवस्था के उपयुक्त उत्साह के साथ पढ़ने की जरूरत है।

68. दसवीं कक्षा तक सबको विज्ञान पढ़ना अनिवार्य होना चाहिए क्योंकिः

A. विज्ञान के बिना शिक्षा का कोई महत्त्व नहीं है

B. विज्ञान शिक्षा का अटूट अंग है

C. सभी को वैज्ञानिक रूप से साक्षर होना चाहिए

D. सभी आगे चलकर वैज्ञानिक बनेंगे

69. विज्ञान की नब्ज हैः

A. तथ्य नियम सिद्धांत एवं विभिन्न परिघटनाओं को पहचानना

B. तथ्य नियम सिद्धांत एवं विभिन्न परिघटनाओं का उपयोग करना

C. तथ्य नियम सिद्धांत एवं विभिन्न परिघटनाओं को समझना

D. तथ्य नियम सिद्धांत एवं विभिन्न परिघटनाओं को समझना एवं उनका उपयोग करना

70. विज्ञान शिक्षण में जोर होना चाहिएः

A. व्यवहारिक कुशलता विकसित करने पर

B. विज्ञान सीखने के तरीके पर

C. विषय-वस्तु पर

D. उपरोक्त सभी

71. विज्ञान शिक्षण की सार्थकता निर्भर करती हैः

A. विज्ञान का जीवन में उपयोग करना सिखाने पर

B. विज्ञान सीखने पर

C. विषय-वस्तु की जानकारी होने पर

D. उपरोक्त सभी

72. दसवीं तक की पाठ्यचर्या विद्यार्थियों में विज्ञान, तकनीकी और समाज के अंतर्संबंधों के प्रति जागरूकता लाने के प्रति उन्मुख होनी चाहिए क्योंकिः

A. विज्ञान की महत्वता को अनदेखा नहीं किया जा सकता

B. विज्ञान हर मुद्दे का आधार है

C. यह अच्छी शिक्षा का मानक है

D. सामाजिक, राजनैतिक और नैतिक मुद्दे विज्ञान से जुड़े हुए हैं

73. आधुनिक आवर्त सारणी के संदर्भ में निम्नलिखित में से कौन-सा/से कथन गलत है/हैं?

I. आधुनिक आवर्त सारणी में तत्वों को उनके घटते हुए परमाणु क्रमांक के आधार पर व्यवस्थित किया गया है।

II. आधुनिक आवर्त सारणी में तत्वों को उनके बढ़ते हुए परमाणु भारों के आधार पर व्यवस्थित किया गया है।

III. आवर्त सारणी में समस्थानिकों को संलग्न समूहों में रखा गया है।

IV. आधुनिक आवर्त सारणी में तत्वों को उनके परमाणु क्रमांक के बढ़ते हुए क्रम में व्यवस्थित किया गया है।

A. I, II और IV B. I, II और III
C. केवल IV D. केवल I

74. राजनीति के विषय पर कौन-सा संस्कृत ग्रंथ है:

A. नीतिरत्नाकर
B. अर्थशास्त्र
C. युक्तिकल्पतरु
D. कमंद्कीयनितिसार

75. शेयर के हस्तांतरण को सीमित करना किसकी एक विशेषता है?

A. निजी कंपनी
B. सहायक कंपनी
C. होल्डिंग कंपनी
D. पब्लिक कंपनी

76. किसी शतरंज बोर्ड के तीन वर्ग यादृच्छया चुने जाते हैं। दो वर्गों के एक ही रंग के तथा तीसरे वर्ग के भिन्न रंग के होने की प्रायिकता है:

A. $\frac{16}{21}$ B. $\frac{8}{21}$
C. $\frac{20}{21}$ D. $\frac{4}{21}$

77. चयनात्मक ध्यान का फिल्टर क्षीणंन सिद्धांत .... के द्वारा विकसित किया गया था।

A. हाइन्ज B. ब्रॉडबेंट
C. जॉनसन D. ट्रीसमैन

78. ''रामचरितमानस'' हिंदी साहित्य में किस काल की कृति है?

A. रीति काल
B. भक्ति काल
C. वीरगाथा काल
D. आधुनिक काल

79. दो परिमित समुच्चयों में क्रमशः m और n अवयव हैं। पहले समुच्चय के उप-समुच्चयों की कुल संख्या दूसरे समुच्चय के उप-समुच्चयों की कुल संख्या से 56 अधिक है। m और n का मान क्रमशः है:

A. 7, 6 B. 8, 7
C. 6, 3 D. 5, 1

80. ''प्रदान की गई नीतियां प्रबंधकीय कार्यवाही के लिए सामान्य दिशानिर्देश हैं जो व्यूह रचना को लागू करने में मदद करती हैं।'' रणनीति और नीति के बारे में निम्नलिखित में से क्या गलत है?

A. नीति निर्णय उन्मुख है जबकि रणनीति कार्यवाही उन्मुख है
B. नीति निर्णय लेने के लिए नियमों का सेट है जबकि रणनीति सबसे अच्छा संभव विकल्प है
C. नीति व्यापक योजना है जबकि रणनीति सामान्य प्रतिक्रिया है
D. नीति कार्यवाही का सिद्धांत है जबकि रणनीति कार्यवाही की सबसे अच्छी योजना है

81. वैश्वीकरण से क्या नहीं हुआ है?

A. सभी देशों के लिए समान अवसर
B. वैश्विक बाजार तक व्यापक पहुँच
C. आय असमानताओं में बढ़ोतरी
D. सिर्फ सेवा क्षेत्र में वृद्धि

82. 'टुकड़ी जग तो न्यारी' कविता किस कवि की है?

A. भाई वीर सिंह
B. शिव कुमार बटालवी
C. नंद लाल नूरपूरी
D. अमृता प्रीतम

83. बीबी भाणी के पिता का नाम क्या था?
A. गुरु अर्जुन देव B. गुरु नानक
C. गुरु अमरदास D. गुरु रामदास

84. "पृथ्वीराज रासो" का लेखक कौन है?
A. विक्रमादित्य B. बाणभट्ट
C. चंद बरदाई D. कालिदास

85. "It was the best of times, it was the worst of times, it was the age of wisdom, it was the age of foolishness, it was the epoch of belief, it was the epoch of incredulity, it was the season of light, it was the season of darkness..." (A Tale of Two Cities)
A. Alliteration B. Antithesis
C. Anaphora D. Allusion

86. निरर्थक शब्दांशों का उपयोग करते हुए .... ने पाया गया कि 5 + –2 लघु अवधि स्मृति की क्षमता को दर्शाने वाली जादुई संख्या है।
A. मिलर
B. स्टेनली हॉल
C. एटकिंसन और शिफरीन
D. क्रेक और लॉकहार्ट

87. अंशों के अधिमूल्य पर निर्गमन का उपयोग किया जा सकता है:
A. ऋणपत्रों के मोचन
B. प्रारम्भिक अभिव्ययों का अभिलेखन
C. लाभांश का भुगतान
D. निदेशक शुल्क का भुगतान

88. 'हाजत रवाँ करना' का अर्थ क्या है?
A. रवादारी करना
B. खुश होना
C. रवाना होना
D. जरूरत पूरी करना

89. 'बच्चों को लगता है कि सभी चीजें अपने स्वयं के समान जीवंत हैं'– इसे .... कहा जाता है:
A. काल्पनिक दर्शक
B. केंद्रियकरण
C. जीववाद
D. व्यक्तिगत कल्पित

90. आधुनिक काल में वर्णमाला के क्रम से लिखे गए संस्कृत कोष हैं:
A. वाचस्पतत्यम्
B. शब्दकल्पद्रुम
C. अमरकोश
D. अभिधानचिंतामणि

91. मान लीजिए कि A तथा B कोई ऐसे दो समुच्चय हैं कि $n(B) = p$, $n(A) = q$, तो फलनों $f : A \rightarrow B$ की कुल संख्या है:
A. q^p B. $p + q$
C. p^q D. pq

92. यदि (a, b) बिन्दुओं A(10, –6) और B(k, 4) को मिलाने वाले रेखाखंड का मध्य बिंदु है तथा $a - 2b = 18$ है, तो k का मान और AB की दूरी होगी:
A. $k = 23$, $AB = 2\sqrt{69}$
B. $k = 24$, $AB = 2\sqrt{63}$
C. $k = 22$, $AB = 2\sqrt{61}$
D. $k = 22$, $AB = 2\sqrt{69}$

93. कुछ पदार्थों को उनके कणों के मध्य 'आकर्षण बलों' के बढ़ते हुए क्रम में व्यवस्थित किया गया है। जो सही व्यवस्था को निरूपित करता है, वे हैं:

A. नमक, रस, वायु

B. वायु, शर्करा, तेल

C. जल, वायु, पवन

D. ऑक्सीजन, जल, शर्करा

94. अभिकथन (A): सभी कार्बनिक यौगिकों का दहन एक उष्माक्षेपी अभिक्रिया है।

तर्क (R): मानक अवस्था में सभी तत्वों की एन्थैल्पी शून्य होती है।

A. A और R दोनों सही हैं एवं R, A का सही तर्क नहीं है

B. A और R दोनों सही हैं एवं R, A का सही तर्क है

C. A गलत है परन्तु R सही है

D. A सही है परन्तु R गलत है

95. Four alternatives are given for the idioms/phrase *BOLD* in the sentence. Choose the alternative which best expresses its meaning.

Indians are **going places** in the field of software technology:

A. going abroad

B. going to spaces

C. friendly and amicable

D. talented and successful

96. जब एक अम्लीय घोल को एक परखनली में एक क्षारीय घोल के साथ मिलाया जाता है तब क्या होता है?

I. घोल का तापमान बढ़ता है

II. घोल का तापमान कम हो जाता है

III. घोल का तापमान समान रहता है

IV. नमक का निर्माण होता है

A. II और III B. I और III

C. I और IV D. केवल I

97. निम्नलिखित में से कौन स्वर संधि का उदाहरण नहीं है?

(*a*) सु + उक्तिः = सूक्तिः

(*b*) लता + इव = लतेव

(*c*) हित + उपदेशः = हितोपदेशः

(*d*) उत् + चारणम् = उच्चारणम्

A. (*b*) एवं (*c*)

B. (*c*)

C. (*c*), (*d*)

D. (*d*)

98. निम्नलिखित में से कौन अव्ययीभाव समास का उदाहरण नहीं है?

A. धनेन हीनः = धनहीनः

B. प्रत्येकम् = एकम् एकम् इति

C. निर्मक्षिकम् = मक्षिकाणाम् अभावः

D. अनुरुपम् = रूपस्य योग्यम्

99. .... के सिद्धांत के अनुसार, हम अनुरुपण में आए हुए अंतर को भरने के लिए तत्पर रहते हैं और वस्तुओं को उनके अलग-अलग हिस्सों के स्थान पर सम्पूर्णता में अनुभव करते हैं:

A. परिवृत्तता B. समापन

C. निकटता D. निरंतरता

100. 'बाँगेदरा' का रचयिता कौन है?

A. नजीर अकबराबादी

B. मिर्जा गालिब

C. मीर तकी मीर

D. अल्लामा इकबाल

उत्तरमाला

1	2	3	4	5	6	7	8	9	10
B	C	D	D	D	D	B	C	A	B
11	**12**	**13**	**14**	**15**	**16**	**17**	**18**	**19**	**20**
B	D	B	A	B	C	B	A	B	D
21	**22**	**23**	**24**	**25**	**26**	**27**	**28**	**29**	**30**
C	A	C	C	A	C	B	D	A	D
31	**32**	**33**	**34**	**35**	**36**	**37**	**38**	**39**	**40**
C	A	D	D	D	A	A	A	C	A
41	**42**	**43**	**44**	**45**	**46**	**47**	**48**	**49**	**50**
D	D	B	B	A	C	C	D	A	A
51	**52**	**53**	**54**	**55**	**56**	**57**	**58**	**59**	**60**
A	A	D	D	B	D	D	D	A	C
61	**62**	**63**	**64**	**65**	**66**	**67**	**68**	**69**	**70**
B	D	B	D	A	D	B	C	D	D
71	**72**	**73**	**74**	**75**	**76**	**77**	**78**	**79**	**80**
D	D	B	B	A	A	B	B	C	C
81	**82**	**83**	**84**	**85**	**86**	**87**	**88**	**89**	**90**
A, D	A	C	C	B	A	B	D	C	D
91	**92**	**93**	**94**	**95**	**96**	**97**	**98**	**99**	**100**
C	C	D	A	D	C	D	A	B	D

व्याख्यात्मक उत्तर

11. 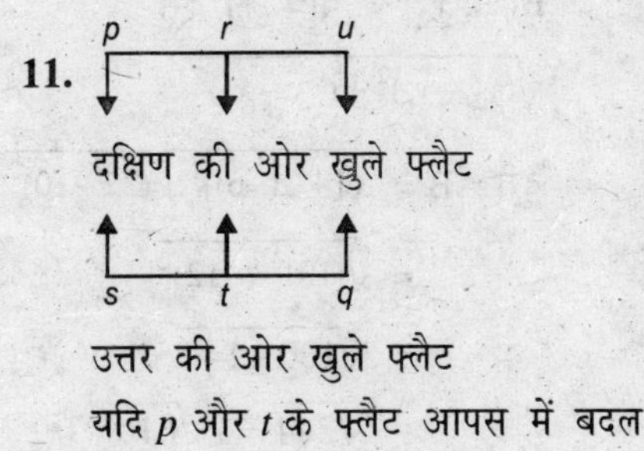

दक्षिण की ओर खुले फ्लैट

उत्तर की ओर खुले फ्लैट

यदि p और t के फ्लैट आपस में बदल दिए जायें तो u की बगल वाला फ्लैट r का होगा।

15. 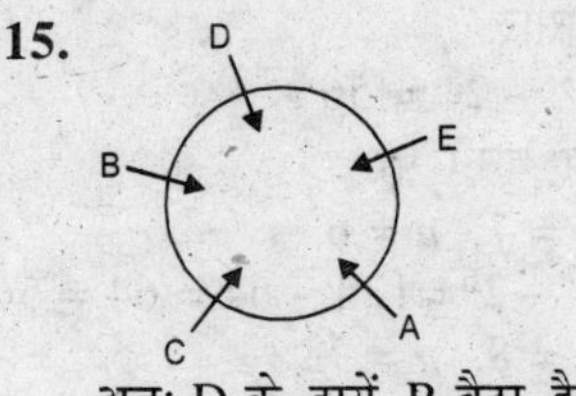

अतः D के दायें B बैठा है।

27. जिस प्रकार,

P A L E   E A R T H
↓ ↓ ↓ ↓   ↓ ↓ ↓ ↓ ↓
2 1 3 4   4 1 5 9 0

उसी प्रकार,

P E A R L
↓ ↓ ↓ ↓ ↓
2 4 1 5 3

42. मोहित का जन्मदिन → 3 मार्च, 1960
सबीना का जन्मदिन →
26 फरवरी, 1960
(6 दिन पहले)

नोटः 1960 एक लीप वर्ष है (फरवरी → 29 दिन)

∵ 26 जनवरी 1960 → रविवार
2 फरवरी 1960 → रविवार
9 फरवरी 1960 → रविवार
16 फरवरी 1960 → रविवार
23 फरवरी 1960 → रविवार
26 फरवरी 1960 → बुधवार

79. हम जानते हैं,
यदि एक समुच्चय में 'n' अवयव हों तब कुल उप-समुच्चयों की संख्या 2^n होती है।
तब,
पहले समुच्चय के उप-समुच्चयों की कुल संख्या = 2^m
दूसरे समुच्चय के उप-समुच्चयों की कुल संख्या = 2^n
प्रश्नानुसार,

$$2^m - 2^n = 56$$

विकल्प चुनने पर
(*a*) $m = 7,\ n = 6$
$2^7 - 2^6 = 128 - 64 = 64 \neq 56$
(*b*) $m = 8,\ n = 7$
$2^8 - 2^7 = 256 - 128 = 128 \neq 56$
(*c*) $m = 6,\ n = 3$
$2^6 - 2^3 = 64 - 8 = 56$

अतः m और n को मान क्रमशः 6 और 3 हैं।

91. दिया है, $f : A \to B$
$n(B) = p,\ n(A) = q$
∴ फलनों की कुल अभीष्ट संख्या
$= n(B)^{n(A)} = p^q$.

92. A (10, –6) —— C (*a*, *b*) —— B (*k*, 4)

∵ बिन्दु C(*a*, *b*), बिन्दु A और बिन्दु B को मिलाने वाले रेखाखण्ड का मध्य बिन्दु है

तब, $a = \dfrac{10+k}{2}$

$b = \dfrac{-6+4}{2} = \dfrac{-2}{2} = -1$

a और *b* का मान समीकरण में रखने पर

$$a - 2b = 18$$
$$\frac{10+k}{2} - 2(-1) = 18$$
$$\frac{10+k}{2} = 16$$
$$10 + k = 32$$
$$k = 22$$

∵ दो बिन्दुओं $A(x_1, y_1)$ और $B(x_2, y_2)$ के बीच की दूरी

$$\sqrt{(y_2 - y_1)^2 + (x_2 - x_1)^2}$$

$$\text{दूरी AB} = \sqrt{[4-(-6)]^2 + (22-10)^2}$$
$$= \sqrt{(10)^2 + (12)^2}$$
$$= \sqrt{100+144}$$
$$= \sqrt{244} = 2\sqrt{61}.$$

पिछले प्रश्न-पत्र (हल सहित)

बी.एड. प्रवेश परीक्षा–2018*

निर्देश (प्र.सं. 1 से 3) : एक इमारत में छः मंजिलें हैं जिनकी क्रम संख्या है 1, 2, 3, 4, 5 और 6। छः दोस्त—असलम, बोनी, कैरोल, दिवाकर, ईनू, और अमनप्रीत—इस इमारत की अलग-अलग मंजिलों पर रहते हैं। जिन मंजिलों पर दिवाकर और अमनप्रीत रहते हैं, उन मंजिलों के बीच दो मंजिलें हैं। अमनप्रीत दिवाकर की मंजिल के ऊपर वाली मंजिल पर रहती है। असलम सम संख्या वाली मंजिल पर रहता है। दिवाकर मंजिल संख्या 2 पर नहीं रहता। कैरोल उन मंजिलों में से किसी भी मंजिल पर नहीं रहती जो अमनप्रीत की मंजिल के नीचे हैं। बोनी विषम संख्या वाली मंजिल पर नहीं रहता है। ईनू उस मंजिल पर नहीं रहता जो मंजिल बोनी की मंजिल से एकदम ऊपर या एकदम नीचे है।

1. मंजिल संख्या 1 पर रहने वाला व्यक्ति है

A. ईनू B. असलम

C. अमनप्रीत D. दिवाकर

2. निम्नलिखित में जो दिवाकर और अमनप्रीत के बिल्कुल बीच वाली मंजिल पर रहते हैं, वे हैं

A. ईनू, कैरोल B. असलम, ईनू

C. कैरोल, बोनी D. ईनू, बोनी

3. बोनी के निवास की मंजिल संख्या है

A. 4

B. 2

C. निर्धारित नहीं किया जा सकता

D. 6

4. निम्नलिखित प्रश्न में दिए गए विकल्पों में से वह चुनिए जो शृंखला को पूरा कर दे।

4, 8, 28, 80, 244, __

A. 278 B. 428

C. 728 D. 628

5. निम्नलिखित प्रश्न में दिए गए विकल्पों में से वह चुनिए जो शृंखला को पूरा कर दे।

a e b d __ f j g i __ k o l n __

A. c m h B. c h m

C. e j l D. c g m

6. निम्नलिखित प्रश्न में दिए गए विकल्पों में से विषम अक्षर/शब्द/संख्या चुनिए

A. xut B. jfe

C. eba D. yvu

7. निम्नलिखित प्रश्न में दिए गए विकल्पों में से विषम अक्षर/शब्द/संख्या चुनिए

A. 79 – 48 B. 59 – 34

C. 35 – 08 D. 57 – 24

निर्देश (प्र.सं. 8 से 11): चार मित्र—रौशन, पारुल, साबा और भास्कर—चार विभिन्न विषयों इतिहास, भूगोल, राजनीति विज्ञान और समाजशास्त्र से (इसी क्रम में नहीं) एम.ए. प्रवेश परीक्षा में बैठना चाहते हैं। परीक्षा के केंद्र चार विभिन्न महाविद्यालयों A, B, C और D में हैं, जो चार अलग-अलग स्थानों –

* Exam held on 18/06/2018 (C[illegible]U).

P, Q, R और S (इसी क्रम में नहीं) में हैं। यह भी ज्ञात है कि पारुल का परीक्षा केंद्र C है। समाजशास्त्र की परीक्षा B महाविद्यालय में होनी है, जो स्थान Q में स्थित है। जिस मित्र की परीक्षा का केंद्र A है, उसे परीक्षा में बैठने के लिए स्थान S में जाना होगा। साबा ने इतिहास की परीक्षा के लिए आवेदन किया है और रौशन को परीक्षा देने के लिए स्थान R में जाना होगा।

8. रौशन के लिए 'परीक्षा-स्थान' का सही संयोजन कौन-सा हो सकता है?

A. राजनीति विज्ञान – P
B. समाजशास्त्र – R
C. भूगोल – R
D. भूगोल – S

9. भास्कर का परीक्षा केंद्र है

A. D B. B
C. A D. C

10. साबा के लिए सही 'स्थान-केंद्र' संयोजन कौन-सा है?

A. S – A B. S – B
C. Q – A D. Q – B

11. पारुल का परीक्षा केंद्र किस स्थान पर स्थित है?

A. Q B. P
C. S D. R

12. 2018 में, भारत के गणतंत्र दिवस समारोह में मुख्य अतिथि थे?

A. मोहम्मद बिन रफसंजानी
B. मोहम्मद बिन जायद अल नाह्यन
C. ब्रिक्स (BRICS) देशों के राष्ट्राध्यक्ष
D. दक्षेस (ASEAN) देशों के राष्ट्राध्यक्ष

13. नीचे दिए गए कदम, खाद्य पदार्थ में प्रोटीन की उपस्थिति का परीक्षण करने के लिए हैं

(*i*) एक टेस्ट ट्यूब में खाद्य पदार्थ की थोड़ी मात्रा लें, इसमें पानी की 10 बूंदें मिलाएं और इसे हिलाएं।
(*ii*) जिस भोजन का परीक्षण होना है, उसका एक पेस्ट या पाउडर बनाएं।
(*iii*) कास्टिक सोडा के घोल की 10 बूंदों को परीक्षण नली में मिलाएं और इसे अच्छी तरह हिलाएं।
(*iv*) कॉपर सल्फेट के घोल की 2 बूंदों को इसमें मिलाएं।

निम्नलिखित में से कौन-सा कदम सही क्रम है?

A. (*i*), (*ii*), (*iv*), (*iii*)
B. (*ii*), (*i*), (*iii*), (*iv*)
C. (*ii*), (*i*), (*iv*), (*iii*)
D. (*iv*), (*ii*), (*i*), (*iii*)

14. नीचे (*i*) से (*iv*) कुछ खाद्य पदार्थ दिए गए हैं

(*i*) उबले हुए और मसले हुए आलू
(*ii*) ग्लूकोज का घोल
(*iii*) रोटी का एक टुकड़ा
(*iv*) सरसों का तेल

आयोडीन के साथ परीक्षण किए जाने पर उपरोक्त में से कौन-सा नीला-काला रंग देगा?

A. (*i*), (*iii*) B. (*i*), (*ii*)
C. (*iii*), (*iv*) D. (*ii*), (*iii*)

15. कोई गेंद एकसमान स्थानांतरीय गति कर रही है। इसका अर्थ है कि

A. यह विराम अवस्था में है।
B. इसका पथ सरल रेखीय अथवा वृत्ताकार हो सकता है और गेंद एकसमान चाल से चल रही है।

C. भागों का वेग (परिमाण एवं दिशा) समान है तथा यह वेग नियत है।

D. गेंद का केंद्र अचर वेग से गति करता है तथा गेंद अपने केंद्र के परितः एकसमान घूर्णन करती है।

16. 'प्राथमिक स्रोत' जो औपनिवेशिक भारत के इतिहास को समझने के लिए उपयुक्त नहीं हो सकता है, वह है

A. छोटानागपुर से मिले पारंपरिक 'खूँटकट्टी भूमि व्यवस्था' के भू-अभिलेख

B. सादत हसन मंटो द्वारा लिखे गए उपन्यास

C. अतरंजीखेड़ा में खुदाई से निकले आहत सिक्के

D. 'काला पानी' के एक अस्सी साल के जेलर के मौखिक अभिलेख

17. पौधों की कुछ विशेषताएं निम्नलिखित हैं

(*i*) वे वाष्पोत्सर्जन के माध्यम से बहुत सारे पानी उत्सर्जित कर देते हैं।

(*ii*) उनकी पत्तियां हमेशा व्यापक और सपाट होती हैं।

(*iii*) वे प्रत्यारोपण के माध्यम से बहुत कम पानी उत्सर्जित कर देते हैं।

(*iv*) उनकी जड़ें मिट्टी में बहुत गहरी जाती हैं।

उपरोक्त विशेषताओं का कौन-सा युग्म मरुस्थलीय पौधों की विशिष्ट लक्षण की ओर इंगित करते हैं?

A. (*i*), (*ii*) B. (*iii*), (*iv*)

C. (*ii*), (*iv*) D. (*ii*), (*iii*)

18. निम्नलिखित के द्वारा, मृत्यु दर में कमी जनसंख्या वृद्धि दर को नियंत्रित करती है

A. माता के स्वास्थ्य को सुरक्षित करके

B. जन्म पूर्व लिंग के चुनाव की प्रवृत्ति को रोककर

C. मृत्यु दर की कमी पूर्ति के लिए बार-बार शिशु जन्म पर नियंत्रण रखकर

D. दो शिशुओं के जन्म के बीच के अंतर को बढ़ाकर

19. भारत में एक गाँव को विद्युतिकृत माना जाता है जब

A. गाँव के 10% घर तथा स्कूल, पंचायत कार्यालय और स्वास्थ्य केंद्र जैसे सार्वजनिक स्थलों तक बिजली पहुँच चुकी हो।

B. दलित बस्तियों समेत अन्य बसावटों में सभी बुनियादी ढांचे जैसे ट्रांसफार्मरों का वितरण और लाइनों का जाल बिछाने का काम पूरा हो चुका हो।

C. सभी घरों में बिजली पहुँच चुकी हो।

D. ऑफ-ग्रिड संरचना द्वारा गांव के बसावट के कम-से-कम आधे क्षेत्रों में विद्युतीकरण हो चुकी हो।

20. यदि त्रिघात बहुपद के शून्यकों में से एक, $x^3 + ax^2 + bx + c$, -1 है, तो अन्य दो शून्यकों का गुणनफल है

A. $a - b + 1$ B. $a - b - 1$

C. $b - a - 1$ D. $b - a + 1$

21. कक्षा में सबसे पीछे बेंच पर बैठी रब्बी श्यामपट्ट पर लिखे अक्षरों को पढ़ सकती है, परन्तु पाठय-पुस्तक में लिखे अक्षरों को नहीं पढ़ पाती। ऐसा इसलिए है क्योंकि

A. रब्बी के नेत्र का दूर बिंदु उससे दूर हो गया है
B. रब्बी के नेत्र का दूर बिंदु उसके पास आ गया है
C. रब्बी के नेत्र का निकट बिंदु उससे दूर हो गया है
D. रब्बी के नेत्र का निकट बिंदु उसके पास आ गया है

22. किसी द्विविमीय गति में तात्क्षणिक चाल V_0 कोई धनात्मक नियतांक है। निम्नलिखित में जो कथन अनिवार्यतः सत्य है, वह है
A. कण का त्वरण अनिवार्यतः गति के तल में है
B. कण का त्वरण शून्य है
C. कण त्वरण परिबद्ध है
D. कण को एक समान वृत्तीय गति करनी चाहिए

23. एक गतिविधि में, मारिया ने पानी से आधे भरे गिलास में थोड़ी मात्रा में ठोस कॉपर सल्फेट को घोल दिया। घोल में से ठोस तांबा सल्फेट वापस पाने के लिए वह किस विधि का उपयोग करेगी?
A. अवसादन B. संघनन
C. वाष्पीकरण D. निस्तारण

24. तैंतीस छात्रों के एक वर्ग में, रोहित का स्थान शीर्ष से 12 वां है, लेकिन उसका जुड़वां भाई साहिल उससे चार स्थान ऊपर है। नीचे से साहिल का स्थान क्या है?
A. 26 B. 25
C. 21 D. 29

25. 'जनसंख्या वितरण' शब्द से तात्पर्य है
A. किसी विशिष्ट क्षेत्र में जन्म लेने वाले लोगों के सन्दर्भ में मृत्यु प्राप्त करने वाले लोगों की संख्या
B. किसी विशिष्ट क्षेत्र में समय के साथ जनसंख्या में किस प्रकार परिवर्तन होता है
C. किसी दिए हुए क्षेत्र में लोग किस रूप में वितरित हैं
D. आबादी की आयु और लिंग संरचना की एक आलेखित प्रस्तुति

26. कबीर अपने दोस्त को पादप तंतु से बना उपहार देना चाहता है। वह निम्नलिखित में से कौन-सा चयन करेगा?
A. ऊनी शाल
B. पटसन/जूट का थैला
C. नायलॉन का दुपट्टा
D. रेशमी साड़ी

27. बीसवीं शताब्दी भारत में मुद्रण (प्रिंट) की एक नई संस्कृति के उद्भव के साथ, पाठकों पर उपन्यासों के प्रभावों में शामिल था
(*i*) लोगों को सलाह देना कि वे उपन्यासों के नैतिक दुष्प्रभाव से बचें; कुछ अभिभावकों द्वारा उपन्यासों का अपने बच्चों की पहुँच से दूर छज्जे पर छिपाकर रखना
(*ii*) महिलाओं और बच्चों के लिए उपन्यास पढ़ना अनिवार्य बनाना, क्योंकि उन्हें आसानी से भ्रमित नहीं किया जा सकता था

(*iii*) युवाओं द्वारा अक्सर इन्हें चोरी-छिपे पढ़ा जाना

(*iv*) बड़ी-बूढ़ी महिलाएँ, जो आमतौर पर पढ़ी-लिखी नहीं थीं, उनके द्वारा लोकप्रिय तमिल उपन्यासों को उनके पोते-पोतियों द्वारा पढ़े जाने पर बड़ी तल्लीनता से सुना जाना, जो कि दादी-नानी की जानी-पहचानी कहानियों से एकदम उलट थीं

A. (*i*), (*ii*), (*iii*)
B. (*i*), (*ii*), (*iv*)
C. (*i*), (*iii*), (*iv*)
D. (*iv*)

28. 'साम्प्रदायिकता' के सन्दर्भ में, जो कथन सत्य नहीं है, वह है

A. साम्प्रदायिकता सामुदायिक पहचान को बुनियादी और अटल मानती है
B. साम्प्रदायिकता सामुदायिक पहचान को एक स्वाभाविक अस्मिता मानकर प्रस्तुत करती है, मानो लोग ऐसी पहचान लेकर पैदा हुए हों, मानों अस्मिताएँ इतिहास और समय के दौर से गुजरते हुए बदलती नहीं हैं
C. साम्प्रदायिकता किसी भी समुदाय में आंतरिक फर्कों को बढ़ावा देती है और उस समुदाय की मूलभूत एकता को अन्य समुदायों के विरुद्ध अपूर्ण रूप से संपादित करती है
D. साम्प्रदायिकता उस राजनीति को कहा जाता है, जो धार्मिक समुदायों के बीच विरोध और झगड़े पैदा करती है

29. 'जेंडर' के सन्दर्भ में जो कथन स्वीकार्य नहीं है, वह है

A. किसी भी समकालीन प्रसंग की चर्चा में महिलाओं के दृष्टिकोणों को समाकलित करना, जेंडर मुद्दों को संबोधित करने के लिए आवश्यक है
B. जेंडर पुरुषों और महिलाओं और उनके द्वारा पुरुषत्व और स्त्रीत्व की विशेषताओं के बीच अंतर करने के लिए उपयोग की जाने वाली विशेषताओं की एक शृंखला को संदर्भित करता है
C. जेंडर एक सामाजिक निर्मिती है
D. 'जेंडर' अवधारणा एक जैविक निर्मिती है

30. भारतीय इतिहास के 'तिथियों और काल' के समसामयिक वाद-विवाद के संदर्भ में सही कथन होगा

A. 'प्राचीन-मध्य-आधुनिक' काल क्रमबद्धता पर आधारित विभाजन सही है क्योंकि आधुनिकता के प्रतीक–विज्ञान, तर्क, स्वतंत्रता, समानता और लोकतंत्र–केवल आधुनिक काल में ही अस्तित्व में आए
B. 'हिंदु-मुस्लिम-ब्रिटिश' जैसी कालावधि उपयुक्त है, क्योंकि शासकों का धर्म ही एकमात्र महत्वपूर्ण ऐतिहासिक परिवर्तन रहा है
C. लम्बी समयावधि में घटित होने वाली 'ऐतिहासिक प्रक्रियाओं' को निश्चित तिथियों और काल विभाजनों के अंतर्गत लाना समस्यात्मक है

D. 'हिंदू-मुस्लिम-ब्रिटिश' कालावधि जैसे विभाजन एकदम सही है, क्योंकि इन सभी अवधियों में विभिन्न प्रकार की आस्थाएं एक साथ मौजूद नहीं थीं

31. अनेक कार्बनिक पदार्थ, जैसे ऐसीटिक अम्ल, ऋणात्मक रूप से आवेशित होते हैं, जबकि अन्य पदार्थ जैसे अमोनियम आयन, धनात्मक रूप से आवेशित होते हैं। कुछेक परिस्थितियों में ऐमीनो अम्ल का एक ही अणु एक साथ धनात्मक और ऋणात्मक दोनों प्रकार से आवेशित हो सकता है। ऐसे एमीनो अम्ल को कहा जाता है

A. धना आवेशित रूप
B. ज्विट्टरिआयनिक रूप
C. उदासीन रूप
D. ऋणा आवेशित रूप

32. चुम्बक के गुणों को सुरक्षित रखा जा सकता है

A. चुम्बक को गर्म करके
B. नाल चुम्बक के ध्रुवों के संपर्क में लोहे का एक टुकड़ा रखकर
C. चुम्बक को कैसेट, सेल फोन, टेलीविजन और कंप्यूटर के समीप रखकर
D. छड़ चुम्बक के जोड़ों के समान ध्रुवों को पास-पास रखकर

33. स्तंभ के वाहिकारहित टुकड़े में जो स्पष्ट चालनी नालिकाएँ पाई जाती हैं, उनका संबंध है

A. चीड़ से B. ट्रोकोडेंड्रॉन से
C. यूकेलिप्टस से D. घास से

34. इनमें से सुमेलित सार्वजनिक नीति है

A. पढ़े भारत बढ़े भारत — उत्तर-पूर्व भारत के छात्रों के लिए छात्रवृत्ति
B. ईशान उदय — दिव्यांगजनों के लिए छात्रवृत्ति
C. सक्षम — कक्षा 1 तथा 2 में गुणवत्ता सुनिश्चित करना
D. प्रगति — बालिकाओं को तकनीकी शिक्षा के लिए दी जाने वाली छात्रवृत्ति

35. भारत में राष्ट्रवाद के विकास के संदर्भ में गलत कथन यह है कि

A. महात्मा गांधी के नेतृत्व में कांग्रेस ने विभिन्न समुदायों को एक आंदोलन के लिए तैयार किया
B. प्रत्येक वर्ग और समुदाय ने उपनिवेशवाद के प्रभावों को एक ही तरह से महसूस किया, उनके अनुभव और स्वतंत्रता के विचार सदैव एकसमान थे
C. आधुनिक राष्ट्रवाद का विकास औपनिवेशिक-विरोधी आंदोलन से घनिष्ठ रूप से जुड़ा हुआ है
D. उपनिवेशवाद के तहत उत्पीड़ित होने की भावना ने एक साझा सम्बन्ध विकसित किया, जिसने विभिन्न समुदायों को एक साथ जोड़ने का काम किया

36. सविनय अवज्ञा आंदोलन के दौरान विभिन्न वर्गों और सामाजिक समुदायों की भागीदारी के संबंध में जो कथन सत्य है, वह है

A. औद्योगिक मजदूर वर्ग ने पूरे भारत में बड़ी संख्या में भाग लिया

B. दलितों की भागीदारी प्रबल थी, विशेष रूप से महाराष्ट्र में
C. आंदोलन में पाटीदार और जाट जैसे समृद्ध किसान समुदाय सक्रिय नहीं थे
D. उच्च जाति की महिलाओं और समृद्ध किसान परिवारों ने बड़े पैमाने पर भाग लिया

37. निम्नलिखित में से कौन का कथन खनिजों की विशेषता के सन्दर्भ में सही नहीं है?
A. उनका वितरण असमान होता है
B. वे प्राकृतिक प्रक्रियांओं द्वारा निर्मित होते हैं
C. वे असमाप्य होते हैं
D. उनका एक निश्चित रासायनिक संगठन होता है

38. राका वन्यजीव अभयारण्य में गई जहाँ उसने पेड़, झाड़ियाँ, जड़ी बूटियाँ और बंदर, पक्षी, हाथी, सांप, मेंढक आदि जैसे विभिन्न प्रकार के जानवरों को देखा। इस अभयारण्य का सबसे संभावित स्थान है
A. ध्रुवीय क्षेत्र
B. समशीतोष्ण क्षेत्र
C. उष्णकटिबंधीय क्षेत्र
D. तटीय क्षेत्र

39. आपकी रसोई में एल.पी.जी. संरक्षित न होने के कारण हो सकते हैं
A. पकाने से पहले कुछ समय के लिए दाल भिगोंकर रखना
B. गैस जलाने के पहले सब्जियाँ काटकर रखना
C. प्रेशर कुकर में भोजन पकाना
D. धीमी गैस पर खुले बर्तन में भोजन पकाना

40. यदि एक वृत्त की परिधि और एक वर्ग का परिमाप बराबर है, तो
A. वृत्त और वर्ग के क्षेत्रफलों के बीच के सम्बन्ध में निश्चित रूप से कुछ नहीं कहा जा सकता
B. वृत्त का क्षेत्रफल = वर्ग का क्षेत्रफल
C. वृत्त का क्षेत्रफल < वर्ग का क्षेत्रफल
D. वृत्त का क्षेत्रफल > वर्ग का क्षेत्रफल

41. यदि अरुणाचल प्रदेश में सूर्योदय का समय 6.00 A.M. है, तो गुजरात में अनुमानित समय होगा
A. 6.30 A.M. B. 8.00 A.M.
C. 5.30 A.M. D. 7.00 A.M.

42. किसी दुर्घटना में एक व्यक्ति के सीने में फेफड़ों को बिना क्षति पहुँचाए सुराख हो जाते हैं। यह प्रभावित कर सकता है
A. सांस की दर में कमी
B. सांस का रुक जाना
C. श्वसन में कोई परिवर्तन नहीं
D. सांस की दर में तीव्र वृद्धि

43. निम्नलिखित में से कौन-सा कथन 'यदि बंटी अच्छे अंक प्राप्त करेगा, तो उसे एक साइकिल मिलेगी' का विलोम है?
A. यदि बंटी को साइकिल नहीं मिलेगी, तो वह अच्छे अंक नहीं प्राप्त करेगा
B. यदि बंटी को साइकिल नहीं मिलेगी, तो वह अच्छे अंक प्राप्त करेगा
C. यदि बंटी को साइकिल मिलेगी, तो वह अच्छे अंक नहीं प्राप्त करेगा
D. यदि बंटी को साइकिल मिलेगी, तो वह अच्छे अंक प्राप्त करेगा

निर्देश (प्र.सं. 44 से 47) : *निम्नलिखित प्रश्न में अभिकथन और तर्क के कथन दिए हैं। नीचे लिखे विकल्पों में से सही विकल्प का चयन कीजिए।*

44. **अभिकथन (A):** सौर-विकिरण द्वारा ऊपरी समताप मंडल में ओजोन नष्ट हो जाती है।

तर्क (R): ओजोन परत के पतली पड़ने पर अत्यधिक पराबैंगनी विकिरण भू-पृष्ठ पर पहुंच जाते हैं।

A. A और R दोनों सही हैं, परन्तु R, A का सही स्पष्टीकरण नहीं है।
B. A और R दोनों सही हैं एवं R, A का सही स्पष्टीकरण है
C. A और R दोनों सही नहीं हैं
D. A सही नहीं है, परन्तु R सही है

45. **अभिकथन (A):** स्वतः प्रवर्तित प्रक्रम एक अनुत्क्रमणीय प्रक्रम है और किसी बाह्य कर्मक द्वारा उत्क्रमित हो सकता है।

तर्क (R): स्वतः प्रवर्तिता के लिए एन्थैल्पी में कमी एक योगदायी कारक है।

A. A और R दोनों सही हैं, परन्तु R, A का सही स्पष्टीकरण नहीं है
B. A और R दोनों सही हैं एवं R, A का सही स्पष्टीकरण है
C. A गलत हैं, परन्तु R सही है
D. A सही है, परन्तु R गलत है

46. **अभिकथन (A):** नियत ताप पर किसी रासायनिक अभिक्रिया के सम्पन्न होने के लिए साम्य स्थिरांक नियत होता है और यह उसका अभिलक्षणिक गुणधर्म है।

तर्क (R): साम्य स्थिरांक ताप पर निर्भर नहीं करता

A. A और R दोनों सही हैं, परन्तु R, A का सही स्पष्टीकरण नहीं है
B. A और R दोनों सही हैं एवं R, A का स्पष्टीकरण तर्क है
C. A और R दोनों गलत हैं
D. A सही है, परन्तु R गलत है

47. **अभिकथन (A):** अपने क्रांतिक ताप से अधिक ताप पर गैसें उच्च दाब लगाने पर भी द्रवित नहीं होतीं।

तर्क (R): क्रांतिक ताप से अधिक ताप पर, अणुओं की गति अत्यधिक होती है और अन्तरा अणुक बल अणुओं को साथ नहीं रख पाते क्योंकि गति अधिक होने के कारण वह जुड़ने से बच जाते हैं।

A. A और R दोनों सही हैं, परन्तु R, A का सही स्पष्टीकरण है।
B. A और R दोनों सही हैं एवं R, A का सही स्पष्टीकरण है
C. A गलत है, परन्तु R सही है
D. A सही है, परन्तु R गलत है

48. 'संरक्षणवाद' के सन्दर्भ में, सही कथन हैं

(*i*) यह देशीय उद्योगों को विदेशी प्रतिस्पर्धा से बचाने की नीति है।
(*ii*) यह विदेशी वस्तुओं पर सीमा-शुल्क लगाकर, आयात कोटा बांटकर और अन्य व्यापार नियमों का आश्रय लेकर किया जाता है।
(*iii*) इसके अंतर्गत अन्तर्राष्ट्रीय स्तर पर वस्तुओं और सेवाओं के मुक्त प्रवाह को बढ़ावा देना तथा मुक्त व्यापार से परे हटना है।

(*iv*) संरक्षणात्मक नीतियों को अधिकांश देशों में 'गैट' तथा 'डब्ल्यू.टी.ओ.' के अंतर्गत किए गए समझौतों द्वारा काफी हद तक कम कर दिया गया है।

A. (*i*), (*iv*)
B. (*i*), (*ii*), (*iii*), (*iv*)
C. (*i*), (*ii*), (*iii*)
D. (*i*), (*ii*), (*iv*)

49. मानव विकास सूचकांक (HDI) के सन्दर्भ में सही कथन हैं

(*i*) यह देश के सामाजिक तथा आर्थिक विकास के स्तर को मापने के परिणामी संकेतकों का समेकित सूचकांक है।

(*ii*) यह तीन आयामों–जन्म के समय जीवन की प्रत्याशा, विद्यालय में माध्य वर्ष और साक्षरता दर तथा रहन-सहन के स्तर–पर आधारित है।

(*iii*) मानव विकास सूचकांक (HDI) तुलना के उद्देश्य से समय के साथ विभिन्न देशों के स्तरों में परिवर्तनों का विश्लेषण करना संभव बनाता है।

(*iv*) मानव विकास सूचकांक (HDI) का स्पष्ट उद्देश्य, विकास अर्थशास्त्र के केन्द्रीय भाव को जन-केंद्रित नीतियों से राष्ट्रीय आय लेखांकन की ओर स्थानांतरित करने का है।

A. (*i*), (*iv*)
B. (*i*), (*ii*), (*iii*)
C. (*i*), (*iii*), (*iv*)
D. (*ii*), (*iii*), (*iv*)

50. दिल्ली सल्तनत के सन्दर्भ में तवारीख़ (इतिहास) के लेखक

A. जनता के जीवन को समझने के लिए ज्यादातर गांवों में रहते थे
B. बहुमूल्य पुरस्कारों की उम्मीद के बिना सुल्तानों के लिए वस्तुनिष्ठ इतिहास लिखा करते थे
C. प्रशिक्षित लोग थे, जिन्होंने घटनाओं का वर्णन किया और साथ ही शासकों को निष्पक्ष शासन करने की सलाह दी
D. ज़न्म और लिंग के आधार पर बिना किसी भेद-भाव के सामाजिक संरचना को संरक्षित रखने की सलाह देते थे

51. नटवर की दुर्घटना में हाथ की दोनों बड़ी हड्डियाँ (अस्थियाँ) अपने स्थान से हट गईं। निम्नलिखित में से कौन-सा संभावित कारण हो सकता है?

A. एरियोलर (गर्तिका) ऊतक का टूटना
B. स्नायु का टूटना
C. कंकाल पेशी का टूटना
D. कंडरा का टूटना

52. कक्षा में 'सामाज़िक न्याय' के प्रति संवेदनशीलता को प्रोत्साहित किया जा सकता है

(*i*) कक्षा में विचार-विमर्श के दौरान समकालीन जन आन्दोलनों और पक्षसमर्थन की कहानियों के अंशों को शामिल करके

(*ii*) भारतीय सामाजिक परिवेश की ऐतिहासिकता के सन्दर्भों की व्याख्या एक असमान शक्ति समीकरण वाले एक बहुजातीय समूह के रूप में करके

(*iii*) सामाजिक न्याय पर आधारित संवैधानिक प्रावधानों को कक्षा चर्चाओं में शामिल करके

(*iv*) कक्षा के दोषी बच्चों को तुरंत शारीरिक दंड देकर

A. (*i*), (*ii*), (*iii*)
B. (*i*), (*ii*)
C. (*iii*), (*iv*)
D. (*ii*), (*iii*), (*iv*)

53. मस्तिष्क उत्तरदायी है

(*i*) हृदय स्पंदन के लिए
(*ii*) आलोचनात्मक चिंतन के लिए
(*iii*) बिन्दुस्राव के लिए
(*iv*) शरीर का संतुलन बनाए रखने के लिए

A. (*i*), (*ii*), (*iii*)
B. (*i*), (*ii*), (*iv*)
C. (*i*), (*iii*), (*iv*)
D. (*ii*), (*iii*), (*iv*)

54. समुच्चय A = {1, 2, 3, ..., *n*} से स्वयं (A में) सभी फलनों में से एक फलन यादृच्छया चुना जाता है। चयनित (चुने गए) फलन के एकैकी होने की प्रायिकता है

A. $\frac{1}{(n-1)!}$ B. $\frac{1}{n!}$

C. $\frac{1}{(n+1)!}$ D. $\frac{n!}{n^n}$

55. समीकरण $x = e^t . \cos t, y = e^t . \sin t$ द्वारा प्रदत्त वक्र की $t = \frac{\pi}{4}$ पर स्पर्श रेखा, अक्ष से कोण बनाती है

A. $\frac{\pi}{2}$ B. $\frac{\pi}{3}$

C. 0 D. $\frac{\pi}{4}$

56. एक सही कथन होगा

A. सभी आयत वर्ग हैं
B. सभी समानांतर चतुर्भुज आयत हैं
C. सभी वर्ग समानांतर चतुर्भुज नहीं हैं
D. सभी वर्ग आयत हैं

57. फाइकोमाइसिटीज के सदस्य पाए जाते हैं

(*i*) जलीय आवास में
(*ii*) सड़ी-गली लकड़ी पर
(*iii*) नम तथा आद्र स्थानों पर
(*iv*) पादपों पर अवविकल्पी परजीवी की तरह से

निम्नलिखित विकल्पों में से चयन कीजिए

A. (*i*), (*iv*)
B. (*i*), (*ii*), (*iii*), (*iv*)
C. (*i*), (*ii*)
D. (*ii*), (*iii*)

58. 'प्रच्छन्न बेरोजगारी' से तात्पर्य है

A. एक रोजगार में कई व्यक्तियों को रोजगार देना जो कुछ ही लोग पूरा कर सकते हैं
B. बिना किसी रोजगार के व्यक्ति
C. महिलाओं के बीच बेरोजगारी
D. साठ वर्ष से अधिक व्यक्तियों की बेरोजगारी

59. निम्नलिखित में से सही कथन होगा

A. प्राकृतिक गैस का उपयोग विद्युत उत्पादन के लिए नहीं किया जा सकता
B. प्राकृतिक गैस को संपीड़ित प्राकृतिक गैस के रूप में अधिक दाब पर भंडारित किया जाता है।
C. प्राकृतिक गैस का परिवहन पाइपों द्वारा करना कठिन है।

D. प्राकृतिक गैस कीं कमी यह है कि घरों में जलाने के लिए इसका सीधा उपयोग नहीं कर सकते

60. एक कार्यक्रम जहां कई लोग कम समय में नए सॉफ्टवेयर उत्पादों को विकसित करने के लिए मिलकर काम करते हैं, वह है

A. हैकाथन B. डैकाथन
C. ऍमेजन D. मैराथन

61. यह $f(x) = x^3 - \frac{1}{x^3}$, तो $f(x) + f\left(\frac{1}{x}\right)$ निम्नलिखित में से किसके बराबर है?

A. $2x^3$ B. 0
C. $2\frac{1}{x^3}$ D. 1

62. एक मीटर स्केल एक समान वेग से गतिमान है। इसका अर्थ है कि

A. स्केल पर लगने वाले बल का परिमाण शून्य है और स्केल के द्रव्यमान केंद्र के परितः कार्य करने वाला बल-आघूर्ण भी शून्य है।
B. स्केल पर लगने वाले बल का परिमाण शून्य है। परंतु स्केल पर द्रव्यमान केंद्र के परितः कोई बल-आघूर्ण कार्य कर सकता है।
C. इस पर लगने वाला कुल बल शून्य होना आवश्यक नहीं है परंतु इस पर कार्य करने वाला बल-आघूर्ण शून्य है।
D. स्केल पर कार्य करने वाले न तो बल और न ही बल आघूर्ण का शून्य होना आवश्यक है।

63. 'मैं हिजड़ा, मैं लक्ष्मी' को लिखा है

A. टी. लक्ष्मी नाथन ने
B. लक्ष्मी कान्त तिवारी ने
C. लक्ष्मी शंकर त्रिवेदी ने
D. लक्ष्मी नारायण त्रिपाठी ने

64. A, B की बहन है। C, D के पिता हैं। A, E की पुत्री है जिसने C से शादी की है। D, B का भाई है। B, C से किस प्रकार संबंधित है?

A. सूचना अपर्याप्त B. पुत्र या पुत्री
C. पुत्र D. पुत्री

65. नीचे दिए गए कथन को पढ़ें।

(*i*) बीज को अंकुरण के लिए नमी की आवश्यकता होती है।
(*ii*) पौधे ज्यादातर विघटित रूप में पोषक तत्वों को अवशोषित कर सकते हैं।
(*iii*) सिंचाई दोनों ठंड और गर्म हवा धाराओं से फसलों की रक्षा करता है।
(*iv*) सिंचाई मिट्टी की बनावट में सुधार करता है।

कथन के समुच्चयों का चयन करें जो फसलों को सिंचाई करने की आवश्यकता को इंगित करते हैं।

A. (*i*), (*ii*), (*iii*), (*iv*)
B. (*i*), (*ii*), (*iii*)
C. (*i*), (*iii*)
D. (*i*), (*ii*)

66. समान द्रव्यमान तथा समान पदार्थ के बने एक गोले, एक घन एवं एक वृत्ताकार प्लेट को समान उच्च ताप तक आरंभ में तप्त किया गया है। इस परिस्थिति में:

A. गोला सबसे अधिक तीव्रता से और घन सबसे धीरे ठंडा होगा

B. प्लेट सबसे अधिक तीव्रता से और गोला सबसे धीरे ठंडा होगा

C. प्लेट सबसे अधिक तीव्रता से और घन सबसे धीरे ठंडा होगा

D. घन सबसे अधिक तीव्रता से और प्लेट सबसे धीरे ठंडी होगी

67. 'जूठन – एक दलित का जीवन' के लेखक हैं

A. भीमराव रामजी अम्बेडकर

B. ज्योतिराव गोविंदराव फुले

C. चन्द्र भान प्रसाद

D. ओमप्रकाश वाल्मीकि

68. मान लीजिए कि R प्राकृत संख्याओं के समुच्चय N में एक सम्बन्ध है, जो nRm यदि n विभाजित करता है m को, द्वारा परिभाषित है, तो R

A. स्वतुल्य, संक्रामक है परंतु सममित नहीं है

B. स्वतुल्य एवं सममित है

C. संक्रामक एवं सममित है

D. तुल्यता सम्बन्ध है

69. मान लीजिए कि $n(A) = m$ और $n(B) = n$, तो A से B में परिभाषित किए जा सकने वाले अरिक्त संबंधों की कुल संख्या है:

A. $mn - 1$ B. $m^n - 1$

C. $n^m - 1$ D. $2^{mn} - 1$

70. ऑक्सफोर्ड शब्दकोष का 'वर्ष 2017 का शब्द' रहा

A. न्यूजजैकिंग B. यूथक्वैक

C. ट्रम्प D. ब्रोफ्लेक

71. शरीर में रुधिर कैल्सियम स्तर इस बात का द्योतक (प्ररिणाम) है कि आहार से प्राप्त होने वाला कितना कैल्सियम अवशोषित हुआ है, कितना कैल्सियम मूत्र द्वारा निकल गया है, कितनी अस्थि घुलकर रुधिर में कैल्सियम का मोचन करती है और रुधिर से कितना कैल्सियम ऊतकों में प्रवेश करता है। इन प्रक्रियाओं में कई कारक अपनी महत्वपूर्ण भूमिका अदा करते हैं। इस क्रिया में वह कारक जिसकी कोई भूमिका नहीं है, वह है

A. विटामिन डी

B. परावटु (पैराथाइराइड) हारमोन

C. थाइमोसिन

D. थाइरो कैल्सिटोनिन

72. समुच्चय $(A \cup B \cup C) \cap (A \cap B' \cap C')' \cap C'$ समान है

A. $B \cup C'$ B. $B \cap C'$

C. $A \cap C$ D. $A \cap C'$

73. पूर्व-ब्रिटिश भारत में 'पाठशालाओं' में बच्चों को सिखाए जाने वाले तरीके के बारे में जो कथन सत्य हैं, वे हैं

(*i*) फसल कटाई के समय कक्षाएँ आयोजित नहीं की जाती थीं जब ग्रामीण बच्चे अक्सर खेतों में काम करते थे।

(*ii*) बच्चे निश्चित सीटों पर बैठते थे।

(*iii*) राज्य ने सभी औपचारिक स्कूली शिक्षा को संयोजित करने की जिम्मेदारी ली।

(*iv*) शुल्क माता-पिता की आय पर निर्भर करता था, अमीरों को गरीबों से अधिक भुगतान करना पड़ता था।

A. (*iii*), (*iv*)
B. (*i*), (*ii*), (*iv*)
C. (*ii*), (*iii*)
D. (*i*), (*iv*)

74. 'स्वच्छ विद्यालय' पहल के लिए जो कथन सत्य हैं, वे हैं

(*i*) यह सुनिश्चित करना कि भारत के सभी सरकारी स्कूलों में लड़कों और लड़कियों के लिए अलग-अलग चालू शौचालय हैं।

(*ii*) बेच्छता सुविधाओं का उपयोग विद्यालय में बच्चों में आंत्रशोथ संबंधी बीमारियों तथा अनुपस्थिति की घटना को कम करता है।

(*iii*) शौचालयों को कुशलतापूर्वक साफ करने के लिए मैला ढोने की प्रथा के साथ संलग्न होना।

(*iv*) शौचालय का उपयोग, रखरखाव और हाथ धोने जैसे बदलावों को व्यवहार में लाने के लिए प्रोत्साहित करना।

A. (*i*), (*ii*), (*iii*)
B. (*i*), (*ii*), (*iv*)
C. (*i*), (*iii*), (*iv*)
D. (*ii*), (*iii*), (*iv*)

75. 'एकतारा'/'इकतारा' जो एक लयबद्ध लोक यंत्र है, जिसमें एक तनी एकल तार होती है, को इस नाम से भी जाना जाता है

A. गोपीचंद
B. साईं प्रणीत
C. प्रणॉय
D. श्रीकांत किदंबी

76. बीस या उससे ज्यादा ग्रैंड स्लैम खिताब जीतने वाले खिलाड़ी हैं

A. मार्गरिट कोर्ट, सेरेना विलियम्स, स्टेफी ग्राफ तथा रॉजर फेडरर
B. पीट सम्प्रास, वीनस विलियम्स, रॉजर फेडरर तथा सेरेना विलियम्स
C. रॉजर फेडरर, सेरेना विलियम्स, नोवाक जोकोविच तथा राफेल नडाल
D. राफेल नडाल, सेरेना विलियम्स, रॉजर फेडरर तथा स्टेफी ग्राफ

77. जिन शहरों को 'झीलों का शहर' उपनाम दिया गया है, वे हैं

(*i*) श्रीनगर
(*ii*) उदयपुर
(*iii*) भोपाल
(*iv*) कोहिमा

A. (*i*), (*ii*), (*iii*)
B. (*i*), (*ii*), (*iv*)
C. (*i*), (*iii*), (*iv*)
D. (*ii*), (*iii*), (*iv*)

78. 'ऑपरेशन फ्लड' नामक ग्राम विकास कार्यक्रम केन्द्रित है

A. बाढ़ नियंत्रण पर, ताकि सार्वजनिक संपत्ति के क्षति को कम किया जा सके
B. कुक्कुट पालन पर, ताकि ग्रामीण लोगों को रोजगार के अवसर प्राप्त हों, उनकी आमदनी बढ़े तथा गरीबी दूर हो
C. मधुमक्खी पालन पर, ताकि ग्रामीण लोगों को रोजगार के अवसर प्राप्त हों, उनकी आमदनी बढ़े तथा गरीबी दूर हो
D. डेयरी उत्पादन पर, ताकि ग्रामीण लोगों को रोजगार के अवसर प्राप्त हों, उनकी आमदनी बढ़े तथा गरीबी दूर हो

79. शैक्षणिक संस्थानों में समानता और सामाजिक न्याय के संदर्भ में सही कथन हैं

(*i*) समानता और सामाजिक न्याय मूल्य हैं, जिन्हें प्राप्त करने के लिए सतत प्रयास करना पड़ता है और ऐसा कुछ नहीं जो स्वतः होगा।

(*ii*) सम्पूर्ण भारत के लिए इसे वास्तविकता बनाने के लिए जनसंघर्ष, पक्ष-समर्थन तथा सरकार के सकारात्मक पक्ष आवश्यक है।

(*iii*) समानता की स्थापना केवल गैर-सरकारी संगठनों के प्रयास से ही संभव है।

A. (*i*), (*ii*), (*iii*) B. (*i*), (*iii*)
C. (*i*), (*ii*) D. (*ii*), (*iii*)

80. एक कोशिका फूल जाएगी, यदि

A. जल के अणुओं की सांद्रता महत्व नहीं रखती

B. कोशिका के भीतर तथा उसके बाहर के जल के अणुओं की सांद्रता समान हो

C. कोशिका के भीतर जल के अणुओं की सांद्रता उसके बाहर चारों ओर उपस्थित जल के अणुओं की सांद्रता से अधिक हो

D. कोशिका के बाहर चारों ओर उपस्थित जल के अणुओं की सांद्रता कोशिका के भीतर जल के अणुओं की सांद्रता से अधिक हो

निर्देश (प्र.सं. 81 से 85): *नीचे दिए गए गद्यांश को पढ़िए और उसके नीचे दिये गये सभी प्रश्नों के लिए उपयुक्त विकल्प को चुनिए।*

यह कहा जाता है कि फेल न किए जाने के कारण बच्चों में पढ़ाई के प्रति अश्रद्धा हो जाती है और वे प्रयास करना छोड़ देते हैं। दूसरा यह कि जब कोई विद्यार्थी पिछली कक्षा की बातों को न सीखकर अगली कक्षा में पहुँचता है तो उसे अगली कक्षा की विषयवस्तु समझने में कठिनाई होती है। अतः उसे उसी कक्षा में रोककर सिखाना बेहतर है। चलिए इन दो दलीलों का परीक्षण करते हैं। क्या परीक्षा और फेल हो जाने का डर वास्तव में बच्चों के लिए प्रेरणा का स्रोत बन सकता है? पढ़ाई के प्रति श्रद्धा या इच्छा विषयवस्तु की रोचकता तथा शिक्षण विधि पर निर्भर होनी चाहिए, न कि किसी दण्ड के डर पर। हमें यह भी स्वीकार करना होगा कि सभी बच्चे हर विषय में समान रूप से सीखना नहीं चाहेंगे। इस कारण पाठ्यक्रम में विविधता और बहुआयामिता की जरूरत है। पढ़ना-लिखना, तार्किक सोच, सामाजिक समानता और न्याय, पर्यावरणबोध तथा सौन्दर्यबोध जैसे कुछ बुनियादी शैक्षणिक उद्देश्यों को हर विधा में पिरोने की जरूरत है ताकि जिस विधा में बालक रुचि ले, उसके माध्यम से वह ये बातें सीख सके। जो हम पढ़ाना चाहते हैं, वह बच्चे के लिए रोचक न हो, या हम सही तरीके से सिखा न पाएँ, तो इसमें दोष किसका है? क्या यह विद्यार्थी का दोष है या कि उस विधा का है, या उस शिक्षक का या उस शैक्षणिक व्यवस्था का है? इनमें से हम किसे फेल माने? बच्चे तब सीखते हैं जब उनमें उस विषयवस्तु के प्रति कोई आकर्षण बने और उसे सीखने के लिए तीव्र इच्छा व उत्साह जागृत हो जैसे वे रोटी बनाना, साइकिल चलाना या फिर नए मोबाइल फोन इस्तेमाल करना सीखते हैं। क्या इस तरह का उत्साह फेल होने के डर से उत्पन्न हो सकता है?

81. लेखक के अनुसार बच्चे के पाठ्यक्रम में किस चीज की आवश्यकता है?

A. बहुआयामिता की

B. आकर्षक चित्रों की

C. विविधता की

D. विविधता एवं बहुआयामिता दोनों की

82. उपरोक्त गद्यांश में 'दलील' शब्द का प्रयोग किया गया है?

A. सलाह के सन्दर्भ में

B. तर्क के सन्दर्भ में

C. प्रश्न के सन्दर्भ में

D. वाक्य के सन्दर्भ में

83. उपरोक्त गद्यांश में 'पिरोने' शब्द से तात्पर्य है

A. घटाना　　B. छांटना

C. मिटाना　　D. जोड़ना

84. किन दो बातों पर विद्यार्थियों की पढ़ाई के प्रति श्रद्धा या इच्छा निर्भर करती है?

A. विषय विद्यार्थियों के पर्यावरण से कितना संबंधित है और उनके मानसिक स्तर के अनुसार है

B. विषयवस्तु कितनी रोचक है और अध्यापक द्वारा कौन-सी शिक्षण विधि का प्रयोग किया जा रहा है

C. विद्यार्थी और अध्यापक दोनों के मानसिक स्तर पर

D. अध्यापक की योग्यता और अनुभव पर

85. बच्चा तब सीखने के प्रति आकर्षित होता है जब

A. उस विषयवस्तु के प्रति कोई आकर्षण बने

B. केवल अच्छी-अच्छी कहानियाँ हों

C. विषयवस्तु में केवल सुन्दर चित्र हों

D. अच्छे लेखक द्वारा लिखी गई कविताएँ हों

Directions (Qs. No. 86 to 90): *Based on the passage given below choose the most appropriate option.*

From time immemorial drugs have been used by humans for medical purposes. But never before had the abuse ... (A) ... narcotics caused such unprecedented worldwide concern and posed an alarming menace to the society. According to recent World Health Organization estimates, there are millions of ... (B) ... addicts and abusers of cocaine, opium, barbiturates, sedatives and tranquilizers all over the world. It is now an international problem that ... (C) ... the Indian government. Recent movies like Udta Punjab have highlighted that the consumption of drugs has affected the youth in the state of Punjab adversely. Taking a drug other than for medical reason in amount, strength, frequency or manner that ... (D) ... the physical and mental functioning is drug abuse. Drug abuse is a painful problem for the addict, for the family and for all those who touch their lives. It is mostly the youngsters that fall prey to drugs. At this stage, the youngsters are especially vulnerable to pressure from friends. The future generation is virtually being crippled under the impact of drugs. Due to intake of drugs, the person may lose will power, concentration, memory and judgement capacity. There is a need to create awareness amongst the youth as well as work towards rehabilitation of those trapped in ...(E)... abuse.

86. Choose the most appropriate option for (B):
A. heroin B. heroine
C. medicine D. work

87. Choose the most appropriate option for (D):
A. mends B. damages
C. invigorates D. augments

88. Choose the most appropriate option for (E):
A. object
B. environment
C. substance
D. habitat

89. Choose the most appropriate option for (C):
A. surprises B. pleases
C. bothers D. amuses

90. Choose the most appropriate option for (A):
A. by B. of
C. from D. through

Directions (Qs. No. 91 to 95): *Read the following passage carefully and answer these questions.*

Once upon a time there was a bird. It was ignorant. It sang all right, but never recited scriptures. It hopped pretty frequently, but lacked manners. Said the Raja to himself: "Ignorance is costly at the long run. For fools consume as much food as others, and yet give nothing in return."

He called his nephews to his presence and told them that the bird must have a sound schooling. The pundits were summoned, and at once went to the root of the matter. They decided that the ignorance of the bird was due to their natural habit of living in poor nest. Therefore, according to pundits, the first thing necessary for this bird's education was a suitable cage. The pundits had their rewards and went home happily. A golden cage was built with gorgeous decorations. Crowds came to see it from all parts of the world. "Culture, captured and caged" exclaimed some, in a rapture of ecstasy and burst into tears. Others remarked: "even if culture be missed, the cage will remain, to the end, a substantial fact. How fortunate for the bird." The goldsmith filled his bag with money and lost no time in sailing homewards.

The pundits sat down to educate the bird. With proper deliberation they took their pinch of snuff, as one of them said: "Text-books can never be too many for our purpose!" The nephews brought together an enormous crowd of scribes. They copied from books, and copied from copies, till the manuscripts were piled up to an uncatchable height. Men murmured in amazement. "Oh, the tower of culture, egregiously high! The end of it lost in the clouds!" The scribes, with light hearts, hurried home, their pockets heavily laden. The nephews were furiously busy keeping the cage in proper trim. As their constant scrubbing and polishing went on, the people said with satisfaction: "This is progress indeed!" Men were employed in large numbers, and supervisors were still more numerous. These, with their cousins of all different degrees of distance, built a palace for themselves and lived there happily ever after. Whatever may be its other deficiencies, the world is never in want of fault-finders; and they went about saying that every creature remotely connected with the cage flourished beyond words, excepting only the bird.

When this remark reached the Raja's ears, he summoned his nephews before him and said: "My dear nephews, what is this that we hear?" The nephews said in answer: "Sire, let the testimony of the goldsmiths and the pundits, the scribes and the supervisors, be taken, if the truth is to be known. Food is scarce with the fault-finders, and that is why their tongues have gained in sharpness." The explanation was so luminously satisfactory that the Raja decorated each one of his nephews with his own rare jewels.

The Raja at length being desirous of seeing with his own eyes how his education department engaged itself with the little bird, made his appearance one day at the great hall of learning. From the gate rose the sounds of conch-shells and gongs, horns, bugles and trumpets, cymbals, drums and kettle drums, tom-toms, tambourines, flutes, fifes, barrel-organs and bagpipes. The pundits began chanting mantras with their topmost voices, while the goldsmiths, scribes, supervisor, and their numberless cousins of all different degrees of distance, loudly raised a round of cheers.

The nephews pleased, the Raja was about to remount his elephant, when the fault-finders from behind some bush, cried out: "Maharaja, have you seen the bird?"

"Indeed, I have not!" exclaimed the Raja. "I completely forgot about the bird. Turning back, he asked the pundits about the method they followed in instructing the bird. It was shown to him. He was immensely impressed. The method was so stupendous that the bird looked ridiculously unimportant in comparison. The Raja was satisfied that there was no flaw in the arrangements. As for any complaint from the bird itself, that simply could not be expected. Its throat was so completely choked with the leaves from the books that it could neither whistle nor whisper. It sent a thrill through one's body to watch the process.

This time, while remounting his elephant, the Raja ordered his state ear-puller to give a thorough good pull at both the ears of the fault-finder. The bird thus crawled on, duly and properly, to the verge of inanity. In fact, its proper was satisfactory in the extreme. Nevertheless, nature occasionally triumphed overt training, and when the morning light peeped into the bird's cage it sometimes fluttered its wings in a reprehensible manner. And, though it is hard to believe, it pitifully packed at its bars with its feeble break. "What impertinence!" growled the Kotwal.

The blacksmith, with his forge and hammer took his place in the Raja's Department of Education: Oh, what resounding blows! The iron chain was soon completed, and the bird's wings were clipped. The Raja's brother-in-law looked back, and shook their heads, saying: "This bird not only lacks good sense, but also gratitude!" With text-book in hand and baton in the other, the pundits gave the poor bird what may fitly be called lessons!

The Kotwal was honoured with a title for his watchfulness, and the blacksmith for skill in forging chains. The bird died.

(A Parrot's story by Rabindra Nath Tagore)

91. The Raja wanted the bird to have sound schooling because
A. the bird was consuming the resources of the state but giving nothing in return,
B. he wanted to eventually kill the bird.
C. he wanted to show his gratitude towards the bird.
D. he wished to set before his subjects an example of love towards nature.

92. 'The tower of culture' symbolizes
A. money B. raja
C. manuscripts D. cage

93. The word 'impertinence' refers to
A. disrespect B. stupid
C. loyalty D. civility

94. The status of the 'bird' in this story can be compared today with that of a
A. head of the school
B. student
C. teacher educator
D. teacher

95. The bird died in the end because
A. it lacked good sense
B. its cage was dirty
C. Its natural instincts were suppressed
D. it was brutally beaten up by the Raja

निर्देश (प्र.सं. 96 से 100): *नीचे दिए गए गद्यांश को पढ़िए और उसके नीचे दिये गये सभी प्रश्नों के लिए उपयुक्त विकल्प को चुनिए।*

एक शिक्षिका जब कक्षा में प्रवेश करती है तो कई बार इस सवाल से गुजर चुकी होती है कि 'उसके पढ़ाने का उद्देश्य क्या है? उसके ज्ञान और व्यक्तित्व से विद्यार्थी क्या सीखेंगे? वह अपने विद्यार्थियों के साथ कैसे समाज की कल्पना साझा करना चाहती है?' शायद जब सावित्री बाई फुले ने पढ़ाना शुरू किया होगा तब भले ही उन्हें समाज का साथ न मिला हो किन्तु उनके पास उद्देश्य और एक बेहतर समाज की कल्पना की कोई कमी नहीं रही होगी। उन्हीं के शब्दों में—

"विद्या प्राप्त करें, शूद्रों-अतिशूद्रों के दुःख निवारण हेतु

"भट-ब्राह्मनों के षड्यंत्रों के पितरों को दूर फेंकने हेतु"

उनका उद्देश्य था ऐसी विद्या का निर्माण करना जो शूद्रों- अतिशूद्रों को ब्राह्मणों के षड्यंत्रों से लड़ना सिखाए। यह कोई निर्मल सपना नहीं था, बल्कि एक संघर्षपूर्ण जीवन का चयन था। यह उस समय की बात है जब अंग्रेज शासकों ने भारत में स्कूल और कॉलेज खोलने शुरू किए। वे भारतीयों का एक ऐसा वर्ग तैयार करना चाहते थे जो उनके लिए क्लर्क का काम करें, जो उनके और उनकी प्रजा के बीच अनुवादक बन सकें, एक ऐसा वर्ग जो खून और रंग से तो भारतीय हो पर पसंद, विचार, शब्द और समझ में अंग्रेज। ऐसे ही एक स्कूल में सावित्री बाई फुले के पति ज्योतिराव फुले भी पढ़े। नौ साल की उम्र में सावित्री का विवाह ज्योतिराव के साथ हुआ। सावित्री की पढ़ाई में रुचि देखकर ज्योतिराव ने उन्हें पढ़ाना शुरू किया। इस तरह शुरू हुई उन्नीसवीं शताब्दी में एक दलित महिला सावित्री की पढ़ाई। उन्होंने अहमदनगर और पुणे से अपना प्रशिक्षण पूरा किया। उसके पश्चात् 1848 में ज्योतिराव-सावित्री ने लड़कियों के लिए पहला स्कूल खोला। उनके शिक्षा दर्शन के केंद्र में था 'समाज सुधार'। कहते हैं, अच्छा शिक्षक वही बन सकता है, जो अच्छा विद्यार्थी हो। सावित्री भी एक अच्छे विद्यार्थी की तरह लगातार सामाजिक गैर-बराबरी और उत्पीड़न को समझने की कोशिश करती थीं। ज्योतिबा और सावित्री बाई हर सामाजिक कुरीति से लड़ते और अपने आस-पास के माहौल में हस्तक्षेप करते। उन्होंने जीवन भर विधवा विवाह के लिए प्रयास किए, अनाथ बच्चों के लिए आश्रय खोले। 1876 व 1879 के अकाल व 1897 के प्लेग में सावित्रीबाई ने गाँव-देहात में पीड़ितों के लिए सहायता शिविर चलाने व भोजन व्यवस्था करने में अथक प्रयास किए। प्लेग में मरीजों की सेवा-देखभाल करते हुए ही वो बीमार पड़ीं और उनकी मौत हो गई। उनका उदाहरण दिखाता है कि समाज से कटकर कोई प्रगतिशील शिक्षक नहीं बन सकता।

96. उपरोक्त गद्यांश के अनुसार भारतीयों को शिक्षा देने के पीछे अंग्रेजी शासकों का मुख्य उद्देश्य था:

(*i*) दफ्तरों में क्लर्क का काम करने के लिए भारतीयों को शिक्षित करना

(*ii*) अंग्रेजी विचारधारा का अनुसरण करने वाले भारतीय समूह को तैयार करना

(*iii*) केवल उच्च वर्ग के लोगों को शिक्षा देना

(*iv*) अंग्रेजी बोलने और समझने वाले भारतीय लोगों का एक समूह तैयार करना

A. (*i*), (*ii*)
B. (*i*), (*ii*), (*iv*)
C. (*i*), (*ii*), (*iii*)
D. (*ii*), (*iii*), (*iv*)

97. सावित्री बाई के अनुसार शिक्षा का मूल उद्देश्य है

A. पढ़ाने के बहाने लोगों को जातिगत धाराओं में बाँटना
B. लोगों में समानता और बंधुत्व की भावना उत्पन्न करना
C. लोगों में जातीय विद्वेष उत्पन्न करना
D. सामाजिक संरचना को असंतुलित करना

98. उपर्युक्त अनुच्छेद के अनुसार 'प्रगतिशील शिक्षक' से अभिप्राय है

A. ऐसा शिक्षक जो समाज से जुड़ा हो

B. ऐसा शिक्षक जो प्रगतिशील विद्यालयों में पढ़ाए

C. ऐसा शिक्षक जो पदोन्नति के लिए निरंतर प्रयास करता रहे

D. ऐसा शिक्षक जो अनेकों विद्यालयों में पढ़ाए

99. उपरोक्त गद्यांश के अनुसार अच्छा शिक्षक वही होता है जो

(*i*) समाज कल्याण के लिए कार्य करे

(*ii*) पितरों का अनुसरण करे

(*iii*) अच्छा विद्यार्थी हो

(*iv*) समाज से जुड़ा हो

A. (*i*), (*iii*), (*iv*)

B. (*i*), (*ii*), (*iv*)

C. (*i*), (*ii*), (*iii*)

D. (*ii*), (*iii*), (*iv*)

100. उपरोक्त गद्यांश में 'षड्यंत्रों' शब्द से तात्पर्य है

A. कुमंत्रणा B. कुतर्क

C. कुशाग्रता D. कुमार्ग

उत्तरमाला

1	**2**	**3**	**4**	**5**	**6**	**7**	**8**	**9**	**10**
D	B	D	C	B	B	B	C	B	A
11	**12**	**13**	**14**	**15**	**16**	**17**	**18**	**19**	**20**
B	D	C	A	C	C	B	C	A	D
21	**22**	**23**	**24**	**25**	**26**	**27**	**28**	**29**	**30**
D	A	C	A	C	B	C	C	D	C
31	**32**	**33**	**34**	**35**	**36**	**37**	**38**	**39**	**40**
B	B	B	D	B	D	C	C	D	D
41	**42**	**43**	**44**	**45**	**46**	**47**	**48**	**49**	**50**
B	B	D	D	A	D	B	D	B	C
51	**52**	**53**	**54**	**55**	**56**	**57**	**58**	**59**	**60**
B	A	B	D	A	D	B	A	B	A
61	**62**	**63**	**64**	**65**	**66**	**67**	**68**	**69**	**70**
B	A	D	B	D	B	D	A	D	B
71	**72**	**73**	**74**	**75**	**76**	**77**	**78**	**79**	**80**
C	B	B	B	A	A	A	D	C	D
81	**82**	**83**	**84**	**85**	**86**	**87**	**88**	**89**	**90**
D	B	D	B	A	A	B	C	C	B
91	**92**	**93**	**94**	**95**	**96**	**97**	**98**	**99**	**100**
A	C	A	B	C	B	B	A	A	A

व्याख्यात्मक उत्तर

प्र.सं. 1-3.

मंजिल संख्या	व्यक्ति का नाम
6	बोनी
5	कैरोल
4	अमनप्रीत
3	ईनू
2	असलम
1	दिवाकर

1. मंजिल संख्या 1 पर दिवाकर रहता है।

2. असलम और ईनू, दिवाकर और अमनप्रीत के बिल्कुल बीच वाली मंजिल पर रहते हैं।

3. बोनी मंजिल संख्या-6 पर रहता है।

4. 4   8   28   80   244   728

×3 – 4   ×3 + 4   ×3 – 4   ×3 + 4   ×3 – 4

अतः दी गई शृंखला में अगला पद 728 होगा।

5. a e b d c   f j g i h   k o l n m

+1   +1   +1   +1   +1   +1

अतः रिक्त स्थान में chm आयेगा।

6. x u t   j f e   e b a   y v u

3 1   4 1   3 1   3 1

अतः jfe सही उत्तर है।

7. 79 – 48   59 – 34   35 – 08   57 – 24

(7+9) – (4+8)   (5+9) – (3+4)   (3+5) – (0+8)   (5+7) – (2+4)

16 – 12 = 4   14 – 7 = 7   8 – 8 = 0   12 – 6 = 6

केवल 7 अभाज्य संख्या है। अतः विकल्प B सही है।

प्र.सं. 8-11

महाविद्यालय	स्थान	व्यक्ति	विषय
C	P	पारुल	राजनीति विज्ञान
B	Q	भास्कर	समाजशास्त्र
A	S	साबा	इतिहास
D	R	रौशन	भूगोल

8. रौशन के लिए 'परीक्षा-स्थान' का सही संयोजन 'भूगोल-R' है।

9. भास्कर का परीक्षा केन्द्र B है।

10. साबा के लिए 'स्थान-केन्द्र' संयोजन S – A है।

11. पारुल का परीक्षा केन्द्र 'P' स्थान पर स्थित है।

40.

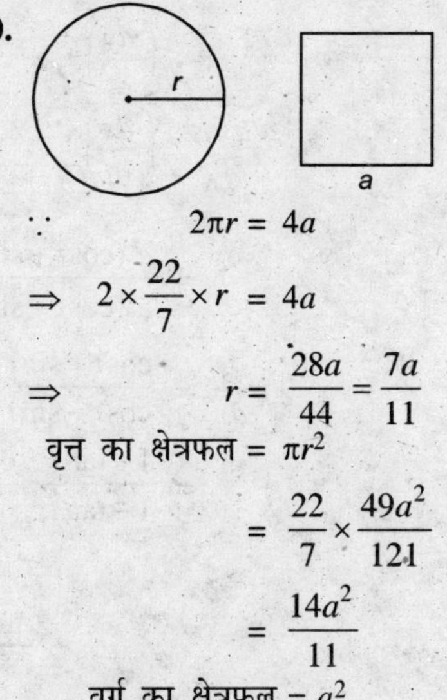

$$\because \quad 2\pi r = 4a$$

$$\Rightarrow \quad 2 \times \frac{22}{7} \times r = 4a$$

$$\Rightarrow \quad r = \frac{28a}{44} = \frac{7a}{11}$$

वृत्त का क्षेत्रफल $= \pi r^2$

$$= \frac{22}{7} \times \frac{49a^2}{121}$$

$$= \frac{14a^2}{11}$$

वर्ग का क्षेत्रफल $= a^2$

स्पष्टतः वृत्त का क्षेत्रफल > वर्ग का क्षेत्रफल

54. A = {1, 2, 3, ... n}

∵ सभी फलनों में से एक फलन यादृच्छया चुना जाता है।

अतः चयनित (चुने गए) फलन के एकैकी होने की प्रायिकता = $\frac{n!}{n^n}$.

55. दिया है,

$$x = e^t.\cos t$$

$$\frac{dx}{dt} = e^t.\cos t - e^t.\sin t$$

$$= e^t(\cos t - \sin t) \quad ...(i)$$

$$y = e^t.\sin t$$

$$\frac{dy}{dt} = e^t.\sin t - e^t.\cos t$$

$$= e^t(\cos t + \sin t) \quad ...(ii)$$

समीकरण (ii) को (i) से भाग करने पर

$$\frac{dy}{dx} = \frac{\left(\frac{dy}{dt}\right)}{\left(\frac{dx}{dt}\right)}$$

$$= \frac{e^t(\cos t + \sin t)}{e^t(\cos t - \sin t)}$$

$$\frac{dy}{dx} = \frac{\cos t + \sin t}{\cos t - \sin t}$$

$$= \frac{1 + \tan t}{1 - \tan t}$$

$$(\tan\theta)_{t=\frac{\pi}{4}} = \frac{1 + \tan\frac{\pi}{4}}{1 - \tan\frac{\pi}{4}}$$

$$\tan\theta = \infty$$

$$\theta = \frac{\pi}{2}.$$

56. (D) सभी वर्ग आयत हैं।

61. दिया है,

यदि, $f(x) = x^3 - \frac{1}{x^3}$.

$$f\left(\frac{1}{x}\right) = \left(\frac{1}{x}\right)^3 - \frac{1}{\left(\frac{1}{x}\right)^3}$$

$$= \frac{1}{x^3} - x^3$$

$$\therefore\ f(x) + f\left(\frac{1}{x}\right) = \left(x^3 - \frac{1}{x^3}\right) + \left(\frac{1}{x^3} - x^3\right)$$

$$f(x) + f\left(\frac{1}{x}\right) = 0$$

69. माना $n(A) = m$ और $n(B) = n$ तब

A से B में परिभाषित किए जा सकने वाले अतिरिक्त संबन्धों की कुल संख्या $= 2^{mn} - 1$

पिछले प्रश्न-पत्र (हल सहित)

बी.एड. प्रवेश परीक्षा-2017*

1. कार के रियर व्यू मिरर में, पीछे से आने वाली कार की नम्बर प्लेट EOIP के रूप में दिखाई देती है। उस कार का नम्बर क्या हो सकता है?

A. 5692 B. 3019
C. 9103 D. 5619

2. यदि ACFJ को BDGK से कोडित किया जाता है, तो IKNR को कैसे कोडित किया जायेगा?

A. JLPS B. RVOM
C. JLOS D. MORE

3. प्रश्न आकृति

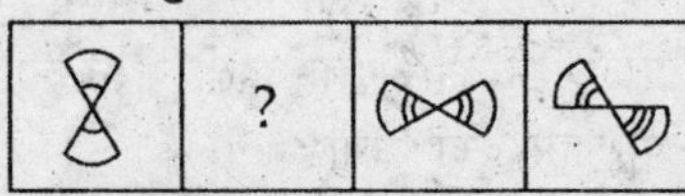

उत्तर आकृति

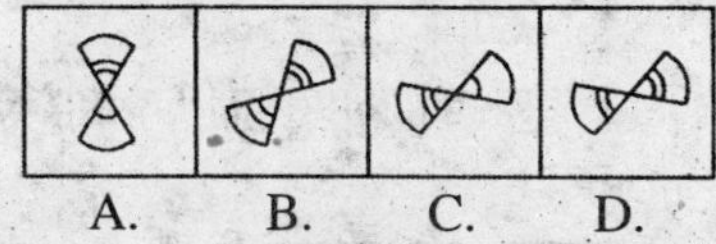

A. B. C. D.

4. यदि एक आयत की लंबाई 5% तक बढ़ा दी जाती है, तो उसका क्षेत्रफल इतना तक बढ़ जायेगाः

A. 25% B. 5%
C. 10% D. 7.5%

5. तीन अंकों की कितनी संख्याएं 5 से विभाज्य होती हैं?

A. 10 B. 100
C. 175 D. 180

6. निम्न प्रश्न एक ऐसी एंक्रिप्शन प्रणाली पर आधारित है जिसमें Please do it को PDI से कोडित किया जाता है, Follow the rule को FTR से कोडित किया जाता है, Go to movie को GTM से कोडित किया जाता है, Wash your hands को इससे कोडित किया जाएगा :

A. WYH B. YWH
C. HWY D. HYW

7. एक विषम ज्ञात कीजिए :

18, 27, 45, 63, 72, 117

A. 18 B. 45
C. 72 D. 63

8. यदि PHENOL को OGDMNK से कोडित किया जाता है, तो HYDROGEN को कैसे कोडित किया जायेगा?

A. GZCQNFDM
B. GZCQMFDM
C. GXCQNFCM
D. GXCQNFDM

9. निम्न प्रश्न में दिये गये शब्दों का यथार्थ जल प्रतिबिंब चुनिये।

PRICELESS

A. ᑭꓤICELESS B. ᑭꓤICEꓶEꓢꓢ
C. ᑭꓤICEꓶEꓢꓢ D. ꓢꓢEꓶECIꓤᑭ

10. लुप्त संख्या चुनकर शृंखला को पूरा कीजिए :

7, 10, 15, 22, 31, ___.

A. 40 B. 45
C. 42 D. 39

* Held on 27-05-2017.

11. निम्न प्रश्न एक ऐसी एंक्रिप्शन प्रणाली पर आधारित है जिसमें Today is Wednesday को WIT से कोडित किया जाता है, He is an actor को AAIH से कोडित किया जाता है, She is a model को इससे कोडित किया जायेगा :

A. SIAM B. MISA
C. MAIS D. SAIM

12. फल बेचने वाले के पास कुछ सेब थे। उसने 42% सेब बेच दिए और अभी भी उसके पास 261 सेब हैं। शुरुआत में उसके पास कितने सेब थे?

A. 400 B. 450
C. 500 D. 550

13. यदि निम्न दो वर्ग अतिव्यापित होते हैं, तो निम्न में से कौन-सा एक विकल्प बनता है?

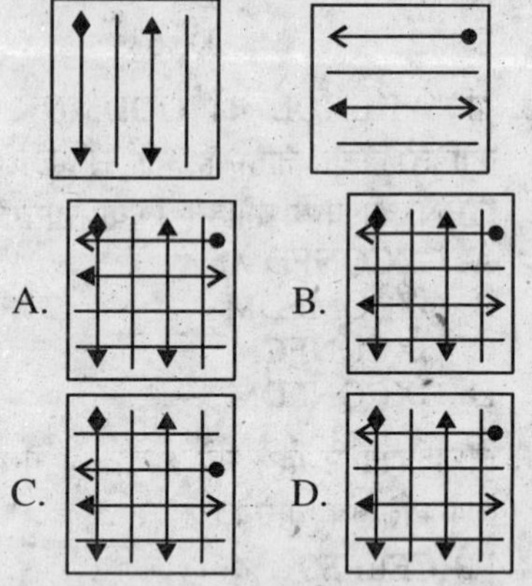

14. निम्न संख्याओं के क्रम में, कितनी विषम संख्याएं ऐसी हैं जो अपने से निकटतम पूर्ववर्ती संख्या से पूरी तरह से विभाज्य हैं, लेकिन निकटतम अनुगामी संख्या से पूरी तरह से विभाज्य नहीं हैं?

5 2 6 3 9 7 4 2 5 6 2 5 1 3 6 4 3 3 2 4

A. दो
B. तीन
C. चार
D. उपर्युक्त में से कोई नहीं

15. $(1000^2 - 999^2)$ इसके बराबर है :

A. 1 B. 1,000
C. 999 D. 1,999

16. हरी ने पेनक्वीन प्रकाशन के पास ₹ 1,200 की कुल कीमत में उपन्यास के एक विशिष्ट संस्करण का एक ऑर्डर मंगवाया। उसने उपन्यास की कुल कीमत का 10% अप्रतिदेय जमा का भुगतान किया। तत्पश्चात, हरी को ज्ञात हुआ कि वही संस्करण ऑक्सफोर्ड प्रकाशक के पास 20% कम में उपलब्ध है। यदि ये सिर्फ शामिल लागत हैं, तो पेनक्वीन प्रकाशन के पास राशि खो देने के बावजूद, प्रकाशकों की अदला-बदली करने का नेट परिणाम क्या होगा?

A. किताब की कीमत में ₹ 120 तक की कमी।
B. किताब की कीमत में कोई परिवर्तन नहीं।
C. किताब की कीमत में ₹ 120 तक की वृद्धि।
D. किताब की कीमत में ₹ 240 तक की वृद्धि।

17. वह विकल्प चुनिए जो निम्न के अनुरूप है :

साक्षर : कलम : : सैनिक : ?

A. हाथ
B. युद्ध
C. तलवार
D. लड़ाई

18. लुप्त अक्षरों को चुनकर शृंखला को पूरा कीजिए :

ABC, BDF, CFI, ...

A. DHK B. DGL
C. DHL D. DGJ

19. नीचे दी गई शृंखला में, क्रम में संख्याएं उपस्थित हैं। गलत संयोजन पहचानिए :

90, 66, 45, 28, 15, 6, 1

A. 45 B. 28
C. 90 D. 6

20. 'RATIONALIZATION' शब्द में अक्षर 'A' अक्षर 'O' से कितनी अधिक बार आता है?

A. 1 B. 2
C. 3 D. 4

21. 90 किमी. प्रति घण्टे पर यात्रा कर रही एक 150 मी. लंबी रेलगाड़ी को शून्य चौड़ाई के खम्बे को पार करने में कितना समय लगेगा?

A. 8 मिनट B. 16 सेकण्ड
C. 25 मिनट D. 6 सेकण्ड

22. नल A, टैंक को पाँच घण्टों में भरता है, नल B उसी टैंक को पंद्रह घण्टों में भरता है, और नल C, टैंक को दस घण्टों में खाली करता है। जब तीनों नलों को एक साथ खोला जाता है, तो टैंक कितनी देर में भर जायेगा?

A. 10 घण्टे B. 6 घण्टे
C. 5 घण्टे D. 3 घण्टे

23. 500 से 700 तक कितनी संख्याएं ऐसी हैं जो 6 से शुरू या समाप्त होती हैं?

A. 10 B. 99
C. 100 D. 110

24. राजेश्वरी को अपना स्कूटर ₹ 18,570 में बेचने पर ₹ 3,430 का नुकसान हुआ। उसके स्कूटर की लागत मूल्य क्या है?

A. ₹ 24,000 B. ₹ 22,000
C. ₹ 21,000 D. ₹ 20,000

25. वह विकल्प चुनिए जो निम्न के अनुरूप है :

कम्प्यूटर : सीडी : : वीडियो : ?

A. चित्र B. कैसेट
C. टीवी D. शूटिंग

26. यदि दो वर्गों के विकर्ण 1 : 3 के अनुपात में हैं, तो उनके क्षेत्रफलों का अनुपात क्या होगा?

A. 1 : 3 B. 1 : 6
C. 1 : 9 D. 6 : 1

27. एक पंक्ति में U से लेकर Y तक पाँच विभिन्न घर हैं। U, V के दाईं ओर है, और Y, W के बाईं ओर व U के दाईं ओर है। V, X के दाईं ओर है। कौन-सा घर बीच में है?

A. U B. V
C. W D. X

28. 60 प्रेक्षणों का माध्य 66 है। बाद में, यह पाया गया कि एक प्रेक्षण 24 को गलती से 42 ले लिया गया। संशोधित माध्य क्या है?

A. 55 B. 58.5
C. 61.2 D. 65.7

29. नीचे दी गई शृंखला में, अक्षरों और संख्याओं का एक क्रम निहित है। गलत संयोजन पहचानिए :

(*i*) 1mji2hf2t (*ii*) 1mji2hf2t
(*iii*) 1mji2hf2t (*iv*) 1mji2fhf2t

A. (*i*) B. (*ii*)
C. (*iii*) D. (*iv*)

30. नीचे दी गई आकृति में कितने त्रिकोण हैं?

A. 8　　B. 6
C. 10　　D. 5

31. 62वें फिल्मफेयर अवॉर्ड में सर्वश्रेष्ठ निर्देशक पुरस्कार किसने जीता?
A. करण जौहर
B. एस.एस. राजमौली
C. रोहित शेट्टी
D. नितेश तिवारी

32. खजुराहो नृत्य पर्व हर वर्ष मनाया जाता है। यह पर्व प्रायः .... माह में मनाया जाता है।
A. दिसम्बर　　B. जून
C. फरवरी　　D. सितम्बर

33. कारगिल ऑपरेशन को क्या नाम दिया गया था?
A. ऑपरेशन रेड स्टार
B. ऑपरेशन मैजिक
C. ऑपरेशन विजय
D. ऑपरेशन विक्टरी

34. अंतर्राष्ट्रीय बाघ दिवस किस तारीख को मनाया जाता है?
A. 25 जुलाई　　B. 29 जुलाई
C. 15 अगस्त　　D. 29 अगस्त

35. सितंबर 2016 तक भारतीय संविधान में किए गए संशोधनों की कुल संख्या क्या है?
A. 97　　B. 98
C. 101　　D. 103

36. रिहन्द नदी बांध का जलग्रहण क्षेत्र ......है।
A. ओडीशा, मध्य प्रदेश, उत्तर प्रदेश एवं बिहार
B. मध्य प्रदेश, उत्तर प्रदेश एवं छत्तीसगढ़
C. ओडीशा, बिहार एवं झारखंड
D. गुजरात, मध्य प्रदेश एवं छत्तीसगढ़

37. 2016 रियो ओलंपिक में 100 मीटर की दौड़ पूरी करने में उसैन बोल्ट को कुल कितना समय लगा?
A. 9.71 सेकेण्ड　　B. 8.71 सेकेण्ड
C. 9.61 सेकेण्ड　　D. 9.81 सेकेण्ड

38. विंध्य श्रेणी में सबसे ऊँची चोटी ..... है।
A. मिकाई श्रेणी　　B. गुडविल चोटी
C. बैल चोटी　　D. कास्केड श्रेणी

39. यूनेस्को प्राकृतिक विरासत उत्सव 2017, ... में आयोजित किया गया था।
A. केरल　　B. बिहार
C. त्रिपुरा　　D. हिमाचल प्रदेश

40. भारतीय ध्वज की चौड़ाई का अनुपात इसकी लंबाई के साथ .... है।
A. 3:5　　B. 2:4
C. 3:4　　D. 2:3

41. रियो 2016 पैरालंपिक खेलों में भारत द्वारा जीते गए कुल पदकों की संख्या .... है।
A. 1　　B. 4
C. 8　　D. 5

42. "रेनबो" .... है।
A. एक समुदाय
B. प्रसार भारती का एफएम चैनल
C. संक्षिप्त मामला
D. वर्षा का प्रकार

43. इसरो का व्यापक रूप है:
A. भारतीय अंतरिक्ष अनुसंधान संगठन
B. अंतर्राष्ट्रीय अंतरिक्ष अनुसंधान संगठन
C. भारतीय अंतरिक्ष परिणाम संगठन
D. भारतीय गति अनुसंधान संगठन

44. निम्न में से किस खेल के साथ पी.वी. सिंधु जुड़ी हुई हैं?
A. बैडमिंटन B. कुश्ती
C. तीरंदाजी D. टेनिस

45. भारतीय अंतरिक्ष अनुसंधान संगठन (इसरो) ने किस रॉकेट वाहन से सफलतापूर्वक 104 उपग्रहों का प्रक्षेपण किया है?
A. पीएसएलवी-C37
B. पीएसएलवी-C35
C. पीएसएलवी-C33
D. पीएसएलवी-C34

46. एक ट्रेन पर दुनिया का पहला अस्पताल .... है।
A. राजधानी एक्सप्रेस
B. लाइफलाइन एक्सप्रेस
C. इलाहाबाद दुरंतो एक्सप्रेस
D. गरीब रथ

47. भारत की सबसे लंबी सुरंग "चेनानी-नाशरी सुरंग" किस राज्य में स्थित है?
A. पंजाब B. केरल
C. असम D. जम्मू और कश्मीर

48. तवा जलाशय .... के मध्य स्थित है।
A. सतपुरा राष्ट्रीय उद्यान और बानी अभयारण्य
B. कोलार और हलाली बांध
C. रानी अवंतीबाई सागर एवं सुक्ता सागर
D. व्यारमा व बरना नदियों

49. अरुंधती भट्टाचार्य .... की चेयरमैन थीं।
A. आईसीआईसीआई बैंक
B. कॉर्पोरेशन बैंक
C. इंडियन ओवरसीज बैंक
D. भारतीय स्टेट बैंक

50. अनुपम .... है।
A. कंप्यूटर सॉफ्टवेयर
B. एक एप्लिकेशन
C. एक सुपर कंप्यूटर
D. एक अनुसंधान संगठन

51. "साकेत" खंडकाव्य के रचयिता कौन हैं?
A. मैथिलीशरण गुप्त B. महादेवी वर्मा
C. जयशंकर प्रसाद D. रामधारी दिनकर

52. भारत में "हिंदी दिवस" किस दिन मनाया जाता है?
A. 14 सितम्बर B. 1 मई
C. 15 अगस्त D. 2 दिसम्बर

53. "काहे को ब्याहे बिदेस" किसकी रचना है?
A. चंदबरदाई B. अमीर खुसरो
C. हेमचन्द्र D. गोरखनाथ

54. य, र, ल, व, निम्नलिखित में से किस वर्ग के व्यंजन हैं?
A. उष्म (संघर्षी) व्यंजन
B. अन्तःस्थ व्यंजन
C. स्पर्श व्यंजन
D. स्पर्श-संघर्षी व्यंजन

55. आशीर्वाद में कौन-सी संधि है?
A. गुण संधि
B. व्यंजन संधि
C. विसर्ग संधि
D. इनमें से कोई नहीं

56. कृपया शांति बनाये रखें।
A. संदेहवाचक वाक्य
B. आज्ञावाचक वाक्य
C. संकेतवाचक वाक्य
D. विस्मयवाचक वाक्य

57. तलवार का पर्यायवाची शब्द नहीं है?
A. करवाल B. असि
C. न्यून D. शमशीर

58. हिन्दी वर्णमाला में व्यंजनों की संख्या कितनी है?
A. 33 B. 32
C. 35 D. 36

59. उपसर्ग का प्रयोग होता है :
A. शब्द के आरम्भ में
B. शब्द के अंत में
C. शब्द के मध्य में
D. इनमें से कोई नहीं

60. "आँखों का तारा"–इस मुहावरे का अर्थ क्या है?
A. पसंद न आना B. अतिप्रिय
C. दिल में बस जाना D. देख न पाना

61. Choose the correct form of conjuction for the given sentence:
He'll never pass, ... hard he tries.
A. however B. even though
C. despite D. though

62. Choose the correct form of verb for the given sentence:
The giraffe survives in par because it .... the vegetation in the high branches of trees where other animals have not grazed.
A. could reach B. can reach
C. is reaching D. reached

63. Choose the correct form of expression to complete the sentence:
Steel gains .... from the addition of nickel.
A. power B. force
C. strength D. might

64. Complete the sentence choosing the right option:
"He is very healthy", remarked the captain, "...........".
A. and is best suited to a career in the army
B. and is not suited to a career in the army
C. and is best suited to a carrier in the army
D. and is best suitable to a career in the army

65. Choose the appropriate preposition for the given sentence:
She burst .... tears of relief.
A. in B. with
C. into D. upon

66. Choose appropriate articles for the given sentence:
The celebrity admitted that .... *desi* media was far less determined than .... paparazzi of foreign shores.
A. a, an B. the, the
C. an, the D. a, a

67. Choose the right form of adjective for the sentence given below:
Verma is one of the most .... persons that I have ever met.
A. bore
B. boring
C. boringly
D. boredom

68. Choose the best sentence starter from the given options:
He is poor. He is honest.
A. If ... B. In case ...
C. However ... D. Although ...

69. Complete the sentence choosing the right form of Prefix:
A .... marine is a ship that can remain submerged in oceans for long periods of time.
A. aqua B. ultra
C. sub D. super

70. Choose the correct form of tense for the given sentence:
India has many calendars, which Indians .... since early times.
A. are using B. use
C. have used D. could use

71. निम्न में से कौन-सी एक अच्छे शिक्षण की विशेषता नहीं है?
A. यह भावनात्मक अस्थिरता उत्पन्न करता है।
B. यह बच्चों की कठिनाइयों का निदान करता है।
C. यह कक्षा में छात्रों की समस्याओं का निराकरण करता है।
D. यह छात्रों के सामर्थ्य में बढ़ोत्तरी करता है।

72. शिक्षक को क्या करना चाहिए जब छात्र कक्षा में लिखने का काम कर रहे हों?
A. चुपचाप बैठे रहें।
B. कक्षागृह में घूमते रहें और छात्रों का मार्गदर्शन करें।
C. चौकन्ने रहें यह सुनिश्चित करने के लिए कि छात्र नकल न करें।
D. इनमें से कोई भी नहीं।

73. आईक्यू स्कोर, आमतौर पर शैक्षणिक प्रदर्शन से .... सहसंबद्ध है।
A. कम से कम B. मध्यम
C. बिल्कुल भी नहीं D. पूरी तरह से

74. यदि एक छात्र, नियमित रूप से अपना गृह-कार्य (होमवर्क) पूरा नहीं करता है, तो आप उसे सुधारने के लिए क्या करेंगे?
A. आप प्रधानाचार्य को शिकायत करेंगे और उसे दंडित कराएंगे।
B. आप छात्र को एकांत में बुलाएंगे और उसे समझाएंगे कि गृह-कार्य (होमवर्क) के पूर्ण होने के बहुत लाभ हैं।
C. आप प्रश्न-उत्तर में छात्र से सहयोग चाहेंगे।
D. आप स्पष्ट रूप से छात्र से कहेंगे कि यदि वह अपने गृह-कार्य (होमवर्क) को नज़रअंदाज करता रहेगा, तो उसे वार्षिक परीक्षा में बैठने की अनुमति नहीं मिलेगी।

75. निम्न में से कौन-सा कथन बाल्यावस्था (चाइल्डहुड स्टेज) के लिए उपयुक्त नहीं है?
A. खेलों के लिए आवश्यक शारीरिक कौशल सीखना।
B. लैंगिक भूमिकाओं को समझना।
C. जिम्मेदार बनना।
D. अपनी आयु के बच्चों के साथ बातचीत करना।

76. निरंतर और व्यापक मूल्यांकन में 'व्यापक' शब्द का अर्थ है ....।
A. केवल शैक्षिक विकास
B. केवल सह-शैक्षिक विकास
C. केवल अकादमिक कौशल
D. शैक्षिक और सह-शैक्षिक विकास

77. आदर्शवादी के शैक्षणिक लक्ष्यों की योजना में निम्नलिखित में से कौन उपयुक्त नहीं है?

A. शरीर की देखभाल

B. नैतिक मूल्य

C. कौशलताएं

D. आत्म-अभिव्यक्ति

78. कक्षा में प्रश्न पूछने के लिए छात्रों को अनुमति देने के विषय में आपकी क्या राय है?

A. छात्रों को कक्षा में प्रश्न पूछने की पूर्ण आजादी दी जानी चाहिए।

B. उन्हें कक्षा में प्रश्न पूछने की अनुमति नहीं दी जानी चाहिए।

C. उन्हें केवल आवश्यकतानुसार ही प्रश्न पूछने की आजादी दी जानी चाहिए जिससे कि बिना कारण समय नष्ट न हो।

D. उपर्युक्त में से कोई भी नहीं।

79. शिक्षण क्या है?

A. केवल अंतर्वैयक्तिक प्रभाव की कला।

B. केवल अधिगम का मार्गदर्शन या निर्देशन

C. केवल सुदृढ़ीकरण की आकस्मिकताओं की व्यवस्था

D. उपर्युक्त सभी

80. व्यक्तिगत मतभेदों के लिए निम्नलिखित कारकों में से कौन-सा ज़िम्मेदार है?

A. केवल वातावरण

B. आनुवंशिकता और वातावरण का संयुक्त प्रभाव

C. समूह आनुवंशिकता

D. उपर्युक्त सभी

81. निम्न में से कौन सक्रिय अधिगम का तत्व नहीं है?

A. सामग्री

B. हस्त कौशल

C. भाषा

D. व्यावहारिक या प्रायोगिक

82. शिक्षकों को सलाह दी जाती है कि वे अपने शिक्षार्थियों के समूह की गतिविधियों में शामिल हों क्योंकि वे अधिगम की सुविधा के अलावा .... में भी सहायता करते हैं।

A. चिंता B. समाजीकरण

C. मूल्य संघर्षों D. आक्रमण

83. निम्न में से अधिगम की सर्वाधिक उपयुक्त परिभाषा कौन-सी है?

A. ज्ञान का अर्जन तथा आयोजन

B. कौशलों का विकास

C. समस्याओं का समाधान करना।

D. व्यवहार में संशोधन

84. उपलब्धि अभिप्रेरण का क्या अर्थ है?

A. सफलता को स्वीकार करने की स्वेच्छा।

B. आवेगी होकर कार्य करने की प्रवृत्ति।

C. चुनौतीपूर्ण कार्यों पर कायम रहने की प्रवृत्ति।

D. असफलता से बचने की प्रवृत्ति।

85. निम्न में से किस एक वर्ष में IGNOU की स्थापना की गई थी?

A. 1964 B. 1985

C. 1992 D. 2002

86. भारत के मानव संसाधन विकास के कैबिनेट मंत्री कौन हैं?

A. स्मृति ईरानी B. अरुण जेटली

C. उपेन्द्र कुशवाहा D. प्रकाश जावड़ेकर

87. शिक्षा के अधिकार के अंतर्गत, ... आयु वर्ग के बच्चे आते हैं।

A. 6-14 वर्ष B. 6-15 वर्ष
C. 6-17 वर्ष D. 6-18 वर्ष

88. छात्रों को विभिन्न विषयों में गृह-कार्य (होमवर्क) इस रूप में देना चाहिए कि .... ।

A. उन्हें प्रत्येक दिन हर विषय में गृह-कार्य (होमवर्क) अवश्य मिलें।
B. उन्हें केवल उन्हीं विषयों में ही गृह कार्य (होमवर्क) मिलें जिनमें वे कमजोर हैं।
C. उनके माता-पिता गृह-कार्य (होमवर्क) पूर्ण करने में अवश्य उनकी सहायता करें।
D. उन्हें गृह-कार्य (होमवर्क) का अत्यधिक बोझ न हो।

89. पाठ योजना में निम्न में से कौन-से नियम शामिल नहीं हैं?

A. योजना की दृढ़ता
B. विद्यार्थियों का ज्ञान
C. उद्देश्यों की स्पष्टता
D. शिक्षण का ज्ञान

90. शिक्षा का उद्देश्य, बच्चों का सर्वांगीण विकास है। निम्न में से कौन उसके विकास में शामिल नहीं है?

A. शारीरिक विकास
B. बुद्धि विकास
C. नैतिक और आध्यात्मिक विकास
D. आर्थिक विकास

91. मॉन्टेसरी पद्धति निम्न में से किस पर अधिकतम महत्व देती है?

A. छात्र के व्यक्तिगत विकास पर
B. छात्र के सामाजिक विकास पर
C. छात्र के आर्थिक विकास पर
D. छात्र के शारीरिक विकास पर

92. विद्यालय शिक्षा का निरंतर तथा व्यापक मूल्यांकन .... संस्था द्वारा शुरू किया गया था।

A. CBSE B. UGC
C. SCERT D. IGNOU

93. पाठ्यक्रम के रूपांकन (डिजाईनिंग) के दौरान निम्नलिखित में से किसका ध्यान रखा जाता है?

A. शिक्षण विधि B. विद्यालय
C. शिक्षा के उद्देश्य D. छात्रों की रूचियां

94. एक पेशेवर शिक्षक में .... होना चाहिए।

A. केवल भाषा पर नियंत्रण
B. सिर्फ पाठ के बारे में उसे पढ़ाने से पहले बताये
C. केवल विषय पर नियंत्रण
D. उपर्युक्त सभी

95. 6 से 14 वर्ष की आयु समूह के बच्चों के लिए निःशुल्क और अनिवार्य शिक्षा का अधिकार, भारतीय संविधान में ..... के रूप में अन्तर्निविष्ट किया गया है।

A. अनुच्छेद 46 B. अनुच्छेद 16
C. अनुच्छेद 45A D. अनुच्छेद 21A

96. NCERT द्वारा क्षेत्रीय शिक्षा संस्थान निम्न में से किस वर्ष में आरंभ किये गये थे?

A. 1961 B. 1969
C. 1963 D. 1973

97. जिला शिक्षण और प्रशिक्षण संस्थान (डीआईईटी) को .... की सिफारिश के अनुपालन में बनाया गया था।

A. राष्ट्रीय शिक्षा नीति, 1968
B. राष्ट्रीय शिक्षा नीति, 1986
C. कोठारी आयोग, 1964-66
D. 42वां संवैधानिक संशोधन अधिनियम, 1976

98. अभिन्न शिक्षा एक अवधारणा है जो कि .... द्वारा दी गई है।
A. अरविंदो
B. जे. कृष्णामूर्ति
C. एम.ए.कलाम आजाद
D. एनी बेसेंट

99. निम्नलिखित में से कौन-सा एक आंतरिक कारक है जो छात्र के ध्यान को प्रभावित करता है?
A. उद्दीपन की प्रकृति
B. उद्दीपन की पुनरावृत्ति
C. शिक्षार्थी की रूचि
D. उद्दीपन की तीव्रता और आकार

100. निम्न में से क्या शिक्षण अभिक्षमता की प्रमुख विशेषता को प्रदर्शित नहीं करता है?
A. छात्रवृत्ति B. अखंडता
C. शारीरिक गठन D. प्रभावी संचार

उत्तरमाला

1	2	3	4	5	6	7	8	9	10
C	C	A	B	D	A	C	D	B	C
11	**12**	**13**	**14**	**15**	**16**	**17**	**18**	**19**	**20**
C	B	A	B	D	A	C	C	C	A
21	**22**	**23**	**24**	**25**	**26**	**27**	**28**	**29**	**30**
D	B	D	B	B	C	A	D	D	A
31	**32**	**33**	**34**	**35**	**36**	**37**	**38**	**39**	**40**
D	C	C	B	C	B	D	B	D	D
41	**42**	**43**	**44**	**45**	**46**	**47**	**48**	**49**	**50**
B	B	A	A	A	B	D	A	D	C
51	**52**	**53**	**54**	**55**	**56**	**57**	**58**	**59**	**60**
A	A	B	B	C	B	C	A	A	B
61	**62**	**63**	**64**	**65**	**66**	**67**	**68**	**69**	**70**
A	B	C	A	C	B	B	D	C	C
71	**72**	**73**	**74**	**75**	**76**	**77**	**78**	**79**	**80**
A	B	D	B	B	D	A	A	D	B
81	**82**	**83**	**84**	**85**	**86**	**87**	**88**	**89**	**90**
C	B	D	C	B	D	A	D	A	D
91	**92**	**93**	**94**	**95**	**96**	**97**	**98**	**99**	**100**
A	A	C	D	D	C	B	A	C	C

व्याख्यात्मक उत्तर

1. EOIP कार का नम्बर 9103 हो सकता है।

2. किसी कूट भाषा में

A	C	F	J	को
+1↓	+1↓	+1↓	+1↓	
B	D	G	K	

लिखा जाता है।

इसी प्रकार,

I	K	N	R	को
+1↓	+1↓	+1↓	+1↓	
J	L	O	S	

लिखा जाता है।

4.

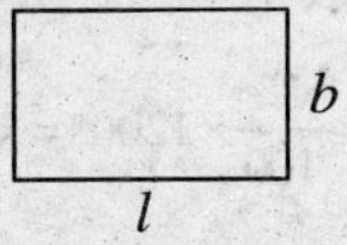

मानाकि आयत की लम्बाई $= l$ तथा चौड़ाई $= b$

आयत का क्षेत्रफल $= lb$

अब $l+\frac{5}{100}l = \frac{21l}{20}$

आयत का क्षेत्रफल

$$= \frac{21l}{20}\times b = \frac{21lb}{20}$$

क्षेत्रफल में वृद्धि

$$= \frac{21lb}{20} - lb = \frac{lb}{20}$$

क्षेत्रफल में % वृद्धि

$$= \frac{\frac{lb}{20}}{lb}\times 100$$

$$= \frac{lb}{20lb}\times 100 = 5\%$$

5. 5 से विभाजित होने वाली तीन अंकों की संख्याएँ

100, 105, 110, 115, ... 995 है

$$995 = 100 + (n-1)5$$

$$\Rightarrow \quad 995 = 100 + 5n - 5$$

$$\Rightarrow \quad 995 = 5n + 95$$

$$\Rightarrow \quad 5n = 900$$

$$\Rightarrow \quad n = \frac{900}{5} = 180$$

6. ∵ <u>P</u>lease <u>d</u>o <u>i</u>t को PDI से कोडित किया जाता है।

<u>F</u>ollow <u>t</u>he <u>r</u>ule को PTR से कोडित किया जाता है।

<u>G</u>o <u>t</u>o <u>m</u>ovie को GTM से कोडित किया जाता है।

इसी प्रकार, <u>W</u>ash <u>y</u>our <u>h</u>ands को WYH से कोडित किया जाएगा।

7.

18	27	45	63	72	117
↓	↓	↓	↓	↓	↓
3×3×2	3×3×3	3×3×5	3×3×7	3×3×8	3×3×13

72 को छोड़कर सभी के अन्त का गुणक अभाज्य संख्या है।

अतः 72 एक विषम है।

8. किसी कूटभाषा में

P H E N O L को
$-1\downarrow$ $-1\downarrow$ $-1\downarrow$ $-1\downarrow$ $-1\downarrow$ $-1\downarrow$
O G D M N K

लिखा जाता है।

इसी प्रकार,

H Y D R O G E N को
$-1\downarrow$ $-1\downarrow$ $-1\downarrow$ $-1\downarrow$ $-1\downarrow$ $-1\downarrow$ $-1\downarrow$ $-1\downarrow$
G X C Q N F D M

लिखा जाएगा।

10. 7 → 10 → 15 → 22 → 31 → [42]
(+3, +5, +7, +9, +11)

अतः लुप्त संख्या 42 है।

11. किसी कूट भाषा में

Today is Wednesday को WIT से कोडित किया जाता है।

He is an actor को AAIH से कोडित किया जाता है।

इसी प्रकार,

She is a model को MAIS से कोडित किया जाएगा।

12. माना कि फल विक्रेता के पास शुरुआत में x सेब थे।

प्रश्नानुसार,

$x - x$ का 42% $= 261$

$$\Rightarrow \quad x - \frac{42}{100}x = 261$$

$$\Rightarrow \quad 58x = 261 \times 100$$

$$\Rightarrow \quad x = \frac{261 \times 100}{58}$$

$$= 9 \times 50$$

$$= 450$$

अतः फल विक्रेता के पास शुरूआत में 450 सेब थे।

15. $(1000^2 - 999^2)$

$[\because a^2 - b^2 = (a + b)(a - b)$

$= (1000 + 999)(1000 - 999)$

$= (1999) \times (1) = 1999$

16. 1200 का 10%

$$= \frac{10}{100} \times 120$$

$= ₹ 120$

शेष राशि $= 1200 - 120$

$= ₹ 1080$

कम में $= ₹ 1200$ का 20%

$$= \frac{20}{100} \times 1200 = ₹\ 240$$

शेष $= 1200 - 240 = ₹ 960$

अन्तर $= 1080 - 960$

$= ₹ 120$

अतः किताब की कीमत में ₹ 120 तक की कमी।

18. A B C (+1, +1) B D F (+2, +2) C F I (+3, +3) D H L (+4, +4)

अतः लुप्त अक्षर DHL हैं।

19. 90 → 66 → 45 → 28 → 15 → 6 → 1
(−24, −21, −17, −13, −9, −5)
(3, 4, 4, 4, 4)

अतः गलत संख्या 90 है।

20. 'R $\underline{A}$ T I $\underline{O}$ N $\underline{A}$ L I Z $\underline{A}$ T I $\underline{O}$ N'

दिये गये शब्द में, 'A' अक्षर तीन बार आया है तथा 'O' अक्षर दो बार आया है।

अन्तर = 3 – 2 = 1

21. गति $= 90 \times \frac{5}{18}$ मी/से.

= 25 मी./से.

दूरी = 150 मी.

लिया गया समय $= \frac{\text{दूरी}}{\text{गति}}$

$= \frac{150}{25}$

= 6 सेकेण्ड

22. A का 1 घंटे का काम $= \frac{1}{5}$

B का 1 घंटे का काम $= \frac{1}{15}$

C का 1 घंटे का काम $= \frac{1}{10}$

(A + B + C) का 1 घंटे का काम

$= \left(\frac{1}{5} + \frac{1}{15} - \frac{1}{10}\right)$

$= \frac{6+2-3}{30}$

$= \frac{5}{30} = \frac{1}{6}$

अतः टैंक 6 घंटे में भर जाएगा।

23. 500 से 600 के बीच शुरू या अन्त में 6 आने वाली संख्याएँ हैं

= 506 516 526 536 546 556 566 576 586 596 = 10

600 से 700 के बीच शुरू या अन्त में 6 आने वाली संख्याएँ हैं

600 601 602 603 604 605 606 607 608 699

1 + 99 = 100

अतः 500 से 700 के बीच शुरू या अन्त में 6 आने वाली संख्याए हैं

= 10 + 100

= 110

24. विक्रय मूल्य = ₹ 18570

घाटा = ₹ 3430

क्रयमूल्य = विक्रय मूल्य + घाटा

= 18570 + 3430

= ₹ 22000

अतः स्कूटर का क्रयमूल्य

= ₹ 22000

25. कम्प्यूटर : सीडी : : वीडियो : कैसेट

कम्प्यूटर में सीडी लगाया जाता है, उसी प्रकार वीडियो में कैसेट।

26. 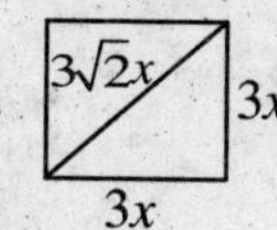

मान्नाकि प्रथम वर्ग की भुजा = x

तथा दूसरे वर्ग की भुजा = $3x$

वर्ग का विकर्ण का अनुपात $= \frac{\sqrt{2}x}{3\sqrt{2}x}$

$= 1 : 3$

∴ उनके क्षेत्रफलों का अनुपात

$= \frac{(x)^2}{(3x)^2} = \frac{x^2}{9x^2}$

$= 1 : 9$

27. X V U Y W एक पंक्ति में हैं

अतः U घर बीच में है

28. 60 अवलोकनों का कुलमान

$= 60 \times 66$

$= 3960$

$42 - 24 = 18$

नई कुल संख्याएँ

$= 3960 - 18 = 3942$

नया माध्यम $= \frac{3942}{60} = 65.7$

अतः सही माध्यम = 65.7

30.

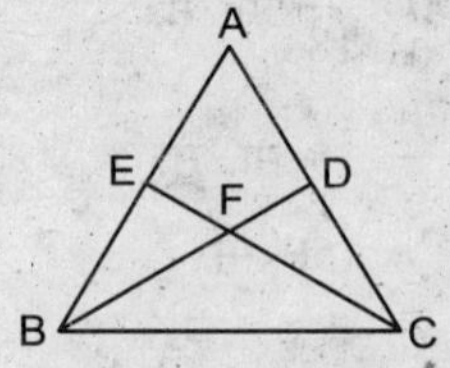

ΔABC, ΔBEC, ΔBEF, ΔBFC, ΔBCD, ΔCFD, ΔABD तथा ΔAEC.

अतः दिये गये आकृति में 8 त्रिकोण हैं।

पिछले प्रश्न-पत्र (हल सहित)

बी.एड. प्रवेश परीक्षा-2016*

1. प्रति वर्ष पद्म पुरस्कार किस मौके पर घोषित किए जाते हैं?

A. स्वतंत्रता दिवस

B. गणतंत्र दिवस

C. स्वतंत्रता और गणतंत्र दिवस दोनों पर

D. प्रतिवर्ष 1 जनवरी

2. नासा द्वारा लॉन्च किए गए पहले स्पेस स्टेशन का नाम है :

A. मीर　　B. शियानगोंग-1

C. सैल्यूट　　D. स्काईलैब

3. मानव शरीर में निम्न में से कौन सबसे बड़ी अंतः स्रावी ग्रंथि है?

A. अग्नाशय　　B. थायरॉइड

C. हाइपोथैल्मस　　D. पीयूष ग्रंथि

4. गुजराती कविता क्षेत्र में अतुलनीय योगदान के लिए वर्ष 2015 में ज्ञानपीठ पुरस्कार से किसे नवाज़ा गया?

A. रघुवीर चौधरी

B. बालचंद्र नेमाडे

C. केदारनाथ सिंह

D. रावुरी भारद्वाज

5. निम्न में से कौन-सा पुरस्कार उर्दू साहित्य के क्षेत्र में रचनात्मक लेखन के लिए प्रदान किया जाता है?

A. तुलसी अवार्ड

B. कुमार गंधर्व अवार्ड

C. शरद जोशी अवार्ड

D. इक़बाल अवार्ड

6. निम्न में से क्या भारतीय संविधान के अंतर्गत मौलिक अधिकार नहीं माना जाता है?

A. समानता का अधिकार

B. शोषण के विरुद्ध अधिकार

C. संवैधानिक उपचार का अधिकार

D. कम्प्यूट का अधिकार

7. भारत के त्रि-स्तरीय परमाणु कार्यक्रम को निम्न के द्वारा तैयार किया गया था :

A. डॉ. होमी भामा

B. डॉ. अनिल काकोड़कर

C. डॉ. अब्दुल कलाम

D. डॉ. विक्रम साराभाई

8. भारतीय मौसम का सबसे प्रभावशाली कारक है :

A. सिंधु नदी और सिंधु घाटी

B. हिमालय और थार मरुस्थल

C. अंडमान व निकोबार द्वीप

D. भारत में नदियों का नेटवर्क

9. महाकाव्य 'महाभारत' किस युग से संबंधित है?

A. सत्य युग　　B. द्वापर युग

C. त्रेता युग　　D. कलयुग

10. निम्न में से कौन-सा ग्रह हमारे सौरमंडल का अंदरूनी ग्रह है?

A. बृहस्पति　　B. मंगल

C. शनि　　D. यूरेनस

* Held on 22-05-2016.

11. भारतीय दर्शनशास्त्र .... वेदों से मिलकर बना है।

A. 2 B. 3

C. 4 D. 5

12. निम्न में से कौन नवीकरणीय ऊर्जा का स्रोत नहीं है?

A. एलपीजी

B. सौर

C. पवन

D. बायोमॉस

13. वायुमंडल में वायु में निम्न में से कौन-सा घटक प्रमुख है?

A. नाइट्रोजन

B. ऑक्सीजन

C. कार्बन डाइऑक्साइड

D. सल्फर डाइऑक्साइड

14. ग्रीन हाउस प्रभाव के लिए निम्न में से कौन-सी गैस जिम्मेदार नहीं है?

A. जलवाष्प

B. कार्बन डाइऑक्साइड

C. मीथेन

D. ऑक्सीजन

15. चेतन भगत द्वारा लिखित नॉन-फिक्शन (गैर कथानक) पुस्तक कौन-सी है?

A. 'राजनेता क्या नहीं कर सकते हैं'

B. 'जीवन को अमूल्य बनाएं'

C. 'परीक्षा की बारी'

D. 'युवा भारत क्या चाहता है'

16. 2016 में कुंभ मेला यहाँ आयोजित किया गया था?

A. इंदौर B. सतना

C. जबलपुर D. उज्जैन

17. निम्न में से कौन भारत में केंद्र शासित प्रदेश नहीं है?

A. चंड़ीगढ़ B. लक्षद्वीप

C. पुडुचेरी D. उत्तराखंड

18. पंजाब प्रांत के महिला नृत्य को निम्न के रूप में जाना जाता है:

A. भांगड़ा B. गिद्धा

C. बिहू D. गरबा

19. 'सर्वाइवल ऑफ फिटेस्ट' के सिद्धांत को किसने प्रतिपादित किया?

A. चार्ल्स डार्विन

B. जेम्स वाटसन

C. ह्यूगो डी व्रीस

D. ग्रेगर मेंडल

20. विश्व स्वास्थ्य दिवस कब मनाया जाता है?

A. 6 मार्च B. 7 मार्च

C. 6 अप्रैल D. 7 अप्रैल

21. स्वर कोकिला लता मंगेशकर का जन्म स्थान कौन-सा है?

A. भोपाल B. सागर

C. रीवा D. इंदौर

22. मानवों में मलेरिया के लिए कौन-सा सूक्ष्म जीव जिम्मेदार है?

A. ब्लंटिडीयम कोली

B. प्लाजमोडियम

C. ब्लास्टोसिस्ट्स एसपीपी

D. ट्राईपैनोसोमा क्रूजी

23. वाज़वान किस राज्य का बहु-व्यंजन भोजन है?

A. आंध्रप्रदेश B. कर्नाटक

C. झारखंड D. जम्मू और कश्मीर

24. संतरे के रस में निम्न में से कौन-सा अम्ल नहीं पाया जाता है?

A. लैक्टिक अम्ल

B. साइट्रिक अम्ल

C. एस्कोर्बिक अम्ल

D. ऑक्जैलिक अम्ल

25. 'लकड़ी' और 'बर्फ' पानी में अपनी निम्न वजह से तैरती है :

A. वेग B. घनत्व

C. त्वरण D. भार

26. किसी वस्तु के मान को दोगुना करने पर गतिज ऊर्जा का क्या होता है?

A. वही रहती है B. दोगुनी

C. चौथाई D. आधी

27. 'अश्रु गैस' में कौन-सा रसायन पाया जाता है?

A. सीएस गैस

B. नाइट्रस ऑक्साइड

C. कार्बन डाइऑक्साइड

D. क्लोरीन

28. 'अनब्रेकेबल' आत्मकथा किसके जीवन पर आधारित है?

A. मैरी कोम

B. सानिया मिर्ज़ा

C. साइना नेहवाल

D. ज्वाला गुट्टा

29. अगर प्राथमिक कक्षा का एक बच्चा शर्मीला और शांत है, तो एक शिक्षक को क्या करना चाहिए?

A. उस बच्चे को नजरअंदाज कर देंगे

B. उसे ज्यादा सहज महसूस कराने की कोशिश करेंगे

C. स्टाफरूम में इसकी चर्चा करेंगे

D. उसे किसी बातूनी बच्चे के साथ बिठाएंगे

30. मितांशु एक बुजुर्ग व्यक्ति/महिला की ओर इशारा करते हुए चेतन्य को बताता है कि, 'इस व्यक्ति की बहन के पिता मेरी बहन के दादा/नाना की एकमात्र संतान हैं।' इस बुजुर्ग व्यक्ति का चेतन्य से क्या संबंध है?

A. बहन

B. पिता

C. भांजी

D. बेटा

31. एक आदर्श शिक्षक को किस बात पर ध्यान देना चाहिए?

A. पढ़ाई जाने वाली सामग्री

B. विद्यार्थी की क्षमता

C. बच्चे की पारिवारिक पृष्ठभूमि

D. उपरोक्त सभी

32. एक डाइस (पासा) जिसके सभी पक्षों को A, B, C, D, E, F से चिह्नित किया गया है, उसे 3 बार घुमाया जाता है और चित्र (*i*), (*ii*) और (*iii*) के अनुसार क्रमशः चिह्नित किया जाता है। उस अक्षर का पता लगाइए जो अक्षर A वाले चिह्न के ठीक विपरीत पक्ष में होगा।

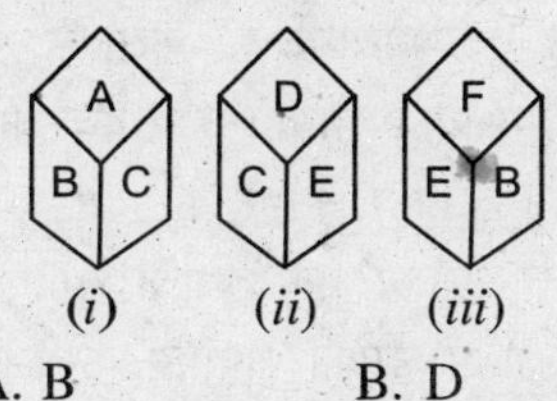

A. B B. D

C. E D. C

33. एक निश्चित कूट भाषा में, STEWARDESS को TSFVBQEDTR की तरह लिखा जाता है। तो उसी भाषा में AIRCONDITION को किस प्रकार से लिखा जाएगा?

A. BHSBPMHESHPM
B. BJSBRMEHSHMP
C. BHSBPMEHUHPM
D. BHSBPMHESHNM

34. साल 2015 गुरुवार को आरंभ हुआ था। 2016 का अंतिम दिन कौन-सा होगा?

A. गुरुवार B. बुधवार
C. शुक्रवार D. शनिवार

35. निम्न में से कौन-सा कौशल एक अच्छा शिक्षक बनाता है?

A. भाषा
B. पढ़ना
C. संचार
D. एक अच्छा व्यक्तित्व

36. यदि एक बच्चे में आपको व्यवहारिक समस्याएं दिखाई देती हैं, तो आप क्या करेंगे?

A. उसे प्रधानाध्यापक के पास ले जाएंगे
B. उसे दंड देंगे
C. उसके माता-पिता से बात करेंगे
D. उसके साथ धैर्यवान रहेंगे

37. आपने एक विद्यार्थी को कक्षा में खाना खाते हुए पकड़ लिया। आप क्या करेंगे?

A. उसे कक्षा से बाहर कर देंगे
B. उसे कसकर एक तमाचा लगाएंगे
C. कक्षा में उसका अपमान करेंगे
D. उसे रोक देंगे और बाद में बात करेंगे

38. मैं तीन अंकों की एक संख्या हूँ, यदि आप मेरा दूसरा अंक हटाएंगे, तो मैं अपने आखिरी अंक का 11 गुना रह जाऊंगा लेकिन अगर आप मेरे आखिरी अंक को हटाएंगे, तो भी मैं अपनी अंतिम अंक का 11 गुना ही रहूंगा। निम्न विकल्पों से बताइए कि मैं क्या हूँ?

A. 322
B. 343
C. 777
D. 757

39. आप साथी समूह से क्या समझते हैं?

A. एक ही कक्षा के विद्यार्थी
B. एक ही व्यवसाय के लोग
C. समान उम्र के विद्यार्थी
D. उपरोक्त सभी

40. याद करना किस पर निर्भर करता है?

A. याद रखने की क्षमता
B. दिलचस्पी
C. व्याकुलता
D. आईक्यू

41. दृष्टि विकार वाले प्राथमिक विद्यालय के बच्चों के साथ क्या करना चाहिए?

A. बाकी कक्षा की तुलना में कम काम करने के लिए कहना चाहिए
B. माता-पिता और दोस्तों को उसकी मदद करनी चाहिए
C. उसके साथ सामान्य बर्ताव करना चाहिए और उसे ऑडियो सीडी प्रदान करनी चाहिए
D. उसके साथ विशेष व्यवहार करना चाहिए

42. अध्ययन का सबसे अच्छा तरीका क्या है?

A. पढ़ना

B. याद करना

C. प्रोजेक्ट

D. खेलने का तरीका

43. निम्न में से क्या रचनात्मक मूल्यांकन को परखने के लिए पर्याप्त नहीं होगा?

A. मौखिक प्रश्न

B. एमसीक्यू

C. कार्यभार

D. प्रोजेक्ट

44. यदि S + P = S, P की बेटी है; S – P = S, P का पति है; और S % P = S, P का भाई है, तो C % D – E क्या है?

A. C, E का दामाद है

B. C, E का भाई है

C. E, C की पत्नी है

D. C, E का देवर/जीजा है

45. अगर प्राथमिक कक्षा का एक बच्चा गुस्सा है, शिक्षक की बात नहीं सुन रहा है और नकारात्मक प्रतिक्रिया देता है, तो आप क्या करेंगे?

A. उसे डाटेंगे

B. आक्रामक रूप से टिप्पणी करेंगे

C. उसे अकेला छोड़ देंगे

D. उसके गुस्से को किसी सकारात्मक काम की तरफ मोड़ देंगे

46. एक घड़ी हर 45 मिनट में 7 सेकंड्स आगे बढ़ जाती है, तो 10000 सेकंड्स में यह लगभग कितने मिनट आगे बढ़ जाएगी?

A. 43 B. 0.43

C. 0.026 D. 4.3

47. कौन-सी समस्या जो बच्चों को आमतौर पर होती है?

A. लाड़-प्यार करने वाले माता-पिता

B. कम आईक्यू

C. अनुवांशिक समस्याएं

D. उपरोक्त में से कोई नहीं

48. क, ख की उत्तर की ओर है। ख, ग के पूर्व की ओर और क की दक्षिण की ओर है। क, ग के किस ओर है?

A. दक्षिण-पश्चिम

B. उत्तर-पश्चिम

C. उत्तर-पूर्व

D. पूर्व

49. दी गई श्रृंखला में ऐसे W की संख्या बताइए जिसके पहले G न हो लेकिन उसके बाद E हो।

GPQQWWEQPGWEGGPQWEP PGWPEWWQEEPQWEGPQGWE

A. 3 B. 9

C. 7 D. 6

50. आप एक अच्छे शिक्षक/शिक्षिका हैं यदि ....

A. आपका आईक्यू ज्यादा है

B. आप में धैर्य है

C. आप समझदार हैं

D. आप धैर्यवान और समझदार दोनों हैं

51. टिमोथी लगातार तीन डाइस (पासा) फेंकता है और उनमें क्रमशः 3, 2 और 4 आते हैं। तो उन तीनों डाइस की ठीक विपरीत दिशा में जो अंक हैं, उनका गुणन कितना होगा?

A. 9 B. 60

C. 20 D. 30

52. अक्षरों के इस चक्र को पूरा कीजिए :

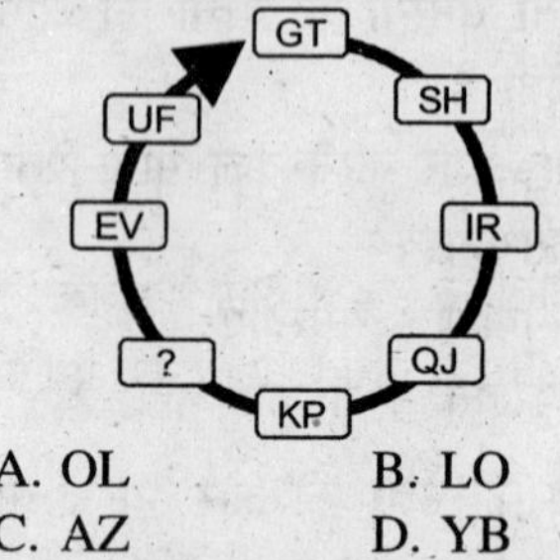

A. OL B. LO
C. AZ D. YB

53. डिस्लेक्सिया क्या है?

A. एक मानसिक विकास
B. एक गणितीय विकार
C. अध्ययन विकार
D. एक व्यवहारिक विकार

54. सुषमा के घर की घड़ी शाम 6.00 बजे का समय दिखा रही है। घंटे के कांटे के 90 डिग्री पर घूम जाने के बाद घड़ी क्या समय दिखाएगी?

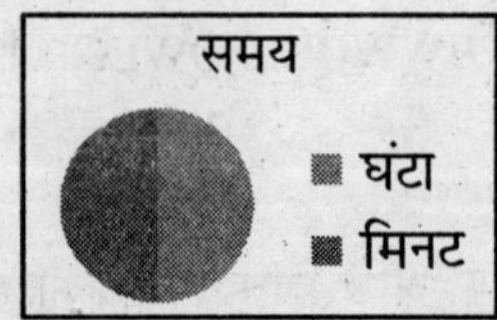

A. रात्रि 12.00 बजे
B. रात्रि 9.00 बजे
C. सुबह 9.00 बजे
D. सुबह 3.00 बजे

55. एक शिक्षक को कौन-से काम में सक्षम होना चाहिए?

A. प्रतिभाशाली बच्चों को पहचानना
B. सभी बच्चों की क्षमताओं को समझना
C. सीखने की अक्षमताओं को पहचानना
D. उपरोक्त में से कोई नहीं

56. "?" के स्थान पर आने वाली संख्या है :

3	25	343	14641	?

A. 342981 B. 117649
C. 531441 D. 371293

57. जमता कांता के पूर्व और समता के पश्चिम में है। समता बंता के उत्तर में लेकिन रमता के पश्चिम में है। कांता रमता के किस ओर मौजूद है?

A. पूर्व
B. उत्तर
C. दक्षिण
D. पश्चिम

58. एक कथन और उसके दो परिणाम I और II दिए गए हैं। आपको कथन में दी गई सभी बातों को सत्य मानना है, फिर एक साथ दोनों परिणामों पर विचार करना है और यह निर्णय लेना है कि उनमें से कौन-सा परिणाम एक उचित संदेह के परे उस कथन में दी गई जानकारी के लिए तार्किक रूप से सत्य है।

1. यदि सिर्फ परिणाम I सत्य हो
2. यदि सिर्फ परिणाम II सत्य हो
3. यदि I या II में से कोई सत्य हो
4. यदि न तो I न ही II सत्य हो

कथन : सूरज के चमकने पर अनाज पैदा होता है।

परिणाम I : सूरज अनाज पैदा करता है।

परिणाम II : जब सूरज चमक रहा हो तब अनाज पैदा करना सबसे अच्छा है।

A. 1 B. 2
C. 3 D. 4

59. अनेक शब्दों के बदले एक शब्द का चयन करें :
चन्द्रवंश में उत्पन्न
A. चंद्रप्रभा B. चंद्रज
C. चंद्रवंशी D. चंद्रकेतु

60. नीचे दिए गए चार विकल्पों में से शुद्ध रूप चुनिए :
A. ईर्षा B. ईर्ष्या
C. ईर्स्या D. इर्ष्या

61. अनेक शब्दों के बदले एक शब्द का चयन करें–रास्ते का भोजन
A. कलेवा B. पाथेय
C. पथ्य D. पंथक

62. निम्नलिखित शब्द के सन्धि (संधि) विच्छेद के सही विकल्प चुनिए।
पावक
A. पौ + अक B. पा + अवक
C. पव + अक D. पाव + अक

63. नीचे दिए गए चार विकल्पों में से शुद्ध रूप चुनिए :
A. सास्टांग B. साष्टांग
C. सस्टांग D. शाष्टांग

64. नीचे एक शब्द दिया गया है। दिए गए चार विकल्पों में से पर्यायवाची शब्द ज्ञात कीजिए :
दामिनी
A. प्रकाश B. वृक्ष
C. बिजली D. पत्थर

65. इस प्रश्न में एक शब्द के लिए चार शब्द दिए गए हैं जिनमें से तीन अनेकार्थी शब्द की श्रेणी में आते हैं। जो इस श्रेणी में नहीं आते हैं, उन्हें चिह्नित करें :
मूल
A. वंश B. जड़
C. औषध D. पूँजी

66. निम्नलिखित शब्द के आगे चार शब्द दिए गए हैं। इनमें से उचित समानार्थक पर्याय चुनें।
मोक्ष
A. निर्वाण B. मूँछ
C. प्रस्थान D. स्वर्ग

67. निम्नलिखित शब्द के आगे चार शब्द दिए गए हैं। इनमें से उचित समानार्थक पर्याय चुनें।
पुष्कर
A. सरोवर B. कमल
C. सूर्य D. चन्द्र

68. नीचे दिए गए शब्दों के विलोम के लिए चार विकल्प दिए गए हैं। उनमें से उचित विकल्प का चयन कीजिए।
जरा
A. भोला B. बुढ़ापा
C. जला D. यौवन

69. इस प्रश्न में चार शब्द दिए गए हैं जिनमें से तीन अनेकार्थी शब्द की श्रेणी में आते हैं। जो इस श्रेणी में नहीं आते हैं, उन्हें चिह्नित करें :
वर्ण
A. अक्षर B. स्वर
C. जाति D. रंग

70. निम्नलिखित शब्दों के सन्धि (संधि) विच्छेद के सही विकल्प चुनिए।
सत्याग्रह
A. सत्य + ग्रह B. सत्य + आग्रह
C. सत + आग्रह D. सत्या + अग्रह

71. नीचे एक शब्द दिया गया है। दिए गए चार विकल्पों में से पर्यायवाची शब्द ज्ञात कीजिए :

कुहरा

A. कुन्तल B. कुहासा

C. वारि D. मृगमद

72. निम्नलिखित शब्दों के आगे चार शब्द दिए गए हैं। इनमें से उचित समानार्थक पर्याय चुनें।

कौस्तुभ

A. देवता विशेष

B. पक्षी विशेष

C. एक प्रकार का सिक्का

D. विशिष्ट रत्न

73. अनेक शब्दों के बदले एक शब्द का चयन करें :

जो धर्म करता है

A. धर्मात्मा B. विद्वान

C. उपकारी D. अध्यात्मक

निर्देश (प्र.सं. 74 से 83 तक): *निम्नलिखित अवतरण को ध्यानपूर्वक पढ़ें और चार विकल्पों में से सही उत्तर का चयन करें।*

डोनी एक अच्छा गेंदबाज था, और एक अच्छा आदमी भी। वह हमलोगों में से एक था। वह एक ऐसा आदमी था जो खुले मैदान ...., और गेंदबाजी को पसंद करता था, और एक सर्फर के रूप में उसने दक्षिणी कैलिफोर्निया के समुद्र तटों का पता लगाया, ला जोला से लियो कैरिल्लो और ..... पिस्मो तक। अपनी पीढ़ी के युवाओं की तरह उसकी भी मृत्यु हो गई, समय से पूर्व उसकी मृत्यु हो गई। अपनी शरण में, ईश्वर, आपने उसे ले लिया, जैसा कि आपने हिल 364 के की सन्ह लैंगडॉक पर तीव्र बुद्धि वाले खिलते हुए युवाओं को ले लिया था। ये युवक अपनी जान से हाथ धो बैठे थे। वैसा ही डोनी के साथ भी हुआ, जो गेंदबाजी पसंद करता था। और इस प्रकार, थिओडोर डोनाल्ड काराबोटसोस, जो हम सोचते हैं उसके अनुसार आपकी मृत्यु इच्छा हो सकती है अच्छी तरह किया गया हो, हम आपके अंतिम नश्वर अवशेष को प्रशांत महासागर में आलिंगनबद्ध करने को दृढ़ संकल्पित हैं, जिसे तुम बहुत ज्यादा प्यार करते हो।

शुभ रात्रि, प्यारे राजकुमार।

74. इस अवतरण में, डोनी के प्रति वक्ता का मनोभाव मुख्य रूप से यह है:

A. शोकयुक्त प्रशस्ति

B. निष्पक्ष अनासक्ति

C. स्पष्ट विरोधाभाव

D. मगन उदासी

75. वक्ता का गेंदबाजी के प्रति मनोभाव का इस रूप में सर्वश्रेष्ठ वर्णन किया जा सकता है?

A. उदासीनता B. आदर

C. अनादर D. अवमान

76. संदर्भ में, "अपनी शरण में, ईश्वर, आपने उसे ले लिया, जैसा कि आपने की सन्ह, लैंगडॉक, हिल 364 पर तीव्र बुद्धि वाले खिलते हुए युवाओं को ले लिया था।" का स्वर किस रूप में सबसे अच्छी तरह वर्णन किया जा सकता है?

A. व्यग्र

B. विफल कर दिया

C. ईश्वरेच्छाधीन

D. उभयभावी

77. अंतिम के दो वाक्यों में, वक्ता का स्वर किस रूप में सबसे अच्छी तरह वर्णन किया जा सकता है?

A. चिढ़
B. उलझन
C. जिज्ञासु
D. पवित्र

78. "......... जैसा कि आपने तीव्र बुद्धि वाले खिलते हुए युवाओं ...." में तीव्र बुद्धि का निकटतम अर्थ है:

A. प्रकाश B. बुद्धिमान
C. ज्वलंत D. चकाचौंध

79. "प्रशान्त महासागर में आलिंगनबद्ध" में आलिंगनबद्ध का निकटतम अर्थ है:

A. वक्ष B. स्तंभ
C. सुगति D. कदम

80. "हिल 364 के, की सन्ह, लैंगडॉक पर" का संदर्भ संकेत देता है:

A. डोनी को हिल 364 पर दफनाया जाएगा
B. डोनी लड़ाई में मारा गया
C. वक्ता इन स्थलों को याद करता है
D. वक्ता इन स्थलों पर अपने दोस्तों को खो दिया है

81. ईश्वर संदर्भित है:

A. हिल 364 के राजा के रूप में
B. कैलिफोर्निया के राज्यपाल के रूप में
C. भगवान के रूप में
D. यू.एस.ए. के राष्ट्रपति के रूप में

82. "डोनी एक अच्छा गेंदबाज था, और एक अच्छा आदमी भी" क्या है?

A. साधारण वाक्य
B. जटिल वाक्य
C. मिश्रित वाक्य
D. जटिल-मिश्रित वाक्य

83. "वह एक ऐसा आदमी था जो खुले मैदान को पसंद करता था ...... और गेंदबाजी .....," यहाँ गेंदबाजी है:

A. क्रिया B. संज्ञा
C. विशेषण D. क्रिया-विशेषण

84. Fill in the blank:
She usually .... the baby down for sleep at this time:

A. lies B. lied
C. lay D. lays

85. Fill in the Blank:
I .... an iPod last month.

A. have bought B. buy
C. bought D. am buying

86. Identify the given sentence:
I arrived but everyone had already left.

A. Imperative B. Compound
C. Simple D. Complex

87. Find the odd word out:
and, or, but, in:

A. And B. Or
C. But D. In

88. Which of the below given words spelt correctly?

A. Faxsimile B. Fachsimile
C. Facsimile D. Factsimile

89. Complete the idiom:
His name rings a .... but I am unable to remember him.

A. bell B. toll
C. cymbal D. chime

90. What is the synonym of: Curious
A. Unconcerned
B. Inquisitive
C. Disinterested
D. Ordinary

91. What is the antonym of: Sluggish
A. Lethargic
B. Heavy
C. Stagnant
D. Alert

92. Complete the idiom:
My mother said, "Speak of the .... " as she saw him walking down the stairs.
A. man B. woman
C. devil D. god

93. Find the odd word out:
content, upset, willing, gratified.
A. Content B. Upset
C. Willing D. Gratified

94. The following sentence is split in three parts and each one is labelled (A), (B), and (C).
Read the sentence to find out whether there is an error in any part. Letter (D) signifies a 'No error'.
I have lost (A) my notebook and pencil box (B) yesterday. (C)
A. I have lost
B. my notebook and pencil box
C. yesterday
D. No error

95. Fill in the blank:
We went to the .... to see how coins are made.
A. mint B. winery
C. tannery D. arsenal

96. The following sentence is split in three parts and each one is labelled (A), (B), and (C). Read the sentence to find out whether there is an error in any part. Letter (D) signifies a 'No error'.
I was quite irritating (A) to see the stuff (B) lying on the floor. (C)
A. I was quite irritating
B. To see the stuff
C. Lying on the floor
D. No error

97. Which of the below given words is spelt correctly?
A. Acident
B. Aciddent
C. Acciddent
D. Accident

98. Identify the given sentence:
Oh my God! That is stunning!
A. Imperative
B. Exclamatory
C. Declarative
D. Interrogative

99. In the sentence, "I shall write to you when I have time," ***when I have time*** is a
A. Noun clause
B. Adverb clause
C. Adjective clause
D. None of these

100. In the sentence, "The boy who topped the class is my brother," ***who topped the class*** is a
A. Noun clause
B. Adverb clause
C. Adjective clause
D. None of these

उत्तरमाला

1	2	3	4	5	6	7	8	9	10
B	D	B	A	D	D	A	B	B	B
11	**12**	**13**	**14**	**15**	**16**	**17**	**18**	**19**	**20**
C	A	A	D	D	D	D	B	A	D
21	**22**	**23**	**24**	**25**	**26**	**27**	**28**	**29**	**30**
D	B	D	A	B	B	A	A	B	A
31	**32**	**33**	**34**	**35**	**36**	**37**	**38**	**39**	**40**
D	C	C	D	C	D	D	C	D	B
41	**42**	**43**	**44**	**45**	**46**	**47**	**48**	**49**	**50**
C	C	B	D	D	B	A	C	A	D
51	**52**	**53**	**54**	**55**	**56**	**57**	**58**	**59**	**60**
B	A	C	B	B	D	D	B	C	B
61	**62**	**63**	**64**	**65**	**66**	**67**	**68**	**69**	**70**
B	A	B	C	C	A	A	D	B	B
71	**72**	**73**	**74**	**75**	**76**	**77**	**78**	**79**	**80**
B	D	A	A	B	C	D	B	C	D
81	**82**	**83**	**84**	**85**	**86**	**87**	**88**	**89**	**90**
C	B	B	D	C	B	D	C	A	B
91	**92**	**93**	**94**	**95**	**96**	**97**	**98**	**99**	**100**
D	C	B	A	A	A	D	B	B	C

व्याख्यात्मक उत्तर

33. किसी कूट भाषा में

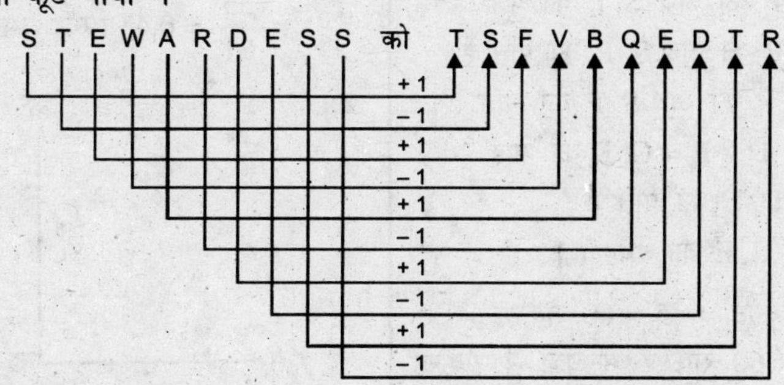

लिखा लिखा जाता है

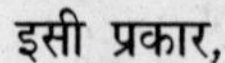
इसी प्रकार,

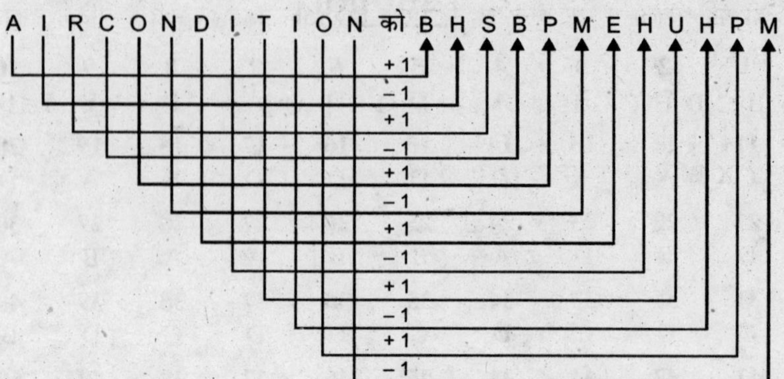

लिखा जाएगा।

34. 2015 में

कुल दिन = 365 = 52 सप्ताह + 1 दिन

$\therefore$ 1 जनवरी 2015 को गुरुवार है

$\therefore$ 1 जनवरी 2016 को शुक्रवार होगा।

2016 में,

कुल दिन = 366

= 52 सप्ताह + 2 दिन

$\because$ 1 जनवरी 2016 को शुक्रवार है

$\therefore$ 1 जनवरी 2017 को रविवार पड़ेगा।

अतः 2016 का अंतिम दिन 31 दिसम्बर को शनिवार होगा।

44. S + P का अर्थ S, P की पुत्री है।

S − P का अर्थ S, P का पति है।

S % P का अर्थ S, P का भाई है।

C % D − E = C, D का भाई है।

तथा D, E का पति है

अतः C, E का देवर है।

46. 45 मिनट = 45 × 60 सेकेण्ड

45 × 60 सेकेण्ड में घड़ी 7 सेकेण्ड आगे बढ़ जाती है

1 सेकेण्ड में घड़ी $\frac{7}{45 \times 60}$ सेकेण्ड आगे बढ़ती है

$\therefore$ 10000 सेकेण्ड में घड़ी

$= \frac{7}{45 \times 60} \times 10000$

$= \frac{700}{27}$ सेकेण्ड

$= \frac{700}{27 \times 60}$ मिनट

$= \frac{35}{81}$ = 0.43 मिनट आगे बढ़ेगी।

48.

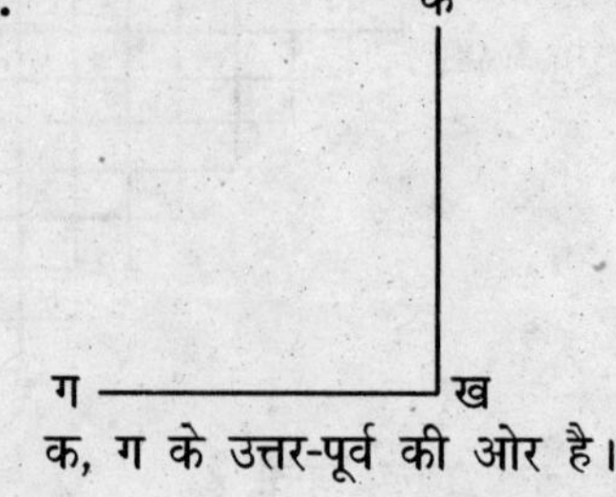

क, ग के उत्तर-पूर्व की ओर है।

49. GPQQWWEQPGWEGGPQWEPPGWPEWWQEEPQWEGPQGWE
अतः दी गई शृंखला में ऐसे तीन W की संख्या है जिसके पहले G नहीं है लेकिन उनके बाद E है।

52. A B C D E F G H I J K L M N O P Q R S T U V W X Y Z
↓ ↓ ↓ ↓ ↓ ↓ ↓ ↓ ↓ ↓ ↓ ↓ ↓
Z Y X W V U T S R Q P O N

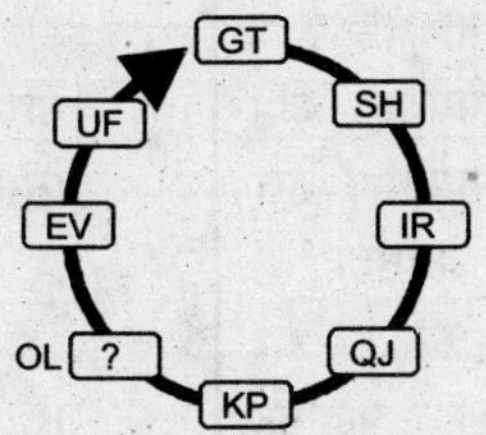

अतः प्रश्न-चिह्न के स्थान पर OL होगा।

54. घंटे के कांटे 12 घंटे में 360° का कोण बनाती है

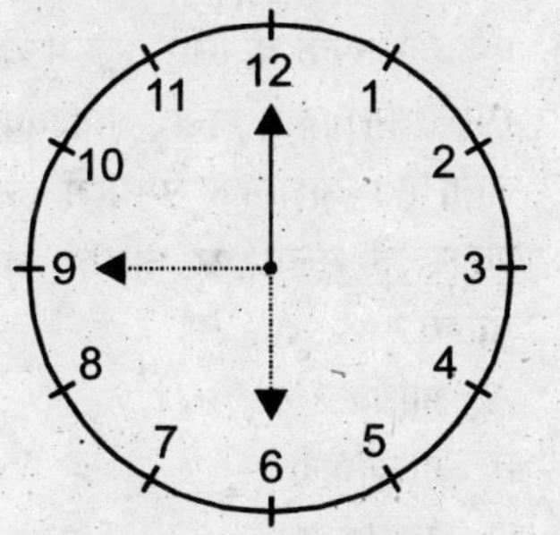

घंटे के कांटे 6 घंटे में 180° का कोण बनाएगी
घंटे के कांटे 3 घंटे में 90° का कोण बनाएगी = 90°

अतः घंटे के कांटे के 90 डिग्री पर घूम जाने के बाद घड़ी रात्रि 9 बजे का समय दिखाएगी।

56. 3 25 343 14641 371293
↓ ↓ ↓ ↓ ↓
3^1 5^2 7^3 11^4 13^5
अतः प्रश्न-चिह्न के स्थान पर 371293 आएगा।

57.

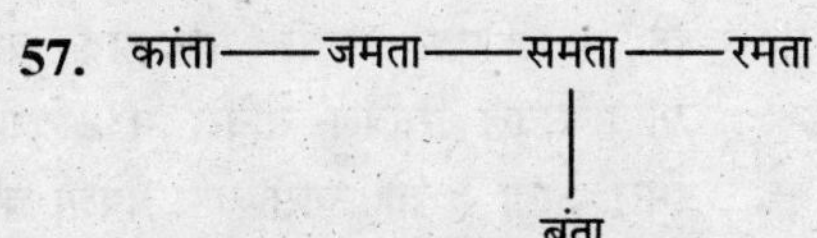

अतः कांता रमता के पश्चिम दिशा की ओर है।

पिछले प्रश्न-पत्र (हल सहित)

बी.एड. प्रवेश परीक्षा–2015

1. एक भीड़ भरे कक्षा में पढ़ाते समय किसी अध्यापक को उपयोग करना चाहिए :
A. शिक्षण के नियमित विषयवस्तु का।
B. सभी छात्रों के ध्यानाकर्षण हेतु विषयवस्तु में परिवर्तन करना।
C. शिक्षण के दृश्य विधि का।
D. आई.सी.टी. के प्रयोग हेतु पद्धति/तकनीक में परिवर्तन करना।

2. किसी कक्षा में पढ़ाते समय अध्यापक के लिए निम्नलिखित में से कौन-सा कार्य अधिक महत्वपूर्ण होता है?
A. अनुशासन को बनाए रखना।
B. अधिगम को सुनिश्चित करना।
C. मानक के अनुसार पाठ्यक्रम (कोर्स) को पूरा करना।
D. नियमित रूप से कक्षा में पढ़ाना।

3. यदि अध्यापकीय प्रशिक्षण पूर्ण करने के बाद, एक भावी अध्यापक को प्रॉविन्सियल सिविल सर्विस में अवसर मिल जाता है तो उनसे यह अपेक्षा की जाती है कि वह योगदान करें :
A. शिक्षण व्यवसाय में।
B. सिविल सेवा में।
C. निर्णय लेने के लिए माता-पिता पर निर्भर करें।
D. सेवा के आर्थिक पक्ष का इस बाजार उन्मुख आधुनिक समाज में ध्यान रखें।

4. इस समय, बी.एड. पाठ्यक्रम को ओ.डी. एल. (मुक्त एवं दूरस्थ अधिगम) माध्यम के लिए स्वीकृति दी गई है। ऐसा इसलिए किया गया है कि :
A. सम्पर्क कार्यक्रम को आयोजित किया जाता है।
B. शिक्षण अभ्यास की व्यवस्था की जाती है।
C. यह केवल सेवारत अध्यापकों के लिए ही है।
D. यह समय की माँग है।

5. एक अध्यापक के लिए कुछ मूल्य संवेदन (परसेप्सन) का होना आवश्यक माना जाता है। आधुनिक समय में उन्हें किस प्रकार के मूल्यों पर अधिक बल देना चाहिए?
A. आर्थिक
B. आदर्शवादी
C. प्रजातान्त्रिक
D. व्यवहार/प्रयोजनवादी

6. निम्नलिखित में से किस प्रणाली में निरन्तर और समेकित (व्यापक) मूल्यांकन का उपयोग कर पाना अधिक सम्भव है?
A. वार्षिक सत्र
B. सेमेस्टर प्रणाली
C. मध्यावधि आकलन
D. वांह्य आकलन

7. किसी प्रतियोगितामूलक परीक्षा में सफल होने के लिए आजकल छात्रों को कोचिंग क्लास में पढ़ना अनिवार्य हो गया है। इस व्ययसाध्य प्रणाली को :

A. बन्द कर देना चाहिए।

B. बनाए रखना और प्रोत्साहित करना चाहिए।

C. कोचिंग सेन्टर में गरीब छात्रों के लिए शुल्क मुक्त सुविधा की व्यवस्था होनी चाहिए।

D. इस उत्तरदायित्व को विद्यालय के द्वारा निर्वहन करना चाहिए।

8. अग्र-शिष्य प्रणाली एक विशेष प्रारूप है जो सुनिश्चित करता हो :

A. प्रारंभ कालीन अध्यापकीय प्रशिक्षण को।

B. अध्यापक द्वारा छात्रों के शोषण को।

C. आत्म-अनुशासन को।

D. प्रतिभावान्/तेज विद्यार्थियों के लिए कक्षा में नेतृत्व करने की।

9. एक उत्तम अध्यापक के लिए ICT का नियमित एवं उपयुक्त ढंग से उपयोग करना महत्वपूर्ण है यद्यपि भारत जैसे देश के लिए ऐसा कर पाना सरल नहीं है। फिर भी तकनीकी प्रगति के कारण आज ऐसा कर पाना सम्भव हो पाया है :

A. सभी क्षेत्रों के लिए

B. शहरी एवं अर्धशहरी क्षेत्रों के लिए

C. ग्रामीण क्षेत्रों के लिए

D. पर्वतीय एवं दूरस्थ क्षेत्रों के लिए

10. आजकल शिक्षण को एक व्यवसाय/उद्यम माना जाता है। निम्नलिखित में से किस तथ्य पर इसे एक उद्यम के स्तर पर बनाए रखने के लिए ध्यान देने की अनिवार्य रूप से आवश्यकता है?

A. नीति एवं मूल्य

B. अनुशासन एवं नियमितता

C. ईमानदारी एवं निष्ठा

D. उद्यमगत सुविधाएँ

11. यदि किसी कूट भाषा में AKASH शब्द को 1111198 के रूप में लिखा जाता हो, तो उसी भाषा में ZAHAN शब्द को किस तरह से लिखा जाएगा?

A. 2618114 B. 2619113

C. 2618124 D. 2617124

12. यदि किसी कूट भाषा में नाम CHANCHAL के लिए 32 लिखा जाता हो तो उसी भाषा में नाम BADAL को किस तरह से लिखा जाएगा?

A. 10 B. 11

C. 12 D. 13

13. यदि X नाम का कोई व्यक्ति किसी महिला से इस प्रकार से सम्बन्धित हो कि उसका पति उसकी सास का पुत्र हो और X का कोई भाई न हो तो X उस महिला से किस प्रकार से सम्बन्धित होगा?

A. वह उसकी पत्नी होगी

B. वह उसकी बहन है

C. वह उसकी माँ है

D. वह उसकी पुत्री है

14. यदि कोई व्यक्ति किसी स्थान से टहलते हुए पश्चिम की ओर 1 मील जाता है, दाहिनी ओर मुड़कर वह एक मील चलकर बाएँ मुड़ जाता है, और वह 2 मील चलता है। फिर बाएँ ओर मुड़कर एक मील जाता है। इसके बाद यदि वह दाहिनी ओर मुड़ जाता है तो अन्त में वह व्यक्ति किस दिशा की ओर जा रहा होगा?

A. पश्चिम B. पूरब
C. उत्तर D. दक्षिण

15. समान सम्बन्ध के आधार पर अन्तिम शब्द को बताइए :

डॉक्टर : दवाई :: अध्यापक : ....

A. कक्षा B. महाविद्यालय
C. विद्यालय D. शिक्षण

16. निम्न श्रेणी में विजातीय पद जो अन्य से भिन्न हो, को छाँटिए :

A. चित्र
B. रेखाचित्र
C. आरेख
D. (चलचित्र की) फिल्म पट्टी

17. 'अनुशासन को बनाए रखने के लिए किसी विद्यालय में शारीरिक दण्ड की व्यवस्था का होना जरूरी है' यह कथन निम्न में से किस तर्क पर आधारित है?

A. इससे मनोवैज्ञानिक दबाव बना रहता है
B. बच्चे स्वतन्त्रता चाहते हैं जो सभी अनुशासनहीनता की जड़ है
C. विद्यालय में इससे सीखना सुनिश्चित होता है
D. यह अध्यापकों के हित में है

18. यदि अक्षर A को 1 से.मी. चौड़ाई में लिखा जाय और उसके बाद के प्रत्येक अंग्रेजी वर्णमाला के अक्षरों की चौड़ाई में 0.25 से.मी. की वृद्धि करते हुए क्रम में लिखा जाय तो बताइए कि इस प्रकार से लिखे गए अक्षर M और X की चौड़ाई में कितना अन्तर होगा?

A. 2.25 से.मी. B. 2.50 से.मी.
C. 2.75 से.मी. D. 3.00 से.मी.

19. निम्नलिखित श्रेणी में कौन-सा पद अन्य से अलग है?

A. दिल्ली B. लखनऊ
C. कोलकाता D. हैदराबाद

20. यदि किसी सवारी गाड़ी A को 35 कि.मी./घण्टा की गति से 280 कि.मी. की दूरी 20 स्टेशनों पर रूकती हुई तय करना हो जबकि हर स्टेशन पर 4 मिनट का ठहराव हो, और किसी दूसरी गाड़ी B को उसी दूरी को 40 कि.मी./घण्टा की चाल से 15 स्टेशनों पर रूकती हुई तय करना हो जबकि प्रत्येक स्टेशन पर उसका ठहराव 10 मिनट का हो तो गन्तव्य तक कौन-सी गाड़ी पहले पहुँचेगी?

A. A
B. B
C. दोनों साथ-साथ
D. अनिश्चित

21. उच्चशिक्षा मूलतः सम्बन्धित है :

A. ज्ञान प्रदान करने से
B. नये ज्ञान के सृजन से
C. ज्ञान के प्रचार से
D. ज्ञान के संरक्षण से

22. प्रवाहित जल के द्वारा निक्षेपणात्मक कार्य मूलतः अपने प्रवाह पथ के :
A. ऊपरी भाग में किया जाता है
B. निम्न भाग में किया जाता है
C. मध्य भाग में किया जाता है
D. सभी भागों में किया जाता है

23. ''वैज्ञानिक मन' की एक महत्वपूर्ण विशेषता यह है कि :
A. तार्किक चिन्तन का होना
B. उच्च प्रतिभा का होना
C. प्रसरणशील चिन्तन का होना
D. सृजनात्मक चिन्तन का होना

24. 'सबके लिए शिक्षा' का तात्पर्य यह है :
A. शिक्षा को सभी के लिए प्राप्य/उपलब्ध बनाना
B. सभी के लिए शिक्षा में नामांकन कराने को अनिवार्य बनाना
C. सभी के लिए विद्यालयों में बने रहने को अनिवार्य बनाना
D. गुणवत्तामूलक शिक्षा प्रदान करना

25. बी.एड. पाठ्यक्रम की अवधि को एक से दो वर्ष तक बढ़ाना शैक्षिक दृष्टि रो आवश्यक है ताकि :
A. गुणवत्ता युक्त अध्यापक शिक्षा और प्रशिक्षण देना सम्भव हो
B. प्रशिक्षित बेरोजगार भावी अध्यापकों की समस्या का हल हो
C. समाज में निरन्तर बढ़ती हुई अध्यापकीय माँग पूरी हो
D. विद्यालयीय शिक्षा में सुधार/उन्नति हो

26. शैक्षिक दृष्टि से 'समान शिक्षा प्रणाली' अनिवार्य है क्योंकि :
A. शिक्षा के अधिकार के लिए जरूरतों की पूर्ति सुनिश्चित होगी
B. गरीब छात्रों की आवश्यकताओं की पूर्ति होगी
C. व्यक्तिगत विद्यालयों की गुणवत्ता में उन्नयन होगा
D. सरकारी विद्यालयों में शैक्षिक स्तर में सुधार होगा

27. हमारी प्रचलित विद्यालयीय प्रणाली में प्रतिभावान और पिछड़े हुए दोनों ही वर्गों के छात्र अवेहलित/उपेक्षित रहते हैं। इसका कारण है :
A. आर्थिक एवं अन्य संसाधनों का अभाव
B. शैक्षिक परिवेश (सैट अप) का अभाव
C. शिक्षकों का अभाव
D. निर्देशन सेवा का अभाव

28. यह प्रायः कहा जाता है कि यद्यपि लोगों की शैक्षिक योग्यताएँ बढ़ रही है लेकिन निरन्तर हीं नैतिक और नीतिगत स्तर घट रहा है, ऐसा प्रायः हो रहा है :
A. हमारी गलत शिक्षा प्रणाली के कारण
B. राष्ट्रीय शिक्षा नीति के अभाव के कारण
C. शैक्षिक नियोजन के अभाव के कारण
D. शिक्षा और समाज के मध्य उपयुक्त सम्पर्क और सम्बन्ध के अभाव के कारण

29. 'राष्ट्रीय अध्यापक शिक्षा परिषद्' (एन. सी.टी.ई.) की स्थापना किस वर्ष हुई थी?
A. 1986 B. 1992
C. 1973 D. 2000

30. 'तीन आर्स' (3R's) में अन्तर्निहित नहीं है :

A. पढ़ना

B. लिखना

C. अंकगणित

D. मनोरंजन

31. हिन्दी में उपसर्ग का प्रयोग कहाँ किया जाता है?

A. अपूर्ण वाक्य में

B. वाक्य के मध्य में

C. वाक्य के अन्त में

D. वाक्य के प्रारम्भ में

32. निम्नलिखित में से कौन-सा पद द्विगु समास नहीं है?

A. चतुरानन B. त्रिभुज

C. सूरजमुखी D. पंचमुखी

33. 'दिन में तारे नज़र आना' का क्या अर्थ है?

A. मूर्तिवत हो जाना

B. आश्चर्यचकित हो जाना

C. आँखें चौंधिया जाना

D. घबरा जाना

34. हिन्दी साहित्य के इतिहास की रूपरेखा से परिचित कराना किस प्रकार का उद्देश्य है?

A. सृजनात्मक B. ज्ञानात्मक

C. भावात्मक D. कौशलात्मक

35. 'कृशानु' के लिये पर्याय शब्द कौन-सा है?

A. अग्नि

B. पवन

C. इन्द्र

D. दुर्बल

36. 'हानि लाभ जीवन मरण जस अपजस विधि हाथ' यह पंक्ति कहाँ से ली गई है?

A. महाभारत

B. पद्मावत

C. रामचरित मानस

D. बिहारी सतसई

37. हिन्दी में सस्वर पठन का क्या मुख्य उद्देश्य है?

A. पढ़ने में शीघ्रता लाना

B. बोध ग्रहण करने की गति बढ़ाना

C. केन्द्रीय भाव को स्मरण करना

D. ध्वनि के उतार चढ़ाव से परिचित कराना

38. निम्नलिखित में से कौन-सा मौखिक रचना में नहीं आता?

A. कहानी कथन B. पत्र लेखन

C. प्रश्नोत्तर D. अभिनय

39. 'नहि पराग नहीं मधुर मधु नहि विकास इह काल।
अलि कलि ही सौं विध्यौ आगे कौन हवाल'।।
उपरोक्त पक्तियों में कौन-सा अलंकार है?

A. अतिशयोक्ति B. समासोक्ति

C. अन्योक्ति D. वक्रोक्ति

निर्देश (प्र.सं. 40 से 50 तक): *सही विकल्प चुनें।*

40. सुधार : सिलाई :: संपादन : ______

A. रफू करना B. मरम्मत

C. पांडुलिपि D. अस्थायी करना

41. 2, 4, 9, 11, 16, ...?
A. 21 B. 19
C. 18 D. 23

42. 80 : 40 :: 2 : _____
A. 8 B. 4
C. 1 D. 20

43. तीक्ष्ण : _____ :: दवा : कानाफूसी
A. हीरा B. घड़ी
C. भोंपू D. कान

44. अलग : एकजुट :: मरम्मत : _____
A. दृष्टिकोण
B. धक्का
C. क्षति
D. चतुरता में मात देना

45. अगर $x + y = 4$, और $x + z = 9$ तब $(y - z)$ का मान क्या होगा?
A. –5 B. +5
C. –13 D. +13

46. 3, 6, 4, 9, 5, 12, 6, ...? निम्न में से कौन श्रृंखला में अगली संख्या है?
A. 9 B. 12
C. 15 D. 24

47. 2, 6, 3, 9, 6, ... यदि निम्नलिखित श्रृंखला इसी क्रम में जारी रहे तो अगली संख्या क्या होगी?
A. 6 B. 12
C. 14 D. 18

48. पुस्तक : प्रकाशक :: फिल्म : ?
A. लेखक B. संपादक
C. निर्देशक D. निर्माता

49. मेनू : खाना :: सूची : ?
A. पुस्तक B. पुस्तकालय
C. अखबार D. अलमारी

50. FILM : ADGH :: MILK : ?
A. ADGF B. HDGE
C. HDGF D. HEGF

51. दुश्मनों की स्थिति का जायजा लेने वाले यन्त्र रडार में उपयोग होता है :
A. ध्वनि तरंगों का
B. रेडियो तरंगों का
C. विद्युत तरंगों का
D. अल्ट्रासोनिक तरंगों का

52. 176°F तापमान के बराबर है।
A. 80°C B. 85°C
C. 75°C D. 90°C

53. ऊँचे स्थानों पर अंडे या सब्जियों को पकाना मुश्किल है, क्योंकि :
A. पानी का उच्च क्वथनांक और कम वायुमंडलीय दबाव की वजह से
B. पानी का निम्न क्वथनांक और निम्न वायुमंडलीय दबाव की वजह से
C. गुरुत्वाकर्षण के कारण त्वरण के मूल्य की कमी की वजह से
D. उच्च वायुमंडलीय दबाव और पानी के कम क्वथनांक की वजह से

54. "दी ट्रायल" किसकी रचना है?
A. जेन ऑस्टेन
B. जॉर्ज इलियट
C. बालजक
D. फ्रांज काफ्का

55. "साकेत" किसने लिखा?
A. मैथिलीशरण गुप्त
B. हरिवंशराय बच्चन
C. जयदेव
D. रविन्द्रनाथ टैगोर

56. मदर टेरेसा ने _______ वर्ष में भारत रत्न प्राप्त किया।

A. 1971 B. 1976
C. 1980 D. 1983

57. वर्धमान महावीर के पिता कौन थे?

A. शुद्धोधन B. शुद्धधर्मा
C. सिद्धार्थ D. बिम्बिसार

58. __________ गुलामी के उन्मूलन के लिए अंतर्राष्ट्रीय दिवस के रूप में घोषित किया जाता है :

A. 2 दिसम्बर B. 2 नवम्बर
C. 14 नवम्बर D. 28 नवम्बर

59. बोत्सवाना की मुद्रा है :

A. पुला B. रियाल
C. दीनार D. राएल

60. जीवाणु को बढ़ने के लिए सूर्य के प्रकाश की जरूरत नहीं पड़ती क्योंकि :

A. उनमें क्लोरोफिल की कमी होती है अतः वे अपना भोजन नहीं बना सकते
B. उन्हें सूर्य के प्रकाश से नफरत है
C. भोजन संश्लेषण के लिए वे दूसरे प्रकाश का प्रयोग करते हैं
D. वे अपना भोजन बिना सूर्य के प्रकाश की मदद के बनाते हैं

61. कोबरा का विष हमला करता है :

A. तंत्रिका तंत्र पर
B. श्वसन प्रणाली पर
C. पाचन तंत्र पर
D. संचार प्रणाली पर

62. निम्न में से कौन-सा स्टार्च के निर्माण के लिए हरे पौधों द्वारा प्रयोग किया जाता है?

A. कार्बन डाइऑक्साइड
B. सूरज की रोशनी
C. पानी
D. उपरोक्त सभी

63. एक तत्व का परमाणु संख्या देता है :

A. अपने परमाणु में प्रोटॉन की संख्या
B. अपने परमाणु में न्यूक्लियोन की संख्या
C. तत्व का परमाणु वजन
D. अपने परमाणु में प्राथमिक कणों की कुल संख्या

64. फैराडे का नियम जुड़ा हुआ है :

A. इलेक्ट्रोलिसिस के साथ
B. गैसों की प्रतिक्रिया के साथ
C. गैसों के दबाव के साथ
D. तापमान और दबाव के साथ

65. लाफिंग गैस का रासायनिक नाम है :

A. नाइट्रस ऑक्साइड
B. नाइट्रिक ऑक्साइड
C. नाइट्रोजन डाईऑक्साइड
D. नाइट्रोजन पेरोक्साइड

66. इनमें से असंगत शब्द को चुनें :

A. माइक्रो कम्प्यूटर
B. मिनी कम्प्यूटर
C. सुपर कम्प्यूटर
D. डिजिटल कम्प्यूटर

67. संख्या प्रणाली जिस पर आधुनिक कंप्यूटर संचालित होता है :

A. दशमलव संख्या प्रणाली
B. अष्टाधारी संख्या प्रणाली
C. बाइनरी संख्या प्रणाली
D. हेक्साडेसिमल संख्या प्रणाली

68. सबसे छोटी (कंप्यूटर) स्मृति आकार का चयन करें :
A. टेराबाइट
B. गीगाबाइट
C. किलोबाइट
D. मेगाबाइट

69. सर्वप्रथम किस वर्ष भारतीय जनसंख्या की गणना करने का प्रयास किया गया था?
A. 1945 B. 1851
C. 1872 D. 1951

70. 2011 की जनगणना के अनुसार भारत की कुल जनसंख्या की लगभग कितनी प्रतिशत साक्षर है?
A. 55% से नीचे
B. 55% और 60% के बीच
C. 60% और 75% के बीच
D. 75% से ऊपर

71. दुर्गापुर इस्पात संयंत्र किसकी सहायता से स्थापित किया गया है?
A. संयुक्त राज्य अमेरिका
B. सोवियत संघ
C. ब्रिटेन
D. जर्मनी

72. 1857 के विद्रोह के बाद से ब्रिटिशों ने ज्यादातर भारतीय सैनिकों की भर्ती की :
A. उत्तर प्रदेश और बिहार से ब्राह्मणों की
B. पूर्व से बंगाली और उड़िया की
C. उत्तर से गोरखा, सिख और पंजाबियों की
D. दक्षिण से मद्रास प्रेसिडेंसी और पश्चिम से मराठों की

73. निम्नलिखित हड़प्पा स्थलों में कौन कच्छ क्षेत्र में स्थित हैं?
A. बेसलपुर और सुरकोतदा
B. रंगपुर और रोजिदी
C. अलाबदिनों और बालाकोट
D. लोथल और सुरकोतदा

74. किस सम्राट ने श्रीलंका के उत्तरी भाग पर विजय प्राप्त की एवं कब्जा कर लिया और उसे मुम्मादी चोलामंडलम नाम दिया?
A. राजराजा I B. परान्तक I
C. राजेंद्र I D. राजाधिराज I

75. आचार्य विनोबा भावे का पवनार आश्रम स्थित है :
A. महाराष्ट्र में B. गुजरात में
C. बिहार में D. बंगाल में

76. हमेशा के लिए दक्षिण अफ्रीका छोड़ने के बाद महात्मा गांधी भारत लौटे :
A. 1914 में B. 1915 में
C. 1916 में D. 1919 में

77. जब सुभाष चंद्र बोस ने कांग्रेस के अध्यक्ष के रूप में इस्तीफा दे दिया तो उनके स्थान पर नियुक्त किये गये?
A. राजेन्द्र प्रसाद
B. अबुल कलाम आजाद
C. सी. राजगोपालाचारी
D. पट्टाभि सीतारमैया

78. संसद में प्रस्तुत बिल एक अधिनियम बन जाता है यदि :
A. यह दोनों सदनों द्वारा पारित हो
B. राष्ट्रपति ने उसे अपनी सहमति दी है
C. प्रधानमंत्री ने हस्ताक्षर किए हों

D. सुप्रीम कोर्ट ने इसे यूनियन संसद की क्षमता के भीतर होने की घोषणा की हो

79. राष्ट्रपति पद के चुनाव में :

A. सभी सांसदों और विधायकों, प्रत्येक के पास एक मत है।

B. प्रत्येक निर्वाचित सांसद या विधायक के वोट की एक समान संख्या है।

C. विभिन्न राज्यों के विधायक के वोटों की अलग संख्या हो सकती है।

D. एक राज्य के सांसदों और विधायकों के वोट की संख्या एक ही होती है।

80. भारत के नियंत्रक और महालेखा परीक्षक की नियुक्ति ________ के द्वारा की जाती है।

A. भारत के राष्ट्रपति

B. लोक सभा के अध्यक्ष

C. राज्य सभा के सभापति

D. लोक लेखा समिति के अध्यक्ष

81. Which of the following sentences should be the correct request of a mouse to a dangerous cat?

A. "Please, don't fear me!"

B. "Please, don't frighten me!"

C. "Please don't make me fearful!"

D. "Please fear me!"

82. What is the correct meaning of the word ICONOCLAST? Choose from the options given below:

A. Person who becomes an icon

B. Person who follows his class of icon

C. Person who attacks popular beliefs or established customs

D. Person with no class.

Directions : *Read the passage carefully and answer the question no. 83 & 84.*

The lazy man says, "Never do today what you can put off till tomorrow." But the wise man takes as his motto the old proverb, "Never put off till tomorrow what you can do to day!" The man who systematically clears off the work that belongs to each days as it comes not only avoids the mental burden of unperformed duties, but is also the only man who knows true leisure for at the end of the day, he can spend what time remains, in recreation and enjoyment with a clear conscience, knowing he is well ahead with his work.

83. What is the most important attainment of a wise man who is systematic in doing his job?

A. Worry

B. Mental Burden

C. True leisure

D. Lack of recreation

84. What is the attainment of the person whose motto is 'Never do to day what you can put off till tomorrow"?

A. Recreation and enjoyment.

B. True leisure.

C. Mental burden of imperformed duties.

D. Clear conscience.

85. What is the tense of the following sentence?

Had I not been learning English language since Monday?

A. Past continuous tense.

B. Present perfect continuous tense.

C. Past perfect continuous tense.
D. Future perfect tense.

86. Which formation of the following sentences is correct?
A. We shall been reading in this college for three years.
B. We shall have been reading in this college for three years.
C. We shall reading in this college for three years.
D. We shall reading been in this college for three years.

87. Choose the correct spelling:
A. Definition B. Defenation
C. Difination D. Defnition

88. Fill in the blank with the correct word the moon waxes and .... fort night by:
A. wastes B. wanes
C. wears D. tears

89. Choose the passive voice of the following sentence:
My captors were taking me to prison
A. My captors were being taken to prison
B. I was being taken to prison by my captors
C. I was taking my captors to prison
D. I took to prison my captors

90. Identify the figure of speech in the following sentence:
Laughter holding both her sides.
A. Hyperbole
B. Personification
C. Apostrophe
D. Metaphor

91. Choose the correct antonym of the following word 'Real' :
A. Illusion B. Illusory
C. Image D. Illustrate

92. Fill in the blank with correct word:
My brother and .... are going to college.
A. I B. Myself
C. Self D. Me

93. Fill in the blank with the correct preposition:
She is very careful .... her health.
A. at B. for
C. of D. on

94. Supply the appropriate verb to fill in the blank space:
Mumps .... a serious illness for grown up people.
A. are B. were
C. has D. is

95. Add a suitable word to the blank space:
His wages are so small that he can scarcely live .... them.
A. with
B. by
C. for
D. on

96. Choose one word for the following expression:
Ask or beg for something earnestly or humbly
A. Supply
B. Supplicate
C. Supplement
D. Suppliant

97. Select the meaning of the phrase used in the following sentence:

The witness lied to the judge. He **kept back** the truth that he had seen his friend committing his wife's murder.

A. Showed
B. Hid
C. Told
D. Repeated

98. What is the past participle of the verb **Swear**?

A. Swear　　B. Sweared
C. Swore　　D. Sworn

99. Choose from the following the meaning of the prefix AUTO forming the words like autograph, autobiography:

A. Machine
B. self
C. car
D. Three wheeler

100. Fill in the blank space with appropriate word:

Baeon is called the father of English ....

A. Novel　　B. Essay
C. Poetry　　D. Drama

उत्तरमाला

1	2	3	4	5	6	7	8	9	10
D	B	A	C	C	B	D	A	A	A
11	12	13	14	15	16	17	18	19	20
A	B	A	A	D	D	A	C	A	A
21	22	23	24	25	26	27	28	29	30
B	B	A	A	A	A	D	D	C	D
31	32	33	34	35	36	37	38	39	40
D	C	D	B	A	C	D	B	C	C
41	42	43	44	45	46	47	48	49	50
C	C	C	C	A	C	D	D	A	C
51	52	53	54	55	56	57	58	59	60
B	A	B	D	A	C	C	A	A	D
61	62	63	64	65	66	67	68	69	80
A	D	A	A	A	D	C	C	C	C
71	72	73	74	75	76	77	78	79	80
C	C	D	A	A	B	A	B	C	A
81	82	83	84	85	86	87	88	89	90
B	C	C	C	C	B	A	B	B	B
91	92	93	94	95	96	97	98	99	100
B	A	C	D	D	B	B	D	B	B

व्याख्यात्मक उत्तर

11. अक्षर : A K A S H

अंग्रेजी वर्णमाला में क्रम 1 11 1 19 8

इस प्रकार, अक्षर Z A H A N

अंग्रेजी वर्णमाला में क्रम 26 1 8 1 14

12. अक्षर : C H A N C H A L

अंग्रेजी वर्णमाला में क्रम 3 8 1 14 3 8 1 12

'CHANCHAL' का कूट
= 3 + 8 + 1 + 1+ 4 + 3 + 8 + 1 + 1 + 2 = 32

इस प्रकार, B A D A L

2 1 4 1 12

'BADAL' का कूट
= 2 + 1 + 4 + 1 + 1 + 2 = 11

13. व्यक्ति X उस महिला का पति है।

14.

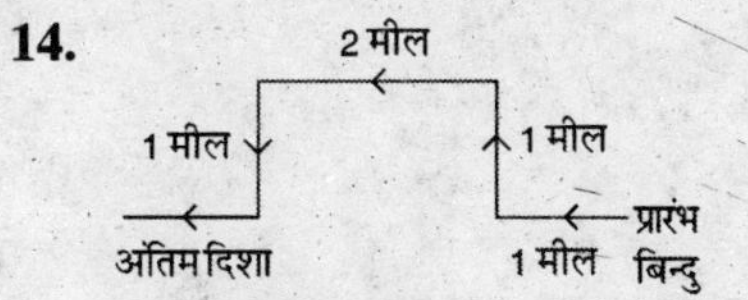

अतः व्यक्ति अंत में पुनः पश्चिम दिशा में गतिमान है।

15. जैसे डॉक्टर रोगी को दवा देता है वैसे ही शिक्षक छात्र को पढ़ाता है।

18. अक्षर : A B C D ......

चौड़ाई : 1 1.25 1.50 1.75 (से.मी. में)

यहाँ अक्षर की चौड़ाई A.P. में है जिसका पहला अक्षर A = 1 से.मी. तथा सामान्य अंतर $d = 0.25$ से.मी. है।

अक्षर 'M' की क्रम संख्या
= 13

अक्षर 'M' की चौड़ाई
= 1 + (13 – 1) × 0.25
= 1 + 3 = 4 से.मी.

अक्षर 'X' की क्रम संख्या = 24

अक्षर 'X' की चौड़ाई
= 1 + (24 – 1) × 0.25
= 1 + 23 × 0.25
= 1 + 5.75
= 6.75 से.मी.

अक्षर 'X' तथा 'M' के चौड़ाई का अंतर
= 6.75 – 4
= 2.75 से.मी.

20.	गाड़ी A	गाड़ी B
यात्रा करने में लगा समय	$\frac{280}{35} = 8$ घंटे	$\frac{280}{40} = 7$ घंटे
विराम समय	20 × 4 = 80 मिनट = 1 घटा 20 मिनट	15 × 10 = 150 मिनट = 2 घंटे 30 मिनट
कुल समय	8 + 1.20 = 9 घंटे 20 मिनट	7 + 2.30 = 9 घंटे 30 मिनट

अतः गाड़ी A गंतव्य स्थान को पहले पहुँचेगी।

41.

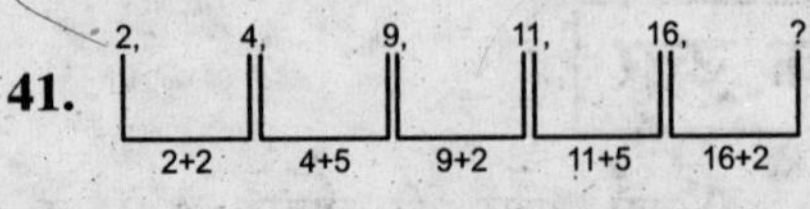

अतः प्रश्नवाचक चिह्न के स्थान पर 18 आयेगा।

42. $80 : 40 :: 2 : x$

$$\frac{80}{40} = \frac{2}{x}$$

$$\Rightarrow x = \frac{40 \times 2}{80} = 1.$$

45. $\because \quad x + y = 4 \quad ...(i)$

और $\quad x + z = 9 \quad ...(ii)$

(i) में से (ii) को घटाने पर,

$$x + y - (x + z) = 4 - 9$$

$$\Rightarrow x + y - x - z = -5$$

$$\Rightarrow y - z = -5.$$

46. 3, 6, 4, 9, 5, 12, 6, ...?

यहाँ, दो प्रकार की श्रेणियाँ हैं :

3, 4, 5, 6

और 6, 9, 12, 15

अतः श्रेणी की अगली संख्या 15 है।

47. 2, 6, 3, 9, 6, ... ?

यहाँ दो प्रकार की शृंखला है

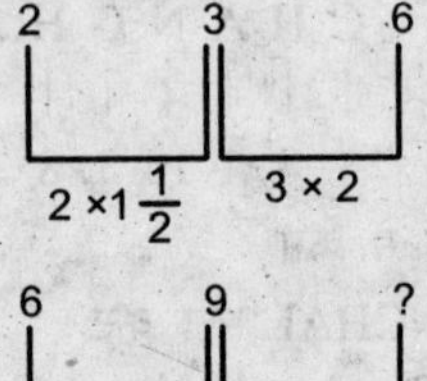

6 9 ?

$6 \times 1\frac{1}{2}$ $\quad 9 \times 2$

अतः वांछित संख्या 18 होगी।

सामान्य बुद्धिमत्ता एवं तर्कशक्ति

भाषिक (VERBAL)

शृंखला
(Series)

अक्षर शृंखला (Letter Series)

अक्षर शृंखला में निहित अक्षरों का एक निश्चित क्रम होता है। दी गई अक्षर शृंखला में अक्षर वर्णमाला के सीधे क्रम में भी हो सकते हैं और वर्णमाला के विपरीत क्रम में भी।

वर्णमाला के सीधे क्रम में अक्षरों की शृंखला है :

A B C D E F G H I J K L M N O P Q R S T U V W X Y Z

A ↓ पहला, E ↓ 5वाँ, J ↓ 10वाँ, O ↓ 15वाँ, T ↓ 20वाँ, Y ↓ 25वाँ

वर्णमाला के विपरीत या उल्टे क्रम में अक्षरों की शृंखला है :

Z Y X W V U T S R Q P O N M L K J I H G F E D C B A

Z ↓ पहला, V ↓ 5वाँ, Q ↓ 10वाँ, L ↓ 15वाँ, G ↓ 20वाँ, B ↓ 25वाँ

टिप्पणी : Z पर पहुंच कर शृंखला A से पुनः शुरू होती है और A पर पहुंच कर शृंखला Z से पुनः शुरू होती है।

उदाहरण

निर्देश: *नीचे दी गई शृंखला में प्रश्न चिह्न को प्रतिस्थापित करने के लिए दिए गए विकल्पों में से सही अक्षर का चयन करें :*

B D F H J ?

(*a*) L (*b*) O (*c*) M (*d*) K

उत्तर (*a*) : शृंखला में प्रत्येक दो अक्षरों के बीच वर्णमाला के सीधे क्रम में एक अक्षर छूट गया है।

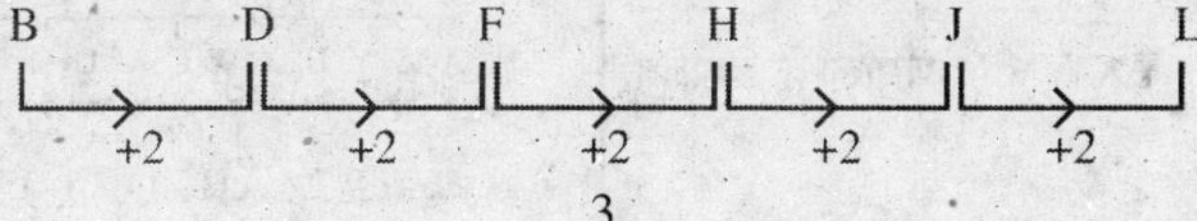

अभ्यास

निर्देश : *नीचे दी गई प्रत्येक शृंखला में अक्षरों का क्रम निर्धारित करें। तत्पश्चात् दिए गए विकल्पों में से उस विकल्प का चयन करें जिससे दी गई शृंखला में प्रश्न चिह्न प्रतिस्थापित होता हो।*

1. B Y C X D W E ?
(*a*) S (*b*) T
(*c*) U (*d*) V

2. A D C G E ?
(*a*) G (*b*) J
(*c*) I (*d*) L

3. X O I F ?
(*a*) D (*b*) F
(*c*) B (*d*) E

4. Z A A Y B B X C ?
(*a*) W (*b*) C
(*c*) V (*d*) D

5. A Z Y B X W C V U D T S E ?
(*a*) R S (*b*) S T
(*c*) R Q (*d*) Q R

6. R K F ? B
(*a*) D (*b*) C
(*c*) E (*d*) B

7. R Z J K S B C ?
(*a*) W (*b*) K
(*c*) L (*d*) X

8. A L W B M X C N ?
(*a*) V (*b*) W
(*c*) Y (*d*) X

9. LAZ, NEX, PIV, ?
(*a*) SLS (*b*) QNS
(*c*) RMT (*d*) RMS

10. EJOT, DHLP, CFIL, ?
(*a*) BDFH (*b*) DGKL
(*c*) DEIJ (*d*) BLHM

उत्तरमाला

1	2	3	4	5	6	7	8	9	10
(*d*)	(*b*)	(*b*)	(*b*)	(*c*)	(*b*)	(*b*)	(*c*)	(*c*)	(*a*)

कुछ चुने हुए प्रश्नों के व्याख्यात्मक उत्तर

1. दी गई शृंखला में बारी-बारी से दो अक्षर शृंखलाएं अंतर्निहित हैं।

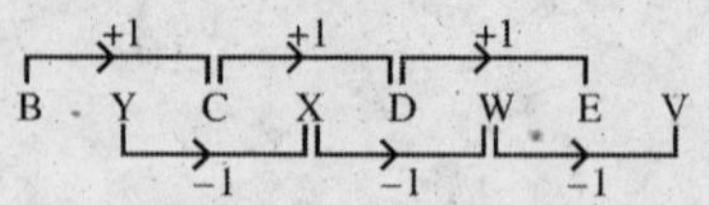

शृंखला I : BCDE (वर्णमला के सीधे क्रम में)

शृंखला II : YXWV (वर्णमाला के विपरीत क्रम में)

3. शृंखला में दो सन्निकट अक्षरों के बीच वर्णमाला के विपरीत क्रम में क्रमशः 3 की कमी होती जाती है, अर्थात्

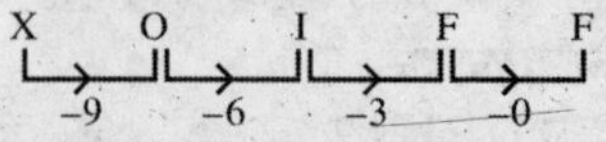

5. शृंखला में बारी-बारी से दो शृंखलाएं अंतर्निहित हैं।

+1 +1 +1 +1
A Z Y B X W C V U D T S E R Q
−1 −1 −1 −1 −1 −1 −1 −1 −1

शृंखला I : ABCDE (वर्णमाला के सीधे क्रम में)

शृंखला II : ZY XW VU TS RQ (वर्णमाला के विपरीत क्रम में एक साथ दो अक्षर)

6. शृंखला में दो क्रमागत अक्षरों के बीच वर्णमाला के विपरीत क्रम में अंतर में क्रमशः 2 की कमी होती जाती है।

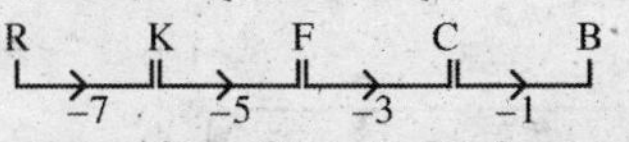

8. शृंखला में बारी-बारी से तीन शृंखलाएं अंतर्निहित हैं:

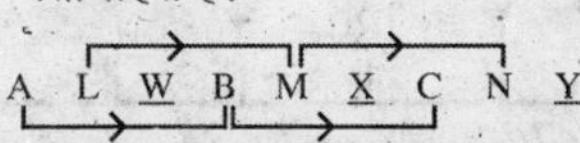

शृंखला I : ABC

शृंखला II : LMN

शृंखला III : WXY

10. शृंखला के एक समूह और उसके परवर्ती समूह के संगत अक्षरों में क्रमशः –1, –2, –3, –4 का अंतर है।

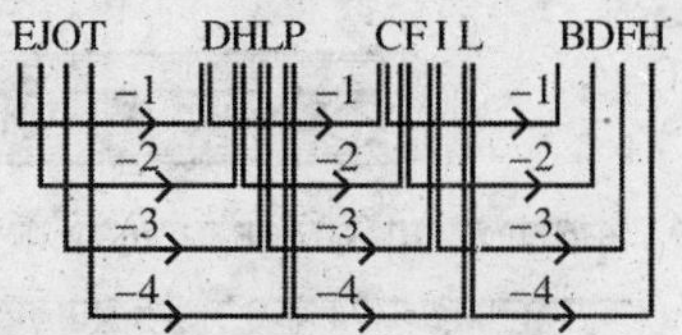

गलत या बेमेल अक्षर-शृंखला (Wrong Letter Series)

इस प्रकार के प्रश्नों में दी गई शृंखला में अभ्यर्थियों को ऐसे अक्षर या अक्षर-समूह ज्ञात करने की आवश्यकता नहीं होती जिनसे दी गई शृंखला पूर्ण होती है बल्कि उन्हें ऐसे अक्षर का पता लगाना होता है जो शृंखला में गलत या बेमेल हो।

उदाहरण

दी गई शृंखला में कौन-सा अक्षर गलत या बेमेल है ?

J M P T V Y

(*a*) J (*b*) P (*c*) T (*d*) Y

उत्तर (*c*) : शृंखला में दो सन्निकट अक्षरों के बीच वर्णमाला के क्रम में +3 का अंतर है।

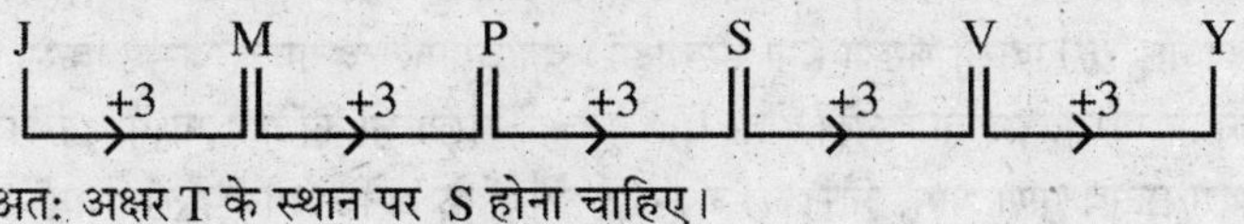

अतः अक्षर T के स्थान पर S होना चाहिए।

अभ्यास

निर्देश : *नीचे के प्रत्येक प्रश्न में दी गई अक्षर-शृंखला में कौन-सा अक्षर या अक्षर-समूह गलत या बेमेल है ?*

1. C H M S W B

(*a*) C (*b*) S
(*c*) B (*d*) W

2. Z A W B X C

(*a*) D (*b*) C
(*c*) X (*d*) W

3. D K R Y F L

(*a*) L (*b*) D
(*c*) R (*d*) Y

4. XW, DC, CB, NM, PQ
(*a*) NM (*b*) CB
(*c*) PQ (*d*) XW

5. Z T P K H F
(*a*) Z (*b*) P
(*c*) T (*d*) F

उत्तरमाला

1	2	3	4	5
(*b*)	(*d*)	(*a*)	(*c*)	(*b*)

कुछ चुने हुए प्रश्नों के व्याख्यात्मक उत्तर

1. श्रृंखला में दो सन्निकट अक्षरों के बीच वर्णमाला के सीधे क्रम में +5 का अंतर है।

C H M R W B
+5 +5 +5 +5 +5

अत: श्रृंखला में S के स्थान पर R होना चाहिए। (श्रृंखला Z पर पहुंचने के बाद A से पुन: शुरू होती है।)

3. श्रृंखला में दो सन्निकट अक्षरों के बीच +7 का अंतर है।

D K R Y F M
+7 +7 +7 +7 +7

अत: श्रृंखला में L के स्थान पर M होना चाहिए।

4. श्रृंखला कोई भी दो क्रमागत अक्षरों को वर्णमाला के विपरीत क्रम में शामिल करके निर्मित की गई है।

XW DC CB NM QP
← ← ← ← ←

संख्या-श्रृंखला (Number Series)

इस प्रकार की श्रृंखला में दी गई संख्याओं के समुच्चय एक दूसरे से एक विशेष पैटर्न या रुप में संबंधित होते हैं। संख्याओं के बीच संबंध (*i*) क्रमागत विषम/सम संख्याओं; (*ii*) क्रमागत अविभाज्य संख्याओं; (*iii*) किसी संख्या (या संख्याओं) का वर्गफल/घनफल जिसमें किसी संख्या को जोड़ने या घटाने पर परिवर्तन होता है/नहीं होता; (*iv*) पूर्ववर्ती संख्याओं का योग/गुणनफल/अंतर; (*v*) किसी संख्या से योग/घटाव/गुणा/भाग; और (*vi*) उपर्युक्त संबंधों के अनेक और भी संयोजनों पर आधारित होता है।

उदाहरण

दी गई श्रृंखला में प्रश्न चिह्न के स्थान पर क्या होगा?
2, 14, 98, 686, ?
(*a*) 1976 (*b*) 2548 (*c*) 980 (*d*) 4802

उत्तर (*d*) : श्रृंखला में अंतर्निहित संख्याएं 7 की गुणज हैं।

2 14 98 686 4802
×7 ×7 ×7 ×7

(किसी दी गई संख्या-श्रृंखला में बारी-बारी से एकाधिक श्रृंखलाएं भी अंतर्निहित हो सकती हैं।)

अभ्यास

निर्देश : *शृंखलाओं को पूरा करने के लिए दिए गए विकल्पों में से लुप्त पद/संख्या ज्ञात करें।*

1. 1, 6, 12, 19, 27, ?
(*a*) 38 (*b*) 35
(*c*) 36 (*d*) 54

2. 2, 3, 6, 18, 108, ?
(*a*) 1944 (*b*) 1658
(*c*) 648 (*d*) 1008

3. 3, 8, 13, 24, 41, ?
(*a*) 65 (*b*) 75
(*c*) 70 (*d*) 80

4. 0, 5, 22, 57, ?, 205
(*a*) 198 (*b*) 116
(*c*) 172 (*d*) 92

5. 1, 2, 5, 12, 27, 58, 121, ?
(*a*) 246 (*b*) 247
(*c*) 248 (*d*) 249

उत्तरमाला

1	2	3	4	5
(*c*)	(*a*)	(*c*)	(*b*)	(*c*)

कुछ चुने हुए प्रश्नों के व्याख्यात्मक उत्तर

1. शृंखला के आरंभिक पदों अर्थात् 1 और 6 के बीच 5 का अंतर है और तत्पश्चात् शृंखला की आनुक्रमिक संख्याओं के बीच अंतर में क्रमशः 1 की वृद्धि होती जाती है।

1 → 6 → 12 → 19 → 27 → 36
(+5, +6, +7, +8, +9)

2. शृंखला में हर तीसरी संख्या पूर्ववर्ती दो संख्याओं का गुणनफल है।

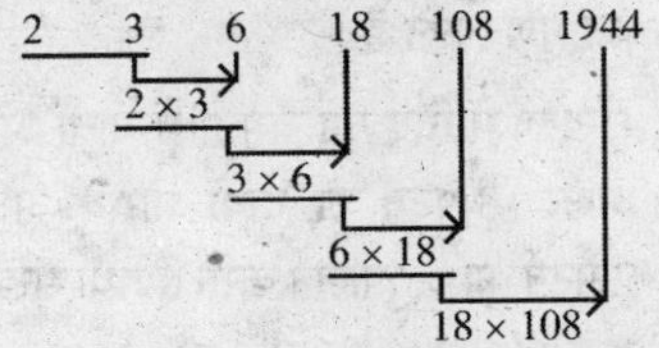

4. शृंखला निम्नलिखित पैटर्न का अनुपालन करती है :

1 से आरंभ करके प्राकृतिक संख्याओं का घनफल घटा 1 से आरंभ करके एकांतर विषम संख्याएं

0	5	22	57	116	205
↓	↓	↓	↓	↓	↓
1^3-1	2^3-3	3^3-5	4^3-7	5^3-9	6^3-11

5. शृंखला में निहित संख्या को 2 से गुणा करके 0 से आरंभ करके प्राकृतिक क्रम में संख्याओं को जोड़ने पर अगली संख्या प्राप्त होती है।

1 → 2 → 5 → 12 → 27 → 58 → 121 → 248
$(1 \times 2)+0$, $(2 \times 2)+1$, $(5 \times 2)+2$, $(12 \times 2)+3$, $(27 \times 2)+4$, $(58 \times 2)+5$, $(121 \times 2)+6$

मिश्रित-शृंखला (Mixed Series)

मिश्रित-शृंखला में अक्षरों और संख्याओं का संयोजन होता है। इस प्रकार की शृंखला में अक्षरों और संख्याओं का एक सर्वनिष्ठ पैटर्न या अलग-अलग अनुक्रम पैटर्न हो सकता है।

उदाहरण

दिए गए विकल्पों में से कौन-सा विकल्प निम्नलिखित शृंखला को पूरा करता है?
R(2)S, T(4)U, V(6)W, ?
(*a*) X(8)Y (*b*) Y(10)Z (*c*) Z(8)A (*d*) Y(6)Z
उत्तर (*a*) : अक्षर वर्णमाला के सीधे क्रम में हैं जबकि संख्याएं 2 की आनुक्रमिक गुणज हैं।

अभ्यास

निर्देश (प्र.सं. 1–3): *नीचे की प्रत्येक शृंखला में प्रश्न चिह्न के स्थान पर क्या आएगा?*

1. 2B, 4C, 8E, 14H, ?
(*a*) 20L (*b*) 22L
(*c*) 21I (*d*) 16K

2. W(1)A, X(4)Z, Y(9)Y, ?, A(25)W
(*a*) X(11)Z (*b*) Z(21)A
(*c*) Z(16)X (*d*) Z(14)X

3. D2, I3, N6, S18, ?
(*a*) V72 (*b*) W36
(*c*) Y90 (*d*) X108

निर्देश (प्र.सं. 4 और 5): *नीचे की प्रत्येक अक्षर-संख्या शृंखला में कौन-सा पद बेमेल/शृंखला में उपयुक्त नहीं है?*

4. G4T, J10R, M20P, P43N, S90L
(*a*) J10R (*b*) S90L
(*c*) M20P (*d*) G4T

5. B0R, G3U, E3P, J7S, H9N
(*a*) E3P (*b*) J7S
(*c*) H9N (*d*) G3U

उत्तरमाला

1	2	3	4	5
(*b*)	(*c*)	(*d*)	(*a*)	(*b*)

कुछ चुने हुए प्रश्नों के व्याख्यात्मक उत्तर

1. शृंखला में संख्याओं का अनुक्रम +2, +4, +6 +8 का तथा अक्षरों का अनुक्रम +1, +2, +3, +4 का है।

2. शृंखला में दिए गए समूहों में बायीं ओर के अक्षर वर्णमाला के विपरीत क्रम में हैं और दाहिनी ओर के अक्षर वर्णमाला के सीधे क्रम में हैं तथा संख्याएं 1 से आरंभ करके प्राकृतिक क्रम में क्रमागत संख्याओं के वर्ग हैं।

3. अक्षर +5 पैटर्न का अनुपालन करते हैं और हर तीसरी संख्या अपनी पूर्ववर्ती दो संख्याओं का गुणनफल है।

4. शृंखला में दिए गए समूहों में बायीं ओर के अक्षर +3 पैटर्न का, दायीं ओर के अक्षर –2 पैटर्न का अनुपालन करते हैं तथा संख्याओं द्वारा (4 × 2) +1, (9 × 2)+2, (20 × 2) +3, (43 × 2) + 4 पैटर्न का अनुपालन किया जाता है।
अत: J10R के स्थान पर शृंखला में J9R होना चाहिए।

आवृत्ति शृंखला (Repetitive Series)

इस प्रकार की शृंखला में अक्षरों का समुच्चय निर्मित करने के लिए अंग्रेजी वर्णमाला के छोटे अक्षरों का प्रयोग किया जाता है जिनकी शृंखला में पुनरावृत्ति होती है।

उदाहरण

निम्नलिखित अक्षर–शृंखला में लुप्त पद ज्ञात करें :

ba-b-aab-a-b

(*a*) baab (*b*) abba (*c*) abaa (*d*) babb

उत्तर (*b*) : शृंखला के पद हैं : baab, baab, baab। इस शृंखला में पद baab की पुनरावृत्ति होती है।

अभ्यास

निर्देश : *दी गई अक्षर–शृंखलाओं को पूरा करने के लिए दिए गए अक्षर–समूहों के विकल्पों में से सही विकल्प का चयन करें।*

1. ab---b-bbaa-

(*a*) babba (*b*) abaab
(*c*) abbab (*d*) baaab

2. aa-ab--aaa-a

(*a*) baaa (*b*) abab
(*c*) aaab (*d*) aabb

3. -baa-aab-a-a

(*a*) baab (*b*) abab
(*c*) aaba (*d*) aabb

4. -a cca-ccca-acccc-aaa

(*a*) ccaa (*b*) acca
(*c*) caac (*d*) caaa

5. c-bbb--abbbb-abbb-

(*a*) abccb (*b*) bacbb
(*c*) aabcb (*d*) abacb

6. ac-cab-baca-aba-acac

(*a*) bcbb (*b*) aacb
(*c*) babb (*d*) acbc

7. --aba--ba-ab

(*a*) abbab (*b*) bbaba
(*c*) baabb (*d*) abbba

उत्तरमाला

1	2	3	4	5	6	7
(*d*)	(*c*)	(*b*)	(*d*)	(*a*)	(*b*)	(*a*)

कुछ चुने हुए प्रश्नों के व्याख्यात्मक उत्तर

2. दी गई अक्षर शृंखला है : aaaaba, aaaaba

4. दी गई अक्षर शृंखला है : c, a, cc, aa, ccc, aaa, cccc, aaaa

5. दी गई अक्षर शृंखला है : cabbbb, cabbbb, cabbbb

6. दी गई अक्षर शृंखला है : acac, abab, acac, abab, acac

❑❑❑

2

सादृश्य या संबंध

(Analogies or Relationships)

शब्द सादृश्य (Word Analogy)

संबंध या सादृश्य परीक्षा में दिए गए दो शब्दों के बीच संबंध स्थापित किया जाता है और उसी संबंध को दिए गए अन्य शब्दों पर अनुप्रयुक्त किया जाता है। दिए गए दो शब्दों के बीच विभिन्न प्रकार के संबंध हो सकते हैं, अत: इस प्रकार के प्रश्नों को हल करते समय सर्वप्रथम यह ज्ञात करना होता है कि दिए गए दो शब्दों के बीच किस प्रकार का संबंध है।

अभ्यास

निर्देश (प्र.सं. 1–5): *पूछे गए प्रत्येक प्रश्न में पहले दिए गए दो शब्दों के बीच संबंध स्थापित करें। तत्पश्चात् दिए गए विकल्पों में से उस विकल्प का चयन करें जिसके शब्द और प्रश्न में दिए गए तीसरे शब्द के बीच ठीक वैसा ही संबंध या सादृश्य हो जैसा कि पहले के दो शब्दों के बीच है।*

1. जो संबंध 'उन्माद' और 'सनक' में है वही संबंध 'भय' और निम्नलिखित में से किसमें है?

(*a*) इच्छा (*b*) शौक

(*c*) आवश्यकता (*d*) डर

2. 'हकलाना' जिस प्रकार 'वाणी' से संबंधित है उसी प्रकार 'बहरापन' का संबंध निम्नलिखित में से किससे है?

(*a*) कान (*b*) सुनना

(*c*) शोर (*d*) चुप्पी

3. जिस प्रकार 'नेता', 'अनुयायी' से संबंधित है, उसी प्रकार .... संबंधित है सिपाही से।

(*a*) कैप्टन (*b*) यूनिट

(*c*) सेना (*d*) बैरक

4. जिस प्रकार 'चिल्लाहट', 'फुसफुसाहट' से संबंधित है, उसी प्रकार 'मारना' निम्नलिखित में से किससे संबंधित है?

(*a*) थप्पड़ मारने (*b*) छूना

(*c*) क्रोध (*d*) शोरगुल

5. जिस प्रकार 'पंजा', 'बिल्ली' से संबंधित है उसी प्रकार 'खुर' निम्नलिखित में से किससे संबंधित है?

(*a*) घोड़ा (*b*) मेमना

(*c*) हाथी (*d*) शेर

निर्देश (प्र.सं. 6–10): *नीचे दिए गए प्रत्येक प्रश्न में :: चिह्न की बाईं ओर दो शब्द दिए गए हैं। इन दोनों शब्दों में कुछ संबंध है। वैसा ही संबंध*

:: चिह्न की दाईं ओर के दो शब्दों में है जिनमें से एक शब्द के स्थान पर प्रश्नवाचक चिह्न (?) है। प्रश्नवाचक चिह्न (?) के स्थान पर दिए गए विकल्पों में से एक उपयुक्त विकल्प का चयन करें।

6. शिकारी : बंदूक :: लेखक : ?
(*a*) पुस्तक (*b*) कलम
(*c*) कविता (*d*) पृष्ठ

7. भोजन : आमाशय :: ईंधन : ?
(*a*) इंजन (*b*) ऑटोमोबाइल
(*c*) रेल (*d*) वायुयान

8. जल : रेत :: महासागर : ?
(*a*) द्वीप (*b*) नदी
(*c*) मरुभूमि (*d*) तरंगें

9. वयस्क : बच्चा :: फूल : ?
(*a*) बीज (*b*) कली
(*c*) फल (*d*) तितली

10. मोती : कंठहार :: फूल : ?
(*a*) पौधा (*b*) बगीचा
(*c*) पँखुड़ी (*d*) गुलदस्ता

निर्देश (प्र.सं. 11–15): *दिए गए विकल्पों में से उस शब्द–युग्म का चयन कीजिए जिसमें युग्म के शब्दों के बीच ठीक उसी प्रकार का संबंध हो जिस प्रकार का संबंध प्रश्न में दिए गए मूल शब्द–युग्म के बीच है।*

11. राज्य : निर्वासन
(*a*) पुलिस : गिरफ्तार
(*b*) न्यायाधीश : अभियुक्त
(*c*) संविधान : संशोधन
(*d*) चर्च : धर्म-बहिष्करण

12. चंचलता : विश्वसनीयता
(*a*) तात्कालिक : भविष्य सूचक
(*b*) अविश्वसनीय : अमानवीय
(*c*) दृढ़निश्चयी : व्यवहार्यता
(*d*) स्वेच्छाचारी : सनकी

13. अनिच्छुक : बल-प्रयोग
(*a*) घृणित : दुलारा
(*b*) चिढ़ना : प्यार करना
(*c*) क्रुद्ध : प्रतिरोध
(*d*) विमुख : मान-मनोव्वल

14. शल्क : मछली
(*a*) महिला : ड्रेस (*b*) पेड़ : पत्तियां
(*c*) पक्षी : पंख (*d*) त्वचा : मुनष्य

15. वृक्ष : बालवृक्ष
(*a*) झोंपड़ी : महल
(*b*) लंबा-तगड़ा : बौना
(*c*) घोड़ा : बछेड़ा
(*d*) चींटी : हाथी

उत्तरमाला

1	2	3	4	5	6	7	8	9	10
(*d*)	(*b*)	(*a*)	(*b*)	(*a*)	(*b*)	(*a*)	(*c*)	(*b*)	(*d*)
11	**12**	**13**	**14**	**15**					
(*d*)	(*d*)	(*d*)	(*d*)	(*c*)					

कुछ चुने हुए प्रश्नों के व्याख्यात्मक उत्तर

1. संबंधित शब्द पर्यायवाची हैं।

3. जिस प्रकार 'अनुयायी' अपने 'नेता' से मार्गदर्शन प्राप्त करते हैं उसी प्रकार 'सिपाही' को अपने 'कैप्टन' से मार्गदर्शन प्राप्त होता है।

5. 'बिल्ली' के 'पैर में' 'पंजा' होता है जबकि 'घोड़ा' के पैर में 'खुर' होता है।

6. 'शिकारी' का हथियार 'बंदूक' है और 'लेखक' का हथियार 'कलम' है।

9. 'बच्चा' विकसित होकर 'वयस्क' बनता है और 'कली' खिलकर 'फूल' बनती है।

11. राज्य से बाहर कर देना 'निर्वासन' और चर्च से बाहर कर देना 'धर्म-बहिष्करण' कहलाता है।

14. मछली का शरीर 'शल्कों' से ढका होता है और मनुष्य का शरीर उसकी 'त्वचा' से ढका होता है।

15. नवजात वृक्ष को 'बालवृक्ष' कहते हैं और नवजात घोड़े को 'बछेड़ा' कहते हैं।

अक्षर सादृश्य (Letter Analogy)

इस प्रकार के सादृश्य में अक्षरों के दो दिए गए समुच्चयों के बीच संबंध स्थापित किया जाता है और तत्पश्चात् अक्षरों के दिए गए तीसरे समुच्चय पर पहले दो अक्षर समुच्चयों के बीच के संबंध को अनुप्रयुक्त करके अक्षरों के चौथे अपेक्षित समुच्चय को ज्ञात किया जाता है।

उदाहरण

FLO : DOL : : RDP : ?

(*a*) PGM (*b*) MGP (*c*) GMP (*d*) MPG

उत्तर (*a*) : पहले और तीसरे अक्षरों को क्रमशः –2 और –3 चरण पीछे खिसका कर और दूसरे अक्षर को +3 चरण आगे बढ़ा कर :: चिह्न की बायीं ओर का दूसरा अक्षर समुच्चय प्राप्त होता है। यही संबंध :: चिह्न की दायीं ओर के पहले अक्षर समुच्चय पर लगाने पर प्रश्न चिह्न के स्थान पर अक्षर समुच्चय प्राप्त होता है।

FLO : DOL : : RDP : PGM

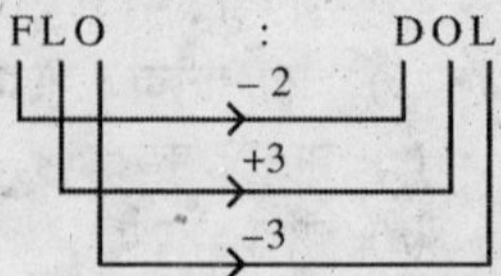

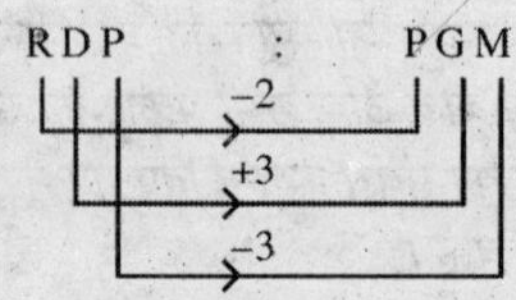

अभ्यास

निर्देश : *नीचे के प्रत्येक प्रश्न में एक लुप्त पद है। प्रश्न में :: चिह्न की बायीं ओर के दो अक्षर-समूहों में जो समानता या सादृश्य है वैसी ही समानता या सादृश्य :: चिह्न की दायीं ओर के दो अक्षर समूहों में है जिनमें से एक अक्षर समूह के स्थान पर प्रश्नवाचक चिह्न (?) लगा है। प्रश्न-वाचक चिह्न (?) के स्थान पर लुप्त पद ज्ञात करें।*

1. BCF : DEG : : MNQ : ?

(*a*) OPR (*b*) PQS
(*c*) OPP (*d*) QRT

2. NATION : ANITNO : : HUNGRY : ?

(*a*) HNUGRY
(*b*) UNHGYR
(*c*) YRNGUH
(*d*) UHGNYR

3. ACE : FGH : : LNP : ?
(*a*) QRS (*b*) PQR
(*c*) QST (*d*) MOQ

4. BOQD : ERTG : : ANPC : ?
(*a*) DQSF (*b*) FSHU
(*c*) SHFU (*d*) DSQF

5. RUX : TRP : : BEH : ?
(*a*) SQN (*b*) QON
(*c*) QOM (*d*) QNL

6. BCDE : WVUT : : QRST : ?
(*a*) EFHG (*b*) JIHG
(*c*) POML (*d*) GEDC

7. ABC : ZYX : : IJK : ?
(*a*) RST (*b*) RQP
(*c*) RTS (*d*) RPQ

8. CIRCLE : RICELC : : SQUARE : ?
(*a*) UQSERA (*b*) QUSERA
(*c*) QSUERA (*d*) UQSAER

9. PSQR : CFED : : JMKL : ?
(*a*) UXVW (*b*) WZYX
(*c*) YVXZ (*d*) YZWX

10. FHJL : VTRP : : MOQS : ?
(*a*) JHFD (*b*) IGFD
(*c*) IGED (*d*) JHED

उत्तरमाला

1	2	3	4	5	6	7	8	9	10
(*a*)	(*d*)	(*a*)	(*a*)	(*c*)	(*b*)	(*b*)	(*a*)	(*b*)	(*a*)

कुछ चुने हुए प्रश्नों के व्याख्यात्मक उत्तर

2. पहले समूह के अक्षरों को दो-दो अक्षरों के खंडों में विभाजित करके प्रत्येक खंड के अक्षरों को उल्टे क्रम में लिखने पर दूसरा अक्षर-समूह प्राप्त होता है।

NATION : ANITNO : : HUNGRY : UHGNYR

4. प्रत्येक अक्षर समूह में पहले और चौथे अक्षरों के बीच एक अक्षर छूटा हुआ है तथा दूसरे और तीसरे अक्षरों के बीच भी एक अक्षर छूटा हुआ है।

BOQD : ERTG : : ANPC : DQSF
P S O R
C F B E

5. पहले समूह के अक्षरों में +3 का और दूसरे समूह के अक्षरों में –2 का अंतर है।

RUX : TRP : : BEH : QOM
+3 +3 –2 –2 +3+3 –2 –2

7. पहले अक्षर समूह में क्रमागत अक्षर वर्णमाला के सीधे क्रम में हैं और दूसरे अक्षर समूह में अक्षर वर्णमाला के विपरीत क्रम में समस्थानिक अक्षर हैं।

ABC → : ZYX ← : : IJK → : RQP ←

8. प्रथम अक्षर-समूह को दो बराबर खंडों में विभक्त करके प्रत्येक खंड के अक्षरों को उलटे क्रम में लिखने पर दूसरा अक्षर-समूह प्राप्त होता है।

CIRCLE : RICELC : : SQUARE : UQSERA

संख्या सादृश्य (Number Analogy)

संख्या सादृश्य में भी पहले दो दी गई संख्याओं के बीच संबंध स्थापित किया जाता है और तत्पश्चात् इस ज्ञात संबंध को संख्याओं के दूसरे जोड़े पर प्रयुक्त करके उसके लुप्त पद को ज्ञात किया जाता है। संख्याओं के बीच संबंध किसी भी एक पैटर्न पर आधारित हो सकता है,

उदाहरण

निर्देश : *निम्नलिखित प्रश्नों में प्रश्न चिह्न (?) के स्थान पर लुप्त पद ज्ञात करें।*

25 : 81 : : 36 : ?

(*a*) 121 (*b*) 93

(*c*) 65 (*d*) 103

उत्तर (*a*) : सभी संख्याएं भिन्न-भिन्न संख्याओं के वर्गफल को सूचित करती हैं।

25	:	81	: :	36	:	121
↓		↓		↓		↓
5^2		9^2		6^2		11^2

अभ्यास

निर्देश : *नीचे के प्रत्येक प्रश्न में चिह्न ': :' के पहले दो संख्याएं दी गई हैं जिनमें आपस में एक संबंध है तथा ': :' चिह्न के बाद में एक तीसरी संख्या दी गई है। दिए गए विकल्पों में से उस संख्या का चयन करें जिसका तीसरी संख्या के साथ वैसा ही संबंध हो जैसा संबंध संख्याओं के पहले जोड़े के बीच है।*

1. 14 : 20 : : 16 : ?
(*a*) 23 (*b*) 10
(*c*) 48 (*d*) 32

2. 0.16 : 0.0016 : : 1.02 : ?
(*a*) 10.20 (*b*) 0.102
(*c*) 0.0102 (*d*) 1.020

3. 5 : 24 : : 8 : ?
(*a*) 65 (*b*) 63
(*c*) 62 (*d*) 64

4. 65 : 30 : : 44 : ?
(*a*) 79 (*b*) 62
(*c*) 28 (*d*) 16

5. 30 : 42 : : 56 : ?
(*a*) 92 (*b*) 21
(*c*) 38 (*d*) 72

6. 6 : 18 : : 4 : ?
(*a*) 2 (*b*) 6
(*c*) 8 (*d*) 16

7. 162 : 9 : : 310 : ?
(*a*) 33 (*b*) 27
(*c*) 16 (*d*) 4

8. 123 : 149 : : 201 : ?
(*a*) 202 (*b*) 404
(*c*) 401 (*d*) 227

9. 6 : 21 : : 14 : ?
(*a*) 82 (*b*) 75
(*c*) 60 (*d*) 41

उत्तरमाला

1	2	3	4	5	6	7	8	9
(*a*)	(*c*)	(*b*)	(*d*)	(*d*)	(*c*)	(*d*)	(*c*)	(*a*)

कुछ चुने हुए प्रश्नों के व्याख्यात्मक उत्तर

1. संख्याओं के बीच संबंध निम्नवत् है :

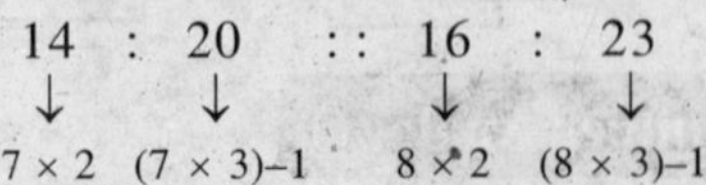

4. दूसरी संख्या पहली संख्या के अंकों का गुणनफल है :

$$\frac{65:30}{(6\times5)} : : \frac{44:16}{(4\times4)}$$

7. पहली संख्या के अंकों का योगफल दूसरी संख्या के बराबर है :

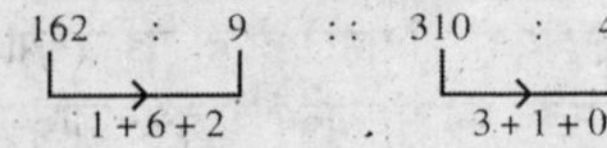

❑ ❑ ❑

3

वर्गीकरण या विजातीय छांटना
(Classification or Odd One Out)

विजातीय छांटना–शब्दों पर आधारित समस्याएं

इस प्रकार के वर्गीकरण में चार शब्द दिए जाते हैं जिनमें से तीन शब्द तथ्य या अर्थ की दृष्टि से या अन्य किसी न किसी रूप में आपस में संबंधित होते हुए एक समूह बनाते हैं जबकि शेष केवल एक शब्द अन्य तीनों से भिन्न होता है।

उदाहरण

निर्देश: *निम्नलिखित चार शब्दों में से उस एक शब्द का चयन करें जो अन्य तीन से भिन्न है :*

1. (*a*) पिता (*b*) माता
(*c*) मित्र (*d*) भाई

उत्तर (*c*) : अन्य सभी के बीच रक्त-संबंध है।

2. (*a*) जल (*b*) जेली
(*c*) नींबू शरबत (*d*) कॉफी

उत्तर (*b*) : अन्य सभी द्रव पदार्थ हैं।

अभ्यास

निर्देश : *यहां दिए गए प्रत्येक प्रश्न में तीन शब्द किसी न किसी प्रकार से समान हैं और इस कारण वे एक समूह बनाते हैं जबकि एक शब्द अन्य तीनों से भिन्न है। इस भिन्न या विजातीय शब्द को ज्ञात करें।*

1. (*a*) अस्तबल (*b*) बिल
(*c*) डोंगी (*d*) सुअर-बाड़ा

2. (*a*) खुश (*b*) उदास
(*c*) प्रसन्नचित्त (*d*) प्रसन्न

3. (*a*) सीसा (*b*) पारद
(*c*) तांबा (*d*) लोहा

4. (*a*) अतिवृष्टि (*b*) अनावृष्टि
(*c*) भूस्खलन (*d*) युद्ध

5. (*a*) सिंहशावक (*b*) चूजा
(*c*) सूअर (*d*) पिल्ला

6. (*a*) खरगोश (*b*) मगरमच्छ
(*c*) केंचुआ (*d*) घोंघा

7. (*a*) पेड़ (*b*) पत्ता
(*c*) झाड़ी (*d*) शाकीय पौधे

8. (*a*) अलंकृत करना (*b*) रमणीय
(*c*) सजाना (*d*) सुंदर बनाना

9. (*a*) ट्यूटर (*b*) प्रिंसिपल
(*c*) छात्र (*d*) प्रोफेसर

10. (*a*) निवेदित भाव (*b*) शुल्क
(*c*) कर (*d*) चुंगी

उत्तरमाला

1	2	3	4	5	6	7	8	9	10
(*c*)	(*b*)	(*b*)	(*d*)	(*c*)	(*a*)	(*b*)	(*b*)	(*c*)	(*a*)

कुछ चुने हुए प्रश्नों के व्याख्यात्मक उत्तर

1. डोंगी एक छोटी नाव होती है। अन्य सभी पशु–पक्षियों के निवासस्थलों के नाम हैं।

2. अन्य सभी आनन्द की अनुभूति को अभिव्यक्त करते हैं।

3. अन्य सभी ठोस धातुएं हैं।

5. अन्य सभी शब्द विभिन्न जंतुओं के शिशुओं के नाम हैं।

9. अन्य सभी शिक्षा प्रदान करते हैं जबकि छात्र इन सभी से शिक्षा प्राप्त करता है।

10. अन्य सभी विभिन्न प्रकार के कर हैं।

विजातीय छांटना–अक्षरों पर आधारित समस्याएं

इस कोटि के अंतर्गत विकल्प के रूप में चार अक्षर–समूह या अक्षरों की एक शृंखला दी जाती है। परीक्षार्थी को इनमें से ऐसे विकल्प का चयन करना होता है जो अन्यों से भिन्न अर्थात् विजातीय हो।

उदाहरण

निर्देश : उस समूह का चयन करें जो समूह से संबंधित नहीं है।

(*a*) RUX (*b*) CFI (*c*) BDG (*d*) FIL

उत्तर (*c*) : प्रत्येक समूह में अक्षरों के बीच समान संख्या में अक्षर छूटे हुए हैं जबकि विकल्प (*c*) में पहले दो अक्षरों B और D के बीच एक अक्षर और अंतिम दो अक्षरों D और G के बीच दो अक्षर छूटे हुए हैं।

अभ्यास

निर्देश : *नीचे के प्रत्येक प्रश्न में अक्षर समूहों के रूप में चार विकल्प दिए गए हैं जिनमें से तीन में किसी न किसी प्रकार की समानता है और इस कारण वे एक समूह बनाते हैं। उस अक्षर समूह का चयन करें जो समूह से संबंधित नहीं है।*

1. (*a*) ACE (*b*) LOR (*c*) GIK (*d*) VXZ

2. (*a*) EF LM (*b*) KJ SR (*c*) XW HG (*d*) ED YX

3. (*a*) JOPK (*b*) BOPC (*c*) QOPR (*d*) TOPS

4. (*a*) BdfH (*b*) FHJL (*c*) RTvX (*d*) uVwX

5. (*a*) MKGA (*b*) PNID (*c*) RPLF (*d*) VTPJ

6. (*a*) ABJNM (*b*) QRTUZ (*c*) IXYOQ (*d*) WGFPO

7. (*a*) CFIL (*b*) ABCD (*c*) ACDF (*d*) EFGH

8. (*a*) KNOS (*b*) QTUY (*c*) DFGJ (*d*) BEFJ

9. (*a*) FKP (*b*) LPU (*c*) HMR (*d*) DIN

10. (*a*) TBVD (*b*) JOKQ (*c*) AXCZ (*d*) FRHT

उत्तरमाला

1	2	3	4	5	6	7	8	9	10
(*b*)	(*a*)	(*d*)	(*d*)	(*b*)	(*c*)	(*c*)	(*c*)	(*b*)	(*b*)

कुछ चुने हुए प्रश्नों के व्याख्यात्मक उत्तर

1. शेष सभी अक्षर समूहों में अगला अक्षर अपने पूर्ववर्ती अक्षर से वर्णमाला के सीधे क्रम में 2 अक्षर आगे का है जबकि विकल्प (*b*) के अक्षर समूह में +3 अनुक्रम का पालन होता है।

ABCDE (+2 +2) LMNOPQR (+3 +3)

GHIJK (+2 +2) VWXYZ (+2 +2)

6. शेष समूहों में कम से कम दो जोड़े अक्षर वर्णमाला के क्रम में हैं, अर्थात्

ABJNM ; QRTUZ ; WGFPO

विकल्प (*c*) में केवल एक जोड़ा अक्षर–ही वर्णमाला के क्रम में है।

IXYOQ

9. शेष सभी अक्षर समूहों में +5 पैटर्न का अनुपालन होता है।

F K P ; H M R ; D I N (+5 +5)

विकल्प (*b*) में +4, +5 पैटर्न का अनुपालन होता है।

L P U (+4 +5)

10. शेष समूहों में तीसरा अक्षर पहले अक्षर से और चौथा अक्षर दूसरे अक्षर से वर्णमाला के सीधे क्रम में 2 अक्षर आगे का अक्षर है। अर्थात् :

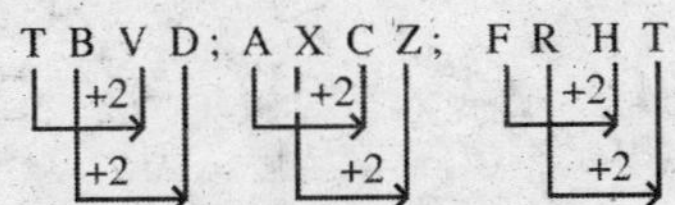

विकल्प (*b*) में निम्नवत् पैटर्न दिखाई पड़ता है :

विजातीय-छांटना–संख्याओं पर आधारित समस्याएं

इस प्रकार के वर्गीकरण में विकल्पों के रूप में विभिन्न संख्याएं दी जाती हैं। इन संख्याओं में से एक को छोड़कर जो अन्य से भिन्न होती है, शेष किसी न किसी रूप में आपस में संबंधित होती हैं और इस प्रकार एक समूह बनाती हैं।

उदाहरण

निर्देश: *दिए गए विकल्पों में विषम संख्या ज्ञात करें।*

(*a*) 62 (*b*) 121 (*c*) 36 (*d*) 256

उत्तर (*a*) : अन्य संख्याएं क्रमशः 11, 6 और 16 के वर्ग द्वारा सूचित होती हैं।

अभ्यास

निर्देश : *यहां प्रत्येक प्रश्न में चार विकल्प दिए गए हैं जिनमें से तीन किसी न किसी रूप में आपस में संबंधित होते हुए एक समूह बनाते हैं, जबकि शेष एक संख्या अन्य से भिन्न है। उस भिन्न संख्या का चयन करें जो समूह से संबंधित नहीं है।*

1. (*a*) 1948 (*b*) 2401 (*c*) 966 (*d*) 1449

2. (*a*) 182 (*b*) 169 (*c*) 130 (*d*) 158

3. (*a*) 3215 (*b*) 9309 (*c*) 4721 (*d*) 2850

4. (*a*) 1776 (*b*) 2364 (*c*) 1976 (*d*) 3776

5. (*a*) 7658 (*b*) 1234 (*c*) 9876 (*d*) 6543

6. (*a*) 18 (*b*) 12 (*c*) 30 (*d*) 20

7. (*a*) 9875432 (*b*) 98765 (*c*) 98756 (*d*) 9876543

8. (*a*) 5243 (*b*) 9251 (*c*) 4256 (*d*) 3257

9. (*a*) 2553 (*b*) 1224 (*c*) 7992 (*d*) 3885

10. (*a*) 3223 (*b*) 4554 (*c*) 6116 (*d*) 9887

उत्तरमाला

1	2	3	4	5	6	7	8	9	10
(*a*)	(*d*)	(*b*)	(*b*)	(*a*)	(*a*)	(*c*)	(*a*)	(*b*)	(*d*)

कुछ चुने हुए प्रश्नों के व्याख्यात्मक उत्तर

1. शेष संख्याएं 7 से विभाज्य हैं।

2. शेष संख्याएं 13 का गुणज हैं।

4. शेष संख्याओं में आखिरी दो अंक एक से हैं।

8. शेष सभी संख्याओं में 25 बीच में है और सिरे के दो अंकों का योग 10 के बराबर है।

10. शेष्र सभी संख्याओं में अंतिम दो अंक पहले दो अंकों को उलटे क्रम में लिखने पर प्राप्त होते हैं।

विजातीय छांटना–शब्द समूहों से संबंधित समस्याएं

शब्दों, अक्षरों या संख्याओं के समूह का वर्गीकरण एकल शब्द, अक्षर या संख्या के वर्गीकरण से अधिक भिन्न नहीं होता।

उदाहरण

निर्देश: *निम्नलिखित में से कौन–सा शब्द–युग्म अन्यों से भिन्न है?*

(*a*) अच्छा–बेहतर (*b*) गुनगुना–गरम (*c*) नफा–लाभ (*d*) फुसफुसाना–चिल्लाना

उत्तर (*c*) : अन्य शब्द–युग्मों में युग्म के शब्द सदृश अर्थ वाले हैं किंतु उनमें सादृश्यता या साम्यता की अवस्था या कोटि भिन्न–भिन्न है।

अभ्यास

निर्देश : *नीचे के प्रत्येक प्रश्न में शब्दों के उस जोड़े का चयन करें जो शेष तीन जोड़ों से भिन्न हो।*

1. (*a*) कुर्सी-फर्नीचर
 (*b*) शर्ट-वस्त्र
 (*c*) कंठहार-आभूषण
 (*d*) बोगी-इंजन
2. (*a*) चित्रांकनी-कागज
 (*b*) पेंसिल-लेड
 (*c*) कलम-स्याही
 (*d*) बुरुश-रंग
3. (*a*) युद्ध-शांति
 (*b*) वास्तविक-सहज
 (*c*) अग्रगण्य-प्रथम
 (*d*) क्रोध-गुस्सा
4. (*a*) दिन-रात (*b*) चालाक-मूर्ख
 (*c*) स्पष्ट-धुंधला (*d*) पहुंचना-आना
5. (*a*) भतीजी-भतीजा (*b*) भाई-बहन
 (*c*) पति-पत्नी (*d*) पिता-माता
6. (*a*) पेट्रोल-कार (*b*) तेल-लैम्प
 (*c*) डीजल-लकड़ी (*d*) मोम-मोमबत्ती
7. (*a*) गंगा-नर्मदा (*b*) थार-गोबी
 (*c*) आमाशय-हाथ (*d*) एवरेस्ट-पर्वत
8. (*a*) औषधि-चिकित्सक
 (*b*) फूल-कलाकार
 (*c*) जूता-मोची
 (*d*) त्वचा-त्वचारोग विशेषज्ञ
9. (*a*) प्राधिकार-मंजूरी
 (*b*) प्रतिकर्षण-आकर्षण
 (*c*) तुनकमिजाज-दुस्तोषणीय
 (*d*) श्वास-अस्तित्व
10. (*a*) पोलो-बर्फ का मैदान (रिंक)
 (*b*) गोल्फ-लॉन
 (*c*) टेनिस-कोर्ट
 (*d*) शतरंज-बोर्ड

उत्तरमाला

1	2	3	4	5	6	7	8	9	10
(*d*)	(*a*)	(*a*)	(*d*)	(*a*)	(*c*)	(*d*)	(*b*)	(*b*)	(*a*)

कुछ चुने हुए प्रश्नों के व्याख्यात्मक उत्तर

1. बोगी रेलगाड़ी का एक हिस्सा होता है जो परिवहन का एक साधन है। कुर्सी, शर्ट और कंठहार क्रमश: फर्नीचर, वस्त्र और आभूषण हैं।
3. शेष सभी शब्द-युग्म समानार्थक शब्दों के युग्म हैं जबकि विकल्प (*a*) में दिया गया शब्द-युग्म विपरीतार्थक शब्दों का युग्म है।
4. शेष शब्द-युग्म एक दूसरे के विपरीतार्थक हैं।
5. संबंधित शब्द-युग्मों में पहला पुल्लिंग और दूसरा स्त्रीलिंग है। विकल्प (*a*) में पहले स्त्रीलिंग और तत्पश्चात् पुल्लिग दिया गया है।
8. चिकित्सक का औषधि, मोची का जूता और त्वचारोग विशेषज्ञ का संबंध त्वचारोग से है। फूलों की देख-रेख करने वाले व्यक्ति को माली कहते हैं।

❑ ❑ ❑

4

सांकेतिक भाषा परीक्षण
(Coding and Decoding)

भाग-I

कूटलेखन या 'कोडिंग' संवाद–संप्रेषण की एक प्रक्रिया है जिसमें एक गुप्त भाषा का प्रयोग वास्तविक तथ्यों शब्दों/मूल्यों की अभिव्यक्ति या प्रस्तुतिकरण को एक ऐसी भाषा में परिवर्तित करने के लिए किया जाता हैं जिसे संवाद के प्रेषक और प्राप्तकर्ता के अतिरिक्त कोई तीसरा व्यक्ति समझ न सके।

उदाहरण

1. यदि एक विशेष प्रकार की कूट भाषा में शब्द FACE को GBDF की तरह लिखा जाता हो तो इसी कूट भाषा में BADE को कैसे लिखा जाएगा ?

(*a*) CBEF (*b*) CEBF (*c*) CFBE (*d*) CBFE

उत्तर (*a*) : शब्द के अक्षरों को वर्णमाला के सीधे क्रम में एक चरण आगे का अक्षर लिखकर कूटबद्ध किया गया है।

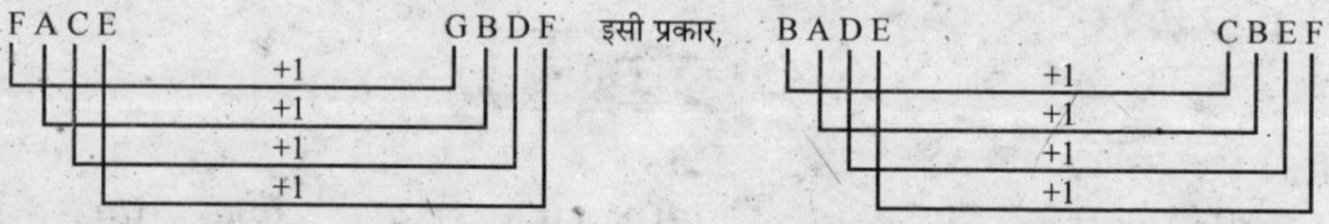

2. यदि किसी कूटभाषा में RESULT को 798206 लिखा गया हो तो उसी कूटभाषा में LET किस प्रकार लिखा जाएगा ?

(*a*) 680 (*b*) 092 (*c*) 096 (*d*) 086

उत्तर (*c*) : अक्षरों को संख्याओं द्वारा कूटबद्ध किया गया है। दिए गए शब्द को कूटबद्ध करने के लिए संबंधित कूट संख्याएं ज्ञात करें।

R E S U L T → अक्षर
7 9 8 2 0 6 → कूट

अत: LET के लिए कूट संख्याएं निम्नवत् होगी :

L E T → अक्षर
0 9 6 → कूट

अभ्यास

निर्देश : *निम्नलिखित प्रश्नों में दिए गए शब्दों या अक्षरों के लिए इंगित कूटभाषा के शब्द या अक्षर ज्ञात करें।*

1. यदि किसी कूट भाषा में CHAIR को FKDLU के रूप में लिखा जाए तो उसी कूटभाषा में RAID शब्द को किस प्रकार लिखा जाएगा?

(*a*) ULGD (*b*) ULKG
(*c*) ULDG (*d*) UDLG

2. किसी कूटभाषा में COME को XLNV और ABLE को ZYOV लिखा जाता है। इसी कूटभाषा में MOLLY किस प्रकार लिखा जाएगा?

(*a*) NLOBO (*b*) NLBOO
(*c*) LNOOB (*d*) NLOOB

3. यदि किसी कूटभाषा में ACTION को ZXGRLM लिखा जाता हो तो उसी कूटभाषा में HEALTH को कैसे लिखा जाएगा?

(*a*) SVZOGS (*b*) TVZOGT
(*c*) RUZPGR (*d*) QVGOZQ

4. यदि PHILOSOPHY को HPLISOPOYH लिखा जाता हो तो ORNAMENTAL कैसे लिखा जाएगा?

(*a*) ROANEMNTLA
(*b*) ONRAMNEALT
(*c*) ROANEMTNLA
(*d*) ROANEMNATL

5. यदि किसी कूटभाषा में लिखे गए शब्द OPFGBCST का अर्थवाचन NEAR के रूप में किया जाता हो तो उसी कूटभाषा में कूटबद्ध IJVWHI का अर्थ निम्नलिखित में से क्या होगा?

(*a*) HAG (*b*) HUG
(*c*) HUT (*d*) KEG

6. किसी विशेष कूटलिपि में PUNCTUAL को 16598623 के रूप में कूटबद्ध किया जाता है। इसी कूटलिपि में ACTUPULN निम्नलिखित में से किस प्रकार लिखा जाएगा?

(*a*) 29861653 (*b*) 29861635
(*c*) 28916135 (*d*) 29851536

7. यदि BAD को 7 के रूप में और HIS को 9 के रूप में कूटबद्ध किया जाए तो LOW निम्नलिखित में से किसके द्वारा सूचित किया जाएगा?

(*a*) 50 (*b*) 8
(*c*) 23 (*d*) 5

8. किसी विशेष कूटभाषा में REGISTRY को VAKEWPVU लिखा जाता है। इसी कूटभाषा में ENTRY कैसे लिखा जाएगा?

(*a*) IJXNC (*b*) ARPVW
(*c*) ARPVU (*d*) IJXMC

9. निम्नलिखित शब्दों में अक्षरों के संख्या कोड दिए गए हैं : BRAIN–12345, GRADE–72308, DRAIN–02345, STATE–78388। इन शब्दों में 'D' के लिए किस संख्या कोड का प्रयोग किया गया है?

(*a*) 3 (*b*) 2
(*c*) 0 (*d*) 4

10. किसी विशिष्ट कूटभाषा में कुछ शब्दों को निम्नवत् कूटबद्ध किया गया है : ACTION–014853, FORCE–25916, REGAIN–967083। उपर्युक्त कूटभाषा में संख्या '7' का प्रयोग किस अक्षर के लिए किया गया है?

(*a*) A (*b*) N
(*c*) R (*d*) G

उत्तरमाला

1	2	3	4	5	6	7	8	9	10
(*d*)	(*d*)	(*a*)	(*c*)	(*b*)	(*b*)	(*d*)	(*a*)	(*c*)	(*d*)

कुछ चुने हुए प्रश्नों के व्याख्यात्मक उत्तर

1. शब्द को कूटबद्ध करने के लिए उसके अक्षरों से वर्ण-माला के क्रम में +3 चरण आगे के अक्षर लिए गए हैं।

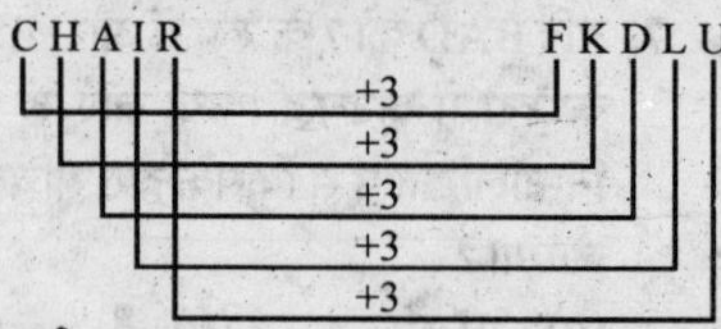

इसी प्रकार,

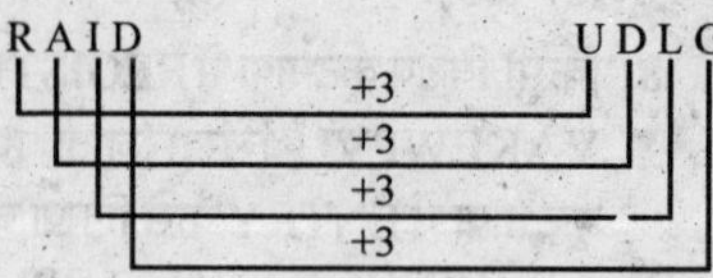

4. शब्द को कूटबद्ध करने के लिए उसके दो क्रमागत अक्षरों को एक दूसरे के स्थान पर लिखा जाता है।

इसी प्रकार,

5. कूटबद्ध शब्द का अर्थ-निर्वचन निम्नलिखित रूप में किया गया है :

↓ OP ↓ FG ↓ BC ↓ ST → कूट
N E A R → दिया गया शब्द

अतः कूटबद्ध शब्द का अर्थ-निर्वचन करने के लिए वर्णमाला के अनुक्रम में दो क्रमागत अक्षरों से पहले के अक्षर लिए ज़ाते हैं।

इसी प्रकार,

↓ IJ ↓ VW ↓ HI → दिया गया शब्द
H U G → उत्तर शब्द

6. शब्द PUNCTUAL के अक्षरों को यादृच्छिक क्रम में लेकर ACTUPULN शब्द लिखा गया है।

इसी प्रकार संख्या कूट भी लिखा जाएगा

PUNCTUAL → दिया गया शब्द
1 6 5 9 8 6 2 3 → कूट

इसी प्रकार,

ACTUPULN → कूटबद्ध किया जाने वाला शब्द
2 9 8 6 1 6 3 5 → उत्तर कोड

9. जिन शब्दों में D का अक्षर निहित है, वे शब्द हैं :

GRADE और DRAIN → अक्षर
7 2 3 0 8 0 2 3 4 5 → कूट

अतः यह स्पष्ट है कि 'D' का कूट '0' है।

10. शब्दों को निम्नवत् कूटबद्ध किया गया है :

ACTION → 014853
FORCE → 25916
REGAIN → 967083

संख्या 7 केवल REGAIN शब्द में ही निरूपित होती है। 'G' को छोड़कर इस शब्द के शेष सभी अक्षर अन्य दोनों शब्दों में दोहराए जाते हैं। अतः G का संख्या कोड 7 है।

भाग-II

कूट लेखन विभिन्न प्रकार से किया जाता है। कूटभाषा का प्रयोग न केवल शब्दों और संख्याओं के लिए किया जाता है बल्कि किसी शब्द-समूह, विवरण या कभी-कभी वाक्यों को भी कूटभाषा द्वारा संप्रेषित किया जाता है। इस प्रकार की कूटभाषा से भ्रम की स्थिति उत्पन्न हो सकती है किंतु कुछ प्रश्नों को हल कर लेने के बाद ऐसी कूटभाषा को समझना और हल करना अत्यंत सरल हो जाता है।

उदाहरण

यदि किसी कूटभाषा में 'ra mei ket' का अर्थ है 'he is rich'; 'rui pha jeu' का अर्थ है 'run for money'; और 'pha rui ket' का अर्थ है 'money for rich' उस कूटभाषा में 'rich' के लिए निम्नलिखित में से किस कूट का प्रयोग किया गया है?

(*a*) ra (*b*) pha

(*c*) ket (*d*) jeu

उत्तर (*c*) : दी गई जानकारी है :

	कूट	वाक्य
1.	ra mei *ket*	he is *rich*
2.	rui pha jeu	run for money
3.	pha rui *ket*	money for *rich*

कूटों और वाक्यों की तुलना करने पर यह स्पष्ट होता है कि वाक्य 1 और 3 दोनों में 'rich' शब्द है और दोनों ही वाक्यों में इसके लिए 'ket' शब्द का प्रयोग किया गया है।

अभ्यास

निर्देश : *नीचे के प्रत्येक प्रश्न में कूटलेखन के पैटर्न को ध्यान से देखें और दिए गए विकल्पों में से सही उत्तर का चयन करें।*

1. यदि किसी कूटभाषा में (a) 'go ju mi' का अर्थ है 'plenty of money'; (b) pao ju go nei vu' का अर्थ है 'money creates lots of problems'; (c) 'kol vu nei' का अर्थ है 'problems create tension'; और (d) 'sol tun ju haw' का अर्थ है 'still money is needed' तो उस कूट भाषा में निम्नलिखित में से किसका अर्थ 'money' है?

(*a*) nei (*b*) ju

(*c*) haw (*d*) go

2. किसी कूटभाषा में (a) 'FOR' का अर्थ है 'old is gold'; (b) 'ROT' का अर्थ है 'gold is pure'; (c) 'ROM' का अर्थ है 'gold is costly'। इसी कूटभाषा में 'pure old gold is costly' कैसे लिखा जाएगा?

(*a*) TFROM (*b*) FOTRM

(*c*) FTORM (*d*) TOMRF

3. यदि किसी कूटभाषा में '415' का अर्थ है 'milk is hot'; '18' का अर्थ है 'hot soup'; और '895' का अर्थ है 'soup is tasty' तो उसी कूटभाषा में 'tasty' शब्द किस संख्या द्वारा निरूपित होगा?

(*a*) 9 (*b*) 8

(*c*) 5 (*d*) 4

4. यदि किसी कूटभाषा में '643' का अर्थ है 'she is beautiful', '593' का अर्थ है 'he is handsome', और '567' का अर्थ

है 'handsome meets beautiful' तो उसी कूटभाषा में 'meets' शब्द निम्नलिखित में से किस संख्या द्वारा सूचित होगा?

(*a*) 5 (*b*) 3
(*c*) 7 (*d*) 6

5. किसी कूटभाषा में (a) 'dugo hui mul zo' का अर्थ है 'work is very hard'; (b) 'hui dugo ba ki' का अर्थ है 'Bingo is very smart'; (c) 'nano mul dugo' का अर्थ है 'cake is hard', और (d) 'mul ki qu' का अर्थ है 'smart and hard' इस कूट भाषा में 'Bingo' के लिए किस कूटशब्द का प्रयोग किया गया है?

(*a*) jalu (*b*) dugo
(*c*) ki (*d*) ba

6. किसी कूटभाषा में (a) 'pic vic nic' का अर्थ है 'winter is cold'; (b) 'to nic re' का अर्थ है 'summer is hot'; (c) 're pic boo' का अर्थ है 'winter and summer' और (d) 'vic tho pa' का अर्थ है 'nights are cold' इस कूटभाषा में 'summer' के लिए किस कूटशब्द का प्रयोग किया जाता है?

(*a*) nic (*b*) boo
(*c*) to (*d*) re

7. किसी कूटभाषा में (a) 'mx das sci' का अर्थ है 'good little frock'; (b) 'jm coz sci' का अर्थ है 'girl behaves good'; (c) 'ngv drs coz' का अर्थ है 'girl makes mischief'; और (d) 'das gp coz' का अर्थ है 'little girl fell' इस कूटभाषा में 'frock' के लिए किस कूट शब्द का प्रयोग किया गया है?

(*a*) mx (*b*) das
(*c*) sci (*d*) gp

8. किसी कूटभाषा में 'mu mit es' का अर्थ है 'who is she' और 'elb mu es' का अर्थ है 'where is she' इस कूटभाषा में 'where' के लिए किस कूटशब्द का प्रयोग किया जाता है?

(*a*) es (*b*) elb
(*c*) mu (*d*) mit

9. किसी कूटभाषा में '069' का अर्थ है 'grapes are sweet', '476' का अर्थ है 'very sweet fruit' और '509' का अर्थ है 'grapes are ripe'। इस कूटभाषा में निम्नलिखित में से किस अंक से 'ripe' शब्द सूचित होता है?

(*a*) 0 (*b*) 5
(*c*) 9 (*d*) 7

10. किसी कूटभाषा में 'roi ja kyo twa' का अर्थ है 'Moody is writing letters', 'pok ju ja twa' का अर्थ है 'Woody is writing cards', 'trn kyo pos un' का अर्थ है 'they are writing letters', और 'koi rus pok' का अर्थ है 'gifts and cards'। इसी कूटभाषा में 'Moody' के लिए किस कूटशब्द का प्रयोग किया गया है?

(*a*) ja (*b*) twa
(*c*) roi (*d*) kyo

उत्तरमाला

1	2	3	4	5	6	7	8	9	10
(*b*)	(*a*)	(*a*)	(*c*)	(*d*)	(*d*)	(*a*)	(*b*)	(*b*)	(*c*)

कुछ चुने हुए प्रश्नों के व्याख्यात्मक उत्तर

1. **कूट** | **वाक्य**

कूट	वाक्य
1. go *ju* mi	plenty of *money*
2. pao *ju* go nei vu	*money* creates lots of problems
3. kol vu nei	problems create tension
4. sol tun *ju* haw	still *money* is needed

ऊपर के पहले, दूसरे और चौथे कूटों और संबंधित वाक्यों में 'ju' शब्द और उसके लिए 'money' शब्द लिखा गया है।

3.

कूट	वाक्य
1. 415	milk is hot
2. 18	hot soup
3. 895	soup is *tasty*

तीसरे कूट और उससे संबंधित वाक्य में दी गई न तो संख्या '9' और न ही शब्द 'tasty' को किसी अन्य कूट और वाक्य में दोहराया गया है।

5.

कूट	वाक्य
1. *dugo hui* mul zo	work *is very* hard
2. *hui dugo* **ba** *ki*	**Bingo** *is very smart*
3. nano mul *dugo*	cake is *hard*
4. mul *ki* qu	*smart* and hard

दूसरे कूट और संबंधित वाक्य में निहित न तो 'ba' और न ही अर्थ शब्द 'Bingo' की पुनरावृत्ति होती है।

(जिन शब्दों की पुनरावृत्ति होती है उन्हें तिरछे अक्षरों में लिखा गया है)

8.

कूट	वाक्य
1. *mu* mit *es*	who *is she*
2. **elb** *mu* es	**where** *is she*

कूट शब्दों 'mu' और 'es' को दोनों वाक्यों में दोहराया गया है। केवल कूट शब्द 'elb' ही बचता है जिसका अर्थ 'where' है।

9.

कूट	वाक्य
1. 069	*grapes are* sweet
2. 476	very sweet fruit
3. **5**09	*grapes are* **ripe**

पहले और तीसरे वाक्यों में कूट संख्याओं '0' और '9' की पुनरावृत्ति होती है। अतः स्पष्ट है कि शेष कूट संख्या '5' का ही 'ripe' के लिए प्रयोग किया गया है।

भाग-III

एक अन्य प्रकार के कूट लेखन में किसी शब्द को कूट नाम दिए जाते हैं जिन्हें आगे भी कूटबद्ध किया जाता है। इस पैटर्न पर आधारित प्रश्न अर्थहीन प्रतीत हो सकते हैं किंतु कूट यथार्थता की बुनियादी बातों से हट कर नहीं होने चाहिए।

उदाहरण

यदि किसी कूट भाषा में 'केला' को 'जेली' कहा जाए, 'जेली' को 'हरा' कहा जाए, 'हरा' को 'सेब' कहा जाए, 'सेब' को 'आम' कहा जाए तो उसी कूटभाषा में पत्ते के रंग को क्या कहेंगे?

(*a*) हरा (*b*) आम (*c*) सेब (*d*) केला

उत्तर (*c*) : पत्ता हरे रंग का होता है और प्रश्न में उल्लिखित कूटों के अनुसार 'हरा' को 'सेब' कहा जाता है।

अभ्यास

निर्देश : *प्रत्येक प्रश्न में दी गई कूटबद्ध सूचना को अच्छी तरह समझें और दिए गए विकल्पों में से सही उत्तर का चयन करें।*

1. यदि किसी कूटभाषा में 'पानी' को 'नीला', 'नीला' को 'लाल', 'लाल' को 'सफेद', 'सफेद' को 'आकाश', 'आकाश' को 'वर्षा', 'वर्षा' को 'हरा', 'हरा' को 'हवा' और 'हवा' को 'मेज' कहा जाए, तो इस कूटभाषा में दूध के रंग को क्या कहेंगे?

(*a*) सफेद (*b*) वर्षा
(*c*) आकाश (*d*) हरा

2. यदि किसी कूटभाषा में 'प्रकाश' को 'अंधकार', 'अंधकार' को 'हरा', 'हरा' को 'नीला', 'नीला' को 'लाल', 'लाल' को 'सफेद' और 'सफेद' को 'पीला' कहा जाता हो तो इस कूटभाषा में रक्त का रंग क्या कहलाएगा?

(*a*) लाल (*b*) अंधकार
(*c*) सफेद (*d*) पीला

3. यदि किसी कूटभाषा में 'आकाश' को 'समुद्र', 'समुद्र' को 'पानी', 'पानी' को 'हवा', 'हवा' को 'बादल' और 'बादल' को 'नदी' कहा जाता हो तो प्यास लगने पर इस कूटभाषा में पीने के लिए किस चीज की मांग करेंगे?

(*a*) आकाश (*b*) हवा
(*c*) पानी (*d*) समुद्र

4. यदि किसी कूटभाषा में 'पीला' का अर्थ 'लाल', 'सफेद' का अर्थ 'हरा', 'लाल' का अर्थ 'नारंगी', 'नीला' का अर्थ 'सफेद' और 'हरा' का अर्थ 'नीला' हो तो उस कूटभाषा में आकाश का रंग क्या है?

(*a*) सफेद (*b*) हरा
(*c*) नीला (*d*) पीला

5. यदि किसी कूटभाषा में 'घर' को 'झोपड़ी', 'झोपड़ी' को 'नहर', 'नहर' को 'स्कूल', 'स्कूल' को 'मैदान', 'मैदान' को 'सुराही' और 'सुराही' को 'तार' कहा जाए तो इस कूटभाषा में छात्रों के पढ़ने की जगह को क्या कहेंगे?

(*a*) मैदान (*b*) सुराही
(*c*) झोपड़ी (*d*) स्कूल

6. यदि किसी कूटभाषा में 'बिल्ली' को 'घोड़ा', 'घोड़ा' को 'चूहा', 'कुत्ता' को 'खरगोश', 'खरगोश' को 'बिल्ली', 'चूहा' को 'कुत्ता' और 'शेर' को 'चींटी' कहा जाए तो इस कूटभाषा मे प्रयुक्त कूटों के आधार पर भौंकने वाले पशु को क्या कहेंगे?

(*a*) कुत्ता (*b*) बिल्ली
(*c*) शेर (*d*) खरगोश

7. यदि 'भूमि' को 'झील', 'झील' को 'पत्थर', 'पत्थर' को 'भारी', 'भारी' को 'स्टेडियम', 'स्टेडियम' को 'महासागर', 'महासागर' को 'वर्षा' और 'वर्षा' को 'आग' कहा जाए तो क्रिकेट के टेस्ट मैच खेले जाने वाले स्थान क्या कहलाते हैं?

(*a*) भारी (*b*) महासागर
(*c*) पत्थर (*d*) भूमि

8. यदि किसी कूटभाषा में 'चिड़िया' को 'राजा', 'राजा' को 'फूल', 'फूल' को 'घन', 'घन' को 'मेज', 'मेज' को 'मनुष्य' और 'मनुष्य' को 'चिड़िया' कहा जाए तो इस कूटभाषा में 'गुलाब' क्या है ?
(*a*) मेज (*b*) फूल
(*c*) घन (*d*) मनुष्य

9. यदि किसी कूटभाषा में 'पानी' को 'पत्थर', 'पत्थर' को 'तेल', 'तेल' को 'हवा', 'हवा' को 'लकड़ी', 'लकड़ी' को 'गैस' और 'गैस' को 'द्रव' कहा जाए तो इस कूटभाषा में फर्नीचर किस चीज से बनता है ?
(*a*) गैस (*b*) हवा
(*c*) तेल (*d*) द्रव

10. यदि किसी कूटभाषा में 'पिंजड़ा' को 'रॉकेट', 'रॉकेट' को 'फंदा', 'फंदा' को 'ग्रह', 'ग्रह' को 'हवाई जहाज', 'हवाई जहाज' को 'साइकिल' और 'साइकिल' को 'कार' कहा जाए तो इस कूटभाषा में पृथ्वी को क्या कहेंगे ?
(*a*) साइकिल (*b*) रॉकेट
(*c*) ग्रह (*d*) हवाई जहाज

उत्तरमाला

1	2	3	4	5	6	7	8	9	10
(*c*)	(*c*)	(*b*)	(*a*)	(*a*)	(*d*)	(*b*)	(*c*)	(*a*)	(*d*)

व्याख्यात्मक उत्तर

1. दूध का रंग 'सफेद' होता है और इस कूटभाषा में 'सफेद' को 'आकाश' कहते हैं।

2. रक्त का रंग 'लाल' होता है और इस कूटभाषा में 'लाल' को 'सफेद' कहते हैं।

3. प्यास लगने पर हम 'पानी' पीते हैं और इस कूटभाषा में 'पानी' को 'हवा' कहते हैं।

4. आकाश का रंग 'नीला' होता है और नीला का अर्थ 'सफेद' है।

5. छात्र 'स्कूल' में पढ़ते हैं और 'स्कूल' को इस कूटभाषा में 'मैदान' कहा जाता है।

6. भौंकने वाला पशु 'कुत्ता' है और 'कुत्ता' को इस कूटभाषा में 'खरगोश' कहते हैं।

7. टैस्ट मैच 'स्टेडियम' में खेले जाते हैं और 'स्टेडियम' को इस कूटभाषा में 'महासागर' कहा जाता है।

8. गुलाब एक 'फूल' है और 'फूल' को इस कूटभाषा में 'घन' कहा जाता है।

9. फर्नीचर 'लकड़ी' से बनता है और 'लकड़ी' को इस कूटभाषा में गैस कहते हैं।

10. पृथ्वी एक 'ग्रह' है 'ग्रह' को इस कूटभाषा में हवाई जहाज कहते हैं।

❑❑❑

5

कथन विश्लेषण
(Statement Analysis)

तर्कबुद्धि परीक्षण से संबंधित इस प्रकार के प्रश्नों में कुछ कथन दिए जाते हैं। इन कथनों में कतिपय तथ्यों को अलग-अलग रूपों में तोड़-मरोड़ कर प्रस्तुत किया जाता है। ऐसे प्रश्नों को हल करने के लिए अभ्यर्थियों से यह अपेक्षा की जाती है कि वे दिए गए कथनों का विश्लेषण करें, दिए गए तथ्यों को सुव्यवस्थित और वर्गीकृत करें तथा तत्पश्चात् दिए गए कथनों से संबंधित प्रश्नों के उत्तर दें।

उदाहरण

आइसक्रीम बर्फ के समान ठंडा होता है। बर्फ ओले जितनी ठंडी नहीं होती। हिमकण बर्फ जितने ठंडे नहीं होते किंतु ये आइसक्रीम से अधिक ठंडे होते हैं। इनमें से सर्वाधिक ठंडा क्या है?

(*a*) ओला (*b*) आइसक्रीम (*c*) हिमकण (*d*) हिम

उत्तर (*a*) : ठंडक में वृद्धि को दर्शाने वाला क्रम है–आइसक्रीम, बर्फ, हिमकण, हिम, ओला।

अभ्यास

1. A, B, C, D और E पांच मित्र हैं जिनमें से A का वजन B से अधिक है, C का वजन D से कम है, B का वजन D से कम है किंतु E से अधिक है। इनमें से किसका वजन सबसे अधिक है?

(*a*) B
(*b*) C
(*c*) A
(*d*) कहा नहीं जा सकता

2. विपुल, हंस से लंबा है। हंस, आनंद से लंबा है। आलोक, अशोक से लंबा है। अशोक, हंस से लंबा है। इन पांचों मित्रों से कौन सबसे अधिक लंबा है?

(*a*) विपुल
(*b*) आलोक
(*c*) अशोक
(*d*) कहा नहीं जा सकता

3. प्रमोद, गोपाल से लंबा है। गोपाल, मधु से कम लंबा है। यह जानने के लिए कि इनमें सबसे अधिक लंबा कौन है, निम्नलिखित में से कौन-सी अतिरिक्त जानकारी आवश्यक है?

(*a*) मधु, गोपाल से लंबी है
(*b*) मधु, प्रमोद के भाई से कम लंबी है
(*c*) प्रमोद, मधु से लंबा है
(*d*) प्रमोद, मधु के भाई से लंबा है

4. विक्रम की लंबाई राजन से अधिक किंतु ऐनी से कम है। जमाल, ऐनी से अधिक

लंबा है। सीता, विक्रम से अधिक लंबी है। राजन, सीता से कम लंबा है। इस समूह में सबसे कम लंबाई किसकी है?

(*a*) सीता
(*b*) राजन
(*c*) विक्रम
(*d*) कहा नहीं जा सकता

5. प्रमोद आयु में जयेश और सुधीर से बड़ा है। विकास, अनिल से छोटा है। इनमें किसकी आयु सब से अधिक है, यह जानने के लिए निम्नलिखित में से कौन–सी अतिरिक्त जानकारी अपेक्षित है?

(*a*) सुधीर, जयेश से बड़ा है
(*b*) अनिल, जयेश से बड़ा है
(*c*) विकास, प्रमोद से बड़ा है
(*d*) विकास, प्रमोद से छोटा है

निर्देश (प्र.सं. 6 और 7): (A) गोपाल की लंबाई अशोक से कम किंतु केशव से अधिक है; (B) नवीन की लंबाई केशव से कम है; (C) जयेश की लंबाई नवीन से अधिक है; (D) अशोक की लंबाई जयेश से अधिक है।

6. इनमें सबसे अधिक लंबा कौन है?

(*a*) गोपाल (*b*) अशोक
(*c*) जयेश (*d*) नवीन

7. उपर्युक्त प्रश्न का उत्तर देने के लिए निम्नलिखित में से कौन–सी सूचना आवश्यक नहीं है?

(*a*) A (*b*) B
(*c*) C (*d*) D

निर्देश (प्र.सं. 8–10): *नीचे उल्लिखित कथन को ध्यानपूर्वक पढ़ें और पूछे गए प्रश्नों के उत्तर दें:*

एक समूह में A, B, C, D और E पांच व्यक्ति हैं। इनमें से दो पुरुष हैं। केवल तीन व्यक्ति तैरना जानते हैं जिनमें एक पुरुष है। इस समूह में एक विवाहित जोड़ा भी है जिसमें पति को तैरना आता है। A, D की छोटी बहन है और B, E का पति है। C तैराकी का चैम्पियन है।

8. समूह में अविवाहित पुरुष कौन है?

(*a*) C (*b*) B
(*c*) A (*d*) D

9. निम्नलिखित में से कौन–सी दो महिलाएं तैरना जानती हैं?

(*a*) A और C (*b*) C और D
(*c*) D और E (*d*) A और E

10. निम्नलिखित में से किन दो व्यक्तियों को तैरना नहीं आता?

(*a*) B और D (*b*) D और E
(*c*) A और E (*d*) A और D

निर्देश (प्र.सं. 11–15): *निम्नलिखित सूचना को ध्यानपूर्वक पढ़ें और पूछे गए प्रश्नों का उत्तर दें:*

(*i*) P, Q, R, S, T और U किसी परिवार के छह सदस्य हैं जिनमें से दो विवाहित जोड़े हैं।
(*ii*) T एक शिक्षक है और उसका विवाह एक डॉक्टर से हुआ है जो R और U की मां है।
(*iii*) Q एक वकील है और इसका विवाह P से हुआ है।
(*iv*) P का एक पुत्र और एक पोता है।
(*v*) दो विवाहित महिलाओं में से एक गृहिणी है।
(*vi*) परिवार में एक छात्र और एक इंजीनियर भी है जो पुरुष है।

11. निम्नलिखित में से कौन गृहिणी है?

(*a*) Q (*b*) P
(*c*) S (*d*) T

12. निम्नलिखित में से कौन–सा समूह परिवार की महिलाओं का है?

(*a*) QTR
(*b*) PSR
(*c*) PSU
(*d*) दी गई सूचना अपर्याप्त है

13. परिवार में पोती के बारे में निम्नलिखित में से कौन-सी सूचना सत्य है ?

(*a*) वह एक छात्रा है
(*b*) वह एक इंजीनियर है
(*c*) वह एक वकील है
(*d*) दी गई सूचना अपर्याप्त है

14. R का U से क्या संबंध है ?

(*a*) भाई
(*b*) बहन
(*c*) भाई या बहन
(*d*) सूचना अपर्याप्त है

15. P, R का कौन है ?

(*a*) दादा (*b*) मां
(*c*) बहन (*d*) दादी

निर्देश (प्रश्न 16–20) : *निम्नलिखित सूचना का अध्ययन करें और पूछे गए प्रश्नों के उत्तर दें :*

(*i*) किसी शिक्षण संस्थान में A, B, C, D, E, F, G और H आठ संकाय सदस्य हैं जो अलग-अलग विषय पढ़ाते हैं।

(*ii*) इनमें तीन महिलाएं हैं और चार के पास पी.एच.डी. की उपाधि है।

(*iii*) E मनोविज्ञान पढ़ाता है और उसने पी.एच.डी. की उपाधि प्राप्त की है। A रसायनशास्त्र पढ़ाता है।

(*iv*) अर्थशास्त्र को पढ़ाने वाले संकाय सदस्य के पास पी.एच.डी. की उपाधि नहीं है। संकाय की कोई भी महिला सदस्य कॉमर्स या विधि विषय नहीं पढ़ाती। विधि संकाय पी.एच.डी. की उपाधि प्रदान नहीं करता।

(*v*) D और G में से कोई भी संकाय सदस्य वाणिज्य या भौतिक विज्ञान नहीं पढ़ाता।

(*vi*) H और C महिला सदस्य हैं और इनके पास पी.एच.डी. की उपाधि नहीं है। F को पी.एच.डी. की उपाधि प्राप्त है और वह प्राणिशास्त्र पढ़ाता है।

(*vii*) B और G के पास पी.एच.डी. की उपाधि है और G एक महिला सदस्य है।

16. निम्नलिखित में से किस महिला सदस्य को पी.एच.डी. की उपाधि प्राप्त है ?

(*a*) G
(*b*) C और D
(*c*) G और H
(*d*) कहा नहीं जा सकता

17. निम्नलिखित में से कौन-सा बेमेल है ?

(*a*) रसायनशास्त्र – पुरुष सदस्य – पी.एच.डी उपाधि प्राप्त
(*b*) प्राणिशास्त्र – पुरुष सदस्य – पी.एच.डी. की उपाधि प्राप्त
(*c*) भौतिक विज्ञान – महिला सदस्य – पी.एच.डी. की उपाधि प्राप्त
(*d*) अर्थशास्त्र – महिला सदस्य – पी.एच.डी. उपाधि प्राप्त नहीं की है

18. भौतिक विज्ञान कौन पढ़ाता है ?

(*a*) C (*b*) H
(*c*) H या C (*d*) C या G

19. निम्नलिखित में से कौन-सा कथन सत्य है ?

(*a*) तीन पुरुष सदस्यों को पी.एच.डी. की उपाधि प्राप्त है
(*b*) दो महिला सदस्यों को पी.एच.डी. की उपाधि प्राप्त है
(*c*) अर्थशास्त्र पढ़ाने वाले व्यक्ति के पास पी.एच.डी. की उपाधि नहीं हैं
(*d*) प्राणिशास्त्र पढ़ाने वाले व्यक्ति को पी.एच.डी. की उपाधि नहीं है

20. G द्वारा कौन-सा विषय पढ़ाया जाता है ?

(*a*) प्राणिशास्त्र
(*b*) भौतिक विज्ञान या अर्थशास्त्र
(*c*) भौतिक विज्ञान या प्राणिशास्त्र
(*d*) कहा नहीं जा सकता

उत्तरमाला

1	2	3	4	5	6	7	8	9	10
(*d*)	(*d*)	(*c*)	(*b*)	(*c*)	(*b*)	(*c*)	(*d*)	(*a*)	(*b*)
11	**12**	**13**	**14**	**15**	**16**	**17**	**18**	**19**	**20**
(*b*)	(*d*)	(*a*)	(*c*)	(*d*)	(*a*)	(*c*)	(*c*)	(*a*)	(*d*)

कुछ चुने हुए प्रश्नों के व्याख्यात्मक उत्तर

1. वजन के घटते क्रम में इन मित्रों को निम्नवत् श्रेणीबद्ध किया जा सकता है : A/D, B/C, E या A/D, B, C/E अत: इन मित्रों में से A या D का वजन सबसे अधिक है।

2. लंबाई के घटते क्रम में इन व्यक्तियों के नाम हैं : विपुल/आलोक, अशोक, हंस, आनंद। अत: विपुल या आलोक में से कोई एक सबसे अधिक लंबा है।

4. लंबाई के घटते क्रम में इन व्यक्तियों को निम्नवत् विन्यस्त किया जा सकता है : जमाल/सीमा, ऐनी, विक्रम, राजन *या* जमाल, सीता/ऐनी, विक्रम, राजन

6. लंबाई के घटते क्रम में इन व्यक्तियों को निम्नवत् विन्यस्त किया जा सकता है : अशोक, गोपाल/जयेश, केशव, नवीन *या* अशोक, गोप्राल, केशव/जयेश, नवीन

प्रश्न संख्या 8 से 10 तक के प्रश्नों के उत्तर के लिए सूचना चार्ट नीचे दिया गया है :

A. महिला (D की छोटी बहन) : तैराकी जानती है।

B. पुरुष (E का पति) : तैराकी जानता है।

C. महिला : तैराकी की चैम्पियन

D. पुरुष (A का भाई)

E. महिला (B की पत्नी)

विवाहित जोड़े B और E में से पति (B) तैराकी जानता है। C तैराकी की एक चैम्पियन है। तीन व्यक्ति तैरना जानते हैं जिनमें केवल B ही पुरुष है। अत: तैराकी जानने वाली दो महिलाएं C और A (D की छोटी बहन) हैं। पांच व्यक्तियों के इस समूह में दो पुरुष हैं जिनमें एक B है और दूसरा D होगा।

प्रश्न संख्या 16 से 20 के उत्तर के लिए चार्ट

संकाय सदस्य	*लिंग*	*पढ़ाए जाने वाले विषय*	*पी.एच.डी. की उपाधि प्राप्त या पी.एच.डी. की उपाधि प्राप्त नहीं*
A	पुरुष	रसायनशास्त्र	पी.एच.डी. की उपाधि प्राप्त नहीं
B	पुरुष	वाणिज्य	पी.एच.डी. की उपाधि प्राप्त
C	महिला	भौतिक विज्ञान या अर्थशास्त्र	पी.एच.डी. की उपाधि प्राप्त नहीं
D	पुरुष	विधिशास्त्र	पी.एच.डी. की उपाधि प्राप्त नहीं
E	पुरुष	मनोविज्ञान	पी.एच.डी. की उपाधि प्राप्त
F	पुरुष	प्राणिशास्त्र	पी.एच.डी. की उपाधि प्राप्त
G	महिला	X	पी.एच.डी. की उपाधि प्राप्त
H	महिला	भौतिक विज्ञान या अर्थशास्त्र	पी.एच.डी. की उपाधि प्राप्त नहीं

❑❑❑

6

स्थान व्यवस्थीकरण

(Place Arrangement)

स्थान व्यवस्थीकरण का सामान्य अर्थ है दी गई सूचनाओं के आधार पर व्यक्तियों या वस्तुओं का स्थान-क्रम निर्धारित करना। इसके लिए आवश्यक है कि स्थान-क्रम को अच्छी तरह समझा जाए और तत्पश्चात् दिए गए प्रश्नों को उपलब्ध कराई गई सूचना के आधार पर हल करने का प्रयास किया जाए।

उदाहरण

पांच व्यक्ति किसी पंक्ति में एक दूसरे के पीछे चल रहे हैं। पंक्ति में सबसे आगे और सबसे पीछे चल रहे व्यक्तियों में एक व्यक्ति बुद्धिमान और दूसरा मूर्ख है। एक नाटे व्यक्ति के पीछे एक मजबूत कद काठी का व्यक्ति चल रहा है। मूर्ख व्यक्ति के सामने एक दुबला व्यक्ति चल रहा है। नाटा व्यक्ति बुद्धिमान व्यक्ति और मजबूत कद काठी के व्यक्ति के बीच में है। पंक्ति में बीचों-बीच कौन चल रहा है?

(*a*) नाटा व्यक्ति (*b*) मजबूत कद-काठी का व्यक्ति
(*c*) दुबला व्यक्ति (*d*) बुद्धिमान व्यक्ति

उत्तर (*b*) : पांचों व्यक्तियों का पंक्ति में स्थान-क्रम निम्नवत् है :

मूर्ख, दुबला व्यक्ति, मजबूत कद-काठी का व्यक्ति, नाटा व्यक्ति, बुद्धिमान व्यक्ति।

अभ्यास

निर्देश (प्र.सं. 1–6): *निम्नलिखित प्रश्नों में व्यवस्थीकरण के पैटर्न को समझें और तत्पश्चात् दिए गए विकल्पों में से सही उत्तर का चयन करें:*

1. मिनी, रजनी के दाएं और अनंता के बाएं बैठी है। सत्या, मिनी के दाएं बैठी है किंतु वह जया के बाएं है। यदि सभी लड़कियां उत्तर दिशा की ओर मुंह किए बैठी हों तो इनमें से सबसे बाएं छोर पर कौन बैठी है?

(*a*) जया
(*b*) मिनी
(*c*) रजनी
(*d*) सत्या

2. A, B, C, D और E एक दूसरे के पीछे दौड़ रहे हैं। C, E के निकट नहीं है और A, D

के निकट नहीं है। B, A के पीछे है और E, D के निकट नहीं है। इनके बीच में कौन व्यक्ति है?

(*a*) B
(*b*) E
(*c*) A
(*d*) कहा नहीं जा सकता

3. O, P, Q, R, S और T एक बेंच पर अपनी लंबाई के घटते क्रम में खड़े हैं। P, O से अधिक लंबा है किंतु S से उसकी लंबाई कम है। केवल S ही T से अधिक लंबा है। R, P से कम लंबा है किंतु वह Q से अधिक लंबा है। इनमें किसकी लंबाई सबसे कम है?

(*a*) O
(*b*) Q
(*c*) P
(*d*) कहा नहीं जा सकता

4. छह मित्र एक गोल घेरे में बैठ कर ताश खेल रहे हैं। केनी, डैनी की बायीं ओर बैठा है। माइकल, बॉब और जॉन के बीच बैठा है। रॉजर, केनी और बॉब के बीच बैठा है। माइकल की दाहिनी ओर कौन बैठा है?

(*a*) डैनी (*b*) जॉन
(*c*) केनी (*d*) बॉब

5. 10 पुस्तकों के एक ढेर में 3 पुस्तकें इतिहास की, 3 हिंदी की, 2 गणित की और 2 अंग्रेजी की पुस्तकें हैं। यदि ऊपर से देखा जाए तो इतिहास और गणित की एक-एक पुस्तकों के बीच अंग्रेजी की एक पुस्तक है, गणित और अंग्रेजी की एक-एक पुस्तकों के बीच इतिहास की एक पुस्तक है, अंग्रेजी और गणित की एक-एक पुस्तकों के बीच एक हिंदी की पुस्तक है, हिंदी की दो पुस्तकों के बीच गणित की एक पुस्तक है तथा गणित और इतिहास की एक-एक पुस्तकों के बीच हिंदी की दो पुस्तकें हैं। इस ढेर में किस विषय की पुस्तक ऊपर से छठे स्थान पर है?

(*a*) अंग्रेजी (*b*) हिंदी
(*c*) इतिहास (*d*) गणित

6. छह मित्र A, B, C, D, E और F एक गोल घेरे में खड़े हैं। B, F और C के बीच में है, A, E और D के बीच में है, F, D की बायीं ओर है। A और F के बीच कौन है?

(*a*) C (*b*) B
(*c*) D (*d*) E

निर्देश (प्र.सं. 7 और 8): *निम्नलिखित कथनों को सावधानी पूर्वक पढ़ें और पूछे गए प्रश्नों के उत्तर दें :*

एक शेल्फ में पांच कमीजें एक ढेर में एक के ऊपर एक रखी हुई हैं। इस ढेर में लाल कमीज नीली कमीज के ऊपर रखी गई है और हरे रंग की कमीज नारंगी रंग की कमीज के नीचे रखी गई है। नीलो कमीज नारंगी रंग की कमीज के ऊपर तथा सफेद कमीज हरी कमीज के नीचे रखी गई है।

7. लाल और नारंगी रंग की कमीजों के बीच रखी कमीज किस रंग की है?

(*a*) सफेद रंग की
(*b*) हरे रंग की
(*c*) नीले रंग की
(*d*) आंकड़े अपर्याप्त हैं

8. सबसे नीचे किस रंग की कमीज है?

(*a*) लाल
(*b*) सफेद
(*c*) नारंगी
(*d*) कहा नहीं जा सकता

निर्देश (प्र.सं. 9–11): *निम्नलिखित प्रश्नों को ध्यानपूर्वक पढ़ें और पूछे गए प्रश्नों के उत्तर दें :*

(*i*) A, B, C, D और E एक पांच मंजिली इमारत में रहते हैं।

(*ii*) B और E भूतल पर नहीं रहते।

(*iii*) D, A से एक मंजिल ऊपर और C से एक मंजिल नीचे के तल पर रहता है

(*iv*) E सबसे ऊपर वाली मंजिल पर नहीं रहता।

9. D किस मंजिल पर रहता है ?

(*a*) दूसरी (*b*) चौथी

(*c*) पांचवीं (*d*) पहली

10. इनमें से कितने व्यक्ति C से ऊपर वाली मंजिल पर रहते हैं ?

(*a*) 3 (*b*) 2

(*c*) 4 (*d*) 1

11. उपर्युक्त दोनों प्रश्नों का उत्तर ज्ञात करने के लिए दिए गए चार कथनों में से किसे छोड़ा जा सकता है ?

(*a*) केवल (*iv*)

(*b*) केवल (*ii*) और (*iii*)

(*c*) कोई नहीं

(*d*) केवल (*i*)

निर्देश (प्र.सं. 12–16): *नीचे के कथनों को सावधानीपूर्वक पढ़ें और पूछे गए प्रश्नों के उत्तर दें :*

(*i*) P, Q, R, S, T और U को किसी एक तल पर दो पंक्तियों में स्थित छह फ्लैट जिनका मुख्य दरवाजा एक पंक्ति वाले फ्लैटों का उत्तर की ओर और दूसरी पंक्ति वाले फ्लैटों का दक्षिण की ओर खुलता है, आवंटित किए जाते हैं।

(*ii*) Q के फ्लैट का मुख्य दरवाजा उत्तर दिशा में खुलता है और उसका फ्लैट S के बगल वाला फ्लैट नहीं है।

(*iii*) S और U के फ्लैट विकर्णतः सम्मुख फ्लैट हैं।

(*iv*) U के बगल में R को दक्षिण मुखी फ्लैट मिलता है और T के फ्लैट का मुख्य दरवाजा उत्तर दिशा में खुलता है।

12. निम्नलिखित में से किन व्यक्तियों को आवंटित फ्लैटों का मुख्य दरवाजा दक्षिण दिशा में खुलता है ?

(*a*) URP

(*b*) UPT

(*c*) QTS

(*d*) सूचना अपर्याप्त है

13. SU को छोड़ अन्य किन व्यक्तियों को आवंटित फ्लैट विकर्णतः सम्मुख फ्लैट हैं ?

(*a*) PT (*b*) QP

(*c*) QR (*d*) TS

14. Q और S को आवंटित फ्लैटों के बीच में किसका फ्लैट है ?

(*a*) T (*b*) U

(*c*) R (*d*) P

15. यदि T और P अपने आवंटित फ्लैटों को आपस में बदल लें तो U के बगल में किसका फ्लैट होगा ?

(*a*) Q (*b*) T

(*c*) P (*d*) R

16. उपर्युक्त प्रश्नों का उत्तर ज्ञात करने के लिए निम्नलिखित में से किन कथनों को छोड़ा जा सकता है ?

(*a*) कोई नहीं (*b*) केवल (i)

(*c*) केवल (ii) (*d*) केवल (iii)

उत्तरमाला

1	2	3	4	5	6	7	8	9	10
(*c*)	(*a*)	(*d*)	(*d*)	(*b*)	(*c*)	(*c*)	(*b*)	(*d*)	(*b*)
11	**12**	**13**	**14**	**15**	**16**				
(*c*)	(*a*)	(*b*)	(*a*)	(*d*)	(*a*)				

कुछ चुने हुए प्रश्नों के व्याख्यात्मक उत्तर

2. दौड़ते समय ये व्यक्ति निम्नलिखित क्रम में एक दूसरे के पीछे होंगे :

E		E
A		A
B	या	B
C		D
D		C

4. इन छह मित्रों के बैठने का निम्नलिखित क्रम है :

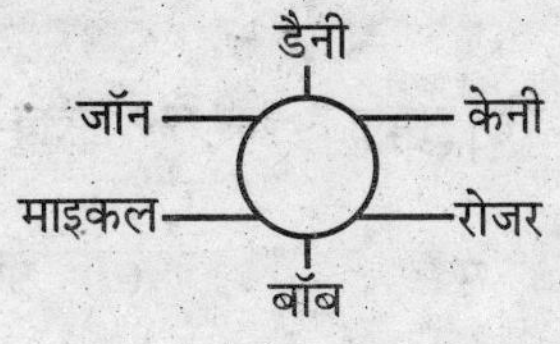

6. ये मित्र निम्नलिखित क्रम में एक दूसरे की बगल में खड़े हैं

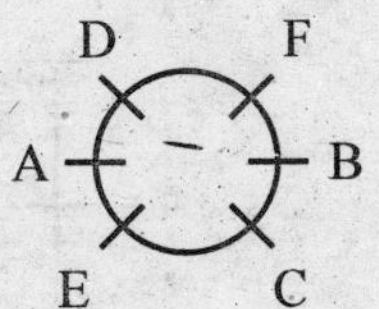

प्रश्न संख्या **9** से **11** के संदर्भ में दी गई सूचना के अनुसार पांच मंजिली इमारत में A, B, C, D और E निम्नलिखित क्रम में रहते हैं :

B
E
C
D
A – भूतल

प्रश्न संख्या **12** से **16** के संदर्भ में दिए गए कथनों के अनुसार आवंटित किए गए फ्लैटों की अवस्थिति निम्नवत् है :

Q	T	S	↑	N	इनका मुख्य दरवाजा उत्तर दिशा में खुलता है
U	R	P	↓	S	इनका मुख्य दरवाजा दक्षिण दिशा में खुलता है

15. नई स्थिति निम्नवत् होगी :

Q	P	S	↑	N	उनका मुख्य दरवाजा उत्तर दिशा में खुलता है
U	R	T	↓	S	इनका मुख्य दरवाजा दक्षिण दिशा में खुलता है

❑❑❑

7

दिशा ज्ञान परीक्षण

(Direction Sense)

इस प्रकार के प्रश्न अभ्यर्थियों की सही दिशा-निर्देशों को समझने की योग्यता की जांच करने हेतु पूछे जाते हैं। ऐसे प्रश्न दिशा-चार्ट पर आधारित होते हैं :

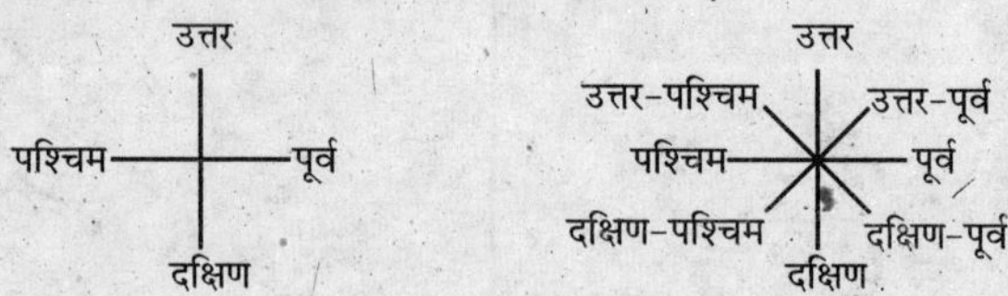

विभिन्न दिशाओं का बोध बाएं या दाएं मोड़ या कोणीय मोड़ों द्वारा निर्देशित होता है।

उदाहरण

एक व्यक्ति उत्तर दिशा में चल रहा है। वह दो बार दाहिने मुड़ता है और फिर चलने लगता है अब वह किस दिशा में चल रहा है?

(*a*) उत्तर (*b*) दक्षिण (*c*) पूर्व (*d*) पश्चिम

उत्तर (*b*) :

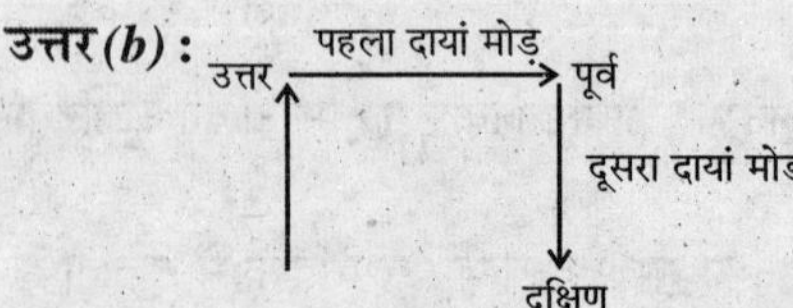

दिशा चार्ट का अनुसरण करने पर यह स्पष्ट होता है कि वह व्यक्ति अब दक्षिण दिशा में चल रहा है।

अभ्यास

निर्देश : *नीचे के प्रत्येक प्रश्न में सही दिशा/ दूरी दर्शाने के लिए दिए गए विकल्पों से सही उत्तर का चयन करें।*

1. एक व्यक्ति पश्चिम दिशा में अपनी गाड़ी चला रहा है। वह दक्षिण दिशा में चले इसके लिए उसे निम्नलिखित में से कौन से मोड़ मुड़ने चाहिए?

(*a*) बायीं ओर, दायीं ओर, दायीं ओर

(*b*) दायीं ओर, दायीं ओर, बायीं ओर

(*c*) बायीं ओर, बायीं ओर, बायीं ओर

(*d*) दायीं ओर, दायीं ओर, दायीं ओर

2. ऋचा अपनी गाड़ी से दक्षिण दिशा में 8 किमी आगे चलकर बायीं ओर मुड़ जाती है और 5 किमी. आगे चलती है। वहां वह एक बार फिर से बायीं ओर मुड़कर 8 किमी. आगे चलती है। अब वह अपने शुरु के स्थान से कितनी दूरी पर है?

(*a*) 3 किमी. (*b*) 5 किमी.

(*c*) 8 किमी. (*d*) 13 किमी.

3. देबू पहले पूर्व की ओर और तब उत्तर की ओर चलता है तथा वहां वह 45° दायें मुड़कर कुछ देर आगे चलता है और अंततः बायीं ओर मुड़ जाता है। अब वह किस दिशा में चल रहा है?

(*a*) उत्तर

(*b*) पूर्व

(*c*) दक्षिण–पूर्व

(*d*) उत्तर–पश्चिम

4. मैं अपने घर से उत्तर दिशा में चला और तब बायीं ओर मुड़ गया। अब कुछ देर तक आगे चलने के बाद मैं फिर से बायीं ओर मुड़ा और तब दायीं ओर मुड़ गया। बाद में आगे चलते हुए मैं बायीं ओर और एक बार फिर से बायीं ओर मुड़ा। बताइए कि अब मैं किस दिशा में चल रहा हूँ?

(*a*) उत्तर (*b*) दक्षिण

(*c*) पूर्व (*d*) पश्चिम

5. राज पश्चिम दिशा में चल रहा है। वह आगे चलते हुए अपने दाएं, फिर दाएं और तब बाएं, हर बार 45° के कोण पर मुड़ा। बताइए कि अब वह किस दिशा में चल रहा है?

(*a*) उत्तर–पूर्व

(*b*) दक्षिण–पूर्व

(*c*) पूर्व

(*d*) पश्चिम

6. एक महिला उत्तर दिशा में 12 किमी. चलती है, तब वह दक्षिण दिशा में 6 किमी. चलती है और तत्पश्चात् पूर्व दिशा में 8 किमी चलती है। इस समय वह अपने आरंभिक बिंदु से कितनी दूरी पर है और किस दिशा में चल रही है?

(*a*) 5 किमी., उत्तर–पूर्व

(*b*) 5 किमी., पूर्व

(*c*) 10 किमी., उत्तर–पूर्व

(*d*) 10 किमी., पश्चिम

7. रवि अपनी गाड़ी से पश्चिम दिशा में 12 किमी. जाता है। वहां वह दक्षिण दिशा में मुड़कर 3 किमी. आगे की यात्रा करता है, जहां वह पूर्व दिशा में मुड़कर 8 किमी. की यात्रा करता है। बताइए कि इस समय वह अपने आरंभिक बिंदु से कितनी दूरी पर है?

(*a*) 3 किमी.

(*b*) 5 किमी.

(*c*) 7 किमी.

(*d*) 11 किमी.

8. यदि सभी दिशाएं घूम जाएं अर्थात् यदि उत्तर दिशा घूमकर पश्चिम दिशा हो जाए और पूर्व दिशा घूमकर उत्तर दिशा हो जाए तथा इसी प्रकार अन्य दिशाएं भी घूम जाएं तो उत्तर–पश्चिम दिशा बदल कर कौन–सी दिशा हो जाएगी?

(*a*) दक्षिण–पश्चिम

(*b*) उत्तर–पूर्व

(*c*) पूर्व–उत्तर

(*d*) पूर्व–पश्चिम

9. A और B किसी एक बिंदु से एक साथ चलना आरंभ करते हैं। वे उत्तर दिशा में 10 किमी. जाते हैं। वहां A बायीं ओर मुड़ कर 5 किमी. आगे जाता है जबकि B दायीं ओर मुड़कर 3 किमी. आगे जाता है जहां से A एक बार फिर से बायीं ओर मुड़कर 15 किमी. आगे जाता है और B दायीं ओर मुड़कर 15 किमी. आगे जाता है। बताइए कि अब A और B एक दूसरे से कितनी दूरी पर हैं?

(*a*) 18 किमी.
(*b*) 10 किमी.
(*c*) 5 किमी.
(*d*) 8 किमी.

10. तरुण पूर्व दिशा में चल रहा है। यदि वह उत्तर दिशा में चलना चाहता है तो उसे निम्नलिखित से में कौन से मोड़ नहीं मुड़ने चाहिए?

(*a*) दायां, दायां, बायां, दायां, दायां
(*b*) दायां, दायां, बायां, बायां, बायां,
(*c*) दायां, दायां, दायां
(*d*) दायां, बायां, दायां, बायां

11. सोनी और मोनी किसी एक स्थान से चलना शुरू करती हैं। सोनी पश्चिम दिशा में और मोनी दक्षिण दिशा में चलती है। 20 किमी. आगे जाने के बाद सोनी बायीं ओर मुड़ जाती है और 15 किमी. आगे बढ़ती है। मोनी 10 किमी. आगे जाने के बाद बायीं ओर मुड़ती है और तब 5 किमी. आगे जाती है। इसी समय सोनी अपने स्थान से बायीं ओर मुड़कर 25 किमी. आगे जाती है जबकि मोनी अपने स्थान से दाहिनी ओर मुड़ती है और 5 किमी. आगे जाती है। बताइए कि यहां सोनी और मोनी एक दूसरे से कितनी दूरी पर हैं।

(*a*) 5 किमी.
(*b*) वे अपने आरंभिक बिंदु पर वापस पहुंच गए हैं
(*c*) वे अपनी यात्रा समाप्ति पर एक ही स्थान पर पहुंचती हैं
(*d*) दी गई सूचना अपर्याप्त है

12. सीता के घर का मुख्य दरवाजा दक्षिण दिशा में खुलता है। वह अपने घर से निकलकर सामने की दिशा में 10 मीटर जाती है, वहां से बायीं ओर मुड़कर वह 5 मीटर आगे जाती है और तब फिर से बायें मुड़कर 15 मीटर आगे जाती है और तब एक बार फिर से बायें मुड़कर 10 मीटर आगे जाती है। अंततः वह दायें मुड़ती है और 5 मीटर आगे जाकर अपने मित्र के घर पहुंचती है। सीता के मित्र के घर का मुख्य दरवाजा किस दिशा में खुलता है?

(*a*) उत्तर (*b*) दक्षिण
(*c*) पश्चिम (*d*) पूर्व

उत्तरमाला

1	2	3	4	5	6	7	8	9	10
(*d*)	(*b*)	(*d*)	(*c*)	(*a*)	(*c*)	(*b*)	(*a*)	(*d*)	(*d*)
11	**12**								
(*c*)	(*b*)								

कुछ चुने हुए प्रश्नों के व्याख्यात्मक उत्तर

1.

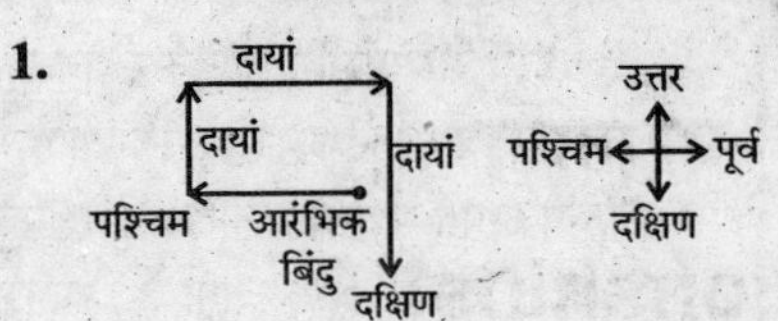

2.

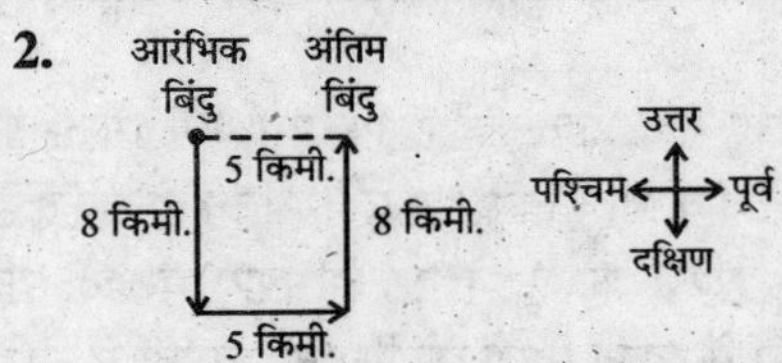

3.

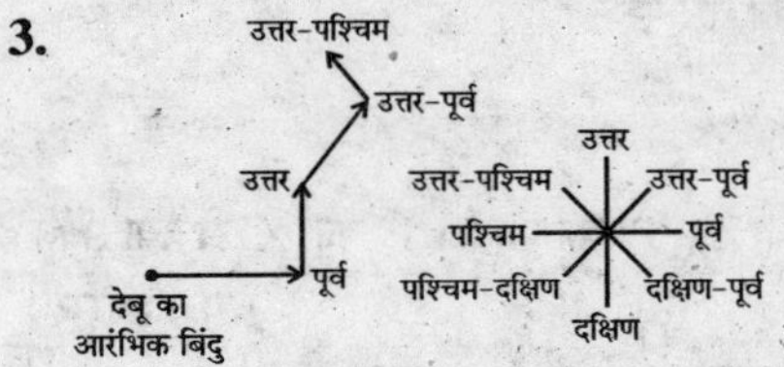

4.

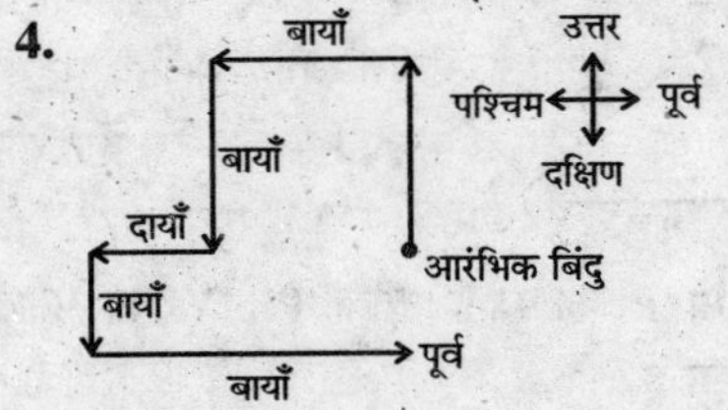

7. $ab = \sqrt{bc^2 + ca^2}$

$$ab = \sqrt{3^2 + 4^2} = \sqrt{9+16} = \sqrt{25} = 5$$

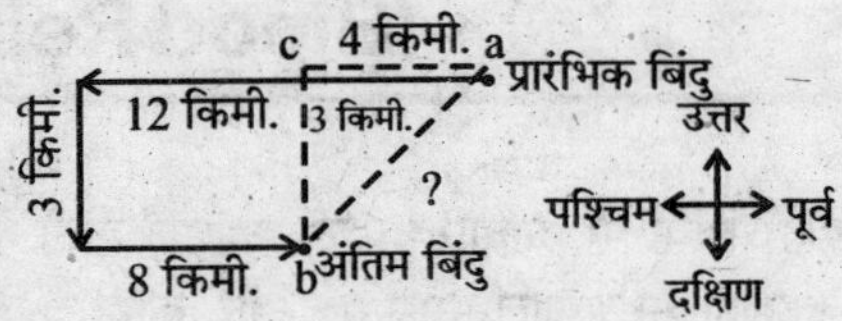

9.

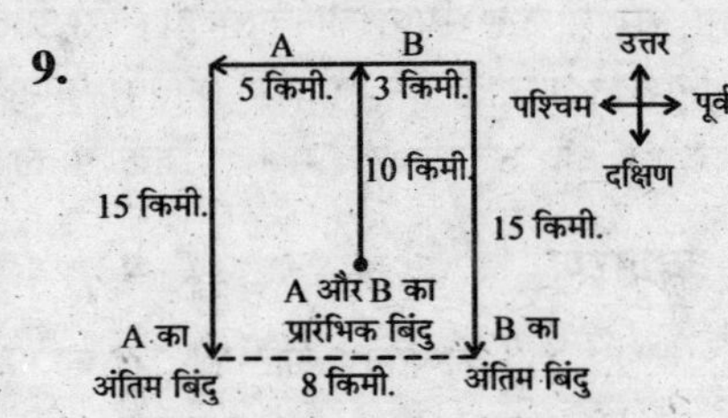

12.

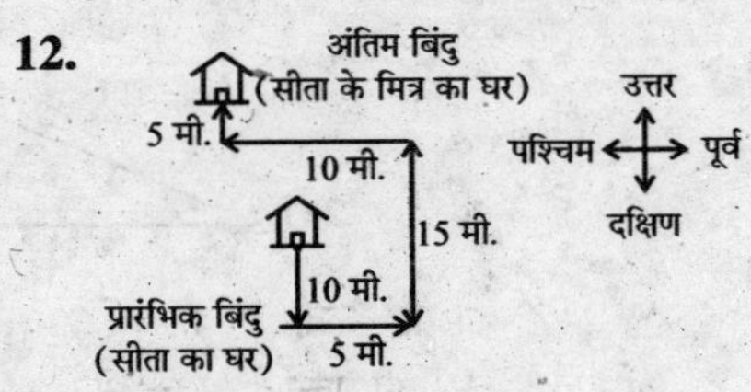

❑❑❑

8

रक्त संबंधी परीक्षण

(Blood Relationships)

रक्त संबंधों पर आधारित प्रश्नों को हल करने के लिए यह आवश्यक है कि परीक्षार्थी रिश्तों की जटिलता को तत्काल समझ सकें और किन्हीं दो व्यक्तियों के बीच किस प्रकार के संबंध हो सकते हैं, इस बारे में उन्हें स्पष्ट जानकारी हो। इस प्रकार के प्रश्नों को पूछने का अभिप्राय मुख्यत: यह सुनिश्चित करना है कि परीक्षार्थी कतिपय जटिल भाषा में व्यक्त रिश्तों को कितनी तत्परता से समझ सकते हैं और उत्तर के रूप में सही विकल्प का चयन कर सकते हैं।

उदाहरण

'X', 'Y' की पत्नी है और 'Y', 'Z' का भाई है। 'Z', 'P' का पुत्र है। 'P' का 'X' से क्या संबंध है?

(*a*) बहन (*b*) चाची (*c*) भाई (*d*) श्वसुर

उत्तर (*d*) : दिए गए प्रश्न के अनुसार संबंध चार्ट निम्नवत् दर्शाया जा सकता है :

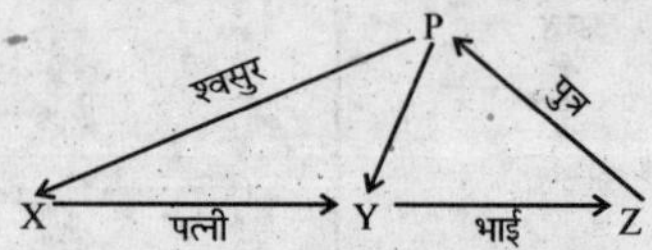

'Y', 'Z' का भाई है जो 'P' का पुत्र है। अत: 'Z' भी 'P' का पुत्र है। चूंकि 'P', 'Y' का पिता है और 'X', 'Y' की पत्नी है अत: 'P', 'X' का श्वसुर है।

अभ्यास

निर्देश : *नीचे के प्रत्येक प्रश्न में व्यक्तियों के बीच उल्लिखित संबंधों को सावधानीपूर्वक समझें और तब दिए गए विकल्पों में से सही उत्तर का चयन करें :*

1. A, B और C का पिता है। B, A का पुत्र है किंतु C, A का पुत्र नहीं है। C का A से क्या संबंध है?

(*a*) पुत्री (*b*) पुत्र
(*c*) भतीजी (*d*) भतीजा

2. एक महिला ने कहा, "वहां खड़ी लड़की मेरे दादा जी के एकमात्र पुत्र की पुत्री है"। उस महिला का उस लड़की से क्या संबंध है?

(*a*) बहन (*b*) मां
(*c*) चाची (*d*) भतीजा

3. अजय, विजय का भाई है। शुभा, अजय की बहन है। संजय, राहुल का भाई है और मेहुल विजय की पुत्री है। संजय का चाचा कौन है?

(*a*) राहुल
(*b*) अजय
(*c*) मेहुल
(*d*) दी गई सूचना अपर्याप्त है

4. आदित्य, रवि का भाई है। भरत, जयंत के पिता हैं। ईला, रवि की मां है। आदित्य और जयंत आपस में भाई हैं। ईला का भरत से क्या संबंध है?

(*a*) बहन (*b*) मां
(*c*) पुत्री (*d*) पत्नी

5. वरुण ने अरुण की ओर संकेत करते हुए कहा, "वह मेरी बहन के एकमात्र भाई का पुत्र है।" अरुण का वरूण से क्या संबंध है?

(*a*) पुत्र
(*b*) भाई
(*c*) भतीजा
(*d*) दी गई सूचना अपर्याप्त है

6. एक व्यक्ति की ओर संकेत करते हुए एक महिला ने कहा "उसके भाई के पिता मेरे दादाजी के एकमात्र पुत्र हैं।" वह महिला उस व्यक्ति की क्या लगती है?

(*a*) मां (*b*) बहन
(*c*) पुत्री (*d*) चाची

7. विद्या, गोपी की पत्नी है और गोपी, अखिल का भाई है। अखिल, विजय का चाचा है। विजय, विद्या का कौन है?

(*a*) पुत्र (*b*) भतीजा
(*c*) देवर (*d*) भाई

8. यदि अमित के पिता बिल्लू के पिता के एकमात्र पुत्र हैं और बिल्लू का कोई भी भाई नहीं है और न ही उसकी कोई पुत्री है तो अमित और बिल्लू के बीच क्या संबंध है?

(*a*) चाचा-भतीजा (*b*) पिता-पुत्री
(*c*) पिता-पुत्र (*d*) चचेरा भाई

9. A, B की बहन है। B, C का पुत्र है तथा E, D की पुत्री और A की बहन है। D, C का कौन है?

(*a*) भाई
(*b*) पति
(*c*) पत्नी
(*d*) दी गई सूचना अपर्याप्त है

10. यदि $M + N$ का अर्थ है कि 'M', 'N' का भाई है;
$M - N$ का अर्थ है कि 'M', 'N' की बहन है,
$M \times N$ का अर्थ है कि 'M', 'N' की मां है और
$M \div N$ का अर्थ है कि 'M', 'N' का पिता है, तो निम्नलिखित में से किसका अर्थ यह होगा कि E, F की बुआ है?

(*a*) $E - G \div F$ (*b*) $E + G \times F$
(*c*) $E \times F - G$ (*d*) $F \times G + E$

उत्तरमाला

1	2	3	4	5	6	7	8	9	10
(*a*)	(*a*)	(*d*)	(*d*)	(*a*)	(*b*)	(*b*)	(*c*)	(*d*)	(*a*)

कुछ चुने हुए प्रश्नों के व्याख्यात्मक उत्तर

1. 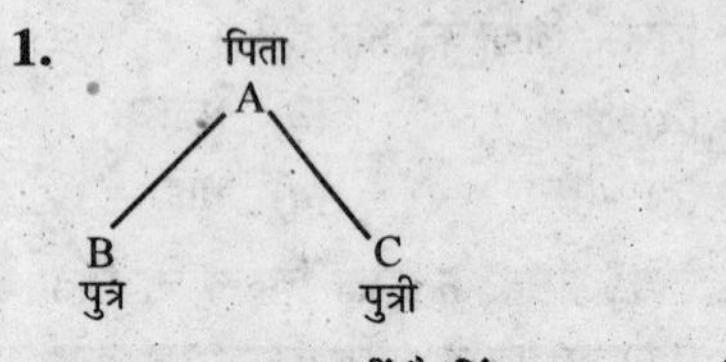

C, A का पुत्र नहीं है किंतु A, C का पिता है। अत: C, A की पुत्री है।

2. दादा

पिता
(एकमात्र पुत्र)

पुत्री ⟶ महिला
(खड़ी हुई लड़की)

उस महिला के दादा का पुत्र उसके पिता हैं तथा पिता की पुत्री निश्चित ही उस महिला की बहन होगी।

3. 1. शुभा ⟶ अजय ⟶ विजय
↓
मेहुल
(पुत्री)

2. संजय ⟶ राहुल
(भाई)

यहां दो संबंध-समुच्चयों का उल्लेख किया गया है। दी गई सूचना अपर्याप्त है और इन दो भिन्न संबंध-समुच्चयों के बीच कोई संबंध स्थापित नहीं किया जा सकता।

5. 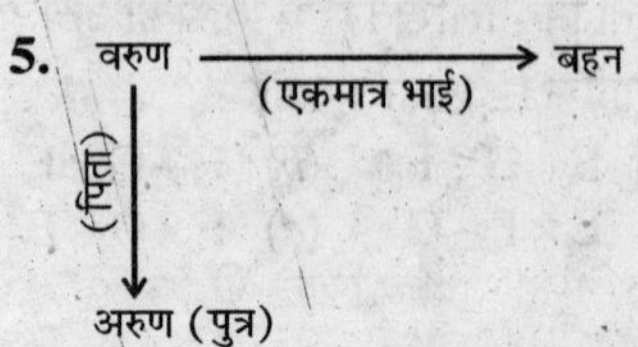

वरुण की बहन का एकमात्र भाई स्वयं वरुण है और उसका पुत्र अरुण है।

8. प्रश्न पर आधारित संबंध-चार्ट है :

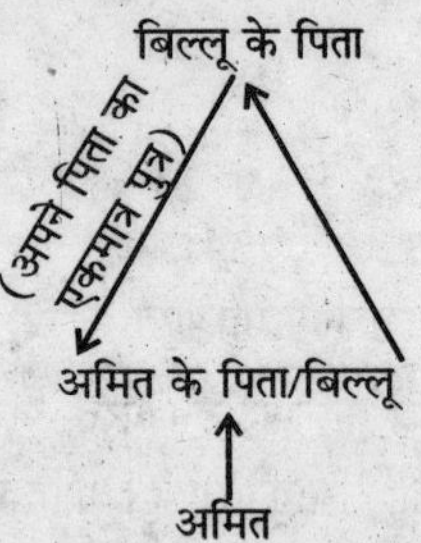

अमित के पिता बिल्लू के पिता के एकमात्र पुत्र हैं, और बिल्लू अपने पिता का एकमात्र पुत्र है (बिल्लू का कोई भाई नहीं है)। इससे यह स्पष्ट होता है कि बिल्लू ही अमित का पिता है। चूंकि बिल्लू की कोई पुत्री नहीं है, अत: अमित ही उसका एकमात्र पुत्र है।

9. 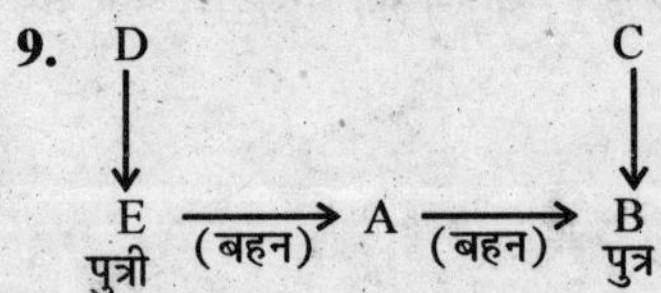

D और C के बीच संबंध नहीं बताया गया है, अत: इनके बीच कोई संबंध नहीं बताया जा सकता है।

10. E – G का अर्थ है 'E, G की बहन है' और G ÷ F का अर्थ है कि 'G, F का पिता है।'

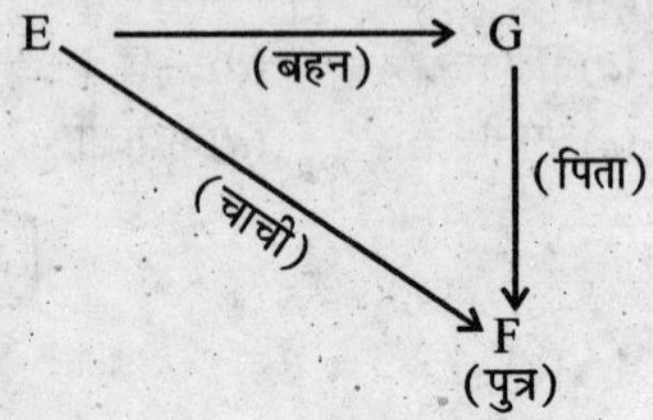

❑❑❑

9

व्यवस्थित क्रम

(Arranging in Order)

इस प्रकार के प्रश्नों में दिए गए विकल्पों को शब्दकोश में उनके स्थान, आकार, पदानुक्रम; व्यक्तियों अथवा वस्तुओं को उनके गुणों के परिमाण जैसे कि वजन, सहज अनुक्रम, आदि के अनुसार आरोही अथवा अवरोही क्रम में व्यवस्थित करना होता है। इस प्रकार के प्रश्नों की सम्यक जानकारी हेतु निम्नलिखित उदाहरणों का अवलोकन करें।

उदाहरण

निम्नलिखित शब्दों को शब्दकोश के अनुसार व्यवस्थित करने पर कौन-सा शब्द दूसरे स्थान पर होगा?

1. Reason   2. Retina   3. Regard   4. Ransom   5. Ration

(*a*) Retina   (*b*) Ration   (*c*) Regard   (*d*) Ransom

उत्तर (*b*) : शब्दकोश के अनुसार शब्दों का क्रम है : Ransom, Ration, Reason, Regard, Retina.

अभ्यास

1. निम्नलिखित विकल्पों में से कौन-सा विकल्प नीचे दिए गए शब्दों का सार्थक क्रम दर्शाता है?

1. चाबी   2. दरवाजा
3. ताला   4. कमरा
5. स्विच ऑन

(*a*) 5 1 2 4 3   (*b*) 4 2 1 5 3
(*c*) 1 3 2 4 5   (*d*) 1 2 3 5 4

2. निम्नलिखित का उचित क्रम क्या होगा?

1. इंद्रधनुष   2. वर्षा
3. सूरज   4. खुश
5. बच्चा

(*a*) 4 2 3 5 1   (*b*) 4 5 1 2 3
(*c*) 2 1 4 3 5   (*d*) 2 3 1 5 4

3. निम्नलिखित विकल्पों में से कौन-सा विकल्प नीचे दिए गए शब्दों का उपयुक्त क्रम दर्शाता है? (आरोही क्रम में)

1. ट्रिलियन (दस शंख)
2. हजार
3. बिलियन (अरब)
4. सौ
5. मिलियन (दस लाख)

(*a*) 4 2 5 3 1   (*b*) 1 5 3 2 4
(*c*) 4 2 3 5 1   (*d*) 1 2 3 4 5

4. निम्नलिखित विकल्पों में से कौन-सा विकल्प नीचे दिए गए शब्दों का सार्थक क्रम दर्शाता है?

1. अनुक्रमणिका   2. विषय-वस्तु

3. शीर्षक 4. अध्याय
5. परिचय
(*a*) 2 3 4 5 1 (*b*) 3 2 5 4 1
(*c*) 5 1 4 2 3 (*d*) 3 2 5 1 4

5. निम्नलिखित का सही क्रम क्या होगा?
1. डेकामीटर 2. मीटर
3. किलोमीटर 4. सेंटीमीटर
5. मिलीमीटर
(*a*) 1 4 3 2 5 (*b*) 5 4 1 2 3
(*c*) 5 4 3 2 1 (*d*) 5 4 2 1 3

6. निम्नलिखित शब्दों को सहज क्रम में व्यवस्थित करने पर दूसरे स्थान पर कौन-सा शब्द होगा?
1. उत्पादक 2. कच्ची सामग्री
3. विक्रेता 4. उपभोक्ता
5. वितरक
(*a*) उत्पादक (*b*) विक्रेता
(*c*) उपभोक्ता (*d*) वितरक

7. निम्नलिखित शब्दों को उनके सहज क्रम में व्यवस्थित करने पर अनुक्रम में बीच का शब्द क्या होगा?
1. चिकित्सा 2. रोगी
3. निदान 4. स्वास्थ्य लाभ
5. चिकित्सक
(*a*) चिकित्सक (*b*) रोगी
(*c*) चिकित्सा (*d*) निदान

8. निम्नलिखित शब्दों को उनके सहज क्रम में व्यवस्थित करने पर आरोही क्रम में अंतिम शब्द क्या होगा?
1. कैप्टन 2. ब्रिगेडियर
3. मेजर 4. लेफ्टिनेंट जनरल
5. लेफ्टिनेंट
(*a*) लेफ्टिनेंट जनरल (*b*) ब्रिगेडियर
(*c*) कैप्टन (*d*) मेजर

9. निम्नलिखित शब्दों का सही क्रम क्या होगा?
1. स्वतंत्रता दिवस 2. क्रिसमस
3. दिवाली 4. होली
5. गणतंत्र दिवस
(*a*) 5 4 1 3 2 (*b*) 5 1 4 3 2
(*c*) 4 1 5 3 2 (*d*) 2 3 4 1 5
(*e*) 4 3 1 5 2

उत्तरमाला

1	2	3	4	5	6	7	8	9
(*c*)	(*d*)	(*a*)	(*d*)	(*d*)	(*a*)	(*d*)	(*a*)	(*a*)

कुछ चुने हुए प्रश्नों के व्याख्यात्मक उत्तर

1. आप चाबी से पहले ताला खोलते हैं, और तब दरवाजा खोलकर कमरे में प्रवेश करते हैं और तत्पश्चात् स्विच ऑन करके कमरे में प्रकाश करते हैं।

2. वर्षा होने पर सूरज की किरणों से इंद्रधनुष बनता है और बच्चा उसे देखकर खुश होता है।

3. शब्दों को बढ़ती हुई राशि के क्रम में व्यवस्थित किया गया है।

5. माप के आरोही या बढ़ते क्रम में अनुक्रम है : मिलीमीटर, सेंटीमीटर, मीटर, डेकामीटर, किलोमीटर।

8. आरोही क्रम में पदानुक्रम है : 'लेफ्टिनेंट, कैप्टन, मेजर, ब्रिगेडियर, लेफ्टिनेट जनरल'।

9. कैलेण्डर में राष्ट्रीय/राजपत्रित अवकाशों का सहज अनुक्रम है : गणतंत्र दिवस (जनवरी), होली (मार्च), स्वतंत्रता दिवस (अगस्त), दिवाली (अक्तूबर-नवंबर), क्रिसमस (दिसंबर)।

❑❑❑

10

कैलेंडर, घड़ी, समय और दूरी

(Calendar, Clock, Time and Distance)

इस प्रकार की गणितीय तर्क बुद्धि परीक्षा घड़ी या कैलेंडर द्वारा समय के परिकलन तथा गतिमान वस्तु की चाल या उसके द्वारा तय की गई दूरी के परिकलन के संबंध में अभ्यर्थियों की योग्यता की जांच करने के लिए आयोजित की जाती है।

उदाहरण

यदि आने वाला परसों रविवार है तो बीते परसों क्या था?

(*a*) बुधवार (*b*) बृहस्पतिवार (*c*) शुक्रवार (*d*) शनिवार

उत्तर (*a*) :

आने वाला परसों	—	रविवार
आने वाला कल	—	शनिवार
आज	—	शुक्रवार
बीता कल	—	बृहस्पतिवार
बीता परसों	—	बुधवार

अभ्यास

1. यदि परसों बृहस्पतिवार था तो रविवार कब होगा?

(*a*) कल

(*b*) परसों

(*c*) आज

(*d*) आज से दो दिन बाद

2. किसी कार्यालय में बीस व्यक्ति कार्य करते हैं। इनमें से पांच व्यक्तियों का पहला समूह प्रात: 8:00 बजे से दोपहर बाद 2:00 बजे तक काम करता है। दस व्यक्तियों का दूसरा समूह प्रात: 10:00 बजे से शाम 4:00 बजे तक काम करता है तथा पांच व्यक्तियों का तीसरा समूह दोपहर 12:00 बजे से संध्या 6:00 बजे तक काम करता है। इस कार्यालय में तीन कंप्यूटर हैं जिन्हें सभी कर्मचारी बार-बार प्रयोग में लाते हैं। बताइए कि निम्नलिखित में से किस समय के दौरान कंप्यूटर पर सर्वाधिक काम होगा?

(*a*) दोपहर बाद 1:00 बजे से 3:00 बजे के बीच

(*b*) दोपहर 12:00 बजे से दोपहर बाद 2:00 बजे के बीच

(*c*) दोपहर बाद 2:00 बजे से शाम 4:00 बजे के बीच

(*d*) प्रात: 10:00 बजे से दोपहर 12:00 बजे के बीच

3. यदि किसी माह का सातवां दिन शुक्रवार से तीन दिन पहले का दिन हो तो उस माह का उन्नीसवां दिन सप्ताह का कौन-सा दिन होगा ?

(*a*) रविवार (*b*) सोमवार
(*c*) बुधवार (*d*) शुक्रवार

4. राधा को याद है कि उसके पिता का जन्मदिन 16 मार्च के बाद किंतु 21 मार्च से पहले है जबकि उसके भाई मंगेश को याद है कि उनके पिता का जन्मदिन 22 मार्च से पहले किंतु 19 मार्च के बाद है। बताइए कि उनके पिता का जन्मदिन किस तारीख को निश्चित रूप से है ?

(*a*) 19 मार्च
(*b*) 20 मार्च
(*c*) 21 मार्च
(*d*) कहा नहीं जा सकता

5. एक व्यक्ति आयु में अपनी पत्नी से 3 वर्ष बड़ा है और उसकी आयु उसके पुत्र की आयु के 4 गुने के बराबर है। यदि आज से 3 वर्ष बाद पुत्र की आयु 15 वर्ष हो तो उसकी मां की वर्तमान आयु क्या है ?

(*a*) 60 वर्ष (*b*) 51 वर्ष
(*c*) 48 वर्ष (*d*) 45 वर्ष

6. एक घड़ी इस प्रकार रखी गई है कि दोपहर ठीक 12.00 बजे इसकी मिनट की सूई उत्तर-पूर्व दिशा को सूचित करती है। दोपहर बाद 1.30 बजे इस घड़ी की घंटे की सूई किस दिशा को सूचित करेगी ?

(*a*) पूर्व (*b*) पश्चिम
(*c*) उत्तर (*d*) दक्षिण

7. दो भाइयों को एक ही दिन घर वापस लौटना था। रजत पूर्व निर्धारित दिन से 3 दिन पहले घर लौटा जबकि रोहित निर्धारित दिन से चार दिन बाद घर लौटा। यदि रजत वृहस्पतिवार को घर लौटा हो तो उनके घर लौटने का पूर्व-निर्धारित दिन क्या था तथा रोहित किस दिन घर लौटा ?

(*a*) बुधवार, रविवार
(*b*) बृहस्पतिवार, सोमवार
(*c*) रविवार, बृहस्पतिवार
(*d*) सोमवार, शुक्रवार

निर्देश (प्र.सं. 8–10): *निम्नलिखित सूचना को ध्यानपूर्वक पढ़ें और नीचे पूछे गए प्रश्नों के उत्तर दें :*

(*i*) एक सिटी बस कंपनी M, N, O, P, Q, R और S सात बसें चलाती है जिनमें से प्रत्येक बस शहर के दर्शनीय स्थलों के टूर पर प्रतिदिन एक बार 4 घंटे के लिए रवाना होती है।

(*ii*) सोमवार से शुक्रवार तक पहली बस ठीक आठ बजे रवाना होती है जिसके बाद की बसें बारी-बारी से 45 मिनट, जिसके बाद 30 मिनट और फिर 45 मिनट, जिसके बाद 35 मिनट और फिर 45 मिनट और उसके बाद 40 मिनट के अंतराल पर रवाना होती हैं।

(*iii*) शनिवार और रविवार को पहली बस प्रात: 7:30 बजे रवाना होती है और उसके बाद की बसें बारी-बारी से एक-एक घंटे के अंतर पर रवाना होती हैं।

(*iv*) बस 'Q' बस 'M' के ठीक बाद रवाना होती है जिसके ठीक बाद बस 'S' रवाना होती है।

(*v*) बस 'O' अंतिम बस है जिसके बाद और कोई बस नहीं जाती।

(vi) बस 'R' बस 'M' से ठीक पहले रवाना होती है किंतु यह बस 'P' के ठीक बाद नहीं जाती।

8. शनिवार को बस 'M' कितने बजे रवाना होती है?

(*a*) प्रात: 10 बजे
(*b*) प्रात: 9:45 बजे
(*c*) प्रात: 10:30 बजे
(*d*) सूचना अपर्याप्त है

9. रविवार को बस 'P' द्वारा अपना टूर पूरा कर लेने के बाद निम्नलिखित में से कौन-सी बस रवाना होती है?

(*a*) Q
(*b*) S
(*c*) O
(*d*) सूचना अपर्याप्त है

10. यदि शनिवार-रविवार को बस 'M' के रवाना होने के बाद दूसरी बसों के रवाना होने के समय-अंतराल में 30 मिनट की वृद्धि कर दी जाए, तो बस 'O' का टूर कितने बजे पूरा होगा?

(*a*) दोपहर बाद 3:00 बजे
(*b*) दोपहर बाद 2:00 बजे
(*c*) शाम 6:00 बजे
(*d*) शाम 7:00 बजे

उत्तरमाला

1	2	3	4	5	6	7	8	9	10
(*a*)	(*b*)	(*a*)	(*b*)	(*d*)	(*a*)	(*c*)	(*c*)	(*a*)	(*d*)

कुछ चुने हुए प्रश्नों के व्याख्यात्मक उत्तर

1. बृहस्पतिवार —बीता परसों
शुक्रवार —बीता कल
शनिवार —आज
रविवार — आने वाला कल

4. पिता का जन्मदिन

राधा के अनुसार 16 मार्च — 21 मार्च
मंगेश के अनुसार 19 मार्च — 22 मार्च

∴ अत: उनके पिता का जन्मदिन 20 मार्च को है।

6.

12 बजे

दोपहर बाद 1.30 बजे घंटे की सूई पूर्व दिशा की ओर सूचित करेगी

8-10.

बसों के रवाना होने का क्रम	सोमवार से शुक्रवार तक रवानगी का समय	शनिवार और रविवार को रवानगी का समय
P	प्रात: 8:00 बजे	प्रात: 7:30 बजे
N	प्रात: 8:45 बजे	प्रात: 8:30 बजे
R	प्रात: 9:15 बजे	प्रात: 9:30 बजे
M	प्रात: 10 बजे	प्रात: 10:30 बजे
Q	प्रात: 10:35	प्रात: 11:30 बजे
S	प्रात: 11:20 बजे	दोपहर बाद 12:30 बजे
O	दोपहर 12 बजे	दोपहर बाद 1:30 बजे

10. बस M प्रात: 10:30 बजे रवाना होती है। यदि 1 घंटे के समय अंतराल में 30 मिनट की वृद्धि कर दी जाए तो बस Q दोपहर 12:00 बजे रवाना होगी, बस S दोपहर बाद 1:30 बजे और बस O दोपहर बाद 3:00 बजे रवाना होगी। बस O अपना चार घंटे का टूर शाम 7:00 बजे पूरा करेगी।

❑❑❑

11

श्रेणी एवं क्रम

(Rows and Ranks)

इस प्रकार के प्रश्न किसी पंक्ति या लाइन में व्यवस्थित वस्तुओं की संख्या या कुछ छात्रों की एक कक्षा में किसी छात्र के क्रम-स्थान (कोटि) या कक्षा में छात्रों की कुल संख्या ज्ञात करने के लिए कतिपय सरल गणितीय परिकलनों पर आधारित होते हैं।

उदाहरण

पेड़ों की किसी पंक्ति में कोई एक पेड़ किसी एक सिरे से आठवें और दूसरे सिरे से तीसरे स्थान पर है। बताइए कि इस पंक्ति में कुल कितने पेड़ हैं?

(*a*) 11 (*b*) 9 (*c*) 10 (*d*) 12

उत्तर (*c*) : इस पंक्ति में पेड़ों की संख्या

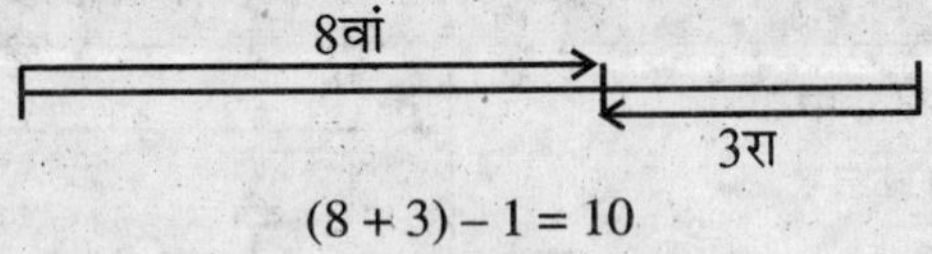

$(8 + 3) - 1 = 10$

अभ्यास

1. पेड़ों की एक पंक्ति में कोई एक पेड़ पंक्ति के दोनों छोरों से पांचवें स्थान पर है। इस पंक्ति में कुल कितने पेड़ हैं?

(*a*) 11 (*b*) 8
(*c*) 10 (*d*) 9

2. 53 छात्रों की एक कक्षा में जया का योग्यता-क्रम में 5 वां स्थान है। कक्षा में योग्यता-क्रम में नीचे से उसका क्रम-स्थान क्या है?

(*a*) 49 वां (*b*) 48 वां
(*c*) 47 वां (*d*) 50 वां

3. पैंसठ छात्रों की एक कक्षा में योग्यता-क्रम में मोहन का क्रम स्थान इक्कीसवां है। यदि योग्यता-क्रम में सबसे नीचे के छात्र का क्रम-स्थान 1 माना जाए तो योग्यता-क्रम में नीचे से मोहन का क्रम-स्थान क्या होगा?

(*a*) 44 वां
(*b*) 45 वां
(*c*) 46 वां
(*d*) दी गई सूचना अपर्याप्त है

4. लड़कों की एक पंक्ति में राहुल दाहिने से 12 वें स्थान पर और बाएं से चौथे स्थान पर खड़ा है। इस पंक्ति में और कितने लड़कों को शामिल करने पर पंक्ति में लड़कों की कुल संख्या 28 हो जाएगी?

(*a*) 12 (*b*) 14
(*c*) 20 (*d*) 13

5. लड़कों की एक पंक्ति में राजन दाहिने से दसवें स्थान पर है और सूरज बाएं से दसवें स्थान पर है। यदि राजन और सूरज आपस में अपना स्थान बदल लें तो सूरज बाएं से सताइसवें स्थान पर आ जाएगा। राजन अब पंक्ति में दाहिने से कितने स्थान पर खड़ा है?

(*a*) दसवें (*b*) छब्बीसवें
(*c*) उन्तीसवें (*d*) सताइसवें

6. 41 छात्रों की एक कक्षा में महेश और सुरेश योग्यता-क्रम में ऊपर से क्रमश: 11 वें और 12 वें स्थान पर हैं। योग्यता-क्रम में नीचे से इनका क्रम-स्थान क्या है?

(*a*) 32 वां और 33 वां
(*b*) 29 वां और 30 वां
(*c*) 30 वां और 31 वां
(*d*) 31 वां और 30 वां

7. किसी कक्षा में उमा योग्यता-क्रम में ऊपर से 8 वें और नीचे से 37 वें स्थान पर है। इस कक्षा में कुल कितने छात्र हैं?

(*a*) 47 (*b*) 46
(*c*) 45 (*d*) 44

8. एक पंक्ति में सादिक सामने से 14 वें स्थान पर और जोसफ अंत से 17 वें स्थान पर खड़ा है जबकि जेन, सादिक और जोसफ के बीच खड़ा है। यदि सादिक, जोसफ से आगे खड़ा है और पंक्ति में कुल 48 व्यक्ति खड़ें हो, तो सादिक और जेन के बीच पंक्ति में कितने व्यक्ति खड़े हैं?

(*a*) 5 (*b*) 6
(*c*) 7 (*d*) 8

9. किसी कक्षा में वार्षिक परीक्षा में उत्तीर्ण हुए छात्रों में योग्यता-क्रम में रोहन नीचे से सताइसवें स्थान पर और ऊपर से ग्यारहवें स्थान पर आया। यदि वार्षिक परीक्षा में इस कक्षा के 12 छात्र अनुत्तीर्ण घोषित किए गए हों तो परीक्षा में इस कक्षा के कितने छात्र शामिल हुए थे?

(*a*) 48
(*b*) 49
(*c*) 50
(*d*) कहा नहीं जा सकता

10. कुछ लड़के एक पंक्ति में बैठे हैं। P पंक्ति में बाएं से चौदहवें स्थान पर और Q दाहिने से सातवें स्थान पर बैठा है। यदि P और Q के बीच चार लड़के बैठे हों, तो इस पंक्ति में कुल कितने लड़के हैं?

(*a*) 19 (*b*) 21
(*c*) 25 (*d*) 23

निर्देश (प्र.सं. 11 और 15): *प्रत्येक दिए गए विकल्पों से उस एक शब्द का चयन करें जिसे प्रश्न में दिए गए शब्द के अक्षरों का प्रयोग करके लिखा नहीं जा सकता।*

11. ROTATION

(*a*) TORN (*b*) NOTE
(*c*) TART (*d*) RAIN

12. INSUFFICIENT

(*a*) ENTICE (*b*) SCENT
(*c*) SUFFICE (*d*) THENCE

13. CATASTROPHE

(*a*) TASTE (*b*) CHEAP
(*c*) POUCH (*d*) STARE

14. MASTERPIECE
(*a*) MINCE (*b*) TRAMP
(*c*) PESTER (*d*) SPRITE

15. PROGNOSTICATION
(*a*) RONTGEN (*b*) SPITOON
(*c*) ROGATION (*d*) START

निर्देश (प्र.सं. 16 और 20): *यहाँ प्रत्येक प्रश्न में दिए गए विकल्पों से उस एक शब्द का चयन करें जिसे प्रश्न के आरंभ में दिए गए शब्द के अक्षरों का प्रयोग करके लिखा जा सकता है।*

16. INVESTIGATE
(*a*) INVERT (*b*) GLIDE
(*c*) STING (*d*) ACTED

17. ADVENTURE
(*a*) AWARE (*b*) EVENT
(*c*) TRUCE (*d*) DRIED

18. THANKSGIVING
(*a*) AVENGE (*b*) HAUNTS
(*c*) GRAINS (*d*) SAVING

19. BLANDISHMENT
(*a*) BOARD (*b*) METAL
(*c*) SHAPE (*d*) CRASH

20. UNDISCHARGED
(*a*) CHANGED
(*b*) DISARMED
(*c*) GROUNDED
(*d*) SHARPEN

उत्तरमाला

1	2	3	4	5	6	7	8	9	10
(*d*)	(*a*)	(*b*)	(*d*)	(*d*)	(*d*)	(*d*)	(*d*)	(*b*)	(*c*)
11	**12**	**13**	**14**	**15**	**16**	**17**	**18**	**19**	**20**
(*b*)	(*d*)	(*c*)	(*a*)	(*a*)	(*c*)	(*b*)	(*d*)	(*b*)	(*a*)

कुछ चुने हुए प्रश्नों के व्याख्यात्मक उत्तर

1. पेड़

5वां

पंक्ति में पेड़ों की कुल संख्या
= (5 + 5) – 1 = 9

2.
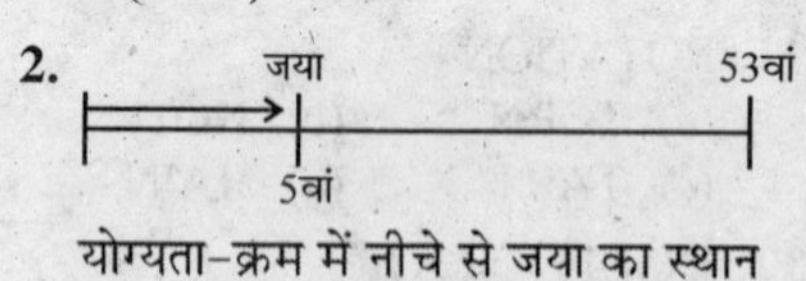

योग्यता-क्रम में नीचे से जया का स्थान
= (53 – 5) + 1 = 49 वां

7.
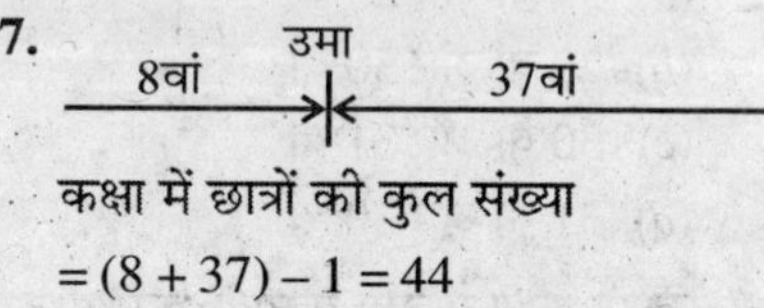

कक्षा में छात्रों की कुल संख्या
= (8 + 37) – 1 = 44

10.
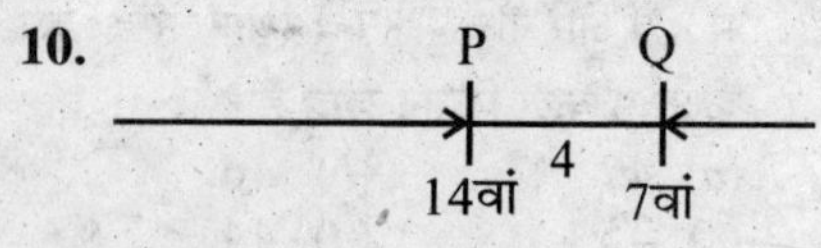

पंक्ति में लड़कों की संख्या
= (14 + 4 + 7) = 25

❑❑❑

12

प्रतीक (चिह्न) प्रतिस्थापन
(Symbol Substitution)

इस प्रकार के प्रश्नों को हल करना अत्यधिक सरल है। ऐसे प्रश्नों को हल करने की एकमात्र अपेक्षा यह है कि उम्मीदवार दिए गए प्रतीकों या चिह्नों को प्रतिस्थापित करने और परिकलन की विद्या में पारंगत हों और अत्यधिक त्वरित गति से दिए गए प्रश्नों का हल ज्ञात कर सके। इस श्रेणी में पूछे गए कुछ सामान्य प्रकार के प्रश्न नीचे हल किए गए हैं।

उदाहरण

यदि '+' का अर्थ '×' हो, '×' का अर्थ '÷' हो, '÷' का अर्थ '–' हो और '–' का अर्थ '+' हो, तो $2 - 8 \times 2 + 6 \div 7$ का मान क्या होगा?

(*a*) 32 (*b*) 19 (*c*) 23 (*d*) 9

उत्तर (*b*) : दिए गए व्यंजक में गणितीय चिह्नों को प्रतिस्थापित करने पर नया व्यंजक होगा :

$2 + 8 \div 2 \times 6 - 7$

इस व्यंजक को हल करने के निम्नलिखित चरण होंगे :

$2 + 4 \times 6 - 7$ $2 + 24 - 7$ $26 - 7 = 19$

अभ्यास

1. यदि "+" का अर्थ "–" हो; "–" का अर्थ "×" हो; "×" का अर्थ "÷" हो और "÷" का अर्थ "+" हो, तो

$15 \times 5 \div 10 + 5 - 3 = ?$

(*a*) 9.5 (*b*) 0
(*c*) – 2 (*d*) 24

2. यदि "+" का अर्थ "–" हो; "–" का अर्थ "×" हो; "×" का अर्थ "÷" हो; और "÷" का अर्थ "+" हो, तो

$15 \times 3 \div 15 + 5 - 2 = ?$

(*a*) 0 (*b*) 10
(*c*) 20 (*d*) 6

3. यदि "+" का अर्थ "÷" हो; "×" का अर्थ "–" हो; "÷" का अर्थ "+" हो और "–" का अर्थ "×" हो, तो

$16 \div 8 \times 6 - 2 + 12 = ?$

(*a*) 22 (*b*) 24
(*c*) 23 (*d*) 20

4. यदि "+" का अर्थ "×" हो; "–" का अर्थ "÷" हो; "×" का अर्थ "–" हो और "÷" का अर्थ "+" हो, तो

$5 + 8 - 4 \times 2 \div 9 = ?$

(*a*) 15 (*b*) 13
(*c*) 17 (*d*) 11

5. यदि × का आशय जोड़ की संक्रिया से हो, ÷ का आशय घटाव की संक्रिया से हो, + का आशय गुणा की संक्रिया से हो और – का आशय भाग की संक्रिया से हो तो (20 × 6 ÷ 6 × 4) निम्नलिखित में से किसके बराबर है ?

(*a*) 5 (*b*) 24
(*c*) 25 (*d*) 80

6. यदि A + B > C + D, B + E = 2 C और C + D > B + E हो, तो इसका निश्चित अर्थ यह है कि :

(*a*) A > C (*b*) A + B > 2D
(*c*) A + B > 2C (*d*) A + B > 2E

7. यदि A + D > C + E, C + D = 2B और B + E > C + D हो, तो इसका निश्चित अर्थ यह है कि :

(*a*) A+D>B+E (*b*) A+D>B+C
(*c*) A + B > 2D (*d*) B+D>C+E

8. यदि "+" का अर्थ "÷" हो; "÷" का अर्थ "–" हो; "–" का अर्थ "×" हो और "×" का अर्थ "+" हो, तो

10 ÷ 2 – 15 + 3 × 5 = ?

(*a*) 10 (*b*) 15
(*c*) 25 (*d*) 5

9. यदि × का आशय 'जोड़' की संक्रिया से हो, < का आशय 'घटाव' की संक्रिया से हो, + का आशय 'भाग' की संक्रिया से हो, > का आशय 'गुणा' की संक्रिया से हो, – का आशय 'बराबर' हो, ÷ का आशय 'बड़ा होना' हो और = का आशय 'छोटा होना' हो तो बताइए कि निम्नलिखित में से कौन–सा विकल्प सत्य है ?

(*a*) 5 × 3 < 7 ÷ 8 + 4 × 1
(*b*) 3 × 4 > 2 – 9 + 3 < 3
(*c*) 5 > 2 + 2 = 10 < 4 × 8
(*d*) 3 × 2 < 4 ÷ 16 > 2 + 4

10. यदि → का आशय 'घटाव' की संक्रिया से हो, ← का आशय 'जोड़' की संक्रिया से हो, ↑ ↑ का आशय 'गुणा' की संक्रिया से हो; ↓ ↓ का आशय 'भाग' की संक्रिया से हो, ↔ का आशय 'बड़ा होना' हो और ←→ का आशय 'बराबर' हो तो निम्नलिखित में से कौन–सा विकल्प सत्य है ?

(*a*) 4 ← 6 ↑ ↑ 2 ←→ 3 → 12 ← 12
(*b*) 10 ↓ ↓ 5 ↑ ↑ 5 ←→ 9 → 3 ← 4
(*c*) 15 ↑ ↑ 2 → 5 ←→ 12 ↓ ↓ 4 ← 3
(*d*) 13 ↓ ↓ 13 ← 1 ↔ 20 → 5 ↑ ↑ 2

उत्तरमाला

1	2	3	4	5	6	7	8	9	10
(*c*)	(*b*)	(*c*)	(*c*)	(*b*)	(*c*)	(*b*)	(*d*)	(*c*)	(*b*)

कुछ चुने हुए प्रश्नों के व्याख्यात्मक उत्तर

1. 15 ÷ 5 + 10 – 5 × 3
3 + 10 – 15 = – 2

3. 16 + 8 – 6 × 2 ÷ 12
16 + 8 – 1 = 23

4. 5 × 8 ÷ 4 – 2 + 9, 10 – 2 + 9 = 17

5. 20 + 6 – 6 + 4 = 24

6. A + B > C + D > B + E or 2 C
∴ A + B > 2C

8. 10 – 2 × 15 ÷ 3 + 5
10 – 10 + 5 = 5

❑❑❑

13

कृत्रिम मान और लुप्त संख्याएँ

(Artificial Values and Missing Numbers)

इस प्रकार के प्रश्नों को हल करने के लिए संख्या संबंधी प्रश्नों को हल करने में निपुणता और गणितीय कौशल का होना अपेक्षित है। उत्तर प्राप्त करने के लिए अभ्यर्थियों के लिए यह अपेक्षित है कि वे अंकगणितीय चिह्नों या प्रतीकों के सही संयोजन का चयन करें जिसे दिए गए प्रश्नों में प्रश्न चिह्न के स्थान पर प्रतिस्थापित किया जा सके।

उदाहरण

यहाँ प्रश्न चिह्न के स्थान पर विकल्पों में दी गई कौन-सी संख्या आएगी?

23 ╳ 16   9 ╳ 2   14 ╳ 8
12   19   ?   5   12   10

(*a*) 6   (*b*) 8
(*c*) 7   (*d*) 3

उत्तर (*a*) : दो सम्मुख संख्याओं का अंतर 4 है, अर्थात्
23 – 19 = 4 और 16 – 12 = 4
14 – 10 = 4 और 12 – 8 = 4,
इसी प्रकार
9 – 5 = 4 और 6 – 2 = 4.

इस प्रकार के प्रश्नों में सही उत्तर ज्ञात करने का कोई निश्चित नियम नहीं है। सही उत्तर प्राप्त करने के विभिन्न तरीकों के बारे में जानने के लिए नीचे दिए गए अभ्यास में निहित प्रश्नों का हल ज्ञात करने का प्रयास करें।

अभ्यास

निर्देश : *नीचे दिए गए प्रत्येक प्रश्न में बताएँ कि प्रश्न चिह्न (?) के स्थान पर कौन-सी संख्या रखी जा सकती है?*

1.

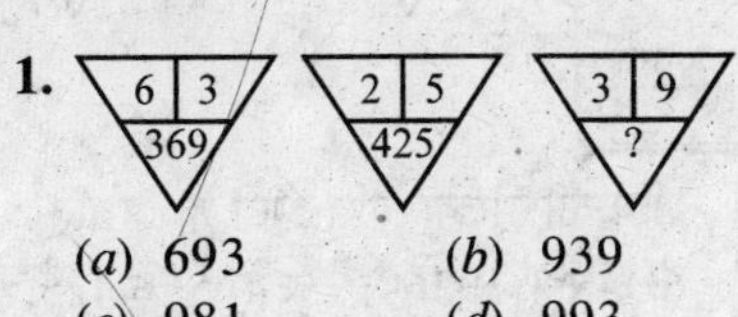

(*a*) 693   (*b*) 939
(*c*) 981   (*d*) 993

2.

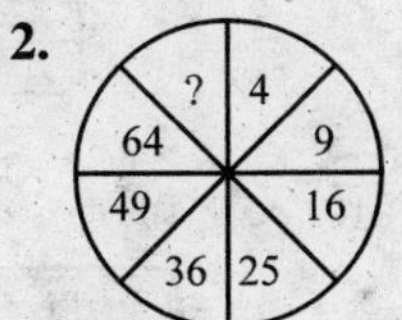

(*a*) 68
(*b*) 100
(*c*) 72
(*d*) 81

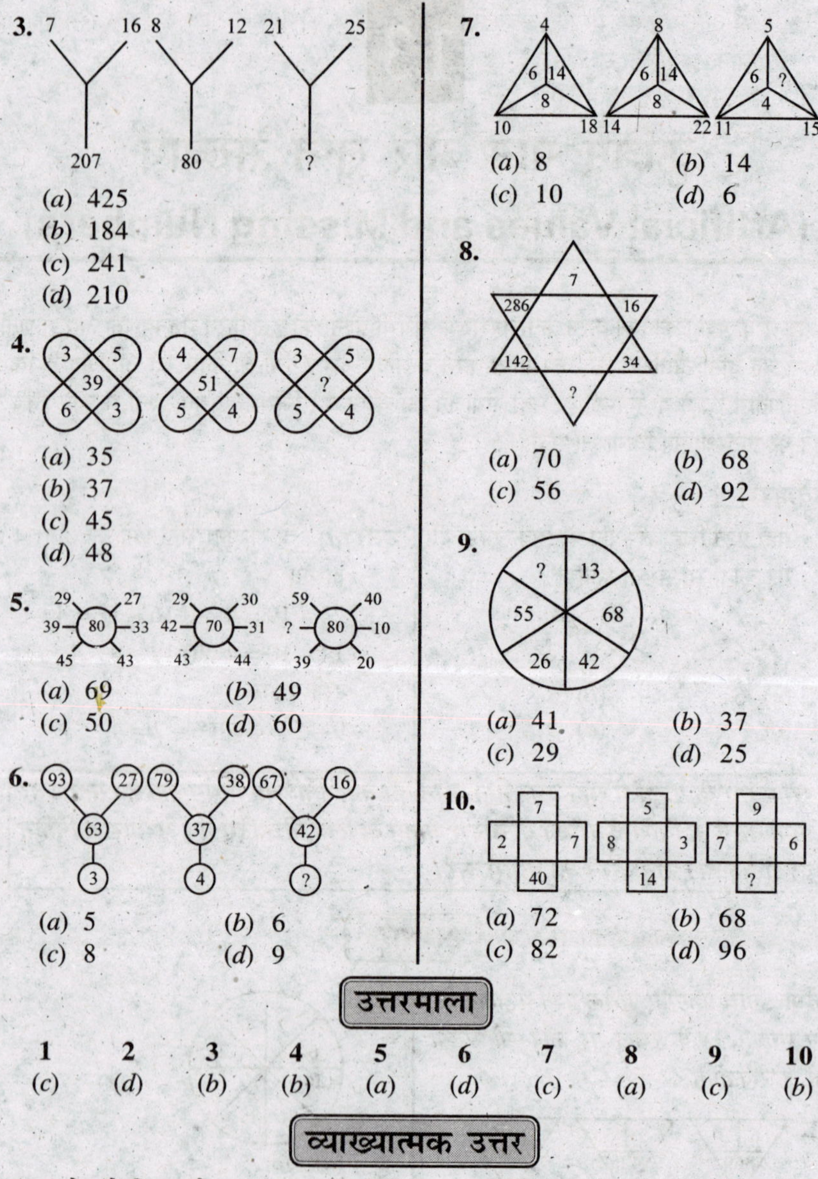

3.

(*a*) 425
(*b*) 184
(*c*) 241
(*d*) 210

4.

(*a*) 35
(*b*) 37
(*c*) 45
(*d*) 48

5.

(*a*) 69 (*b*) 49
(*c*) 50 (*d*) 60

6.

(*a*) 5 (*b*) 6
(*c*) 8 (*d*) 9

7.

(*a*) 8 (*b*) 14
(*c*) 10 (*d*) 6

8.

(*a*) 70 (*b*) 68
(*c*) 56 (*d*) 92

9.

(*a*) 41 (*b*) 37
(*c*) 29 (*d*) 25

10.

(*a*) 72 (*b*) 68
(*c*) 82 (*d*) 96

उत्तरमाला

1	2	3	4	5	6	7	8	9	10
(*c*)	(*d*)	(*b*)	(*b*)	(*a*)	(*d*)	(*c*)	(*a*)	(*c*)	(*b*)

व्याख्यात्मक उत्तर

1. उलटे बने त्रिभुज के ऊपरी भाग के दोनों खानों में दी गई संख्याओं के वर्ग को एक दूसरे की बगल में रखने पर त्रिभुज के निचले शीर्ष की संख्या प्राप्त होती है, अर्थात् 6^2 और $3^2 = 369$, 2^2 और $5^2 = 425$, इसी प्रकार 3^2 और $9^2 = 981$.

2. 4 से आरंभ करके प्रत्येक अनुवर्ती संख्या क्रमागत प्राकृतिक संख्या का वर्ग है। अर्थात्
$2^2 = 4, 3^2 = 9, 4^2 = 16, \ldots 9^2 = 81$

3. नीचे की संख्या ऊपर की दोनों संख्याओं के वर्गों का अंतर है, अर्थात्
$16^2 - 7^2 = 256 - 49 = 207$
$12^2 - 8^2 = 144 - 64 = 80$, इसी प्रकार
$25^2 - 21^2 = 625 - 441 = 184$

4. बीच की संख्या विकर्णत: सम्मुख संख्याओं के गुणनफलों का योग है, अर्थात्
$(3 \times 3) + (5 \times 6) = 39$
$(4 \times 4) + (7 \times 5) = 51$, इसी प्रकार
$(3 \times 4) + (5 \times 5) = 37$

5. किसी भी एक आकृति में सरेखीय तीनों संख्याओं का योगफ़ल समान है, अर्थात्
$29 + 80 + 43$ या $39 + 80 + 33$
या $45 + 80 + 27 = 152$
$29 + 70 + 44$ या $42 + 70 + 31$
या $43 + 70 + 30 = 143$, इसी प्रकार
$59 + 80 + 20$ या $39 + 80 + 40 = 159$.
अत: लुप्त संख्या है :
$159 - (80 + 10) = 69$

6. प्रत्येक आकृति में दाहिने और बीच के घेरों की संख्याओं के योगफल को बायीं ओर के घेरे की संख्या से घटाने पर आकृति में सबसे नीचे के घेरे की संख्या प्राप्त होती है, अर्थात्
$93 - (27 + 63) = 3$
$79 - (38 + 37) = 4$, इसी प्रकार
$67 - (16 + 42) = 9$

7. प्रत्येक त्रिभुजाकार आकृति के भीतर बने प्रत्येक त्रिभुज में आधार पर स्थित संख्याओं का अंतर त्रिभुज के भीतर स्थित संख्या के बराबर है, अर्थात्
$10 - 4 = 6, 18 - 4 = 14$
और $18 - 10 = 8$
$14 - 8 = 6, 22 - 8 = 14$
और $22 - 14 = 8$,
इसी प्रकार
$11 - 5 = 6, 15 - 5 = 10$
और $15 - 11 = 4$.

8. दी गई आकृति में 7 की संख्या से आरंभ करके दक्षिणावर्त अगली संख्या पहली संख्या के दोगुने से 2 अधिक है, अर्थात्
$(7 \times 2) + 2 = 16$
$(16 \times 2) + 2 = 34 \ldots$, इसी प्रकार
$(34 \times 2) + 2 = 70$
$(70 \times 2) + 2 = 142$
$(142 \times 2) + 2 = 286$

9. दी गई आकृति में सम्मुख त्रिज्यखंडों में दी गई संख्याओं का अंतर 13 है, अर्थात्
$26 - 13 = 13$
$68 - 55 = 13$, इसी प्रकार
अत: लुप्त संख्या है : $42 - 13 = 29$
($42 + 13 = 55$ विकल्पों में नहीं दिया गया है)

10. प्रत्येक आकृति में मध्यस्थ ग्रिड रेखा में दी गई संख्याओं के योगफल को ऊपर स्थित संख्या के वर्ग से घटाने पर आकृति में नीचे की संख्या प्राप्त होती है, अर्थात्
$7^2 - (2 + 7) = 40$
$5^2 - (8 + 3) = 14$, इसी प्रकार
$9^2 - (7 + 6) = 68$

❑❑❑

14

अंग्रेजी वर्णक्रम पर आधारित प्रश्न

(Problems Based on English Alphabet)

अंग्रेजी वर्णमाला पर आधारित प्रश्नों को हल करना अत्यधिक सरल है। इस प्रकार के प्रश्न वर्णमाला के सीधे क्रम में और साथ ही उलटे क्रम में भी दी गई शृंखलाओं पर आधारित होते हैं। शृंखला Z पर पहुँचने के बाद A से पुनः आरंभ होती है और उलटे क्रम में A पर पहुँचने के बाद Z से पुनः आरंभ होती है। इस शृंखला में A E I O U स्वर और शेष अक्षर व्यंजन कहलाते हैं।

उदाहरण

अक्षरों की निम्नलिखित सूची में ऐसे कितने D हैं जिनके ठीक बाद F है किंतु ठीक पहले E नहीं है?

X M N D F P R S T D D F O C E D F B T E D K

(*a*) 4 (*b*) 3 (*c*) 2 (*d*) 1

उत्तर (*c*) : जिन D के ठीक बाद 'F' है किंतु ठीक पहले 'E' नहीं है, वे हैं :

X M <u>N D F</u> P R S T <u>D D F</u> O C E D F B T E D K

अभ्यास

निर्देश : *निम्नलिखित प्रश्न वर्णमाला के सीधे या उलटे क्रम में लिखी गई शृंखला पर तथा दिए गए शब्द में अक्षरों के स्थान परिवर्तन पर आधारित हैं।*

1. वर्णमाला के सीधे क्रम में लिखी गई शृंखला में बाएँ छोर से छठे अक्षर के ठीक पहले कौन-सा अक्षर होता है?

(*a*) U (*b*) E
(*c*) F (*d*) V

2. यदि अंग्रेजी वर्णमाला में प्रथम अर्द्धांश के अक्षरों को उलटे क्रम में लिखा जाए तो दायीं ओर से नौंवें अक्षर की बायीं ओर का नौंवाँ अक्षर कौन-सा होगा?

(*a*) I (*b*) D
(*c*) F (*d*) E

3. यदि अंग्रेजी वर्णमाला को उलटे क्रम में लिखा जाए, तो दायीं और से सातवें अक्षर की बायीं ओर का आठवाँ अक्षर कौन-सा होगा?

(*a*) O (*b*) P
(*c*) N (*d*) Q

4. यदि अंग्रेजी वर्णमाला को उलटे क्रम में लिखा जाए तो P के दाएँ से छठा अक्षर कौन-सा होगा?

(*a*) J (*b*) W
(*c*) K (*d*) V

5. यदि अंग्रेजी वर्णमाला को दो बराबर हिस्सों में बाँट दिया जाए जिनमें पहले अर्द्धांश में A से M तक के और दूसरे अर्द्धांश में N से Z तक के अक्षर निहित हों, तो बाद वाले अर्द्धांश का कौन–सा अक्षर पहले वाले अर्द्धांश के J अक्षर के संगत होगा?
(*a*) W (*b*) Q
(*c*) V (*d*) R

6. यदि वर्णमाला में B से आरंभ करके सभी एकांतर स्थानों पर आने वाले अक्षरों को छोटे अक्षरों में और शेष अक्षरों को बड़े अक्षरों में लिखा जाए तो प्राप्त श्रृंखला के अक्षरों का प्रयोग करके 'September' माह को किस प्रकार लिखा जाएगा?
(*a*) SEptEMbEr (*b*) sePTemBeR
(*c*) SEptembER (*d*) SEpteMbeR

7. वर्णमाला में बाएँ से 19वें अक्षर और दाएँ से 18वें अक्षर के बीच में कौन–सा अक्षर होगा?
(*a*) O (*b*) N
(*c*) L (*d*) M

8. यदि अंग्रेजी वर्णमाला को उलटे क्रम में लिखने पर प्राप्त श्रृंखला से स्वर-अक्षरों (AEIOU) को हटा दिया जाए तो इस श्रृंखला में बाएँ से इक्कीसवें अक्षर के बाएँ का अठारहवाँ अक्षर कौन–सा होगा?
(*a*) S (*b*) P
(*c*) R (*d*) X

9. अंग्रेजी शब्द 'PRESENTATION' के तीसरे, छठे, नौंवे और ग्यारहवें अक्षरों से यदि कोई अर्थपूर्ण शब्द बन सकता है तो उस शब्द का तीसरा अक्षर कौन–सा होगा? यदि ऐसे एक से अधिक शब्द बनाए जा सकते हैं तो अपना उत्तर 'M' दीजिए।
(*a*) T (*b*) E
(*c*) M (*d*) N

उत्तरमाला

1	2	3	4	5	6	7	8	9
(*b*)	(*d*)	(*a*)	(*a*)	(*a*)	(*a*)	(*b*)	(*d*)	(*c*)

कुछ चुने हुए प्रश्नों के व्याख्यात्मक उत्तर

1. A E F Z
छठा
बाएँ से छठा अक्षर 'F' है और 'F' से ठीक पहले का अक्षर 'E' है।

2. MLKJIGHFEDCBANOPQRSTUVWXYZ
नौवाँ नौवाँ

3. ZYXWVUTSRQPONMLKJIHGFEDCBA
आठवाँ सातवाँ

5. A B C D E F G H I J K L M
N O P Q R S T U V W X Y Z

6. A b C d E f G h I j K l M n O p Q r S t U v W x Y z

8. ZYXWVTSRQPNMLKJHGFDCB
पहला अठारहवाँ इक्कीसवाँ
प्राप्त श्रृंखला में बाएँ से इक्कीसवाँ अक्षर 'B' है और 'B' के बाएँ का अठारहवाँ अक्षर 'X' है।

9. P R E S E N T A T I O N
तीसरा, छठा, नौंवाँ और ग्यारहवाँ अक्षर क्रमश: E, N, T और O है जिनसे निर्मित शब्द हैं : NOTE और TONE.

❑❑❑

15

कथन और कारण

(Assertion and Reason)

इस प्रकार के प्रश्न तथ्यों पर आधारित होते हैं और ऐसे प्रश्न अभ्यर्थियों के सामान्य ज्ञान और बुद्धि-चातुर्य की जाँच करने के लिए पूछे जाते हैं और साथ ही इनका उद्देश्य अभ्यर्थियों की तर्क-क्षमता की भी जाँच करना होता है। इस प्रकार के प्रत्येक प्रश्न में दो वक्तव्य दिए जाते हैं जिनमें से एक को कथन (A) और दूसरे को कारण (R) कहा जाता है। इन दोनों वक्तव्यों के संदर्भ में अभ्यर्थियों को दिए गए विकल्पों में से सही विकल्प का चयन करना होता है। इस प्रकार के प्रश्न प्रायः संघ लोक सेवा आयोग द्वारा आयोजित परीक्षाओं में पूछे जाते हैं।

उदाहरण

निर्देश: *दिए गए वक्तव्यों के संदर्भ में निम्नलिखित में से कौन सही है?*

(*a*) A और R दोनों सही हैं और R, A की सही व्याख्या प्रस्तुत करता है

(*b*) A और R दोनों सही हैं किंतु R, A की सही व्याख्या प्रस्तुत नहीं करता

(*c*) A सही है, परंतु R गलत है

(*d*) A गलत है, किंतु R सही है

कथन (A) : ट्रान्सफॉर्मर वोल्टता को बढ़ाने या घटाने में उपयोगी है।

कारण (R) : ट्रान्सफॉर्मर दिष्ट धारा परिपथों में प्रयोग में लाए जाने वाला एक यंत्र है।

उत्तर (*c*) : उपर्युक्त दोनों वक्तव्यों में A सही है, परंतु R गलत है।

अभ्यास

निर्देश : *नीचे के प्रत्येक प्रश्न में दो वक्तव्य दिए गए हैं जिनमें से एक को कथन (A) और दूसरे को कारण (R) कहा गया है। इन वक्तव्यों के संदर्भ में बताएँ कि निम्नलिखित में से कौन सही है?*

(*a*) A और R दोनों सही हैं और R, A की सही व्याख्या प्रस्तुत करता है।

(*b*) A और R दोनों सही हैं किंतु R, A की सही व्याख्या प्रस्तुत नहीं करता।

(*c*) A सही है, परंतु R गलत है।

(*d*) A गलत है, किंतु R सही है।

1. कथन (A) : मच्छरों के अंडे हलके होने के कारण जल और जल निकाय की सतह पर तैरते रहते हैं।

कारण (R) : जल का पृष्ठ तनाव अंडों को नीचे डूबने नहीं देता।

2. कथन (A) : बारूद एक मिश्रण है।
कारण (R) : बारूद में उसके संघटक अवयव किसी निश्चित अनुपात में उपस्थित नहीं होते।

3. कथन (A) : जाड़े की ठंडी रातों में ऊँचे पर्वतीय क्षेत्रों की घाटियाँ ऊँचे ढालूदार क्षेत्रों की तुलना में अधिक ठंडी होती हैं।
कारण (R) : ठंडी, नम व भारी हवा पर्वतों के ढालूदार क्षेत्रों में पहुँच जाती है।

4. कथन (A) : ख्वाजा मोइनुद्दीन चिश्ती भारत में चिश्ती संप्रदाय के सूफी संतों में सर्वाधिक प्रमुख और इस संप्रदाय के प्रवर्तक संत थे।
कारण (R) : चिश्ती संप्रदाय को अपना यह नाम अजमेर के चिश्ती गाँव से मिला।

5. कथन (A) : संसद और राज्य विधानमंडलों में महिलाओं के लिए तैंतीस प्रतिशत सीट आरक्षित करने के लिए संविधान संशोधन की आवश्यकता नहीं है।
कारण (R) : चुनाव लड़ने वाली राजनीतिक पार्टियाँ जिन सीटों के लिए चुनाव लड़ती हैं उनका तैंतीस प्रतिशत बिना संविधान संशोधन के ही महिला उम्मीदवारों को आबंटित कर सकती हैं।

6. कथन (A) : पुच्छलतारों की पूँछ हमेशा सूर्य की दूसरी ओर होती है।
कारण (R) : पुच्छलतारा जब सूर्य के निकट पहुँचता है तो सौर हवाएँ पुच्छलतारों की गैसीय पूँछ को दूर धकेल देती हैं।

7. कथन (A) : मानव आकृति गुप्तकाल की मूर्तिकला का केंद्र बिंदु थी।
कारण (R) : गुप्तकाल में कलाकारों की प्रकृति में रुचि समाप्त हो गई थी।

8. कथन (A) : हीरा और ग्रेफाइट दोनों कार्बन के अपररूप हैं।
कारण (R) : हीरा और ग्रेफाइट में कार्बन के परमाणुओं के बीच भिन्न प्रकार का आबंध होता है।

9. कथन (A) : भारत से चाय निर्यात के प्रतिशत में काफी कमी आई है।
कारण (R) : आयातक देशों में अन्य पेय पदार्थों के सेवन में भारी वृद्धि हुई है।

10. कथन (A) : नाइट्रोजन के ऑक्साइड गुणित अनुपात के नियम को प्रदर्शित करते हैं।
कारण (R) : नाइट्रोजन के पाँच ऑक्साइड हैं। नाइट्रोजन के एक निश्चित भार से ऑक्सीजन भार के अनुसार 1 : 2 : 3 : 4 : 5 के सरल अनुपात में संयोजित होता है।

उत्तरमाला

1	2	3	4	5	6	7	8	9	10
(*a*)	(*c*)	(*a*)	(*b*)	(*d*)	(*a*)	(*c*)	(*a*)	(*c*)	(*a*)

कुछ चुने हुए प्रश्नों के व्याख्यात्मक उत्तर

1. दोनों कथन सत्य हैं और R पानी में अंडों के तैरने के कारण की सही व्याख्या करता है।

3. A और R दोनों सही हैं और R कथन A में उल्लिखित जलवायु के कारणों की सही व्याख्या प्रस्तुत करता है।

6. A और R दोनों सही हैं तथा R, A की सही व्याख्या प्रस्तुत करता है।

9. वक्तव्य A सही हैं किंतु वक्तव्य R का कोई ठोस आधार नहीं है, अत: R गलत है।

10. दोनों वक्तव्य सही हैं और R, A की सही व्याख्या प्रस्तुत करता है।

❑ ❑ ❑

16

वेन आरेख विश्लेषण
(Venn Diagram AnalysiS)

आरेख विश्लेषण

इस प्रकार के परीक्षण में आरेखों द्वारा निरूपित दो या दो से अधिक वस्तुओं या तथ्यों या मदों के बीच संबंध स्थापित करना होता है। आरेखों द्वारा निरूपित मदें कोई पृथक वस्तु या प्राणी या व्यक्तियों का कोई विशिष्ट दल/वर्ग आदि हो सकती हैं।

उदाहरण

बच्चे

1, 2, 3, 4, 5, 6, 7

शरारती अध्ययनशील

उपर्युक्त आरेख का सावधानीपूर्वक अध्ययन करें और आकृति के उस भाग को विनिर्दिष्ट करें जो उन बच्चों को निरूपित करता है जो शरारती भी हैं और अध्ययनशील भी।

(*a*) 3 और 6 (*b*) 2 और 4
(*c*) केवल 3 (*d*) केवल 4

उत्तर (*c*) : जो बच्चे शरारती भी हैं और अध्ययनशील भी उन्हें निम्नलिखित आरेख द्वारा दर्शाया जा सकता है :

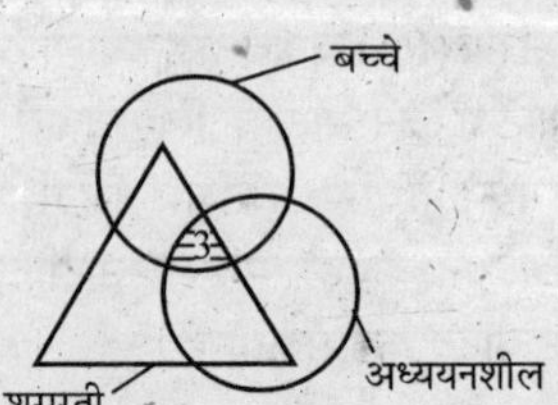

यह स्पष्ट है कि दिए गए आरेख का भाग 3 उपर्युक्त तीनों वर्गों को निरूपित करता है।

अभ्यास

1. निम्नलिखित आरेख में कौन-सी संख्या केवल दो ज्यामितीय आकृतियों में उभयनिष्ठ है?

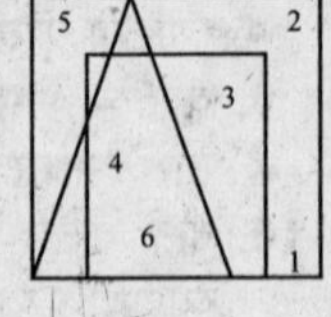

(*a*) 4 (*b*) 3
(*c*) 5 (*d*) 2

निर्देश (प्रश्न 2 और 3) : *नीचे के आरेख में आयत हिंदी के उद्‌घोषकों को निरूपित करता है, वृत्त अंग्रेजी भाषा के उद्‌घोषकों को निरूपित करता*

है, वर्ग फ्रांसीसी भाषा के उद्घोषकों को निरूपित करता है और त्रिभुज जर्मन भाषा के उद्घोषकों को निरूपित करता है।

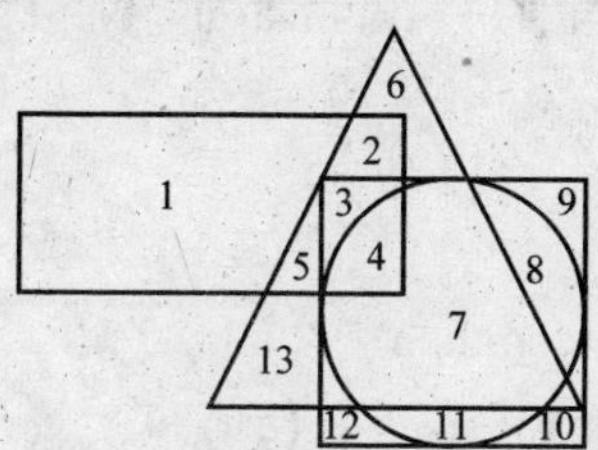

2. कौन-सा क्षेत्र उन उद्घोषकों को निरूपित करता है जो हिंदी, फ्रांसीसी और जर्मन भाषाओं में कार्यक्रम प्रस्तुत कर सकते हैं?

(*a*) 1 (*b*) 2
(*c*) 3 (*d*) 4

3 कौन-सा क्षेत्र उन उद्घोषकों को निरूपित करता है जो केवल फ्रांसीसी और अंग्रेजी भाषा में कार्यक्रम प्रस्तुत कर सकते हैं?

(*a*) 7 (*b*) 9
(*c*) 11 (*d*) 13

निर्देश (प्रश्न 4 और 5) : *नीचे दिए गए आरेख के आधार पर प्रश्न संख्या 4 और 5 के उत्तर दें :*

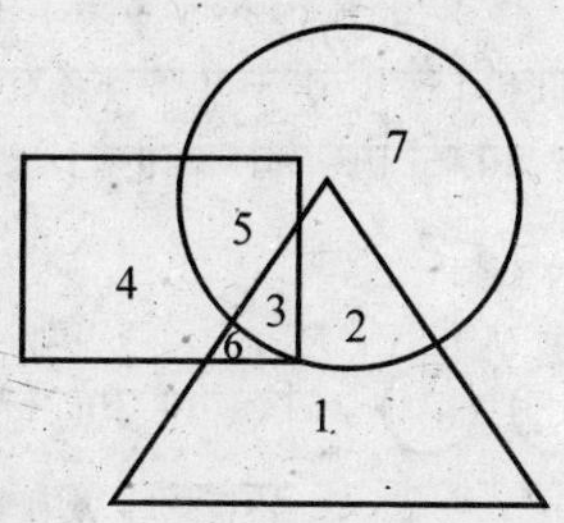

4. कौन-सी संख्या सभी ज्यामितीय आकृतियों में अंतर्निहित है?

(*a*) 5 (*b*) 6
(*c*) 2 (*d*) 3

5. संख्या 6 निम्नलिखित में से किसमें अंतर्निहित है?

(*a*) आयत और त्रिभुज
(*b*) वृत्त और त्रिभुज
(*c*) आयत और वृत्त
(*d*) केवल आयत

उत्तरमाला

1	2	3	4	5
(*b*)	(*c*)	(*c*)	(*d*)	(*a*)

कुछ चुने हुए प्रश्नों के व्याख्यात्मक उत्तर

प्रश्न 2 और 3 के लिए

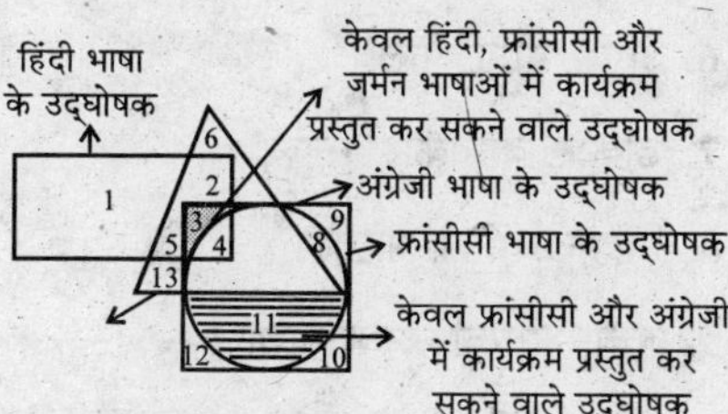

प्रश्न 4 और 5 के लिए

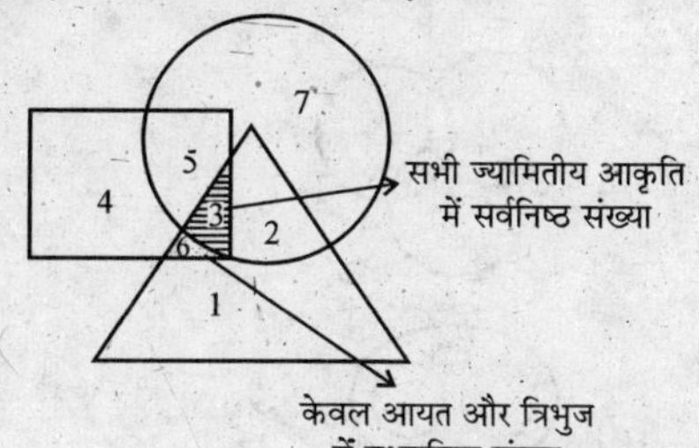

कथन एवं वेन आरेख

इस प्रकार के प्रश्नों में विकल्प के रूप में पाँच भिन्न-भिन्न आकृतियों का समुच्चय दिया जाता है। प्रत्येक आकृति संबंधित शब्दों के कुछ समूहों का एक तार्किक पैटर्न निरूपित करती है जिनमें प्रत्येक शब्द एक वर्ग को निरूपित करता है।

उदाहरण

1. दिए गए वर्गों में कोई सदस्य समान (common) नहीं है।

उदाहरण : दूध, अंडे

दूध अंडे

2. दिया गया आरेख यह दर्शाता है कि दोनों वर्गों में कुछ समान सदस्य हैं किंतु कोई भी वर्ग एक-दूसरे में पूर्णतः समाहित नहीं है।

उदाहरण : रंग, लाल

रंग लाल

अभ्यास

निर्देश : *नीचे दिए गए पाँच तर्क आरेखों में से उस आरेख (आकृति) का चयन करें जो प्रश्न में दिए गए तीनों वर्गों के बीच संबंध को सर्वाधिक सुस्पष्ट रूप में प्रदर्शित करता है।*

(*a*) 

(*b*) 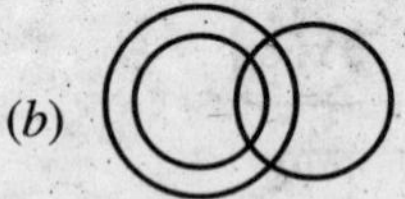

(*c*) 

(*d*) 

(*e*) 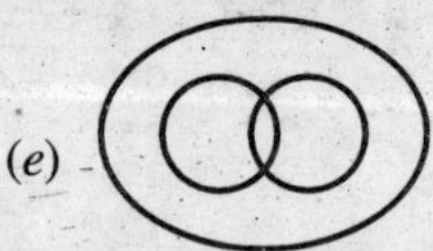

1. पक्षी, फल, आम

2. अपराधी, वकील, डकैत

3. तैराक, कुँआरा, पुरुष

4. स्मार्ट, इंजीनियर, महिला

5. सब्जियाँ, आलू, बैंगन

6. अंगूर, मीठा, फल

7. डॉक्टर, वास्तुकार, मनुष्य

8. विद्वान, व्यक्ति, भारतीय

9. बच्चे, शरारती, अध्ययनशील

10. कलम, पेंसिल, स्टेशनरी

उत्तरमाला

1	2	3	4	5	6	7	8	9	10
(*a*)	(*a*)	(*b*)	(*c*)	(*d*)	(*b*)	(*d*)	(*e*)	(*c*)	(*d*)

कुछ चुने हुए प्रश्नों के व्याख्यात्मक उत्तर

1.

फल
आम
पक्षी

सभी आम फल हैं किंतु फल और आम में से कोई भी पक्षी नहीं है।

2.

अपराधी
डकैत
वकील

सभी डकैत अपराधी हैं किंतु अपराधी और डकैत में से कोई भी वकील नहीं हो सकता।

3.

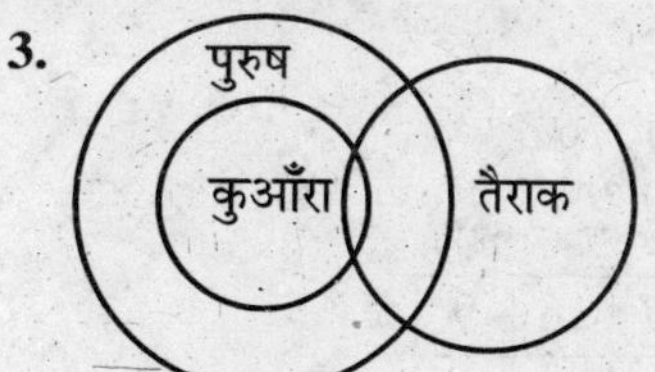

सभी कुँआरे पुरुष होते हैं तथा कुछ पुरुष और कुँआरे तैराक हो सकते हैं।

6.

फल
अंगूर
मीठा

कुछ अंगूर मीठे हैं और सभी अंगूर फल हैं। किंतु सभी मीठी चीजें फल नहीं हैं।

8.

व्यक्ति
विद्वान
भारतीय

कुछ भारतीय विद्वान हो सकते हैं और कुछ विद्वान भारतीय हो सकते हैं। विद्वान और भारतीय दोनों ही व्यक्ति की श्रेणी में आते हैं।

10.

स्टेशनरी
कलम
पेंसिल

कलम और पेंसिल दोनों स्टेशनरी की मदें हैं। कुछ स्टेशनरी कलम और पेंसिल हैं किंतु कलम और पेंसिल दो अलग-अलग वर्ग हैं।

❑❑❑

17

मैट्रिक्स
(Matrices)

इस प्रकार के प्रश्नों में किसी एक आकृति के भीतर संख्याओं या अक्षरों का एक समुच्चय दिया जाता है जो विभिन्न कोष्ठकों या खानों में विभक्त होता है। इस आकृति या मैट्रिक्स के भीतर पंक्तियों या स्तंभों में संख्याओं या अक्षरों के विन्यास का पैटर्न एक निश्चित तर्क पर आधारित होता है।

उदाहरण

प्रश्न सूचक चिह्न के स्थान पर कौन–सी संख्या आएगी ?

15	6	5
13	3	9
8	2	?
20	7	13

(*a*) 1 (*b*) 4
(*c*) 6 (*d*) 7

उत्तर (*a*) : मैट्रिक्स के भीतर संख्याओं का स्तंभवार विन्यास एक निश्चित तर्क पर आधारित है। प्रत्येक ऊर्ध्वाधर स्तंभ में पहली और दूसरी संख्याओं का योग स्तंभ की तीसरी और चौथी संख्याओं के योग के बराबर है,
अर्थात् $15 + 13 = 8 + 20 = 28$,
अतः, $5 + 9 = 14$ और $14 - 13 = 1$ प्रश्न चिह्न के स्थान की संख्या
∴ अपेक्षित संख्या 1 है।

अभ्यास

निर्देश (प्र.सं. 1–3): *नीचे के प्रत्येक प्रश्न में बताएँ कि प्रश्न चिह्न के स्थान पर किस संख्या को रखने पर दिया गया संख्या मैट्रिक्स पूर्ण होगा :*

1.

4	5	6
2	3	7
1	8	3
21	98	?

(*a*) 16
(*b*) 73
(*c*) 76
(*d*) 94

2.

7	16	9
5	21	16
9	?	4

(*a*) 29
(*b*) 21
(*c*) 13
(*d*) 42

3.

4	9	1	86
2	5	3	30
11	6	7	54
10	8	6	?

(*a*) 72
(*b*) 48
(*c*) 91
(*d*) 80

निर्देश (प्र.सं. 4–6): *निम्नलिखित प्रत्येक प्रश्न में बताएँ कि प्रश्न सूचक चिह्न के स्थान पर किस अक्षर को प्रतिस्थापित करने पर दिया गया मैट्रिक्स पूर्ण होगा।*

4.

J	M	?	T	X
O	L	H	E	A

(*a*) N
(*b*) M
(*c*) Q
(*d*) P

5.

A	M	B	N
R	C	S	D
E	U	F	?

(*a*) T
(*b*) F
(*c*) V
(*d*) R

6.

Z	—	S
R	O	—
—	G	C

(*a*) KWT
(*b*) WKJ
(*c*) JKW
(*d*) WJK

निर्देश (प्र.सं. 7–10): *नीचे पूछे गए प्रश्न में मैट्रिक्स के नीचे दिया गया शब्द दिए गए केवल किसी भी एक विकल्प के संख्या समुच्चय द्वारा निरूपित होता है। विकल्पों में दिए गए संख्या-समुच्चय दिए गए दो मैट्रिक्सों (आव्यूहों) में निहित अक्षरों के दो वर्गों द्वारा निरूपित होते हैं। पहले मैट्रिक्स में स्तंभ और पंक्तियाँ 0 से 4 तक की संख्याओं द्वारा और दूसरे मैट्रिक्स में स्तंभ और पंक्तियाँ 5 से 9 तक की संख्याओं द्वारा निरूपित की गई हैं। इन मैट्रिक्सों के किसी भी अक्षर को पहले उसकी पंक्ति संख्या और तत्पश्चात् स्तंभ संख्या द्वारा निरूपित किया जा सकता है। प्रत्येक प्रश्न में दिए गए शब्द के लिए संख्या समुच्चय ज्ञात करें।*

7.

	0	1	2	3	4
0	E	A	T	S	H
1	A	H	T	A	S
2	E	H	A	S	T
3	H	E	A	T	S
4	S	H	T	A	E

	5	6	7	8	9
5	O	R	K	L	P
6	L	P	O	R	K
7	O	K	R	P	L
8	P	R	K	L	O
9	R	L	K	O	P

REAP

(*a*) 56, 00, 22, 59
(*b*) 68, 21, 22, 86
(*c*) 96, 00, 01, 99
(*d*) 86, 34, 24, 69

8.

	0	1	2	3	4
0	C	A	F	E	D
1	C	D	A	E	D
2	D	E	C	F	E
3	A	D	D	D	C
4	D	C	A	C	A

	5	6	7	8	9
5	T	R	R	S	M
6	S	T	M	R	S
7	R	S	P	T	P
8	P	S	T	R	T
9	P	M	P	M	S

FARM

(*a*) 02, 30, 85, 65
(*b*) 20, 31, 76, 68
(*c*) 23, 12, 68, 96
(*d*) 44, 43, 87, 57

9.

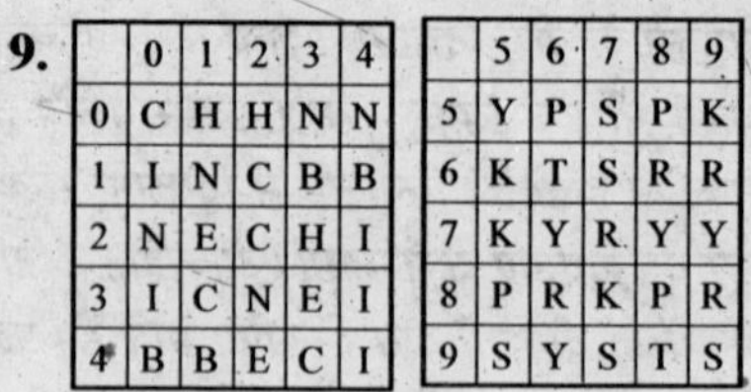

	0	1	2	3	4
0	C	H	H	N	N
1	I	N	C	B	B
2	N	E	C	H	I
3	I	C	N	E	I
4	B	B	E	C	I

	5	6	7	8	9
5	Y	P	S	P	K
6	K	T	S	R	R
7	K	Y	R	Y	Y
8	P	R	K	P	R
9	S	Y	S	T	S

PREY

(*a*) 82, 76, 34, 77

(*b*) 80, 70, 43, 12

(*c*) 94, 87, 43, 56

(*d*) 88, 77, 33, 79

10.

	0	1	2	3	4
0	D	K	A	E	C
1	C	D	K	A	E
2	K	C	E	A	D
3	K	C	D	E	A
4	E	D	A	K	C

	5	6	7	8	9
5	P	L	O	T	N
6	T	P	N	L	O
7	P	N	T	O	L
8	O	N	T	P	L
9	L	O	P	N	T

COLD

(*a*) 10, 85, 79, 24

(*b*) 31, 99, 77, 22

(*c*) 30, 66, 86, 43

(*d*) 44, 96, 95, 22

उत्तरमाला

1	2	3	4	5	6	7	8	9	10
(*d*)	(*c*)	(*d*)	(*c*)	(*c*)	(*b*)	(*a*)	(*c*)	(*d*)	(*a*)

कुछ चुने हुए प्रश्नों के व्याख्यात्मक उत्तर

1. $4^2 + 2^2 + 1^2 = 21,$

अर्थात्, $16 + 4 + 1 = 21$

$5^2 + 3^2 + 8^2 = 98,$

अर्थात्, $25 + 9 + 64 = 98$

$6^2 + 7^2 + 3^2 = 36 + 49 + 9$

$= 94$

2. $7 + 9 = 16$

$5 + 16 = 21$

$9 + 4 = 13$

3. $4 + 9^2 + 1 = 86$

$2 + 5^2 + 3 = 30$

$11 + 6^2 + 7 = 54$

$10 + 8^2 + 6 = 80$

7. R पंक्ति 5, स्तंभ 6 द्वारा निरूपित होता है।

E पंक्ति 0, स्तंभ 0 द्वारा निरूपित होता है।

A पंक्ति 2, स्तंभ 2 द्वारा निरूपित होता है।

P पंक्ति 5, स्तंभ 9 द्वारा निरूपित होता है।

8. F पंक्ति 2, स्तंभ 3 द्वारा निरूपित होता है।

A पंक्ति 1, स्तंभ 2 द्वारा निरूपित होता है।

R पंक्ति 6, स्तंभ 8 द्वारा निरूपित होता है।

M पंक्ति 9, स्तंभ 6 द्वारा निरूपित होता है।

9. P पंक्ति 8, स्तंभ 8 द्वारा निरूपित होता है।

R पंक्ति 7, स्तंभ 7 द्वारा निरूपित होता है।

E पंक्ति 3, स्तंभ 3 द्वारा निरूपित होता है।

Y पंक्ति 7, स्तंभ 9 द्वारा निरूपित होता है।

10. C पंक्ति 1, स्तंभ 0 द्वारा निरूपित होता है।

O पंक्ति 8, स्तंभ 5 द्वारा निरूपित होता है।

L पंक्ति 7, स्तंभ 9 द्वारा निरूपित होता है।

D पंक्ति 2, स्तंभ 4 द्वारा निरूपित होता है।

❑❑❑

अभाषिक (NON-VERBAL)

शृंखला
(Series)

इस प्रकार की अभाषिक शृंखला (Non-Verbal Series) में, जो सर्वाधिक सामान्य प्रकार की शृंखला होती है, चार या पांच आनुक्रमिक प्रश्न आकृतियां एक निश्चित अनुक्रम निर्मित करते हैं और अभ्यर्थियों को दी गई उत्तर आकृतियों के सेट से उस एक आकृति का चयन करना होता है जिससे प्रश्न आकृतियों के समुच्चय की शृंखला सतत् हो जाए।

उदाहरण

नीचे पूछे गए प्रश्न में उत्तर आकृतियों के समुच्चय से उस एक आकृति का चयन करें जिसे प्रश्न आकृतियों के बाद में रखने पर प्रश्न आकृतियों के समुच्चय की शृंखला सतत् हो जाए।

प्रश्न आकृतियां

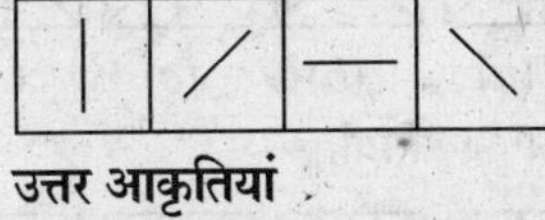

उत्तर आकृतियां

(*a*) (*b*) (*c*) (*d*)

उत्तर (*a*): सभी आकृतियों में समान आकार की सीधी सरल रेखाएं दी गई हैं। उनकी दिशाएं और स्थिति परिवर्तित होती हैं। पहली आकृति में रेखा ऊर्ध्वाधर स्थिति में हैं। दूसरी आकृति में रेखा दक्षिणावर्त 45° के कोण से मुड़ जाती है और तीसरी आकृति में रेखा दक्षिणावर्त और 45° के कोण से मुड़ जाती है तथा चौथी आकृति में रेखा दक्षिणावर्त और 45° के कोण से मुड़ जाती है। अतः दो बातें स्पष्ट होती हैं: (i) रेखा दक्षिणावर्त घूमती है, और (ii) रेखा प्रत्येक चरण पर 45° के कोण से मुड़ती है। अब चौथी आकृति (प्रश्न आकृति) भी दक्षिणावर्त 45° के कोण से मुड़नी चाहिए। अतः पांचवीं आकृति एक ऊर्ध्वाधर (उदग्र) रेखा होगी। इस प्रकार हमें ज्ञात होता है कि शृंखला को सतत् बनाने के लिए अगली आकृति एक ऊर्ध्वाधर या उदग्र सरल रेखा होगी।

अभ्यास

निर्देश : *नीचे के प्रत्येक प्रश्न में आकृतियों के दो समुच्चय दिए गए हैं जिनमें से एक समुच्चय को* **प्रश्न आकृतियों** *का समुच्चय और दूसरे समुच्चय को* **उत्तर आकृतियों** *का समुच्चय कहा गया है। प्रश्न आकृतियों के समुच्चय से किसी न किसी प्रकार से एक शृंखला बनती है। उत्तर आकृतियों के समुच्चय से उस एक आकृति का चयन करें जिससे प्रश्न आकृतियों के समुच्चय की शृंखला संतत हो जाए।*

1. प्रश्न आकृतियां

उत्तर आकृतियां

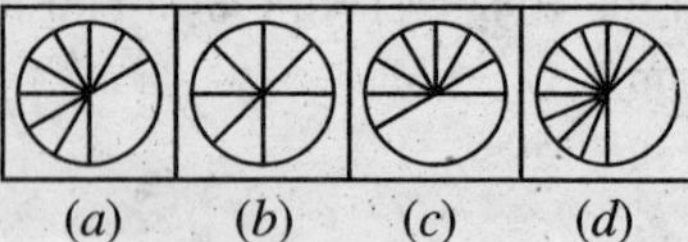

(a) (b) (c) (d)

2. प्रश्न आकृतियां

उत्तर आकृतियां

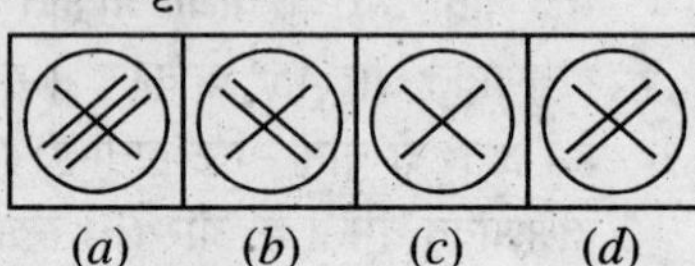

(a) (b) (c) (d)

3. प्रश्न आकृतियां

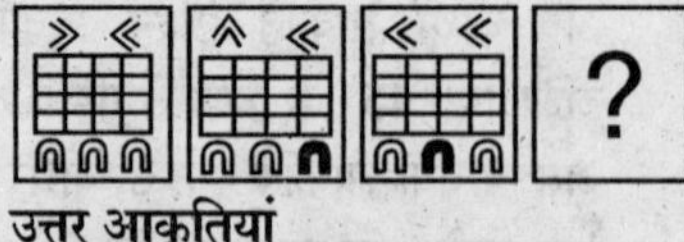

उत्तर आकृतियां

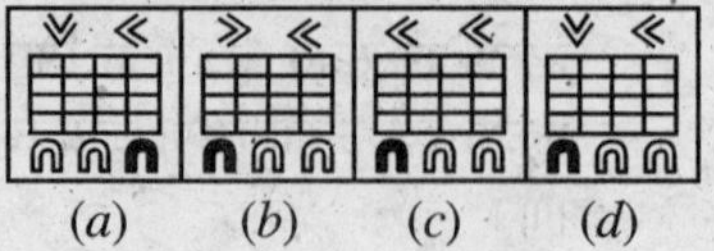

(a) (b) (c) (d)

4. प्रश्न आकृतियां

उत्तर आकृतियां

(a) (b) (c) (d)

5. प्रश्न आकृतियां

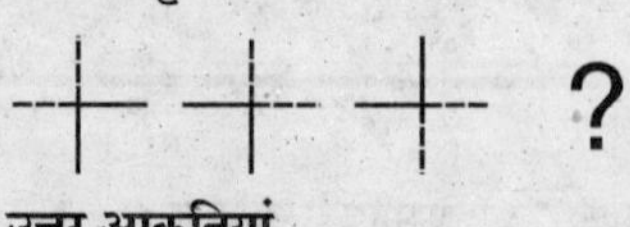

उत्तर आकृतियां

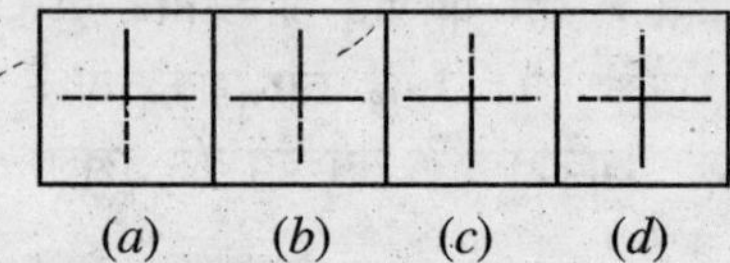

(a) (b) (c) (d)

6. प्रश्न आकृतियां

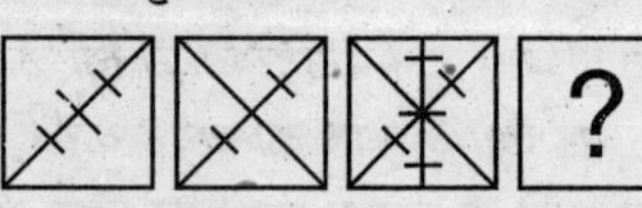

उत्तर आकृतियां

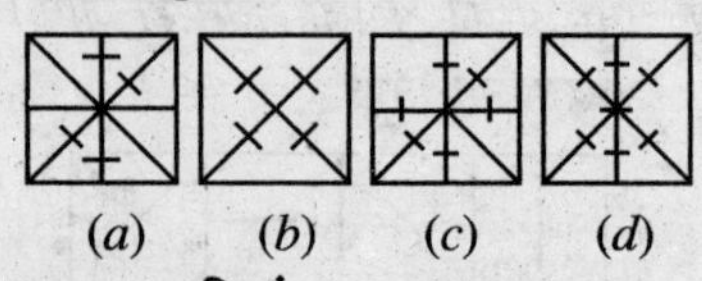

(a) (b) (c) (d)

7. प्रश्न आकृतियां

उत्तर आकृतियां

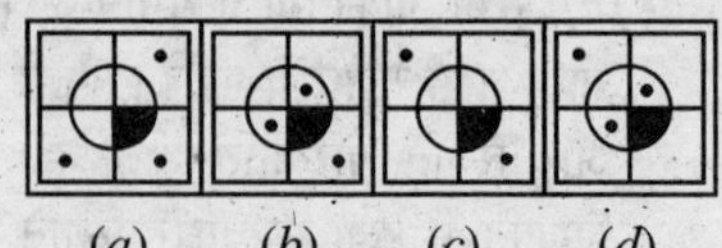

(a) (b) (c) (d)

8. प्रश्न आकृतियां

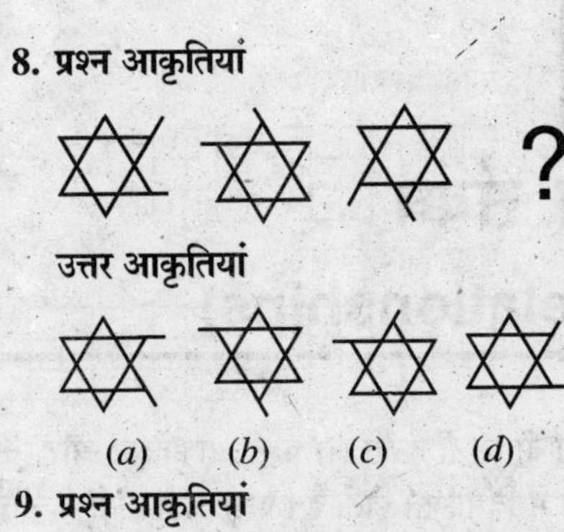

उत्तर आकृतियां

(*a*) (*b*) (*c*) (*d*)

9. प्रश्न आकृतियां

उत्तर आकृतियां

(*a*) (*b*) (*c*) (*d*)

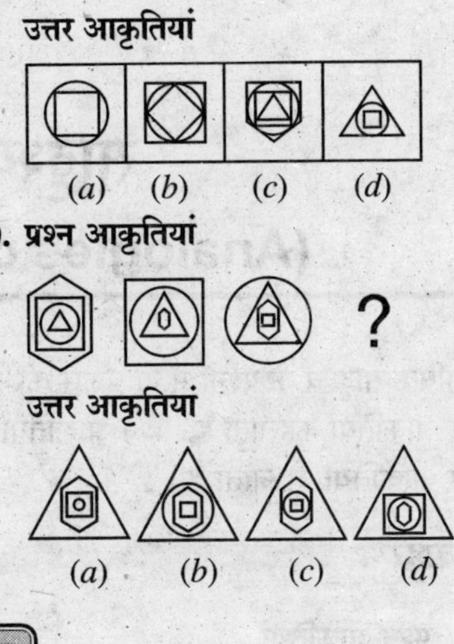

10. प्रश्न आकृतियां

उत्तर आकृतियां

(*a*) (*b*) (*c*) (*d*)

उत्तरमाला

1	2	3	4	5	6	7	8	9	10
(*c*)	(*d*)	(*d*)	(*d*)	(*a*)	(*a*)	(*d*)	(*d*)	(*c*)	(*a*)

कुछ चुने हुए प्रश्नों के व्याख्यात्मक उत्तर

1. एक आकृति से दूसरी आकृति में वृत्त क्रमशः दक्षिणावर्त 30° के कोण से घूम जाता है और प्रत्येक चरण में वृत्त के भीतर स्थित एक त्रिज्यीय रेखाखण्ड लुप्त होता जाता है।

2. तिरछे या विकर्णी रेखाखण्ड एक-एक करके एक निश्चित क्रम में लुप्त होते जाते हैं।

4. वृत्त (गोल घेरा) और बिंदु अगली आकृति में दक्षिणावर्त क्रमशः दो और तीन खंड आगे खिसक जाते हैं।

5. प्रत्येक चरण में क्रॉस का चिह्न दक्षिणावर्त 90° के कोण से घूम जाता है।

7. प्रत्येक चरण पर संपूर्ण आकृति दक्षिणावर्त 90° के कोण से घूम जाती है।

9. प्रत्येक चरण पर पूर्ववर्ती आकृति-समुच्चय में एक नई आकृति जुड़ती जाती है।

10. पहली आकृति में सबसे बाहरी संरचना अगली आकृति में सबसे भीतर चली जाती है।

❑❑❑

2

सादृश्य या संबंध

(Analogies or Relationships)

अभाषिक सादृश्य के प्रश्नों में दो प्रकार की आकृतियां दी जाती हैं जो (i) प्रश्न आकृतियां और (ii) उत्तर आकृतियां कहलाती हैं। प्रश्न आकृतियां दो भागों में विभाजित होती हैं। प्रश्न आकृतियों के नीचे उत्तर आकृतियां दी जाती है।

उदाहरण

प्रश्न आकृतियां

उत्तर आकृतियां

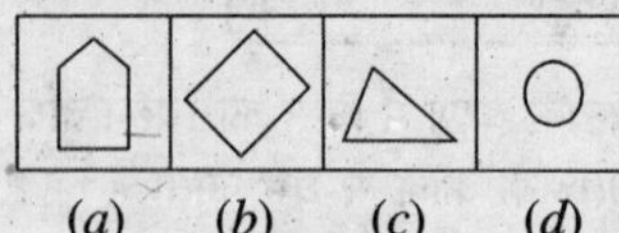

(*a*) (*b*) (*c*) (*d*)

उत्तर (*a*)**:** प्रश्न आकृतियों के पहले भाग में दी गई दोनों आकृतियों को देखें। पहली आकृति में एक त्रिभुज और दूसरी आकृति में एक वर्ग है। पहली आकृति (त्रिभुज) में तीन भुजाएं और तीन कोण हैं जबकि दूसरी आकृति (वर्ग) में चार भुजाएं और चार कोण हैं। इन दोनों आकृतियों के बीच संबंध यह है कि दूसरी आकृति में पहली आकृति की तुलना में एक भुजा और एक कोण अधिक है।

इस सादृश्य संबंध के आधार पर प्रश्न चिह्न (?) के स्थान पर रखी जाने वाली आकृति पाँच भुजाओं और पाँच कोणों वाली आकृति होनी चाहिए (जिसमें प्रश्न आकृतियों के दूसरे भाग की पहली आकृति से एक भुजा और एक कोण अधिक हो)।

अभ्यास

निर्देश : *प्रश्न आकृतियों में :: चिह्न के बाएं दी गई दो आकृतियों में से दूसरी आकृति का पहली आकृति के साथ एक विशेष संबंध है। :: चिह्न की दाईं ओर की दो आकृतियों के बीच भी ऐसा ही संबंध है। दिए गए विकल्पों से उस आकृति का चयन करें जिसे प्रश्न आकृतियों में प्रश्न चिह्न के स्थान पर रखा जा सकता है और जिसका :: चिह्न की दाईं ओर की पहली आकृति के साथ ठीक वैसा ही संबंध है जैसा कि :: चिह्न की बाईं ओर की दो आकृतियों के बीच है।*

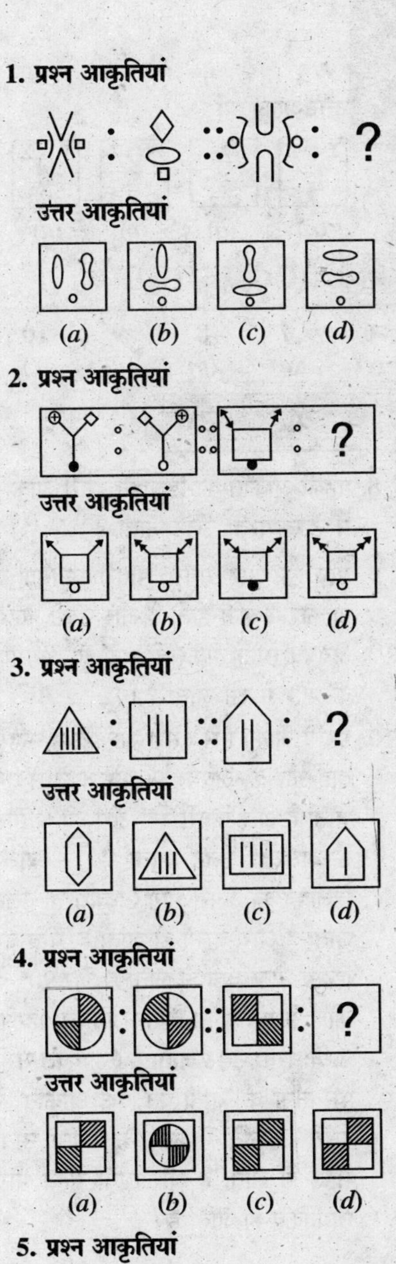
1. प्रश्न आकृतियां
?
उत्तर आकृतियां
(a) (b) (c) (d)
2. प्रश्न आकृतियां
?
उत्तर आकृतियां
(a) (b) (c) (d)
3. प्रश्न आकृतियां
?
उत्तर आकृतियां
(a) (b) (c) (d)
4. प्रश्न आकृतियां
?
उत्तर आकृतियां
(a) (b) (c) (d)
5. प्रश्न आकृतियां
?

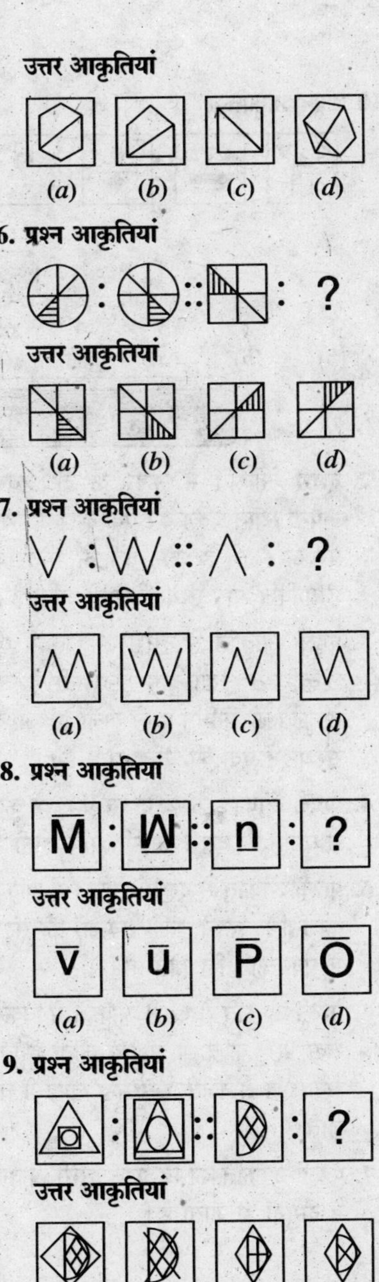
उत्तर आकृतियां
(a) (b) (c) (d)
6. प्रश्न आकृतियां
?
उत्तर आकृतियां
(a) (b) (c) (d)
7. प्रश्न आकृतियां
V : W :: Λ : ?
उत्तर आकृतियां
(a) (b) (c) (d)
8. प्रश्न आकृतियां
M̄ : W̲ :: n̲ : ?
उत्तर आकृतियां
v̄ ū P̄ Ō
(a) (b) (c) (d)
9. प्रश्न आकृतियां
?
उत्तर आकृतियां
(a) (b) (c) (d)

10. प्रश्न आकृतियां | उत्तर आकृतियां

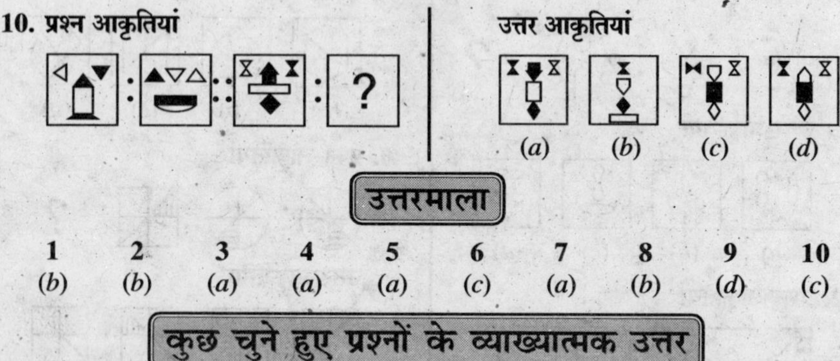

उत्तरमाला

1	2	3	4	5	6	7	8	9	10
(*b*)	(*b*)	(*a*)	(*a*)	(*a*)	(*c*)	(*a*)	(*b*)	(*d*)	(*c*)

कुछ चुने हुए प्रश्नों के व्याख्यात्मक उत्तर

2. दूसरी आकृति में ऊपर के दो अवयव अपना स्थान बदल कर एक दूसरे के स्थान पर आ जाते हैं और वृत्त के भीतर का छायांकित भाग छायारहित हो जाता है।

3. पहली आकृति से दूसरी आकृति में एक ऊर्ध्वाधरतः रेखा कम हो जाती है और आकृति को निर्मित करने वाली रेखाओं की संख्या में एक की वृद्धि होती है।

4. पहली आकृति को वामावर्त 90° के कोण से घुमाने पर दूसरी आकृति प्राप्त होती है।

5. पहली आकृति से दूसरी आकृति में आकृति को निर्मित करने वाली रेखाओं की संख्या में एक की वृद्धि होती है।

6. पहली आकृति से दूसरी आकृति में विकर्णी रेखा 90° के कोण से घूम जाती है और रेखाखण्ड क्षैतिजतया सम्मुख खण्ड में चले जाते हैं।

7. पहली आकृति का डिजाइन दूसरी आकृति में दोगुना हो जाता है।

8. पहली आकृति का डिजाइन दूसरी आकृति में ऊर्ध्वाधरतः उलट जाता है।

9. बीच के और सबसे भीतरी अवयव के आकार में वृद्धि होती है और सबसे बाहरी अवयव छोटा होकर दो बढ़े हुए अवयवों के बीच में आ जाता है।

10. पहली आकृति से दूसरी आकृति में ऊपरी बाईं ओर का अवयव 90° के कोण से घूम जाता है और ऊपरी दाईं ओर का अवयव ऊर्ध्वाधरतः उलट जाता है। ऊर्ध्वाधर डिजाइन का ऊपरी भाग ऊर्ध्वाधरतः उलट जाता है और अलग हो जाता है, बीच का हिस्सा छोटा/बड़ा हो जाता है और 90° के कोण से घूम जाता है तथा निचला हिस्सा ऊर्ध्वाधरतः उलट जाता है। उपर्युक्त सभी परिवर्तनों के अतिरिक्त एक आकृति से दूसरी आकृति में छायांकित भाग छाया रहित हो जाता है और छाया रहित भाग छायांकित हो जाता है।

❑❑❑

3

विजातीय का चयन
(Odd-One Out)

अभाषिक वर्गीकरण संबंधी तर्कबुद्धि परीक्षण विषयक प्रश्नों में आकृतियों का एक समूह दिया जाता है तथा अभ्यर्थियों से यह अपेक्षा की जाती है कि वे दी गई आकृतियों को उनके विशिष्ट गुणों या विशेषताओं के आधार पर अलग-अलग समूहों या वर्गों में वर्गीकृत करें। आकृतियों या मदों को उनकी बनावट, आकार, प्रतिरूप, संरचना, प्रकार, क्रम, रूप-रंग, कोटि, शैली, संघटक अवयवों और अन्य प्रकार की विशेषताओं में समानता के आधार पर समूहों या वर्गों में वर्गीकृत करना होता है और तत्पश्चात् उस समूह से भिन्न अर्थात् विजातीय आकृति की पहचान करनी होती है।

उदाहरण

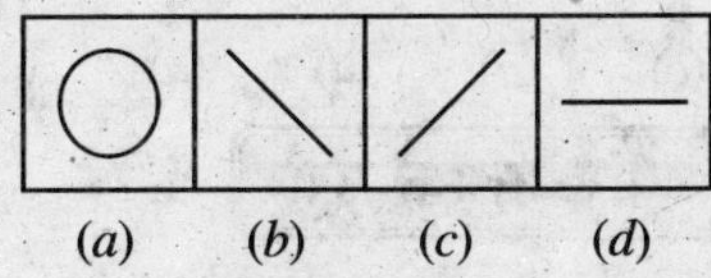

(*a*) (*b*) (*c*) (*d*)

उत्तर (*a*)**:** दी गई आकृतियों में (*a*) एक वृत्त है जबकि (*b*), (*c*), (*d*) भिन्न-भिन्न दिशाओं को इंगित करने वाली सरल रेखाएं हैं। यहाँ ध्यान दें कि दी गई पाँच आकृतियों में से चार आकृतियों (*b*), (*c*), (*d*) में से प्रत्येक में एक सामान्य (सर्वनिष्ठ) विशेषता यह है कि ये सभी सरल रेखाएं हैं जो भिन्न-भिन्न दिशाओं को इंगित करती हैं, अतः ये चारों आकृतियां एक समूह या वर्ग निर्मित करती हैं। इन आकृतियों के विपरीत (*a*) एक वृत्त है जो अन्य आकृतियों से भिन्न अथवा विजातीय है। अतः आकृति (*a*) समूह में शामिल न होने वाली आकृति अर्थात् एक विजातीय आकृति है।

अभ्यास

निर्देश : *नीचे के प्रत्येक प्रश्न में एक आकृति को छोड़कर अन्य सभी आकृतियाँ किसी-न-किसी रूप में आपस में संबंधित हैं और इस कारण वे एक समूह बनाती हैं। प्रत्येक प्रश्न में उस एक भिन्न आकृति का चयन करें जो अन्यों से संबंधित नहीं है अर्थात् जो भिन्न अथवा विजातीय है।*

1.

(*a*) (*b*) (*c*) (*d*)

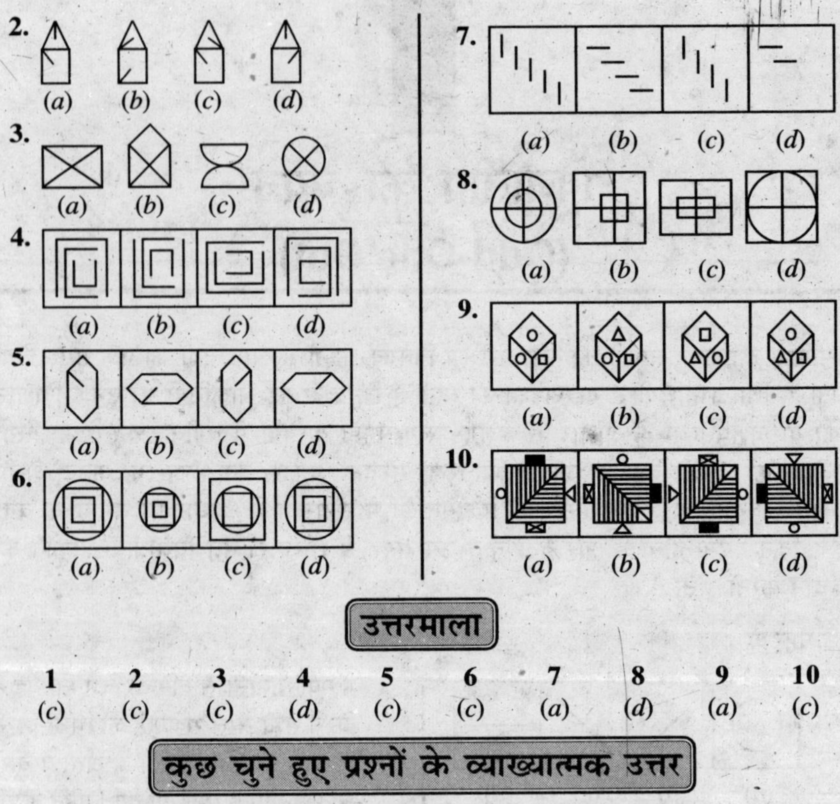

उत्तरमाला

1	2	3	4	5	6	7	8	9	10
(c)	(c)	(c)	(d)	(c)	(c)	(a)	(d)	(a)	(c)

कुछ चुने हुए प्रश्नों के व्याख्यात्मक उत्तर

1. अन्य सभी आकृतियों में वृत्त युक्त रेखा और दो रेखाखंड वर्ग की सम्मुख भुजाओं पर अवस्थित हैं।

3. शेष सभी आकृतियाँ चार भागों में विभक्त हैं।

6. शेष सभी आकृतियों में बीच का और मध्यस्थ अवयव एक से हैं।

7. केवल इसी आकृति में रेखाखंडों की संख्या विषम है।

8. केवल इसी आकृति में दो अलग-अलग आकृतियाँ हैं जो दो समान भागों में विभाजित हैं।

9. केवल इसी आकृति में दो सदृश अवयव (वृत्त) निहित हैं।

10. शेष सभी आकृतियों को घुमाकर एक-दूसरी आकृतियाँ प्राप्त की जा सकती हैं।

❑❑❑

अपूर्ण आकृति को पूर्ण करना
(Completing Incomplete Figures)

इस प्रकार के प्रश्नों में दी गई आकृति का एक भाग लुप्त रहता है और इस अपूर्ण आकृति के बाद विकल्प आकृतियाँ दी जाती हैं जिनमें से एक आकृति दी गई प्रश्न आकृति को पूरा करती है।

उदाहरण

कौन-सी विकल्प आकृति दी गई प्रश्न आकृति को पूरा करेगी?

प्रश्न आकृति

विकल्प आकृतियां

(*a*) (*b*) (*c*) (*d*)

उत्तर (*b*) **:** देखें कि इस आकृति में एक वर्ग है और आकृति के मध्य में एक वृत्त है तथा वृत्त से विकर्णी रेखाएं निकलती हैं। अतः पूर्ण आकृति निम्नवत् दिखाई देगीः

अभ्यास

निर्देश : *प्रत्येक प्रश्न में बताएं कि कौन-सी विकल्प आकृति दी गई प्रश्न आकृति को पूरा करेगी।*

1. प्रश्न आकृति

विकल्प आकृतियां

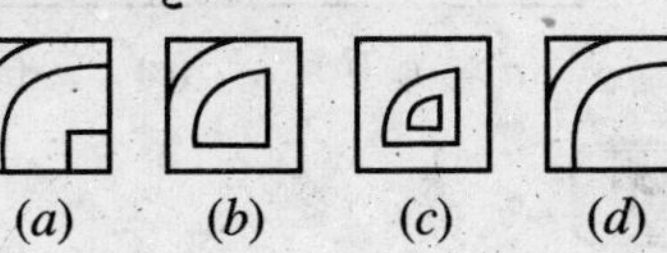

(*a*) (*b*) (*c*) (*d*)

2. प्रश्न आकृति

विकल्प आकृतियां

(*a*) (*b*) (*c*) (*d*)

3. प्रश्न आकृति

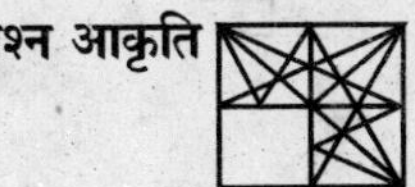

विकल्प आकृतियां

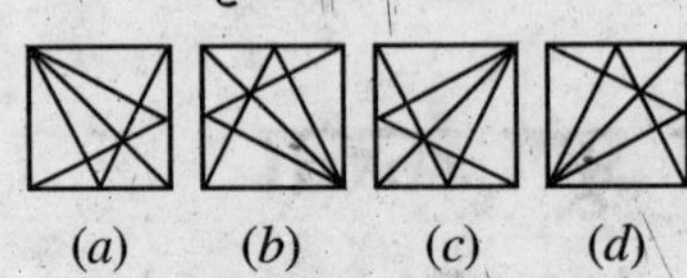

(a) (b) (c) (d)

4. प्रश्न आकृति

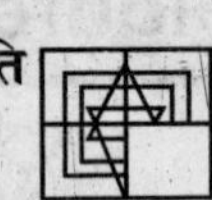

विकल्प आकृतियां

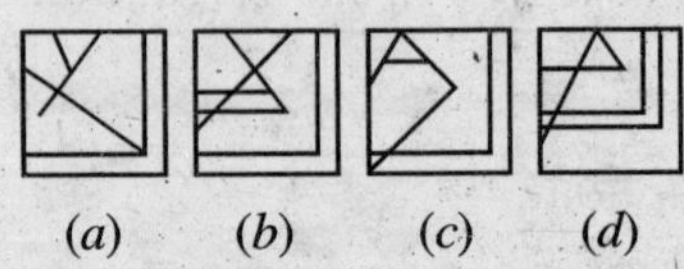

(a) (b) (c) (d)

5. प्रश्न आकृति

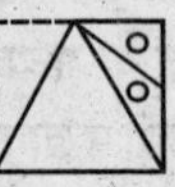

विकल्प आकृतियां

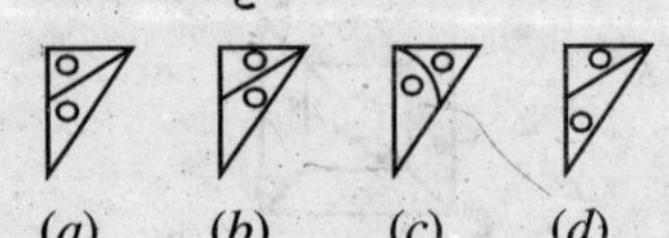

(a) (b) (c) (d)

6. प्रश्न आकृति

विकल्प आकृतियां

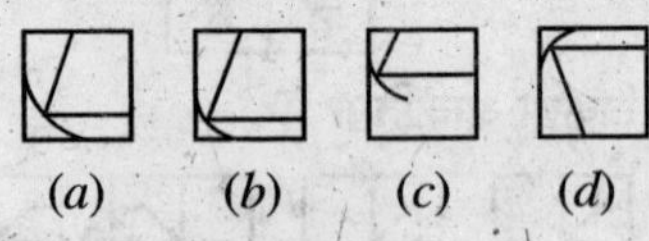

(a) (b) (c) (d)

7. प्रश्न आकृति

विकल्प आकृतियां

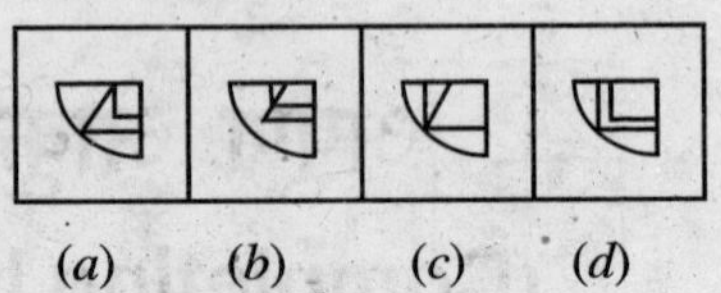

(a) (b) (c) (d)

8. प्रश्न आकृति

विकल्प आकृतियां

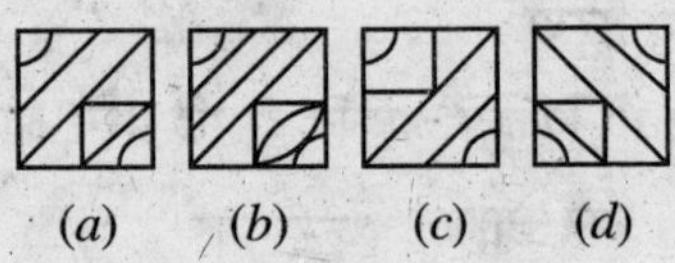

(a) (b) (c) (d)

9. प्रश्न आकृति

विकल्प आकृतियां

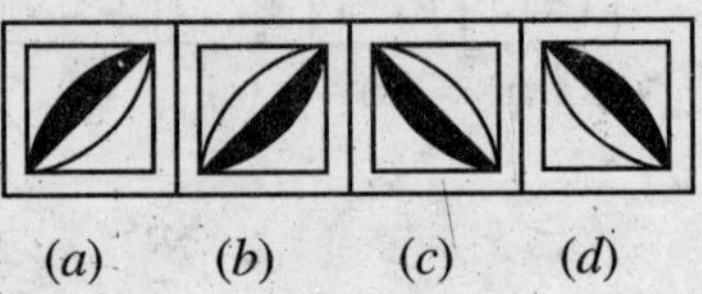

(a) (b) (c) (d)

10. प्रश्न आकृति

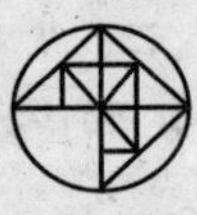

विकल्प आकृतियां

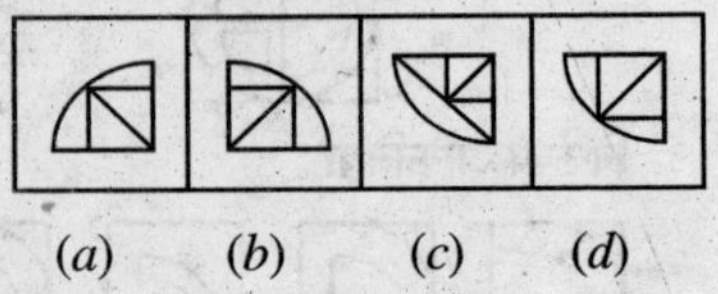

(a) (b) (c) (d)

उत्तरमाला

1	2	3	4	5	6	7	8	9	10
(b)	(a)	(d)	(d)	(a)	(a)	(b)	(c)	(b)	(c)

व्याख्यात्मक उत्तर

सभी पूर्ण आकृतियाँ निम्नवत् दिखाई देंगीः

1. 

2. 

3. 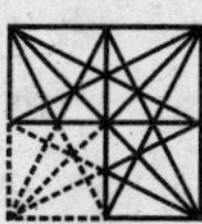

4. 

5. 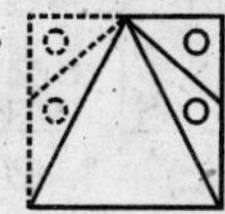

6. 

7. 

8. 

9. 

10. 

❑❑❑

5

कागज मोड़ना एवं काटना
(Paper Folding and Cutting)

इस प्रकार के प्रश्न विभिन्न आकृतियों और आकारों के कागज के टुकड़ों पर आधारित होते हैं जिन्हें एक खास तरीके से मोड़ा जाता है और फिर काटा या पंच (छिद्रित) किया जाता है। दी गई उत्तर आकृतियों में से एक उत्तर-आकृति या तो यह दर्शाती है कि कागज को मोड़ने, काटने (या छिद्रित करने) और तत्पश्चात् उसे खोलने के बाद वह किस आकृति जैसा दिखाई देगा या फिर उससे यह पता चलता है कि किस तरीके से वह कागज मोड़ा और काटा (या छिद्रित किया) गया था।

उदाहरण

एक पारदर्शी कागज के वर्गाकार टुकड़े को उस ढंग से मोड़ा जाता है जैसा कि उस पर बिंदुकित रेखा द्वारा दर्शाया गया है। दी गई उत्तर आकृतियों में से उस आकृति को ज्ञात कीजिए जिसके समान वह कागज मोड़े जाने पर दिखाई देगा।

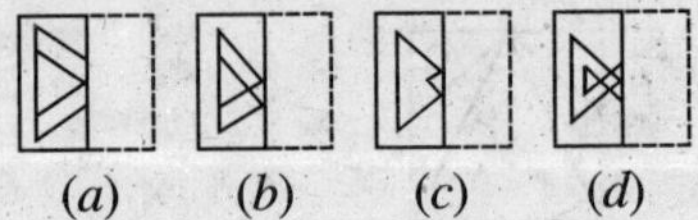

(*a*) (*b*) (*c*) (*d*)

उत्तर (*b*) **:** कागज के वर्गाकार टुकड़े को बीचोबीच मोड़ा जाता है। यह एक सममित प्रतिरूप है और उत्तर आकृति '(*b*)' सही उत्तर है जो कागज के वर्गाकार टुकड़े की बाईं ओर के आधे भाग के समान दिखाई देता है।

अभ्यास

निर्देश (प्र.सं. 1–5) : *नीचे के प्रत्येक प्रश्न में एक पारदर्शी कागज के वर्गाकार टुकड़े को उस ढंग से मोड़ा जाता है जैसा कि उस पर बिंदुकित रेखा द्वारा दर्शाया गया है। दी गई उत्तर आकृतियों में से उस आकृति को ज्ञात कीजिए जिसके समान वह कागज मोड़े जाने पर दिखाई देगा।*

1.

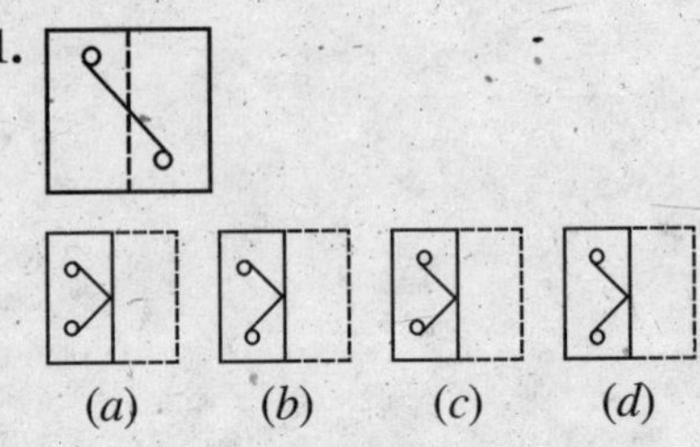

(*a*) (*b*) (*c*) (*d*)

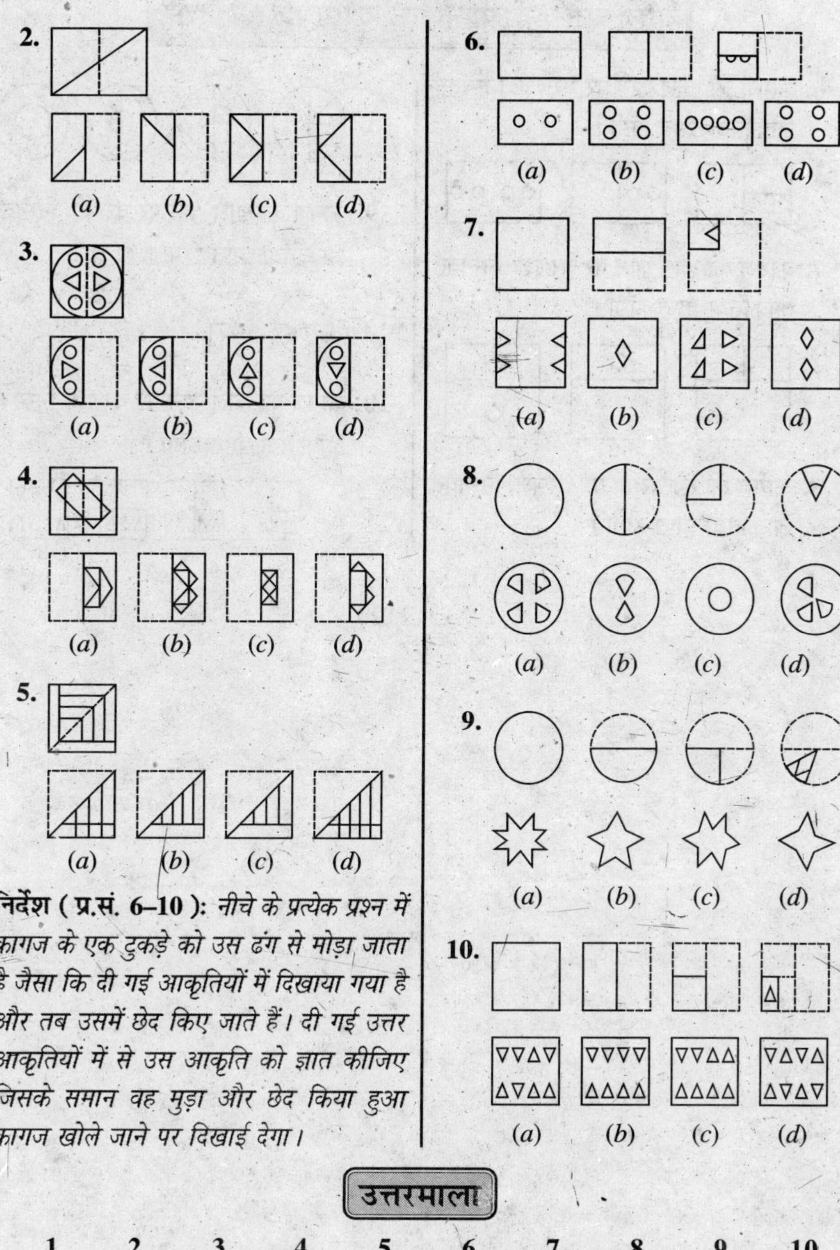

निर्देश (प्र.सं. 6–10): *नीचे के प्रत्येक प्रश्न में कागज के एक टुकड़े को उस ढंग से मोड़ा जाता है जैसा कि दी गई आकृतियों में दिखाया गया है और तब उसमें छेद किए जाते हैं। दी गई उत्तर आकृतियों में से उस आकृति को ज्ञात कीजिए जिसके समान वह मुड़ा और छेद किया हुआ कागज खोले जाने पर दिखाई देगा।*

उत्तरमाला

1	2	3	4	5	6	7	8	9	10
(d)	(c)	(b)	(b)	(c)	(c)	(d)	(c)	(a)	(b)

कुछ चुने हुए प्रश्नों के व्याख्यात्मक उत्तर

6. कागज को खोले जाने पर चरणशः निम्नवत् आकृतियां प्राप्त होंगी।

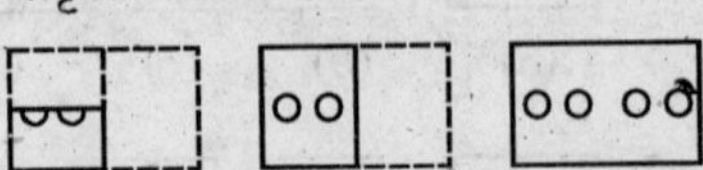

7. कागज को खोले जाने पर चरणशः निम्नवत् आकृतियां प्राप्त होंगी।

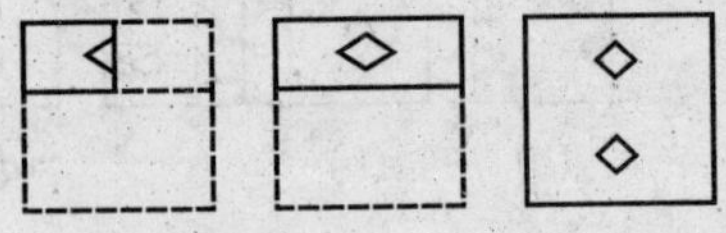

8. कागज को खोले जाने पर चरणशः निम्नवत् आकृतियां प्राप्त होंगी।

9. कागज को खोले जाने पर चरणशः निम्नवत् आकृतियां प्राप्त होंगी।

10. कागज को खोले जाने पर चरणशः निम्नवत् आकृतियां प्राप्त होंगी।

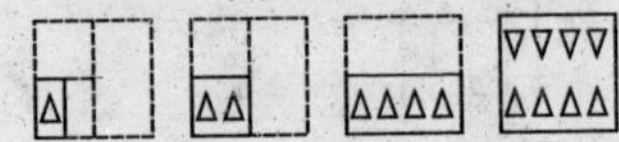

6

छिपी हुई आकृति को ढूँढना
(Spotting Hidden Patterns)

इस प्रकार के प्रश्नों में ऊपर एक प्रश्न आकृति दी जाती है जिसके बाद विकल्प आकृतियाँ दी जाती हैं। दी गई प्रश्न आकृति दी गई विकल्प आकृतियों में से किसी एक में निहित होती है। वह प्रश्न आकृति जिस उत्तर आकृति में निहित होती है उसे ढूँढ़ना होता है।

उदाहरण

दी गई विकल्प आकृतियों में से कौन-सी आकृति ऊपर दी गई मूल आकृति (प्रश्न आकृति) में निहित है?

प्रश्न आकृतिः

उत्तर आकृतियां

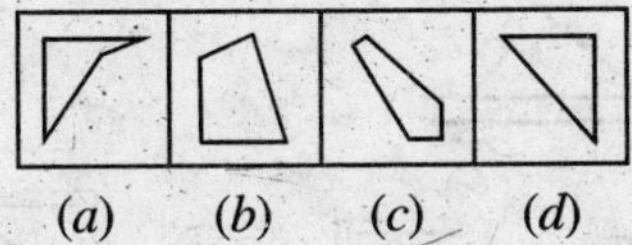

(*a*) (*b*) (*c*) (*d*)

उत्तर (*d*) : विकल्प आकृति '(*d*)' को मामूली झुकाने पर ज्ञात होता है कि यह आकृति मूल आकृति को निम्नवत् पूरा करती है।

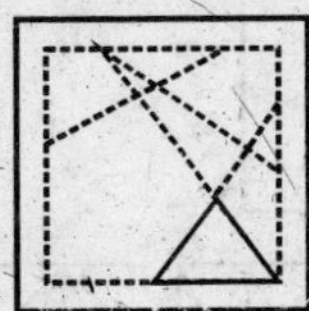

कुछ प्रश्नों में उत्तर आकृति को मामूली घुमाने पर ज्ञात होता है कि वह मूल आकृति में किस प्रकार निहित है।

अभ्यास

निर्देश : *नीचे के प्रत्येक प्रश्न में ऊपर एक आकृति दी गई है जिसके नीचे चार विकल्प आकृतियाँ दी गई हैं। प्रत्येक प्रश्न में ऊपर दी गई आकृति नीचे दी गई विकल्प आकृतियों में से किसी एक में निहित है। उस विकल्प आकृति को ढूँढ़िए जिसमें प्रश्न आकृति (मूल आकृति) छिपी है।*

1.

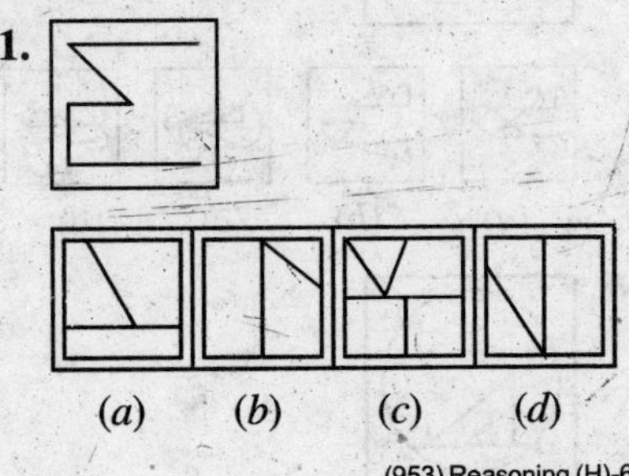

(*a*) (*b*) (*c*) (*d*)

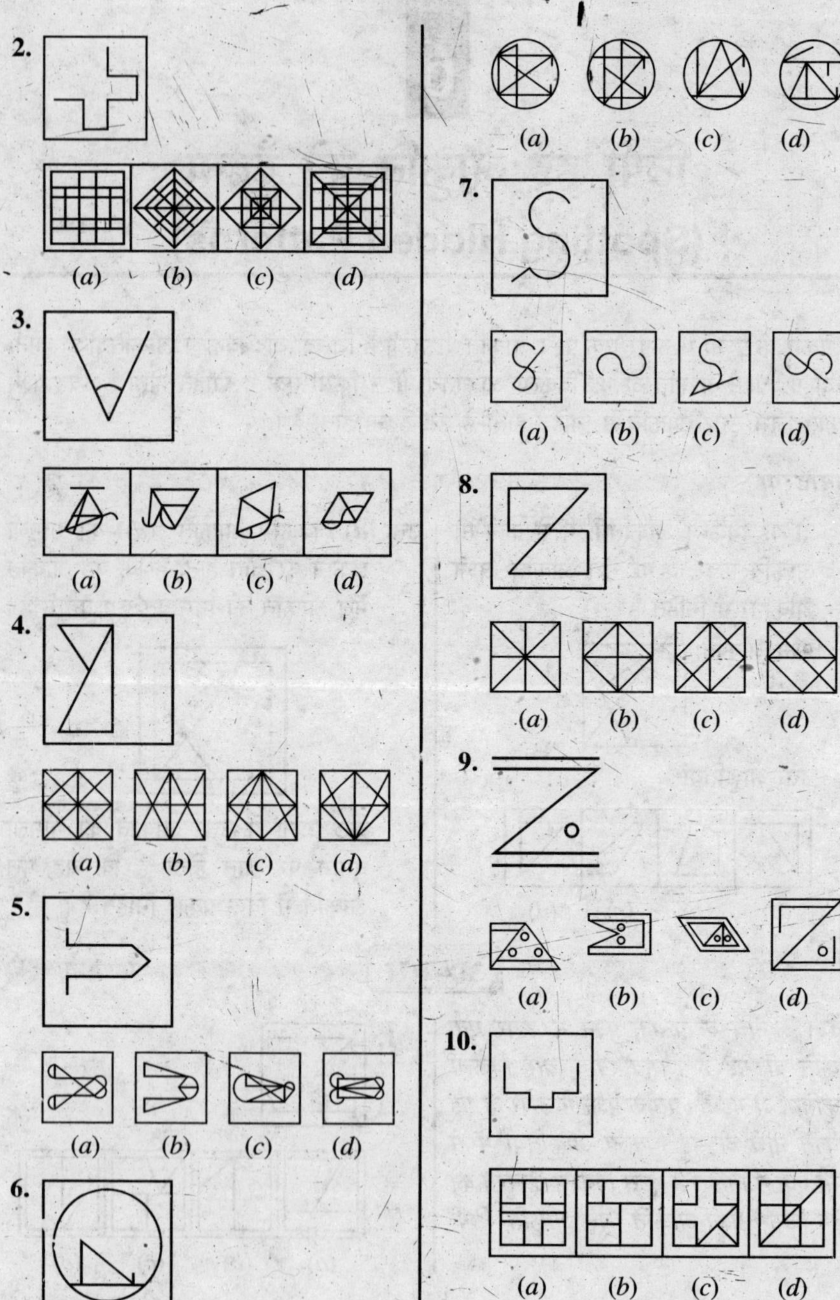
2.
(a) (b) (c) (d)
3.
(a) (b) (c) (d)
4.
(a) (b) (c) (d)
5.
(a) (b) (c) (d)
6.
(a) (b) (c) (d)
7.
(a) (b) (c) (d)
8.
(a) (b) (c) (d)
9.
(a) (b) (c) (d)
10.
(a) (b) (c) (d)

उत्तरमाला

1	2	3	4	5	6	7	8	9	10
(*a*)	(*a*)	(*d*)	(*b*)	(*a*)	(*b*)	(*c*)	(*a*)	(*d*)	(*a*)

कुछ चुने हुए प्रश्नों के व्याख्यात्मक उत्तर

1. 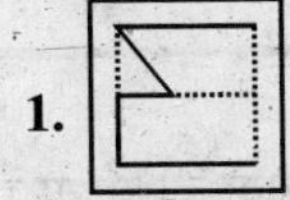

2. 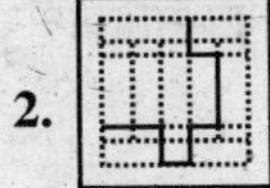

3. 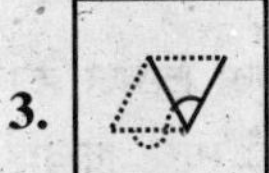

4. 

5. 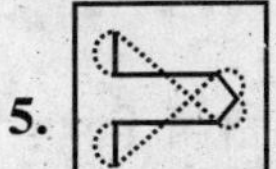

6. 

7. 

8. 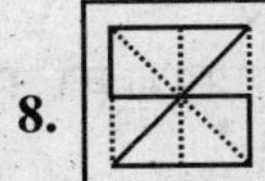

9. 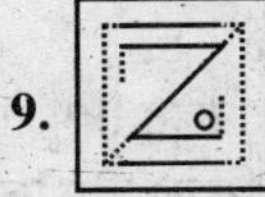

10. 

❑❑❑

7

आरेखों पर आधारित प्रश्न
(Diagrammatic Puzzles)

इस प्रकार के प्रश्नों में किसी दी गई जटिल आकृति में निहित ज्यामितीय आकृतियों की संख्या ज्ञात करनी होती है। अभ्यर्थियों के लिए यह अनिवार्य है कि वे प्रश्न आकृति का अत्यंत सावधानीपूर्वक प्रेक्षण करें और तत्पश्चात् उसमें निहित ज्यामितीय आकृतियों को गिनें।

उदाहरण

नीचे दी गई आकृति में त्रिभुजों की संख्या कितनी है?

(*a*) 7 (*b*) 9
(*c*) 6 (*d*) 8

उत्तर (*a*) **:** दी गई आकृति में निहित त्रिभुजों की संख्या ज्ञात करने की विधि का नीचे उल्लेख किया गया है:

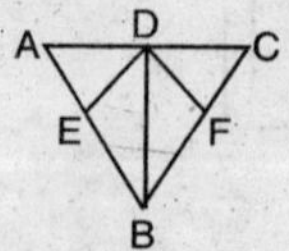

मुख्य संरचना ABC एक त्रिभुज है। इस त्रिभुज में निहित पूर्णतः स्पष्ट दिखाई देने वाले अन्य 4 त्रिभुज हैं:

ADE, DEB, DBF, और DCF, अर्थात् ADB और DBC,

ये 2 त्रिभुज भी मुख्य त्रिभुज के भीतर निहित हैं।

इसी प्रकार इस आकृति में निहित कुल त्रिभुजों की संख्या है:

$1 + 4 + 2 = 7$

अभ्यास

1. नीचे दी गई आकृति में कुल कितने त्रिभुज हैं?

(*a*) 24 (*b*) 27
(*c*) 25 (*d*) 26

2. इस आकृति में कुल कितने त्रिभुज हैं?

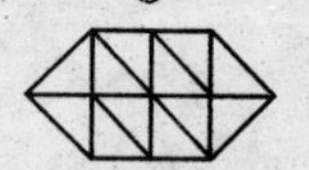

(*a*) 16 (*b*) 17
(*c*) 18 (*d*) 19

3. इस आकृति में कुल कितने वर्ग छिपे हैं?

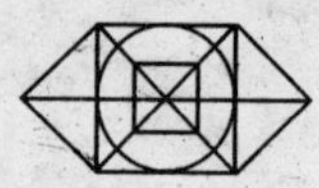

(*a*) 7 (*b*) 8
(*c*) 9 (*d*) 10

4. इस आकृति में निहित त्रिभुजों की संख्या कितनी है?

(*a*) 19 (*b*) 16
(*c*) 21 (*d*) 15

5. इस आकृति में वृत्तों की कुल कितनी संख्या है?

(*a*) 6 (*b*) 5
(*c*) 2 (*d*) 3

6. नीचे की आकृति में कुल कितने त्रिभुज निहित हैं?

(*a*) 7 (*b*) 8
(*c*) 9 (*d*) 10

7. नीचे की आकृति में कुल कितने वर्ग हैं?

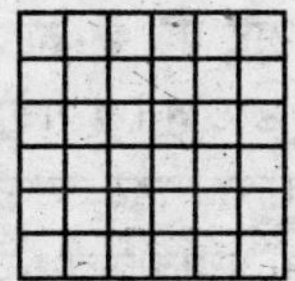

(*a*) 36 (*b*) 60
(*c*) 77 (*d*) 91

8. नीचे दी गई आकृति में अधिकतम कुल कितने वर्ग हैं?

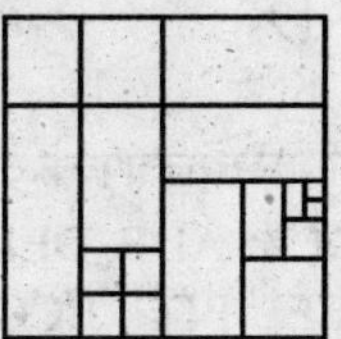

(*a*) 14 (*b*) 15
(*c*) 16 (*d*) 17

9. नीचे दी गई आकृति में कुल कितने वृत निहित हैं?

(*a*) 29 (*b*) 31
(*c*) 30 (*d*) 28

10. नीचे दी गई आकृति में कुल कितने त्रिभुज निहित हैं?

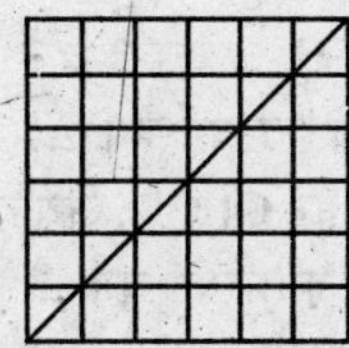

(*a*) 42
(*b*) 41
(*c*) 40
(*d*) 39

उत्तरमाला

1	2	3	4	5	6	7	8	9	10
(*b*)	(*a*)	(*d*)	(*b*)	(*a*)	(*b*)	(*d*)	(*a*)	(*b*)	(*a*)

कुछ चुने हुए प्रश्नों के व्याख्यात्मक उत्तर

2. 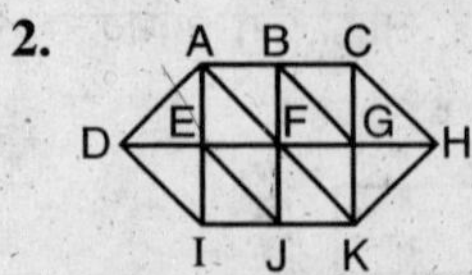

आकृति में सर्वाधिक सरलतापूर्वक दृष्टिगोचर होनेवाले त्रिभुज हैं: ADE, DEI, AEF, ABF, EIJ, EFJ, BFG, BCG, FJK, FGK, CGH और GHK, अर्थात् 12 त्रिभुज।
समद्विभाजित त्रिभुज हैं: ADI और CHK अर्थात् 2 त्रिभुज।
AIK और ACK अन्य त्रिभुज हैं, अर्थात 2 त्रिभुज।
अतः आकृति में निहित त्रिभुजों की कुल संख्या
= 12 + 2 + 2 = 16

3. 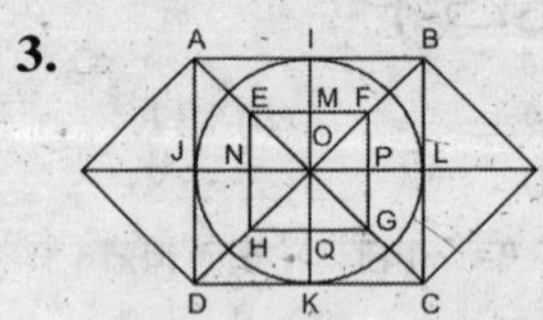

आकृति में निहित मुख्य वर्ग हैं : ABCD और EFGH, अर्थात् 2 वर्ग।
सरलतम बाह्य वर्ग हैं। AIOJ, IBLO, JOKD, और OLCK, अर्थात् 4 वर्ग।
सरलतम आंतरिक वर्ग हैं: EMON, NOQH, MFPO और OPGQ, अर्थात् 4 वर्ग।
आकृति में अन्य कोई वर्ग निहित नहीं हैं।
अतः उपर्युक्त आकृति में निहित वर्गों की कुल संख्या
= 2 + 4 + 4 = 10

5. 

आकृति में दो मुख्य वृत्त हैं और चार छोटे वृत्त हैं और ये सभी एक-दूसरे को प्रतिच्छेदित कर रहे हैं।
∴ आकृति में निहित कुल वृत्त
= 2 + 4 = 6.

6. आकृति में निहित सरलतम त्रिभुज हैं: ABC, BDE, BEG, BGC, CGF और GFE, अर्थात् 6 त्रिभुज
समद्विभाजित त्रिभुज हैं: BCE और CEF, अर्थात् 2 त्रिभुज।
अतः आकृति में निहित त्रिभुजों की कुल संख्या
= 6 + 2 = 8.

9. 

आकृति में 3 संकेद्रिक वृत्त हैं, बीच के वृत्त की परिधि पर 8 छोटे वृत्त हैं, बाहरी वृत्त की परिधि पर 14 छोटे वृत्त हैं तथा सबसे बाहरी संकेद्रिक वृत्त से बाहर उसकी दोनों ओर तीन-तीन वृत्त अर्थात् कुल 6 वृत्त हैं।
अतः वृत्तों की कुल संख्या
= 3 + 8 + 14 + 6 = 31.

❑❑❑

8

चित्र एवं प्रतिबिम्ब
(Images and Reflections)

इस प्रकार के प्रश्न संख्याओं, अक्षरों और आकृतियों के दर्पण प्रतिबिंबों पर आधारित होते हैं। इस कोटि के प्रश्नों को हल करते समय यह आवश्यक है कि अभ्यर्थी प्रश्नगत दर्पण प्रतिबिंबों को समझ सकने में पूर्णतः सक्षम हों, चाहे ये प्रतिबिंब क्षैतिज तल पर निर्मित होते हों या ऊर्ध्वाधर तल पर।

अभ्यास

निर्देशः (प्रश्न 1 से 5): *नीचे के प्रत्येक प्रश्न में बताइए कि कौन-सा उत्तर विकल्प प्रश्नगत अक्षरों के समुच्चय का बिलकुल ठीक-ठीक दर्पण प्रतिबिंब होगा यदि दर्पण को क्षैतिज रखा जाए।*

1. CHIDE
(*a*) CHIDƎ (*b*) CHIDƎ
(*c*) CHIDE (*d*) ƆHIDƎ

2. SAVOUR
(*a*) ƧⱯΛOՈᴚ (*b*) ƧⱯΛOՈᴚ
(*c*) ƧAΛOՈᴚ (*d*) ƧⱯΛOՈR

3. ehswz
(*a*) ɕɥsʍz (*b*) ɕɥƨʍz
(*c*) ɕɥƨʍz (*d*) ɕɥƨʍz

4. 8951
(*a*) 8ϭ2I (*b*) 8ϭ2I
(*c*) 8ϭ2I (*d*) 8ϭ5I

5. 3*7$OP
(*a*) 3*⅃$Od (*b*) 3*7$Oᑲ
(*c*) 3*⅃$Oᑲ (*d*) 3*⅃$Od

निर्देशः (प्रश्न 6 से 15): *नीचे के प्रत्येक प्रश्न में बताइए कि कौन-सी उत्तर आकृति दी गई प्रश्न आकृति का दर्पण प्रतिबिंब है जबकि दर्पण प्रत्येक आकृति में दर्शाई गई रेखा की स्थिति में रखा जाता है।*

6. प्रश्न आकृतियां

उत्तर आकृतियां

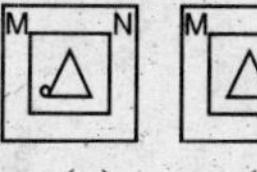
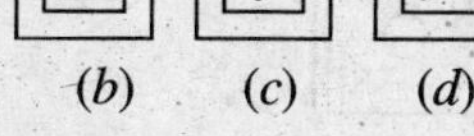

(*a*) (*b*) (*c*) (*d*)

7. प्रश्न आकृतियां

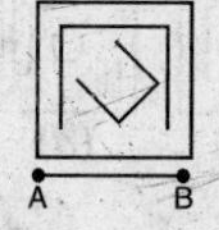

उत्तर आकृतियां

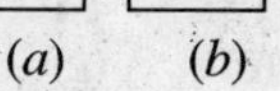
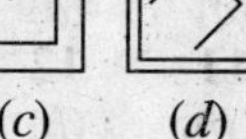

(*a*) (*b*) (*c*) (*d*)

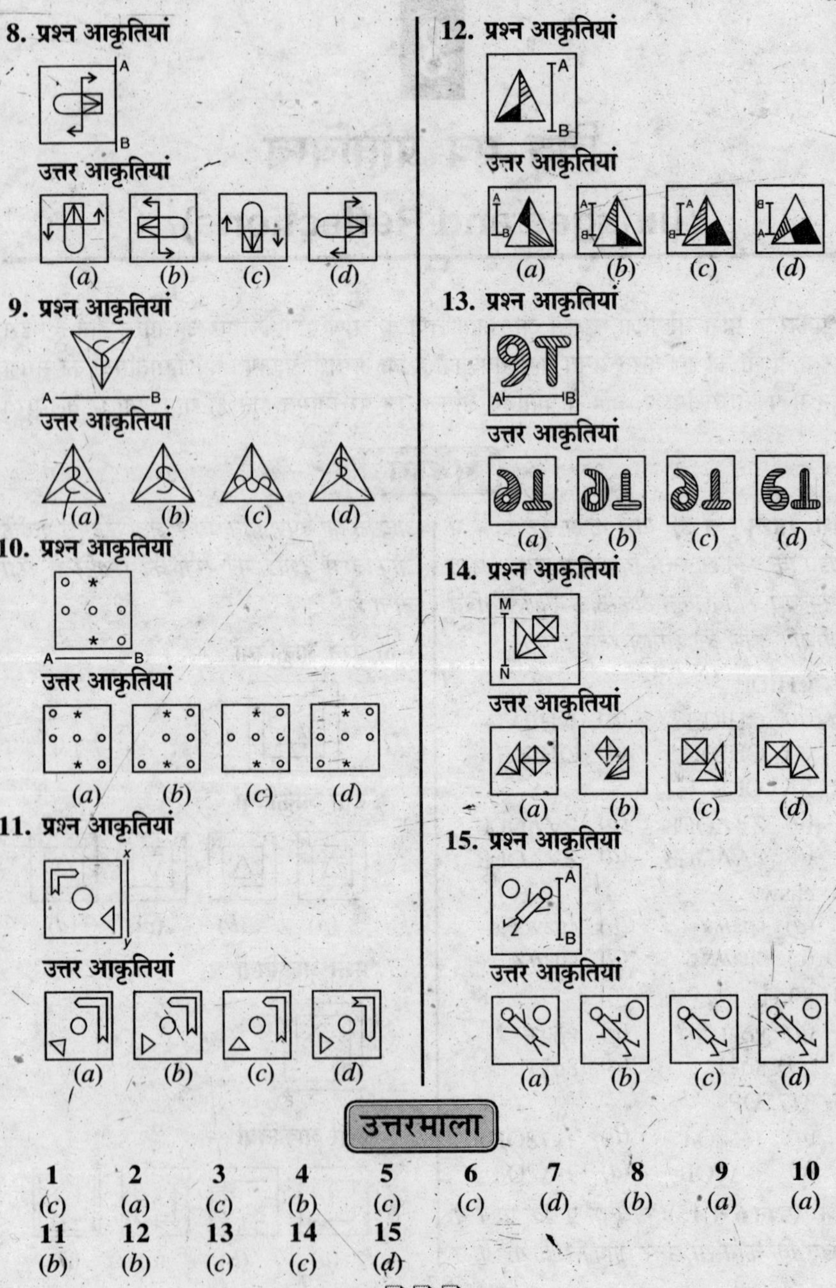

उत्तरमाला

1	2	3	4	5	6	7	8	9	10
(c)	(a)	(c)	(b)	(c)	(c)	(d)	(b)	(a)	(a)
11	**12**	**13**	**14**	**15**					
(b)	(b)	(c)	(c)	(d)					

❑❑❑

शिक्षण अभिरुचि
(Teaching Aptitude)

अध्यापन
(TEACHING)

शिक्षण का अर्थ

शिक्षण एक ऐसी सामाजिक प्रक्रिया है जिस पर राजनीतिक व्यवस्था, संस्कृति, दर्शन, सामाजिक मूल्य आदि सभी का स्पष्ट प्रभाव पड़ता है। इस कारण से शिक्षण की कोई एक सर्वमान्य परिभाषा देना कठिन है। इस प्रक्रिया में तीन तत्त्व होते हैं—अध्यापक, छात्र तथा पाठ्य वस्तु। जब पाठ्य वस्तु छात्रों की पूर्ण सहभागिता के साथ छात्रों तक पहुंचती है और उनमें पूर्ण अन्तःक्रिया होती है तो उसे शिक्षण कहते हैं। यदि कक्षा में अध्यापक केवल व्याख्यान दे रहा हो और छात्र ध्यान से सुन रहे हों तो इसे शिक्षण नहीं बल्कि अनुदेशन कहते हैं।

शिक्षण तीन प्रकार का हो सकता है—प्रभुत्ववादी, लोकतांत्रिक तथा मुक्तयात्मक। प्रभुत्ववादी शिक्षण में अध्यापक अपने कठोर व्यवहार के साथ छात्रों को कक्षा में पढ़ाता है। वह उन्हें बिल्कुल छूट नहीं देता। वह ज्ञान को उनके मस्तिष्क में बाहर से ठूंसने का प्रयास करता है। वह स्वयं को परिपक्व तथा छात्रों को चिकनी मिट्टी मानता है। इस शिक्षण को हम अनुदेशन कह सकते हैं।

लोकतान्त्रिक तथा स्वतन्त्र दोनों ही प्रकार के शिक्षण में कक्षा में अध्यापक तथा छात्र दोनों ही सक्रिय होते हैं। उनके बीच पूर्ण अन्तःक्रिया होती है और दोनों ही एक-दूसरे को अपने व्यवहार से प्रभावित करते हैं। स्वतन्त्र व्यवस्था में तो अध्यापक के बजाय छात्र को अधिक स्वतन्त्रता होती है और वह अध्यापक को बताता है कि अध्यापक कक्षा में कब, क्या और कैसे करें।

इन सारी क्रियाओं का उद्देश्य छात्रों के व्यवहार में इच्छित एवं सकारात्मक परिवर्तन लाना होता है जिसे हम अधिगम (Learning) कहते हैं। शिक्षण से अधिगम तक पहुंचने के लिए पाठ्यक्रम तथा शिक्षण विधियां माध्यम के रूप में काम करती हैं।

शिक्षण की प्र ृ ति एवं विशेषताएं

1. शिक्षण अध्यापक तथा छात्रों के बीच एक अन्तः क्रिया है।
2. शिक्षण एक सामाजिक प्रक्रिया के साथ-साथ व्यावसायिक प्रक्रिया भी है जिसमें शिक्षक अपने व्यावसायिक कौशल का प्रयोग छात्र रूपी समाज पर करता है।
3. शिक्षण एक उद्देश्यपूर्ण प्रक्रिया है जो छात्रों के इच्छित व्यवहार परिवर्तन पर जाकर समाप्त होती है।
4. शिक्षण एक ऐसी प्रक्रिया है जिसके द्वारा छात्रों के अन्दर से विकास प्रारम्भ होकर बाहर तक आता है।
5. शिक्षण, कौशल रूपी कला को तकनीकों एवं रणनीतियों द्वारा वैज्ञानिक रूप देने का नाम है।
6. शिक्षण एक सम्प्रेषण क्रिया है जो शाब्दिक एवं अशाब्दिक दोनों माध्यमों से आगे बढ़ती है।
7. शिक्षण एक द्विपक्षीय क्रिया है अर्थात् इसमें छात्र एवं अध्यापक दोनों की भागीदारी होती है।

8. शिक्षण एक उपचार है अर्थात् इसके द्वारा छात्रों की कमजोरियों का निदान व उपचार किया जाता है।
9. शिक्षण एक तार्किक क्रिया है अर्थात् नियोजन, प्रस्तुतीकरण एवं मूल्यांकन तीनों तार्किक ढंग से ही किया जाता है।
10. शिक्षण का मापन सम्भव है अर्थात् अध्यापक के व्यवहार का निरीक्षण करके उसका मापन किया जा सकता है।
11. पुनर्बलन एवं शिक्षण की विधियों का प्रयोग करके शिक्षण में सुधार किया जा सकता है।
12. शिक्षण सुधार एक सतत् प्रक्रिया है जो शिक्षक के जीवन पर्यन्त जारी रहती है।
13. शिक्षण एक त्रिध्रुवीय प्रक्रिया है जिसमें शिक्षण उद्देश्य (शिक्षक) सीखने का अनुभव (पाठ्य वस्तु) तथा व्यवहार परिवर्तन (छात्र) तीनों एक साथ काम करते हैं।
14. शिक्षण एक मार्गदर्शन प्रक्रिया है जिसके द्वारा छात्रों को उनकी योग्यताओं, रुचियों एवं आवश्यकताओं के अनुसार गाइड किया जाता है।
15. कक्षा के अंदर शिक्षण औपचारिक तथा कक्षा के बाहर अनौपचारिक प्रक्रिया है।
16. शिक्षण एक नियन्त्रित क्रिया है इसमें अध्यापक बिना सोचे-समझे कोई कदम नहीं उठाता।
17. शिक्षण वह क्रिया है जो अधिगम के मार्ग की रुकावटों को दूर करती है। जब तक छात्र सीखने की क्रिया को पूरा न कर ले तब तक शिक्षक का काम पूरा नहीं होता।
18. शिक्षण ज्ञान के सामान्यीकरण को आगे बढ़ाने की क्रिया है।

शिक्षा तथा अधिगम में अंतर

(*i*) अनुभव एवं अनुक्रिया के द्वारा छात्रों के व्यवहार में होने वाले सुधार एवं परिवर्तन को अधिगम कहते हैं अर्थात् यह शिक्षण क्रिया का प्रतिफल है। शिक्षण अधिगम पैदा करने के उद्देश्य से किया जाता है।

(*ii*) शिक्षण तथा अनुदेशन दोनों का कार्य अधिगम को प्रभावित करना है अर्थात् शिक्षण में अधिगम निहित होता है किन्तु अधिगम के लिए शिक्षण या अनुदेशन आवश्यक नहीं है। यह अभिप्रेरण, भावुकता या परिपक्वता के द्वारा भी हो सकता है।

(*iii*) अधिगम का अर्थ है – क्रियाएं तथा अनुभव। शिक्षण भी क्रियाओं एवं अनुभवों के आधार पर होता है। इस प्रकार शिक्षण तथा अधिगम दोनों ही क्रियाओं एवं अनुभवों के द्वारा छात्रों के व्यवहार में इच्छित परिवर्तन लाते हैं।

शिक्षा तथा शिक्षण में अन्तर

(*i*) शिक्षा एक सामाजिक प्रक्रिया है जबकि शिक्षण एक विधि है जो इस प्रक्रिया को आगे बढ़ाती है।

(*ii*) शिक्षा एक जीवन पर्यन्त प्रक्रिया है जबकि शिक्षण कक्षा के नियन्त्रित वातावरण में होता है। यह छात्र तथा अध्यापक के बीच अन्तःक्रिया के द्वारा छात्रों के अन्दर अधिगम (Learning) की जिज्ञासा पैदा करता है।

(*iii*) शिक्षा की प्रक्रिया अनजाने में भी जारी रह सकती है जबकि शिक्षण औपचारिक रूप से सोच-समझ कर की जाने वाली प्रक्रिया है और इसका एक पूर्व निर्धारित उद्देश्य होता है।

(*iv*) शिक्षा औपचारिक तथा अनौपचारिक दोनों प्रकार की होती है किन्तु शिक्षण कक्षा के अन्दर तथा कक्षा के बाहर दोनों स्थानों पर औपचारिक ही होगा।

शिक्षण एवं प्रशिक्षण में अन्तर

(*i*) प्रशिक्षण शब्द का प्रयोग आदतें ढालने के लिए तथा शिक्षण शब्द का प्रयोग आदतों के निर्माण के लिए किया जाता है अर्थात् शिक्षण के बाद ही प्रशिक्षण आरम्भ होता है।

(*ii*) प्रशिक्षण शिक्षण का केवल एक अंग है।

(*iii*) प्रशिक्षण के द्वारा कौशल का विकास किया जाता है और शिक्षण के द्वारा ज्ञान का।

(*iv*) एक आदर्शवादी समाज शिक्षण को महत्व देता है जबकि एक प्रयोजनवादी (Pragmatic) समाज प्रशिक्षण को वरीयता देता है।

एक सफल एवं प्रभावी शिक्षक के गुण

एक सफल अध्यापक के गुणों को हम तीन वर्गों में बांट सकते हैं–

(A) व्यावसायिक दक्षता

(B) व्यक्तित्व सम्बन्धी गुण

(C) मानवीय गुण

(A) व्यावसायिक दक्षता (Professional Skills)

एक सफल अध्यापक की व्यावसायिक दक्षता के अंतर्गत निम्न बातें आती हैं–

1. उद्देश्यों का ज्ञान (Knowledge of objectives) : शिक्षक को यह पता होना चाहिए कि राष्ट्र ने शिक्षा के क्या उद्देश्य निर्धारित किए हैं। समाज को शिक्षा की आवश्यकता क्यों है और उनका स्कूल किस मिशन को लेकर आगे बढ़ रहा है। इन तीनों बातों की वास्तविक जानकारी हमें धर्म एवं दर्शन के ज्ञान से ही हो सकती है।

इसी प्रकार अध्यापक को शिक्षण उद्देश्यों का भी ज्ञान होना चाहिए। उसे पता होना चाहिए कि मानव व्यवहार तीन पक्षों–ज्ञानात्मक, भावनात्मक तथा मनोयोगात्मक तीन पक्षों से मिलकर बना है और प्रत्येक पक्ष के छः छः स्तरीकृत उद्देश्य हैं जैसा कि निम्न तालिका से स्पष्ट है–

Taxonomy Table

ज्ञानात्मक पक्ष (वी.एस. ब्लूम)	भावनात्मक पक्ष (कैथ्रोल)	मनोयोगात्मक पक्ष (सिम्पसन)
ज्ञान उद्देश्य	आग्राहण	उद्दीपन
बोध उद्देश्य	अनुक्रिया	तोड़-मरोड़
अनुप्रयोग उद्देश्य	अनुमूलन	नियन्त्रण
विश्लेषण उद्देश्य	संकल्पना निर्माण	संयोजन
संश्लेषण उद्देश्य	व्यवस्थितीकरण	प्रकृतिकरण
मूल्यांकन उद्देश्य	चरित्र निर्माण	आदत निर्माण

जब अध्यापक इन तथ्यों से भिज्ञ होता है तो वह यह बात आसानी से निर्धारित कर लेता है कि उसे अपने छात्रों को किस स्तर तक ले जाना है अर्थात् उन्हें क्लर्क बनाना है या प्रशासनिक अधिकारी और यह निर्णय छात्र की बौद्धिक क्षमता तथा शिक्षा के प्रति उसके सकारात्मक दृष्टिकोण पर निर्भर करता है।

2. विषय पर अधिकार (Command over Subject) : शिक्षक जो भी विषय स्कूल में पढ़ा रहा है उस विषय पर उसका पूरा अधिकार होना

चाहिए। किसी भी अध्यापक को जो सम्मान समाज या स्कूल में मिलता है वह उस के ज्ञान या उच्च आदर्श के कारण ही मिलता है। जब तक अध्यापक को अपने विषय पर अधिकार नहीं होगा वह कक्षा में विश्वास के साथ खड़ा नहीं हो पाएगा। इसी प्रकार अध्यापक से यह भी आशा की जाती है कि वह सदैव कक्षा में पूरी तैयारी के साथ जाए ताकि उसका आत्मविश्वास न डगमगाये। यदि छात्रों की नजरों में विषय के ज्ञान को लेकर एक बार किसी अध्यापक की साख खराब हो जाए तो वह फिर कभी नहीं बन सकती। कम से कम उस बैच के छात्रों में तो नहीं बन सकेगी।

3. छात्रों का ज्ञान (Knowledge of Pupils) : छात्रों की बुद्धि, उनके व्यक्तित्व, उनकी रुचियों तथा उनकी अभिवृत्तियों आदि की पूरी जानकारी भी अध्यापक को होनी चाहिए। इसीलिए वह छात्रों का साक्षात्कार भी ले सकता है और विभिन्न प्रकार के टेस्ट भी।

4. शिक्षण विधि एवं रणनीतियों का ज्ञान (Knowledge of Teaching Strategies and Techniques) : जो कुछ पढ़ाना है उसे कैसे पढ़ाया (प्रस्तुत किया) जाए कि छात्र उसे पूर्णरूप से समझ ले, यह वह चौथा गुण है जो कि शिक्षक के अन्दर अपरिहार्य रूप से होना चाहिए। इसीलिए अध्यापक को अधिगम सिद्धान्तों, बाल विकास के चरणों तथा शिक्षण टेक्नोलॉजी तीनों का व्यावहारिक ज्ञान होना चाहिए और यह ज्ञान चूंकि अनुसंधानों के फलस्वरूप परिष्कृत होता रहता है इसलिए अध्यापक को इन परिवर्तनों की भी पूरी जानकारी होनी चाहिए।

5. सम-सामयिक घटनाओं का ज्ञान (Knowledge of Current Events) : सम-सामयिक घटनाओं का महत्व शिक्षा के हर क्षेत्र में है। इनके द्वारा विषय को रुचिकर बनाने तथा छात्रों को अभिप्रेरित करने में बड़ी सहायता मिलती है। इसके लिए अध्यापक को न केवल अपने विषय पर पुस्तकों एवं पत्र-पत्रिकाओं का अध्ययन करना चाहिए बल्कि सम्बन्धित विषयों पर भी जानकारी लेते रहना चाहिए।

6. सम्प्रेषण की क्षमता (Communicative Ability) : अध्यापक के अन्दर सम्प्रेषण की पूरी क्षमता होनी चाहिए। इसलिए उसे सम्बन्धित भाषाओं पर पूरा कमान्ड होना चाहिए। एक सफल शिक्षक को कम-से-कम तीन भाषाओं पर पूरा कमान्ड होना चाहिए। पहली राष्ट्रभाषा हिन्दी, दूसरी अंग्रेजी तथा तीसरी क्षेत्रीय भाषा। अध्यापक को इन भाषाओं के लिखने व बोलने दोनों में प्रवीण होना चाहिए।

7. प्रभावी अनुदेशन क्षमता (Effective Instructional Ability) : शिक्षण प्रक्रिया में अनुदेशन की लगभग 50% भूमिका होती है अर्थात् शिक्षण प्रक्रिया में अनुदेशन का विशेष महत्त्व है। प्रभावी अनुदेशन के द्वारा शिक्षक पाठ्य-सामग्री को आसान और व्यवस्थित बनाकर पेश करता है। वह जो कुछ भी अनुदेश देता है उस पर छात्रों द्वारा सकारात्मक प्रतिक्रिया होती है।

8. अनुसन्धान एवं प्रयोग का कौशल (Research and Experimental Ability) : एक सफल अध्यापक को शिक्षण के साथ-साथ अनुसन्धान और नए-नए प्रयोग भी करते रहना चाहिए। इन प्रयोगों के द्वारा उसे छात्रों को समझने तथा अपने शिक्षण को सुधारने में सहायता मिलती है। इन प्रयोगों के द्वारा वह विभिन्न तकनीकों एवं उपायों के छात्रों पर प्रभाव का अध्ययन करता है और इस अनुसंधान से सारा शिक्षक समुदाय लाभ उठाता है। यह अनुसन्धान एक सतत् प्रक्रिया के रूप में भी चलता है और अलग से वातावरण बनाकर भी किया जाता है।

9. सर्जनात्मक एवं बुद्धिमत्ता (Creativity and Intelligence) : एक सफल अध्यापक को सर्जनात्मक (Creative) और बुद्धिमान भी होना चाहिए। शिक्षण एवं अधिगम के सिद्धान्तों को विभिन्न परिस्थितियों में कैसे लागू किया जाए और उनसे कैसे लाभ उंठाया जाए यह तभी सम्भव है जब अध्यापक के अन्दर सर्जनात्मक क्षमता एवं बुद्धिमत्ता दोनों हों।

10. नेतृत्व गुण (Leadership Quality) : एक शिक्षक स्कूल में छात्रों तथा उनके अभिभावकों के माध्यम से पूरे समाज को नेतृत्व प्रदान करता है। वह अभिभावकों के सहयोग से ही छात्रों के व्यवहार में इच्छित परिवर्तन ला सकता है। इसलिए शिक्षक के अन्दर नेतृत्व गुण अवश्य होने चाहिए ताकि जिस रास्ते को वह स्वयं सही समझ रहा है उस रास्ते पर दूसरों के चलने के लिए प्रेरित करने में सक्षम हो सके।

11. शिक्षण में गहन रुचि (Deep Interest In Teaching) : सफल शिक्षक वही व्यक्ति हो सकता है जिसने इस व्यवसाय को अपनी विशेष रुचि के कारण अपनाया है। यदि उसने इस व्यवसाय को अंतिम विकल्प के रूप में चुना है तो भी इस काम में बाद में उसकी रुचि पैदा हो सकती है। यदि एक वर्ष बीत जाने के बाद भी उसे शिक्षण से प्रेम नहीं हुआ है तो आगे उससे कोई आशा नहीं की जा सकती क्योंकि वर्षभर उसके सम्पर्क में छात्रों की एक बड़ी संख्या रहती है। वह उन्हें बनते और संवरते देखता है और इसी से उसके अन्दर रुचि पैदा होती है।

12. विषय में रुचि (Interest in the Subject) : शिक्षक ने जिस विषय को पढ़ाने के लिए चुना है उस विषय में उसकी रुचि होनी चाहिए। कभी-कभी किसी के कहने पर या मजबूर करने पर किसी विषय में बी.ए. या एम.ए. कर लिया जाता है किन्तु रुचि न होने के कारण न तो आगे उस विषय का अध्ययन बहुत अच्छा लगता है और न अध्यापन। कभी-कभी यह रुचि बाद में भी पैदा हो जाती है किन्तु ऐसा बहुत कम होता है। रुचि का हल्का-फुल्का अनुमान सम्बन्धित विषय में प्राप्त अंकों से लगाया जा सकता है।

13. सहायक सामग्री के प्रयोग में कुशलता (Skilled in Using Teaching Aids) : छात्रों के लिए शिक्षण को प्रभावी और पाठ्य-सामग्री को सरल एवं रुचिकर बनाने के लिए सहायक शिक्षण सामग्री का प्रयोग किया जाता है। कौन-सी सहायक सामग्री, कब और कैसे प्रयोग की जाए, प्रभावी शिक्षक इन बातों को जानता है। उसे पाठ के अनुरूप सहायक सामग्री का स्वयं चयन करना चाहिए और यदि आवश्यक हो तो उसे स्वयं विकसित भी करना चाहिए।

14. मूल्यांकन की योग्यता (Evaluation Skill) : शिक्षण प्रक्रिया तब तक पूरी नहीं होती जब तक एक-एक बिन्दु का मूल्यांकन नहीं हो जाता। शिक्षक को मूल्यांकन के सिद्धान्तों तथा विधियों से भी परिचित होना चाहिए ताकि उसे यह पता चलता रहे कि वह अपने कार्यक्रमों में कहां तक सफल है। मूल्यांकन वास्तव में छात्रों का नहीं अपितु शिक्षक का होता है किन्तु यदि शिक्षकों की समाज के सम्मुख जवाबदेही न हो तो यह मूल्यांकन केवल छात्रों तक सीमित हो जाता है।

15. पाठ्य सहगामी क्रियाओं का संचालन (Organising Ability of Co-Curricular Activities) : शिक्षण में पाठ्य सहगामी क्रियाओं की विशेष भूमिका है इन्हीं के द्वारा छात्रों के बहुकोणीय विकास को सुनिश्चित किया जाता है। एक सफल शिक्षक को इन गतिविधियों के संचालन का ढंग होना चाहिए। उसे स्वयं पहल

करके इन गतिविधियों को संचालित करना चाहिए।

(B) व्यक्तित्व सम्बन्धी लक्षण (Personality traits)

एक शिक्षक के लिए यह आवश्यक है कि उसके व्यक्तित्व में कोई उलझाव न हो क्योंकि उलझे व्यक्तित्व वाला व्यक्ति छात्रों के साथ कभी न्याय नहीं कर सकता। सामान्यतया शिक्षक के अन्दर निम्न गुणों का होना आवश्यक है–

1. शारीरिक एवं मानसिक स्वास्थ्य (Physical and Mental Health) : शिक्षक को कक्षा में और कक्षा के बाहर बहुत चाकोचौबन्द और सक्रिय रहना पड़ता है इसलिए उसे शारीरिक रूप से स्वस्थ होना चाहिए। इसके अलावा शिक्षक का बालकों (मानव) से सीधा सम्पर्क रहता है इसलिए उसे मानसिक रूप से भी स्वस्थ एवं संतुलित रहना चाहिए। जैसे– उसे छोटी-छोटी बातों पर क्रोध नहीं आना चाहिए। उसका मन गंगा जल की तरह पवित्र होना चाहिए। इस मन में किसी के प्रति द्वेष, घृणा या तिरस्कार आदि न हो।

2. समायोजन की क्षमता (Ability of Adjustment) : शिक्षक को समाज में हजारों लोगों के सम्पर्क में आना पड़ता है और नयी-नयी परिस्थितियों का सामना करना पड़ता है। इसलिए शिक्षक के अन्दर समायोजन की उच्च क्षमता होनी चाहिए। वातावरण कैसा भी हो शिक्षक को अपने आपको इस वातावरण का अंग बना लेना चाहिए किन्तु इस समायोजन में उसका अपना व्यक्तित्व लुप्त न हो इससे भी शिक्षक को सावधान रहना पड़ता है।

3. आकर्षक (Attractive) : शिक्षक को देखने में भी आकर्षक लगना चाहिए, इससे बालकों पर अच्छा प्रभाव पड़ता है। उसकी वेशभूषा स्वच्छ एवं प्रचलित मानकों पर खरी उतरनी चाहिए। कुल मिलाकर शिक्षक या शिक्षिका को स्मार्ट लगना चाहिए।

4. संयम और धैर्य (Perseverence and Self Restraint) : शिक्षक को जल्दबाज नहीं होना चाहिए बल्कि धैर्य के साथ परिणाम की प्रतीक्षा करनी चाहिए। उसे व्यवहार में भी संयम का परिचय देना चाहिए। यदि कोई उसके आत्म-सम्मान को ठेस पहुंचाता है तो भी उसे शान्त भाव से उस परिस्थिति का सामना करना चाहिए।

5. खुला दिमाग (Open Minded) : शिक्षक को धर्म या जाति के नाम पर पनप रही संकीर्ण विचारधाराओं से दूर रहना चाहिए। उसे आलोचनाओं का खुले दिमाग से स्वागत करना चाहिए तथा विवादों को सुलझाने के लिए केवल तर्क का ही सहारा लेना चाहिए। उसे अपने शिष्यों के विचारों का भी खुले मन से स्वागत करना चाहिए।

6. गम्भीरता एवं बेतकल्लुफी का संगम (Combination of Seriousness and Humour) : अध्यापक को इतना गम्भीर होना चाहिए कि कोई भी उसकी खिल्ली न उड़ा सके और इतना फ्रैंक भी होना चाहिए कि छात्र या अभिभावक उससे अपनी समस्याएं खुलकर कह सकें अर्थात् अपने और छात्रों के बीच थोड़ी दूरी रखते हुए उसे छात्रों से प्रगाढ़ सम्बन्ध बनाने चाहिए।

7. मैत्रीपूर्ण (Friendly) : शिक्षक को व्यवहार से मिलनसार भी होना चाहिए। उसे लोगों से मुस्कुरा कर मिलना चाहिए तथा अभिभावकों एवं अपने साथियों के साथ अच्छा व्यवहार करना चाहिए।

8. उद्यमी (Hard Working And Industrious) : शिक्षण एक चुनौतीपूर्ण एवं जोखिम भरा कार्य है। इसमें समय-समय पर नाकामियों का मुंह भी देखना पड़ता है। ऐसे में अध्यापक को साहस के साथ परिस्थितियों का सामना करना चाहिए। उसे केवल प्रधानाचार्य के डर से प्रवर्तन (Innovation) से नहीं बचना चाहिए बल्कि नए-नए प्रयोगों का जोखिम उठाते रहना चाहिए।

9. हास्य भाव (Sense of Humour) : शिक्षकों को हँसी की बातों पर हँसना भी चाहिए और छात्रों को अपनी बातों से हँसाना भी चाहिए। हँसने-हँसाने से थमे हुए संवेग बाहर आते हैं तथा थकावट दूर होती है। यदि कोई शिक्षक शिक्षण को आनन्द की क्रिया बनाने में सफल हो जाता है तो उसके शिष्यों का अधिगम दुगुना हो सकता है।

10. सहानुभूतिपूर्ण (Sympathetic) : शिक्षक को अपने शिष्यों के साथ पूरी सहानुभूति होनी चाहिए। यदि वह अपने शिष्यों के मन में यह धारणा बनाने में सफल हो जाता है कि मेरा शिक्षक मेरा हितैषी है, वह मेरा बुरा नहीं चाह सकता तो शिक्षक द्वारा दिए गए सारे अनुदेश, गीता या कुरान के शब्दों का काम करते हैं और छात्र अपने अध्यापक की आज्ञा एवं आदेश का पालन करने के लिए ऐसे दौड़ते हैं जैसे बच्चा दूध के लिए दौड़ता है।

11. आत्म ज्ञान (Self Actualisation) : शिक्षक को अपनी कमियों और योग्यताओं दोनों का पता होना चाहिए। इससे उसे किसी भी काम में कभी निराशा या हताशा नहीं होगी। वह स्कूल में जो कुछ भी करेगा अपनी सीमाओं को ध्यान में रखकर करेगा।

12. जीवन-पर्यन्त छात्र (Life Long Student) : अच्छा शिक्षक जीवन भर स्वयं को छात्र ही समझता है, वह अध्ययन से कभी जी नहीं चुराता और सदैव उच्च से उच्चतर की तलाश में रहता है। इस आदत से उसके शिक्षण एवं व्यवहार दोनों में परिपक्वता आती है। जो लोग शिक्षक होने के बाद अध्ययन की आदत से दूर हो जाते हैं, उनका ज्ञान धीरे-धीरे कमजोर एवं आउटडेट होता चला जाता है।

(C) मानवीय गुण

एक शिक्षक का काम छात्रों के व्यवहार में ऐसा परिवर्तन लाना है जिससे वे एक श्रेष्ठ मानव एवं देश के उपयोगी नागरिक बन सकें। यह तभी सम्भव है जब वह स्वयं भी अच्छा इन्सान हो। इसके लिए उसके अन्दर निम्न गुण होने चाहिए—

1. शिक्षक को विश्वसनीय होना चाहिए अर्थात् उसकी कथनी और करनी में कोई अन्तर नहीं होना चाहिए तभी वह अपने शिष्यों एवं उनके अभिभावकों का विश्वास जीत सकता है।
2. शिक्षक को ईमानदार और अपने काम के प्रति निष्ठावान होना चाहिए। उसे स्कूल में समय से आना चाहिए और पूरी ईमानदारी के साथ दिनभर अपना काम करना चाहिए। इसी प्रकार, शिक्षक को छात्रों के प्रति भी ईमानदार भी होना चाहिए।
3. शिक्षक को मन, कर्म और वचन से शुद्ध होना चाहिए। तभी वह अपने शिष्यों के सामने आदर्श प्रस्तुत कर सकता है।
4. शिक्षक को लालची नहीं होना चाहिए। यदि वह लालची प्रवृत्ति का है तो कोई भी उसे आसानी से खरीद सकता है।
5. शिक्षक को किसी के साथ पक्षपात नहीं करना चाहिए। शिक्षण एवं मूल्यांकन में उसे

किसी भी छात्र को अनुचित लाभ नहीं पहुंचाना चाहिए।

6. शिक्षक को किफायती भी होना चाहिए अर्थात् शिक्षण, मूल्यांकन या अन्य किसी कार्य के लिए जो समय उसे दिया गया है उसका सदुपयोग करें ताकि संसाधनों की बर्बादी न हो।
7. शिक्षक को काम करने की अच्छी आदत होनी चाहिए। कामचोरी की प्रवृति से केवल अपना ही नुकसान होता है।
8. शिक्षक को छात्रों व उनकी समस्याओं में पूरी रुचि लेनी चाहिए और इन समस्याओं के समाधान के लिए उनका मार्गदर्शन भी करना चाहिए।
9. शिक्षक को स्कूल व समुदाय में भी पूरी रुचि लेनी चाहिए।
10. शिक्षक का व्यवहार जनतान्त्रिक मूल्यों से सुशोभित होना चाहिए अर्थात् वह अपने विचारों को छात्रों या अपने साथियों पर बलपूर्वक न थोपे बल्कि दूसरों के विचारों का भी सम्मान करे।
11. शिक्षक को अपने छात्रों की सामाजिक एवं आर्थिक पृष्ठभूमि को समझना चाहिए और उसी के अनुसार निर्णय लेना चाहिए।
12. शिक्षक को अपने स्कूल तथा समुदाय के प्रति वफादार होना चाहिए। उसे जो भी वेतन मिलता है चाहे वह कम हो या अधिक वफादारी उससे जुड़ी नहीं है। कम वेतन का बहाना करके ठीक से काम न करना विश्वासघात है।
13. शिक्षक को अपने छात्रों को अभिप्रेरित करने के लिए हर वह कदम उठाना चाहिए जो वह उठा सकता है। अभिप्रेरणा का अनुदेशन में प्रमुख योगदान है बल्कि इसे आधा शिक्षण माना जाता है।
14. शिक्षक को अपने शिष्यों को अनुशासित रखने का पूरा प्रयास करना चाहिए क्योंकि कक्षानुशासन के बिना शिक्षण कार्य आगे बढ़ ही नहीं सकता।

शिक्षण अभियोग्यता

यह वह योग्यता है जो शिक्षण प्रशिक्षण कार्यक्रम सीखने के लिए तथा बाद में एक प्रभावी शिक्षक बनने के लिए आवश्यक है। शिक्षण अभियोग्यता के अंतर्गत अध्यापक के अन्दर कौन-सी योग्यताएं होनी चाहिए यह जानने के लिए सर्वप्रथम यह जानना आवश्यक है कि अध्यापक स्कूल में कौन-कौन से कार्य करता है। इन सभी कार्यों एवं क्रियाओं को करने के लिए अध्यापक को जिन-जिन कौशलों एवं योग्यताओं की आवश्यकता होती है उसे तकनीकी भाषा में शिक्षण अभियोग्यता कहते हैं। यदि शिक्षण कार्यक्रम से पूर्व ही परीक्षण तथा बाद में बी-एड परीक्षा में सह-सम्बन्ध महत्वपूर्ण (Significant) हैं तो यह माना जायेगा कि अध्यापकों के अन्दर अध्यापक प्रशिक्षण कार्यक्रम सीखने की योग्यता थी और अब वे एक सफल शिक्षक बन सकते हैं। यदि इन दोनों परीक्षाओं के बीच बहुत कम सह-सम्बन्ध सामने आते हैं तो इसके तीन अर्थ निकल सकते हैं–

1. यदि अभियोग्यता परीक्षा में छात्रों ने अच्छे अंक प्राप्त किए थे किन्तु बाद में B.Ed की निष्पत्ति परीक्षा (Achievement Test) में फेल हो गए तो इसका तात्पर्य यह है कि छात्रों की शिक्षण योग्यताओं का सही आकलन नहीं किया गया था।
2. यदि अभियोग्यता परीक्षा में छात्र ने कम अंक प्राप्त किए थे किन्तु फिर भी उसे B.Ed में प्रवेश दे दिया गया तो इस बात की पूरी सम्भावना है कि छात्र B.Ed की निष्पत्ति

परीक्षा (Achievement Test) में फेल हो जाए और उस पर खर्च होने वाले संसाधन व्यर्थ चले जाएं।

3. यदि अभियोग्यता परीक्षा में कम अंक अर्जित करने के बावजूद छात्र B.Ed या BTC परीक्षा में पास हो जाते हैं तो इसका यह अर्थ होगा कि छात्रों की शिक्षण अभियोग्यता का सही आकलन नहीं किया गया था।

अतः स्पष्ट है कि हमें शिक्षण अभियोग्यता को समझने के लिए यह जानना आवश्यक है कि अध्यापक स्कूल परिसर में क्या-क्या काम करता है।

शिक्षक के कार्य

स्कूल में शिक्षक के कार्यों को मुख्यतः दो वर्गों में बांटा जा सकता है–

(A) कक्षा एवं शिक्षण से सम्बन्धित कार्य

स्कूल में शिक्षक का मुख्य कार्य शिक्षण (छात्रों का सर्वांगीण विकास) है। यह कार्य कक्षा के अन्दर पाठ्य वस्तु की सहायता से होता है और कक्षा के बाहर पाठ्य सहगामी क्रियाओं के माध्यम से होता है। इस सम्बन्ध में अध्यापक के प्रमुख कार्य निम्न हैं–

1. छात्रों की उपस्थिति का रिकार्ड रखना : कक्षा में आने के बाद अध्यापक सबसे पहले छात्रों की हाजिरी नोट करता है और उसका रिकार्ड रखता है। यदि कोई छात्र कक्षा में नहीं आ रहा है तो इसके कारणों का पता लगाना और तत्पश्चात् उचित कदम उठाना भी अध्यापक का ही दायित्व होता है।

2. शिक्षण एवं पाठ्य सहगामी कार्यक्रमों की योजना बनाना : इन योजनाओं को बनाते समय अध्यापक छात्रों की योग्यताओं एवं आवश्यकतों, बदलते समाज की आवश्यकता तथा प्रधानाचार्य के निर्देशों को ध्यान में रखता है। वह यह तय करता है कि उसे कितना पाठ्यक्रम कितने दिन में पूरा करना है और कब इसकी पुनरावृत्ति करनी है। उसे बीच-बीच में अपनी क्रियाओं का मूल्यांकन भी करना पड़ता है ताकि वह समय रहते उपचारात्मक शिक्षण कर सके।

इसके अलावा छात्रों के व्यक्तित्व के पूर्ण विकास के लिए स्कूल में अनेक प्रकार की पाठ्य सहगामी सांस्कृतिक एवं खेलकूद से सम्बन्धित क्रियाएं भी चलती रहती हैं। इन सभी कार्यक्रमों पर अध्यापक को कितना समय देना है इसकी भी वह पूरी योजना बनाकर चलता है। वह यह भी निर्धारित कर लेता है कि उसे इन क्रियाओं पर कितना समय देना है और उन्हें किस प्रकार से संचालित करना है आदि। इन सभी बातों के सम्बन्ध में पहले से योजना बना लेने के कारण उसका काम सरल हो जाता है।

3. विभिन्न शैक्षिक एवं सह शैक्षिक कार्यक्रमों को संगठित करना : योजना बना लेने के बाद अध्यापक उसे व्यावहारिक रूप देता है। इस चरण में वह यथार्थवादी होकर काम करता है अर्थात् वह जो काम करता है उसके परिणामों पर भी नजर रखता है। कक्षा में शिक्षण से लेकर स्कूल कैम्पस में आयोजित होने वाले सारे कार्यक्रमों में उसकी सक्रिय भूमिका होती है। ये सारे काम वह टीम भावना से करता है। यदि वह केवल अपने कार्यक्रमों से मतलब रखे तो इससे व्यंवस्था की सफलता की जमानत नहीं दी जा सकती।

4. व्यावसायिक कार्य : शिक्षण अध्यापक का धर्म भी है और व्यवसाय भी। अध्यापक अलग-अलग परिस्थितियों में अलग-अलग विधि या तकनीक का प्रयोग करता है और सहायक सामग्री के प्रयोग द्वारा अपने शिक्षण को प्रभावी बनाता है। वह शिक्षण के प्रति सकारात्मक अभिवृत्ति

के द्वारा छात्रों को अभिप्रेरित भी करता है। वह छात्रों को उपयोगी शिक्षा देने के लिए देश की शिक्षा नीति पर भी नजर रखता है। संक्षेप में, एक शिक्षक हर वह काम करता है जो उसके शिष्यों के हित में है।

5. छात्रों की निगरानी एवं मार्गदर्शन : शिक्षक अपने शिष्यों के लिखित, मौखिक एवं प्रयोगात्मक सभी प्रकार के कामों की निगरानी करता है और आवश्यकतानुसार उन्हें सलाह एवं अनुदेश देता हैं। वह पाठ्य सहगामी क्रियाओं के चयन में भी छात्रों का मार्गदर्शन करता है और चुनी हुई क्रियाओं में छात्रों को इस प्रकार गाइड करता है कि वे इन क्रियाओं से अधिकाधिक लाभ उठा लेते हैं।

6. छात्रों की उपलब्धियों का मूल्यांकन : सभी प्रकार की पाठ्यक्रमों एवं पाठ्य सहगामी क्रियाओं में छात्रों को लगाने के बाद वह उनकी उपलब्धियों का मूल्यांकन करता है। मूल्यांकन के द्वारा वह उनकी कमजोरियों का पता लगाता है तथा उनकी प्रतिभाओं की खोज करता है। इसलिए वह पखवाड़े या माह में टेस्ट आयोजित करता रहता है और उसका मूल्यांकन करता रहता है।

7. रिकॉर्ड तैयार करना : टेस्टों के मूल्यांकन के बाद परिणाम को अंकशीट पर अंकित कर दिया जाता है। इस अंकशीट के परिणाम को छात्रों के प्रोग्रेस कार्ड पर स्थानान्तरित करना भी अध्यापक का ही कार्य है।

8. सूचना देना : परिणाम तैयार हो जाने के बाद उसकी सूचना प्रधानाचार्य को दी जाती है। प्रधानाचार्य की आज्ञा से यह सूचना छात्रों एवं अभिभावकों को पहुंचा दी जाती है। इस चरण में शिक्षक को अभिभावकों से कुछ शिकायतें भी सुननीं पड़ सकती हैं जिसे वह अपने दूरगामी व्यवहारों के द्वारा दूर करने का प्रयास करता है।

(B) सम्बन्ध विकास से जुड़े कर्तव्य

शिक्षक को छात्रों तथा अभिभावकों के साथ भी सम्बन्ध बनाना पड़ता है और प्रधानाचार्य एवं अपने साथियों के साथ भी। इन सम्बन्धों के विकास के लिए उसे निम्न कार्य करने पड़ते हैं—

1. छात्रों के साथ सम्बन्ध : छात्रों के साथ सम्बन्ध बनाने में अध्यापक को निम्न बातों पर विशेष ध्यान देना चाहिए—

(*a*) उसे अपने शिष्यों की योग्यताओं, कमियों, उनकी पसंद और नापसंद आदि की पूरी जानकारी होनी चाहिए। यह तभी सम्भव है जब शिष्यों से उसके सम्बन्ध ऐसे हों कि वे बिना झिझक अपनी बातें अपने अध्यापक से कह सकें किन्तु इस सम्बन्ध विकास में हैसियत की दीवार गिरनी नहीं चाहिए। शिक्षक को अपने शिष्यों से उनके निजी जीवन के विषय में जो भी जानकारी प्राप्त हो उसे लेकर वह अपने शिष्यों की कभी खिल्ली न उड़ाए और न ही उन्हें कभी ब्लैकमेल करे। उनके साथ शिक्षक की पूरी सहानुभूति होनी चाहिए और शिष्यों की जो भी कमजोरियां हैं उन्हें दूर करने में शिक्षक को सदैव अपने शिष्यों की सहायता करनी चाहिए।

(*b*) शिक्षक को अपने शिष्यों से कभी घटिया मजाक नहीं करना चाहिए और न ही उसे कभी किसी गाली से संबोधित करना चाहिए। ऐसा करने से शिक्षक की प्रतिष्ठा नष्ट हो जाती है। ऐसा हो जाने पर वह अपने शिष्यों से कोई भी आदेश स्वेच्छा से नहीं मनवा सकता केवल डर से छात्र उसका आदेश मानेंगे।

(*c*) शिक्षक को अपने शिष्यों का हितैषी होना चाहिए। उसे अपने शिष्यों की समस्याओं

के निराकरण एवं आवश्यकताओं की पूर्ति में ऐसी रुचि होनी चाहिए कि छात्र उसे अपना हमदर्द समझें और उसकी आज्ञा का पालन करने में गर्व का अनुभव करें। यंदि छात्रों के अन्दर अपने अध्यापक के प्रति यह भावना विकसित हो गई तो वे उस अध्यापक द्वारा दिए गए शारीरिक दण्ड को भी खुशी से सह लेंगे।

(*d*) शिक्षक को अपने अन्य शिक्षक साथियों का बच्चों के सामने कभी मजाक नहीं उड़ाना चाहिए और न ही कभी किसी की निन्दा करनी चाहिए क्योंकि ऐसा करने से अध्यापक अपनी ही प्रतिष्ठा खोता है। कारण यह है कि सभी छात्र किसी-न-किसी शिक्षक के प्रति सम्मान एवं आदर का भाव अपने मन में उत्पन्न कर लेते हैं अतएव वे उस शिक्षक के अपमान या निन्दा को सहन नहीं कर पाते।

(*e*) शिक्षक एवं शिष्यों के बीच एक बाल की दूरी अवश्य होनी चाहिए अर्थात् सम्बन्ध चाहे जितने प्रगाढ़ हों दोनों के बीच की दूरी मिटनी नहीं चाहिए। जिस दिन यह दूरी मिट जाएगी उस दिन से शिक्षक कक्षा में सफल शिक्षण नहीं कर पायेगा।

(*f*) अध्यापक को गम्भीर होना चाहिए किन्तु इतना भी गम्भीर न हों कि छात्र उसके पास जाने से कतरायें। अच्छा शिक्षक वही कहलायेगा जो छात्रों के स्तर पर आकर शिक्षण करे।

(*g*) शिक्षक अपने शिष्यों के लिए एक आदर्श होता है। उसे वह काम स्वयं कभी नहीं करना चाहिए जिसे वह अपने छात्रों को करने से रोकता है।

(*h*) अध्यापक को अपने किसी भी शिष्य के साथ किसी भी आधार पर पक्षपात नहीं करना चाहिए। पक्षपात शिष्यों एवं शिक्षकों के बीच घृणा को बढ़ावा देता है जबकि ईमानदारी शिक्षक को आदर का पात्र बनाती है।

(*i*) छात्रों के साथ प्रगाढ़ सम्बन्ध बनाने के लिए शिक्षक को चाहिए कि वह कभी-कभी छात्रों के घर भी जाता रहे और उनके अभिभावकों से भी मिलता रहे।

(*j*) छात्र अपने आसपास की जिन हस्तियों को पसन्द करते हैं, शिक्षक को उन सभी हस्तियों का आदर करना चाहिए और कभी-कभी छात्रों के सामने उनकी प्रशंसा भी करनी चाहिए।

(*k*) छात्र अपनी प्रशंसा से भी बहुत प्रसन्न होते हैं। इसलिए अध्यापक को अपने शिष्यों के वास्तविक गुणों की प्रशंसा अवश्य करनी चाहिए किन्तु यह प्रशंसा इतनी निराधार न हो कि चापलूसी लगने लगे। चापलूसी के आधार पर विकसित किए गए सम्बन्ध ज्यादा देर तक नहीं ठहरते।

अन्त में यह कहा जा सकता है कि अध्यापक एवं छात्रों के बीच सम्बन्धों का आधार पिगमेलियन प्रभाव है। अर्थात् जैसा किसी व्यक्ति के साथ दूसरों के द्वारा व्यवहार किया जाता है वैसा ही वह व्यक्ति बनता है और जैसा जो होता है वैसा ही वह दूसरों को भी समझता है। जैसे यदि हम किसी छात्र को चोर मान कर चलेंगे तो वह वास्तव में चोर बन जायेगा। शिक्षक एवं शिष्यों के बीच सम्बन्ध विकसित करना कठिन अवश्य है किन्तु यदि एक बार ऐसा हो जाए तो फिर यह सम्बन्ध आसानी से नहीं टूटते। जिस शिक्षक के अन्दर क्षमाशीलता की भावना जितनी अधिक होगी उतना ही उस के सम्बन्ध शिष्यों से अच्छे होंगे।

2. अपने सहकर्मियों के साथ सम्बन्ध : शिक्षक अपने अन्य शिक्षक साथियों के साथ विद्यालय में एक टीम भावना से काम करता है। वह यह मान कर चलता है कि मानव होने के नाते थोड़ी बहुत गलतियां सभी से हो सकती हैं जिनकी उपेक्षा कर देना परम आवश्यक है। जो बातें शिक्षकों के बीच परस्पर सम्बन्धों को बिगाड़ती हैं वे निम्न हैं—

(*a*) जब प्रधानाचार्य या प्रबंधक द्वारा कुछ एक शिक्षकों को अनुचित बढ़ावा दिया जाता है और शेष सबके साथ पक्षपात किया जाता है तो इससे अध्यापक की अहंकार भावना को ठेस पहुँचती है और उनमें एक-दूसरें के प्रति घृणा उत्पन्न हो जाती है। ऐसी परिस्थिति में सज्जन अध्यापक को अपना आत्म संतुष्टि का पाठ दुहराना चाहिए।

(*b*) कुछ अध्यापक शिक्षण कार्यों में रुचि न लेकर केवल अपने ऊपर के लोगों की चापलूसी में ही समय नष्ट करते हैं। चापलूस व्यक्ति चूंकि कभी सच नहीं बोलता इसलिए वह अपने साथियों की झूठी शिकायतें भी प्रधानाचार्य या प्रबंधक तक पहुंचाता है। इस प्रकार स्कूल में एक या दो चापलूसों की ओछी हरकतों से स्कूल का सारा मानवीय वातावरण दूषित हो जाता है।

(*c*) कुछ लोगों को पीठ पीछे अपने साथियों की निन्दा करने की आदत होती है। एक बार ऐसे लोगों की परख हो जाने पर उन्हें भरी मीटिंग में उनके इस अनैतिक कार्य को लेकर कड़ी चेतावनी दे दी जाए। उसके बाद भी यदि कोई अपनी इस आदत को नहीं बदलता तो उसके विरुद्ध अनुशासनात्मक कार्यवाही की जाए।

(*d*) कुछ लोगों को दूसरों के कामों में अनावश्यक टांग अड़ाने की भी आदत होती है। इससे भी सम्बन्ध प्रभावित होते हैं।

(*e*) कुछ लोगों को अपने साथियों की कमियों को तुरन्त प्रधानाचार्य तक पहुंचाने की आदत होती है। यह स्वस्थ परम्परा नहीं है। यदि अध्यापकगण आपसी तालमेल से ही अपनी कमियों को दूर कर लें तो ज्यादा अच्छा है। एक अध्यापक अपने किसी साथी अध्यापक पर उस समय तक कोई आरोप न लगाए जब तक उस के पास स्पष्ट प्रमाण न हों। झूठा आरोप जो बाद में सिद्ध न हो सके, सब को कुंठित कर देता है।

(*f*) अध्यापकों को न तो अपनी शिक्षण क्षमता की स्वयं डींग मारनी चाहिए और न ही दूसरों की योग्यताओं की आलोचना करनी चाहिए। यह काम तो प्रधानाचार्य का है या फिर छात्रों का। "सुगन्धित फूल को किसी से कहना नहीं पड़ता कि मुझे सूंघो।"

(*g*) लालच भी आपसी सम्बन्धों को बिगाड़ता है क्योंकि हम लालच में पड़कर गलत काम कर डालते हैं जिस पर बाद में लज्जित होना पड़ता है।

(*h*) कुछ अध्यापक अपना प्रभुत्व जमाने के लिए प्रशासन के आदेशों का खुला उल्लंघन कर देते हैं और बाद में प्रधानाचार्य से मिलकर शाबाशी भी लूटने का प्रयास करते हैं। ऐसे अध्यापकों से प्रधानाचार्य को सचेत रहना चाहिए क्योंकि इससे स्कूल में गुटबाजी को बल मिलता है।

(*i*) कुछ अध्यापक अपने साथियों के साथ जान-बूझकर अच्छा व्यवहार नहीं करते और कभी-कभी तो वे छात्रों के सामने भी अपनी इन हरकतों से बाज नहीं आते। छात्रों के समक्ष किए गए अपमान को कोई भी अध्यापक भूल नहीं पाता। परिणामस्वरूप

आपस में एक अनदेखी तलवार खिंच जाती है।

(*j*) स्टाफरूम में बैठकर एक-दूसरे की खिल्ली उड़ाना अच्छे सम्बन्ध विस्तार के मार्ग में सबसे बड़ी रुकावट है। इसलिए अध्यापक को चाहिए कि वे स्टाफरूम में या तो कोई ज्ञान के विषय पर चर्चा करें या फिर आपस में बहुत कम बातचीत करें। यह सलाह उन अध्यापकों के लिए विशेष रूप से उपयोगी है जो बहुत बोलते हैं।

यदि उपरोक्त बातों को ध्यान में रखा जाए तो अध्यापकों के बीच परस्पर मधुर सम्बन्ध का सपना साकार हो सकता है।

3. प्रधानाचार्य के साथ सम्बन्ध : प्रधानाचार्य के प्रति वफादार होना और स्कूल में समर्पण की भावना से काम करना चापलूसी नहीं कर्त्तव्यपरायणता है। प्रधानाचार्य के साथ अच्छे सम्बन्ध बनाने के लिए अध्यापक को निम्न सूत्रों का पालन करना चाहिए–

(*a*) किसी अध्यापक का अपने प्रधानाचार्य से किसी मुद्दे पर मतभेद हो सकता है किन्तु जब प्रधानाचार्य कोई निर्णय लेकर आदेश जारी कर दे तो फिर उस आदेश को लागू करना ही अध्यापक का धर्म है।

(*b*) प्रत्येक अध्यापक को चाहिए कि वह अपने प्रधानाचार्य को पूरा सम्मान दे। यह भी अध्यापक के कर्त्तव्य का अंग है।

(*c*) प्रत्येक अध्यापक के अन्दर 'कर्म ही धर्म है' की भावना होनी चाहिए। इससे अध्यापक और प्रधानाचार्य के बीच सम्बन्ध स्वतः अच्छे बने रहेंगे।

(*d*) यदि प्रधानाचार्य की ओर से किसी अध्यापक को अलग से कुछ लाभ पहुंचाया जाता है तो इस पर सारे ही अध्यापकों को खुश होना चाहिए। संसार में हर किसी को उसका हिस्सा ही मिलता है चाहे वह देखने में अनुचित ही क्यों न लगे।

(*e*) जब प्रधानाचार्य अध्यापकों या छात्रों को कोई निर्देश दे रहा हो तो बीच में बोलना प्रोटोकोल के विरुद्ध है। बाद में वह अपनी निजी राय प्रकट कर सकता है।

(*f*) अध्यापकों को चाहिए कि वे अपनी समस्याओं पर इधर-उधर चर्चा करने के बजाए सीधे प्रधानाचार्य से बात करें। प्रधानाचार्य को अपना समझना स्वयं उनके हित में है।

(*g*) कभी-कभी प्रधानाचार्य छात्रों को कड़ी सजा देने के लिए मजबूर हो जाता है। इस पर अध्यापकों को अपनी ओर से कोई प्रतिक्रिया नहीं देनी चाहिए। बल्कि प्रधानाचार्य के ही निर्णय को सही ठहराना चाहिए।

4. जन समुदाय के साथ सम्बन्ध : शिक्षक एवं धर्म प्रचारक के बीच केवल इतना अन्तर होता है कि धर्म प्रचारक एक धर्म विशेष के लिए काम करता है जबकि अध्यापक के लिए सारी सृष्टि ब्रह्मा की सन्तान है। अध्यापक समाज का अंग होते हुए भी समाज में सबसे ऊपर होता है। उसके आदर्शों पर चलकर समाज को सुख की अनुभूति होती है। अध्यापक समाज के किसी भी ऐसे काम को मान्यता नहीं देता जो कि गलत है। वह कुरीतियों पर चुप तो रह सकता है किन्तु उनमें भाग नहीं लेता। उसका दर्शन इतना स्वच्छ होता है कि लोगों को उसका अनुसरण करना ही पड़ता है। अध्यापक वास्तव में एक सामाजिक कार्यकर्ता है। वह समाज के लिए ही जीता है और समाज के हित में ही अपनी जान खपाता है। अध्यापक धरती पर देवता और आकाश में ब्रह्मदूत है। यह जानते हुए कि समाज में अध्यापक का उच्च स्थान है। अध्यापक को अपने आप को सब के समान ही समझना चाहिए।

उपरोक्त विवेचन से स्पष्ट है कि शिक्षक बनने के लिए व्यक्ति के अन्दर निम्न योग्यताओं का होना आवश्यक है–

1. अच्छी योजना बनाने की क्षमता
2. उच्च स्तरीय बोध क्षमता
3. अच्छी संप्रेषण क्षमता
4. प्रश्न पूछने तथा प्रश्नों का उत्तर देने की क्षमता
5. शाब्दिक एवं अशाब्दिक क्षमताएं
6. विभिन्न तत्त्वों एवं संकल्पनाओं के बीच संबंध स्थापित करने की क्षमता
7. सृजनात्मक क्षमता
8. तथ्यों एवं सूचनाओं की व्याख्या करने की क्षमता
9. मानव (छात्र) की मनःस्थिति को समझने की क्षमता
10. उच्च स्तर का सामाजिक विकास जो छात्रों, अभिभावकों तथा प्रधानाचार्य के साथ अच्छे सम्बन्धों के रूप में परिलक्षित हो सके
11. तीव्र प्रेक्षण एवं पर्यवेक्षण क्षमता
12. क्रिया अनुसन्धान क्षमता
13. संगठनात्मक क्षमता
14. विविध रुचियों के प्रदर्शन द्वारा वातावरण को प्रभावित करने की क्षमता
15. अच्छी गामक क्षमता एवं क्रियाशीलता
16. मूल्यांकन क्षमता
17. मूल्यांकन के रिकार्ड की व्याख्या की क्षमता
18. संयम एवं आत्म विश्वास
19. विषय पर पूरा अधिकार तथा उसे संप्रेषित करने की क्षमता
20. प्रत्ययों एवं परिकल्पनाओं के आधार पर निष्कर्ष निकालने की क्षमता
21. अध्ययनशील प्रवृत्ति
22. परिस्थितियों से जूझने तथा चुनौतियों का सामना करने की क्षमता
23. परिस्थितियों को अपने पक्ष में करने की क्षमता
24. उच्च समायोजन क्षमता
25. अपने व्यवहार को संतुलित रखने की क्षमता
26. प्रयोग करने की क्षमता
27. तार्किक क्षमता
28. परिस्थितियों से पाठ ग्रहण करने का साहस
29. विभिन्न कार्यक्रमों के संचालन की क्षमता
30. छात्रों को उच्चतम प्रदर्शन के स्तर तक पहुंचाने के लिए उन्हें अभिप्रेरित करने की क्षमता
31. अच्छी स्मरण शक्ति
32. न्यायपूर्ण व्यवहार
33. आदेशों के अनुपालन की भावना
34. लचीला स्वभाव
35. कार्य को अन्जाम तक पहुंचाने की लगन

जब किसी व्यक्ति के अंदर उपरोक्त योग्यताएं पाई जाती हैं तो उसे शिक्षक प्रशिक्षण कार्यक्रम में प्रवेश दिया जा सकता है क्योंकि अब संसाधनों के अपव्यय का कोई भय नहीं होगा और अमुक शिक्षण कौशल प्राप्त कर लेगा तथा साथ ही साथ वह प्रशिक्षण के उपरान्त अच्छा शिक्षक भी बन सकेगा।

शिक्षक प्रशिक्षण कार्यक्रम में प्रवेश लेने के बाद छात्र वहां से बहुत कुछ नया सीखेगा। इसे हम शिक्षण कौशल कहते हैं किन्तु इन कौशलों के व्यवहार में प्रदर्शन के लिए शिक्षण विधियों एवं तकनीकों की आवश्यकता होती है। इसलिए अध्यापक को शिक्षण रणनीतियां एवं तकनीकें भी सिखाई जाती हैं और बाद में यह शिक्षण विधियां एवं तकनीकें भी अध्यापक के कौशल का अंग बन जाती हैं।

इस प्रकार हम देखते हैं कि शिक्षण अभियोग्यता अपने आप में तब तक निरर्थक है जब तक कि व्यक्ति के अन्दर प्रशिक्षण के द्वारा कौशल का विकास न हो और कौशल का विकास तब तक सम्भव नहीं है जब तक उचित शिक्षण रणनीतियों एवं तकनीकों का अनुसरण न किया जाए। हम यहां प्रमुख शिक्षण विधियों एवं तकनीकों की अलग-अलग चर्चा करेंगे।

शिक्षण विधियां

शिक्षण विधियों का सम्बन्ध पाठ्य वस्तु के प्रस्तुतीकरण से है। शिक्षण के लिए अध्यापक को कौन-सी विधि अपनानी चाहिए, यह पाठ्य वस्तु की प्रकृति तथा अध्यापक की अपनी योग्यता पर निर्भर करता है। प्रस्तुतीकरण की निम्न चार प्रमुख पद्धतियां हैं–

1. कथन विधि जैसे व्याख्यान विधि, परिचर्चा विधि, कहानी सुनाना आदि।
2. क्रिया विधि जैसे प्रोजेक्ट विधि, समस्या समाधान विधि आदि।
3. दृश्य विधि जैसे पाठ प्रदर्शन विधि, पाठ्य पुस्तक विधि, पर्यवेक्षित अध्ययन विधि आदि।
4. बौद्धिक विधि जैसे आगमन, निगमन, विश्लेषण तथा संश्लेषण विधियां।

प्रमुख शिक्षण विधियों की चर्चा नीचे की जा रही है–

1. कथा कथन विधि (Story Telling Method) : इस विधि में अध्यापक छात्रों को महान पुरुषों जैसे शासकों, समाज सुधारकों, सूफी संतों, वैज्ञानिकों आदि के जीवन पर प्रकाश डालने वाली कहानियां सुनाता है ताकि एक ओर छात्रों का उत्साहवर्धन हो और दूसरी ओर उनके अन्दर भी महापुरुषों जैसे गुण उत्पन्न हो सकें। इन कथाओं का पाठ से प्रत्यक्ष या अप्रत्यक्ष सम्बन्ध होता है। छात्र कहानी बड़े ध्यान से सुनते हैं और यदि अध्यापक के अन्दर कला हो तो वह छात्रों को थोड़ी देर के लिए उसी जग में पहुंचा देता है जिसका कहानी से सम्बन्ध है। कहानी सुनाने का उद्देश्य छात्रों में रुचि पैदा करना है, इसलिए कहानी को रुचिकर होना चाहिए। कहानी छात्रों के शब्द भण्डार को बढ़ाती है और छात्रों की कल्पना शक्ति का भी विकास करती है।

2. पाठ्य पुस्तक विधि (Textbook Method) : इस विधि में अध्यापक छात्रों के सामने पाठ्य-पुस्तक पढ़ता जाता है और मुख्य बिन्दुओं की व्याख्या भी करता जाता है। वह छात्रों को भी पुस्तक पढ़ने तथा मौन वाचन के द्वारा उसे समझने का अवसर देता है। इस विधि का उद्देश्य छात्रों को पाठ्य पुस्तक पर अधिकार दिलाना होना चाहिए। पाठ्य-पुस्तकें चूंकि छात्रों की आवश्यकताओं एवं योग्यताओं को ध्यान में रखकर दी जाती है, इसलिए इन के अध्ययन से छात्रों को बहुत लाभ होता है। इसमें चूंकि अभ्यास प्रश्न भी दिए हुए होते हैं इसलिए छात्रों को यह भी पता चल जाता है कि उन्होंने पाठ्य-पुस्तक को कहाँ तक समझा है। इस विधि द्वारा शिक्षण से छात्रों के अन्दर जब बोध क्षमताओं का विकास होता है तो वे अन्य विषयों को भी बिना किसी की सहायता के समझ लेते हैं।

3. व्याख्यान विधि (Lecture Method) : यह एक प्राचीन एवं परम्परागत विधि है। इसमें अध्यापक पाठ्य-वस्तु के विभिन्न बिन्दुओं पर बिना देखे व्याख्यान देता है और छात्रों का ध्यान केन्द्रित रखने के लिए बीच-बीच में उनसे प्रश्न भी पूछता रहता है। अध्यापक का व्याख्यान इतना तार्किक, क्रमबद्ध तथा आकर्षक होता है कि पूरा

पाठ थोड़ी ही देर में छात्रों की नजरों के समक्ष आ जाता है। अध्यापक व्याख्यान देते समय बीच-बीच में उदाहरण भी देता रहता है ताकि कठिन बिन्दु स्पष्ट हो जाए। पाठ्य-वस्तु के परिचय के लिए तथा कम समय में अधिक शिक्षण के लिए यह वास्तव में एक सरल एवं प्रभावी विधि है।

4. पाठ प्रदर्शन विधि (Demonstration Method) : इस विधि में अध्यापक पाठ में दी गई सभी क्रियाओं को छात्रों के सामने कर के दिखाता है और बीच-बीच में व्याख्यान द्वारा आवश्यक बिन्दुओं को स्पष्ट भी करता जाता है। प्रदर्शन विधि का लाभ यह है कि छात्र सब कुछ अपनी नजरों के सामने होते हुए देखते हैं और उन्हें बिना प्रयोग के वास्तविक ज्ञान प्राप्त हो जाता है। यह विधि विज्ञान विषयों के शिक्षण के लिए विशेष रूप से उपयोगी है।

5. अनुवर्ग शिक्षण विधि (Tutorial Method) : इस विधि में पूरी कक्षा को छात्रों की योग्यताओं के आधार पर छोटे-छोटे अनुवर्गों में बांट दिया जाता है ताकि छोटा समूह होने के कारण अध्यापक एक-एक छात्र की कठिनाइयों को समझ कर उन्हें दूर कर सके इसके अलावा जब कक्षा को कई अनुवर्गों में बांट दिया जाता है तो पूरे अनुवर्ग की क्षमताएं लगभग एक जैसी हो जाती हैं और उनकी योग्यता के अनुसार सामूहिक शिक्षण सम्भव हो जाता है।

6. प्रश्नोत्तर विधि (Questioning Method): इस विधि का प्रवर्तक यूनानी दार्शनिक सुकरात था। उसका यह मानना था कि ज्ञान तो छात्र की आत्मा के अन्दर मौजूद रहता है। अध्यापक प्रश्न करके उसे बाहर निकालता है और इन्हीं प्रश्नों के माध्यम से पाठ्य-वस्तु भी प्रस्तुत करता है। प्रश्न पूछने से छात्रों की जिज्ञासा भी बढ़ती है और उनका ज्ञान भी बढ़ता है क्योंकि हर प्रश्न के उत्तर से उनको नया ज्ञान मिलता है। प्रश्न पूछने से एक लाभ यह भी है कि जब सही उत्तर पर छात्र को पुनर्वलन दिया जाता है तो छात्र का उत्साह बढ़ता है और आगे उसके द्वारा सही उत्तर देने की सम्भावना बढ़ जाती है। इसके अलावा कक्षा में अनुशासन बनाये रखना भी आसान होता है।

7. परिचर्चा विधि (Discussion Method): इस विधि में छात्र आपस में और अध्यापक तथा छात्रों के बीच में किसी मुद्दे पर चर्चा की जाती है। यदि परिचर्चा औपचारिक है तो इसके उद्देश्य व प्रक्रिया दोनों पहले से निर्धारित होते हैं और अनौपचारिक परिचर्चा में पहले से कुछ भी निर्धारित नहीं होता। छात्र तर्कों के माध्यम से अन्य छात्रों पर हावी होने का प्रयास करते हैं। नेतृत्व विकास परिचर्चा का मुख्य उद्देश्य होता है। क्योंकि इसमें परिचर्चा का संचालन छात्र स्वयं करते हैं। परिचर्चा के समय छात्र एक-दूसरे की खुलकर आलोचना करते हैं इसलिए उनके अन्दर सहनशीलता की भावना का भी विकास होता है। इस विधि के द्वारा छात्रों की अभिवृत्ति एवं अभिरुचि का भी पता लगाया जा सकता है और उनकी अभिव्यक्ति की क्षमता को भी बढ़ाया जा सकता है।

8. अन्वेषण (Heuristic) विधि : इस विधि के द्वारा छात्र स्वयं अपनी खोज के द्वारा ज्ञान प्राप्त करता है। अध्यापक छात्र के सामने समस्यात्मक परिस्थिति उठाता है, साथ ही साथ वह उन्हें यह भी बताता है कि समाधान छात्रों को कहां से प्राप्त होगा। प्रत्येक छात्र व्यक्तिगत रूप से प्रयास एवं त्रुटि द्वारा समस्या का समाधान ढूंढते हैं। यह एक प्रकार की अनुसंधान विधि है जिसमें छात्र को परिकल्पना की जांच भी करनी पड़ती है। यह विधि छात्रों का आत्म-विश्वास

बढ़ाने में बड़ी सहायक है क्योंकि छात्र स्वयं ज्ञान प्राप्त करता है।

9. परियोजना विधि (Project Method) : इस विधि का प्रतिपादक किलपौट्रिक है। इस विधि में छात्रों को कोई ऐसा काम सौंपा जाता है जिसकी छात्रों तथा समाज के लिए प्रत्यक्ष उपयोगिता होती है। छात्र मिल कर इस परियोजना को पूरा करते हैं और व्यावहारिक ज्ञान प्राप्त करते हैं। जब परियोजना पूरी होती है तो ठोस रूप से कुछ सामने आता है अर्थात् प्रोजेक्ट पूरा करने के लिए छात्रों को कुछ न कुछ हाथ पैर हिलाना पड़ता है। यह अन्वेषण विधि से इस प्रकार भिन्न है कि इसमें छात्रों को सामूहिक रूप से काम करना पड़ता है जबकि अन्वेषण विधि में छात्र व्यक्तिगत रूप से काम करता है। इसके अलावा परियोजना की समस्या वास्तविक होती है जबकि अन्वेषण की समस्या काल्पनिक भी हो सकती है।

10. ऐतिहासिक खोज विधि (Discovery Method) : यह विधि अन्वेषण से निम्न प्रकार से भिन्न है–

(*a*) इसका प्रयोग सामाजिक विषयों के तथ्यों एवं संकल्पनाओं के लिए किया जाता है जबकि अन्वेषण विधि का प्रयोग विज्ञान विषयों में नियमों व सिद्धांतों के प्रतिपादन में किया जाता है।

(*b*) इसमें तथ्यों की व्याख्या व्यक्तिगत ढंग से की जाती है जबकि अन्वेषण में पाठ्य वस्तु का बोध वस्तुनिष्ठ होता है अर्थात् इस विधि में हर व्यक्ति की अपनी अलग-अलग खोज हो सकती है।

(*c*) ऐतिहासिक खोज का सम्बन्ध अतीत की घटनाओं से है जबकि अन्वेषण का सम्बन्ध वर्तमान की घटनाओं से है। जैसे "दक्षिण भारत में औरंगजेब की असफलता का कारण एक ऐतिहासिक खोज है और "भारत में दुग्ध उत्पादन में कमी का कारण" एक अन्वेषण है। इस विधि में छात्र को अधिकांशतः पुस्तकालय का ही सहारा लेना पड़ता है।

11. भूमिका निर्वहन विधि (Role Playing Method) : इस विधि में छात्र को अध्यापक की भूमिका निभाने के लिए कहा जाता है या फिर वह घटना में आने वाले विभिन्न पात्रों में से कोई एक पात्र बन जाता है और इस प्रकार सारे पात्र विभिन्न पात्रों में बंट जाते हैं। जब कुछ छात्र भूमिका निभाते हैं तो अन्य छात्र प्रेक्षण करते हैं और भूमिका निभाने वाले छात्र की कमियों को उजागर करते रहते हैं। इस विधि से जहां एक ओर छात्रों की क्रियाशीलता बढ़ती है वहीं दूसरी ओर उनकी प्रेक्षण क्षमता का भी विकास होता है। इस विधि का प्रयोग शिक्षण-प्रशिक्षण संस्थानों में विशेष रूप से किया जाता है। छात्रों के सामाजिक कौशल तथा अनुकरण क्षमता के विकास में यह विधि विशेष रूप से उपयोगी है।

12. ब्रेन स्टार्मिंग : इस विधि की मान्यता यह है कि एक व्यक्ति की अपेक्षा पूरा समूह अधिक विचार दे सकता है। इस विधि में छात्रों के सामने एक समस्या रखी जाती है सभी छात्र एक-एक करके उस समस्या के कारणों एवं निवारण पर अपने विचार प्रस्तुत करते जाते हैं और इस प्रकार समस्या के स्वरूप एवं उसके समाधान के विषय में बहुत सारे विचार सामने आ जाते हैं जिनमें से उपयुक्त को चुन लिया जाता है। इस विधि के द्वारा न केवल छात्रों की चिन्तन शक्ति का विकास किया जा सकता है बल्कि उनके अन्दर नये-नये विचार भी विकसित किये जा सकते हैं।

13. विचार गोष्ठी (Seminar) : इस विधि में सभी छात्रों को एक समस्या दे दी जाती है। उस समस्या के समाधान के लिए सभी छात्र अकेले-अकेले प्रयास करते हैं और अपने-अपने प्रयासों को लिखकर लाते हैं। एक-एक छात्र अपना-अपना विचार प्रस्तुत करता है और शेष छात्र उन विचारों की आलोचना करते हैं और अन्त में अध्यापक द्वारा निर्णायक विचार प्रस्तुत किए जाते हैं। इस विधि में छात्रों को प्रयोगशाला एवं पुस्तकालय दोनों का सहारा लेना पड़ सकता है।

14. अभ्यास कार्य विधि (Drill Method): अभ्यास के द्वारा सीखा हुआ ज्ञान न केवल परिपक्व होता है अपितु उस ज्ञान तथा कौशल का छात्र नवीन परिस्थितियों में अनुप्रयोग भी कर सकते हैं। इस विधि में अध्यापक छात्रों को जो नियम व सिद्धांत सिखाता है उसी नियम व सिद्धांत के ऊपर वह उन्हें कुछ नया काम दे देता है। इन अभ्यास प्रश्नों को छात्र प्रायः कक्षा में ही करते हैं। जब छात्र ऐसा कर रहे होते हैं तो अध्यापक इस विधि में कक्षा में घूम-घूम कर निरीक्षण करता है। यदि किसी छात्र को समस्या के किसी चरण पर कठिनाई होती है तो अध्यापक तुरन्त इस कठिनाई को दूर करता है। अभ्यास कार्यों से छात्रों का आत्म-विश्वास बढ़ता है और उनकी क्रियाशीलता भी जीवित रहती है।

15. गृह कार्य विधि (Home Assignment Method) : घर को स्कूल से जोड़ने के लिए तथा प्राप्त ज्ञान के अभ्यास एवं स्थिरीकरण के लिए छात्रों को गृह कार्य दिया जाता है। यह निम्न प्रकार के हो सकते हैं–

(*i*) सूचना सम्बन्धी : इस प्रकार के गृह कार्य में छात्रों से कुछ सूचनाएं एकत्र करने के लिए कहा जाता है।

(*ii*) समस्यात्मक : इस प्रकार के गृहकार्य में छात्रों को कोई समस्या दे दी जाती है और उनसे उस का हल खोजकर लाने के लिए कहा जाता है।

(*iii*) रटने वाले : इस प्रकार के गृहकार्य में छात्रों को कोई विषय वस्तु याद करके लाने के लिए कहा जाता है जिसे छात्र कक्षा में अध्यापक को मौखिक रूप में सुनाते हैं।

(*iv*) अध्ययनात्मक : इस प्रकार के गृह कार्य में छात्रों से कुछ पुस्तकें पढ़कर किसी विषय पर निबन्ध लिखकर लाने के लिए कहा जाता है।

(*v*) अभ्यास सम्बन्धी : इस प्रकार के गृहकार्य में अध्यापक छात्रों को सीखे हुए ज्ञान के अभ्यास के लिए कुछ काम करके लाने को कहता है।

गृहकार्य देते समय अध्यापक निम्न बातों को ध्यान में रखता है–

(*i*) वह छात्रों को ऐसा गृह कार्य देता है जिससे उनको कुछ लाभ पहुंचता है।

(*ii*) वह छात्रों को गृहकार्य उन्हें पूर्ण रूप से अभिप्रेरित करने के बाद ही देता है और इस बात को सुनिश्चित करता है कि छात्र अपने गृहकार्य स्वयं करें।

(*iii*) अध्यापक छात्रों को गृहकार्य करने के लिए स्पष्ट भाषा में निर्देश देता है ताकि छात्रों को इस बात को समझने में कोई परेशानी न हो कि उन्हें करना क्या है और कैसे करना है।

(*iv*) अध्यापक छात्रों को गृहकार्य उनकी रुचियों को ध्यान में रखकर देता है ताकि छात्र कार्य को करने में पूरी रुचि लें।

(*v*) छात्रों को जो भी गृहकार्य दिया जाता है वह उनके कक्षा ज्ञान पर आधारित होता है।

(*vi*) अध्यापक छात्रों को उतना ही गृहकार्य करने को देता है जितना वे आसानी से कर सकें। गृह कार्य को छात्रों के लिए बोझ नहीं बनाया जाता।

(*vii*) अध्यापक छात्रों को जो गृहकार्य देता है वह उनके सामने कुछ चुनौतियां भी खड़ा करता है।

(*viii*) छात्रों को दिया जाने वाला गृहकार्य उनके जीवन से सम्बन्धित होता है। उसके करने से उन्हें परीक्षा में निश्चित रूप से लाभ पहुंचता है।

16. ब्लूम की स्वामित्व अधिगम विधि (Bloom's Mastery Learning Method) : इस विधि का उद्देश्य छात्रों के अधिगम को उस स्तर तक पहुंचाना है जहाँ पर उन्हें विषय वस्तु पर पूरा अधिकार हो जाए। छात्रों को इस स्तर तक पहुंचाने के लिए अध्यापक शिक्षण की सभी रणनीतियों का प्रयोग करता है।

इस विधि में अध्यापक पहले कक्षा में सामान्य शिक्षण करने के बाद छात्रों का टेस्ट लेता है जो छात्र 85% या उससे अधिक अंक प्राप्त करते हैं उन्हें स्वामित्व स्तर पर मानकर उन्हें अलग कर दिया जाता है। जो छात्र इस स्तर तक नहीं पहुंचे हैं उनका निदानात्मक टेस्ट लिया जाता है ताकि यह पता चल सके कि उन्हें किस प्रकार की और कहाँ-कहाँ कठिनाइयाँ हैं फिर इन छात्रों का उपचारात्मक शिक्षण किया जाता है और फिर उनका परीक्षण किया जाता है।

17. आगमन विधि (Inductive Method): इस विधि में अनुभवों, प्रयोगों एवं उदाहरणों के आधार पर नियम तथा सूत्र निकाले जाते हैं अध्यापक छात्रों के समक्ष कुछ ऐसे उदाहरण प्रस्तुत करता है जो उनके अनुभव में आ चुके हैं। इन उदाहरणों के आधार पर छात्र धीरे-धीरे नियम, सिद्धांत या सूत्र तक पहुंच जाते हैं। अध्यापक इस विधि में विशिष्ट से सामान्य की ओर चलता है और बाद में वह नियमों का सामान्यीकरण भी सिखाता है।

जैसे 100 रु. पर एक वर्ष का ब्याज 5 रु. है तो 500 रु. पर कितना ब्याज होगा।

$\left(\frac{5}{100} \times 500 = 25 \text{ रु.}\right)$।

यही ब्याज 3 वर्ष में कितना हो जायेगा

$\left(\frac{5}{100} \times 500 \times 3 = 75 \text{ रु.}\right)$।

इस उदाहरण के आधार पर साधारण ब्याज का निम्न सूत्र निकलता है।

$$\text{साधारण ब्याज} = \frac{\text{दर}}{100} \times \text{समय} \times \text{मूलधन}$$

इस विधि के निम्न चार चरण हैं

1. पहले चरण में अध्यापक छात्रों के सामने **उदाहरण** प्रस्तुत करता है और छात्रों की सहायता से प्रश्नों का हल निकालता है।
2. छात्र पहले चरण की प्रक्रिया का प्रेक्षण करते हैं और इससे कुछ **निष्कर्ष** निकालते हैं।
3. तीसरे चरण में निष्कर्षों के आधार पर छात्र अपने अध्यापक की सहायता से **सूत्र या नियम** निकालते हैं।
4. अन्तिम चरण में इन नियमों या सूत्रों का अन्य परिस्थितियों में **अनुप्रयोग** किया जाता है। यदि यह अनुभव पैमाने पर खरा उतरता है तो उस नियम सूत्र या सिद्धांत को स्वीकार कर लिया जाता है।

लाभ (गुण) :

(*i*) इस विधि से छात्रों को जो ज्ञान प्राप्त होता है वह तथ्यों पर आधारित होता है।

(*ii*) छात्र उदाहरण, प्रेक्षण एवं परीक्षण के द्वारा ज्ञान स्वयं प्राप्त करता है। इसलिए यह ज्ञान स्थायी होता है।

(*iii*) इसके द्वारा छात्रों की आलोचनात्मक एवं तार्किक शक्ति का विकास होता है।

(*iv*) यह एक स्व-अधिगम प्रक्रिया है जो कि छात्रों के आत्म-विश्वास को बढ़ाती है।

(*v*) यह विधि छात्रों में सीखने की रुचि तथा जिज्ञासा पैदा करती है।

(*vi*) इसमें छात्रों को निरन्तर सतर्क एवं सक्रिय रहना पड़ता है इसलिए कक्षा में अनुशासनहीनता की समस्या नहीं उठती।

18. निगमन विधि (Deductive Method): जब अध्यापक के पास समय की कमी होती है तो वह इस विधि का प्रयोग करता है। इसमें वह छात्रों को नियम, सिद्धांत या सूत्र पहले बता देता है फिर इनके आधार पर वह समस्याओं का समाधान खोजता है, जैसे- उन्हें $a^2 - b^2 = (a + b)(a - b)$ का सूत्र बता देता है फिर उनसे निम्न समस्या का हल खोजने को कहता है।

$$\frac{999 \times 999 - 111 \times 111}{999 + 111}$$

का मान बताओ।

यहाँ पर छात्र 999 को a तथा 111 को b मानकर प्रश्न तुरन्त हल कर लेते हैं।

इस विधि में अध्यापक सामान्य से विशिष्ट की ओर चलता है।

लाभ (गुण) :

(*i*) इस विधि में छात्र सूत्र का तुरन्त प्रयोग करके समस्या का हल ढूँढ़ लेते हैं।

(*ii*) रेखा गणित तथा भौतिक विज्ञान के लिए यह विधि विशेष रूप से उपयोगी है।

(*iii*) इस विधि के द्वारा किसी भी नियम या सूत्र का परीक्षण किया जा सकता है।

(*iv*) इस विधि के द्वारा किसी भी प्रकार की पाठ्य सामग्री का विश्लेषण एवं मूल्यांकन आसानी से किया जा सकता है।

(*v*) इसके द्वारा किसी भी समस्या के कारणों का पता लगाकर समाधान खोजा जा सकता है।

19. विश्लेषण विधि (Analysis Method): विश्लेषण का शाब्दिक अर्थ है खण्डों में बाँटना। इस विधि में अध्यापक किसी समस्या को उसके विभिन्न पहलुओं के आधार पर अनेकों खण्डों में बांट लेता है और एक-एक खण्ड का अलग-अलग अध्ययन करता है अर्थात् इस विधि में अज्ञात से ज्ञात या निष्कर्ष से परिकल्पना की ओर बढ़ा जाता है। इस प्रकार यह विधि अन्वेषण या ऐतिहासिक खोज विधि को साथ लेकर चलती है।

उदाहरण के लिए यदि हमें 'अकबर' के विषय में पढ़ना है तो हम इस विषयवस्तु को अनेक खण्डों में बांट लेंगे जैसे— अकबर का जीवन परिचय, अकबर का साम्राज्य विस्तार, अकबर का शासन प्रबन्ध, अकबर का धार्मिक एवं नैतिक दृष्टिकोण आदि। उसके बाद एक-एक खण्ड का अलग-अलग शिक्षण किया जायेगा और अन्त में परिकल्पना निर्मित की जायेगी कि अकबर एक सफल शासक रहा है। विश्लेषण का यह सारा काम छात्रों की सहायता से प्रश्नोत्तर विधि द्वारा होगा।

लाभ (गुण) :

(*i*) किसी भी समस्या का गहरायी से अध्ययन करने के लिए यह एक उपयुक्त विधि है।

(*ii*) इसके द्वारा छात्रों की चिन्तन शक्ति को बढ़ाकर उनकी सर्जनात्मक क्षमताओं का विकास किया जा सकता है।

(*iii*) यह विधि छात्रों की खोजबीन की भावना को बढ़ाती है।

(*iv*) इस विधि द्वारा प्राप्त ज्ञान स्थायी होता है।

(*v*) इस विधि द्वारा शिक्षण करने से छात्रों की जिज्ञासा अन्त तक बनी रहती है।

20. संश्लेषण विधि (Synthesis Method): संश्लेषण का अर्थ होता है छोटे-छोटे टुकड़ों को जोड़कर एक नया और बृहत् रूप देना। इस विधि में हम ज्ञात से अज्ञात की ओर बढ़ते हैं। इस शिक्षण विधि में अध्यापक थोड़ी-थोड़ी सूचनाएँ छात्रों तक पहुँचाता है फिर इन सूचनाओं के आधार पर उनसे निष्कर्ष निकालने को कहता है। गणित में परिमेय को सिद्ध करने के लिए यही विधि अपनाई जाती है अर्थात् जो कुछ ज्ञात है पहले छात्रों को उसका बोध कराया जाता है फिर तीन ज्ञात चीजों की सहायता से चौथी अज्ञात चीज का पता लगा लिया जाता है।

इस प्रकार हम कह सकते हैं कि विश्लेषण समाधान खोजने की प्रक्रिया है जबकि संश्लेषण द्वारा समस्या के विभिन्न पहलुओं को इस प्रकार जोड़ा जाता है कि छात्र समाधान तक पहुंच जाता है और वह समाधान को संक्षिप्त रूप में लिख लेता है। इन दोनों विधियों का प्रयोग आमतौर पर एक साथ किया जाता है।

शिक्षण युक्तियाँ (तकनीकें)

पाठ को रुचिकर एवं आसान बनाने के लिए अध्यापक कक्षा में जो भी कार्य करता है उसे शिक्षण युक्तियाँ कहते हैं। इसके लिए वह कभी तो संप्रेषण कला एवं कौशल का प्रयोग करता है और कभी वह कक्षा में छात्रों को श्रव्य दृश्य सामग्री का अनुभव प्रदान करता है। प्रमुख शिक्षण तकनीकें निम्नलिखित हैं—

1. विवरण तकनीक : विवरण कहानी का ही एक संक्षिप्त रूप है। इसमें भी घटनाओं, वस्तुओं तथा पात्रों का इस प्रकार से चित्रण किया जाता है कि छात्र उसमें रुचि लेने लगते हैं। यह चित्रण इस प्रकार से किया जाता है कि घटना, वस्तु या व्यक्ति छात्रों की नजरों के सामने आ जाते हैं। इस तकनीक का प्रयोग अध्यापक पाठ के परिचय में भी करता है और पाठ के बीच में भी वह इसकी सहायता लेता है। इतिहास का शिक्षक घटनाओं के चित्रण के लिए विवरण देता है जबकि विज्ञान का शिक्षक यन्त्रों तथा उपकरणों के विषय में विवरण प्रस्तुत करता है। जिस प्रकार कहानी में अध्यापक धीरे-धीरे Climax पर पहुंचता है उसी प्रकार वह विवरण देते समय भी धीरे-धीरे Climax पर पहुंचता है किन्तु कहानी तथा विवरण में एक अन्तर यह भी है कि विवरण में आवश्यकता पड़ने पर चित्रों, मानचित्रों तथा नमूनों की भी सहायता ली जाती है जबकि कहानी में ऐसा नहीं होता।

2. वर्णन तकनीक : विवरण की भांति वर्णन में भी घटनाओं, वस्तुओं तथा व्यक्तियों का शाब्दिक चित्रण किया जाता है। अन्तर केवल इतना होता है कि विवरण छोटा तथा अतीत से सम्बन्धित होता है जबकि वर्णन अपेक्षाकृत बड़ा और वर्तमान से सम्बन्धित होता है। इसके अलावा विवरण विश्लेषणात्मक होता है जबकि वर्णन संश्लेषणात्मक होता है। भारत में सूचना प्रौद्योगिकी का विकास, भारत में बढ़ती जनसंख्या आदि वर्णन के उदाहरण हैं। इस तकनीक का लाभ यह है कि छात्र इस तकनीक के द्वारा उन वस्तुओं तथा घटनाओं के विषय में विस्तार से जान जाते हैं जिन्हें उन्होंने अपनी आंखों से नहीं देखा है।

3. व्याख्या तकनीक : इस तकनीक द्वारा कठिन शब्दावलियों एवं संकल्पनाओं को आसान भाषा में छात्रों के सामने स्पष्ट किया जाता है। व्याख्या की आवश्यकता अध्यापक को सभी विषयों के शिक्षण में पड़ती है। पढ़ाते समय अध्यापक को तब तक चैन नहीं आता जब तक वह छात्रों को सभी बातें ठीक से समझा नहीं देता कविताओं की व्याख्या द्वारा वह भाषा को छात्रों के लिए सरल बनाता है और नियमों के सिद्धांतों की व्याख्या द्वारा वह विज्ञान के विषयों को छात्रों के निकट लाता है।

भाषा शिक्षण में अध्यापक व्याख्या के लिए समास विग्रह, पर्यायवाची, विलोम, व्युत्पत्ति, सन्धि-विच्छेद, क्रिया, वाक्यों में प्रयोग, उदाहरण आदि का सहारा लेता है जबकि सामाजिक अध्ययन तथा विज्ञान के विषयों में अध्यापक नियमों, सिद्धान्तों व संकल्पनाओं को स्पष्ट करने के लिए उदाहरण, विश्लेषण, तुलना, समानता, प्रदर्शन आदि विधियों का प्रयोग करता है। कभी-कभी वह इसके लिए छात्रों को प्रयोगशाला में भी ले जाता है और कभी-कभी वह चित्रों व नमूनों का भी सहारा लेता है। अध्यापक व्याख्या के लिए जिस भाषा का प्रयोग करता है वह छात्रों के स्तर के अनुरूप होती है और वह किसी विषय, घटना या संकल्पना की उतनी ही व्याख्या करता है जितना आवश्यक हो।

4. निदर्शन तकनीक : वे ठोस पदार्थ जिनकी सहायता से विषय वस्तु को स्पष्ट, रुचिकर और समझने योग्य बनाया जाता है, निदर्शन (Illustration) कहलाते हैं। इस तकनीक के द्वारा अमूर्त को मूर्त बनाकर इस प्रकार से छात्रों के सामने रखा जाता है कि वे उस अमूर्त की वास्तविकता को जान जाते हैं।

निदर्शन दो प्रकार के होते हैं– शाब्दिक व दृश्यात्मक। शाब्दिक उदाहरण के द्वारा कठिन शब्दों या संकल्पनाओं को मुहावरों, लोकोक्तियों, कहानी, नाटक, उपमा, रूपक आदि की सहायता से शाब्दिक चित्रण किया जाता है। इसमें इस बात का ध्यान रखा जाता है कि जो भी निदर्शन (Illustration) दिए जायें वे छात्रों के स्तर के अनुरूप हों। दृश्यात्मक उदाहरण में छात्रों को चित्र, मानचित्र, ग्राफ या नमूने दिखाये जाते हैं इसीलिए इन्हें वस्तुनिष्ठ उदाहरण भी कहा जाता है। इस तकनीक का लाभ यह है कि छात्र अपने वातावरण की सहायता से उस वातावरण की जानकारी प्राप्त कर लेते हैं जिन्हें उन्होंने देखा भी नहीं है।

5. स्पष्टीकरण तकनीक : इसे एकीकरण तकनीक के नाम से भी जाना जाता है। इसके द्वारा छात्रों के सामने विषय वस्तु के उन बिन्दुओं को खोलकर रख दिया जाता है जो प्रश्नोत्तर के माध्यम से अब तक स्पष्ट नहीं हो पाए हैं। स्पष्टीकरण देते समय अन्य तकनीकों का भी सहारा लिया जाता है और इसकी भाषा को सरल एवं व्यावहारिक रखने का प्रयास किया जाता है। चूंकि स्पष्टीकरण के द्वारा छात्रों की शंकाओं एवं भ्रांतियों को दूर करने का प्रयास किया जाता है इसलिए इसे बहुत छोटा नहीं होना चाहिए।

6. पर्यवेक्षित अध्ययन तकनीकः यह तकनीक व्यक्तिगत भिन्नता एवं क्रियाशीलता के सिद्धांतों पर आधारित है। इसमें अध्यापक शिक्षण के बाद छात्रों को स्वयं कुछ अध्ययन करने का आदेश देता है और जब वे अध्ययन कर रहे होते हैं तो वह एक गाइड की भांति उनकी निगरानी करता है और बीच-बीच में उन्हें आवश्यक सलाह भी देता रहता है। कक्षा अन्तः क्रिया के लिए यह तकनीक बहुत उपयोगी है। इस तकनीक के द्वारा मुख्य रूप से कक्षा के पिछड़े छात्रों को आगे

बढ़ाने का प्रयास किया जाता है। इस तकनीक का प्रयोग करते समय कभी-कभी विशेषज्ञ अध्यापकों की सहायता ली जाती है और कभी-कभी कालांश को दो भागों में बांट दिया जाता है। इसमें से एक कालांश में तो नियमित शिक्षण होता है तथा दूसरे कालांश में पर्यवेक्षित अध्ययन कराया जाता है। इस तकनीक में निरीक्षण के समय अध्यापक कमजोर छात्रों पर विशेष ध्यान देता है और उन्हें परस्पर सहयोग के लिए प्रेरित भी करता है।

7. स्व-अध्याय तकनीक : इस तकनीक में अध्यापक छात्रों को शिक्षण के बाद स्व-अध्याय के लिए कुछ काम देता है और छात्रों ने उसके आदेश का पालन किया या नहीं इसका पता लगाने के लिए उन्हें कुछ लिखित काम भी दे देता है। जैसे— बह उनसे किसी पुस्तक का सारांश लिखने के लिए कह देता है। जब छात्र किसी समस्या का समाधन ढूंढ़ते हैं तो उन्हें इस तकनीक की विशेष आवश्यकता पड़ती है।

8. पुनरावृत्ति तकनीकः इस तकनीक का उद्देश्य पाठ के महत्वपूर्ण बिन्दुओं को उजागर करना और छात्रों को पुष्ट पोषण देना होता है। इस उद्देश्य की प्राप्ति के लिए जब कक्षा में शिक्षण कार्य पूरा हो जाता है तो अध्यापक छात्रों से कुछ अतिरिक्त प्रश्न पूछता हैं और इन प्रश्नों के माध्यम से वह पूरे पाठ के महत्वपूर्ण बिन्दुओं को फिर से दुहरा देता है। इन प्रश्नों के माध्यम से अध्यापक छात्रो के प्राप्त ज्ञान को नवीन तथा भिन्न परिस्थितियों में प्रयोग करना भी सिखाता है।

शिक्षण कौशल

जब अध्यापक शिक्षण विधियों तथा तकनीकों का स्कूल के नियन्त्रित वातावरण में प्रयोग करता है तो उसके अन्दर बहुत से शिक्षण कौशलों का विकास होता है। कुछ शिक्षण कौशलों की चर्चा नीचे की जा रही है—

1. पाठ परिचय कौशल (Set Induction): इस कौशल के द्वारा छात्रों के पूर्व ज्ञान को उनके वर्तमान ज्ञान से इस प्रकार से जोड़ा जाता है कि कहीं से भी बनावट या शून्य का आभास नहीं होता। प्रस्तावना प्रश्न शृंखलाबद्ध होते हैं तथा अन्तिम प्रश्न सीधे प्रकारण से जुड़ा है।

2. उद्दीपन परिवर्तन (Stimulus Variation) : इसमें अध्यापक जानबूझ कर अपने हाथ, पैर, मुख या आँख की क्रियाओं को बदलता है ताकि छात्र बोर न हों। जैसे—एक ही स्थान पर खड़े रहने के बजाय वह कक्षा में पीछे तक चला जाता है या किसी छात्र की किसी क्रिया पर मुस्कुरा देता है आदि।

3. बूझने वाले प्रश्न (Probing Questions): इन प्रश्नों के द्वारा अध्यापक छात्रों को पाठ की गहरायी तक जाने के लिए मजबूर करता है ताकि उनकी चिन्तनशक्ति का विस्तार हो सके। कभी-कभी जब छात्र इन प्रश्नों का उत्तर नहीं दे पाते तो अध्यापक थोड़ा-सा संकेत (Clue) दे देता है।

4. उदाहरण द्वारा स्पष्टीकरण (Illustrating With Examples) : कभी-कभी जब तथ्य या प्रत्यय छात्रों के समझ में नहीं आते तो उन्हें स्पष्ट करने के लिए अध्यापक उदाहरणों का प्रयोग करता है किन्तु इन उदाहरणों का छात्रों के जीवन से सीधा सम्बन्ध होना चाहिए।

5. समापन (Closure) : क्लोजर का दूसरा अर्थ समीपता भी होता है किन्तु यहाँ क्लोजर से तात्पर्य पाठ का ऐसा समापन है जिसके द्वारा नवीन ज्ञान की उत्सुकता बनी रहे। इस कौशल के द्वारा व्याख्यान, प्रदर्शन आदि का सारांश भी प्रस्तुत किया जाता है।

6. व्याख्यान (Lecture) : इसे सम्प्रेषण कौशल भी कहते हैं। इस कौशल के द्वारा अध्यापक छात्रों को मन्त्रमुग्ध रखता है और छात्र व्याख्यान सुनने के अतिरिक्त और कुछ नहीं कर पाते।

7. व्याख्या कौशल (Skill of Explaining) : इस कौशल के द्वारा अध्यापक प्रत्ययों, तथ्यों, नियमों व सिद्धांतों के विषय में क्या, क्यों और कैसे की व्याख्या इस प्रकार से करता है कि छात्रों के मन में कोई शंका नहीं रह जाती।

8. श्यामपट्ट का प्रयोग (Use of Black Board) : श्यामपट्ट पर सुलेख लिखना व चित्र बनाना, पाठ के साथ-साथ श्यामपट्ट कार्य करते रहना, छात्रों को सही स्पेलिंग का अभ्यास कराना आदि के द्वारा अध्यापक छात्रों के ध्यान को श्यामपट्ट से हटने नहीं देता। फलस्वरूप छात्र भी अध्यापक की इन कलाओं को आसानी से सीख लेते हैं।

9. श्रव्य दृश्य सामग्री का प्रयोग (Use of Audio-Visual Aids) : इस कौशल के द्वारा अध्यापक सहायक सामग्री को पाठ के दौरान इस प्रकार से प्रयोग करता है कि वह पाठ का ही अंग नजर आती है और ऐसा लगता है कि यदि सहायक सामग्री का प्रयोग न किया जाता तो पाठ में कुछ कमी अवश्य रह जाती है।

10. कक्षा प्रबन्धन का कौशल (Skill of Class Management) : कक्षा प्रबन्धन अपने आप में एक बड़ी कला है। इस कौशल के द्वारा अध्यापक सभी छात्रों को निरन्तर किसी न किसी काम में लगाये रखता है और इसका परिणाम यह होता है कि छात्र पूर्णतः स्वतंत्र होते हुए भी कोई भी कार्य बिना अपने अध्यापक की अनुमति के नहीं करते।

11. छात्रों की भागीदारी में वृद्धि का कौशल (Skill of Increasing Pupils' Participation) : छात्रों की भागीदारी से तात्पर्य छात्रों के उस प्रत्यक्ष व्यवहार से है जिसका प्रेक्षण किया जा सकता है। अध्यापक कक्षा में कुछ ऐसी क्रियाएं करता है कि छात्रों की अनुक्रियाएं स्वतः बढ़ जाती हैं। जैसे वह छात्रों की किसी अच्छी बात पर मुस्कुरा देता है या छात्रों की किसी सही अनुक्रिया पर बहुत प्रसन्न नजर आने लगता है या छात्रों की किसी अद्भुत सफलता पर उसकी आँखों में खुशी के आँसू आ जाते हैं।

12. छात्रों के ध्यान देने योग्य व्यवहार को पहचानना (Recognizing Attending Behaviour) : एक प्रभावशाली शिक्षक बहुत संवेदनशील होता है। वह प्रत्येक छात्र के सभी व्यवहारों पर ध्यान देने की चेष्टा करता है। इस प्रकार, उसकी कक्षा में कोई भी छात्र स्वयं को उपेक्षित नहीं अनुभव करता।

13. मौन एवं अशाब्दिक उद्दीपन (Silence and non verbal Cues) : कभी-कभी अध्यापक बोलते-बोलते अचानक 4 या 5 सेकेंड के लिए चुप हो जाता है। यह चुप्पी ऐसे स्थान पर की जाती है जहाँ पर बिना बताये छात्र आगे की बात समझ जाता है। इससे एक लाभ यह भी होता है कि जो छात्र अध्यापक की बात सुनने के बजाय आपस में वार्ता कर रहे होते हैं वे आसानी से पकड़ में आ जाते हैं। अध्यापक अपने मौन धारण के इस कौशल का प्रयोग अचानक करता है।

14. प्रश्न पूछने का प्रवाह (Fluency of Questioning): इसमें अध्यापक बिना रुके लगातार छात्रों से प्रश्न करता है और छात्र भी लगातार उत्तर देते हैं। अध्यापक को प्रश्न करने के लिए बिल्कुल सोचना नहीं पड़ता। इस कौशल का प्रदर्शन विशेष रूप से पुनरावृत्ति के प्रश्नों में किया जाता है।

15. गृह कार्य देनाः गृह कार्यों को छात्र आमतौर पर अपने लिए बोझ समझते हैं किन्तु अध्यापक अपने कौशल द्वारा गृह कार्य को छात्रों के लिए चुनौती तथा अभिप्रेरणा का स्रोत बना देता है। जैसे– वह गृहकार्य को अपने स्वयं के प्रसन्न या अप्रसन्न होने से जोड़ देता है। वह गृह कार्य को छात्रों के व्यावहारिक जीवन के लिए उपयोगी बना देता है। वह उनमें ऐसी विविधता ले आता है कि छात्र गृह कार्य करने से कभी नहीं उकताते आदि।

16. नियोजित पुनरावृत्ति (Planned Revision) : कभी-कभी अध्यापक कठिन शिक्षण बिन्दुओं या उसके किसी अंश को या छात्रों के किसी बढ़िया उत्तर को बार-बार दुहराता है। ऐसा करने से छात्रों को निश्चित रूप से लाभ होता है।

17. पुनर्वलन कौशल (Reinforcement Skill) : पुनर्वलन या पुष्ट पोषण से तात्पर्य ऐसी घटनाओं से है जिनके द्वारा छात्रों की किसी अनुक्रिया के पुनः होने की सम्भावना को बढ़ाया जाता है। पुनर्वलन तीन प्रकार के होते हैं–

(*a*) सकारात्मक (*b*) नकारात्मक

(*c*) दण्डात्मक

सकारात्मक पुनर्वलन किसी प्रिय अनुक्रिया की सम्भावना को बढ़ाते हैं। जैसे– अध्यापक का छात्रों के सही उत्तर पर वाह, बहुत अच्छे, अच्छा प्रयास है आदि कहना। नकारात्मक पुनर्वलन किसी अप्रिय अनुक्रिया की सम्भावना को कम करते हैं। जैसे अध्यापक का छात्रों के गलत उत्तरों पर नहीं, बिल्कुल गलत, फिर से प्रयास करें आदि कहना। इससे छात्र सतर्क होकर सही अनुक्रिया ही देने का प्रयास करते हैं। दण्डात्मक पुनर्वलन में अध्यापक किसी गलत अनुक्रिया पर छात्रों को कोई शारीरिक या मानसिक दण्ड देता है। शिक्षण अधिगम प्रक्रिया में सदैव इस दण्डात्मक पुनर्वलन से बचने की सलाह दी जाती है और यह भी सलाह दी जाती है कि शिक्षकगण अधिकांशतः सकारात्मक पुनर्वलन का ही प्रयोग करें ताकि छात्रों द्वारा सही उत्तर देने की सम्भावनाएं बढ़ें।

उपरोक्त विवेचन से यह स्पष्ट हो जाता है कि शिक्षक अभियोग्यता ही शिक्षण कौशल का विकास करती है और व्यक्ति को एक सकल एवं प्रभावी शिक्षक बनाती है।

महत्वपूर्ण बहुविकल्पीय प्रश्नावली

1. बच्चों में ज्ञान की रचना करने और अर्थ का निर्माण करने की क्षमता होती है। इस परिप्रेक्ष्य में एक शिक्षक की भूमिका है :
   A. संप्रेषक और व्याख्याता की
   B. सुगमकर्ता की
   C. निर्देशक की
   D. तालमेल बैठाने वाले की

2. इनमें से कौन-सी विशेषता प्रतिभाशाली बच्चों की नहीं है?
   A. उच्च आत्म क्षमता
   B. निम्न औसतीय मानसिक प्रक्रियाएँ
   C. अंतर्दृष्टिपूर्वक समस्याओं का समाधान करना
   D. उच्चतर श्रेणी की मानसिक प्रक्रियाएँ

3. कोहलबर्ग के सिद्धान्त के पूर्व-परम्परागत स्तर के अनुसार, कोई नैतिक निर्णय लेते समय एक व्यक्ति निम्नलिखित में से किस तरफ प्रवृत्त होगा?
   A. व्यक्तिगत आवश्यकताएँ तथा इच्छाएँ
   B. व्यक्तिगत मूल्य
   C. पारिवारिक अपेक्षाएँ
   D. अंतर्निहित संभावित दंड

4. शिक्षार्थियों (अधिगमकर्त्ता) की वैयक्तिक विभिन्नताओं के संदर्भ में शिक्षिका को चाहिए :
   A. निगमनात्मक पद्धति के आधार पर समस्याओं का समाधान करना
   B. कलनविधि (एल्गोरिथ्म) का अधिकतर प्रयोग करना
   C. याद करने के लिए शिक्षार्थियों को तथ्य उपलब्ध कराना
   D. विविध प्रकार की अधिगम परिस्थितियों को उपलब्ध कराना

5. निम्नलिखित में से कौन-सा बाल-विकास का एक सिद्धान्त **नहीं** है?
   A. विकास के सभी क्षेत्र महत्वपूर्ण हैं
   B. सभी विकास परिपक्वन तथा अनुभव की अंतःक्रिया का परिणाम होते हैं
   C. सभी विकास तथा अधिगम एक समान गति से आगे बढ़ते हैं
   D. सभी विकास एक क्रम का पालन करते हैं

6. निम्नलिखित में से कौन-सा आकलन करने का सर्वाधिक उपयुक्त तरीका है?
   A. आकलन शिक्षण-अधिगम में अंतर्निहित प्रक्रिया है
   B. आकलन एक शैक्षणिक सत्र में दो बार करना चाहिए—शुरू में और अंत में
   C. आकलन शिक्षक द्वारा नहीं बल्कि

किसी बाह्य एजेन्सी के द्वारा कराना चाहिए

D. आकलन सत्र की समाप्ति पर करना चाहिए

7. निम्नलिखित में से कौन-सा सृजनात्मकता से सम्बन्धित है?

A. अभिसारी चिन्तन

B. सांवेगिक चिन्तन

C. अहंवादी चिन्तन

D. अपसारी चिन्तन

8. बच्चों के बारे में निम्नलिखित कथनों में से किस कथन से वाइगोत्स्की सहमत होते?

A. बच्चे तब सीखते हैं जब उनके लिए आकर्षक पुरस्कार निर्धारित किए जाएँ

B. बच्चों के चिंतन को तब समझा जा सकता है जब प्रयोगशाला में पशुओं पर प्रयोग किए जाएँ

C. बच्चे जन्म से शैतान होते हैं और उन्हें दंड देकर नियंत्रित किया जाना चाहिए

D. बच्चे समवयस्कों और वयस्कों के साथ सामाजिक अंतःक्रियाओं के माध्यम से सीखते हैं

9. बच्चे:

A. चिंतन में वयस्कों की भाँति ही होते हैं और ज्यों-ज्यों वे बड़े होते हैं उनके चिंतन में गुणात्मक वृद्धि होती है

B. रीते बरतन के समान होते हैं जिसमें बड़ों के द्वारा दिया गया ज्ञान भरा जाता है

C. निष्क्रिय जीव होते हैं जो प्रदत्त सूचना को ज्यों-की-त्यों प्रतिलिपि के रूप में प्रस्तुत कर देते हैं

D. जिज्ञासु प्राणी होते हैं जो अपने चारों ओर के जगत को खोजने के लिए अपने ही तर्कों और क्षमताओं का उपयोग करते हैं

10. बच्चों की त्रुटियों के बारे में निम्नलिखित में से कौन-सा कथन सत्य है?

A. बच्चों की त्रुटियाँ उनके सीखने की प्रक्रिया का अंग हैं

B. बच्चे तब त्रुटियाँ करते हैं जब शिक्षक सौम्य हो और उन्हें त्रुटियाँ करने पर दंड न देता हो

C. बच्चों की त्रुटियाँ शिक्षक के लिए महत्वहीन हैं और उसे चाहिए कि उन्हें काट दे और उन पर अधिक ध्यान न दे

D. असावधानी के कारण बच्चे त्रुटियाँ करते हैं

11. अध्यापक को यह सुनिश्चित करना चाहिए कि उसकी कक्षा के सभी शिक्षार्थी अपने आपको स्वीकृत और सम्मानित समझें। इसके लिए शिक्षक को चाहिए कि वह :

A. वंचित पृष्ठभूमि से आने वाले बच्चों का तिरस्कार करे ताकि वे अनुभव करें कि उन्हें अधिक कठोर परिश्रम करना है

B. उन शिक्षार्थियों का पता लगाए जो अच्छी अंग्रेजी बोल सकते हों और संपन्न घरों से हों तथा उन्हें आदर्श के रूप में प्रस्तुत करे

C. अपने शिक्षार्थियों की सामाजिक और सांस्कृतिक पृष्ठभूमि की जानकारी प्राप्त करे और कक्षा में विविध मतों को प्रोत्साहित करे

D. कड़े नियम बनाए और जो बच्चे उनका पालन न करें उन्हें दंड दे

12. सुरेश सामान्य रूप से एक शांत कमरे में अकेले पढ़ना चाहता है, जबकि मदन एक समूह में अपने मित्रों के साथ पढ़ना चाहता है। यह उनके .... में विभिन्न के कारण है।

A. अभिक्षमता
B. अधिगम शैली
C. परावर्तकता-स्तर
D. मूल्यों

13. भारत में भाषिक विभिन्नता बहुत है। इस संदर्भ में विशेषकर कक्षा I और II के प्राथमिक स्तर पर बहुभाषिक कक्षाओं के बारे में सर्वथा उपयुक्त कथन है :

A. विद्यालय में उन्हीं बच्चों को प्रवेश दिया जाए जिनकी मातृभाषा वही हो जो शिक्षा के लिए अपनाई जा रही हो
B. शिक्षक को सभी भाषाओं का सम्मान करना चाहिए और सभी भाषाओं में अभिव्यक्ति के लिए बच्चों को प्रोत्साहित करना चाहिए
C. जो बच्चे कक्षा में मातृभाषा का उपयोग करते हैं अध्यापक को उनकी उपेक्षा करनी चाहिए
D. शिक्षार्थियों को अपनी मातृभाषा या स्थानीय भाषा का प्रयोग करने पर दंडित किया जाए

14. 'प्रकृति-पोषण' विवाद में 'प्रकृति' से क्या अभिप्राय है?

A. जैविकीय विशिष्टताएँ या वंशानुक्रम सूचनाएँ
B. एक व्यक्ति की मूल वृत्ति
C. भौतिक और सामाजिक संसार की जटिल शक्तियाँ
D. हमारे आस-पास का वातावरण

15. "जन-संचार माध्यम समाजीकरण का एक महत्त्वपूर्ण माध्यम बनता जा रहा है।" नीचे दिए गए कथनों में से कौन-सा सबसे उपयुक्त कथन है?

A. समाजीकरण केवल माता-पिता और परिवार के द्वारा किया जाता है
B. जन-संचार माध्यमों की पहुँच बढ़ रही है और जन-संचार माध्यम अभिवृत्तियों, मूल्यों और विश्वासों को प्रभावित करता है
C. बच्चे संचार माध्यमों के साथ प्रत्यक्ष रूप से अंतःक्रिया नहीं कर सकते हैं
D. संचार माध्यम पदार्थों के विज्ञापन और विक्रय के लिए एक अच्छा माध्यम है

16. बच्चे किस प्रकार से सीखते हैं? नीचे दिए गए कथनों में से कौन-सा इस प्रश्न के विषय में सही नहीं है?

A. बच्चे तब सीखते हैं जब वे संज्ञानात्मक रूप से तैयार होते हैं
B. बच्चे अनेकों प्रकार से सीखते हैं
C. बच्चे सीखते हैं क्योंकि वे स्वाभाविक रूप से प्रेरित होते हैं
D. बच्चे केवल कक्षा में सीखते हैं

17. प्राथमिक विद्यालय शिक्षक को अपने शिक्षार्थियों को अभिप्रेरित करने के लिए निम्नलिखित में से किस रणनीति को अपनाना चाहिए?

A. प्रत्येक गतिविधि के प्रेरक के रूप में प्रोत्साहन, पुरस्कार और दंड का उपयोग करना

B. बच्चों को उनकी रुचियों के अनुसार अपने लक्ष्य निर्धारित करने और उन्हें पाने के उद्यम में सहायता करना
C. पूरी कक्षा के लिए मानक लक्ष्य निर्धारित करना और उनकी उपलब्धि के आकलन के लिए कठोर मानदंड निर्धारित करना
D. प्रत्येक शिक्षार्थी में अंक लाने के लिए स्पर्धा को प्रोत्साहित करना

18. निम्नलिखित में से कौन-सा समाजीकरण का एक प्रमुख कारक है?
A. कम्प्यूटर
B. आनुवंशिकता
C. राजनीतिक दल
D. परिवार

19. बच्चों को समूह कार्य देना एक प्रभावी शिक्षण-रणनीति है, क्योंकि :
A. छोटे समूह में कुछ बच्चों को दूसरे बच्चों पर हावी होने की अनुमति होती है
B. सीखने की प्रक्रिया में बच्चे एक-दूसरे से सीखते हैं और परस्पर सहायता भी करते हैं
C. बच्चे अपना काम जल्दी करने में समर्थ होते हैं
D. इससे शिक्षक का काम कम हो जाता है

20. एक औसत बुद्धि वाला बच्चा यदि भाषा को पढ़ने एवं समझने में कठिनाई प्रदर्शित करता है तो यह संकेत देता है कि बच्चा .... का लक्षण प्रदर्शित कर रहा है।
A. लेखन-अक्षमता (डिस्ग्राफिया)
B. गणितीय-अक्षमता (डिस्कैल्कुलिया)
C. गतिसमन्वय-अक्षमता (डिस्प्रैक्सिया)
D. पठन-अक्षमता (डिस्लैक्सिया)

21. शैशवकाल की अवधि है :
A. जन्म से 2 वर्ष तक
B. जन्म से 3 वर्ष तक
C. 2 से 3 वर्ष तक
D. जन्म से 1 वर्ष तक

22. पियाजे के अनुसार 2 से 7 वर्ष के बीच का एक बच्चा संज्ञानात्मक विकास की .... अवस्था में है।
A. औपचारिक संक्रियात्मक
B. मूर्त संक्रियात्मक
C. संवेदी-गतिक
D. पूर्व संक्रियात्मक

23. विकास .... से .... की ओर बढ़ता है।
A. जटिल → कठिन
B. विशिष्ट → सामान्य
C. साधारण → आसान
D. सामान्य → विशिष्ट

24. जब वयस्क सहयोग से सामंजस्य कर लेते हैं, तो वे बच्चे के वर्तमान स्तर के प्रदर्शन को संभावित क्षमता के स्तर के प्रदर्शन की तरफ प्रगति क्रम को सुगम बनाते हैं, इसे कहा जाता है :
A. सहयोग देना
B. सहभागी अधिगम
C. सहयोगात्मक अधिगम
D. समीपस्थ विकास

25. नवीन जानकारी को शामिल करने के लिए वर्तमान स्कीमा (अवधारणा) में बदलाव की प्रक्रिया .... कहलाती है।

A. आत्मसात्करण
B. समायोजन
C. अहंकेंद्रिता
D. अनुकूलन

26. मध्य बाल्यावस्था में भाषा .... के बजाय .... अधिक है।
A. समाजीकृत, अहंकेंद्रित
B. जीववादी, समाजीकृत
C. परिपक्व, अपरिपक्व
D. अहंकेंद्रित, समाजीकृत

27. बाल केंद्रित शिक्षा में शामिल है :
A. बच्चों का एक कोने में बैठना
B. प्रतिबंधित परिवेश में अधिगम
C. वे गतिविधियाँ जिनमें खेल शामिल नहीं होते
D. बच्चों के लिए हस्तपरक गतिविधियाँ

28. कक्षा-अध्यापक ने राघव को अपनी कक्षा में अपने की-बोर्ड पर स्वयं द्वारा तैयार किया गया मधुर संगीत बजाते हुए देखा। कक्षा-अध्यापक ने विचार किया कि राघव में .... बुद्धि उच्च स्तरीय थी।
A. शारीरिक-गतिबोधक
B. संगीतमय
C. भाषायी
D. स्थानिक

29. जब एक शिक्षक यह समझता है कि स्वाभाविक रूप से लड़के गणित में लड़कियों से अच्छे हैं, यह दर्शाता है कि अध्यापक है :
A. लिंग (जेंडर) पक्षपाती
B. शिक्षाप्रद
C. सही दृष्टिकोण वाला
D. नीतिपरक

30. समावेशी शिक्षा मानती है कि हमें .... को .... के अनुरूप बदलना है
A. व्यवस्था/बच्चे
B. परिवेश/परिवार
C. बच्चे/परिवेश
D. बच्चे/व्यवस्था

31. निम्नलिखित में से कौन-सा बच्चों के संवेगात्मक विकास के लिए सर्वाधिक उपयुक्त है?
A. कक्षा-कक्ष का प्रजातांत्रिक परिवेश
B. अध्यापकों की कोई भी सहभागिता नहीं क्योंकि यह माता-पिता का कार्य है
C. कक्षा-कक्ष का नियंत्रित परिवेश
D. कक्षा-कक्ष का अधिकारवादी परिवेश

32. निम्नलिखित में से कौन-सा एक उपयुक्त रचनात्मक आकलन कार्य **नहीं** है?
A. खुले अन्त वाले प्रश्न
B. परियोजना
C. अवलोकन
D. विद्यार्थियों का योग्यता क्रम निर्धारित करना

33. एक प्रभावशाली अध्यापिका होने के लिए महत्वपूर्ण है :
A. पुस्तक से उत्तरों को लिखाने पर बल देना
B. समूह गतिविधि के बजाय वैयक्तिक अधिगम पर ध्यान देना
C. विद्यार्थियों के द्वारा प्रश्न पूछने के कारण उत्पन्न व्यवधान की अनदेखी करना
D. प्रत्येक बच्चे के सम्पर्क में रहना

34. बच्चों के अधिगम को सुगम बनाने के लिए अध्यापकों को एक अच्छे कक्षायी परिवेश का सृजन करने की आवश्यकता होती है। इस प्रकार के अधिगम परिवेश का सृजन करने के लिए नीचे दिए गए कथनों में से कौन-सा सही **नहीं** है?

A. बच्चे के प्रयासों को स्वीकृति
B. अध्यापकों के अनुसार कार्य करना
C. बच्चे को स्वीकार करना
D. अध्यापक का सकारात्मक रुख

35. लड़कों एवं लड़कियों के विषय में कुछ कथन नीचे दिए गए हैं। आपके अनुसार इनमें से कौन-सा सही है?

A. लड़कों को घर से बाहर के कामों में सहायता करनी चाहिए
B. लड़कों को घर के कामों में सहायता करनी चाहिए
C. सभी लड़कों को विज्ञान तथा लड़कियों को गृह विज्ञान पढ़ाया जाना चाहिए
D. लड़कियों को घर के कामों में सहायता करनी चाहिए

36. एक बच्चे की कॉपी में लिखने में विपरीत छवियाँ, दर्पण छवि, आदि जैसी गलतियाँ मिलती हैं। इस प्रकार का बच्चा लक्षण प्रदर्शित कर रहा है

A. अधिगम में असुविधा के
B. अधिगम में अशक्तता के
C. अधिगम में कठिनाई के
D. अधिगम में समस्या के

37. शिक्षार्थियों के ज्ञान अर्जन में सहायता करने के क्रम में अध्यापकों को किस पर ध्यान केन्द्रित करना चाहिए?

A. सुनिश्चित करना कि शिक्षार्थी सब कुछ याद करते हैं
B. शिक्षार्थी के द्वारा प्राप्त किए गए अंकों/ग्रेडों पर
C. शिक्षार्थी को सक्रिय सहभागिता के लिए शामिल करना
D. शिक्षार्थी के द्वारा अधिगम की अवधारणाओं में कुशलता प्राप्त करना

38. अध्यापक के दृष्टिकोण से प्रतिभाशीलता किसका संयोजन है?

A. उच्च योग्यता - उच्च सृजनात्मकता - उच्च वचनबद्धता
B. उच्च प्रेरणा - उच्च वचनबद्धता - उच्च क्षमता
C. उच्च योग्यता - उच्च क्षमता - उच्च वचनबद्धता
D. उच्च क्षमता - उच्च सृजनात्मकता - उच्च स्मरणशक्ति

39. एन.सी.एफ. 2005 के अनुसार, गलतियाँ इस कारण से महत्वपूर्ण होती हैं :

A. यह विद्यार्थियों को 'उत्तीर्ण' एवं 'अनुत्तीर्ण' समूहों में वर्गीकृत करने के लिए एक महत्वपूर्ण उपकरण हैं
B. यह अध्यापकों को बच्चों को डाँटने के लिए एक तरीका उपलब्ध कराती हैं
C. ये बच्चे के विचार की अन्तर्दृष्टि उपलब्ध कराती हैं तथा समाधानों को पहचानने में सहायता करती हैं
D. ये कक्षा से कुछ बच्चों को हटाने के लिए आधार उपलब्ध कराती हैं

40. 'ऑउट-ऑफ-द-बॉक्स' चिन्तन किससे सम्बन्धित है?

A. अनुकूल चिंतन
B. स्मृति-आधारित चिंतन
C. अपसारी चिंतन
D. अभिसारी चिंतन

41. शिक्षण में अध्यापकों के द्वारा विद्यार्थियों का आकलन इस अन्तर्दृष्टि को विकसित करने के लिए किया जा सकता है :
A. उन विद्यार्थियों की पहचान करना जिन्हें उच्चतर कक्षा में प्रोन्नत करना है
B. उन विद्यार्थियों को प्रोन्नत न करना जो विद्यालय के स्तर के अनुकूल नहीं हैं
C. शिक्षार्थियों की आवश्यकता के अनुसार शिक्षण उपागम में परिवर्तन करना
D. कक्षा में 'प्रतिभाशाली' तथा 'कमजोर' विद्यार्थियों के समूह बनाना

42. अधिगम अनुभवों को इस प्रकार से आयोजित किया जाना चाहिए जिससे कि अधिगम को सार्थक बनाया जा सके। नीचे दिए गए अधिगम अनुभवों में से कौन-सा बच्चों के लिए सार्थक अधिगम को सुगम **नहीं** बनाता है?
A. विषय-वस्तु की केवल याद करने के आधार पर पुनरावृत्ति
B. विषय-वस्तु का प्रश्न बनाना
C. प्रकरण पर परिचर्चा और वाद-विवाद
D. प्रकरण पर प्रस्तुतीकरण

43. बच्चों को शाब्दिक या गैर-शाब्दिक दण्ड देने का परिणाम होता है :
A. उन्हें कार्य करने के लिए प्रेरित करना।
B. बच्चे की छवि की सुरक्षा करना।
C. उनके अंकों में सुधार करना।
D. उनके स्वयं के प्रति अवधारणा को नष्ट करना।

44. निम्नलिखित में से कौन प्रारम्भिक बाल्यावस्था अवधि के दौरान उन भूमिकाओं एवं व्यवहारों के बारे में जानकारी प्रदान करते हैं जो एक समूह में स्वीकार्य है?
A. भाई-बहन एवं अध्यापक
B. अध्यापक एवं साथी
C. साथी एवं माता-पिता
D. माता-पिता एवं भाई बहन

45. विद्यार्थियों को स्वच्छता के लिए प्रेरित करने हेतु उन्हें स्वच्छता समिति का सदस्य बनाना, प्रतिबिम्बित करता है
A. प्रेरणा की सामाजिक-सांस्कृतिक संकल्पनाएँ
B. प्रेरणा का व्यवहारवादी उपागम
C. प्रेरणा का मानवतावादी उपागम
D. प्रेरणा का संज्ञानात्मक उपागम

46. निम्नलिखित में से कौन-सा आयु समूह परवर्ती बाल्यावस्था श्रेणी के अन्तर्गत आता है?
A. 11 से 18 वर्ष
B. 18 से 24 वर्ष
C. जन्म से 6 वर्ष
D. 6 से 11 वर्ष

47. आर्जव तर्क देता है कि भाषा विकास व्यक्ति की नैसर्गिक प्रवृत्ति से प्रभावित होता है जबकि सोनाली महसूस करती है कि यह परिवेश से प्रभावित होता है। आर्जव और सोनाली के बीच यह चर्चा किस विषय में है?
A. चुनौतीपूर्ण तथा संवेदनशील भावना

B. स्थिरता तथा अस्थिरता पर बहस
C. सतत तथा असतत अधिगम
D. प्रकृति तथा पालन-पोषण वाद-विवाद

48. अध्यापिका ने ध्यान दिया कि पुष्पा अपने-आप किसी एक समस्या का समाधान नहीं कर सकती है। फिर भी वह एक वयस्क या साथी के मार्गदर्शन की उपस्थिति में ऐसा करती है। इस मार्गदर्शन को कहते हैं
A. पार्श्वकरण
B. पूर्व-क्रियात्मक चिन्तन
C. समीपस्थ विकास का क्षेत्र
D. सहारा देना

49. अध्यापिका ने एक कमेटी के प्रधान को 'सभापति' के स्थान पर 'सभाध्यक्ष' लिखा। यह संकेत करता है कि अध्यापिका
A. एक अधिक उपयुक्त पारिभाषिक शब्द का पालन करती है
B. भाषा पर अच्छा अधिकार रखती है
C. एक लिंग-मुक्त भाषा का प्रयोग कर रही है
D. लिंग पूर्वाग्रह से ग्रस्त है

50. सतत् एवं व्यापक मूल्यांकन किसलिए आवश्यक है?
A. शिक्षण के साथ परीक्षण का तालमेल बैठाने के लिए
B. शिक्षा बोर्ड की जवाबदेही कम करने के लिए
C. जल्दी-जल्दी की जाने वाली गलतियों की तुलना में कम अन्तराल पर की जाने वाली गलतियों को सुधारना
D. यह समझने के लिए कि अधिगम का किस प्रकार अवलोकन किया जाता है, दर्ज किया जाता है व सुधार किया जा सकता है

51. लॉरेंस कोह्लबर्ग के सिद्धान्त में कौन-सा स्तर नैतिकता की अनुपस्थिति को सही अर्थ में सूचित करता है?
A. स्तर III
B. स्तर IV
C. स्तर I
D. स्तर II

52. निम्नलिखित में से कौन-सा बच्चों के समाजीकरण के प्रगतिशील मॉडल के संदर्भ में सही **नहीं** है?
A. समूह कार्य में सक्रिय सहभागिता तथा सामाजिक कौशलों को सीखना
B. बच्चे विद्यालय में बताई गई बातों को स्वीकार करते हैं चाहे उनकी सामाजिक पृष्ठभूमि कुछ भी हो।
C. कक्षा में प्रजातंत्र के लिए स्थान होना चाहिए
D. समाजीकरण सामाजिक नियमों का अधिग्रहण है

53. अधिगम में आकलन किसलिए आवश्यक होता है?
A. ग्रेड एवं अंकों के लिए
B. जाँच परीक्षण के लिए
C. प्रेरणा के लिए
D. पृथक्करण और श्रेणीकरण के उद्देश्य को प्रोत्साहन देने के लिए

54. प्रचलित योजनाओं में नई जानकारी जोड़ने को किस नाम से जाना जाता है?
A. समायोजन
B. साम्यधारण

C. आत्मसात्करण

D. संगठन

55. हम सभी अपनी बुद्धि, प्रेरणा, अभिरुचि आदि के संदर्भ में भिन्न होते हैं। यह सिद्धान्त सम्बन्धित है :

A. वैयक्तिक भिन्नता से

B. बुद्धि के सिद्धान्तों से

C. वंशानुक्रम से

D. पर्यावरण से

56. वंचित समूहों के विद्यार्थियों को सामान्य विद्यार्थियों के साथ पढ़ाना चाहिए। इसका अभिप्राय है :

A. समावेशी शिक्षा

B. विशेष शिक्षा

C. एकीकृत शिक्षा

D. अपवर्जक शिक्षा

57. ''कोई भी नाराज हो सकता है – यह आसान है, परन्तु एक सही व्यक्ति के ऊपर, सही मात्रा में, सही समय पर सही उद्देश्य के लिए तथा सही तरीके से नाराज होना आसान नहीं है।'' यह सम्बन्धित है :

A. संवेगात्मक विकास से

B. सामाजिक विकास से

C. संज्ञानात्मक विकास से

D. शारीरिक विकास से

58. विकृत लिखावट से सम्बन्धित लिखने की योग्यता में कमी किसका एक लक्षण है?

A. डिस्ग्राफिया

B. डिस्प्रैक्सिया

C. डिस्कैल्कुलिया

D. डिस्लेक्सिया

59. पियाजे के सिद्धान्त के अनुसार, निम्नलिखित में से कौन-सा व्यक्ति के संज्ञानात्मक विकास को प्रभावित नहीं करेगा?

A. भाषा

B. सामाजिक अनुभव

C. परिपक्वन

D. क्रियाकलाप

60. इनमें से कौन-सा त्रितंत्रीय सिद्धान्त में व्यावहारिक बुद्धि का अभिप्राय **नहीं** है?

A. पर्यावरण का पुनर्निर्माण करना

B. केवल अपने विषय में व्यावहारिक रूप से विचार करना

C. इस प्रकार के पर्यावरण का चयन करना जिसमें आप सफल हो सकते हैं

D. पर्यावरण के साथ अनुकूलन करना

61. संज्ञानात्मक विकास निम्न में से किसके द्वारा समर्थित होता है?

A. जितना संभव हो उतनी आवृत्ति से संगत और सुनियोजित परीक्षाओं का आयोजन करना

B. उन गतिविधियों को प्रस्तुत करना जो पारंपरिक पद्धतियों को सुदृढ़ बनाती हैं

C. एक समृद्ध और विविधतापूर्ण वातावरण उपलब्ध कराना

D. सहयोगात्मक की अपेक्षा वैयक्तिक गतिविधियों पर अधिक ध्यान केंद्रित करना

62. मानव विकास .... है।

A. मात्रात्मक

B. गुणात्मक

C. कुछ सीमा तक अमापनीय

D. मात्रात्मक और गुणात्मक दोनों

63. प्रकृति-पोषण विवाद निम्नलिखित में से किससे सम्बन्धित है?

A. अनुवांशिकी एवं वातावरण

B. व्यवहार एवं वातावरण

C. वातावरण एवं जीव-विज्ञान

D. वातावरण एवं पालन-पोषण

64. निम्न में से कौन-सा समाजीकरण की निष्क्रिय एजेंसी है?

A. स्वास्थ्य क्लब

B. परिवार

C. ईको क्लब

D. सार्वजनिक पुस्तकालय

65. वाइगोत्स्की के सिद्धांत में, विकास के निम्नलिखित में से कौन-से पहलू की उपेक्षा होती है?

A. सामाजिक

B. सांस्कृतिक

C. जैविक

D. भाषायी

66. एक वर्ष तक के शिशु जब आँख, कान व हाथों से ''सोचते'' हैं, तो निम्नलिखित में से कौन-सा स्तर शामिल होता है?

A. मूर्त संक्रियात्मक स्तर

B. पूर्व-संक्रियात्मक स्तर

C. इंद्रियजनित गामक स्तर

D. अमूर्त संक्रियात्मक स्तर

67. रिया कक्षा पिकनिक तय करने हेतु रिषभ से सहमत नहीं है। वह सोचती है कि बहुमत के अनुकूल बनाने के लिए नियमों का संशोधन किया जा सकता है। यह सहपाठी विरोध, पियाजे के अनुसार, निम्नलिखित में से किससे सम्बन्धित है?

A. विषमांग नैतिकता

B. संज्ञानात्मक अपरिपक्वता

C. प्रतिक्रिया

D. सहयोग की नैतिकता

68. निम्न में से कौन-सा स्टर्नबर्ग का बुद्धि का त्रिस्तरीय सिद्धांत का एक रूप है?

A. व्यावहारिक बुद्धि

B. प्रायोगिक बुद्धि

C. संसाधनपूर्ण बुद्धि

D. गणितीय बुद्धि

69. किसने सबसे पहले बुद्धि परीक्षण का निर्माण किया?

A. डेविड वैश्लर

B. एल्फ्रेड बिने

C. चार्ल्स एडवर्ड स्पीयरमैन

D. रॉबर्ट स्टर्नबर्ग

70. ध्वनि-सम्बन्धी जागरूकता निम्नलिखित में से किस क्षमता से सम्बन्धित है?

A. ध्वनि संरचना पर चिन्तन करना व उसमें हेर-फेर करना

B. सही-सही व धाराप्रवाह बोलना

C. जानना, समझना व लिखना

D. व्याकरण के नियमों में दक्ष होना

71. कक्षा-कक्ष में जेंडर (लिंग) विभेद

A. शिक्षार्थियों के निष्पादन को प्रभावित नहीं करता है

B. शिक्षार्थियों के ह्रासोन्मुख प्रयासों अथवा निष्पादन का कारण बन सकता है

C. पुरुष शिक्षार्थियों के वृद्धि-उन्मुख प्रयासों अथवा निष्पादन का कारण बन सकता है

D. महिला शिक्षकों की अपेक्षा पुरुष शिक्षकों के द्वारा अधिक किया जाता है

72. निम्न में से कौन-सा सीखने की शैली का एक उदाहरण है?

A. चाक्षुष
B. संग्रहण
C. तथ्यात्मक
D. स्पर्श-सम्बन्धी

73. एक शिक्षक कक्षा के कार्य को एकत्र करता है और उन्हें पढ़ता है, उसके बाद योजना बनाता है और अपने अगले पाठ को शिक्षार्थियों की आवश्यकताओं को पूरा करने के लिए समायोजित करता है। वह .... कर रहा/रही है।

A. सीखने का आकलन
B. सीखने के रूप में आकलन
C. सीखने के लिए आकलन
D. सीखने के समय आकलन

74. वे शिक्षक जो विद्यालय आधारित आकलन के अंतर्गत कार्य करते हैं

A. उन पर अधिक कार्य का बोझ रहता है, क्योंकि उन्हें सोमवार की परीक्षा सहित अकसर परीक्षा लेनी पड़ती है
B. उन्हें प्रत्येक शिक्षार्थी को प्रत्येक विषय में परियोजना कार्य देना पड़ता है
C. शिक्षार्थियों के मूल्यों और अभिवृत्तियों का आकलन करने के लिए रोजाना उनका सूक्ष्म अवलोकन करते हैं
D. व्यवस्था के लिए स्वामित्व की भावना रखते हैं

75. "ग्रेड अंकों से कैसे अलग हैं? यह प्रश्न निम्न में से किस प्रकार के प्रश्नों से सम्बन्ध रखता है?

A. अपसारी
B. विश्लेषणात्मक
C. मुक्त-अंत
D. समस्या-समाधान

76. छात्राएँ

A. गणित के सवाल अच्छे से सीखती हैं लेकिन उन्हें तब कठिनाई आती है जब उनसे उनके तर्क के बारे में पूछा जाता है
B. अपनी उम्र के लड़कों की तरह गणित में अच्छी हैं
C. अपनी उम्र के लड़कों की तुलना में स्थानिक अवधारणाओं में कम कुशलतापूर्ण निष्पादन करती है
D. भाषिक और संगीत सम्बन्धी अधिक क्षमताएँ रखती हैं

77. शब्दों में अक्षरों के क्रम को पढ़ने में कठिनाई का अनुभव करना और अकसर चाक्षुष स्मृति का ह्रास .... से सम्बन्धित है।

A. डिसलेक्सिया
B. डिस्केल्कुलिया
C. डिस्ग्राफिया
D. डिस्प्राक्सिया

78. 'सभी के लिए विद्यालयों में सभी की शिक्षा' निम्नलिखित में से किसके लिए प्रचार वाक्य हो सकता है?

A. संसक्तिशील शिक्षा
B. समावेशी शिक्षा
C. सहयोगात्मक शिक्षा
D. पृथक शिक्षा

79. प्रवाहपूर्णता, व्याख्या, मौलिकता और लचीलापन .... के साथ सम्बन्धित तत्त्व हैं।

A. प्रतिभा
B. गुण
C. अपसारी चिंतन
D. त्वरण

80. प्रतिभाशाली शिक्षार्थियों को .... से जुड़े प्रश्नों पर अधिक समय देने के लिए कहा जा सकता है।

A. स्मरण
B. समझ
C. सर्जन
D. विश्लेषण

81. गणित में अधिगम निर्योग्यता का आकलन निम्न में से किस परीक्षण द्वारा सर्वाधिक उचित तरीके से किया जा सकता है?

A. अभिक्षमता परीक्षण
B. निदानात्मक परीक्षण
C. स्क्रीनिंग परीक्षण
D. उपलब्धि परीक्षण

82. सिद्धांत चित्र .... के द्वारा नवीन अवधारणाओं की समझ बढ़ाते हैं।

A. विषय-क्षेत्रों के बीच ज्ञान के स्थानांतरण
B. विशिष्ट विवरण पर एकाग्रता केंद्रित करने
C. अध्ययन के लिए शैक्षणिक विषय-वस्तु की प्राथमिकता तय करने
D. तर्कपूर्ण ढंग से सूचनाओं को व्यवस्थित करने की योग्यता को बढ़ाने

83. एल्बर्ट बैन्ड्यूरा के सामाजिक अधिगम सिद्धांत के अनुसार निम्न में से कौन-सा सही है?

A. खेल अनिवार्य है और उसे विद्यालय में प्राथमिकता दी जानी चाहिए।
B. बच्चों के सीखने के लिए प्रतिरूपण (मॉडलिंग) एक मुख्य तरीका है।
C. अनसुलझा संकट बच्चे को नुकसान पहुँचा सकता है।
D. संज्ञानात्मक विकास सामाजिक विकास से स्वतंत्र है।

84. निगमनात्मक तर्कणा में शामिल है/हैं

A. सामान्य से विशिष्ट की ओर तर्कणा
B. विशिष्ट से सामान्य की ओर तर्कणा
C. ज्ञान का सक्रिय निर्माण और पुनर्निर्माण
D. अन्वेषणपरक सीखना और स्वतः खोजपरक सम्बन्धी पद्धतियाँ

85. जब बच्चे एक अवधारणा को सीखते हैं और उसका प्रयोग करते हैं, तो अभ्यास उनके द्वारा की जाने वाली त्रुटियों को कम करने में मदद करता है। यह विचार .... के द्वारा दिया गया।

A. ई.एल. थॉर्नडाइक
B. जीन पियाजे
C. जे.बी. वॉटसन
D. लेव वाइगोत्स्की

86. निम्न में से कौन-सा कौशल संवेगात्मक बुद्धि से सम्बन्धित है?

A. याद करना
B. गतिक प्रक्रमण
C. विचार करना
D. समानुभूति देना

87. एक आंतरिक बल जो प्रोत्साहित करता है और व्यवहारपरक प्रतिक्रिया के लिए बाध्य करता है एवं उस प्रतिक्रिया को विशिष्ट दिशा उपलब्ध कराता है, ... है।

A. अभिप्रेरण
B. अध्यवसाय
C. संवेग
D. वचनबद्धता

88. निम्न में से कौन-सी शब्दावली प्रायः "अभिप्रेरणा" के साथ अंतःबदलाव के साथ इस्तेमाल की जाती है?

A. पुरस्कार (प्रेरक)
B. संवेग
C. आवश्यकता
D. उत्प्रेरणा

89. .... प्रेरणाएँ अनुभूतियों के संतुष्टिकरण, की अवस्थाओं तक पहुँचने और वैयक्तिक लक्ष्यों को प्राप्त करने की आवश्यकता को सम्बोधित करती हैं?

A. प्रभावी
B. भावनात्मक
C. संरक्षण-उन्मुखी
D. सुरक्षा-उन्मुखी

90. निम्नलिखित में से कौन-सा कारक अधिगम को सकारात्मक प्रकार से प्रभावित करता है?

A. अनुत्तीर्ण हो जाने का भय
B. सहपाठियों से प्रतियोगिता
C. अर्थपूर्ण सम्बन्ध
D. माता-पिता की ओर से दबाव

91. के. मा. शि. बो. (CBSE) द्वारा अपनाए गए प्रगतिशील शिक्षा के प्रतिमान में बच्चों का समाजीकरण जिस प्रकार से किया जाता है, उससे अपेक्षा की जा सकती है कि

A. वे समय नष्ट करने वाली सामाजिक आदतों/प्रकृति का त्याग करें तथा सीखें कि किस प्रकार अच्छी श्रेणियाँ पाई जा सकती हैं (score good grades)
B. वे सामूहिक कार्य में सक्रिय भागीदारिता का निर्वाह करें तथा सामाजिक कौशल सीखें
C. वे बिना प्रश्न उठाए समाज के नियमों-विनियमों का अनुपालन करने के लिए तैयार हो सकें
D. किसी भी प्रकार की सामाजिक पृष्ठभूमि होते हुए भी वे वह सब स्वीकार करें जो उन्हें विद्यालय द्वारा प्रदान किया जाता है

92. निम्नलिखित में से कौन-सा वाइगोत्स्की के सामाजिक-सांस्कृतिक सिद्धान्त पर आधारित है?

A. सक्रिय अनुकूलन
B. पारस्परिक शिक्षण
C. संस्कृति-निरपेक्ष संज्ञानात्मक विकास
D. अन्तर्दृष्टिपूर्ण अधिगम

93. एक शिक्षिका अपनी कक्षा से कहती है, "सभी प्रकार के प्रदत्त कार्यों (assignments) का निर्माण इस प्रकार किया गया है कि प्रत्येक विद्यार्थी अधिक प्रभावशाली ढंग से सीख सके, अतः सभी विद्यार्थी बिना किसी अन्य की सहायता से अपना कार्य पूर्ण करें।"

वह कोह्लबर्ग के किस नैतिक विकास के चरण की ओर संकेत दे रही है?

A. औपचारिक चरण 4
—कानून और व्यवस्था
B. पर-औपचारिक चरण 5
—सामाजिक संविदा

C. पूर्व-औपचारिक चरण 1
–दण्ड परिवर्तन

D. पूर्व-औपचारिक चरण 2
–वैयक्तिकता और विनिमय

94. 14 वर्षीय देविका अपने-आप में पृथक्, स्व-नियंत्रित व्यक्ति की भावना को विकसित करने का प्रयास कर रही है। वह विकसित कर रही है

A. नियमों के प्रति घृणा
B. स्वायत्तता
C. किशोरावस्थात्मक अक्खड़पन
D. परिपक्वता

95. प्रगतिशील शिक्षा के संदर्भ में निम्नलिखित में से कौन-सा कथन जॉन ड्यूई के अनुसार समुचित है?

A. कक्षा में प्रजातंत्र का कोई स्थान नहीं होना चाहिए
B. विद्यार्थियों को स्वयं ही सामाजिक समस्याओं को सुलझाने में सक्षम होना चाहिए
C. जिज्ञासा विद्यार्थियों के स्वभाव में अन्तर्निहित नहीं है अपितु इसका कर्षण/संवर्धन करना चाहिए
D. कक्षा में विद्यार्थियों का निरीक्षण करना चाहिए न कि सुनना चाहिए

96. भाषा-अवबोधन से सम्बद्ध विकार है

A. चलाघात (apraxia)
B. पठन-वैकल्य (dyslexia)
C. वाक्-सम्बद्ध रोग (aspeechxia)
D. भाषाघात (aphasia)

97. निम्नलिखित में से कौन-सा आलोचनात्मक दृष्टिकोण 'बहु-बुद्धि सिद्धान्त' (Theory of Multiple Intelligences) से सम्बद्ध नहीं है?

A. यह शोधाधारित नहीं है
B. विभिन्न बुद्धियाँ भिन्न-भिन्न विद्यार्थियों के लिए विभिन्न पद्धतियों की माँग करती हैं
C. प्रतिभाशाली विद्यार्थी प्रायः एक क्षेत्र में ही अपनी विशिष्टता प्रदर्शित करते हैं
D. इसका कोई अनुभवात्मक आधार नहीं है

98. 'बहु-बुद्धि सिद्धान्त' को वैध नहीं माना जा सकता, क्योंकि

A. विशिष्ट परीक्षणों के अभाव में भिन्न बुद्धिमत्ता (different intelligences) का मापन सम्भव नहीं है
B. यह सभी सात बुद्धियों को समान महत्व नहीं देता है
C. यह केवल अब्राहम मैस्लो के जीवनभर के सुदृढ़ अनुभवात्मक अध्ययन पर आधारित है
D. यह सर्वाधिक महत्वपूर्ण सामान्य बुद्धि 'g' के अनुकूल (सुसंगत) नहीं है

99. कक्षा में विद्यार्थियों के वैयक्तिक विभेद

A. लाभकारी नहीं हैं, क्योंकि अध्यापकों को वैविध्यपूर्ण कक्षा को नियंत्रित करने की आवश्यकता है
B. हानिकारक हैं, क्योंकि इनसे विद्यार्थियों में परस्पर द्वन्द्व उत्पन्न होते हैं
C. अनुपयुक्त हैं, क्योंकि ये सर्वाधिक मन्द विद्यार्थी के स्तर तक पाठ्यचर्या के स्थानान्तरण की गति को कम करते हैं

D. लाभकारी हैं, क्योंकि ये विद्यार्थियों की संज्ञानात्मक संरचनाओं को खोजने में अध्यापकों को प्रवृत्त करते हैं

100. विद्यालय-आधारित आकलन प्रारम्भ किया गया था ताकि

A. राष्ट्र में विद्यालयी शिक्षा संगठनों (Boards) की शक्ति का विकेन्द्रीकरण किया जा सके

B. सभी विद्यार्थियों के सम्पूर्ण विकास को निश्चित किया जा सके

C. विद्यार्थियों की उन्नति की बेहतर व्याख्या के लिए उनकी सभी गतिविधियों के नियमित अभिलेखन हेतु अध्यापकों को अभिप्रेरित किया जा सके

D. विद्यालय अपने क्षेत्रों में विद्यमान अन्य विभिन्न विद्यालयों की तुलना में प्रतियोगिता द्वारा अपनी विशिष्टता का प्रदर्शन करने हेतु अभिप्रेरित हो सकें

101. निम्नलिखित में से कौन-सा एक अन्य विकल्पों से सम्बद्ध नहीं है?

A. प्रश्नोत्तर सत्रों को संगठित करना

B. किसी विषय पर विद्यार्थियों की प्रतिक्रिया को लेना

C. प्रश्नोत्तरी (Quiz) परिचालित करना

D. स्व-आकलन के कौशल को प्रतिमानित करना

102. निम्नलिखित में से कौन-सा प्रश्न अपने विशिष्ट क्षेत्र से ठीक तरह से मिला हुआ है?

A. क्या आप अपने विद्यार्थियों को उनकी गणित की उपलब्धि के आधार पर वर्गीकृत कर सकते हैं?
: मूल्यांकन

B. पिछली रात दूरदर्शन पर दिखाए गए क्रिकेट मैच में निर्णायक क्षण (turning point) कौन-सा था?
: सृजनशील

C. जड़ी-बूटियों के प्रयोग द्वारा चिकेन पकाने हेतु कोई नई पाकविधि लिखिए।
: अनुप्रयोग

D. निर्धारित कीजिए कि दिए गए मापकों में से कौन-सा मापक आपको उत्तम परिणामों को पाने में सर्वाधिक प्रवृत्त कर सकता है।
: विश्लेषण

103. निम्नलिखित में से कौन-सी सर्वाधिक प्रभावकारी विधि हो सकती है, जो आपकी इस अपेक्षा को पूरी कर सके कि वंचित विद्यार्थी अपनी भागीदारिता द्वारा सफल हो सकें?

A. आप उनकी सफलता हेतु उनकी क्षमता में विश्वास को अभिव्यक्त करें

B. पढ़ाए जाने वाले विषय में आप अपनी रुचि विकसित कर सकें

C. अपने लक्ष्य को महसूस करने के लिए बच्चों की अन्य बच्चों से प्रायः तुलना करते रहना

D. इस बात पर बल देना कि आपकी उनसे उच्च अपेक्षाएँ हैं

104. निम्नलिखित में से कौन-सा विकासात्मक विकार का उदाहरण नहीं है?

A. आत्मविमोह (Autism)

B. प्रमस्तिष्क घात (Cerebral palsy)

C. पर-अभिघातज तनाव (Post-traumatic stress)

D. न्यून अवधान सक्रिय विकार (Attention deficit hyper-activity disorder)

105. बहुशिक्षण-शास्त्रीय तकनीकें, वर्गीकृत अधिगम सामग्री, बहु-आकलन तकनीकें तथा परिवर्तनीय जटिलता एवं सामग्री का स्वरूप निम्नलिखित में से किससे सम्बद्ध हैं?

A. सार्वभौमिक अधिगम प्रारूप

B. उपचारात्मक शिक्षण

C. विभेदित अनुदेशन

D. पारस्परिक शिक्षण

106. निम्नलिखित में से प्रतिभाशाली अधिगम-कर्त्ताओं के लिए क्या समुचित है?

A. वे अन्यों को भी कुशल-प्रभावी बनाते हैं तथा सहयोगी अधिगम के लिए आवश्यक हैं

B. वे सदैव अन्यों का नेतृत्व करते हैं और कक्षा में अतिरिक्त उत्तरदायित्व ग्रहण करते हैं

C. अपनी उच्चस्तरीय संवेदनात्मकता के कारण वे भी निम्न श्रेणी पा सकते हैं

D. बुनियादी तौर पर उनकी मस्तिष्कीय शक्ति के कारण ही उनका महत्व है

107. विद्यालयों में समावेशन मुख्यतः केन्द्रित होता है

A. विशिष्ट श्रेणी वाले बच्चों के लिए सूक्ष्मातिसूक्ष्म प्रावधानों के निर्माण पर

B. केवल निर्योग्य छात्रों की आवश्यकताओं को पूर्ण करने पर

C. सम्पूर्ण कक्षा की कीमत पर निर्योग्य बच्चों की आवश्यकताओं को पूरा करने पर

D. विद्यालयों में निरक्षर अभिभावकों की शैक्षिक आवश्यकताओं पर

108. बच्चों में सीखी गई निस्सहायता का कारण है

A. इस व्यवहार को अर्जित कर लेना कि वे सफल नहीं हो सकते

B. कक्षा गतिविधियों के प्रति कठोर निर्णय

C. अपने अभिभावकों की अपेक्षाओं के साथ तालमेल न बना पाना

D. अध्ययन को गम्भीरतापूर्वक न लेने हेतु नैतिक निर्णय

109. यदि एक विद्यार्थी विद्यालय में लगातार निम्नतर श्रेणी प्राप्त करता है, तो उसके अभिभावक को उसकी सहायता हेतु परामर्श दिया जा सकता है कि

A. वह अध्यापकों की घनिष्ठ संगति में कार्य करे

B. मोबाइल फोन, चलचित्र, कॉमिक्स, खेल हेतु अतिरिक्त काल पर रोक लगाएँ

C. जो भलीभाँति शिक्षा नहीं ले पाए उनकी जीवन-सम्बन्धी कठिनाइयों का वर्णन करें

D. घर पर उसको परिश्रमपूर्वक कार्य करने पर बल दें

110. निम्नलिखित में से समस्या-समाधान को क्या बाधित नहीं करता?

A. अन्तर्दृष्टि (Insight)

B. मानसिक प्रारूपता (Mental sets)

C. मोर्चाबन्दी (Entrenchment)

D. निर्धारण (Fixation)

111. एक शिक्षिका पाठ को पूर्वपठित पाठ से जोड़ते हुए बच्चों को सारांश लिखना सिखा रही है। वह क्या कर रही है?

A. वह बच्चों की पाठ समझने की स्वशैली विकसित करने में सहायता कर रही है

B. वह बच्चों को सम्पूर्ण पाठ्यवस्तु को पूर्णरूप से न पढ़ने की आवश्यकता का संकेत दे रही है

C. वह आकलन के दृष्टिकोण से पाठ्यवस्तु के महत्व को पुनर्बलित कर रही है

D. वह विद्यार्थियों को सामर्थ्यानुकूल स्मरण करने को प्रेरित कर रही है

112. एक बच्चा अपनी मातृभाषा सीख रहा है व दूसरा बच्चा वही भाषा द्वितीय भाषा के रूप में सीख रहा है। दोनों निम्नलिखित में से कौन-सी समान प्रकार की त्रुटि कर सकते हैं?

A. अधिकाधिक सामान्यीकरण

B. सरलीकरण

C. विकासात्मक

D. अत्यधिक संशुद्धता

113. परीक्षा में तनाव निष्पत्ति को प्रभावित करता है। यह तथ्य निम्नलिखित में से किस प्रकार के सम्बन्ध को स्पष्ट करता है?

A. संज्ञान-भावना

B. तनाव-विलोपन

C. निष्पत्ति-चिन्ता

D. संज्ञान-प्रतियोगिता

114. एक अध्यापक उस बच्चे के साथ परामर्श करते हैं जिसकी निष्पत्यात्मक प्रगति एक दुर्घटना के पश्चात् अनुकूल नहीं है। निम्नलिखित में से कौन-सी प्रक्रिया विद्यालय में परामर्श के लिए सबसे बेहतर हो सकती है?

A. यह एक उपशामक उपाय है ताकि लोग अपने को आरामदायक महसूस कर सकें

B. यह अपने विचारों द्वारा खोज करने हेतु लोगों में आत्मविश्वास का निर्माण करता है

C. विद्यार्थियों को भविष्य के विकल्पों को चुनने हेतु यह एक अच्छा सम्भावित परामर्श है

D. इस कार्य को केवल अनुभवी कुशल व्यावसायिक विशेषज्ञ से कराया जा सकता है

115. एक विद्यार्थी उच्चस्तरीय सृजनशील रंगमंचीय कलाकार बनना चाहता है। उसके लिए निम्नलिखित में से कौन-सा उपाय सबसे कम प्रेरक होगा?

A. राज्यस्तरीय प्रतियोगिताओं को जीतने का प्रयास करना ताकि छात्रवृत्ति पाई जा सके

B. अपने रंगमंचीय कलाकार साथियों के साथ सहानुभूतिपूर्ण, स्नेही तथा सहयोगी सम्बन्ध विकसित करना

C. उन रंगमंचीय कौशलों को अधिक समय देना जिनसे वह प्रफुल्लित होता है

D. संसार के श्रेष्ठ रंगमंचीय कलाकारों की निष्पत्ति से सम्बद्ध साहित्य पढ़ने के लिए तथा उससे सीखने के प्रयास के लिए कहना

116. इनमें से कौन-सा सिद्धान्तकार यह मत स्पष्ट करता है कि बच्चे अपनी वृद्धि व विकास हेतु कठोर अध्ययन करते हैं?

A. बंडूरा
B. मैस्लो
C. स्किनर
D. पियाजे

117. निम्नलिखित में से कौन-सा तत्व कक्षा में अधिगम हेतु सहायक हो सकता है?

A. बच्चों को अधिगम हेतु प्रेरित करने के लिए परीक्षणों की संख्या को बढ़ा देना
B. अध्यापकों द्वारा बच्चों की स्वायत्तता को बढ़ावा व सहायता देना
C. समानता बनाए रखने के लिए किसी एक अनुदेशन पद्धति पर टिके रहना
D. कालांश की अवधि को 40 मिनट से 50 मिनट तक बढ़ा देना

118. परिपक्व विद्यार्थी

A. इस बात में विश्वास करते हैं कि उनके अध्ययन में भावनाओं का कोई स्थान नहीं है
B. अपनी बौद्धिकता के साथ अपने सभी प्रकार के द्वन्द्वों का शीघ्र समाधान कर लेते हैं
C. अपने अध्ययन में कभी-कभी भावनाओं की सहायता चाहते हैं
D. कठिन परिस्थितियों में भी अध्ययन से विचलित नहीं होते

119. पूर्व-विद्यालय में पहली बार आया बच्चा मुक्त रूप से चिल्लाता है। दो वर्ष पश्चात् वही बच्चा जब प्रारम्भिक विद्यालय में पहली बार जाता है, तो अपना तनाव चिल्लाकर व्यक्त नहीं करता अपितु उसके कन्धे व गर्दन की पेशियाँ तन जाती हैं। उसके इस व्यावहारिक परिवर्तन का क्या सैद्धान्तिक आधार हो सकता है?

A. विकास क्रमिक प्रकार से होता है
B. विकास निरन्तरीय होता रहता है
C. अलग-अलग लोगों में विकास भी भिन्न रूप से होता है
D. विभेद व एकीकरण विकास के लक्षण हैं

120. निम्नलिखित में से कौन-सा कथन सत्य है?

A. आनुवंशिक बनावट व्यक्ति की, परिवेश की गुणवत्ता के प्रति, प्रत्युत्तरात्मकता को प्रभावित करती है
B. गोद लिए गए बच्चों का वही बुद्धि-लब्धांक (IQ) होता है, जो गोद लिए गए उनके सहोदर भाई-बहनों का होता है
C. अनुभव मस्तिष्क के विकास को प्रभावित नहीं करता
D. विद्यालयीकरण का बुद्धि पर कोई प्रभाव नहीं पड़ता

121. ______ के अतिरिक्त बुद्धि के निम्नलिखित पक्षों को स्टेनबर्ग के त्रितंत्र सिद्धांत में संबोधित किया गया है।

A. अवयवभूत
B. सामाजिक
C. आनुभविक
D. संदर्भगत

122. हावर्ड गार्डनर का बुद्धि का सिद्धांत ______ पर बल देता है।

A. सामान्य बुद्धि

B. विद्यालय में आवश्यक समान योग्यताओं
C. प्रत्येक व्यक्ति की विलक्षण योग्यताओं
D. शिक्षार्थियों में अनुबंधित कौशलों

123. थ, फ, च ध्वनियाँ हैं
A. रूपिम
B. लेखीम
C. शब्दिम
D. स्वनिम

124. कक्षा में जेंडर रूढ़िबद्धता से बचने के लिए एक शिक्षक को
A. लड़के-लड़कियों को एक साथ अ-पारंपरिक भूमिकाओं में रखना चाहिए।
B. 'अच्छी लड़की', 'अच्छा लड़का' कहकर शिक्षार्थियों के अच्छे कार्य की सराहना करनी चाहिए।
C. कुश्ती में भाग लेने के लिए लड़कियों को निरुत्साहित करना।
D. लड़कों को जोखिम उठाने और निर्भीक बनने के लिए प्रोत्साहित करना।

125. विद्यालयों को किसके लिए वैयक्तिक भिन्नताओं को पूरा करना चाहिए?
A. वैयक्तिक शिक्षार्थियों के मध्य खाई को कम करने के लिए।
B. शिक्षार्थियों के निष्पादन और योग्यताओं को समान करने के लिए।
C. यह समझने के लिए कि क्यों शिक्षार्थी सीखने के योग्य या अयोग्य हैं।
D. वैयक्तिक शिक्षार्थी को विशिष्ट होने की अनुभूति कराने के लिए।

126. शिक्षार्थियों में वैयक्तिक भिन्नताओं को संबोधित करने के लिए एक विद्यालय किस प्रकार का सहयोग उपलब्ध करवा सकता है?
A. बाल-केंद्रित पाठ्यचर्या का पालन करना और शिक्षार्थियों को सीखने के अनेक अवसर उपलब्ध कराना।
B. शिक्षार्थियों में वैयक्तिक भिन्नताओं को समाप्त करने के लिए हर संभव उपाय करना।
C. धीमी गति से सीखने वाले शिक्षार्थियों को विशेष विद्यालयों में भेजना।
D. सभी शिक्षार्थियों के लिए समान स्तर की पाठ्यचर्चा का अनुगमन करना।

127. सतत और व्यापक मूल्यांकन पर _____ बल देता है।
A. सीखने को सुनिश्चित करने के लिए व्यापक स्केल पर निरंतर परीक्षण
B. सीखने को किस प्रकार अवलोकित, रिकार्ड और सुधारा जाए इस पर
C. शिक्षण के साथ परीक्षाओं का सामंजस्य
D. बोर्ड परीक्षाओं की अनावश्यकता पर

128. विद्यालय आधारित आकलन
A. शिक्षा-बोर्ड की जवाबदेही कम कर देता है।
B. सार्वभौमिक राष्ट्रीय मानकों की प्राप्ति में बाधा उत्पन्न करता है।
C. परिचित वातावरण में अधिक सीखने में सभी शिक्षार्थियों की मदद करता है।
D. शिक्षार्थियों और शिक्षकों को अगंभीर और लापरवाह बनाता है।

129. 'सीखने की तत्परता' _____ की ओर संकेत करती है।

A. शिक्षार्थियों का सामान्य योग्यता स्तर
B. सीखने के सातत्यक में शिक्षार्थियों का वर्तमान संज्ञानात्मक स्तर
C. सीखने के कार्य की प्रकृति को संतुष्ट करने
D. थॉर्नडाइक का तत्परता का नियम

130. एक शिक्षिका की कक्षा में कुछ शारीरिक विकलांगता वाले बच्चे हैं। निम्नलिखित में से उसके लिए क्या कहना सबसे उचित होगा?

A. पहिया-कुर्सी वाले बच्चे हॉल में जाने के लिए अपने समवयस्क साथी बच्चों से मदद ले सकते हैं।
B. शारीरिक रूप से असुविधाग्रस्त बच्चे कक्षा में ही कोई वैकल्पिक गतिविधि कर सकते हैं।
C. मोहन खेल के मैदान में जाने के लिए आप अपनी बैसाखियों का प्रयोग क्यों नहीं करते?
D. पोलियोग्रस्त बच्चे एक गाना प्रस्तुत करेंगे।

131. _____ के अतिरिक्त निम्नलिखित सभी के कारण अधिगम अक्षमता उत्पन्न हो सकती है।

A. सेरेब्रल डिस्फंक्शन
B. संवेगात्मक विघ्न
C. व्यवहारगत विघ्न
D. सांस्कृतिक कारक

132. एक समावेशी विद्यालय

A. शिक्षार्थियों की क्षमताओं की परवाह किए बिना सभी के अधिगम-परिणामों को सुधारने के लिए प्रतिबद्ध होता है।
B. शिक्षार्थियों के मध्य अंतर करता है और विशेष रूप से सक्षम बच्चों के लिए कम चुनौतीपूर्ण उपलब्धि लक्ष्य निर्धारित करता है।
C. विशेष रूप से योग्य शिक्षार्थियों के अधिगम-परिणामों को सुधारने के लिए विशिष्ट रूप से प्रतिबद्ध होता है।
D. शिक्षार्थियों की निर्योग्यता के अनुसार उनकी सीखने की आवश्यकताओं को निर्धारित करता है।

133. प्रतिभाशाली शिक्षार्थी (को)

A. ऐसे सहयोग की आवश्यकता होती है जो सामान्यतः विद्यालयों द्वारा उपलब्ध नहीं कराए जाते।
B. शिक्षक के बिना अपने अध्ययन को व्यवस्थित कर लेते हैं।
C. अन्य शिक्षार्थियों के लिए अच्छे मॉडल बन सकते हैं।
D. अधिगम-निर्योग्य नहीं हो सकते।

134. _____ के कारण प्रतिभाशालिता होती है।

A. आनुवंशिक रचना
B. वातावरणीय अभिप्रेरणा
C. (A) और (B) का संयोजन
D. मनो-सामाजिक कारकों

135. बच्चों में सीखने और सुनने के लिए अधिगम योग्य वातावरण के लिए निम्नलिखित में से कौन उपयुक्त है?

A. एक लंबे समय के लिए निष्क्रिय रूप से सुनना।
B. निरंतर गृहकार्य देते रहना।
C. सीखने वाले द्वारा व्यक्तिगत कार्य करना।

D. शिक्षार्थियों को कुछ यह छूट देना कि क्या सीखना है और कैसे सीखना है।

136. गतिक कौशलों में अधिगम निर्योग्यता ______ कहलाती है।

A. डिस्प्रेक्सिया

B. डिस्केलकुलिया

C. डिस्लेक्सिया

D. डिस्फेजिया

137. अधिगम निर्योग्यता ______

A. एक स्थिर अवस्था है।

B. एक चर अवस्था है।

C. जरूरी नहीं कि कार्य-पद्धति की हानि करे।

D. समुचित निवेश के साथ सुधार योग्य नहीं होती।

138. ______ के अतिरिक्त निम्नलिखित समस्या-समाधान की प्रक्रिया के चरण हैं :

A. समस्या की पहचान

B. समस्या का छोटे हिस्सों में बाँटना

C. संभावित युक्तियों को खोजना

D. परिणामों की आशा करना

139. एक शिक्षक (को)

A. शिक्षार्थियों द्वारा की गई त्रुटियों को एक भयंकर भूल के रूप में लेना चाहिए और प्रत्येक त्रुटि के लिए गंभीर टिप्पणी देनी चाहिए।

B. शिक्षार्थी कितनी बार गलती करने से बचता है–इसे सफलता के माप के रूप में लेना चाहिए।

C. जब शिक्षार्थी विचारों को संप्रेषित करने की कोशिश कर रहे हों तो उन्हें ठीक नहीं करना चाहिए।

D. व्याख्यान पर अधिक ध्यान देना चाहिए और ज्ञान के लिए आधार उपलब्ध कराना चाहिए।

140. सीमा परीक्षा में A+ ग्रेड प्राप्त करने के लिए अति इच्छुक है। जब वह परीक्षा भवन में दाखिल होती है तथा परीक्षा प्रारंभ होती है, वह अत्यधिक नर्वस हो जाती है। उसके पाँव ठंडे पड़ जाते हैं, उसके हृदय की धड़कन बहुत तेज हो जाती है और वह उचित तरीके से उत्तर नहीं दे पाती। इसका मुख्य कारण हो सकता है :

A. शायद वह अपनी तैयारी के बारे में बहुत आत्मविश्वासी नहीं है।

B. शायद वह इस परीक्षा के परिणाम के बारे में बहुत अधिक सोचती है।

C. निरीक्षक शिक्षिका जो ड्यूटी पर है, वह उसकी कक्षा अध्यापिका हो सकती है और वह स्वभाव में बहुत कठोर है।

D. शायद वह अकस्मात् संवेगात्मक आवेग का सामना नहीं कर सकती।

141. निम्नलिखित में कौन-सी संज्ञानात्मक क्रिया दी गई सूचना के विश्लेषण के लिए प्रयोग में लाई जाती है?

A. पहचान करना

B. अंतर करना

C. वर्गीकृत करना

D. वर्णन करना

142. राजेश अति लोलुप पाठक है। वह अपने कोर्स की पुस्तकें पढ़ने के अतिरिक्त प्रायः पुस्तकालय जाता है और भिन्न प्रकरणों पर पुस्तकें पढ़ता है। इतना ही

नहीं, राजेश भोजन-अवकाश में अपने परियोजना कार्य करता है। उसे परीक्षाओं के लिए पढ़ने के लिए अपने शिक्षकों अथवा अभिभावकों द्वारा कभी भी कहने की जरूरत नहीं है और वह वास्तव में सीखने का आनंद लेता नजर आता है। उसे ______ के रूप में सर्वाधिक बेहतर रूप से वर्णित किया जा सकता है।

A. तथ्य-आधारित शिक्षार्थी
B. शिक्षक-अभिप्रेरित शिक्षार्थी
C. आकलन-आधारित शिक्षार्थी
D. आंतरिक रूप से अभिप्रेरित शिक्षार्थी

143. यदि पूर्व प्राथमिक स्तर पर बच्चों पर खोज करने की अनुमति दे दी जाए तो वे संतुष्ट हो जाते हैं। जब उन्हें हतोत्साहित किया जाता है तो वे व्यथित हो जाते हैं। वे ऐसा ______ की उनकी अभिप्रेरणा के कारण करते हैं।

A. अपनी उपेक्षा को कम करने
B. कक्षा के साथ संबद्ध होने
C. कक्षा में अव्यवस्था फैलाने में
D. अपनी शक्तियों का उपयोग करने

144. मानव बुद्धि एवं विकास की समझ शिक्षक को ______ के योग्य बनाती है।

A. शिक्षण के समय शिक्षार्थियों के संवेगों पर नियंत्रण बनाए रखने
B. विविध शिक्षार्थियों के शिक्षण के बारे में स्पष्टता
C. शिक्षार्थियों को यह बताने कि वे अपने जीवन में कैसे सुधार कर सकते हैं
D. निष्पक्ष रूप से अपने शिक्षण-अभ्यास

145. निम्नलिखित में से कौन-सा सत्य है?

A. विकास और सीखना समाज-सांस्कृतिक संदर्भों से अप्रभावित रहते हैं।
B. शिक्षार्थी एक निश्चित तरीके से सीखते हैं।
C. खेलना संज्ञान और सामाजिक दक्षता के लिए सार्थक है।
D. शिक्षक द्वारा प्रश्न पूछना संज्ञानात्मक विकास में बाधक है।

146. बच्चे के विकास में आनुवंशिकता और वातावरण की भूमिका के बारे में निम्नलिखित में से कौन-सा सत्य है?

A. समवयस्कों और पित्रैक (genes) का सापेक्ष योगदान योगात्मक नहीं होता।
B. आनुवंशिकता और वातावरण एक साथ परिचालित नहीं होते।
C. सहज रुझान वातावरण से संबंधित है जबकि वास्तविक विकास के लिए आनुवंशिकता जरूरी है।
D. आनुवंशिकता और वातावरण दोनों एक बच्चे के विकास में 50%-50% योगदान देते हैं।

147. समाजीकरण है

A. शिक्षक एवं पढ़ाए गए के बीच संबंध
B. समाज के आधुनिकीकरण की प्रक्रिया
C. समाज के मानदंडों के साथ अनुकूलन
D. सामाजिक मानदंडों में परिवर्तन

148. एक पी.टी. (खेल) शिक्षक क्रिकेट के खेल में अपने शिक्षार्थियों के क्षेत्र-रक्षण को सुधारना चाहता है। निम्न में से कौन-सी युक्ति शिक्षार्थियों को अपना लक्ष्य प्राप्त करने में सर्वाधिक सहायक है?

A. शिक्षार्थियों को यह बताना कि क्षेत्र-रक्षण सीखना उनके लिए किस प्रकार महत्वपूर्ण है।

B. बेहतर क्षेत्र-रक्षण और सफलता की दर के पीछे के तर्क को स्पष्ट करना।
C. क्षेत्र-रक्षण को प्रदर्शित करना और शिक्षार्थी अवलोकन करेंगे।
D. शिक्षार्थियों को क्षेत्र-रक्षण का अधिक अभ्यास करवाना।

149. एक शिक्षिका अपने शिक्षार्थियों की इस रूप में मदद करना चाहती है कि वे एक स्थिति की अनेक दृष्टिकोणों की सराहना कर सकें। वह विभिन्न समूहों में एक स्थिति पर वाद-विवाद करने के अनेक अवसर उपलब्ध कराती है। वाइगोत्स्की के परिप्रेक्ष्य के अनुसार उसके शिक्षार्थी विभिन्न दृष्टिकोणों को ______ करेंगे और अपने तरीके से उस स्थिति के अनेक परिप्रेक्ष्य विकसित करेंगे।
A. आत्मसात
B. निर्माण
C. संक्रियाकरण
D. तर्कसंगत

150. सीता ने हाथ से दाल और चावल खाना सीख लिया है। जब उसे दाल और चावल दिए जाते हैं तो वह दाल-चावल मिलाकर खाने लगती है। उसने चीजों को करने के लिए अपने स्कीमा में दाल और चावल खाने को ______ कर लिया है।
A. समायोजित
B. अनुकूलित
C. समुचितता
D. अंगीकार

151. बहुबुद्धि सिद्धांत निम्नलिखित निहितार्थ देता है *सिवाय*
A. बुद्धि प्रक्रमण संक्रियाओं का एक विशिष्ट समुच्चय है जिसका उपयोग एक व्यक्ति द्वारा समस्या समाधान के लिए किया जाता है
B. विषयों को विभिन्न तरीकों से प्रस्तुत किया जा सकता है
C. विविध तरीकों से सीखने का आकलन किया जा सकता है
D. संवेगात्मक बुद्धि, बुद्धि-लब्धि से सम्बन्धित नहीं है

152. 16-वर्षीय बच्चा बुद्धि-लब्धि परीक्षण में 75 अंक प्राप्त करता है; उसकी मानसिक आयु .... वर्ष होगी।
A. 12
B. 8
C. 14
D. 15

153. निम्नलिखित में से कौन-सा सीखने के लिए अधिकतम रूप से अभिप्रेरित करता है?
A. लक्ष्यों को प्राप्त करने में व्यक्तिगत संतुष्टि
B. बाह्य कारक
C. असफलता से बचने के लिए अभिप्रेरणा
D. बहुत सरल या कठिन लक्ष्यों का चयन करने की प्रवृत्ति

154. भाषा में अर्थ की सबसे छोटी इकाई ... . है।
A. संकेतप्रयोगविज्ञान (प्रैगमैटिक्स)
B. वाक्य
C. रूपिम
D. स्वनिम

155. बुद्धि-लब्धांक सामान्यतः .... रूप से शैक्षणिक निष्पादन से संबंधित होते हैं।

A. कम-से-कम
B. पूर्ण
C. उच्च
D. मध्यम

156. सफल समावेशन को निम्नलिखित की आवश्यकता होती है *सिवाय*
A. अभिभावकों की भागीदारी
B. क्षमता-संवर्द्धन
C. संवेदनशील बनाना
D. पृथक्करण

157. विद्यालय में नियमित उपस्थिति के लिए वंचित बच्चों को प्रोत्साहित करने का निम्नलिखित में से कौन-सा तरीका सर्वाधिक उपयुक्त होगा?
A. विद्यालय द्वारा बच्चों को एकत्रित करने वाले एक व्यक्ति को नियुक्त किया जाए जो प्रतिदिन घरों से बच्चों को लेकर आए
B. बच्चों को आकर्षित करने के लिए प्रतिदिन ₹ 5 देना
C. आवासीय विद्यालय खोलना
D. बच्चों को विद्यालय आने की अनुमति न देने को कानूनन दंडनीय अपराध बनाया जाए

158. विद्यालय में लिंग भेदभाव से बचने का सर्वोत्तम तरीका हो सकता है
A. विद्यालय में लिंग-भेदभाव को दूर करने के लिए नियम बनाना और कड़ाई से उसका पालन करवाना
B. संगीत प्रतियोगिता के लिए लड़कियों की अपेक्षा अधिक लड़कों का चयन करना
C. शिक्षकों द्वारा उनके लिंग-पक्षपातपूर्ण व्यवहारों का अधिसंज्ञान
D. पुरुष एवं महिला शिक्षकों को समान संख्या में भर्ती करना

159. प्रतिभाशाली विद्यार्थी
A. अपनी आवश्यकताओं को दृढ़तापूर्वक नहीं कह पाते
B. अपने निर्णयों में आत्मनिर्भर होते हैं
C. शिक्षकों से स्वतंत्र होते हैं
D. स्वभाव में अंतर्मुखी होते हैं

160. सह-शैक्षणिक क्षेत्रों में निष्पादन के आधार पर शैक्षणिक क्षेत्रों में निष्पादन के स्तर को बढ़ाने का औचित्य स्थापन किस आधार पर किया जा सकता है?
A. यह हाशियाकृत विद्यार्थियों के लिए प्रतिपूरक भेदभाव की नीति का अनुगमन करता है
B. यह सार्वभौमिक धारण (retention) को सुनिश्चित करता है
C. यह हाथ से किए जाने वाले श्रम के प्रति सम्मान विकसित करता है
D. यह वैयक्तिक भिन्नताओं को संतुष्ट करता है

161. चिंतन के सूचना प्रक्रमण सिद्धांत में निम्नलिखित चरण आते हैं:
1. प्रतिक्रिया क्रियान्वयन
2. प्रतिक्रिया चयन
3. पूर्व-प्रक्रमण
4. श्रेणीकरण

इन चरणों का सही क्रम है
A. 3, 1, 4, 2
B. 4, 3, 2, 1
C. 3, 4, 2, 1
D. 2, 4, 3, 1

162. एक बच्चा जो .... से ग्रस्त है, वह 'saw' और 'was', 'nuclear' और 'unclear' में अंतर नहीं कर सकता।

A. डिस्लेक्सिमिया

B. डिस्मोरफीमिया

C. डिस्लेक्सिया

D. शब्द 'जंबलिंग' विकार

163. सीखने-संबंधी निर्योग्यताएँ सामान्यतः

A. अधिकतर उन बच्चों में पाई जाती हैं जो शहरी क्षेत्रों की अपेक्षा ग्रामीण क्षेत्रों से सम्बन्ध रखते हैं

B. उन बच्चों में पाई जाती हैं विशेषतः जिनके पैत्रिक अभिभावक इस प्रकार की समस्याओं से ग्रसित होते हैं

C. औसत से श्रेष्ठ बुद्धि-लब्धि वाले बच्चों में पाई जाती हैं

D. लड़कियों की तुलना में अधिकतर लड़कों में पाई जाती हैं

164. एक सशक्त विद्यालय अपने शिक्षकों में निम्नलिखित योग्यताओं में से किसे सर्वाधिक बढ़ावा देगा?

A. परीक्षण करने की प्रवृत्ति

B. स्मृति

C. अनुशासित स्वभाव

D. प्रतिस्पर्धात्मक अभिवृत्ति

165. किशोर .... का अनुभव कर सकते हैं।

A. आत्मसिद्धि के भाव

B. जीवन के बारे में परितृप्ति के भाव

C. दुश्चिंता और स्वयं से सरोकार

D. बचपन में किए गए अपराधों के प्रति डर के भाव

166. शारीरिक रूप से अक्षम बच्चों को सामान्यतः .... होता है।

A. डिस्लेक्सिया

B. डिस्ग्राफिया

C. डिस्थीमिया

D. डिस्केल्कुलिया

167. आंशिक पुनर्बलन

A. पशुओं को प्रशिक्षित करने में सर्वाधिक कार्य करता है

B. सतत पुनर्बलन की अपेक्षा अधिक प्रभावी होता है

C. सतत पुनर्बलन की अपेक्षा कम प्रभावी होता है

D. वास्तविक कक्षा-कक्ष में अनुप्रयुक्त नहीं किया जा सकता

168. वाइगोत्स्की के सिद्धांत का निहितार्थ है

A. बच्चे उन बच्चों की संगति में श्रेष्ठतम रूप से सीख सकते हैं जिनका बुद्धि-लब्धांक उनके बुद्धि-लब्धांक से कम होता है

B. सहयोगात्मक समस्या समाधान

C. प्रत्येक विद्यार्थी को व्यक्तिगत रूप से दत्त कार्य देना

D. प्रारंभिक व्याख्या के बाद कठिन सवालों को हल करने में बच्चे की सहायता न करना

169. मोनिका, जो गणित की शिक्षिका है, राधिका से एक प्रश्न पूछती है। राधिका से कोई उत्तर न मिलने पर वह तुरंत मोहन से दूसरा प्रश्न पूछती है। जब उसे महसूस होता है कि मोहन उत्तर बताने में संघर्ष कर रहा है तो वह अपने प्रश्न के शब्दों

को बदलती है। मोनिका की यह प्रवृत्ति यह प्रदर्शित करती है कि वह

A. मोहन का पक्ष लेकर लिंग भूमिकाओं में रूढ़िबद्धता को बढ़ावा दे रही है

B. राधिका को किसी उलझनपूर्ण स्थिति में नहीं डालना चाह रही

C. इस तथ्य से पूर्णतः परिचित है कि राधिका सवालों के जवाब देने के योग्य नहीं है

D. अपने सवाल के प्रति थोड़ा घबरा गई है

170. सीखने के लिए आकलन निम्नलिखित का ध्यान रखता है *सिवाय*

A. विद्यार्थियों की त्रुटियाँ

B. विद्यार्थियों की अधिगम-शैलियाँ

C. विद्यार्थियों की क्षमताएँ

D. विद्यार्थियों की आवश्यकताएँ

171. एकसमान जुड़वाँ भाइयों में से एक को सामाजिक-आर्थिक रूप से धनाढ्य परिवार द्वारा गोद लिया जाता है और दूसरे को एक निर्धन परिवार द्वारा। एक वर्ष के बाद उनके बुद्धि-लब्धांक के बारे में निम्नलिखित में से क्या अवलोकित होने की सर्वाधिक संभावना है?

A. सामाजिक-आर्थिक स्तर बुद्धि-लब्धांक को प्रभावित नहीं करता

B. निर्धन परिवार वाले लड़के की अपेक्षा धनी सामाजिक-आर्थिक परिवार वाला लड़का अधिक अंक प्राप्त करेगा

C. दोनों समान रूप से अंक प्राप्त करेंगे

D. धनी सामाजिक-आर्थिक परिवार वाले लड़के की अपेक्षा निर्धन परिवार वाला लड़का अधिक अंक प्राप्त करेगा

172. निम्नलिखित में से कौन-सा सूक्ष्म गतिक कौशल का उदाहरण है?

A. चढ़ना

B. फुदकना

C. दौड़ना

D. लिखना

173. निम्नलिखित में से कौन-सी विशेषता समस्या-समाधान उपागम का विशेष चिन्ह है?

A. समस्या केवल एक सिद्धांत/प्रकरण पर आधारित होती है

B. समस्या कथन में संकेत अंतर्निहित रूप से दिया होता है

C. समस्या मौलिक होती है

D. सही उत्तर प्राप्त करने का सामान्यतः एक उपागम होता है

174. बच्चों द्वारा की जाने वाली त्रुटियों के सम्बन्ध में निम्नलिखित में से कौन-सा कथन सत्य है?

A. प्रत्येक त्रुटि को सुधारने में बहुत अधिक समय लगेगा तथा एक शिक्षक के लिए थकाने-वाला होगा

B. स्वयं बच्चों द्वारा त्रुटियों को सुधारा जा सकता है इसलिए शिक्षक को उन्हें तुरंत ही नहीं सुधारना चाहिए

C. यदि एक शिक्षक कक्षा-कक्ष में सभी बच्चों की त्रुटियों को सुधारने योग्य नहीं है तो यह संकेत करता है कि शिक्षक-शिक्षा की व्यवस्था असफल है

D. एक शिक्षक को प्रत्येक त्रुटि पर ध्यान नहीं देना चाहिए अन्यथा पाठ्यक्रम पूरा नहीं होगा

175. प्राथमिक कक्षा में सकारात्मक वातावरण निर्मित करने के लिए एक शिक्षक को

A. सकारात्मक अंत वाली कहानियाँ सुनानी चाहिए

B. सुबह प्रत्येक बच्चे का अभिवादन करना चाहिए

C. विभेद नहीं करना चाहिए और प्रत्येक बच्चे के लिए समान लक्ष्य सुनिश्चित करने चाहिए

D. समूह-गतिविधियों के दौरान समाजमिति के आधार पर उन्हें अपने समूह बनाने की अनुमति देनी चाहिए

176. विद्यार्थियों के पोर्टफोलियो के लिए सामग्री का चयन करते समय .... का .... जरूर होना चाहिए।

A. अभिभावकों; समावेशन

B. विद्यार्थियों; बहिष्करण

C. अन्य शिक्षकों; समावेशन

D. विद्यार्थियों; समावेशन

177. नर्सरी कक्षा में शुरुआत करने के लिए कौन-सी विषय-वस्तु (theme) सबसे अच्छी है?

A. मेरा प्रिय मित्र

B. मेरा पड़ोस

C. मेरा विद्यालय

D. मेरा परिवार

178. वे शिक्षार्थी जो संवृद्ध ज्ञान और शैक्षणिक दक्षता की हार्दिक इच्छा प्रदर्शित करते हैं, उनके पास होता है

A. कार्य-परिहार अभिविन्यास

B. नैपुण्यता अभिविन्यास

C. निष्पादन-उपागम अभिविन्यास

D. निष्पादन-परिहार अभिविन्यास

179. शिक्षक .... के अलावा निम्नलिखित सभी को करते हुए समस्या-समाधान को विद्यार्थियों के लिए मजेदार बना सकता है

A. मुक्त अंत वाली सामग्री उपलब्ध कराने

B. मुक्त खेल के लिए समय देने

C. सृजनात्मक चिंतन के लिए असीमित अवसर उपलब्ध कराने

D. जब विद्यार्थी स्वयं से कोई कार्य करने की कोशिश कर रहे हों तो उनसे परिपूर्णता की अपेक्षा करने

180. निम्नलिखित में से अंतःविषयी अनुदेशन का सर्वोत्कृष्ट लाभ यह है कि

A. प्रकरणों की विविधता, जिन्हें परंपरागत पाठ्यचर्या में संबोधित किए जाने की आवश्यकता है, से शिक्षकों के अभिभूत होने की कम संभावना होती है

B. विद्यार्थियों में विभिन्न विषय-क्षेत्रों के विशेष प्रकरणों के प्रति नापसंदगी विकसित होने की कम संभावना होती है

C. पाठ-योजना बनाने और गतिविधियों में शिक्षकों को अधिक लचीलेपन की अनुमति होती है

D. विद्यार्थियों को सीखे गए नए ज्ञान का बहु-संदर्भों में अनुप्रयोग करने और सामान्यीकृत करने के अवसर दिए जाते हैं

181. एक शिक्षक प्रश्न-पत्र बनाने के बाद, यह जाँच करता है कि क्या प्रश्न परीक्षण के विशिष्ट उद्देश्यों की परीक्षा ले रहे हैं। वह मुख्य रूप से प्रश्न-पत्र की/के .... के बारे में चिंतित है।

A. वैधता

B. संपूर्ण विषय-वस्तु को शामिल करने
C. प्रश्नों के प्रकार
D. विश्वसनीयता

182. विवेचनात्मक शिक्षाशास्त्र का यह दृढ़ विश्वास है कि–
A. एक शिक्षक को हमेशा कक्षा-कक्ष के अनुदेशन का नेतृत्व करना चाहिए
B. शिक्षार्थियों को स्वतंत्र रूप से तर्कणा नहीं करनी चाहिए
C. बच्चे स्कूल से बाहर क्या सीखते हैं, यह अप्रासंगिक है
D. शिक्षार्थियों के अनुभव और प्रत्यक्षण महत्त्वपूर्ण होते हैं

183. विद्यालय-आधारित आकलन मुख्य रूप से किस सिद्धांत पर आधारित होता है?
A. आकलन बहुत किफायती (मितव्ययी) होना चाहिए
B. बाह्य परीक्षकों की अपेक्षा शिक्षक अपने शिक्षार्थियों की क्षमताओं को बेहतर जानते हैं
C. किसी भी कीमत पर विद्यार्थियों को अच्छे ग्रेड मिलने चाहिए
D. विद्यालय, बाह्य परीक्षा निकायों की अपेक्षा ज्यादा सक्षम हैं

184. शिक्षार्थी वैयक्तिक भिन्नता प्रदर्शित करते हैं। अतः शिक्षक को–
A. अधिगम की एकसमान गति पर बल देना चाहिए
B. सीखने के विविध अनुभवों को उपलब्ध कराना चाहिए
C. कठोर अनुशासन सुनिश्चित करना चाहिए
D. परीक्षाओं की संख्या बढ़ा देनी चाहिए

185. वाइगोत्स्की बच्चों को सीखने में निम्नलिखित में से किस कारक की महत्वपूर्ण भूमिका पर बल देते हैं?
A. सामाजिक
B. आनुवंशिक
C. नैतिक
D. शारीरिक

186. एक शिक्षिका अपने शिक्षार्थियों की विभिन्न अधिगम-शैलियों को संतुष्ट करने के लिए वैविध्यपूर्ण कार्यों का उपयोग करती है। वह .... से प्रभावित है।
A. पियाजे के संज्ञानात्मक विकास के सिद्धांत
B. कोह्लबर्ग के नैतिक विकास के सिद्धांत
C. गार्डनर के बहुबुद्धि सिद्धांत
D. वाइगोत्स्की के सामाजिक-सांस्कृतिक सिद्धांत

187. एक शिक्षिका अपने-आप से कभी भी प्रश्नों के उत्तर नहीं देती। वह अपने विद्यार्थियों को उत्तर देने के लिए, समूह चर्चाएँ और सहयोगात्मक अधिगम अपनाने के लिए प्रोत्साहित करती है। यह उपागम .... के सिद्धांत पर आधारित है।
A. सक्रिय भागीदारिता
B. अनुदेशात्मक सामग्री के उचित संगठन
C. अच्छा उदाहरण प्रस्तुत करना और भूमिका-प्रतिरूप बनना
D. सीखने की तत्परता

188. निम्नलिखित में से कौन-सा शिक्षक से सम्बन्धित अधिगम को प्रभावित करने वाला कारक है?
A. विषय-वस्तु में प्रवीणता
B. बैठने की उचित व्यवस्था

C. शिक्षण-अधिगम संसाधनों की उपलब्धता

D. विषय-वस्तु या अधिगम-अनुभवों की प्रकृति

189. राज्य स्तर की एक एकल-गायन प्रतियोगिता के लिए विद्यार्थियों को तैयार करते समय एक विद्यालय लड़कियों को वरीयता देता है। यह दर्शाता है–

A. लैंगिक पूर्वाग्रह

B. वैश्विक प्रवृतियाँ

C. प्रयोजनात्मक उपागम

D. प्रगतिशील चिंतन

190. बीजों का अंकुरण संकल्पना के शिक्षण की सबसे प्रभावी पद्धति है–

A. विस्तृत व्याख्या करना

B. विद्यार्थियों द्वारा पौधे के बीज बोना और उसके अंकुरण के चरणों का अवलोकन करना

C. श्यामपट्ट पर चित्र बनाना और वर्णन करना

D. बीज की वृद्धि के चित्र दिखाना

191. जब बच्चा 'फेल' होता है, तो इसका तात्पर्य है कि–

A. बच्चा पढ़ाई के लिए योग्य नहीं है

B. बच्चे ने उत्तरों को सही तरीके से याद नहीं किया है

C. बच्चे को प्राइवेट ट्यूशन लेनी चाहिए थी

D. व्यवस्था फेल हुई है

192. शिक्षण से अधिगम पर बल देने वाला परिवर्तन हो सकता है–

A. परीक्षा परिणामों पर केन्द्रित होकर

B. बाल-केन्द्रित शिक्षा-पद्धति अपनाकर

C. रटने को प्रोत्साहित करके

D. अग्र शिक्षण की तकनीक अपनाकर

193. समावेशी शिक्षा–

A. हाशिए पर स्थित वर्गों से शिक्षकों को सम्मिलित करने से सम्बन्धित है

B. कक्षा में विविधता का उत्सव मनाती है

C. दाखिले सम्बन्धी कठोर प्रक्रियाओं को बढ़ावा देती है

D. तथ्यों की शिक्षा (मतारोपण) से सम्बन्धित है

194. निम्नलिखित में से कौन-सा वस्तुनिष्ठ प्रश्न है?

A. निबंधात्मक प्रश्न

B. लघूत्तरात्मक प्रश्न

C. मुक्त उत्तर वाला प्रश्न

D. सत्य या असत्य

195. निम्नलिखित में से कौन-सी प्रगतिशील शिक्षा की विशेषता है?

A. समय-सारणी और बैठने की व्यवस्था में लचीलापन

B. केवल प्रस्तावित पाठ्य-पुस्तकों पर आधारित अनुदेश

C. परीक्षाओं में अच्छे अंक प्राप्त करने पर बल

D. बार-बार ली जाने वाली परीक्षाएँ

196. पियाजे के संज्ञानात्मक विकास के चरणों के अनुसार, इंद्रिय-गायक (संवेदी-प्रेरक) अवस्था किसके साथ सम्बन्धित है?

A. सामाजिक मुद्दों से सरोकार

B. अनुकरण, स्मृति और मानसिक निरूपण

C. तार्किक रूप से समस्या-समाधान की योग्यता
D. विकल्पों के निर्वचन और विश्लेषण करने की योग्यता

197. कोहलबर्ग के अनुसार, शिक्षक बच्चों में नैतिक मूल्यों का विकास कर सकता है–
A. 'कैसे व्यवहार किया जाना चाहिए' इस पर कठोर निर्देश देकर
B. धार्मिक शिक्षा को महत्त्व देकर
C. व्यवहार के स्पष्ट नियम बनाकर
D. नैतिक मुद्दों पर आधारित चर्चाओं में उन्हें शामिल करके

198. छोटे शिक्षार्थियों को कक्षा-कक्ष में समवयस्कों के साथ अंतःक्रिया करने के लिए प्रोत्साहित करना चाहिए जिससे–
A. शिक्षक कक्षा-कक्ष को बेहतर तरीके से नियंत्रित कर सके
B. वे एक-दूसरे से प्रश्नों के उत्तर सीख सकें
C. पाठ्यक्रम को बहुत जल्दी पूरा किया जा सके
D. वे पढ़ने के दौरान सामाजिक कौशल सीख सकें

199. जब एक निर्योग्य बच्चा पहली बार विद्यालय आता है, तो शिक्षक को क्या करना चाहिए?
A. प्रवेश-परीक्षा लेनी चाहिए
B. बच्चे की निर्योग्यता के अनुसार उसे विशेष विद्यालय में भेजने का प्रस्ताव देना चाहिए
C. उसे अन्य विद्यार्थियों से अलग रखना चाहिए
D. सहकारी योजना विकसित करने के लिए बच्चे के माता-पिता के साथ चर्चा करनी चाहिए

200. प्रायः शिक्षार्थियों की त्रुटियाँ .... की ओर संकेत करती हैं।
A. शिक्षार्थियों के सामाजिक-आर्थिक स्तर
B. वे कैसे सीखते हैं
C. यांत्रिक अभ्यास की आवश्यकता
D. सीखने की अनुपस्थिति

201. निम्नलिखित में से कौन-सी समस्या-समाधान की वैज्ञानिक पद्धति का पहला चरण है?
A. प्राक्कल्पना का निर्माण करना
B. प्राक्कल्पना का परीक्षण करना
C. समस्या के प्रति जागरूकता
D. प्रासंगिक जानकारी को एकत्र करना

202. मानव-व्यक्तित्व परिणाम है–
A. केवल आनुवंशिकता का
B. पालन-पोषण और शिक्षा का
C. आनुवंशिकता और वातावरण की अंतःक्रिया का
D. केवल वातावरण का

203. शिक्षण-अधिगम प्रक्रिया में व्यक्तिगत रूप से ध्यान देना महत्वपूर्ण है, क्योंकि–
A. बच्चों की विकास दर भिन्न होती है और वे भिन्न तरीकों से सीख सकते हैं
B. शिक्षार्थी हमेशा समूहों में ही बेहतर सीखते हैं
C. शिक्षक प्रशिक्षण कार्यक्रमों में ऐसा ही बताया गया है
D. इससे प्रत्येक शिक्षार्थी को अनुशासित करने के लिए शिक्षकों को बेहतर अवसर मिलते हैं

204. निम्नलिखित में से कौन-सा सीखने का क्षेत्र है?
A. व्यावसायिक
B. आनुभविक
C. भावात्मक
D. आध्यात्मिक

205. जब बच्चा कार्य करते हुए ऊबने लगता है, तो यह इस बात का संकेत है कि–
A. बच्चे को अनुशासित करने की जरूरत है
B. संभवतः कार्य यांत्रिक रूप से बार-बार हो रहा है
C. बच्चा बुद्धिमान नहीं है
D. बच्चे में सीखने की योग्यता नहीं है

206. शिक्षा के संदर्भ में, समाजीकरण से तात्पर्य है–
A. सामाजिक मानदंडों का सदैव अनुपालन करना
B. अपने सामाजिक मानदंड बनाना
C. समाज में बड़ों का सम्मान करना
D. सामाजिक वातावरण में अनुकूलन और समायोजन

207. निम्नलिखित में से कौन-सा विकास का सिद्धांत है?
A. विकास की सभी प्रक्रियाएँ अंतःसम्बन्धित नहीं है
B. सभी की विकास-दर समान नहीं होती है
C. विकास हमेशा रेखीय होता है
D. यह निरंतर चलने वाली प्रक्रिया नहीं है

208. मानव विकास को क्षेत्रों में विभाजित किया जाता है जो हैं–
A. शारीरिक, आध्यात्मिक, संज्ञानात्मक और सामाजिक
B. शारीरिक, संज्ञानात्मक, संवेगात्मक और सामाजिक
C. संवेगात्मक, संज्ञानात्मक, आध्यात्मिक और सामाजिक- मनोवैज्ञानिक
D. मनोवैज्ञानिक, संज्ञानात्मक, संवेगात्मक और शारीरिक

209. एक शिक्षिका पाठ्य-वस्तु और फल-सब्जियों के कुछ चित्रों का प्रयोग करती है और अपने विद्यार्थियों से चर्चा करती है। विद्यार्थी इस जानकारी को अपने पूर्व ज्ञान से जोड़ते हैं और पोषण की संकल्पना को सीखते हैं। यह उपागम .... पर आधारित है।
A. ज्ञान के निर्माण
B. अधिगम के शास्त्रीय अनुबंधन
C. पुनर्बलन के सिद्धांत
D. अधिगम के सक्रिय अनुबंधन

210. जब बच्चे की दादी उसे उसकी माँ की गोद से लेती है, तो बच्चा रोने लगता है। बच्चा .... के कारण रोता है।
A वियोग दुश्चिंता
B. सामाजिक दुश्चिंता
C. संवेगात्मक दुश्चिंता
D. अजनबी दुश्चिंता

211. प्राथमिक स्तर पर एक शिक्षक में निम्न में से किसे सबसे महत्त्वपूर्ण विशेषता मानना चाहिए?
A. धैर्य और दृढ़ता
B. शिक्षण-पद्धतियों और विषयों के ज्ञान में दक्षता

C. अति मानक भाषा में पढ़ाने में दक्षता
D. पढ़ाने की उत्सुकता

212. एक शिक्षक अपने लोकतांत्रिक स्वभाव के कारण विद्यार्थियों को पूरी कक्षा में कहीं भी बैठने की अनुमति देता है। कुछ शिक्षार्थी एक-साथ बैठते हैं और चर्चा करते हैं या सामूहिक पठन करते हैं। कुछ चुपचाप बैठकर अपने-आप पढ़ते हैं। एक अभिभावक को यह पसंद नहीं आता। इस स्थिति से निबटने का निम्न में से कौन-सा तरीका सबसे बेहतर हो सकता है?

A. अभिभावकों को प्रधानाचार्य से अनुरोध करना चाहिए कि वे उनके बच्चे का अनुभाग बदल दें
B. अभिभावकों को शिक्षक पर विश्वास व्यक्त करना चाहिए और शिक्षक के साथ समस्या पर चर्चा करनी चाहिए
C. अभिभावकों को उस विद्यालय से अपने बच्चे को निकाल लेना चाहिए
D. अभिभावकों को प्रधानाचार्य से शिक्षक की शिकायत करनी चाहिए

213. वह अवस्था जब बच्चा तार्किक रूप से वस्तुओं व घटनाओं के विषय में चिंतन प्रारंभ करता है, है

A. औपचारिक-संक्रियात्मक अवस्था
B. पूर्व-संक्रियात्मक अवस्था
C. मूर्त-संक्रियात्मक अवस्था
D. संवेदी-प्रेरक अवस्था

214. 'मन का मानचित्रण' संबंधित है

A. साहसिक कार्यों की क्रिया-योजना से
B. मन का चित्र बनाने से
C. मन की क्रियाशीलता पर अनुसंधान से
D. बोध (समझ) बढ़ाने की तकनीक से

215. विशेष रूप से प्राथमिक स्तर पर विद्यार्थियों की सीखने सम्बन्धी समस्याओं को संबोधित करने का सबसे बेहतर तरीका है

A. महँगी और चमकदार सहायक सामग्री का प्रयोग करना
B. सरल और रोचक पाठ्य-पुस्तकों का प्रयोग करना
C. कहानी-कथन पद्धति का प्रयोग करना
D. अक्षमता के अनुरूप विभिन्न शिक्षण-पद्धतियों का प्रयोग करना

216. निम्न में से कौन-सा शिक्षार्थियों में सृजनात्मकता का पोषण करता है?

A. प्रत्येक शिक्षार्थी की अंतर्जात प्रतिभाओं का पोषण करने एवं प्रश्न करने के अवसर उपलब्ध कराना
B. विद्यालयी जीवन के प्रारंभ से उपलब्धि के लक्ष्यों पर बल देना
C. परीक्षा में अच्छे अंकों के लिए विद्यार्थियों की कोचिंग करना
D. अच्छी शिक्षा के व्यावहारिक मूल्यों के लिए विद्यार्थियों का शिक्षण

217. पियाजे के अनुसार, निम्नलिखित में से कौन-सी अवस्था में बच्चा अमूर्त संकल्पनाओं के विषय में तार्किक चिंतन करना आरंभ करता है?

A. औपचारिक-संक्रियात्मक अवस्था (11 वर्ष एवं ऊपर)
B. संवेदी-प्रेरक अवस्था (जन्म-02 वर्ष)
C. पूर्व-संक्रियात्मक अवस्था (02-07 वर्ष)
D. मूर्त-संक्रियात्मक अवस्था (07-11 वर्ष)

218. सीखना समृद्ध हो सकता है यदि

A. कक्षा में अधिक-से-अधिक शिक्षण-सामग्री का प्रयोग किया जाए

B. शिक्षक विभिन्न प्रकार के व्याख्यान और स्पष्टीकरण का प्रयोग करें

C. कक्षा में आवधिक परीक्षाओं पर अपेक्षित ध्यान दिया जाए

D. वास्तविक दुनिया से उदाहरणों को कक्षा में लाया जाए जिसमें विद्यार्थी एक-दूसरे से अंतःक्रिया करें और शिक्षक उस प्रक्रिया को सुगम बनाए

219. निम्न में से कौन-से कथन को सीखने की प्रक्रिया की विशेषता ***नहीं*** मानना चाहिए?

A. सीखना एक व्यापक प्रक्रिया है

B. सीखना लक्ष्योन्मुखी होता है

C. अन-अधिगम भी सीखने की प्रक्रिया है

D. शैक्षिक संस्थान ही एकमात्र स्थान है जहाँ अधिगम प्राप्त होता है

220. पाँचवीं कक्षा के 'दृष्टिबाधित' विद्यार्थी

A. के माता-पिता और मित्रों द्वारा उसे दैनिक कार्यों को करने में सहायता की जानी चाहिए

B. के साथ कक्षा में सामान्य रूप से व्यवहार किया जाना चाहिए और श्रव्य सी.डी. के माध्यम से सहायता उपलब्ध कराई जानी चाहिए

C. के साथ कक्षा में विशेष व्यवहार किया जाना चाहिए

D. को निचले स्तर के कार्य करने की छूट मिलनी चाहिए

221. निम्न में से कौन-सा बच्चे की सामाजिक-मनोवैज्ञानिक आवश्यकताओं के साथ संबद्ध ***नहीं*** है?

A. संवेगात्मक सुरक्षा की आवश्यकता

B. शरीर से अपशिष्ट पदार्थों का नियमित रूप से बाहर निकलना

C. सान्निध्य (संगति) की आवश्यकता

D. सामाजिक अनुमोदन अथवा सराहना की आवश्यकता

222. वह कौन-सा कथन है जहाँ बच्चे के 'संज्ञानात्मक' विकास को सबसे बेहतर तरीके से परिभाषित किया जा सकता है?

A. विद्यालय एवं कक्षा पर्यावरण

B. सभागार

C. घर

D. खेल का मैदान

223. .... को एक अभिप्रेरित शिक्षण का संकेतक माना जाता है।

A. शिक्षक द्वारा दिया गया उपचारात्मक कार्य

B. विद्यार्थियों द्वारा प्रश्न पूछना

C. कक्षा में एकदम खामोशी

D. कक्षा में अधिकतम उपस्थिति

224. निम्न में से कौन-सा बुद्धिमान बच्चे का लक्षण ***नहीं*** है?

A. वह जो प्रवाहपूर्ण एवं उचित तरीके से संप्रेषण करने की क्षमता रखता है

B. वह जो अमूर्त रूप से सोचता रहता है

C. वह जो नए परिवेश में स्वयं को समायोजित कर सकता है

D. वह जो लंबे निबंधों को बहुत जल्दी रटने की क्षमता रखता है

225. "बच्चे दुनिया के बारे में अपनी समझ का सृजन करते हैं।" इसका श्रेय .... को जाता है।

A. पैवलॉव

B. कोह्लबर्ग

C. स्किनर

D. पियाजे

226. कृतिका अकसर घर में ज्यादा बात ***नहीं*** करती, लेकिन विद्यालय में वह काफी बात करती है। यह दर्शाता है कि

A. शिक्षकों की यह मांग होती है कि बच्चे विद्यालय में खूब बात करें

B. कृतिका को अपना घर बिल्कुल पसंद नहीं है

C. उसके विचारों को विद्यालय में मान्यता मिलती है

D. विद्यालय हर समय बच्चों को खूब बात करने का अवसर देता है

227. एक शिक्षक को अपने विद्यार्थियों की क्षमताओं को समझने का प्रयास करना चाहिए। निम्नलिखित में से कौन-सा क्षेत्र इस उद्देश्य के साथ संबद्ध है?

A. सामाजिक दर्शन

B. मीडिया-मनोविज्ञान

C. शिक्षा-मनोविज्ञान

D. शिक्षा-समाजशास्त्र

228. सीखने की प्रक्रिया में, अभिप्रेरणा

A. पिछले सीखे हुए को नए अधिगम से अलग करती है

B. शिक्षार्थियों को एक दिशा में सोचने के योग्य बनाती है

C. शिक्षार्थियों में सीखने के प्रति रुचि का विकास करती है

D. शिक्षार्थियों की स्मरण-शक्ति को पैना बनाती है

229. शिक्षा के क्षेत्र में 'पाठ्यचर्या' शब्दावली .... की ओर संकेत करती है।

A. विद्यालय का संपूर्ण कार्यक्रम जिसमें विद्यार्थी प्रतिदिन अनुभव प्राप्त करते हैं

B. मूल्यांकन-प्रक्रिया

C. कक्षा में प्रयुक्त की जाने वाली पाठ्य सामग्री

D. शिक्षण-पद्धति एवं पढ़ाई जाने वाली विषय-वस्तु

230. निचली कक्षाओं में शिक्षण की खेल-पद्धति मूल रूप से आधारित है

A. शिक्षण-पद्धतियों के सिद्धांतों पर

B. विकास एवं वृद्धि के मनोवैज्ञानिक सिद्धांतों पर

C. शिक्षण के समाजशास्त्रीय सिद्धांतों पर

D. शारीरिक शिक्षा कार्यक्रमों के सिद्धांत पर

231. "एक बच्चा अतीत की समान परिस्थिति में की गई अनुक्रियाओं के आधार पर नई स्थिति के प्रति अनुक्रिया करता है।" यह किससे सम्बन्धित है?

A. सीखने का 'प्रभाव-नियम'

B. सीखने की प्रक्रिया का 'अभिवृत्ति-नियम'

C. सीखने का 'तत्परता-नियम'

D. सीखने का 'सादृश्यता-नियम'

232. .... 'प्रतिभाशाली' होने का संकेत ***नहीं*** है।

A. दूसरों के साथ झगड़ना

B. अभिव्यक्ति में नवीनता

C. जिज्ञासा

D. सृजनात्मक विचार

233. विशेष आवश्यकता वाले बच्चों को शिक्षा उपलब्ध कराई जानी चाहिए

A. विशेष विद्यालयों में विशेष बच्चों के लिए विकसित पद्धतियों द्वारा
B. विशेष विद्यालयों में
C. विशेष विद्यालयों में विशेष शिक्षकों द्वारा
D. अन्य सामान्य बच्चों के साथ

234. आकलन को 'उपयोगी और रोचक' प्रक्रिया बनाने के लिए .... के प्रति सचेत होना चाहिए।
A. विद्यार्थियों को बुद्धिमान या औसत शिक्षार्थी की उपाधि देना
B. शैक्षिक और सह-शैक्षिक क्षेत्रों में विद्यार्थी के सीखने के बारे में जानकारी प्राप्त करने के लिए विविध तरीकों का प्रयोग करना
C. प्रतिपुष्टि (फीडबैक) देने के लिए तकनीकी भाषा का प्रयोग करना
D. अलग-अलग विद्यार्थियों में तुलना करना

235. 'डिस्लेक्सिया' किससे सम्बन्धित है?
A. गणितीय विकार
B. पठन विकार
C. व्यवहार-सम्बन्धी विकार
D. मानसिक विकार

236. बच्चों की सीखने की प्रक्रिया में माता-पिता को .... भूमिका निभानी चाहिए।
A. अग्रोन्मुखी
B. सहानुभूतिपूर्ण
C. तटस्थ
D. नकारात्मक

237. "विकास कभी न समाप्त होने वाली प्रक्रिया है।" यह विचार किससे सम्बन्धित है?
A. निरंतरता का सिद्धांत
B. एकीकरण का सिद्धांत
C. अंतःक्रिया का सिद्धांत
D. अंतःसम्बन्ध का सिद्धांत

238. 'सीखने के अंतःदृष्टि सिद्धांत' को किसने बढ़ावा दिया?
A. पैवलॉव
B. जीन पियाजे
C. वाइगोत्स्की
D. 'गेस्टाल्ट' सिद्धांतवादी

239. निम्नलिखित में से किस अवस्था में बच्चे अपने समवयस्क समूह के सक्रिय सदस्य हो जाते हैं?
A. प्रौढ़ावस्था
B. पूर्व बाल्यावस्था
C. बाल्यावस्था
D. किशोरावस्था

240. बच्चों के बौद्धिक विकास की चार विशिष्ट अवस्थाओं की पहचान की गई
A. एरिकसन द्वारा
B. स्किनर द्वारा
C. पियाजे द्वारा
D. कोह्लबर्ग द्वारा

241. लिंग (जेंडर) पक्षपात .... की ओर संकेत करता है।
A. सांस्कृतिक अभिवृत्तियों के कारण अपेक्षाओं पर आधारित लड़कों और लड़कियों से भिन्न व्यवहार करना
B. आनुवंशिक विभिन्नताएँ जो लड़कों और लड़कियों में मौजूद हैं
C. स्त्रियोचित और पुरुषोचित विशेषताओं में सापेक्षिक रूप से स्वयं का बोध

D. अपने शरीर-विज्ञान के कारण लड़कों और लड़कियों के बीच विभिन्नताओं की स्वीकृति

242. एक उच्च प्राथमिक विद्यालय के शिक्षक के रूप में आपके पास कक्षा में कुछ ऐसे बच्चे हैं जो प्रथम पीढ़ी के रूप में विद्यालय आ रहे हैं। आपके द्वारा निम्नलिखित में से किसे किए जाने की संभावना सर्वाधिक है?

A. माता-पिता को बुलाएँगे और उनसे अपने बच्चों का ट्यूशन लगाने को नम्रतापूर्वक कहेंगे।

B. कक्षा गतिविधि के समय और गृहकार्य के लिए उन्हें बुनियादी सहयोग और अन्य सहायता उपलब्ध कराएँगे।

C. उन्हें याद करने के लिए और उत्तर को पाँच बार अपनी उत्तर पुस्तिका में लिखने के लिए गृहकार्य देंगे।

D. बच्चों से कहेंगे कि उनमें आगे पढ़ने की क्षमता नहीं है और अब उन्हें अपने माता-पिता के काम में सहायता करनी चाहिए।

243. समान आयु के बच्चों में भी आकृति, योग्यता, स्वभाव, रुचि, प्रवृत्ति और अन्य बातों में बहुत अंतर होता है। इस संदर्भ में विद्यालय की क्या भूमिका है?

A. सुनिश्चित करना कि प्रत्येक बच्चे को अपनी क्षमताओं के अनुसार विकास के अवसर मिलें।

B. बच्चों के आकलन के लिए नियामक मानक स्थापित करना।

C. सुनिश्चित करना कि शिक्षक मानकीकृत निर्देश और पाठ्यपुस्तकों का उपयोग करें।

D. सुनिश्चित करना कि सभी बच्चों का विकास एक ही प्रकार से हो।

244. एक समावेशी कक्षा में किसी शिक्षिका की सबसे महत्वपूर्ण भूमिका है :

A. कक्षा के लिए ऐसी योजना बनाना कि प्रत्येक बच्चा समान गति से आगे बढ़े।

B. यह सुनिश्चित करना कि शिक्षिका कक्षा को मानक निर्देश दे रही है।

C. बच्चे के माता-पिता के व्यवसाय को जानना ताकि शिक्षिका प्रत्येक बच्चे के भावी व्यवसाय को जान सके।

D. सुनिश्चित करना कि प्रत्येक बच्चे को अपनी संभावना को प्राप्त करने का अवसर मिले।

245. अपनी कक्षा के बच्चों को उनकी अपनी अवधारणाओं को बदलने में आप किस प्रकार सहायता करेंगे?

A. अवधारणाओं के बारे में बच्चों को अपनी समझ को व्यक्त करने का अवसर देकर।

B. बच्चों को सूचनाएँ लिखाकर उन्हें याद करने को कहकर।

C. यदि बच्चों की अवधारणाएँ गलत हों तो उन्हें दंड देकर।

D. तथ्यात्मक जानकारी देकर।

246. जब बच्चे एक विशेष संख्या में पुस्तकें पढ़ते हैं तो उन्हें एक प्रमाणपत्र दिया जाता है। यह रणनीति शायद अधिक समय तक काम न करे, क्योंकि :

A. पुस्तकों को पढ़ना बच्चों को उनके गृहकार्य को पूरा करने में बाधा डालेगा।

B. यह संभवतः बच्चों को केवल प्रमाणपत्र प्राप्त करने के लिए पुस्तकों को पढ़ने की तरफ ले जा सकता है।

C. पुस्तकालय में बहुत अधिक पुस्तकों को खरीदने की आवश्यकता होगी।

D. जब अधिक संख्या में बच्चे पढ़ना शुरू कर देंगे तो बड़ी मात्रा में प्रमाणपत्र देने होंगे।

247. किसी कक्षा में शिक्षक की भूमिका है :

A. सीधे तरीके से ज्ञान पहुँचाना और शिक्षार्थियों को सही उत्तरों के लिए तैयार करना।

B. समय-सारणी का कठोरता से पालन करना और पाठ्यक्रम से बँधे रहना।

C. सीखने की विश्वसनीय स्थितियाँ जुटाना और शिक्षार्थियों को स्वतंत्र चिंतन की सुविधा देना।

D. अपने ज्ञान से शिक्षार्थियों को परिपूर्ण करना और उन्हें परीक्षा के लिए तैयार करना।

248. निम्नलिखित में से कौन-सा कथन बच्चों की त्रुटियों के सम्बन्ध में सबसे उपयुक्त है?

A. बच्चों की गलतियाँ एक खिड़की के समान होती हैं, यह जानने के लिए कि वे किस प्रकार सोचते हैं।

B. गलतियों से बचने के लिए बच्चों को शिक्षक का अनुकरण करना चाहिए।

C. बच्चों की गलतियों को गंभीरता से लिया जाना चाहिए और उन्हें कठोर दंड दिया जाना चाहिए ताकि वे गलतियाँ न दुहराएँ।

D. बच्चे गलतियाँ करते हैं क्योंकि उनमें विचार करने की क्षमता नहीं होती।

249. आकलन शिक्षण-अधिगम प्रक्रिया का अभिन्न अंग है क्योंकि :

A. बच्चों को अंक दिए जाने चाहिए ताकि वे समझ सकें कि अपने सहपाठियों की तुलना में कहाँ पर हैं।

B. आकलन से अध्यापक बच्चों के अधिगम को समझता है और उसके अपने शिक्षण की परिपुष्टि भी होती है।

C. आकलन ही एकमात्र तरीका है जो आश्वस्त करता है कि शिक्षकों ने पढ़ाया और बच्चों ने सीखा।

D. आज के समय में केवल अंक ही शिक्षा में महत्वपूर्ण हैं।

250. "पाठ्यचर्या ऐसी हो जो पाठ्य-पुस्तक के ज्ञान को पुनः प्रस्तुत करने के स्थान पर बच्चों को अपनी आवाजें पाने, कार्य करने के लिए अपनी जिज्ञासा का पोषण करने, प्रश्न पूछने और जाँच-पड़ताल करने तथा अपने अनुभवों को बाँटने तथा विद्यालय के ज्ञान के साथ जोड़ने में सक्षम बनाए।" –राष्ट्रीय पाठ्यचर्या की रूपरेखा 2005, पृ. 13 इस पृष्ठभूमि में, एक शिक्षक की प्राथमिक भूमिका क्या होनी चाहिए?

A. यह सुनिश्चित करना कि शिक्षिका अच्छे प्रश्न पूछे और शिक्षार्थी अपनी उत्तर पुस्तिका में उत्तर लिखें।

B. बच्चों को उनकी अपनी समझ और अपने ज्ञान को साझा करने के पर्याप्त अवसर देना।

C. बच्चों के अनुभवों को निरस्त कर पाठ्य-पुस्तकों पर ध्यान केंद्रित करना।

D. पाठ्य-पुस्तक के अध्यायों को क्रमवार पूरा कराना।

251. बच्चों को अपने अध्ययन में प्रयास करने हेतु प्रोत्साहित करने के लिए शिक्षकों को .... की आवश्यकता होती है।

A. बच्चे को डाँटने

B. बच्चे को नियंत्रण में रखने

C. अन्य बच्चों के साथ तुलना करने

D. बच्चे को प्रेरित करने

252. भावनाओं, अधिगम और अभिप्रेरणा के संदर्भ में निम्नलिखित में से किस कथन से आप सहमत हैं?

A. कुछ नया सीखना इस पर निर्भर करता है कि उसमें हम कितने निपुण हैं।

B. सीखने के लिए भावनाओं को अलग रख देना चाहिए।

C. प्रेरणा और सीखने के साथ भावनाएँ घनिष्ठ रूप से जुड़ी हैं।

D. सीखने के लिए अभिप्रेरित करने में भावनाओं की कोई भूमिका नहीं होती।

253. बहुविकल्पी प्रश्न बच्चों की .... की योग्यता का आकलन करते हैं।

A. सही उत्तर का प्रत्यास्मरण करने

B. सही उत्तर का निर्माण करने

C. सही उत्तर की व्याख्या करने

D. सही उत्तर की पहचान करने

254. समाजीकरण की प्रक्रिया में शामिल नहीं है:

A. कौशलों का अर्जन।

B. मूल्यों और विश्वासों का अर्जन।

C. आनुवंशिक संचरण।

D. एक संस्कृति की रीतियों और मानदंडों को सीखना।

255. 'मानसिक संरचनाएँ जो चिन्तन के निर्माण प्रखंड हैं'–इसके लिए पियाजे ने किस शब्द/पद का प्रयोग किया है?

A. विकास के क्षेत्र

B. जीन

C. परिपक्वन प्रखंड

D. स्कीमा (अवधारणाएँ)

256. वाइगोत्स्की के अनुसार बच्चे स्वयं से क्यों बोलते हैं?

A. बच्चे अपने कार्य को दिशा देने के लिए बोलते हैं।

B. बच्चे अपने प्रति वयस्कों का ध्यान आकर्षित करने के लिए बोलते हैं।

C. बच्चे स्वभाव से बहुत बातूनी होते हैं।

D. बच्चे अहंकेंद्रित होते हैं।

257. अधिगम अशक्तता वाले :

A. बच्चे निम्न बुद्धिलब्धि वाले होते हैं।

B. बच्चों को एक समान दिखाई देने वाले अक्षरों और वर्णों में भ्रम होता है।

C. बच्चे दृश्य-शब्दों (साइट वर्ड्स) को आसानी से पहचानते और समझते हैं।

D. बच्चों का मानसिक विकास मंद होता है।

258. सृजनात्मकता क्या है?

A. सृजनात्मकता 200 से ऊपर की बुद्धिलब्धि से सर्वाधिक बेहतर ढंग से परिभाषित होती है।

B. बुद्धि का एक प्रकार जो उन कौशलों से संबंधित है जो संचित किए गए ज्ञान और अनुभव पर निर्भर होते हैं।

C. बुद्धि का एक प्रकार जो संसाधन की गति को शामिल करते हुए सूचना-प्रक्रमण कौशलों पर अत्यधिक निर्भर होता है।

D. समस्याओं के मौलिक और अपसारी समाधानों को पहचानने अथवा तैयार करने की योग्यता।

259. भारत में बहुत से बच्चे, विशेषकर लड़कियाँ, विद्यालय में आने से पहले और विद्यालय से वापस जाने के बाद घर का काम करते हैं। आपके विचार से इस संदर्भ में एक शिक्षिका को गृहकार्य के बारे में क्या करना चाहिए?

A. उसे उन बच्चों को कठोर दंड देना चाहिए जो अपना गृहकार्य पूरा नहीं करते हैं।

B. शिक्षिका को ऐसा गृहकार्य देना चाहिए जो विद्यालय में कराए गए अधिगम को बच्चों के घरेलू जीवन से जोड़ता है।

C. शिक्षिका को सुनिश्चित करना चाहिए कि बच्चे अपना गृहकार्य पूरा करने के लिए सुबह जल्दी उठें और देर तक रुकें।

D. बच्चों के माता-पिता से उनके गृहकार्य को पूरा कराने के लिए ट्यूशन लगवाने के लिए कहिए।

260. एक प्रभावी कक्षा में :

A. बच्चे शिक्षक का सम्मान नहीं करते हैं और जैसा उन्हें अच्छा लगता है वैसा ही करते हैं।

B. बच्चे अपने अधिगम को सुगम बनाने के लिए मार्गदर्शन एवं सहयोग हेतु शिक्षक से सहायता लेते हैं।

C. बच्चे हमेशा उत्सुक और तैयार रहते हैं, क्योंकि शिक्षक उनकी प्रत्यास्मरण योग्यता का आकलन करने के लिए नियमित रूप से परीक्षा लेता रहता है।

D. बच्चे शिक्षक से डरते हैं, क्योंकि वह मौखिक और शारीरिक दंड का प्रयोग करता है।

261. ज्ञान के एक बड़े असम्बद्ध भाग को प्रस्तुत करना :

A. शिक्षार्थियों के लिए प्रत्यास्मरण को आसान बनाएगा।

B. अपने तरीके से जानकारी को व्यवस्थित करने में शिक्षार्थियों की सहायता करेगा।

C. शिक्षिका के कार्य को कठिन और शिक्षार्थियों के कार्य को आसान बनाएगा।

D. शिक्षार्थियों के लिए अवधारणात्मक समझ को प्राप्त करने को कठिन बनाएगा।

262. क्या बच्चे इसलिए भाषा अर्जित करते हैं, क्योंकि उनमें आनुवंशिक रूप से ऐसा करने की पूर्वप्रवृत्ति होती है या उनके माता-पिता प्रारंभिक अवस्था से ही उन्हें गहन रूप से सिखाते हैं? यह प्रश्न आवश्यक रूप से दर्शाता है :

A. बहु-कारक योग्यता के रूप में विकास पर चर्चा।

B. क्या विकास एक सतत् प्रक्रिया है या एक असतत् प्रक्रिया?

C. भाषा के विकास पर संज्ञान का प्रभाव।

D. प्रकृति और पोषण पर बहस।

263. अमूर्त वैज्ञानिक चिन्तन के लिए क्षमता का विकास निम्नलिखित अवस्थाओं में से किसकी एक विशेषता है?

A. पूर्व-संक्रियात्मक अवस्था
B. मूर्त संक्रियात्मक अवस्था
C. औपचारिक संक्रियात्मक अवस्था
D. संवेदी-गतिक अवस्था

264. एक बच्चा तर्क प्रस्तुत करता है–'आप यह मेरे लिए करें और मैं वह आपके लिए करूँगा।' यह बच्चा कोहलबर्ग की नैतिक तर्कणा की किस अवस्था के अंतर्गत आएगा?

A. दण्ड और आज्ञापालन अभिमुखीकरण
B. 'अच्छा लड़का-अच्छी लड़की' अभिमुखीकरण
C. सामाजिक-अनुबंध अभिमुखीकरण
D. सहायक उद्देश्य अभिमुखीकरण

265. प्रगतिवादी शिक्षा :

A. समस्या समाधान और आलोचनात्मक चिंतन पर अधिक बल देती है।
B. अनुबंधन और पुनर्बलन के सिद्धांतों पर आधारित है।
C. पाठ्य-पुस्तकों पर आधारित है, क्योंकि वे ज्ञान के एकमात्र वैध स्रोत हैं।
D. इस मत पर विश्वास करती है कि शिक्षक को अपने उपागम में दृढ़ रहना है और वर्तमान समय में बिना दंड का प्रयोग किए बच्चों को पढ़ाया नहीं जा सकता है।

266. विभिन्न मुद्दों और विमर्शों पर उनके लिए कारण प्रस्तुत करते हुए बच्चों को अपनी व्यक्तिगत राय को व्यक्त करने के लिए प्रोत्साहित करने वाले प्रश्न किसको बढ़ावा देते हैं?

A. जानकारी का पुनःस्मरण
B. बच्चों का मानकीकृत आकलन
C. विश्लेषणात्मक और आलोचनात्मक चिंतन
D. अभिसारी चिंतन

267. निम्नलिखित में से कौन-सा कथन विकास और अधिगम के बीच संबंध को सर्वश्रेष्ठ रूप में जोड़ता है?

A. अधिगम और विकास एक जटिल तरीके से अंतःसंबंधित हैं।
B. विकास अधिगम से स्वतंत्र है।
C. अधिगम विकास के पीछे रहता है।
D. अधिगम और विकास समानार्थक/पारिभाषिक शब्द हैं।

268. इनमें से कौन-सा विकास का एक सिद्धांत नहीं है?

A. विकास वंशानुक्रम और पर्यावरण दोनों से प्रभावित होता है।
B. विकास संशोधन योग्य होता है।
C. विकास केवल संस्कृति से शासित और निर्धारित होता है।
D. विकास जीवनपर्यंत होता है।

269. बाल-केंद्रित कक्षा की एक प्रमुख विशेषता है कि उसमें :

A. शिक्षक बच्चों के लिए व्यवहार के समरूप तरीकों को निर्धारित करता है और जब वे उसका पालन करते हैं, तो उन्हें उपयुक्त पुरस्कार देता है।
B. शिक्षक की भूमिका ज्ञान को सीखने के लिए उसे प्रस्तुत करना है और शिक्षार्थियों का मानक मापदण्डों पर आकलन करना है।

C. शिक्षक के मार्गदर्शन से शिक्षार्थियों को अपनी स्वयं की समझ का निर्माण करने के लिए उत्तरदायी बनाया जाता है।

D. शिक्षक के द्वारा बल प्रयोग और मनोवैज्ञानिक नियंत्रण होता है, जो अधिगम पथ और बच्चों के व्यवहार को निर्धारित करता है।

270. बुद्धि के बारे में निम्नलिखित में से कौन-सा कथन सर्वाधिक उपयुक्त है?

A. बुद्धि बहु-आयामी है और इसमें कई पहलू निहित हैं।

B. बुद्धि को केवल मानकीकृत बुद्धिलब्धि परीक्षणों के आयोजन के द्वारा विश्वसनीय रूप से निर्धारित किया जा सकता है।

C. बुद्धि मूलभूत रूप से स्नायु-तंत्र-संबंधी कार्यप्रणाली है। उदाहरणार्थ–प्रक्रमण की गति, संवेदी-विभेद आदि।

D. बुद्धि विद्यालय में अच्छा प्रदर्शन करने की योग्यता है।

271. आपकी कक्षा में कुछ बच्चे हैं जो गलतियाँ करते हैं। इस परिस्थिति का आपके विश्लेषण के अनुसार इनमें से कौन-सा कथन सर्वाधिक उपयुक्त है?

A. बच्चों का बुद्धिस्तर निम्न है।

B. बच्चों ने अभी तक संकल्पनात्मक स्पष्टता प्राप्त नहीं की है तथा आपको अपनी शिक्षण-विधि पर चिन्तन करने की आवश्यकता है।

C. बच्चों की अध्ययन में रुचि नहीं है और वे अनुशासनहीनता उत्पन्न करना चाहते हैं।

D. बच्चों को आपकी कक्षा में प्रोन्नत नहीं करना चाहिए था।

272. कक्षा-परीक्षणों में अच्छा प्रदर्शन करने में एक बच्चे की असफलता हमें इस विश्वास की तरफ ले जाती है कि

A. आकलन वस्तुनिष्ठ है तथा असफलताओं को स्पष्ट रूप से पहचानने के लिए इसका प्रयोग किया जा सकता है।

B. बच्चे कुछ निश्चित सक्षमताओं और कमियों के साथ पैदा होते हैं।

C. पाठ्यक्रम, शिक्षण-पद्धति तथा आकलन प्रक्रियाओं पर विचार करने की आवश्यकता है।

D. कुछ बच्चों को अनुत्तीर्ण होना ही है, चाहे व्यवस्था उन पर कितना भी अधिक प्रयास करे।

273. एक अध्यापिका यह सुनिश्चित करना चाहती है कि उसके विद्यार्थी आन्तरिक रूप से प्रेरित हैं। इस संदर्भ में वह करेंगी:

A. सभी बच्चों के लिए उपलब्धि के एकसमान मानकों को उल्लिखित करना

B. इस प्रकार की अधिगम गतिविधियों की योजना बनाना जो अभिसारी चिन्तन को प्रोत्साहन देती हैं

C. अन्तिम परिणाम पर ध्यान देने के बजाय व्यक्तिगत रूप से बच्चों की अधिगम की प्रक्रियाओं पर ध्यान देना

D. वस्तु रूप में पुरस्कार प्रस्तुत करना

274. निम्नलिखित में से कौन-सा कथन सबसे बेहतर ढंग से वर्णन करता है कि कक्षा में

बच्चों को प्रश्न पूछने के लिए क्यों प्रोत्साहित करना चाहिए?

A. प्रश्न बच्चों की जिज्ञासा को बढ़ाते हैं।

B. जिन चीजों के बारे में बच्चे नहीं जानते हैं उनके बारे में विचार करवाकर उन्हें यह महसूस करवाया जा सकता है कि उनमें बुद्धि की कमी है।

C. प्रश्न अन्योन्यक्रिया के द्वारा अधिगम को आगे बढ़ाते हैं तथा संकल्पनात्मक स्पष्टता की दिशा में बढ़ते हैं।

D. बच्चों को अपने भाषा-कौशलों के अभ्यास की आवश्यकता होती है।

275. इनमें से कौन-सी अधिगम-अशक्तता वाले बच्चे की एक विशेषता है?

A. 50 से नीचे की बुद्धिलब्धि

B. धाराप्रवाह रूप से पढ़ने तथा शब्दों पर पलट कर जाने में कठिनाई

C. अन्य बच्चों को धमकाना तथा आक्रामक कार्यों में लगे रहना

D. एक ही प्रकार की गत्यात्मक क्रिया को बार-बार दोहराना

276. निम्नलिखित में से कौन-सी आकलन पद्धति विद्यार्थियों की सर्वोत्तम क्षमता को पोषित करेगी?

A. जब विद्यार्थियों को बहु-विकल्पीय प्रश्नों के माध्यम से किए गए परीक्षण के रूप में तथ्यों को दोहराने की आवश्यकता होती है।

B. जब परीक्षा के अंकों और विद्यार्थी की योग्यता के बीच सकारात्मक सहसम्बन्ध पर बल दिया जाता है।

C. जब संकल्पनात्मक परिवर्तन तथा विद्यार्थियों के वैकल्पिक समाधानों को आकलन की विभिन्न विधियों के द्वारा आकलित किया जाता है।

D. जब कक्षा में विद्यार्थी के द्वारा प्राप्त किए गए अंक और स्थान सफलता का एकमात्र निर्धारक होते हैं।

277. वाइगोत्स्की के अनुसार, समीपस्थ विकास का क्षेत्र है

A. अध्यापिका के द्वारा दिए गए सहयोग की सीमा निर्धारित करना।

B. बच्ची अपने आप क्या कर सकती है जिसका आकलन नहीं किया जा सकता है।

C. बच्चे के द्वारा स्वतंत्र रूप से किए जा सकने वाले तथा सहायता के साथ करने वाले कार्य के बीच अन्तर।

D. बच्चे को अपना सामर्थ्य प्राप्त करने के लिए उपलब्ध कराए गए सहयोग की मात्रा एवं प्रकृति।

278. पियाज़े के सिद्धान्त के अनुसार, बच्चे निम्न में से किसके द्वारा सीखते हैं?

A. सही प्रकार से ध्यान लगाकर जानकारी को याद करना।

B. उपयुक्त पुरस्कार दिए जाने पर अपने व्यवहार में परिवर्तन करना।

C. समाज के अधिक योग्य सदस्यों के द्वारा उपलब्ध कराए गए सहारे के आधार पर।

D. अनुकूलन की प्रक्रियाएँ

279. पियाज़े अनुमोदन करते हैं कि पूर्व-संक्रियात्मक बच्चे याद रखने में असमर्थ होते हैं। निम्नलिखित कारकों में से किसको

उन्होंने इस असमर्थता के लिए जिम्मेदार ठहराया है?

A. परिकल्पित-निगमनात्मक तार्किकता की अयोग्यता
B. उच्च-स्तर की अमूर्त तार्किकता की कमी
C. व्यक्तिगत कल्पित कथा
D. विचार की अनुत्क्रमणीयता (पलट न सके)

280. समाजीकरण एक प्रक्रिया है

A. मूल्यों, विश्वासों तथा अपेक्षाओं को अर्जित करने की।
B. मित्रों के साथ सामाजिक बनने की।
C. घुलने-मिलने तथा समायोजन की।
D. एक समाज की संस्कृति की आलोचना करना सीखने की।

281. अनुसंधान से पता चला है कि विद्यालयों में अनेक स्तरों पर विभेदीकरण पाया जाता है। उच्च प्राथमिक स्तर पर इनमें से कौन-सा विभेदीकरण का एक उदाहरण *नहीं* है?

A. बहुत से अध्यापक पढ़ाने के लिए केवल व्याख्यान विधि का प्रयोग करते हैं।
B. अध्यापकों की निम्न सामाजिक-आर्थिक परिवेश से आए बच्चों से बहुत कम अपेक्षाएँ होती हैं।
C. मध्याह्न भोजन के दौरान दलित बच्चों को अलग बैठाया जाता है।
D. लड़कियों को गणित तथा विज्ञान विषयों को लेने के लिए प्रोत्साहित नहीं किया जाता है।

282. एक अध्यापिका समाज के 'वंचित वर्गों' से आए बच्चों की आवश्यकताओं के प्रति प्रभावशाली तरीके से प्रतिक्रिया निम्नलिखित द्वारा कर सकती है:

A. 'अन्य बच्चों' को 'वंचित वर्ग से आए बच्चों' के साथ सहयोग करने के लिए कहना तथा विद्यालय के तरीकों को सीखने में उनकी सहायता करने के लिए कहना।
B. वंचित वर्ग से आए बच्चों को विद्यालय के नियमों एवं अपेक्षाओं के प्रति संवेदनशील बनाना ताकि वे उनका अनुपालन करें।
C. विद्यालयी व्यवस्था तथा स्वयं के उन तौर-तरीकों के बारे में विचार करना जिनसे पक्षपात एवं रूढ़िबद्धताएँ झलकती हैं।
D. उनके प्रताड़ित होने के अवसरों को कम करने के लिए यह सुनिश्चित करना कि बच्चे आपस में अन्योन्य-क्रिया करने का मौका न पाएँ।

283. एक बहु-सांस्कृतिक कक्षा-कक्ष में एक अध्यापिका सुनिश्चित करेगी कि आकलन में निम्नलिखित में से सम्मिलित हो:

A. अपने आकलन उपकरण की विश्वसनीयता तथा वैधता।
B. अपने विद्यार्थियों की सामाजिक-सांस्कृतिक पृष्ठभूमि।
C. अधिगम के न्यूनतम स्तरों के लिए अनुपालन करते हुए विद्यालय प्रशासन की अपेक्षाओं को पूरा करना।
D. आकलन उपकरण के मानकीकरण।

284. कोह्लबर्ग के सिद्धान्त की एक प्रमुख आलोचना क्या है?
A. कोह्लबर्ग ने बिना किसी अनुभूतिमूलक आधार के सिद्धान्त प्रस्तुत किया।
B. कोह्लबर्ग ने नैतिक विकास की स्पष्ट अवस्थाओं का उल्लेख नहीं किया।
C. कोह्लबर्ग ने प्रस्ताव किया कि नैतिक तार्किकता विकासात्मक है।
D. कोह्लबर्ग ने पुरुषों एवं महिलाओं की नैतिक तार्किकता में सांस्कृतिक विभिन्नताओं को महत्त्व नहीं दिया।

285. निम्नलिखित कथनों में से कौन-सा वाइगोत्स्की के द्वारा प्रस्तावित विकास तथा अधिगम के बीच सम्बन्ध का सर्वश्रेष्ठ रूप में सार प्रस्तुत करता है?
A. विकास अधिगम से स्वाधीन है।
B. अधिगम एवं विकास समानान्तर प्रक्रियाएँ हैं।
C. विकास-प्रक्रिया अधिगम-प्रक्रिया से पीछे रह जाती है।
D. विकास अधिगम का समानार्थक है।

286. किस प्रकार से एक अध्यापिका बच्चों को बेहतर समस्या समाधानकर्त्ता बनने में सहायता कर सकती है?
A. बच्चों को विविध प्रकार की समस्याओं का समाधान करने के मौके देना तथा उनका हल करते समय सहयोग देना।
B. समस्याओं का समाधान करने के लिए वस्तु रूप में पुरस्कार देना।
C. बच्चों को पाठ्य-पुस्तक में समस्याओं का उत्तर देखने के लिए प्रोत्साहित करना।
D. विद्यार्थियों के सामने प्रस्तुत सभी समस्याओं के सही समाधान उपलब्ध कराना।

287. एक विद्यार्थी एक प्रकरण में मुख्य बिन्दुओं को रेखांकित करती है, उसका एक दृश्यात्मक प्रस्तुतीकरण बनाती है तथा प्रकरण की समाप्ति पर अपने दिमाग में उत्पन्न होने वाले प्रश्नों को प्रस्तुत करती है। वह
A. विचारों के संघटन के द्वारा अपने चिन्तन को निर्देशित करने की कोशिश कर रही है।
B. केन्द्र-बिन्दु की विधि का प्रयोग करने की कोशिश कर रही है।
C. अनुरक्षण पूर्वाभ्यास की रणनीति का प्रयोग करने की कोशिश कर रही है।
D. प्रेक्षण अधिगम सुनिश्चित कर रही है।

288. एक शिक्षार्थी-केन्द्रित कक्षा-कक्ष में अध्यापिका करेगी
A. अधिगम को सुगम बनाने के लिए बच्चों को एक-दूसरे के साथ अंकों के लिए मुकाबला करने हेतु प्रोत्साहित करना।
B. मुख्य तथ्यों की व्याख्या करने के लिए व्याख्यान पद्धति का प्रयोग करना और बाद में शिक्षार्थियों का उनकी सजगता के लिए आकलन करना।
C. वह अपने विद्यार्थियों से जिस प्रकार की अपेक्षा करती है उसे प्रदर्शित करना और तब बच्चों को वैसा करने के लिए दिशा-निर्देश देना।
D. इस प्रकार की पद्धतियों को नियोजित करना जिसमें शिक्षार्थी अपने स्वयं के

अधिगम के लिए पहल करने में प्रोत्साहित हों।

289. इस पर अत्यधिक वाद-विवाद होता है कि क्या लड़कों एवं लड़कियों में योग्यताओं का विशिष्ट समूह उनके आनुवंशिक घटकों के कारण होता है। इस संदर्भ में निम्नलिखित में से आप सबसे अधिक किससे सहमत हैं?

A. लड़कियों को सेवाभाव के लिए सामाजिक रूप से तैयार किया जाता है जबकि लड़कों को रोने जैसा संवेग प्रदर्शित करने के लिए हतोत्साहित किया जाता है।

B. लड़के सेवाभाव वाले नहीं हो सकते हैं क्योंकि वे जन्म से इस प्रकार के होते हैं।

C. यौवनारम्भ के बाद लड़के और लड़कियाँ एक साथ नहीं खेल सकते हैं क्योंकि उनकी अभिरुचियाँ पूर्णतया विपरीत होती हैं।

D. सभी लड़कियों में कला-विषयों के लिए अन्तर्निहित प्रतिभा होती है जबकि लड़के आक्रामक खेलों में बेहतर प्रदर्शन के लिए आनुवंशिक रूप से तैयार होते हैं।

290. गार्डनर के बहु-बुद्धि के सिद्धान्त के अनुसार, वह कारक जो व्यक्ति के 'आत्म-बोध' हेतु सर्वाधिक योगदान देगा, वह हो सकता है

A. संगीतमय

B. अन्तःवैयक्तिक

C. आध्यात्मिक

D. भाषा-विषयक

291. इनमें से कौन-सा बाल विकास का एक सिद्धान्त है?

A. विकास परिपक्वन तथा अनुभव के बीच अन्योन्यक्रिया की वजह से घटित होता है।

B. विकास प्रत्येक बच्चे की गति का सही ढंग से अनुमान लगा सकता है।

C. अनुभव विकास का एकमात्र निर्धारक है।

D. विकास प्रबलन तथा दण्ड के द्वारा सुनिश्चित किया जाता है।

292. वाइगोत्स्की तथा पियाज़े के परिप्रेक्ष्यों में एक प्रमुख विभिन्नता है

A. व्यवहारवादी सिद्धान्तों की उनकी आलोचना।

B. ज्ञान के सक्रिय निर्माताओं के रूप में बच्चों की संकल्पना।

C. बच्चों को एक पालन-पोषण का परिवेश उपलब्ध कराने की भूमिका।

D. भाषा एवं चिन्तन के बारे में उनके दृष्टिकोण।

293. 'प्रकृति–पालन-पोषण' वाद-विवाद के संदर्भ में निम्नलिखित कथनों में से कौन-सा आपको उपयुक्त प्रतीत होता है?

A. एक बच्चा एक खाली स्लेट के समान होता है जिसका चरित्र परिवेश के द्वारा किसी भी आकार में ढाला जा सकता है।

B. बच्चे आनुवंशिक रूप से उस तरफ प्रवृत्त होते हैं जिस तरफ होना चाहिए, इससे कोई फर्क नहीं पड़ता है कि वे किस प्रकार के परिवेश में पल-बढ़ रहे हैं।

C. एक बच्चे के व्यवहार का निर्धारण करने में परिवेशीय प्रभावों का बहुत कम महत्त्व होता है; वह प्राथमिक रूप में आनुवंशिक रूप से निर्धारित होता है।

D. वंशानुक्रम तथा परिवेश अभिन्न रूप से एक-दूसरे से गुँथे हुए हैं और दोनों विकास को प्रभावित करते हैं।

294. निम्नलिखित कथनों में से आप किससे सहमत हैं?

A. अधिगम पूर्ण रूप से बाह्य उद्दीपन के द्वारा नियंत्रित होता है।

B. अधिगम एक सामाजिक-सांस्कृतिक परिवेश में घटित होता है।

C. अधिगम तब तक घटित नहीं हो सकता है जब तक कि इसका अंकों के रूप में बाह्य रूप से आकलन नहीं कर लिया जाता है।

D. अधिगम केवल तभी होता है यदि यह व्यवहार में सुस्पष्ट होता है।

295. समावेशी शिक्षा के पीछे मूलाधार यह है कि

A. समाज में विभिन्नता है और विद्यालयों को इस विभिन्नता के प्रति संवेदनशील होने के लिए समावेशी होने की आवश्यकता है।

B. प्रत्येक बच्चे के निष्पादन के लिए मानक एकसमान तथा मानकीकृत होने चाहिए।

C. हमें विशेष आवश्यकता वाले बच्चों के ऊपर दया करने की आवश्यकता है और सुविधाओं तक उनकी पहुँच होनी चाहिए।

D. विशेष आवश्यकता वाले बच्चों के लिए अलग विद्यालयों की व्यवस्था करना लागत प्रभावी नहीं है।

296. एक उच्च प्राथमिक विद्यालय के संरचनात्मक कक्षा-कक्ष में अपने स्वयं के आकलन में विद्यार्थियों की भूमिका में निम्नलिखित में से क्या देखा जाएगा?

A. एक विस्तृत दिशा-निर्देश बनाना कि किस प्रकार से विद्यार्थियों की उपलब्धि तथा कक्षा में प्रतिष्ठा को अंकों के साथ सह-सम्बद्ध किया जाएगा।

B. शिक्षण-अधिगम में आकलन की भूमिका को नकारना।

C. विद्यार्थी अपने आकलन के एकमात्र निर्धारक होंगे।

D. विद्यार्थी अध्यापक के साथ आकलन के लिए योजना बनाएँगे।

297. निम्नलिखित में से कौन-सा तरीका अध्यापिका के द्वारा एक सृजनात्मक बच्चे की पहचान करने के लिए सर्वाधिक उपयुक्त होगा?

A. यह अवलोकन करना कि बच्ची समूह कार्यों में साथियों के साथ किस प्रकार से प्रतिक्रिया करती है

B. बच्चे का विस्तृत रूप से अवलोकन करना, विशेष रूप से उस समय जब वह समस्याओं को हल करती है

C. मानकीकृत बुद्धि परीक्षणों को देना

D. वस्तुनिष्ठ प्रकार के परीक्षणों को देना

298. उच्च प्राथमिक विद्यालय की गणित-अध्यापिका के रूप में आप विश्वास करती हैं कि

A. विद्यार्थियों की गलतियाँ उनके चिन्तन में अन्तर्दृष्टियाँ उपलब्ध कराती हैं।
B. विद्यार्थियों को कार्यविधिक ज्ञान को जानने की आवश्यकता होती है, चाहे वे संकल्पनात्मक आधार नहीं समझते हों।
C. उच्च प्राथमिक विद्यालय के सभी बच्चों में गणित पढ़ने की योग्यता नहीं होती है।
D. लड़के गणित को बिना अधिक प्रयास किए सीख जाएँगे क्योंकि यह उनकी 'जन्मजात' विशेषता है तथा आपको लड़कियों के ऊपर अधिक ध्यान देने की आवश्यकता है।

299. इन कथनों में से आप किससे सहमत हैं?
A. एक बच्चा अनुत्तीर्ण होता है क्योंकि सरकार विद्यालयों में पर्याप्त प्रौद्योगिकीय संसाधन प्रदान नहीं कर रही है।
B. एक बच्चे की असफलता मुख्य रूप से माता-पिता की शिक्षा तथा आर्थिक स्तर में कमी के कारण है।
C. एक बच्चे की असफलता के लिए वंशानुक्रम घटकों को प्रत्यक्ष रूप से जिम्मेदार ठहराया जा सकता है, जिसे उसने अपने माता-पिता से अर्जित किया है।
D. एक बच्चे की असफलता व्यवस्था तथा बच्चे के प्रति प्रतिक्रिया करने में इसकी असमर्थता का एक प्रतिबिम्ब है।

300. एक बच्चे को सहारा देने की मात्रा एवं प्रकार में परिवर्तन इस बात पर निर्भर करता है:
A. अध्यापिका की मनोदशा
B. बच्चे की नैसर्गिक योग्यताएँ
C. कार्य के लिए प्रस्तावित पुरस्कार
D. बच्चे के निष्पादन का स्तर

301. अभिप्रेरणा-चक्र के संदर्भ में निम्नलिखित में से कौन-सा सही क्रम में है?
A. आवश्यकता, प्रबल प्रेरणा, उत्तेजना, लक्ष्य-उन्मुखी व्यवहार, उपलब्धि, उत्तेजना में कमी
B. उत्तेजना, प्रबल प्रेरणा, आवश्यकता, उपलब्धि, लक्ष्य-उन्मुखी व्यवहार, उत्तेजना में कमी
C. प्रबल प्रेरणा, आवश्यकता, उत्तेजना, लक्ष्य-उन्मुखी व्यवहार, उपलब्धि, उत्तेजना में कमी
D. आवश्यकता, लक्ष्य-उन्मुखी व्यवहार, प्रबल प्रेरणा, उत्तेजना, उपलब्धि, उत्तेजना में कमी

302. राजेश गणित की समस्या को हल करने के लिए पूरी तरह से संघर्ष कर रहा है। उसका आंतरिक बल जो उसे उस समस्या को पूरी तरह से हल करने के लिए विवश करता है, ... के रूप में जाना जाता है।
A. प्रत्यक्षण B. प्रेरक
C. व्यक्तित्व विशेषक D. संवेग

303. संवेग के मनोविज्ञान में निम्नलिखित में से किस तथ्य पर सबसे कम ध्यान दिया गया है?
A. संवेगात्मक प्रक्रिया में शारीरिक के साथ-साथ मनोवैज्ञानिक प्रतिक्रियाएँ शामिल होती हैं

B. संवेग विषयनिष्ठ (व्यक्तिपरक) भावना है और वह अलग-अलग व्यक्तियों में अलग-अलग होती है
C. संवेग न केवल वैयक्तिक शिक्षार्थियों में, बल्कि पूरी कक्षा में भी उत्पन्न होते हैं
D. संवेग उत्तेजना और संज्ञानात्मक व्याख्या के जटिल पैटर्न होते हैं

304. छिपी हुई वस्तुएँ ढूँढ़ निकालना इस बात का संकेत है कि शिशु निम्नलिखित में से किस संज्ञानात्मक कार्य में दक्षता प्राप्त करने लगा है?
A. प्रयोग करना
B. साभिप्राय व्यवहार
C. वस्तु-स्थायित्व
D. समस्या-समाधान

305. अधिगम-निर्योग्यता वाले बच्चों की प्रगति का निरीक्षण करने के लिए निम्नलिखित में से कौन-सी पद्धति सबसे उपयुक्त है?
A. संरचित व्यवहारपरक अवलोकन
B. व्यक्ति (केस) अध्ययन
C. घटनावृत्त अभिलेख (वास्तविक रिकार्ड)
D. व्यवहार-रेटिंग स्केल

306. अधिगम-निर्योग्यता वाले शिक्षार्थियों द्वारा एक पूर्ण और उत्पादक जीवन जीने के अवसरों को बढ़ाने का सबसे सही तरीका है
A. इन बच्चों को अपने लक्ष्यों का निर्धारण करने के लिए प्रोत्साहित करना
B. इस तरह के शिक्षार्थियों की कमजोरियों पर ध्यान केंद्रित करना
C. इस तरह के शिक्षार्थियों से उच्च अपेक्षाओं को बनाए रखना
D. विविध कौशलों और युक्तियों का शिक्षण करना जिसे सभी संदर्भों में लागू किया जा सकता है

307. प्रतिभाशाली शिक्षार्थियों के लिए,
A. शिक्षक को पहल करनी चाहिए और समस्या समाधान में मुख्य भूमिका निभानी चाहिए
B. अभिक्षमता को कौशल के रूप में समझना सही है
C. प्रगति का निरीक्षण करने की आवश्यकता नहीं है
D. शिक्षक को अनुकूलन करना चाहिए, जैसे शिक्षार्थी में बदलाव आता है

308. निम्नलिखित में से कौन-सा उपागम अशांतकारी व्यवहार संबंधी विकार वाले बच्चों के साथ व्यवहार करने के लिए बच्चे को उसके आस-पास के लोगों और सामाजिक संस्थाओं के साथ अंतः क्रिया करने का सुझाव देता है?
A. व्यवहारवादी
B. मनोगत्यात्मक
C. पर्यावरणीय
D. जीववैज्ञानिक

309. संवेगात्मक बुद्धि, बहुबुद्धि सिद्धांत के किस क्षेत्र के साथ संबंधित हो सकती है?
A. अस्तित्वपरक बुद्धि
B. अंतरा-वैयक्तिक और अंतः वैयक्तिक बुद्धि
C. प्राकृतिक बुद्धि
D. चाक्षुष-स्थानिक बुद्धि

310. व्याख्या, अनुमान, और/अथवा नियंत्रण प्राक्कल्पना .... के लक्ष्य हैं।

A. वैज्ञानिक पद्धति
B. पारंपरिक तर्कणा
C. आगमनात्मक तर्कणा
D. निगमनात्मक तर्कणा

311. वाइगोत्सकी के सामाजिक-सांस्कृतिक सिद्धांत के अनुसार
A. स्व-निर्देशित वाक् सहयोग का निम्नतम स्तर है
B. संस्कृति और भाषा विकास में महत्वपूर्ण भूमिका निभाते हैं
C. बच्चे अलग क्षेत्र में चिंतन करते हैं और वे पूर्ण परिप्रेक्ष्य नहीं लेते
D. यदि निम्न आयु पर अमूर्त सामग्री को प्रस्तुत किया जाए तो बच्चे अमूर्त तरीके से चिंतन करते हैं।

312. कक्षा VII का शिक्षार्थी गणित में त्रुटियाँ करता है। एक शिक्षक के रूप में आप
A. शिक्षार्थी को दिखाएँ कि त्रुटि कहाँ थी और शिक्षार्थी को उसे दुबारा करने के लिए कहेंगे
B. शिक्षार्थी को सही उत्तर उपलब्ध कराएँगे
C. शिक्षार्थी को कैल्कुलेटर का प्रयोग करने की अनुमति देंगे
D. शिक्षार्थी से कहेंगे कि वह विकल्पात्मक पद्धति का प्रयोग करे अथवा स्वयं त्रुटि का पता लगाने के लिए उसे दुबारा करे

313. रेनजुली प्रतिभाशाली की अपनी .... परिभाषा के लिए जाने जाते हैं।
A. त्रि-मुखी
B. चार-पंक्तीय (टीयर)
C. चार-स्तरीय
D. त्रि-वृत्तीय

314. वैयक्तिक अंतरों का ज्ञान शिक्षकों की मदद किसमें करता है?
A. सभी शिक्षार्थियों की व्यक्तिगत आवश्यकताओं का आकलन करने और उसके अनुरूप उन्हें पढ़ाने में
B. पिछड़े शिक्षार्थियों के साथ कठोर परिश्रम करने की निरर्थकता को समझने में, क्योंकि वे बाकी कक्षा के समान कभी नहीं हो सकते
C. वैयक्तिक अंतरों को शिक्षार्थियों की असफलता की स्वीकृति एवं उत्तरदायी ठहराने में
D. सभी शिक्षार्थियों को समान रूप से लाभ पहुँचाने के लिए अपनी प्रस्तुति-शैली को एकरूप बनाने में

315. निम्नलिखित में से कौन-सा समाज में लिंग समानता का मानदंड हो सकता है?
A. क्या छात्राओं को विद्यालय से बाहर आयोजित प्रतियोगिताओं में भाग लेने की अनुमति दी जाती है
B. विद्यालय में पुरुष और महिला शिक्षकों की संख्या की तुलना
C. कक्षा 12 में लड़कों और लड़कियों द्वारा समान संख्या में प्राप्त विशिष्ट योग्यता
D. कक्षा 12 तक पहुँचने वाले लड़कों और लड़कियों की संख्या की तुलना

316. सीखने के लिए आकलन
A. विशिष्ट होता है और अपने आप में की गई आकलन गतिविधि है
B. अभिप्रेरणा को बढ़ावा देता है
C. अलग करने और रैंक देने के प्रयोजन के लिए किया जाता है

D. ग्रेड्स को पूरी तरह से महत्त्व देने पर बल देता है

317. बैन्ड्यूरा के सामाजिक अवलोकन पर आधारित अधिगम सिद्धांत में निम्नलिखित में से कौन-सी प्रक्रिया होती है?

A. सार को दोहराना

B. स्वचिंतन

C. प्रतिधारण

D. पुनरावृत्ति

318. प्रगतिशील शिक्षा निम्नलिखित में से किस कथन से संबंधित है?

A. परीक्षा मानदंड-संदर्भित और बाह्य है।

B. शिक्षक सूचना और प्राधिकार के प्रवर्तक होते हैं।

C. ज्ञान प्रत्यक्ष अनुभव और सहयोग से उत्पन्न होता है।

D. अधिगम तथ्यों के एकत्रीकरण और कौशल में प्रवीणता के साथ सीधे मार्ग पर चलता है।

319. बुद्धि की स्पीयरमैन परिभाषा में कारक 'g' है–

A. वैश्विक बुद्धि

B. आनुवंशिक बुद्धि

C. उत्पादक बुद्धि

D. सामान्य बुद्धि

320. 'बहुबुद्धि के सिद्धांत' के संदर्भ में एयरफोर्स पायलट बनने के लिए निम्नलिखित में से कौन-सी बुद्धि की आवश्यकता है?

A. अंतरा-वैयक्तिक

B. अंतःवैयक्तिक

C. भाषिक

D. गतिक

321. आप एक शिक्षिका/शिक्षक के रूप में 'रैगिंग और धमकाने' के सख्त विरोधी हैं तथा इस संदर्भ में विद्यालय में पोस्टर लगवाते हैं तथा समिति बनवाते हैं। आपसे जुड़ने वाले किशोर जो इस विचार के दृढ़ विश्वासी हैं, निम्नलिखित में से किस स्तर पर होंगे?

A. सामाजिक व्यवस्था बनाए रखने वाला स्तर

B. पारंपरिक स्तर

C. पूर्व-पारंपरिक स्तर

D. उत्तर-पारंपरिक स्तर

322. यह तथ्य कि बच्चों को सांस्कृतिक रूप से प्रासंगिक ज्ञान की आवश्यकता होती है, निम्नलिखित में से किस व्यक्ति से सबंधित है?

A. लैव वाइगोत्स्की

B. चार्ल्स डार्विन

C. बी.एफ. स्किनर

D. यूरी ब्रोनफैनब्रेनर

323. शिक्षार्थियों को सबसे कम प्रतिबंधित विद्यालय वातावरण में रखने के माध्यम से, विद्यालय

A. दूसरे बच्चों को संवेदनशील बनाता है कि वे अलाभान्वित बच्चों को दबाएँ नहीं और उन्हें नीचा न दिखाएँ

B. लड़कियों और अलाभान्वित वर्गों के लिए शैक्षिक अवसरों को समान करता है

C. वंचित वर्ग के बच्चों के जीवन को सामान्य करता है, जो इन बच्चों के समुदायों और अभिभावकों के साथ विद्यालय के संबंध को बढ़ा रहा है

D. विज्ञान मेला और प्रश्नोत्तरी जैसी गतिविधियों में अलाभान्वित वर्ग के बच्चों को भागीदार बनाता है

324. कक्षा में शिक्षार्थियों से कहा गया कि वे अपने समाज के लिए क्या कर सकते हैं– इसे दर्शाने के लिए एक नोटबुक में अपने कार्य की विविध शिल्पकृतियों को संयोजित करें। यह किस प्रकार की गतिविधि है?

A. पोर्टफोलियो आकलन
B. निबंधात्मक आकलन
C. घटनावृत्त अभिलेख
D. समस्या समाधान आकलन

325. एकाग्रता-समय के साथ मेल बैठाने के लिए एक दत्त कार्य को पूरा करने के लिए आवंटित समय को घटाना और चरणबद्ध तरीके से इस एकाग्रता-समय को बढ़ाना निम्नलिखित में से किस प्रकार के विकार से निपटने के लिए सर्वाधिक उपयुक्त है?

A. एकाग्रता-ह्रास अतिक्रियाशील विकार
B. अशांतकारी व्यवहार संबंधी विकार
C. डिस्फेसिया
D. संवेदी एकीकरण विकार

326. शिक्षार्थी तक तक नहीं सीख सकते जब तक

A. दैनिक आधार पर घर में उनके माता-पिता विद्यालय में उनके सीखने के बारे में नहीं पूछेंगे
B. उन्हें शिक्षा के सामाजिक उद्देश्यों की आवश्यकताओं के अनुरूप न पढ़ाया जाए
C. उन्हें यह पता न हो कि जो तथ्य उन्हें पढ़ाए गए हैं, निकट भविष्य में उनका परीक्षण किया जाएगा
D. वे सीखने के लिए तैयार न हों

327. विद्यालय आधारित आकलन

A. परीक्षा के लिए शिक्षण को बढ़ावा देता है, क्योंकि उसमें निरंतर परीक्षण होता है
B. परिणामों की अपेक्षा परीक्षा तकनीकों पर केंद्रित है
C. क्या आकलित किया जाएगा–इस पर शिक्षार्थियों को कम नियंत्रण प्रदान करता है
D. रचनात्मक प्रतिपुष्टि उपलब्ध कराते हुए सीखने में संवर्धन करता है

328. मनोसामाजिक सिद्धांत निम्नलिखित में से किस पर बल देता है?

A. क्रियाप्रसूत (सक्रिय) अनुबंधन
B. उद्दीपन व प्रतिक्रिया
C. लिंगीय व प्रसुप्ति स्तर
D. उद्यम के मुकाबले में हीनता स्तर

329. सामाजिक अधिगम का सिद्धांत निम्नलिखित में से किस घटक पर बल देता है?

A. पाठ-संशोधन
B. प्रकृति
C. पोषण
D. अनुकूलन

330. शिक्षण का विकासात्मक परिप्रेक्ष्य शिक्षकों से यह माँग करता है कि वे

A. इस प्रकार का अधिगम उपलब्ध कराएँ जिसका परिणाम केवल संज्ञानात्मक क्षेत्र के विकास में हो
B. कठोर अनुशासन बनाए रखने वाले बनें, क्योंकि बच्चे अकसर प्रयोग (जाँच) करते हैं

C. विकासात्मक कारकों के ज्ञान के अनुसार अनुदेशन युक्तियों का अनुकूलन करें
D. विभिन्न विकासात्मक अवस्था वाले बच्चों के साथ समान रूप से व्यवहार करें

331. पियाजे के विकासात्मक सिद्धान्त के परिप्रेक्ष्य में निम्नलिखित में से कौन-सा आरेख विकास को समुचित रूप से स्पष्ट करता है?

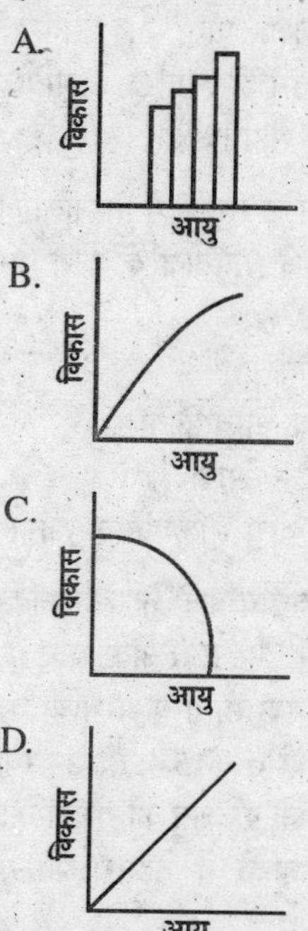

332. एक अध्यापक/अध्यापिका ने पाया कि एक विद्यार्थी वर्ग बनाने में कठिनाई अनुभव कर रहा है। उसने अनुमान लगाया कि वह हीरे (diamond) का चित्र बनाने में भी कठिनाई अनुभव करेगा। उसने निम्नलिखित में से किस सिद्धान्त पर आधारित होकर यह अनुमान लगाया?

A. विकास एक व्यवस्थित क्रम में होने की प्रवृत्ति से सम्बद्ध है
B. विकास की प्रक्रिया एक उत्परिवर्तनीय प्रक्रिया है
C. विकास निरन्तरीय होता रहता है
D. अलग-अलग लोगों के लिए विकास की प्रक्रिया भी अलग-अलग होती है

333. मानवीय विकास में आनुवंशिकता एवं परिवेश की भूमिका के सन्दर्भ में निम्नलिखित में से कौन-सा कथन समुचित है?

A. परिवेश की भूमिका लगभग स्थिर-सी रहती है जबकि आनुवंशिकता का प्रभाव परिवर्तन हो सकता है
B. 'व्यवहारवाद' के सिद्धान्त प्रायः मानवीय विकास में 'प्रकृति' की भूमिका पर आधारित हैं
C. विकास के विभिन्न क्षेत्रों में आनुवंशिकता एवं परिवेश का सापेक्षिक प्रभाव परिवर्तनशील है
D. भारत सरकार की विभेदात्मक क्षतिपूरकता (compensatory discrimination) सम्बन्धी नीति मानवीय विकास में 'प्रकृति' की भूमिका पर आधारित है

334. समाजीकरण के सन्दर्भ में विद्यालयों के पास प्रायः एक प्रच्छन्न पाठ्यचर्या विद्यमान रहती है, जिसमें निहित हैं

A. बलात्मक अधिगम, चिंतन व समकक्षीय साथी एवं अध्यापक की अनुकृति द्वारा विशेष रूप से अपनाया जाने वाला व्यवहार
B. अन्तःक्रिया व सामग्री द्वारा विद्यालयों में प्रस्तुत किए जाने वाले सामाजिक

भूमिकाओं से सम्बद्ध अनौपचारिक संकेत

C. परिवारों के माध्यम से विद्यार्थियों का समझौतापूर्ण (negotiating) व प्रतिरोधात्मक समाजीकरण

D. मूल्यों व अभिवृत्तियों का शिक्षण एवं आकलन

335. निम्नलिखित में से कौन-सा निहितार्थ पियाजे के संज्ञानात्मक विकास के सिद्धान्त से **नहीं** निकाला जा सकता?

A. बच्चों की अधिगमनात्मक तत्परता के प्रति संवेदनशीलता

B. वैयक्तिक भेदों की स्वीकृति

C. खोजपूर्ण अधिगम

D. शाब्दिक शिक्षण की आवश्यकता

336. निम्नलिखित में से कौन-सा कोह्लबर्ग के नैतिक विकास के चरणों का लक्षण है?

A. चरणों का परिवर्तनशील अनुक्रम

B. विभिन्न चरण अलग-अलग प्रत्युत्तर हैं न कि सामान्य प्रतिमान

C. सभी संस्कृतियों से सम्बद्ध चरणों की सार्वभौम शृंखला

D. विभिन्न चरण एक गैर-पदानुक्रम रूप में आगे की ओर बढ़ते हैं

337. .... कक्षा में वास्तविक सांसारिक समस्याओं से सम्बद्ध जटिल परियोजनाओं पर कार्य करते हुए अध्यापक व छात्र एक-दूसरे के अनुभवों से परस्पर ग्रहण करते रहते हैं।

A. पारम्परिक

B. रचनात्मक (Constructivist)

C. अध्यापक-केन्द्रित

D. सामाजिक-रचनात्मक

338. प्रगतिशील शिक्षा के सन्दर्भ में 'समान शैक्षिक अवसर' से अभिप्राय है कि सभी छात्र

A. किसी भी जाति, पंथ, रंग, क्षेत्र व धर्म के होते हुए भी समान शिक्षा प्राप्त करें

B. समान शिक्षा पाने के बाद अपनी क्षमताओं को सिद्ध कर सकें

C. बिना किसी भेद के समान पद्धतियों व सामग्रियों से शिक्षा प्राप्त करें

D. ऐसी शिक्षा पाएँ जो उनके लिए अनुकूलतम हो तथा उनके भविष्य के कार्यों में सहायक हो

339. भाषा-विकास के सन्दर्भ में निम्नलिखित में से कौन-सा क्षेत्र पियाजे के द्वारा कमतर आँका गया?

A. आनुवंशिकता

B. सामाजिक अन्तःक्रिया

C. अहं-केन्द्रित भाषा

D. विद्यार्थी द्वारा संक्रियात्मक रचना

340. एक ग्यारह-वर्षीय बच्चे ने 'स्टैनफोर्ड-बिने बुद्धि मापनी' में 130 अंक पाए। मान लीजिए कि एक सामान्य सम्भाव्य वक्र में $\mu = 100$ तथा $\sigma = 15$ है, तो उन ग्यारह-वर्षीय बच्चों के प्रतिशत की गणना कीजिए जिनसे इस बच्चे ने बेहतर अंक प्राप्त किए।

A. 98% B. 88%

C. 78% D. 80%

341. निम्नलिखित में से कौन-सा निरीक्षण हॉवर्ड गार्डनर के बहुविध-बुद्धि सिद्धान्त का समर्थन करता है?

A. मस्तिष्क के एक भाग में हुई क्षति केवल किसी एक विशिष्ट योग्यता को प्रभावित करती है न कि सम्पूर्ण को

B. बुद्धि विश्लेषणात्मक, सृजनात्मक एवं व्यवहारात्मक बुद्धियों की अन्तःक्रिया है

C. विभिन्न बुद्धियाँ अपने स्वरूप में पदानुक्रमात्मक हैं

D. अनुदेशन के प्रारूप का निर्माण करते समय अध्यापकों को किसी एक विशिष्ट शैक्षिक नवाचार के सिद्धान्त का अनुपालन करना चाहिए

342. योग्यता व योग्यता समूहीकरण के परिप्रेक्ष्य में निम्नलिखित में से कौन-सा कथन सत्य है?

A. विद्यार्थी सम-समूहों में बेहतर सीखते हैं

B. अबाध व प्रभावी शिक्षण हेतु कक्षा को समरूपी (homogeneous) होना चाहिए

C. छात्र असहिष्णु होते हैं व भेदों को स्वीकार नहीं करते

D. विभिन्न योग्यता वाले समूहों को ग्रहण करने के लिए अध्यापकों को बहु-स्तरीय शिक्षण को अपनाना चाहिए

343. निम्नलिखित में से कौन-सा कथन सत्य है?

A. रचनात्मक आकलन कभी-कभी संकलनात्मक हो सकता है एवं इसी प्रकार विपरीततः

B. संकलनात्मक आकलन से अभिप्राय है कि आकलन अधिगम का एक निरन्तर व अभिन्न अंग है

C. रचनात्मक आकलन का मुख्य उद्देश्य है विद्यार्थियों की उपलब्धि का श्रेणीकरण

D. रचनात्मक आकलन समय-समय पर शिक्षार्थियों के विकास का सार प्रस्तुत करता है

344. एक अध्यापक/अध्यापिका विद्यार्थियों को किसी विषय की अपनी अवबोधनात्मकता को प्रतिबिम्बित करते हुए संकल्पनात्मक मानचित्र (concept map) का निर्माण करने को कहता/कहती है। वह

A. विद्यार्थियों की स्मृतियों को मंथर गति से जागृत कर रहा/रही है

B. रचनात्मक आकलन कर रहा/रही है

C. छात्रों की मुख्य बिन्दुओं का सार लिखने की क्षमता का परीक्षण कर रहा/रही है

D. छात्रों की उपलब्धि के मूल्यांकन हेतु शीर्षकों (rubrics) के विकास का प्रयास कर रहा/रही है

345. निम्नलिखित में से कौन-सा ब्लूम के पुनर्संशोधित वर्गीकरण में 'मूल्यांकन' (evaluating) के क्षेत्र को प्रदर्शित करता है?

A. आँकड़ों का प्रयोग करते हुए ग्राफ (graph) अथवा चार्ट (chart) का निर्माण करना

B. एक समाधान की तार्किक सुसंगतता का परीक्षण करना

C. प्रदत्त आँकड़ों की प्रासंगिकता का मूल्यांकन करना

D. वस्तुओं के श्रेणीकरण हेतु एक नूतन पद्धति का निर्माण करना

346. वंचित शिक्षार्थियों के साथ व्यवहार करने के सन्दर्भ में अध्यापक/अध्यापिका को निम्नलिखित मूल्यों में से किसमें विश्वास व्यक्त करना चाहिए?

A. छात्रों की सफलता हेतु व्यक्तिगत उत्तरदायित्व

B. समुचित व्यवहार की उच्च अपेक्षाएँ

C. विद्यार्थी से किसी प्रकार की माँग न होना
D. विद्यार्थियों द्वारा स्वीकृति हेतु आघात्मकता (shocked) व क्रोध का प्रयोग करना

347. निम्नलिखित में से किस पद्धति का उपयोग करते हुए हकलाने (stuttering) की समस्या से निबटा जा सकता है?
A. अनुश्रुत वाक् (Dictated speech)
B. प्रवर्द्धित वाक् (Prolonged speech)
C. परिणामकारी वाक् (Pragmatic speech)
D. लम्बित वाक् (Protracted speech)

348. सीखने में अशक्त (disabled) बच्चों के सन्दर्भों में तत्काल सम्बद्धता प्रदान करना, सहयोग पर बल देना तथा गैर-अधिगमनात्मक तकनीकी, जैसी तत्काल सूचनात्मकता, बुद्धिपूर्वक गवेषणा तथा सामग्री प्रबन्धन, का उत्तोलन (leveraging) निम्नलिखित में से किस प्रारूप से सम्बद्ध हैं?
A. संग्रथित अधिगम (Embedded learning)
B. हस्तक्षेपी अधिगम
C. उपचारात्मक प्रत्युत्तर
D. अधिगम का सार्वभौमिक प्रारूप

349. एक समावेशी कक्षा वह है, जहाँ
A. तब तक आकलन की पुनरावृत्ति होती रहती है जब तक प्रत्येक अधिगमकर्ता न्यूनतम श्रेणी प्राप्त न कर ले
B. विद्यार्थियों का भार कम करने के लिए अध्यापक केवल अनुमोदित पुस्तकों से ही पढ़ाते हैं
C. समस्याओं का अधिकाधिक समाधान करने की सम्भावना की दृष्टि से बच्चों की सक्रिय भागीदारिता रहती है
D. अध्यापक प्रत्येक अधिगमकर्ता के लिए वैविध्यपूर्ण व सार्थक अधिगमनात्मक अनुभवों हेतु परिवेश का निर्माण करते हैं

350. निम्नलिखित में से कौन-सा प्रदत्तकार्य (assignment) प्रतिभाशाली विद्यार्थी के लिए उपयुक्त है?
A. अन्य विद्यार्थियों की तुलना में समान प्रकार के परन्तु अपेक्षाकृत अधिक अभ्यास
B. उसे अपने समवयस्की साथियों को अनुशिक्षण देने के लिए कहना ताकि उसकी शक्तियों को दिशा मिल सके तथा वह व्यस्त रह सके
C. विभिन्न विषयों (themes) को ध्यान में रखते हुए विज्ञान की एक नई आदर्शात्मक पुस्तक का निर्माण करना
D. सम्पूर्ण कक्षा की अपेक्षा उसे अपनी पाठ्यपुस्तक को शीघ्र समाप्त करने देना

351. विद्यालय छोड़ने वाले विद्यार्थियों के नियन्त्रण की दृष्टि से सरकारी संगठनों द्वारा संस्था के स्तर पर विभिन्न उपाय किए गए हैं। निम्नलिखित में से कौन-सा कारण सांस्थानिक स्तर से जुड़ा है जिसके कारण बच्चे विद्यालय छोड़ देते हैं?
A. विद्यालय में श्यामपट्ट और शौचालय जैसी आधारभूत सेवाओं का अभाव होना
B. अध्यापकों का समुपयुक्त योग्यता वाला न होना तथा उन्हें कम आय देना

C. बच्चों से भली-भाँति व्यवहार करने की आवश्यकता के प्रति अध्यापकों का संवेदनशील न होना

D. जो बच्चे अनिवार्य पाठ्यचर्या को स्वीकार नहीं कर पाते उनके लिए विकल्पात्मक पाठ्यचर्या का न होना

352. अधिगम-अक्षमताएँ

A. वस्तुपरक तथ्य हैं तथा संस्कृति की इनमें कोई भूमिका नहीं है

B. पठन-अक्षमता के पर्याय हैं

C. सामान्य या उससे अधिक बुद्धि-लब्धांक वाले बच्चों में भी पाई जाती हैं

D. समय व हस्तक्षेप के स्वरूप की उपेक्षा करते हुए भी अपरिवर्तनशील नहीं होती हैं

353. समस्या-समाधान प्रायः उन विद्यालयों में सफल है, जहाँ

A. परिवर्तनशील/लचीली पाठ्यचर्या है

B. कक्षाओं में छात्रों का सम-समूहीकरण उपलब्ध है

C. केवल उच्चस्तरीय शैक्षिक उपलब्धि पर ही बल दिया जाता है

D. अध्यापक-केन्द्रित शिक्षा-शास्त्र प्रभावी है

354. संज्ञानात्मक प्रशिक्षुता तथा शैक्षिक संवाद

A. अधिगम को एक सामाजिक गतिविधि के रूप में ग्रहण करते हैं

B. आगमनात्मक तार्किकता के अनुप्रयोग पर आधारित हैं

C. पाठ्यसामग्री के सुव्यवस्थित संगठन पर बल देते हैं

D. कुशलता की प्राप्ति हेतु व्यावहारिक प्रशिक्षण की आवश्यकता पर बल देते हैं

355. जो अध्यापक/अध्यापिका अपने विद्यार्थियों की त्रुटियों में सुधार करना चाहता/चाहती है, उसके लिए निम्नलिखित में से कौन-सा समुचित मार्ग है?

A. उसे अपने विद्यार्थियों की प्रत्येक त्रुटि का संशोधन करना चाहिए, इसके लिए चाहे उसे विद्यालय में देर तक बैठना पड़े

B. उसे बार-बार की जाने वाली तथा सामान्य त्रुटियों की अपेक्षा कम बार होने वाली त्रुटियों का अधिक संशोधन करना चाहिए

C. उसे उन त्रुटियों का संशोधन करना चाहिए जो सामान्य अर्थ व अवबोध-नात्मकता में हस्तक्षेप करती हैं

D. अगर त्रुटि-संशोधन प्रक्रिया बच्चों को क्षुब्ध करती है, तो उसे उनका संशोधन नहीं करना चाहिए

356. निम्नलिखित में से कौन-सा कौशल भावात्मक बुद्धि से सम्बद्ध **नहीं** है?

A. भावनाओं के प्रति जागरूकता

B. भावनाओं का प्रबन्धन

C. भावनाओं की आलोचना

D. कक्षा सहपाठियों के साथ मैत्रीपूर्ण व्यवहार

357. आकलन प्रक्रिया के दौरान देविका की उत्तेजना ऊर्जापूर्ण होती है जबकि राजेश की उत्तेजना अनुत्साही। उन दोनों के भावात्मक अनुभवों का अन्तर किससे सम्बद्ध है?

A. समयान्तराल

B. भावनाओं की पराकाष्ठा

C. अनुकूलन का स्तर

D. विचारों का घनत्व

358. भारत सरकार ने प्राथमिक विद्यालयों के लिए मध्याह्न-भोजन योजना प्रारम्भ की है। निम्नलिखित में से कौन-सा अभिप्रेरणात्मक सिद्धान्त इस योजना का समर्थन करता है?

A. व्यवहारवादी
B. समाज-सांस्कृतिक
C. संज्ञानात्मक
D. मानवीय

359. बच्चों के व्यवहार को समझने के लिए विद्यार्थियों के घर के वातावरण का महत्वपूर्ण स्थान है तथा इससे प्राप्त सूचना का प्रयोग प्रभावशाली शिक्षा-शास्त्र के निर्माण में किया जा सकता है। यह तथ्य अधिगम के किस सिद्धान्त से सम्बद्ध है?

A. व्यवहारवादी (Behaviourist)
B. पारिस्थितिक (Ecological)
C. संरचनावादी (Constructivist)
D. सामाजिक्र-संरचनावादी (Social-constructivist)

360. कक्षा में ध्यान न देने वाले बच्चे से व्यवहार करने के लिए कौन-सा उपाय सर्वाधिक लाभकारी हो सकता है?

A. बच्चे को महसूस कराने के लिए उसे कक्षा में सबके सामने बार-बार डाँटना-डपटना
B. बच्चे को उस जगह बैठाना जहाँ सबसे कम ध्यान भंग हो सके
C. ध्यान केन्द्रित करने के लिए, कार्य करते हुए बच्चे को खड़े रहने की अनुमति देना
D. बच्चे के ध्यान को स्फूर्तियुक्त बनाने के लिए बीच-बीच में उसे अवकाश देना

361. अ, ब, स तीन शिक्षार्थी हैं जो अंग्रेजी पढ़ते हैं। 'अ' को यह विषय रोचक लगता है और वह सोचता है कि यह उसके भविष्य में सहायक होगा। 'ब' अंग्रेजी इसलिए पढ़ती है, क्योंकि वह कक्षा में पहला स्थान प्राप्त करना चाहती है। 'स' अंग्रेजी विषय इसलिए पढ़ता है, क्योंकि उसका प्राथमिक सरोकार उत्तीर्ण होने वाले ग्रेड्स प्राप्त करना है। अ, ब और स के उद्देश्य क्रमशः .... हैं।

A. निपुणता, निष्पादन-उपेक्षा, निष्पादन
B. निपुणता, निष्पादन, निष्पादन-उपेक्षा
C. निष्पादन, निष्पादन-उपेक्षा, निपुणता
D. निष्पादन-उपेक्षा, निपुणता, निष्पादन

362. हालांकि यह स्पष्ट रूप से उनकी सुरक्षा आवश्यकताओं के उल्लंघन में था, कैप्टन विक्रम बतरा अपने देश को बचाने के दौरान कारगिल युद्ध में मारे गए। संभवतः उन्हें .... था/थी।

A. अपने परिवार के नाम की ख्याति-प्राप्ति
B. नवीन अनुभव की प्राप्ति की इच्छा
C. आत्म-सिद्धि की प्राप्ति
D. अपने अपनत्व संबंधी आवश्यकताओं की उपेक्षा

363. प्रतिक्रिया का विलोप होना निम्नलिखित में से किसके बाद अधिक कठिन है?

A. मौखिक भर्त्सना
B. आंशिक पुनर्बलन
C. निरंतर पुनर्बलन
D. दंड

364. .... के द्वारा निपुणता अभिविन्यास को प्रोत्साहित किया जा सकता है।

A. अनपेक्षित परीक्षा लेकर
B. शिक्षार्थियों के व्यक्तिगत प्रयासों पर ध्यान केंद्रित करने
C. शिक्षार्थियों की सफलता की परस्पर तुलना करने
D. गृह-कार्य के रूप में बहुत अधिक अभ्यास सामग्री देकर

365. निम्न में से किसका मिलान उचित है?
A. संवेगात्मक विकास – परिपक्वता
B. शारीरिक विकास – वातावरण
C. संज्ञानात्मक विकास – परिपक्वता
D. सामाजिक विकास – वातावरण

366. .... के अतिरिक्त निम्नलिखित सभी तथ्य संकेत करते हैं कि बच्चा कक्षा में संवेगात्मक और सामाजिक रूप से समायोजित है।
A. हमउम्र साथियों के साथ प्रतियोगिता पर दृढ़तापूर्वक ध्यान केंद्रित करना
B. हमउम्र साथियों के साथ मधुर संबंधों का विकास
C. चुनौतीपूर्ण कार्यों पर ध्यान केंद्रित करना और उन्हें दृढ़तापूर्वक करते रहना
D. क्रोध तथा हर्ष दोनों को प्रभावी रूप से प्रबंधित करना

367. निम्न में से कौन-सा कथन बच्चे के विकास में परिवेश की भूमिका का समर्थन करता है?
A. शारीरिक रूप से स्वस्थ बच्चे अकसर नैतिक रूप से अच्छे पाए जाते हैं
B. कुछ शिक्षार्थी सूचनाओं का जल्दी प्रक्रमण करते हैं जबकि उसी कक्षा के अन्य विद्यार्थी ऐसा नहीं कर पाते
C. पिछली कुछ दशाब्दियों में बुद्धि लब्धांक परीक्षा में शिक्षार्थियों के औसत प्रदर्शन में लगातार वृद्धि हुई है
D. एकसमान जुड़वाँ बच्चे जिनका लालन-पालन भिन्न घरों में हुआ है, उनकी बुद्धिलब्धि 0.75 के समान उच्च है

368. समाजीकरण में सम्मिलित हैं–सांस्कृतिक संचरण और ....।
A. संवेगात्मक समर्थन उपलब्ध कराना
B. विद्रोहियों को निरुत्साहित करना
C. वैयक्तिक व्यक्तित्व विकास
D. बच्चों को लेबलों में समायोजित करना

369. एक शिक्षिका दो एकसमान गिलासों को प्रदर्शित करती है जो जूस की समान मात्रा से भरे हुए हैं। वह उन्हें दो भिन्न गिलासों में खाली करती है, जिनमें से एक लंबा है और दूसरा चौड़ा है। वह बच्चों को उस गिलास की पहचान करने के लिए कहती है, जिसमें जूस ज्यादा है। बच्चे प्रत्युत्तर देते हैं कि लंबे गिलास में जूस ज्यादा है। शिक्षिका के बच्चों को .... कठिनाई है।
A. पलटावी (Reversibility)
B. समायोजंन
C. अहम्केंद्रिता
D. विकेंद्रीकरण

370. करनैल सिंह कानूनी कार्यवाही तथा खर्चे के बावजूद आयकर नहीं देते। वे सोचते हैं कि वे एक भ्रष्ट सरकार को समर्थन नहीं दे सकते जो अनावश्यक बाँधों के

निर्माण पर लाखों रुपए खर्च करती है। वे संभवतः कोहलबर्ग के नैतिक विकास की किस अवस्था में है?

A. परा-परंपरागत (Para-conventional)
B. परंपरागत
C. पश्च-परंपरागत
D. पूर्व-परंपरागत

371. जो बुद्धि सिद्धांत बुद्धि में सम्मिलित मानसिक प्रक्रियाओं (जैसे परा-घटक) और बुद्धि द्वारा लिए जा सकने वाले विविध रूपों (जैसे सृजनात्मक बुद्धि) को शामिल करता है, वह है

A. थर्स्टन की प्राथमिक मानसिक योग्यताएँ
B. स्पीयरमैन का 'ज़ी' कारक
C. स्टर्नबर्ग का बुद्धिमत्ता का त्रितंत्र सिद्धांत
D. बुद्धि का सावेंट सिद्धांत

372. निम्नलिखित में से कौन-सी बहुबुद्धि सिद्धांत की आलोचना है?

A. यह आनुभविक साक्ष्यों को बिलकुल भी समर्थन नहीं दे सकता
B. बहुबुद्धि केवल 'प्रतिभाएँ' हैं जो पूर्ण रूप में बुद्धि में विद्यमान रहती हैं
C. बहुबुद्धि शिक्षार्थियों को अपनी रुझान को खोजने में मदद उपलब्ध कराती है
D. यह व्यावहारिक बुद्धि पर आवश्यकता से अधिक बल देती है

373. निम्नलिखित में से कौन-से युग्म के सही होने की संभावना सबसे कम है?

A. भाषा वातावरण में एक उद्दीपक है – बी.एफ. स्किनर
B. बच्चे भाषा के बारे में निश्चित ज्ञान के साथ प्रवेश करते हैं – चॉम्स्की
C. भाषा और विचार प्रारंभ में दो भिन्न गतिविधियाँ हैं – वाइगोत्स्की
D. भाषा विचार पर आधारित है – पियाजे

374. सामाजिक भूमिकाओं के कारण न कि जीववैज्ञानिक संपत्ति के कारण सौंपी गई विशिष्टताएँ .... कहलाती हैं।

A. जेंडर भूमिका नैदानिकी
B. जेंडर भूमिका अभिवृत्ति
C. जेंडर भूमिका दबाव
D. जेंडर भूमिका रूढ़िबद्धता

375. निम्नलिखित में से कौन-सा अधिगम को अधिकतम करने के लिए सर्वाधिक उचित है?

A. समान सांस्कृतिक पृष्ठभूमि वाले शिक्षार्थियों को एक कक्षा में रखना चाहिए ताकि मत वैभिन्य से बचा जा सके
B. शिक्षिका को अपनी संज्ञानात्मक शैली के साथ-साथ अपने शिक्षार्थियों की संज्ञानात्मक शैली की पहचान करनी चाहिए
C. शिक्षार्थियों में वैयक्तिक भिन्नता को सहज बनाने के लिए समान शिक्षार्थियों के जोड़ बनाए जा सकते हैं

D. अधिकतम परिणाम लाने के लिए शिक्षक केवल एक अधिगम शैली पर ध्यान केंद्रित करता है

376. .... के अतिरिक्त निम्नलिखित सभी सीखने के रूप में आकलन को बढ़ावा देते हैं।

A. जितनी संभावना हो शिक्षार्थियों का लगातार परीक्षण लेना

B. शिक्षार्थियों को आंतरिक पृष्ठपोषण लेने के लिए कहना

C. अवसर लेने हेतु शिक्षार्थियों के लिए एक सुरक्षित वातावरण का निर्माण करना

D. पढ़ाए गए विषय पर मनन करने के लिए शिक्षार्थियों को कहना

377. जब एक बावर्ची खाना पकाते समय खाने को चखता है, तो वह .... के समान है।

A. आकलन और सीखना

B. सीखने का आकलन

C. सीखने के लिए आकलन

D. सीखने के रूप में आकलन

378. अंतरपरक अनुदेशन है

A. ऐसे समूहों का प्रयोग जो कभी नहीं बदलते

B. शिक्षार्थियों की आवश्यकताओं को पूरा करने के लिए समूहीकरण के विविध रूपों का प्रयोग करना

C. कक्षा में प्रत्येक शिक्षार्थी के लिए कुछ अलग करना

D. अव्यवस्थित अथवा स्वच्छंद शिक्षार्थी गतिविधियाँ

379. सांस्कृतिक तथा भाषिक रूप से वैविध्यपूर्ण कक्षा में यह निश्चित करने से पहले कि शिक्षार्थी विशिष्ट शिक्षा-वर्ग में आता है या नहीं, एक शिक्षक को करना चाहिए–

A. वातावरणीय कारकों को अप्रभावी बनाने के लिए बच्चे को अलग कर देना चाहिए

B. माता-पिता को इसमें सम्मिलित नहीं करना चाहिए क्योंकि उनके पास अपना कार्य होता है

C. अक्षमता स्थापित करने से पहले शिक्षार्थी की मातृभाषा का मूल्यांकन करना चाहिए

D. पारंगत मनोविज्ञानियों का उपयोग

380. निम्नलिखित में से .... के अतिरिक्त सभी के कारण अधिगम अक्षमता उत्पन्न हो सकती है–

A. शैशवकाल के समय दिमागी बुखार

B. शिक्षक की शिक्षण-शैली

C. जन्म से पहले माँ द्वारा मदिरा-सेवन

D. मंदबुद्धिता

381. एक समावेशी विद्यालय .... के अतिरिक्त निम्नलिखित सभी प्रश्नों पर मनन करता है।

A. क्या हम शिक्षार्थियों की विविध आवश्यकताओं को पूरा करने के लिए युक्तियाँ अपनाते हैं

B. क्या हम यह विश्वास करते हैं कि सभी शिक्षार्थी सीख सकते हैं

C. क्या हम अधिगमयोग्य परिवेश की योजना बनाने और उसे प्रदान करने के लिए समूह में कार्य करते हैं

D. क्या हम विशेष बालक को बेहतर देखभाल उपलब्ध कराने के लिए उचित तरीके से उन्हें सामान्य से अलग करते हैं

382. प्रतिभाशाली शिक्षार्थी .... हैं।

A. बहुत परिश्रमी

B. अभिसारी चिंतक

C. अपसारी चिंतक

D. बहिर्मुखी

383. छायांकित क्षेत्र सामान्य वितरण में उन शिक्षार्थियों को प्रदर्शित करता है जो . ... में आते हैं।

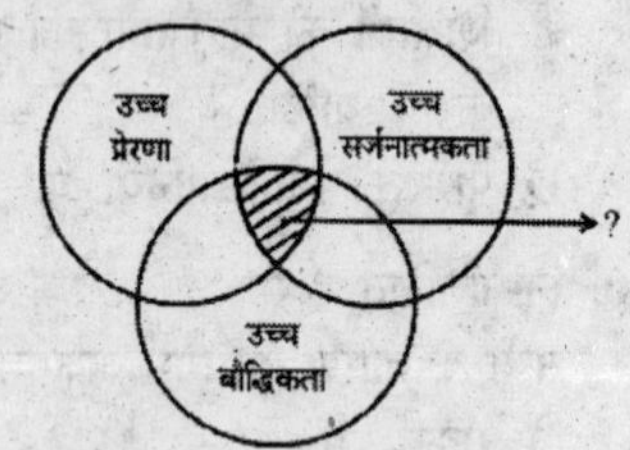

A. σ-2σ के बीच

B. σ = 0 के बीच

C. 2σ-3σ के बीच

D. 3σ के बाद

384. दिए गए वाक्य को पूरा करने के लिए निम्नलिखित में से कौन-सा युग्म सर्वाधिक उचित विकल्प होगा?

जब बच्चे उन गतिविधियों में शामिल होते हैं जो .... होती हैं, तब वे जल्दी .... करते हैं।

A. वास्तविक जीवन में उपयोगी; सीखा

B. कक्षा-कक्ष में उपयोगी; विस्मरण

C. केवल उनके कक्षा-कार्य से संबंधित; प्रत्यास्मरण

D. सांस्कृतिक रूप से निष्पक्षीय; स्मरण

385. सी.बी.एस.ई. शिक्षार्थियों के लिए व्यक्तिगत गतिविधियों के स्थान पर सामूहिक गतिविधियों की संस्तुति करती है। ऐसा करने के पीछे विचार हो सकता है

A. गतिविधि की ढाँचागत लागत को कम करना

B. व्यक्तिगत प्रतिस्पर्धा के प्रति नकारात्मक संवेगात्मक प्रतिक्रियाओं से उबारना जो संपूर्ण अधिगम पर सामान्यीकृत हो सकती हैं

C. प्रत्येक शिक्षार्थी के स्थान पर समूह में अवलोकन द्वारा शिक्षक के कार्य को सरल बनाने के लिए

D. विद्यालयों के पास उपलब्ध समय को प्रासंगिक बनाना जबकि उनमें से अधिकांश के पास व्यक्तिगत गतिविधियों के लिए पर्याप्त समय नहीं होता

386. 'बच्चे फिल्मों में दिखाए गए हिंसात्मक व्यवहार को सीख सकते हैं।' यह निष्कर्ष निम्नलिखित में से किस मनोवैज्ञानिक द्वारा किए गए कार्य पर आधारित हो सकता है?

A. जीन पियाजे

B. एडवर्ड एल. थॉर्नडाइक

C. जे.बी. वाटसन

D. एल्बर्ट बंडूरा

387. शिक्षार्थी फैशन शो को देखकर मॉडल्स का अनुकरण करने की कोशिश करते हैं। इस प्रकार के अनुकरण को .... कहा जा सकता है।

A. सामान्यीकरण

B. प्राथमिक अनुकरण

C. गौण अनुकरण

D. सामाजिक अधिगम

388. यदि शिक्षार्थी पाठ के दौरान लगातार गलतियाँ करते हैं तो शिक्षक को

A. गलतियाँ करने वाले शिक्षार्थियों को कक्षा-कक्ष से बाहर खड़ा कर देना चाहिए

B. अनुदेशन, कार्य, समय-सारिणी अथवा बैठने की व्यवस्था में परिवर्तन करना चाहिए

C. पाठ को कुछ समय के लिए छोड़ देना चाहिए और कुछ समय के बाद वापस जाना चाहिए

D. गलतियाँ करने वाले शिक्षार्थियों की पहचान करनी चाहिए और उनके बारे में प्राचार्य से बात करना चाहिए

389. .... के अतिरिक्त निम्नलिखित कुछ तकनीकें हैं जो परीक्षा के कारण होने वाली चिंता को दूर करती हैं।

A. विशिष्टताओं पर बल देना

B. प्रश्न-पत्र की संरचना (पैटर्न) से परिचित कराना

C. परिणाम के बारे में बहुत अधिक सोचना

D. समर्थन प्राप्त करना

390. ब्लूम की टैक्सोनॉमी .... की पदानुक्रमिक व्यवस्था है।

A. संज्ञानात्मक उद्देश्यों

B. उपलब्धि लक्ष्यों

C. पाठ्यचर्या संबंधी घोषणाओं

D. पठन कौशल

391. विद्यार्थियों से प्रतिक्रिया प्राप्त करने का आदर्श 'प्रतीक्षा समय' __________ के सही अनुपात में होना चाहिए।

A. पिछले पाठों से प्रश्नों का उत्तर देने के लिए विद्यार्थियों द्वारा लिया गया समय

B. वास्तविक जीवन में प्रश्न की प्रासंगिकता

C. पाठ्यचर्या में प्रकरण विशेष के लिए आवंटित समय

D. प्रश्न का कठिनाई स्तर

392. मान लीजिए आप विद्यालय शिक्षा बोर्ड के अध्यक्ष हैं, आप अपने अधिकार-क्षेत्र के अंतर्गत आने वाले विद्यालयों की शिक्षा की सम्पूर्ण गुणवत्ता को सुधारने के लिए क्या योजना बनाएंगे? इस प्रकार का प्रश्न __________ का एक उदाहरण है?

A. निम्न स्तरीय अभिसारी

B. निम्न स्तरीय अपसारी

C. उच्च स्तरीय अभिसारी

D. उच्च स्तरीय अपसारी

393. सीखने __________ आकलन, आकलन और अनुदेशन के बीच __________ के दृढ़ीकरण द्वारा सीखने को प्रभावित करता है।

A. का; अंतर

B. का; भिन्नता

C. के लिए; सम्बन्धों

D. के लिए; अंतर

394. आंतरिक रूप से अभिप्रेरित विद्यार्थी

A. का बाह्य रूप से अभिप्रेरित विद्यार्थी की तुलना में अभिप्रेरणा-स्तर कम होता है

B. के लिए औपचारिक शिक्षा की आवश्यकता नहीं है
C. के लिए पुरस्कार की बिल्कुल भी आवश्यकता नहीं है
D. के लिए बाह्य पुरस्कार उसकी अभिप्रेरणा को बनाए रखने के लिए पर्याप्त नहीं हैं

395. सतत और व्यापक मूल्यांकन की योजना में 'व्यापक' शब्द __________ के अलावा निम्नलिखित के द्वारा समर्थित किया जाता है।
A. जे.पी. गिलफोर्ड का बुद्धि-संरचना का सिद्धांत
B. एल.एल. थर्स्टन का प्राथमिक मानसिक योग्यताओं का सिद्धांत
C. बहुबुद्धि सिद्धांत
D. सूचना प्रक्रमण सिद्धांत

396. कक्षा-कक्ष में शिक्षक और विद्यार्थी किस प्रकार जेंडर को __________ करते हैं, यह सीखने के वातावरण __________।
A. रूपांतरित; को क्षुब्ध करता है
B. परिभाषित; को कम प्रभावी बनाता है
C. व्याख्यायित; पर कोई प्रभाव नहीं डालता
D. निर्मित; पर प्रभाव डालता है

397. उपलब्धि अभिप्रेरणा है
A. सफलता व असफलता को समान रूप से स्वीकारने की तत्परता
B. बिना विचारे, जल्दबाजी में कार्य करने की प्रवृत्ति
C. चुनौतीपूर्ण कार्य करने में डटे रहने की प्रवृत्ति
D. असफलता से बचने की प्रवृत्ति

398. विज्ञान के प्रयोगों में, सामान्यतः लड़के उपकरणों का नियंत्रण अपने हाथों में लेते हैं और लड़कियों से आंकड़ों को रिकॉर्ड करने अथवा बर्तनों को धोने के लिए कहते हैं। यह प्रवृत्ति यह दर्शाती है कि
A. पुरुष और स्त्री की रूढ़िबद्ध भूमिकाएं विद्यालय में भी होती हैं
B. लड़के उपकरणों को ज्यादा कुशलता से संभाल सकते हैं, क्योंकि वे इस प्रकार के कार्यों को करने में प्राकृतिक रूप से सक्षम होते हैं
C. लड़कियाँ नाजुक होने के कारण ऐसे काम करना पसंद करती हैं जिसमें ऊर्जा की खपत कम होती है
D. लड़कियाँ बेहतरीन अवलोकनकर्ता होती हैं और बिना किसी गलती के आंकड़ों का रिकॉर्ड रखती हैं

399. सी.बी.एस.ई. द्वारा प्रस्तावित समूह-परियोजना गतिविधि __________ का एक सशक्त साधन है।
A. रोजमर्रा के शिक्षण से होने वाले तनाव को दूर करने
B. अनेकता में एकता की संकल्पना का प्रचार-प्रसार करने
C. सामाजिक भागीदारिता को सुगम बनाने
D. शिक्षकों के भार को हल्का करने

400. रेवन का प्रोग्रेसिव मैट्रिसिज परीक्षण __________ परीक्षण का उदाहरण है।
A. अ-समूह बुद्धि-लब्धांक
B. व्यक्तित्व
C. मौखिक बुद्धि-लब्धांक
D. संस्कृति-मुक्त बुद्धि-लब्धांक

401. निम्नलिखित में से कौन-सा सिद्धान्त पाठ-योजना में शामिल नहीं है?
A. योजना की दृढ़ता
B. शिक्षार्थियों का ज्ञान
C. उद्देश्यों की स्पष्टता
D. शिक्षण का ज्ञान

402. 'निःशुल्क एवं अनिवार्य शिक्षा का अधिकार 2009' में 'अनिवार्य' शब्द का अर्थ है
A. केन्द्र सरकार दाखिले, उपस्थिति और प्रारंभिक शिक्षा की पूर्णता को सुनिश्चित करेगी
B. उचित सरकारें दाखिले, उपस्थिति और प्रारंभिक शिक्षा की पूर्णता को सुनिश्चित करेंगी
C. दण्डात्मक कार्य से बचने के लिए अपने बच्चों को विद्यालय भेजने के लिए अभिभावकों पर अनिवार्य रूप से जोर डाला गया है
D. अनिवार्य शिक्षा सतत परीक्षण के माध्यम से प्रदान की जाएगी

403. 'अधिगमकर्ता का स्व-नियमन' का क्या अर्थ है?
A. विद्यार्थी निकाय द्वारा बनाए गए नियम एवं विनियम
B. विद्यार्थियों के व्यवहार के लिए विनियमों का निर्माण करना
C. स्व-अनुशासन और नियंत्रण
D. अपने सीखने का स्वयं अनुवीक्षण करने की योग्यता

404. *'मैडम चाय खाती हैं'* वाक्य
A. अर्थ-विज्ञान एवं वाक्य-विन्यास दोनों की दृष्टि से सही है
B. अर्थ-विज्ञान एवं वाक्य विन्यास दोनों की दृष्टि से गलत है
C. वाक्य विन्यास की दृष्टि से सही है लेकिन अर्थ-विज्ञान की दृष्टि से गलत है
D. अर्थ-विज्ञान की दृष्टि से सही है लेकिन वाक्य विन्यास की दृष्टि से गलत है

405. सीखने के सिद्धांतों के संदर्भ में 'स्कैफोल्डिंग' __________ की ओर संकेत करता है।
A. सीखने में वयस्कों द्वारा अस्थायी सहयोग
B. विद्यार्थियों द्वारा की गई गलतियों के कारणों का पता लगाना
C. अनुरूपित शिक्षण
D. पूर्व अधिगम की पुनरावृत्ति

406. 'एक महिला ने भोजन प्राप्त करने के लिए अपने बच्चे को बेच दिया।' इस खबर को __________ के आधार पर अच्छी तरह समझा जा सकता है।
A. मनोसामाजिक सिद्धांत
B. पुनर्बलित आक्रस्मिकताओं का सिद्धांत
C. मनोविश्लेषणात्मक सिद्धांत
D. पदानुक्रमिक आवश्यकताओं का सिद्धांत

407. बुद्धि-लब्धांक के आधार पर विभिन्न समूहों में विद्यार्थियों का वर्गीकरण उनकी स्व-गरिमा को __________ है और उनके शैक्षणिक निष्पादन को __________ है।
A. घटाता; घटाता
B. घटाता; प्रभावित नहीं करता

C. बढ़ाता; घटाता
D. बढ़ाता; बढ़ाता

408. जॉन डयूवी द्वारा समर्थित 'लैब विद्यालय' के उदाहरण हैं
A. पब्लिक विद्यालय
B. सामान्य विद्यालय
C. फैक्टरी विद्यालय
D. प्रगतिशील विद्यालय

409. लॉरेंस कोहलबर्ग के द्वारा प्रस्तावित निम्नलिखित चरणों में से प्राथमिक विद्यालयों के बच्चे किन चरणों का अनुसरण करते हैं?
(*a*) आज्ञापालन और दण्ड-उन्मुखीकरण
(*b*) वैयक्तिकता और विनिमय
(*c*) अच्छे अंतःवैयक्तिक सम्बन्ध
(*d*) सामाजिक अनुबंध और व्यक्तिगत अधिकार
A. (*b*) और (*a*)
B. (*b*) और (*d*)
C. (*a*) और (*d*)
D. (*a*) और (*c*)

410. एक विद्यार्थी कहता है, *"उसका दादा आया है"*। एक शिक्षक होने के नाते आपकी प्रतिक्रिया होनी चाहिए
A. 'दादा आया है' की जगह पर 'दादाजी आए हैं' कहना चाहिए
B. आप अपनी भाषा पर ध्यान दीजिए
C. अच्छा, उसके दादाजी आए हैं
D. बच्चे, आप सही वाक्य नहीं बोल रहे

411. __________ के अलावा निम्नलिखित घटना/वृत्तांत रिकॉर्ड की विशेषताएं हैं।
A. यह पर्याप्त विस्तार से पूर्ण तथ्यात्मक प्रतिवेदन है
B. यह व्यवहार का व्यक्तिनिष्ठ साक्ष्य है और इसलिए यह शैक्षणिक क्षेत्र के लिए प्रतिपुष्टि (फीडबैक) उपलब्ध नहीं कराता
C. यह घटनाओं का सही वर्णन है
D. यह बच्चे के व्यक्तिगत विकास अथवा सामाजिक अंतःक्रियाओं को वर्णित करता है

412. मिश्रित आयु-वर्ग वाले विद्यार्थियों की कक्षा से व्यवहार रखने वाले शिक्षक के लिए __________ का ज्ञान सर्वाधिक महत्त्वपूर्ण है।
A. उनके अभिभावकों का व्यवसाय
B. सामाजिक-आर्थिक पृष्ठभूमि
C. सांस्कृतिक पृष्ठभूमि
D. विकासात्मक अवस्थाओं

413. प्रतिभाशाली बच्चे
A. बिना किसी की सहायता के अपने सामर्थ्य का पूर्ण विकास करते हैं
B. मानव के लिए महत्त्वपूर्ण किसी भी क्षेत्र में अस्वभावतः अच्छा निष्पादन करते हैं
C. सामान्यतः शारीरिक रूप से कमजोर होते हैं और सामाजिक अंतःक्रिया में अच्छे नहीं होते
D. सामान्यतः अपने शिक्षकों को पसंद नहीं करते

414. संकल्पनाओं की व्यवस्थित प्रस्तुति विकास के निम्नलिखित किन सिद्धांतों के साथ सम्बन्धित हो सकती है?

A. विकास के परिणामस्वरूप वृद्धि होती है
B. विकास विषमजातीयता से स्वायत्तता की ओर अग्रसर होता है
C. विद्यार्थी भिन्न दरों पर विकसित होते हैं
D. विकास सापेक्ष रूप से क्रमिक होता है

415. शिक्षा का अधिकार अधिनियम 2009 के क्रियान्वयन के बाद कक्षा-कक्ष
A. अप्रभावित हैं, क्योंकि शिक्षा का अधिकार विद्यालय में कक्षा की औसत आयु को प्रभावित नहीं करता
B. जेंडर के अनुसार अधिक समजातीय हैं
C. आयु के अनुसार अधिक समजातीय हैं
D. आयु के अनुसार अधिक विषमजातीय हैं

416. बाल-केंद्रित शिक्षा का समर्थन निम्नलिखित में से किस विचारक द्वारा किया गया?
A. एरिक इरिकसन
B. चार्ल्स डार्विन
C. बी.एफ. स्किनर
D. जॉन ड्यूवी

417. प्रतिभाशाली बच्चों के संदर्भ में संवर्द्धन (Acceleration) का अर्थ है
A. ऐसे विद्यार्थियों को वर्तमान स्तर/ग्रेड को छोड़कर अगले उच्च स्तर/ग्रेड में प्रोन्नत करना
B. आकलन की प्रक्रिया का संवर्द्धन करना
C. शैक्षणिक गतिविधियों के संपादन में संवर्द्धन करना
D. सह-शैक्षणिक गतिविधियों के संपादन की गति को बढ़ाना

418. एकल अभिभावक वाले बच्चे को पढ़ाते समय शिक्षक को
A. स्थिर और एकरूप वातावरण उपलब्ध कराना चाहिए
B. इस तथ्य को अनदेखा करना चाहिए और ऐसे बच्चे के साथ अन्य बच्चों के समान व्यवहार करना चाहिए
C. इस प्रकार के बच्चे के साथ भिन्न प्रकार से व्यवहार करना चाहिए
D. ऐसे बच्चे को कम गृहकार्य देना चाहिए

419. प्रतिभाशाली विद्यार्थियों के लिए निम्नलिखित में से कौन-सी गतिविधि सर्वाधिक उपयुक्त है?
A. अभी हाल ही में हुए स्कूल मैच का प्रतिवेदन लिखना
B. दी गई संकल्पनाओं के आधार पर मौलिक नाटक लिखना
C. पांच पाठों के अंत में दिए गए अभ्यासों को एक बार में हल करना
D. शिक्षक दिवस पर कक्षा को पढ़ाना

420. शारीरिक-गतिक बुद्धि रखने वाले बच्चे की अंतिम अवस्था निम्नलिखित में से कौन-सी हो सकती है?
A. शल्य चिकित्सक
B. कवि
C. वाचक
D. राजनैतिक नेता

421. श्रवण ह्रास से ग्रसित बच्चे कक्षा में किस सबसे मुख्य नैराश्य (कुण्ठा) का सामना करते हैं?

A. खेल-कूद में भागीदारिता निभाने में अक्षमता

B. दूसरों के साथ संप्रेषण करने तथा सूचनाओं को बाँटने में अक्षमता

C. दूसरे विद्यार्थियों के साथ परीक्षा देने में अक्षमता

D. प्रस्तावित पाठ्य-पुस्तक को पढ़ने की अक्षमता

422. 'डिस्लेक्सिया' मुख्य रूप से .... की समस्या से सम्बन्धित है।

A. बोलने व सुनने B. सुनने

C. पढ़ने D. बोलने

423. प्रतिभाशाली विद्यार्थी अपनीं क्षमताओं को तब विकसित कर पाएँगे जब–

A. वे निजी कोचिंग कक्षाओं में पढ़ेंगे

B. बार-बार उनकी परीक्षा होगी

C. वे अन्य विद्यार्थियों के साथ अधिगम-प्रक्रिया से जुड़ते हैं

D. उन्हें अन्य विद्यार्थियों से अलग किया जाएगा

424. एक अच्छी पाठ्य-पुस्तक .... से बचती है।

A. लैंगिक संवेदनशीलता

B. लैंगिक समानता

C. सामाजिक उत्तरदायित्व

D. लैंगिक पूर्वाग्रह

425. पियाजे के अनुसार, संज्ञानात्मक विकास के किस चरण पर बच्चा 'वस्तु स्थायित्व' को प्रदर्शित करता है?

A. पूर्व-संक्रियात्मक चरण

B. मूर्त संक्रियात्मक चरण

C. औपचारिक संक्रियात्मक चरण

D. संवेदीप्रेरक चरण

426. अभिप्रेरणा के सिद्धांतों के अनुसार, एक शिक्षक .... के द्वारा सीखने को संवर्धित कर सकता है।

A. विद्यार्थियों से बहुत उच्च अपेक्षाएँ रखने

B. विद्यार्थियों से वास्तविक अपेक्षाएँ रखने

C. अपेक्षाओं का एकरूप स्तर रखने

D. विद्यार्थियों से किसी प्रकार की अपेक्षाएँ न रखने

427. विकास शुरू होता है–

A. पूर्व-बाल्यावस्था से

B. उत्तर-बाल्यावस्था से

C. प्रसवपूर्व अवस्था से

D. शैशवास्था से

428. बहुविध बुद्धि सिद्धांत के अनुसार सभी प्रकार के पशुओं, खनिजों और पेड़-पौधों को पहचानने और वर्गीकृत करने की योग्यता .... कहलाती है।

A. स्थानिक बुद्धि

B. तार्किक-गणितीय बुद्धि

C. प्राकृतिक बुद्धि

D. भाषिक बुद्धि

429. "अधिकांश व्यक्तियों की बुद्धि औसत होती है, बहुत कम लोग प्रतिभा-संपन्न होते हैं और बहुत कम व्यक्ति मंद-बुद्धि के होते हैं।" यह कथन .... के प्रतिस्थापित सिद्धांत पर आधारित है।

A. बुद्धि और लैंगिक विभिन्नताओं

B. बुद्धि और जातीय विभिन्नताओं
C. बुद्धि के वितरण
D. बुद्धि की वृद्धि

430. कोह्लबर्ग के अनुसार, सही और गलत के प्रश्न के बारे में निर्णय लेने में शामिल चिंतन-प्रक्रिया को कहा जाता है–
A. नैतिक दुविधा
B. सहयोग की नैतिकता
C. नैतिक तर्कणा
D. नैतिक यथार्थवाद

431. एक विद्यार्थी अपने समकक्ष व्यक्तियों के समूह के प्रति आक्रामक व्यवहार करता है और विद्यालय के मानदंडों को नहीं मानता। इस विद्यार्थी को .... में सहायता की आवश्यकता है।
A. मनोगत्यात्मक क्षेत्र
B. भावात्मक क्षेत्र
C. उच्च स्तरीय चिंतन कौशल
D. संज्ञानात्मक क्षेत्र

432. शिक्षकों को यह सलाह दी जाती है कि वे अपने शिक्षार्थियों को सामूहिक गतिविधियों में शामिल करें क्योंकि सीखने को सुगम बनाने के अतिरिक्त, ये .... में भी सहायता करती हैं।
A. आक्रामकता
B. दुश्चिंता
C. समाजीकरण
D. मूल्य द्वंद्व

433. समावेशी शिक्षा उस विद्यालयी शिक्षा व्यवस्था की ओर संकेत करती है–
A. जो उनकी शारीरिक, बौद्धिक, सामाजिक, भाषिक या अन्य विभिन्न योग्यता स्थितियों को ध्यान में रखे बगैर सभी बच्चों को शामिल करती है
B. विशेष आवश्यकता वाले बच्चों को विशिष्ट विद्यालयों के माध्यम से शिक्षा देने को प्रोत्साहित करती है
C. केवल बालिका शिक्षा को बढ़ावा देने की आवश्यकता पर बल देती है
D. जो सभी निर्योग्य बच्चों को शामिल करती है

434. एक शिक्षिका अपने शिक्षार्थियों की सदैव इस रूप में सहायता करती है कि वे एक विषय-क्षेत्र से प्राप्त ज्ञान को दूसरे विषय-क्षेत्रों के ज्ञान के साथ जोड़ सकें। इससे .... को बढ़ावा मिलता है।
A. शिक्षार्थी-स्वायत्तता
B. पुनर्बलन
C. ज्ञान के सह-सम्बन्ध एवं अंतरण
D. वैयक्तिक भिन्नताओं

435. सृजनात्मकता मुख्य रूप से .... से सम्बन्धित है।
A. अपसारी (बहुविध) चिंतन
B. मॉडलिंग
C. अनुकरण
D. अभिसारी चिंतन

436. एक विद्यार्थी मेडिकल कॉलेज में दाखिला लेने के लिए कठिन परिश्रम करता है ताकि वह प्रवेश परीक्षा में उत्तीर्ण हो सके। यह विद्यार्थी .... रूप से अभिप्रेरित है।
A. बाह्य

B. वैयक्तिक
C. आनुभविक
D. आंतरिक

437. व्यवहार का 'करना' पक्ष .... में आता है।
A. सीखने के भावात्मक क्षेत्र
B. सीखने के गतिक (कोनेटिव) क्षेत्र
C. सीखने के मनोवैज्ञानिक क्षेत्र
D. सीखने के संज्ञानात्मक क्षेत्र

438. विज्ञान एवं कला प्रदर्शनियाँ, संगीत एवं नृत्य प्रस्तुतियाँ तथा विद्यालय-पत्रिका निकालना, ... के लिए हैं।
A. अभिभावकों को संतुष्ट करने
B. शिक्षार्थियों को सृजनात्मक मार्ग उपलब्ध कराने
C. विभिन्न व्यवसायों के लिए विद्यार्थियों को प्रशिक्षित करने
D. विद्यालय का नाम रोशन करने

439. एक शिक्षिका अपने शिक्षार्थियों को अनेक तरह की सामूहिक गतिविधियों में व्यस्त रखती है, जैसे–समूह-चर्चा, समूह-परियोजनाएँ, भूमिका निर्वाह, आदि। यह सीखने के किस आयाम को उजागर करता है?
A. प्रतियोगिता-आधारित अधिगम
B. सामाजिक गतिविधि के रूप में अधिगम
C. मनोरंजन द्वारा अधिगम
D. भाषा-निर्देशित अधिगम

440. जब एक शिक्षिका दृष्टिबाधित शिक्षार्थी को कक्षा के अन्य शिक्षार्थियों के साथ सामूहिक गतिविधियों में शामिल करती है, तो वह–
A. दृष्टिबाधित शिक्षार्थी पर सम्भवतः तनाव बढ़ा रही है
B. कक्षा के लिए सीखने हेतु बाधाएँ उत्पन्न कर रही है
C. समावेशी शिक्षा की भावना के अनुसार कार्य कर रही है
D. सभी शिक्षार्थियों में दृष्टिबाधित शिक्षार्थी के प्रति सहानुभूति विकसित करने में मदद कर रही है

441. एक शिक्षिका अपने शिक्षण में दृश्य-श्रव्य सामग्रियों और शारीरिक गतिविधियों का प्रयोग करती है क्योंकि–
A. इनमें अधिकतम इंद्रियों का उपयोग सीखने को संवर्धित करता है
B. वे शिक्षक को आराम देते हैं
C. वे प्रभावी आकलन को सुगम बनाते हैं
D. वे शिक्षार्थियों को वैविध्य उपलब्ध कराते हैं

442. पियाजे के अधिगम के संज्ञानात्मक सिद्धांत के अनुसार, वह प्रक्रिया जिसके द्वारा संज्ञानात्मक संरचना को संशोधित किया जाता है, ... कहलाती है।
A. स्कीमा
B. प्रत्यक्षण
C. समायोजन
D. समावेशन

443. जब पूर्व का अधिगम नई स्थितियों के सीखने को बिल्कुल प्रभावित नहीं करता, तो यह .... कहलाता है।
A. अधिगम का नकारात्मक स्थानांतरण
B. अधिगम का शून्य स्थानांतरण

C. अधिगम का निरपेक्ष स्थानांतरण
D. अधिगम का सकारात्मक स्थानांतरण

444. चिंतन अनिवार्य रूप से है एक–
A. भावात्मक व्यवहार
B. संज्ञानात्मक गतिविधि
C. मनोगतिक प्रक्रिया
D. मनोवैज्ञानिक परिघटना

445. एक बाल-केंद्रित कक्षा में, बच्चे सामान्यतः सीखते हैं–
A. समूहों में
B. वैयक्तिक और सामूहिक, दोनों रूपों में
C. मुख्य रूप से शिक्षक से
D. वैयक्तिक रूप से

446. सहयोगी अधिगम में अधिक उम्र के प्रवीण विद्यार्थी, छोटे और कम निपुण विद्यार्थियों की मदद करते हैं। इससे–
A. उच्च उपलब्धि और आत्म-सम्मान विकसित होता है
B. गहन प्रतियोगिता होती है
C. उच्च नैतिक विकास होता है
D. समूहों में द्वंद्व होता है

447. निम्नलिखित में से कौन-सा मुख्य रूप से आनुवंशिकता सम्बन्धी कारक है?
A. चिंतन पैटर्न
B. आँखों का रंग
C. सामाजिक गतिविधियों में भागीदारिता
D. समकक्ष व्यक्तियों के समूह के प्रति अभिवृत्ति

448. शिक्षकों को अपने विद्यार्थियों की त्रुटियों का अध्ययन करना चाहिए क्योंकि वे प्रायः .... की ओर संकेत करती हैं।
A. आवश्यक उपचारात्मक युक्तियों
B. योग्यताओं के अनुसार समूह बनाने हेतु दिशा-निर्देश
C. भिन्न प्रकार की पाठ्यचर्या की आवश्यकता
D. उनके ज्ञान की सीमा

449. सीमा हर पाठ को बहुत जल्दी सीख लेती है जबकि लीना उसे सीखने में ज्यादा समय लेती है। यह विकास के .... सिद्धांत को दर्शाता है।
A. सामान्य से विशिष्ट की ओर
B. वैयक्तिक भिन्नता
C. अंतःसम्बन्ध
D. निरंतरता

450. निम्नलिखित में से .... के अतिरिक्त सभी वातावरणीय कारक विकास को आकार देते हैं।
A. शारीरिक गठन
B. पौष्टिकता की गुणवत्ता
C. संस्कृति
D. शिक्षा की गुणात्मकता

451. पियांजे के अनुसार विकास की पहली अवस्था (जन्म से लगभग 2 वर्ष आयु) के दौरान बच्चा .... सबसे बेहतर सीखता है।
A. अमूर्त तरीके से चिंतन द्वारा
B. भाषा के नए अर्जित ज्ञान के अनुप्रयोग द्वारा
C. इंद्रियों के प्रयोग द्वारा
D. निष्क्रिय (neutral) शब्दों को समझने के द्वारा

452. सबसे अधिक गहन और जटिल समाजीकरण होता है

A. पूर्व बाल्यावस्था के दौरान
B. प्रौढ़ावस्था के दौरान
C. व्यक्ति के पूरे जीवन में
D. किशोरावस्था के दौरान

453. आनुवंशिकता को .... सामाजिक संरचना माना जाता है।

A. गत्यात्मक B. स्थिर
C. प्राथमिक D. गौण

454. सीखने का वह सिद्धांत जो पूर्ण रूप से और केवल *'अवलोकनीय व्यवहार'* पर आधारित है, सीखने के .... सिद्धांत से सम्बद्ध है।

A. व्यवहारवादी B. रचनावादी
C. संज्ञानवादी D. विकासवादी

455. निम्नलिखित में से कौन-सा 'समझ के लिए शिक्षण' को प्रदर्शित ***नहीं*** करता?

A. समानता और अंतर देखने और सादृश्यता स्थापित करने के लिए विद्यार्थियों की सहायता करना
B. विद्यार्थियों को एकाकी तथ्यों और प्रक्रियाओं को याद करने के योग्य बनाना
C. परिघटना या अवधारणा को अपने शब्दों में अभिव्यक्त करने के लिए विद्यार्थियों को कहना
D. नियम कैसे काम करता है इसे स्पष्ट करने हेतु उदाहरण उपलब्ध कराने के लिए विद्यार्थियों को पढ़ाना

456. निम्नलिखित में से कौन-सी विशेषता आंतरिक रूप से अभिप्रेरित बच्चों के लिए सही ***नहीं*** है?

A. वे कार्य करते समय उच्च स्तर की ऊर्जा प्रदर्शित करते हैं
B. वे चुनौती भरे कार्यों को पसंद करते हैं
C. वे हमेशा सफल होते हैं
D. उन्हें कार्य करने में आनंद आता है

457. एक शिक्षिका अपनी कक्षा के प्रतिभाशाली बच्चों की योग्यताओं (potential) की उपलब्धि चाहती है। अपने उद्देश्य की प्राप्ति के लिए उसे निम्नलिखित में से क्या ***नहीं*** करना चाहिए?

A. विशेष ध्यान के लिए उन्हें उनके समकक्षियों से अलग करना
B. उनकी सृजनात्मकता को समृद्ध करने के लिए उन्हें चुनौती देना
C. गैर-शैक्षणिक गतिविधियों में आनंद लेना सिखाना
D. तनाव को नियंत्रित करना सिखाना

458. छोटे शिक्षार्थियों में निम्नलिखित में से कौन-सा लक्षण 'पठन-कठिनाई' का ***नहीं*** है?

A. शब्दों और विचारों को समझने में कठिनाई
B. सुसंगत वर्तनी में कठिनाई
C. वर्ण एवं शब्द पहचान में कठिनाई
D. पठन-गति और प्रवाह में कठिनाई

459. शिक्षार्थियों का 'आत्म-निजयमन' .... की ओर संकेत करता है।

A. विद्यार्थी-निकाय द्वारा बनाए गए नियम-विनियम
B. स्व-अनुशासन और नियंत्रण
C. अपने सीखने का स्वयं पर्यवेक्षण करने की उनकी योग्यता
D. विद्यार्थियों के व्यवहार के लिए विनियम बनाना

460. निम्नलिखित में से किस कथन को 'सीखने' के लक्षण के रूप में ***नहीं*** माना जा सकता?

A. व्यवहार का अध्ययन सीखना है

B. अन-अधिगम (unlearning) भी सीखने का एक हिस्सा है

C. सीखना एक प्रक्रिया है जो व्यवहार में मध्यस्थता करती है

D. सीखना कुछ ऐसी चीज है जो कुछ अनुभवों के परिणामस्वरूप घटित होती है

461. सिद्धांत के रूप में रचनावाद

A. सूचनाओं को याद करने और पुनःस्मरण द्वारा जाँच करने पर बल देता है

B. शिक्षक की प्रभुत्वशाली भूमिका पर बल देता है

C. अनुकरण की भूमिका पर केन्द्रित है

D. दुनिया के बारे में अपना दृष्टिकोण निर्मित करने में शिक्षार्थी की भूमिका पर बल देता है

462. सृजनात्मक शिक्षार्थी वह है जो

A. परीक्षा में हर बार अच्छे अंक प्राप्त करने के योग्य है

B. पार्श्व (लेट्रल) चिंतन और समस्या-समाधान में अच्छा है

C. ड्राइंग और पेंटिंग में बहुत विलक्षण है

D. बहुत बुद्धिमान् है

463. अवधारणाओं का विकास मुख्य रूप से .... का हिस्सा है।

A. शारीरिक विकास

B. सामाजिक विकास

C. संवेगात्मक विकास

D. बौद्धिक विकास

464. व्यक्तिगत शिक्षार्थी एक-दूसरे से ...... में भिन्न होते हैं

A. विकास-क्रम

B. विकास की सामान्य क्षमता

C. वृद्धि एवं विकास के सिद्धांतों

D. विकास की दर

465. 'बच्चे के उचित विकास को सुनिश्चित करने के लिए उसका स्वस्थ शारीरिक विकास एक महत्त्वपूर्ण पूर्व आवश्यकता है।' यह कथन

A. सही है, क्योंकि विकास-क्रम में शारीरिक विकास सबसे पहले स्थान पर आता है

B. सही है, क्योंकि शारीरिक विकास, विकास के अन्य पक्षों के साथ अंतःसम्बन्धित है

C. गलत है, क्योंकि शारीरिक विकास, विकास के अन्य पक्षों को किसी भी प्रकार से प्रभावित नहीं करता

D. गलत हो सकता है, क्योंकि विकास नितांत व्यक्तिगत मामला है

466. इरफान खिलौनों को तोड़ता है और उसके पुर्जों को देखने के लिए उन्हें अलग-अलग कर देता है। आप क्या करेंगे?

A. उसके जिज्ञासु स्वभाव को प्रोत्साहित करेंगे और उसकी ऊर्जा को सही दिशा में संचरित करेंगे

B. उसे समझाएंगे कि खिलौनों को तोड़ना नहीं चाहिए

C. इरफान को खिलौनों से कभी भी नहीं खेलने देंगे

D. उस पर हमेशा नजर रखेंगे

467. बच्चे के विकास के सिद्धांतों को समझना शिक्षक की सहायता करता है

A. शिक्षार्थियों को क्यों पढ़ाना चाहिए– यह औचित्य स्थापित करने में

B. शिक्षार्थियों की भिन्न अधिगम-शैलियों को प्रभावी रूप में संबोधित करने में

C. शिक्षार्थी के सामाजिक स्तर को पहचानने में

D. शिक्षार्थी की आर्थिक पृष्ठभूमि को पहचानने में

468. प्रत्येक शिक्षार्थी स्वयं में विशिष्ट है। इसका अर्थ है कि

A. सभी शिक्षार्थियों के लिए एकसमान पाठ्यचर्या संभव नहीं है

B. एक विषमरूपी कक्षा में शिक्षार्थियों की क्षमताओं को विकसित करना असंभव है

C. कोई भी दो शिक्षार्थी अपनी योग्यताओं, रुचियों और प्रतिभाओं में एकसमान नहीं होते

D. शिक्षार्थियों में न तो कोई समान विशेषताएँ होती हैं और न ही उनके लक्ष्य समान होते हैं

469. 'पुरुष स्त्रियों की अपेक्षा ज्यादा बुद्धिमान् होते हैं।' यह कथन

A. लैंगिक पूर्वाग्रह को प्रदर्शित करता है

B. बुद्धि के भिन्न पक्षों के लिए सही है

C. सही है

D. सही हो सकता है

470. क्रिस्टिना अपनी कक्षा को क्षेत्र-भ्रमण पर ले जाती है और वापस आने पर अपने विद्यार्थियों के साथ भ्रमण पर चर्चा करती है। यह .... की ओर संकेत करता है।

A. आकलन के लिए सीखना

B. आकलन का सीखना

C. सीखने का आकलन

D. सीखने के लिए आकलन

471. मानव विकास कुछ विशेष सिद्धांतों पर आधारित है। निम्नलिखित में से कौन-सा मानव विकास का सिद्धांत ***नहीं*** है?

A. सामान्य से विशिष्ट

B. प्रतिवर्ती

C. निरंतरता

D. आनुक्रमिकता

472. निःशक्त बच्चों के लिए समेकित शिक्षा की केंद्रीय प्रायोजित योजना का उद्देश्य है .... में निःशक्त बच्चों को शैक्षिक अवसर उपलब्ध कराना।

A. मुक्त विद्यालयों

B. 'ब्लाइंड रिलीफ एसोसिएशन' के विद्यालयों

C. नियमित विद्यालयों

D. विशेष विद्यालयों

473. निम्नलिखित में से कौन-सा कथन 'सीखने' के बारे में सही है?

A. सीखने के किसी भी चरण पर सीखना संवेगात्मक कारकों से प्रभावित नहीं होता।

B. सीखना मूल रूप से मानसिक क्रिया है।

C. बच्चों द्वारा की गई त्रुटियाँ यह संकेत करती हैं कि किसी तरह का सीखना नहीं हुआ।

D. सीखना उस वातावरण में प्रभावी होता है जो संवेगात्मक रूप से सकारात्मक हो और शिक्षार्थियों को संतुष्ट करने वाला हो।

474. मूल्यांकन (assessment) का मुख्य उद्देश्य होना चाहिए

A. यह निर्णय लेना कि क्या विद्यार्थी को अगली कक्षा में प्रोन्नत किया जाना चाहिए

B. सीखने में होने वाली कमियों का निदान और उपचार करना

C. शिक्षार्थियों की त्रुटियाँ निकालना

D. शिक्षार्थियों की उपलब्धि को मापना

475. शिक्षार्थी जो पहले सीख चुके हैं उसकी पुनरावृत्ति और प्रत्यास्मरण में शिक्षार्थियों की मदद करना महत्त्वपूर्ण है क्योंकि

A. पूर्व पाठों को दोहराने का यह एक प्रभावी तरीका है

B. यह शिक्षार्थियों की स्मृति को बढ़ाता है जिससे सीखना सुदृढ़ होता है

C. यह किसी भी कक्षा-अनुदेशन के लिए एक सुविधाजनक शुरुआत है

D. नई जानकारी को पूर्व जानकारी से जोड़ना सीखने को समृद्ध बनाता है

476. सृजनात्मक उत्तरों के लिए आवश्यक है

A. मुक्त-उत्तर वाले प्रश्न

B. एक अत्यंत अनुशासित कक्षा

C. प्रत्यक्ष शिक्षण एवं प्रत्यक्ष प्रश्न

D. विषय-वस्तु आधारित प्रश्न

477. शिक्षार्थियों को .... के लिए प्रोत्साहित ***नहीं*** करना चाहिए।

A. अधिक-से-अधिक पाठ्य-सहगामी क्रियाओं में हिस्सा लेने

B. शिक्षक जो पूछ सकते हैं उन सभी प्रश्नों के उत्तर याद करने

C. कक्षा के अंदर और बाहर अधिक-से-अधिक प्रश्न पूछने

D. समूह कार्य में दूसरे शिक्षार्थियों के साथ सक्रिय रूप से अंतःक्रिया करने

478. निम्नलिखित में से कौन-सा रचनात्मक आकलन (Formative Assessment) के लिए उचित उपकरण ***नहीं*** है?

A. सत्र परीक्षा

B. प्रश्नोत्तरी और खेल

C. दत्त कार्य

D. मौखिक प्रश्न

479. विद्यार्थियों के सीखने में जो रिक्तियाँ रह जाती हैं उनके निदान के बाद .... होना चाहिए।

A. सभी पाठों को व्यवस्थित रूप से दोहराना

B. शिक्षार्थियों और अभिभावकों को उपलब्धि के बारे में बताना

C. समुचित उपचारात्मक कार्य

D. सघन अभ्यास कार्य

480. भारतीय समाज की बहुभाषिक विशेषता को .... देखा जाना चाहिए।

A. विद्यार्थियों को सीखने के लिए अभिप्रेरित करने हेतु शिक्षक-योग्यता की चुनौती के रूप में

B. शिक्षार्थियों के लिए विद्यालयी जीवन को एक जटिल अनुभव के रूप में बनाने के एक कारक के रूप में

C. शिक्षण-अधिगम प्रक्रिया में बाधा के रूप में

D. विद्यालयी जीवन को समृद्ध बनाने के संसाधन के रूप में

उत्तरमाला

1	2	3	4	5	6	7	8	9	10
B	B	D	D	C	A	D	D	D	A
11	12	13	14	15	16	17	18	19	20
C	B	B	A	B	D	B	D	B	D
21	22	23	24	25	26	27	28	29	30
A	D	D	A	B	A	D	B	A	A
31	32	33	34	35	36	37	38	39	40
A	D	D	B	B	B	C	A	C	C
41	42	43	44	45	46	47	48	49	50
C	A	D	D	A	D	D	D	C	D
51	52	53	54	55	56	57	58	59	60
C	B	C	C	A	A	A	A	B	B
61	62	63	64	65	66	67	68	69	70
C	D	A	D	C	C	D	A	B	A
71	72	73	74	75	76	77	78	79	80
B	A	C	D	B	B	A	B	A	C
81	82	83	84	85	86	87	88	89	90
B	D	B	A	A	D	A	C	B	C
91	92	93	94	95	96	97	98	99	100
B	B	A	B	B	D	C	A	D	B
101	102	103	104	105	106	107	108	109	110
D	D	A	C	C	C	A	A	A	A
111	112	113	114	115	116	117	118	119	120
A	C	A	B	A	B	B	C	D	A
121	122	123	124	125	126	127	128	129	130
B	C	D	A	C	A	B	C	B	C
131	132	133	134	135	136	137	138	139	140
D	A	A	C	D	A	B	B	C	D
141	142	143	144	145	146	147	148	149	150
B	D	A	B	C	A	C	D	A	B
151	152	153	154	155	156	157	158	159	160
A	A	A	D	C	D	C	C	B	D
161	162	163	164	165	166	167	168	169	170
C	C	B	D	C	B	B	B	A	D

171	172	173	174	175	176	177	178	179	180
A	D	B	C	C	D	D	C	D	D
181	**182**	**183**	**184**	**185**	**186**	**187**	**188**	**189**	**190**
B	D	B	B	A	C	A	A	A	B
191	**192**	**193**	**194**	**195**	**196**	**197**	**198**	**199**	**200**
D	B	B	D	A	B	D	D	D	C
201	**202**	**203**	**204**	**205**	**206**	**207**	**208**	**209**	**210**
C	C	A	C	B	D	B	D	A	C
211	**212**	**213**	**214**	**215**	**216**	**217**	**218**	**219**	**220**
A	B	C	C	D	A	A	D	D	B
221	**222**	**223**	**224**	**225**	**226**	**227**	**228**	**229**	**230**
B	A	B	D	D	C	C	C	A	B
231	**232**	**233**	**234**	**235**	**236**	**237**	**238**	**239**	**240**
D	A	D	B	B	A	A	D	D	C
241	**242**	**243**	**244**	**245**	**246**	**247**	**248**	**249**	**250**
A	B	A	D	A	B	C	A	B	B
251	**252**	**253**	**254**	**255**	**256**	**257**	**258**	**259**	**260**
D	C	D	C	D	A	B	D	B	B
261	**262**	**263**	**264**	**265**	**266**	**267**	**268**	**269**	**270**
D	D	C	B	A	C	A	C	C	A
271	**272**	**273**	**274**	**275**	**276**	**277**	**278**	**279**	**280**
B	C	C	C	B	C	C	D	D	A
281	**282**	**283**	**284**	**285**	**286**	**287**	**288**	**289**	**290**
A	C	B	D	C	A	A	D	A	B
291	**292**	**293**	**294**	**295**	**296**	**297**	**298**	**299**	**300**
A	D	D	B	A	D	B	A	D	D
301	**302**	**303**	**304**	**305**	**306**	**307**	**308**	**309**	**310**
A	B	C	C	A	D	D	C	B	A
311	**312**	**313**	**314**	**315**	**316**	**317**	**318**	**319**	**320**
B	D	D	A	D	B	C	C	D	D
321	**322**	**323**	**324**	**325**	**326**	**327**	**328**	**329**	**330**
D	A	A	A	A	D	D	D	C	C
331	**332**	**333**	**334**	**335**	**336**	**337**	**338**	**339**	**340**
A	A	C	B	D	C	D	D	B	A
341	**342**	**343**	**344**	**345**	**346**	**347**	**348**	**349**	**350**
A	D	A	B	B	A	B	A	D	C

351	352	353	354	355	356	357	358	359	360
D	C	A	A	C	C	C	D	B	B
361	**362**	**363**	**364**	**365**	**366**	**367**	**368**	**369**	**370**
B	C	C	A	D	A	B	C	A	C
371	**372**	**373**	**374**	**375**	**376**	**377**	**378**	**379**	**380**
A	B	C	D	B	D	A	C	C	B
381	**382**	**383**	**384**	**385**	**386**	**387**	**388**	**389**	**390**
D	C	D	A	B	D	A	B	C	A
391	**392**	**393**	**394**	**395**	**396**	**397**	**398**	**399**	**400**
D	D	C	D	A	A	C	A	C	D
401	**402**	**403**	**404**	**405**	**406**	**407**	**408**	**409**	**410**
A	B	D	C	A	D	B	D	A	C
411	**412**	**413**	**414**	**415**	**416**	**417**	**418**	**419**	**420**
B	D	A	D	C	D	A	B	B	A
421	**422**	**423**	**424**	**425**	**426**	**427**	**428**	**429**	**430**
B	C	C	D	D	B	D	C	B	C
431	**432**	**433**	**434**	**435**	**436**	**437**	**438**	**439**	**440**
B	C	A	C	A	D	B	B	B	C
441	**442**	**443**	**444**	**445**	**446**	**447**	**448**	**449**	**450**
A	D	B	B	B	A	B	A	B	A
451	**452**	**453**	**454**	**455**	**456**	**457**	**458**	**459**	**460**
C	D	B	A	B	C	A	C	C	A
461	**462**	**463**	**464**	**465**	**466**	**467**	**468**	**469**	**470**
D	B	D	D	B	A	B	C	A	C
471	**472**	**473**	**474**	**475**	**476**	**477**	**478**	**479**	**480**
B	C	D	B	D	A	B	A	C	D

हिन्दी

हिन्दी भाषा एवं व्याकरण

वर्ण विचार

हिन्दी भाषा के व्याकरण के तीन विभागों—वर्ण, शब्द और वाक्य का संक्षिप्त वर्णन निम्नलिखित है—

ध्वनि, वर्ण या अक्षर

कानों से सुनी जाने वाली आवाज ध्वनि कहलाती है। मूल ध्वनि को जिस प्रतीक अथवा चिन्ह से प्रकट किया जाता है उसे वर्ण या अक्षर कहते हैं, जैसे, अ, क् च् ट् आदि। देवनागरी लिपि की वर्णमाला में 44 अक्षर हैं। वर्णों के स्वर और व्यंजन दो भेद होते हैं।

स्वर: अ, आ, इ, ई, उ, ऊ, ऋ, ए, ऐ, ओ, औ। ये 11 अक्षर स्वर कहे जाते हैं।

व्यंजन : क ख ग घ ङ। च छ ज झ ञ
ट ठ ड ढ ण। त थ द ध न
प फ ब भ म। य र ल व श
ष स ह

इन 33 अक्षरों को व्यंजन कहा जाता है।

इनके सिवा वर्णमाला में तीन अक्षर—क्ष, त्र, ज्ञ और हैं। ये संयुक्त व्यंजन कहलाते हैं और इनकी रचना क् + ष = क्ष, त् + र = त्र, ज् + ञ = ज्ञ द्वारा हुई है।

संस्कृत के स्वरों ऋ, लृ का प्रयोग हिन्दी में नहीं किया जाता। केवल ह्रस्व ऋ का प्रयोग ऋषि, ऋण, आदि लिखने में किया जाता है।

अनुस्वार और विसर्ग

अनुस्वार का चिन्ह स्वर के ऊपर एक बिन्दी (अं) तथा विसर्ग का चिन्ह स्वर के आगे दो बिन्दियाँ (अः) हैं। व्यंजनों के समान ही इनके उच्चारण में भी स्वर की आवश्यकता पड़ती है किन्तु अंतर यह है कि अनुस्वार और विसर्ग में स्वर पहले उच्चरित होता है, जबकि व्यंजनों के उच्चारण में स्वर बाद में आता है जैसे—अ + (ं) = अं, अ + (:) = अः, क् + अ = क, च् + अ = च।

चन्द्रबिन्दु

नासिका से उच्चरित होने वाले स्वरों के ऊपर अनुनासिक चिन्ह (ँ) चन्द्रबिन्दु लगाया जाता है जो वर्ण के साथ ही उच्चरित होता है, जैसे- कहाँ, साँड़ आदि।

शब्द-विचार

शब्द

सुनाई पड़ने वाली ध्वनि शब्द कहलाती है। शब्द की परिभाषा इस प्रकार है—एक या अधिक अक्षरों से बनी हुई स्वतंत्र सार्थक ध्वनि 'शब्द' कही जाती है। शब्द व्यक्त और अव्यक्त दो प्रकार के होते हैं—

(*i*) व्यक्त या वर्णात्मक शब्द—जिसमें वर्ण स्पष्ट सुनाई देते हैं, जैसे—राम, गऊ, हाथी।

(*ii*) अव्यक्त या ध्वन्यात्मक शब्द—इनमें वर्णों की स्पष्टता नहीं होती। ये शब्द यथासंभव

प्राय: ध्वनियों के अनुकरण पर निर्धारित होते हैं, जैसे—ढोल का बजना, ढमाढम; घोड़े का हिनहिनाना, बन्दर का खों-खों करना आदि।

व्यक्त या वर्णात्मक शब्दों के सार्थक और निरर्थक दो भेद होते हैं। व्याकरण के अन्तर्गत सार्थक शब्दों पर विचार किया जाता है।

हिन्दी के शब्द

हमारी भाषा (हिन्दी) में चार प्रकार के शब्द मिलते हैं जिनका वर्गीकरण निम्नलिखित है—

तत्सम : संस्कृत के वे शब्द जो हिन्दी में अपने मूल रूप में व्यवहृत होते हैं, जैसे—पिता, प्रभु, स्त्री, ग्रीष्म, वर्षा, गोशाला, उच्च आदि।

तद्भव : इन शब्दों का मूल संस्कृत ही है, किन्तु हिन्दी में इनका व्यवहार विकृत रूप में किया जाता है, जैसे—खेत (क्षेत्र), दूध (दुग्ध), सूरज (सूर्य), आग (अग्नि) आदि।

देशी या देशज : इन शब्दों को भाषा के विकास के साथ-साथ आवश्यकतानुसार गढ़ लिया गया है। इनमें बहुत-से शब्द ऐसे हैं जो क्षेत्रीय बोलियों अथवा अन्य भारतीय भाषाओं में से ले लिए गए हैं, जैसे—पाँव, नाक, खिड़की, जूता, पेट, पगड़ी आदि।

विदेशी : भारतीय शब्दों के अलावा अरबी, फारसी, फ्रेंच, पुर्तगीज तथा अंग्रेजी भाषा के ऐसे शब्द जो हिन्दी में यथावत् अथवा किंचित् परिवर्तन के साथ अपना लिए गए हैं, जैसे—स्कूल, पेन्सिल, पेन्शन, शरीफ, पादरी, गरीब, गवाह, मुसन्ना, दस्ती आदि।

शब्दों की व्युत्पत्ति

व्युत्पत्ति के अनुसार शब्दों के तीन भेद माने जाते हैं—रूढ़, यौगिक और योगरूढ़।

रूढ़ या रूढ़ि: ऐसे शब्द जिनमें केवल एक ही अर्थ का बोध होता है और उनके खण्ड करने पर कोई ठीक अर्थ नहीं निकलता, रूढ़ शब्द कहलाते हैं, जैसे—गऊ, घोड़ा, पानी, गौरैया आदि।

यौगिक : दो सार्थक शब्दों के संयोग अथवा प्रकृति और प्रत्यय की सहायता से बने शब्द यौगिक कहलाते हैं, जैसे—पाठशाला, घुड़सवार, रसोईघर, अतिथिगृह आदि।

योगरूढ़ या योगरूढ़ि : ऐसे यौगिक शब्द जो किसी विशेष अर्थ के द्योतक होते हैं, योगरूढ़ कहलाते हैं, जैसे—रामकहानी (आत्मकथा), वारिज (कमल), राजपूत (क्षत्रिय), गजानन (गणेश) आदि।

शब्दों का रूपान्तरण

संज्ञा, सर्वनाम, विशेषण और क्रिया—ये चार प्रकार के ऐसे शब्द होते हैं जिनका स्वरूप लिंग, वचन, कारक के अनुसार बदल जाता है। इस प्रकार के शब्दों को **विकारी** कहा जाता है, जैसे—बालक, मैं, तुम, लिखना, जाना आदि। कुछ ऐसे शब्द होते हैं जैसे—क्रिया विशेषण, संबंध बोधक, योजक, विस्मयादि बोधक जिनका रूप परिवर्तन नहीं होता, उन्हें **अविकारी** कहा जाता है, जैसे—अब, ओह, अहा, वाह-आदि।

शब्दों का व्याकरणिक विवेचन

वाक्य में प्रयोग के अनुसार व्याकरणिक दृष्टि से शब्दों के आठ भेद माने गए हैं—(1) संज्ञा, (2) सर्वनाम, (3) विशेषण, (4) क्रिया, (5) क्रियाविशेषण, (6) सम्बन्ध-सूचक, (7) समुच्चय-बोधक, (8) विस्मयादि-बोधक।

1. संज्ञा (Noun) : किसी पदार्थ, नाम, भाव अथवा स्थान का बोध कराने वाले शब्द संज्ञा

कहे जाते हैं। संज्ञा के प्रमुख तीन भेद नीचे दिए गए हैं—

(अ) जिस शब्द से किसी एक पदार्थ, व्यक्ति अथवा स्थान का बोध होता है उसे व्यक्तिवाचक संज्ञा कहा जाता है, जैसे—कंगन, राजेन्द्र प्रसाद, वाराणसी, यमुना आदि।

(आ) किसी जाति अथवा सम्पूर्ण पदार्थ का बोध कराने वाले शब्द जातिवाचक संज्ञा के अन्तर्गत माने जाते हैं, जैसे—मानव, स्वर्ण, सरिता, भवन आदि।

(इ) गुण, स्वभाव, व्यापार, मनोभाव आदि प्रदर्शित करने वाले शब्दों की गणना भाववाचक संज्ञा के अन्तर्गत की जाती है, जैसे—मिठास, नमकीन, सुन्दरता, शीतलता, उष्णता आदि।

2. सर्वनाम (Pronoun) : संज्ञा के स्थान पर प्रयुक्त होने वाले शब्द सर्वनाम कहलाते हैं। ये शब्द संज्ञा की पुनरुक्ति का निराकरण करते हैं। इसके प्रमुख छ: भेद हैं—

(i) पुरुषवाचक :

(क) उत्तम पुरुष—मैं, हम, हम सब।

(ख) मध्यम पुरुष—तू, तुम, आप। बहुवचन में इनका प्रयोग तुम सब, आप लोग करके होता है, केवल 'आप' का प्रयोग भी बहुवचन में किया जाता है।

(ग) अन्य पुरुष—वक्ता, श्रोता से जिस व्यक्ति के विषय में चर्चा करता है वह अन्य पुरुष कहलाता है। जैसे—वह, वे आदि।

(ii) निजवाचक : इस सर्वनाम का चिह्न 'आप' है किन्तु, इसका पुरुषवाचक सर्वनाम से भिन्न प्रयोग किया जाता है। निजवाचक 'आप' सर्वनाम अपने स्वयं (खुद) के लिए प्रयुक्त होता है। जैसे—मैं/आप वहाँ नहीं गया था, इस वाक्य का तात्पर्य अपने स्वयं के किसी स्थान पर न जाने से है। 'आप भूले, उस्ताद को लगाम' कहावत में 'आप' निजवाचक है। इसका तात्पर्य अपनी स्वयं की गलती किसी और के सिर मढ़ देने से है।

(iii) निश्चयवाचक : कहने वाला जिस शब्द के द्वारा किसी वस्तु की निश्चयात्मक समीपता अथवा दूरी व्यक्त करता है उसे निश्चयवाचक सर्वनाम कहा जाता है, जैसे—यह, ये, वह, वे, सो आदि।

(iv) अनिश्चयवाचक : जिस शब्द के द्वारा किसी वस्तु का निश्चयात्मक बोध नहीं होता उसे अनिश्चयवाचक सर्वनाम कहा जाता है जैसे—कोई आ रहा है, कुछ लोग परस्पर बातचीत कर रहे हैं। इन दोनों वाक्यों में कोई, कुछ शब्द अनिश्चयवाचक हैं।

(v) सम्बन्धवाचक : जिस शब्द से किन्हीं दो भिन्नार्थी बातों का सम्बन्ध दिखाया जाता है उसे सम्बन्धवाचक सर्वनाम कहते हैं, जैसे—जो, सो, इत, उस, जैसी-वैसी। 1. जो सोवत है सो खोवत है। 2. इत रावण उत राम दुहाई। 3. जैसी करनी वैसी भरनी।

(vi) प्रश्नवाचक सर्वनाम : जिस सर्वनाम से किसी प्रश्न का बोध होता है, उसे प्रश्नवाचक सर्वनाम कहते हैं। जैसे—कौन, क्या।

1. क्या खाया जा रहा है?
2. कौन आ रहा है?
3. किसने तुम्हें बताया?
4. किसकी हिम्मत है जो मुझे बुलाए?

लिंग भेद से सर्वनाम शब्दों में कोई परिवर्तन नहीं होता। स्त्रीलिंग व पुल्लिग ये शब्द समान रहते हैं। मैं, तू, वह, यह इन चार सर्वनामों में वाचक के आधार पर सामान्य परिवर्तन होता है।

3. विशेषण (Adjective) : वाक्य में जो शब्द संज्ञा या सर्वनाम की विशेषता प्रकट करता है उसे विशेषण कहा जाता है। हिन्दी में विशेषण चार प्रकार के होते हैं—

1. गुणवाचक (Adjective of quality)
2. संख्यावाचक (Adjective of number)
3. परिमाणवाचक (Adjective of quantity)
4. संकेतवाचक (Demonstrative adjective)

1. संज्ञा या सर्वनाम का गुण (रंग, आकार, प्रकृति आदि) बताने वाला विशेषण गुणवाचक कहलाता है। जैसे—नीला कोट, ऊँचा पर्वत, हँसमुख लड़का। इस विशेषण के अन्तर्गत दिशा, दशा तथा किसी देश के निवासी अथवा उससे सम्बन्धित किसी वस्तु का बोध कराने वाले शब्द भी सम्मिलित हैं।
2. संख्यावाचक विशेषण संख्या की सूचना देते हैं, जैसे—पाँच किलो लड्डू, सौ ग्राम घी।
3. परिमाणवाचक विशेषण के अन्तर्गत परिमाण (माप) बताने वाले शब्द आते हैं, जैसे—थोड़ा, बहुत, गजों, किलो आदि।
4. संकेतवाचक विशेषण वे शब्द होते हैं जिनमें कोई संकेत या निर्देश प्रकट होता है, जैसे—यह पुस्तक, वह व्यक्ति, ऐसा रास्ता, वैसा राज्य। संकेतवाचक विशेषण को सर्वनामी विशेषण भी कहा जाता है।

तुलना : किन्हीं दो या दो से अधिक वस्तुओं के मध्य गुण-दोष बताने की प्रक्रिया को तुलना कहते हैं। तुलना के आधार पर विशेषणों की तीन अवस्थाएँ होती हैं—मूलावस्था (Positive degree), उत्तरावस्था (Comparative degree), उत्तमावस्था (Superlative degree)।

1. मूलावस्था के विशेषण में गुण-दोषों की तुलना नहीं की जाती। जैसे—राम निपुण है।
2. उत्तरावस्था के विशेषण में दो की तुलना करके एक को श्रेष्ठ बताया जाता है जैसे चन्द्रमौलि, नीरद से अधिक योग्य है। इस अवस्था में कभी-कभी विशेषण के साथ 'तर' प्रत्यय भी लगाया जाता है।
3. उत्तमावस्था के विशेषण में पहले 'सबसे' या 'सबमें' शब्द लगाया जाता है, जैसे—गऊ सबसे उपयोगी पशु है। वह पुस्तक सबमें श्रेष्ठ है। विशेषण की इस अवस्था में 'तम' प्रत्यय भी जोड़ा जाता है। जैसे सरलतम, प्रियतम, उत्तम आदि।

4. क्रिया (Verb) : जिस शब्द से किसी कार्य या व्यापार के होने का बोध होता है उसे क्रिया कहते हैं, जैसे—उठना, बैठना, लिखना, पढ़ना, आना, जाना आदि। इन शब्दों से किसी कार्य के होने का पता चलता है। क्रिया के दो भेद माने गए हैं—सकर्मक और अकर्मक। इन दो भेदों के अतिरिक्त इसके पाँच और भेद होते हैं—1. संयुक्त क्रिया, 2. अपूर्ण क्रिया, 3. प्रेरणार्थक क्रिया, 4. सहायक क्रिया, 5. पूर्वकालिक क्रिया। उपर्युक्त सभी प्रकार की क्रियाओं के उदाहरण नीचे दिए जाते हैं—

1. 'श्यामा पुस्तक लिखती है।' इस वाक्य में कर्त्ता के व्यापार का फल स्वयं कर्त्ता पर नहीं वरन् कर्म (पुस्तक) पर पड़ता है, अतएव इसकी क्रिया सकर्मक है।

2. 'नीरद दौड़ता है।' इस वाक्य में दौड़ने का कार्य नीरद करता है और उसका फल भी उसी पर पड़ता है, अतएव इस वाक्य की क्रिया अकर्मक है।
3. 'राधा न पानी पी लिया।' इस वाक्य में 'पी लिया' क्रिया पानी तथा लेना दो अलग-अलग क्रियाओं से बनी है, अतएव यह संयुक्त क्रिया है।
4. 'श्याम उसको योग्य समझता है।' इस वाक्य में 'उसको' कर्म के होते हुए भी वाक्य की पूर्णता संदिग्ध है। भाव की पूर्णता के लिए 'योग्य' शब्द रखने की आवश्यकता पड़ी है। इस प्रकार के वाक्य में व्यवहृत क्रिया अपूर्ण कहलाती है।
5. 'राम ने (मोहन से) पत्र पढ़वाया।' इस वाक्य में पढ़वाया प्रेरणार्थक क्रिया है। इसका वास्तविक कर्त्ता कोष्ठक में दिखाया गया है जो वाक्य में प्रयुक्त कर्त्ता की प्रेरणा से कार्य कर रहा है।
6. 'राम अपने चाचा के साथ रहता है।' इस वाक्य में 'है' मुख्य क्रिया के साथ गौण रूप से प्रयुक्त हुआ, अतएव यह सहायक क्रिया है जो समय की स्थिति बताता है। सामान्य रूप से सहायक क्रियाएँ काल का बोध कराने के लिए व्यवहृत होती हैं जो है, हैं, था, थे, थी, गा, गे, गी लगाकर बनाई जाती हैं।

5. क्रियाविशेषण (Adverb) : जिस शब्द (अविकारी) से क्रिया की विशेषता प्रकट होती है उसे क्रियाविशेषण कहते हैं, जैसे—'धीरे चलो।' इस वाक्य में 'धीरे' शब्द 'चलना' क्रिया की विशेषता बताता है।

क्रिया विशेषण चार प्रकार के होते हैं—

1. स्थानवाचक, 2. कालवाचक, 3. परिमाणवाचक, 4. रीतिवाचक।

स्थानवाचक : यहाँ, वहाँ, बाहर, भीतर, ऊपर, नीचे आदि।

कालवाचक : कल, परसों, आज, अभी, तब, जब, बार-बार, प्रातः, सायं आदि।

परिमाणवाचक : बहुत, कम, बिलकुल, सर्वथा, मनों, सेरों आदि।

रीतिवाचक : यथा, तथा, सचमुच, एकाएक, स्वयं आदि।

6. सम्बन्ध-बोधक (Preposition) : जो शब्द किसी संज्ञा या सर्वनाम के आगे-पीछे प्रयुक्त होकर उसका सम्बन्ध वाक्य के किसी अन्य शब्द से कराएँ उन्हें सम्बन्ध-बोधक कहा जाता है, जैसे—मोहन बाजार तक गया। इस वाक्य में 'तक' शब्द, 'बाजार' का सम्बन्ध 'गया' से कराता है, इसलिए सम्बन्ध-बोधक है।

प्रयोग के अनुसार सम्बन्ध-बोधक शब्द दो प्रकार के होते हैं—

1. संबद्ध, 2. अनुबद्ध।

सम्बद्ध सम्बन्ध-बोधक प्रायः कारकों के पीछे आते हैं। जैसे—लक्ष्मण राम के साथ वन गए। मोहन छत के नीचे सोया है।

अनुबद्ध सम्बन्ध-बोधक संज्ञा के विकृत रूप के साथ प्रयुक्त होते हैं। जैसे—मित्रों सहित, किनारे तक आदि।

7. समुच्चय-बोधक या योजक (Conjunction) : अव्यय या अविकारी शब्द, जो दो शब्दों, दो वाक्यों अथवा दो वाक्य खण्डों को परस्पर मिलाते हैं अथवा उनका पारस्परिक सम्बन्ध स्थापित करते हैं, उन्हें समुच्चय-बोधक या योजक कहते हैं। जैसे—

मैं **और** तुम कुछ खा-पीकर पढ़ें। तुम अकेले नहीं **वरन्** तुम्हारा साथी भी पास हो गया। तुम नहीं पढ़े तो न सही **किन्तु** तुम्हारा भाई क्यों नहीं पढ़ता। उक्त वाक्यों में और, वरन्, किन्तु, शब्द समुच्चय-बोधक या योजक हैं।

8. विस्मयादि-बोधक (Interjection) : जो शब्द हर्ष, शोक, आश्चर्य, घृणा, ग्लानि, भय आदि भावों को सहसा व्यक्त करते हैं, उन्हें विस्मयादि-बोधक (Exclamatory) कहा जाता है। जैसे—अहा, ओह, छि: छि:, उफ आदि।

ये शब्द, वाक्य में स्वतंत्र रूप से प्रयुक्त किए जाते हैं। वाक्य के अन्य शब्दों के साथ इनका सम्बन्ध नहीं होता। ऐसे शब्द विविध मनोविकारों को सूचित करते हैं और इनका प्रयोग प्राय: निम्नलिखित दशाओं में किया जाता है—

1. हर्षबोधक—अहा! मौसम कितना सुहावना है।
2. शोकसूचक—हाय! यह क्या हो गया।
3. आश्चर्य अथवा विस्मय बोधक—ओह! इतना बड़ा सर्प।
4. अनुमोदनार्थ
   1. अच्छा! आप आज ही श्रीलंका जा रहे हैं।
   2. ठीक! आपका विचार सुन्दर है।
5. तिरस्कार हेतु
   1. छि:! आप ऐसा घृणित कार्य करते हैं।
   2. हट! गंदी बात मत कर।
6. स्वीकार बोधक
   1. हाँ! आप जा सकते हैं।
   2. जी हाँ! मैं पाठशाला गया था।
7. सम्बोधित करने में
   1. हे भगवन्! मैं आपकी शरण में हूँ।
   2. अजी! आप भी क्या कहते हैं।
   3. अरे! तू इतनी जल्दी आ गया।

उक्त आठ प्रकार के शब्दों को दो प्रमुख भागों (1) विकारी (Declinable), तथा (2) अविकारी (Indeclinable) में भी बाँटा जाता है।

1. विकारी : यह ऐसे शब्द होते हैं जिनमें विकार अथवा कुछ परिवर्तन होता है—संज्ञा, सर्वनाम, विशेषण, क्रिया—ये चार विकारी कहे जाते हैं क्योंकि लिंग, वचन, कारक आदि के अनुसार इनके रूप में विकार अथवा परिवर्तन होता रहता है, जैसे—

संज्ञा— लड़का, लड़के ने, लड़कों के लिए।
सर्वनाम — वह, वे, उस, उन, उन्होंने।
विशेषण— काला, काले, काली।
क्रिया — जाता है, जाते हैं, जाती है, गए, गया, जाएगा।

2. अविकारी : वे शब्द हैं, जो सदा एक जैसे रहते हैं, अर्थात् जिनमें कभी कोई परिवर्तन नहीं होता। क्रियाविशेषण (Adverb), सम्बन्ध-बोधक (Preposition), समुच्चय-बोधक अथवा योजक (Conjunction) तथा विस्मयादि-बोधक (Interjection) ऐसे ही शब्द हैं जिन्हें अविकारी कहा जाता है। इनके उदाहरण इस प्रकार हैं—

क्रियाविशेषण — काला, काले, काली।
सम्बन्ध-बोधक — ऊपर, आगे, पीछे।
समुच्चय-बोधक अथवा योजक — और, किन्तु, यदि।
विस्मयादि-बोधक — अहा, हा, छि:, अरे, वाह-वाह।

अर्थ के विचार से शब्दों के भेद
(Kinds of Words according to their Meaning)

अर्थ के विचार से शब्दों के तीन भेद हैं—

1. वाच्यार्थक (Narrative), 2. लक्ष्यार्थक (Indicative), 3. व्यंजनार्थक (Suggestive)।

1. वाच्यार्थक : रूढ़िगत तथा प्रचलित एवं लोक-प्रसिद्ध अर्थ को बताने वाले शब्द वाच्यार्थक कहे जाते हैं। जैसे—वह मेरी बैलगाड़ी है, यह राम की गाय है।

इन वाक्यों में बैलगाड़ी तथा गाय का प्रयोग उनके प्रचलित अर्थों में किया गया है। इसलिए इन्हें वाच्यार्थक शब्द कहा जाता है।

2. लक्ष्यार्थक : लोक-प्रसिद्ध अथवा प्रचलित अर्थ न लेकर जब किसी शब्द का कोई अन्य अर्थ निकाला जाता है तो वे शब्द लक्ष्यार्थक कहे जाते हैं। जैसे—वह निरा बैल है। आभा सीधी गाय है।

यहाँ बैल का अर्थ उजड्ड, गँवार तथा गाय का अर्थ सीधे और भोलेपन एवं उसकी उपयोगिता से लिया गया है। यहाँ बैल अथवा गाय शब्द अपने प्रचलित अर्थ का बोध नहीं कराते।

3. व्यंजनार्थक : जिन शब्दों के अर्थ न तो वाच्य हों और न लक्ष्य वरन् अन्य किसी गंभीर अर्थ का संकेत देते हों तो वे व्यंजनार्थ कहे जाते हैं। इनमें एक प्रकार के व्यंग्य की व्यंजना होती है। जैसे—आप तो विद्यासागर हैं, यहाँ विद्यासागर कहना यह दर्शाता है कि व्यक्ति महामूर्ख है। इसी प्रकार किसी को महापंडित कहना भी मूर्खता-सूचक माना जाता है। व्यंजनार्थी शब्दों का प्रयोग अन्य प्रकार से भी किया जाता है। जैसे—अरे! प्रात:काल हो गया है।

यहाँ प्रात:काल होने का अर्थ शैय्या का परित्याग करना, नित्य कर्म से निवृत्त होकर स्नानादि करने के पश्चात् काम पर चलने से होता है। इसके साथ ही प्रात:काल होने का अर्थ सचेत होने से भी लिया जाता है। इस संदर्भ में गांधी जी का एक प्रसिद्ध और प्रिय भजन भी यही प्रेरणा देता है, जिसमें प्रात:काल के लिए 'भोर भयो' शब्द का प्रयोग किया गया है—

उठ जाग मुसाफिर भोर भयो
अब रैन कहाँ जो सोवत है,
जो सोवत है सो खोवत है,
जो जागत है सो पावत है।

इस प्रकार उपर्युक्त विवेचन से वाचिक, लाक्षणिक एवं व्यंग्यार्थक शब्दों का आशय स्पष्ट हो जाता है।

स्वर के भेद

स्वर तीन प्रकार के होते हैं—

1. ह्रस्व स्वर (Short Vowels)
2. दीर्घ स्वर (Long Vowels)
3. प्लुत स्वर (Protracted-sound Vowels)।

1. ह्रस्व स्वर : जिन स्वरों के उच्चारण में कम समय लगता है उन्हें **ह्रस्व स्वर** कहा जाता है। जैसे—अ, इ, उ, ऋ। इन स्वरों का दूसरा नाम मूल स्वर भी है, क्योंकि इनमें किसी और ध्वनि का मिश्रण नहीं है।

2. दीर्घ स्वर : जिन स्वरों के उच्चारण में मूल स्वर से दुगुना समय लगता है उन्हें **दीर्घ स्वर** कहा जाता है। जैसे—आ, ई, ऊ, ए, ऐ, ओ, औ। इनमें दो-दो स्वर मिले होते हैं—(अ+अ=आ), (इ+इ=ई), (उ+उ=ऊ), (अ+इ=ए), (अ+ए=ऐ), (अ+उ=ओ), (अ+ओ=औ)। इसीलिए इन्हें दीर्घ स्वरों के अलावा संयुक्त या संधि स्वर भी कहा जाता है।

3. प्लुत स्वर : जिन स्वरों के उच्चारण में ह्रस्व से तिगुना समय लगे, वे प्लुत स्वर कहलाते हैं। किसी को दूर से पुकारने में इन स्वरों का प्रयोग किया जाता है। इनको प्रकट करने के लिए ह्रस्व या दीर्घ स्वर के आगे तीन (३) का अंक लगाया जाता है। जैसे—ओ३म्, हे प्रभो३, हे राम३ आदि।

मात्रा काल : किसी स्वर का उच्चारण करने में जितना समय लगता है उसे मात्रा काल कहा जाता है। ह्रस्व स्वर में एक मात्रा काल, दीर्घ स्वर में दो मात्रा काल तथा प्लुत स्वर में तीन मात्रा काल का समय लगता है।

मात्राएँ (Vowel Marks)

अ आ इ ई उ ऊ ऋ ॠ ए ऐ ओ औ
ा ि ी ु ू ृ े ै ो ौ

'अ' की पृथक् मात्रा नहीं होती। व्यंजन का हल् न होना ही इसका बोधक है अर्थात् प्रत्येक व्यंजन में 'अ' का संयोग ज़रूर होता है। जैसे— क, च, ट, त आदि।

मात्रायुक्त व्यंजनों का स्वरूप इस प्रकार होगा—

क का कि की कु कू कृ क के कै को कौ। वैदिक ध्वनियों को छोड़ कर आमतौर से 'ॠ' 'लृ' ध्वनि का प्रयोग नहीं किया जाता। अनुस्वार तथा विसर्ग ध्वनियों का प्रयोग नीचे लिखे अनुसार किया जाता है—

शं, सः

व्यंजनों के भेद

स्वरों की तरह व्यंजनों के भी तीन भेद होते हैं जिन्हें क्रमशः 1. स्पर्श (Mutes), 2. अन्तस्थ (Semi Vowel), 3. ऊष्म (Sibilants) कहा जाता है।

1. स्पर्श : हिन्दी वर्णमाला के 25 वर्ण 'क' से लेकर 'म' पर्यन्त स्पर्श कहे जाते हैं। पाँच-पाँच वर्णों के समूह को वर्ग कहा जाता है। जैसे— कवर्ग, चवर्ग, टवर्ग, तवर्ग एवं पवर्ग।

2. अन्तस्थ : य, र, ल, व, इन वर्णों को अन्तस्थ कहा जाता है।

3. ऊष्म : श, स, ष, ह इन चार वर्णों को ऊष्म कहा जाता है।

'क' से लेकर 'म' तक उच्चरित वर्णों में जिह्वा का मुख के अलग-अलग हिस्सों में स्पर्श होता है, इसलिए इन्हें स्पर्श कहा जाता है।

य, र, ल, व अन्तस्थ इसलिए कहे जाते हैं क्योंकि ये स्वर तथा व्यंजन दोनों के मध्य में स्थित हैं। इनके उच्चारण में जीभ का पूरा स्पर्श मुख के किसी विशेष भाग से नहीं होता। इन्हें आधा स्वर भी कहा जाता है। अन्तस्थ का आशय है— अन्तः=बीच में, स्थ=स्थित है।

श, ष, स, ह को ऊष्म स्वर इसलिए कहा जाता है क्योंकि इनका उच्चारण करने में श्वास की प्रबलता रहती है तथा बोलते समय सीटी की-सी ध्वनि निकलती है। वायु की रगड़ खाने से इनमें ऊष्मा (गर्मी) उत्पन्न होती है अतएव इन्हें ऊष्म स्वर कहा जाता है।

अल्पप्राण और महाप्राण वर्ण : जिन व्यंजनों के उच्चारण में वायु कम मात्रा में बाहर निकलती है, उन्हें **अल्पप्राण** कहा जाता है। वर्गों के पहले, तीसरे और पाँचवें वर्ण को अल्पप्राण कहा जाता है। जैसे—क, ग, ङ आदि।

जिन व्यंजनों के उच्चारण में वायु अधिक मात्रा में बाहर निकलती है वे **महाप्राण** कहे जाते हैं। वर्गों के दूसरे तथा चौथे वर्ण महाप्राण होते हैं। जैसे—छ, झ, आदि।

सघोष और अघोष वर्ण : फेफड़ों से निकलकर मुख तथा नासिका-विवर में आने वाली वायु के द्वारा ध्वनियाँ उच्चरित होती हैं। फेफड़ों से आती वायु के निकलते समय यदि मुँह न तो सर्वथा बन्द हो और न इतना सँकरा हो कि वायु रगड़ खाकर बाहर आए (जैसे—श-स के उच्चारण में) तथा न मुख विवर की मध्य रेखा पर जिह्वा

द्वारा ऐसी बाधा पड़े कि वायु को बगल से निकलना पड़े (जैसे—ल् के उच्चारण में) तो स्वरों का उच्चारण होता है (संक्षेप में स्वरों के उच्चारण में वायु बिना बाधा के निकलती है) सामान्य रूप से सभी स्वर **सघोस** होते हैं।

जब वर्ण का उच्चारण करते समय मुँह को बन्द करके फिर खोला जाता है अथवा इतना सँकरा कर लिया जाता है कि वायु रगड़ खाकर बाहर आए या मुख विवर के मध्य रेखा पर वायु को जिह्वा द्वारा इस तरह रोका जाए कि वायु को बगल से निकलना पड़े तो व्यंजनों का उच्चारण होता है। वर्गों के तीसरे, चौथे और पाँचवें वर्ण तथा य र ल व **सघोष** होते हैं तथा वर्गों के पहले, दूसरे वर्ण तथा श ष स ह **अघोष** होते हैं।

परम्परागत प्रयत्न तालिका

अभ्यान्तर प्रयत्न	वर्ण	बाह्य प्रयत्न	
स्पष्ट प्रयत्न	क च ट त प	अल्पप्राण	अघोष
	ख छ ठ थ फ	महाप्राण	
	ग ज ड द ब	अल्पप्राण	
	घ झ ढ ध भ	महाप्राण	अघोष
	ङ ञ ण न म	अल्पप्राण	
ईषत्स्पृष्ट (अन्तर्स्थ)	य र ल व	अल्पप्राण	घोष
विवृत (स्वर)	अ आ इ ई उ ऊ ऋ		
	ॠ लृ ए ऐ ओ औ	(अल्पप्राण)	घोष
ईषद् विवृत (ऊष्म)	श ष स ह	(महाप्राण)	अघोष

प्रयत्न : प्रत्येक ध्वनि का उच्चारण करने में किसी उच्चारण अवयव को कुछ विशेष ढंग की चेष्टा करनी पड़ती है। इस चेष्टा को ही **प्रयत्न** कहा जाता है। प्रयत्न के अनुसार व्यंजन आठ प्रकार के होते हैं। जैसे—(1) स्पर्श, (2) संघर्षी, (3) स्पर्श संघर्षी, (4) अनुनासिक, (5) पार्श्विक, (6) प्रकंपी, (7) उत्क्षिप्त, (8) अर्द्धस्वर। इन आठ प्रकार के प्रयत्नों के उदाहरण इस प्रकार हैं—

स्पर्श — क ख ग घ
संघर्षी — ग ल ह
स्पर्ष संघर्षी — च छ ज झ
अनुनासिक — ङ ञ ण न म
पार्श्विक — ल्
प्रकंपी — र
उत्क्षिप्त — ड़ ढ़
अर्द्ध स्वर — य तथा व

लिंग

हिन्दी में केवल दो लिंग होते हैं, जिन्हें पुल्लिग तथा स्त्रीलिंग कहा जाता है। संस्कृत की भांति इसमें नपुंसक अथवा क्लीव लिंग नहीं होता। कोई भी संज्ञा पुल्लिग है अथवा स्त्रीलिंग, इसका ज्ञान वाचक शब्दों अथवा उनकी रचना से होता है। नरवाची शब्द पुल्लिग तथा नारीवाची शब्द स्त्रीलिंग होते हैं। जैसे—

पुल्लिंग	स्त्रीलिंग
पिता	माता
भाई	बहन
पति	पत्नी
बैल	गाय
शेर	शेरनी
राम	सीता

कुछ समूहवाची संज्ञाएँ प्रयोगानुसार पुल्लिंग तथा स्त्रीलिंग दोनों होती हैं—

पुल्लिंग	स्त्रीलिंग
परिवार	सेना
मण्डल	सभा
समूह	सरकार
दल	पार्टी
समाज	प्रजा

रचना के अनुसार संज्ञाओं का लिंग निर्धारण कठिन कार्य है। सामान्य रूप में जो शब्द विशालता, शक्ति, कठोरता अथवा उत्तमता के द्योतक होते हैं, वे पुल्लिंग होते हैं और जो निर्बलता, लघुता अथवा क्षीणता प्रकट करते हैं, वे स्त्रीलिंग होते हैं। जैसे—

पुल्लिंग	स्त्रीलिंग
जहाज	नौका
पर्वत	उपत्यका
शिखर	लता
सागर	सरिता

पुल्लिंग : हिन्दी के ऐसे शब्द जिनके अन्त में आ, ना, आव, पन, पा अथवा आन प्रत्यय होते हैं वे प्रायः पुल्लिंग होते हैं—

(आ) : बुढ़ापा, कपड़ा, आटा, नया, पुराना, खरा, खोटा, ऊँचा, नीचा आदि।

(ना) : आना, जाना, खाना, पीना, उठना, बैठना, रोना, धोना आदि।

(आव) : उतराव, चढ़ाव, पड़ाव, प्रभाव, बढ़ाव आदि।

(पन) : बचपन, बड़प्पन, छुटपन आदि।

(पा) : मोटापा, रंडापा (Widow-hood) आदि।

(आन) : पहचान, उठान, ढलान, मिलान, लगान आदि।

ऐसी संज्ञाएँ जिनके अन्त में त्व, त्य, व्य, र्य, त्र होता है वे पुल्लिंग होती हैं। जैसे—महत्व, लघुत्व, अमात्य, नृत्य, कर्त्तव्य, नव्य, माधुर्य, चातुर्य, चरित्र, विचित्र आदि।

अकारान्त संज्ञाएँ पुल्लिंग होती हैं, किन्तु इसके अपवाद भी हैं, जैसे—नाक, कलम, जीभ, देह, दीवार आदि संज्ञाएँ अकारान्त होने पर भी स्त्रीलिंग के अन्तर्गत आती हैं। सप्ताह के दिन तथा भारतीय संवत्सर के 12 महीने पुल्लिंग हैं।

वृक्षों में आम, कटहल, शीशम, बरगद, सागौन, शाल आदि पुल्लिंग हैं जबकि, इमली, नीम आदि स्त्रीलिंग माने जाते हैं।

अनाजों में चना, चावल, जौ, गेहूँ, बाजरा, तिल, उड़द आदि पुल्लिंग के अन्तर्गत आते हैं, किन्तु दालों में अरहर, मूंग, मटर तथा अनाजों में ज्वार आदि स्त्रीलिंग माने जाते हैं।

स्त्रीलिंग : इकारान्त तथा ईकारान्त संज्ञाएँ प्रायः स्त्रीलिंग होती हैं—

इकारान्त—मति, धृति, गति, रति, इति आदि।

ईकारान्त—विनती, बाती, चिट्ठी, टोपी, घड़ी, धोती, खिड़की आदि; किन्तु पानी, मोती, दही आदि संज्ञाएँ अपवाद हैं।

संस्कृत के तत्सम आकारान्त शब्द स्त्रीलिंग होते हैं—दया, कृपा, प्रार्थना, माला, आत्मा आदि।

जिन संज्ञाओं के अन्त में ट, त, हट, वट, ता आदि प्रत्यय आते हैं, वे स्त्रीलिंग होती हैं—

(ट) : हाट, बाट, खाट आदि।

(त) : लात, घात, मात आदि।

(हट) : चिकनाहट, घबराहट, सकपकाहट आदि।

(वट) : बनावट, सजावट, लिखावट आदि।

(ता) : शीतलता, भव्यता, गुरुता आदि।

अरबी, फारसी के तकारान्त शब्द प्राय: स्त्रीलिंग होते हैं—छत, बगावत, दवात, तबीअत आदि।

कुछ पक्षी बिना नर-मादा के भेद के पुल्लिग व स्त्रीलिंग में माने जाते हैं। जैसे—कौआ, कबूतर, तोता (पुल्लिग); चील, गौरेया, मैना, सारस (स्त्रीलिंग)।

पुल्लिग शब्दों से स्त्रीलिंग बनाने के नियम

1. 'अ' अथवा 'अकारान्त' शब्दों की जगह 'ई' जोड़ देने से—

पुल्लिग	स्त्रीलिंग
बेटा	बेटी
चाचा	चाची
घोड़ा	घोड़ी
बकरा	बकरी

2. 'अ' की जगह 'इया' जोड़ देने से—

पुल्लिग	स्त्रीलिंग
बूढ़ा	बुढ़िया
चूहा	चुहिया
डिब्बा	डिबिया
फोड़ा	फुड़िया

3. 'अ' की जगह 'इन' जोड़ देने से—

पुल्लिग	स्त्रीलिंग
लुहार	लुहारिन
मालिक	मालकिन
बाघ	बाघिन

4. 'अ' की जगह 'नी' अथवा 'आनी' जोड़ देने से—

पुल्लिग	स्त्रीलिंग
हंस	हंसिनी
ऊँट	ऊँटिनी
मोर	मोरनी
नौकर	नौकरानी
देवर	देवरानी

5. कुछ पुल्लिग शब्दों के आगे 'न' जोड़ देने से—

पुल्लिग	स्त्रीलिंग
दूल्हा	दुल्हिन
धोबी	धोबिन
नाई	नाइन
नाती	नातिन

विशेष : उक्त नियम में पुल्लिग से स्त्रीलिंग बनाते समय 'आ' का 'अ' तथा 'ई' का 'इ' में परिवर्तन ध्यान देने योग्य है।

6. पुल्लिग संज्ञाओं के साथ 'आइन' जोड़ देने से—

पुल्लिग	स्त्रीलिंग
पंडित	पंडिताइन
ठाकुर	ठकुराइन
सुकुल	सुकुलाइन
लाला	ललाइन

7. बहुत-सी ऐसी संज्ञाएँ भी हैं जिनके स्त्रीलिंग उपर्युक्त नियमानुसार नहीं बनते वरन् उनके पुल्लिग व स्त्रीलिंग पृथक्-पृथक् होते हैं। जैसे—

पुल्लिंग	स्त्रीलिंग
राजा	रानी
पिता	माता
बैल	गाय
वर	वधू
भाई	बहन
विद्वान्	विदुषी
कवि	कवयित्री

प्रारम्भ में हिन्दी भाषा का लिंग ज्ञान अन्य भाषा-भावियों को कठिन प्रतीत होता है, किन्तु अभ्यास से यह कठिनाई शीघ्र हल हो जाती है।

कारक

कारक वे चिह्न हैं जिनके जुड़ने से संज्ञा अथवा सर्वनाम का क्रिया के साथ सम्बन्ध दिखाया जाता है। संक्षेप में, यदि कहा जाये तो कारक का अर्थ क्रिया से सम्बन्ध दर्शाने वाला होता है। कारक के संकेत सूचक चिह्नों को विभक्ति कहते हैं। हिन्दी में कारकों की संख्या आठ मानी जाती है। संस्कृत में भी इनकी यही संख्या है। हिन्दी के कारकों तथा उनके सूचक चिह्नों (विभक्ति या परसर्ग) को नीचे दिया गया है—

कारक	विभक्ति या परसर्ग
कर्त्ता	ने
कर्म	को
करण	से, के, द्वारा
सम्प्रदान	के लिए, को
अपादान	से
सम्बन्ध	का, के, की
अधिकरण	में, पर
सम्बोधन	हे, अरे, हो

काल

क्रिया व्यापार के बोधक समय को काल कहते हैं। काल, कार्य होने के समय का द्योतक है। इसके मुख्यतः तीन भेद होते हैं—1. वर्तमान काल, 2. भूतकाल, 3. भविष्यकाल। कार्य की पूर्णता और अपूर्णता को दृष्टिगत रख कर वर्तमान तथा भूतकाल के दो-दो भेद और माने गए हैं जिन्हें अपूर्ण वर्तमान व पूर्ण वर्तमान तथा अपूर्ण भूत व पूर्ण भूत कहा जाता है।

संस्कृत भाषा में भूतकाल व भविष्य काल का और भी सूक्ष्मता से विचार किया गया है। उसमें भूतकाल के छः प्रमुख भेद स्थिर किए गए हैं जो इस प्रकार हैं—

1. सामान्य भूत, 2. आसन्न भूत, 3. पूर्ण भूत, 4. अपूर्ण भूत, 5. संदिग्ध भूत, 6. हेतुहेतुमद् भूत।

भविष्यत् काल के दो भेद सामान्य भविष्यत् व सम्भाव्य भविष्यत् हैं। उपर्युक्त तीनों कालों के उदाहरण निम्नलिखित हैं—

वर्तमान काल

वर्तमान का (अपूर्ण) :

1. गीता खा रही है।
2. नीरद सो रहा है।
3. उमा हँस रही है।

उपर्युक्त वाक्यों से प्रकट है कि कर्त्ता गीता, नीरद तथा उमा की क्रियाएँ अभी पूरी नहीं हुईं वरन् चल रही हैं, इसलिए इन वाक्यों को अपूर्ण वर्तमान काल के अन्तर्गत माना जाता है।

वर्तमान काल (पूर्ण) :

1. अमर दिल्ली आया है।
2. वनमाली के दो पुत्र हैं।

इन उपर्युक्त वाक्यों से क्रिया की वर्तमान कालिक पूर्णता प्रकट होती है, अतएव वे वाक्य पूर्ण वर्तमान काल के अन्तर्गत आते हैं।

भूतकाल

भूतकाल (अपूर्ण) :

1. अर्जुन पढ़ता था।
2. रमा गाती थी।

उक्त वाक्यों से प्रकट है कि कार्य भूतकाल में हुआ है अवश्य, किन्तु उसकी पूर्णता संदिग्ध बनी रही। इस प्रकार के वाक्य अपूर्ण भूतकाल के द्योतक हैं।

भूतकाल (पूर्ण) :

1. राम फल लाया था।
2. गायत्री गाँव चली गई थी।

उक्त वाक्यों में बीते हुए दूरवर्ती समय में क्रिया का होना पाया जाता है, अतएव ये पूर्ण भूत हैं।

भूतकाल के शेष भेदों का संक्षिप्त वर्णन इस प्रकार है—

(क) सामान्य भूत : 1. कमला हँसी।
2. विमला रोई।

(ख) आसन्न भूत : 1. वह गया है।
2. लाला आए हैं।

(ग) संदिग्ध भूत :
1. राजू शायद गया हो।
2. मोहन शायद आया हो।

(घ) हेतुहेतुमद् भूत :
1. यदि मैंने लिखा होता तो वह आता।
2. बादल आते तो वर्षा होती।

भविष्य काल

(क) सामान्य भविष्यत् : क्रिया के जिस रूप से आगे आने वाले समय में कार्य के होने का पता चलता है, उसे सामान्य भविष्यत् कहते हैं। जैसे—

1. हरी जागेगा। 2. श्याम पढ़ेगा।

(ख) सम्भाव्य भविष्यत् : क्रिया के जिस रूप से आगे आने वाले समय में कार्य के होने की सम्भावना अथवा इच्छा पाई जाती है, उसे सम्भाव्य भविष्यत् कहते हैं। जैसे—

1. बादल घिरे हैं।
2. वर्षा हो सकती है।

अर्थ अथवा क्रियार्थ

अर्थ अथवा क्रियार्थ वह पद्धति है जिसके द्वारा क्रिया के कार्य करने की प्रकृति का बोध होता है। क्रिया केवल पूर्णता या अपूर्णता अथवा काल का ही द्योतन नहीं करती वरन् उससे निश्चय, संदेह, संभावना, आज्ञा, आशा एवं संकेत का पता चलता है। हिन्दी में क्रियार्थ के मुख्य पाँच भेद हैं। यथा—

1. निश्चयार्थ, 2. संभावनार्थ, 3. संदेहार्थ, 4. आज्ञार्थ, 5. संकेतार्थ।

इन पाँचों के क्रमशः उदाहरण नीचे दिए जा रहे हैं—

1. पानी बरस रहा है। (निश्चयार्थ)
2. शायद आभा आती होगी। (संभावनार्थ)
3. क्या वह सोता होगा? (संदेहार्थ)
4. अपना पाठ याद करो। (आज्ञार्थ)
5. यदि तुम कल आते तो काम बन जाता। (संकेतार्थ)

वाक्य विन्यास

किसी भी भाषा को बोलने तथा लिखने के लिए उसकी प्रकृति, व्याकरण तथा शब्द वर्त्तनी से परिचित होना नितान्त आवश्यक होता है। वाक्य

विन्यास के लिए व्याकरण का ज्ञान जब ठीक प्रकार से नहीं होगा वाक्य अनगढ़ व अटपटे लिखे और बोले जायेंगे। प्राय: कुछ अहिन्दी भाषी लोगों को सुना जा सकता है जिन्हें हिन्दी भाषा का पर्याप्त ज्ञान न होने के कारण अटपटी भाषा बोलनी पड़ती है। उनके बोलने से अर्थ-बोध तो हो जाता है, किन्तु भाषा की अनभिज्ञता उसे विरूप बना देती है। वैसे इस प्रकार की अटपटी भाषा बोलते देखकर हँसना नहीं चाहिए, क्योंकि वे इस बहाने भाषा सीखने का ही प्रयास कर रहे हैं। वाक्य विन्यास में आने वाली व्याकरणिक अशुद्धियों को निम्नलिखित वर्गों में बाँटा जा सकता है—

सर्वनाम संबंधी अशुद्धियाँ

सामान्य बोलचाल में सर्वनामों का प्रयोग प्राय: गलत ढंग से किया जाता है—मैं, हम, तुम, आप, तुझे, वे आदि ऐसे शब्द हैं जिनके गलत व सही प्रयोगों के कुछ उदाहरण नीचे दिए जा रहे हैं—

अशुद्ध	शुद्ध
• मैंने भोजन करना है।	मुझे भोजन करना है।
• हम गाँव नहीं गया।	मैं गाँव नहीं गया।
• गुरु जी, तुम घर नहीं थे।	गुरु जी, आप घर में नहीं थे।
• हम, तुम और वह साथ चलेंगे।	हम सब साथ चलेंगे।
• तुम कहाँ जाता है?	तू कहाँ जाता है? या तुम कहाँ जाते हो?
• आप क्यों नहीं गया?	आप क्यों नहीं गए?
• वे सब कहाँ रहते हैं?	वे कहाँ रहते हैं?
• तुझने शहर जाना है?	तुझे शहर जाना है?

कारक सम्बन्धी अशुद्धियाँ

अशुद्ध	शुद्ध
• श्रीधर प्रतिवर्ष हिमालय पर्वत में सैर के लिए जाते हैं।	श्रीधर प्रतिवर्ष हिमालय पर्वत पर सैर के लिए जाते हैं।
• मैंने भोजन करने जाना है।	मुझे भोजन करने जाना है।
• वह छत में गिर पड़ा।	वह छत पर गिर पड़ा।
• इतना श्रम करने पर वह पास न हो सका।	इतना श्रम करने पर भी वह पास न हो सका।
• वह भोजन को खाने बैठा।	वह भोजन करने बैठा।
• हरि ने पैर में मरहम लगाया।	हरि ने पैर पर मरहम लगाया।
• उसने बड़े-बड़े कष्टों को सहा है।	उसने बड़े-बड़े कष्ट सहे/झेले हैं।
• आजकल में उसको मुम्बई जाना है।	आजकल में उसे मुम्बई जाना है।
• राम ने अपने पिता के पास पत्र भेजा है।	राम ने अपने पिता को पत्र भेजा।

• आप कहाँ पर रहते हैं?	आप कहाँ रहते हैं?
• गुलाब की सौन्दर्यता मनोरम है।	गुलाब का सौन्दर्य मनोरम है।
• आजकल भाई-भाई की टक्कर है।	आजकल भाई-भाई में टक्कर है।
• पारस्परिक ऐक्यता राष्ट्र को समृद्ध बनाती है।	पारस्परिक एकता राष्ट्र को समृद्ध बनाती है।
• कांचनदे की सौन्दर्यता ही उसकी विपत्ति का कारण बनी।	कांचनदे की सुन्दरता ही उसकी विपत्ति का कारण बनी।
• भरत के सदृश्य भाई होना असंभव है।	भरत के सदृश भाई होना असंभव है।

लिंग सम्बन्धी अशुद्धियाँ

अशुद्ध	शुद्ध
• बस आता है।	बस आती है।
• आमदनी के साथ-साथ उसकी लालच बढ़ती जाती है।	आमदनी के साथ-साथ उसका लालच बढ़ता जाता है।
• स्त्रियों का समूह आ रही है।	स्त्रियों का समूह आ रहा है।
• अमीरों की सन्तान प्रायः बिगड़ जाता है।	अमीरों की सन्तानें प्रायः बिगड़ जाती हैं।
• माया शरीर से दुबला है।	माया शरीर से दुबली/दुर्बल है।
• जावित्री, इलायची और लौंग रखा है।	जावित्री, इलायची और लौंग रखी है।
• दही खट्टी है।	दही खट्टा है।
• गाँव में बाजार हफ्ते में दो बार लगती है।	गाँव में बाजार हफ्ते में दो बार लगता है।
• मोती में आब होता है।	मोती में आब होती है।
• गेहूँ अच्छी अन्न है।	गेहूँ अच्छा अन्न है।
• चील, कोयल, मैना और गिलहरी पेड़ों पर रहते हैं।	चील, कोयल, मैना और गिलहरी पेड़ों पर रहती हैं।
• मुम्बई अच्छी शहर है।	मुम्बई अच्छा शहर है।
• आपने पूड़ी-कचौड़ी खाया है।	आपने पूड़ी, कचौड़ी खाई है।
• हीरा, माणिक्य और मोती कीमती अच्छी रत्न हैं।	हीरा, माणिक्य और मोती कीमती अच्छे रत्न हैं।
• सुभद्रा कुमारी चौहान अच्छी कवि थीं।	सुभद्रा कुमारी चौहान अच्छी कवयित्री थीं।
• कमरे में तीन पुस्तकें, एक कुर्सी व एक मेज रखा है।	कमरे में तीन पुस्तकें, एक कुर्सी व एक मेज रखी है।
• राम और शीला स्कूल जाती है।	राम और शीला स्कूल जाते हैं।
• कान्ति विद्वान् महिला है।	कान्ति विदुषी महिला है।

वचन सम्बन्धी अशुद्धियाँ

अशुद्ध	शुद्ध
● श्याम के घर में दो गाएँ, चार भैंसें और एक बकरी हैं।	श्याम के घर में दो गाएँ, चार भैंसें और एक बकरी है।
● राधा के पास एक गुड़िया, दो बत्तखें तथा पाँच किताब हैं।	राधा के पास एक गुड़िया, दो बत्तखें तथा पाँच किताबें हैं।
● आपका हस्ताक्षर सुन्दर है।	आपके हस्ताक्षर सुन्दर हैं।
● युद्ध के समय सैनिक का प्राण संकट में होता है।	युद्ध के समय सैनिक के प्राण संकट में होते हैं।
● मोहन को रोता देख मुझे भी आँसू आ गया।	मोहन को रोता देख मुझे भी आँसू आ गए।
● आपका पिताजी कहाँ रहता है?	आपके पिताजी कहाँ रहते हैं?
● हम कल शहर जाऊँगा।	मैं कल शहर जाऊँगा।
● जाओ! मैं तुमसे नहीं बोलते।	जाओ! मैं तुमसे नहीं बोलता।
● सोहन और मोहन इकट्ठा रहता है।	सोहन और मोहन इकट्ठे रहते हैं।
● सिया, नीरद का बहन है।	सिया, नीरद की बहन है।

संधि सम्बन्धी अशुद्धियाँ

अशुद्ध	शुद्ध
● अधिकार का दुरोपयोग करना उचित नहीं होता।	अधिकार का दुरुपयोग करना उचित नहीं होता।
● धर्माचार्यों के सदोपदेश श्रवण करना चाहिए।	धर्माचार्यों के सदुपदेश श्रवण करना चाहिए।
● उपरोक्त उद्धरण 'मानस' का है।	उपर्युक्त उद्धरण मानस का है।
● आप किस चीज का व्यावसाय करते हैं?	आप किस चीज का व्यवसाय करते हैं?
● आद्य शंकराचार्य को जगत् गुरु कहा जाता है।	आद्य शंकराचार्य को जगद्गुरु कहा जाता है।
● वह पहले अपने स्कूल का काम करता है तदोपरांत सो जाता है।	वह पहले अपने स्कूल का काम करता है तदुपरांत सो जाता है।
● शासन की दुरावस्था में सुधार करना ही होगा।	शासन की दुरवस्था में सुधार करना ही होगा।
● मात्र कृतज्ञता ज्ञापन ही नहीं मैं आपका प्रत्योपकार भी करना चाहता हूँ।	मात्र कृतज्ञता ज्ञापन ही नहीं मैं आपका प्रत्युपकार भी करना चाहता हूँ।
● महत्मा दुर्लभ होते हैं।	महात्मा दुर्लभ होते हैं।
● कक्षा में श्यामपट के सन्मुख बैठना चाहिए।	कक्षा में श्यामपट के सम्मुख बैठना चाहिए।
● मूसलधार वर्षा हो रही है।	मूसलाधार वर्षा हो रही है।

अशुद्ध	शुद्ध
• भगवान् का स्मरण विपत् जाल से छुड़ा देता है।	भगवान् का स्मरण विपज्जाल से छुड़ा देता है।
• मोहन को मन:योग से पढ़ना चाहिए।	मोहन को मनोयोग से पढ़ना चाहिए।
• सीता प्रातकाल उठती है।	सीता प्रात:काल उठती है।
• अकबर के अन्तपुर में अनेक बेगमें थीं।	अकबर के अन्त:पुर में अनेक बेगमें थीं।

समास सम्बन्धी अशुद्धियाँ

अशुद्ध	शुद्ध
• आज कुछ प्रगतशील नेता आ रहे हैं।	आज कुछ प्रगतिशील नेता आ रहे हैं।
• रामाऔतार कोलकाता गए हैं।	रामावतार कोलकाता गए हैं।
• भगवान् की पूजा यथाविध करनी चाहिए।	भगवान् की पूजा यथाविधि करनी चाहिए।
• वह शत्रु को आधामरा छोड़कर चला गया।	वह शत्रु को अधमरा छोड़कर चला गया।
• मुगल काल में दिल्ली के चारों ओर चहरदिवारी थी।	मुगल काल में दिल्ली के चारों ओर चाहरदीवारी थी।
• उसके बैल-गाय महाजन ने नीलाम करा दिए।	उसके गाय-बैल महाजन ने नीलाम करा दिये।
• भात दूध खाओ।	दूध भात खाओ।
• भारत की अधिकांश जनता मिर्च-नोन से रोटी खाती है।	भारत की अधिकांश जनता नोन-मिर्च से रोटी खाती है।
• कपड़े साफ सुथरे हों, किन्तु ज्यादा दमक-चमक जरूरी नहीं।	कपड़े साफ सुथरे हों, किन्तु ज्यादा चमक-दमक जरूरी नहीं।

पुनरुक्ति सम्बन्धी अशुद्धियाँ

अशुद्ध	शुद्ध
• युवावस्था के समय आदमी मदांध हो जाता है।	युवावस्था में आदमी मदांध हो जाता है।
• प्रात:काल का समय सुहावना होता है।	प्रात:काल सुहावना होता है।
• कृपया मुझे दो सौ रुपए उधार देने की कृपा करें।	कृपया मुझे दो सौ रुपए उधार दें।
• ये लोग परस्पर एक-दूसरे से विचार-विमर्श कर रहे थे।	ये लोग परस्पर विचार-विमर्श कर रहे थे।

रस, छंद और अलंकार

रस

काव्य को पढ़ने या सुनने में उसमें वर्णित वस्तु या विषय का शब्द-चित्र मन में बनता है। इससे मन को अलौकिक आनन्द प्राप्त होता है। इस आनन्द और इसकी अनुभूति को शब्दों में व्यक्त नहीं किया जा सकता, केवल अनुभव किया जा सकता है। यही काव्य में रस कहलाता है। किसी विनोदपूर्ण कविता को सुनकर हँसी से वातावरण गूँज उठता है। किसी करुण-कथा या कविता को सुनकर हृदय में दया का स्रोत उमड़ पड़ता है। यह रस की अनुभूति है।

स्थायी भाव : भाव आनन्द है। काव्य में नौ भाव प्रधान माने गए हैं—प्रेम (रति), हास, शोक, क्रोध, उत्साह, भय, घृणा (जुगुप्सा), विस्मय (आश्चर्य) और निर्वेद या वैराग्य। ये मनुष्य के मन में सदैव सुप्तावस्था में विद्यमान रहते हैं। लेकिन अनुकूल अवसर पाकर (कोई काव्य सुनने या पढ़ने पर या कोई नाटक देखने पर) जाग उठते हैं। ये मन में आस्वाद का मूल-भाव होते हैं। चूँकि ये मन में स्थायी रूप से विद्यमान रहते हैं, इसीलिए इन्हें स्थायी भाव कहा जाता है। इन्हीं के फलस्वरूप क्रमशः श्रृंगार, हास्य, करुण, रौद्र, वीर, भयानक, वीभत्स, अद्‌भुत और शान्त रस की उत्पत्ति होती है।

काव्य के दो अंग होते हैं—भाव और विभाव।

भाव : भाव मन की वह स्थिति है, जो किसी विशेष वस्तु या व्यक्ति के प्रति किसी विशेष दशा में होती है।

विभाव : जिस वस्तु या व्यक्ति के प्रति वह भाव प्रकट होता है, उसे विभाव कहते हैं।

आश्रय : जिसके मन में भाव संचरित होता है, उसे आश्रय कहते हैं। जैसे सीता-स्वयंवर के अवसर पर लक्ष्मण की बातों से परशुराम क्रुद्ध हो जाते हैं। क्रोध का संचार परशुराम के मन में हुआ, अतः परशुराम आश्रय हुए।

आलम्बन : जिसके प्रति भाव उत्पन्न होता है, उसे आलम्बन कहते हैं। उपर्युक्त उदाहरण में परशुराम आश्रय हैं और लक्ष्मण आलम्बन।

उद्दीपन : भावों को उद्दीप्त करने वाले कार्यों या वस्तुओं को उद्दीपन कहते हैं। जैसे उपर्युक्त उदाहरण में लक्ष्मण के कठोर वचन सुनकर परशुराम का क्रोध बढ़ जाता है। अतः लक्ष्मण के कठोर वचन उद्दीपन हैं।

संचारी या व्यभिचारी भाव : जो भाव स्थायी भावों को पुष्ट करते हैं या उनके सहकारी का काम करते हैं और अपना काम करने के बाद स्थायीभाव में ही लुप्त हो जाते हैं, उन्हें संचारी या व्यभिचारी भाव कहते हैं। संचारी या व्यभिचारी भाव 33 माने गए हैं; जैसे-निर्वेद, ग्लानि, शंका, असूया, मद, श्रम, आलस्य, दैन्य, चिन्ता, मोह, स्मृति आदि।

रस के भेद

(1) श्रृंगार रस : कामदेव का अंकुरित होना या प्रादुर्भाव। इसकी उत्पत्ति का कारण, अधिकांश उत्तम प्रकृति से युक्त रस 'श्रृंगार' कहलाता है।

स्थायी भाव—रति अथवा प्रेम।

(2) हास्य रस : अनोखे अलंकरण आदि असंगतिपूर्ण वस्तुओं या क्रियाओं को देखकर हृदय में जो विनोद का भाव उत्पन्न होता है, वही हास्य रस कहलाता है।

स्थायी भाव—किसी अनोखे वेश, मूर्खतापूर्ण वचन, ऊटपटाँग चेष्टा आदि अथवा असाधारण कुरूप व्यक्ति को देखने से उत्पन्न रस हास्य रस कहलाता है।

(3) करुण रस : प्रिय व्यक्ति के पीड़ित या इष्ट वस्तु के अभाव और अनिष्ट वस्तु के प्राप्त होने से हृदय को जो क्षोभ होता है, वह करुण रस कहलाता है।

स्थायी भाव—शोक।

(4) रौद्र रस : शत्रु पक्ष या किसी अविनीत की चेष्टाओं, कृतियों अथवा गुरुजनों की निन्दा आदि के कारण उत्पन्न मनोविकार को क्रोध कहते हैं। उससे रौद्र रस का संचार होता है।

स्थायी भाव—क्रोध।

(5) वीर रस : शत्रु का उत्कर्ष, उसकी ललकार आदि से जो मन में 'उत्साह' उत्पन्न और क्रियाशील होता है वह वीर रस कहलाता है।

स्थायी भाव—उत्साह।

(6) भयानक रस : किसी डरावने जीव, प्राणी या पशु आदि को देखने से या घोर अपराध के लिए दण्ड पाने की कल्पना आदि से मन की व्याकुलता को भय कहते हैं।

स्थायी भाव—भय।

(7) वीभत्स रस : गंदी, भद्दी, घृणा उत्पन्न करने वाली अशुद्ध वस्तुओं, व्यक्तियों, स्थलों, कार्यों आदि के वर्णन से हृदय में जो ग्लानि होती है, उसी से वीभत्स रस का जन्म होता है।

स्थायी भाव—जुगुप्सा व घृणा।

(8) अद्‌भुत रस : 'आश्चर्य' का भाव होने से किसी वर्णन में 'अद्‌भुत रस' का संचार होता है।

स्थायी भाव—विस्मय या आश्चर्य।

(9) शांत रस : संसार की असारता, सभी वस्तुओं की नश्वरता आदि का बोध होने से मन को विश्राम मिलता है, जो हृदय में 'शांत रस' का उद्‌भाव करता है।

स्थायी भाव—निर्वेद।

(10) वात्सल्य रस : शिशुओं के सौंदर्य, उनके क्रिया-कलाप आदि को देखकर मन बरबस उनकी ओर खिंचता है। फलतः मन में जो स्नेह उत्पन्न होता है, वह वात्सल्य रस कहलाता है।

स्थायी भाव—स्नेह।

छंद

पद्य और कविता का सम्बन्ध अविच्छिन्न है। पद्यबद्ध होने से वह प्रवाहमयी तथा गेय हो जाती है। मात्रा व वर्ण, दोनों के निश्चित क्रम व माप के साथ ही विराम, गति व लय तथा तुक आदि के नियमों से सम्पन्न रचना को पद्य कहते हैं।

पद्य और छंद समानार्थक शब्द हैं। प्रत्येक चतुष्पदी छंद में चार 'चरण', 'पद' व 'पाद' होते हैं। चरण में वर्णों व मात्राओं की संख्या नियमित होती है। कुछ छंदों के चार 'चरण' दो ही पंक्तियों में लिखे जाते हैं; जैसे—दोहा, सोरठा और बरवै। ऐसे छंदों की प्रत्येक पंक्ति को दल कहते हैं।

किसी स्वर के उच्चारण में जो समय लगता है उसकी अवधि को 'मात्रा' कहते हैं। लघु वर्ण के उच्चारण-काल की एक मात्रा और गुरु के उच्चारण में लगे समय की दो मात्राएँ मानी जाती हैं। कारण, गुरु वर्ण के उच्चारण में लघु वर्ण के उच्चारण की अपेक्षा दुगुना समय लगता है।

लघु का संकेत चिह्न (।) माना जाता है और गुरु का (ऽ)।

ह्रस्व स्वर तथा उनके मेल से बने हुए व्यंजन वर्ण की एक मात्रा होती है। दीर्घ स्वर तथा उसके योग से बने व्यंजन वर्ण की दो मात्राएँ होती हैं। चरण का सबसे पहला संयुक्त वर्ण ह्रस्व हो तो उसकी एक मात्रा होती है और दीर्घ हो तो उसकी दो मात्राएँ मानी जाती हैं।

संयुक्त वर्ण के ठीक पहले का ह्रस्व (लघु) वर्ण प्रायः गुरु माना जाता है। अनुस्वार और विसर्ग

से युक्त लघु वर्ण गुरु माना जाता है। कभी-कभी चरण के अन्त का लघु वर्ण भी उच्चारण में अधिक समय लगने के कारण गुरु माना जाता है। उस लघु वर्ण की भी दो मात्राएँ मानी जाती हैं।

गण का पहला वर्ण	गण का नाम	गण का लक्षण	संकेत चिह्न	उदाहरण
म	मगण	तीन वर्ण गुरु	ऽ ऽ ऽ	सौतेला
न	नगण	तीन वर्ण लघु	।।।	सरल
भ	भगण	पहला वर्ण गुरु	ऽ ।।	सावन
य	यगण	पहला वर्ण लघु	। ऽ ऽ	सुजाता
ज	जगण	बीच का वर्ण गुरु	। ऽ ।	सुभाष
र	रगण	बीच का वर्ण लघु	ऽ । ऽ	साधना
स	सगण	अन्त का वर्ण गुरु	।। ऽ	सरिता
त	तगण	अन्त का वर्ण लघु	ऽ ऽ ।	साकार

इस प्रकार त्रि-वर्ण के समूह कुल आठ हैं।

जैसे— सुगन्ध, मान्धाता
। ऽ । ऽ ऽ ऽ

छंद में मात्राओं या वर्णों की नियम संख्या और उनके क्रम का निर्वाह होने से काम नहीं चलता। उसमें एक प्रकार का प्रवाह भी होना चाहिए, जिससे पढ़ने में कहीं रुकावट न जान पड़े। इस प्रवाह को **गति** कहते हैं।

छंदों में बहुधा चरण के किसी स्थल पर रुकावट, विराम की आवश्यकता होती है। इस रुकने की क्रिया को **यति** कहते हैं।

वर्ण-वृत्त के संबंध में जब गण शब्द का प्रयोग होता है, तब उसका तात्पर्य होता है—तीन अक्षरों का समूह। किस गण में लघु और गुरु किस क्रम से आते हैं, यह पिछले पृष्ठ पर दी गई तालिका से स्पष्ट है।

छंदों के भेद

1. मात्रिक छन्द

1. चौपाई : चौपाई के एक चरण में 16 मात्राएँ होती हैं। इसमें केवल द्विकल और त्रिकल का प्रयोग होता है। अन्य छन्दों की भाँति चौपाई में चार चरण होते हैं। इन चारों का तुकान्त समान होना चाहिए। किन्तु व्यवहार में अधिकतर प्रायः दो चरणों का तुकान्त ही मिला करता है। सम्भवतः इसी कारण बहुधा दो चरणों के छन्द को चौपाई कहा जाता है।

2. रोला : रोला के प्रत्येक चरण में 11 और 13 के विराम से 24 मात्राएँ होती हैं। कुछ लोग इसके अन्त में दो गुरु वर्णों का होना आवश्यक मानते हैं, परन्तु ऐसा होना अनिवार्य नहीं है।

उदाहरण—

ऽऽ ऽऽ ।ऽ। ऽ ऽऽ ।। ऽऽ
जीती जाती हुई। जिन्होंने भारत बाजी
निज बल से दल मेट। विरोधी सबल कुराजी
जिनके आगे ठहर। सके जंगी न जहाजी
हैं ये वही प्रसिद्ध। छत्रपति भूप शिवाजी

3. हरिगीतिका : हरिगीतिका के प्रत्येक चरण में 16-12 के विराम से 28 मात्राएँ होती हैं। अन्त में लघु गुरु होते हैं।

4. बरवै : बरवै के विषम (पहले-तीसरे) चरणों में 12 मात्राएँ होती हैं और सम (दूसरे-

चौथे) में 4। इस प्रकार प्रत्येक दल में 16 मात्राएँ होती हैं।

5. दोहा : दोहा के विषम (पहले और तीसरे चरण) में 13 मात्राएँ तथा सम चरणों में 11 मात्राएँ होती हैं। इस प्रकार प्रत्येक दल में 24 होती हैं। विषम के आरम्भ में सगण (।ऽ।), रगण (ऽ।ऽ) अथवा नगण (।।।) हों; और सम चरणों के अन्त में जगण (।ऽ।) अथवा तगण (ऽऽ) है। सम चरणों के अन्त में लघु–गुरु।

उदाहरण—

।। ऽ ।ऽ। ऽऽ। ।।ऽ।ऽ ।ऽ।
मन के मतै न चालिए, मन के मतै अनेक।
जो मन पर असवार है, जो साधु कोई एक॥

6. सोरठा : सोरठा के विषम चरणों में 11 और सम चरणों में 13 मात्राएँ होती हैं, अर्थात् प्रत्येक दल में 24 मात्राएँ होती हैं। इसमें पहले–तीसरे चरण में तुक मिलती है।

7. कुंडलिया : कुंडलिया में कुल छह पद होते हैं। उनके पहले दो चरण दोहे के दो दल होते हैं और शेष चार रोला के। इस प्रकार प्रत्येक चरण में 24 मात्राएँ होने से इसमें कुल 144 मात्राएँ होती हैं। कुंडलिया में पहले चरण का पहला शब्द और अन्तिम चरण का अन्तिम शब्द एक ही होता है।

8. राधिका : राधिका के प्रत्येक चरण में 22 मात्राएँ होती हैं। तेरहवीं मात्रा पर यति होती है।

9. रूपमाला : रूपमाला में 14–10 के विराम से प्रत्येक चरण में 24 मात्राएँ होती हैं। अन्त में क्रमशः गुरु और लघु (ऽ।) होना चाहिए। इसके आरम्भ में ग, ल, प, (ऽ।ऽ) का होना आवश्यक होता है।

10. समान सवैया : समान सवैया के प्रत्येक चरण में 32 मात्राएँ होती हैं। 16, 16 मात्राओं पर यति होती है। अन्त में भगण (ऽ।।) होता है। कोई–कोई इसे रूप सवैया भी कहते हैं।

11. विजया : विजया के प्रत्येक चरण में 40 मात्राएँ होती हैं। प्रत्येक दसवीं मात्रा पर विराम और चरण के अन्त में रगण या सगण (ऽ।ऽ या ।।ऽ) होता है।

प्रत्येक चरण में 10 मात्राओं का भी विजया छंद होता है जिसके चरणान्त में रगण (ऽ।ऽ) अच्छा माना जाता है।

विजया नाम का वर्ण छंद भी होता है, जिसके एक चरण में आठ वर्ण होते हैं। अन्त में लघु–गुरु अथवा नगण (।।।) होता है।

12. उल्लाला : उल्लाला के विषम (पहले–तीसरे) चरणों में 15 और सम (दूसरे–चौथे) चरणों में 13 मात्राएँ अर्थात् प्रत्येक दल में 28 मात्राएँ होती हैं।

कुछ लोग विषम और सम दोनों में 13-13 मात्राएँ मानते हैं और कुल 26 मात्राएँ मानते हैं।

13. छप्पय : छप्पय में कुल छः चरण होते हैं। पहले चार रोला के 24-24 मात्राओं के (11-13 पर यति) होते हैं और अन्तिम दो उल्लाला के 28-28 पर (15-13 पर यति) होते हैं।

यह रोला और उल्लाला के संयोग से बनता है।

2. वर्ण छंद या वर्णिक छंद

1. भुजंग प्रयात : भुजंग प्रयात में चार यगण (।ऽऽ ।ऽऽ ।ऽऽ ।ऽऽ) अर्थात् प्रत्येक चरण में 12 वर्ण होते हैं।

2. द्रुतविलम्बित : इसमें न भ भ र अर्थात् नगण (।।।), दो भगण (ऽ।। ऽ।।) और रगण (ऽ।ऽ) होता है। इस प्रकार प्रत्येक चरण में 12 वर्ण होते हैं।

3. शार्दूल विक्रीडित : शार्दूल विक्रीडित में म स ज स त त ग अर्थात् मगण (ऽऽऽ)

सगण (।।ऽ) जगण (।ऽ।) दो तगण (ऽ ऽ । ऽ ऽ ।) और गुरु (ऽ) होते हैं; इस प्रकार प्रत्येक चरण में 19 वर्ण होते हैं। इसमें बारहवें वर्ण पर यति होती है।

4. गीतिका : गीतिका के प्रत्येक चरण में सगण (।।ऽ) दो जगण (।ऽ। ।ऽ।) भगण (ऽ।।) रगण (ऽ।ऽ) और लघु-गुरु (।ऽ) के क्रम में 20 वर्ण होते हैं। बारहवें वर्ण पर यति होती है।

5. सवैया : 22 से लेकर 26 वर्णों के वृत्त सवैया कहलाते हैं।

6. रूप घनाक्षरी : घनाक्षरी में सोलहवें वर्ण पर यति देकर प्रति चरण में 32 वर्ण होते हैं। अन्त में गुरु-लघु (ऽ।) आते हैं।

घनाक्षर के तीन रूप होते हैं—(1) रूप घनाक्षरी, (2) कृपान घनाक्षरी और (3) देव घनाक्षरी। इनमें रूप घनाक्षरी ही सर्वाधिक लोकप्रिय है।

7. वंशस्थ : 'ज त र' अर्थात् जगण, तगण, रगण—इस प्रकार प्रत्येक चरण में 12 वर्णों का वंशस्थ होता है।

8. बसंततिलका : त भ ज ज ग ग अर्थात् तगण, भगण, दो जगण, और दो गुरु—इस प्रकार प्रत्येक चरण में 14 मात्राओं का बसंततिलका होता है। आठवें वर्ण पर यति होती है।

9. मालिनी : न न म य य अर्थात् दो नगण, मगण, दो यगण—इस प्रकार प्रत्येक चरण में 15 वर्णों का मालिनी वृत्त होता है। इसमें आठवें वर्ण पर यति होती है।

10. मन्दाक्रान्ता : म भ न त ग ग अर्थात् मगण, भगण, नगण, तगण और दो गुरु वर्ण—इस तरह प्रत्येक चरण में 17 वर्णों का मन्दाक्रान्ता होता है। इसमें 4, 6 और 7 पर यति होती है।

11. मनहरण कवित्त : इसके प्रत्येक चरण में 31 वर्ण होते हैं। इसमें सोलहवें वर्ण पर यति होती है। अन्तिम वर्ण गुरु होता है।

12. मत्तगयन्द : यह सात यगण और दो गुरु के क्रम से 23 वर्णों का मत्तगयन्द सवैया होता है। इसे मालती और इन्दव भी कहते हैं।

अलंकार

अलंकार विभूषित करते हैं। अलंकार से उक्ति की शोभा बढ़ जाती है। सुन्दर उक्ति सबको मनभाती है। अलंकार काव्य का वह गुण, धर्म है, जिससे काव्य की शोभा बढ़ती है। आचार्य मम्मट ने अलंकारों के सम्बन्ध में कहा है कि जैसे हार आदि आभूषण से कंठ की शोभा बढ़ जाती है, वैसे ही उपमा और अनुप्रास आदि अलंकारों से काव्य के सौन्दर्य में वृद्धि हो जाती है। काव्य की आत्मा रस है, किन्तु उसका भूषण अलंकार है। इसीलिए अलंकार को काव्य का अस्थिर धर्म-गुण माना जाता है। अतः अलंकार साध्य नहीं, साधन है।

अलंकारों के दो भेद हैं–(1) शब्दालंकार और (2) अर्थालंकार। शब्दालंकार काव्य में शब्दों में चमत्कार पैदा करते हैं, जबकि अर्थालंकार काव्य में अर्थ सम्बन्धी विशेषता उत्पन्न करते हैं। कुछ अलंकार शब्द और अर्थ दोनों में विशेषता उत्पन्न करते हैं। ऐसे अलंकारों को उभयालंकार कहा जाता है।

अलंकार असंख्य हैं। यहाँ केवल थोड़े-से विशिष्ट अलंकारों का वर्णन किया जायेगा।

शब्दालंकार

जहाँ शब्दों के कारण काव्य में सौन्दर्य उत्पन्न हो, वहाँ शब्दालंकार होता है। मुख्य-मुख्य शब्दालंकारों का वर्णन नीचे दिया गया है।

अनुप्रास : जब किसी पद में एक व्यंजन या कई व्यंजन एक ही क्रम में एक से अधिक बार आएँ अर्थात् उसकी आवृत्ति हो, तो वह अनुप्रास कहा जाता है। यदि व्यंजन के अतिरिक्त शब्द या वाक्यांश की आवृत्ति हो, तो वहाँ भी अनुप्रास होता है।

जैसे केलिन के कूलन कछारन में, कुंजन में

यहाँ 'क' और 'न' की पाँच और तीन आवृत्तियाँ हैं।

एक अन्य उदाहरण—

'काली लहर कल्पना काली
मेरी काल कोठरी काली'

इसमें 'क' की 6 बार आवृत्ति हुई है।

कभी-कभी पूरे वाक्य की पुनरावृत्ति होती है, जैसे—

पूत सपूत तो क्या धन संचय।
पूत कपूत तो क्या धन संचय॥

अनुप्रास के कई भेद हैं–छेकानुप्रास, वृत्यानुप्रास, लाटानुप्रास, श्रुत्यानुप्रास और अन्त्यानुप्रास।

इसमें लाटानुप्रास में शब्दों अथवा वाक्यों की पुनरावृत्ति होती है,जैसाकि ऊपर के ''पूत सपूत तो क्या धन संचय। पूत कपूत तो क्या धन संचय'' उदाहरण में है।

यमक : ऊपर हमने देखा कि लाटानुप्रास में शब्दों अथवा वाक्यों की पुनरावृत्ति होती है, किन्तु दोनों स्थानों पर उस शब्द का अर्थ वही रहता है; अर्थात् शब्दों के अर्थ में भेद या अन्तर नहीं होता।

किन्तु यमक में जो शब्द या वाक्यांश दोबारा आते हैं, उनके अर्थ बदल जाते हैं। जैसे—

कनक कनक ते सौ गुनी मादकता अधिकाय।
वा खाये बौराय जग या पाये बौराय॥

यहाँ कनक शब्द दो बार आया है। दोनों स्थानों पर कनक शब्द का अर्थ अलग-अलग है। एक स्थान पर इसका अर्थ है 'स्वर्ण' और दूसरे स्थान पर इसका अर्थ है 'धतूरा'। इसी प्रकार 'बौराय' शब्द भी दो बार आया है और दोनों स्थानों पर इस शब्द का अर्थ अलग-अलग है। एक स्थान पर इसका अर्थ है—'पागल होना' और दूसरे स्थान पर इसका अर्थ है 'सम्पन्न होना'।

श्लेष : यमक अलंकार में एक ही शब्द एक से अधिक बार प्रयुक्त होता है, परन्तु अलग-अलग स्थान पर उसका अर्थ भी अलग-अलग होता है, जैसाकि आप पढ़ चुके हैं।

इसके विपरीत श्लेष में एक शब्द एक ही बार प्रयुक्त होता है, लेकिन उसके दो या अधिक अर्थ निकलते हैं ''एक शब्द में होत जहँ बहु अर्थन को ज्ञान''; जैसे—

''चिर जीवै जोड़ी युगल,
क्यों न सनेह गंभीर।
को घटि ये वृषभानुजा,
वे हलधर के बीर॥''

इस कविता में 'वृषभानुजा' और 'हलधर' में श्लेष है। 'वृषभानुजा' का अर्थ है 'राधा' और यदि 'वृषभानुजा' शब्द को तोड़कर उसका अर्थ निकाला जाये तो अर्थ होगा 'वृषभ + अनुजा' अर्थात् 'बैल की बहन'। इसी प्रकार हलधर का अर्थ 'बैल' और 'बलराम' है। इस प्रकार एक अर्थ के अनुसार राधा वृषभानु की पुत्री है और दूसरे अर्थ के अनुसार बैल की बहन। दूसरी ओर कृष्ण एक ओर बलराम के भाई हैं, तो दूसरी ओर बैल के भाई।

अर्थालंकार

जब भाषा के प्रयोग से अर्थ में चमत्कार पैदा हो, तो वहाँ अर्थालंकार होता है। नीचे प्रमुख अर्थालंकारों का वर्णन किया जाता है—

उपमा : जहाँ दो वस्तुओं के बीच साम्य अथवा समानता का भाव व्यक्त किया जाए, वहाँ उपमा अलंकार होता है; जैसे, "सीता का मुख चन्द्रमा के समान सुन्दर है।"

यहाँ सीता के मुख की सुन्दरता की तुलना चन्द्रमा की सुन्दरता से की गई है।

सामान्यतया उपमा के चार अंग होते हैं– (1) उपमेय, (2) उपमान, (3) धर्म, और (4) वाचक। अब इन चारों को समझिए। जिसकी तुलना की जाये, उसे **उपमेय** कहते हैं। यहाँ सीता का मुख उपमेय है। जिससे तुलना की जाए, उसे **उपमान** कहते है। यहाँ चन्द्रमा उपमान (अप्रस्तुत) है। जिस बात में तुलना की जाये, उसे धर्म कहते हैं। यहाँ 'सुन्दर' धर्म है। जिस शब्द से तुलना की जाए, उसे **वाचक** कहते हैं। यहाँ 'के समान' वाचक है।

जहाँ काव्य में उपमा के इन चारों अंगों की उपस्थिति हो, उसे पूर्णोपमा कहते हैं।

जहाँ उपमा के इन चारों अंगों में से कोई अंग लुप्त होता है, उसे लुप्तोपमा कहते हैं। जो अंग लुप्त होता है, उसी के आधार पर उसका नामकरण हो जाता है, जैसे **उपमेय लुप्तोपमा**—इसमें उपमेय लुप्त होता है, **उपमान लुप्तोपमा**—इसमें उपमान लुप्त होता है, **धर्म लुप्तोपमा**—इसमें धर्म लुप्त होता है, और **वाचक लुप्तोपमा**—इसमें वाचक लुप्त होता है। **मालोपमा** वहाँ होती है, जहाँ कई-कई उपमान हों; जैसे—

क्या कहें कि कैसी है उसकी कमनीय कान्ति।
कुन्दन-सी, कुंद-सी, या कंज सी निकाई है॥

रूपक : इस अलंकार में लक्षण से चमत्कार प्रकट होता है। इसमें उपमेय पर उपमान का आरोप होता है। इसमें उपमेय और उपमान दोनों को एक रूप में प्रदर्शित किया जाता है। इसका एक उदाहरण देखिए—

अम्बर पनघट में डुबो रही,
तारा घट ऊषा नागरी।

यहाँ अम्बर में पनघट का आरोप है; तारा में घट का आरोप है और ऊषा में नागरी का आरोप है।

अनन्वय : जब उपमेय की तुलना के लिए कोई उपमान होता ही नहीं और उपमेय के समान उपमेय ही कहा जाता है, तो अनन्वय अलंकार होता है; जैसे—

'राम से राम, सिया सी सिया सिर
मौर विरंचि विचारि सँवारे'

यहाँ राम की उपमा देने के लिए कोई शब्द नहीं था, अत: राम की तुलना राम से की गई है। इसी प्रकार सीता की तुलना सीता से की गई है।

प्रतीप : इस अलंकार में प्रसिद्ध उपमानों को उपमेय का स्थान दे दिया जाता है; जैसे—

'दोनों का तन-तेज एक-से-एक प्रखर था।
उनके आगे पड़ा हुआ दिनकर फीका था॥'

सूर्य का तेज प्रसिद्ध उपमान है। लेकिन उपरोक्त पंक्तियों में 'तन-तेज' के सामने 'सूर्य का तेज' फीका पड़ गया है।

व्यतिरेक : जहाँ उपमेय को उपमान से बढ़ाकर अथवा उपमान को उपमेय से घटाकर वर्णन किया जाये, वहाँ व्यतिरेक अलंकार होता है; जैसे—

स्वर्ग की तुलना उचित ही है यहाँ
किन्तु सुरसरिता कहाँ सरयू कहाँ?
यह मरों को मात्र पार उतारती,
यह यहीं से जीवितों को तारती।

इन पंक्तियों में अयोध्या की तुलना स्वर्ग से की गई है। स्वर्ग में सुरसरिता (देव गंगा) केवल मृतकों को पार उतारती है, जबकि अयोध्या में सरयू जीवितों का ही उद्धार (मुक्ति प्रदान) कर देती है। यहाँ सरयू (उपमेय) को सुरसरिता से बढ़ाकर दिखाया गया है; या यूँ कहें कि सुरसरिता को हलका करके दिखाया गया है।

भ्रान्तिमान : जब किसी वस्तु को देखकर वैसी ही किसी अन्य वस्तु का भ्रम हो, तो वहाँ भ्रांतिमान अलंकार होता है; जैसे—

नाक का मोती अधर की कान्ति से
बीज दाड़िम का समझकर भ्रान्ति से
देखकर सहसा हुआ शुक मौन है
सोचता है अन्य शुक यह कौन है?

यहाँ नाक के मोती पर ओठों की लालिमा पड़ने से मोती अनार के दाने जैसा दिखाई पड़ता है। इसे देखकर एक तोता नाक को (लाल चोंच देखकर) भ्रमवश तोता मान बैठता है। इसलिए उक्त पंक्तियों में भ्रान्तिमान अलंकार है।

उत्प्रेक्षा : इस अलंकार में उपमेय में उपमान की सम्भावना की कल्पना की जाती है। इसमें प्राय: जनु, मनु, मानो, जानो जैसे शब्दों का प्रयोग किया जाता है; जैसे—

''सोहत ओढ़े पीत पट श्याम सलोने गात
मानो नील मनि शैल पर आतप पर्‌यो प्रभात।''

श्रीकृष्ण पीताम्बर पहने हुए हैं। उनके शरीर को देखकर ऐसा लगता है (मानो) नील पर्वत पर प्रभात के सूर्य का प्रकाश (पीले रंग का) पड़ रहा हो। यहाँ उपमेय (श्रीकृष्ण) में उपमान (नील पर्वत पर सूर्य का प्रकाश) की सम्भावना है।

उत्प्रेक्षा तीन प्रकार की होती है–(1) वस्तु उत्प्रेक्षा, (2) हेतु उत्प्रेक्षा और (3) फल उत्प्रेक्षा।

अतिशयोक्ति : वर्ण्य विषय का अतिरंजित चित्रण अतिशयोक्ति कहलाता है। इसमें वर्णन बहुत बढ़ा-चढ़ाकर किया जाता है; जैसे—

'हनुमान की पूँछ में, लगन न पाई आग।
लंका सारी जल गई, गए निशाचर भाग॥'

अतिशयोक्ति के कई भेद हैं— (1) रूपकातिशयोक्ति, (2) भेदकाशयोक्ति (3) सम्बन्धाशयोक्ति, (4) असम्बन्धाशयोक्ति, (5) अक्रमातिशयोक्ति, (6) चपलातिशयोक्ति, (7) अत्यन्तातिशयोक्ति।

यहाँ एक उदाहरण देकर कुछ अलंकारों के बीच का सूक्ष्म अन्तर समझाया गया है :

जैसे—

(1) सीता का मुख चन्द्रमा के समान सुन्दर है (उपमा अलंकार)

(2) चन्द्रमा सीता के मुख के समान सुन्दर है (प्रतीप)

(3) सीता के मुख के सामने चाँद फीका है (व्यतिरेक)

(4) सीता का मुख चन्द्रमा है (रूपक)

(5) सीता का मुख मानो चन्द्रमा है (उत्प्रेक्षा)

(6) सीता के मुख को चकोर ने चन्द्रमा समझा और एकटक देखता रहा (भ्रान्तिमान)

ब्याज स्तुति : जहाँ देखने में प्रशंसा लगे पर वास्तव में निंदा हो या देखने में निंदा लगे पर वास्तव में प्रशंसा हो, वहाँ ब्याज स्तुति अलंकार होता है; जैसे—

''काशी पुरी की कुरीति बुरी,
जहँ देह दिये पुनि देह न पाइये''

काशी नगर की सबसे बुरी बात यह है कि यहाँ शरीर त्याग करने वाला पुन: शरीर धारण नहीं करता (जन्म-मरण के बन्धन से मुक्त हो जाता है)।

लगता है कि यह काशी नगरी की निन्दा है, किन्तु वास्तव में यह इस पवित्र नगरी की महान् प्रशंसा (स्तुति) है।

विरोधाभास : जब दो परस्पर विरोधी क्रियाओं से उल्टी क्रिया या परिणाम हो, तो विरोधाभास अलंकार होता है; जैसे—

"या अनुरागी चित्त की, गति समुझै नहिं कोई।
ज्यों-ज्यों बूड़ै श्याम रंग, त्यों-त्यों उज्ज्वल होई॥"

यहाँ कहा गया है कि श्याम रंग (काले रंग) में मन जितना अधिक डूबता है, उतना ही अधिक उज्ज्वल होता जाता है।

संधियाँ

संधि

हिन्दी और संस्कृत भाषा में 'संधि' शब्द का प्रयोग अनेक अर्थों में किया जाता है। व्याकरण सम्मत अर्थ की विवेचना से पूर्व संधि शब्द के दूसरे अर्थों का परिचय भी यहाँ दिया जा रहा है। आपस के मेल, एक राजा अथवा राज्य का दूसरे राजा या राज्य के साथ विशिष्ट शर्तों पर की गई सुलह या मैत्री, शरीर की हड्डियों के जोड़, संयोग, संघटन आदि को भी संधि कहा जाता है। नाटकों में कथावस्तु के संयोजन और विभाजन के स्थल को भी संधि कहा जाता है जो क्रमशः मुख, प्रतिमुख, गर्भ, विमर्श और निर्वहण कहे जाते हैं।

अंग्रेजी में संधि के पर्यायवाची शब्द—a treaty, conjunction, union (in grammar) आदि हैं। व्याकरण के अन्तर्गत संधि शब्द का अर्थ जोड़ अथवा मिलना है। जब दो शब्दों 'पुस्तक' और 'आलय' को नियमानुसार मिलाया जाता है और उनके मिलाने से जो नया शब्द 'पुस्तकालय' बनता है वह संधि का ही प्रतिफल है। इसी प्रकार स्व + आधीन = स्वाधीन, परम + अणु = परमाणु, विद्या + अर्थी = विद्यार्थी आदि शब्द एक-दूसरे से मिलते हैं और उनके मिलने से ध्वनि अथवा ध्वनियों में परिवर्तन होता है अतएव संधि का दूसरा गुण ध्वनि में परिवर्तन लाना है।

राजभाषा हिन्दी में दो प्रकार की संधियों का व्यवहार होता है, यथा—

1. संस्कृत की संधियाँ।
2. हिन्दी की संधियाँ।

संस्कृत की संधियाँ

संस्कृत भाषा में संधियों के तीन रूप निर्धारित किए गए हैं जो इस प्रकार हैं—

(i) स्वर संधि : यह संधि दो स्वरों के मेल से बनती है; जैसे—पुस्तकालय = पुस्तक + आलय, गिरीश = गिरि + ईश आदि।

(ii) व्यंजन संधि : इसके अन्तर्गत पहली ध्वनि व्यंजन होती है तथा दूसरी ध्वनि स्वर अथवा व्यंजन दोनों हो सकती है; जैसे—शरच्चन्द्र = शरत् + चन्द्र, जगदीश = जगत् + ईश आदि।

(iii) विसर्ग सन्धि : इस प्रकार की संधि में पहली ध्वनि विसर्ग होती है तथा दूसरी ध्वनि स्वर अथवा व्यंजन में से कोई भी हो सकती है; जैसे मनोहर = मनः + हर, निराश = निः + आश आदि।

स्वर संधि

वैयाकरणों ने स्वर संधि के पाँच भेद बताए हैं, जो इस प्रकार हैं—

(क) दीर्घ अथवा सवर्ण संधि
(ख) गुण संधि
(ग) वृद्धि संधि
(घ) यण् संधि
(च) अयादि संधि

(क) दीर्घ अथवा सवर्ण संधि : इसको संस्कृत भाषा के एक सूत्र—**अकः सवर्णे दीर्घः** द्वारा भली प्रकार स्पष्ट किया जा सकता है। इसका अर्थ यह है कि कोई भी स्वर अपने समान दूसरे लघु स्वर अथवा अपने वर्ग के दीर्घ स्वर का सान्निध्य पाकर दीर्घ स्वर बन जाता है। जैसे अ अथवा आ के बाद अ अथवा आ आ जाने से 'आ' हो जाता हैऽ यही स्थिति इ, ई तथा उ, ऊ के लिए भी होती है। इस संधि का परिणाम दीर्घ स्वर होता है, अतएव इसे दीर्घ संधि कहा जाता है। दीर्घ स्वर सवर्ण स्वरों में से होते हैं अतएव इस संधि को सवर्ण संधि की भी संज्ञा दी गई है। इन संधि के कुछ उदाहरण निम्नलिखित हैं—

अ	+	**अ**	=	**आ**
वेद	+	अन्त	=	वेदान्त
भाव	+	अर्थ	=	भावार्थ
दैत्य	+	अरि	=	दैत्यारि
धर्म	+	अर्थ	=	धर्मार्थ
अ	+	**आ**	=	**आ**
तव	+	आकार	=	तवाकार
देव	+	आलय	=	देवालय
आ	+	**अ**	=	**आ**
विद्या	+	अभ्यास	=	विद्याभ्यास
परीक्षा	+	अर्थी	=	परीक्षार्थी
आ	+	**आ**	=	**आ**
महा	+	आशय	=	महाशय
दया	+	आनन्द	=	दयानन्द
इ	+	**इ**	=	**ई**
रवि	+	इन्द्र	=	रवीन्द्र
कपि	+	इन्द्र	=	कपीन्द्र
गिरि	+	ईश	=	गिरीश
इ	+	**ई**	=	**ई**
मुनि	+	ईश	=	मुनीश
कपि	+	ईश	=	कपीश
ई	+	**इ**	=	**ई**
मही	+	इन्द्र	=	महीन्द्र
ई	+	**ई**	=	**ई**
नदी	+	ईश	=	नदीश
रजनी	+	ईश	=	रजनीश
उ	+	**उ**	=	**ऊ**
भानु	+	उदय	=	भानूदय
गुरु	+	उपदेश	=	गुरूपदेश
उ	+	**ऊ**	=	**ऊ**
लघु	+	ऊर्मि	=	लघूर्मि
ऊ	+	**ऊ**	=	**ऊ**
चमू	+	ऊर्जः	=	चमूर्जः
परम	+	अणु	=	परमाणु
मुनि	+	इन्द्र	=	मुनीन्द्र
सर्व	+	अधिक	=	सर्वाधिक
गिरि	+	ईश	=	गिरीश
स्व	+	अधीन	=	स्वाधीन
हरि	+	ईश	=	हरीश
दीप	+	अवली	=	दीपावली
वारि	+	ईश	=	वारीश
हिम	+	आलय	=	हिमालय
रजनी	+	इन्दु	=	रजनीन्दु
छात्र	+	आवास	=	छात्रावास
मही	+	ईश	=	महीश
विद्या	+	अर्थी	=	विद्यार्थी
जानकी	+	ईश	=	जानकीश
तारा	+	अन्त	=	तारान्त
विधु	+	उदय	=	विधूदय
विद्या	+	आलय	=	विद्यालय
सिंधु	+	उर्मि	=	सिंधूर्मि
आत्मा	+	आनन्द	=	आत्मानन्द
साधु	+	ऊचुः	=	साधूचुः

अभि	+	इष्ट	=	अभीष्ट
भू	+	ऊर्ध्व:	=	भूर्ध्व:
अति	+	इव	=	अतीव

(ख) गुण संधि : अ, आ के पश्चात् इ, ई होने से 'ए' ध्वनि बन जाती है तथा उ, ऊ होने से 'ओ' ध्वनि बन जाती है। अ, आ के बाद 'ऋ' हो तो उनकी ध्वनि 'अर्' हो जाती है। संस्कृत भाषा में अ, ए, ओ को गुण कहते हैं। इसीलिए संधि की इस प्रक्रिया को गुण संधि के नाम से जाना जाता है।

अ अथवा आ + इ अथवा ई = ए

नर	+	इन्द्र	=	नरेन्द्र
देव	+	इन्द्र	=	देवेन्द्र
गण	+	ईश	=	गणेश
दिन	+	ईश	=	दिनेश
सुर	+	ईश	=	सुरेश
लंका	+	ईश	=	लंकेश
महा	+	ईश	=	महेश
भारत	+	इन्दु	=	भारतेन्दु

अ अथवा आ + उ अथवा ऊ = ओ

चन्द्र	+	उदय	=	चन्द्रोदय
ज्ञान	+	उपदेश	=	ज्ञानोपदेश
मद	+	उन्मत्त	=	मदोन्मत्त
उत्तर	+	उत्तर	=	उत्तरोत्तर

अ अथवा आ + ऋ = अर्

सप्त	+	ऋषि	=	सप्तर्षि
देव	+	ऋषि	=	देवर्षि
राज	+	ऋषि	=	राजर्षि
महा	+	ऋषि	=	महर्षि

अ अथवा आ + ए अथवा ऐ = ऐ

मत	+	ऐक्य	=	मतैक्य
लोक	+	एषणा	=	लोकैषणा
महा	+	ऐश्वर्य	=	महैश्वर्य
तथा	+	एव	=	तथैव

अ अथवा आ + ओ अथवा औ = औ

परम	+	औषध	=	परमौषध
जल	+	ओघ	=	जलौघ
वन	+	औषध	=	वनौषध
दन्त	+	ओष्ठ	=	दन्तौष्ठ

(ग) वृद्धि संधि : अ अथवा आ के पश्चात् यदि ए अथवा ऐ अक्षर आ जाता है तो दोनों के मिलने से 'ऐ' हो जाता है। इसी प्रकार अ अथवा आ के बाद ओ अथवा औ शब्द आ जाने पर दोनों के मेल से 'औ' हो जाता है।

संस्कृत साहित्य में ऐ तथा औ को वृद्धि कहते हैं। इसी कारण स्वरों में आपसी मेल के कारण हुए परिवर्तन को वृद्धि संधि के नाम से जाना जाता है। वृद्धि संधि के इस स्वरूप में ऐ तथा औ का प्राधान्य होता है।

वृद्धि संधि के कुछ उदाहरण इस प्रकार हैं—

अ, आ + ए, ऐ = ऐ

मत	+	ऐक्य	=	मतैक्य
पुत्र	+	एषणा	=	पुत्रैषणा
एक	+	एक	=	एकैक
तथा	+	एव	=	तथैव
सदा	+	एव	=	सदैव
यथा	+	एव	=	यथैव
महा	+	ऐश्वर्य	=	महैश्वर्य

अ, आ + ओ, औ = औ

अधर	+	ओष्ठ	=	अधरौष्ठ
महा	+	औषधि	=	महौषधि
दन्त	+	औष्ठ्य	=	दन्तौष्ठ्य
वन	+	औषधि	=	वनौषधि
परम	+	ओषध	=	परमौषध
परम	+	औदार्य	=	परमौदार्य

(घ) यण् संधि : इ अथवा ई के बाद इ अथवा ई को छोड़कर यदि कोई अन्य (असवर्ण) हो तो इ अथवा ई के स्थान पर य्, उ अथवा ऊ के

बाद उ, ऊ को छोड़कर कोई अन्य स्वर हो तो उ अथवा ऊ के स्थान पर 'व' तथा 'ऋ' के बाद 'ऋ' को छोड़कर कोई अन्य स्वर हो तो 'ऋ' का 'र्' हो जाता है। जैसे—

'इ' के स्थान पर 'य'

इति	+	आदि	=	इत्यादि
प्रति	+	एक	=	प्रत्येक
प्रति	+	उत्तर	=	प्रत्युत्तर
स्त्री	+	उपयोगी	=	स्त्रियुपयोगी/ स्त्रियोपयोगी

'उ' के स्थान पर 'व'

सु	+	आगत	=	स्वागत
अनु	+	एषण	=	अन्वेषण
वधू	+	आगमन	=	वध्वागमन
सु	+	अल्प	=	स्वल्प

ऋ के स्थान पर 'र'

पितृ	+	आज्ञा	=	पित्राज्ञा
पितृ	+	अनुमति	=	पित्रनुमति

(च) अयादि संधि : संधि के इस नियम के अनुसार ए, ऐ, ओ, औ के बाद यदि कोई भी स्वर हो तो 'ए' का 'अय', ऐ का 'आय', 'ओ' का 'अव', और 'औ' का 'आव' हो जाता है। प्रथम परिवर्तन 'अय' के आधार पर ही इसे अयादि कहा जाता है। इस संधि के उदाहरण इस प्रकार हैं—

ए	+	अ	=	अय
यथा, ने	+	अन	=	नयन
ऐ	+	अ	=	आय
यथा, गै	+	अक	=	गायक
ओ	+	अ	=	अव्
यथा, पो	+	अन	=	पवन
औ	+	आ	=	आव्
यथा, पौ	+	अक	=	पावक

व्यंजन संधि

हिन्दी भाषा में यह एक बहुचर्चित संधि प्रक्रिया है। इसके कुछ उदाहरण यहाँ दिए जा रहे हैं :

(क) त् के पश्चात् च छ हो तो त् के स्थान पर च् हो जाता है; यथा—

सत्	+	चरित्र	=	सच्चरित्र
शरत्	+	चन्द्र	=	शरच्चन्द्र
उत्	+	चारण	=	उच्चारण

(ख) त् के बाद ज या झ हो तो त् के स्थान पर ज् हो जाता है; जैसे—

जगत्	+	जननी	=	जगज्जननी
जगत्	+	जाल	=	जगज्जाल
तत्	+	जन्य	=	तज्जन्य
उत्	+	ज्वल	=	उज्ज्वल

(ग) त् के बाद यदि ड् या ढ हो तो त् के स्थान पर ड्, ट, ठ हो तो ट्, ल हो तो ल् हो जाता है; जैसे—

उत्	+	डयन	=	उड्डयन/उड्डयन
तत्	+	लीन	=	तल्लीन
उत्	+	लास	=	उल्लास
उत्	+	लेख	=	उल्लेख

(घ) त् के बाद श होने पर त की जगह च् और श् की जगह 'छ' हो जाता है। त् के बाद 'ह' हो तो 'त्' का 'द्' और 'ह' का ध् बन जाता है; यथा—

सत्	+	शास्त्र	=	सच्छास्त्र
उत्	+	हार	=	उद्धार
उत्	+	श्वास	=	उच्छ्वास
तत्	+	हित	=	तद्धित

(ङ) क् च् ट् त् प् के बाद यदि घोष ध्वनि (कोई स्वर, वर्ग का तीसरा, चौथा व्यंजन अथवा य र ल व ह में से कोई भी वर्ण) हो तो 'क' का 'ग', 'च' का 'ज्', 'ट्' का 'ड्', 'त्' का 'द्',

और 'प' का 'ब' हो जाता है, अर्थात् अघोष व्यंजन (क्, च् ट् त् प्), घोष (ग, ज, ड, द, ब) व्यंजनों में बदल जाते हैं। इसे घोषीकरण या घोष संधि के नाम से भी जाना जाता है; यथा—

दिक्	+	अम्बर	=	दिगम्बर
दिक्	+	गज	=	दिग्गज
वाक्	+	ईश	=	वागीश
षट्	+	दर्शन	=	षड्दर्शन
उत्	+	घाटन	=	उद्घाटन
भगवत्	+	गीता	=	भगवद्गीता
शरत्	+	इन्दु	=	शरदेन्दु
अप	+	ज	=	अब्ज
षट्	+	आनन	=	षडानन

(च) क् च् ट् त् प् के बाद यदि 'म' या 'न' हो तो क् का 'ङ', च का 'ञ्', ट का 'ण्', त् का 'न्', और 'प्' का 'म्' हो जाता है; जैसे—

वाक्	+	मय	=	वाङ्मय
उत्	+	नायक	=	उन्नायक
षट्	+	मास	=	षण्मास
चित्	+	मय	=	चिन्मय
सत्	+	मार्ग	=	सन्मार्ग

(छ) 'म्' के बाद कोई स्पर्श व्यंजन हो तो म् के स्थान पर उसी वर्ग का अन्तिम वर्ण (विकल्पानुसार) हो जाता है; यथा—

सम्	+	कल्प	=	संकल्प/सङ्कल्प
हृदयम्	+	गम	=	हृदयंगम/हृदयङ्गम
सम्	+	चय	=	संचय/सञ्चय
सम्	+	तोष	=	सन्तोष

(ज) 'म्' के बाद यदि य, र, ल, व, श, स, ह, तो 'म्' का अनुस्वार हो जाता है। यथा—

सम्	+	योग	=	योग
सम्	+	रक्षक	=	संरक्षक
सम्	+	वाद	=	संवात्
सम्	+	शय	=	संशय

अपवाद–यदि सम् के बाद राट् शब्द आता है तो 'म्' का म् ही बना रहता है।

(झ) 'छ्' के पूर्व स्वर हो तो ऐसी दशा में छ से पहले 'च्' आ जाता है; जैसे—

परि	+	छेद	=	परिच्छेद
आ	+	छादन	=	आच्छादन
वि	+	छेद	=	विच्छेद
अनु	+	छेद	=	अनुच्छेद

(ञ) इ, उ ह्रस्व स्वरों के पश्चात् यदि र् हो और फिर 'र्' हो तो ह्रस्व स्वर का दीर्घ स्वर बन जाता है और र् का लोप हो जाता है; यथा–

निर्	+	रस	=	नीरस
निर्	+	रव	=	नीरव
निर्	+	रोग	=	निरोग

विसर्ग संधि

प्रमुख विसर्ग संधियों का वर्णन नीचे किया गया है—

(क) विसर्ग के पहले 'अ' हो और बाद में घोष व्यंजन (वर्ग का तीसरा चौथा पाँचवाँ वर्ण एवं य र ल व ह) हो तो विसर्ग का 'ओ' हो जाता है; जैसे—

मनः	+	बल	=	मनोबल
यशः	+	दा	=	यशोदा
तमः	+	गुण	=	तमोगुण
मनः	+	विकार	=	मनोविकार
अधः	+	गति	=	अधोगति

(ख) विसर्ग के पश्चात् यदि च, छ, हो तो विसर्ग का 'श्' ट्, ठ् हो तो 'ष्' और त्, थ् हो तो स् हो जाता है; जैसे—

निः	+	चिन्त	=	निश्चिन्त
दुः	+	तर	=	दुस्तर
हरि	+	चन्द्र	=	हरिश्चन्द्र
नमः	+	ते	=	नमस्ते
राम	+	टंकार	=	रामष्टंकार

(ग) विसर्ग के पहले कोई स्वर हो तथा बाद में कोई घोष ध्वनि (स्वर वर्ग का तीसरा, चौथा और पाँचवाँ वर्ण एवं य र ल व ह) हो तो विसर्ग का 'र्' बन जाता है; जैसे—

दुः	+	गुण	=	दुर्गुण
निः	+	गुण	=	निर्गुण
निः	+	आश	=	निराश
दुः	+	उपयोग	=	दुरुपयोग
निः	+	बल	=	निर्बल
निः	+	मल	=	निर्मल
निः	+	धन	=	निर्धन
पुनः	+	जन्म	=	पुनर्जन्म

(घ) विसर्ग के पश्चात् यदि श, ष, स हो तो विकल्प से श्, ष्, स् हो जाता है; जैसे—

दुः	+	शासन	=	दुश्शासन
निः	+	कलंक	=	निष्कलंक
निः	+	कपट	=	निष्कपट
दुः	+	कर	=	दुष्कर

हिन्दी की संधियाँ और नियम

हिन्दी भाषा की कुछ ऐसी संधियाँ हैं जो लिखने में तो प्रयोग में नहीं आतीं किन्तु मुख, सुख अथवा भाषा की गतिशीलता बनाए रखने के लिए इनका प्रयोग बोलने में किया जाता है; जैसे—

'क' का ग् (डाक घर—डाग्घर)

च् का च्च (ऊँचाहार—उच्चाहार)

च् का ज् (पहुँच जाऊँगा—पहुँज्जाऊँगा)

ग् का क् (नागपुर—नाक्पुर)

द का त् (बद्माश—बत्माश)

त् का ई (पंडित् जी—पंडीजी)

ट् का सा (मास्टर—मास्साहब)

लिखने में प्रयुक्त होने वाली कुछ संधियाँ—

(क) प्रत्यय के जोड़ने तथा समस्त पद बनाने में निम्नलिखित परिवर्तन होते हैं :

औ का अ = माड़ौ—मड़इया

आ का अ = खाट—खटिया

नाक	+	कट	=	नकटा
काठ	+	पुतली	=	कठपुतली
आधा	+	खिला	=	अधखिला
बात	+	काटनेवाला	=	बतकटा

ई का इ —

विद्यार्थी	+	यों	=	विद्यार्थियों
कापी	+	यों	=	कापियों
भीख	+	आरी	=	भिखारी
लूट	+	एरा	=	लुटेरा

ऊ का उ —

भालू	+	ओं	=	भालुओं
साधू	+	ओं	=	साधुओं

ए का इ —

खेल	+	वाड़	=	खिलवाड़

ओ का उ —

सोना	+	आर	=	सुनार
दो	+	गुना	=	दुगुना

1. इस प्रकार स्पष्ट होता है कि हिन्दी की अपनी संधियों में प्रायः ह्रस्वीकरण की प्रवृत्ति पाई जाती है। अर्थात्—'आ' का 'अ'; ई ए का इ; ऊ, ओ का 'उ' हो जाता है। दीर्घ ईकारान्त तथा ऊकारान्त शब्दों में ह्रस्व 'इ' तथा 'य' का आगम होता है, जैसे—लकड़ी का लकड़ियाँ, अथवा लकड़ियों का रूप दिखाई पड़ता है। इसी प्रकार डाकू, भालू, दयालू, जैसे शब्दों में परिवर्तन भी ह्रस्वीकरण के अनुसार होता है। यथा—डाकुओं, भालुओं, दयालुओं आदि।

2. अल्प प्राण के बाद जब 'ह' आता है हो तो दोनों मिलकर महाप्राण बन जाते हैं; यथा—

अब	+	ही	=	अभी
सब	+	ही	=	सभी
कब	+	ही	=	कभी
तब	+	ही	=	तभी

3. आ के बाद ह आने पर दोनों का लोप हो जाता है; जैसे—

यहाँ	+	ही	=	यही
कहाँ	+	ही	=	कहीं

4. 'स' के बाद जब 'ह' आता है तो 'ह' का लोप हो जाता है; जैसे—

इस	+	ही	=	इसी
किस	+	ही	=	किसी
उस	+	ही	=	उसी
जिस	+	ही	=	जिसी

समास, उपसर्ग और प्रत्यय

शब्द रचना

रचना के आधार पर शब्दों का वर्गीकरण : रचना की दृष्टि से शब्दों के दो प्रकार होते हैं—रूढ़ि और यौगिक। जिन शब्दों के सार्थक खण्ड न हों उन्हें रूढ़ि या रूढ़ कहते हैं। जैसे—घर, मेज, कलम, छाता, छड़ी आदि। इन शब्दों के सार्थक खण्ड नहीं किये जा सकते। इन शब्दों की रचना दो या अधिक शब्दों को मिलाकर नहीं की गई। ये अपने आप में परिपूर्ण शब्द हैं। इसलिए इन्हें रूढ़ि कहा जाता है। हिन्दी में इस प्रकार के अनेक शब्द हैं; जैसे—कबूतर, गौरैया, सिर, घास, चारा, खाना, दवात, जूता, मेख, कील, काँटा आदि।

यौगिक शब्दों की रचना दो या अधिक शब्दों के मेल से की जाती है। इनके सार्थक खण्ड करना संभव होता है। अपनी इस गुणवत्ता के कारण ही इन्हें यौगिक कहा जाता है। इस प्रकर के शब्द हैं—पाठशाला, विद्यालय, शस्त्रागार, सद्‌भावना, मनुस्मृति, ग्रंथागार, चपलता, सज्जन आदि। यौगिक शब्दों के दो भेद हैं—सामान्य यौगिक तथा योगरूढ़ि या योगरूढ़। सामान्य यौगिक शब्दों में—पाठशाला, नाचघर, दुर्व्यवहार, कविताई आदि शब्द आते हैं तथा योगरूढ़ि शब्दों में पंकज, रघुनंदन, कौशलेष, दशानन, आदि शब्द आते हैं जो अपने आप में किसी विशेष अर्थ का बोध कराते हैं।

इतिहास के आधार पर शब्द रचना के पाँच भेद कहे गए हैं जो क्रमशः—तत्सम, तद्‌भव, देशी, विदेशी तथा संकर कहे जाते हैं। तत्सम शब्द सीधे यथावत् संस्कृत से लिए गए शब्द हैं; यथा—सत्य, अहिंसा, ज्ञान, विज्ञान, स्वप्न, फल, कक्षा आदि। जबकि तद्‌भव शब्दों का उद्‌गम तो संस्कृत भाषा ही है किन्तु वे विकसित होकर जनसामान्य तक पहुँचते हैं और अपनाए गए हैं; जैसे, माता (माँ), पत्र (पत्ता), हरित (हरा), स्वप्न (सपना), हस्ति (हाथी), अग्नि (आग) आदि।

विदेशी शब्द वे शब्द कहे जाते हैं जिनको विदेशी भाषाओं से सम्पर्क बढ़ने के कारण हिन्दी में यथावत् अथवा किंचित् परिवर्तन के साथ अपना लिया गया है; जैसे—तोप, चाकू, बन्दूक, कमीज, औरत, आदमी, वकील, कानून, काग़ज, फ़ौज, ख़र्च, गवाह, कमरा, गमला, तौलिया, रेडियो, स्कूल, टाई, पैन्ट आदि।

देशज शब्द उपर्युक्त किसी भी कोटि में नहीं आते; ये स्वतः जन्मे और लोकप्रिय हुए हैं। इनमें से कुछ आवाज़-बोधक, कुछ क्रिया-बोधक तथा कुछ आकार-बोधक हैं। खटखटाना, बुदबुदाना, चमकना, धमाका आदि आवाज़-बोधक हैं। चूँ-चूँ करने वाला चूहा, चिड़िया, पी-पी करने वाला पपीहा, झीं-झीं करने वाला झींगुर है। चीं-चीं तेंदुआ, भेड़िया, भेड़ आदि आकार-बोधक शब्दों की कोटि में माने जा सकते हैं।

संकर शब्द वे शब्द कहे जाते हैं जो दो प्रकार के शब्दों के मेल से बने हैं; जैसे—कलमदान, फूलदान, जिलाधीश, डाकघर, रेलगाड़ी।

शब्दों की रचना अर्थ के आधार पर भी होती है। हिन्दी में एकार्थी, अनेकार्थी, पर्यायवाची विपरीतार्थक जैसे शब्दों के साथ-साथ ऐसे भी शब्द हैं जो पूरे वाक्यांश का बोध कराते हैं।

समास

शब्दों की संरचना में समासों का विशिष्ट स्थान है। समास शब्द दो शब्दों के मेल से बना है—सम(समीप) आस (रखना) अर्थात् दो शब्दों को समीप रखना समास का कार्य है। समास ऐसी प्रक्रिया है जिसके द्वारा दो शब्दों को इस प्रकार मिलाया जाता है जिसमें सम्बंधसूचक शब्द नहीं रहते। जैसे—मेलमिलाप, उठापटक, कूदफाँद, पति-पत्नी, माता-पिता, राजकुमार, पंचवटी आदि शब्द।

समास के दो पदों को क्रमशः पूर्वपद तथा उत्तरपद कहा जाता है। उपर्युक्त उदाहरणों में **मेल** पूर्व पद तथा **मिलाप** उत्तर पद है। दोनों पदों को मिलाकर समस्त या सामासिक पद कहा जाता है। दोनों पदों को योजक (-) लगाकर लिखना चाहिए अथवा उन्हें मिलाकर लिखना चाहिए; जैसे—मेल-मिलाप अथवा मेलमिलाप। इन्हें मेल मिलाप अलग-अलग लिखना सामासिक अशुद्धि मानी जाती है।

पूर्वपद तथा उत्तरपद की प्रधानता के अनुसार यहाँ पर समासों का वर्गीकरण किया गया है।

1. पूर्वपद प्रधान—अव्ययीभाव समास
2. उत्तरपद प्रधान—तत्पुरुष (कर्मधारय तथा द्विगु समास इसी के अन्तर्गत आते हैं)
3. दोनों पद प्रधान—द्वन्द्व समास
4. दोनों पद अप्रधान—बहुव्रीहि (इसमें कोई तीसरा प्रधान होता है)

इस प्रकार मूलतः चार समास होते हैं किन्तु द्विगु तथा कर्मधारय को मिलाकर इनकी संख्या छह हो जाती है।

इस पर विस्तार से चर्चा आगे की जाएगी। समासों के विवेचन से पूर्व इसी श्रृंखला की दूसरी शब्द रचना प्रक्रियाओं का साथ-साथ संक्षिप्त विवेचन करना भी यहाँ समीचीन प्रतीत होता है। इन प्रक्रियाओं द्वारा उपसर्ग तथा प्रत्यय लगाकर नए शब्दों की रचना की जाती है।

समासों को मिलाकर ये तीन प्रक्रियाएँ बन जाती हैं। अर्थात् हिन्दी शब्द तीन प्रकार से बनाए गए हैं; यथा—

(i) उपसर्ग से निर्मित शब्द;
(ii) प्रत्यय से निर्मित शब्द;
(iii) समास से निर्मित शब्द।

उपसर्ग

एक ऐसी भासिक इकाई है जिसका भाषा में स्वतंत्र प्रयोग प्रायः नहीं होता किन्तु इन्हें शब्दों के आरंभ में जोड़कर नया **शब्द** बनाया जाता है; जैसे—अ + धर्म = अधर्म, सु + कर्म = सुकर्म, अध + पका = अधपका आदि। हिन्दी में तीन प्रकार के उपसर्गों का प्रयोग किया जाता है जो इस प्रकार हैं—

तत्सम उपसर्ग : ऐसे उपसर्ग जो संस्कृत से यथावत् ले लिए गए हैं उन्हें तत्सम उपसर्ग कहा जाता है; जैसे—अति, उत्, अधि, अप, आ, उप, दुः, निः, परा, परि, प्र, प्रति, बहु, वि, सम्, स, सु आदि।

तद्भव उपसर्ग : वे उपसर्ग कहे जाते हैं जो संस्कृत के उपसर्गों तथा ध्वनियों से कुछ परिवर्तित होकर आए हैं तथा जिनका हिन्दी में स्वतंत्र प्रयोग नहीं होता किन्तु शब्द रचना के लिए उनका प्रयोग किया जाता है। उदाहरण के लिए अ, औ, क, दु, नि, पर, स आदि।

विदेशी उपसर्ग : जो उपसर्ग विदेशी भाषाओं से लिए गए हैं तथा हिन्दी ने उन्हें स्वीकार कर लिया है उन्हें विदेशी उपसर्ग कहा जाता है। हिन्दी में प्रयुक्त होने वाले उपसर्ग ज्यादातर अरबी तथा फारसी से लिए गए हैं; जैसे—अल, दर, ब, बा, बे, ला इत्यादि।

प्रत्यय

उपसर्ग किसी शब्द के पूर्व जुड़कर उसका अर्थ बदल देता है किन्तु **प्रत्यय** शब्दों के अन्त में जोड़ा जाता है जिसके कारण किसी शब्द के अर्थ में परिवर्तन हो जाता है। प्रत्यय तीन प्रकार के होते हैं—क्रिया प्रत्यय, कृदंत (कृत) प्रत्यय, तद्धित प्रत्यय।

क्रिया प्रत्यय : इस प्रत्यय के अन्तर्गत क्रिया का अपना स्वरूप ही परिवर्तित होकर अर्थ में परिवर्तन का द्योतक बनता है। जैसे उठना क्रिया—उठ रहा है, उठा, उठेगा, आदि प्रत्ययों के लगने से क्रमशः वर्तमान, भूत, भविष्यत् काल का संकेत देती है।

कृदंत (कृत्) प्रत्यय : यदि प्रत्यय किसी क्रिया के अन्त में जुड़ता है तो उसे कृत् प्रत्यय कहते हैं। कृत् प्रत्यय के पाँच भेद हैं—कर्तृवाचक, कर्मवाचक, करणवाचक, भाववाचक, क्रियाद्योतक। इन पाँचों की संक्षिप्त विशेषताएँ क्रमशः नीचे दी जाती हैं—

कर्तृवाचक : ऐसे प्रत्यय होते हैं जो क्रिया के साथ जुड़कर 'वाला' का अर्थ प्रकट करते हैं; जैसे—

1. पढ़ना से पढ़ने वाला (वाला)
2. मिलना से मिलनसार (सार)
3. पीना से पियक्कड़ (अक्कड़)
4. लूटना से लुटेरा (एरा)
5. भागना से भगोड़ा (ओड़ा)
6. पालना से पालक (अक)
7. मरना से मरियल (यल)

कर्मवाचक : ऐसे प्रत्यय जिनके जुड़ने से कर्म का बोध होता है, कर्मवाचक कहलाते हैं। इन प्रत्ययों के अन्तर्गत ना, नी, औना, औनी, आवनी सहायक शब्द आते हैं। जैसे ओढ़ना, ओढ़नी, बिछौना, पहरौनी, ठहरावनी आदि।

करणवाचक : ऐसे प्रत्यय जिनके जुड़ने से क्रिया के साधन का बोध होता है, करणवाचक कहलाते हैं; जैसे—

झूलना से झूला
मथना से मथानी
झाड़ना से झाड़न
रेतना से रेती

भाववाचक : जिस प्रत्यय के लगने से क्रिया के भाव अथवा अर्थ का बोध होता है उसे भाववाचक प्रत्यय कहते हैं; जैसे—

चिकना से चिकनाई
लड़ना से लड़ाई
मेल से मेला
समझाना से समझौता

क्रियाद्योतक : ऐसे प्रत्यय क्रियाद्योतक कहलाते हैं जिनके जुड़ने से भूत या वर्तमान काल की क्रियाओं की तरह के विशेषण या अव्यय बनते

हैं; जैसे—आ, या, ता आदि से लगा, गया, सोता। इनके साथ कभी-कभी 'हुआ' का भी प्रयोग किया जाता है; जैसे—"गुजरा हुआ जमाना याद आ रहा है आज"। सोया हुआ बच्चा, दौड़ता हुआ हिरण आदि।

क्रियाद्योतक कृदन्तों के अन्तिम 'आ' को 'ए' कर देने से अव्यय बन जाते हैं; जैसे—वह बैठे-बैठे ऊँघता है, वह चलते-चलते खाता है, उसे सोते-जागते अपने पुत्र का ध्यान है।

यह ध्यान रखने की बात है कि कर्तृवाचक प्रत्ययों से संज्ञाएँ और विशेषण बनते हैं। कर्मवाचक, करणवाचक प्रत्ययों से केवल संज्ञाएँ बनती हैं और क्रियावाचक प्रत्ययों से विशेषण और अव्यय बनते हैं।

तद्धित प्रत्यय : क्रिया (धातु) को छोड़कर संज्ञा, सर्वनाम, विशेषण तथा अव्यय के साथ जिन प्रत्ययों को जोड़ा जाता है उन्हें तद्धित प्रत्यय कहते हैं। अतएव तद्धित प्रत्ययों को हम चार वर्गों में रख सकते हैं—

संज्ञाओं के साथ जुड़ने वाले तद्धिक प्रत्यय—

लड़का	+	पन	=	लड़कपन
लोहा	+	र	=	लोहार
गुलाब	+	ई	=	गुलाबी
नाटक	+	ईय	=	नाटकीय

सर्वनामों के साथ जुड़ने वाले प्रत्यय—

वह	+	सा	=	वैसा
यह	+	ही	=	यही
उसी	+	ए	=	उसे

विशेषणों के साथ जुड़ने वाले प्रत्यय—

बुरा	+	ई	=	बुराई
ऊँचा	+	आई	=	ऊँचाई
मीठा	+	आस	=	मिठास
अच्छा	+	ई	=	अच्छाई

अव्ययों के साथ जुड़ने वाले प्रत्यय—

पीछे	+	ला	=	पिछला
आगे	+	ला	=	अगला
बहुत	+	एरा	=	बहुतेरा
कब	+	ही	=	कभी

मुख्य तद्धित प्रत्यय

कर्तृवाचक : आर, इयल, एर, गर, वाला; जैसे–लोहार, अड़ियल, सपेरा, लुटेरा, जादूगर, ताँगे वाला।

व्यापारवाचक : ई, उआ, एरा, हरा, वाला आदि; जैसे–तेली, पंडिताई, मछुआ, कसेरा, लकड़हारा, दूधवाला आदि।

सम्बन्धवाचक : एरा, जा, ओई; जैसे–ममेरा, फुफेरा, भतीजा, बहनोई आदि।

भाववाचक : आ, आई, आका, आटा, आन, आपा, आयत, आस, आहट, ई, औती, त, ता, पन, आदि; जैसे–प्यासा, भलाई, धमाका, फर्राटा, ढलान, बुढ़ापा, बहुतायत, खटास, सकपकाहट, बपौती, रंगत, धूर्त्तता, लड़कपन आदि।

ऊनतावाचक : आ, इया, ई, डी, री आदि; जैसे—मनुआ, कुतिया, टोकरी, पगड़ी, कोठरी।

क्रमवाचक अथवा पूर्णतावाचक : ला, रा, था, ठा, वाँ; जैसे—पहला, दूसरा, छठा, आठवाँ।

सादृश्यवाचक : सा, हरा, हला; जैसे—आपसा, मुझसा, सुनहरा, रुपहला।

तद्धितान्त अव्यय : ए, ओं, व; जैसे—वैसे, यों, अब आदि।

अनेक शब्दों के लिए एक शब्द

अनेक शब्दों के लिए एक शब्द के ज्ञान से रचना सारगर्भित बनती है तथा उसमें प्रौढ़ता आती है। अनेक शब्दों के लिए एक शब्द का निर्माण समास बनाकर और उपसर्ग का प्रत्यय जोड़कर करते हैं। परन्तु कतिपय शब्द एक प्रकार के पारिभाषिक शब्द होते हैं जो एक पूर्ण वाक्य या वाक्यांश का अर्थ देते हैं। ऐसे कुछ महत्वपूर्ण शब्दों की तालिका यहाँ प्रस्तुत की जा रही है :

1.	जो थोड़ा जानता है	अल्पज्ञ
2.	जिसकी गणना सबसे आगे हो	अग्रगण्य
3.	जिसका कुछ अर्थ न हो	निरर्थक
4.	जो सब जगह व्याप्त हो	सर्वव्यापी
5.	समान भाव की अनुभूति	समानुभूति
6.	सबको समान दृष्टि से देखने वाला	समदर्शी
7.	जिसके हृदय में ममता न हो	निर्मम
8.	जो कर्त्तव्य से गिर गया हो	कर्त्तव्यच्युत
9.	जो धर्म से गिर गया हो	धर्मच्युत
10.	जो स्त्री सूर्य न देख सकी हो	असूर्यम्पश्या
11.	जिसका वर्णन न किया जा सके	वर्णनातीत
12.	जो आशा से परे हो	आशातीत
13.	जो कल्पना से परे हो	कल्पनातीत
14.	जो देखने में प्रिय लगता हो	प्रियदर्शी
15.	जो नष्ट होने वाला हो	नश्वर
16.	युग का निर्माण करने वाला	युग निर्माता
17.	शत्रु की हत्या करने वाला	शत्रुघ्न
18.	पिता की हत्या करने वाला	पितृहन्ता
19.	माता की हत्या करने वाला	मातृहन्ता
20.	जिस पद के लिए वेतन न दिया जाए	अवैतनिक
21.	सब कुछ खो देने वाला	सर्वहारा
22.	अपने पैरों पर खड़ा होने वाला	स्वावलम्बी
23.	जब तक जीवन रहे	यावज्जीवन
24.	जीवन भर	आजीवन
25.	मरण (मरने) तक	आमरण
26.	जिसे गोद लिया गया हो	दत्तक

27.	जिस स्त्री की तीन जटाएँ हो	त्रिजटा
28.	जिसकी धारणा शक्ति तेज हो	मेधावी
29.	इन्द्रियों द्वारा प्राप्त ज्ञान	गोचर
30.	जो मृत्यु के समीप हो	मरणासन्न
31.	मरने की इच्छा	मुमूर्षा
32.	जानने की इच्छा	जिज्ञासा
33.	जो कठिनाई से किया जाय	दुष्कर
34.	जो कठिनाई से प्राप्त हो	दुर्लभ
35.	जहाँ कठिनाई से जाया जाए	दुर्गम
36.	जो आराम से हो सके	सुकर
37.	प्राचीन घटना का विस्तृत वर्णन	इतिवृत्त
38.	अन्तःकरण की बात जानने वाला	अन्तर्यामी
39.	जिसके शिखर पर चन्द्रमा हो	चन्द्रशेखर
40.	जिसके आने की तिथि ज्ञात न हो	अतिथि
41.	जो मरे हुए के समान हो	मृतप्राय
42.	जो युगों से होता चला आ रहा है	सनातन
43.	जो कानून के विरुद्ध हो	अवैध
44.	जो उर (कलेजे) के बल चलता हो	उरग (साँप)
45.	किसी के पास रखी हुई दूसरे की वस्तु	धरोहर
46.	जिसका दमन कठिन हो	दुर्दम्य
47.	जिसका ज्ञान इन्द्रियों से परे हो	अतीन्द्रिय
48.	जो दूसरे के काम पर अस्थायी रूप से काम करता हो	स्थानापन्न
49.	जिसका प्रयोजन सिद्ध हो चुका है	कृतकार्य
50.	जिसने किसी विषय में चित्त लगाया हो	दत्तचित्त
51.	जिसकी प्रभा बिजली के समान हो	विद्युत्प्रभा
52.	कुश की नोंक के समान तीक्ष्ण बुद्धि वाला	कुशाग्र बुद्धि
53.	जो पहले कभी नहीं सुना गया	अश्रुतपूर्व
54.	जो पहले कभी नहीं देखा गया	अदृष्टपूर्व
55.	जो पहले कभी नहीं हुआ हो	अभूतपूर्व
56.	जो धरती फोड़कर उत्पन्न होता है	उद्भिज
57.	जो विलम्ब से काम करे	दीर्घसूत्री
58.	शिष्टजनों का आचार	शिष्टाचार

59.	सब लोगों से सम्बन्ध रखने वाला	सार्वजनिक
60.	पिता से सम्बन्धित	पैतृक
61.	जहाँ प्रजा का शासन हो	प्रजातंत्र
62.	जहाँ राजा का शासन हो	राजतंत्र
63.	पीछे-पीछे चलने वाला	अनुगामी
64.	तीव्रगति से चलने वाला	द्रुतगामी
65.	नख से लेकर सिर तक	नखशिख
66.	पैर से लेकर सिर तक	आपाद मस्तक
67.	जो भय उत्पन्न करने वाला हो	भीम
68.	धर्म के प्रति निष्ठा रखने वाला	धर्मनिष्ठ
69.	कर्त्तव्य के प्रति निष्ठा रखने वाला	कर्त्तव्यनिष्ठ
70.	जो किसी बात को तुरन्त सोच ले	प्रत्युत्पन्नमति
71.	किसी स्थान पर निश्चित रूप से न रहने वाला	यायावर
72.	गुण और दोष की विवेचना करने वाला	समालोचक
73.	जहाँ तक हो सके	यथासम्भव
74.	हंस के समान गति से चलने वाली	हंसगामिनी
75.	हाथी के समान गति से चलने वाली	गजगामिनी
76.	एक ही नेत्र से देखने वाला	एकाक्ष
77.	सौ वर्ष का समय	शताब्दी
78.	जिस ग्रन्थ में बहुत सी बातों का संग्रह किया गया हो	संकलन
79.	रक्त से सना हुआ	रक्तरंजित
80.	सौ का संग्रह	शतक
81.	जिसकी भुजाएँ घुटनों तक हो	आजानबाहु
82.	जो चूसा जाय	चोष्य
83.	जो स्त्री के वशीभूत हो	स्त्रैण
84.	करने की इच्छा	चिकीर्षा
85.	खाने की इच्छा	बुभुक्षा
86.	तैरने की इच्छा	तितीर्षा
87.	पीने की इच्छा	पिपासा
88.	जो बाएँ हाथ से तीर चलाता हो	सब्यसाची
89.	सुन्दर हृदय वाला	सुहृद
90.	युग में परिवर्तन उपस्थित करने वाला	युगान्तकारी
91.	अभी-अभी जन्मा हुआ	सद्यःप्रसूत/नवजात

92.	जिस स्त्री ने अभी-अभी स्नान किया है	सद्यःस्नाता
93.	आदि से अन्त तक	आद्योपांत
94.	रात और संध्या के बीच की वेला	गोधूलि
95.	जो भेदा नहीं जा सके	अभेद्य
96.	एक स्थान से दूसरे स्थान को हटाया हुआ	स्थानान्तरित
97.	जो इस लोक में सम्भव न हो	अलौकिक
98.	जो विकास की ओर अग्रसर हो	विकासशील
99.	जो जीवों के जीवन से सम्बन्धित हो	जैविक
100.	नयनों को सुन्दर लगने वाला	नयनाभिराम
101.	मानव द्वारा निर्मित	कृत्रिम
102.	वह जो पैर से पीता है	पापद
103.	पलक झपकने का समय	अक्षिनिमेष
104.	एकटक देखते रहना	निर्निमेष
105.	शरीर की सुन्दरता	अंग सौष्ठव
106.	सूर्य का एक राशि से निकलकर दूसरी राशि में जाना	संक्रमण
107.	छूत से फैलने वाला	संक्रामक
108.	जो दो शब्दों या वाक्यांशों को जोड़ता है	संयोजक
109.	फल की कामना न कर कार्य करना	निष्काम
110.	सर्वदा कल्याण करने वाला	सदाशिव
111.	उद्दीप्त करने की क्रिया	सन्दीपन
112.	जो सिद्ध या पूरा हुआ हो	सफलीभूत
113.	समाचार पत्र का सम्पादन करने वाला	सम्पादक
114.	अपने आप से उत्पन्न	स्वजन्मा
115.	पसीने से उत्पन्न होने वाला	स्वेदज
116.	इष्ट मित्रों को देने के लिए परदेश से लाई गई धातु	सौगात
117.	तुल्य या बराबर करने की क्रिया	समीकरण
118.	घर के प्रधान द्वार के पास की कोठरी	प्रकोष्ठ
119.	जो प्रमाण का विषय हो सके	प्रमेय
120.	किसी स्थान पर पैर रखने या जाने की क्रिया	पदार्पण
121.	ऊँचे से नीचे का क्रम	अनुलोम
122.	ऊपर की खींची हुई श्वाँस	उच्छ्वास
123.	उत्पत्ति का स्थान	उद्गम
124.	कुल परम्परा से आया हुआ	वंशागत
125.	भ्रम में पड़ा हुआ	विभ्रान्त

126.	जो डींग बहुत हाँके परन्तु कुछ भी न कर सके	डपोरशंख
127.	बढ़ाचढ़ा कर बोलने वाला	बड़बोला
128.	धूल से भरा हुआ	धूल धूसरित
129.	वसुदेव का पुत्र	वासुदेव
130.	कुन्ती का पुत्र	कौन्तेय
131.	पाण्डु के पुत्र	पाण्डव
132.	गंगा के पुत्र	गांगेय
133.	छः छः महीने में होने वाला	षष्टमासिक/छमाही
134.	नया आया हुआ	नवागत
135.	विदेश में रहने वाला	प्रवासी
136.	जो सदैव बना रहे	शाश्वत
137.	जो चक्र धारण करता हो	चक्रपाणि
138.	जो देखने में सुन्दर हो	सुदर्शन
139.	सिन्धु प्रदेश का	सैन्धव
140.	दोनों किनारों पर	उभयतट
141.	जिसकी उपमा दी जाय	उपमेय
142.	जिसके साथ उपमा दी जाय	उपमान
143.	विद्यार्थियों के रहने का स्थान	छात्रावास
144.	ऊपर कहा हुआ	उपर्युक्त
145.	बिना बुलाए आया हुआ	अनाहूत
146.	तर्क करने वाला	तार्किक
147.	निष्फल न होने वाला	अमोघ
148.	दोपहर के पहले का समय	पूर्वाह्न
149.	दोपहर के बाद का समय	अपराह्न
150.	जो कभी बूढ़ा न हो	अजर
151.	रात में विचरण करने वाला	निशाचर
152.	मन में/से जन्म लेने वाला	मनोज
153.	वह स्थान जहाँ से सूर्य निकलता है	उद्याचल
154.	वह स्थान जहाँ सूर्य अस्त होता है	अस्ताचल
155.	वह स्थान जहाँ से गंगा निकलती है	गंगोत्री
156.	वह स्थान जहाँ से यमुना निकलती है	यमुनोत्री
157.	पशुओं के चरने का स्थान	चारागाह
158.	पूर्व और उत्तर के बीच की दिशा	ईशान

159.	जिसके पास कुछ न हो	अकिंचन
160.	पूर्व और दक्षिण का कोण	अग्निकोण
161.	जो दया का पात्र हो	दयनीय
162.	जिसका होना जरूरी हो	अनिवार्य
163.	शक्ति की उपासना करने वाला	शाक्त
164.	शिव की उपासना करने वाला	शैव
165.	विष्णु की उपासना करने वाला	वैष्णव
166.	अनुचित बात के लिए आग्रह	दुराग्रह
167.	समान अवस्था (उम्र) वाला	समवयस्क
168.	जिस समय कठिनाई से भिक्षा मिलती है	दुर्भिक्ष
169.	जिसे कठिनाई से समझा जा सके	दुर्बोध
170.	क्षण भर में नष्ट होने वाला	क्षणभंगुर
171.	जो मूल से सम्बद्ध हो	मौलिक
172.	पर्वत के पास की भूमि	उपत्यका
173.	जो न्याय का विद्वान् हो	नैयायिक
174.	जो व्याकरण का विद्वान् हो	वैयाकरण
175.	जिसका शत्रु पैदा न हुआ हो	अजातशत्रु
176.	जो वाणी द्वारा कहा न जा सके	अनिर्वचनीय
177.	जो अनुकरण करने योग्य हो	अनुकरणीय
178.	जिसने अपना ऋण चुका दिया हो	उऋण
179.	जिससे अपमान की अनुभूति होती है	अपमानजनक
180.	दीक्षा के अन्त में होने वाला	दीक्षान्त
181.	एक ही समय में वर्तमान	समकालीन
182.	उसी समय का	तत्कालीन
183.	जो इतिहास जानता हो	इतिहासज्ञ
184.	जो दर्शनशास्त्र जानता हो	दार्शनिक
185.	पेट की आग	जठराग्नि/जठरानल
186.	जंगल की आग	दावाग्नि/दावानल
187.	समुद्र की आग	बड़वाग्नि/बड़वानल
188.	वह जो संसद का सदस्य हो	सांसद
189.	वह जो विधान सभा का सदस्य हो	विधायक
190.	छः कोणों वाली आकृति	षट्कोण
191.	रोंगटे खड़ा होने वाला दृश्य	रोमहर्षक

192.	जो स्त्री सन्तानोत्पत्ति के योग्य न हो	बाँझ
193.	युद्ध में स्थिर रहने वाला	युधिष्ठिर
194.	महल के अन्दर का निवास	अन्तःपुर
195.	मुफ्त में बँटने वाला भोजन	सदाव्रत
196.	युवावस्था और बचपन के बीच का समय	वयःसन्धि
197.	जो स्मरण करने योग्य हो	स्मरणीय
198.	जो आगे की बात सोचता हो	अग्रसोची
199.	जो दूर तक सोचता हो	दूरदर्शी
200.	कम बोलने वाला	मितभाषी
201.	जो कम खर्च करता हो	मितव्ययी
202.	नीति को जानने वाला	नीतिज्ञ
203.	इन्द्रियों को जीतने वाला	जितेन्द्रिय
204.	जिसके समान दूसरा न हो	अद्वितीय
205.	जिसका आदि न हो	अनादि
206.	जिसकी इच्छाएँ बहुत ऊँची हों	महत्त्वाकांक्षी
207.	जिसकी ग्रीवा (गर्दन) सुन्दर हो	सुग्रीव
208.	जो सर्वशक्ति सम्पन्न हो	सर्वशक्तिमान
209.	जिसे ईश्वर में विश्वास हो	आस्तिक
210.	जिसे ईश्वर में विश्वास न हो	नास्तिक
211.	जिसका पति जीवित हो	सधवा
212.	दो बार जन्म लेने वाला	द्विज
213.	जो कहा न जा सके	अकथनीय
214.	जिसका निवारण न किया जा सके	अनिवार्य
215.	जो सब कुछ जानता हो	सर्वज्ञ

विपरीतार्थक शब्द

विपरीतार्थक शब्द वे हैं जो दिए गए किसी शब्द का विलोम या उल्टा अर्थ बताते हैं।

शब्द	**विपरीतार्थक शब्द**	**शब्द**	**विपरीतार्थक शब्द**
उत्तम	अधम	आभ्यंतर	बाध्य
अन्तर्मुखी	बहिर्मुखी	आस्तिक	नास्तिक
सुगम	अगम	आर्द्र	शुष्क
सुलभ	दुर्लभ	आत्मा	परमात्मा

शब्द	विपरीतार्थक शब्द	शब्द	विपरीतार्थक शब्द
सुबोध	दुर्बोध	आयात	निर्यात
सरस	नीरस	आसक्त	अनासक्त
अन्तर्द्वन्द्व	बहिर्द्वन्द्व	अन्धकार	प्रकाश
अल्पायु	दीर्घायु	अथ	इति
अग्रज	अनुज	अवनि	अम्बर
आगमन	प्रस्थान	अधिक	न्यून
आदि	अन्त	अज्ञ	विज्ञ
अनुलोम	प्रतिलोम	अतिवृष्टि	अनावृष्टि
अति	अल्प	अँधेरा	उजाला
अमर	मर्त्य	अनुकूल	प्रतिकूल
अमावस्या	पूर्णिमा	अनिवार्य	वैकल्पिक
अनुरक्ति	विरक्ति	अल्पमत	बहुमत
आकाश	पाताल	अनुगामी	अग्रगामी
आगामी	गत/विगत	अपव्ययी	मितव्ययी
आदर	निरादर	अपमान	सम्मान
आय	व्यय	अपना	पराया
आशा	निराशा	अनुराग	विराग
आविर्भाव	तिरोभाव	अपेक्षा	उपेक्षा
अन्तर्धान	तिरोधान	अल्पसंख्यक	बहुसंख्यक
आकर्षण	विकर्षण	अमृत	विष
उत्कर्ष	अपकर्ष	अरुचि	सुरुचि
उत्थान	पतन	अभिशाप	वरदान
उन्नत	अवनत	आवृत्त	अनावृत्त
उन्नति	अवनति	इहलोक	परलोक
जय	पराजय	कटु	मधु
इच्छा	अनिच्छा	कठोर	कोमल
इष्ट	अनिष्ट	कपट	निष्कपट
उपकार	अपकार	कनिष्ठ	ज्येष्ठ
उत्साह	निरुत्साह	कर्मण्य	अकर्मण्य
उर्वर	उरुसर	कीर्ति	अपकीर्ति
उऋण	ऋणी	वक्र	सरल
उग्र	शान्त	सुन्दर	कुरूप

शब्द	विपरीतार्थक शब्द
शान्त	अशान्त
उतार	चढ़ाव
उच्च	निम्न
उदय	अस्त
ऊँच	नीच
उद्याचल	अस्ताचल
उदार	कृपण
उत्कृष्ट	निकृष्ट
उत्तीर्ण	अनुत्तीर्ण
उपयुक्त	अनुपयुक्त
उपसर्ग	प्रत्यय
उपयोग	अनुपयोग
सदुपयोग	दुरूपयोग
उधार	नकद
हर्ष	विषाद
एक	अनेक
एड़ी	चोटी
एकत्र	विकीर्ण
ग्राह्य	त्याज्य
गृहस्थ	संन्यासी
आद्य	अन्त्य
आम	खास
ऐश्वर्य	अनैश्वर्य
ऐतिहासिक	अनैतिहासिक
करुण	निष्ठुर
झूठ	सच
मिथ्या	सत्य
ताप	शीत
तीव्र	मन्द
तुच्छ	महान्
तुकान्त	अतुकान्त
दक्षिण	उत्तर

शब्द	विपरीतार्थक शब्द
क्रय	विक्रय
खरीद	फरोख्त
कृत्रिम	प्राकृतिक
कृतज्ञ	कृतघ्न
कृष्ण	शुक्ल
खण्डन	मण्डन
गणतन्त्र	राजतन्त्र
गरल	सुधा
स्वर्ग	नरक
गुण	दोष
गुप्त	प्रकट
गुरु	लघु
विपन्न	सम्पन्न
राजा	रंक
अमीर	गरीब
धनी	निर्धन
दुर्बल	सबल
घर	बाहर
चर	अचर
चिरन्तन	नश्वर
चोर/असाधु	साधु
छूत	अछूत
जागरण	निद्रा
जंगम	स्थावर
जीवित	मृत
जंगली	पालतू
प्राचीन	नवीन/अर्वाचीन
प्रत्यक्ष	परोक्ष
प्रवृत्ति	निवृत्ति
प्रशंसा	निन्दा
प्रसिद्ध	अप्रसिद्ध
प्रेम	घृणा

शब्द	विपरीतार्थक शब्द	शब्द	विपरीतार्थक शब्द
पूरब	पश्चिम	पूर्णता	अपूर्णता
प्रलय	सृष्टि	पूर्ण	अपूर्ण
दुर्जन	सज्जन	बन्धन	मोक्ष/मुक्ति
स्वच्छ	अस्वच्छ	पूर्ववर्ती	परवर्ती
संश्लिष्ट	विश्लेषित	सफल	असफल/निष्फल
स्वामी	सेवक	पुरातन	नूतन
देशज	विदेशज	पुराना	नया
देव	दानव	बर्बर/असभ्य	सभ्य
देवता	राक्षस	अन्तरंग	बहिरंग
धर्म	अधर्म	बलवान	बलहीन
धैर्य	अधैर्य	भद्र	अभद्र
नश्वर	शाश्वत	भेद	अभेद
नगर	ग्राम	लघुता	गुरुता
नागरिक	ग्रामीण	लिप्त	निर्लिप्त
नाम	अनाम	लोभी	निर्लोभी
नाथ	अनाथ	लौकिक	अलौकिक
निरर्थक	सार्थक	विमुख	सम्मुख
निरामिष	सामिष	विधवा	सधवा
निर्लज्ज	सलज्ज़	विशिष्ट	साधारण
नैसर्गिक	कृत्रिम	विस् तृत	संक्षिप्त
परमार्थ	स्वार्थ	विधि	निषेध
पक्ष	विपक्ष	विवेक	अविवेक
पराजय	जय/विजय	वीर	कायर
पण्डित	मूर्ख	वृद्धि	ह्रास
परतन्त्र	स्वतन्त्र	व्यावहारिक	अव्यावहारिक
आजाद	गुलाम	आसक्ति	अनासक्ति
पाप	पुण्य	वैतनिक	अवैतनिक
पुरस्कार	तिरस्कार	सदाचारी	दुराचारी
प्रधान	गौण	समास	व्यास
सम	विषम	सदय	निर्दय
सक्रिय	निष्क्रिय	समष्टि	व्यष्टि
सगुण	निर्गुण	सम्मुख	विमुख

शब्द	विपरीतार्थक शब्द
सहयोगी	प्रतियोगी
सखा/मित्र	शत्रु
सशंक	निस्संक
सापेक्ष	निरपेक्ष
साक्षर	निरक्षर
सुगन्ध	दुर्गन्ध
सुशील	दुःशील
सुकर्म	कुकर्म
स्थूल	सूक्ष्म
मूर्त	अमूर्त
सुर	असुर
सुकाल	अकाल
सुदूर	सन्निकट
सुसंगति	कुसंगति
सौभाग्य	दुर्भाग्य
सम्पन्न	विपन्न
संकल्प	विकल्प
सन्धि	विच्छेद
सन्तोष	असन्तोष
संघटन	विघटन
क्षर	अक्षर

शब्द	विपरीतार्थक शब्द
समूल	निर्मूल
सार्थक	निरर्थक
सात्विक	तामसिक
साकार	निराकार
सुपात्र	कुपात्र
सुपथ	कुपथ
सुमति	कुमति
स्तुत्य	निंद्य
क्षम्य	अक्षम्य
श्री गणेश	इति श्री
श्लील	अश्लील
शोषक	पोषक
शासक	शासित
स्तुति	निन्दा
शिक्षित	अशिक्षित
श्वेत	श्याम
श्रव्य	दृश्य
हास	रुदन
हित	अहित
हिंसा	अहिंसा

पर्यायवाची शब्द

किसी शब्द के समान अर्थ के लिए जिन शब्दों को प्रयोग में लाया जाता है उन्हें पर्यायवाची शब्द कहा जाता है। आशय यह है कि पर्याय का अभिप्राय 'बदले में आने वाला' से लिया गया है। पर्यायवाची शब्द को 'प्रतिशब्द' भी कहते हैं। हिन्दी के कुछ पर्यायवाची शब्द निम्नांकित हैं—

अग्नि – पावक, आग, दहन, हुताशन, ज्वलन, कृशानु।

अमृत – सुधा, अमिय, पीयूष, मधु, जीवनोदक।

अधम – नीच, दुष्ट, पामर, खल, दुर्जन।

अन्न – अनाज, राशि, धान्य, दाना।

नदी – सरिता, नद, पयश्विनी, आपगा, तरंगिणी

नरक – यमपुर, यमलोक, यमालय, कृतान्तगेह।

पवित्र – निर्मल, विमल, पावन, शुद्ध, विशुद्ध।

पर्वत – नग, पहाड़, भूधर, गिरि, तुंग, अद्रि।

पण्डित – सुधी, विद्वान, मनीषी, प्रबुद्ध, कोविद, विचक्षण।

पेड़ – पादप, वृक्ष, तरू, विटप, द्रुय, गाछ।

पुत्र – सुत, बेटा, तनय, आत्मज, लड़का, तनुज।

पुत्री – सुता, बेटी, तनया, आत्मजा, लड़की, तनुजा।

पृथ्वी – भू, धरा, वसुधा, वसुन्धरा, अवनि, मही।

भूपति – नृप, नरेश, राजा, नरपति, भूपाल।

हवा – वायु, समीर, पवन, अनिल, समीरण।

सरस्वती – वीणापाणि, शारदा, माहश्वेता, पद्मासना, वाणी, भारती।

साँप – सर्प, अहि, नाग, विषधर, भुजंग, व्याल, पन्नग।

समुद्र – सागर, उदधि, पयोधि, नदीस, सिन्धु, रत्नाकर, जलधि।

दुःख – पीड़ा, कष्ट, व्यथा, वेदना, यातना, खेद, सन्ताप।

विष्णु – वज्रपाणि, विश्वम्भर, माधव, दामोदर, लक्ष्मीपति, गोविन्द, नारायण।

तालाब – सरोवर, सर, जलाशय, पोखर, पुष्कर, पद्माकर, ताल, तड़ाग।

बाण – तीर, शर, नाराच, विशिख, शिलीमुख।

वाटिका – बाग, उपवन, बगीचा, उद्यान, आराम।

समूह – समुदाय, वृन्द, दज, झुण्ड, मण्डली, टोली, जत्था।

फूल – पुष्प, पुहुप, प्रसून, सुमन, कुसुम, सारंग।

ब्रह्मा – विधि, स्वयंभू, चतुरानन, प्रजापति, विधाता, पितामह।

भौंरा – मधुप, भ्रमर, भृंग, मधुकर, षट्पद, भँवरा।

शिव – महेश्वर, शंकर, चन्द्रशेखर, नीलकण्ठ, त्रिलोचन, शंभु, पशुपति, महादेव, त्रिनेत्र।

मुनि – संन्यासी, अवधूत, साधु, सन्त, योगी, वैरागी।

यमुना – कालिन्दी, तरणि-तनुजा, सूर्य-सुता, जमुना, रवि-तनया।

बादल – मेघ, घन, घटा, अम्बुद, नीरद, पयोधर, जलधर, वारिद, जलद।

बिजली – विद्युत, क्षणदा, चपला, चंचला, दामिनी, क्षणप्रभा, तड़ित, सौदामिनी।

इच्छा – वांछा, अभिलाषा, कामना, स्पृहा, मनोरथ

आम – रसाल, आम्र, अमृतफल, सहकार।

गाय – गौ, धेनु, सुरभि, गौरी, दोग्धी, सौरमेयी।

चन्द्रमा – चाँद, शशि, रजनीश, राकेश, राकापति, सुधाकर, मयंक, चन्द्र।

दूध – गोरस, दुग्ध, पय, क्षीर।

देवता – सुर, अमर, देव, निर्जर, विवुध।

धन – अर्थ, द्रव्य, वित्त, सम्पदा, सम्पत्ति, दौलत, विभूति।

पक्षी – खग, विहग, विहंग, परिन्दा, पखेरू, चिड़िया, द्विज, अण्डज।

गणेश – गणपति, गजानन, विनायक, एकदंत, लम्बोदर, मोदकप्रिय।

गदहा – खर, गर्दभ, रासभ, वैशाखनन्दन, धूसर, वेशर।

गंगा – भागीरथी, जाह्नवी, त्रिपथगा, मंदाकिनी, देवापमा, देवनदी, सुरसरि।

कुवेर – यक्षराज, धनपति, किन्नरेश, धनराज, धनद, यक्षपति।

किरण – रश्मि, अंशु, कर, मरीचि, मयूख, गो, प्रभा, अर्चि।

किनारा – कूल, तट, कगार, तीर, छोर।

इन्द्र – सुरपति, देवेन्द्र, देवराज, मधवा, पुरन्दर, वासव, शचीपति, बिड़ौजा।

ईश्वर – परमात्मा, प्रभु, ईश, ब्रह्मा, भगवान्, जगदीश, परमपिता।

आँख – लोचन, दृग, नेत्र, नयन, चक्षु, दृष्टि, अक्षि।

घोड़ा – अश्व, घोटक, वाजि, हय, तुरंग, सैन्धव, हरी, तुरग।

आकाश – गगन, अम्बर, व्योम, नभ, आसमान, ख, अनन्त।

राक्षस – दैत्य, दनुज, दानव, यातुधान, निशाचर, रजनीचर।

कपड़ा – वस्त्र, पट, अम्बर, वसन, चीर, परिधान।

कामदेव – मदन, मन्मथ, अनंग, पुष्पधन्वा, पंचशर।

चतुर – निपुण, दक्ष, कुशल, चालाक, होशियार, विज्ञ, नागर।

अनुपम – अनूठा, अद्वितीय, अद्भुत, अपूर्व, अनूप, विलक्षण

अहंकार – घमण्ड, दर्प, अभिमान, दंभ।

मछली – मीन, मत्स्य, झख, शफरी, नस-जीवन।

माता – माँ, जननी, अम्बा, अम्मा।

पत्थर – पाहन, पाथर, पाषाण, अश्म, उपस, प्रस्तर।

नाव – नौका, पतंग, बेड़ा, जलयान, डोंगी, तरी, तरणी।

रात – निशा, रजनी, विभावरी, रात्रि, यामिनी, रैन, शर्वरी, राका।

पत्नी – वधू, भार्या, दारा, कलय, प्राणप्रिय, अर्द्धांगिनी।

सोना – कंचन, कनक, हेम, सुवर्ण, कसधौत, हाटक, हिरण्य।

हाथी – गज, इस्ती, द्विप, करी, कुंजर, द्विरद, नाग।

हाथ – कर, हस्त, पाणि।

स्त्री – महिला, नारी, कान्ता, कामिनी, वनिता, रमणी।

सूर्य – दिनकर, दिवाकर, भास्कर, मार्तण्ड, दिनेश, दिनमान, अंशुमाली, भानु, रवि।

सिंह – शेर, मृगराज, शार्दूल, मृगेन्द्र, केशरी, व्याघ्र, वनराज, पंचानन, पंचमुख।

सुन्दर – सलिल, रुचिर, चारु, मनोहर, रमणीय, कमनीय, अभिराम।

सेवक – भृत्य, नौकर, अनुचर, चाकर, किंकर, दास, परिचारक।

अनेकार्थक शब्द

कुछ शब्दों के अर्थ एक से अधिक होते हैं ऐसे शब्द ही अनेकार्थी कहलाते हैं। इन शब्दों का अर्थ प्रसंग के अनुसार लिया जाता है। कुछ अनेकार्थी शब्दों की सूची दी जा रही है–

अर्क – सूर्य, आक, पेड़, रस।

अर्थ – अभिप्राय, कारण, धन, लिए।

अंक – संख्या, भाग्य, प्रकरण, चिह्न, अध्याय, गिनती के अंक।

अमृत – स्वर्ण, जल, दूध, पारा, अन्य, एक रस जिसे पीकर देवता अमर हुए।

अरुण – सास, सूर्य, सूर्य का सारथी।

अक्षर – वर्ण, ईश्वर, न नष्ट होने वाला, धर्म, मोक्ष, सत्य, जल।

अज – दशरथ के पिता, बकरा, ब्रह्मा, जीवात्मा, जन्म न लेने वाला।

अक्ष – आँख, ज्ञान, मण्डल, धुरी, पहिया, आत्मा, कील।

अपेक्षा – जरूरत, आकांक्षा, आवश्यकता, आशा, इच्छा, बनिस्बत।

अम्बर – कपड़ा, आकाश, एक सुगन्धित द्रव्य।

अतिथि – मेहमान, साधु, अपरिचित व्यक्ति, यज्ञ में सोमलता लाने वाला।

आम – सर्वसाधारण, एक फल, सामान्य, मामूली।

उत्तर – जवाब, एक दिशा, इस, बाद का।

कल – चैन, मशीन, बीता हुआ दिन, आगामी दिन।

कला – हुनर, कौशल, अंश।

कर – हाथ, सूँड़, किरण, टैक्स।

काम – कार्य, इच्छा, कामदेव।

कोटि – करोड़, प्रकार, श्रेणी, धनुष का सिरा।

खर – एक राक्षस, दुष्ट, गदहा, तिनका, अधिक भुन जाना।

खग – पक्षी, तारा, गंधर्व, बाण।

गज – तीन फीट की नाप, नींव, हाथी।

गति – मोक्ष, चाल, हालत।

गण – समुदाय, नर, प्रेतादि, छन्द के गण, भगवान् शिव के गण।

गुण – शील, रस्सी, कौशल, स्वभाव।

गुरु – शिक्षक, एक ग्रह, एक दिन, श्रेष्ठ, भार।

गो – इन्द्रियाँ, स्वर्ग, सूर्य, पृथ्वी, गाय, सरस्वती।

चर – चलने वाला, जासूस, कौड़ी, नदी के किनारे की गीली भूमि, खंजन पक्षी।

जलज – कमल, मोती, शंख, चन्द्रमा, सेवार।

जाल – षड्यंत्र, बुनावट, मछली आदि पकड़ने का जाल।

जीवन – जल, जीविका, वायु, जिन्दगी, परम प्रिय।

टेक – हठ, सहारा, गीत का प्रथम पद।

तारा – बालि की पत्नी, नक्षत्र, आँख की पुतली, वृहस्पति की पत्नी।

दल – झुण्ड, समूह, पक्ष, पत्ता, समिति, पार्टी।

द्रव्य – वस्तु, धन।

द्विज – ब्राह्मण, पक्षी, दाँत।

धर्म – स्वभाव, कर्त्तव्य, सम्प्रदाय, प्रकृति, श्रेष्ठ आचरण।

धन – जोड़, सम्पदा, योग।

हस्ती – हाथी, अस्तित्त्व, सामर्थ्य।

हंस – प्राण, आत्मा, एक पक्षी।

हर – प्रत्येक, महादेव, अंकगणित में हर, हरा रंग।

हरकत – चेष्टा, चंचलता, नटखटपन, गति।

हरि – विष्णु, मेंढ़क, सूर्य, इन्द्र, सर्प, घोड़ा, तालाब, हवा, वानर, पहाड़, हाथी, कामदेव।

राग – क्रोध, प्रेम, गाने की ध्वनि, लाल रंग, द्वेष।

लक्ष्य – निशाना, उद्देश्य।

लाल – पुत्र, सम्बोधन, एक रंग, एक छोटी चिड़िया, माणिक्य।

वर – श्रेष्ठ, पति, दूल्हा, उत्तम, वरदान।

वर्ण – जाति, रंग, अक्षर।

पद – पैर, शब्द, ओहदा, भजन, तरुणी।

पक्ष – पखवारा, पंख, तरफ, सहाय, दस।

पतंग – सूर्य, पक्षी, नाव, गुड्डी, फतिंगा, टिड्डी, गेंद।

पत्र – पंख, पत्ता, चिट्ठी।

पय – दूध, पानी।

पृष्ठ – पीछे का हिस्सा, पन्ना, पीठ।

पानी – जल, प्रतिष्ठा, सम्मान, इज्जत, चमक, हिम्मत, आबोहवा।

फल – परिणाम, पेड़ का फल, हल की नोंक।

बल – शक्ति, सेना।

भेद – अन्तर, रहस्य, समाचार, प्रकार, भेजने की क्रिया।

मधु – शहद, शराब, मकरन्द, बसन्त ॠतु।

मंगल – एक दिन, कल्याण, शुभ, एक ग्रह।

महावीर – हनुमान, अति बलवान, जैन तीर्थंकर।

रस – स्वाद, प्रेम, पानी, काव्य के रस, सुखानुभूति।

रंग – वर्ण, प्रभाव, शोभा, चाल, नाच-गान, रंगने की वस्तु।

मान – प्रतिष्ठा, अभिमान, रूढ़ना, नाप-तौल।

पात्र – पत्ता, बरतन, सम्यक, अधिकारी, नाटक के पात्र।

मुहावरे और लोकोक्तियाँ

मुहावरे

मुहावरा ऐसा शब्द-समूह होता है, जो अपने शब्दों के निहित अर्थ न देकर उससे भिन्न, किन्तु एक रूढ़ अर्थ देता है। मुहावरा अभिधेय अर्थ का अनुसरण नहीं करता : वह अपना विलक्षण अर्थ प्रकट करता है। चूँकि मुहावरा लोक-मानस व स्वाभाविक अभिव्यक्ति होता है, अतः इसमें दुरूहत नहीं होती। मुहावरा अपने लोक-परम्परागत रू में ही शोभायमान और सार्थक होता है। इसक रूप और अर्थ दोनों ही प्रायः रूढ़ होते हैं।

मुहावरे का सम्बन्ध साहित्य से कम औ भाषा से अधिक होता है। यह भाषा के सामर्थ्य क प्रतीक होता है। इसका सटीक अर्थ और निर्दिष् अर्थ होता है। मुहावरों के माध्यम से भाषा ऊर्जस्व बनती है और अर्थ का सटीक सम्प्रेषण होता है मुहावरेदार भाषा असरदार होती है।

मुहावरे एक दृष्टि से 'गागर में सागर' होते हैं। गुल खिलना, रंग में भंग होना, नौ-दो ग्यारह होना, गप हाँकना, चिकना घड़ा होना, नानी मरना आदि मुहावरे व्यापक अर्थ में परिपूर्ण हैं। इनका प्रयोग सुनते ही मन में इनका अर्थ अपने आप उभरने लगता है।

लोकोक्तियाँ

जैसाकि शब्द से ही स्पष्ट है लोकोक्ति का अर्थ है लो + उक्ति; अर्थात् लोक में प्रचलित उक्ति। जो उक्ति समाज में चिरकाल से प्रचलित होती है, उसे लोक प्रचलित उक्ति अर्थात् लोकोक्ति कहते हैं। लोकोक्तियाँ भूतकाल के अनुभव और प्रेक्षण का संचय होती हैं। लोकोक्तियों में लोक-बोध, लोक-मान्यता और लोक-स्वीकृति होती है। कुछ लोकोक्तियाँ किसी अन्तर्कथा को अभिव्यक्त करती हैं। लोकोक्तियों के उद्भव को किसी स्थान या काल से नहीं जोड़ा जा सकता।

लोकोक्तियाँ अपने आप में पूर्ण वाक्य होती हैं। इनका उद्देश्य उक्ति चमत्कार पैदा करना नहीं होता। इनका अभिधात्मक अर्थ ही लिया जाता है। अतः इनके शाब्दिक अर्थ और सांकेतिक अर्थ में समानता होती है। इनका प्रयोग प्रायः दृष्टांत

ि लिए अथवा किसी बात का समर्थन करने के लए किया जाता है। ये अभिव्यक्ति का सशक्त ाधन हैं।

प्रसिद्ध मुहावरे

ंग-अंग ढीला होना—*बहुत थक जाना*—अपनी बहिन की शादी में काम करते-करते मेरा ***अंग-अंग ढीला*** हो गया।

ंगारे उगलना—*क्रोध में अति कठोर शब्द कहना*—जब औरंगजेब के दरबार में शिवाजी ने अपना अपमान होते देखा तो वे ***अंगारे उगलने*** लगे।

ँगूठा दिखाना—*इनकार करना*—स्वार्थी मित्र संकट के समय सहायता माँगे जाने पर ***अँगूठा दिखाकर*** चले जाते हैं।

ंधे की लकड़ी होना—*एकमात्र सहारा*—अब तो बेटा तुम ही हमारे लिए ***अन्धे की लकड़ी*** के समान हो।

ँधेरे घर का उजाला होना—*इकलौता बेटा*—रामू मेरे छोटे भाई की एकमात्र संतान है। वही उसके ***अँधेरे घर का उजाला*** है।

अक्ल के पीछे लाठी लिए फिरना—*हमेशा उल्टा काम करना*—हमारा एक साथी तो हर समय ***अक्ल के पीछे लाठी लिए फिरता*** है।

अक्ल पर पत्थर पड़ना—*बुद्धि नष्ट हो जाना*—तुम्हारी तो ***अक्ल पर पत्थर पड़*** गए हैं जो तुम मेरी बात समझते ही नहीं।

अपना उल्लू सीधा करना—*स्वार्थ सिद्ध करना*—वह ***अपना उल्लू सीधा करके*** चलता बना।

अपना-सा मुँह लेकर रह जाना—*लज्जित होना*—हम वहाँ बड़ी उम्मीद लेकर गए थे, किन्तु उसने ऐसी निराशापूर्ण बात कही जिससे हमें ***अपना-सा मुँह लेकर रह जाना*** पड़ा।

अपनी खिचड़ी आप पकाना—*सबसे अलग रहना*—कुछ लोग ऐसे स्वभाव के होते हैं कि वे किसी से मिलना ही नहीं चाहते; ***अपनी खिचड़ी आप ही पकाते*** हैं।

अपने मुँह मियाँ मिट्ठू बनना—*अपनी प्रशंसा स्वयं करना*—***अपने मुँह मियाँ मिट्ठू*** बनने से क्या होता है, दूसरे लोग तुम्हारी प्रशंसा करें तब बात है।

अपने पैरों पर खड़े होना—*आत्मनिर्भर होना*—जब तक तुम इस योग्य न हो जाओ कि ***अपने पैरों पर खड़े हो*** सको तब तक तुम्हें विवाह के बारे में सोचना भी नहीं चाहिए।

आँख की किरकिरी होना—*अप्रिय होना*—राम व्यर्थ में ही मुझे अपनी ***आँख की किरकिरी*** समझता है।

आँख चुराना—*सामने आने से घबराना*—जब से उसने मेरा पेन लिया है, तब से वह ***आँखें चुराता*** फिरता है।

आँखें नीली-पीली करना—*क्रोध में आना*—मैंने ऐसा कोई गलत काम नहीं किया है; आप व्यर्थ में ***आँखें नीली-पीली न करें***।

आँखें फेर लेना—*उपेक्षा करना*—स्वार्थी मित्र संकट के समय में ***आँखें फेर लेते*** हैं।

आँखों का तारा होना—*अत्यन्त प्रिय*—कृष्ण अपने माँ-बाप की ***आँखों का तारा*** है।

आँखों का पानी ढल जाना—*बेशर्म हो जाना*—उसके माँ-बाप उसे बहुतेरा समझाते-बुझाते हैं, किन्तु उसकी ***आँखों का तो पानी ढल*** गया है। उस पर किसी बात का असर होता ही नहीं।

आँखों में धूल झोंकना—*धोखा देना*—जो लोग दूसरों की ***आँखों में धूल झोंकने*** की कोशिश करते हैं, वे वस्तुत: अपने को ही धोखा देते हैं।

आकाश-पाताल एक करना—*बहुत अधिक परिश्रम करना*—राम ने नौकरी प्राप्त करने के लिए ***आकाश-पाताल एक कर*** दिया।

आग पर घी डालना—*क्रोध को बढ़ाना*—तुम्हारा टोकना तो ***आग पर घी डालने*** जैसा था।

आटे-दाल का भाव मालूम होना—*जीवन में कष्टों का अनुभव करना*—अब तक तो तुम अकेले थे, कुछ पता ही नहीं चला; अब तुम्हें ***आटे-दाल का भाव मालूम होगा***।

आम के आम और गुठलियों के दाम—*दोहरा लाभ*—मूँगफली के व्यापार में ***आम के आम और गुठलियों के दाम*** मिलते हैं; क्योंकि उसकी गिरी से तेल निकाल कर खली बिक जाती है और मूँगफली का छिलका भी बिक जाता है।

आस्तीन का साँप—*विश्वासघाती*—उस पर कभी विश्वास मत करो, वह ***आस्तीन का साँप*** है।

ईंट से ईंट बजाना—*नष्ट-भ्रष्ट कर देना*—शिवाजी ने मुगल साम्राज्य की ***ईंट से ईंट बजा*** दी।

ईद का चाँद होना—*बहुत कम दिखाई पड़ना*—तुम तो ***ईद के चाँद हो गए*** हो; कभी इधर आते ही नहीं।

उड़ती चिड़िया पहचानना—*मन की बात ताड़ लेना*—मुझसे क्यों छिपाते हो, ***मैं उड़ती चिड़िया पहचान*** लेता हूँ।

उल्लू सीधा करना—*काम निकालना*—अधिकांश लोग ***उल्लू सीधा*** होते ही बात नहीं करते।

ऊँट के मुँह में जीरा—*आवश्यकता से बहुत कम देना*—एक रोटी से उसका क्या बनेगा, यह तो उसके लिए ***ऊँट के मुँह में जीरा*** की तरह है।

एक अनार सौ बीमार—*किसी चीज की माँग आपूर्ति से अधिक होना*—यह वस्तु मैं किस-किस को दूँ, इसके माँगने वाले इतने अधिक हैं कि यह ***एक अनार सौ बीमार*** वाली बात हो रही है।

एक तीर से दो शिकार करना—*एक साथ दो मतलब पूरे करना*—तुम्हारे ऐसा कहने से ***एक तीर से दो शिकार*** होंगे, सबके सामने उसकी पोल खुल जाएगी और तुम्हारा काम भी बन जाएगा।

एक थैली के चट्टे-बट्टे होना—*एक ही स्वभाव के*—तुम सब ***एक ही थैली के चट्टे-बट्टे हो***, कोई किसी से कम नहीं।

एक हाथ से ताली न बजना—*किसी काम के लिए एक ही व्यक्ति उत्तरदायी नहीं होता*—***एक हाथ से ताली नहीं बजती***, तुमने भी अवश्य कुछ-न-कुछ ऐसी बात जरूर की होगी, जिसका यह परिणाम निकला।

ओखली में सिर देना—*जानते हुए किसी कष्ट में पड़ना*—अब तो ***ओखली में सिर दे ही दिया*** है, इस काम को पूरा करना ही है।

कच्ची गोलियाँ खेलना—*अनुभव की कमी होना*—मैंने कोई ***कच्ची गोलियाँ नहीं खेली*** हैं, जो मैं तुम्हारी बातों में आ जाऊँ।

कटे पर नमक छिड़कना—*दु:खी को और दु:खी करना*—तुम यह बात कह कर ***कटे पर नमक छिड़कना*** चाहते हो।

कठपुतली की तरह नाचना—*किसी के कहने के अनुसार कार्य करते रहना*—पता नहीं उसने महेश पर कैसा जादू किया है कि वह उसके सामने ***कठपुतली की तरह नाचता*** रहता है।

कब्र के मुर्दे उखाड़ना—*पुरानी बातों की याद दिलाना*—जो बात हो गई सो हो गई; ***कब्र के मुर्दे उखाड़ने*** से क्या लाभ।

कलई खुलना—*सच्ची बात प्रकट हो जाना*—तुम कब तक अपने फेल होने की बात को छिपाओगे, एक न एक दिन तो ***कलई खुलेगी*** ही।

कलेजा दो टूक होना—*बहुत दुःखी होना*—तुमने आज जैसी बातें कही हैं, उनसे मेरा ***कलेजा दो टूक हो*** गया है।

कलेजे पर साँप लोटना—*डाह से जलना*—मेरी तरक्की देखकर उसके ***कलेजे पर साँप लोट*** गया।

काँटे बिछाना—*रुकावटें पैदा करना*—जो दूसरे के मार्ग में ***काँटे बिछाता*** है, वह स्वयं ही उसमें उलझता है।

काटो तो खून नहीं—*डर से पीला पड़ जाना*—चोरी करते पकड़े जाने पर उसकी दशा ऐसी हो गई कि ***काटो तो खून नहीं***।

काठ का उल्लू—*मूर्ख*—वह पढ़ा-लिखा तो बहुत है, किन्तु सांसारिक मामलों में ***काठ का उल्लू*** है।

कान का कच्चा—*बिना जाँच किये प्रत्येक बात पर विश्वास कर लेना*—जो व्यक्ति ***कान के कच्चे*** होते हैं वे मित्र बनाने योग्य नहीं होते।

कान पर जूँ न रेंगना—*तनिक भी ध्यान न देना*—मैंने उसे बार-बार समझाया कि पढ़ाई-लिखाई की ओर ध्यान दो, परन्तु उसके ***कान पर जूँ तक न रेंगी***।

कान में तेल डालना—*किसी की बात न सुनना*—कृष्णा के नौकरी कर लेने पर सबने उसकी टीका-टिप्पणी की, किन्तु वह ***कान में तेल डाले*** रही।

किताब का कीड़ा होना—*दिन-रात पढ़ते रहना*—रवीन्द्र किसी बात से मतलब नहीं रखता, वह तो ***किताब का कीड़ा*** है।

किस खेत की मूली—*अत्यन्त तुच्छ*—तुम हो ***किस खेत की मूली***, मैं तुम जैसों की बिल्कुल परवाह नहीं करता।

कोल्हू का बैल बनना—*दिन-रात काम में लगे रहना*—तुम तो हर समय ***कोल्हू के बैल ही बने*** रहते हो, तभी तो तुम्हारा स्वास्थ्य ठीक नहीं रहता।

कौड़ी-कौड़ी को मोहताज होना—*पास में एक पैसा न होना*—जब से उसकी नौकरी छूटी है, तबसे वह ***कौड़ी-कौड़ी को मोहताज*** हो गया है।

खटाई में पड़ना—*उलझ जाना*—तुम्हारी तरक्की का मामला ***खटाई में पड़*** गया है।

खाने दौड़ना—*झल्ला उठना*—मैंने कुछ कहा भी है कि आप ***खाने दौड़*** रहे हैं।

खून-पसीना एक करना—*अत्यधिक परिश्रम करना*—तुम्हारे इस मामले में तो कृष्ण ने ***खून-पसीना एक कर*** दिया।

गंगाजली उठाना—*हाथ में गंगाजल लेकर सौगन्ध खाना*—मैं ***गंगाजली उठाकर*** कहता हूँ कि मैं बिल्कुल निर्दोष हूँ।

गज-भर की छाती होना—*उत्साह से भर जाना*—अपनी पुत्री के परीक्षा में प्रथम आने से उसकी ***गज-भर की छाती हो*** गई।

गहरा हाथ मारना—*बहुत माल प्राप्त करना*—जगदीश ने अपने पुत्र के विवाह में ***गहरा हाथ मारा*** है।

गाँठ का पूरा—*धनी व्यक्ति*—वह ऊपर से कैसा ही प्रतीत हो, किन्तु है ***गाँठ का पूरा।***

गागर में सागर भरना—*थोड़े शब्दों में बहुत-कुछ कह देना*—वह बहुत कम बोलता है किन्तु जब भी बोलता है तो उसकी बातों में ***गागर में सागर भरा*** होता है।

गाजर-मूली समझना—*बहुत तुच्छ समझना*—शिवाजी मुगल सैनिकों को ***गाजर-मूली की तरह समझते*** थे।

गाढ़े पसीने की कमाई—*मेहनत से कमाया हुआ धन*—यह मेरे ***गाढ़े पसीने की कमाई*** है, मैं नहीं चाहता कि इसे व्यर्थ में पानी की तरह बहाया जाए।

गिरगिट की तरह रंग बदलना—*कभी कुछ कहना और कभी कुछ*—आजकल विधान सभाओं के अनेक सदस्य ***गिरगिट की तरह रंग बदलते*** दिखाई देते रहते हैं।

गुड़ गोबर करना—*बना काम बिगाड़ देना*—तुमने ये शब्द कहकर सारा ***गुड़ गोबर कर*** दिया।

गुल खिलना—*नयी-नयी बातें सामने आना*—देखते जाओ कि उसकी इस विभेद की नीति से क्या-क्या ***गुल खिलते*** हैं।

गोबर गणेश—*मूर्ख*—तुम बिल्कुल ***गोबर गणेश*** हो, अपने हित की बात ही नहीं समझते।

घड़ों पानी पड़ना—*अति लज्जित होना*—चुगली करने की बात खुल जाने पर उस पर ***घड़ों पानी पड़*** गया।

घर का दिया बुझ जाना—*इकलौते पुत्र की मृत्यु होना*—दीपक उसका इकलौता पुत्र था, उसके मर जाने से उसके ***घर का दिया ही बुझ*** गया।

घाट-घाट का पानी पीना—*जगह-जगह से अनुभव प्राप्त करना*—मुसीबत के दिनों में उसे ***घाट-घाट का पानी पीना*** पड़ा है।

घाव पर नमक छिड़कना—*दुःखी को (कठोर शब्दों से) और दुःखी करना*—तुम्हारे ये शब्द ***घाव पर नमक छिड़कने*** का काम कर रहे हैं।

घास काटना—*किसी काम को लापरवाही से करना*—***घास मत काटो,*** जरा धीरे-धीरे अच्छी तरह पढ़ो।

घी के दीये जलाना—*खूब खुशियाँ मनाना*—जिस दिन मेरे भाई की नौकरी लग जायेगी उस दिन मैं ***घी के दीये जलाऊँगा***।

घुटने टेक देना—*हार मान लेना*—सैल्युकस ने चन्द्रगुप्त मौर्य के आगे ***घुटने टेक दिये***।

घोड़े बेचकर सोना—*निश्चिन्त होकर सोना*—बहिन का विवाह करने के पश्चात् वह ऐसे सो गया मानो ***घोड़े बेचकर सोया*** हो।

चलता पुर्जा—*चालाक व्यक्ति*—चन्द्र बड़ा ही ***चलता पुर्जा*** है, उससे बचकर रहना।

चाँदी का जूता मारना—*रुपये के बल पर दबाना*—वह तो ***चाँदी का जूता मारती*** है और सबसे अपना काम करा लेती है।

चाँदी होना—*अत्यधिक लाभ होना*—आजकल महँगाई के जमाने में व्यापारियों की ***चाँदी*** है।

चादर देखकर पाँव फैलाना—*अपनी शक्ति के अनुसार कार्य करना*—बुद्धिमानी इसी में है कि ***चादर देखकर पाँव फैलाये*** जायें अन्यथा जीवन में बड़ी कठिनाई का सामना करना पड़ता है।

चार चाँद लगना—*शोभा बढ़ना*—वह सुन्दर तो है ही, पर इस साड़ी को पहनने पर उसकी सुन्दरता में ***चार चाँद लग*** जाते हैं।

चार दिन की चाँदनी—*थोड़े दिनों का सुख*—तुम इतना घमण्ड क्यों करते हो, यह सुख तो ***चार दिन की चाँदनी*** है, कभी दुःख के दिन भी आ सकते हैं।

चिकना घड़ा होना—*किसी बात का असर न पड़ना*—वह तो बिल्कुल ***चिकना घड़ा हो*** गया है, उस पर कहे-सुने का असर पड़ता ही नहीं।

चिकनी-चुपड़ी बातें बनाना—*बनावटी बातें करना*—कुछ लोग ***चिकनी-चुपड़ी बातें बनाकर*** अपना काम बनाने में बड़े पटु होते हैं।

चिराग लेकर ढूँढना—*बहुत छानबीन करना*—तुम यदि ***चिराग लेकर भी ढूँढो,*** तब भी तुम्हें ऐसा सज्जन नहीं मिलेगा।

चुल्लू भर पानी में डूब मरना—*मुँह दिखाने योग्य न रहना*—तीसरी बार भी परीक्षा में फेल होने पर उसे ***चुल्लू भर पानी में डूब मरना*** चाहिए।

चूना लगाना—*धोखा देना*—कितनी ही सावधानी से काम लो, किन्तु कभी-कभी दुकानदार ***चूना लगा*** ही देते हैं।

चोली-दामन का साथ होना—*अटूट सम्बन्ध होना*—भारत और नेपाल का ***चोली दामन का साथ*** है।

छक्के छूटना—*हिम्मत हार जाना*—भारतीयों की वीरता देखकर पाकिस्तानी सैनिकों के ***छक्के छूट*** गए।

छठी का दूध याद आना—*घोर कष्ट में पड़ना*—मैं तुम्हें ऐसी मार लगाऊँगा कि ***छठी का दूध याद आ*** जायेगा।

छप्पर फाड़कर देना—*बिना परिश्रम किए धन मिलना*—भगवान् जब देता है तो ***छप्पर फाड़कर देता*** है।

छाती पर मूँग दलना—*हमेशा दुःख देना*—तू इस तरह ***छाती पर मूँग ही दलता*** रहेगा या कहीं जाकर कुछ काम खोजने की कोशिश भी करेगा?

ज़रा-सा मुँह निकल आना—*दुर्बल हो जाना*—उस पर इन दिनों इतना काम पड़ा है कि उसका ***जरा-सा मुँह निकल आया*** है।

जली-कटी कहना—*कठोर बातें कहना*—वह हमेशा ***जली-कटी कहता*** रहता है, पता नहीं वह क्या चाहता है।

जहर का घूँट पीकर रह जाना—*अपमान को चुपचाप सहन कर लेना*—यद्यपि उसने सबके सामने मेरा अपमान किया किन्तु फिर भी मैं आपका ख्याल करके ***जहर का घूँट पीकर रह*** गया।

जहर की पुड़िया—*उपद्रवी व्यक्ति*—वह सीधी नहीं है, ***जहर की पुड़िया*** है।

झंडा गाड़ना—*अधिकार करना*—शिवाजी ने तोरण के किले को जीतकर उस पर अपना ***झंडा गाड़*** दिया।

टट्टी की आड़ में शिकार खेलना—*छिपे ढंग से चाल चलना*—***टट्टी की आड़ में शिकार खेलने*** में क्या बहादुरी है, हिम्मत है तो सामने आकर मुकाबला करो।

टोपी उछालना—*अपमानित करना*—महेश ने सबके सामने मेरी ***टोपी उछाली,*** यह उसने ठीक नहीं किया।

ठोकना-बजाना—*अच्छी तरह परखना*—जिस तरह तुम हरेक वस्तु परख कर खरीदते हो उसी तरह मित्र भी ***ठोक-बजाकर*** बनाना चाहिए।

डंके की चोट पर—*खुल्लमखुल्ला स्पष्ट शब्दों में कहना*—मैं ***डंके की चोट पर*** कहता हूँ कि किसी भी हालत में उसका साथ नहीं छोडूँगा।

डूबते को तिनके का सहारा—*असहाय को थोड़ी सहायता भी काफी काम कर जाती है*—तुम्हारी थोड़ी सहायता ही ***डूबते को तिनके का सहारा*** के समान सिद्ध हुई।

डेढ़ चावल की खिचड़ी पकाना—*सबसे अलग रहकर कार्य करना*—कुछ लोग ऐसे होते हैं जो ***डेढ़ चावल की खिचड़ी पकाना*** चाहते हैं, परन्तु समाज ऐसे लोगों का सम्मान नहीं करता।

ढेर हो जाना—*मर जाना*—उसने डाकू पर लाठी का एक ही प्रहार किया कि वह ***ढेर हो*** गया।

तलवार के घाट उतारना—*तलवार से मारना*—हल्दीघाटी के मैदान में राजपूतों ने असंख्य मुगल सैनिकों को ***तलवार के घाट उतार*** दिया।

तारे गिनना—*रात-भर जागना*—मैं उसकी स्मृति में रात-भर ***तारे गिनता*** रहा, एक पल को भी नींद नहीं आई।

तिल का ताड़ बनाना—*छोटी-सी बात को बहुत बढ़ाना*—बहुत लोगों को ***तिल का ताड़ बनाने*** में बड़ा आनन्द आता है।

तिलों में तेल न होना—*कोई आशा न होना*—तुम किससे पार्टी (दावत) माँग रहे हो; इन ***तिलों में तेल नहीं*** है।

तेली का बैल होना—*रात-दिन काम में लगा रहना*—तुम तो हमेशा ***तेली के बैल*** के समान काम में लगे रहते हो।

थाली का बैंगन होना—*स्वार्थवश कभी किसी का साथ देना और कभी किसी का*—तुम तो बिल्कुल ***थाली के बैंगन हो***, तुम्हारा कोई भरोसा नहीं।

दाँत काटी रोटी—*गहरी मित्रता*—जोशी और कैलाश में ***दाँत काटी रोटी*** थी किन्तु पता नहीं क्यों आजकल वे एक-दूसरे से दूर-दूर रहते हैं।

दाँत खट्टे करना—*हरा देना*—शिवाजी ने औरंगजेब की सेना के ***दाँत खट्टे कर*** दिए।

दाल में काला होना—*किसी बात की शंका होना*—वह बार-बार इधर आता है, अवश्य कुछ ***दाल में काला*** है।

दिन दूनी रात चौगुनी—*बहुत तेज गति से*—स्वतन्त्रता मिलने के उपरान्त भारत ने ***दिन दूनी रात चौगुनी*** उन्नति की है।

दूध का दूध पानी का पानी—*सच्चा न्याय*—राजा विक्रमादित्य अत्यन्त पेचीदे मामलों में भी ***दूध का दूध पानी का पानी*** कर देते थें।

दो नावों में पैर रखना—*दोनों पक्षों का समर्थन करना*—जो लोग ***दो नावों पर पैर रखते*** हैं, वे किसी के भले नहीं बन पाते।

धूप में बाल सफेद न करना—*बहुत अनुभवी होना*—मेरे ***बाल धूप में सफेद नहीं*** हुए हैं, मैं सब कुछ जानता हूँ।

नाक पर मक्खी न बैठने देना—*किसी को कुछ कहने का अवसर न देना*—वह बहुत ही सिद्धान्तवादी है, ***नाक पर मक्खी भी नहीं बैठने*** देता।

पाँचों उँगलियाँ घी में होना—*बहुत लाभ होना*—आजकल व्यापारियों की ***पाँचों उँगलियाँ घी*** में हैं।

पाँव उखड़ जाना—*हारकर भागना*—राणा सांगा की विशाल सेना को देखकर बाबर की सेना के ***पाँव उखड़*** गए।

पापड़ बेलना—*मुसीबत झेलना (परिश्रम करना)*—मैंने अपनी जिन्दगी में बड़े ***पापड़ बेले*** हैं, तब कहीं जाकर यह दिन देखने को मिला है।

पेट का हल्का होना—*किसी बात को छिपा न सकना*—जो मनुष्य ***पेट के हल्के होते*** हैं, वे सबके बुरे बन जाते हैं।

पौ बारह होना—*लाभ ही लाभ होना*—आजकल व्यापारियों की ***पौ बारह*** है।

बाल की खाल निकालना—*सूक्ष्म विवेचन करना*—तर्क करने वाले प्रत्येक बात में ***बाल की खाल निकालते*** हैं।

बाल बाँका न होना—*तनिक भी हानि न होना*—आग में प्रहलाद का तो ***बाल भी बाँका न हुआ*** किन्तु उसकी बुआ होलिका जल कर भस्म हो गई।

मुँह में पानी भर आना—*लालच आना*—लोमड़ी ने जब अंगूर लटकते हुए देखे तो उसके ***मुँह में पानी भर आया***।

मुट्‌ठी गरम करना—*रिश्वत देना*—तुम्हें इस काम के लिए अधिकारियों की ***मुट्‌ठी गरम करनी*** पड़ेगी।

रंग में भंग पड़ना—*मजा किरकिरा होना*—उत्सव के समय यकायक पानी बरसने से ***रंग में भंग पड़*** गया।

लकीर का फकीर होना—*पुरानी रीति पर चलना*—तुम तो बिल्कुल ***लकीर के फकीर हो,*** किसी बात को तर्क की कसौटी पर कसना ही नहीं चाहते।

लोहा मान लेना—*किसी की श्रेष्ठता स्वीकार कर लेना*—सिकन्दर ने पोरस के विरुद्ध युद्ध में भारतीय वीरों का ***लोहा मान लिया*** था।

शेर बकरी का एक घाट पानी पीना—*अन्याय का न होना*—अशोक के राज्य में ***शेर बकरी एक घाट पर पानी पीते*** थे।

सफेद झूठ बोलना—*सरासर झूठ बोलना*—तुम ***सफेद झूठ बोलते*** हो; ऐसा कभी नहीं हो सकता।

सिर पर कफन बाँधना—*मरने के लिए तैयार होना*—भारत को स्वतन्त्र कराने के लिए अनेक वीरों ने ***सिर पर कफन बाँध*** लिया था।

सिर पर भूत सवार होना—*किसी धुन पर अड़े होना*—जब शान्ति के ***सिर पर भूत सवार होता*** है, तो फिर उसे कोई नहीं समझा सकता।

सूर्य को दीपक दिखाना—*महान् व्यक्ति का परिचय देने की कोशिश करना*—स्वामी विवेकानन्द के सम्बन्ध में कुछ कहना ***सूर्य को दीपक दिखाना*** ही है।

सूर्य पर थूकना—*किसी महान् व्यक्ति को कलंकित करने के प्रयास में स्वयं बुरा बन जाना*—अपने ऋषि-मुनियों पर किसी प्रकार का आक्षेप लगाना ***सूर्य पर थूकना*** है।

हाथ धोकर पीछे पड़ना—*बुरी तरह सताना*—वह तो ***हाथ धोकर मेरे पीछे पड़*** गया है, मैं कितना ही अच्छा काम करूँ, वह कोई-न-कोई गलती निकाल ही देता है।

हाथ-पाँव फूल जाना—*बहुत घबरा जाना*—दंगाइयों के अचानक घर में घुस जाने पर मेरे ***हाथ-पाँव फूल*** गए।

हाथों के तोते उड़ जाना—*सुध-बुध खोना*—दुकान खोलते ही जब सेठ जी ने देखा कि तिजोरी खुली पड़ी है, तो उनके ***हाथ के तोते उड़*** गए।

प्रसिद्ध लोकोक्तियाँ

अकेला चना भाड़ नहीं फोड़ता—एक अकेला व्यक्ति बहुत से मनुष्यों के करने योग्य कार्य को नहीं कर सकता।

अन्धों में काना राजा—मूर्ख समुदाय में थोड़ी समझ वाला भी पूज्य होता है।

अकल बड़ी या भैंस—शारीरिक बल और बुद्धि के बीच बुद्धि ही श्रेष्ठ होती है।

अन्धा बाँटे रेवड़ी फिर-फिर अपनों को दे—संकीर्ण हृदय वाले मनुष्य न्याय को छोड़कर अपनों का ही भला करते हैं।

अन्धे के हाथ बटेर लगना—अनायास किसी अयोग्य मनुष्य को कोई उत्तम वस्तु मिल जाना।

अपना दाम खोटा तो परखने वाले का क्या दोष—अपने स्वजन के दोषों की सत्य आलोचना पर दूसरों से झगड़ा ठीक नहीं।

अपनी-अपनी ढपली, अपना-अपना राग—व्यवस्था और नियम का अभाव होना।

आँख बची माल दोस्तों का—अपनी ही सावधानी से अपनी वस्तु की रक्षा होती है। असावधान व्यक्ति को परिचित ही हानि पहुँचाते हैं।

आँख फूटी पीर गई—सदा कष्ट देने वाली वस्तु के एक बार त्याग देने पर बार-बार का कष्ट मिट जाता है।

आम खाने या पेड़ गिनने—मतलब की बात करनी चाहिए, बेमतलब नहीं।

उल्टा चोर कोतवाल को डाँटे—अपराधी का उल्टे निरपराधी को दबाना।

ऊँची दुकान फीका पकवान—बाहरी ठाट-बाट अधिक, परन्तु असल वस्तु का निकम्मी होना।

ऊँट किस करवट बैठता है—न जाने क्या निर्णय होता है।

तेते पाँव पसारिये जेती लांबी सौर—अपनी सामर्थ्य को देख कर कार्य करना चाहिए।

ऐसे गये जैसे गधे के सिर से सींग—चुपचाप लुप्त हो जाना।

काठ की हाँडी एक बार चढ़ती है—कपट से एक ही बार काम बन सकता है।

कौवा चला हंस की चाल, भूल गया अपनी भी चाल—नकल करके अपने योग्य सत्कार को भी खो देना।

कोयले की दलाली में हाथ काले—बुरे की संगत में बुराई ही मिलती है।

कंगाली में आटा गीला—कष्ट पर कष्ट पड़ते हैं।

कुत्ता भी दुम हिलाकर बैठता है—स्वच्छता सबको प्रिय है।

करेला कड़वा तिस पर नीम चढ़ा—दोषी को और दोष मिल जाना।

का वर्षा जब कृषि सुखानी—समय निकल जाने पर सहायता व्यर्थ है।

कहीं की ईंट कहीं का रोड़ा, भानुमती ने कुनबा जोड़ा—असम्बद्ध मेल उत्पन्न करना।

करत-करत अभ्यास के जड़मति होत सुजान—बार-बार उद्योग करने से कठिन कार्य भी सरल हो जाते हैं।

कोउ नृप होउ हमें का हानि—किसी को लाभ हो पर हमें तो कुछ मिलना नहीं।

खरबूजे को देखकर खरबूजा रंग बदलता है—संगति का असर अवश्य पड़ता है।

खोदा पहाड़ निकली चुहिया—बहुत परिश्रम करने पर भी साधारण लाभ होना।

गाय को अपने सींग भारी नहीं होते—अपने परिवार के मनुष्य किसी को बोझ नहीं लगते।

गुड़ खाये गुलगुलों से परहेज—पाखण्डपूर्ण अरुचि प्रकट करना।

गुड़ से मरे तो जहर क्यों दे—समझाने से मान जाए तो दण्ड का क्या प्रयोजन?

घर का जोगी जोगना आन गाँव का सिद्ध—परिचितों के बीच किसी गुणी की समुचित प्रतिष्ठा नहीं होती।

घर खीर तो बाहर भी खीर—घर पर सम्पन्नता हो, तो हर जगह आदर-सत्कार होता है।

घोड़ा घास से यारी करके क्या खाये—भोजन पर दया करोगे, तो खाओगे क्या।

चलती का नाम गाड़ी—काम चलता रहे, वही अच्छा है।

चुपड़ी और दो-दो—कीमती वस्तु का अभाव ही हुआ करता है।

चोट्टी कुतिया जलेबी की रखवाली—बुरे मनुष्य को प्रबंधक बनाना।

चोर की दाड़ी में तिनका—पापी सशंकित रहता है।

चोर के पैर नहीं होते—दोषी अपने को निर्दोष साबित करने के लिए बयान बदलता रहता है।

चोर से कहे चोरी कर, शाह से कहे जागता रह—दोनों पक्षों को उकसाना। दोनों पक्षों का भले बने रहना।

चौबे चले छब्बे होने, रह गये दुब्बे ही—लाभ के बदले हानि उठाना।

जंगल में मोर नाचा किसने देखा—एकान्त में गुण प्रदर्शन से क्या लाभ?

जल में रहकर मगर से बैर—जिसके अधीन रहना उसी से झगड़ना।

जहाँ जावे भूखा, वहीं पड़े सूखा—दुःखी और भाग्यहीन जहाँ जाता है दुःख पाता है।

जाके पाँव न फटी बिवाई, सो क्या जाने पीर पराई—तब तक मनुष्य स्वयं दुःख नहीं सहता, तब तक उसे दुःखी के दुःखों का अनुभव नहीं होता।

जिसकी लाठी उसकी भैंस—बलवान् के सदा पौ बारह रहते हैं।

टके की हाँडी फूटी, पर कुत्ते की जात पहचानी गई—थोड़ी हानि उठाकर नीच व्यक्ति के स्वभाव से परिचित हो जाना।

थोथा चना बाजे घना—कार्य न करने वाला मनुष्य अधिक बकवादी होता है।

दबी बिल्ली चूहों से कान कटवाती है—मजबूरी में अपने अधीन मनुष्य से भी दबना पड़ता है।

देशी कुतिया विलायती बोली—मूर्ख द्वारा विदेशी भाषा का प्रयोग।

आधी तज सारी को धावे, आधी मिले न सारी पावे—लालच बुरी होती है।

धोबी का कुत्ता घर का न घाट का—निकम्मा मनुष्य।

न नौ मन तेल होगा, न राधा नाचेगी—असम्भव शर्त।

न रहेगा बाँस न बजेगी बाँसुरी—हानिकर वस्तु का अस्तित्व मिटा देना ही उचित है।

नाई-नाई बाल कितने, जजमान आगे ही आ जावेंगे—तुरन्त घटित होने वाली घटना।

नाच न जाने आँगन टेढ़ा—काम करने में अयोग्य होने पर बहाने बनाना।

नाचने निकले तो घूँघट कैसा—अपना पेशा कमाने में लज्जा क्या।

नौ नकद न तेरह उधार—अधिक लाभ के चक्कर में उधार बेचने से बेहतर है कि कम लाभ लेकर नकद बेचा जाए।

नौ सौ चूहे खाय बिल्ली हज को चली—पापी मनुष्य द्वारा परोपकार का ढोंग।

पाँचों उँगलियाँ बराबर नहीं होतीं—सब मनुष्य एक से नहीं होते।

पानी मथने से घी नहीं निकलता—कंजूस से कुछ प्राप्त नहीं और मूर्ख पर उपदेश का प्रभाव नहीं।

पूत के पाँव पालने में ही पहचान लिए जाते हैं—होनहार के चिह्न पहले ही दीख जाते हैं।

बकरे की माँ कब तक खैर मनायेगी—जिसके भाग्य में जो है, सो तो होगा ही। दुआ या प्रार्थना के बल पर उसे अधिक समय तक बचाया नहीं जा सकता।

बद अच्छा बदनाम बुरा—बुरा आदमी तो बुरा होता ही है; पर यदि अच्छे आदमी की बदनामी हो जाये तो यह बहुत बुरी बात होती है।

यदि किसी व्यक्ति के बुरे कामों की जग-चर्चा न हो तो उसकी बदनामी नहीं होती। पर जो आदमी बदनाम हो (भले ही वह बुरा न हो) उसे अच्छा नहीं समझा जाता।

बासी बचे न कुत्ते खायें—जब कोई वस्तु आवश्यकता से अधिक होती है, तभी उसकी बरबादी होती है। आवश्यकता से अधिक नहीं होगी, तो उसकी बरबादी का प्रश्न ही नहीं उठेगा।

बिल्ली के भाग्य से छींका टूटा—संयोग से ऐसे कोई घटना हो जाना जो अभीष्ट हो अन्यथा वह घटना (काम या बात) होने की कोई अपेक्षा नहीं थी।

भागते भूत की लंगोटी ही सही—भूत यानी दुष्ट। जिस दुष्ट व्यक्ति से कुछ भी मिलने की आशा न हो, उससे चलते-चलाते यदि थोड़ा भी मिल जाये, तो वही बड़ी बात है।

भुस में आग लगाय, जमालो दूर खड़ी—औरों को आपस में लड़ाकर स्वयं को (लड़ाने वाला शैतान व्यक्ति) झगड़े से अलग रखना, जैसे उसका झगड़े से कुछ लेना-देना नहीं।

भेड़ जहाँ जायेगी, वहीं मूँड़ी जायेगी—अत्यन्त सीधे-सादे व्यक्ति के पास यदि कोई मूल्यवान् वस्तु होती है तो वह सुरक्षित नहीं रह पाती। हर व्यक्ति उस व्यक्ति से वह वस्तु लेने का प्रयत्न करता ही है।

मन चंगा, तो कठौती में गंगा—मन में शुद्धता हो (मन साफ हो) तो तीर्थ-स्थान और अन्य स्थानों में कोई अन्तर नहीं होता। पवित्र मन वाले के लिए तीर्थ-यात्रा पर जाना जरूरी नहीं होता।

महाजनो येन गतः, स पंथा—जिस मार्ग पर महापुरुष चलें, वही सपंथ (सुमार्ग) है।

मियाँ की जूती, मियाँ के सिर—अपने विरोधी (या किसी शरारती) को उसकी ही युक्ति (शराफत) से परास्त करना।

मुँह में राम बगल में छुरी—ऊपर से मित्रता या अपनापन दिखाना पर मन में शत्रुता (हानि पहुँचाने की इच्छा) रखना।

मेंढकी को भी जुकाम होना—जब अति सामान्य, सीधा-सादा और छोटा व्यक्ति भी

बड़ों की तरह इतराने या नखरे करने लग जाये, तो कहा जायेगा कि मेंढकी को भी जुकाम हो गया है।

मेरी बिल्ली मुझी से म्याऊँ—जिसका खाये, उसी पर गुर्राये या जिसकी कृपा पर पल रहा हो, उसी को आँख दिखाये, तब कहा जायेगा, मेरी बिल्ली मुझी से म्याऊँ।

मुर्गा नहीं बोलेगा, तो क्या सवेरा नहीं होगा—यदि कोई व्यक्ति घमंड में यह मान बैठे कि वह अपने साथी, सम्बन्धी या मित्र की सहायता-मदद नहीं करेगा, तो उसका काम तो हो ही नहीं पायेगा; ऐसी अवस्था में उस घमंडी व्यक्ति के घमंड को तोड़ने के लिए यह कहा जाता है कि मुर्गा नहीं बोलेगा तो क्या सवेरा ही नहीं होगा।

राम मिलाई जोड़ी, एक अन्धा एक कोढ़ी—जब संयोग से एक दुष्ट स्वभाव वाले व्यक्ति का साथ किसी दुष्ट स्वभाव वाले व्यक्ति के साथ हो जाये, तब यह कहावत कही जाती है।

लातों के भूत बातों से नहीं मानते—दुष्ट लोग तभी सही रास्ते पर रहते हैं जब उन्हें दण्ड या ताड़ना मिलती रहे।

समरथ को नहिं दोष गुसाईं—समर्थ व्यक्ति (धनी, अधिकार-सम्पन्न या बलवान्) यदि अनर्थ या अन्याय भी करे, तो उसे कोई दोषी ठहराने की हिम्मत नहीं करता।

सहज पके सो मीठा होय—उतावलेपन या जल्दी-जल्दी में किया गया काम खराब हो जाता है। धीरज से काम करते रहने से अच्छा फल मिलता है।

साँप मरे न लाठी टूटे—काम भी हो जाये और कोई हानि न उठानी पड़े।

साँप निकल गया, लकीर पीटने से क्या?—वक्त पर चूक जाने के बाद किसी कार्य की कोई सार्थकता नहीं रह जाती।

सात-पाँच की लाकड़ी, एक जने का बोझ—थोड़ा-बहुत सहयोग देने से किसी भी बड़े काम को पूरा किया जा सकता है। थोड़ा-थोड़ा मिलने से निर्धन का गुजारा हो जाता है।

सिखाये चूहे दरबार नहीं चढ़ते—झूठे गवाहों से जीत नहीं होती।

सिर मुंड़ाते ही ओले पड़े—किसी कार्य को शुरू करते ही बाधाओं के आ जाने पर ही इस कहावत का प्रयोग किया जाता है।

सीधी उँगली से घी नहीं निकलता—सज्जन बने रहने से काम नहीं बनता।

सौ सुनार की एक लुहार की—अपने से बहुत अधिक शक्तिशाली व्यक्ति के साथ बार-बार छोटी-छोटी छेड़खानी मत करो; क्योंकि यदि वह गुस्से में आकर एक बार भी आक्रमण करेगा, तो तुम्हारा कचूमर निकल जायेगा।

हाथ कंगन को आरसी क्या?—प्रत्यक्ष को प्रमाण की आवश्यकता नहीं।

हाथी के दाँत खाने के और दिखाने के और—कपटी मनुष्य के बाहरी व्यवहार और उसके मन के कपट में कोई समानता नहीं दीखती। वह बाह्य व्यवहार से कुछ और दीखता है पर उसके मन में कुछ और (कुटिलता) होता है।

हींग लगे न फिटकरी रंग चोखा—बिना पूरा परिश्रम (अपेक्षित मेहनत) किये काम बढ़िया ढंग से पूरा होना।

वस्तुनिष्ठ प्रश्न

शुद्ध वाक्य की पहचान

निर्देशः *निम्नलिखित में शुद्ध वाक्य का चयन कीजिए।*

1. A. हेम नरेश की पुस्तक दी
B. हेम ने नरेश को पुस्तक दी
C. हेम नरेश का पुस्तक देगा
D. हेम ने नरेश का पुस्तक दिया

2. A. मन्त्री ड्राइवर से कार चलवाता है
B. मन्त्री ड्राइवर की कार चलवाता है
C. मन्त्री ड्राइवर के लिए कार चलवाता है
D. मन्त्री ड्राइवर पर कार चलवाता है

3. A. जीवन और साहित्य का धोर सम्बन्ध है
B. जीवन और साहित्य का निकट सम्बन्ध है
C. जीवन और साहित्य का घनिष्ठ सम्बन्ध है
D. जीवन और साहित्य का गहरा सम्बन्ध है

4. A. सूर्य पश्चिम को अस्त होता है
B. मुझे विद्यालय जाना है
C. मैं तो आप के ऊपर निर्भर हूँ
D. लड़ाई में लोगों ने खूब कमाया

5. A. यह अध्यापक बहुत श्रेष्ठ पढ़ाता है
B. आज गोपाल उसके अपने काम से शहर गया
C. यह गाय बहुत प्यासी है
D. मानव ईश्वर की सबसे उत्कृष्टतम कृति है

6. A. रमेश के अन्दर बहुत विद्वता है
B. रमा विदुषी महिला है
C. सभी श्रेणियों के लोग वहाँ उपस्थित थे
D. धन्यवाद देता हूँ मैं उन्हें

7. A. आवश्यकता आविष्कार की जननी है
B. आविष्कार की जननी आवश्यकता है
C. आविष्कार आवश्यकता की जननी है
D. जननी है आविष्कार की आवश्यकता

8. A. मैं आपसे कुछ नहीं कह सकता हूँ
B. कुछ नहीं कह सकता हूँ मैं आपसे
C. आपसे मैं कुछ नहीं कह सकता हूँ
D. आपको मैं कुछ नहीं कह सकता हूँ

9. A. गंगा का उद्‌गम स्थल गंगोत्री में है
B. गंगा का उद्‌गम स्थल गंगोत्री पर है
C. गंगा का उद्‌गम स्थल गंगोत्री से है
D. गंगा का उद्‌गम स्थल गंगोत्री है

10. A. मुझे आज की बैठक का समाचार नहीं था
B. मैंने अभी लखनऊ जाना है
C. पाप को डरो, पानी से नहीं
D. एक कप चाय मुझे भी देना

11. A. विष्णु के अनेकों नाम हैं
B. कन्या पराया धन होती है
C. वह पढ़ता-पढ़ता सो गया
D. मैं रोज गाने की कसरत करता हूँ

12. A. आज हमारी सौभाग्यवती कन्या का विवाह है
B. उसने गीत की दो-चार लड़ियाँ ही सुनाई
C. देखो, कहीं उसकी नींद न खुल जाए
D. यह कार्य आप पर निर्भर करता है

13. A. मैं बता तुझको दूँगा
B. मैं तुम्हें बता दूँगा
C. मैं तुझको बता दूँगा
D. सभी वाक्य सही हैं

14. A. पेड़ पर कोयलें बोल रही थीं
B. पेड़ पर कोयल बोल रही थी
C. पेड़ों पर कोयल थी
D. सभी वाक्य सही हैं

15. A. मुझे बहुत दुःख हुआ
B. मुझे दुःखी हुआ
C. मुझे ज्यादा दुःख हुआ
D. सभी वाक्य सही हैं

रिक्त स्थानों की पूर्ति

निर्देश: *निम्नलिखित वाक्यों में रिक्त स्थान की पूर्ति के लिए दिए हुए शब्दों में से सबसे उपयुक्त शब्द चुनिए और अपनी उत्तर पुस्तिका में सही उत्तर अंकित कीजिए।*

16. अदालतों में न्याय पाना बड़ा ...... हो गया है।
A. खर्चीला B. सरल
C. कठिन D. असम्भव

17. समाचार पत्रों में भी अब ...... समाचार कम छपते हैं।
A. धार्मिक B. जनहित के
C. अपराधियों के D. अमीरों के

18. अब नेताओं की सभा में उनके...... की ही भीड़ अधिक होती है।
A. बन्धुओं B. साथियों
C. चमचों D. बुजुर्गों

19. मंदिरों में पुजारी केवल..... ही देखते हैं।
A. चढ़ावा B. फूलमाला
C. भक्ति D. कपड़े

20. शिक्षा संस्थाओं में अध्यापकों का ध्यान प्रायः अपने ...... पर ही रहता है।
A. छात्रों B. विषय
C. वेतन D. सौन्दर्य

21. न जाने आज गाय का ...... दूध क्यों फट गया।
A. कुछ B. बहुत
C. सारा D. थोड़ा

22. कितने मन के ...... ढहे तब खड़ी हुई यह मधुशाला।
A. शहर B. गाँव
C. भूखंड D. महल

23. सखि पतंगा तो ...... ही है दीपक भी जलता है।
A. मरता B. जीता
C. जलता D. उड़ता

24. कश्मीर की समस्या अब शीघ्र ...... योग्य हो गई है।
A. विचारने B. समाधान
C. सुधारने D. हटाने

25. संस्कृत एक ...... भाषा के रूप में मानी जाती है।
A. देव B. मृत
C. प्राचीन D. श्रेष्ठ

26. राष्ट्रपति ने लोक सभा ...... कर दी।
A. भँग B. खत्म
C. समाप्त D. स्थगित

27. देश की ...... बनाए रखना हमारा प्रथम दायित्व है।
A. व्यवस्था B. एकता
C. सरकार D. आजादी

28. धैर्यवान व्यक्ति विपत्ति में भी ...... नहीं होता।

A. दुःखी B. चलायमान
C. अधीर D. विचलित

29. दीन-दुःखी की सहायता करना ही मानव का ...... होना चाहिए।

A. कर्म B. धर्म
C. फर्ज D. आभूषण

30. लोकतंत्र की सफलता के लिए जनता को ...... होना चाहिए।

A. शिक्षित B. अनुशासित
C. जागृत D. सभ्य

समानार्थक शब्द

निर्देश : *निम्नलिखित शब्दों के आगे चार-चार शब्द दिए गए हैं। इनमें से उचित समानार्थक पर्याय चुनकर चिह्नित करें।*

31. वक्त्र

A. कपोल B. सिर
C. मुख D. नेत्र

32. ब्रह्मा

A. देवता B. प्राचीन
C. विधाता D. अनादि

33. सरस्वती

A. वाणी B. विद्या
C. बुद्धि D. सरोवर

34. समीर

A. अग्नि B. पानी
C. हवा D. ठंडा

35. दिन

A. घाम B. दिवस
C. प्रकाश D. सफेद

36. मोक्ष

A. निर्वाण B. मूँछ
C. प्रस्थान D. स्वर्ग

37. गंगा

A. नदी B. धारा
C. मंदाकिनी D. सूर्यपुत्री

38. सूर्य

A. मार्त्तण्ड B. देवता
C. किरण D. प्रकाश

39. लक्ष्मी

A. पद्मा B. सुन्दरी
C. बड़ी D. माता

40. वृक्ष

A. आम B. पादप
C. बाग D. घास

41. वलय

A. वृक्ष की छाल B. मृग छाल
C. घेरा D. आवरण

42. सम्पुट

A. मिश्रण B. बंधी हुई अंजलि
C. पिटारी D. मन्जूषा

43. प्रभंजन

A. अंजन B. तोड़-फोड़
C. खण्ड-खण्ड D. तेज वायु

44. पुष्कल

A. जायफल B. पुण्यफल
C. बहुत-सा D. हरा-भरा

45. प्रत्यागमन

A. परिक्रमा करना B. प्रतिरोध करना
C. बार-बार आना D. वापस आना

अनेक शब्दों के लिए एक शब्द

निर्देश : *नीचे दिए गए प्रत्येक वाक्यांश के लिए एक शब्द दीजिए इसके लिए चार-चार विकल्प दिए गए हैं। उचित विकल्प का चुनाव कीजिए।*

46. जो लौकिक न हो
A. पारलौकिक B. इहलौकिक
C. अलौकिक D. ऐहिक

47. वह स्थान जहाँ पृथ्वी और आकाश मिलते हुए से दिखाई पड़ते हैं
A. क्षितिज B. सरसिज
C. अन्तरिक्ष D. नीहारिका

48. जो पुरुषों के अनुरूप हो
A. पुरुषोचित B. पौरुषेय
C. पौरुष D. पुरुष

49. जो ऊपर से मिलाया गया हो
A. प्रक्षिप्त B. विक्षिप्त
C. संक्षिप्त D. विलुप्त

50. किसी कथा के अन्तर्गत आने वाली कोई अन्य कथा
A. दृष्टांत B. अन्तर्कथा
C. अंतःकथा D. अंतर्दृष्टांत

51. गुरु के समीप रहने वाला विद्यार्थी
A. अंतेवासी B. बटुक
C. ब्रह्मचारी D. शिष्य

52. हाथी की पीठ पर रखी जाने वाली चौकी
A. मचान B. हौदा
C. तख्त D. गद्दी

53. फाल्गुन की पूर्णिमा को होने वाला हिंदुओं का प्रसिद्ध त्यौहार
A. गुरु पूर्णिमा B. वसंतोत्सव
C. दीपावली D. होली

54. यज्ञ में आहुति देने वाला
A. पुरोहित B. हवि
C. होता D. समिधा

55. फेंककर चलाया जाने वाला हथियार
A. वाण B. शस्त्र
C. अस्त्र D. वर्म

56. काम से जी चुराने वाला
A. कामचोर B. बेकार
C. आलसी D. निकम्मा

57. किसी बात को करने का निश्चय
A. विकल्प B. संकल्प
C. कल्प D. अत्यल्प

58. जिस बीमारी का ठीक होना सम्भव न हो
A. असाध्य B. विकट
C. भयानक D. घातक

59. जिस पर विजय प्राप्त कर ली गई हो
A. आक्रान्त B. अजेय
C. विजित D. पराजित

60. सूर्य के उदय होने का स्थान
A. उदयाचल B. सूर्यादय
C. प्रभात स्थान D. गंधमादन

अनेकार्थी शब्द

निर्देश : *इन प्रश्नों में प्रत्येक में चार शब्द दिए गए हैं जिनमें से तीन अनेकार्थी शब्द की श्रेणी में आते हैं। जो शब्द इस श्रेणी में नहीं आता है, वही आपका उत्तर है।*

61. अंक
A. गोद
B. नाटक का विभाजन
C. संख्या
D. गणित

62. अर्थ
A. पाप B. धन
C. आशय D. प्रयोजन

63. आश्रय
A. आधार B. मैदान
C. सहायता D. तरकश

64. खग
A. मन B. तीर
C. पक्षी D. आकाश

65. चपला
A. लक्ष्मी B. चंचल
C. पुष्प D. तड़ित

66. नाग
A. साँप B. पर्वत
C. जवाहर D. बादल

67. पुर
A. गाँव B. घर
C. किला D. नगर

68. बक
A. बगुला B. ढोंगी
C. आँधी D. ठग

69. मृग
A. कस्तूरी B. मुर्गा
C. हरिण D. चन्द्रमा का कलंक

70. मूल
A. वंश B. जड़
C. औषध D. पूँजी

71. अक्षर
A. आत्मा B. वर्ण
C. अक्षत D. स्थिर

72. अक्रूर
A. मित्र B. शत्रु
C. कृष्ण के चाचा D. विनम्र

73. अचल
A. पहाड़ B. स्थिर
C. अटल D. चंचल

74. अपेक्षा
A. आशा B. निराशा
C. आवश्यकता D. इच्छा

75. अमूल्य
A. अनमोल B. जन
C. दूध D. अमर

पर्यायवाची शब्द

निर्देशः *नीचे दिए गए चार विकल्पों में से सही पर्यायवाची शब्द ज्ञात कीजिए।*

76. अनन्त
A. विष्णु B. अतिशय
C. असंख्य D. आकाश

77. आडम्बर
A. ढोंग B. तम्बू
C. दर्प D. आवाज

78. कपाल
A. अदृष्ट B. खप्पर
C. भाग्य D. माथा

79. छंद
A. आवरण B. पद
C. बंधन D. आचरण

80. ऐश्वर्य
A. बड़ाई B. विलास
C. सुख D. सम्पदा

81. खर
A. रावण B. कुंठित
C. गधा D. मूर्ख

82. पक्षी
A. नीरज B. नभ
C. विहग D. सरसिज

83. कमल
A. कुसुम B. पुष्प
C. प्रसून D. पुंडरीक

84. चतुरानन
A. ब्रह्मा B. इन्द्र
C. विष्णु D. देवता

85. जल
A. घटा B. नीर
C. दिनकर D. सुधाकर

86. अमृत
A. सुधा B. कौमुदी
C. मन्मथ D. सुधाकर

87. इच्छा
A. अमिय B. हर्ष
C. आकांक्षा D. रश्मि

88. उद्यान
A. धाम B. कुसुमाकर
C. आलय D. वाटिका

89. अन्त्य
A. समाप्त B. अन्तिम
C. नीच D. कुलीन

90. घर
A. सदन B. उपवन
C. पंचशर D. हुताशन

विलोम शब्द

निर्देश : *नीचे दिए गए शब्दों के विलोम के लिए चार-चार विकल्प दिए गए हैं। उनमें से उचित विकल्प का चयन कीजिए।*

91. कृपण
A. अधम B. दानी
C. कृतघ्न D. कनिष्ठ

92. क्षणिक
A. शाश्वत B. संक्षेप
C. विरह D. क्षुद्र

93. स्वदेश
A. गाँव B. नगर
C. परदेश D. स्वर्ग

94. स्तुति
A. सेवक B. निवेदन
C. प्रार्थना D. निन्दा

95. सर्दी
A. गर्मी B. धूप
C. उष्ण D. शीतल

96. शान्त
A. लघु B. चंचल
C. डरपोक D. बहादुर

97. भीगा
A. सूखा B. नरम
C. उष्ण D. गरम

98. कुसुम
A. वज्र B. नारी
C. खिन्न D. ठंडा

99. तम
A. सम B. कृश
C. नम D. प्रकाश

100. नख
A. शिख B. अनित्य
C. श्याम D. निन्दा

101. भौतिक
A. पाश्चात्य B. दैविक
C. दैहिक D. आध्यात्मिक

102. अवनि
A. आकाश B. अम्बर
C. गगन D. आसमान

103. कर्कशा
A. कोमल B. निर्मल
C. विह्वल D. व्याकुल

104. अवनत
A. बढ़ना B. उत्कर्ष
C. ऊँचा D. उन्नत

105. अति

A. न्यून B. कम

C. अल्प D. नगण्य

उपसर्ग एवं प्रत्यय

निर्देश : *नीचे एक शब्द दिया गया है। दिए गए विकल्प से आपको शब्द में प्रयुक्त उपसर्ग ज्ञात करना है।*

106. विज्ञान

A. विज्ञ B. चिर

C. वि D. अन

107. चिरायु

A. चि B. चिर

C. यु D. आयु

108. अवनत

A. नत B. अ

C. अव D. अवन

109. अत्याचार

A. अ B. अत्या

C. अति D. चार

110. अध्यात्म

A. अध्य B. अधि

C. आत्म D. अ

निर्देश : *निम्नलिखित शब्दों में प्रत्यय लगाने से बनने वाले सही विकल्प को चुनिए।*

111. शरीर + इक

A. शारीरक B. शारिरीक

C. शारीरिक D. शरीरिक

112. वर + इष्ठ

A. वरीष्ठ B. वरेष्ठ

C. वरिष्ट D. वरिष्ठ

113. बहन + ओई

A. बहनौई B. बहनोई

C. बहनुई D. बहनौयी

114. आध्यात्मक + इक

A. आध्यात्मिक B. अध्यात्मिक

C. अधिआत्मिक D. अध्यात्मक

115. लड़का + पन

A. लड़कापन B. लड़पन

C. लड़कपन D. लड़कापन

निर्देश : *नीचे एक शब्द दिया गया है। दिए गए विकल्प से आपकी शब्द में प्रयुक्त प्रत्यय ज्ञात करना है।*

116. पागलपन

A. पागल B. पा

C. पन D. इनमें से कोई नहीं

117. सावधानी

A. ई B. इ

C. धानी D. साव

118. धुंधला

A. धुं B. धुंध

C. ला D. इनमें से कोई नहीं

119. प्रत्यय रहित शब्द है

A. पराभव B. कवित्व

C. कुख्यात D. लघुत्व

निर्देश : *तत्सम शब्द का चुनाव कीजिए।*

120. A. अँगरखा B. अंगरक्षक

C. अंगरच्छक D. अंरक्षक

121. A. अँधेरा B. अंधाधुंध

C. अंधकार D. अंधड़

122. A. आँवला B. आँवलक

C. आमलक D. अँवला

123. A. आश्चर्य B. आम

C. इज्जत D. अचरज

124. A. आलस्य B. उबटन

C. अमोल D. ऊँट

125. A. पुस्तक B. अंगूठी

C. आमोल D. अँचरज

मुहावरे एवं लोकोक्तियां

निर्देश : *नीचे मुहावरे दिए गए हैं। प्रत्येक मुहावरे का अर्थ बताने के लिए चार विकल्प दिए गए हैं। इनमें एक अर्थ सही है। आपको इसी का चयन करना है।*

126. अंगारे उगलना
A. आग लगाना
B. क्रोध में कठोर वचन बोलना
C. आग बुझाना
D. जले हुए कोयले को इकट्ठा करना

127. इधर की दुनिया उधर करना
A. जिद पर अड़े रहना
B. असम्भव को सम्भव करना
C. दहेज कम करना
D. धनी व्यक्ति का निर्धन होना

128. ऊँचा-नीचा सुनाना
A. प्रेरक प्रसंग सुनाना
B. उपदेश देना
C. भला बुरा कहना
D. प्रवचन करना

129. काला नाग
A. विषधर सर्प
B. खोटा या घातक व्यक्ति
C. तीव्र बुद्धि वाला व्यक्ति
D. काला धन रखने वाला व्यक्ति

130. ठन-ठन गोपाल
A. बना ठना नवयुवक
B. खोखला
C. धनवान
D. शक्तिशाली

131. अंग-अंग ढीला होना
A. परेशान होना B. शिथिल गात होना
C. पिटाई होना D. बीमार होना

132. अंधे के हाथ बटेर लगना
A. किसी वस्तु का अनायास मिलना
B. अपात्र को बहुत बड़ी सफलता मिलना
C. अप्राप्य को प्राप्त करना
D. मुसीबत पर मुसीबत आना

133. घी का लड्डू टेढ़ा भी भला
A. गुणी व्यक्ति की आलोचना
B. उपयोगी वस्तु का रूप-रंग नहीं देखा जाता
C. घी का लड्डू स्वादिष्ट होता है
D. घी का लड्डू महंगा होता है

134. कोढ़ में खाज
A. परवाह नहीं करना
B. बराबर समझना
C. एक दुःख पर दूसरा दुःख होना
D. निपट मूर्ख

135. गुल खिलाना
A. मौज करना
B. बहुत गुस्सा आना
C. व्यवधान पड़ना
D. कोई बखेड़ा खड़ा करना

136. नाक का बाल होना
A. बहुत कष्ट झेलना
B. किसी का प्रिय व्यक्ति होना
C. अपमान होना
D. अनुभवी होना

137. सिक्का जमाना
A. झूठे आश्वासन देना
B. बहुत सम्मान देना
C. सही व्यवहार करना
D. प्रभाव स्थापित करना

138. पर निकलना
A. अभिमान करना
B. व्यर्थ इतराना

C. बड़ा हो जाना

D. शीघ्रता से काम करना

139. दूध का धुला होना

A. निर्दोष होना B. स्वस्थ होना

C. शाकाहारी होना D. स्वच्छ होना

140. दाँत खट्टे करना

A. हराना B. दाँत दुखना

C. चखना D. दाँत कमजोर होना

उत्तरमाला

1	**2**	**3**	**4**	**5**	**6**	**7**	**8**	**9**	**10**
B	A	C	B	C	B	A	A	D	D
11	**12**	**13**	**14**	**15**	**16**	**17**	**18**	**19**	**20**
B	C	C	B	A	C	B	C	A	C
21	**22**	**23**	**24**	**25**	**26**	**27**	**28**	**29**	**30**
C	D	C	B	C	A	B	D	B	A
31	**32**	**33**	**34**	**35**	**36**	**37**	**38**	**39**	**40**
C	C	A	C	B	A	C	A	A	B
41	**42**	**43**	**44**	**45**	**46**	**47**	**48**	**49**	**50**
C	B	D	C	D	C	A	A	A	B
51	**52**	**53**	**54**	**55**	**56**	**57**	**58**	**59**	**60**
A	B	D	C	C	A	B	A	C	A
61	**62**	**63**	**64**	**65**	**66**	**67**	**68**	**69**	**70**
D	A	D	A	C	D	A	C	B	C
71	**72**	**73**	**74**	**75**	**76**	**77**	**78**	**79**	**80**
D	B	D	B	A	C	A	D	B	D
81	**82**	**83**	**84**	**85**	**86**	**87**	**88**	**89**	**90**
C	C	D	A	B	A	C	D	C	A
91	**92**	**93**	**94**	**95**	**96**	**97**	**98**	**99**	**100**
B	A	C	D	A	B	A	A	D	A
101	**102**	**103**	**104**	**105**	**106**	**107**	**108**	**109**	**110**
D	B	A	D	C	C	B	C	C	B
111	**112**	**113**	**114**	**115**	**116**	**117**	**118**	**119**	**120**
C	D	B	A	C	C	A	C	C	B
121	**122**	**123**	**124**	**125**	**126**	**127**	**128**	**129**	**130**
C	C	A	A	A	B	B	C	B	B
131	**132**	**133**	**134**	**135**	**136**	**137**	**138**	**139**	**140**
B	A	B	C	D	B	D	B	A	A

ENGLISH

1. Comprehension Passages

ENGLISH LANGUAGE COMPREHENSION

The objective of language comprehension test is to ascertain the ability of the candidates to understand the passage properly. Therefore candidates are required to take notice of the following points:

1. Read the full passage very attentively and intelligently.
2. Try to comprehend the gist of it.
3. Make a mental note of all the important details and points given in the passage.
4. Read the passage for the second time in case you have not been able to understand it satisfactorily.
5. Divide the time proportionately for all the passages.
6. Answer the questions on the basis of facts, as given in the paragraph.
7. Don't waste much time in answering the questions of any one passage.
8. Check all the answers once again, very carefully, to see whether any question is left unanswered by mistake.

MODEL QUESTIONS (FOR PRACTICE)

Directions: *Each of the following passages is followed by five questions. Read the passage carefully and then answer the questions that follow each. For each question, four probable answers A, B, C and D are given. Only one out of these is correct. Choose the correct answer.*

PASSAGE-1

The use of words like 'welcome', 'thank you', 'please', etc., at the right moment reflects a polite nature. The civic sense also lies within the scope of good manners. We should not shout or talk loudly in public places like hospitals and libraries and create disturbance. We should not cheat people or make fun of them. Cleanliness is also necessary. We must not throw the waste on roads and make use of dustbins. We should not harm the public property as it belongs to all of us. While in a queue, discipline should be maintained. We must give fair chance to others.

1. Expressions like 'welcome' 'thank you' and 'please' reflect
   A. happiness
   B. discipline
   C. civic sense
   D. polite nature
2. While in a library, we should
   A. respect others
   B. avoid arguments
   C. talk in low tone
   D. be courteous
3. A public property belongs to
   A. nobody
   B. all of us
   C. government
   D. one who maintains it
4. Discipline is
   A. the rule of proper conduct or action
   B. the rule of road sense
   C. making use of dustbins
   D. forming a queue
5. The most appropriate title for this passage would be
   A. Polite Nature
   B. Courtesy
   C. Good Manners
   D. Civic Sense

PASSAGE-2

There is an old proverb 'Early to bed and early to rise makes a man healthy and wise.' I am in the habit of getting up early in the morning and have formed the habit of taking long morning walks in the past two years. It is a light exercise and best for physical fitness. The morning air which is fresh and pure is beneficial for the lungs. The early rays of the rising sun are good for healthy skin. 'Health is wealth' and doctors also recommend morning walk to their patients for gaining sound health and freshness of energy.

1. What is good for lungs?
   A. Sunrays
   B. Fresh air
   C. Sound sleep
   D. Light exercise
2. What is a light exercise?
   A. Early to bed
   B. Early to rise
   C. Morning walk
   D. Gaining sound health
3. What is good for skin?
   A. Fresh air
   B. Morning air
   C. Morning walk
   D. Rising sun's rays
4. What is best for physical fitness?
   A. Light exercise
   B. Long morning walk
   C. Early to rise
   D. Fresh and pure air
5. Long morning walk
   A. bring sound sleep
   B. ensures physical fitness
   C. ensures healthy skin
   D. keeps healthy, wealthy and wise

PASSAGE-3

Mahatma Gandhi lived a splendid long life and has set great moral standards before us. He showed to the world the true way to peace. He wished to see India prosper but he became a martyr for the noble cause of Hindu-Muslim unity at the time of partition when a religious fanatic, Nathuram Godse, shot him dead on January 30, 1948. His last words were 'Hey Ram'. He lived and died for his country and countryman.

1. Mahatma Gandhi showed the world the true way to
A. prosperity B. love
C. truth D. peace

2. Mahatma Gandhi became a martyr for the noble cause of
A. truth
B. non-violence
C. freedom of India
D. Hindu-Muslim unity

3. Mahatma Gandhi was shot dead
A. before India achieved independence
B. by a mad man
C. by an intolerant religious person
D. by a non-religious person

4. Mahatma Gandhi set great moral standards. It means
A. he was a great religious teacher
B. he was a great moralist
C. he made India morally stronger
D. moral was everything to him

5. Gandhiji lived and died for his country and countryman. It means
A. he was born in India and died in India
B. he was a patriot
C. he was a great moralist
D. he sacrified his life for India and her people

PASSAGE-4

On one hot day a crow felt very thirsty. He flew from one place to another in search of water. After long hours of labour he found a pitcher. Eagerly, he perched on the mouth of the pitcher. He found that the water was at the bottom of the vessel. He tried his best to dip his beak but did not succeed. He did not know what to do. Suddenly some pebbles lying nearby gave him an idea. One by one he dropped the pebbles with his beak into the pitcher. The level of water slowly came up to the mouth of the pitcher. The crow then drank the water and quenched his thirst.

1. The crow found a pitcher
A. as it flew
B. after many hours of labour
C. full of water
D. which was empty

2. What is the moral of the passage?
A. No pains, no gains
B. God helps those who help themselves
C. Necessity is the mother of invention
D. Try and try again, you will succeed at last

3. The crow flew from place to place
   A. in search of pitcher
   B. in search of pebbles
   C. in search of water
   D. in search of a vessel

4. The pitcher, the crow found
   A. was full of water
   B. was dry
   C. had little water in the bottom
   D. had water up to its mouth

5. As the crow dropped pebbles into the pitcher, what happend?
   A. The pitcher broke down
   B. The water leaked one of the pitcher
   C. The level of water into the pitcher rose up slowly
   D. Water level immediately rose to the mouth of the pitcher

PASSAGE-5

Once upon a time a crane and a fox lived in a forest. They were good friend. One day the fox invited the crane to a feast. He made a tasty food and served it before the crane on a plate. The crane could not eat anything because of the long beak. But the fox licked all his food. The crane felt insulted. He decided to teach the fox a lesson. Next day he invited the fox. He prepared the same tasty food and placed it in front of the fox inside a narrow glass. The crane ate easily while the fox looked on. Now, it was the fox's turn to remain hungry.

1. What is the moral of the passage?
   A. Beware of the wicked
   B. One good turn deserves another
   C. Be contented with what you have
   D. Tit for tat

2. The crane could not eat tasty food because the
   A. food was served in a shallow plate
   B. food was very hot
   C. food was served in a long jar
   D. crane was not hungry

3. The fox had to remain hungry because
   A. the food served was not enough in quantity
   B. the food was served inside a narrow glass
   C. the food served was not tasty
   D. the food was all liquid

4. Why did the crane feel insulted?
   A. Because he was invited to feast but he could not eat anything
   B. Because the food was served in a shallow plate and he could not eat
   C. Because the food was too hot
   D. Because the fox gulped all the food quickly

5. The crane successfully taught a lesson to the fox when he invited the fox to a feast and served the food
   A. in a narrow glass

B. in a large plate
C. in a broken plate
D. in a long jar

PASSAGE-6

The family set down at the table and began to talk about the summer holidays. They had to decide a place to visit during the vacation. Should they go to their village or to a hill station? The parents preferred the village while the children wished to go the hill station. After few moments of discussion the elders decided to visit both the places. First they shall go to the village for a week and then stay at the hill station for the remaining days. For the first time the family shall be together during the holidays. The children were happy with the holiday plan.

1. The purpose for which the family set down at the table was
   A. to decide a place to visit during the vacation
   B. to educate the children how to carry articles during a visit to a hill station
   C. to decide the date when they should start their journey
   D. to tell the children that they will visit a hill station during this vacation
2. The final plan was to visit
   A. their village
   B. a hill station
   C. their village as well as a hill station
   D. their home town
3. The final decision was made by
   A. the boys B. the girls
   C. the women D. the elders
4. They decided first to go to their village and stay there for
   A. a day B. a week
   C. ten days D. a fortnight
5. Why were children happy?
   A. Because a hill station was included in their holiday plan
   B. Because a visit to their village was excluded from their holiday plan
   C. Because their choice prevailed
   D. Because they were going all alone to the hill station

PASSAGE-7

Once Govind intended to go on pilgrimage with his family. He asked Mirind to accompany. But for his trade's reason, he did not go with him. So Govind thought it safe to leave the box of his jewellery with him, as it was dangerous to leave it in a lone house or take it on the journey. So he went to him with the box. He took him to a lonely place under a tree and handed it over to him. He told Mirind, "Keep it safe with you. I shall return from the journey after six month then I shall take it back from you." Mirind said, "Don't worry, I shall keep it as safe as own."

1. Govind intended to-go
   A. for a business trip
   B. to a hill station
   C. on a long journey to a sacred place
   D. to his home town for a long period
2. Why did Govind leave his box of jewellery with Mirind?
   A. Because it was not safe to take the box with him on a long journey
   B. Because Mirind was his fast friend
   C. Because the box was very heavy
   D. Because his house was unsafe
3. Why did Govind take Mirind to a lonely place?
   A. To tell him that the box contained valuable jewellery
   B. So that no third person could see box
   C. To show him what was within the box
   D. To tell him that the box will remain with him
4. Where did Govind hand over the box of jewellery to Mirind?
   A. At Mirind's house
   B. At his own house
   C. In a lonely place
   D. In a lonely place under a tree
5. It was not safe to leave the box in a lone house. Here the word 'lone house' means
   A. a house in a deserted place
   B. a house where none lives
   C. a house without door and lock
   D. a house near the forest

PASSAGE-8

Zahir-ud-din Babar was the first Mughal emperor of India. A descendent of Timur on father's side and Changez Khan on his mother's side, Babar was a brave warrior. After defeating Ibrahim Lodhi in the First Battle of Panipat in 1526 he entered Delhi and soon gained control over Agra. After many more battles with Rajputs he extended his empire over Punjab, Uttar Pradesh and north Bihar. He died at a young age of 48 years in 1530 at his capital Agra without getting much time to consolidate his victories.

1. Zahir-ud-din Babar was the first
   A. Muslim ruler of India
   B. Mughal ruler of India
   C. Afghan ruler of India
   D. Turk ruler of India
2. Babar was born in the years
   A. 1480 B. 1482
   C. 1492 D. 1962
3. Babar first occupied
   A. Punjab B. Agra
   C. Delhi D. Panipat
4. Babar was a brave warrior. Here brave warrior means
   A. courageous soldier
   B. a kind hearted soldier
   C. a clever fighter
   D. a victorious general

5. Babar extended his empire over Punjab and Uttar Pradesh after many more battles with the
A. Afghans B. Rajputs
C. Mughals D. Lodhies

PASSAGE-9

Our National Flag is tricolour. It has three equal horizontal strips. The strip at the top is saffron, in the middle is white and at the bottom is green. The ratio of width to length of the flag is 2 : 3. In the centre of the white strip is a wheel in navy blue. The wheel represents the *chakra*. Its design is similar to the wheel which appears on the abacus of the Sarnath Lion Capital of Ashoka. Its diameter approximates to the width of the white strip. The wheel has 24 spokes. It was adopted by Constituent Assembly on July 22, 1947. We love our national flag. We respect it. We are ready to sacrifice our life o protect its honour. It represents the nation. So it is a symbol of national honour.

1. In our national flag the wheel is located in the centre of
A. saffron strip B. white strip
C. green strip D. blue strip

2. In our national flag which of the strips is at the bottom in our national flag
A. blue C. saffron
B. white D. green

3. Why do we love our national flag?
A. Because it is tricolour
B. Because it has three strips
C. Because it has a wheel at the centre
D. Because it is a symbol of national honour

4. Our national flag was approved by
A. President
B. Lok Sabha
C. Parliament
D. Constituent Assembly

5. The diameter approximates to the width of the white strip. Here the word 'approximates' means
A. is more or less equal
B. is exactly equal
C. is not equal
D. is related

PASSAGE-10

Distance in large cities are long. All the people do not have their own means of transport. They have to depend upon the state or private buses. The number of bus users is very large. Every bus stop is, therefore, crowded. The number of buses is not adequate. Thus people suffer the torture of long wait at the bus stop. Some bus stops are quite orderly. People form queues and get into the buses turn by turn. However, often this order is forgotten and confusion spreads when the bus comes and the law of jungle prevails.

1. Why are the bus stops crowded?
A. Because they are small is size
B. Because the number of passengers is very large
C. Because they are situated at some busy centre

D. Because people do not form queues

2. Long wait at the bus stop is the result of
   A. over-crowding in the buses
   B. late running of buses
   C. shortage of buses
   D. slow speed of buses

3. Some bus stops are quite orderly where
   A. there is no crowd
   B. the number of buses is adequate
   C. people do not have to wait for long
   D. people form queues and enter the buses one by one

4. Most of the people who travel by buses are
   A. non-working
   B. do not have their own vehicles
   C. have to go a long distance
   D. live in large cities

5. What happens when people do not have their own transport?
   A. They have to wait for a bus at a bus stop
   B. They have to depend upon the state or private buses
   C. They have to travel long distances
   D. They form queues and get into buses one by one

PASSAGE-11

A certain king once fell ill and doctors said that only a sudden fright would restore his health but the king was not a man for anyone to play tricks on, except his fool. One day, when the fool was with him in his boat he cleverly pushed the king into water but he was rescued and put to bed. The fright, the bath and bed cured the diseased king, but he was so angry with the fool that he turned him out of the country.

1. What did the doctor say about the king?
   A. Only a sudden fright would restore the king's health
   B. Only fool would cure the king
   C. Only a boat trick could cure the king
   D. The king had suffered a sudden fright

2. He cleverly pushed the king into water but *he* was rescued and put to bed. In this sentence *he* refers to
   A. the king B. the fool
   C. the doctor D. the river

3. When the fool pushed the king into water they were
   A. in the palace
   B. in the bed
   C. in the garden
   D. in a boat

4. Who played the trick on the king?
   A. The doctor B. The boatman
   C. The fool D. The fright

5. The fool who cured the king was
   A. rewarded
   B. thrown into water
   C. turned out of the country
   D. put into jail

ANSWERS

Passage	1	2	3	4	5
Passage 1.	D	C	B	A	C
Passage 2.	B	C	D	B	B
Passage 3.	D	D	C	B	D
Passage 4.	B	C	C	C	C
Passage 5.	D	A	B	B	A
Passage 6.	A	C	D	B	A
Passage 7.	C	A	B	D	B
Passage 8.	B	B	C	A	B
Passage 9.	B	D	D	D	A
Passage 10.	B	C	D	B	B
Passage 11.	A	A	D	C	C

2. English Grammar

PARTS OF SPEECH

Part of speech	Definition or Function	Examples
Noun	Name of a person, place, animal, quality or thing	Ram, boy, dog, pen, sun, Delhi, truth, honesty
Pronoun	Used in place of a noun	I, you, he she, they
Articles & Determiners	Points out indefinite and definite nouns	a, an, the, few, some
Adjective	Describes a noun or pronoun	big, honest, wooden, valuable, quiet, deep, soft, narrow
Adverb	Describes a verb, an adjective or another adverb	silently, widely, softly, quietly, very, carefully
Verb	Tells about action or state of something or someone	is, am, was, have, do, like, walk, work, make, throw, tell
Conjuction	Joins words, clauses or sentences	and, but, when, yet, while, else
Preposition	Links a noun or pronoun to another word	at, to, after, on, for, under, over, with
Interjection	Expresses sudden feelings or emotions	Ah!, Alas!, oh!, ouch!, hi!, well!, Hurrah!

NOUNS

A word which denotes a person, a thing, an animal or a place is said to be a noun.

There are two noun numbers in English — the *Singular* and the *Plural*.

Singular Numbers : A noun that denotes one person or one thing, is said to be in the Singular number. For example — book, pencil, bird, dog, hen etc. are in singular number.

Plural Number : A noun that denotes more than one person or one thing is said to be in plural number. For example — boys, pens, lions, girls, men etc. are in plural number.

REMEMBER

Singular	*Plural*	*Singular*	*Plural*
Cat	Cats	Bamboo	Bamboos
Book	Books	Folio	Folios
Pen	Pens	Hero	Heroes
Room	Rooms	Volcano	Volcanoes
Tree	Trees	Mango	Mangoes
Bus	Buses	Potato	Potatoes
Bush	Bushes	Photo	Photos
Box	Boxes	Piano	Pianos
Glass	Glasses	Baby	Babies
Dish	Dishes	Fly	Flies
Judge	Judges	Country	Countries
Tax	Taxes	Lady	Ladies
Watch	Watches	Boy	Boys
Calf	Calves	Monkey	Monkeys
Thief	Thieves	Ox	Oxen
Knife	Knives	Child	Children
Scarf	Scarves	Man	Men
Wife	Wives	Woman	Women
Leaf	Leaves	Tooth	Teeth
Wolf	Wolves	Axis	Axes
Half	Halves	Basis	Bases
Monarch	Monarchs	Foot	Feet
Roof	Roofs	Goose	Geese
Hoof	Hoofs	Englishman	Englishmen
Gulf	Gulfs	Radius	Radii
Staff	Staffs	Vertex	Vertices
Radio	Radios	Stimulus	Stimuli

1. Note the plurals of the following nouns:

Singular	*Plural*	*Singular*	*Plural*	*Singular*	*Plural*
copy	copies	army	armies	fairy	fairies
baby	babies	bay	bays	spy	spies
body	bodies	cry	cries	storey	storeys
family	families	duty	duties	monkey	monkeys
fly	flies	country	countries		
city	cities	diary	diaries		

2. The following nouns do not undergo any change in plural form, in general.

Singular	*Plural*	*Singular*	*Plural*	*Singular*	*Plural*
deer	deer	dozen	dozen	score	score
thousand	thousand	sheep	sheep	gross	gross
hundred	hundred	pair	pair		

Note: We can write—

(*a*) thousands of men; (*b*) two pairs of shoes; (*c*) dozens of mangoes; (*d*) scores of people etc. But—

(*a*) two thousand rupees; (*b*) three hundred men; (*c*) five dozen eggs, etc.

3. The following nouns are usually used in plural forms. They take a plural verb after them—

eatables	fetters	surroundings
riches	alms	spectacles
trousers	pants	scissors
premises	thanks	annals
congratulations	goods	shorts
tongs	pains	arms
breeches	(for troubles)	

4. The following are the nouns which are plural in appearance but are usually used in singular number. They are followed by a singular verb—

news	politics	physics
mathematics	economics	ethics
politics	classics	gallows
statistics	athletics	innings
mechanics	summons	mumps

5. Collective nouns often used as plurals—.

public	police	cattle
audience	clergy	folk
people	poultry	nation
elite	gentry	glitterati

6. The nouns that are usually used in singular forms—

advice	hair	rice
fuel	alphabet	machinery
offspring	issue	furniture
mischief	stationery	luggage
bedding	information	abuse

7. Material nouns are always used in singular number—

gold	copper	milk
water	silk	wool

Note: They may be used in plural with a different meaning.
copper coins (coppers), chains or fetters (irons), cans made of tin (tins).

GENDERS

The difference in sex is denoted by Gender in grammar. The various genders are as follows :

1. **Masculine Gender :** A noun that denotes a male is said to be of the masculine gender, as man, uncle, ox, boy etc.
2. **Feminine Gender :** A noun that denotes a female is said to be of feminine gender, as woman, aunt, princess, cow etc.
3. **Common Gender :** Nouns which denote both males and females are said to be of the common gender, as friend, cousin, person, parent, baby etc.
4. **Neuter Gender :** A noun that denotes the name of object without life is said to be of neuter gender, as file, table, pencil.

REMEMBER

Masculine	***Feminine***
Boy	Girl
Son	Daughter
Brother	Sister
Murderer	Murderess
Sorcerer	Sorceress
Son-in-law	Daughter-in-law
Father-in-law	Mother-in-law
Man-servant	Maid-servant
Land-lord	Land-lady
Bachelor	Maid
Gentleman	Lady
Monk	Nun
Earl	Countess
Lad	Lass
Sir	Madam
Duke	Dutchess
Emperor	Empress

Masculine	***Feminine***
Milk-man	Milk-maid
Pea-cock	Pea-hen
Step-father	Step-mother
Hero	Heroine
Viceroy	Vicerine
Mr.	Mrs.
Governor	Governess
Master	Mistress
Wizard	Witch
Heir	Heiress
Host	Hostess
Lion	Lioness
Mayor	Mayoress
Actor	Actress
Buck	Doe
Colt	Filly
Dog	Bitch
Horse	Mare

Masculine	Feminine	Masculine	Feminine
Count	Countess	He-goat	She-goat
Hunter	Huntress	Milk-man	Milk-woman
Prince	Princess	Bridegroom	Bride
Abbot	Abbess	Tiger	Tigress
God	Goddess	Priest	Priestess
Author	Authoress	Poet	Poetess
Ox	Cow	Shepherd	Shepherdess
Widower	Widow	Nephew	Niece
Grand-father	Grand-mother	Stag	Hind

PRONOUNS

The repetition of a noun in a sentence or a set of sentences is really boring. So, instead of repeating the noun, we can use a word (for that noun) called the pronoun.

"A pronoun is a word that we use instead of a noun".

Example:

This is *Sachin. He* plays cricket.

Note: *He* is the pronoun used in place of *Sachin.*

Kinds of Pronouns

1. **Personal pronouns :** A pronoun which is used instead of the name of a person is known as a 'Personal Pronoun'. A list of the 'Personal pronouns' is listed below :

   I, my, mine, me, we (First Person)
   You, your, yours (Second Person)
   He, his, him, she, her, hers, it,
   its, they, their, theirs, them (Third Person)

2. **Demonstrative, Indefinite and Distributive Pronouns :**

   (a) Demonstrative Pronouns : Pronouns used to point out the objects to which they refer are called Demonstrative Pronouns.

   Examples :

   (i) *This* is a present from my uncle.
   (ii) *These* are merely excuses.
   (iii) Bembay mangoes are better than *those* of Bangaluru.

(b) Indefinite Pronouns : All pronouns which refer to persons or things in a general way and do not refer to any particular person or thing are called Indefinite Pronouns.

Examples :

(i) *Somebody* has stolen my watch.

(ii) *Few* escaped unhurt.

(iii) Did you ask *anybody* to come?

(c) Distributive Pronouns : Each, either, neither are called distributive pronouns because they refer to persons or things one at a time. For this reason they are always singular and followed by the verb in singular.

Examples :

(i) *Each* of the men received a reward.

(ii) *These* men received *each* a reward.

(iii) *Either* of you can go.

3. Relative Pronouns : A relative pronoun refers or relates to some noun going before, which is called its Antecedent.

Examples :

(i) I met Hari *who* used to live here.

(ii) I have found the pen *which* I had lost.

(iii) Here is the book *that* you lent me.

4. Interrogative Pronouns : These pronouns, are used for asking questions.

Examples :

(i) *Whose* book is this?

(ii) *What* will all the neighbours say?

(iii) *Which* do you prefer, tea or coffee?

Note : Interrogative pronouns can also be used in asking indirect questions. Consider the following examples :

(i) I asked *who* was speaking.

(ii) Tell me *what* you have done.

(iii) Say *which* you would like best.

Behaviour of the Pronouns

1. If three pronouns are used together in the same sentence they are arranged in the following order :

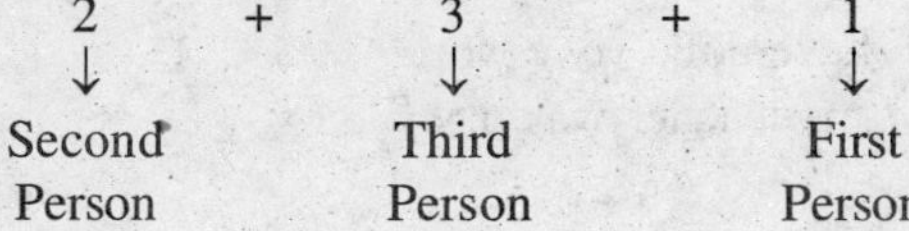

Examples :

I, you and he must help *that* poor man. (Incorrect)

You, he and I must help *that* poor man. (Correct)

2. When two or more singular nouns are joined by and, the pronoun used for them should be plural.

   Examples :

   Mohan and Sohan are friends. *They* play football. *They* live at Lajpat Nagar.

3. But if these nouns joined by and refer to the same person or thing, the pronoun used should be singular.

   Examples :

   (i) Delhi, the beautiful city and the capital of India, is famous for *its* historical monuments.

   (ii) The manager and owner of the firm expressed *his* views on the demands of the workers.

4. When two nouns are used with as well as, the pronoun agrees with the first subject.

   Examples :

   (a) Mohan as well as his friends is doing *his* work.

   (b) The students as well as their teachers are doing *their* work.

5. When two singular nouns joined by 'and' are preceded by *each* or *every*, the pronoun used must be singular and should agree in gender with the second noun.

   Examples :

   (a) Every man and every woman will do *her* best for the nation.

   (b) Each boy and each girl went to *her* house.

6. When two nouns are joined by using 'with', the pronoun agrees with the noun coming before 'with'.

   Examples :

   (a) The boy with *his* parents has gone to see a movie.

   (b) The children with *their* parents have gone to picnic.

7. When two different nouns are joined by either.......... or; neither .... nor, the pronoun is used according to the number and gender of the second noun.

   Examples :

   (a) Either your sister or you have done *your* work.

   (b) Neither the students nor the teacher was in *his* class.

8. The pronoun coming after '*than*' must be in the same case as that coming before '*than*'.

   Examples :

   (a) She plays better than *me*. (Incorrect)
   She plays better than *I*. (Correct)

   (b) His elder brother is more intelligent than *him*. (Incorrect)
   His elder brother is more intelligent than *he*. (Correct)

9. 'Many a' always takes a singular pronoun and singular verb.

   Example :

   Many a soldier has met *his* death in the battle field.

10. 'Who', 'Whose', 'Whom' are used only for persons.

    Examples :

    (a) *Who* is knocking at the door?
    (b) *Whose* pen is this?
    (c) *What* do you want?

11. 'Which' is used for things.

    Example :

    Which game do you like?

MULTIPLE CHOICE QUESTIONS

Directions: *In the following questions choose the correct options to fill the blanks.*

1. The place was so dirty that ..... wished to run away from there.
A. everybody B. anybody
C. few D. some

2. ..... was there to help me.
A. Somebody B. Anything
C. Anybody D. Nobody

3. Is there .... to eat?
A. some B. something
C. any D. few

4. ..... of the students were making a great noise.
A. Anyone B. Somebody
C. Many D. Nobody

5. ..... of the students can solve this sum.
A. Someone B. Anybody
C. Somebody D. None

6. ...... of us should try our best to make India a heaven.
A. Any B. Somebody
C. Anybody D. All

7. ...... of us do not know the real meaning of our lives.
A. Any B. Something
C. Several D. Many

8. My .... black.
A. hairs are B. hair is
C. hairs shall D. hair will

9. She saw two .... on the last Sunday.

A. thiefs B. theifs
C. thieves D. theives

10. My sister is a ....
A. bacheloress B. bachelor
C. unmaried D. spinster

11. One is supposed to do ....
A. our duty B. their duty
C. one's duty D. his duty

12. Take anything .... you want.
A. that B. which
C. than D. then

13. I cannot tolerate ....
A. separated you
B. your separation
C. separation from you
D. you separated

14. He is .... faithful partner.
A. Yours B. You
C. Your D. Your's

15. Ajay is more smart than ....
A. her B. hers
C. herself D. she

16. Vivek works harder than ....
A. me B. I
C. her D. his

17. They should help ....
A. the poor peopl
B. the poor
C. the poor persons
D. the poor peoples

18. .... are mad.
A. All his sons
B. His all sons
C. Sons all his
D. All sons his

19. The poor fellow .... to fate.
A. resigned
B. resigned himself
C. resigned itself
D. resigned themselves

20. Nobody will help you but ....
A. I B. me
C. ours D. his

21. It is a good chance, You must avail .... this opportunity.
A. of B. yourself of
C. for D. from

22. The person who is elected .... my relative.
A. is B. he is
C. his D. him

23. He made ....
A. yours mention
B. mention of you
C. mention for you
D. mention about you

24. .... I know, he is quite faithful.
A. As far as B. So far as
C. So far this D. So far so

25. It is a duty of a person to take .... for his family.
A. pain B. pains
C. pain-killers D. pained

26. She does not love .... husband.
A. his B. her
C. its D. their

27. Let .... work together.
A. him and me
B. he and I
C. he and him
D. I and me

28. Copper, Silver and Gold ....
A. each will do
B. either will do

C. any one will do

D. any will do

29. Jessica and Roma are very irregular .... habits.

A. in her B. in their

C. in its D. in every

30. One likes to enjoy .... who was a great poet.

A. The sonnets of Shakespeare

B. Shakespeare's sonnets

C. Sonnets

D. Shakespeare

31. That is the boy .... everybody loves.

A. whom B. who

C. that D. whose

32. That is the girl .... won the first prize.

A. whom B. who

C. whose D. which

33. That is the man .... purse was lost.

A. who B. whom

C. whose D. their

ANSWERS

1	2	3	4	5	6	7	8	9	10
A	D	B	C	D	D	D	B	C	D
11	**12**	**13**	**14**	**15**	**16**	**17**	**18**	**19**	**20**
C	A	C	C	D	B	B	A	B	B
21	**22**	**23**	**24**	**25**	**26**	**27**	**28**	**29**	**30**
B	A	B	A	B	B	A	C	B	A
31	**32**	**33**							
A	B	C							

ARTICLES

The family of the articles has only three members. They are : A, An and The. However, they fall under two groups :

(a) Definite Article *(b)* Indefinite Article

'The' is known as definite article whereas 'a' and 'an' are known as indefinite articles.

Use of the Definite Article 'The'

'The' is used before

1. The superlative degree :
   He is the ablest man of the town.
   (ablest is a superlative degree)
2. The name of states, countries etc. having a descriptive name :
   (i) The J & K is a small state. (J & K is a descriptive name)

(ii) He lives in the U.S.A. (U.S.A. is a descriptive name)

(But the Delhi and the America are wrong because neither Delhi nor America is a descriptive name)

3. The names of the scriptures :
The Gita is a holy book. (Gita is a scripture)
4. Name of newspapers :
The Tribune is published from Chandigarh.
5. Name of rivers, canals, seas, oceans, bays, gulfs, groups of islands etc. :
(i) The Ganga is a holy river.
(ii) The Indian Ocean is the deepest ocean.
(iii) The Persian Gulf is a narrow gulf.
6. The name of famous buildings :
The Taj is one of the best buildings in India.
7. The names of nationals, sects and communities:
(i) The English defeated the Germans in the World War.
(ii) The rich should help the poor.
(iii) The Hindus believe in the caste system.
8. Proper nouns used as common nouns :
(i) Kalidas is thc Shakespeare of India.
(ii) Delhi is the London of India.
9. Famous historical events :
The Industrial Revolution changed the face of England.
10. The directions and the celestial bodies:
The sun rises in the east.
11. Titles :
Akbar, the Great was loved by his subjects.

Do not use 'the'

1. Before languages :
The English is an international language. (Incorrect)
English is an international language. (Correct)
2. Before the names of games :
The hockey is a popular game. (Incorrect)
Hockey is a popular game. (Correct)

Use of the Indefinite Articles 'A' and 'An'

'A' is used before :

1. All singular common nouns beginning with a consonant :

(i) A boy sings a song.

(ii) A black and a white cow were grazing in the field.

2. If a word begins with a vowel but gives the sound of a consonant, 'a' should be used before it :

(i) He was helped in his work by a European.

(ii) He is a one-eyed man.

(iii) It is a useful work.

'An' is used as follows :

1. All singular common nouns beginning with a vowel (*i.e.*, a, e, i, o, u) :

(i) He is an artist.

(ii) He is an old man.

(iii) I intend to buy an umbrella.

2. If a word starts with a consonant but gives the sound of a vowel, "an" should be used before it :

(i) Brutus is an honourable man.

(ii) He is an honour to his profession.

(iii) He is an L.L.B.

(iv) He is an M.A.

(v) You will reach there in an hour.

Demonstratives, that, these and those

1. The demonstrative adjectives and pronouns are for objects nearby the speaker:

this (singular) those (plural)

and for objects far away from the speaker.

That (singular) those (plural)

2. Demonstratives are the only adjectives that agree in number with their nouns.

That hat is nice.

Those hats are nice.

3. When there is the idea of selection, the pronoun "one" (or "ones") often follows the demonstrative.

I want a book. I'll get this (one).

If the demonstrative is followed by an adjective, "one"(or "ones") must be used.

I want a book. I'll get this big one.

MULTIPLE CHOICE QUESTIONS

Directions: *In the following questions choose the correct options to fill the blanks.*

1. .... will have to be paid for this material.
A. Half rupee
B. Half a rupee
C. A half rupee
D. An half rupee

2. .... is taking keen interest in India.
A. The USA B. USA
C. An USA D. A USA

3. Only .... can save our country.
A. the Hitler B. a Hitler
C. Hitler D. an Hitler

4. I can run for ....
A. hundred miles
B. the hundred miles
C. a hundred miles
D. an hundred miles.

5. .... man-eater has been killed.
A. The B. A
C. An D. Either A or B

6. What .... fine idea!
A. the B. an
C. a D. No article

7. .... earth is moving around the sun.
A. An B. A
C. The D. No article

8. This is .... first example while I got.
A. the B. a
C. an D. No article

9. This is .... house which was built during earthquake.
A. a B. an
C. the D. No article

10. .... America is a rich country.
A. The B. An
C. A D. No article

11. .... U.S.A. is a developed country.
A. A B. An
C. The D. No article

12. .... Bible is a holy book.
A. A B. The
C. An D. No article

13. .... rich should help the poor.
A. The B. A
C. An D. No article

14. .... Gold is a costly metal.
A. The B. A
C. An D. No article

15. Kalidas is .... Shakespeare of India.
A. a B. an
C. the D. No article

16. I cannot do .... difficult work.
A. a such B. the such
C. such the D. such a

17. How foolish .... plan it is!
A. a B. an
C. the D. No article

18. An ink is .... useful article.
A. an B. a
C. the D. No article

19. There are .... husband and wife.
A. a B. an
C. the D. No article

20. He is learning .... French
A. the B. a
C. an D. No article

ANSWERS

1	2	3	4	5	6	7	8	9	10
B	A	B	C	D	C	C	A	C	D
11	**12**	**13**	**14**	**15**	**16**	**17**	**18**	**19**	**20**
C	B	A	D	C	D	A	B	D	D

ADJECTIVES & ADVERBS

An Adjective is a word which adds something to the meaning of a noun or a pronoun.

Mridula is an *intelligent* girl.
He has a *black* goat.
He is a *brilliant* student.
She is a *clever* girl.
It is a *beautiful* picture.

In the sentences given above, the words in italics are adjectives.

An Adverb is a word which qualifies the meaning of a Verb, an Adjective or another Adverb.

(*i*) He talks *slowly.*
(*ii*) He is a *very* good student.
(*iii*) He talks *very* slowly.

In sentence (*i*), *slowly* qualifies the verb *talks.*
In sentence (*ii*), *very* qualifies the adjective *good.*
In sentence (*iii*), *very* qualifies the adverb *slowly.*

Adjectives have three degrees of comparison :

1. **Positive Degree :** It expresses the common form of an adjective.
   Example :
   Ram is a *tall* boy.
   In the above sentence *tall* is an adjective and expresses the common form.
2. **Comparative Degree :** It expresses the more of the same form.
   Example :
   Ram is *taller* than Mahesh.
   In the above sentence *taller* is an adjective that expresses the more of the common form of the adjective *tall*.

"When and How to Use" Comparative Degree?

(a) Comparative Degree is used when two persons or two groups of persons or things are compared.

Examples :

(a) He is *wiser* than his younger brother.

(b) This glass is *cleaner* than the other.

(b) When two different qualities in the same person are compared, more is used instead of 'er' to form the comparative. The formula used in this case should be :

More + Positive Degree

She is *fairer* than polite. (Incorrect)

She is *more fair* than polite. (Correct)

(c) When selection of one out of two persons or things is meant, the degree of comparison is followed by of and *the* is used before it.

Example :

Zia is abler of *the* two sisters.

(d) If two comparatives are used in the same sentence to impress upon an idea, both should be preceded by the definite article.

Examples :

(i) The higher you go, the cooler it is.

(ii) The more we get, the more we desire.

(e) When one person or thing is compared with another of the same kind, other is used after the comparative degree. In such sentences other is normally preceded by any or all.

Examples :

(i) Kalidas is greater than any dramatist. (Incorrect)
Kalidas is greater than any other dramatist. (Correct)

(ii) Lead is heavier than all metals. (Incorrect)
Lead is heavier than all other metals. (Correct)

(f) Senior, junior, superior, inferior, prior, anterior (earlier than) and posterior (later than) are always followed by 'to'.

Examples :

(i) Ram is senior *to* Mohan by three years.

(ii) That pen is inferior *to* that.

(iii) He is junior *to* me in rank.

(iv) This event was posterior *to* that.

Note: Never use *than* after the above mentioned adjectives.

Important Information

(a) 'Preferable' is also used as an adjective of the comparative degree. As such, it is always followed by *to* and not *a*.

Death is preferable than dishonour. (Incorrect)
Death is preferable *to* dishonour. (Correct)

(b) To intensify the Degree of comparison, we use *far* or *much* before the comparative.

Examples :

(i) This book is *far* better than that.
(ii) His performance was *much* better than Mohan's.

Warning : Always avoid the use of double comparatives.
Don't say : Ram is more cleverer than his younger brother.
Say: Ram is cleverer than his younger brother.

3. **Superlative Degree :** It expresses the most of the common form of an adjective.

Example :

He is the ablest man of the town.

How and when to use the Superlative Degree?

(a) The Superlative Degree is used when more than two persons or things are compared.

(b) The Superlative Degree is generally preceded by 'the' and followed by 'of' in most of the cases or otherwise.

(c) When an adjective of the superlative degree is preceded by a Possessive Adjective or a Noun in the Possessive case, 'the' should not be used before it.

Example :

Which is Kalidas' best play?

It will be a blunder to use 'the' before the Superlative Degree in such cases.

Don't say : Which is Kalidas' the best play.

(d) To intensify the degree of comparison, *by far* is used before the superlative degree.

Example :

India is *by far* the most beautiful country of the world.

Note: Always avoid the use of double superlatives.
Don't say : He is the most strongest boy in the class.
Say : He is the strongest boy in the class.

Use of some Important Adjectives

1. (a) '**Some**' is used as follows :

(i) With countable nouns where it means— a little, a small quantity.
(ii) In a question which shows some request.

Examples :

(i) There is some water in the bottle.

(ii) Some of the students were absent yesterday.

(iii) Will you have some milk?

(iv) Will you buy some fruit for me?

(b) **'Any'** is used as follows :

(i) In negative sentences.

(ii) In interrogative sentences.

(iii) After 'Hardly', 'Scarcely' and 'Barely'.

(iv) After 'If'.

Examples :

(i) There is not any sugar in the pot.

(ii) We haven't any rice in the house.

(iii) I have hardly any money.

(iv) There are scarcely any plants in this field.

(v) If there is any danger, blow the whistle.

2. (a) **Older :** Older (and oldest) are used for persons animals and things. But 'Older' and 'Oldest' refer to the persons who do not belong to the same family.

Examples :

(i) Radha is older than Shyama.

(ii) John is the oldest member of the staff.

'Older' and 'Oldest' refer to the persons who do not belong to the same family.

(b) **Elder** (and **eldest**) are used in respect of the members of the same family like sons, daughters, brothers, sisters.

Examples :

(i) My elder sister is a lecturer.

(ii) Meenakshi is the eldest of the three sisters.

Note :

(i) 'Elder' is not followed by 'than'.

(ii) 'Elder' and 'Eldest' cannot be used for things.

3. (a) **'Few'** is negative and is the opposite of 'Many'. It means 'not many'.

(b) **'A few'** is positive and means 'some at least'. It is the opposite of 'None'.

(c) **'The few'** means 'minority' and suggests 'whether there is'.

Examples :

(i) We have few holidays in school.

(ii) Only a few boys will fail in the examination.

(iii) The few poems that he wrote are very popular.

4. (a) **Further** means 'something additional'.
   (b) **Farther** means 'a greater distance'.
   Examples :
   (i) Further discussion will be held in the office of the principal.
   (ii) Amritsar is farther from Delhi than Ambala.

5. (a) **Little** is negative. It means, 'not much', or 'hardly any'.
   (b) **A little** is positive. It means 'some quantity'.
   (c) **The little** denotes quantity. It means, 'not much but all that is, or whatever quantity there is'.
   Examples :
   (i) There is little hope of his success.
   (ii) He knows a little of everything.
   (iii) I have spent the little money I had.
   (iv) The little knowledge of shoe-making proved very useful to me.

6. (a) **'Much'** expresses 'quantity'.
   (b) **'Many'** expresses 'number'.
   (c) **'Many a'**—'Singular noun' and 'Singular verb' are used with 'many a'.
   Examples :
   (i) There is not *much* water in the jug.
   (ii) *Many* boys are absent today.
   (iii) *Many* a battle has been fought on the soil of India.

7. (a) **'Less'** denotes 'in a small degree'.
   (b) **'Fewer'** denotes 'number'.
   Examples :
   (i) He devotes less time to his studies.
   (ii) There are no fewer than ten chairs in this room.

8. (a) **'Each'** is used for a single number of 'two persons' or 'things'.
   (b) **'Every'** is used for a single number of 'many persons' or 'things'.
   Examples :
   (i) Each boy must take part in games.
   (ii) There are only two poets. Each poet recited his poem.
   (iii) Every man dies in this world.
   (iv) Every man is expected to do his duty.

9. (a) **'Either'** means one of the two or both.
   (b) **'Neither'** is negative of the either.
   Examples :
   (i) You may buy either of these two chairs.
   (ii) Neither of them could speak on the stage.

10. (a) **'Later'** expresses 'late in time'.

(b) **'Latter'** means 'second in position or order'.

Examples :

(i) My father reached later than I expected.

(ii) The latter position was better than the former.

Use of some Important Adverbs

1. (a) Also, too, enough:

(i) He taught English. Also, he edited the school magazine

(ii) He is a writer and also he is a painter.

(iii) He is too obstinate to listen to any reason.

(iv) This is too difficult a piece for the junior students.

(v) Sarla was kind enough to help the poor.

(vi) He is brave enough to help the truth.

Note: 'Too' is used in a negative sense, but enough is used in a positive sense.

(b) Fairly and rather: Both suggest the meaning 'moderately'. But, mainly 'fairly' is used with the words that denote a positive meaning and rather is used with the words that denote a negative meaning:

(i) Rita did fairly well in that competition, but her performance was rather poor in sports.

(ii) Mona is fairly rich, but she is rather stingy.

Note: 'Rather' can also be used in a positive sense.

(i) This is a rather interesting job.

(ii) That boy is rather smart.

(c) Hardly, barely, scarcely: These words mostly convey the negative suggestions and are almost similar.

(i) I have hardly any strength now.

(ii) There was barely any supply to the township,

(iii) There were scarcely a hundred guests present.

Note: With slight variance in the meaning, the words given above convey the idea of 'very little', 'not enough', 'lack of quantity and number'.

(d) Yet, Still: These adverbs can often be used to connect the sentence units:

(i) He has been defeated many times in the contest; still he wants to be a competitor.

(ii) Mona was sick; yet she went on doing her work.

(e) Alone:

(i) He alone (none else) is capable of handling that fire,

(ii) He hunted all alone in the forest. (not in any company)

Special Note:

(a) Apart from their conventional positions the adverbs might be used in different positions with different meanings and angles.

(i) He had only four books.

(ii) John only contacted his friend in need.

(iii) He greeted me only.

(iv) Only he greeted me there.

(b) Inversion: Some adverbs can be inverted *i.e.* placed in the beginning of the sentence and then be followed by an interrogative form. The most common of these adverb are: so, seldom, never, nowhere, under no circumstances, hardly, scarcely etc.

(i) So big was the bus that it could not enter the narrow lane.

(ii) Hardly had he reached the station when he received the message.

MULTIPLE CHOICE QUESTIONS

Directions: *In the following questions choose the correct options to fill the blanks.*

1. The girl whom you met is the .... sister of Ravi.

A. eldest B. elder

C. older D. oldest

2. The historical place is ....

A. seeing worth

B. worthy of seeing

C. worth seeing

D. worthy seeing

3. These flowers smell ....

A. sweet

B. sweetly

C. more sweetly

D. sweetest

4. .... aspirant cannot pass the entrance examination.

A. Each B. Every

C. All D. No

5. Harivansh Rai .... second Shakespeare.

A. is a B. is

C. is the D. is an

6. .... student in the class got prizes.

A. Each and every

B. Every and each

C. Every

D. Never

7. It is .... picture than the one we saw last Monday.

A. interesting

B. much interesting

C. more interesting

D. most interesting

8. She is clever ....

A. that her mother is

B. as her mother is

C. to her mother is

D. than her mother is

9. They will get ....
A. Red, green and black paper
B. Red, green black paper
C. Red and green and black paper
D. Red green black paper

10. Health is .... wealth.
A. preferable to
B. more preferable than
C. more preferable to
D. most preferable then

11. .... water that was in the jug evaporated.
A. Little B. The little
C. Small D. A small

12. He has not sung .... songs.
A. much B. most
C. more D. many

13. Srishti has searched .... office.
A. whole the
B. the whole
C. a whole
D. some whole

14. Premchand was .... best and .... famous writer.
A. a, the most
B. the, a most
C. the, more
D. the, the most

15. William Shakespeare is famous as ....
A. a poet and a dramatist
B. a poet and dramatist
C. the poet and the dramatist
D. a poet and the dramatist

16. What does .... leader suggest?
A. other B. another
C. others D. anothers

17. He .... money.
A. has few B. have few
C. has little D. have little

18. The .... boys are rewarded.
A. first two B. two first
C. firsts two D. two's first

19. He is .... brave.
A. stronger than
B. stronger then
C. more strong then
D. more strong than

20. No sooner said ....
A. so done B. and done
C. then done D. but done

21. She returned .... than I had thought.
A. quickly
B. more quicker
C. more quickly
D. quicker

22. He is .... foolish person.
A. rather the B. a rather
C. rather a D. rather

23. This pen .... rupees.
A. costs twenty
B. twenty costs only
C. costs only twenty
D. only costs twenty

24. It is .... pride.
A. nothing else but
B. nothing else than
C. else nothing than
D. but

25. This tea is .... to drink.
A. too hot
B. very hot
C. enough hot
D. much hot

ANSWERS

1	2	3	4	5	6	7	8	9	10
A	C	A	B	A	C	C	C	A	A
11	**12**	**13**	**14**	**15**	**16**	**17**	**18**	**19**	**20**
B	D	B	D	B	B	C	A	D	C
21	**22**	**23**	**24**	**25**					
C	C	C	A	A					

DETERMINERS

Determiners are actually Adjectives. They are always followed by nouns. Determiners are of the following kinds:

1. Demonstrative Determiners

this, that, these, those

2. Possessive Determiners

my, our, your, his, her, its, their

3. Quantitative Determiners

some, any, much, enough, sufficient, whole, a little, the little, little, all, both

4. Numerical Determiners

a few, some, few, the few, any, several, many, no, etc.

One, two, three ... (Cardinals)

First, second, third ... (Ordinals)

5. Distributive Determiners

either, neither

6. Articles

Indefinite: a, an

Definite: the

MULTIPLE CHOICE QUESTIONS

Directions: *In the following questions choose the correct options to fill the blanks.*

1. Give me .... rice.

A. some B. few

C. a few D. any

2. .... sheep grazing on the slope of the hill had gone away.

A. Any B. The few
C. This D. Much

3. Have you got .... magazines to read?
A. all B. much
C. some D. little

4. I have .... money that I want to spend on shares.
A. any B. much
C. less D. some

5. There is .... owl on the branch of the tree.
A. a B. the
C. an D. some

6. My brother is .... MBA.
A. a B. an
C. the D. any

7. Have you got .... cheese?
A. some B. many
C. a few D. few

8. No, I have not got .... cheese.
A. many B. few
C. any D. some

9. There is only .... milk left in the bottle.
A. enough B. few
C. much D. a little

10. There is .... hope of his recovery.
A. any B. little
C. many D. few

11. .... dogs were barking at the strangers.
A. Some B. Any
C. Much D. Less

12. The girl bought her father .... juice.
A. few B. some
C. any D. many

13. You should take .... honey everyday.
A. any B. many
C. a little D. a few

14. .... boy was punished by the teacher.
A. Either B. All
C. Any D. Many

15. .... girl was asked to join the army.
A. None B. Neither
C. All D. Any

16. .... water in the jug has been drunk by Mohan.
A. The little B. The few
C. A few D. Few

17. I shall play .... piano at the party.
A. some B. any
C. the D. few

18. .... labourers were found dead in the mine.
A. Any B. Fewer
C. Many D. Less

19. Could I borrow .... umbrella?
A. our B. your
C. yours D. my

20. My brother is standing in the .... row.
A. any B. many
C. some D. first

ANSWERS

1	2	3	4	5	6	7	8	9	10
A	B	C	D	C	B	A	C	D	B
11	**12**	**13**	**14**	**15**	**16**	**17**	**18**	**19**	**20**
A	B	C	A	B	A	C	C	B	D

THE VERB

A Verb is a word that tells something about the action or state of or happenning to a person or thing.

A Verb tells the following:

1. What a person or thing does.

Sachin goes to school daily.
The bell *rang* loudly.
Many birds fly in the sky.
She *sang* a song.

2. What a person or thing is.

India *is* the biggest democracy in the world.
Ram Mehar *is* very rich.
They *are* happy.

3. What is done to a person or thing.

You *are liked* by all.
Two thieves *were arrested.*
Four students *were punished* by the teacher.

4. What happens to a person or thing.

His maternal uncle *died* last week.
Two ships *sank* yesterday.
Leaves *turn* yellow in autumn.

5. What a person or thing has, had, and so on.

I *have* a new car.
He *had* a scooter last year.
He *has* several cows and goats.

It goes without saying that a verb is the most important part of a sentence. No sentence is complete without a Verb.

Important Information

1. If two or more singular nouns are joined by 'and' the verb used will be plural.

Example:

(i) He and I were going to the market.

(ii) Ram and Mohan are friends.

2. If two singular nouns joined by 'and' points out to the same thing or person, the verb used must be singular.

   Example:

   (i) Rice and curry is the favourite food of the Punjabis.

   (ii) The Collector and District Magistrate is away.

3. In case two subjects are joined by 'as well as' the verb agrees with the first subject.

   Example :

   (i) Kanta as well as her children is playing.

   (ii) Children as well as their mother are playing.

   In the case of first sentence the verb (is) agrees with Kanta and in the case of second sentence the verb (are) agrees with the children.

4. 'Neither', 'Either', 'Every', 'Each', 'Everyone', and 'Many a' are followed by a singular verb. **Example :**

   (i) Either of the plans is to be adopted.

   (ii) Neither of the two brothers is sure to pass.

   (iii) Every student is expected to be obedient.

   (iv) Everyone of them desires this.

   (v) Many a person is drowned in the sea.

5. If two subjects are joined by 'Either .... or' / 'Neither .... nor', the verb agrees with the subject near to it.

   Example :

   (i) Either my brother or I am to do this work.

   (ii) Neither he nor they are prepared to do this work.

6. 'A great many' is always followed by a 'plural noun' and a 'plural verb'. For example :

   A great many students have been declared successful.

7. Similarly if two subjects are joined by 'with', 'together with', 'no less than', in addition to 'and not', etc. the verb agrees with the first subject.

   Example :

   (i) The boy with his parents has arrived.

   (ii) He, no less than I, is to blame.

8. Nouns, plural in form, but singular in meaning, take a singular verb.

   Example :

   This news was broadcast from television yesterday.

MULTIPLE CHOICE QUESTIONS

Directions: *In the following questions choose the correct options to fill the blanks.*

1. The bus with all its passengers .... lost.
   A. were B. was
   C. are D. would
2. You as well as I .... responsible for this work.
   A. am B. are
   C. was D. is
3. Raghava like all his companions .... a spoiled child.
   A. are B. were
   C. is D. will be
4. Pen and ink .... required for me.
   A. are B. were
   C. is D. has required
5. Every girl and every boy .... attended the seminar.
   A. have B. has
   C. is D. are
6. Not only she but all her sisters ...... been married.
   A. has B. have
   C. is D. are
7. There .... nothing but miseries in life.
   A. is B. are
   C. were D. will be
8. Neither prose nor poem .... given.
   A. were B. was
   C. has D. have
9. Either he or I .... wrong.
   A. is B. are
   C. am D. were
10. Either Sulekha or Rekha .... coming here.
    A. are B. is
    C. were D. have
11. .... the child or his parents to blame?
    A. Is B. Are
    C. Were D. Has
12. You and I .... neighbours.
    A. am B. are
    C. was D. has
13. The house with all its belongings ..... sold away.
    A. were B. are
    C. was D. must
14. Either water or juice .... required.
    A. is B. are
    C. were D. has
15. There were not as many tables as .... required.
    A. was B. were
    C. is D. are
16. They each .... a book.
    A. have B. are
    C. has D. is
17. He and I .... class friends.
    A. is B. am
    C. was D. are
18. She as well as I .... guilty.
    A. is B. are
    C. am D. must be
19. Purushottam .... not read more on this chapter.
    A. needs
    B. has been need
    C. need
    D. had been need

20. He came .... to his aunt.
A. run B. running
C. to run D. in run

21. She dislikes .... meat.
A. eat to B. to eat
C. eating D. to eating

22. He likes ....
A. sing to B. singing
C. to sing D. to singing

23. We are ready .... the match.
A. play to B. to playing
C. playing D. to play

24. .... is injurious to health.
A. Smoking B. To smoke
C. To smoking D. Smoke to

25. He loves .... raw vegetables.
A. eaten B. eating
C. to eating D. eat to

26. He seemed .... finished his homework.
A. have to B. to have
C. having D. to having

ANSWERS

1	2	3	4	5	6	7	8	9	10
B	B	C	C	B	B	A	B	C	B
11	**12**	**13**	**14**	**15**	**16**	**17**	**18**	**19**	**20**
A	B	C	A	B	A	D	A	C	B
21	**22**	**23**	**24**	**25**	**26**				
C	B	D	A	B	B				

CONJUNCTIONS

A conjunction is a word which connects words, clauses or sentences.

Look at the following sentences.

(i) He bought apples *and* mangoes.

(ii) God made the country *and* man made the town.

(iii) The door was open *but* there was no one in the house.

(iv) He knows that I am here *and* that I want to see him.

In the sentence (i), *and* connects two words—*apples* and *mangoes.*

In the sentence (ii), *and* connects two sentences—*God made the country* and *man made the town.*

In the sentence (iii), *but* connects two sentences— *The door was open* and *there was no one in the house.*

In the sentence (iv), *and* connects two clauses—*that I am here* and *that I want to see him.*

The main coordinating conjunctions are:

and, but, for, or, nor, also, either ..... or, neither ..... nor.

There are some conjunctions which are used in pairs. They are:

either .... or, ... neither .... nor, both .... and, though .... yet, whether .... or, not only .... but also.

Example: *Either* take it *or* leave it.

It is *neither* useful *nor* ornamental.

They *both* like *and* respect me.

Though he is suffering from high fever, *yet* he does not cry.

He does not care *whether* you go *or* stay.

He is *not only* doltish, *but also* obstinate.

The conjunctions which are used in pairs in this way, are called correlative conjunctions, or merely correlatives.

Use of Important Conjunctions

1. **As soon as :** As soon as denotes simultaneous time.

   Example : As soon as he saw his enemy, he took to his heels.

2. **No sooner .... than :**

   (a) 'No sooner' is always followed by 'than'.

   (b) Please remember that 'No sooner' is always followed by do/does/did. As such only first form of the verb should be used after the subject.

   Example :

   No sooner did he see his enemy than he took to his heels.

3. **Hardly :** Hardly is followed by when.

   Examples :

   (i) Hardly had I left the house when it started raining.

   (ii) We had hardly come into the room when his father began chastising him.

   Note :

   A. Hardly is never followed by than.

   B. 'Scarcely' can also be used in the sense and manner of 'Hardly'.

4. **Lest :** Lest is used in the sense of so that .... not. It is always followed by should. Lest is negative in sense. Hence 'not' should never be used with it.

   Example :

   Work hard lest you should fail.

   Note : 'Lest' is always followed by 'should' and not 'may'.

5. **Unless :** Unless expresses condition. It is also used in the negative sense. Use of 'not' is not allowed with unless because unless is already in the negative sense.

   Example :

   Unless you labour hard you will not pass.

6. **Until :** 'Until' expresses time. It means 'till not'.
Example :
Wait here until I return.
Note : Until is in the negative sense. So 'not' should not be used with it.
Example :
Wait here until I do not return. (Incorrect)
Wait here until I return. (Correct)

7. **As well as :** When two subjects are joined by 'as well as', the verb always agrees with the first subject.
Examples :
(i) The teacher as well as students is playing.
(ii) Students as well as the teacher are playing.
Note : 'Both' and 'as well as' cannot be used together in the same sentence.
Examples :
Both Sita as well as Kanta are beautiful. (Incorrect)
Sita as well as Kanta is beautiful. (Correct)
Both Sita and Kanta are beautiful. (Correct)

8. **As if :** 'As if' is used in the sense of pretension. While using 'as if' in a sentence, we should see that even the third person singular subject gets 'were'.
Example :
He talks as if he were mad.

9. **Till :** Till expresses time. Till is always used in the affirmative.
Example :
We did not come back till sunset.

10. **Rather than :** 'Rather than' is used in the sense of 'preference'. 'Rather' is always followed by 'than'.
Example :
I would rather die than submit.

11. **As long as/so long as :** Both express time during which an action or event takes place.
Example :
As long as there is life, there is hope.

12. **However :** It is both a subordinate and co-ordinate clause.
Examples :
(a) Mala worked hard, she however, failed.
(b) However hard he may work, he cannot pass.

13. **Such as :** 'Such as' gives us the sense of 'like'. Such is always followed by 'as'.
Example :
Life is such a puzzle as cannot be solved.

MULTIPLE CHOICE QUESTIONS

Directions: *In the following questions choose the correct options to fill the blanks.*

1. Neither he .... his friend is good.
A. or B. and
C. but D. nor

2. The officer asked the peon .... why he was late.
A. that
B. if
C. but
D. No word needed

3. Both Ajay .... Vijay are intelligent.
A. or
B. nor
C. and
D. No word needed

4. No Sooner did the thief see the public .... he ran away.
A. then B. and
C. but D. than

5. Abhinav .... his brothers was going to Mumbai.
A. but
B. yet
C. No word needed
D. together with

6. He behaves .... he were the captain of the team.
A. as if
B. as
C. No word needed
D. that

7. Either Rupali .... Sonali is going to attend the meeting.
A. and B. but
C. nor D. or

8. Neither Nirmal .... Ashwinee is going to listen the speech.
A. and B. but
C. nor D. or

9. Ravi .... Prakash are going to Kolkata.
A. or B. nor
C. but D. and

10. Rice .... curry is my usual breakfast.
A. and B. but
C. then D. than

11. Hardly had he left .... his brother came.
A. then B. than
C. when D. that

12. I would rather have a copy .... a book.
A. then B. than
C. when D. that

13. He is no other .... my friend.
A. then B. than
C. when D. but

14. He saw a snake ....he awoke.
A. then
B. when
C. than
D. No word needed

15. Ten years have passed .... my grandmother died.
A. since B. when
C. then D. than

16. She is .... good .... bad.
A. either, not
B. neither, or
C. neither, nor
D. neither, than

17. The cellphone is both cheap .... best.
A. than B. and
C. then D. or

18. No sooner did the rogue see the police .... he disappeared.
A. then B. than
C. so D. because

19. Srishti will go .... Sanju goes.
A. if B. than
C. then D. although

20. She is wise .... timid.
A. and B. yet
C. but D. however

21. Make hay .... the sun shines.
A. though B. while
C. after D. before

22. He is so weak .... he cannot walk.
A. but B. that
C. then D. so

23. Although he is rich, ... he is unhappy.
A. but B. yet
C. so D. still

24. Wait here .... I come back.
A. till B. until
C. before D. after

25. He is my friend .... I shall help him.
A. so
B. hence
C. that is why
D. therefore

26. He must go away .... he will be beaten.
A. otherwise B. and
C. or D. else

27. God loves good men .... good men love God.
A. and B. or
C. that D. those

28. He was late .... he was not punished.
A. but B. yet
C. still D. therefore

29. Walk slowly ...., you may fall.
A. and B. or
C. so D. otherwise

30. Work hard, ... you will fail.
A. and B. or
C. otherwise D. else

ANSWERS

1	2	3	4	5	6	7	8	9	10
D	D	C	D	D	A	D	C	D	A
11	**12**	**13**	**14**	**15**	**16**	**17**	**18**	**19**	**20**
C	B	B	B	A	C	B	B	A	C
21	**22**	**23**	**24**	**25**	**26**	**27**	**28**	**29**	**30**
B	B	B	A	B	C	A	C	D	D

PREPOSITIONS

A *Preposition* is a word which is placed before a noun or a pronoun to show its relation to some other word in the sentence.

1. I saw a goat *in* the field.
2. I am fond *of* hot coffee.

In sentence 1, the word *in* shows the relation between two things—*goat* and *field.*

In sentence 2, the word *of* shows the relation between the attribute expressed by the adjective *found* and *tea.*

The words *in* and *of* are here used as prepositions.

The noun or pronoun which is used with a preposition is called its object. The noun or pronoun is in the objective case. It is governed by the preposition. Now it is absolutely clear that in sentence 1, the noun *field* is in the objective case. The word *field* is governed by the preposition *in.*

A preposition may have two or more objects.

The road runs over *hill* and *plain.*

Here, the words *hill* and *plain* are used as objects.

Use of Important Prepositions

1. Among, Between

'**Among**' is used for more than two persons or things; '**Between**' is used only for two.

Examples :

(i) Distribute these sweets *among* the poor students of the class.

(ii) Distribute these books *between* Ram and Shyam.

2. Among, In

'**Among**' is used before collective plural nouns. '**In**' is used before collective singular nouns.

Examples :

(i) I found him standing *among* the crowd.

(ii) I saw him in the crowd.

3. Beside, Besides

'**Beside**' means 'by the side of'. '**Besides**' means 'in addition to'.

Examples :

(i) The daughter was sitting *beside* her mother.

(ii) *Besides* his relatives, he invited his friends also.

4. In, Within

'**In**' means at the expiry of a period of time in future, '**Within**' means before the expiry of a period of time in any tense.

Examples :

(i) She will return *in* a week.

(ii) I shall finish my work *within* a weak.

5. On, Upon

'**On**' is used for things at rest; '**Upon**' is used for things in motion.

Examples :

(i) He is sitting *on* the floor.

(ii) The dog sprang *upon* the table.

6. By, With

'**By**' denotes the agent or doer, '**With**' denotes the instrument with which anything is done.

Examples :

(i) The bird was killed *by* the hunter with an arrow.

(ii) He beat the dog *with* a stick.

(iii) I shall reach here *by* five o'clock.

7. After, In

'**After**' means at the end of a period of time in the past. '**In**' means at the end of a period of time in future.

Examples :

(i) I shall return your book *in* a week.

(ii) He returned the book *after* a week.

8. For, From, Since

'**For**' is used before a noun denoting a period of time with all the tenses. '**From**' is used before a noun or phrase denoting a point of time, it is used in all the tenses. '**Since**' is used before a noun or phrase denoting some point of time and is always produced by a verb in the perfect continuous tense or third form of a verb.

Examples :

(i) We have been playing cards *for* two hours.

(ii) She stayed with her uncle *from* the 15th of March to the 15th of May.

(iii) I have been reading this book *since* morning.

9. Above, Over

'Above' means 'higher from', **Over** is used in the following four senses :

(i) In the sense of 'above' :
At noon, the sun is *over* our heads.

(ii) In the sense of 'beyond' :
I cannot get *over* my disappointment.

(iii) In the sense of 'Superiority' :
God *over* all blesses for ever more.

(iv) In the sense of 'Conclusion' :
It is all *over* with me.

10. At, Towards

'**At**' denotes the idea of aim, '**Towards**' denotes the idea of destination.

Examples :

(i) He threw the stone *at* the cat.

(ii) He went *towards* the house.

11. At, In, On

'At' is used as follows :

(i) '**At**' is used with small towns and villages.

Examples :

(a) He was born *at* Sonepat.

(b) He lives *at* village Bangra. (Bangra is a village)

(ii) **'At'** is used before a noun denoting a definite point of time.

Example :

He called on me *at* 9 p.m. yesterday.

'In' is used as follows :

(iii) '**In**' is used with the names of big cities, provinces and countries.

Examples :

(a) His father lives *in* England.

(b) His younger brother lives *in* Calcutta.

(iv) '**In**' is used before the names of months and years.

Example :

His elder sister was born *in* 1972 *in* the month of May.

'On' is used with dates and names of days.

Examples :

(a) I joined college *on* the 26th April.

(b) He will leave for Kolkata *on* Wednesday next.

Important Information

1. '**In**' is also used in the following phrases :
   In the morning; In the evening, In winter, In summer.
2. '**In**' also denotes a place inside anything.
   He travelled *in* a crowded bus.
3. '**At**' is used in the following phrases :
   At home, *At* the station, *At* work, *At* play.

12. Below, Beneath

Below means 'of lower level in position, dignity and expectation' etc. *Beneath* means 'under'.

Examples :

(i) It is *below* my dignity to talk to her.

(ii) They rested *beneath* the shade of a tree.

13. In, Into, To

'**In**' expresses Rest or Motion inside anything. '**Into**' expresses Motion towards the inside of anything or change from one medium to another. '**To**' denotes motion from one place to another.

Examples :

(i) The boys are *in* the room.

(ii) Translate this passage from English *into* Hindi.

(iii) Every morning he goes *to* the temple.

14. Till, By, Of, Off

- 'Till' means upto or not earlier than.
- 'By' means not later than.
- 'Of' shows cause, source, separation, quality, contents, possession, apposition, point of reference, space in time etc.
- 'Off' shows separation at a near distance, and detached condition.

Consider the following examples:

(i) I shall work *till* 5 a.m.

(ii) Madhu died *of* cancer.

(iii) The nib *of* the pen is made *of* gold.

(iv) He presented me a bottle *of* perfume.

(v) Our principal is a man *of* principle.

(vi) He lived in the house *of* his friend.

(vii) *By* this time tomorrow, I'll have finished my job.

(viii) My house is *off* the road.

(ix) The book fell *off* the table.

MULTIPLE CHOICE QUESTIONS

Directions: *Tick the correct preposition for the blank in each of the following sentences.*

1. He applied ...... the manager.
A. for B. to
C. with D. by

2. Trust ...... God and do the right.
A. in B. for
C. to D. with

3. She is worthy ...... a prize.
A. with B. for
C. to D. of

4. Mr. Gomes has no taste ...... music.
A. of B. for
C. with D. to

5. You are hard ...... hearing.
A. at B. of
C. with D. for

6. He is sure ...... his success
A. for B. with
C. on D. of

7. Preeti was warned ...... the danger ahead.

A. for B. at
C. of D. about

8. I am thankful ...... you for a good advice.
A. for B. with
C. to D. of

9. Deepak would not surrender ...... the police.
A. with B. to
C. for D. on

10. The small plant in your lawn is very sensitive ...... touch.
A. on B. with
C. to D. about

11. Divya was sure to succeed ..... the examination.
A. for B. in
C. to D. with

12. Geeta was jealous ...... Ravina's beauty.
A. to B. with
C. for D. of

13. He was ignorant ..... what was happening there.
A. for B. of
C. to D. with

14. Your pen is inferior ...... mine.
A. than B. with
C. from D. to

15. Reenu is no match ...... Meenu.
A. to B. for
C. with D. upon

16. It is necessary ...... you to apply for this job.
A. on B. with
C. for D. to

17. Be loyal ...... your country.
A. for B. to
C. on D. with

18. Mukesh is junior ...... me.
A. than B. to
C. from D. of

19. Deepika was innocent ...... the crime.
A. of B. with
C. from D. to

20. I am desirous ...... joining the Indian cricket team.
A. for B. of
C. to D. on

ANSWERS

1	2	3	4	5	6	7	8	9	10
B	A	D	B	B	D	D	D	B	D
11	12	13	14	15	16	17	18	19	20
B	D	B	D	B	D	B	B	A	B

SYNONYMS

A synonym is a word which conveys a meaning similar to the given word.

REMEMBER

Words	*Synonyms*
Add	Increase
Adequate	Enough
Adjust	Adapt
All	Aggregate
Allow	Permit
Abode	Dwelling

Words	*Synonyms*	*Words*	*Synonyms*
Apt	Proper	Bemoan	Lament
Assess	Appraise	Babble	Nonsense
Accuse	Calumniate	Blame	Fault
Abashed	Timid	Behaviour	Demeanour
Annoy	Displease	Call	Accost
Ample	Enough, Sufficient	Copy	Imitate
Amplify	Increase	Close	Shut
Apathetic	Unenthusiastic	Caress	Love
Accost	Address	Camp	Stay
Authentic	True	Connect	Attach
Adjust	Fit	Cut	Injure, Curtail
Approve	Assent, Allow, Accept	Cling	Stick
Adapt	Conform	Conical	Funny
Adversary	Opponent, Rival, Competitor	Convey	Carry
Beat	Whack	Conspicuous	Prominent
Benign	Kind	Cheerful	Happy, Pleasant
Breeze	Zephyr	Curtail	Decrease
Baffle	Puzzle	Cheerless	Sad, Dejected
Booty	Spoil	Curious	Strange
Beauty	Charm	Circumstance	Factor, Situation, Condition
Beast	Animal	Competent	Capable
Bandit	Robber	Congruent	Overlapping
Blaze	Shine	Cope	Deal, Endure
Bond	Tie	Confident	Sure
Bend	Twist	Complex	Intricate
Bate	Diminish	Cajole	Coax, Flatter
Beg	Plead	Cunning	Crafty
Barbaric	Wild, Savage	Delectable	Joyful, Delightful
Bashful	Shy, Reserved	Devilish	Diabolical
Begin	Start	Delicate	Soft
Blend	Mix, Mingle	Devil	Fiend
Bizarre	Funny	Delay	Postpone
Below	Under	Dislike	Repugnance
Bedevil	Confuse	Destroy	Ruin

Words	Synonyms
Dwell	Live, Dilate
Declare	Pronounce
Drunk	Flushed
Deficient	Lacking
Damn	Condemn, Curse
Decrease	Diminish
Destruction	Devastation
Efficient	Competent
Ethnic	Racial
Enthral	Enslave
Earnest	Serious
Envious	Jealous
Ending	Final
Egg	Incite
Extempore	At once
Extensive	Far-ranging
Extra	Surplus
Existence	Life
Exceed	Overstep
Enormous	Vast
Excessive	Superfluous
Free	Unhindered
Frigid	Cold
Feed	Cater
Fame	Reputation
Frame	Make
First	Initial
Frighten	Terrorise, Intimidate
Fervent	Fervid
Fall	Decline
Feeble	Frail
Fickle	Changeable
Finish	Conclude
Fraud	Deception
Forgiving	Placable

Words	Synonyms
Grow	Develop
Greed	Avidity
Greet	Welcome
Grave	Serious
Group	Constellation
Given	Bestowed
Gratitude	Thankfulness
Have	Possess
Hire	Rent
Hit	Strike
Handsome	Beautiful
Hinder	Prevent
Heap	Pile
Hope	Expect
Hard	Harsh
Help	Aid
Hymn	Song
Henpecked	Enslaved
Hoodwink	Mystify, Cheat
Humble	Polite, Urbane, Modest
Harass	Vex, Trouble
Impart	Instil
Intact	Untouched
Instal	Establish
Indict	Impeach
Imitate	Ape
Instigate	Incite
Initiate	Start, Introduce
Inimical	Unfriendly
Insufferable	Intolerable
Impartiality	Justice
Jolly	Merry
Joyful	Delectable
Join	Conjoin
Kind	Benign

Words	Synonyms
Kill	Murder
Kindred	Similar
Kinship	Relationship
Keen	Sharp
Knowledge	Scholarship
Lazy	Slothful
Large	Substantial, Gargantuan
Listless	Careless, Lackadaisical
Lax	Loose
Little	Small
Lifelike	Realistic
Lofty	High
Lenient	Soft, Gentle
Lacking	Deficient, Wanting
Lessen	Decrease
Middleclass	Bourgeois
Mitigate	Lessen, Abate
Modesty	Humility, Lowliness
Mix	Mingle, Blend
Mixture	Mingling
Mixed	Assorted
Modify	Decrease
Mean	Imply
Multifarious	Varied
Miscarry	Abort
Note	Notice
Noble	Stately
Native	Indigenous
Needful	Necessary
Notify	Declare
Nervous	Shaky, Tremulous, Timid
Natural	Spontaneous
Near	Close

Words	Synonyms
Normal	Natural
Offend	Displease
Oppress	Persecute, Tyrannize
Opponent	Adversary
Obstruct	Hinder, Check
Offence	Fault
Offender	Villain
Overstep	Exceed
Overlapping	Congruent
Occult	Mystic
Profane	Unholy
Patience	Forbearance
Pornographic	Obscene
Plenitude	Abundance
Prominent	Important
Prodigal	Spender
Procrastinate	Postpone
Promote	Develop, Honour
Persecute	Tyrannise
Profess	Claim
Pliant	Flexible
Plebian	Common
Polished	Sophisticated
Quake	Shake
Quit	Leave
Queer	Eccentric
Quell	Suppress
Quantify	Allot
Reply	Answer
Relinquish	Retire
Read	Peruse
Relation	Reference
Render	Do
Remainder	Residuals
Repeat	Reiterate
Repentant	Contrite

Words	*Synonyms*
Retaliative	Retaliatory
Rumour	Hearsay
Reveal	Divulge
Ritualistic	Ceremonious
Soft	Delicate
Sort	Kind, Choose, Select
Selfish	Egoistic
Sensual	Earthly
Suppress	Quell, Check
Stimulate	Provoke
Tasteless	Insipid
Travel	Journey
True	Authentic, Faithful, Truthful
Turbulence	Turmoil
Tragedy	Calamity
Tasteful	Tasty, Delicious
Touching	Painful
Thankful	Grateful
Tremendous	Great, Huge
Tough	Strong
Terminate	Conclude, End
Theory	Doctrine
Tell	Relate
Tremble	Shake, Shiver
Urge	Spur
Unbeaten	Unsubdued
Use	Utilize, Practise
Underhand	Unfair, Undue
Unfair	Unjust
Unravel	Reveal, Divulge
Unimportant	Common
Unconcerned	Apathetic
Unimitated	Inimitable
Unfortunate	Unlucky
Understand	Perceive, Comprehend

Words	*Synonyms*
Vain	Proud, Haughty, Conceited, Shameless
Vale	Valley, Dale, Dell
Vice	Fault
Virtue	Quality
Veracity	Reality
Value	Price, Prize
Vex	Tease
Vibrate	Quiver, Shake
Violent	Excessive
Vivid	Clear, Lucid
Victory	Triumph
Vulgar	Indecent
Virtuous	Honest
Variegated	Varied, Multifarious
Well	Good
Yell	Cry, Shout
Yonder	There
Yearn	Wish, Desire
Yoke	Slavery
Zest	Earnestness, Enthusiasm
Zealous	Earnest

ANTONYMS

An antonym is a word which conveys a meaning opposite to the given word.

REMEMBER

Words	*Antonyms*
Abhor	Love
Abnormal	Normal
Able	Unable
Acceptable	Unacceptable
Adequate	Inadequate
Amusing	Boring
Angry	Calm

Words	Antonyms
Apex	Bottom
Attract	Repel
Bad	Good
Barren	Fertile
Beautiful	Ugly
Bitter	Sweet
Brave	Cowardly
Brief	Lengthy
Bright	Dull
Calm	Violent
Careful	Careless
Clear	Vague, Cloudy
Cold	Hot
Cruel	Kind
Dear	Cheap
Deep	Shallow
Difficult	Easy
Direct	Indirect
Dishonest	Honest
Disobey	Obey
Encourage	Discourage
Enormous	Tiny
Excellent	Bad
Expensive	Cheap
Eat	Fast
Fair	Unfair
Fake	Authentic
False	True
Famous	Notorious
Fool	Genius
Generous	Miserly
Genius	Fool
Genuine	Unauthentic
Gigantic	Tiny

Words	Antonyms
Glad	Depressed
Good	Bad
Great	Little
Happy	Sad
Hard	Soft
Hate	Love
Honest	Dishonest
Idle	Busy
Immoral	Moral
Include	Exclude
Incorrect	Correct
Intelligent	Unintelligent
Kind	Cruel
Like	Dislike
Long	Short
Lucid	Vague
Major	Minor
Naive	Experienced
Nadir	Apex
Neat	Clumsy
Obedient	Disobedient
Obscure	Clear
Oppose	Support
Optimistic	Pessimistic
Out	In
Patience	Impatience
Peaceful	Belligerent
Pious	Impious
Polite	Impolite
Potent	Impotent
Prominent	Unimportant
Proper	Improper
Pure	Impure
Quick	Slow
Quiet	Disturbance

Words	Antonyms
Real	False, Unreal
Reject	Select, Choose
Reliable	Unreliable
Respect	Disrespect
Right	Wrong
Robust	Feeble, Weak
Sad	Happy
Secret	Open
Sensible	Insensible
Severe	Mild
Sharp	Blunt
Simple	Complex
Sociable	Unsociable
Tall	Short
Tidy	Untidy
Uncanny	Canny
Violent	Calm
Vivid	Vague
Strong	Weak
Big	Small
Easy	Difficult
Fast	Slow
High	Low
Catchy	Unattractive
Ugly	Handsome, Beautiful, Tidy
Tasty	Insipid
Sonorous	Harsh

MULTIPLE CHOICE QUESTIONS

Directions (Qs. 1 to 20): *In the following questions choose the word which best expresses the meaning of the given word.*

1. ABSURD
A. Foolish
B. Simple
C. Courageous
D. Silly

2. ABANDON
A. Lose B. Profit
C. Vacate D. Foil

3. CAJOLE
A. Pause B. Lenient
C. Blast D. Lure

4. COMBAT
A. Fight B. Conflict
C. Shoot D. Quarrel

5. LAMENT
A. Condone
B. Console
C. Complain
D. Contribution

6. DEBACLE
A. Disgrace B. Defeat
C. Collapse D. Decline

7. SHIVER
A. Fear B. Tremble
C. Shake D. Ache

8. TORTURE
A. Terror B. Harassment
C. Torment D. Tranquility

9. LAUDABLE
A. Lovable
B. Commendable
C. Profitable
D. Oblivious

10. FIXED
A. Sterile B. Static
C. Stubborn D. Parennial

11. QUEER
A. Unfamiliar B. Cute
C. Curious D. Strange

12. SUFFICIENT
A. Fit B. Proper
C. Adequate D. Vast

13. GLOSS
A. Brightness B. Soothing
C. Rubbing D. Miracle

14. LONGING
A. Prune B. Apathy
C. Curtail D. Craving

15. JEER
A. Applaud
B. Magnanimity
C. Avoid
D. Scoff

16. ZENITH
A. Minimum B. Nadir
C. Plant D. Peak

17. GARB
A. Distort B. Dress
C. Trivial D. Rage

18. ABHOR
A. Rude B. Reconcile
C. Crave D. Detest

19. YIELD
A. Shum B. Incisive
C. Retain D. Surrender

20. YOKE
A. Twist B. Release
C. Link D. Extra

Directions (Qs. 21 to 38): *In the following questions choose the word which best expresses the opposite of the given word.*

21. TRAGIC
A. Dramatic B. Strong
C. Gentle D. Comic

22. ORAL
A. Verbal B. Sane
C. Minor D. Written

23. ADMIRE
A. Hate B. Unlike
C. Dislike D. Enough

24. VIOLENT
A. Gentle B. Savage
C. Haughty D. Decline

25. ADVERSITY
A. Windfall B. Inprosperity
C. Prosperity D. Slave

26. GENUINE
A. Spurious B. Obscure
C. Countless D. Apathetic

27. GRUDGE
A. Essence B. Guile
C. Goodwill D. Ill-will

28. STIFF
A. Soft B. Courteous
C. Lively D. Flexible

29. VANITY
A. Conceit B. Pride
C. Ostentious D. Humility

30. FRONT
A. Upper B. Unusual
C. Back D. Rear

31. ATTRACT
A. Lured B. Longing
C. Repel D. Disguise

32. COMFORT
A. Discomfort B. Discontent
C. Uncomfort D. Miscomfort

33. WELCOME
A. Repel B. Accept
C. Resist D. Fight

34. TACTFUL
A. Naive B. Loose
C. Strict D. Uncivilized

35. DUTIFUL
A. Harmful B. Watchful
C. Forgetful D. Remiss

36. RIGID
A. Flux B. Adoptable
C. Yielding D. Adaptable

37. RARE
A. Petty B. Poor
C. Small D. Common

38. ZEAL
A. Despair
B. Calmness
C. Passiveness
D. Indifference

ANSWERS

1	2	3	4	5	6	7	8	9	10
D	C	D	A	C	C	B	C	B	B
11	**12**	**13**	**14**	**15**	**16**	**17**	**18**	**19**	**20**
D	C	A	D	D	D	B	D	D	C
21	**22**	**23**	**24**	**25**	**26**	**27**	**28**	**29**	**30**
D	D	C	A	C	A	C	D	D	D
31	**32**	**33**	**34**	**35**	**36**	**37**	**38**		
C	A	C	A	D	D	D	D		

3. Sentence Completion

It is such an exercise which starts with the primary schools and continues in the highest level of competitive examinations. One must practise it regularly to score well.

Directions (Qs. 1 to 15): *Pick out the most effective word(s) from the given words to fill in the blanks to make the sentence meaningfully complete.*

1. The student ...... that book from the library to study at home.

A. issued B. borrowed
C. hired D. lent

2. I wish I ...... a king.

A. was B. am
C. should be D. were

3. He ...... to listen to my arguments and walked away.

A. denied B. disliked
C. objected D. refused

4. The flow of blood was so ...... that the patient died.

A. intense B. adequate
C. profuse D. extensive

5. When I met her yesterday, it was the first time I ...... her since Christmas.

A. saw
B. have seen
C. had seen
D. have been seing

6. Can you pay .... all these articles?

A. for B. of
C. off D. out

7. I ...... you to be at the party this evening.

A. expect
B. hope
C. look forward to
D. desire

8. ...... being a handicapped person, he is very cooperative and self-reliant.

A. Because B. Although
C. Since D. Despite

9. The child broke ...... from his mother and ran towards the painting.

A. away B. after
C. down D. with

10. With his ...... income, he finds it difficult to live a comfortable life.

A. brief B. sufficient
C. meagre D. huge

11. He could ...... a lot of money in such a short time by using his intelligence and working hard.

A. spend B. spoil
C. exchange D. accumulate

12. Though the brothers are twins, they look ......
A. alike B. handsome
C. indifferent D. different

13. Unfavourable weather conditions can ..... illness.
A. cure B. detect
C. treat D. enhance

14. No sooner did the bell ring, ... the actor started singing.
A. when B. than
C. after D. before

15. If I ...... realised it, I would not have acted on his advice.
A. was B. had
C. were D. have

Directions (Qs. 16 to 25): *In each question, an incomplete statement (Stem) followed by four fillers is given. Pick out the best one which can complete the incomplete stem correctly and meaningfully.*

16. Unless you work harder you will fail, means .....
A. if you fail you will work harder.
B. you must at least plan well than you will not fail.
C. hardly you will fail if you do not desire so.
D. if you do not put more efforts, then you will fail.

17. Even if it rains I shall come, means .....
A. if I come it will not rain.
B. if it rains I shall not come.
C. I will certainly come whether it rains or not.
D. whenever there is rain I shall come.

18. Dinesh is as stupid as he is lazy means .....
A. Dinesh is stupid because he is lazy.
B. Dinesh is lazy because he is stupid.
C. Dinesh is either stupid or lazy.
D. Dinesh is equally stupid and lazy.

19. He is so lazy that he .....
A. cannot depend on others for getting his work done.
B. cannot delay the schedule of completing the work.
C. can seldom complete his work on time.
D. dislike to postpone the work that he undertakes to do.

20. He always stammers in public meetings, but his today's speech .....
A. was fairly audible to everyone present in the hall.
B. was not received satisfactorily.
C. could not be understood properly.
D. was free from that defect.

21. In order to raise the company's profit, the employees .....
A. demanded two additional increments.
B. decided to go on paid holidays.
C. requested the management to implement new welfare schemes.
D. offered to work overtime without any compensation.

22. Although, he is reputed for making very candid statements, ...

A. his today's speech was not fairly audible.

B. his promises had always been realistic.

C. his speech was very interesting.

D. his today's statements were very ambiguous.

23. I felt somewhat more relaxed ....

A. but tense as compared to earlier.

B. and tense as compared to earlier.

C. as there was already no tension at all.

D. and tension-free as compared to earlier.

24. With great efforts his son succeeded in convincing him not to donate his entire wealth to an orphanage .....

A. and lead the life of a wealthy merchant.

B. but to a home for the forsaken children.

C. and make an orphan of himself.

D. as the orphanage needed a lot of donations.

25. Even though it is a very large house, ...

A. there is a lot of space available in it for children.

B. there is hardly any space available for children.

C. there is no dearth of space for children.

D. the servants take a long time to clean it.

ANSWERS

1	2	3	4	5	6	7	8	9	10
B	D	D	C	C	A	A	D	A	C
11	**12**	**13**	**14**	**15**	**16**	**17**	**18**	**19**	**20**
D	D	D	B	B	D	C	D	C	D
21	**22**	**23**	**24**	**25**					
D	D	D	C	B					

4. Spotting Errors

The most common errors in English are of spellings, grammar and usage of words. By regular practice, the errors can be easily spotted and minimised.

MULTIPLE CHOICE QUESTIONS

Directions: *In the following questions some of the sentences have errors and some are correct. Find out which part of a sentence has an error, the number of that part is your answer. If a sentence is free from errors, then your answer is D i.e., No error.*

1. (A) Either Ram or/(B) you is responsible/(C) for this action./(D) No error.

2. (A) The student flatly denied/(B) that he had copied/(C) in the examination hall./(D) No error.

3. (A) By the time you arrive tomorrow/(B) I have finished/(C) my work./(D) No error.

4. (A) The captain with the members of his team/(B) are returning/(C) after a fortnight./(D) No error.

5. (A) After returning from/(B) an all-India tour/(C) I had to describe about it./(D) No error.

6. (A) The teacher asked his students/(B) if they had gone through/(C) either of the three chapters included in the prescribed text./(D) No error.

7. (A) Do you know/(B) how old were you/(C) when you came here?/(D) No error.

8. (A) Beware of/(B) a fair-weather friend/(C) who is neither a friend in need nor a friend indeed./(D) No error.

9. (A) Copernicus proved/(B) that Earth/(C) moves round the Sun./(D) No error.

10. (A) The property/(B) was divided/(C) among the two brothers./(D) No error.

11. (A) I am quite certain/(B) that the lady is not only greedy/(C) but miserly./(D) No error.

12. (A) The brilliant success in the examination/(B) as well as his record in sports/(C) deserves high praise./(D) No error.

13. (A) I cannot find/(B) where has he gone/(C) though I have tried may best./(D) No error.

14. (A) If I was/(B) the Prime Minister of India/(C) I would work wonders/(D) No error.

15. (A) If it weren't/(B) for you,/(C) I wouldn't be alive today./(D) No error.

16. (A) He looked like a lion/(B) baulked from/(C) its prey./(D) No error.

17. (A) Widespread flooding/(B) is affecting/(C) large areas of the villages./(D) No error.

18. (A) If we really set to/(B) we can get the whole house/(C) cleaned in an afternoon./(D) No error.

19. (A) It's arrogant for you/(B) to assume you'll/(C)win every time./(D) No error.

20. (A) The two books are the same/(B) except for the fact that this/(C) has an answer in the back./(D) No error.

21. (A) Your husband doesn't/(B) believe that you are older/(C) than I./(D) No error.

22. (A) I could not/(B) answer to/(C) the question./(D) No error.

23. (A) Two years passed/(B) since/(C) my cousin died./(D) No error.

24. (A) I am learning English/(B) for ten years/(C) without much effect./(D) No error.

25. (A) Ramesh has agreed/(B) to marry with the girl/(C) of his parent's choice./ (D) No error.

26. (A) When he was arriving./(B) the party was/(C) in full swing./(D) No error.

27. (A) The most studious boy/(B) in the class/(C) was made as the captain./(D) No error.

28. (A) I am participating/(B) in the two-miles race/(C) tomorrow morning./(D) No error.

29. (A) When the boy committed a mistake/(B) the teacher made him to do/(C) the sum again./(D) No error.

30. (A) Whenever a person lost anything/(B) the poor folk around/(C) are suspected./(D) No error.

ANSWERS

1	2	3	4	5	6	7	8	9	10
B	D	B	B	C	C	D	D	B	C
11	**12**	**13**	**14**	**15**	**16**	**17**	**18**	**19**	**20**
C	D	B	A	C	C	C	A	A	C
21	**22**	**23**	**24**	**25**	**26**	**27**	**28**	**29**	**30**
C	B	A	A	B	A	C	B	B	A

EXPLANATORY ANSWERS

1. Replace 'is' by 'are'.

2. No error.

3. Replace 'have' by 'would have'.

4. Replace 'are' by 'is'.

5. Replace 'had to describe' by 'described'.

6. Replace 'either' by 'any'.

7. No error.

8. No error.

9. Omit 'that'.

10. Replace 'among' by 'between'.

11. Add 'also'.

12. No error.

13. Replace 'has he' by 'he has'.

14. Replace 'was' by 'were'.

15. Replace 'wouldn't be' by 'would not have been'.

16. Replace 'its' by 'his'.

17. Replace 'areas' by 'area'.

18. Replace 'set to' by 'set on'.

19. Replace 'for' by 'of'.

20. Replace 'in' by 'on'.

21. Replace 'I' by 'me'.

22. Omit 'to'.

23. Replace 'passed' by 'have passed'.

24. Replace 'am' by 'have been'.

25. Omit 'with'.

26. Replace 'was arriving' by 'arrived'.

27. Omit 'as'.

28. Replace 'in' by 'at'.

29. Omit 'to'.

30. Replace 'lost' by 'loses'.

5. One Word Substitution

There are many single words in English language which can be perfectly used for a number of words. These words help in expressing ideas in a short and correct manner for the right occasion. Such words not only increase the vocabulary but also enable you to economise in the use of words to a great extent.

Multiple Word Expression	*Substitution*
One who always looks towards the bright side of things	Optimist
One who always looks towards the dark side of things	Pessimist
The time when one develops from a child into an adult	Adolescence
The process of growing more plants in order to form a forest.	Afforestation
The science which deals with farming	Agriculture
From some other country or place etc.	Alien
A term, etc. giving more than one meaning	Ambiguous
A vehicle which is used to carry sick persons	Ambulance
An animal which can live both in water and on land	Amphibian
A lawless situation when there is no government	Anarchy
Belonging to the history of thousands of years old	Ancient
Once a year	Annual
A very old object but still valuable	Antique
Words of opposite meanings	Antonyms
Words of similar meanings	Synonyms
Signatures of a famous person	Autograph
A government led by one person with absolute authority	Autocracy
A written work of one's own life history	Autobiography
A person who has never been married	Bachelor
A person usually having no hair on his head	Bald
A place where one can deposit money and get interest	Bank
A person who cuts our hair	Barber
A building/group of buildings where soldiers live	Barracks
A person who makes buns and biscuits	Baker
A person who lives by asking people for food and money without doing any useful job	Beggar

Multiple Word Expression	*Substitution*
The crime of having married to two persons at the same time	Bigamy
The branch of science which deals with the study of plants	Botany
Able to speak two languages	Bilingual
Able to speak more than two languages	Polyglot
The branch of science which deals with the living organisms	Biology
A powerful snow storm	Blizzard
A great successful book or movie	Blockbuster
A short news on the radio or TV	Bulletin
A system in which the most important works are organised by the government officials	Bureaucracy
A person who has no vision in his eyes	Blind
A page or a series of pages on which the information of days, weeks, months, etc. is given	Calendar
A person who eats human flesh	Cannibal
A complete list of items often arranged alphabetically	Catalogue
A sudden disaster	Catastrophe
A period of 100 years	Century
A branch of science which deals with chemicals	Chemistry
A printed leaf usually issued by banks that we sign to carry deal certain financial	Cheque
A person who makes or mends shoes	Cobbler
A group of people who has been chosen by others to make decisions on their own	Committee
A building in which nuns live	Convent
An animal which feeds on other animals	Carnivorous
A person who does criticism	Critic
A person who cannot hear	Deaf
A condition in which one loses a lot of water from one's body because of vomiting, etc.	Dehydration
A system of government in which the people cast their votes to elect their leaders	Democracy
The study of skin problems	Dermatology
A long piece of land covered with sand	Desert
The art of managing relationships between countries	Diplomacy
A piece of information about the words in a book form	Dictionary
A piece of information about the telephone numbers of the people in a book from	Directory
A person in charge of a newspapers, magazine etc.	Editor

Multiple Word Expression	*Substitution*
A person who thinks he is better than the others	Egoist
To leave your country and settle in some other country	Emigrate
A book or series of books giving almost all knowledge about an area or some persons etc.	Encyclopaedia
Study of insects	Entomology
Time when day and night are of the same duration	Equinox
To sell things out of the country	Export
To purchase things from some other country	Import
A plant or animal no longer in existence	Extinct
A situation when there is a shortage of food for a long period of time	Famine
An amount of money that we pay for some action or services	Fee
Related to women	Feminine
An animal strong and aggressive	Ferocious
A piece of land where plants grow easily from the soil that is favourable to them	Fertile
A work of literature having some imaginary events	Fiction
A large amount of water covering certain area	Flood
A person who sells flowers	Florist
A religious ceremony for burying or cremating a dead person	Funeral
A substance which kills fungus	Fungicide
A person studying or having studied the diseases and the related things of female reproductory system	Gynaecologist
The murder of the person of the same group race or country	Genocide
A substance which kills germs	Germicide
A situation in which many people die because of fire during war	Holocaust
The act of killing a person deliberately	Homicide
A word having the pronunciation as the other one does but it differs in meaning	Homophone
A word having the same spelling as the other one does but it is pronounced in some other way	Homonym
A person who is attracted towards the person of the same sex	Homosexual
Go across and parallel to the ground	Horizontal
A substance which kills the insects	Insecticide
That cannot be corrected	Incorrigible
That cannot be defeated	Invincible

Multiple Word Expression	*Substitution*
That cannot be eaten	Inedible
That cannot be seen	Invisible
A place in a school or college where books are kept for the benefit of students, teachers etc.	Library
A place in a school or college where scientific experiments are performed	Laboratory
An official who is a judge in the lowest court	Magistrate
A piece of music or a book before it is printed	Manuscript
Related to men	Masculine
One who believes in the existence of God	A theist
One who does not believe in the existence of good	An atheist
That can be believed	Credible
That cannot be believed	Incredible
That which dissolves in a solvent	Soluble
That which does not dissolves in a solvent	Insoluble
Hard writing that can be read	Legible
Hard writing that cannot be read	Illegible
A person who does jobs beneficial to mankind	Philanthropist
A person who goes on foot	Pedestrian
A person who fights for his own country	Patriot
An act of killing oneself	Suicide
A woman whose husband is dead	Widow
A man whose wife is dead	Widower
A person who eats vegetarian and non-vegetarian diets	Omnivorous
Something which is everywhere at the same time	Omnipresent
One who knows everything	Omniscient
A child who does not have parents	Orphan
An award etc. given after the death of the person	Posthumous
The place where animals are kept for amusement and to increase the knowledge of the public	Zoo
The science which deals with the study of animals	Zoology

MULTIPLE CHOICE QUESTIONS

Directions: *In questions given below, out of the four alternatives, choose the one which can be substituted for the given words/sentences.*

1. Something that relates to everyone in the world

A. General B. Common
C. Usual D. Universal

2. An expression of mild disapproval
A. Warning
B. Denigration
C. Impertinence
D. Reproof

3. One who is not easily pleased by anything
A. Maiden B. Medieval
C. Precarious D. Fastidious

4. Murder of a king
A. Infanticide
B. Matricide
C. Genocide
D. Regicide

5. A remedy for all diseases
A. Stoic
B. Marvel
C. Panacea
D. Recompense

6. A dramatic performance
A. Mask B. Mosque
C. Masque D. Mascot

7. Study of birds
A. Orology
B. Optology
C. Ophthalmology
D. Ornithology

8. Ready to believe
A. Credulous B. Credible
C. Creditable D. Incredible

9. Incapable of being seen through
A. Ductile B. Opaque
C. Obsolete D. Potable

10. One who eats everything
A. Omnivorous
B. Omniscient
C. Irresistible
D. Insolvent

11. A place where bees are kept is called
A. An apiary B. A mole
C. A hive D. A sanctuary

12. One who cannot be corrected
A. Incurable
B. Incorrigible
C. Hardened
D. Invulnerable

13. One who is in charge of a museum
A. Curator B. Supervisor
C. Caretaker D. Warden

14. Continuing fight between parties, families, clans, etc.
A. Enmity B. Feud
C. Quarrel D. Skirmish

15. A voice loud enough to be heard
A. Audible
B. Applaudable
C. Laudable
D. Oral

16. A paper written by hand
A. Handicraft B. Manuscript
C. Handiwork D. Thesis

17. Habitually silent or talking little
A. Serville
B. Unequivocal
C. Taciturn
D. Synoptic

18. To slap with a flat object
A. Chop B. Hew
C. Gnaw D. Swat

19. A person who speaks many languages
A. Linguist
B. Monolingual
C. Polyglot
D. Bilingual

20. A light sailing-boat built specially for racing
A. Canoe B. Yacht
C. Frigate D. Dinghy

21. A fixed orbit in space in relation to earth
A. Geological
B. Geo-synchronous
C. Geo-centric
D. Geo-stationary

22. A style in which a writer makes a display of his knowledge
A. Pedantic B. Verbose
C. Pompous D. Ornate

23. A religious discourse
A. Preach B. Stanza
C. Sanctorum D. Sermon

24. A place that provides refuge
A. Asylum B. Sanatorium
C. Shelter D. Orphanage

25. Detailed plan of a journey
A. Travelogue
B. Travelkit
C. Schedule
D. Itinerary

26. A person who insists on something
A. Disciplinarian
B. Stickler
C. Instantaneous
D. Boaster

27. A drawing on transparent paper
A. Red print
B. Blue print
C. Negative
D. Transparency

28. One who believes that all things and events in life are predetermined is a
A. Fatalist B. Puritan
C. Egoist D. Tyrant

29. A school boy who cuts classes frequently is a
A. Defeatist B. Sycophant
C. Truant D. Martinet

30. The act of violating the sanctity of the church is
A. Blasphemy B. Heresy
C. Sacrilege D. Desecration

31. A place where monks live as a secluded community
A. Cathedral B. Diocese
C. Convent D. Monastery

32. One who is fond of fighting
A. Bellicose
B. Aggressive
C. Belligerent
D. Militant

33. Tending to move away from the centre or axis
A. Centrifugal B. Centripetal
C. Axiomatic D. Awry

34. Words inscribed on tomb
A. Epitome B. Epistle
C. Epilogue D. Epitaph

35. Leave or remove from a place considered dangerous
A. Evade B. Evacuate
C. Avoid D. Exterminate

36. Original inhabitants of a country
A. Abroge B. Aborger
C. Aborgory D. Aborigins

37. Government by the officials
A. Theocracy
B. Plutocracy
C. Bureaucracy
D. Democracy

38. Incapable of being exhausted
A. Inexhaustible
B. Inaexhaustible
C. Exhaustable
D. Non-tired

39. A person of good understanding, knowledge and reasoning power
A. Expert
B. Intellectual
C. Snob
D. Literate

40. One absorbed in his own thoughts and feelings rather than in things outside
A. Scholar
B. Recluse
C. Introvert
D. Intellectual

ANSWERS

1	2	3	4	5	6	7	8	9	10
D	D	D	D	C	C	D	A	B	A
11	**12**	**13**	**14**	**15**	**16**	**17**	**18**	**19**	**20**
A	B	A	B	A	B	C	D	A	B
21	**22**	**23**	**24**	**25**	**26**	**27**	**28**	**29**	**30**
D	A	D	A	D	B	D	A	C	C
31	**32**	**33**	**34**	**35**	**36**	**37**	**38**	**39**	**40**
D	A	A	D	B	B	C	A	B	C

6. Spelling Errors

There are thousands of words in English language. It is difficult to remember the spellings and meanings of all at once. Try to learn as many as you can. Use a dictionary regularly.

Directions: *Find the correctly spelt words.*

1. A. Damage B. Dammage
C. Damaige D. Dammege

2. A. Efficiant B. Effecient
C. Efficient D. Eficient

3. A. Schedule B. Schdule
C. Schedale D. Schedeule

4. A. Occurad B. Occurred
C. Ocurred D. Occured

5. A. Grieff B. Grief
C. Grieef D. Grrief

6. A. Guarantee B. Garuntee
C. Guaruntee D. Gaurantee

7. A. Meddicine B. Medicine
C. Medicene D. Medicinne

8. A. Benefeted B. Benefitted
C. Benifited D. Benefited

9. A. Acommodation
B. Acomodation
C. Accomodation
D. Accommodation

10. A. Querrelsome
B. Quarrelsame
C. Quarrelsome
D. Querralsome

11. A. Sympathetic
B. Smypathetic
C. Sympothetic
D. Sympethetic

12. A. Prograssive B. Progressive
C. Progresive D. Prograsive

13. A. Uncivilized
B. Uncevilized
C. Uncivillized
D. Uncevelized

14. A. Extravagant
B. Extreragent
C. Extreregant
D. Extravegent

15. A. Missunderstood
B. Miesunderstood
C. Misunderstood
D. Misunderstod

16. A. Belligerent B. Beligirent
C. Belligarant D. Belligerrent

17. A. Astonished B. Astronished
C. Astoneshed D. Asstonished

18. A. Sincerely B. Sencerely
C. Sincerelly D. Sincerrely

19. A. Rigourous B. Rigerous
C. Rigorous D. Regerous

20. A. Satellite B. Sattellite
C. Satelite D. Sattelite

21. A. Pesanger B. Passenger
C. Pessenger D. Pasanger

22. A. Humurous B. Humorous
C. Humoreus D. Humorrous

23. A. Exeggerate B. Exaggerate
C. Exadgerate D. Exagerate

24. A. Fariegn B. Forein
C. Foriegn D. Foreign

25. A. Excesive B. Excessive
C. Exccessive D. Exccesive

26. A. Forcaust B. Forcast
C. Forecast D. Forecaste

27. A. Paralleted B. Paralelled
C. Parralleled D. Parallelled

28. A. Ocasion B. Occassion
C. Occasion D. Ocassion

29. A. Boquet B. Bouquet
C. Bouquete D. Bouquette

30. A. Chettering B. Chaterring
C. Chattering D. Chatering

31. A. Discourage B. Disscourage
C. Discourege D. Discaurage

32. A. Curageous
B. Courageous
C. Courrageous
D. Couregeous

33. A. Abandon B. Abanddon
C. Abendon D. Abbandon

34. A. Embarassment
B. Emberrassement
C. Embarrassment
D. Embbaresment

35. A. Eccintric B. Eccentrie
C. Eccentric D. Eccintrie

36. A. Occasional
B. Occassional
C. Occesional
D. Occessional

37. A. Querrel B. Querral
C. Quarrel D. Quarel

38. A. Contrebution
B. Contribution
C. Contributtion
D. Conterbution

39. A. Desgrace B. Disgrece
C. Disgrice D. Disgrace

40. A. Harassment
B. Herassment
C. Harasment
D. Harassmient

41. A. Imaginative
B. Imeginative
C. Imagenative
D. Imaginetive

42. A. Suficient B. Suficiant
C. Sufficient D. Sufficiant

43. A. Adequate B. Edequate
C. Adaquete D. Edaquete

44. A. Exparienced
B. Experianced
C. Experienced
D. Experrienced

45. A. Flatering B. Fletering
C. Flattering D. Fletaring

46. A. Cuttiveted
B. Culltrivated

C. Cultivated
D. Caltivated

47. A. Praiceworthy
B. Peiseworthy
C. Praiseworthy
D. Praisaworthy

48. A. Profesional
B. Professionel
C. Professional
D. Profissional

49. A. Ameteur B. Amateur
C. Amataur D. Amateor

50. A. Unfevourable
B. Unfevaurable
C. Unfavourable
D. Unfivourable

ANSWERS

1	2	3	4	5	6	7	8	9	10
A	C	A	B	B	A	B	B	D	C
11	**12**	**13**	**14**	**15**	**16**	**17**	**18**	**19**	**20**
A	B	A	A	C	A	A	A	C	A
21	**22**	**23**	**24**	**25**	**26**	**27**	**28**	**29**	**30**
B	B	B	D	B	C	A	C	B	C
31	**32**	**33**	**34**	**35**	**36**	**37**	**38**	**39**	**40**
A	B	A	C	C	A	C	B	D	A
41	**42**	**43**	**44**	**45**	**46**	**47**	**48**	**49**	**50**
A	C	A	C	A	C	C	C	B	C

सामान्य सचेतता
(GENERAL AWARENESS)

1

इतिहास (History)

प्राचीन भारत

सिंधु घाटी सभ्यता

- सिंधु सभ्यता की खोज 1921 ई. में दयाराम साहनी ने की।
- सिंधु घाटी की सभ्यता का नामकरण, हड़प्पा नामक स्थान, जहाँ यह संस्कृति पहली बार खोजी गई थी, के नाम पर हड़प्पा संस्कृति भी किया गया है।
- रेडियोकार्बन C^{14} जैसी नवीन विश्लेषण पद्धति के द्वारा सिंधु सभ्यता की सर्वमान्य तिथि 2400 ई.पू. से 1700 ई.पू. के बीच निर्धारित की गई है।
- हड़प्पा सभ्यता प्राक्ऐतिहासिक अथवा कांस्ययुगीन थी। इस सभ्यता के मुख्य निवासी भूमध्यसागरीय एवं द्रविड़ थे।

प्रमुख सैन्धव स्थल एवं खुदाई में प्राप्त वस्तुएँ

- **मोहनजोदड़ो**—सीप निर्मित पैमाना, सूती एवं ऊनी कपड़े के अवशेष, महास्नानागार, विशाल जलाशय, ईंट के भट्ठे, फियांस की बनी एक गिलहरी, चमकता हुआ एक बंदर का चित्र, मशहूर कांस्य नर्तकी की प्रतिमा, पुजारी का सिर, मातृदेवी की मृण्मूर्ति, विशाल अन्नागार, पशुपति की मुहर, लिंगीय प्रस्तर, एक सभागार, 16 कमरों का बैरक, दाढ़ी वाले साधु की मूर्ति आदि।
- **चन्हूदड़ो**—मनका बनाने का कारखाना, खिलौना बनाने का कारखाना, फियांस का बना चार खानों वाला बर्तन, तांबे की बनी दो गाड़ियों के मॉडल, चार पहियों वाली गाड़ी (अगले दो पहिये, पिछले पहियों की अपेक्षा बड़े), दवात (Inkpot), बिल्ली का पीछा करता हुआ कुत्ता का साक्ष्य, लिपिस्टिक आदि।
- **कालीबंगा**—हल से जुते खेत के साक्ष्य, मिट्टी की काले रंग की चूड़ियाँ, पकी मिट्टी का पैमाना, दो फसलों को एक साथ बोने के साक्ष्य, अग्निकुंड, ऊँट की अस्थियाँ, हल का चिह्न, बेलनाकार मुहरें, जौ, चना, सरसों, लकड़ी की पाइप, अलंकृत ईंट, कब्रिस्तान, कच्चे ईंट का प्रयोग आदि।

हड़प्पा सभ्यता : एक वस्तुनिष्ठ अध्ययन

प्रमुख स्थल	उत्खननकर्ता	वर्ष	नदी	भौगोलिक स्थल	प्राप्त अवशेष
हड़प्पा	दयाराम साहनी	1921	रावी	मोण्टगोमरी (पाकिस्तान)	मुहरों पर एक शृंगी पशु, तांबे की इक्कागाड़ी
मोहनजोदड़ो	राखालदास बनर्जी	1922	सिंधु	लरकाना (पाकिस्तान)	कांसे की नर्तकी, अन्नागार, विशाल स्नानागार तथा पशुपतिनाथ के अंकन वाली मुहरें
चन्हूदड़ो	गोपाल मजूमदार	1931	सिंधु	सिंध (पाकिस्तान)	मनके निर्माण के कारखाने
कालीबंगा	बी.बी. लाल एवं बी.के. थापर	1953	घग्घर	श्रीगंगानगर (राजस्थान)	जुते हुए खेत, नक्काशीदार ईंट, अग्निवेदिका, मिट्टी का हल
कोटदीजी	फजल अहमद	1953	सिंधु	खैरपुर (पाकिस्तान)	पत्थर के बाणाग्र
रंगपुर	एस.आर. राव	1953-54	भादर	काठियावाड (गुजरात)	चावल की भूसी, गेहूँ की खेती
रोपड़	यज्ञदत्त शर्मा	1953-56	सतलज	रोपड़ (पंजाब)	कृषि-कार्य
लोथल	रंगनाथ राव	1955 एवं 1962	भोगवा	अहमदाबाद (गुजरात)	बंदरगाह, युग्म शवाधान, नाव, चावल के दाने
बनावली	रविंद्र सिंह बिष्ट	1974	रंगोई	हिसार (हरियाणा)	मिट्टी से बना हल, जौ
धौलावीरा	रविन्द्र सिंह बिष्ट	1990-91	–	कच्छ (गुजरात)	जलाशय

- **लोथल**–युगल शवाधान, बंदरगाह (गोदी बाड़ा), फारस की मुहरें, चावल और बाजरा के साक्ष्य, सूती-वस्त्र, रंगाई के कुण्ड, मनका बनाने का कारखाना, हाथी दाँत, कांसे की बनी एक सुई, एक वरमा (Drill), अनाज पीसने की चक्की, हाथी दांत का एक पैमाना, अग्निकुंड, बैल, खरगोश और कुत्ते की आकृति, मिट्टी की बनी नाव आदि।
- **हड़प्पा**–अन्नागार, श्रमिक आवास, प्रसाधन मंजूषा, ठोस पहियों वाली गाड़ी के अवशेष, आर (R)-37 कब्रिस्तान, तांबे का पैमाना, कांसे की बनी एक नर्तकी की मूर्ति, लाल बालू पत्थर का नग्न पुरुष का धड़ (जैन या यक्ष की मूर्ति के समान), स्लेटी चूने पत्थर की नृत्य मुद्रा वाली मूर्ति (नर्तकी), ताबूत, गेहूँ और जौ, अभिलेख युक्त मुहर, शंख का बैल, मछुआरे का चित्र (बर्तन) आदि।
- **सुरकोतदा**–घोड़े का जीवाश्म, एण्टीमनी की एक छड़, अनोखी कब्र, गोदी बाड़ा आदि।

वैदिक काल

- आर्यों की सामाजिक-सांस्कृतिक तथा आर्थिक व्यवस्था वैदिक संस्कृति के रूप में जानी जाती है। आर्यों के बारे में जानकारी मुख्यतः वेदों—ऋग्वेद, यजुर्वेद, सामवेद एवं अथर्ववेद से मिलती है।
- वैदिक काल को दो भागों में विभाजित किया जाता है—ऋग्वैदिक काल (1500-1000 ई.पू.) और उत्तर वैदिक काल (1000-600 ई.पू.)।

ऋग्वैदिक काल (1500-1000 ई.पू.)

- आर्यों के निवास के विस्तृत क्षेत्र को 'सप्तसैन्धव' प्रदेश कहा गया। इस क्षेत्र में सात प्रमुख नदियाँ प्रवाहित हैं। ये नदियाँ हैं—सिंधु, सतलज, रावी, चिनाब, झेलम, व्यास तथा सरस्वती।
- ऋग्वैदिक समाज ग्रामीण कबीलाई समाज था; सामाजिक संरचना समतावादी तथा वर्णविहीन थी।
- परिवार के मुखिया को कुलप कहा जाता था।
- आर्यों की प्रशासनिक इकाई आरोही क्रम से अग्रलिखित पाँच भागों में बंटी थी—कुल, ग्राम, विश, जन, राष्ट्र। जन के अधिपति को राजा कहा जाता था।
- ग्राम के प्रधान को ग्रामणी एवं विश के प्रधान को विशपति कहा जाता था।
- ऋग्वेद के 7वें मंडल में दाशराज्ञ युद्ध का वर्णन है जिसमें भरत जन के स्वामी सुदास ने रावी नदी के तट पर दस राजाओं के संघ को हराया था। इन्द्र ऋग्वैदिक आर्यों का सबसे महत्वपूर्ण देवता था जिसे पुरन्दर कहा गया है। वरुण, सूर्य, मित्र, अग्नि, इत्यादि अन्य प्रमुख देवता थे।
- ऋग्वेद में सर्वाधिक पवित्र नदी के रूप में 'सरस्वती' का वर्णन हुआ है। ऋग्वेद में गंगा का एक बार, यमुना का तीन बार तथा सिंधु नदी का सर्वाधिक बार उल्लेख किया गया है।
- गायत्री-मंत्र का उल्लेख ऋग्वेद के तृतीय मंडल में मिलता है।
- ऋग्वेद के 10वें मंडल के पुरुषसूक्त में चतुर्वर्णों—ब्राह्मण, क्षत्रिय, वैश्य और शूद्र की उत्पत्ति के उल्लेख मिलते हैं। आर्यों के मनोरंजन के मुख्य साधन संगीत, रथदौड़, घुड़दौड़ एवं द्यूतक्रीड़ा थे।

उत्तर वैदिक काल (1000-600 ई.पू.)

- उत्तर वैदिक काल में आर्यों ने स्थायी जीवन व्यतीत करना प्रारंभ कर दिया था। इस समय आर्य मुख्य रूप से गंगा-यमुना दोआव में फैल गए थे।
- इस काल में इन्द्र के स्थान पर प्रजापति सर्वाधिक महत्वपूर्ण देवता हो गए थे। विभिन्न कर्मकाण्डों तथा अंधविश्वासों का विस्तार हुआ जिनका उल्लेख अथर्ववेद में मिलता है।
- गोत्र नामक संस्था का उदय उत्तर वैदिक काल में हुआ।
- अथर्ववेद में 'सभा' एवं 'समिति' को प्रजापति की दो पुत्रियां कहा गया है। अथर्ववेद के मंत्रों का उच्चारण करने वाले पुरोहित को 'ब्रह्मा' कहा जाता था।
- अथर्ववेद में मगध एवं अंग महाजनपद का उल्लेख है।
- उत्तरवैदिक काल में हल को सिरा और हल रेखा को सीता कहा जाता था।
- महाभारत का पुराना नाम जयसंहिता है। यह विश्व का सबसे बड़ा महाकाव्य है।

जैन धर्म

- जैन धर्म के संस्थापक ऋषभदेव थे।
- जैन परंपरा के अनुसार जैन धर्म में कुल 24 तीर्थंकर हुए। जैन धर्म के 23वें तीर्थंकर पार्श्वनाथ थे।
- जैन धर्म के मुख्य प्रवर्तक तथा 24वें तीर्थंकर महावीर स्वामी थे। वर्धमान महावीर का जन्म 540 ई.पू. में वैशाली के निकट कुण्डग्राम (ज्ञातृक कुल) में हुआ था। इनके पिता का नाम सिद्धार्थ जो ज्ञातृक कुल के सरदार थे तथा माता का नाम त्रिशला जो लिच्छवी राजा चेतक की बहन थी।
- महावीर स्वामी, सत्य की खोज के लिए 30 वर्ष की आयु में गृह-त्याग कर संन्यासी हो गए थे।
- महावीर स्वामी को 12 वर्ष की गहन तपस्या के पश्चात् जम्भिकग्राम के निकट ऋजुपालिका नदी के तट पर एक वृक्ष के नीचे सर्वोच्च ज्ञान (कैवल्य) की प्राप्ति हुई।
- जैन धर्मग्रन्थों की रचना मुख्यतया प्राकृत भाषा में हुई। जैन धर्म दो पंथों में बँटा—श्वेताम्बर एवं दिगम्बर। श्वेताम्बर पंथ को मानने वाले श्वेत वस्त्र धारण करते हैं।
- दिगम्बर पंथ को मानने वाले वस्त्रों का परित्याग करते हैं।

जैन संगीतियाँ

क्रम/समय	स्थान	अध्यक्ष	शासक	कार्य
प्रथम 322-298 ई.पू.	पाटलिपुत्र	स्थूलभद्र	चन्द्रगुप्त मौर्य	जैन धर्म के महत्वपूर्ण 12 अंगों का प्रणयन, जैन धर्म का दो भागों—श्वेताम्बर एवं दिगम्बर में विभाजन।
द्वितीय 512 ई.	वल्लभी	देवर्धि क्षमा श्रमण	—	धर्म ग्रंथों को अंतिम रूप से संकलित कर लिपिबद्ध किया गया।

जैन तीर्थंकर और उनके प्रतीक चिह्न

क्र.	जैन तीर्थंकर	प्रतीक चिह्न	क्र.	जैन तीर्थंकर	प्रतीक चिह्न
1.	ऋषभदेव	सांड़ (वृषभ)	4.	पार्श्वनाथ	सर्प फण
2.	अजितनाथ	हाथी	5.	महावीर	सिंह
3.	नेमिनाथ	शंख	6.	शांतिदेव	हिरण

बौद्ध धर्म

- महात्मा बुद्ध का जन्म 563 ई.पू. में कपिलवस्तु के निकट लुम्बिनी में हुआ था। महात्मा बुद्ध को एशिया का ज्योति पुञ्ज (Light of Asia) कहा जाता है।
- बुद्ध के पिता शुद्धोधन शाक्य गणराज्य के शासक थे। उनकी माता का नाम महामाया था। माता की मृत्यु के बाद मौसी महाप्रजापति ने उनका पालन-पोषण किया।
- गौतम बुद्ध का विवाह 16 वर्ष की आयु में यशोधरा से हुआ था। इनके पुत्र का नाम राहुल था।
- आलार कलाम बुद्ध के प्रथम गुरू थे। निरंजना नदी (गया) के तट पर उरूवेला नामक स्थान पर वैशाख पूर्णिमा के दिन सिद्धार्थ को ज्ञान की प्राप्ति हुई जिसके बाद वे बुद्ध कहलाए।

महात्मा बुद्ध के जीवन से जुड़े प्रतीकात्मक पशु

पशु	प्रतीक	पशु	प्रतीक
हाथी	गर्भ में आने का	घोड़ा	गृह त्याग का
सांड	यौवन का	शेर	समृद्धि का

बुद्ध के जीवन से संबंधित 5 महाचिह्न अथवा प्रतीक

घटना	चिह्न/प्रतीक	घटना	चिह्न/प्रतीक
जन्म	कमल व सांड़	गृहत्याग	घोड़ा
ज्ञान	पीपल (बोधि वृक्ष)	निर्वाण	पद चिह्न
मृत्यु	स्तूप		

गौतम बुद्ध के जीवन की महत्वपूर्ण घटनाएँ

क्र.	घटना	सम्बन्ध
1.	महाभिनिष्क्रमण	गौतम बुद्ध का गृहत्याग
2.	धम्मचक्रप्रवर्तन	गौतम बुद्ध द्वारा दिया गया प्रथम उपदेश
3.	संबोधि/निर्वाण	गौतम बुद्ध द्वारा ज्ञान की प्राप्ति
4.	महापरिनिर्वाण	गौतम बुद्ध की मृत्यु

त्रिपिटक

- **सुत्तपिटक**–इसमें बौद्ध धर्म के सिद्धांतों का उल्लेख है।
- **विनयपिटक**–इसमें बौद्ध संघ के नियमों की व्याख्या की गई है।
- **अभिधम्मपिटक**–इसमें बौद्ध दर्शन पर प्रकाश डाला गया है। महात्मा बुद्ध के महापरिनिर्वाण के बाद बौद्ध धर्म कई सम्प्रदायों में विभक्त हो गया। इनमें प्रमुख हैं–हीनयान तथा महायान।

बौद्ध संगीतियाँ

संगीति	काल	स्थान	शासक	अध्यक्ष
प्रथम संगीति	483 ई.पू.	राजगृह	अजातशत्रु	महाकश्यप
द्वितीय संगीति	383 ई.पू.	वैशाली	कालाशोक	साबाकामी
तृतीय संगीति	250 ई.पू.	पाटलिपुत्र	अशोक	मोग्गलिपुत्र तिस्स
चतुर्थ संगीति		कुण्डलवन (कश्मीर)	कनिष्क	वसुमित्र/अश्वघोष

महाजनपद काल

- आरंभिक भारतीय इतिहास में छठी शताब्दी ई.पू. में 16 महाजनपदों का उदय हुआ। बौद्ध ग्रंथ अंगुत्तर निकाय में पहली बार 16 महाजनपदों की चर्चा मिलती है।

महाजनपदों की स्थिति

क्र.स.	महाजनपद	राजधानी	क्र.स.	महाजनपद	राजधानी
1.	मगध	राजगृह	9.	वत्स	कौशाम्बी
2.	अवन्ति	उज्जयिनी	10.	कुरू	हस्तिनापुर
3.	वज्जि	वैशाली	11.	मत्स्य	विराटनगर
4.	कोसल	श्रावस्ती	12.	पांचाल	अहिच्छत्र
5.	काशी	वाराणसी	13.	शूरसेन	मथुरा
6.	अंग	चम्पा	14.	गान्धार	तक्षशिला
7.	मल्ल	कुशीनारा	15.	कम्बोज	राजपुर
8.	चेदि	शुक्तिमती	16.	अश्मक	पोतन

हर्यक वंश

- बिम्बिसार (544-492 ई.पू.) हर्यक वंश का प्रथम शक्तिशाली शासक था। इनकी राजधानी गिरिव्रज (राजगृह) थी। उसने अपनी स्थिति मजबूत करने के लिए कोसल, वैशाली एवं मद्र राजवंशों से वैवाहिक सम्बन्ध स्थापित किए।
- बिम्बिसार के पुत्र अजातशत्रु (492-460 ई.पू.) ने उसकी हत्या कर सिंहासन प्राप्त किया।
- अजातशत्रु बौद्ध धर्म का अनुयायी था एवं उसकी राजधानी में प्रथम बौद्ध महासभा हुई।

शिशुनाग वंश

- हर्यक वंश के एक सेनापति शिशुनाग ने मगध के सिंहासन पर अधिकार करके शिशुनाग वंश की स्थापना की। शिशुनाग वंश के शासन काल में राजधानी पाटलिपुत्र से बदलकर वैशाली ले जायी गई। इस वंश के शासक 'कालाशोक' के शासन में दूसरी बौद्ध महासभा का आयोजन राजधानी वैशाली में हुआ।

नन्द वंश

- इस वंश का संस्थापक महापद्मनन्द को माना जाता है। नन्द वंश का अन्तिम शासक घनानन्द था। इसी के शासन काल में सिकन्दर ने भारत पर आक्रमण किया।

चन्द्रगुप्त मौर्य

- चन्द्रगुप्त मौर्य चाणक्य की सहायता से अन्तिम नन्दवंशीय शासक घनानन्द को पराजित कर 25 वर्ष की आयु में (322 ई.पू.) मगध के सिंहासन पर आसीन हुआ और मौर्य साम्राज्य की स्थापना की। चन्द्रगुप्त मौर्य ने व्यापक विजय करके प्रथम अखिल भारतीय साम्राज्य की स्थापना की।
- सेल्यूकस ने मेगास्थनीज को अपने राजदूत के रूप में चन्द्रगुप्त मौर्य के दरबार में भेजा।
- वृद्धावस्था में चन्द्रगुप्त मौर्य से जैन मुनि भद्रबाहु से जैन दीक्षा ली थी और श्रवणबेलगोला में 297 ई. पू. में उपवास द्वारा अपना शरीर त्याग दिया था।

बिन्दुसार

- चन्द्रगुप्त मौर्य की मृत्यु के पश्चात उसका पुत्र बिन्दुसार उसका उत्तराधिकारी बना।

अशोक

- यद्यपि अशोक ने 273 ई. पू. में ही सिंहासन प्राप्त कर लिया था परन्तु 4 साल तक गृहयुद्ध में रत रहने के कारण अशोक का वास्तविक राज्याभिषेक 269 ई.पू. में हुआ।
- अपने राज्याभिषेक के आठवें वर्ष अर्थात् 261 ई.पू. में अशोक ने कलिंग पर आक्रमण किया और उसे जीत लिया।
- कलिंग युद्ध में हुए व्यापक नरसंहार ने अशोक को विचलित कर दिया, जिसके परिणामस्वरूप उसने बौद्ध धर्म स्वीकार कर लिया। अशोक ने साँची स्तूप का निर्माण भी कराया।

अशोक के प्रमुख शिलालेख एवं उनमें उल्लिखित विषय

शिलालेख	विषय
पहला शिलालेख	पशुबलि की निंदा की गई है।
दूसरा शिलालेख	अशोक ने मनुष्य एवं पशु दोनों की चिकित्सा-व्यवस्था का उल्लेख किया है। चोल, चेर, पाण्ड्य, ताम्रपर्णि, केरलपुत्र व सतियपुत्र राज्यों का उल्लेख है।
तीसरा शिलालेख	राजकीय अधिकारियों को यह आदेश दिया गया है कि वे हर पांचवें वर्ष के उपरान्त दौरे पर जाएं। इस शिलालेख में कुछ धार्मिक नियमों का भी उल्लेख किया गया है।
चौथा शिलालेख	इस अभिलेख में भेरीघोष की जगह धम्मघोष की घोषणा की गई है।
पांचवां शिलालेख	धर्म-महामात्रों की नियुक्ति के विषय में जानकारी मिलती है।
छठा शिलालेख	इसमें आत्म नियंत्रण की शिक्षा दी गई है। प्रजा सदैव राजा से मिल सकती है।
सातवां एवं आठवां शिलालेख	अशोक की तीर्थ-यात्राओं का वर्णन किया गया है।
नौवां शिलालेख	सच्ची भेंट तथा सच्चे शिष्टाचार का उल्लेख किया गया है।
दसवां शिलालेख	अशोक ने आदेश दिया है कि राजा तथा उच्च अधिकारी हमेशा प्रजा के हित में सोचें।
ग्यारहवां शिलालेख	धम्म की व्याख्या की गई है।
बारहवां शिलालेख	इसमें स्त्री महामात्रों की नियुक्ति एवं सभी प्रकार के विचारों के सम्मान की बात कही गई है।
तेरहवां शिलालेख	कलिंग युद्ध का वर्णन एवं अशोक के हृदय- परिवर्तन की बात कही गई है। इसी में पड़ोसी राजाओं का वर्णन है।
चौदहवां शिलालेख	इसमें अशोक ने जनता को धार्मिक जीवन बिताने के लिए प्रेरित किया।

शुंग वंश

- अन्तिम मौर्य सम्राट बृहद्रथ की हत्या करके उसके सेनापति पुष्यमित्र शुंग ने 184 ई.पू. में शुंग वंश की स्थापना की।
- शुंग काल में ही भागवत धर्म का उदय एवं विकास हुआ तथा वासुदेव विष्णु की उपासना हुई।

कण्व वंश

- वासुदेव इस, वंश का संस्थापक था।
- कण्व वंश में कुल चार शासक हुए।
- अन्तिम शासक सुशर्मा को हटाकर सिमुक ने सातवाहन वंश की स्थापना की।

आन्ध्र-सातवाहन वंश

- इस वंश का संस्थापक सिमुक था।
- गौतमी पुत्र शातकर्णी (106 ई.पू.–130 ई.) इस वंश का सर्वाधिक महान् शासक था।
- इस काल में तांबे तथा कांसे के अलावा सीसे के सिक्के काफी प्रचलित हुए।

गुप्त वंश

चन्द्रगुप्त प्रथम

- गुप्त अभिलेखों से ज्ञात होता है कि चन्द्रगुप्त प्रथम ही गुप्त वंश का प्रथम स्वतन्त्र शासक था, जिसकी उपाधि 'महाराजाधिराज' थी।
- चन्द्रगुप्त प्रथम ने 'गुप्त सम्वत्' की स्थापना 319-20 ई. में की थी।

समुद्रगुप्त

- समुद्रगुप्त पर प्रकाश डालने वाली अत्यन्त प्रामाणिक सामग्री 'प्रयाग प्रशस्ति' के रूप में उपलब्ध है।
- समुद्रगुप्त गुप्त वंश का एक महान योद्धा तथा कुशल सेनापति था, इसी कारण उसे 'भारत का नेपोलियन' कहा जाता है।

चन्द्रगुप्त द्वितीय 'विक्रमादित्य'

- चन्द्रगुप्त द्वितीय का काल साहित्य और कला का स्वर्ण युग कहा जाता है। इसने रजत मुद्राओं का सर्वप्रथम प्रचलन करवाया था।
- चन्द्रगुप्त द्वितीय के दरबार में विद्वानों एवं कलाकारों को आश्रय प्राप्त था। उसके दरबार में नौ रत्न थे–कालिदास, धन्वन्तरि, क्षपणक, अमरसिंह, शंकु, बैताल भट्ट, घटकर्पर, वराहमिहिर और वररुचि।
- चन्द्रगुप्त द्वितीय के शासनकाल में चीनी यात्री फाह्यान (399 ई.–412 ई.) भारत यात्रा पर आया था।

कुमारगुप्त प्रथम

- गुप्त शासकों में सर्वाधिक अभिलेख कुमारगुप्त के ही प्राप्त हुए हैं। कुमारगुप्त प्रथम के शासनकाल में नालन्दा विश्वविद्यालय की स्थापना की गई थी।

स्कन्दगुप्त

- स्कन्दगुप्त ने मौर्यों द्वारा निर्मित सुदर्शन झील का जीर्णोद्धार करवाया था।
- हूणों का गुप्त साम्राज्य पर आक्रमण स्कन्दगुप्त के शासनकाल की महत्वपूर्ण घटना थी।

गुप्तकाल के रचनाकार

रचनाकार	रचना	रचनाकार	रचना
कालिदास	मेघदूतम, ऋतुसंहारम्, विक्रमोर्वशीयम्, मालविकाग्निमित्रम्, अभिज्ञानशाकुन्तलम्, कुमारसम्भवम्	विष्णु शर्मा	पंचतंत्र
		नारायण पंडित	हितोपदेश
		वराहमिहिर	वृहत्संहिता, लघुजातक
विशाखदत्त	मुद्राराक्षस, देवीचन्द्रगुप्तम्	पालाकाप्य	हस्तायुर्वेद
शुद्रक	मृच्छकटिकम्	भास	स्वप्नवासवदत्ता
दण्डी	दशकुमारचरित	अमरसिंह	अमरकोष

गुप्तकालीन प्रसिद्ध मंदिर

मंदिर	स्थान
विष्णु मंदिर	तिगवा (जबलपुर, मध्य प्रदेश)
शिव मंदिर	भूमरा (नागौर, मध्य प्रदेश)
पार्वती मंदिर	नचना कुठार (मध्य प्रदेश)
दशावतार मंदिर	देवगढ़ (झांसी, उत्तर प्रदेश)
भितरगांव मंदिर	भितरगांव (कानपुर, उत्तर प्रदेश)
लक्ष्मण मंदिर (ईंटों द्वारा निर्मित)	कानपुर (उत्तर प्रदेश)

हर्षवर्धन (पुष्यभूति वंश)

- हर्ष ने अपनी राजधानी थानेश्वर से कन्नौज स्थानान्तरित की थी। हर्षवर्धन एक उच्चकोटि का कवि भी था। उसने संस्कृत में नागानन्द, रत्नावली तथा प्रियदर्शिका नामक नाटकों की रचना की थी।
- हर्षवर्धन ने अपने राजदरबार में कादम्बरी और हर्षचरित के रचयिता बाणभट्ट, सुभाषितवलि के रचयिता मयूर और चीनी विद्वान ह्वेनसांग (सी-यू-की का रचयिता) को आश्रय प्रदान किया था।

पाल वंश

- पाल वंश की स्थापना बौद्ध धर्म के अनुयायी गोपाल (750-770 ई.) ने की थी।
- धर्मपाल (गोपाल के पुत्र) ने विक्रमशिला विश्वविद्यालय की स्थापना की तथा नालन्दा विश्वविद्यालय का जीर्णोद्धार कराया।

बादामी के चालुक्य

- इस वंश का संस्थापक पुलकेशिन प्रथम (535-566 ई.) था।
- इस वंश की राजधानी वातापी (आधुनिक बादामी) थी।
- ह्वेनसांग पुलकेशिन द्वितीय के शासनकाल में चालुक्य साम्राज्य की यात्रा पर आया।

राष्ट्रकूट वंश

- इस वंश का संस्थापक दन्तिदुर्ग था।
- इस वंश का प्रसिद्ध शासक कृष्ण प्रथम एक महान निर्माता भी था। उसने एलोरा के प्रसिद्ध कैलाश मन्दिर का निर्माण करवाया।
- अमोघवर्ष (814 ई.–876 ई.) धर्म और साहित्य में विशेष रुचि रखता था। वह विद्वानों एवं कलाकारों का आश्रयदाता था। उसने अपनी कन्नड़ कविता 'कविराज मार्ग' तथा 'प्रश्नोत्तर मल्लिका' लिखी। इस वंश के शासक कृष्ण तृतीय ने एक विजय स्तम्भ तथा रामेश्वरम् में एक मन्दिर का निर्माण करवाया।

पल्लव वंश

- नरसिंहवर्मन (630 ई.–668 ई.) पल्लव वंश का सर्वाधिक यशस्वी शासक था।
- नरसिंहवर्मन ने महाबलिपुरम नगर की स्थापना की तथा महाबलिपुरम के प्रसिद्ध एकात्मक रथों (सात पैगोडा) का निर्माण भी उसी ने करवाया।

गंग वंश

- गंग शासक नरसिंह देव ने कोणार्क का प्रसिद्ध सूर्य मन्दिर बनवाया। गंग वंश के ही शासक अनन्तवर्मन ने पुरी के प्रसिद्ध जगन्नाथपुरी मन्दिर का निर्माण करवाया।

चोल वंश

- इस वंश का संस्थापक विजयालय (846 ई–871 ई.) था।
- राजराज प्रथम को इस वंश का वास्तविक संस्थापक माना जाता है। उसने सम्पूर्ण दक्षिण भारत में अपना विजय परचम लहराया।
- उसने तंजौर में प्रसिद्ध 'राजराजेश्वर मन्दिर' (बृहदेश्वर शिव मन्दिर) का निर्माण करवाया।
- चोलों के शासनकाल में ही कला की 'गोपुरम' शैली का जन्म हुआ।

मध्यकालीन भारत

भारत पर अरबों का आक्रमण

- भारत पर आक्रमण करने वाला प्रथम मुस्लिम शासक मुहम्मद बिन कासिम था।
- मुहम्मद बिन कासिम के आक्रमण के समय सिन्ध का शासक दाहिर था। कासिम ने 712 ई. में सिंध पर विजय प्राप्त की। इसने मुल्तान को भी जीता।

महमूद गजनवी

- महमूद गजनवी अपने पिता की मृत्यु के बाद 997 ई. में गजनी के सिंहासन पर बैठा।
- महमूद गजनवी ने भारत पर 1001 ई. से 1027 ई. के बीच 17 आक्रमण किए।
- 1025 ई. में उसका सोमनाथ के शिव मन्दिर पर आक्रमण सबसे प्रसिद्ध है।

मोहम्मद गोरी (1175 ई.–1206 ई.)

- महमूद गजनवी के विपरीत, मोहम्मद गोरी के भारत पर आक्रमण का उद्देश्य भारत में मुस्लिम राज्य की स्थापना करना था।
- 1206 ई. में गोरी, कुतुबुद्दीन ऐबक को भारत का नेतृत्व सौंपकर वापस अपने गृहप्रान्त की ओर चला। रास्ते में कुछ विद्रोहियों ने अचानक हमला कर उसकी हत्या कर दी।

दिल्ली सल्तनत के प्रमुख सुल्तान और उनकी उपलब्धियाँ

गुलाम वंश

- **कुतुबुद्दीन ऐबक (1206-1210)**–गुलाम वंश का संस्थापक, कुतुबमीनार का निर्माण प्रारंभ करना; अजमेर में अढ़ाई दिन का झोंपड़ा बनवाना।
- **इल्तुतमिश (1210-1236)**–गुलाम वंश का वास्तविक प्रथम सुल्तान, लाहौर की जगह दिल्ली को अपनी राजधानी बनायी, इक्ता प्रणाली का प्रचलन किया, टका एवं जीतल सिक्के चलाये, कुतुबमीनार का निर्माण सम्पूर्ण कराया, 40 गुलामों के दल की स्थापना की तथा चंगेज खाँ के आक्रमण से देश को बचाया।
- **रजिया सुल्तान (1236-1240)**–प्रथम महिला सुल्तान, इल्तुतमिश द्वारा सुल्तान घोषित, अल्तुनिया सहित मौत के घाट उतार दी गई, अंतिम गुलाम सुल्तान।
- **नसीरुद्दीन महमूद (1246-1266)**–बलबन की सहायता से 20 वर्ष तक शासन किया तथा मंगोलों के आक्रमण से राज्य को बचाया।
- **बलबन (1266-1286)**–रक्त और लौह की नीति अपनाकर विद्रोहियों का दमन किया, मंगोलों के आक्रमणों से राज्य को बचाये रखा। सवार-ए-कल्ब में वृद्धि कर सेना का पुनर्गठन किया।

अमीर खुसरो

अमीर खुसरो का मूल नाम अबुल हसन था। उनका जन्म पटियाली (बदायूँ) में 1253 ई. में हुआ था। खुसरो प्रसिद्ध सूफी संत शेख निजामुद्दीन औलिया के शिष्य थे। वह बलबन से लेकर मुहम्मद तुगलक तक दिल्ली सुल्तानों के दरबार में रहे। इन्हें तुति-ए-हिन्द (भारत का तोता) के नाम से भी जाना जाता है। सितार एवं तबले के आविष्कार का श्रेय खुसरो को दिया जाता है।

खिलजी वंश

- **अलाउद्दीन खिलजी (1296-1316)**–खिलजी वंश का दूसरा परन्तु सर्वशक्तिशाली सुल्तान, दक्षिण भारत को विजित करने वाला प्रथम मुस्लिम सुल्तान, भूमि की नाप कराने वाला प्रथम सुल्तान, आर्थिक सुधार करके स्थायी सेना का संगठन करने वाला प्रथम तुर्की सुल्तान।

तुगलक वंश

- **मुहम्मद बिन तुगलक (1325-1351)**–सुल्तानों में सर्वोच्च विद्वान, अर्थशास्त्री, स्वर्ण भंडार समाप्त होने पर तांबा का सिक्का चलाया, राजधानी साम्राज्य के मध्य में सुरक्षित स्थान पर होनी चाहिए इसको क्रियान्वयन करने का प्रयास किया, सम्पूर्ण साम्राज्य में समान राजस्व व्यवस्था लागू की, किसानों को तकावी व ऋण प्रदान किया।
- **फिरोजशाह तुगलक (1351-1388)**–उदार होने के साथ-साथ कट्टर धार्मिक था, इस कारण मुसलमानों के हित में कार्य अधिक किया। राजकीय पदों को पैतृक बना दिया, कई कृषि कर समाप्त कर दिए, केवल चार कर रखे जो केवल हिन्दुओं को देने होते थे, दास प्रथा एवं जागीर प्रथा पुनः प्रचलित कर दी, कृषि की उन्नति के लिए नहरें निकलवाई, कई नगर बसाये आदि।

सैय्यद वंश

- **खिज्र खाँ (1414-1421)**–सैय्यद वंश का संस्थापक, परन्तु उसने शाह की उपाधि धारण नहीं की।

लोदी वंश

- **बहलोल लोदी (1451-1489)**–लोदी वंश का संस्थापक, अफगानों के प्रति सदैव उदार रहा तथा समानता का व्यवहार किया, जौनपुर के महमूद शाह शर्की का दमन किया।
- **सिकंदर लोदी (1489-1517)**–लोदी वंश का सबसे प्रतापी सुल्तान, सख्ती से अमीरों एवं डाकुओं को दबाकर राज्य में शांति स्थापित की, आवश्यक वस्तुओं के दाम कम करा दिए।
- **इब्राहिम लोदी (1517-1526)**–लोदी वंश का अंतिम और दिल्ली सल्तनत का भी अंतिम सुल्तान, जिद्दी व अहंकारी होने के कारण अफगानों को मिलाकर नहीं रख सका, इस कारण 21 अप्रैल, 1526 को बाबर से परास्त होकर वह अपना साम्राज्य खो बैठा।

धार्मिक आंदोलन

सूफ़ी आंदोलन

- 1192 ई. में मुहम्मद गोरी के साथ ख्वाजा मुइनुद्दीन चिश्ती भारत आये। इन्होंने यहां 'चिश्तिया परंपरा' की स्थापना की। चिश्ती सिलसिला का प्रमुख केन्द्र अजमेर था।
- बख्तियार काकी, शेख सलीम चिश्ती तथा निजामुद्दीन औलिया चिश्ती संप्रदाय के प्रमुख संत थे।
- हज़रत निज़ामुद्दीन औलिया ने अपने जीवनकाल में दिल्ली के सात सुल्तानों का शासन देखा।
- सूफियों के सुहरावर्दी सिलसिले की स्थापना शेख शिहाबुद्दीन उमर सुहरावर्दी ने की।
- 'शेख अहमद सरहिन्दी' नक्शबंदी सिलसिले के प्रमुख संत थे। फिरदौसी सुहरावर्दी सिलसिले की एक शाखा थी। इस सिलसिले को शेख शरीफउद्दीन याह्या ने लोकप्रिय बनाया।

भक्ति आंदोलन

- छठी शताब्दी में भक्ति आंदोलन की शुरुआत तमिल क्षेत्र में हुई जो महाराष्ट्र एवं कर्नाटक में फैल गई। मध्यकाल में भक्ति आंदोलन की शुरुआत सर्वप्रथम दक्षिण के आलवार भक्तों द्वारा की गई। उत्तर भारत में भक्ति आंदोलन को लाने का श्रेय 12वीं सदी में रामानंद को है।
- रामानुजाचार्य ने विशिष्टाद्वैत दर्शन दिया। रामानंद ने जातिवाद पर कड़ा प्रहार किया। उनके शिष्यों में कबीर (जुलाहा), सेना (नाई), रैदास (चमार), पीपा (राजपूत) आदि थे।
- कबीर ने निर्गुण भक्ति का प्रसार किया। यह एक महान समाज सुधारक थे जिनकी साहित्यिक कृतियां बीजक ग्रंथ में संकलित हैं। गुरुनानक ने सिख धर्म की स्थापना की। इनकी वाणी 'गुरुग्रंथ साहिब' में संकलित हैं। इन्होंने बाह्य आडंबर, मूर्तिपूजा आदि का विरोध किया।

मुगल साम्राज्य

- भारत में मुगल वंश की स्थापना बाबर ने 1526 ई. में की। बाबर ने पद- पादशाही की स्थापना की जिसके तहत शासक को बादशाह कहा जाता था। बाबर को अपनी उदारता के लिए 'कलन्दर' की उपाधि दी गई।

मुगल शासक एवं उनके शासन काल

क्र.	शासक	शासनकाल	क्र.	शासक	शासनकाल
1.	बाबर	1526-1530 ई.	9.	फर्रुखसियर	1713-1719 ई.
2.	हुमायूं	1530-1556 ई.	10.	मुहम्मद शाह	1719-1748 ई.
3.	अकबर	1556-1605 ई.	11.	अहमदशाह	1748-1754 ई.
4.	जहाँगीर	1605-1627 ई.	12.	आलमगीर द्वितीय	1754-1759 ई.
5.	शाहजहाँ	1627-1658 ई.	13.	शाहआलम द्वितीय	1759-1806 ई.
6.	औरंगजेब	1658-1707 ई.	14.	अकबर द्वितीय	1806-1837 ई.
7.	बहादुरशाह प्रथम	1707-1712 ई.	15.	बहादुरशाह द्वितीय	1837-1857 ई.
8.	जहाँदार शाह	1712-1713 ई.			

मुगलकालीन स्थापत्य

स्थापत्य	स्थान	निर्माणकर्ता
हुमायूँ का मकबरा	दिल्ली	हाजी बेगम
किला-ए-कुहना मस्जिद	दिल्ली	शेरशाह
फतेहपुर सीकरी महल	फतेहपुर सीकरी	अकबर
जोधाबाई महल	फतेहपुर सीकरी	अकबर
बुलंद दरवाजा	फतेहपुर सीकरी	अकबर
सलीम चिश्ती का मकबरा	फतेहपुर सीकरी	अकबर
अकबर का मकबरा	सिकन्दरा	जहाँगीर
एत्मादुदौला का मकबरा	आगरा	नूरजहाँ
मोती मस्जिद	आगरा	शाहजहाँ
ताजमहल	आगरा	शाहजहाँ
लाल किला	दिल्ली	शाहजहाँ
जामा मस्जिद	दिल्ली	शाहजहाँ
बीबी का मकबरा	औरंगाबाद	औरंगजेब
बादशाही मस्जिद	लाहौर	औरंगजेब

अकबर के कुछ महत्वपूर्ण कार्य

कार्य	वर्ष	कार्य	वर्ष
दास प्रथा का अन्त	1562 ई.	इबादतखाने की स्थापना	1575 ई.
अकबर को हरम से मुक्ति	1562 ई.	मजहर की घोषणा	1579 ई.
तीर्थयात्रा कर समाप्त	1563 ई.	दीन-ए-इलाही की स्थापना	1582 ई.
जजिया कर समाप्त	1564 ई.	इलाही संवत् की शुरुआत	1583 ई.
फतेहपुर सीकरी की स्थापना एवं राजधानी का आगरा से फतेहपुर सीकरी स्थानांतरण	1571 ई.	राजधानी लाहौर स्थानांतरित	1585 ई.

मुगलकालीन साहित्य

रचना	रचनाकार	रचना	रचनाकार
हुमायूँनामा	गुलबदन बेगम	पादशाहनामा	मुहम्मद वारिस
आइन-ए-अकबरी	अबुल फजल	मज्म-उल-बहरीन	दारा शिकोह
अकबरनामा	अबुल फजल	रक्कत-ए-आलमगिरी	औरंगजेब
मुन्तखब-उत-तवारीख	बदायूँनी	मुन्तखब-उल-लुबाब	खाफी खान
तबकात-ए-अकबरी	निजामुद्दीन अहमद	आलमगीरनामा	मुहम्मद काजिम
तुजुक-ए-जहाँगीरी	जहाँगीर	फतुहात-ए-आलमगिरी	ईश्वरदास नागर
पादशाहनामा	अब्दुल हमीद लाहौरी	नुस्खा-ए-दिलकुशा	भीमसेन कायश्थ

फारसी में अनुवाद ग्रंथ

अनुवादित ग्रंथ	अनुवादक	अनुवादित ग्रंथ	अनुवादक
रामायण	बदायूंनी, नकीब खां	लीलावती	फैजी
राजतरंगिणी	मौलाना शेरी	कालिय दमन	अबुल फजल
नल दमयन्ती	फैजी	भागवत गीता	दारा शिकोह
योग वशिष्ठ	दारा शिकोह	तुजुक-ए-बाबरी	अब्दुर्रहीम खानखाना
महाभारत	बदायूंनी, अबुल फजल, फैजी	अथर्ववेद	बदायूंनी, हाजी इब्राहिम सरहिन्दी

मध्यकालीन भारत के महत्वपूर्ण युद्ध

युद्ध	समय	जिनके मध्य युद्ध हुआ	विजयी
तराइन युद्ध-I	1191 ई.	पृथ्वीराज चौहान एवं मुहम्मद गौरी	पृथ्वीराज चौहान
तराइन युद्ध-II	1192 ई.	पृथ्वीराज चौहान एवं मुहम्मद गौरी	मुहम्मद गौरी
चन्दावर का युद्ध	1194 ई.	मुहम्मद गौरी एवं जयचन्द	मुहम्मद गौरी
पानीपत का युद्ध-I	1526 ई.	बाबर एवं इब्राहीम लोदी	बाबर
खानवा का युद्ध	1527 ई.	बाबर एवं राणा सांगा	बाबर
चंदेरी का युद्ध	1528 ई.	बाबर एवं राणा सांगा	बाबर
घाघरा का युद्ध	1529 ई.	बाबर एवं अफगान	बाबर
चौसा का युद्ध	1539 ई.	शेरशाह एवं हुमायूं	शेरशाह
विलग्राम का युद्ध	1540 ई.	शेरशाह एवं हुमायूं	शेरशाह
पानीपत का युद्ध-II	1556 ई.	अकबर एवं हेमू	अकबर
हल्दी-घाटी का युद्ध	1576 ई.	अकबर एवं महाराणा प्रताप	अकबर
असीरगढ़ का युद्ध	1601 ई.	अकबर एवं दक्षिण भारत के शासक	अकबर
सामूगढ़ का युद्ध	1658 ई.	औरंगजेब एवं दारा शिकोह	औरंगजेब

मराठा साम्राज्य

- मराठा साम्राज्य के संस्थापक शिवाजी थे। इनका जन्म 19 फरवरी, 1630 ई. में शिवनेर दुर्ग (जुन्नार के समीप) में हुआ था। शिवाजी के पिता शाहजी भोंसले और माता जीजाबाई थीं।
- शिवाजी के आध्यात्मिक गुरु समर्थ रामदास थे।
- 1674 ई. में शिवाजी ने रायगढ़ के दुर्ग में स्वतंत्र मराठा शासक के रूप में अपना राज्याभिषेक वाराणसी (काशी) के प्रसिद्ध विद्वान श्री गंगाभट्ट द्वारा कराया और छत्रपति की उपाधि ली।
- शिवाजी को औरंगजेब ने मई, 1666 ई. में जयपुर भवन में कैद कर लिया, जहाँ से वे 16 अगस्त, 1666 ई. में भाग निकले।
- शिवाजी के प्रशासन की प्रमुख विशेषता उनके आठ मंत्री थे जिन्हें 'अष्ट प्रधान' कहा जाता था।

- शिवाजी की आय का मुख्य साधन चौथ था। यह आय का ¼ होता था। आय का दूसरा साधन 'सरदेशमुखी' था जो आय का 1/10 भाग होता था।
- शिवाजी के उत्तराधिकारी शम्भाजी की 1689 ई॰ में औरंगजेब ने हत्या करवा दी।
- शाहू ने बालाजी विश्वनाथ को पेशवा बनाया। पेशवा का पद आगे मराठा साम्राज्य में सर्वाधिक महत्वपूर्ण हो गया। बालाजी विश्वनाथ के बाद बाजीराव प्रथम पेशवा बना जिसने मराठा राज्य का अत्यधिक विस्तार किया। 1740 ई. में बाजीराव प्रथम का पुत्र बालाजी बाजीराव पेशवा बना। पानीपत का तृतीय युद्ध (1761 ई॰) बालाजी बाजीराव के समय ही लड़ा गया था जिसमें अहमदशाह अब्दाली के द्वारा मराठे बुरी तरह पराजित हुए।
- पालखेड़ा का युद्ध 7 मार्च, 1728 ई. में बाजीराव प्रथम एवं निजामुल मुल्क के बीच हुआ जिसमें निजाम की हार हुई। दिल्ली पर आक्रमण करने वाला प्रथम पेशवा बाजीराव प्रथम था, जिसने 29 मार्च, 1737 ई. को दिल्ली पर आक्रमण किया था।

अष्ट प्रधान

पेशवा	*प्रधानमंत्री*	*पण्डित राव*	*धर्म एवं दान विभाग का प्रधान*
अमात्य	*वित्तमंत्री*	*वाकयानवीस*	*सूचना एवं गुप्तचर विभाग का प्रधान*
सर-ए-नौबत	*सैन्य प्रधान*	*न्यायाधीश*	*न्याय विभाग*
सुमन्त	*विदेश मंत्री*	*चिटनिस*	*सामान्य पत्र व्यवहार*

सिख धर्म गुरु और उनके कार्य

समय (गुरु-काल)	सिख गुरु	कार्य
1469 ई. से 1539 ई.	गुरु नानक देव	सिख धर्म की स्थापना, 'आदि ग्रंथ' की रचना
1539 ई. से 1552 ई.	गुरु अंगद	गुरुमुखी लिपि के जनक
1552 ई. से 1574 ई.	गुरु अमरदास	धर्म प्रसार हेतु 22 गद्दियों की स्थापना
1574 ई. से 1581 ई.	गुरु रामदास	अमृतसर की स्थापना (1577 ई.)
1581 ई. से 1606 ई.	गुरु अर्जुन देव	'श्री हरमन्दिर साहिब' या 'स्वर्ण मन्दिर' की नींव रखी, 'गुरु ग्रंथ साहब' का संकलन
1606 ई. से 1645 ई.	गुरु हरगोविन्द सिंह	'अकाल तख्त' की स्थापना, सिखों को लड़ाकू जाति में बदला।
1645 ई. से 1661 ई.	गुरु हरराय	उत्तराधिकार (मुगलों के) युद्ध में भाग
1661 ई. से 1664 ई.	गुरु हरकिशन	अल्पव्यस्क अवस्था में ही मृत्यु
1664 ई. से 1675 ई.	गुरु तेग बहादुर	इस्लाम कुबूल न करने के कारण औरंगजेब द्वारा फाँसी
1675 ई. से 1708 ई.	गुरु गोविन्द सिंह	'खालसा' सेना की स्थापना, अन्तिम गुरु

आधुनिक भारत

यूरोपीय कम्पनियों का भारत आगमन

- 1498 ई. में वास्को-डि-गामा ने भारत के समुद्री मार्ग की खोज की और कालीकट के समुद्र तट पर उतरा। पुर्तगालियों ने अपनी पहली व्यापारिक कोठी कोचीन में खोली।
- डचों ने 1605 ई. में मसुलीपट्टनम में अपनी पहली फैक्ट्री स्थापित की। इसके बाद पुलीकट, चिनसुरा, पटना, सूरत, नागपट्टनम, बालासोर तथा कासिम बाजार में डचों ने अपनी फैक्ट्री स्थापित की।
- अंग्रेजों ने 1608 ई. में अपनी पहली फैक्ट्री सूरत में स्थापित की।
- 1664 ई. में फ्रेंच ईस्ट इंडिया कम्पनी की स्थापना हुई।
- 1632 ई. में गोलकुण्डा के सुल्तान ने अंग्रेजों को एक सुनहला फरमान (Golden Farman) दिया।

भारत में यूरोपीय कम्पनियां

कम्पनी	स्थापना वर्ष
पुर्तगाली ईस्ट इण्डिया कम्पनी	1498 ई.
अंग्रेजी ईस्ट इण्डिया कम्पनी	1600 ई.
डच ईस्ट इण्डिया कम्पनी	1602 ई.
डैनिश ईस्ट इण्डिया कम्पनी	1616 ई.
फ्रांसीसी ईस्ट इण्डिया कम्पनी	1664 ई.

- 1661 ई. में पुर्तगाली राजकुमारी 'कैथरीन ऑफ ब्रेगेन्जा' एवं ब्रिटेन के राजकुमार चार्ल्स द्वितीय का विवाह हुआ। इस अवसर पर पुर्तगालियों ने दहेज के रूप में चार्ल्स द्वितीय को बम्बई प्रदान किया।

भूराजस्व व्यवस्था

- मुख्य रूप से अंग्रेजों ने भारत में तीन प्रकार की भू-राजस्व व्यवस्था अपनाई अर्थात् स्थायी बन्दोबस्ती, महालवाड़ी तथा रैयतवाड़ी।
- लॉर्ड कार्नवालिस के द्वारा स्थायी बन्दोबस्त व्यवस्था को लागू किया गया था।
- स्थायी बन्दोबस्त बंगाल, बिहार, उड़ीसा, उत्तर प्रदेश के वाराणसी एवं गाजीपुर क्षेत्र तथा उत्तरी कर्नाटक के क्षेत्रों में लागू किया गया।
- महाल शब्द का तात्पर्य जागीर अथवा गाँव होता है। इस पद्धति में राजस्व व्यवस्था प्रत्येक महाल के साथ स्थापित की गई, कृषक के साथ नहीं। इस पद्धति के जन्मदाता हाल्ट मैकेन्जी थे।
- इस व्यवस्था के अंतर्गत उत्तर प्रदेश, मध्य प्रांत और पंजाब प्रांत आते थे जो ब्रिटिश के कुल भू-भाग का 30 प्रतिशत था।
- किसानों के साथ व्यक्तिगत रूप से किए गए लगान समझौते को रैयतवाड़ी कहा गया।

- 1792 ई. में रैयतवाड़ी व्यवस्था बारामहल जिले में पहली बार कर्नल रीड के द्वारा लागू की गई।
- यह व्यवस्था मद्रास, बम्बई, पूर्वी बंगाल, असम और कुर्ग में लागू की गई। इस व्यवस्था के अंतर्गत ब्रिटिश भारत की 51 प्रतिशत भूमि आई।

आधुनिक उद्योगों का विकास

- भारत में आधुनिक उद्योगों को आरम्भ करने का श्रेय पारसी समुदाय को ही जाता है।
- भारत की पहली सूती मिल 1854 ई॰ में कावसजी नानाजी दादाभाई द्वारा स्थापित की गई।
- लोहा और इस्पात के क्षेत्र में कदम रखने वाले प्रथम भारतीय पूँजीपति जमशेदजी टाटा थे जिन्होंने 1907 ई॰ में टाटा आयरन एण्ड स्टील कम्पनी की स्थापना की।
- 1884 में भारत का प्रथम श्रमिक संघ 'बम्बई मिल हैण्ड एसोसिएशन' की स्थापना एन॰एस॰ लोखण्डे के नेतृत्व में की गई।
- 'मुम्बई मिल हैण्ड एसोसिएशन' ने मराठी भाषा में 'दीनबन्धु' अखबार प्रकाशित किया।
- 1929 ई॰ में 'अखिल भारतीय ट्रेड यूनियन कांग्रेस' (AITUC) में विभाजन हुआ और साम्यवादियों ने लाल ट्रेड यूनियन कांग्रेस का गठन किया।
- 1938 ई॰ में सुभाषचन्द्र बोस के सहयोग से 'हिन्द मजदूर सेवक संघ' की स्थापना हुई।
- 1940 ई॰ में एम॰एन॰ राय ने अपने को अखिल भारतीय ट्रेड यूनियन कांग्रेस से अलग कर 'इंडियन फेडरेशन ऑफ लेबर' की स्थापना की।
- राष्ट्रवादी नेता बल्लभभाई पटेल ने मई 1947 ई॰ में भारतीय राष्ट्रीय ट्रेड यूनियन (INTUC) की स्थापना की थी।
- भारत में प्रथम क्रान्तिकारी ट्रेड यूनियन की स्थापना 1928 ई॰ में श्रीपाद अमृत डांगे एवं वेन ब्रेडले के सहयोग से बम्बई में 'लाला बावटा गिरनी कामगार यूनियन' के नाम से की गई थी।

शैक्षिक विकास तथा नीति

- 1781 ई॰ में गवर्नर वारेन हेस्टिंग्स ने कलकत्ता में मुस्लिम शिक्षा विकास के लिए 'प्रथम मदरसा' की स्थापना की।
- 1784 ई॰ में सर विलियम जोंस ने एशियाटिक सोसाइटी ऑफ बंगाल की स्थापना की।
- ब्रिटिश रेजीडेण्ट जोनाथन डंकन ने 1791 ई॰ में वाराणसी में संस्कृत कॉलेज की स्थापना की।
- 1800 ई॰ में लार्ड वेलेजली ने फोर्ट विलियम कॉलेज की स्थापना की।
- 1882 में हंटर शिक्षा आयोग आया। इसने प्राथमिक शिक्षा में सुधार तथा उपयोगी विषयों पर स्थानीय भाषा में शिक्षा की वकालत किया।
- 21 फरवरी 1913 ई॰ को नवीन शिक्षा-नीति पारित तथा सरकारों को निःशुल्क प्राथमिक शिक्षा देने का निर्देश।
- राधाकृष्णन आयोग (1948 ई॰) के सुझावों पर भारत सरकार ने 1953 ई॰ में विश्वविद्यालय अनुदान आयोग की स्थापना की।

सामाजिक एवं धार्मिक सुधार आन्दोलन

- हिन्दू धर्म में पहला सुधार आन्दोलन ब्रह्म समाज था, जिसकी स्थापना 1828 ई॰ में कलकत्ता में राजा राममोहन राय ने की।
- राजा राममोहन राय ने 1821 में 'संवाद कौमुदी' (बंगाली) तथा 1822 में 'मिरातुल अखबार' (फारसी) प्रकाशित किया।
- सतीप्रथा के विरुद्ध संघर्ष तथा 1829 में विलियम बैंटिक के हाथों 'सती प्रथा अवैध' विधेयक को पारित करवाया।
- देवेंद्र नाथ टैगोर ने 1839 में कलकत्ता में 'तत्वबोधिनी सभा' की स्थापना की तथा 'तत्वबोधिनी पत्रिका' नामक बंगाली मासिक पत्रिका निकाली।
- केशव चन्द्र सेन ने एक 'नवीन ब्रह्म समाज' का गठन किया जिसे 'आदि ब्रह्म समाज' या 'भारत का ब्रह्म समाज' का नाम दिया गया।
- प्रार्थना समाज द्वारा स्थापित 'दलित जाति मंडल', 'समाज सेवा संघ', 'दक्कन शिक्षा सभा' ने प्रशंसनीय कार्य किये।
- स्वामी दयानन्द सरस्वती ने सबसे पहली बार 'स्वराज्य' शब्द का प्रयोग किया।
- 1875 में दयानन्द सरस्वती ने बम्बई में 'आर्य समाज' की स्थापना की।
- यंग बंगाल आन्दोलन के प्रवर्तक एंग्लो इंडियन 'हेनरी विलियम डेरेजिओ' थे।
- स्वामी विवेकानन्द ने 1893 में शिकागो में हुई धर्मों की संसद में भाग लिया।
- वेलूर में 1897 में विवेकानन्द ने 'रामकृष्ण मिशन' की स्थापना की।
- 1875 में अमेरिका के न्यूयार्क में रूसी महिला श्रीमती एच॰पी॰ ब्लाट्व्स्की (1811-91) और अमेरिकी कर्नल एच॰एस॰ ऑल्काट ने 'थियोसोफिकल सोसायटी' की स्थापना की।
- ऐनी बेसेंट ने 1898 ई॰ में बनारस में 'सेंट्रल हिन्दू कॉलेज' की नींव डाली। यही कॉलेज आगे चलकर 1916 में 'बनारस हिन्दू विश्वविद्यालय' (मदन मोहन मालवीय द्वारा स्थापित) बन गया।
- 1916 में ऐनी बेसेंट ने 'होमरूल लीग' की स्थापना की। 1914 में ऐनी बेसेंट ने एक अंग्रेजी पत्रिका 'न्यू इंडिया' बम्बई से तथा 'कॉमनवील' पत्रिका भी प्रकाशित की।
- सर सैयद अहमद खाँ (1817-98) मुस्लिम सुधारकों में विशेष स्थान रखते थे और इन्होंने ही 'अलीगढ़ आन्दोलन' को चलाया। इन्होंने 'पीरी मुरादी प्रथा' को समाप्त करने का प्रयत्न किया।
- 1875 ई॰ में उन्होंने अलीगढ़ में एक 'मुस्लिम एंग्लो ओरिएंटल स्कूल' प्रारम्भ किया।
- 1851 में नौरोजी फरदोनजी, दादाभाई नौरोजी तथा एस॰एस॰ बंगाली ने मिलकर एक पारसी संस्था 'रहनुमाई मजदायान सभा' गठित की।
- इस सभा के संदेश को पारसियों तक पहुँचाने के लिए दादा भाई नौरोजी ने 'रस्ट गोफ्तार' (सत्यवादी) नामक पत्रिका छपवाई।
- ज्योतिबा फुले– 1873 में ज्योतिबा फुले ने 'सत्यशोधक समाज' की स्थापना की।
- 1872 में ज्योतिबा फुले ने 'गुलामगिरि' ग्रन्थ की रचना की।

सामाजिक सुधार अधिनियम

अधिनियम	गवर्नर जनरल	वर्ष
शिशुवध प्रतिबंध	वेलेजली	1798-1805
सती प्रथा प्रतिबंध	लॉर्ड विलियम बेंटिंक	1829
दास प्रथा पर प्रतिबंध	एलनबरो	1843
हिन्दू पुनर्विवाह	लॉर्ड केनिंग	1856
नैटिव मैरिज एक्ट	नॉर्थ ब्रुक	1872
एज ऑफ कन्सेंट एक्ट	लैंस डाउन	1891
शारदा एक्ट	इरविन	1930

1857 की क्रांति

- 1857 की क्रांति का प्रारंभ 29 मार्च, 1857 को मंगल पाण्डे ने बैरकपुर छावनी में किया। इसे सिपाही विद्रोह भी कहा गया। विद्रोहियों ने 11 मई, 1857 को बहादुरशाह जफर को भारत का बादशाह घोषित किया। 1857 की क्रांति के समय भारत का गवर्नर जनरल लॉर्ड कैनिंग एवं इंग्लैंड के प्रधानमंत्री पार्मस्टोन (लिबरल) थे।

1857 की क्रांति के संदर्भ में इतिहासकारों का मत

इतिहासकार	मत
डिजरायली	यह राष्ट्रीय विद्रोह था।
बी.डी. सावरकर	यह भारत का प्रथम स्वतंत्रता संग्राम था।
टी.आर. होम्स	बर्बरता एवं सभ्यता के बीच युद्ध था।
सर जॉन लॉरेन्स एवं सीले	यह पूर्णतया सिपाही विद्रोह था।
जेम्स आउट्रम, डब्ल्यू. टेलर	यह अंग्रेजों के विरुद्ध हिन्दू एवं मुसलमानों का षड्यंत्र था।
एल.ई.आर. रीज	यह धर्मान्धों का ईसाइयों के विरुद्ध युद्ध था।

1857 के विद्रोह के प्रमुख केन्द्र

केन्द्र	विद्रोही नायक	विद्रोह की तिथि	ब्रिटिश सेनापति
दिल्ली	बहादुरशाह द्वितीय, बख्त खाँ	11 मई, 1857	निकलसन, हडसन
कानपुर	नाना साहब, तात्याँ टोपे	5 जून, 1857	कॉलिन कैम्पबेल
लखनऊ	बेगम हजरत महल, बिरजिस कादर	4 जून, 1857	कॉलिन कैम्पबेल
झाँसी	रानी लक्ष्मीबाई	4 जून, 1857	जनरल ह्यूरोज
जगदीशपुर	कुँवर सिंह	12 जून, 1857	विलियम टेलर, विंसेट आयर
फैजाबाद	मौलवी अहमदुल्ला	जून 1857	जनरल रेनॉर्ड
बरेली	खान बहादुर	जून 1857	विंसेंट आयर

भारत का राष्ट्रीय आंदोलन

- 'लैंड होल्डर्स एसोसिएशन' तथा 'बंगाल ब्रिटिश एसोसिएशन' का गठन 1852 ई॰ में किया गया। इस एसोसिएशन की नीतियाँ रूढ़िवादी तथा जमींदार परस्त थीं।
- भारत के प्रश्न पर विचार करने तथा भारत के हित के लिए दादाभाई नौरोजी ने लंदन में ईस्ट इंडिया एसोसिएशन की स्थापना की।
- 19वीं सदी के 8वें दशक में 'पूना सार्वजनिक सभा', 1885 में 'मद्रास महाजन सभा', 1885 में बंबई प्रेसिडेंसी एसोसिएशन की स्थापना की गई।
- सुरेन्द्रनाथ बनर्जी ने जुलाई 1876 में कलकत्ता में 'इण्डियन एसोसिएशन' की स्थापना की। इस संगठन के दो लक्ष्य थे–प्रथम, राजनीतिक प्रश्नों पर देश में जनरल तैयार करना तथा द्वितीय, एक समान राजनीतिक कार्यक्रम के आधार पर जनता को एक सूत्रबद्ध करना।
- अवकाश प्राप्त ब्रिटिश अधिकारी ए॰ओ॰ ह्यूम ने 1885 में भारतीय राष्ट्रीय कांग्रेस की स्थापना की।
- औपनिवेशिक ढंग के स्वराज्य की माँग कांग्रेस के मंच से 1905 में गोपालकृष्ण गोखले ने रखा तथा 1906 में दादाभाई नौरोजी ने। लार्ड कर्जन द्वारा 20 जुलाई, 1905 को बंगाल विभाजन की घोषणा।
- सन् 1911 ई॰ में दिल्ली में दरबार लगा। उसमें ब्रिटेन का राजा जॉर्ज पंचम और उसकी रानी ने भाग लिया और 1905 ई॰ का बंगाल विभाजन रद्द हुआ तथा राजधानी कलकत्ता से दिल्ली स्थानांतरित कर दी गई।
- 1906 ई॰ में मुस्लिम लीग की स्थापना हुई। इसकी स्थापना में प्रमुख भूमिका मुसलमानों के एक संप्रदाय के प्रमुख आगा खान और ढाका के नवाब सलीमुल्ला ने अदा की।
- मई 1913 में काशीराम के घर में हिन्दी एसोसिएशन की पहली बैठक में भाई परमानंद, सोहन सिंह भाक्खना, लाला हरदयाल ने मिलकर एक साप्ताहिक अखबार 'गदर' निकालने का निर्णय लिया। 1 नवम्बर 1913 ई॰ में गदर नामक उर्दू साप्ताहिक (बाद में मासिक) पत्र का प्रकाशन प्रारंभ तथा बाद में हिन्दी, गुरुमुखी, उर्दू एवं गुजराती भाषा में निकलने लगा।
- गुरुदीप सिंह द्वारा 376 यात्रियों को जल मार्ग द्वारा बैंकवूर ले जाने पर कामागाटामारू घटना घटित हुई।
- सर्वप्रथम आयरलैंड में आयरिश नेता रेडमाण्ड के नेतृत्व में 'होमरूल लीग' की स्थापना हुई।
- भारत में इसके संस्थापक तिलक और ऐनी बेसेंट थे। ऐनी बेसेंट ने अपने पत्र 'न्यू इंडिया' तथा साप्ताहिक पत्र 'कॉमन विल' द्वारा होमरूल आंदोलन का प्रचार किया।
- 1919 के इस अधिनियम द्वारा रॉलेट एक्ट प्रशासन को किसी भी भारतीय को गिरफ्तार करने तथा बिना मुकद्दमा चलाए उसे बंदीगृह में रखने का आदेश दे दिया गया।
- 13 अप्रैल, 1919 को बैसाखी के दिन सायंकाल जलियाँवाला बाग में नेताओं की गिरफ्तारी के विरोध में शांतिपूर्ण सभा पर जनरल डायर ने बिना कोई चेतावनी दिए सिपाहियों को भीड़ पर गोली चलाने के आदेश दिए।

- जलियाँवाला कांड के विरोध में रवीन्द्रनाथ टैगौर ने अपनी 'सर', महात्मा गाँधी ने 'कैसर-ए-हिन्द' तथा जमनालाल बजाज ने 'राय बहादुर' की उपाधि लौटा दी थी। 19 अक्टूबर, 1919 ई. को समूचे देश में 'खिलाफत दिवस' मनाया गया।
- 5 फरवरी, 1922 को उत्तर प्रदेश के गोरखपुर जिले में चौरी-चौरा नामक स्थान पर पुलिस ने एक शांतिपूर्ण जुलूस पर गोली चलाई। 1926 ई. में भगत सिंह ने पंजाब में नौजवान भारत सभा तथा लाहौर स्टूडेंट्स यूनियन की स्थापना की।
- 1928 में भगत सिंह, भगवती चरण बोहरा, विजय सिन्हा, यशपाल, राजगुरु तथा सुखदेव द्वारा फिरोज शाह कोटला दिल्ली में हिन्दुस्तान सोशलिस्ट रिपब्लिकन एसोसिएशन की स्थापना की गई।
- 1928 में भगतसिंह, राजगुरु तथा सुखदेव द्वारा सांडर्स की हत्या। 1929 में केंद्रीय विधानमंडल पर भगतसिंह तथा बटुकेश्वर दत्त ने बम फेंका। 23 मार्च, 1931 को बटुकेश्वर दत्त, भगत सिंह एवं राजगुरु को फाँसी पर लटका दिया गया।
- 8 नवंबर, 1927 को ब्रिटिश सरकार द्वारा भारतीय संवैधानिक आयोग की नियुक्ति। 10 मई, 1928 ई. को बंबई में हुई एक सर्वदलीय बैठक में 8 सदस्यों की एक समिति का गठन भावी संविधान की रूपरेखा तैयार करने हेतु किया गया। इस समिति के अध्यक्ष मोतीलाल नेहरू थे।
- महात्मा गाँधी ने 6 अप्रैल, 1930 ई. को गुजरात के समुद्रतट पर स्थित डांडी की 78 अनुयायियों के साथ यात्रा की तथा वहाँ नमक बनाकर सविनय अवज्ञा आंदोलन आरंभ किया।
- 8 अगस्त, 1942 को कांग्रेस ने ग्वालियर टैंक बम्बई में अहिंसक संघर्ष चलाने हेतु भारत छोड़ो प्रस्ताव पास किया।
- 8 अगस्त को आंदोलन आरंभ करते हुए गाँधी जी ने भारतीयों को करो या मरो का नारा देकर ललकारा तथा 8-9 अगस्त को कांग्रेस के सभी बड़े नेताओं को गिरफ्तार कर लिया गया।
- अनेक जगहों पर समानांतर सरकारों का गठन हुआ जैसे—बलिया में चितु पांडे के नेतृत्व में, बंगाल में तामूलक जातीय सरकार सतीश सामंत के नेतृत्व में तथा सतारा में प्रतिसरकार की स्थापना नाना पाटिल के नेतृत्व में की गई।
- इसी दौरान 28-30 मार्च, 1942 को टोकियो में रह रहे भारतीय रासबिहारी बोस ने इंडियन नेशनल आर्मी के गठन पर विचार के लिए सम्मेलन बुलाया।
- 4 जुलाई, 1943 को सुभाषचंद्र बोस ने आजाद हिंद फौज एवं इंडियन लीग की कमान संभाली।
- 14 जून, 1945 को वेवल ने एक योजना प्रस्तुत की। इसका उद्देश्य 1935 के भारत शासन अधिनियम के अधीन आगे संवैधानिक परिवर्तनों की रूपरेखा प्रस्तुत करना था।
- एटली ने भारत के संवैधानिक गतिरोध को दूर करने के लिए तीन सदस्यीय कैबिनेट मिशन भारत भेजा। 24 मार्च, 1946 को कैबिनेट मिशन दिल्ली पहुँचा।
- 2 सितंबर, 1946 को नेहरू के नेतृत्व में कांग्रेस की अंतरिम सरकार का गठन हुआ। 9 दिसंबर, 1946 को संविधान निर्मात्री परिषद का पहला अधिवेशन हुआ।
- भारतीय स्वतंत्रता अधिनियम, 1947 द्वारा घोषणा की गई कि 15 अगस्त, 1947 को भारतीय राज्यों पर से ब्रिटिश संप्रभुता समाप्त हो जाएगी।

भारतीय राष्ट्रीय आंदोलन से सम्बन्धित महत्वपूर्ण संगठन एवं संस्थाएं

संस्थाएं	स्थापना वर्ष	संस्थापक
एशियाटिक सोसाइटी	1784	विलियम जोन्स
आत्मीय सभा	1815	राजा राममोहन राय
वेदान्त कॉलेज	1825	राजा राममोहन राय
युवा बंगाल आंदोलन	1826	हेनरी विवियन डेरोजियो
ब्रह्म समाज	1828	राजा राममोहन राय
तत्वबोधिनी सभा	1839	देवेन्द्रनाथ ठाकुर
परमहंस मंडली	1840	गोपाल हरिदेशमुख
रहनुमाई माजदायान सभा	1851	दादाभाई नौरोजी
साइंटिफिक सोसाइटी	1864	सर सैय्यद अहमद खाँ
पूना सार्वजनिक सभा	1867	एम.जी. रानाडे
वेद समाज	1867	आचार्य केशवचंद्र सेन
सत्यशोधक समाज	1873	ज्योतिबा फुले
अलीगढ़ मोहम्मडन एंग्लो ओरिएन्टल कॉलेज	1875	सर सैय्यद अहमद खाँ
इण्डियन लीग	1875	शिशिर कुमार घोष
आर्य समाज	1875	स्वामी दयानंद सरस्वती
इण्डियन एसोसिएशन	1876	आनंद मोहन बोस, सुरेन्द्रनाथ बनर्जी
थियोसोफिकल सोसाइटी	1882	मैडम ब्लाट्व्स्की एवं कर्नल अल्काट
भारतीय राष्ट्रीय कांग्रेस	1885	ए.ओ. ह्यूम
बॉम्बे प्रेसीडेन्सी एसोसिएशन	1885	फिरोजशाह मेहता, तैलंग एवं तैय्यबजी
रामकृष्ण मिशन	1897	स्वामी विवेकानन्द
अभिनव भारत	1904	विनायक दामोदर सावरकर
सर्वेन्ट्स ऑफ इंडिया सोसाइटी	1905	गोपाल कृष्ण गोखले
मुस्लिम लीग	1906	आगा खाँ एवं सलीम उल्ला
अनुशीलन समिति	1907	बारीन्द्र घोष, भूपेन्द्र दत्त
गदर पार्टी	1913	लाला हरदयाल, काशीराम
हिन्दू महासभा	1915	मदन मोहन मालवीय
होमरूल लीग	1916	तिलक एवं ऐनी बेसेन्ट
खिलाफत आंदोलन	1919	अली बन्धु

संस्थाएं	स्थापना वर्ष	संस्थापक
अखिल भारतीय ट्रेड यूनियन	1920	एन.एम. जोशी
स्वराज पार्टी	1923	मोतीलाल नेहरू एवं चितरंजन दास
हिन्दुस्तान रिपब्लिकन एसोसिएशन	1924	शचीन्द्र सान्याल
बहिष्कृत हितकारिणी सभा	1924	बी.आर. अम्बेडकर
राष्ट्रीय स्वयंसेवक संघ	1925	डॉ. हेडगवार
खुदाई खिदमतगार	1930	अब्दुल गफ्फार खाँ
हरिजन सेवक संघ	1932	महात्मा गांधी
फॉरवर्ड ब्लॉक	1939	सुभाष चन्द्र बोस

भारतीय स्वतंत्रता आंदोलन के प्रमुख वचन एवं नारे

वचन एवं नारे	नाम
करो या मरो	महात्मा गाँधी
हे राम	महात्मा गाँधी
भारत छोड़ो	महात्मा गाँधी
दिल्ली चलो	सुभाष चन्द्र बोस
जय हिन्द	सुभाष चन्द्र बोस
तुम मुझे खून दो, मैं तुम्हें आजादी दूँगा	सुभाष चन्द्र बोस
पूर्ण स्वराज्य	जवाहरलाल नेहरू
हू लिव्स इफ इंडिया डाइज	जवाहरलाल नेहरू
वेदों की ओर लौटो	दयानन्द सरस्वती
आराम हराम है	जवाहरलाल नेहरू
जय जवान, जय किसान	लाल बहादुर शास्त्री
मेरे सिर पर लाठी का एक-एक प्रहार अंग्रेजी शासन के ताबूत की कील साबित होगा	लाला लाजपत राय
सारे जहाँ से अच्छा हिन्दोस्तां हमारा	इकबाल
सरफरोशी की तमन्ना, अब हमारे दिल में है	राम प्रसाद बिस्मिल
स्वराज हमारा जन्मसिद्ध अधिकार है	बाल गंगाधर तिलक
जन-गण-मन अधिनायक जय हो	रवीन्द्र नाथ टैगोर
मारो फिरंगी को	मंगल पांडे
हिन्दी-हिन्दू-हिन्दुस्तान	भारतेन्दु हरिश्चन्द

स्वतंत्रता संग्राम से सम्बन्धित पत्र/पत्रिकाएं एवं पुस्तकें

पुस्तकें/पत्र	लेखक/संस्थापक
अभ्युदय, लीडर, हिन्दुस्तान	मदन मोहन मालवीय
इंडियन मिरर, वाम बोधिनी	केशवचंद्र सेन
इंडिपेन्डेन्ट	मोतीलाल नेहरू
काल	परांजपे
कॉमरेड, हमदर्द	मुहम्मद अली
केसरी (मराठी), द मराठा (अंग्रेजी), गीता-रहस्य	बाल गंगाधर तिलक
कर्मयोगी, युगान्तर, वन्देमातरम् लाइफ डिवाइन, सावित्री	अरविंद घोष
बंगाली, ए नेशन इन मेकिंग	सुरेंद्र नाथ बनर्जी
यंग-इंडिया, हरिजन, नवजीवन, हिंदू स्वराज्य, माई एक्सपेरीमेंट विथ ट्रूथ	महात्मा गांधी
संवाद कौमुदी	राजा राममोहन राय
सोम प्रकाश	ईश्वरचंद्र विद्यासागर
अमृत बाजार पत्रिका	शिशिर कुमार घोष
कॉमनवील, न्यू इंडिया	एनी बेसेंट
फ्री हिन्दुस्तान	तारकनाथ दास
द रिवोल्युशनरी	शचींद्रनाथ सन्याल
पावर्टी एंड अन-ब्रिटिश रूल इन इंडिया, रस्ट गोफ्तार	दादाभाई नौरोजी
इंडिया डिवाइडेड	डॉ. राजेन्द्र प्रसाद
अनहैपी इंडिया	लाला लाजपत राय
इंडिया विन्स फ्रीडम, गुबारे खातिर, अल हिलाल	अबुल कलाम आजाद
डिस्कवरी ऑफ इंडिया, ग्लिम्प्सेज ऑफ वर्ल्ड हिस्ट्री	जवाहर लाल नेहरू
इंडियन अनरेस्ट	सर वैलेंटाइन शिरॉल
इंडिया फॉर-इंडियन्स	चितरंजन दास
वॉर ऑफ इंडियन इंडिपेन्डेन्स	वीर सावरकर
गीतांजलि, होम एंड द वर्ल्ड	रवीन्द्रनाथ टैगोर
नील दर्पण	दीनबंधु मित्र
सोजे वतन, कर्मभूमि, शतरंज के खिलाड़ी	प्रेमचंद
भारत भारती	मैथिलीशरण गुप्त
भारत दुर्दशा	भारतेंदु हरिश्चन्द्र
सत्यार्थ प्रकाश	दयानंद सरस्वती
इंडियन स्ट्रगल	सुभाष चंद्र बोस
आनंद मठ, देवी चौधुरानी	बंकिमचंद्र चट्टोपाध्याय

उपाधि, प्राप्तकर्ता एवं दाता

उपाधि	प्राप्तकर्ता	दाता
गुरुदेव	रवीन्द्रनाथ टैगोर	महात्मा गाँधी
कायदे आजम	मोहम्मद अली जिन्ना	महात्मा गाँधी
विवेकानन्द	स्वामी विवेकानन्द	महाराजा खेतड़ी
राजा	राजा राममोहन राय	अकबर द्वितीय
महात्मा	महात्मा गाँधी	रवीन्द्र नाथ टैगोर
सरदार	बल्लभ भाई पटेल	बारदोली की महिलाएँ
नेताजी	सुभाष चन्द्र बोस	एडोल्फ हिटलर
देशरत्न/अजातशत्रु	डॉ. राजेन्द्र प्रसाद	महात्मा गाँधी
राष्ट्रपिता	महात्मा गाँधी	सुभाष चन्द्र बोस
देशनायक	सुभाष चन्द्र बोस	रवीन्द्रनाथ टैगोर

कांग्रेस अधिवेशन : कब और कहाँ

अधिवेशन	वर्ष	स्थान	अध्यक्ष	विशेष
पहला	1885	बंबई	व्योमेशचन्द्र बनर्जी	72 प्रतिनिधियों ने भाग लिया
दूसरा	1886	कलकत्ता	दादाभाई नौरोजी	
तीसरा	1887	मद्रास	बदरुद्दीन तैय्यबजी	प्रथम मुस्लिम अध्यक्ष
चौथा	1888	इलाहाबाद	जॉर्ज यूल	प्रथम अंग्रेज अध्यक्ष
पांचवां	1889	बंबई	सर विलियम वेडरबर्न	
छठा	1890	कलकत्ता	सर फिरोजशाह मेहता	
सातवां	1891	नागपुर	पी. आनंद चार्लू	
आठवां	1892	इलाहाबाद	व्योमेशचंद्र बनर्जी	
नौवां	1893	लाहौर	दादाभाई नौरोजी	
दसवां	1894	मद्रास	अल्फ्रेड वेब	
ग्यारहवां	1895	पूना	सुरेन्द्रनाथ बनर्जी	
बारहवां	1896	कलकत्ता	रहीमतुल्ला सयानी	पहली बार वंदे मातरम् गाया गया
तेरहवां	1897	अमरावती	सी. शंकरन नायर	
चौदहवां	1898	मद्रास	आनंदमोहन दास	
पंद्रहवां	1899	लखनऊ	रमेशचंद्र दत्त	

अधिवेशन	वर्ष	स्थान	अध्यक्ष	विशेष
सोलहवां	1900	लाहौर	एन.जी. चंद्रावरकर	
सत्रहवां	1901	कलकत्ता	दिनशा इदुलजी वाचा	
अठारहवां	1902	अहमदाबाद	सुरेन्द्रनाथ बनर्जी	
उन्नीसवां	1903	मद्रास	लालमोहन घोष	
बीसवां	1904	बंबई	सर हेनरी काटन	
इक्कीसवां	1905	बनारस	गोपाल कृष्ण गोखले	
बाइसवां	1906	कलकत्ता	दादाभाई नौरोजी	पहली बार 'स्वराज' शब्द का प्रयोग
तेइसवां	1907	सूरत	डॉ. रासबिहारी बोस	कांग्रेस का प्रथम विभाजन
चौबीसवां	1908	मद्रास	डॉ. रासबिहारी घोष	कांग्रेस संविधान का निर्माण
पच्चीसवां	1909	लाहौर	पं. मदनमोहन मालवीय	
छब्बीसवां	1910	इलाहाबाद	विलियम वेडरबर्न	
सत्ताइसवां	1911	कलकत्ता	पं. विशननारायण धर	पहली बार जन गण मन गाया गया
अट्ठाइसवां	1912	बांकीपुर	आर.एन. माधोलकर	
उन्नतीसवां	1913	कराची	नवाब सैयद मो. बहादुर	
तीसवां	1914	मद्रास	भूपेन्द्रनाथ बसु	
इकतीसवां	1915	बंबई	सर सत्येन्द्र प्रसन्न सिन्हा	
बत्तीसवां	1916	लखनऊ	अंबिकाचरण मजूमदार	मुस्लिम लीग से समझौता
तैंतीसवां	1917	कलकत्ता	श्रीमती एनी बेसेंट	प्रथम महिला अध्यक्ष
विशेष अधिवेशन	1918	बंबई	हसन इमाम	कांग्रेस का दूसरा विभाजन
चौंतीसवां	1918	दिल्ली	पं. मदनमोहन मालवीय	
पैंतीसवां	1919	अमृतसर	पं. मोतीलाल नेहरू	
छत्तीसवां	1920	नागपुर	सी.वि. राघवाचारियर	कांग्रेस संविधान में परिवर्तन
विशेष अधिवेशन	1920	कलकत्ता	लाला लाजपत राय	
सैंतीसवां	1921	अहमदाबाद	हकीम अजमल खां	
अड़तीसवां	1922	गया	देशबंधु चितरंजन दास	
उनतालीसवां	1923	काकीनाडा	मौलाना मोहम्मद अली	
विशेष अधिवेशन	1923	दिल्ली	अबुल कलाम आजाद	सबसे युवा अध्यक्ष

अधिवेशन	वर्ष	स्थान	अध्यक्ष	विशेष
चालीसवां	1924	बेलगाम	महात्मा गांधी	
इकतालीसवां	1925	कानपुर	श्रीमती सरोजिनी नायडू	प्रथम भारतीय महिला अध्यक्ष
बयालीसवां	1926	गुवाहाटी	एस. श्रीनिवास आयगार	सदस्यों के लिए खादी वस्त्र अनिवार्य
तैंतालीसवां	1927	मद्रास	डॉ. एम.ए. अंसारी	पूर्ण स्वाधीनता की माँग
चौवालीसबां	1928	कलकत्ता	पं. मोतीलाल नेहरू	
पैंतालीसवां	1929	लाहौर	पं. जवाहरलाल नेहरू	पूर्ण स्वराज की माँग
छियालीसवां	1931	कराची	सरदार वल्लभ भाई पटेल	मौलिक अधिकार की माँग
सैंतालीसवां	1932	दिल्ली	अमृत रणछोड़दास सेठ	
अड़तालीसवां	1933	कलकत्ता	श्रीमती नेल्ली सेनगुप्ता	
उनचासवां	1934	बंबई	डॉ. राजेन्द्र प्रसाद	
पचासवां	1936	लखनऊ	पं. जवाहरलाल नेहरू	
इक्यावनवां	1937	फैजपुर	पं. जबाहरलाल नेहरू	गांव में आयोजित प्रथम अधिवेशन
बवानवां	1938	हरिपुरा	सुभाष चंद्र बोस	
तिरपनवां	1939	त्रिपुरी	सुभाष चंद्र बोस	
चौवनवां	1940	रामगढ़	अबुल कलाम आजाद	
पचपनवां	1946	मेरठ	आचार्य जे.बी. कृपलानी	आजादी के समय अध्यक्ष
छप्पनवां	1948	जयपुर	बी. पट्टाभि सीतारमय्या	
सत्तावनवां	1950	नासिक	पुरुषोत्तम दास टंडन	

●●●

भूगोल (Geography)

सौरमंडल

• सबसे प्रमुख सदस्य	सूर्य	• ग्रहों की कुल संख्या	8
• सबसे छोटा ग्रह	बुध	• सबसे छोटा उपग्रह	डिमॉस
• सबसे ठंडा ग्रह	वरुण	• सूर्य से सबसे निकट ग्रह	बुध
• पृथ्वी से सबसे निकट ग्रह	शुक्र	• सर्वाधिक घनत्व वाला ग्रह	पृथ्वी
• सबसे चमकीला ग्रह	शुक्र	• बिना उपग्रहों वाला ग्रह	बुध एवं शुक्र
• चंद्रमा के सदृश ग्रह	बुध	• सर्वाधिक तापान्तर वाला ग्रह	बुध
• वरुण ग्रह के खोजकर्ता	जॉन गैले	• शनि का सबसे बड़ा उपग्रह	टाइटन
• वरुण ग्रह का सहोदर	अरुण	• हरा ग्रह	वरुण
• जलीय ग्रह	पृथ्वी	• पृथ्वी की बहन	शुक्र
• भोर का तारा	शुक्र	• सांझ का तारा	शुक्र
• पृथ्वी का सहचर	चन्द्रमा	• सौरमंडल का जन्मदाता	सूर्य
• सबसे बड़ा ग्रह	बृहस्पति	• सबसे बड़ा उपग्रह	गैनीमिड
• सबसे गर्म ग्रह	शुक्र	• सूर्य से सबसे दूर ग्रह	वरुण
• पृथ्वी से सबसे दूर ग्रह	वरुण	• न्यूनतम घनत्व वाला ग्रह	शनि
• सर्वाधिक भारी ग्रह	बृहस्पति	• अरुण ग्रह के खोजकर्ता	विलियम हर्शेल
• यम के खोजकर्ता	क्लाइड टॉमवे	• वलय युक्त ग्रह	शनि व अरुण
• लाल ग्रह	मंगल	• नीला ग्रह	पृथ्वी
• सर्वाधिक चमकीला तारा	सायरस		

- आकार के अनुसार ग्रहों का क्रम (घटते क्रम में)—बृहस्पति, शनि, अरुण, वरुण, पृथ्वी, शुक्र, मंगल एवं बुध।
- सूर्य से दूरी के अनुसार ग्रहों का क्रम (बढ़ते दूरी के क्रम में)—बुध, शुक्र, पृथ्वी, मंगल, बृहस्पति, शनि, अरुण एवं वरुण।

- पृथ्वी से दूरी के अनुसार ग्रहों का क्रम (बढ़ती दूरी के क्रम में)–शुक्र, मंगल, बुध, बृहस्पति, शनि, अरुण एवं वरुण।

चन्द्रमा : कुछ तथ्य

- पृथ्वी से माध्य दूरी–**3,82,200 किमी.**
- व्यास–**3.475 किमी.**
- चन्द्रमा का द्रव्यमान पृथ्वी के द्रव्यमान के अनुपात में–**1:8.1**
- चन्द्रमा तथा पृथ्वी के गुरुत्वाकर्षण बलों में अनुपात–**1 : 6**
- चन्द्रमा की सतह का अदृश्य भाग–**41%**
- चन्द्रमा की पृथ्वी से अधिकतम दूरी (अपभू दूरी)–**4,06,000 किमी.**
- चन्द्रमा की पृथ्वी से न्यूनतम दूरी (उपभू दूरी)–**3,64,000 किमी.**
- चन्द्रमा की पृथ्वी के चारों ओर घूमने की अवधि (परिभ्रमण काल)–**27 दिन 7 घंटे 43 मिनट 11.47 सेकण्ड**
- चन्द्रमा की घूर्णन अवधि (अपने अक्ष पर)–**27 दिन 7 घंटे 43 मिनट 11.47 सेकण्ड**
- चन्द्रमा के उच्चतम पर्वत की ऊँचाई–**35,000 फीट (लीबनिट्ज पर्वत जो कि चन्द्रमा के दक्षिणी ध्रुव पर स्थित है)**
- चन्द्रमा के प्रकाश को पृथ्वी तक पहुँचने में लगा समय–**1.3 सेकण्ड**

पृथ्वी : कुछ तथ्य

- पृथ्वी की अनुमानित आयु–**4,60,00,00,000 वर्ष**
- सम्पूर्ण धरातलीय क्षेत्रफल–**51,01,00,500 वर्ग किमी.**
- भूमि क्षेत्रफल (29.08%)–**14,89,50,800 वर्ग किमी.**
- जलीय क्षेत्रफल (सम्पूर्ण धरातल का 70.92%)– **36,11,49,700 वर्ग किमी.**
- औसत घनत्व–**5.52 ग्राम प्रति घन सेमी.**
- विषुवत रेखीय व्यास–**12,755 किमी.**
- ध्रुवीय व्यास–**12,712 किमी.**
- गुरुत्वाकर्षण से बाहर निकलने के लिए आवश्यक निर्गमन गति–**11.2 किमी./सेकण्ड**
- पृथ्वी का द्रव्यमान–**5.880×10^{24} किलोग्राम**
- पृथ्वी का आयतन–**10,83,20,88,40,000 घन किमी.**
- समुद्रतल से पृथ्वी की सर्वाधिक ऊँचाई–**8,852 मीटर (माउंट एवरेस्ट)**
- समुद्रतल से सागर की सर्वाधिक गहराई–**11,033 मीटर (मेरियाना ट्रेन्च) प्रशान्त महासागर, फिलीपीन्स के पूर्व में**
- पृथ्वी के धरातल का सर्वाधिक निचला स्थान–**396 मीटर मृत सागर (इजरायल, जोर्डन)**

- पृथ्वी द्वारा अपने अक्ष पर घूर्णन अवधि–**23 घंटे, 56 मिनट, 40.91 सेकण्ड**
- पृथ्वी द्वारा सूर्य की परिक्रमा अवधि–**356 दिन, 5 घंटे, 48 मिनट, 45.51 सेकण्ड**
- पृथ्वी का उपग्रह–**चन्द्रमा**
- अक्ष का कक्षा के तल से झुकाव–**23°27′**
- सूर्य से माध्य दूरी पर–**14,94,07,000 किमी.**
- भूमध्य रेखा पर परिधि–**40,075 किमी.**
- ध्रुवीय परिधि–**40,024 किमी.**
- सूर्य के सबसे नजदीक की अवस्था (Perihelion) उपसौर–**3 जनवरी**
- सूर्य से सबसे ज्यादा दूरी की अवस्था (Aphelion) सूर्योच्च या अपसौर–**4 जुलाई**

चट्टान के प्रकार

- **आग्नेय चट्टान**–तप्त एवं तरल मैग्मा के शीतल होने से निर्मित, प्राथमिक या पैतृक चट्टान क्योंकि सर्वप्रथम इसी चट्टान का निर्माण हुआ, चट्टानें कठोर, रवेदार, दानेदार, परतहीन तथा जीवाश्महीन, ज्वालामुखी क्षेत्रों में अधिक विस्तार।

  उदाहरण–ग्रेनाइट, बेसाल्ट, गैब्रो, आब्सीडियन, डायोराइट, डोलोराइट, एण्डेसाइट, पेरिडोटाइट, फेलसाइट, पिचस्टोन, प्यूमिस, परलाइट आदि।
- **अवसादी चट्टान**–चट्टान चूर्ण, जीवावशेषों एवं वनस्पतियों के एकत्रीकरण से निर्मित, भूपृष्ठ के लगभग 75% भाग पर विस्तारित, चट्टानें परतदार, रवाहीन, संधि तथा जोड़युक्त, मुलायम तथा कोमल, अपरदन की क्रियाओं से शीघ्र प्रभावित, भू-पृष्ठ की बनावट में योगदान मात्र 5%। उदाहरण–बालुका पत्थर, कांग्लोमेरेट या गोलाश्म, चिकनी मिट्टी, शेल, लोयस, चूने का पत्थर, कोयला, पीट, खड़िया मिट्टी, शैलखड़ी या जिप्सम, नमक की चट्टान आदि।
- **रूपांतरित चट्टान**–आग्नेय तथा परतदार चट्टानों में ताप, दाब तथा रासायनिक परिवर्तनों से उनकी संरचना, रूप, रंग तथा आकृति बदलने से निर्मित, कभी-कभी अति रूपांतरण की घटना। उदाहरण–संगमरमर, स्लेट, क्वार्ट्जाइट, नीस, सिस्ट, एम्फीबोलाइट, फाइलाइट, सरपेण्टाइन आदि।

ज्वालामुखी

- ज्वालामुखी मुख्य रूप से एक विवर या छिद्र होता है जिसका संबंध पृथ्वी के आंतरिक भाग से होता है तथा जिसके माध्यम से लावा, राख, गैस, जलवाष्प आदि का निर्गमन होता है।
- बाहर हवा में उड़ा हुआ लावा शीघ्र ही ठंडा होकर छोटे ठोस टुकड़ों में परिवर्तित हो जाता है, जिसे सिंडर कहते हैं।
- ज्वालामुखी के द्वारा पृथ्वी का पिघला पदार्थ लावा, राख, भाप तथा अन्य गैसें बाहर निकलती हैं।
- सक्रियता के आधार पर ज्वालामुखी तीन प्रकार के होते हैं–

  1. सक्रिय ज्वालामुखी, 2. प्रसुप्त ज्वालामुखी, 3. शांत ज्वालामुखी

विश्व के महाद्वीप

नाम	क्षेत्रफल (वर्ग किमी.)	स्थल के कुल क्षेत्रफल का %	भौगोलिक उपनाम
एशिया	4,43,91,000	29.5	महाद्वीपों का महाद्वीप, मानव घर, भविष्य का भण्डारगृह, विषमताओं का महाद्वीप
अफ्रीका	3,03,43,910	20.0	अन्ध महाद्वीप
उत्तरी अमेरिका	2,42,46,930	16.3	नई दुनिया
दक्षिणी अमेरिका	1,78,20,950	11.8	पक्षियों का महाद्वीप
अंटार्कटिका	1,40,00,000	9.6	श्वेत महाद्वीप, विज्ञान को समर्पित महाद्वीप
यूरोप	1,03,55,000	6.5	प्रायद्वीपों का महाद्वीप
ऑस्ट्रेलिया	76,86,849	5.2	द्वीपीय महाद्वीप, प्यासी भूमि का महाद्वीप

महाद्वीपों के सर्वोच्च शिखर एवं गहनतम बिन्दु

महाद्वीप	सर्वोच्च शिखर	ऊँचाई	गहनतम बिन्दु	गहराई
एशिया	माउण्ट एवरेस्ट	8,848 मी.	मृत सागर	397 मी.
यूरोप	माउण्ट एल्ब्रूस	5,642 मी.	कैस्पियन सागर	28 मी.
अफ्रीका	माउण्ट किलिमंजारो	5,895 मी.	असाई झील	156 मी.
उत्तरी अमेरिका	माउण्ट मैकिन्ले	6,194 मी.	मृत घाटी	86 मी.
दक्षिण अमेरिका	माउण्ट एकांकागुआ	7,084 मी.	वाल्डूस पेनिन	40 मी.
ऑस्ट्रेलिया	माउण्ट कोस्यूस्को	2,228 मी.	आयर झील	16 मी.
अंटार्कटिका	माउण्ट विन्सन मैसिफ	5,140 मी.	बेंटल ट्रेंच	2,853 मी.

महाद्वीपों के सबसे बड़े और सबसे छोटे देश

महाद्वीप	बड़ा देश	छोटा देश
एशिया	चीन	मालदीव
यूरोप	रूस	वेटिकन सिटी
अफ्रीका	सूडान	मेंओटो
उत्तरी अमेरिका	कनाडा	सेंट पीरे
दक्षिण अमेरिका	ब्राजील	फाकलैंड
ऑस्ट्रेलिया	ऑस्ट्रेलिया	नीरू

महाद्वीपों की सबसे लंबी नदी एवं सबसे बड़ी झील

महाद्वीप	सबसे लम्बी नदी	सबसे बड़ी झील
एशिया	यांगटिसीक्यांग	कैस्पियन सागर
यूरोप	डेन्यूब	लैडोगा झील
अफ्रीका	नील	विक्टोरिया झील
उत्तरी अमेरिका	मिसीसिपी-मिसौरी	सुपीरियर झील
दक्षिणी अमेरिका	अमेजन	टिटीकाका झील
ऑस्ट्रेलिया	मर्रे-डार्लिंग	आयर झील

महासागरों की प्रमुख जलधाराएं

जलधारा का नाम	प्रकृति	महासागर का नाम
उत्तरी विषुवत्रेखीय जलधारा	गर्म अथवा उष्ण	प्रशान्त महासागर
क्यूरोसियो जलधारा	गर्म अथवा उष्ण	प्रशान्त महासागर
सुशीमा जलधारा	गर्म अथवा उष्ण	प्रशान्त महासागर
अलास्का जलधारा	गर्म अथवा उष्ण	प्रशान्त महासागर
एलनीनो जलधारा	गर्म अथवा उष्ण	प्रशान्त महासागर
क्यूराइल जलधारा	ठंडी	प्रशान्त महासागर
हम्बोल्ट या पेरूवियन जलधारा	ठंडी	प्रशान्त महासागर
फ्लोरिडा जलधारा	गर्म	अटलांटिक महासागर
ब्राजील जलधारा	गर्म	अटलांटिक महासागर
लेब्राडोर जलधारा	ठंडी	अटलांटिक महासागर
फॉकलैंड जलधारा	ठंडी	अटलांटिक महासागर
कनारी जलधारा	ठंडी	अटलांटिक महासागर
अगुलहास जलधारा	गर्म	हिन्द महासागर
मोजाम्बिक जलधारा	गर्म	हिन्द महासागर

चक्रवातों के विभिन्न नाम एवं उनकी भौगोलिक स्थिति

चक्रवात	भौगोलिक स्थिति
टॉरनेडो	संयुक्त राज्य अमेरिका, चीन एवं जापान
टाइफून	दक्षिणी चीन सागर
हरिकेन	कैरीबियन द्वीप समूह
ट्विस्टर	अमेरिका
विली-विली	ऑस्ट्रेलिया

विश्व के महत्वपूर्ण द्वीप

द्वीप	क्षेत्रफल (वर्ग किमी)	स्थिति
ग्रीनलैण्ड	2,175,600	आर्कटिक महासागर (उत्तरी ध्रुव)
न्यू गिनी	7,77,000	पश्चिमी प्रशान्त महासागर
बोर्नियो	7,25,545	हिन्द महासागर
मेडागास्कर	5,90,000	हिन्द महासागर
बैफीन द्वीप	4,76,065	उत्तरी ध्रुव महासागर (कनाडियन)
सुमात्रा	4,73,600	हिन्द महासागर (इण्डोनेशिया)
होन्शू	2,28,000	उत्तरी-पश्चिमी प्रशान्त महासागर (जापान)
ग्रेट ब्रिटेन	2,18,041	उत्तरी अटलाण्टिक महासागर (इंग्लैंड, स्कॉटलैंड, वेल्स)
इलिसमेयर	2,12,061	आर्कटिक महासागर (उत्तरी ध्रुव महासागर)
विक्टोरिया	2,12,197	आर्कटिक महासागर (उत्तरी ध्रुव महासागर)
सेलेबीज (सुलावेसी)	1,89,035	हिन्द महासागर (इण्डोनेशिया)
दक्षिणी द्वीप (न्यूजीलैंड)	1,50,004	दक्षिणी-पश्चिमी प्रशांत महासागर
जावा द्वीप	1,26,295	हिन्द महासागर
लूजोन द्वीप	1,20,790	पश्चिमी प्रशांत महासागर
उत्तरी द्वीप (न्यूजीलैंड)	114,690	दक्षिणी-पश्चिमी प्रशांत महासागर
न्यू फाउण्डलैण्ड	1,10,680	उत्तरी अटलांटिक महासागर
क्यूबा	1,07,830	कैरेबियन सागर
आइसलैण्ड	1,02,820	उत्तरी अटलांटिक महासागर
मिण्डानाओ	1,01,500	पश्चिमी प्रशांत महासागर
आयरलैण्ड	82,460	उत्तरी अटलांटिक महासागर
हेकिडो द्वीप	77,720	उत्तरी-पश्चिमी प्रशांत महासागर
हिस्पानिओला डामरेप एवं हैती	76,480	कैरेबियन सागर
सखालिन द्वीप	74,060	उत्तरी-पश्चिमी प्रशांत महासागर
तस्मानिया	62,900	दक्षिणी-पश्चिमी प्रशांत महासागर
श्रीलंका	65,600	हिन्द महासागर

विश्व के प्रमुख मरुस्थल

मरुस्थल	क्षेत्र (किमी^{2})	विस्तार क्षेत्र
सहारा	84,00,000	अल्जीरिया, चाड, लीबिया, माली, मारितानिया, नाइजर, सूडान, ट्यूनीशिया, मिस्र और मोरक्को
ऑस्ट्रेलियन	15,50,000	ग्रेट सैण्ड्री, ग्रेट विक्टोरिया, सिम्पसन, गिब्सन तथा स्टुअर्ट रेगिस्तानी क्षेत्र
अरब	13,00,000	द. अरब, सऊदी अरब, यमन, सीरिया, खाली क्षेत्र एवं नाफुद क्षेत्र के रेगिस्तान
गोबी	10,40,000	मंगोलिया और चीन
कालाहारी	5,20,000	बोत्सवाना (मध्य अफ्रीका)
तकलामाकन	3,20,000	सीक्यांग (चीन)
सोनोरन	3,10,000	एरीजोना एवं कैलीफोर्निया (यू.एस.ए. तथा मैक्सिको)
नामीब	3,10,000	दक्षिण अफ्रीका (नामीबिया)
काराकुम	2,70,000	तुर्कमेनिस्तान
थार	2,60,000	उत्तरी-पश्चिमी भारत और पाकिस्तान
सोमाली	2,60,000	सोमालिया गणराज्य
अटाकामा	1,80,000	उत्तरी चिली (दक्षिणी अमेरिका)
काजिल-कुम	1,80,000	उज्बेकिस्तान, कजाकिस्तान
दस्त-ए-लुट	52,000	पूर्वी ईरान
मोहाबे	35,000	दक्षिणी कैलीफोर्निया (सं. रा. अमेरिका)

विश्व की प्रमुख वनस्पतियाँ

वनस्पति का नाम	भौगोलिक क्षेत्र
हाइग्रोफाइट	दलदली एवं भूमध्यरेखीय उष्ण आर्द्रता वाली वनस्पति
ट्रोपोफाइट	उष्ण कटिबंधीय जलवायु वाली घास एवं वनस्पति
जेरोफाइट	उष्ण कटिबंधीय मरुस्थलीय क्षेत्रों की वनस्पति
हाइड्रोफाइट	जलप्लावित क्षेत्रों की वनस्पति
मेसोफाइट	शीतोष्ण कटिबंध क्षेत्र की वनस्पति
क्रायोफाइट	टुण्ड्रा एवं शीत प्रधान क्षेत्रों की वनस्पति
लिथोफाइट	कड़ी चट्टानों में उगने वाली वनस्पति
हैलोफाइट	नमकीन क्षेत्रों में पाई जाने वाली वनस्पति

विश्व की प्रमुख स्थानीय पवनें

स्थानीय पवन	प्रकृति	क्षेत्र
• फॉन	शीत एवं शुष्क	आल्पस पर्वतीय क्षेत्र (इस पवन का सर्वाधिक प्रभाव स्विट्ज़रलैंड में होता है।)
• चिनूक	गर्म एवं आर्द्र	उत्तरी अमेरिका में रॉकी पर्वतमाला के पूर्वी ढाल (इस पवन को हिमहारिणी कहते हैं।)
• सिमूम	गर्म एवं शुष्क	सहारा तथा अरब का मरुस्थल (धूल से भरी ये पवनें दृश्यता को कम कर देती हैं।)
• काराबुरान	गर्म एवं शुष्क	सीक्यांग का तारिम बेसिन
• खमसिन	गर्म एवं शुष्क	मिस्र
• गिबली	गर्म एवं शुष्क	लीबिया
• हरमटन	गर्म एवं शुष्क	सहारा मरुस्थल (गिनी तट के समीप इन हवाओं को डॉक्टर कहते हैं।)
• ब्लैक रोलर	गर्म एवं शुष्क	उ. अमेरिका के विशाल मैदान
• शामल	गर्म एवं शुष्क	इराक तथा फारस की खाड़ी
• नार्वेस्टर	गर्म एवं शुष्क	न्यूजीलैण्ड
• ब्रिक फील्डर	गर्म एवं शुष्क	विक्टोरिया, ऑस्ट्रेलिया
• सिरॉको	गर्म एवं शुष्क	भूमध्यसागरीय क्षेत्र विशेषकर स्पेन तथा कनारी द्वीप समूह
• सान्ता आना	गर्म एवं शुष्क	कैलिफोर्निया, सं.रा. अमेरिका
• योमा	गर्म एवं शुष्क	जापान
• जोन्डा	गर्म एवं शुष्क	अर्जेन्टीना
• लू	गर्म एवं शुष्क	पाकिस्तान एवं उ.प. भारत
• ब्लिजार्ड	ठंडी एवं शुष्क	कनाडा एवं अण्टार्कटिका महाद्वीप
• बुरान	ठंडी एवं शुष्क	रूस तथा मध्य साइबेरिया
• विलीबाब	ठंडी एवं शुष्क	अलास्का
• बोरा	ठंडी एवं शुष्क	एड्रियाटिक सागर का उत्तरी तट
• मिस्ट्रल	ठंडी एवं शुष्क	स्पेन एवं फ्रांस
• बाइज	ठंडी एवं शुष्क	दक्षिणी फ्रांस
• लेवान्तर	ठंडी एवं शुष्क	दक्षिणी-स्पेन
• पैम्पीरो	ठंडी एवं शुष्क	अर्जेन्टीना एवं उरूग्वे
• पापागायो	ठंडी एवं शुष्क	मैक्सिको

विश्व की प्रमुख नहरें

नाम	स्थान	स्थिति
ईरी	अमेरिका	ईरी झील और मिशीगन झील को जोड़ती है।
सू नहर	अमेरिका	सुपीरियर झील और ह्यूइन झील को जोड़ती है।
कील नहर	जर्मनी	उत्तरी सागर को बाल्टिक सागर से जोड़ती है।
पनामा नहर	पनामा	कैरीबियन सागर और प्रशांत महासागर
स्वेज नहर	मिस्र	लाल सागर और भूमध्य सागर
मैनचेस्टर नहर	ग्रेट ब्रिटेन	मैनचेस्टर एवं लिवरपूल के बीच

विश्व के प्रमुख जलडमरूमध्य/जलसंधियाँ

जलडमरूमध्य	सम्बन्धित सागर	सम्बन्धित देश
• बेरिंग जलसंधि	बेरिंग सागर एवं चुकसी सागर	अलास्का-रूस
• डेविस जलसंधि	बेफिन खाड़ी एवं अटलांटिक महासागर	ग्रीनलैण्ड-कनाडा
• डेनमार्क जलसंधि	उत्तरी अटलांटिक एवं आर्कटिक महासागर	इंग्लैंड-फ्रांस
• डोवर जलसंधि	इंगलिश चैनल एवं उत्तरी सागर	इंग्लैंड-फ्रांस
• फ्लोरिडा जलसंधि	मैक्सिको की खाड़ी एवं अटलांटिक महासागर	सं.रा. अमेरिका-क्यूबा
• हडसन जलसंधि	हडसन की खाड़ी एवं अटलांटिक महासागर	कनाडा
• जिब्राल्टर जलसंधि	भूमध्य सागर एवं अटलांटिक महासागर	स्पेन-मोरक्को
• मलक्का जलसंधि	अण्डमान सागर एवं दक्षिण चीन सागर	इंडोनेशिया-मलेशिया
• पाक जलसंधि	मन्नार एवं बंगाल की खाड़ी	भारत-श्रीलंका
• सुण्डा जलसंधि	जावा सागर एवं हिंद महासागर	इंडोनेशिया
• मैगलन जलसंधि	प्रशान्त एवं दक्षिणी अटलांटिक महासागर	चिली
• बॉस जलसंधि	तस्मान सागर एवं दक्षिणी सागर	ऑस्ट्रेलिया
• ओरण्टो जलसंधि	एड्रियाटिक सागर एवं आयोनियन सागर	इटली-अल्बानिया
• बाव अल मंडव जलसंधि	लाल सागर एवं अरब सागर	यमन-जिबूती
• मकास्सार जलसंधि	जावा सागर एवं सेलीबीज सागर	इण्डोनेशिया

विश्व के प्रमुख घास के मैदान

उष्णकटिबंधीय घास की भूमि	शीतोष्ण कटिबन्धीय घास भूमि
• कम्पोज – ब्राजील	• प्रेयरीज – अमेरिका एवं कनाडा
• सवाना – अफ्रीका	• पम्पास – अर्जेंटीना
• लानोस – वेनेजुएला एवं कोलम्बिया	• वेल्ड – दक्षिण अफ्रीका
	• डाउन्स – ऑस्ट्रेलिया
	• स्टेपीज – एशिया, यूक्रेन, रूस एवं चीन

विश्व के प्रमुख जल प्रपात

जल प्रपात	स्थान	ऊँचाई (मी॰)
एंजिल	वेनेजुएला	979 (यह कैरो नदी पर स्थित संसार का सबसे ऊँचा जल प्रपात है।
योसेमाइट	कैलिफोर्निया	739
दक्षिण-मर्डाल्फोसेन	नार्वे	655
तुगेला	द॰ अफ्रीका	614
कुकवेनन	वेनेजुएला	610
सूथरलैंड	न्यूजीलैंड	580
रिब्बोन	कैलिफोर्निया	491
ग्रेट-कामारना	गुयाना	488
डेल्ला	कनाडा	440
गवार्नी	फ्रांस	422
कुंचिकल	भारत	455
नियाग्रा	कनाडा एवं अमेरिका की सीमा	120

विश्व की प्रमुख झीलें

झील का नाम	भौगोलिक क्षेत्र	क्षेत्रफल (वर्ग.किमी.)
• कैस्पियन सागर*	पूर्व सोवियत संघ तथा ईरान	3,71,000
• सुपीरियर झील**	संयुक्त राज्य अमेरिका एवं कनाडा	82,100
• विक्टोरिया झील	केन्या, युगाण्डा तथा तंजानिया	69,000
• अरल सागर झील	कजाकिस्तान एवं उज्बेकिस्तान	64,500
• ह्यूरन झील	संयुक्त राज्य अमेरिका तथा कनाडा	59,600
• मिशीगन झील	संयुक्त राज्य अमेरिका	57,800
• बैकाल झील***	रूस	31,500
• ग्रेट बेरियर झील	कनाडा	31,200
• ग्रेट स्लेव झील	कनाडा	28,438
• विनीपेग झील	कनाडा	24,341
• ओण्टेरियो झील	सं.रा. अमेरिका तथा कनाडा	19,529
• टिटिकाका****	पेरू-बोलीविया	9,065
• आयर झील	ऑस्ट्रेलिया	9,583

नोट : ** खारे पानी की सबसे बड़ी झील।* *** ताजे पानी की सबसे बड़ी झील*

** यह सबसे गहरी (1940 मी.) झील है।* ***** यह विश्व की सबसे ऊँची (3811 मी.) झील है।*

विश्व की प्रमुख नदियाँ

नाम	उद्गम स्थल	गिरने का स्थान	लम्बाई (किमी)	प्रमुख स्थान
• नील (विश्व की सबसे लम्बी नदी)	विक्टोरिया झील	भूमध्य सागर	6,650	आस्वान बाँध व नासिर झील स्थित है।
• अमेजन*	एण्डीज पर्वत	अटलांटिक महासागर	6,428	
• मिसीसिपी मिसौरी	एलास्का झील	मैक्सिको की खाड़ी	6,020	पक्षीपाद डेल्टा बनाती है।
• यांग्टिसीक्यांग	तिब्बत का पठार	चीन सागर	5,494	
• ह्वांग हो	कुललुन पर्वत	चीन की खाड़ी	4,344	
• कांगो/जायरे	लुआलिया और लुआपुआ का संगम	अटलाण्टिक महासागर	3,700	विषुवत् रेखा को दो बार काटती है।
• अमूर	शिल्का रूस, आरगून का संगम	टार्टइ स्ट्रेट	4,352	चीन और रूस की सीमा बनाती है।
• वोल्गा	बल्डाई पठार	कैस्पियन सागर	3,690	यूरोप की सबसे लम्बी नदी
• डेन्यूब	ब्लैक फॉरेस्ट	काला सागर	2,840	बेलग्रेड, बुखारेस्ट, बुडापेस्ट और वियना शहर स्थित है।
• सेंट लारेंस	आण्टेरियो झील	सेंट-लॉरेंस की खाड़ी	3,058	नियाग्रा जल प्रपात स्थित है।
• कोलोरेडो	ग्रैण्ड कंट्री	कैलीफोर्निया की खाड़ी	2,333	ह्यूबर बाँध स्थित
• नाइजर	गिनी	गिनी की खाड़ी	4,180	तेल नदी कहलाती है।
• मेकांग	तिब्बत का पठार	दक्षिण चीन सागर	4,023	द.पू. एशिया की सबसे लम्बी नदी।
• सिन्धु	मानसरोवर झील के पास	अरब सागर	2,900	
• ब्रह्मपुत्र	मानसरोवर झील	बंगाल की खाड़ी	3,058	
• डार्लिंग-मरे	ऑस्ट्रेलिया आल्पस	हिन्द महासागर	2,740	ऑस्ट्रेलिया की सबसे बड़ी नदी।

*नोट : * आयतन की दृष्टि से विश्व की सबसे बड़ी नदी।*

विश्व की प्रमुख जनजाति

जनजाति	सम्बन्धित क्षेत्र/देश	जनजाति	सम्बन्धित क्षेत्र/देश
• माओरी	न्यूजीलैंड	• यूकाधिर	साइबेरिया
• खिरगीज	मध्य एशिया	• बुशमैन	कालाहारी मरुस्थल (बोत्सवाना)
• एस्कीमो	ग्रीनलैंड, कनाडा	• रेड इंडियन	उ. अमेरिका
• मसाई	पूर्वी अफ्रीका	• पिग्मीज	कांगो बेसिन
• वेद्दास	श्रीलंका	• बोरो	ब्राजील
• नीग्रो	मध्य एशिया	• बद्दू	अरब
• सेमांग	मलेशिया	• याइ	टुण्ड्रा प्रदेश
• आइनू	जापान	• जूलू	नेटाल (दक्षिण अफ्रीका)

प्रमुख अंतर्राष्ट्रीय सीमाएँ

नाम	सम्बन्धित राष्ट्र
• डूरण्ड रेखा	पाकिस्तान एवं अफगानिस्तान
• मैकमेहोन रेखा	भारत एवं चीन
• रेडक्लिफ रेखा	भारत एवं पाकिस्तान
• मैगीनॉट रेखा	जर्मनी एवं फ्रांस
• हिण्डनबर्ग रेखा	जर्मनी और पोलैंड
• 17वीं समान्तर रेखा	उत्तरी और दक्षिणी वियतनाम
• 38वीं समान्तर रेखा	उत्तरी और दक्षिणी कोरिया
• 49वीं समान्तर रेखा	कनाडा और सं.रा. अमेरिका
• मेनरहीम रेखा	रूस एवं फिनलैंड

विश्व के प्रसिद्ध स्थान

1. झुकी हुई मीनार : पीसा (इटली)
2. मर्डेका पैलेस : जकार्ता (इण्डोनेशिया)
3. रेड स्क्वायर, क्रेमलिन : मास्को
4. स्फिंक्स, पिरामिड : मिस्र
5. पोर्सलिन टावर : नानकिंग (चीन)
6. लोवर, एफिल टावर : पेरिस (फ्रांस)
7. श्वेत डेगेन पैगोडा : यंगून
8. ओपेरा हाउस : सिडनी
9. ब्राडवे स्ट्रीट, स्टेच्यू ऑफ लिबर्टी, एंपायर स्टेट बिल्डिंग : न्यूयार्क (सं. रा. अमेरिका)
10. अल अक्सा, वेलिंग वाल, टेंपल माउंट : जेरूसलम (इजरायल)

विश्व की प्रमुख भौगोलिक खोजें

- क्रिस्टोफर कोलम्बस : प॰ द्वीप समूह (1492), द॰ अमेरिका (1498 ई॰)
- जॉन कैवेट : न्यूफाउण्डलैण्ड (1497 ई॰)
- कोपरनिकस : सौरमंडल (1540 ई॰)
- केपलर : ग्रहों की गति नियम (1600 ई॰)
- मैगलन : विश्व का भ्रमण, अटलांटिक के दक्षिण से प्रशांत महासागर की खोज (1519 ई॰)
- वास्को-डि-गामा : केप ऑफ गुड होप होकर भारत आगमन (1498 ई॰)
- कैप्टन कुक : हवाई द्वीप समूह (1770 ई॰)
- फ्रिड्टजौफ नानसेन : ग्रीनलैंड एवं उत्तरी ध्रुव का पहाड़ी भाग (1888 ई॰)
- आर. एमण्डसन : दक्षिणी ध्रुव पर पहुँचने वाला प्रथम व्यक्ति (1911 ई॰)
- रॉबर्ट पियरे : उत्तरी ध्रुव की खोज (1909 ई॰)

विश्व के प्रमुख भौगोलिक उपनाम

उपनाम	देश	उपनाम	देश
एण्टीलीज का मोती	क्यूबा	शुगर बाऊल ऑफ द वर्ल्ड	क्यूबा
सात पहाड़ियों का नगर	रोम (इटली)	गगनचुम्बी इमारतों का नगर	न्यूयॉर्क
पर्ल ऑफ दी ऑरियण्ट	सिंगापुर	हवा वाला शहर/गार्डन सिटी	शिकागो
लैंड ऑफ मॉर्निंग काम	कोरिया	लैंड ऑफ थाउजेण्ड लेक्स	फिनलैंड
लैंड ऑफ मिडनाइट सन	नार्वे	भूमध्यसागर का द्वार	जिब्राल्टर
लैंड ऑफ दी थाउजैंड एलीफैन्ट्स	लाओस	लैंड ऑफ ह्वाइट एलीफैंट्स	थाइलैंड
स्वर्णिम पैगोडा का देश	म्यांमार	दक्षिण का ब्रिटेन	न्यूजीलैंड
सिटी ऑफ गोल्डन गेट	सेन फ्रांसिस्को	क्वीन ऑफ एड्रियाटिक	वेनिस (इटली)
पिलर्स ऑफ हरक्यूलिस	स्ट्रेट ऑफ जिब्राल्टर	पवनचक्कियों की भूमि	नीदरलैण्ड
आइलैंड ऑफ क्लोव्ज	जंजीवार (तंजानिया)	श्वेत शहर	बेलग्रेड
पूर्व का मैनचेस्टर	ओसाका (जापान)	लिली का देश	कनाडा
होली लैंड	जेरूसलम (इजरायल)	नील नदी का देश	मिस्र
एमराल्ड द्वीप	आयरलैंड	सूर्योदय का देश	जापान
लैंड ऑफ थंडरवोल्ट	भूटान	मोतियों का द्वीप	बहरीन
चीन का शोक	ह्वांगहो नदी (पीली नदी)		
हिन्द महासागर का मोती/ पूर्व का मोती	श्रीलंका	अरब सागर की रानी/ पूर्व का वेनिस	कोच्चि (भारत)
आंसुओं का प्रवेश द्वार	बाब-अल-मंडब जलडमरूमध्य		

देशों/शहरों के नये नाम

प्राचीन	नवीन	प्राचीन	नवीन
अबीसीनिया	इथियोपिया	बनारस	वाराणसी
कम्पूचिया	कम्बोडिया	कोन्सटेनटिनोपल	इस्तांबुल
ब्रिटिश गुयाना	गुयाना	फॉरमोसा	ताइवान
नॉर्दन रोडेशिया	जाम्बिया	डच गुयाना	सूरीनाम
दक्षिण पश्चिम अफ्रीका	नामीबिया	इलाहाबाद	प्रयागराज
बड़ौदा	वडोदरा	यूनाइटेड प्रॉविन्स	उत्तर प्रदेश
जायरे	कांगो	डच ईस्ट इण्डीज	इंडोनेशिया
गोल्ड कोस्ट	घाना	पीकिंग	बीजिंग
मेडागास्कर	मालागासी	न्यासालैण्ड	मलावी
निप्पन	जापान		

नदियों के तट पर बसे विश्व के प्रमुख नगर

नगर	नदी	नगर	नदी
• लन्दन (इंग्लैंड)	टेम्स	• कैन्टन (चीन)	सीक्यांग
• मास्को (रूस)	मस्कोवा	• न्यूयार्क (सं.रा.अ.)	हडसन
• बर्लिन (जर्मनी)	स्प्री	• बेलग्रेड	डेन्यूब
• पेरिस (फ्रांस)	सीन	• बुडापेस्ट (हंगरी)	डेन्यूब
• पर्थ (ऑस्ट्रेलिया)	स्वान	• वाशिंगटन	पोटोमेक
• बगदाद (इराक)	टाइग्रिस	• वियाना (ऑस्ट्रिया)	डेन्यूब
• आस्वान (मिस्र)	नील	• टोकियो (जापान)	अराकावा
• सेंट लुईस (अमेरिका)	मिसिसिपी	• शंघाई (चीन)	यांग्टिसीक्यांग
• रोम (इटली)	टाइबर	• यंगून (म्यांमार)	इरावदी
• प्राग	विंतावा	• ओटावा (कनाडा)	सेंट लारेंस
• सिडनी (ऑस्ट्रेलिया)	डार्लिंग	• मैड्रिड (स्पेन)	मैजेनस्रेस
• अंकारा (तुर्की)	किजिल	• लाहौर (पाकिस्तान)	रावी
• मॉण्ट्रियल (कनाडा)	सेंट लारेंस	• कराची (पाकिस्तान)	सिंधु
• बोन (जर्मनी)	राइन	• डबलिन (आयरलैंड)	लीफें
• काहिरा (मिस्र)	नील	• दिल्ली (भारत)	यमुना
• ब्यूनस आयर्स (अर्जेंटीना)	लाप्लाटा	• शिकागो (सं.रा.अ.)	शिकागो
• लिवरपुल (इंग्लैंड)	मर्सी	• ब्रिस्टल (इंग्लैंड)	एवन्
• कीव (रूस)	नीपर	• बसरा (इराक)	दजला और फरात

भारत का भूगोल (Indian Geography)

- भारत उत्तरी गोलार्द्ध में स्थित है। ग्लोब में यह 8°4'–37°6' उत्तरी अक्षांश और 68°7'–97°25' पूर्वी देशांतर के बीच स्थित है।
- भारत का क्षेत्रफल 32 लाख 87 हजार 263 वर्ग किमी. है। यह विश्व के क्षेत्रफल का 2.24% है।
- क्षेत्रफल की दृष्टि से भारत से बड़े छह देश हैं–रूस, कनाडा, चीन, सं.रा. अमेरिका, ब्राजील एवं ऑस्ट्रेलिया।
- भारत की पूर्व से पश्चिम की लम्बाई 2933 किमी. तथा उत्तर से दक्षिण की लम्बाई 3214 किमी है।
- भारत का पूर्वी बिन्दु वांलुग (अरुणाचल प्रदेश) और पश्चिमी बिन्दु ओखा (गुजरात) है। इसका उत्तरी बिन्दु इंदिरा कॉल (जम्मू-कश्मीर) तथा दक्षिणतम बिन्दु वृहत निकोबार द्वीप के पास स्थित इन्दिरा प्वाइंट है। भारत विश्व में जनसंख्या की दृष्टि से चीन के बाद दूसरा सबसे बड़ा देश है।
- गुजरात राज्य की तटरेखा सर्वाधिक लम्बी (1200 किमी) है। इसके बाद आन्ध्र प्रदेश की तटरेखा सबसे ज्यादा लम्बी है। भारत के कुल नौ राज्य तट रेखा से लगे हैं। भारत भूमध्य रेखा के उत्तर में स्थित है और कर्क रेखा भारत के मध्य से होकर गुजरती है। कर्क रेखा पर भारत के कई राज्य स्थित हैं, जैसे–मिजोरम, त्रिपुरा, पं. बंगाल, झारखंड, छत्तीसगढ़, मध्य प्रदेश, राजस्थान और गुजरात।
- भारत में हिमालय की ऊँची चोटी कंचनजंघा है, जो सिक्किम और नेपाल की सीमा पर है।
- भारत का सर्वोच्च पर्वत शिखर माउण्ट K_2 (गॉडविन ऑस्टिन) है। यह कराकोरम श्रेणी में है।
- अरावली की पहाड़ियाँ विश्व की सबसे प्राचीन वलित पर्वतमाला है। यह पश्चिम में गुजरात तक है। राजस्थान के माउण्ट आबू की पहाड़ी पर स्थित 'गुरू शिखर' इसका सर्वोच्च शिखर है।
- नीलगिरि का सर्वोच्च शिखर डोडाबेट्टा है जो दक्षिण भारत का दूसरा सर्वोच्च शिखर है।
- **अंडमान-निकोबार के द्वीप समूहः** यह द्वीप-समूह बंगाल की खाड़ी में स्थित है जिसका क्षेत्रफल 8,249 वर्ग किमी. है। इसमें लगभग 247 छोटे-छोटे द्वीप हैं। निकोबार में 19 द्वीप हैं। अंडमान-निकोबार द्वीप समूह का सबसे उत्तरी द्वीप लैंडफॉल द्वीप है। इस द्वीप समूह को 10° चैनल दो भागों में बाँटती हैं। भारत का एकमात्र सक्रिय ज्वालामुखी 'बैरन' इसी द्वीप समूह में है। भारत का सबसे दक्षिणी बिन्दु 'इन्दिरा प्वाइन्ट' ग्रेट निकोबार में स्थित है।
- अंडमान-निकोबार द्वीप समूह की सबसे ऊँची पर्वत चोटी सैडल पीक है जिसकी ऊँचाई 730 मी. है।
- **अरब सागर समूहः** इस समूह में 47 द्वीप हैं। इसमें तीन द्वीप मुख्य हैं–लक्षद्वीप, मिनीकॉय एवं कवारत्ती। मिनीकॉय लक्षद्वीप समूह का सबसे बड़ा द्वीप है।
- गंगा एवं ब्रह्मपुत्र नदी बंगाल की खाड़ी में गिरने से पूर्व एक विशाल डेल्टा का निर्माण करती हैं। इस डेल्टा का नाम 'सुन्दरवन' का डेल्टा है।
- चिल्का झील भारत की सबसे बड़ी झील है। चिल्का, पेरियार, पुलीकट झीलें लैगून झीलें हैं।
- वुलर झील भारत की मीठे पानी की सबसे बड़ी झील है। सांभर झील खारे पानी की सबसे बड़ी झील है। चोलामू झील (सिक्किम) भारत की सबसे अधिक ऊँचाई पर स्थित झील है।

भारत के पड़ोसी देश

पड़ोसी देश	सीमा पर अवस्थित भारतीय राज्य/केन्द्रशासित प्रदेश
पाकिस्तान	गुजरात, राजस्थान, पंजाब, जम्मू और कश्मीर
अफगानिस्तान	जम्मू और कश्मीर
चीन	लद्दाख, हिमाचल प्रदेश, उत्तराखंड, सिक्किम, अरुणाचल प्रदेश
नेपाल	उत्तर प्रदेश, उत्तराखंड, बिहार, पश्चिम बंगाल, सिक्किम
भूटान	सिक्किम, पश्चिम बंगाल, असम, अरुणाचल प्रदेश
बांग्लादेश	पश्चिम बंगाल, असम, मेघालय, त्रिपुरा
म्यांमार	अरुणाचल प्रदेश, नगालैंड, मणिपुर, मिजोरम

भारत की महत्वपूर्ण झीलें

झीलें	राज्य/केंद्रशासित प्रदेश	झीलें	राज्य/केंद्रशासित प्रदेश
• चिल्का	ओडिशा	• कोलेरू, पुलीकट	आन्ध्र प्रदेश
• लोकटक	मणिपुर	• सुकना	चण्डीगढ़
• लोनार	महाराष्ट्र	• निजाम सागर	तेलंगाना
• वुलर, डल	जम्मू-कश्मीर	• उमियम झील	मेघालय
• नैनीताल, भीमताल	उत्तराखंड	• पुल्ह झील	उत्तर प्रदेश
• अष्टमुदी	केरल	• परशुराम कुण्ड	अरुणाचल प्रदेश
• पोगांग शो	लद्दाख		

भारत में नदियों के किनारे बसे प्रमुख नगर

नगर	नदी	नगर	नदी
• दिल्ली	यमुना	• गुवाहाटी	ब्रह्मपुत्र
• आगरा	यमुना	• जबलपुर	नर्मदा
• बद्रीनाथ	अलकनंदा	• कोटा	चम्बल
• प्रयागराज	गंगा, यमुना	• कटक	महानदी
• हरिद्वार	गंगा	• नासिक	गोदावरी
• कानपुर	गंगा	• श्रीरंगपट्टनम	कावेरी
• पटना	गंगा	• जौनपुर	गोमती
• श्रीनगर	झेलम	• हैदराबाद	मूसी
• अयोध्या	सरयु	• मथुरा	यमुना
• सूरत	ताप्ती	• जमशेदपुर	स्वर्णरेखा
• कोलकाता	हुगली	• भागलपुर	गंगा
• लखनऊ	गोमती	• वाराणसी	गंगा
• उज्जैन	क्षिप्रा		

भारत के महत्वपूर्ण जल प्रपात

जल प्रपात	ऊँचाई (मी.)	स्थिति	जल प्रपात	ऊँचाई (मी.)	स्थिति
• कुंचिकल	455	वरही नदी	• जोग/गरसोप्पा	225	शरावती नदी
• शिवसमुद्रम	90	कावेरी नदी	• पुनासा	12	चम्बल नदी
• धुआँधार	10	नर्मदा नदी	• गोकक	55	गोकक
• चूलिया	18	चम्बल नदी	• हुंडरू	74	स्वर्णरेखा नदी
• येन्ना	183	नर्मदा नदी			

भारत की प्रमुख बहुउद्देशीय नदी घाटी परियोजनाएँ

परियोजना का नाम	नदी	लाभान्वित राज्य
• दामोदर घाटी परियोजना	दामोदर	झारखंड, पश्चिम बंगाल
• टिहरी बाँध परियोजना	भागीरथी	उत्तराखंड
• नागार्जुन सागर परियोजना	कृष्णा	आन्ध्र प्रदेश
• कोसी परियोजना	कोसी	बिहार तथा नेपाल
• हीराकुड बाँध परियोजना	महानदी	ओडिशा
• व्यास परियोजना	व्यास	राजस्थान, पंजाब, हरियाणा, हिमाचल प्रदेश
• चम्बल परियोजना	चम्बल	राजस्थान, मध्य प्रदेश
• मयूराक्षी परियोजना	मयूराक्षी	पश्चिम बंगाल
• तुंगभद्रा परियोजना	तुंगभद्रा	आन्ध्र प्रदेश, कर्नाटक
• गण्डक परियोजना	गण्डक	बिहार, नेपाल
• फरक्का परियोजना	गंगा, भागीरथी	पश्चिम बंगाल
• काकड़ापारा परियोजना	ताप्ती	गुजरात
• इन्दिरा गाँधी नहर परियोजना	सतलज	राजस्थान, पंजाब तथा हरियाणा
• रिहन्द परियोजना	रिहन्द	उत्तर प्रदेश
• महानदी डेल्टा परियोजना	महानदी	ओडिशा
• कुण्डा परियोजना	कुण्डा	तमिलनाडु
• इडुक्की परियोजना	पेरियार	केरल
• सतलज परियोजना	चिनाब	जम्मू-कश्मीर
• रंजीत सागर बाँध परियोजना	रावी	पंजाब
• नाथपा-झाकरी परियोजना	सतलज	हिमाचल प्रदेश
• नर्मदा सागर परियोजना	नर्मदा	मध्य प्रदेश, गुजरात
• जवाहर सागर परियोजना	चम्बल	राजस्थान
• तुलबुल परियोजना	झेलम	जम्मू कश्मीर
• सरदार सरोवर परियोजना	नर्मदा	गुजरात, मध्य प्रदेश, महाराष्ट्र एवं राजस्थान
• दुलहस्ती परियोजना	चिनाब	जम्मू-कश्मीर
• तिलैया परियोजना	बराकर	झारखंड

भारत की प्रमुख नदियाँ

नदी	उद्गम	मुहाना	लम्बाई (किमी.)
सिन्धु	मानसरोवर झील (तिब्बत)	अरब सागर	2880 (भारत में 1114)
सतलज	राक्षसताल	चिनाब	1500 (भारत में 1050)
गंगा	गंगोत्री के पास गोमुख से	बंगाल की खाड़ी	2525
यमुना	यमुनोत्री के पास बंदरपूंछ से	गंगा	1375
चम्बल	महूँ (जानपाव पहाड़ी)	यमुना	1050
गण्डक	धौलाधार पर्वत	गंगा	300
सोन	अमरकंटक पहाड़ी	गंगा	425
ब्रह्मपुत्र	मानसरोवर झील (तिब्बत)	बंगाल की खाड़ी	2900 (भारत में 916)
नर्मदा	अमरकंटक	अरब सागर	1312
ताप्ती	मुलताई (बैतूल)	खम्भात की खाड़ी	724
महानदी	सिहावा के समीप	बंगाल की खाड़ी	815
कृष्णा	पश्चिमी घाट की पहाड़ी (महाबलेश्वर के पास)	बंगाल की खाड़ी	1401
गोदावरी	त्रयम्बक गाँव की पहाड़ी	बंगाल की खाड़ी	1465
कावेरी	ब्रह्मगिरि की पहाड़ी	बंगाल की खाड़ी	800
तुंगभद्रा	कर्नाटक के पश्चिम घाट	कृष्णा	331

भारत की प्रमुख नदियाँ एवं उनकी सहायक नदी

नदी	सहायक नदी
सिन्धु	सतलज, रावी, व्यास, झेलम, चिनाब आदि
गंगा	यमुना, गण्डक, घाघरा, कोसी, गोमती, सोन, रामगंगा, बूढ़ी गंडक, बागमती, अलकनंदा, भागीरथी आदि।
यमुना	चम्बल, बेतवा, केन, टोंस आदि
गोदावरी	वैनगंगा, पैनगंगा, इन्द्रावती, प्राणहिता, वर्धा, मंजरी आदि
कृष्णा	भीमा, तुंगभद्रा, पंचगंगा, दूधगंगा, घाटप्रभा, मालप्रभा, मूसी, कोयना आदि
नर्मदा	तवा, ओरसन आदि
महानदी	ब्राह्मणी, वैतरणी, शिवनाथ, हंसदेव, जोंक आदि
ब्रह्मपुत्र	लोहित, दिहांग, मानस, कामेंग, तिस्ता, स्वर्णसीरी, धनसीरी, डिबोंग आदि
चम्बल	काली सिंध, पार्वती, बनास, क्षिप्रा आदि
दामोदर	बराकर
कावेरी	हेमवती, सुवर्णवती, लक्ष्मणतीर्थ, शिमला, अमरावती आदि
सोन	रिहन्द, कोयल, महानदी आदि

भारत के प्रमुख राष्ट्रीय उद्यान एवं वन्य जीव अभयारण्य

राज्य	उद्यान व अभयारण्य
• असम	कांजीरंगा राष्ट्रीय उद्यान, मानस राष्ट्रीय उद्यान, डिब्रू सैखोवा राष्ट्रीय स्थल, सोनाई रूपा वन्य जीव अभयारण्य।
• आंध्र प्रदेश/ तेलंगाना	श्री वैंकटेश्वर राष्ट्रीय उद्यान, महावीर हरिना वनस्थली, कासू ब्रह्मानंद रेड्डी राष्ट्रीय उद्यान, मरूगार्वान राष्ट्रीय उद्यान, परवाल वन्य जीव अभयारण्य, मालापट्टी पक्षी विहार।
• उत्तर प्रदेश	चन्द्रप्रभा अभयारण्य, दुधवा राष्ट्रीय उद्यान, नवाबगंज राष्ट्रीय उद्यान, सुल्तानपुर पक्षी विहार, कैम्पवेल राष्ट्रीय उद्यान।
• अरुणाचल प्रदेश	नामदाफा वन्य जीव अभयारण्य, पक्कुई वन्य जीव अभयारण्य, मौलिका राष्ट्रीय उद्यान।
• जम्मू-कश्मीर	सलीम अली राष्ट्रीय उद्यान, दाचीगाम राष्ट्रीय उद्यान।
• कर्नाटक	बाँदीपुर राष्ट्रीय उद्यान, साइलेंट वैली राष्ट्रीय उद्यान, कुद्रेमुख राष्ट्रीय उद्यान, सोमेश्वर वन्य जीव अभयारण्य।
• अण्डमान निकोबार द्वीप समूह	महात्मा गाँधी राष्ट्रीय उद्यान, सैडल पीक राष्ट्रीय उद्यान, नार्थ बटन द्वीप राष्ट्रीय उद्यान।
• झारखण्ड	पलामू वन्य जीव अभयारण्य, बेतला राष्ट्रीय उद्यान।
• मध्य प्रदेश	पंचमढ़ी राष्ट्रीय उद्यान, बान्धवगढ़ राष्ट्रीय उद्यान, कान्हा किसली राष्ट्रीय उद्यान।
• राजस्थान	सरिस्का वन्य जीव अभयारण्य, रणथम्भौर वन्य जीव अभयारण्य, केवलादेव राष्ट्रीय उद्यान, दर्राह राष्ट्रीय उद्यान।
• उत्तराखंड	जिम कार्बेट राष्ट्रीय उद्यान।
• छत्तीसगढ़	कांगेर राष्ट्रीय उद्यान, इंद्रावती राष्ट्रीय उद्यान।
• गुजरात	गिर राष्ट्रीय उद्यान, वेसन्दा राष्ट्रीय उद्यान।
• ओडिशा	भितरकणिका राष्ट्रीय उद्यान, सिमलीपाल राष्ट्रीय उद्यान।
• महाराष्ट्र	तंसा राष्ट्रीय उद्यान, पेंच राष्ट्रीय उद्यान, वोरीविली राष्ट्रीय उद्यान।
• केरल	पेरम्बीकुलम वन्य जीव अभयारण्य, पेरियार वन्य जीव अभयारण्य, इरविकुलम वन्य जीव अभयारण्य।
• नगालैंड	इन्टकी राष्ट्रीय उद्यान।
• तमिलनाडु	वेदान्तगल पक्षी विहार, मुदुमलाई वन्य जीव अभयारण्य, गल्फ ऑफ मन्नार राष्ट्रीय उद्यान, गिण्डी राष्ट्रीय उद्यान।
• हिमाचल प्रदेश	कुगती वन्य जीव अभयारण्य, ग्रेट हिमालय राष्ट्रीय उद्यान, पिन वैली राष्ट्रीय उद्यान, रोहला राष्ट्रीय उद्यान।
• मिजोरम	डाम्फा वन्य जीव अभयारण्य।
• पश्चिम बंगाल	सुन्दरवन टाइगर रिजर्व, जलदापाड़ा वन्य जीव अभयारण्य।

प्रमुख बाघ आरक्षित क्षेत्र

नाम	स्थान	नाम	स्थान
• जिम कार्बेट	उत्तराखण्ड	• सुन्दरवन	पश्चिम बंगाल
• बांधवगढ़	मध्य प्रदेश	• बोरी सतपुड़ा	मध्य प्रदेश
• दुधवा राष्ट्रीय उद्यान	उत्तर प्रदेश	• कान्हा किसली	मध्य प्रदेश
• सरिस्का	राजस्थान	• नामदाफा	अरुणाचल प्रदेश
• बाँदीपुर	कर्नाटक	• नन्दन-कानन	ओडिशा
• रणथम्भौर	राजस्थान	• पीलीभीत	उत्तर प्रदेश
• पेंच	महाराष्ट्र	• नागार्जुन सागर	आंध्र प्रदेश

हाथी संरक्षण परियोजना

नाम	स्थान	नाम	स्थान
• पेरियार	केरल	• राजाजी पार्क	उत्तराखण्ड
• शान्त घाटी	केरल	• अन्नामलाई-पेरम्बीकुलम	तमिलनाडु
• काजीरंगा	असम		

भारतीय कृषि

- डॉ॰ एम.एस. स्वामीनाथन को भारत में हरित क्रांति का जनक माना जाता है। इसकी शुरुआत 1966-67 में हुई थी।

ऋतुओं के आधार पर भारत में फसलों का वर्गीकरण–

- **खरीफ फसलः** यह दक्षिणी-पश्चिमी मानसून के आने पर जून-जुलाई के महीने में बोई जाती है एवं नवम्बर-दिसम्बर में काट ली जाती है। उदाहरणस्वरूप—ज्वार, बाजरा, धान, जूट, मक्का, तिल, गन्ना, मूंगफली, कपास आदि।
- **रबी की फसलः** यह नवम्बर में बोई जाती है एवं मार्च-अप्रैल में काटी जाती है। उदाहरणतः गेहूँ, सरसों, जौ, चना, मटर, राई आदि।
- **जायद की फसलः** यह फसल अप्रैल-मई में बोई जाती है तथा जून-जुलाई में काट ली जाती है। उदाहरणस्वरूप—उड़द, मूँग, राई, तरबूज, खीरा आदि।

सम्बन्धित क्रांतियाँ

• हरित क्रांति	खाद्यान्न	• श्वेत क्रांति	दुग्ध
• नीली क्रांति	मछली	• पीली क्रांति	तिलहन
• भूरी क्रांति	उर्वरक	• कृष्ण क्रांति	बायोडीजल
• बादामी क्रांति	मसाला	• रजत क्रांति	अंडा
• लाल क्रांति	टमाटर/मांस	• गुलाबी क्रांति	झींगा मछली
• सुनहरी क्रांति	फलों के उत्पादन	• अमृत क्रांति	नदी जोड़ो परियोजनाएं

भारत में खनिज उत्पादन

खनिज पदार्थ	प्रमुख उत्पादक राज्य/कें.शा. प्रदेश	विशेष तथ्य
• लौह अयस्क	कर्नाटक, छत्तीसगढ़, ओडिशा, गोवा, झारखंड	कर्नाटक भारत का लगभग एक-चौथाई लोहा उत्पादन करता है। हेमाटाइट (68%) सर्वोत्कृष्ट लौह अयस्क है।
• कोयला	झारखंड, छत्तीसगढ़, ओडिशा, महाराष्ट्र, मध्य प्रदेश, प. बंगाल	झारखंड कोयला उत्पादन की दृष्टि से भारत में प्रथम स्थान पर है। ऐंथ्रासाइट (90%) सर्वोच्च कोटि का कोयला है।
• मैंगनीज	ओडिशा, मध्य प्रदेश, महाराष्ट्र, कर्नाटक	मैंगनीज का सबसे बड़ा (20%) संचित भंडार है। ओडिशा भारत में मैंगनीज के उत्पादन में अग्रणी राज्य है।
• बॉक्साइट	ओडिशा, गुजरात, झारखंड, महाराष्ट्र, छत्तीसगढ़	ओडिशा भारत के कुल उत्पादन का 42% बॉक्साइट उत्पादन करता है।
• तांबा	झारखंड, राजस्थान, मध्य प्रदेश, छत्तीसगढ़, आंध्र प्रदेश, कर्नाटक	झारखंड के पूर्वी एवं पश्चिमी सिंहभूम जिले ताँबे के सबसे बड़े उत्पादक हैं।
• अभ्रक	बिहार, झारखंड, आंध्र प्रदेश, राजस्थान	आन्ध्रप्रदेश में सबसे ज्यादा अभ्रक का उत्पादन होता है।
• चूना-पत्थर	मध्य प्रदेश, छत्तीसगढ़, आंध्र प्रदेश, गुजरात, राजस्थान	देश का 35 प्रतिशत चूना-पत्थर मध्य प्रदेश में पाया जाता है।
• पेट्रोलियम	असम, गुजरात, महाराष्ट्र	भारत विश्व का मात्र 1 प्रतिशत पेट्रोलियम उत्पादन करता है।
• थोरियम	राजस्थान	
• यूरेनियम	झारखंड	
• हीरा	मध्य प्रदेश	
• जस्ता	राजस्थान, ओडिशा, जम्मू-कश्मीर	

- भारत में पहले जूट उद्योग की स्थापना जॉर्ज आकलैंड द्वारा 1859 में रिशरा में की गई थी। देश में सर्वाधिक जूट मिलें पश्चिम बंगाल में हैं।
- भारत में आधुनिक चीनी उद्योग की शुरुआत 1903 में बिहार में पहली चीनी मिल की स्थापना के साथ हुई।
- भारत में एल्युमिनियम का पहला कारखाना 1937 ई. में पं. बंगाल में आसनसोल के निकट जे.के. नगर में स्थापित किया गया था। भारत में पहला सीमेंट कारखाना 1904 में मद्रास (चेन्नई) में स्थापित किया गया।
- एसोसिएट सीमेंट कम्पनी लि. (A.C.C.) की स्थापना 1936 में की गई थी। 1951 ई. में भारतीय उर्वरक निगम की स्थापना की गई, जिसके तहत एशिया का सबसे बड़ा उर्वरक संयंत्र सिन्दरी में स्थापित किया गया।
- भारत में पहली रेलगाड़ी 16 अप्रैल, 1853 को मुंबई और थाणे के बीच (34 कि॰मी॰) चली। देश में सबसे लम्बी दूरी तय करने वाली रेलगाड़ी विवेक एक्सप्रेस है जो डिब्रूगढ़ (असम) से कन्याकुमारी (तमिलनाडु) जाती है।
- हुब्बल्लि (हुबली) रेलवे स्टेशन का प्लेटफार्म विश्व का सबसे लम्बा प्लेटफॉर्म है। इसकी लम्बाई 1507 मीटर है।
- भारतीय रेल की सबसे लम्बी सुरंग पीर पंजाल रेल सुरंग है। यह जम्मू कश्मीर में बनिहाल एवं काजीडुंग रेलवे स्टेशनों के मध्य 11.21 किमी. लम्बी है।
- वर्तमान में भारत का सबसे लम्बा राष्ट्रीय राजमार्ग-NH-44 है। इस राजमार्ग का पुराना नाम NH-7 था। यह राजमार्ग भारत के उत्तंर (श्रीनगर, जम्मू कश्मीर) से भारत के दक्षिणी छोर (कन्याकुमारी, तमिलनाडु) तक जाता है।
- राष्ट्रीय राजमार्ग 47-A भारत का सबसे छोटा राष्ट्रीय राजमार्ग है। जिसकी लम्बाई मात्र 6 किमी. है। यह केरल के बेम्बानद झील में स्थित वेलिंटन द्वीप में है।
- देश का सबसे बड़ा बन्दरगाह मुम्बई में है। बड़े बन्दरगाहों का नियंत्रण केन्द्र सरकार करती है जबकि छोटे बन्दरगाह संविधान के समवर्ती सूची में शामिल हैं।
- विशाखापत्तनम बन्दरगाह भारत का सर्वश्रेष्ठ प्राकृतिक बन्दरगाह तथा सबसे गहरा है। 1 अप्रैल, 1995 को भारतीय विमानपत्तनम प्राधिकरण का गठन किया गया।

वन रिपोर्ट, 2021

- देश में कुल वन आच्छादित क्षेत्र 7,13,789 वर्ग कि.मी. है जो कुल भौगोलिक क्षेत्रफल का 21.71 प्रतिशत है। इसके अलावा देश में 46,539 वर्ग किमी. क्षेत्र झाड़ियों से आच्छादित है, जो कुल भौगोलिक क्षेत्रफल का 1.41 प्रतिशत है।
- देश में 99,779 वर्ग किमी. अत्यंत सघन वन, 3,06,890 सामान्य सघन वन तथा 3,07,120 खुले वन हैं।
- 2019 के पिछले मूल्यांकन की तुलना में वन आच्छादित क्षेत्रफल में 1,540 वर्ग किलोमीटर की वृद्धि हुई।

प्रमुख राष्ट्रीय राजमार्ग

राष्ट्रीय राजमार्ग	कहाँ से कहाँ तक
राष्ट्रीय राजमार्ग-1	दिल्ली-पाक सीमा
राष्ट्रीय राजमार्ग-2	दिल्ली-कोलकाता
राष्ट्रीय राजमार्ग-3	आगरा-मुम्बई
राष्ट्रीय राजमार्ग-4	मुम्बई-चेन्नई
राष्ट्रीय राजमार्ग-5	कोलकाता-चेन्नई
राष्ट्रीय राजमार्ग-6	कोलकाता-मुम्बई
राष्ट्रीय राजमार्ग-7	वाराणसी-कन्याकुमारी
राष्ट्रीय राजमार्ग-8	दिल्ली-जयपुर-मुम्बई

राष्ट्रीय जलमार्ग

जलमार्ग	लम्बाई	विस्तार	नदी
एन डब्ल्यू-1	1620 किमी	प्रयागराज से हल्दिया तक	गंगा
एन डब्ल्यू-2	891 किमी	सादिया से धुबरी पट्टी तक	ब्रह्मपुत्र
एन डब्ल्यू-3	205 किमी	कोल्लम से कोट्टापुरम तक	चम्पाक्कारा
एन डब्ल्यू-4	1095 किमी	काकीनाडा से मरक्कानम तक	कृष्णा-गोदावरी
एन डब्ल्यू-5	623 किमी.	तलचर से धमरा तक	ब्राह्मणी एवं मताई

देश के प्रमुख बड़े बन्दरगाह

नाम	राज्य/संघ शासित प्रदेश	नदी/खाड़ी एवं समुद्र
विशाखापत्तनम	आंध्र प्रदेश	बंगाल की खाड़ी
तूतीकोरिन	तमिलनाडु	बंगाल की खाड़ी
पारादीप	ओडिशा	बंगाल की खाड़ी
एन्नौर	तमिलनाडु	बंगाल की खाड़ी
चेन्नई	तमिलनाडु	बंगाल की खाड़ी
पोर्ट ब्लेयर	अंडमान	बंगाल की खाड़ी
मार्मागोवा	गोवा	अरब सागर
न्हावाशेवा (जे.एल. नेहरू)	महाराष्ट्र	अरब सागर
न्यू मंगलुरु	कर्नाटक	अरब सागर
कांडला	गुजरात	अरब सागर
मुम्बई	महाराष्ट्र	अरब सागर
कोच्चि	केरल	अरब सागर
कोलकाता	प. बंगाल	हुगली नदी

भारत के प्रमुख अंतर्राष्ट्रीय/राष्ट्रीय हवाई अड्डे

अंतर्राष्ट्रीय हवाई अड्डा	स्थान
वीर सावरकर अंतर्राष्ट्रीय हवाई अड्डा	पोर्ट ब्लेयर
राजीव गांधी अंतर्राष्ट्रीय हवाई अड्डा	हैदराबाद
लोकप्रिय गोपीनाथ बोरदोलोई अंतर्राष्ट्रीय हवाई अड्डा	गुवाहाटी
इंदिरा गांधी अंतर्राष्ट्रीय हवाई अड्डा	नई दिल्ली
दाबोलिम अंतर्राष्ट्रीय हवाई अड्डा	गोवा
सरदार वल्लभ भाई पटेल अंतर्राष्ट्रीय हवाई अड्डा	अहमदाबाद
श्रीनगर अंतर्राष्ट्रीय हवाई अड्डा	श्रीनगर
केम्पेगोड़ा अंतर्राष्ट्रीय हवाई अड्डा	बेंगलूरू
मंगलूरू अंतर्राष्ट्रीय हवाई अड्डा	मंगलूरू
कोचीन अंतर्राष्ट्रीय हवाई अड्डा	कोच्चि
कालीकट अंतर्राष्ट्रीय हवाई अड्डा	कोझीकोड
त्रिवेन्द्रम अंतर्राष्ट्रीय हवाई अड्डा	तिरुवनंतपुरम
देवी अहिल्याबाई होल्कर अंतर्राष्ट्रीय हवाई अड्डा	इन्दौर
छत्रपति शिवाजी अंतर्राष्ट्रीय हवाई अड्डा	मुम्बई
डॉ. बाबा साहेब अम्बेडकर अंतर्राष्ट्रीय हवाई अड्डा	नागपुर
श्री गुरु रामदासजी अंतर्राष्ट्रीय हवाई अड्डा	अमृतसर
जयपुर अंतर्राष्ट्रीय हवाई अड्डा	जयपुर
अन्ना अंतर्राष्ट्रीय हवाई अड्डा	चेन्नई
कोयम्बटूर अंतर्राष्ट्रीय हवाई अड्डा	कोयम्बटूर
तिरुचिरापल्ली अंतर्राष्ट्रीय हवाई अड्डा	त्रिचुरापल्ली
चौधरी चरण सिंह अंतर्राष्ट्रीय हवाई अड्डा	लखनऊ
लाल बहादुर शास्त्री अंतर्राष्ट्रीय हवाई अड्डा	वाराणसी
नेताजी सुभाषचन्द्र बोस अंतर्राष्ट्रीय हवाई अड्डा	कोलकाता
बीजू पटनायक अंतर्राष्ट्रीय हवाई अड्डा	भुवनेश्वर
गया हवाई अड्डा	गया
पुणे अंतर्राष्ट्रीय हवाई अड्डा	पुणे
जरूकी अंतर्राष्ट्रीय हवाई अड्डा	शिलांग

●●●

3

अर्थव्यवस्था (Economy)

जनसंख्या

- देश की कुल जनसंख्या (2011)–**1,21,08,54,977 करोड़**
- जनसंख्या का विश्व में प्रतिशत–**17.7 प्रतिशत**
- लिंगानुपात (प्रति हजार पुरुषों पर महिलाएं)–**943**
- सर्वाधिक स्त्री-पुरुष अनुपात वाला राज्य–**केरल (1084)**
- जन्मसंख्या का घनत्व (2011)–**382 प्रति वर्ग किमी.**
- जन्म दर (2018)–**17.857 प्रति हजार जनसंख्या**
- मृत्यु दर (2018)–**7.234 प्रति हजार जनसंख्या**
- शिशु मृत्यु दर (2018)–**32 प्रति हजार जीवित जन्म**
- प्रत्याशित आयु (जन्म के समय) (2018)—**69.416 वर्ष**
  पुरुष (2018)–**68.239 वर्ष**, महिला (2018)–**70.692 वर्ष**
- बाल मृत्यु दर (0-5 वर्ष) (प्रति 1,000 बच्चे) (2019)–**34.3**
- मातृत्व मृत्यु दर (प्रति 1,000 जीवित जन्म) (2016-18) –**113**
- सर्वाधिक साक्षरता वाला राज्य (2011)–**केरल (94.0%)**
- सबसे कम साक्षरता वाला राज्य (2011)–**बिहार (61.8%)**
- ग्रामीण जनसंख्या (2011)–**83.37 करोड़,** शहरी जनसंख्या (2011)–**37.71 करोड़**
- कुल जनसंख्या से शहरी जनसंख्या का प्रतिशत (2011) –**31.16%**
- सर्वाधिक शहरी जनसंख्या वाला राज्य (2011)–**गोवा (62.17%)**
- सबसे कम शहरी जनसंख्या वाला राज्य (2011)–**हिमाचल प्रदेश (10.03%)**
- सर्वाधिक जनसंख्या वृद्धि वाला राज्य (2011)–**मेघालय (27.9%)**
- सर्वाधिक जनसंख्या वाला राज्य (2011)–**उत्तर प्रदेश (19.98 करोड़)**
- न्यूनतम जनसंख्या वाला राज्य (2011)–**सिक्किम (6.11 लाख)**
- सर्वाधिक जनसंख्या घनत्व वाला राज्य (2011)–**बिहार (1106)**
- न्यूनतम जनसंख्या घनत्व वाला राज्य (2011)–**अरुणाचल प्रदेश (17)**

भारत की जनगणना 2011: जनसंख्या वितरण, जनसंख्या घनत्व एवं साक्षरता दर

क्र. सं.	राज्य/केन्द्रशासित प्रदेश *	जनसंख्या 2011			जनसंख्या घनत्व (प्रति वर्ग कि.मी.)	साक्षरता दर 2011		
		व्यक्ति	पुरुष	महिलाएं	2011	व्यक्ति	पुरुष	महिलाएं
	भारत	**1,21,08,54,977**	**62,32,70,258**	**58,75,84,719**	**382**	**73.0**	**80.9**	**64.6**
1.	जम्मू-कश्मीर	1,25,41,302	66,40,662	59,00,640	124	67.2	76.8	56.4
2.	हिमाचल प्रदेश	68,64,602	34,81,873	33,82,729	123	82.8	89.5	75.9
3.	पंजाब	2,77,43,308	1,46,39,465	1,31,03,873	551	75.8	80.4	70.7
4.	चंडीगढ़ *	10,55,450	5,80,663	4,74,787	9,258	86.0	90.0	81.2
5.	उत्तराखंड	1,00,86,292	51,37,773	49,48,519	189	78.8	87.4	70.0
6.	हरियाणा	2,53,51,462	1,34,94,734	1,18,56,728	573	75.6	84.1	65.9
7.	दिल्ली *	1,67,87,941	89,87,326	78,00,615	11,320	86.2	90.9	80.8
8.	राजस्थान	6,85,48,437	3,55,50,997	3,29,97,440	200	66.1	79.2	52.1
9.	उत्तर प्रदेश	19,98,12,341	10,44,80,510	9,53,31,831	829	67.7	77.3	57.2
10.	बिहार	10,40,99,452	5,42,78,157	4,98,21,295	1,106	61.8	71.2	51.5
11.	सिक्किम	6,10,577	3,23,070	2,87,507	86	81.4	86.6	75.6
12.	अरुणाचल प्रदेश	13,83,727	7,13,912	6,69,815	17	65.4	72.6	57.7
13.	नागालैंड	19,78,502	10,24,649	9,53,853	119	79.6	82.8	76.1
14.	मणिपुर	28,55,794	14,38,586	14,17,208	115	79.2	86.1	72.4
15.	मिजोरम	10,97,206	5,55,339	5,41,867	52	91.3	93.3	89.3
16.	त्रिपुरा	36,73,917	18,74,376	17,99,541	350	87.2	91.5	82.7
17.	मेघालय	29,66,889	14,91,832	14,75,057	132	74.4	76.0	72.9
18.	असम	3,12,05,576	1,59,39,443	1,52,66,133	398	72.2	77.8	66.3
19.	पश्चिम बंगाल	9,12,76,115	4,68,09,027	4,44,67,088	1,028	76.3	81.7	70.5
20.	झारखंड	3,29,88,134	1,69,30,315	1,60,57,819	414	66.4	76.8	55.4
21.	ओडिशा	4,19,74,218	2,12,12,136	2,07,62,082	270	72.9	81.6	64.0
22.	छत्तीसगढ़	2,55,45,198	1,28,32,895	1,27,12,303	189	70.3	80.3	60.2
23.	मध्य प्रदेश	7,26,26,809	3,76,12,306	3,50,14,503	236	69.3	78.7	59.2
24.	गुजरात	6,04,39,692	3,14,91,260	2,89,48,432	308	78.0	85.8	69.7
25.	दमन एवं दीव*	2,43,247	1,50,301	92,946	2,191	87.1	91.5	79.5
26.	दादर और नागर हवेली *	3,43,709	1,93,760	1,49,949	700	76.2	85.2	64.3
27.	महाराष्ट्र	11,23,74,333	5,82,43,056	5,41,31,277	365	82.3	88.4	75.9
28.	आंध्र प्रदेश	4,93,86,799	2,47,38,068	2,46,48,731	308	67.4	74.8	60.0
29.	कर्नाटक	6,10,95,297	3,09,66,657	3,01,28,640	319	75.4	82.5	68.1
30.	गोआ	14,58,545	7,39,140	7,19,405	394	88.7	92.6	84.7
31.	लक्षद्वीप *	64,473	33,123	31,350	2,149	91.8	95.6	87.9
32.	केरल	3,34,06,061	1,60,27,412	1,73,78,649	860	94.0	96.1	92.1
33.	तमिलनाडु	7,21,47,030	3,61,37,975	3,60,09,055	555	80.1	86.8	73.4
34.	पुडुचेरी *	12,47,953	6,12,511	6,35,442	2,547	85.8	91.3	80.7
35.	अंडमान एवं निकोबार द्वीप समूह*	3,80,581	2,02,871	1,77,710	46	86.6	90.3	82.4
36.	तेलंगाना	3,51,93,978	17,704,078	17,489,900	308	66.5	75.0	57.9

मुद्रा, बैंकिंग एवं पूँजी बाजार

- यूरोपीय बैंकिंग प्रणाली पर आधारित देश में पहला बैंक एलेक्जेण्डर एंड कम्पनी द्वारा सन् 1770 में कलकत्ता (कोलकाता) में 'बैंक ऑफ हिन्दुस्तान' नाम से प्रारम्भ किया गया था। यह बैंक सफल न हो सका।
- सरकार के वित्तीय सहयोग से निजी अंशधारियों द्वारा 1806 में बैंक ऑफ बंगाल, 1840 में बैंक ऑफ बॉम्बे तथा 1843 में बैंक ऑफ मद्रास की स्थापना की गई। यह तीनों बैंक प्रेसीडेन्सी बैंक कहलाते थे। प्रेसीडेन्सी बैंकों को 1862 तक कागजी नोट निर्गमन का अधिकार भी प्राप्त था।
- 1921 में तीनों प्रेसीडेन्सी बैंकों को मिलाकर इम्पीरियल बैंक ऑफ इंडिया की स्थापना की गई।
- 1 जुलाई, 1955 को इम्पीरियल बैंक का आंशिक राष्ट्रीयकरण करके उसका नाम स्टेट बैंक ऑफ इंडिया कर दिया गया।
- भारतीय स्टेट बैंक (एसबीआइ) के पाँच सहयोगी बैंकों (स्टेट बैंक ऑफ बीकानेर एंड जयपुर, स्टेट बैंक ऑफ हैदराबाद, स्टेट बैंक ऑफ मैसूर, स्टेट बैंक ऑफ पटियाला तथा स्टेट बैंक ऑफ त्रावणकोर) और भारतीय महिला बैंक का 1 अप्रैल, 2017 को देश के सबसे बड़े बैंक भारतीय स्टेट बैंक में विलय हो गया।
- पूर्णरूप से पहला भारतीय बैंक 'पंजाब नेशनल बैंक' था। इसकी स्थापना 1894 में की गई थी।
- रिजर्व बैंक ऑफ इंडिया भारत का केन्द्रीय बैंक (Central Bank) है। इसकी स्थापना 1 अप्रैल, 1953 को की गई थी। इसका मुख्यालय मुम्बई में है। रिजर्व बैंक का राष्ट्रीयकरण 1 जनवरी, 1949 को किया गया था।
- देश के 14 बड़े व्यापारिक बैंकों का राष्ट्रीयकरण 19 जुलाई, 1969 को किया गया था। भारतीय औद्योगिक साख एवं निवेश निगम लि. (Industrial Credit and Investment Corporation of India Ltd.) का नाम बदलकर सितम्बर 1998 में ICICI Ltd. कर दिया गया था।
- क्षेत्रीय ग्रामीण बैंकों की स्थापना 1975 से की गई।
- देश में औद्योगिक वित्त की शिखर संस्था भारतीय औद्योगिक विकास बैंक (Industrial Development Bank of India–IDBI) है। इसकी स्थापना जुलाई 1964 में की गई थी।
- लघु औद्योगिक इकाइयों के लिए वित्त व्यवस्था करने के उद्देश्य से 2 अप्रैल, 1990 को भारतीय लघु औद्योगिक विकास बैंक (Small Industrial Development Bank of India–SIDBI) की स्थापना की गई थी। इसका मुख्यालय लखनऊ में है। भारतीय औद्योगिक पुनर्निर्माण बैंक (Industrial Recons-truction Bank of India–IRBI) की स्थापना 20 मार्च, 1985 को की गई थी।
- भारतीय जीवन बीमा निगम (Life Insurance Corporation of India) की स्थापना 1 सितम्बर, 1956 को की गई थी।

- देश में कृषि एवं ग्रामीण विकास के लिए वित्त व्यवस्था करने हेतु शिखर संस्था नाबार्ड (NABARD–National Bank for Agricultural and Rural Development) है। नाबार्ड की स्थापना 12 जुलाई, 1982 को की गई थी।
- सुविधाजनक शर्तों पर आवास वित्त उपलब्ध कराने के उद्देश्य से राष्ट्रीय आवास बैंक (National Housing Bank–NHB) की स्थापना एक शिखर संस्था के रूप में जुलाई 1988 में की गई थी।
- आयात-निर्यात के लिए वित्त व्यवस्था हेतु देश में शिखर संस्था निर्यात-आयात बैंक (EXIM Bank) है। इसकी स्थापना 1 जनवरी, 1982 को की गई थी।
- पर्यटन से सम्बन्धित परियोजनाओं के लिए वित्त व्यवस्था करने हेतु भारतीय पर्यटन वित्त निगम (Tourism Finance Corporation of India–IFCI) की स्थापना 1989 में की गई थी।
- प्रधानमंत्री नरेन्द्र मोदी ने 8 अप्रैल, 2015 को मुद्रा बैंक (MUDRA–Micro Units Development and Refinance Agency–Bank) का शुम्भारम्भ किया।
- निजी क्षेत्र के नए बैंकों में सर्वप्रथम यू.टी.आई. बैंक ने 2 अप्रैल, 1994 से कार्य करना प्रारम्भ किया था। इस बैंक का मुख्यालय अहमदाबाद में है। इस बैंक का नाम बदलकर 'एक्सिस' बैंक कर दिया गया है।
- निवेशकों के हितों की सुरक्षा व पूँजी बाजार के समुचित विनियमन के उद्देश्य से भारतीय प्रतिभूति एवं विनिमय बोर्ड (Securities and Exchange Board of India–SEBI) की स्थापना अप्रैल 1988 में की गई थी। 30 जनवरी, 1992 को राष्ट्रपति के एक अध्यादेश द्वारा इसे वैधानिक दर्जा प्रदान किया गया।
- 1970-71 से भारत में मुद्रा आपूर्ति की माप के लिए M_0, M_1, M_2, M_3 तथा M_4 का प्रयोग किया जाता है। M_0 को आरक्षित मुद्रा कहा जाता है। चलन में करेंसी, भारतीय रिजर्व बैंक के पास बैंकों की जमाएं तथा अन्य जमाएं रिजर्व मुद्रा का हिस्सा है। सरकारी प्रतिभूतियों का द्वितीयक बाजार विकसित करने के उद्देश्य से मई 1994 में भारतीय प्रतिभूति व्यापार निगम (Securities Trading Corporation of India–STCI) का गठन किया गया।
- एशिया में पहला फूड पार्क कोलकाता (कलकत्ता) के निकट दानकुनी (Dankuni) में दो विदेशी कम्पनियों द्वारा संयुक्त रूप से स्थापित किया जा रहा है। सब्जियों के उत्पादन में भारत का विश्व में पहला स्थान है। आम और केले के उत्पादन में भारत का विश्व में पहला स्थान है।
- भारत में पहला जल विद्युत शक्ति गृह 1897 ई. में दार्जिलिंग में प्रारम्भ हुआ।
- भारत में मनीऑर्डर प्रणाली की शुरूआत सर्वप्रथम 1880 ई. में हुई थी। भारत में पहला डाक टिकट 1854 ई. में कराची से जारी किया गया। भारत में डाकघर बचत बैंक 1882 ई. में प्रारम्भ की गई। भारत का प्रथम पूर्णतः कम्प्यूटरीकृत (Fully Computerised) डाकघर नई दिल्ली में स्थापित किया गया। इसका उद्घाटन 10 अक्टूबर, 1994 को किया गया था।
- अन्तर्राष्ट्रीय मुद्रा कोष (IMF) की स्थापना 27 दिसम्बर, 1945 को की गई थी, किन्तु इसने वास्तविक रूप में कार्य 1 मार्च, 1947 से प्रारम्भ किया था।

- एशियाई देशों के आर्थिक विकास को प्रोत्साहित करने हेतु दिसम्बर 1966 में एशियाई विकास बैंक (ADB) की स्थापना की गई थी। 1 जनवरी, 1967 से इस बैंक ने कार्य करना प्रारम्भ कर दिया था। इसका मुख्यालय फिलीपीन्स की राजधानी मनीला में है।
- ब्रिक्स (BRICS) विकास बैंक की स्थापना का निर्णय–जुलाई 2014 में फोर्टेलेजा (ब्राजील) में सम्पन्न ब्रिक्स (BRICS) देशों–ब्राजील, रूस, भारत, चीन तथा दक्षिण अफ्रीका के शिखर सम्मेलन में 50 अरब डॉलर की प्रारम्भिक पूँजी से ब्रिक्स विकास बैंक की स्थापना का निर्णय लिया गया।
- पर्यावरण के सुचारू प्रबन्धन के लिए जमशेदपुर को ISO-14001 प्रमाण-पत्र प्रदान किया गया है। टाटा सिटी के नाम से विख्यात यह शहर ऐसा प्रमाणन प्राप्त करने वाला देश का पहला शहर है।
- हजरत निजामुद्दीन व हबीबगंज (भोपाल) के मध्य चलने वाली भोपाल एक्सप्रेस (वर्तमान नाम शान-ए-भोपाल) रेलगाड़ी को देश में पहली बार बेहतर स्वच्छता व सेवा के लिए ISO–9001 प्रमाण-पत्र नॉर्वे की अन्तर्राष्ट्रीय संस्था Kvatitiet Veritas Quality Assurance द्वारा जनवरी 2003 में प्रदान किया गया।
- पवन ऊर्जा (Wind Energy) की उत्पादन क्षमता में भारत का विश्व में चौथा स्थान हो गया है। पहले तीन स्थान क्रमशः चीन, अमरीका व जर्मनी के हैं।

विश्व के प्रसिद्ध शेयर बाजारों के प्रमुख शेयर मूल्य सूचकांक

	शेयर मूल्य सूचकांक	सम्बन्धित देश		शेयर मूल्य सूचकांक	सम्बन्धित देश
1.	सी.एन.एक्स. निफ्टी	भारत (NSE)	10.	स्ट्रेट्स	सिंगापुर
2	सेन्सेक्स	भारत (BSE)	11.	शंघाई	चीन
3.	नैस्डैक	सं.रा. अमेरिका	12.	सियोल कम्पोजिट	दक्षिण कोरिया
4.	हैंगसैंग	हांगकांग	13.	सेट	थाइलैंड
5.	कैक	फ्रांस	14.	डो जोन्स	सं.रा. अमेरिका
6.	डैक्स	जर्मनी	15.	तेन	ताइवान
7.	एफटीएसइ-100	ब्रिटेन	16.	KLSE कम्पोजिट	मलेशिया
8.	कोस्पी	कोरिया	17.	जकार्ता कम्पोजिट	इण्डोनेशिया
9.	निक्की	जापान	18.	एस. एण्ड पी.	कनाडा

भारत में प्रतिभूति मुद्रण संस्थान

छापेखाने व टकसाल	स्थान	छापेखाने व टकसाल	स्थान
• इण्डिया सिक्योरिटी प्रेस	नासिक (महाराष्ट्र)	• बैंक नोट प्रेस	देवास (म.प्र.)
• सिक्योरिटी प्रिन्टिंग प्रेस	हैदराबाद	• सिक्योरिटी पेपर मिल	होशंगाबाद (म.प्र.)
• करेन्सी प्रेस नोट	नासिक (महाराष्ट्र)	• टकसालें (Mints)	मुम्बई, कोलकाता, नोएडा, हैदराबाद

नीति आयोग

- केन्द्र सरकार ने 1 जनवरी, 2015 को 65 साल पुराने योजना आयोग को समाप्त करके उसके स्थान पर नीति आयोग का गठन किया। नीति (NITI) का मतलब नैशनल इंस्टिट्यूट फॉर ट्रांसफॉर्मिंग इंडिया है। आयोग का काम अब सिर्फ नीति बनाने तक सीमित रहेगा।
- पहली बार मुख्यमंत्रियों को भी इससे जोड़ा गया है। केंद्र और राज्य मिलकर ऐसी नीतियां बनाएंगे, जिन्हें सबसे निचले स्तर तक लागू किया जा सकेगा।
- प्रधानमंत्री नरेन्द्र मोदी ने स्वतंत्रता दिवस पर लालकिले से अपने पहले भाषण में योजना आयोग को खत्म करने की घोषणा की थी। 1950 से देश और राज्यों की योजनाओं को रूप देने वाला योजना आयोग अब इतिहास के पन्नों में दर्ज हो गया है।

पंचवर्षीय योजनाएँ

योजना क्रम	योजना अवधि	लक्षित विकास दर	वास्तविक विकास दर	सर्वोच्च प्राथमिकता वाले क्षेत्र
• पहली योजना	1951-56	2.1	3.6	कृषि
• दूसरी योजना	1956-61	4.5	4.21	भारी उद्योग
• तीसरी योजना	1961-66	5.6	2.72	खाद्यान्न एवं कृषि
• चौथी योजना	1969-74	5.7	2.0	कृषि एवं सिंचाई
• पाँचवीं योजना	1974-78	4.4	4.83	जनस्वास्थ्य एवं समाज कल्याण
• छठी योजना	1980-85	5.2	5.54	कृषि उद्योग एवं ऊर्जा
• सातवीं योजना	1985-90	5.0	6.02	ऊर्जा, खाद्यान्न एवं मानव संसाधन
• आठवीं योजना	1992-97	5.6	6.68	मानव संसाधन
• नौवीं योजना	1997-2002	6.5	5.50	सामाजिक न्याय एवं ग्रामीण विकास
• दसवीं योजना	2002-07	8.0	7.7	रोजगार एवं ऊर्जा
• ग्यारहवीं योजना	2007-12	9.0	8.2	व्यापक तथा समावेशी विकास
• बारहवीं योजना	2012-17	8.0		त्वरित, सतत् और समावेशी विकास

15 वर्षीय दृष्टिकोण

- भारत की 12वीं पंचवर्षीय योजना 31 मार्च, 2017 को पूरी होने के साथ ही देश में पंचवर्षीय योजनाओं की व्यवस्था समाप्त हो गई है।
- इसके स्थान पर 15 वर्षीय दृष्टिकोण, सात वर्षीय रणनीति व तीन वर्षीय कार्य योजना नीति आयोग द्वारा तैयार की गई है।
- 15 वर्षीय दृष्टिकोण (Vision) 2031-32 में ऐसे भारत की कल्पना की गई है, जिसमें पूरी तरह शिक्षित समाज हो तथा सभी को स्वास्थ्य सुविधा उपलब्ध हो।

विभिन्न योजनाएँ एवं उनके उद्देश्य

कार्यक्रम का नाम	वर्ष	उद्देश्य
• सम्पूर्ण ग्रामीण रोजगार योजना	2001	रोजगार आश्वासन योजना और जवाहर ग्राम समृद्धि योजना को इसमें मिलाकर ग्रामीण क्षेत्रों में रोजगार का सृजन करना व खाद्यान्न उपलब्ध कराना।
• सर्वशिक्षा अभियान	2001	6-14 वर्ष के सभी बच्चों को 2010 तक आठवीं तक की निःशुल्क एवं गुणवत्तायुक्त प्राथमिक शिक्षा उपलब्ध कराना।
• निर्मल भारत योजना	2002	मलिन बस्तियों में सामुदायिक शौचालयों की सुविधा का विस्तार।
• जनरक्षा बीमा योजना	2002-03	₹ 1 प्रतिदिन भुगतान से चयनित व्यक्ति का निर्धारित अस्पताल में ₹ 30 हजार तक का उपचार।
• वन्दे मातरम योजना	2004	गरीब एवं पिछड़े वर्ग की गर्भवती महिलाओं को स्वास्थ्य सम्बन्धी सुविधाएँ उपलब्ध कराना।
• जननी सुरक्षा योजना	2003	गर्भवती महिलाओं को शिशु जन्म तथा आवश्यक चिकित्सा सुविधाएँ उपलब्ध कराते हुए बच्चे के जन्म पर नकद सहायता उपलब्ध कराना।
• निर्मल ग्राम पुरस्कार योजना	2003	स्वच्छता के क्षेत्र में अच्छा कार्य करने वाली त्रिस्तरीय पंचायतों को पुरस्कृत कर प्रोत्साहित करना।
• प्रधानमंत्री जन धन योजना	2014	देश के सभी परिवारों को बैंकिंग सेवाएँ उपलब्ध कराना है।
• मिड-डे-मील योजना	1995	स्कूली बच्चों को दोपहर का भोजन उपलब्ध कराना।
• स्वर्ण जयन्ती ग्राम स्वरोजगार	1999	सामूहिक प्रयास पर बल। सहायता प्राप्त गरीब व्यक्ति को 3 वर्ष में BPL के ऊपर लाना। इसमें छः कार्यक्रमों का विलय कर दिया गया। (*i*) IRDP (*ii*) TRYSEM (*iii*) DWCRA (*iv*) SITRA (*v*) MWS (*vi*) GKY
• जनश्री बीमा योजना	2000	BPL लोगों को बीमा सुरक्षा कवच देना।
• आश्रय बीमा योजना	2001	रोजगार छूटे कर्मचारियों को सुरक्षा कवच प्रदान करना।
• प्रधानमंत्री स्वास्थ्य सुरक्षा योजना	2003	देश के पिछड़े राज्यों में 6 नए AIIMS अस्पतालों को स्थापित करने हेतु।

कार्यक्रम का नाम	वर्ष	उद्देश्य
• आम आदमी बीमा योजना	2007-08	भूमि रहित ग्रामीण परिवार के मुखिया या आयअर्जक व्यक्ति की बीमा योजना।
• अटल पेंशन योजना	9 मई, 2015	सामाजिक क्षेत्र योजना पेंशन क्षेत्र से संबंधित।
• दीनदयाल उपाध्याय ग्राम ज्योति योजना	2015	इस कार्यक्रम का उद्देश्य ग्रामीण भारत में सभी घरों को 24 × 7 निर्बाध विद्युत आपूर्ति उपलब्ध कराने है।
• डिजिटल भारत कार्यक्रम	1 जुलाई, 2015	सरकारी सेवाओं को इलेक्ट्रॉनिक रूप में नागरिकों के लिए उपलब्ध कराना है और लोगों को नवीनतम सूचना और संचार प्रौद्योगिकी से लाभ सुनिश्चित कराना है।
• प्रधानमंत्री सुरक्षा बीमा योजना	9 मई, 2015	₹ 12 वार्षिक प्रीमियम के साथ दुर्घटना बीमा।
• प्रधानमंत्री जीवन ज्योति बीमा योजना	9 मई, 2015	यह मूल रूप से एक वार्षिक आधार पर या समय की एक लम्बी अवधि के लिए होता है। यह पॉलिसी धारक के मृत्यु पर जीवन बीमा कवरेज प्रदान करता है।
• कौशल भारत कार्यक्रम (राष्ट्रीय कौशल विकास मिशन)	15 जुलाई, 2015	2022 तक कम से कम 40 करोड़ कुशल लोगों को प्रशिक्षित करने के लिए संस्थागत क्षमता प्रदान करना है।
• स्मार्ट सिटी परियोजना	25 जून, 2015	2015-16 से 2019-20 के दौरान देशभर में 100 चुनिंदा शहरों का स्मार्ट सिटी के रूप में विकास।
• अमृत (AMRUT–Atal Mission for Rejuvenation and Urban Transformation	25 जून, 2015	एक लाख से अधिक जनसंख्या वाले 500 से अधिक शहरों में आधारिक संरचना व अन्य सुविधाओं का विकास।
• स्टार्ट अप इंडिया	16 जनवरी, 2016	नए उद्यमों को बढ़ावा।
• श्यामा प्रसाद मुखर्जी नेशनल रूर्बन मिशन	21 फरवरी, 2016	गाँवों का क्लस्टर आधारित विकास।
• स्टैण्ड अप इंडिया	5 अप्रैल, 2016	अनु. जाति/जनजाति तथा महिला उद्यमियों की इकाइयों की स्थापना हेतु ₹ 10 लाख से ₹ 1 करोड़ तक के ऋण।
• ग्रामोदय से भारत उदय	14-24 अप्रैल, 2016	देश के विकास हेतु गाँवों के विकास पर बल देना।
• नमामि गंगे	7 जुलाई, 2016	गंगा नदी की स्वच्छता।
• प्रधानमंत्री मत्स्य सम्पदा योजना	20 मई, 2020	मत्स्य क्षेत्र का विकास।

भारत में गठित प्रमुख आर्थिक समितियाँ

समिति का नाम	उद्देश्य
• नरसिम्हन समिति	बैंकिंग क्षेत्र में सुधार हेतु
• डी. सुब्बाराव समिति	मौद्रिक नीति पर सलाह हेतु
• राजा चेलैया समिति	कर-सुधार पर सलाह हेतु
• रघुराजन समिति	वित्तीय क्षेत्र में सुधार
• स्वामीनाथन समिति	समुद्रतटीय संसाधनों का पर्यावरणीय दृष्टि से दीर्घकालीन उपयोग सम्भव होने से सम्बन्धित
• के.एन. काबरा समिति	फ्यूचर ट्रेडिंग
• चन्द्रशेखर समिति	पूर्व सैनिकों की 'एक रैंक, एक पेंशन' की माँग पर गठित
• सुरेश तेंदुलकर समिति	गरीबी रेखा से नीचे की जनसंख्या के आकलन हेतु मानकों के पुनर्निर्धारण के लिए
• रंगराजन समिति	भारतीय अर्थव्यवस्था के लिए बचत और निवेश का आकलन करने और इसमें सुधार के उपायों को सुझाने हेतु
• मदन मोहन पुंछी आयोग	केन्द्र राज्य सम्बन्ध पर
• अभिजीत सेन समिति	कृषिगत वस्तुओं के वायदा कारोबार से सम्बन्धित
• राकेश मोहन समिति	सरकार व रिजर्व बैंक ऑफ इण्डिया द्वारा देश के वित्तीय क्षेत्रक की पूर्ण जाँच हेतु
• महाजन समिति	चीनी उद्योग
• टी. कन्नन समिति	कपड़ा उद्योग
• महालनोबिस समिति	राष्ट्रीय आय
• खुसरो समिति	कृषि साख
• मल्होत्रा समिति	बीमा क्षेत्र में सुधार
• भण्डारी समिति	क्षेत्रीय ग्रामीण बैंकों की पुनर्संरचना
• भूरेलाल समिति	मोटरवाहन करों में वृद्धि
• गोइपोरिया समिति	बैंक सेवा सुधार
• एस. तारापोर समिति	रुपये की पूँजी खाते पर परिवर्तनीयता
• आबिद हुसैन समिति	लघु उद्योग
• बी.एस. व्यास समिति	कृषि एवं ग्रामीण साख विस्तार
• गोस्वामी समिति	औद्योगिक रुग्णता
• स्वामीनाथन समिति	जनसंख्या नीति
• दांतेवाला समिति	बेरोजगारी के अनुमान

●●●

राजव्यवस्था (Polity)

भारत का संविधान

- संविधान का निर्माण भारतीय जनता द्वारा चुने गए प्रतिनिधियों की संविधान सभा द्वारा किया गया।
- संविधान सभा के सदस्यों की कुल संख्या 389 निश्चित की गई थी जिनमें 292 ब्रिटिश प्रांतों के प्रतिनिधि, 93 देशी रियासतों के प्रतिनिधि तथा 4 चीफ कमिश्नर क्षेत्रों के प्रतिनिधि थे।
- कैबिनेट मिशन योजना के अंतर्गत जुलाई, 1946 ई. में संविधान सभा का चुनाव हुआ।
- कुल 389 सदस्यों में से प्रांतों के लिए निर्धारित 296 सदस्यों के लिए चुनाव हुए, जिन्हें विभिन्न प्रांतों की विधानसभाओं द्वारा चुना गया।
- इसमें कांग्रेस को 208, मुस्लिम लीग को 73 स्थान एवं 15 अन्य दलों के तथा स्वतंत्र उम्मीदवार निर्वाचित हुए।
- संविधान सभा का प्रथम अधिवेशन 9 दिसम्बर, 1946 को दिल्ली में हुआ जिसकी अध्यक्षता डॉ. सच्चिदानंद सिन्हा ने की थी।
- 11 दिसम्बर, 1946 को डॉ. राजेन्द्र प्रसाद को संविधान सभा का स्थायी अध्यक्ष नियुक्त किया गया।
- डॉ. भीमराव अम्बेडकर की अध्यक्षता में सात सदस्यों वाली प्रारूप समिति ने संविधान का अन्तिम रूप से निर्माण किया।
- 26 नवम्बर, 1949 को संविधान अंगीकृत किया गया तथा 26 जनवरी, 1950 से इसे सम्पूर्ण भारत में लागू किया गया। इसी कारण 26 जनवरी को गणतंत्र दिवस मनाया जाता है।
- 26 नवम्बर, 1949 को पारित भारतीय संविधान में 22 भाग, 395 अनुच्छेद तथा 8 अनुसूचियां थीं।
- संविधान की प्रस्तावना को संविधान की कुंजी कहा जाता है।
- संविधान के 42वें संशोधन अधिनियम 1976 के द्वारा इसमें 'पन्थ निरपेक्ष' तथा 'समाजवादी' एवं 'अखंडता' शब्द जोड़े गए।

भारतीय संविधान में विदेशी तत्व

राष्ट्र	विविध स्रोत
• संयुक्त राज्य अमेरिका	मौलिक अधिकार, न्यायिक पुनर्विलोकन, संविधान की सर्वोच्चता, न्यायपालिका की स्वतंत्रता, निर्वाचित राष्ट्रपति एवं उस पर महाभियोग, उपराष्ट्रपति का पद, उच्चतम एवं उच्च न्यायालयों के न्यायाधीशों को हटाने की विधि एवं वित्तीय आपात।
• ब्रिटेन	संसदीय शासन प्रणाली; एकल नागरिकता व विधि निर्माण प्रक्रिया।
• आयरलैंड	नीति निर्देशक तत्व, राष्ट्रपति के निर्वाचक मंडल की व्यवस्था, आपातकालीन उपबंध।
• ऑस्ट्रेलिया	प्रस्तावना की भाषा, समवर्ती सूची का प्रावधान, केन्द्र व राज्यों के बीच संबंध तथा शक्तियों का विभाजन।
• सोवियत संघ (रूस)	मौलिक कर्त्तव्य।
• जापान	विधि द्वारा स्थापित प्रक्रिया।
• फ्रांस	गणतंत्रात्मक शासन पद्धति।
• कनाडा	संघात्मक शासन व्यवस्था एवं अवशिष्ट शक्तियों का केन्द्र के पास होना।
• द॰ अफ्रीका	संविधान संशोधन की प्रक्रिया का प्रावधान।
• जर्मनी	आपातकाल के प्रवर्तन के दौरान राष्ट्रपति को मौलिक अधिकारों से संबंधित शक्तियां।

संविधान सभा की प्रमुख समितियाँ

क्र.	समिति	अध्यक्ष
1.	नियम समिति	डा. राजेन्द्र प्रसाद
2.	संचालन समिति	डा. राजेन्द्र प्रसाद
3.	परामर्शदात्री समिति	सरदार बल्लभ भाई पटेल
4.	प्रांतीय संविधान समिति	सरदार बल्लभ भाई पटेल
5.	केंद्रीय अधिकार समिति	पंडित जवाहर लाल नेहरू
6.	केंद्रीय संविधान समिति एवं राज्य समिति	पंडित जवाहर लाल नेहरू
7.	प्रारूप समिति	डा. भीमराव अम्बेडकर
8.	झण्डा समिति	जे.बी. कृपलानी
9.	मौलिक अधिकार उप समिति	जे.बी. कृपलानी
10.	अल्पसंख्यक उप समिति	एच.सी. मुखर्जी

भारतीय संविधान की अनुसूचियाँ

- **पहली अनुसूचीः** इसमें भारतीय संघ के घटक राज्यों (28 राज्यों) एवं संघ शासित क्षेत्रों (8) का उल्लेख है। (वर्ष 2019 में जम्मू-कश्मीर के पुनर्गठन के बाद देश में राज्यों की संख्या 28 तथा वर्ष 2020 में दादरा एवं नगर हवेली और दमन एवं दीव के विलय के बाद संघशासित क्षेत्रों की संख्या 8 रह गई है।
- **दूसरी अनुसूचीः** इसमें भारतीय राजव्यवस्था के विभिन्न पदाधिकारियों को प्राप्त होने वाले वेतन, भत्ते और पेन्शन आदि का उल्लेख है।
- **तीसरी अनुसूचीः** इसमें विभिन्न पदाधिकारियों द्वारा पद-ग्रहण के समय लिये जाने वाले शपथ का उल्लेख है।
- **चौथी अनुसूचीः** इसमें विभिन्न राज्यों तथा संघीय क्षेत्रों की राज्य सभा में प्रतिनिधित्व का विवरण दिया गया है।
- **पाँचवीं अनुसूचीः** इसमें विभिन्न अनुसूचित क्षेत्रों और अनुसूचित जनजाति के प्रशासन और नियंत्रण के बारे में उल्लेख है।
- **छठी अनुसूचीः** इसमें असम, मेघालय, त्रिपुरा और मिजोरम राज्यों के जनजाति क्षेत्रों के प्रशासन का प्रावधान है।
- **सातवीं अनुसूचीः** इसमें केन्द्र और राज्यों के बीच शक्तियों के बँटवारे के बारे में उल्लेख है। इसके अन्तर्गत तीन सूचियाँ हैं–संघ सूची, राज्य सूची और समवर्ती सूची।
- **आठवीं अनुसूवीः** इसमें भारत की 22 भाषाओं का उल्लेख है।
- **नौवीं अनुसूचीः** संविधान में यह अनुसूची प्रथम संविधान संशोधन अधिनियम, 1951 द्वारा जोड़ी गई। इसके अन्तर्गत राज्य द्वारा सम्पत्ति के अधिग्रहण की विधियों का उल्लेख है।
- **दसवीं अनुसूचीः** यह संविधान में 52वें संशोधन (1985), द्वारा जोड़ी गई। इसमें दल-बदल से सम्बन्धित प्रावधानों का उल्लेख है।
- **ग्यारहवीं अनुसूचीः** यह अनुसूची 73वें संवैधानिक संशोधन (1993) द्वारा जोड़ी गई। इसमें पंचायती राज संस्थाओं को कार्य करने के लिए 29 विषय प्रदान किए गए हैं।
- **बारहवीं अनुसूचीः** यह अनुसूची 74वें संवैधानिक संशोधन (1993) द्वारा जोड़ी गई। इसमें शहरी क्षेत्र की स्थानीय स्वशासन संस्थाओं को कार्य करने के लिए 18 विषय दिए गए हैं।

भारतीय संविधान के कुछ महत्वपूर्ण अनुच्छेद

अनुच्छेद	प्रावधान
• अनुच्छेद 1	संघ का नाम और उसका राज्य क्षेत्र
• अनुच्छेद 2	नये राज्यों का प्रवेश व स्थापना
• अनुच्छेद 3	नये राज्यों का निर्माण और वर्तमान राज्यों के क्षेत्रों, सीमाओं और नामों में परिवर्तन
• अनुच्छेद 5-11	नागरिकता के प्रावधान
• अनुच्छेद 12-35	मौलिक अधिकारों का प्रावधान

अनुच्छेद	प्रावधान
• अनुच्छेद 36-51	राज्य के नीति-निदेशक तत्व
• अनुच्छेद 51(क)	मौलिक कर्त्तव्य
• अनुच्छेद 52-73	भारत के राष्ट्रपति एवं उपराष्ट्रपति
• अनुच्छेद 74-75	मंत्रिपरिषद् की व्यवस्था एवं उसके कार्य
• अनुच्छेद 76	भारत का महान्यायवादी
• अनुच्छेद 79	संसद का गठन
• अनुच्छेद 80	राज्य सभा की संरचना
• अनुच्छेद 81	लोक सभा की संरचना
• अनुच्छेद 89	राज्य सभा का सभापति एवं उपसभापति
• अनुच्छेद 93	लोक सभा का अध्यक्ष एवं उपाध्यक्ष
• अनुच्छेद 108	कुछ दशाओं में दोनों सदनों की संयुक्त बैठक
• अनुच्छेद 109	धन विधेयक के सम्बन्ध में विशेष प्रक्रिया
• अनुच्छेद 110	धन विधेयक की परिभाषा
• अनुच्छेद 112	वार्षिक वित्तीय विवरण
• अनुच्छेद 124	उच्चतम न्यायालय की स्थापना और गठन
• अनुच्छेद 143	उच्चतम न्यायालय से परामर्श करने की राष्ट्रपति की शक्ति
• अनुच्छेद 148	भारत का नियंत्रक महालेखा परीक्षक
• अनुच्छेद 149	नियंत्रक एवं महालेखा परीक्षक के कर्त्तव्य और शक्तियाँ
• अनुच्छेद 153-162	राज्यपाल की नियुक्ति व अधिकार
• अनुच्छेद 163-164	राज्य की मंत्रिपरिषद्
• अनुच्छेद 165	राज्य का महाधिवक्ता
• अनुच्छेद 168-177	राज्य का विधानमंडल
• अनुच्छेद 178-187	राज्य विधानमंडल के अधिकारी
• अनुच्छेद 188-193	राज्य विधानमंडल का कार्य संचालन
• अनुच्छेद 216	उच्च न्यायालय का गठन
• अनुच्छेद 226	कुछ रिट निकालने की उच्च न्यायालय की शक्ति
• अनुच्छेद 233	जिला न्यायाधीशों की नियुक्ति
• अनुच्छेद 239-241	संघ राज्य क्षेत्र
• अनुच्छेद 243-243(ण)	पंचायती राज का गठन व इसके अन्य उपबन्ध
• अनुच्छेद 243(त) से 243(य, छ)	नगरपालिकाएँ व इसके अन्य उपबंध
• अनुच्छेद 248	अवशिष्ट विधायी शक्तियां

अनुच्छेद	प्रावधान
• अनुच्छेद 249	राज्य की सूची के विषयों के संबंध में राष्ट्रीय हित में विधि बनाने की संसद की शक्ति
• अनुच्छेद 250	यदि आपात की उद्घोषणा प्रवर्तन में हो तो राज्यसूची के विषय के संबंध में विधि बनाने की संसद की शक्ति
• अनुच्छेद 253	अन्तर्राष्ट्रीय करारों को प्रभावी करने के लिए विधान
• अनुच्छेद 262	अन्तर्राज्यिक नदियों या नदी के जल संबंधी विवादों का न्यायनिर्णयन
• अनुच्छेद 263	अन्तर्राज्य परिषद् के संबंध में उपबंध
• अनुच्छेद 266	भारत और राज्यों की संचित निधियां और लोक लेखा
• अनुच्छेद 267	आकस्मिक निधि
• अनुच्छेद 280	वित्त आयोग का गठन
• अनुच्छेद 300(क)	विधि के प्राधिकार के बिना व्यक्तियों को सम्पत्ति से वंचित न किया जाना
• अनुच्छेद 312	अखिल भारतीय सेवाएं
• अनुच्छेद 315	संघ और राज्यों के लिए लोक सेवा आयोग
• अनुच्छेद 324	भारत का निर्वाचन आयोग
• अनुच्छेद 326	लोक सभा और राज्यों की विधान सभाओं के लिए निर्वाचन में वयस्क मताधिकार का होना
• अनुच्छेद 330	लोक सभा में अनुसूचित जातियों और जनजातियों के लिए स्थानों का आरक्षण
• अनुच्छेद 331	लोक सभा में आंग्ल-भारतीय समुदाय का प्रतिनिधित्व
• अनुच्छेद 332	राज्यों की विधान सभा में अनुसूचित जातियों और अनुसूचित जनजातियों के लिए स्थानों का आरक्षण
• अनुच्छेद 333	राज्य की विधानसभाओं में आंग्ल-भारतीय समुदाय का प्रतिनिधित्व
• अनुच्छेद 343	संघ की भाषा
• अनुच्छेद 344	राजभाषा के संबंध में आयोग और संसद की समिति
• अनुच्छेद 348	उच्चतम न्यायालय और उच्च न्यायालयों में और अधिनियमों, विधेयकों आदि के लिए प्रयोग की जाने वाली भाषा
• अनुच्छेद 350 (क)	प्राथमिक स्तर पर मातृभाषा में शिक्षा की सुविधाएं
• अनुच्छेद 351	हिन्दी भाषा के विकास के लिए निर्देश
• अनुच्छेद 352	आपात की उद्घोषणा
• अनुच्छेद 356	राज्यों में सांविधिक तंत्र के विफल हो जाने की दशा में उपबंध
• अनुच्छेद 358	आपात के दौरान अनुच्छेद 19 के उपबंधों का निलंबन
• अनुच्छेद 360	वित्तीय आपात के बारे में उपबंध
• अनुच्छेद 368	संविधान का संशोधन करने की संसद की शक्ति और उसके लिए प्रक्रिया

प्रमुख संवैधानिक पदाधिकारी के शपथ एवं त्याग-पत्र

क्र.	संवैधानिक पदाधिकारी	शपथ ग्रहण	त्यागपत्र
1.	राष्ट्रपति	मुख्य न्यायाधीश (सर्वोच्च न्यायालय)	उपराष्ट्रपति
2.	उपराष्ट्रपति	राष्ट्रपति	राष्ट्रपति
3.	सर्वोच्च न्यायालय के मुख्य न्यायाधीश	राष्ट्रपति	राष्ट्रपति
4.	प्रधानमंत्री	राष्ट्रपति	राष्ट्रपति
5.	लोक सभाध्यक्ष	शपथ ग्रहण का प्रावधान नहीं	लोकसभा उपाध्यक्ष
6.	राज्यपाल	उच्च न्यायालय के मुख्य न्यायाधीश	राष्ट्रपति
7.	राज्य सभा सभापति	राष्ट्रपति	राष्ट्रपति
8.	उच्च न्यायालय के मुख्य न्यायाधीश	राज्यपाल	राष्ट्रपति
9.	सर्वोच्च न्यायालय के अन्य न्यायाधीश	राष्ट्रपति	राष्ट्रपति
10.	उच्च न्यायालय के अन्य न्यायाधीश	राज्यपाल	राष्ट्रपति
11.	महालेखा व नियंत्रक परीक्षक	राष्ट्रपति	राष्ट्रपति
12.	मुख्यमंत्री	राज्यपाल	राज्यपाल
13.	विधान सभाध्यक्ष	शपथ ग्रहण का प्रावधान नहीं	विधान सभा उपाध्यक्ष
14.	विधान सभा उपाध्यक्ष	शपथ ग्रहण का प्रावधान नहीं	विधान सभा अध्यक्ष
15.	विधान सभा सभापति	शपथ ग्रहण का प्रावधान नहीं	विधान सभा उपसभापति
16.	मुख्य निर्वाचन आयुक्त	राष्ट्रपति	राष्ट्रपति

भारत के आयोग/अधिकरण/परिषद्

- वित्त आयोगः संवैधानिक आयोग (अनुच्छेद-280)
- नीति आयोगः गैर संवैधानिक आयोग
- चुनाव आयोगः संवैधानिक आयोग (अनुच्छेद-324)
- अनुसूचित जाति व जनजाति आयोगः संवैधानिक आयोग (अनुच्छेद-338)
- परिसीमन आयोगः संवैधानिक आयोग (अनुच्छेद-82 व 170)
- अन्य पिछड़ा वर्ग आयोगः संवैधानिक आयोग (अनुच्छेद-340)
- प्रशासनिक अधिकरणः संवैधानिक निकाय (अनुच्छेद-323)

- अन्तर्राज्यीय परिषद्: संवैधानिक निकाय (अनुच्छेद-263)
- राष्ट्रीय विकास परिषद्: गैर संवैधानिक निकाय
- क्षेत्रीय परिषद्: सलाहकारी परिषद्
- संघ लोक सेवा आयोग: संवैधानिक आयोग (अनुच्छेद-315)
- राज्य/संयुक्त राज्य लोक सेवा आयोग: संवैधानिक आयोग (अनुच्छेद-315)
- राजभाषा आयोग: संवैधानिक आयोग (अनुच्छेद-344)
- राष्ट्रीय एकता परिषद्: समन्वयकारी निकाय

भारतीय संविधान के महत्वपूर्ण तथ्य

- भारतीय संविधान में सात मौलिक अधिकारों का प्रावधान किया गया था ताकि नागरिकों के चहुंमुखी विकास को सुनिश्चित किया जा सके। ये अधिकार लिखित हैं और इनके उल्लंघन को अदालत में चुनौती दी जा सकती है। 44वें संविधान संशोधन (1979) के तहत् एक मौलिक अधिकार 'संपत्ति के अधिकार' को समाप्त कर दिया गया। इस प्रकार अब मौलिक अधिकारों की संख्या सात से घटकर छः हो गई है।
- भारतीय संविधान विश्व का सर्वाधिक लंबा, निर्मित, लिखित, सर्वाधिक व्यापक एवं स्वनिर्मित संविधान है।
- भारत की संविधान सभा ने राष्ट्र ध्वज का प्रारूप 22 जुलाई, 1947 को अपनाया।
- राष्ट्र ध्वज की लम्बाई और चौड़ाई का अनुपात 3 : 2 है।
- सफेद रंग की बीच वाली पट्टी में नीले रंग का अशोक चक्र अंकित है जिसमें 24 तीलियाँ समान दूरी पर स्थित है।
- भारत सरकार ने राज चिह्न 26 जनवरी, 1950 को अपनाया। इस राज चिह्न में केवल तीन सिंह दिखाई पड़ते हैं। चक्र के दाईं ओर एक सांड़ और बाईं ओर एक घोड़ा है। आधार का पद्म छोड़ दिया गया है।
- भारत का राष्ट्रगान रवीन्द्रनाथ टैगोर द्वारा रचित जन गण मन अधिनायक है।
- राष्ट्रगान को भारत की संविधान सभा ने 24 जनवरी, 1950 को अपनाया।
- बंकिमचंद्र चटर्जी द्वारा रचित 'आनन्दमठ' से उद्धृत वन्देमातरम् भारत का राष्ट्रगीत है।
- भारत के राष्ट्रीय पशु के रूप में बाघ (पेंथरा टाइग्रिस) को मान्यता दी गई है।
- मयूर या मोर (पावो क्रिस्टेशस) को भारत के राष्ट्रीय पक्षी के रूप में मान्यता दी गई है।
- भारतीय संविधान के निर्माण में कुल 2 वर्ष 11 माह तथा 18 दिन लगे।
- डॉ. भीमराव अम्बेडकर को संविधान का पिता कहकर पुकारा जाता है।
- 42वें संविधान संशोधन अधिनियम 1976 के द्वारा इसमें 'समाजवादी', 'पंथनिरपेक्ष' और 'राष्ट्र की अखंडता' शब्द जोड़े गए।
- भारतीय संविधान के तृतीय भाग में अनुच्छेद 12 से 36 तक के अंतर्गत नागरिकों के मूल अधिकारों का विस्तृत विवेचन किया गया है।

- पहले संपत्ति का अधिकार भी मौलिक अधिकार की श्रेणी में सम्मिलित था लेकिन इसे 1978 में किए गए 44वें संविधान संशोधन द्वारा इस श्रेणी से हटाकर मात्र एक कानूनी अधिकार घोषित कर दिया गया। अब इसकी व्यवस्था संविधान के अनुच्छेद 300 (क) में है।
- भारतीय संविधान के भाग IV के अनुच्छेद 36 से 51 तक में राज्य के नीति-निर्देशक सिद्धांतों का समावेश किया गया है।
- राज्य के नीति निर्देशक तत्व समाजवादी, गांधीवादी तथा उदारवादी सिद्धांतों का सम्मिश्रण है जिनका उद्देश्य आर्थिक, सामाजिक लोकतंत्र एवं लोक कल्याणकारी राज्य की स्थापना करना है।
- संविधान के पुनरीक्षण के लिए गठित स्वर्ण सिंह समिति की रिपोर्ट के आधार पर 1976 ई. में 42वें सांविधानिक संशोधन के भाग 4-क तथा अनुच्छेद 51-क को जोड़कर मूल कर्तव्यों का समावेश किया गया।
- भारत का राष्ट्रपति भारत का प्रथम नागरिक कहलाता है।
- भारतीय संघ की कार्यपालिका शक्ति राष्ट्रपति में निहित है।
- राष्ट्रपति का चुनाव संसद के दोनों सदनों के निर्वाचित सदस्यों तथा राज्यों की विधान सभाओं के निर्वाचित सदस्यों से बने निर्वाचक मंडल से होता है।
- राष्ट्रपति के चुनाव से संबद्ध मामलों अथवा विवादों का निपटारा उच्चतम न्यायालय द्वारा किया जाता है।
- एक व्यक्ति जितनी बार चाहे राष्ट्रपति पद हेतु खड़ा हो सकता है और निर्वाचित हो सकता है।
- राष्ट्रपति पद के किसी कारण से रिक्त होने पर उप राष्ट्रपति तथा उपराष्ट्रपति की अनुपस्थिति में सर्वोच्च न्यायालय का मुख्य न्यायाधीश कार्यभार संभालता है।
- मुहम्मद हिदायतुल्ला भारत के एकमात्र ऐसे मुख्य न्यायाधीश हैं जिन्होंने राष्ट्रपति के उत्तरदायित्व का निर्वहन किया।
- राष्ट्रपति राज्यसभा में साहित्य, कला, विज्ञान, समाज सेवा आदि क्षेत्र के 12 सदस्यों को मनोनीत करता है।
- राष्ट्रपति वार्षिक वित्तीय विवरण, नियंत्रक एवं महालेखा परीक्षक का प्रतिवेदन, वित्त आयोग की सिफारिश तथा अन्य आयोग की रिपोर्ट संसद में प्रस्तुत कराता है।
- सर्वोच्च न्यायालय के न्यायाधीशों की नियुक्ति राष्ट्रपति करता है। राष्ट्रपति सर्वोच्च न्यायालय के तथा उच्च न्यायालय के न्यायाधीशों से इस संबंध में परामर्श करता है।
- संघ लोक सेवा आयोग और संयुक्त लोक सेवा आयोग के अध्यक्ष एवं सदस्यों की नियुक्ति राष्ट्रपति द्वारा की जाती है।
- सर्वोच्च न्यायालय के न्यायाधीश अपने पद ग्रहण के पूर्व राष्ट्रपति के समक्ष शपथ ग्रहण करते हैं।
- राष्ट्रपति को किसी विधेयक पर अनुमति देने या न देने के निर्णय लेने की समय सीमा का अभाव होने के कारण राष्ट्रपति जेबी वीटो का प्रयोग कर सकता है।
- राष्ट्रपति भवन का निर्माण भारत में नियुक्त ब्रिटिश वायसराय के उपयोग के लिए कराया गया था। इसमें निवास करने वाले प्रथम व्यक्ति तत्कालीन वायसराय लॉर्ड इर्विन थे।

- राष्ट्रपति द्वारा राज्यीय संवैधानिक आपातकाल की घोषणा के 1 माह के भीतर संसद की स्वीकृति आवश्यक होती है तथा उसे आगे लागू रखने के लिए प्रति 6 माह बाद संसद की स्वीकृति आवश्यक है।
- 24 जनवरी, 1950 को डॉ. राजेन्द्र प्रसाद को अंतरिम राष्ट्रपति निर्वाचित किया गया था। उनका निर्वाचन 'संविधान निर्मात्री सभा' ने किया था।
- डॉ. राजेन्द्र प्रसाद भारत के प्रथम राष्ट्रपति थे। वे लगातार दो बार राष्ट्रपति निर्वाचित हुए।
- डॉ. एस. राधाकृष्णन लगातार दो बार उप राष्ट्रपति तथा एक बार राष्ट्रपति रहे।
- सिर्फ नीलम संजीव रेड्डी ही ऐसे राष्ट्रपति हुए जो एक बार चुनाव में पराजित हुए तथा बाद में निर्विरोध निर्वाचित हुए।
- भारत में उपराष्ट्रपति का पद संयुक्त राज्य अमेरिका के संविधान से लिया गया है।
- भारत के उपराष्ट्रपति की स्थिति की तुलना संयुक्त राज्य अमेरिका के उपराष्ट्रपति से की जा सकती है। अंतर केवल इतना मात्र है कि संयुक्त राज्य अमेरिका का उपराष्ट्रपति राष्ट्रपति पद रिक्त होने पर शेष अवधि के लिए पदभार ग्रहण करता है, जबकि भारत का उपराष्ट्रपति केवल 6 माह तक ही राष्ट्रपति पद के रिक्ति की स्थिति में पदभार ग्रहण कर सकता है।
- प्रधानमंत्री कार्यपालिका तथा विधायिका दोनों का वास्तविक प्रधान होता है।
- अनुच्छेद 78 के अनुसार प्रधानमंत्री का कर्तव्य है कि वह मंत्रिपरिषद के निर्णयों से राष्ट्रपति को अवगत कराए तथा वह राष्ट्रपति द्वारा मांगी गई अतिरिक्त जानकारी को भी उपलब्ध कराए।
- भारत में प्रथम गैर कांग्रेसी प्रधानमंत्री श्री मोरारजी देसाई थे।
- सबसे कम उम्र और सबसे अधिक उम्र में भारत के प्रधानमंत्री का पद क्रमशः राजीव गाँधी और मोरारजी देसाई ने संभाला।
- चौधरी चरणसिंह देश के ऐसे प्रधानमंत्री थे जिन्होंने अपने कार्यकाल के दौरान संसद का सामना नहीं किया।
- मंत्रिपरिषद सामूहिक रूप से लोकसभा के प्रति उत्तरदायी होते हैं।
- मंत्री तीन प्रकार के होते हैं—कैबिनेट मंत्री, राज्य मंत्री तथा उप मंत्री।
- संघीय मंत्रिपरिषद से पद त्याग करने वाले पहले व्यक्ति श्यामा प्रसाद मुखर्जी थे।
- संघीय मंत्रिमंडल में सबसे लंबी अवधि तक लगातार एक ही विभाग का कार्यभार संभालने वाली केन्द्रीय मंत्री राजकुमारी अमृतकौर हैं।
- जगजीवन राम संघीय मंत्रिमंडल में किसी न किसी विभाग के मंत्री 28 वर्ष से अधिक समय तक रहे, बीच में 2½ वर्ष छोड़कर लगातार बने रहे।
- प्रधानमंत्री मंत्रिमंडल की बैठकों का सभापतित्व और मंत्रिमंडल की समस्त कार्यवाही का संचालन करता है।
- भारत की केंद्रीय विधायिका को संसद कहा जाता है जो कि देश में विधान बनाने वाली सर्वोच्च संस्था हैं।

- अनुच्छेद 81 के अनुसार संघ हेतु एक संसद होगी जो कि राष्ट्रपति तथा दो सदनों राज्य सभा एवं लोकसभा से मिलकर बनेगी।
- भारतीय संसद के निचले सदन को लोकसभा तथा उच्च सदन को राज्यसभा कहते हैं।
- लोकसभा में जनता का प्रतिनिधित्व होता है जबकि राज्यसभा में भारत के संघ के राज्यों का प्रतिनिधित्व होता है।
- संसद की सदस्यता हेतु भारत का नागरिक तथा राज्यसभा हेतु 30 वर्ष एवं लोकसभा हेतु 25 वर्ष की न्यूनतम आयु अपेक्षित है। साथ ही उनमें संसद द्वारा विहित की गई अन्य योग्यताएँ भी होनी चाहिए।
- अनुच्छेद 80(1) के अनुसार, राज्य सभा की अधिकतम सदस्य संख्या 250 है जिनमें से 12 ऐसे सदस्य होते हैं जिन्हें राष्ट्रपति नामांकित करता है जो साहित्य, कला, विज्ञान तथा सामाजिक सेवा के क्षेत्र में विशेष ज्ञान या अनुभव रखते हैं। राज्यसभा की वर्तमान संख्या 245 है।
- राज्य सभा एक स्थायी सदन है जो कि कभी भंग नहीं होता लेकिन प्रत्येक दो वर्ष के पश्चात इसके एक तिहाई सदस्य अवकाश ग्रहण करते हैं तथा उतने ही चुने जाते हैं।
- राज्य सभा सर्वप्रथम 3 मई, 1952 को विधिवत गठित हुई थी।
- उपराष्ट्रपति राज्यसभा का पदेन सभापति होता है।
- राज्यसभा राष्ट्रहित में राज्य सूची में दिए गए विषय पर संसद को कानून बनाने तथा अनुच्छेद 312 के तहत नई अखिल भारतीय सेवाओं की रचना का प्रस्ताव बहुमत से पारित कर संसद को कानून बनाने का अधिकार प्रदान कर सकती है। यह शक्ति लोकसभा के पास नहीं है।
- लोकसभा की अधिकतम सदस्य संख्या 550 जो कि राज्य एवं केन्द्रशासित प्रदेशों से निर्वाचित किए जाते हैं। लोकसभा की वर्तमान संख्या 543 है। लोकसभा में दो एंग्लो इंडियन सदस्यों का राष्ट्रपति द्वारा मनोनयन किया जाता था। इस व्यवस्था को 104वें संविधान संशोधन 2019 द्वारा समाप्त कर दिया गया है।
- लोकसभा का सामान्य कार्यकाल 5 वर्ष का निश्चित किया गया है लेकिन आपातकाल में इसे एक वर्ष बढ़ाया जा सकता है।
- संविधान लागू होने के पश्चात लोक सभा का प्रथम चुनाव 1951-52 में हुआ तथा पहली निर्वाचित संसद 6 मई, 1952 में गठित हुई।
- वित्त विधेयक लोकसभा में पारित होने के पश्चात राज्यसभा में भेजा जाता है जिसे राज्य सभा को 14 दिनों के भीतर विचार करके लोकसभा में वापस लौटाना पड़ता है अन्यथा उसे पारित मान लिया जाता है।
- प्रथम लोकसभा की प्रथम बैठक 13 मई, 1952 को हुई और राष्ट्रपति द्वारा 4 अप्रैल, 1957 को विघटित कर दी गई।
- लोकसभा के कार्यकारी अध्यक्ष (प्रोटेम स्पीकर) के रूप में उस व्यक्त को नामजद किया जाता है जो लोकसभा में सबसे अधिक उम्र का होता है।
- लोकसभा के प्रथम अध्यक्ष गणेश वासुदेव मावलंकर थे।

- लोक सभा तथा राज्य सभा की संयुक्त बैठक की अध्यक्षता लोक सभाध्यक्ष करता है।
- एम. अनन्तशयनम् आयंगर लोकसभा के प्रथम उपाध्यक्ष थे।
- महान्यायवादी भारत का प्रथम विधि अधिकारी माना जाता है।
- महान्यायवादी की नियुक्ति राष्ट्रपति द्वारा की जाती है तथा वह राष्ट्रपति के प्रसादपर्यन्त अपने पद पर बना रह सकता है।
- नियंत्रक एवं महालेखा परीक्षक की नियुक्ति का प्रावधान भारतीय संविधान के अनुच्छेद 148 के तहत किया गया है।
- भारतीय न्यायिक व्यवस्था इकहरी और एकीकृत है। इसके सर्वोच्च शिखर पर उच्चतम न्यायालय स्थित है।
- उच्चतम न्यायालय एक अभिलेख न्यायालय है इसके निर्णयों तथा न्यायिक कार्यवाहियों को साक्ष्य के रूप में किसी न्यायालय में प्रस्तुत किया जाता है।
- उच्चतम न्यायालय अनुच्छेद 143 के अधीन राष्ट्रपति को विधिक प्रश्नों पर सलाह देता है।
- न्यायमूर्ति हीरालाल जे. कानिया भारत के प्रथम मुख्य न्यायाधीश थे।
- न्यायमूर्ति वाई. वी. चन्द्रचूड़ सर्वाधिक लंबी अवधि तक उच्चतम न्यायालय के मुख्य न्यायाधीश पद पद आसीन रहे, जबकि के.एन. सिंह सबसे कम अवधि के लिए (मात्र 17 दिन)।
- संविधान के अनुच्छेद 214 के तहत भारत के प्रत्येक राज्य के लिए एक उच्च न्यायालय की व्यवस्था की गई है, लेकिन साथ ही संसद को यह अधिकार प्रदान किया गया है कि वह दो या दो से अधिक राज्यों के लिए एक ही उच्च न्यायालय की स्थापना करे।
- अनुच्छेद 226 के अनुसार उच्च न्यायालय मौलिक अधिकारों के प्रवर्तन के लिए ही नहीं अपितु अन्य प्रयोजनों के लिए भी रिट जारी कर सकता है।
- राज्यपाल की नियुक्ति राष्ट्रपति द्वारा की जाती है तथा उसके प्रसादपर्यन्त अपने पद पर बना रहता है।
- राज्यपाल का कार्यकाल सामान्यतः पाँच वर्षों का है पर वह उसके पूर्व भी राष्ट्रपति को अपना त्यागपत्र दे सकता है अथवा पाँच वर्ष के पूर्व भी राष्ट्रपति द्वारा उसे पदच्युत किया जा सकता है।
- राज्यपाल जिला एवं सत्र न्यायालयों के न्यायाधीशों की नियुक्ति करता है।
- राज्य के विश्वविद्यालयों का कुलपति होने के नाते राज्यपाल उपकुलपतियों की नियुक्ति करता है।
- राज्यपाल राज्य लोक सेवा आयोग के अध्यक्ष तथा सदस्यों की नियुक्ति करता है लेकिन उन्हें हटाने का अधिकार राज्यपाल को नहीं है।
- राज्य के महाधिवक्ता की नियुक्ति राज्यपाल द्वारा की जाती है तथा वह उसके प्रसादपर्यन्त ही अपने पद पर बना रहता है।
- मुख्यमंत्री राज्य सरकार का वास्तविक प्रधान होता है। वह राज्यपाल का मुख्य सलाहकार एवं विधानसभा का नेता होता है।
- किसी राज्य में विधान परिषद की व्यवस्था संविधान के अनुच्छेद 169 के तहत की गई है।

- विधान परिषद् के सदस्यों का कार्यकाल 6 वर्षों का होता है, लेकिन इसके एक तिहाई सदस्य प्रत्येक दो वर्ष के पश्चात सेवानिवृत्त हो जाते हैं।
- किसी भी राज्य की विधानसभा के सदस्यों की अधिकतम संख्या 500 निर्धारित की गई है जबकि इसकी न्यूनतम संख्या 60 से कम नहीं हो सकती है। (सिक्किम, गोवा, मिजोरम, पुडुचेरी इसके अपवाद हैं)
- विधानसभा की सदस्यता हेतु उम्मीदवार की न्यूनतम आयु 25 वर्ष है।
- विधानसभा की गणपूर्ति (कोरम) तभी होती है जब उसके सदस्यों में कम-से-कम 10 प्रतिशत सदन में उपस्थित हों किन्तु यह संख्या 10 से कम नहीं होनी चाहिए।
- भारतीय संविधान के अनुच्छेद 315 के द्वारा संघ तथा प्रत्येक राज्य हेतु एक-एक लोक सेवा आयोग का प्रावधान किया गया है। दो या अधिक राज्यों हेतु संयुक्त लोक सेवा आयोग भी बनाया जा सकता है।
- संघ एवं संयुक्त लोक सेवा आयोग तथा राज्य लोक सेवा आयोग के सदस्यों की पदावधि पद ग्रहण करने की तिथि से छह वर्ष तक अथवा क्रमशः 65 वर्ष या 62 वर्ष होता है।
- अखिल भारतीय सेवा संशोधन अधिनियम 1963 के अंतर्गत अखिल भारतीय सेवाओं की सूची में कुछ नई सेवाएँ यथा—भारतीय इंजीनियरी सेवा, भारतीय वन सेवा, भारतीय आयुर्विज्ञान सेवा, भारतीय सांख्यिकी सेवा तथा भारतीय आर्थिक सेवा शामिल की गई।
- भारतीय संविधान के भाग-IV के अनुच्छेद 40 में कहा गया है कि राज्य ग्राम पंचायतों का गठन करने हेतु कदम उठाएगा तथा उन्हें ऐसी शक्तियाँ व अधिकार प्रदान करेगा, जो उन्हें स्वायत्त शासन की इकाईयों के रूप में कार्य करने के योग्य बनाने हेतु अनिवार्य हो।
- 1952 में भारत के प्रथम प्रधानमंत्री पंडित जवाहरलाल नेहरू ने सामुदायिक विकास कार्यक्रम के नाम पर पंचायती राज के स्वरूप को आगे बढ़ाया तथा एक मंत्रालय का गठन भी किया लेकिन बाद में इसे कृषि मंत्रालय में मिला दिया गया।
- सामुदायिक विकास कार्यक्रम की असफलता के कारणों की जाँच हेतु तथा पंचायती राज के संबंध में सुझाव देने हेतु 1956 में बलवंतराय मेहता समिति का गठन किया गया, जिसने स्थानीय स्तर पर त्रिस्तरीय पंचायती संरचना की सिफारिश की।
- सर्वप्रथम 2 अक्टूबर, 1959 को राजस्थान के नागौर जिले में पंचायती राज व्यवस्था की त्रिस्तरीय पद्धति लागू कर दी गई।
- 22 दिसम्बर, 1992 को पंचायती राज तथा नगरपालिकाओं से संबंधित 73वाँ तथा 74वाँ संविधान संशोधन विधेयक पारित हुआ। 20 अप्रैल, 1993 को इन विधेयकों पर राष्ट्रपति की स्वीकृति भी मिल गई।

●●●

विज्ञान (Science)

प्रमुख भौतिक राशियाँ एवं उनके मात्रक

राशि	मात्रक (SI)	राशि	मात्रक (SI)
• लम्बाई	मीटर	• कार्य, ऊर्जा	जूल
• द्रव्यमान	किलोग्राम	• कोण	रेडियन
• समय	सेकण्ड	• त्वरण	मी/सेकण्ड^2
• ताप	केल्विन	• बल	न्यूटन
• विद्युत धारा	ऐम्पियर	• शक्ति	वाट
• ज्योति तीव्रता	कैण्डेला	• दाब	पास्कल
• आयतन	घनमीटर	• चाल	मी/सेकण्ड
• कोणीय वेग	रेडियन/से.	• आवृत्ति	हर्ट्ज
• संवेग	किग्रा.मी./से.	• आवेग	न्यूटन/सेकण्ड
• पृष्ठ तनाव	न्यूटन/मीटर	• विद्युत प्रतिरोध	ओम
• विभवान्तर	वोल्ट	• विद्युत धारिता	फैराडे

ऊर्जा का रूपांतरण

उपकरण	ऊर्जा का स्वरूप परिवर्तन	डायनेमो	यांत्रिक ऊर्जा से वैद्युत ऊर्जा
मोटर	वैद्युत ऊर्जा से यांत्रिक ऊर्जा	माइक्रोफोन	ध्वनि ऊर्जा से वैद्युत ऊर्जा
लाउडस्पीकर	वैद्युत ऊर्जा से ध्वनि ऊर्जा	विद्युत सेल	रासायनिक ऊर्जा से वैद्युत ऊर्जा
सोलर सेल	सौर ऊर्जा से विद्युत ऊर्जा	इंजन	ऊष्मा ऊर्जा से यांत्रिक ऊर्जा
फोटो इलेक्ट्रिक सेल	प्रकाश ऊर्जा से वैद्युत ऊर्जा	सितार	यांत्रिक ऊर्जा से ध्वनि ऊर्जा

मोमबत्ती — रासायनिक ऊर्जा से प्रकाश एवं ऊष्मा ऊर्जा

विद्युत बल्ब — वैद्युत ऊर्जा से ऊष्मा एवं प्रकाश ऊर्जा

प्रसिद्ध भौतिक विज्ञानी एवं उनके आविष्कार

वैज्ञानिक	आविष्कार
• न्यूटन	गति के नियम, सार्वत्रिक गुरुत्वाकर्षण का नियम, परावर्तक दूरदर्शी, अवकलन गणित का आविष्कार, द्विपद प्रमेय का नियम
• गैलीलियो	जड़त्व का नियम, गति के समीकरण एवं दूरदर्शी का निर्माण
• फैराडे	विद्युत चुम्बकीय प्रेरण के नियम, विद्युत अपघट्य के नियम एवं डायनेमो का आविष्कार
• आइन्सटीन	सापेक्षिकता का विशिष्ट एवं व्यापक सिद्धांत, प्रकाश-विद्युत प्रभाव की व्याख्या, द्रव्यमान और ऊर्जा की तुल्यता ($E = mc^2$), फोटॉन की खोज, द्रव्यमान क्षति का पता
• जी. मार्कोनी	बेतार संदेश, रेडियो तथा बेतार टेलीग्राफी
• जॉन डॉल्टन	परमाणु सिद्धांत का प्रतिपादन
• डॉ. डेनिश गबोर	त्रिविमीय फोटोग्राफी की खोज
• रॉन्टजन	X-किरणों का आविष्कार
• हाइजेनबर्ग	अनिश्चितता का सिद्धांत एवं क्वाण्टम यांत्रिकी का निर्माण
• ऑटो हॉन	परमाणु बम का निर्माण
• एडीसन	फोनोग्राफ, विद्युत बल्ब, चलचित्र टेलीग्राफ
• हेनरी बेक्वेरल	रेडियो सक्रियता की खोज
• जॉन वारडीन	अतिचालकता का सिद्धांत
• एडवर्ड टेलर	हाइड्रोजन बम का निर्माण

वैज्ञानिक यंत्र व उपकरण

यंत्र/उपकरण	उपयोग
• आमीटर	विद्युत धारा को ऐम्पियर में मापने हेतु प्रयुक्त यंत्र
• अल्टीमीटर	विमानों की ऊँचाई मापने हेतु प्रयुक्त यंत्र
• ऑडियोमीटर	ध्वनि की तीव्रता मापने हेतु प्रयुक्त यंत्र
• एनिमोमीटर	वायु की शक्ति और गति मापने का यंत्र
• एवोमीटर	रेडियो में उत्पन्न दोष का पता लगाने का यंत्र
• एयरोमीटर	वायु तथा गैसों के भार तथा घनत्व मापने का यंत्र
• एक्युमुलेटर	विद्युत ऊर्जा को संचित करने का यंत्र
• एपिकायस्कोप	अपारदर्शी चित्रों को पर्दे पर दिखाने का काम करने वाला उपकरण
• एक्टिओमीटर	सूर्य किरणों की तीव्रता का निर्धारण करने वाला यंत्र
• बैरोमीटर	वायुमंडलीय दाब मापने वाला यंत्र

यंत्र/उपकरण	उपयोग
• बोलोमीटर	ऊष्मीय विकिरण मापने का यंत्र
• क्रेस्कोग्राफ	पौधों की वृद्धि को दर्शाने वाला यंत्र
• कैलोरीमीटर	ऊष्मा को मापने वाला यंत्र
• क्रोनोमीटर	पानी के जहाजों में सही समय ज्ञात करने में प्रयुक्त उपकरण
• फैदोमीटर	समुद्र की गहराई मापने वाला यंत्र
• लैक्टोमीटर	दूध की शुद्धता मापने वाला यंत्र
• मैनोमीटर	गैसों का दाब मापने का यंत्र
• पाइरोमीटर	उच्च ताप मापने वाला यंत्र
• फोनोमीटर	प्रकाश की चमक शक्ति ज्ञात करने वाला यंत्र
• पोलीग्राफ	झूठ का पता लगाने वाला यंत्र
• रेनगॉज	वर्षा की मात्रा ज्ञात करने वाला यंत्र
• टैकोमीटर	वायुयान की गति मापने का यंत्र
• यूडोमीटर	वर्षामापक यंत्र

भौतिक विज्ञान के प्रमुख नियम/सिद्धांत

- **गति विषयक प्रथम नियमः** कोई भी वस्तु तब तक अपनी विरामावस्था अथवा गत्यावस्था में रहती है जब तक कि कोई बाह्य बल न आरोपित किया जाये।
- **गति विषयक द्वितीय नियमः** संवेग में परिवर्तन की दर आरोपित बल के समानुपाती होती है एवं परिवर्तन उसी दिशा में होता है, जिस दिशा में बल आरोपित किया जाता है।
- **गति विषयक तृतीय नियमः** प्रत्येक क्रिया के विपरीत एवं बराबर प्रतिक्रिया होती है एवं भिन्न-भिन्न वस्तुओं पर क्रिया करती है। यदि वे एक ही वस्तु पर क्रिया करती हैं तो परिणामी बल शून्य होगा।
- **संवेग संरक्षण का सिद्धांतः** जब दो या दो से अधिक वस्तुएँ एक-दूसरे के साथ परस्पर क्रिया करती हैं एवं कोई भी बाह्य बल नहीं लग रहा होता है तो उनका कुल संवेग सर्वदा संरक्षित रहता है। उदाहरण—राकेट की उड़ान।
- **न्यूटन का गुरुत्वाकर्षण नियमः** किन्हीं दो पिडों के बीच कार्य करने वाले बल का परिणाम, पिंडों के द्रव्यमान के गुणनफल के समानुपाती तथा उनकी बीच की दूरी के वर्ग के व्युत्क्रमानुपाती होता है।
- **पास्कल का नियमः** संतुलन में द्रव का दबाव चारों तरफ बराबर होता है।
- **हुक का नियमः** प्रत्यास्थता सीमा के अंदर प्रतिबल सदैव विकृति के समानुपाती होता है।
- **आर्कमिडीज का सिद्धांतः** किसी द्रव में डूबे किसी ठोस पर लगा उपरिमुखी बल, ठोस द्वारा हटाये गये द्रव के भार के बराबर होता है।
- **बॉयल का नियमः** किसी निश्चित तापक्रम पर किसी गैस की दी गई मात्रा का आयतन उसके दाब के व्युत्क्रमानुपाती होता है।
- **चार्ल्स का नियमः** दाब नियत हो तो, गैस का आयतन तापक्रम का समानुपाती होता है।

- **किरचौफ का ताप नियमः** किसी विकिरण के लिए ऊष्मा का अच्छा शोषक, इसी विकरण के लिए ऊष्मा का अच्छा विकिरक भी होता है।
- **न्यूटन का शीतलन नियमः** किसी वस्तु के शीतलन की दर उस वस्तु के औसत ताप तथा वातावरण के ताप के अंतर के अनुक्रमानुपाती होती है, वशर्ते तापमान का अन्तर कम हो। उदाहरणार्थ, ठंड मौसम एवं छिछली प्याली में किसी द्रव का जल्दी ठंडा होना न्यूटन के शीतलन नियम की पुष्टि करता है।
- **ऊष्मागतिकी के नियम प्रथम नियमः** एक यांत्रिक क्रिया में उत्पन्न ऊष्मा किए गए कार्य के समानुपाती होती है। ऊष्मा- गतिकी का प्रथम नियम ऊर्जा संरक्षण नियम को दर्शाता है। **द्वितीय नियमः** इस नियम के अनुसार उपलब्ध ऊष्मा के सम्पूर्ण भाग को यांत्रिक कार्य में बदलना संभव नहीं है, परंतु इसके एक निश्चित भाग को कार्य में बदला जा सकता है। अर्थात् 'ऊष्मा अपने आप निम्न ताप की वस्तु से उच्च ताप की वस्तु की ओर प्रवाहित नहीं हो सकती।'
- **डॉप्लर का नियमः** यदि ध्वनि स्रोत तथा श्रोता के मध्य सापेक्ष गति हो रही हो तो श्रोता को ध्वनि की आवृत्ति तारत्व से भिन्न प्रतीत होती है। ध्वनि में होने वाले इस आभासी परिवर्तन की घटना को 'डाप्लर प्रभाव' या 'डाप्लर का नियम' कहते हैं।
- **ओम का नियमः** यदि किसी चालक की भौतिक अवस्थाएँ अपरिवर्तित रहें तो उसके सिरों पर लगाये गये विभवांतर तथा उसमें प्रवाहित विद्युत् धारा की निष्पत्ति नियत रहती है।

भारतीय परमाणु ऊर्जा कार्यक्रम

- 19 दिसम्बर, 1945—बम्बई में 'टाटा इन्स्टीट्यूट ऑफ फंडामेंटल रिसर्च' की स्थापना।
- 10 अगस्त, 1948—'परमाणु ऊर्जा आयोग' का गठन।
- 18 अगस्त, 1950—परमाणु ऊर्जा द्वारा 'इंडियन रेअर अर्थ्स लिमिटेड' की स्थापना।
- 3 अगस्त, 1954—'परमाणु ऊर्जा विभाग' का सृजन।
- 4 अगस्त, 1956—देश के तथा एशिया के प्रथम परमाणु अनुसंधान रिएक्टर 'अप्सरा' की शुरूआत।
- 1962—भारत में पहली बार नांगल में भारी जल संयंत्र की स्थापना।
- 17 सितम्बर, 1963—'राजस्थान परमाणु विद्युत् गृह' की स्थापना हेतु भारत एवं कनाडा में समझौता।
- 12 जनवरी, 1967—'परमाणु ऊर्जा प्रतिष्ठान' का नाम 'भाभा परमाणु अनुसंधान केन्द्र' (BARC) रखा गया।
- 4 अक्टूबर, 1967—'यूरेनियम कॉरपोरेशन ऑफ इंडिया लिमिटेड' की स्थापना।
- 18 मई, 1974—राजस्थान के जैसलमेर जिले के लिए 'पोखरण' नामक स्थान में शांतिपूर्वक कार्यों के परमाणु परीक्षण सम्पन्न।
- 10 मई, 1980—अनुसंधान रिएक्टर 'पूर्णिमा-II' प्रारम्भ, 'पूर्णिमा-II' यूरेनियम-233 को प्रयोग करने वाला पहला रिएक्टर बना।
- 11 नवम्बर, 1984—'न्यूक्लियर पॉवर बोर्ड' की स्थापना।
- 16 सितम्बर, 1985—कलपक्कम में 'इंदिरा गाँधी परमाणु अनुसंधान केन्द्र' की स्थापना।
- 6 नवम्बर, 2001—तमिलनाडु के कुडानकुलम में दो परमाणु बिजली इकाइयाँ स्थापित करने के लिए रूस के साथ समझौता।

महत्वपूर्ण कार्बनिक-यौगिक और उनके उपयोग

यौगिक	उपयोग
• एथिलीन	कच्चे फलों को पकाने एवं उसके संरक्षण में, मस्टर्ड गैस बनाने में, निश्चेतक के रूप में।
• मीथेन	छापाखाने की स्याही बनाने में, प्रकाश तथा ऊर्जा उत्पादन में।
• एसीटिलीन	निओप्रीन नामक कृत्रिम रबर बनाने में, कच्चे फलों को कृत्रिम रूप से पकाने में।
• पोलीथीन	तारों और केबिलों के विद्युत रोधन में, पाइप, बाल्टी, ग्लास आदि बनाने में।
• एथिल ब्रोमाइड	स्थानीय निश्चेतक के रूप में।
• क्लोरोफार्म	निश्चेतक के रूप में, जीवाणुनाशक होने के कारण जन्तुओं और वनस्पतियों से पदार्थों के संरक्षण में।
• मिथाइल ऐल्कोहल	मेथिलेटेड स्पिरिट बनाने में, कृत्रिम रंग बनाने में, पेट्रोल के साथ मिलाकर इंजनों में ईंधन के रूप में।
• इथाइल ऐल्कोहल	दवाओं के काम आने वाले टिंचर बनाने में, वार्निश तथा पॉलिश बनाने में, शराब तथा अन्य ऐल्कोहलीय पेय बनाने में, कीटाणुनाशक, इत्र तथा सुगंध बनाने में आदि।
• फार्मेल्डिहाइड	फोटोग्राफी की प्लेटों पर जिलेटिन फिल्म को स्थिर रखने में, जीवाणु- नाशक के रूप में, अंडे की सफेदी से वाटरप्रूफ कपड़ा बनाने में।
• ग्लिसरॉल	मुहरों की स्याही, जल के रंग, जूतों की पॉलिश तथा शृंगार सामग्री बनाने में, पारदर्शक साबुन बनाने में, सूजन आदि में ठंडक पहुँचाने वाले पदार्थ बनाने में आदि।
• एसेटल्डिहाइड	प्लास्टिक बनाने, रंग तथा दवा बनाने, मेटा एसेटल्डिहाइड नामक नींद की दवा बनाने में।
• एसीटोन	कृत्रिम रेशम तथा संश्लेषित रबर बनाने में।
• एसीटिक अम्ल	प्रयोगशाला में अभिकर्मक के रूप में, सिरके के रूप में, अचार, आदि बनाने में।
• ग्लूकोस	विभिन्न प्रकार की शराब बनाने में, ग्लूकोस के रूप में।
• बेंजीन	विलायक के रूप में, शुष्क धुलाई में, पेट्रोल के साथ मिश्रित कर इंजनों के ईंधन के रूप में आदि।
• टॉइलीन	शुष्क धुलाई में, विलायक के रूप में, विस्फोटक बनाने में।
• क्लोरोबेंजीन	एनीलिन एवं फिनॉल के औद्योगिक निर्माण में।
• ईथर	निश्चेतक के रूप में, विलायक के रूप में, ठंडक पैदा करने में, ऐल्कोहॉल बनाने में।
• गेमेक्सीन	कीटाणुनाशक के रूप में।

रसायन विज्ञान से संबंधित महत्वपूर्ण खोज

खोज	आविष्कारकर्ता	खोज	आविष्कारकर्ता
• प्रोटॉन	गोल्डस्टीन	• इलेक्ट्रॉन	थामसन
• न्यूट्रॉन	जेम्स चैडविक	• नाभिक	रदरफोर्ड
• परमाणु क्रमांक	मोसले	• आवर्त सारणी	मैण्डलीफ
• आधुनिक आवर्त सारणी	मोसले	• पॉजिट्रॉन	कार्ल एण्डरसन
• त्रिक नियम	डोबरी नियर	• अपवर्जन सिद्धांत	पाउली
• क्वांटम सिद्धांत	मैक्स प्लान्क	• रेडियो सक्रियता	हेनरी बेक्वेरेल
• वर्ग विस्थापन नियम	सॉडी व फेजेन्स	• द्रव्यमान संरक्षण का नियम	लैवोजियर
• सापेक्षिकता का सिद्धांत	आइन्सटीन	• वर्ग विस्थापन नियम	सॉडी व फेजेन्स
• परमाणु सिद्धांत	जॉन डॉल्टन	• बोर सिद्धांत	नील्स बोर
• समस्थानिक	सॉडी	• भारी जल	यूरे
• प्रकाश विद्युत प्रभाव	आइन्सटीन	• गैसों का विसरण नियम	ग्राहम
• द्रव्यमान ऊर्जा समीकरण	आइन्सटीन	• विद्युत अपघटन का नियम	फैराडे
• सह संयोजकता	लुईस	• pH मापक्रम	लारेंन्सन
• हीलियम	लोकेयर	• ऑक्सीजन	शीले एवं प्रीस्टले
• सोडियम/पोटैशियम	डेवी	• रेडियम	क्यूरी दम्पत्ति
• थोरियम	बर्जीलियस	• यूरेनियम	क्लैप्रोथ
• क्लोरीन	शीले	• आर्गन	रैमजे और रैले
• परासरण दाब का नियम	वर्कल		

रेडियोसक्रिय समस्थानिक और उनकी उपयोगिता

समस्थानिक	उपयोगिता
Na-24	रुधिर संचरण तंत्र का विकार ज्ञात करने में
P-32	रुधिर की खराबी से उत्पन्न रोगों, कैंसर, ल्यूकीमिया आदि के उपचार में।
C-14	अजीवी कार्बनिक वस्तुओं की आयु निर्धारित करने में तथा प्रकाश-संश्लेषण के अध्ययन में।
Fe-59	अरक्तता रोग ज्ञात करने में
Co-60	कैंसर के उपचार में
I-131	थॉयराइड ग्रंथि का विकार ज्ञात करने में, थॉयराइड कैंसर का उपचार करने तथा ब्रेन ट्यूमर ज्ञात करने में।

रासायनिक पदार्थों के रासायनिक नाम व सूत्र

रासायनिक पदार्थ	रासायनिक नाम	रासायनिक सूत्र
• विरंजक चूर्ण	ब्लीचिंग पाउडर	$Ca(OCl).Cl$
• चूने का पानी	कैल्सियम हाइड्रॉक्साइड	$Ca(OH)_2$
• जिप्सम	कैल्शियम सल्फेट	$CaSO_4.2H_2O$
• प्लास्टर ऑफ पेरिस	कैल्शियम सल्फेट हेमीहाइड्रेट	$CaSO_4.½H_2O$
• साधारण नमक	सोडियम क्लोराइड	$NaCl$
• बेकिंग सोडा	सोडियम बाइकार्बोनेट	$NaHCO_3$
• कास्टिक सोडा	सोडियम हाइड्रॉक्साइड	$NaOH$
• चिली साल्टपीटर	सोडियम नाइट्रेट	$NaNO_3$
• सुहागा	बोरेक्स	$Na_2B_4O_7.10H_2O$
• फिटकरी	पोटैशियम एल्युमिनियम सल्फेट	$K_2SO_4.Al_2SO_4)_3.24H_2O$
• शोरा	पोटैशियम नाइट्रेट	KNO_3
• चूने का पत्थर/संगमरमर	कैल्शियम कार्बोनेट	$CaCO_3$
• नौसादर	अमोनियम क्लोराइड	NH_4Cl
• लाफिंग गैस	नाइट्रस ऑक्साइड	N_2O
• लाल सिन्दूर	लेड परऑक्साइड	Pb_3O_4
• म्यूरेटिक अम्ल	हाइड्रोक्लोरिक अम्ल	HCl
• ऑयल ऑफ विट्रियॉल	सान्द्र सल्फ्यूरिक अम्ल	H_2SO_4
• शुष्क बर्फ	ठोस कार्बन डाइऑक्साइड	CO_2
• हरा कसीस	फेरस सल्फेट	$FeSO_4.7H_2O$
• भारी जल	ड्यूटेरियम ऑक्साइड	D_2O
• सिलिका	सिलिकन डाइऑक्साइड	SiO_2
• सफेद कसीस	जिंक सल्फेट	$ZnSO_4.7H_2O$
• क्विक सिल्वर	मरकरी	Hg
• नीला कसीस	कॉपर सल्फेट	$CuSO_4.5H_2O$
• मार्श गैस	मीथेन	CH_4
• फ्रीऑन	डाइक्लोरोडाइफ्लोरो कार्बन	CF_2Cl
• यूरिया	कार्बामाइड	NH_2CONH_2
• क्लोरोफार्म	ट्राइक्लोरो मिथेन	$CHCl_3$
• फिनॉल	हाइड्रोक्सीबेंजीन	C_6H_5OH
• ऐल्कोहॉल	इथाइल ऐल्कोहॉल	C_2H_5OH

खनिज लवणों की मानव शरीर में भूमिका

खनिज लवण	मानव शरीर में भूमिका
लोहा (Fe)	लाल रक्त कणिकाओं (RBC) का निर्माण
कैल्शियम (Ca)	हड्डियों एवं दाँतों का निर्माण
आयोडीन (I)	थॉयराइड ग्रंथि का नियंत्रण
फास्फोरस (P)	जीवद्रव्य एवं हड्डियों का निर्माण
सोडियम (Na)	पाचन, उत्सर्जन एवं तंत्रिका तंत्र के कार्यों में सहायता करना
मैग्नीशियम (Mg)	मांसपेशियों के संचालन एवं तंत्रिका तंत्र की कार्य विधि में सहायता करना
पोटैशियम (K)	कोशिकीय संवहन एवं जैविक क्रियाओं का नियंत्रण

कोशिकीय अंग और उनके खोजकर्ता

कोशिकीय अंग	खोजकर्ता	कोशिकीय अंग	खोजकर्ता
केन्द्रक	रॉबर्ट ब्राउन	केन्द्रिका	फोण्टाना
क्लोरोप्लास्ट	स्चिम्पर	क्रोमोसोम	हॉफमिश्चर
अन्तःद्रव्यी जालिका	पोर्टर	तारककाय	बोवेरी
गॉल्जीकाय	जॉर्ज गॉल्जी	लाइसोसोम	सी.डी. दूबे
माइटोकोन्ड्रिया	सी.बेन्डा	राइबोसोम	पैलेड
स्फीरोसोम	पर्नर	जीवद्रव्य	डुजार्डिन
क्रोमेटिन	फ्लेमिंग	केन्द्रक कला	हर्टविग

प्रमुख जीव वैज्ञानिक एवं उनका योगदान

जीव वैज्ञानिक	योगदान
एन्टोनी वॉन ल्यूवेनहॉक	सूक्ष्मजीव विज्ञान के जनक, अच्छी गुणवत्ता के साधारण लैंसों की सहायता से सूक्ष्म जीवधारियों को देखा और उन्हें 'Animal-cules' नाम दिया।
एलेक्जेंडर फ्लेमिंग	पेन्सिलिन (Penicillin) की खोज।
ए.जी. टेन्सले	'Ecosystem' शब्द का प्रतिपादन।
बेटसन	'आनुवंशिकी' (Genetics) शब्द का प्रतिपादन।
बैन्टिंग तथा बैस्ट	पैंक्रियास से इन्सुलिन हार्मोन का पृथक्करण।
कैरोलस लीनियस	वर्गिकी के जनक, जीवों के नामकरण की द्विनाम पद्धति' का प्रतिपादन 'Systema Nature', Species Plantarum' तथा 'Genera Plantarum' नामक पुस्तकों के लेखक, आधुनिक वनस्पति विज्ञान के जनक।
क्रिश्चियन बर्नार्ड	प्रथम मानव हृदय प्रत्यारोपण ऑपरेशन।
चार्ल्स लेबरॉन	मलेरिया के रोगाणु का पता

जीव वैज्ञानिक	योगदान
चार्ल्स डार्विन	जैवविकास मत का प्रतिपादन, Origin of Species नामक पुस्तक की रचना।
ड्रेसर	'एस्प्रीन' (Aspirin) दवा की खोज
एडवर्ड जेनर	चेचक के टीके की खोज, टीकाकरण का विकास, प्रतिरक्षा विज्ञान के जनक
अर्न्स्ट हेकेल	बायोजेनेटिक नियम का प्रतिपादन, प्रोटिस्टा (Protista) तथा प्लास्टिड (Plastid) शब्द का प्रतिपादन
फन्क	'विटामिन' (Vitamin) शब्द का प्रतिपादन
ह्यूगो डी ब्रीज	उत्परिवर्तन (Mutation) का सिद्धांत
हापकिन्स तथा फन्क	'विटामिन मत' का प्रतिपादन
हरगोविन्द खुराना	आनुवांशिक कोडों का प्रतिपादन
इवानोवस्की	'विषाणुओं' की सर्वप्रथम खोज
जे.ई. पुरकिन्जे	'जीवद्रव्य' (Protoplasm) का नामकरण
जोहॅनसन	'जीन' (Gene) शब्द का प्रतिपादन
जॉनास साल्क	पोलियो से बचाव के लिए टीके का निर्माण
कार्ल लैंडेस्टीनर	'ABO' रक्त वर्गों का पता, R^h फैक्टर की खोज, एन्टीजन की खोज
लुई पाश्चर	रोगों का जर्म-प्लाज्म मत (रोगाणुवाद का प्रतिपादन), रेबीज टीका का निर्माण, किण्वन की खोज, सूक्ष्मजीव विज्ञान के जनक
रॉबर्ट हुक	कोशिका की खोज, 'कोशा' (Cell) शब्द का प्रतिपादक, माइक्रोग्राफिया नामक पुस्तक का लेखन, कोशिका विज्ञान के जनक
रॉबर्ट ब्राउन	कोशिकाओं में केन्द्रक की उपस्थिति का पता और उसका नामकरण, ब्राउनियन गति का प्रतिपादन
आर. आल्टमान	'न्यूक्लिक अम्ल' शब्द का प्रतिपादन
रॉबर्ट एडवर्ड	परखनली शिशु विकसित करने की तकनीक का विकास
श्लाइडेन एवं श्वान	'कोशिका मत' (Cell theory) का प्रतिपादन
थियोफ्रेस्टस	वनस्पतिशास्त्र के पिता, Historia Plantarum नामक पुस्तक का लेखन
टी.आर. माल्थस	खाद्य उत्पादन एवं जनसंख्या के बीच संबंध का प्रतिपादन
टी.एच. हक्सले	'जाति आवर्तन नियम' (Biogentic law) का प्रतिपादन
विलियम हार्वे	रक्त परिसंचरण (Blood Circulation) की खोज
डब्ल्यू. फ्लेमिंग	माइटोसिस (Mitosis) शब्द का प्रतिपादन
वाटसन एवं क्रिक	DNA की आण्विक रचना के लिए द्विकुण्डलित प्रारूप का प्रतिपादन
जेड. जेन्सन एवं एच. जेन्सन	प्रथम 'संयुक्त सूक्ष्मदर्शी' का निर्माण

विटामिनों के स्रोत एवं उनकी विशेषताएँ

नाम	स्रोत	कार्यिकी	कमी का प्रभाव
• विटामिन-A (रेटिनॉल)	दूध, मक्खन, अण्डा, यकृत, मछली का तेल।	दृष्टि रंगाओं का संश्लेषण, एपिथीलियमी स्तरों की वृद्धि एवं विकास।	कॉर्निया व त्वचा की कोशिकाओं का शल्कोष्ट, रतौंधी, कुंठित वृद्धि।
• विटामिन-D (कैल्सीफेरॉल)	मक्खन, यकृत, गुर्दे, अण्डे, मछली का तेल, त्वचा और यीस्ट में सूर्य प्रकाश में संश्लेषण।	कैल्शियम व फॉस्फोरस का उपापचय, हड्डियों और दाँतों की वृद्धि।	सूखा रोग, ऑस्टियोमैलेसिया
• विटामिन-E (टेकोफेरॉल)	तेल, गेहूँ, अण्डे की जर्दी, सोयाबीन।	कोशिका कला की सुरक्षा, जननिक एपिथीलियम की वृद्धि, पेशियों की क्रियाशीलता।	जनन क्षमता की कमी, जननांग तथा पेशी की कमजोरी।
• विटामिन-K (नैफ्थोक्विनोन)	हरी पत्तियाँ, अण्डा, यकृत, टमाटर, गोभी, सोयाबीन।	यकृत में प्रोथॉम्बिन का संश्लेषण।	रुधिर का थक्का न होना।
• विटामिन-B_1 (थायमीन)	अनाज, फलियाँ, सोयाबीन, दूध, यीस्ट, अण्डे, माँस।	कार्बोहाइड्रेट एवं अमीनो अम्ल उपापचय के लिए आवश्यक एन्जाइम का सह-एन्जाइम।	बेरी-बेरी।
• विटामिन-B_2 (राइबोफ्लैविन)	हरी पत्तियाँ, पनीर, अण्डे, यीस्ट, माँस, यकृत।	उपापचय में महत्वपूर्ण सह-एन्जाइमों का घटक।	कीलोसिस।
• विटामिन-B_3 (निकोटिनिक अम्ल)	मांस, मछली, अण्डे, दूध, मटर, मेवा, फलियाँ।	उपापचय में महत्वपूर्ण सह-एन्जाइमों का घटक।	पेलाग्रा।
• विटामिन-B_5 (पैन्टोथीनिक अम्ल)	अण्डे, दूध, मांस, मूँगफली, गन्ना।	अपचय के सह-एन्जाइम-A का घटक।	वृद्धि कम, चर्म रोग, जनन क्षमता में कमी।
• विटामिन-B_6 (पाइरोडॉक्सिन)	दूध, मांस, मछली, यीस्ट, यकृत, अनाज।	प्रोटीन उपापचय में आवश्यक एन्जाइमों का सह-एन्जाइम।	रक्तक्षीणता, चर्म-रोग, पेशीय ऐंठन।

नाम	स्रोत	कार्यिकी	कमी का प्रभाव
• विटामिन-H (बायोटिन)	अण्डा, मांस, गेहूँ, मूंगफली, सब्जियाँ, फल।	वसीय एवं अमीनो अम्लों सहित कई अन्य पदार्थों की संश्लेषण अभिक्रियाओं में सह-एन्जाइम।	बालों का झड़ना, चर्म रोग।
• फॉलिक अम्ल समूह	हरी पत्तियाँ, सोयाबीन, फलियाँ, यकृत।	वृद्धि, रुधिराणुओं का निर्माण, DNA का संश्लेषण।	रुधिर क्षीणता, कुंठित वृद्धि।
• विटामिन-B_{12} (सायनोकोबा-लामीन)	मांस, मछली, दूध, अण्डा।	वृद्धि रुधिराणुओं का निर्माण, न्यूक्लिक अम्लों का संश्लेषण।	रुधिर क्षीणता, तंत्रिका तंत्र की गड़बड़ियाँ।
• विटामिन-C (एस्कॉर्बिक अम्ल)	नींबू, संतरा, टमाटर, सब्जियाँ।	हड्डियों के मैट्रिक्स दाँतों के डेन्टीन का निर्माण।	स्कर्वी रोग।

जीवाणु के द्वारा होने वाले रोग एवं उनके लक्षण

रोग	जीवाणु	प्रभावित अंग	लक्षण
• प्लेग	पाश्चुरेला पेस्टिस	फेफड़े, कांख दोनों पैरों के बीच	बहुत तेज बुखार, शरीर पर गिल्टियां
• क्षय रोग	माइकोबैक्टिरियस ट्यूबरकुलोसिस	फेफड़ा	बार-बार खाँसी के साथ कफ एवं रक्त निकलना
• गोनोरिया	नाइसेरिया गोनोरियाई	मूत्र मार्ग	मूत्र-मार्ग में सूजन
• सिफलिस	ट्रैपोनमा पैलिडम	शिश्न	शिश्न में घाव
• टिटनेस	क्लॉस्ट्रीडियम, टेटेनी	तंत्रिका तंत्र	तेज बुखार, जबड़ा भिंचना एवं शरीर में ऐंठन
• हैजा	विब्रिओ कालेरी	आँत	लगातार दस्त और उल्टियाँ
• डिप्थीरिया	कोरीनी बैक्टीरियम डिप्थीरी	श्वास नली	साँस लेने में कठिनाई एवं दम घुटना
• काली खाँसी	हीमोफिलस परटूसिस	श्वसन तंत्र	लगातार खाँसी आना
• कुष्ठ रोग	माइकोबैक्टिरियम लेप्री	तंत्रिका तंत्र, त्वचा	शरीर पर चकत्ते, तंत्रिकाएँ प्रभावित
• टायफायड	साल्मोनेला टाइफी	आँत	तेज बुखार, सिर दर्द
• निमोनिया	डिप्लोकोकस न्यूमोनी	फेफड़ा	तेज बुखार, फेफड़ों में सूजन

परजीवी (Protozoa) द्वारा होने वाली बीमारी

बीमारी	परजीवी	प्रभावित अंग	वाहक मच्छर	लक्षण
• काला-जार	लीशमैनिया डोनावानी	अस्थि-मज्जा	बालू-मक्खी	तेज बुखार
• सोने की बीमारी	ट्रिपेनोसोमा	मस्तिष्क	सी-सी मक्खी	बहुत नींद के साथ बुखार
• मलेरिया	प्लाज्मोडियम	तिल्ली एवं लाल रक्त कण	मादा एनोफ्लीज	ठंड के साथ बुखार
• पायरिया	एन्ट अमीबा जिन्जिवेलिस	मसूढ़े	–	मसूढ़ों से रक्तस्राव
• पेचिस	एन्ट अमीबा हिस्टोलिटिका	आँत	–	खून के साथ दस्त

विषाणुओं के द्वारा होने वाले रोग एवं उनके लक्षण

रोग	विषाणु	प्रभावित अंग	लक्षण
• पोलियो	पोलियो	गला, रीढ़, नाड़ी संस्थान	ज्वर, बदन में दर्द, रीढ़ की हड्डी एवं आँत की कोशिकाएँ नष्ट हो जाती हैं।
• चेचक	वैरिओला वायरस	सम्पूर्ण शरीर	तेज-बुखार, शरीर पर लाल दाने।
• डेंगू ज्वर	अरबो वायरस	सम्पूर्ण शरीर, विशेषकर सिर, आँख एवं जोड़	बुखार, आँखों, पेशियों, सिर तथा जोड़ों में दर्द।
• एड्स	HIV	प्रतिरक्षा प्रणाली	रोग प्रतिरोधक क्षमता का नष्ट होना।
• छोटी माता	वैरिसेला वाइरस	सम्पूर्ण शरीर	हल्का बुखार, शरीर पर पित्तिकाएँ।
• खसरा	ओर्बिली वाइरस	सम्पूर्ण शरीर	शरीर पर लाल दाने।
• रेबीज	रैब्डो वाइरस	तंत्रिका तंत्र	जीभ बाहर निकलना एवं पागलपन।
• हर्पीस	हर्पीस	त्वचा	त्वचा में सूजन।

पर्यावरण अनुकूलन के आधार पर पौधों का वर्गीकरण

पौधे के प्रकार	पर्यावरण अनुकूलन
जलोद्भिद	जल में उगने वाले पौधे
समोद्भिद	सामान्य मृदा में उगने वाले पौधे
मरुद्भिद	मरुस्थलीय क्षेत्रों में उगने वाले पौधे
हैलोफाइटस	अधिक सांद्रता वाली मृदा में उगने वाले पौधे
हीलोफाइटस	दलदली भूमि में उगने वाले पौधे
ऑक्जीलोफाइट्स	अम्लीय मृदा में उगने वाले पौधे
सैमोफाइट्स	बालू में उगने वाले पौधे
लिथोफाइट्स	चट्टानों पर उगने वाले पौधे
एरिमोफाइट्स	रेगिस्तान तथा स्टेपीज में उगने वाले पौधे
स्कलेरोफाइट्स	काष्ठीय झाड़ीदार पौधे

फल और उनके खाने योग्य भाग

फल	फल का प्रकार	खाने योग्य भाग
सेब	पोम	गूदेदार पुष्पासन
नाशपाती	पोम	गूदेदार पुष्पासन
आम	ड्रूप	मध्य फलभित्ति
बेर	ड्रूप	बाह्य एवं मध्य फलभित्ति
अमरूद	बेरी	फलभित्ति एवं बीजांडसन
अंगूर	बेरी	फलभित्ति एवं बीजांडसन
पपीता	बेरी	मध्य फलभित्ति
नारियल	ड्रूप	भ्रूणपोष
टमाटर	बेरी	फलभित्ति एवं बीजांडसन
केला	बेरी	मध्य एवं अंतःफलभित्ति
नींबू	हास्पिरिडियम	अंतःभित्ति से विकसित एक कोशिकीय रसीले रोम
अनार	ब्लौस्टा	रसीले बीजचोल
गेहूँ	कैरियोप्सिस	भ्रूणपोष एवं भ्रूण
काजू	नट	पुष्पवृन्त एवं बीजपत्र
लीची	नट	गूदेदार एरिल
चना	संपुटीफली	बीजपत्र एवं भ्रूण
इमली	लोमेन्टम	मध्य फलभित्ति
मूँगफली	लोमेन्टम	बीजपत्र एवं भ्रूण
शरीफ़ा	बेरी	गूदेदार फलभित्ति का पुंज
शहतूत	सोरोसिस	रसीले परिदलपुंज
कटहल	सोरोसिस	सहपत्र, परिदल एवं बीज
अनन्नास	सोरोसिस	सहपत्र, परिदल एवं रेकिस व फलभित्ति

मानव शरीर के महत्वपूर्ण तथ्य

- मानव शरीर की सबसे बड़ी ग्रंथि—यकृत
- मानव शरीर की सबसे छोटी ग्रंथि—पिट्यूटरी ग्रंथि
- मानव शरीर की सबसे बड़ी अंतःस्रावी ग्रंथि—थॉयराइड ग्रंथि
- मानव शरीर की सबसे बड़ी हड्डी—फीमर
- मानव शरीर की सबसे छोटी हड्डी—स्टेप्स
- मानव शरीर की सबसे बड़ी पेशी—ग्लूटियस मैक्सिमस
- मानव शरीर की सबसे छोटी पेशी—स्टेपिडियस
- मानव शरीर का सबसे अधिक पुनरूद्भवन क्षमता वाला अंग—यकृत
- मानव शरीर की सबसे बड़ी कोशिका—न्यूरॉन

- मानव शरीर का सबसे बड़ा श्वेत रक्त कण–मोनोसाइट
- किरणों के प्रभाव से विटामिन डी में बदल जाता है–एर्गोस्टीरॉल
- मानव शरीर का तेल ग्रंथिविहीन अंग–ओठ (Lips)
- मानव शरीर में सर्वाधिक मात्रा में पाया जाने वाला तत्व–ऑक्सीजन
- मानव शरीर में सबसे कम मात्रा में पाया जाने वाला तत्व–मैंगनीज
- मानव शरीर में अस्थियों की कुल संख्या–206
- नवजात शिशुओं में अस्थियों की कुल संख्या–300 (लगभग)
- मानव मस्तिष्क का भार–1400 ग्राम
- मानव हृदय की रक्त पम्प करने की क्षमता–4.5 लीटर प्रति मिनट
- मानव शरीर का सामान्य रक्त-चाप–120/80 mm Hg
- मानव शरीर में लाल रक्त कणों की संख्या–(पुरुष)–5-5.5 मिलियन/क्यूबिक mm (महिला)–4.5-5 मिलियन/क्यूबिक mm
- लाल रक्त कणों का जीवन काल–120 दिन
- श्वेत रक्त कणों का सामान्य काउन्ट–5000-1000/क्यूबिक mm
- श्वेत रक्त कणों का जीवन काल–2-5 दिन
- सर्वदाता रक्त समूह–'O' समूह
- सर्वग्राही रक्त समूह–'AB' समूह
- सामान्य शरीर तापक्रम–98.4°F
- केल्विन पैमाने पर मानव शरीर का तापक्रम–310°K
- सैल्सियस पैमाने पर मानव शरीर का तापक्रम–37°C (लगभग)
- मूत्र का pH मान–6.0
- रक्त का pH मान–7.4
- मानव की श्रव्यता सीमा–20Hz से 20000 Hz तक

जीव विज्ञान की प्रमुख शाखाएँ

- **एनाटोमी (Anatomy):** जीव विज्ञान की इस शाखा में शरीर की आंतरिक संरचना का अध्ययन किया जाता है।
- **एन्थ्रोपोलॉजी (Anthropology):** विज्ञान की इस शाखा में मानव के विकास, रीति-रिवाज, इतिहास, परम्पराओं से सम्बन्धित विषयों का अध्ययन किया जाता है।
- **कीमोथिरेपी (Chemotheraphy):** चिकित्सा विज्ञान की इस शाखा में रासायनिक यौगिकों से उपचार किया जाता है।
- **इकोलॉजी (Ecology):** यह विज्ञान वनस्पतियों तथा प्राणियों के पर्यावरण या प्रकृति से सम्बन्धों का अध्ययन करता है।
- **एन्टोमोलॉजी (Entomology):** जन्तु विज्ञान की इस शाखा में कीट-पतंगों का अध्ययन किया जाता है।

- **एपीडीमियोलॉजी (Epidemiology):** चिकित्सा विज्ञान की यह शाखा महामारी और उनके उपचार से सम्बन्धित है।
- **एक्स-बायोलॉजी (Ex-biology):** इस विज्ञान के द्वारा पृथ्वी को छोड़कर अन्य ग्रहों व उपग्रहों पर जीवन की संभावनाओं का अध्ययन किया जाता है।
- **जिरोन्टोलॉजी (Gerontology):** विज्ञान की इस शाखा में वृद्धावस्था से सम्बन्धित तथ्यों का अध्ययन किया जाता है।
- **हॉर्टीकल्चर (Horticulture):** फल-फूल व साग-सब्जी उगाने, बाग लगाने, पुष्प उत्पादन का अध्ययन इस विज्ञान के द्वारा किया जाता है।
- **हाइड्रोपैथी (Hydropathy):** इस विज्ञान में पानी द्वारा रोगों की चिकित्सा होती है।
- **होलोग्राफी (Holography):** यह लेसर पुंज की सहायता से त्रिविमीय चित्र बनाने की विधि है।
- **मीट्रियोलॉजी (Metreology):** मौसम की दशाओं में होने वाली क्रियाओं तथा परिवर्तनों का अध्ययन इस विज्ञान के द्वारा किया जाता है।
- **मॉर्फोलॉजी (Morphology):** विज्ञान की इस शाखा में पृथ्वी पर पाये जाने वाले प्राणियों तथा पौधों की संरचना, रूप एवं प्रकार आदि का अध्ययन किया जाता है।
- **न्यूरोलॉजी (Neurology):** मानव शरीर की नाड़ियों या तंत्रिकाओं का अध्ययन तथा उपचार इस विज्ञान के द्वारा किया जाता है।
- **ओडोन्टोग्राफी (Odontography):** दाँतों का अध्ययन करने वाली चिकित्सा विज्ञान की यह एक शाखा है।
- **ऑर्निथोलॉजी (Ornithology):** इस विज्ञान में पक्षियों से सम्बन्धित अध्ययन किया जाता है।
- **पोमोलॉजी (Pomology):** विज्ञान की इस शाखा में फलों का अध्ययन किया जाता है।
- **एग्रोस्टोलॉजी (Agrostology):** यह घासों से सम्बन्धित विज्ञान की एक शाखा है।
- **अर्बोरीकल्चर (Arbori Culture):** यह वृक्ष उत्पादन सम्बन्धी विज्ञान की एक शाखा है।
- **कॉन्कोलॉजी (Conchology):** विज्ञान की इस शाखा के अन्तर्गत मोलस्क विज्ञान का अध्ययन होता है।
- **इथोलॉजी (Ethology):** विज्ञान की इस शाखा के अन्तर्गत प्राणियों के आचार तथा व्यवहार का अध्ययन होता है।
- **हीलियोथिरेपी (Heliotherapy):** यह सूर्य के प्रभाव से चिकित्सा करने की प्रक्रिया है।
- **हाइड्रोस्टेटिक्स (Hydrostatics):** इस शाखा के अंतर्गत द्रवस्थैतिक का अध्ययन होता है।
- **फाइकोलॉजी (Phycology):** विज्ञान की इस शाखा के अंतर्गत शैवालों का अध्ययन होता है।
- **सेरीकल्चर (Sericulture):** विज्ञान की इस शाखा के अंतर्गत रेशम के कीड़ों के पालन का अध्ययन किया जाता है।
- **हिप्नोलॉजी (Hypnology):** विज्ञान की इस शाखा में नींद का अध्ययन किया जाता है।

●●●

6

कम्प्यूटर (Computer)

- आज कम्प्यूटर का युग है। जीवन के प्रत्येक क्षेत्र में कम्प्यूटर का समावेश है। वृहत् पैमाने पर गणना करने वाले इलेक्ट्रॉनिक संयंत्र को संगणक अथवा कम्प्यूटर कहते हैं, अर्थात् कम्प्यूटर वह युक्ति है जिसके द्वारा स्वचालित रूप से विविध प्रकार के आंकड़ों को संसाधित एवं संचयित किया जाता है।
- **माइक्रो कम्प्यूटर :** ये वस्तुतः एक ही व्यक्ति द्वारा उपयोग में लाए जाने के कारण व्यक्तिगत कम्प्यूटर (PC) के नाम से जाने जाते हैं।

कम्प्यूटर के प्रकार

- **मिनी कम्प्यूटर :** आकार तथा कार्यक्षमता की दृष्टि से ये छोटे होते हैं तथा एक बड़ी मेज पर आ सकते हैं। इन पर एक साथ बीस-तीस टर्मिनल पर कार्य किया जाता है।
- **मेन फ्रेम कम्प्यूटर :** ये बड़े आकार के कम्प्यूटर होते हैं जिनका डिजाइन स्टील के फ्रेम में लगाकर किया जाता है। इसकी मेमोरी उपर्युक्त दोनों से अधिक होती है।
- **सुपर कम्प्यूटर :** ये कम्प्यूटर बहुत अधिक शक्तिशाली होते हैं तथा जटिल संक्रियाओं को भी बहुत शीघ्र गति से करते हैं। इसकी संग्रहण क्षमता भी अधिक होती है।
- **अंकीय कम्प्यूटर :** इस प्रकार के कम्प्यूटर सभी प्रकार की सूचनाओं को द्विआधारी पद्धति में बदलकर अपना कार्य करते हैं। ये सभी प्रकार की गणनाएं गिनकर या जोड़कर करते हैं।
- **प्रकाशीय कम्प्यूटर :** इस प्रकार के कम्प्यूटर में एक अवयव को दूसरे से जोड़ने का कार्य ऑप्टिकल फाइबर के तन्तु से किया जा रहा है एवं गणना अवयव प्रकाशीय पद्धति पर बनाए जा रहे हैं। ये पंचम पीढ़ी के कम्प्यूटर हैं।

हार्डवेयर और सॉफ्टवेयर

- सामान्यतया कम्प्यूटर सिस्टम के दो भाग होते हैं—**हार्डवेयर** और **सॉफ्टवेयर**। कम्प्यूटर के मशीनी पुर्जों को अर्थात् उसके भौतिक रूप को **हार्डवेयर** कहा जाता है। जो जानकारी (डाटा) और हिदायतें कम्प्यूटर में फीड की जाती हैं जिनके आधार पर और जिनके अनुरूप कम्प्यूटर क्रियाएँ करता है, उन्हें **सॉफ्टवेयर** कहा जाता है।

- जैसा कि पहले बताया गया है कि कम्प्यूटर की भाषा में जानकारी को **'डाटा'** और हिदायतों को **'प्रोग्राम'** कहा जाता है।
- सबसे शक्तिशाली कम्प्यूटर **'मेनफ्रेम'** नाम से जाने जाते हैं, जिनका प्रयोग बड़े-बड़े उद्योगों और सरकारी संगठनों में किया जाता है।
- सबसे छोटे कम्प्यूटरों को **'मैक्रोकम्प्यूटर'** कहा जाता है, जिनका प्रयोग घरों में किया जाता है और जिनमें केवल एक सिलिकन चिप होता है, जिसे **मैक्रोप्रोसेसर** कहते हैं।

बाइनरी कोड

- डाटा और हिदायतों को कम्प्यूटर में फीड करने से पहले उन्हें संख्याओं (Numbers) अथवा अंकों (digits) में कोड करना जरूरी होता है, क्योंकि कम्प्यूटर संख्याओं और अंकों के रूप में मिलने वाली जानकारी को ही प्रोसेस करता है और इसीलिए इसे **डिजिटल कम्प्यूटर** कहा जाता है।
- डिजिटल कम्प्यूटर सामान्य अंकों अर्थात् 0 से 9 तक के अंकों का प्रयोग नहीं करता। इसमें केवल दो अंकों 0 और 1 का प्रयोग होता है। इन दोनों अंकों को–विद्युत प्रवाह को 1 के रूप में और विद्युत अप्रवाह को 0 के रूप में–कम्प्यूटर के इलेक्ट्रॉनिक सर्किट में व्यक्त किया जा सकता है।
- कम्प्यूटर की भाषा में 1 और 0 दोनों को **बिट** (या बाइनरी और डिजिट का संक्षिप्त रूप है) कहा जाता है। प्रत्येक संख्या, वर्ण (अक्षर) और प्रतीक को आठ बिटों के कोड में व्यक्त किया जाता है। आठ-बिटों की इकाई को **बाइट** कहा जाता है।

कम्प्यूटर की उच्च स्तरीय भाषाएँ

- इस प्रकार की भाषाओं के विकास का श्रेय IBM कंपनी को जाता है। फॉरट्रान (FORTRAN) नामक पहली उच्च स्तरीय भाषा का विकास इसी कंपनी के प्रयास से हुआ। इसके बाद सैकड़ों उच्चस्तरीय भाषाओं का विकास हुआ। कुछ प्रमुख उच्चस्तरीय भाषाएँ निम्नलिखित हैं–
  - (*a*) **फॉरट्रान (FORTRAN) :** इस भाषा का विकास गणितीय सूत्रों को आसानी से और कम समय में हल करने के लिए किया गया था।
  - (*b*) **बेसिक (BASIC) :** इस भाषा में प्रोग्राम में निहित आदेश के किसी निश्चित भाग को निष्पादित किया जा सकता है।
  - (*c*) **कोबोल (COBOL) :** इस भाषा का विकास व्यावसायिक हितों के लिए किया गया। इस भाषा की संक्रिया के लिए लिखे गए वाक्यों के समूह को पैराग्राफ कहते हैं। सभी पैराग्राफ मिलकर एक सेक्शन बनाते हैं और सेक्शनों से मिलकर डिवीजन बनता है।
  - (*d*) **प्रोलॉग (PROLOG) :** इस भाषा का विकास कृत्रिम बुद्धि के कार्यों के लिए किया गया है, जो तार्किक प्रोग्रामिंग में सक्षम है।
  - (*e*) **अल्गोल (ALGOL) :** यह अंग्रेजी के अल्गोरिथमिक लैंग्वेज का संक्षिप्त रूप है। इसका निर्माण जटिल बीजगणितीय गणनाओं में प्रयोग हेतु बनाया गया था।

(*f*) **कोमाल (COMAL) :** यह Common Algorithmic Language का संक्षिप्त रूप है। इस भाषा का प्रयोग माध्यमिक स्तर के छात्रों के लिए किया जाता है।

(*g*) **फोर्थ (FORTH) :** इसका उपयोग कम्प्यूटर के सभी प्रकार के कार्यों में होता है। इन सभी उच्च स्तरीय भाषाओं में एक समानता है कि लगभग सभी में अंग्रेजी के वर्णों (A, B, C, D, ... आदि) एवं इण्डो-अरेबियन अंकों (0, 1, 2, 3, ...आदि) का प्रयोग किया जाता है।

महत्वपूर्ण तथ्य

- चार्ल्स बेबेज को कम्प्यूटर का पितामह या जनक कहा जाता है।
- आधुनिक कम्प्यूटर की खोज सबसे पहले वर्ष 1946 ई. में हुई।
- कम्प्यूटर साक्षरता दिवस 2 दिसम्बर को मनाया जाता है।
- भारत में निर्मित प्रथम कम्प्यूटर सिद्धार्थ है। इसका निर्माण इलेक्ट्रॉनिक कॉर्पोरेशन ऑफ इण्डिया ने किया था।
- भारत का प्रथम प्रदूषण रहित कम्प्यूटरीकृत पेट्रोल पम्प मुम्बई में है।
- भारत का प्रथम कम्प्यूटरीकृत डाकघर नई दिल्ली का है।
- इन्टीग्रेटेड सर्किट चिप का विकास जे.एस. किल्बी ने किया।
- चुम्बकीय डिस्क पर आयरन ऑक्साइड की परत होती है।
- टिम बर्नर्स ली www (world wide web) के आविष्कारक तथा प्रवर्तक हैं।
- विश्व का प्रथम सुपर कम्प्यूटर क्रे.के. 1-एस था, जो 1779 में बनकर तैयार हुआ था। इसे अमेरिका के क्रे रिसर्च कंपनी ने बनाया था।
- एनीयक विश्व का प्रथम डिजिटल कम्प्यूटर है।
- इंटरनेट पर उपलब्ध होनेवाली प्रथम भारतीय पत्रिका इण्डिया टुडे है।
- आधुनिक कम्प्यूटर में प्रायः सेमीकण्डक्टर मेमोरी (स्मरण शक्ति) का कार्य करती है।
- इन्टीग्रेटेड सर्किट चिप पर सिलिकॉन की परत होती है।
- कम्प्यूटर अशुद्धि को बग (Bug) कहा जाता है।
- कम्प्यूटर पर परमाणु परीक्षणों को सबक्रिटिकल परीक्षण कहा जाता है।

●●●

विविध (Miscelleneous)

विश्व के प्रमुख देशों की राजधानी एवं मुद्रा

देश	राजधानी	मुद्रा	देश	राजधानी	मुद्रा
एशिया					
भारत	नई दिल्ली	रुपया	तुर्किए	अंकारा	लीरा
बांग्लादेश	ढाका	टका	इजरायल	जेरूसलम	न्यू शेकेल
भूटान	थिम्पू	न्गुलट्रम	जोर्डन	अम्मान	दिनार
नेपाल	काठमांडू	रुपया	कतर	दोहा	रियाल
म्यांमार	ने पी ता	क्यात	कम्बोडिया	न्होपमेन्ह	रिएल
पाकिस्तान	इस्लामाबाद	रुपया	उत्तर कोरिया	प्योंगप्यांग	युआन
अफगानिस्तान	काबुल	अफगानी	दक्षिण कोरिया	सिओल	वॉन
चीन	बीजिंग	युआन	मकाऊ	मकाऊ	पटाका
श्रीलंका	कोलम्बो	रुपया	जापान	टोक्यो	येन
ईरान	तेहरान	रियाल	ब्रूनेई	बंदरसेरी	डॉलर
इराक	बगदाद	दिनार	साइप्रस	निकोसिया	पाउंड
इंडोनेशिया	जकार्ता	रुपिया	हांगकांग	विक्टोरिया	डॉलर
बहरीन	मनामा	दिनार	गुआम	अगाना	डॉलर
मंगोलिया	उलानबटोर	तुगरिक	ओमान	मस्कट	रियाल
मलेशिया	क्वालालंपुर	रिंगगिट	फिलीपींस	मनीला	पीसो
मालदीव	माले	रुफिया	सीरिया	दमिश्क	पाउंड
लेबनान	बेरुत	पाउंड	सऊदी अरब	रियाद	रियाल
लाओस	वियन्तियान	न्यूकिपलाओ	सिंगापुर	सिंगापुर	डॉलर
कुवैत	कुवैत सिटी	दिनार	उज्बेकिस्तान	ताशकंद	सुम

देश	राजधानी	मुद्रा	देश	राजधानी	मुद्रा
वियतनाम	हनोई	डाग	कजाकिस्तान	अस्टाना	टेनगे
थाईलैण्ड	बैंकाक	बहत	यमन	साना	रियाल
सं.अ. अमीरात	अबुधाबी	दिरहम	ताजिकिस्तान	दुशानवे	सोमोनी
ताइवान	ताइपे	डॉलर	तुर्केमिनस्तान	एश्गाबात	मनात
किर्गिस्तान	बिश्केक	सोम			
अफ्रीका					
अंगोला	लुआंडा	क्वांजा	मालागासी	अन्ताननरीबो	फ्रैंक
अल्जीरिया	अल्जीयर्स	दीनार	मलावी	लिलाँगवे	क्वाचा
मॉरीशस	पोर्ट लुईस	रुपया	बोत्सवाना	गेबोरोन	पुला
मोरक्को	रबात	दिरहम	बुरूंडी	बुजुमबुरा	फ्रैंक
मोजाम्बिक	मपूतो	मेटीकल	कैमरून	याओंडे	फ्रैंक
नामीबिया	विंडहॉक	रैंड	कांगो	ब्राजाविले	फ्रैंक (CFA)
नाइजर	नियामी	फ्रैंक	बेनिन	पोर्टो-नोवा	फ्रैंक
नाइजीरिया	लागोस	नैरा	कैप वर्डे	प्रैओं	ऐस्कुडो
रवांडा	किगाली	फ्रैंक	चाड	एन दजामेनां	फ्रैंक
सेनेगल	डकार	फ्रैंक	माली	बमाको	फ्रैंक
सोमालिया	मोगाडिशू	शिलिंग	मारीतानिया	नौकचोट्ट	ओगुवा
द. अफ्रीका	प्रिटोरिया	रैंड	रियूनियन	सेंट-डेनिस	फ्रैंक
सूडान	खारतूम	पाउंड	स्वाजीलैण्ड	म्बाबने	लिलान्गानी
तंजानिया	डोडोमा	शिलिंग	सियेरा लिओन	फ्री टाउन	लियोन
सेशेल्स	विक्टोरिया	रुपया	इरीट्रिया	अस्मारा	बिर्र
ट्यूनीशिया	ट्यूनिश	दीनार	लेसोथा	मसेरू	लोति
युगांडा	कंपाला	शिलिंग	लाइबेरिया	मोनरोविया	फ्रैंक
जांबिया	लुसाका	क्वाचा	गेबोन	लिब्रेविले	फ्रैंक (CFA)
जिम्बाब्वे	हरारे	डॉलर	गांबिया	बंजुल	दलासी
कांगो (लो.ग.)	किंशासा	जैरे	जिबूती	जिबूती	फ्रैंक
टोगो	लोमे	फ्रैंक	म.अ. गण.	बांगुई	फ्रैंक
मिस्र	काहिरा	पाउंड	बुर्किना फासो	क्वागादौगौ	फ्रैंक
इथिओपिया	अदिस अबाबा	बिर्र	कोमोरोस	मोरोनी	फ्रैंक
घाना	अक्रा	केडी	कोटे द आइबरी	यामोउस्क्रो	फ्रैंक
गिनी	कोनाक्रे	फ्रैंक	गुयाना	मालाबो	फ्रैंक
केन्या	नैरोबी	शिलिंग	गिनी बिसाऊ	बिसाऊ	पीसो
लीबिया	हून (त्रिपोली)	दिनार	साओटोम	साओटोम	डोब्रा

देश	राजधानी	मुद्रा	देश	राजधानी	मुद्रा
उत्तरी अमेरिका एवं कैरीबियन सागरीय देश					
कनाडा	ओटावा	डॉलर	ग्वाटेमाला	ग्वाटेमाला सिटी	क्वाट्जाल
क्यूबा	हवाना	पीसो	निकारागुआ	मनागुआ	न्यू कोरडोवा
पनामा	पनामा सिटी	बाल बोआ	जमैका	किंगस्टन	डॉलर
बरमूडा	हेमिल्टन	डॉलर	ग्रेनाडा	सेंट जॉर्ज	डॉलर
बहामाज	नसाऊ	डॉलर	ग्वाडेलोप	बस्से तेरे	फ्रैंक
बारबाडोस	ब्रिजटाउन	डॉलर	अल-सल्वाडोर	सान सल्वाडोर	कोलन
कोस्टारिका	सान जोस	कोलन	ग्रीनलैण्ड	नूक	क्रोन
बेलीज	बेलमोपान	डॉलर	हैती	पोर्ट-ओ-प्रिंस	गोर्डे
मैक्सिको	मैक्सिको सिटी	पीसो	मार्टिनीक	फोर्ट-डे-फ्रांस	फ्रैंक
सं.रा. अमेरिका	वाशिंगटन (डी.सी.)	डॉलर	एंटीगुआ व बरबुडा	सेंट जॉन्स	कोलन
डोमीनिक	रोसेऊ	डॉलर	सेंट ल्यूसिया	कैस्टिज	डॉलर
डोमीनियन गणतंत्र	सैंटो डोमिंगो	पीसो	सेंट किट्स व नेविस	बेस्सेतेरे	डॉलर
होंडुरस	तेगुसिगल्पा	लेम्पीरा	प्यूटोरिको	सान जुआन	डॉलर
नीदरलैण्ड एंटिल्स	ब्लेम्स्टड	गिल्डर	सेंट विंसेंट व ग्रेनेडाइंस	किंग्सटाउन	डॉलर
वर्जिन द्वीपसमूह	चारलोटे अमाली	डॉलर			
दक्षिणी अमेरिका					
ब्राजील	साओ पाउलो	रिएल	पेरू	लीमा	न्यू सोल
चिली	सांतियागो	पीसो	कोलम्बिया	बोगोटा	पीसो
इक्वाडोर	क्वेटो	सुक्रे	गुयाना	जॉर्ज टाउन	डॉलर
सूरीनाम	परामारिबो	गिल्डर	पराग्वे	असनश्यान	गुआरानी
वेनेजुएला	काराकस	बोलिवर	उरुग्वे	मोंटेवीडिओ	पीसो
अर्जेंटीना	ब्यूनस आयर्स	अर्जेण्टीनो	अरुबा	ओरंजेस्टेड	गिल्डर
त्रिनिदाद व टोबैगो	पोर्ट ऑफ स्पेन	डॉलर	बोलीविया	लापाज	बोलिवियानों
			फ्रेंच गुयाना	कोयेन्ने	फ्रैंक
यूरोप					
रूस	मास्को	रूबल	आस्ट्रिया*	वियाना	शिलिंग
स्पेन*	मैड्रिड	पेसेटा	आर्मेनिया	येरेवान	रूबल
पोलैण्ड	वारसा	ज्लोती	चेक गणराज्य	प्राग	कोरूना

देश	राजधानी	मुद्रा	देश	राजधानी	मुद्रा
नार्वे	ओस्लो	क्रोन	रोमानिया	बुखारेस्ट	ल्यू
पुर्तगाल*	लिस्बन	एस्कुडो	माल्टा*	वालेटा	पाउंड
फ्रांस*	पेरिस	फ्रैंक	लिचेंटीन	वादुज	फ्रैंक
जर्मनी*	बर्लिन	ड्यूश मार्क	सान मारिनो*	सान मारिनो	लीरा
यूनान*	एथेंस	ड्राचमा	बोस्निया हर्जेगोविना	सरायेवो	दिनार
हंगरी	बुडापेस्ट	फ्रोरिंट	अंडोरा*	अंडोरा ला विले	फ्रैंक, पेसेटा
डेनमार्क	कोपेनहेगन	क्रोन	अजरबैजान	बाकू	मनात
लिथुआनिया	विल्नियस	लितास	जॉर्जिया	तिब्लिसी	लारी
एस्तोनिया*	ताल्लिन	क्रून	आयरलैण्ड*	डबलिन	पाउंड
स्वीडन	स्टॉकहोम	क्रोना	लक्समबर्ग*	लक्समबर्ग	फ्रैंक
स्विट्जरलैण्ड	बर्न	फ्रैंक	बेल्जियम*	ब्रूसेल्स	फ्रैंक
ग्रेट-ब्रिटेन	लंदन	पाउंड	बुल्गारिया*	सोफिया	लेवा
मेसीडोनिया	स्कोपजे	दिनार	अल्बानिया	तिराना	लेक
स्लोबेनिया*	ल्यूकिल्यान	दिनार	लातविया*	रीगा	रूबल
सर्बिया	बेलग्रेड	दिनार	बेलारूस	मिन्स्क	रूबल
यूक्रेन	कीव	हिरविनिया	मोल्दाविया	किशीनेव	रूबल
फिनलैण्ड*	हेलसिंकी	मारक्का	क्रोशिया	जागरेव	दिनार
नीदरलैण्ड्स*	एमस्टरडम	गिल्डर	इटली	रोम	लीरा
आइसलैण्ड	रिक्याविक	क्रोना	स्लोवाक गणराज्य	ब्रातिस्लावा	क्राउन
ओसनियाई देश					
ऑस्ट्रेलिया	केनबरा	डॉलर	फिजी	सुवा	डॉलर
न्यूजीलैण्ड	वेलिंग्टन	डॉलर	मार्शल द्वीप	मजुरो	डॉलर
माइक्रोनेशिया	पीलीकीर	डॉलर	नारू	यारेन	डॉलर
टोंगा	नुकोअलाफा	पांग	तुवालू	फुनाफुटी	डॉलर
वानाआतू	पोर्ट विला	वातू	प. सामोआ	एपिआ	ताला
किरिबाती	बैरिकी	डॉलर	न्यू कैलीडोनिया	नौमिया	फ्रैंक
पापुआ न्यू गिनी	पोर्ट मोरेस्वी	किना	पलाऊ (बेलाऊ)	कोडोर	USA डॉलर
फ्रेंच पोलिनेशिया	पापीते	फ्रैंक	सोलोमन द्वीपसमूह	होनियारा	डॉलर

नोट : ** वर्तमान में इन देशों ने 'यूरो' को मुद्रा के रूप में अपनाया है।*

देश और उनकी संसद

देश	संसद
अफगानिस्तान	शोरा
अर्जेंटीना	नेशनल कांग्रेस
ऑस्ट्रेलिया	पार्लियामेंट (प्रतिनिधि सभा और सीनेट)
ऑस्ट्रिया	राष्ट्रीय एसेम्बली
बहामा	जनरल एसेम्बली (हाउस ऑफ एसेम्बली और सीनेट)
बेलिज	राष्ट्रीय एसेम्बली
भूटान	त्सोंगडू
बोलिविया	राष्ट्रीय कांग्रेस
ब्रिटेन	पार्लियामेन्ट (हाउस ऑफ कामन्स और हाउस ऑफ लॉर्ड्स)
बुल्गारिया	नारोदनो सबरेनि
केपवर्डे	पीपुल्स नेशनल एसेम्बली
चीन	नेशनल पीपुल्स कांग्रेस
कोलम्बिया	कांग्रेस
क्यूबा	नेशनल एसेम्बली ऑफ पीपुल्स पावर
डेनमार्क	फोल्केटिंग
इजिप्ट	पीपुल्स एसेम्बली
फ्रांस	नेशनल एसेम्बली
जर्मनी	बुण्ड्सटेग
आइसलैंड	अलथिंग
भारत	संसद (लोक सभा और राज्य सभा)
पाकिस्तान	नेशनल एसेम्बली
बांग्लादेश	जातीय संसद
ताइवान	यूआन
इंडोनेशिया	पीपुल्स कंसल्टेटिव एसेम्बली
ईरान	मजलिस
इराक	राष्ट्रीय एसेम्बली
आयरलैंड	डेल आयरन
इजरायल	नेसेट
जापान	डायट
कोरिया (उत्तर)	सुप्रीम पीपुल्स एसेम्बली
कोरिया (दक्षिण)	राष्ट्रीय एसेम्बली
कुवैत	राष्ट्रीय एसेम्बली
लाओस	पीपुल्स सुप्रीम एसेम्बली
लीबिया	जनरल पीपुल्स कांग्रेस
मेडागास्कर	नेशनल पीपुल्स एसेम्बली
मलेशिया	दीवान निगारा
मालदीव	मजलिस
मंगोलिया	खुरल
मोजाम्बिक	पीपुल्स एसेम्बली
म्यांमार (बर्मा)	पियूथी हट्टाव (पीपुल्स एसेम्बली)
नेपाल	राष्ट्रीय पंचायत
नार्वे	स्टोर्टिंग
पापुआ न्यू गुयाना	राष्ट्रीय संसद
पौलैंड	सोजिम
दक्षिण अफ्रीका	हाउस ऑफ एसेम्बली
स्पेन	कोर्टेस
स्वीडन	रिक्सडाग
स्विट्जरलैंड	फेडरल एसेम्बली
सीरिया	पीपुल्स काउंसिल
तुर्की	ग्रैंड नेशनल एसेम्बली
यू.एस.ए.	कांग्रेस (प्रतिनिधि सभा और सीनेट)
रूस	ड्यूमा
जायरे	नेशनल लेजिस्लेटिव काउंसिल

विश्व की प्रमुख गुप्तचर संस्थाएँ

गुप्तचर संस्था	देश
मोसाद	इजराइल
मुखबरात	मिस्र
नाइचो	जापान
अल मुखबरात	इराक
सावाक	ईरान
फेडरल ब्यूरो ऑफ इनवेस्टीगेशन (FBI), सेन्ट्रल इंटेलीजेन्स एजेन्सी (CIA)	यू.एस.ए.
सेन्ट्रल एक्सटर्नल लेंजा डिपार्टमेन्ट	चीन
के.जी.बी./ज़ी.आर.यू.	रूस
एम.आई. (मिलिट्री इंटेलीजेंस)-5 एवं 6, स्पेशल ब्रांच, ज्वाइंट इंटेलीजेंस ऑर्गेनाइजेशन	यूनाइटेड किंगडम
ब्यूरो ऑफ स्टेट सिक्यूरिटी	दक्षिण अफ्रीका
इंटर सर्विसेज इंटेलीजेंस (ISI)	पाकिस्तान
रिसर्च एंड एनालिसिस विंग (RAW), इंटेलीजेंस ब्यूरो (IB), सेन्ट्रल ब्यूरो ऑफ इनवेस्टिगेशन (CBI)	भारत
ऑस्ट्रेलियन सिक्यूरिटी एंड इंटेलीजेंस ऑर्गेनाइजेशन	ऑस्ट्रेलिया

महान कृत्य एवं संबंधित व्यक्ति

कृत्य	व्यक्ति
अमेरिका में दास प्रथा का उन्मूलन	अब्राहम लिंकन
ओरेविले आश्रम की स्थापना	अरविन्द घोष
आन्नद वन की स्थान	बाबा आम्टे
ओलम्पिक खेलों का पुनर्जन्म	पियरे डी कुबर्तिन
आनंद दुग्ध सहकारिता की स्थापना	वी.जे. कुरियन
भूदान आंदोलन के सूत्रधार	आचार्य विनोबा भावे
शान्ति निकेतन की स्थापना	रवीन्द्रनाथ टैगोर
रामकृष्ण मिशन की स्थापना	स्वामी विवेकानन्द
शक सम्वत् की शुरूआत	कनिष्क
विक्रम सम्वत् की शुरूआत	चन्द्रगुप्त विक्रमादित्य
सांख्य दर्शन के प्रणेता	महर्षि कपिल
रेडक्रॉस की स्थापना	हेनरी ड्यूनेन्ट
स्काउटिंग की स्थापना	बेडन पावेल
रूसी क्रांति के जनक	निकोलाई लेनिन
फासिस्ट पार्टी के संस्थापक	बेनिटो मुसोलिनी
रेड गार्ड्स की स्थापना	गैरीबाल्डी

प्रमुख देशों के राष्ट्रीय चिह्न

देश	चिह्न	देश	चिह्न
रूस	डबल हेडेड ईगल	तुर्की	चाँद-तारा
फ्रांस	लिली	नॉर्वे	शेर
स्पेन	ईगल	ईरान	गुलाब का फूल
जापान	गुलदाऊदी	कनाडा	मैपल लीफ
ऑस्ट्रेलिया	वैटल	भारत	अशोक स्तम्भ (शीर्ष भाग)
बांग्लादेश	वाटर लिली	यू.के.	गुलाब का फूल
इटली	सफेद लिली	न्यूजीलैंड	किवी, सदर्न, क्रॉस, फर्न
सं.रा. अमेरिका	गोल्डेन रॉड	नीदरलैंड्स	शेर

विश्व के प्रमुख समाचार एजेंसी

अभिकरण (एजेंसी)	देश	अभिकरण (एजेंसी)	देश
राइटर्स (REUTERS)	ब्रिटेन	बरनामा (BERNAMA)	मलेशिया
इतीम (ITIM)	इजरायल	शिन्हुआ (XINHUA)	चीन
अंतारा (ANTARA)	इंडोनेशिया	तास (TASS)	रूस
अंसा (ANSA)	इटली	ए.एफ.पी. (A.F.P.)	फ्रांस
क्योडो (KYODO)	जापान	इरना (IRNA)	ईरान
वाफा (WAFA)	फिलीस्तीन	यूनाइटेड प्रेस इंटरनेशनल (UP)	यू.एस.ए.
एसोसिएटेड प्रेस (AP)	यू.एस.ए.	यू.पी.पी. (UPP)	पाकिस्तान
ए.ए.पी. (AAP)	ऑस्ट्रेलिया	डी.पी.ए. (DPA)	जर्मनी
समाचार भारती	भारत	यूनाइटेड न्यूज ऑफ इंडिया (UNI)	भारत
प्रेस ट्रस्ट ऑफ इंडिया (PTI)	भारत	यूनीवार्ता (UNIVARTA)	भारत

विश्व के प्रमुख समाचार-पत्र एवं प्रकाशन-स्थल

समाचार-पत्र	प्रकाशन-स्थल	समाचार-पत्र	प्रकाशन-स्थल
द टाइम्स	लंदन	डेली मिरर	लंदन
ली फिगारो	पेरिस	डान	कराची
द आइलैंड	कोलम्बो	अल अहरम	काहिरा
मर्डेका	जकार्ता	स्टार	जोहांसबबर्ग
द टाइम्स ऑफ इंडिया	भारत	गार्डियन	लंदन
ला मांद	पेरिस	प्रावदा	मास्को
खलीज टाइम्स	दुबई	मैनेची सिम्बुन	टोकियो
पीपुल्स डेली	बीजिंग	ला रिपब्लिका	रोम
डेली न्यूज	न्यूयार्क	दि हिन्दू	चेन्नई

अन्तर्राष्ट्रीय संगठनों से सम्बन्धित महत्वपूर्ण तथ्य

संगठन	स्थापना वर्ष व मुख्यालय
अन्तर्राष्ट्रीय मुद्रा कोष (IMF)	1945, वाशिंगटन डी.सी.
विश्व बैंक*	1944, वाशिंगटन डी.सी.
विश्व व्यापार संगठन (WTO)	1995, जेनेवा
संयुक्त राष्ट्र व्यापार एवं विकास सम्मेलन (UNCTAD)	1964, जेनेवा
एशियाई विकास बैंक (ADB)	1966, मनीला (फिलीपीन्स)
दक्षिण पूर्वी एशियाई देशों का संघ (ASEAN)	1967, जकार्ता
नाफ्टा (NAFTA)	1992
एपेक (APEC)	1989
यूरोपियन संघ	1958 में स्थापित EEC का परिवर्तित रूप, ब्रूसेल्स
मर्कोसुर (Mercosur)	1991
ओपेक (OPEC)	1960, वियना (ऑस्ट्रिया)
दक्षेस (SAARC)	1985, काठमाण्डू
जी-15	1989, जेनेवा
आर्थिक सहयोग एवं विकास संगठन (OECD)	1948 में स्थापित यूरोपीय आर्थिक सहयोग संगठन का परिवर्तित रूप, पेरिस (फ्रांस)
एसेम (ASEM)	1996
एशियाई क्लीयरिंग यूनियन (ACU)	1974, तेहरान
संयुक्त राष्ट्र संघ (UNO)	1945, न्यूयॉर्क

नोट : * *पुनर्निर्माण एवं विकास हेतु अन्तर्राष्ट्रीय बैंक (IBRD), अन्तर्राष्ट्रीय वित्त निगम (IFC), अन्तर्राष्ट्रीय विकास संघ (IDA) तथा बहुपक्षीय निवेश गारंटी एजेन्सी (MIGA) विश्व बैंक से ही सम्बद्ध संस्थाएँ हैं। मूलतः स्थापित संस्था IBRD है जिसकी स्थापना 1944 में हुई। IFC की स्थापना 1956 में व IDA की 1960 में हुई।*

विश्व सर्वाधिक ऊँचा, बड़ा, भारी और लम्बा आदि

- *पशुओं में सबसे ऊंचा कद*—जिराफ (औसत ऊंचाई 6.09 मीटर)
- *बड़ा और वजनदार जीव*—ब्लू व्हेल (190 टन)
- *सबसे लम्बा कीट*—बूटलेस कीड़ा (55 मीटर)
- *पशुओं में रफ्तार में सबसे तेज*—चीता (लगभग 100 किमी./घं.)
- *सबसे बड़ा हवाई अड्डा*—किंग फहद अन्तर्राष्ट्रीय हवाई अड्डा दम्माम, सऊदी अरब
- *सबसे लम्बे समुद्री तट वाली खाड़ी*—हडसन की खाड़ी (कनाडा, 12,268 कि.मी.)
- *सर्वाधिक विस्तीर्ण क्षेत्र वाली खाड़ी*—बंगाल की खाड़ी (भारत, 217 मिलियन हैक्टेयर)
- *विश्व में सर्वाधिक ऊँची इमारत*—बुर्ज खलीफा (दुबई, 818 मीटर)
- *सबसे लम्बी बड़े जहाजों वाली नहर*—स्वेज नहर (लगभग 160 मीटर)
- *सबसे अधिक आवागमन वाली (व्यस्त) नहर*—कील नहर (उत्तरी सागर)
- *सबसे अधिक गहरी घाटी*—हेल्स घाटी (अमेरिका, 7995 फुट)
- *सबसे अधिक बड़ी घाटी*—ग्रैंड कैनियन (कोलारेडो नदी, यू.एस.ए., 446 कि.मी.)
- *सबसे बड़ा चर्च*—सेन्ट पीटर का बसीलिका, रोम (क्षेत्रफल, 2300 वर्ग मी.)
- *सबसे छोटा चर्च*—सांता इसाबेल, स्पेन (1.96 वर्ग मी.)
- *सबसे बड़ा महाद्वीप*—एशिया (30,938,605 वर्ग कि.मी.)
- *सबसे छोटा महाद्वीप*—ऑस्ट्रेलिया (8,426,635 वर्ग कि.मी.)
- *मूंगे से बनी सबसे बड़ी चट्टान*—दि ग्रेट बैरियर रीफ (ऑस्ट्रेलिया का उत्तर-पूर्वी समुद्री तट
- *सबसे अधिक जनसंख्या घनत्व वाला देश*—मकाऊ
- *सबसे अधिक क्षेत्रफल वाला देश*—रूस (क्षेत्रफल 1,70,75,200 वर्ग कि.मी.)
- *सबसे अधिक मतदाता वाला देश*—भारत (90 करोड़ से अधिक)
- *सबसे छोटा स्वतंत्र देश*—वेटिकन सिटी राज्य (0.44 वर्ग कि.मी.)
- *सबसे अधिक देशों के साथ मिलने वाली भू-सीमा वाला देश*—चीन एवं रूस
- *सबसे बड़ा दिन*—21 जून (उत्तरी गोलार्द्ध में)
- *सबसे छोटा दिन*—22 दिसम्बर (उत्तरी गोलार्द्ध में)
- *सबसे बड़ा डेल्टा*—गंगा और ब्रह्मपुत्र नदी का सुन्दरवन डेल्टा (75000 वर्ग कि.मी.)
- *सबसे बड़ा मरुस्थल (Desert)*—सहारा (उ. अफ्रीका, क्षेत्रफल 8400,000 वर्ग कि.मी.)
- *सबसे बड़ा महाकाव्य*—महाभारत
- *मीठे पानी की सबसे बड़ी मछली*—प्लाबक (चीन, लाओस और थाईलैण्ड)
- *सबसे अधिक मात्रा में पाई जाने वाली मछली*—ब्रिस्टलमाउथ
- *सबसे अधिक विषैली मछली*—स्टोन मछली (हिन्द महासागर, प्रशान्त महासागर)

- *सबसे अधिक ऑस्कर पदक प्राप्त फिल्म*–बेनहुर (11 ऑस्कर-1959); टाइटैनिक (11 ऑस्कर-1998); द लॉर्ड ऑफ द रिंग्स : द रिटर्न ऑफ द किंग (11 ऑस्कर-2003)
- *सबसे ऊंचा फव्वारा*–किंग फहद फाउण्टेन, जेद्दाह, सऊदी अरब
- *अत्यधिक पौष्टिक फल*–एवोकैडो (विटामिन ए, सी और ई तथा प्रोटीन युक्त, मध्य और दक्षिणी अमेरिका)
- *सबसे कम पौष्टिक फल*–खीरा, ककड़ी
- *सबसे बड़ी खाड़ी*–मैक्सिको की खाड़ी (1,544,000 वर्ग कि.मी.)
- *सबसे बड़ा द्वीप*–ग्रीनलैण्ड, जिसे अब कल्लाडलिट नुनात कहा जाता है (2,175,000 वर्ग कि.मी.)
- *सबसे बड़ी झील*–कैस्पियन सागर (अजरबैजान-रूस-ईरान सीमा पर, 37.18 लाख वर्ग कि.मी.)
- *सबसे गहरी झील*–बैकाल (साइबेरिया)
- *मीठे पानी की सबसे बड़ी झील*–सुपीरियर लेक (सं.रा. अमेरिका और कनाडा की सीमा पर, 82,350 वर्ग कि.मी.)
- *सबसे बड़ी भूमिगत झील*–डेचेन हौक्लोच (नामीबिया, 66 मी. भूमिगत)
- *सबसे बड़ा पुस्तकालय*–सं.रा. अमेरिका में कांग्रेस लाइब्रेरी (वाशिंगटन डी.सी.) 1800 में स्थापित, 1010 लाख पुस्तकें
- *सबसे बड़ा गैर-सांविधिक पुस्तकालय*–न्यूयॉर्क पब्लिक लाइब्रेरी
- *सबसे ऊंचा पर्वत शिखर*–माउन्ट एवरेस्ट (8848 मीटर ऊंचा नेपाल में)
- *सबसे बड़ी भू-पर्वत शृंखला*–हिमालय-कराकोरम (109 पर्वत शिखरों में से 96 यहीं हैं, जो 7315 मी. ऊंची हैं)
- *सबसे बड़ा संग्रहालय*–प्राकृतिक इतिहास का अमेरिकन संग्रहालय, न्यूयॉर्क
- *सबसे बड़ा और गहरा महासागर*–प्रशान्त महासागर (1810 लाख वर्ग कि.मी.) (गहराई, 10916 मी.)
- *सर्वाधिक ऑस्कर पुरस्कार प्राप्त*–वाल्टर इलियस डिस्ने
- *सबसे बड़ा प्रायद्वीप*–अरब (32.5 लाख वर्ग कि.मी.)
- *सबसे बड़ा पार्क*–उत्तर-पूर्वी-ग्रीनलैण्ड में नेशनल पार्क (972000 वर्ग कि.मी.)
- *सर्वाधिक सर्द स्थान (वर्ष माध्य)*–पोलस नेडेस्टोरनोस्ती (अन्टार्कटिका, तापमान, –58°C)
- *सर्वाधिक सूखा स्थान (वर्ष माध्य)*–अटाकामा का रेगिस्तान (कलामा के निकट चिली, वर्षा शून्य)
- *सर्वाधिक गर्म स्थान (वर्ष माध्य)*–डल्लोल (इथोपिया)
- *सर्वाधिक वर्षा वाला स्थान (वर्ष माध्य)*–मॉसिनराम, चेरापूंजी के पास (मेघालय, भारत, 11873 मि.मी.)
- *सबसे बड़ा ग्रह*–बृहस्पति (व्यास 1,42,984 कि.मी.)
- *सबसे अधिक चमकीला ग्रह*–शुक्र ग्रह

- *सूर्य के सर्वाधिक समीप ग्रह*–बुध
- *सबसे ऊंचा पठार*–तिब्बत का पठार (मध्य एशिया, 4900 मी.)
- *सबसे लम्बा प्लेटफार्म*–हुब्बल्लि (हुबली) (कर्नाटक, 1507 मीटर लम्बा)
- *सबसे बड़ा बन्दरगाह*–अमेरिका में न्यूयॉर्क और न्यूजर्सी का बन्दरगाह
- *सबसे व्यस्त बन्दरगाह*–शंघाई (चीन)
- *सबसे बड़ा रेलवे स्टेशन*–ग्रैंड सैन्ट्रल टर्मिनल (न्यूयार्क सिटी, 19 हैक्टेयर)
- *धर्म, सबसे प्राचीन*–हिन्दू धर्म
- *धर्म, सबसे अधिक अनुयायियों वाला*–ईसाई धर्म
- *सबसे लम्बी नदी*–(*i*) नील (6690 कि.मी.), (*ii*) अमेजन (6570 कि.मी.)
- *सबसे बड़ा समुद्र*–दक्षिणी चीन सागर (2,974,600 वर्ग कि.मी.)
- *सबसे बड़ा आन्तरिक समुद्र*–भूमध्य सागर
- *सबसे अधिक चमकदार सितारा*–साइरस A (जिसे डाग स्टार भी कहा जाता है)
- *सबसे बड़ा स्टेडियम*–प्राग का स्ट्राहोव स्टेडियम, चेक रिपब्लिक (2,40,000 दर्शक)
- *सर्वाधिक लम्बा मान्यता प्राप्त तैराकी मार्ग*–इंगलिश चैनल
- *सबसे लम्बी काटी गई सजा*–पाल गीडेल (68 वर्ष 8 महीना)
- *सबसे बड़ी रेडियो दूरबीन (रेडियो)*–चीन में
- *सबसे बड़ा प्रत्यावर्तक (रिफ्रैक्टर)*–थर्क्स वेधशाला (विस्कान्सिन, यू.एस.ए., 18.9 मीटर)
- *सबसे बड़ी (रेलवे की) सुरंग*–गोटहार्ड रेल सुरंग (स्विट्ज़रलैंड) 57.1 कि.मी.
- *सबसे बड़ा विश्वविद्यालय*–स्टेट यूनिवर्सिटी न्यूयॉर्क, अमेरिका
- *सर्वाधिक ज्वालामुखी वाला देश*–इंडोनेशिया
- *सबसे ऊंचा विलुप्त ज्वालामुखी*–सेरो एकोनकागुआ (6960 मी. एण्डीज)
- *सबसे ऊंचा सुप्त (शान्त) ज्वालामुखी*–वॉलकन लुलैसाको (6723 मी., अर्जेंटीना-चिली)
- *सबसे ऊंचा सक्रिय ज्वालामुखी*–ओजोस डेल सलाडो (चिली-अर्जेंटीना)
- *सबसे लम्बी दीवार*–चीन की दीवार (मुख्य लम्बाई 3460 किलोमीटर, शाखाओं की लम्बाई 2860 किलोमीटर)
- *सबसे ऊंचा प्रपात/झरना*–साल्टो-ऐंजेल (वेनेजुएला में कराओ नदी की एक सहायक नदी पर, 979 मी. ऊंचा)
- *सबसे चौड़ा प्रपात/झरना*–खोन फाल्स (लाओस, चौड़ाई 10.8 किलोमीटर)
- *सबसे बड़ा चिड़ियाघर*–इटोशा रिजर्व (नामीबिया, क्षेत्रफल करीब 100 लाख हैक्टेयर)

प्रमुख पुरस्कार एवं सम्मान

अंतर्राष्ट्रीय पुरस्कार

पुरस्कार/सम्मान	पुरस्कार प्रदान करने वाला	विशेषता
• बुकर पुरस्कार (1969)	बुकर मैंकोनल कम्पनी एवं पब्लिशर्स एसोसिएशन (ब्रिटेन)	अंग्रेजी में दुनियाभर के लेखकों के सर्वश्रेष्ठ कथा साहित्य पर
• कॉमनवेल्थ राइटर्स पुरस्कार (1987)	कॉमनवेल्थ फाउंडेशन	एशिया एवं यूरोप के कॉमनवेल्थ देशों के लेखकों की सर्वश्रेष्ठ रचना पर
• नोबेल पुरस्कार (1901)	नोबेल फाउंडेशन, स्वीडन	शान्ति, साहित्य, अर्थशास्त्र, चिकित्सा व शरीर विज्ञान, भौतिक विज्ञान एवं रसायन के क्षेत्र में विशिष्ट उपलब्धि हेतु
• मैग्सेसे पुरस्कार (1957)	रेमन मैग्सेसे फाउण्डेशन (फिलीपींस)	एशिया के नोबेल पुरस्कार के रूप में प्रसिद्ध; जनसेवा, सरकारी सेवा, पत्रकारिता एवं रचनात्मक कार्य, जनसंचार, सामुदायिक नेतृत्व एवं अंतर्राष्ट्रीय सद्भाव हेतु
• राइट लिवलीहुड पुरस्कार (1980)	राइट लिवलीहुड सोसायटी (लंदन)	वैकल्पिक नोबेल पुरस्कार के रूप में प्रसिद्ध; पर्यावरण एवं सामाजिक न्याय के क्षेत्र में सराहनीय योगदान के लिए
• जवाहरलाल नेहरू अन्तर्राष्ट्रीय सद्भावना पुरस्कार (1965)	भारतीय सांस्कृतिक सम्बन्ध परिषद	अन्तर्राष्ट्रीय सद्भावना एवं मैत्री-वृद्धि के लिए किए गए विशिष्ट योगदान हेतु
• इंदिरा गाँधी अन्तर्राष्ट्रीय शांति, निरस्त्रीकरण एवं विकास पुरस्कार (1986)	इंदिरा गाँधी स्मारक निधि	अन्तर्राष्ट्रीय शांति, निरस्त्रीकरण एवं विकास के क्षेत्र में उल्लेखनीय योगदान हेतु
• इंदिरा गाँधी अंतर्राष्ट्रीय न्याय एवं सद्भाव पुरस्कार (1993)	इंडियन कौंसिल ऑफ वर्ल्ड अफेयर्स	न्याय एवं अंतर्राष्ट्रीय सद्भाव के लिए विशिष्ट योगदान हेतु
• यूनेस्को शान्ति पुरस्कार (1989)	यूनेस्को (UNESCO)	लिटिल नोबेल पुरस्कार के रूप में प्रसिद्ध, अन्तर्राष्ट्रीय शान्ति की दिशा में विशिष्ट प्रयास हेतु
• कलिंग पुरस्कार (1952)	यूनेस्को के तत्वावधान में कलिंग फाउंडेशन	विज्ञान को लोकप्रिय बनाने के लिए योगदान हेतु

पुरस्कार/सम्मान	पुरस्कार प्रदान करने वाला	विशेषता
• गोल्डमैन पर्यावरण पुरस्कार (1989)	गोल्डमैन फाउंडेशन	पर्यावरण संरक्षण में उल्लेखनीय योगदान हेतु
• ग्लोबल 500 पुरस्कार	संयुक्त राष्ट्र पर्यावरण कार्यक्रम द्वारा	पर्यावरण की रक्षा एवं सुधार के क्षेत्र में विलक्षण योगदान हेतु
• ग्रैमी पुरस्कार	नेशनल अकादमी फॉर रिकॉर्डिंग आर्ट्स एंड साइंसेज	पाश्चात्य संगीत की विभिन्न विधाओं में विशिष्ट योगदान हेतु
• पुलित्जर पुरस्कार (1917)	पुलित्जर पुरस्कार बोर्ड, कोलम्बिया विश्वविद्यालय, सं.रा. अमेरिका	पत्रकारिता, साहित्य एवं संगीत की विभिन्न विधाओं में अमेरिकियों द्वारा विशिष्ट योगदान हेतु
• मिस वर्ल्ड (1951)	मिस वर्ल्ड इनकॉर्पोरेशन, लंदन	विभिन्न देशों को सुन्दरियों में सर्वश्रेष्ठ बहुमुखी सौंदर्य का चयन करने हेतु
• मिस यूनिवर्स (1952)	मिस यूनिवर्स इन्कॉर्पोरेशन, न्यूयॉर्क	विश्व के विभिन्न देशों की सुन्दरियों में सर्वश्रेष्ठ बहुमुखी सौंदर्य का चयन करने हेतु

राष्ट्रीय पुरस्कार

पुरस्कार/सम्मान	पुरस्कार प्रदान करने वाला	विशेषता
• भारत रत्न (1954)	भारत सरकार	कला, साहित्य, विज्ञान, खेल एवं सार्वजनिक सेवा या जीवन में असाधारण एवं अत्युतम कोटि की उपलब्धि हेतु
• पद्म विभूषण (1954)	भारत सरकार	सरकारी कर्मचारियों द्वारा की गई सेवा सहित किसी भी क्षेत्र में असाधारण एवं उत्कृष्ट सेवा हेतु
• पद्म भूषण (1954)	भारत सरकार	सरकारी कर्मचारियों द्वारा की गई सेवा सहित किसी भी क्षेत्र में उत्कृष्ट सेवा हेतु
• पद्मश्री (1983)	भारत सरकार	सरकारी कर्मचारियों द्वारा की गई सेवा सहित किसी भी क्षेत्र में उत्कृष्ट सेवा हेतु
• भारतीय ज्ञानपीठ पुरस्कार (1965)	भारतीय ज्ञानपीठ	देश की मान्यता प्राप्त किसी भी भारतीय भाषा में लब्धप्रतिष्ठ साहित्यकार द्वारा किए गए उत्कृष्ट योगदान हेतु
• मूर्तिदेवी पुरस्कार (1989)	भारतीय ज्ञानपीठ	भारतीय जीवन के शाश्वत मूल्यों को उभारने के लिए किसी भी भारतीय भाषा या अंग्रेजी में रचित साहित्य पर

पुरस्कार/सम्मान	पुरस्कार प्रदान करने वाला	विशेषता
• साहित्य अकादमी पुरस्कार (1955)	साहित्य अकादमी	अंग्रेजी सहित 22 भारतीय भाषाओं में गत पाँच वर्षों में प्रकाशित उत्कृष्ट रचनाओं पर
• अशोक चक्र, कीर्ति चक्र व शौर्य चक्र	भारत सरकार	सुस्पष्ट वीरता या साहस दिखाने या आत्मबलिदान के लिए दिया जाने वाला देश का सर्वोच्च वीरता सम्मान
• अर्जुन पुरस्कार (1961)	खेल विभाग, मानव संसाधन मंत्रालय, भारत सरकार	विभिन्न खेलों में विशेष उपलब्धि प्राप्त करने वाले खिलाड़ियों को
• द्रोणाचार्य पुरस्कार (1985)	खेल विभाग, मानव संसाधन मंत्रालय, भारत सरकार	खेल प्रशिक्षकों द्वारा की गई उत्कृष्ट सेवाओं के लिए
• चमेली देवी पुरस्कार	मीडिया फाउंडेशन	पत्रकारिता के क्षेत्र में महिलाओं की विशिष्ट उपलब्धि हेतु
• दादा साहब फाल्के पुरस्कार	सूचना एवं प्रसारण मंत्रालय, भारत सरकार	भारतीय सिनेमा के विकास में उल्लेखनीय योगदान के लिए
• लता मंगेशकर सम्मान (1984)	मध्य प्रदेश सरकार	सुगम संगीत के क्षेत्र में उत्कृष्ट योगदान के लिए
• कालिदास सम्मान (1980)	मध्य प्रदेश सरकार	रूपंकर कलाओं के क्षेत्र में सृजनात्मक श्रेष्ठता हेतु
• संगीत नाटक अकादमी पुरस्कार (1952)	संगीत नाटक अकादमी	नृत्य, नाटक एवं संगीत के क्षेत्र में
• जी.डी. बिड़ला विज्ञान पुरस्कार (1991)	के.के. बिड़ला फाउंडेशन	भारतीय वैज्ञानिकों को उच्चस्तरीय शोध कार्यों के लिए प्रोत्साहित करने हेतु
• धन्वन्तरि पुरस्कार (1971)	धन्वन्तरि फाउंडेशन	चिकित्सा क्षेत्र में आजीवन सेवा हेतु
• शांतिस्वरूप भटनागर पुरस्कार (1957)	भारतीय औद्योगिक एवं वैज्ञानिक अनुसंधान परिषद	देश का सर्वोच्च वैज्ञानिक पुरस्कार विज्ञान एवं प्रौद्योगिकी के क्षेत्र में विशिष्ट योगदान करने हेतु
• यूनेस्को मानवाधिकार पुरस्कार	यूनेस्को (UNESCO)	मानवाधिकार के प्रति जागरूकता पैदा करने हेतु
• जमनालाल बजाज पुरस्कार	जमनालाल बजाज फाउंडेशन	ग्रामीण विकास हेतु विज्ञान एवं प्रौद्योगिकी के उपयोग तथा महिलाओं एवं बच्चों के उत्थान व कल्याण कार्यों हेतु

महत्वपूर्ण दिवस

- 9 जनवरी — प्रवासी दिवस
- 15 जनवरी — थल सेना दिवस
- 25 जनवरी — भारतीय पर्यटन दिवस
- 26 जनवरी — भारतीय गणतंत्र दिवस
- 30 जनवरी — शहीद दिवस, विश्व कुष्ठ निवारण दिवस (महात्मा गाँधी की पुण्य तिथि)
- 1 फरवरी — तटरक्षक दिवस, डाक जीवन बीमा दिवस
- 4 फरवरी — विश्व कैंसर दिवस
- 21 फरवरी — विश्व मातृभाषा दिवस
- 22 फरवरी — पल्स पोलियो दिवस
- 28 फरवरी — राष्ट्रीय विज्ञान दिवस (रमन प्रभाव की स्मृति में)
- 8 मार्च — अन्तर्राष्ट्रीय महिला दिवस
- 15 मार्च — विश्व उपभोक्ता अधिकार दिवस, विश्व विकलांगता दिवस
- 21 मार्च — विश्व वानिकी दिवस, विश्व रंगभेद उन्मूलन दिवस
- 22 मार्च — विश्व जल संरक्षण दिवस
- 23 मार्च — शहीद दिवस, विश्व मौसम विज्ञान दिवस
- 7 अप्रैल — विश्व स्वास्थ्य दिवस
- 14 अप्रैल — अम्बेडकर जयंती
- 17 अप्रैल — विश्व हीमोफीलिया दिवस
- 18 अप्रैल — विश्व विरासत दिवस
- 22 अप्रैल — विश्व पृथ्वी दिवस
- 1 मई — मई दिवस (अन्तर्राष्ट्रीय श्रम दिवस)
- 8 मई — विश्व रेडक्रॉस दिवस, अंतर्राष्ट्रीय थैलीसीमिया दिवस
- 21 मई — आतंकवाद विरोधी दिवस
- 22 मई — जैविक विविधता दिवस
- 31 मई — विश्व धूम्रपान दिवस
- 5 जून — विश्व पर्यावरण दिवस
- 14 जून — विश्व रक्तदान दिवस
- 20 जून — शरणार्थी दिवस
- 21 जून — अंतर्राष्ट्रीय योगा दिवस
- 11 जुलाई — विश्व जनसंख्या दिवस
- 26 जुलाई — कारगिल स्मृति दिवस
- 1 अगस्त — विश्व स्तनपान दिवस
- 6 अगस्त — विश्व शांति दिवस, हिरोशिमा दिवस
- 10 अगस्त — अंतर्राष्ट्रीय युवा दिवस
- 12 अगस्त — विश्व युवा दिवस
- 29 अगस्त — राष्ट्रीय खेल दिवस
- 5 सितम्बर — शिक्षक दिवस
- 8 सितम्बर — विश्व साक्षरता दिवस
- 14 सितम्बर — हिन्दी दिवस
- 16 सितम्बर — विश्व ओजोन दिवस
- 21 सितम्बर — अन्तर्राष्ट्रीय शांति दिवस
- 27 सितम्बर — विश्व पर्यटन दिवस
- 1 अक्टूबर — अंतर्राष्ट्रीय वृद्धजन दिवस
- 2 अक्टूबर — गाँधी जयन्ती/अन्तर्राष्ट्रीय अहिंसा दिवस/लाल बहादुर शास्त्री जयन्ती
- 3 अक्टूबर — विश्व प्रकृति दिवस
- 5 अक्टूबर — विश्व आवास दिवस, विश्व शिक्षक दिवस
- 8 अक्टूबर — वायु सेना दिवस
- 9 अक्टूबर — विश्व डाक दिवस
- 16 अक्टूबर — विश्व खाद्य दिवस
- 17 अक्टूबर — विश्व गरीबी उन्मूलन दिवस
- 20 अक्टूबर — राष्ट्रीय एकता दिवस, विश्व सांख्यिकी दिवस

- 21 अक्टूबर विश्व आयोडीन अल्पता दिवस
- 24 अक्टूबर संयुक्त राष्ट्र दिवस
- 9 नवम्बर विश्व सेवा दिवस
- 14 नवम्बर विश्व मधुमेह दिवस
- 18 नवम्बर विश्व वयस्क दिवस
- 19 नवम्बर अन्तर्राष्ट्रीय नागरिक दिवस
- 26 नवम्बर विश्व पर्यावरण संरक्षण दिवस
- 1 दिसम्बर विश्व एड्स दिवस
- 3 दिसम्बर विश्व विकलांगता जन दिवस
- 4 दिसम्बर नौसेना दिवस
- 6 दिसम्बर नागरिक सुरक्षा दिवस
- 10 दिसम्बर अन्तर्राष्ट्रीय मानवाधिकार दिवस
- 18 दिसम्बर अन्तर्राष्ट्रीय प्रवास दिवस
- 29 दिसम्बर विश्व जैव विविधता दिवस

राज्यों के प्रमुख लोक नृत्य

राज्य/केन्द्रशासित प्रदेश	लोक-नृत्य
झारखण्ड	छऊ, सरहुल, जट-जटिन, करमा, डांगा, विदेशिया, सोहराई।
उत्तराखंड	गढ़वाली, कुमायूँ, कजरी, झोरा, रासलीला, चपादी।
आन्ध्र प्रदेश/ तेलंगाना	कुचिपुड़ी (शास्त्रीय), घंटामर्दाला, मोहिनीअट्टम (शास्त्रीय), कुम्मी, सिद्धि मधुरी, छड़ी।
छत्तीसगढ़	पण्डवानी, गौड़ी, करमा, झूमर, डागला, पाली, टपाली, नवरानी, दिवारी।
हिमाचल प्रदेश	धमान, छपेली, महाथू, नटी, डांगी, चम्बा, थाली, झैंता, डफ, डंडानाच आदि।
गुजरात	गरबा, डाण्डिया, टिप्पानी जुरियुन, भवई, रासलीला, लास्या, पणिहारी आदि।
असम	बिहू, बिछुआ, नटपूजा, महारास, खेल गोपाल, झुमुरा होब्जानाई, कलिगोपाल, नागानृत्य, बुगुरूम्बा, अंकियानाट आदि।
पं. बंगाल	काठी, गम्भीरा, ढाली, जात्रा, बाउल, मरसिया, कीर्तन आदि।
केरल	कथकली (शास्त्रीय), ओट्टम, थुलाल, मोहिनीअट्टम (शास्त्रीय), कालीअट्टम, पादयानी।
मणिपुर	मणिपुरी (शास्त्रीय), राखाल, नटरास, महारास, रॉखत आदि।
ओडिशा	ओडिसी (शास्त्रीय), सवारी, धूमरा, पैंका, मुणरी, छऊ, अया आदि।
राजस्थान	झूमर, घापाल, फूंदी, पनिहारी, जिन्दाद, नेजा, गणगौर आदि।
महाराष्ट्र	लावणी, नकटा, कोली, लेझिम, गफा, बोहदा, गौरीचा, ललिता, तमाशा, मौनी, लेजम, पोवाड़ा।
मेघालय	लाहो, बांग्ला आदि।
गोवा	माण्डी, झागोर, खोल, ढकनी आदि।
अरुणाचल प्रदेश	मुखौटा नृत्य, युद्ध नृत्य आदि।
कर्नाटक	यक्षगान, कुनीता, कर्गा, लाम्बी, वीरगास्से।
नगालैंड	चोंग, खैवा, लीम, नुरालीम आदि।
पंजाब	भाँगड़ा, गिद्धा, डफ, धमान आदि।
मिजोरम	खानट्म, पाखुपिला, चेरोकान आदि।
जम्मू-कश्मीर	राउफ, हिकात, मंदजास, कूद दण्डीनाच, दमाली।
तमिलनाडु	भरतनाट्यम (शास्त्रीय), कुमी, कोलट्टम, कावड़ी।
उत्तर प्रदेश	रासलीला, नौटंकी, झूला, कजरी, जद्दा, चाचरी।

भारत के प्रमुख शोध संस्थान

शोध संस्थान	स्थान	राज्य
केन्द्रीय ईंधन अनुसंधान संस्थान	धनबाद	झारखंड
केन्द्रीय चमड़ा अनुसंधान संस्थान	चेन्नई	तमिलनाडु
केन्द्रीय औषधि अनुसंधान संस्थान	लखनऊ	उत्तर प्रदेश
केन्द्रीय सड़क अनुसंधान संस्थान	नई दिल्ली	दिल्ली
केन्द्रीय भवन निर्माण अनुसंधान संस्थान	रूड़की	उत्तराखंड
केन्द्रीय पर्यावरण इंजीनियरिंग अनुसंधान संस्थान	नागपुर	महाराष्ट्र
केन्द्रीय खनन अनुसंधान केन्द्र	धनबाद	झारखंड
केन्द्रीय वन अनुसंधान संस्थान	देहरादून	उत्तराखंड
कोशिकीय तथा आण्विक जीव विज्ञान केन्द्र	हैदराबाद	तेलंगाना
भारतीय सर्वेक्षण विभाग	देहरादून	उत्तराखंड
भारतीय मौसम विज्ञान संस्थान	नई दिल्ली	दिल्ली
राष्ट्रीय समुद्र विज्ञान संस्थान	पणजी	गोवा
रमण अनुसंधान संस्थान	बेंगलुरु	कर्नाटक
भाभा परमाणु अनुसंधान केन्द्र	ट्राम्बे	महाराष्ट्र
टाटा इंस्टीट्यूट ऑफ फंडामेंटल रिसर्च	मुंबई	महाराष्ट्र
अखिल भारतीय आयुर्विज्ञान संस्थान	नई दिल्ली	दिल्ली
डीजल लोकोमोटिव वर्क्स	वाराणसी	उत्तर प्रदेश
भारतीय सिक्यूरिटी प्रेस	नासिक	महाराष्ट्र
सिक्योरिटी प्रिन्टिंग प्रेस	हैदराबाद	तेलंगाना
करेन्सी प्रेस नोट	नासिक	महाराष्ट्र
बैंक नोट प्रेस	देवास	मध्य प्रदेश
सिक्योरिटी पेपर मिल	होशंगाबाद	मध्य प्रदेश
भारतीय पुरातात्विक सर्वेक्षण विभाग	कोलकाता	पं. बंगाल
राजीव गांधी पेट्रोलियम प्रौद्योगिकी संस्थान	रायबरेली	उत्तर प्रदेश
भारतीय राष्ट्रीय समुद्री सूचना सेवा केन्द्र	हैदराबाद	तेलंगाना

देश की आन्तरिक सुरक्षा हेतु स्थापित संगठन

संगठन	स्थापना वर्ष	संगठन	स्थापना वर्ष
असम राइफल्स (AR)	1835	इंटेलीजेंस ब्यूरो (IB)	1920
राष्ट्रीय कैडेट कोर (NCC)	1948	सीमा सुरक्षा बल (BSF)	1965
केन्द्रीय रिजर्व पुलिस बल (CRPF)	1939	केन्द्रीय जाँच ब्यूरो (CBI)	1953
भारत-तिब्बती सीमा पुलिस (ITBP)	1962	होम गार्डस् (HG)	1962

संगठन	स्थापना वर्ष	संगठन	स्थापना वर्ष
प्रादेशिक सेना (Territorial Army)	1948	तट रक्षा बल (Coast Guards)	1978
केन्द्रीय औद्योगिक सुरक्षा बल (CISF)	1969	राष्ट्रीय सुरक्षा गार्ड (NSG)	1984
नेशनल क्राइम रिकॉर्ड्स ब्यूरो	1986	रैपिड एक्शन फोर्स (RAF)	1992
रक्षा गुप्तचर एजेंसी (DIA)	2002		

भारत में सर्वप्रथम

- प्रथम विमान वाहक युद्धपोत–आई.एन.एस. विक्रांत
- प्रथम ब्रॉड गेज रेल बस सेवा-प्रारम्भ स्थल–मेड़ता शहर (राजस्थान)
- प्रथम फुटबॉल क्लब–मोहन बागान, 1889 ई.
- सर्वप्रथम कॉटन मिल–द बॉम्बे स्पिनिंग एण्ड वीविंग कम्पनी (मुम्बई) वर्ष 1854
- हिन्दी का सर्वप्रथम समाचार पत्र–उदत्त मार्त्तण्ड
- प्रथम बायोस्फीयर रिजर्व–नीलगिरि में स्थापित
- पूर्ण साक्षर प्रथम जनजातीय जनसंख्या बहुल जिला–डुंगरपुर (राजस्थान)
- प्रथम मैरीन नेशनल पार्क का स्थापना स्थल–कच्छ क्षेत्र (गुजरात)
- प्रथम उर्वरक कारखाना की स्थापना वाला राज्य–तमिलनाडु (1904 ई.)
- प्रथम भारतीय उपग्रह–आर्यभट्ट (9 अप्रैल, 1975 ई. को अंतरिक्ष में स्थापित)
- भारत द्वारा प्रथम आण्विक भूमिगत परीक्षण–18 मई, 1974 ई. (पोखरण, राजस्थान)
- प्रथम परखनली शिशु–हर्षा (1986 ई. जन्म)
- प्रथम टेस्ट ट्यूब भैंस–1990 ई. में करनाल के राष्ट्रीय डेयरी अनुसंधान संस्थान में जन्म
- स्वदेश में निर्मित प्रथम प्रक्षेपास्त्र–1988 ई. में प्रक्षेपित 'पृथ्वी' प्रक्षेपास्त्र
- प्रथम स्वदेशी परमाणु चालित पनडुब्बी–आई.एन.एस. चक्र
- अंटार्कटिका पहुँचने वाली प्रथम महिला–मेहर मूसा (1977 ई.)
- भारतीय अंटार्कटिका अभियान दल के सदस्य के रूप में अंटार्कटिका पहुँचने वाली प्रथम महिला–सुदीप्ति सेन गुप्ता एवं अदिति पंत (1984 ई.)
- इलेक्ट्रॉनिक वोटिंग मशीन का प्रयोग करने वाला भारत का पहला राज्य–केरल (विधान सभा उपचुनाव, अप्रैल, 1982 ई.)
- पृथ्वी के तीनों ध्रुवों पर फतह हासिल करने वाली प्रथम संस्था–भारतीय नौसेना
- उत्तरी ध्रुव (आर्कटिक) में स्थापित प्रथम भारतीय स्थायी अनुसंधान केन्द्र–हिमाद्री
- भारत के प्रथम डी.एन.ए. बैंक की स्थापना–बायोटेक पार्क, लखनऊ
- भारत का प्रथम प्रतिरक्षा विश्वविद्यालय–बिनोला गांव (हरियाणा)
- बायोमेट्रिक एटीएम कार्ड जारी करने वाला सार्वजनिक क्षेत्र का पहला भारतीय बैंक–पंजाब नेशनल बैंक

- भारत का प्रथम पूर्ण बैंकिंग जिला–पालक्काड (केरल)
- ISO-9001-2000 प्रमाणन प्राप्त करने वाला देश का प्रथम जिला–कृष्णा (आ.प्र.)
- भारत का प्रथम ग्रीनफील्ड हवाई हड्डा–राजीव गांधी अंतर्राष्ट्रीय विमान पत्तन, हैदराबाद
- प्रथम मूक फिल्म–'राजा हरिश्चन्द्र' (निर्माता–दादा साहब फाल्के)
- प्रथम बोलती फिल्म–'आलमआरा' (1931 ई. में आर्देशिर ईरानी द्वारा निर्देशित)
- प्रथम पूर्णतः भारतीय रंगीन फिल्म–1951 ई. में सोहराब मोदी द्वारा निर्मित 'झांसी की रानी'
- प्रथम रंगीन सिनेमास्कोप फिल्म–1961 ई. में महेश कौल द्वारा निर्मित 'प्यार की प्यास'
- राष्ट्रीय फिल्म पुरस्कार से सम्मानित प्रथम हिन्दी फिल्म–'मिर्जा-गालिब' (1954 ई.)
- भारत में बनी पहली त्रि-आयामी फिल्म–'माई डियर कुट्टीचत्यन' (1984 ई. मलयालम)
- हिन्दी में निर्मित पहली भारतीय त्रि-आयामी फिल्म–'शिवा का इन्साफ' (1986 ई.)
- भारतीय फिल्मों के जनक–दादा साहब फाल्के
- मनोरंजन कर से छूट प्राप्त करने वाली पहली भारतीय फिल्म– 'झनक-झनक पायल बाजे'
- भारत रत्न से सम्मानित फिल्म जगत के प्रथम व्यक्तित्व– सत्यजीत राय
- प्रसिद्ध क्रिकेट खिलाड़ी सुनील गावस्कर द्वारा अभिनित फिल्म–'प्रेमाची सवाली' (मराठी)
- प्रथम पूर्णरूपेण स्वदेशी फिल्म–'राजा हरिश्चन्द्र' (1913 में प्रदर्शित)
- दक्षिण भारत में बनी प्रथम फिल्म–'कीचकवधम' (1919 ई.)
- फिल्म फेयर पुरस्कार से सम्मानित प्रथम अभिनेत्री–नर्गिस दत्त
- भारतीय सिनेमा की प्रथम अभिनेत्री–श्रीमती देविका रानी रोरिक
- दादा साहब फाल्के पुरस्कार से सम्मानित प्रथम गीतकार–मजरूह सुल्तानपुरी (1993 ई.)
- भारत का प्रथम स्वदेशी एनीमेशन फिल्म–दशावतार
- भारत का सबसे ऊँचा टेलीविजन टावर पीतमपुरा, दिल्ली (235 मी.) है।
- दूरदर्शन द्वारा 'ज्ञान-दर्शन' चैनल का प्रारम्भ 26 जनवरी, 2000 ई. को हुआ।
- भारतीय गणराज्य के प्रथम राष्ट्रपति–डॉ. राजेन्द्र प्रसाद (1950-62 ई.)
- स्वतंत्र भारत के प्रथम प्रधानमंत्री–पंडित जवाहर लाल नेहरू (1950-64 ई.)
- भारतीय गणराज्य के प्रथम मुस्लिम राष्ट्रपति–डॉ. जाकिर हुसैन (1967-69 ई.)
- प्रथम भारतीय नोबल पुरस्कार विजेता–रवीन्द्र नाथ टैगोर (1913 ई., साहित्य)
- प्रथम भारतीय भौतिक नोबल पुरस्कार विजेता–डॉ. सी.वी.रमण (1930 ई.)
- अर्थशास्त्र का नोबल पुरस्कार विजेता प्रथम भारतीय–अमर्त्य सेन (1998 ई.)
- चिकित्सा विज्ञान का नोबल पुरस्कार विजेता प्रथम भारतीय– डॉ. हरगोविन्द खुराना
- भारत का प्रथम फील्ड मार्शल–जनरल मानेक शॉ (1971 ई.)
- स्वतंत्र भारत का प्रथम कमांडर इन चीफ–जनरल करिअप्पा (1949 ई.)
- स्वतंत्र भारत का प्रथम गवर्नर जनरल–लार्ड माउण्टबेटन (1947-48 ई.)
- स्वतंत्र भारत का प्रथम भारतीय गवर्नर जनरल–चक्रवर्ती राजगोपालाचारी (1948 ई.)
- भारत के प्रथम ब्रिटिश गवर्नर जनरल–लॉर्ड वारेन हेस्टिंग्स

- भारत का अंतिम ब्रिटिश गवर्नर जनरल तथा प्रथम वायसराय– लॉर्ड कैनिंग
- भारतीय राष्ट्रीय कांग्रेस के प्रथम सभापति–व्योमेश चन्द्र बनर्जी (1885 ई.)
- भारत के प्रथम मुख्य न्यायाधीश–न्यायमूर्ति हीरालाल कानिया (1950-51 ई.)
- माउण्ट एवरेस्ट शिखर पर पहुँचने वाला प्रथम भारतीय–शेरपा तेन्जिंग (1953 ई.)
- इंग्लिश चैनल तैरकर पार करने वाला प्रथम भारतीय–मिहिर सेन (1958 ई.)
- दक्षिणी ध्रुव पर पहुँचने वाला प्रथम भारतीय–लेफ्टिनेन्ट रामचरण (1960 ई.)
- भारत के प्रथम नौसेनाध्यक्ष–वाइस एडमिरल आर.डी. कटारी (1958-62 ई.)
- भारत के प्रथम वायु सेनाध्यक्ष–एयर मार्शल एस. मुखर्जी (1954 ई.)
- अंतर्राष्ट्रीय न्यायालय के प्रथम भारतीय मुख्य न्यायाधीश– डॉ. नागेन्द्र सिंह
- परमवीर चक्र प्राप्त करने वाला प्रथम भारतीय–मेजर सोमनाथ शर्मा (1947 ई.)
- परमवीर चक्र प्राप्त करने वाला प्रथम वायु सैनिक अधिकारी– निर्मलजीत सिंह शेखो
- लोक सभा के प्रथम अध्यक्ष–गणेश वासुदेव मावलंकर (1952-56 ई.)
- लोक सभा के प्रथम उपाध्यक्ष–अनंत शयनम् आयंगर (1952-56 ई.)
- राज्य सभा के प्रथम सभापति–एस.वी. कृष्णमूर्ति
- प्रथम भारतीय बैरिस्टर–गणानेन्द्र मोहन टैगोर
- प्रथम राष्ट्रकवि–मैथिलीशरण गुप्त
- प्रथम उप राष्ट्रपति–डॉ. सर्वपल्ली राधाकृष्णन (1952-1962 ई.)
- प्रथम उप प्रधानमंत्री–सरदार बल्लभभाई पटेल
- प्रथम मुख्य चुनाव आयुक्त–सुकुमार सेन (1950-58 ई.)
- भारत रत्न से सम्मानित प्रथम भारतीय–डॉ. एस. राधाकृष्णन, सी. राजगोपालाचारी तथा डॉ. सी. वी. रमण (1954 ई.)
- मरणोपरान्त 'भारत रत्न' से सम्मानित प्रथम व्यक्ति–लाल बहादुर शास्त्री (1966 ई.)
- ज्ञानपीठ पुरस्कार से सम्मानित प्रथम व्यक्ति–जी. शंकर कुरूप (1965 ई., मलयालम)
- सार्वजनिक सेवा हेतु रेमॉन मैग्सेसे पुरस्कार से सम्मानित प्रथम व्यक्ति–सी. डी. देशमुख
- हृदय प्रत्यारोपण का पहला सफल ऑपरेशन करने वाले व्यक्ति–डॉ. पी. वेणुगोपाल
- राष्ट्रीय मानवाधिकार आयोग के प्रथम अध्यक्ष–पूर्व न्यायाधीश न्यायमूर्ति रंगनाथ मिश्र
- भारतीय ज्ञानपीठ पुरस्कार से सम्मानित प्रथम हिन्दी साहित्यकार– सुमित्रानंदन पंत
- ग्रेमी पुरस्कार से सम्मानित किए जाने वाले प्रथम भारतीय– पंडित रविशंकर
- संयुक्त राष्ट्र संघ में हिन्दी में भाषण देने वाला प्रथम व्यक्ति–अटल बिहारी वाजपेयी
- राष्ट्रीय विज्ञान कांग्रेस के प्रथम अध्यक्ष–सर आशुतोष मुखर्जी
- ब्रिटेन में उच्चायुक्त नियुक्त किए जाने वाले प्रथम भारतीय– वी.के. कृष्ण मेनन
- लेनिन शांति पुरस्कार से सम्मानित प्रथम भारतीय–डॉ. सैफुद्दीन किचलू (1952)
- विश्व बैंक के प्रबंध निदेशक नियुक्त होने वाले प्रथम भारतीय–गौतम काजी (1994)
- भारत के प्रथम दलित मुख्य न्यायाधीश (सर्वोच्च न्यायालय)–के.जी. बालाकृष्णन

- भारतीय राष्ट्रीय कांग्रेस की प्रथम महिला सभापति–एनी बेसेन्ट (1917 ई.)
- भारतीय राष्ट्रीय कांग्रेस की प्रथम भारतीय महिला सभापति–सरोजिनी नायडू (1925 ई.)
- संयुक्त राष्ट्र संघ महासभा की प्रथम महिला सभापति– विजयालक्ष्मी पंडित (1953 ई.)
- भारत की प्रथम महिला राजदूत–विजयालक्ष्मी पंडित (1947-49, U.S.S.R)
- भारत की प्रथम महिला प्रधानमंत्री–इंदिरा गांधी (1966 ई.)
- भारतीय राज्य की प्रथम महिला मुख्यमंत्री–सुचेता कृपलानी (उत्तर प्रदेश)
- भारतीय राज्य की प्रथम महिला राज्यपाल–सरोजिनी नायडू (उत्तर प्रदेश)
- सर्वोच्च न्यायालय की प्रथम भारतीय महिला न्यायाधीश –मीरा साहिब फातिमा बीबी
- उच्च न्यायालय की प्रथम भारतीय महिला मुख्य न्यायाधीश–लीला सेठ (हि.प्र.)
- भारत की प्रथम महिला सत्र न्यायाधीश–सुश्री अन्ना चंडी (केरल)
- केन्द्रीय मंत्री मंडल में शामिल प्रथम भारतीय महिला मंत्री– राजकुमारी अमृत कौर
- नोबल पुरस्कार प्राप्त करने वाली प्रथम भारतीय महिला– मदर टेरेसा (1979 ई.)
- माउण्ट एवरेस्ट पर पहुँचने वाली प्रथम भारतीय महिला–बछेन्द्री पाल (1984 ई.)
- विश्व सुन्दरी बनने वाली प्रथम भारतीय महिला–रीता फारिया (1966 ई.)
- ब्रह्मांड सुन्दरी बनने बाली प्रथम भारतीय महिला–सुष्मिता सेन (1984 ई.)
- भारत की प्रथम महिला आई.पी.एस. अधिकारी–किरण बेदी (1972 ई.)
- भारत की प्रथम महिला आई.ए.एस. अधिकारी–अन्ना जॉर्ज (1950 ई.)
- भारत की प्रथम महिला चिकित्सक–डा. कादम्बिनी गांगुली बोस (1888 ई.)
- संघ लोक सेवा आयोग की प्रथम भारतीय महिला अध्यक्ष– रोजा मिलियन बैथ्यू
- राज्य सभा की प्रथम महिला महासचिव–वी.एस. रमादेवी
- राज्य सभा की प्रथम महिला उपाध्यक्ष–वायलेट अल्वा (1962 ई.)
- नॉर्मन बोरलोग पुरस्कार से सम्मानित प्रथम भारतीय महिला– डॉ. अमृता पटेल (1992 ई.)
- ज्ञानपीठ पुरस्कार से सम्मानित प्रथम भारतीय महिला साहित्यकार– आशापूर्णा देवी
- सार्वजनिक सेवा हेतु रेमॉन मैग्सेसे पुरस्कार से सम्मानित प्रथम भारतीय महिला–किरण बेदी
- राष्ट्रीय महिला आयोग की प्रथम अध्यक्षा–श्रीमती जयंती पटनायक (1992 ई.)
- भारतीय विज्ञान कांग्रेस की प्रथम महिला अध्यक्ष–डॉ. आशिमा चटर्जी
- संयुक्त राष्ट्र संघ में कला प्रदर्शित करने वाली प्रथम महिला– एम.एस. सुब्बुलक्ष्मी (1966 ई.)
- अशोक चक्र (अब शौर्य चक्र) प्राप्त करने वाली प्रथम महिला– ग्लोरिया बेरी (मरणोपरांत)
- सेना मेडल प्राप्त करने वाली प्रथम भारतीय महिला–विमला देवी (1988 ई.)
- भारत में सर्वप्रथम प्रकाशित महिला पत्रिका–इण्डियन लेडीज मैगनीज (चेन्नई 1901 ई.)
- भारत की प्रथम महिला मुस्लिम आइ.पी.एस. अधिकारी– कुमारी नुजहत खान
- भारत के किसी राज्य की प्रथम महिला पुलिस महानिदेशक– कंचन चौधरी भट्टाचार्य
- भारत की प्रथम महिला मिसाइल वुमन–डा. टेसी थॉमस
- भारत के प्रथम चीफ ऑफ डिफेंस स्टाफ (CDS)–जनरल बिपिन रावत

●●●

खेल (Sports)

खेल से जुड़े महत्वपूर्ण तथ्य

- ओलम्पिक खेलों का प्रारम्भ वर्ष 776 ईसा पूर्व में यूनानी देवता 'ओलम्पस' के सम्मान में किया गया था। आधुनिक ओलम्पिक खेल प्रतियोगिता का प्रारम्भ 6 अप्रैल, 1896 ई. को फ्रांस के कुबर्टिन के सद् प्रयासों से यूनान के एथेंस में हुआ।
- ओलम्पिक खेल प्रतियोगिताओं का आयोजन प्रत्येक चार वर्ष के बाद किया जाता है।
- ओलम्पिक खेल प्रतियोगिता का आदर्श वाक्य है—साइटियस, अल्टियस, फोरेटियस। लैटिन भाषा के इस वाक्य का अर्थ होता है—तेज दौड़ना, ऊँचा उठना एवं शक्ति का भरपूर प्रदर्शन करना।
- ओलम्पिक ध्वज 1913 ई. में कोबर्टिन द्वारा तैयार किया गया। इसमें पाँच गोल चक्र सफेद सतह पर बने होते हैं, जो आपस में जुड़े होते हैं। ये पाँच चक्र लाल, हरा, पीला, नीला व काले रंग के होते हैं। सफेद रंग शांति का, लाल रंग ऑस्ट्रेलिया, पीला रंग एशिया का, हरा रंग यूरोप, नीला रंग अमेरिका व काला रंग अफ्रीका का प्रतिनिधित्व करता है।
- ओलम्पिक मशाल जलाने की प्रथा की शुरुआत 1928 ई. के एम्सटर्डम खेलों से हुई। (यह मशाल सूर्य-किरणों से प्रज्ज्वलित की जाती है।)
- अन्तर्राष्ट्रीय ओलम्पिक समिति का मुख्यालय लोसाने (स्विट्ज़रलैंड) में है।
- भारत की ओर से ओलम्पिक खेलों में भाग लेने वाला प्रथम खिलाड़ी एक आंग्ल इंडियन, नॉर्मन प्रिचार्ड है, जिसने 1900 ई. के द्वितीय ओलम्पिक में भाग लिया तथा एथलेटिक्स स्पर्धा में दो रजत पदक प्राप्त किए।
- अन्तर्राष्ट्रीय ओलम्पिक समिति की स्थापना 1894 ई. में 'सखोन' नामक स्थान पर हुई थी।
- राष्ट्रमंडल खेलों की शुरूआत 1930 ई. में हेमिल्टन (कनाडा) में हुई थी। (पुराना नाम—ब्रिटिश एम्पायर खेल)।
- 1934 ई. में लंदन में होने वाले दूसरे राष्ट्रमंडल खेल में भारत ने पहली बार भाग लिया था।
- एशियाई खेल का प्रारंभ 4 मार्च, 1951 ई. को नई दिल्ली में हुआ।
- एशियाई खेल संघ ने चमकते सूरज को अपना प्रतीक चिह्न घोषित किया।

- क्रिकेट का पहला टेस्ट मैच 1877 ई. में ऑस्ट्रेलिया एवं इंग्लैंड के बीच मेलबर्न में आयोजित किया गया। क्रिकेट का पहला एक दिवसीय अन्तर्राष्ट्रीय क्रिकेट मैच इंग्लैंड एवं ऑस्ट्रेलिया के बीच 1871 ई. में मेलबर्न में आयोजित किया गया।
- क्रिकेट की सर्वोच्च संस्था 'इंटरनेशनल क्रिकेट काउंसिल' (आई.सी.सी.) है, जिसका मुख्यालय 1 अगस्त, 2005 से दुबई में है, पहले यह लॉर्ड्स (इंग्लैंड) में था।
- फुटबॉल का जन्म इंग्लैंड में हुआ। 1857 ई. में इंग्लैंड में विश्व का पहला फुटबॉल क्लब 'शेफील्ड फुटबॉल क्लब' का गठन हुआ। भारत में फुटबॉल अंग्रेजों के द्वारा लाया गया और भारत का पहला फुटबॉल क्लब 'डलहौजी क्लब' था। विश्व की सबसे बड़ी फुटबॉल संस्था 'इंटरनेशनल फुटबॉल एसोसिएशन (फीफा) है ज़िसका मुख्यालय पेरिस (फ्रांस) में है।
- फीफा द्वारा आयोजित विश्वकप फुटबॉल की सबसे बड़ी प्रतियोगिता है; पहला विश्वकप 1930 ई. में उरुग्वे में आयोजित किया गया था। इसे प्रति चार वर्ष बाद आयोजित किया जाता है।
- हॉकी का पहला संगठित क्लब 1861 ई. में स्थापित 'ब्लैकहीथ एबी एंड क्लब' (इंग्लैंड) है। हॉकी की सर्वोच्च संस्था 'फेडरेशन इंटरनेशनल दि हॉकी' (एफ.आई.एच.) है जिसकी स्थापना 1884 ई. में की गई थी।
- वॉलीवॉल का जन्म संयुक्त राज्य अमेरिका में हुआ। इस खेल को एक अमेरिकी विलियम जी मॉरगन ने 1895 ई. में शुरू किया। इंटरनेशनल वॉलीबॉल फेडरेशन का गठन 1948 ई. में हुआ। वॉलीबॉल का प्रथम विश्व कप 1949 ई. में आयोजित हुआ था।
- टेबल टेनिस का जन्मदाता इंग्लैंड है। इंटरनेशनल टेबल टेनिस एसोसिएशन' की स्थापना 1926 ई. में की गई थी।
- आधुनिक बैडमिंटन का विकास संभवतः इंग्लैंड में हुआ था। इसकी सर्वोच्च संस्था इंटरनेशनल बैडमिंटन फेडरेशन की स्थापना 1934 में की गई थी। विश्व बैडमिंटन चैम्पियनशिप की शुरूआत 1977 ई. में हुई थी।
- लॉन टेनिस का विकास इंग्लैंड में हुआ। टेनिस की सर्वोच्च संस्थान इंटरनेशनल टेनिस फेडरेशन (I.T.F.) की स्थापना 1913 ई. में पेरिस में की गई।

विभिन्न देशों के राष्ट्रीय खेल

देश	राष्ट्रीय खेल	देश	राष्ट्रीय खेल
ऑस्ट्रेलिया	क्रिकेट	चीन	टेबल टेनिस
इंग्लैंड	क्रिकेट	पाकिस्तान	हॉकी
सं.रा. अ.	बेसबॉल	स्पेन	सांड़ युद्ध
फ्रांस	फुटबॉल	ब्राजील	फुटबॉल
मलेशिया	बैडमिन्टन	इंडोनेशिया	बैडमिन्टन
कनाडा	आइस हॉकी	रूस	फुटबॉल, शतरंज
भूटान	तीरंदाजी	स्कॉटलैंड	रग्बी, फुटबॉल

विश्व के प्रसिद्ध कप और ट्रॉफियाँ

खेल	सम्बद्ध कप एवं ट्रॉफियाँ
फुटबॉल	डूरंड कप, संतोष ट्रॉफी, मर्डेका कप, सर आशुतोष मुखर्जी ट्रॉफी, डी.सी. एम. ट्रॉफी, रोवर्स कप, आई.एफ.ए. शील्ड, वी.सी. रॉय ट्राफी इत्यादि।
गोल्फ	सर्किट कप, डनहिल कप, बाकर कप, प्रिन्स ऑफ वेल्स कप, राइडर कप इत्यादि।
टेबल टेनिस	जय लक्ष्मी कप (महिला), राजकुमारी चैलेंज कप (जूनियर महिला), बर्नाबिलेक कप (पुरुष), रामानुज ट्रॉफी (जूनियर पुरुष) इत्यादि।
हॉकी	रंगास्वामी कप, बेगम रसूल ट्रॉफी (महिला), बेटन कप, आगा खाँ कप, महाराजा रणजीत सिंह गोल्ड कप, लेडी रतन टाटा ट्रॉफी (महिला), ध्यानचन्द ट्रॉफी, नेहरू ट्रॉफी, मुरुगप्पा गोल्ड कप, सिंधिया गोल्ड कप, इन्दिरा गाँधी गोल्ड कप, वेलिंग्टन कप, गुरुनानक चैम्पियनशिप (महिला) इत्यादि।
बैडमिंटन	चड्ढा कप, नारंग कप, अमृत दीवान कप इत्यादि।
पोलो	पृथ्वीपाल सिंह कप, क्लासिक कप, ऐजार कप, राधामोहन कप इत्यादि।
क्रिकेट	रणजी ट्रॉफी (राष्ट्रीय चैम्पियनशिप), दिलीप ट्रॉफी, सी.के. नायडू ट्रॉफी, ईरानी ट्रॉफी, देवधर ट्रॉफी, रानी झाँसी ट्रॉफी, रोहिन्टन बारिया ट्रॉफी, जी.डी. बिड़ला ट्रॉफी।
ब्रिज	रामनिवास रूइया चैलेंज, होल्कर ट्रॉफी, गोल्फ ट्रॉफी इत्यादि।
बास्केटबॉल	बंगलुरु ब्ल्यूज चैलेंज कप, फेडरेशन कप, नेहरू कप इत्यादि।

खेल के प्रसिद्ध मैदान

खेल-मैदान	स्थान	खेल-मैदान	स्थान
अम्बेडकर स्टेडियम	दिल्ली	नेशनल स्टेडियम	दिल्ली
अरुण जेटली स्टेडियम	दिल्ली	इंदिरा गांधी स्टेडियम	दिल्ली
जे.एल. नेहरू स्टेडियम	दिल्ली	वानखेड़े स्टेडियम	मुम्बई
नरेन्द्र मोदी स्टेडियम	अहमदाबाद	ब्रेबोर्न स्टेडियम	मुम्बई
ईडन गार्डन	कोलकाता	युवा भारती स्टेडियम	कोलकाता
बाराबती स्टेडियम	कटक	चेपक स्टेडियम	चेन्नई
कीनन स्टेडियम	जमशेदपुर	ग्रीन पार्क स्टेडियम	कानपुर
लॉर्ड्स, ओवल, लीड्स	ब्रिटेन	हेडिंग्ले मैनचेस्टर	ब्रिटेन
ब्रुकलैण्ड	इंग्लैंड	एण्ड्री	इंग्लैंड
टिबंकहम	इंग्लैंड	टेंट ब्रिज	इंग्लैंड
ह्वाइट सिटी	इंग्लैंड	पर्थ, ब्रिसबेन, मेलबर्न	ऑस्ट्रेलिया
सैण्डी लॉज	स्कॉटलैण्ड	यांकी स्टेडियम	न्यूयॉर्क

विभिन्न खेलों के जन्मदाता देश

खेल	जन्मदाता देश	खेल	जन्मदाता देश
एथलेटिक्स	यूनान	बेलेक्यूपेलोटा	स्पेन-फ्रांस
शतरंज	भारत	फुटबॉल	चीन
कबड्डी	भारत	पोलो	भारत
वॉलीबॉल	सं.रा. अमेरिका	बिलियर्ड्स	फ्रांस
बास्केटबॉल	सं.रा. अमेरिका	क्रिकेट	इंग्लैंड
हॉकी	मिस्र	गोल्फ	स्कॉटलैंड
लॉन टेनिस	इंग्लैंड	बेसबॉल	सं.रा. अमेरिका
बैडमिंटन	इंग्लैंड	टेबल टेनिस	इंग्लैंड

प्रमुख खिलाड़ियों के उपनाम

खिलाड़ी	उपनाम	खिलाड़ी	उपनाम
ध्यानचंद	हॉकी का जादूगर	ए.डी. नासिमेंटो	ब्लैक पर्ल (पेले)
बोरिस बेकर	बूम-बूम	इयान थार्पे	थार्पिडो
मिल्खा सिंह	फ्लाइंग सिख	जैक कैलिस	डॉजी
एफ.जी. जायनर	फ्लो जो	राहुल द्रविड़	मिस्टर रिलायबुल
सर्गेई बुबका	पोलवाल्ट का बादशाह	पाली उमरीगर	पाम ट्री हिटर
पेस व भूपति	इण्डियन एक्सप्रेस	दिलीप वेंगसरकर	कर्नल
रोजर फेडरर	स्विस एक्सप्रेस	माइकल फेलप्स	गोल्डन शॉर्क
नवजीत सिंह सिद्धू	शेरी	पी.टी. ऊषा	स्वर्ण बालिका
जहाँगीर खान	स्क्वैश के युग पुरुष	बियोन बोर्ग	हिमखण्ड
अनिल कुम्बले	जम्बो	लांस क्लूजनर	जुलू
हरभजन सिंह	टर्बनेटर	अजीत अगरकर	बॉम्बे डक
अलेक्सान्द्र पोपोव	मत्स्य पुरुष	माइकल होल्डिंग	मिण्टी
मार्क फिलिपोसिस	स्कड मिसाइल	सुनील गावस्कर	सनी, लिटिल मास्टर
अन्ना इवानोविच	गोल्डन गर्ल	अशोक मांकड़	काका
शोएब अख्तर	रावलपिंडी एक्सप्रेस	स्टीव बकनर	ग्रेट डिलेयर
सचिन तेंदूलकर	बॉम्बे बॉम्बर	सौरव गांगुली	बंगाल टाइगर
क्लाइव लॉयड	सुपर कैट	रॉड लेवर	रॉकेट
पोनोमारियोव	लिटिल कार्पोव	श्रीनाथ	मैसूर एक्सप्रेस

●●●

9

वस्तुनिष्ठ प्रश्नोत्तर

1. हड़प्पा के लोगों की सामाजिक पद्धति .... थी।
   A. उचित समतावादी
   B. दास श्रमिक आधारित
   C. वर्ण आधारित
   D. जाति आधारित

2. हड़प्पा की खोज किस वर्ष में हुई थी?
   A. 1935 B. 1942
   C. 1901 D. 1921

3. 'अपवाह तंत्र' का निर्माण सबसे पहले निम्नलिखित में से किस सभ्यता के लोगों ने किया था?
   A. मिस्र सभ्यता के लोगों ने
   B. सिंधु घाटी सभ्यता के लोगों ने
   C. चीनी सभ्यता के लोगों ने
   D. मेसोपोटामिया सभ्यता के लोगों ने

4. किस शासक ने बौद्धों के लिए विख्यात विक्रमशिला विश्वविद्यालय की स्थापना की थी?
   A. महिपाल B. देवपाल
   C. गोपाल D. धर्मपाल

5. महावीर का जन्म किस क्षत्रिय गोत्र में हुआ था?
   A. शाक्य B. ज्ञातृक
   C. सल्लास D. लिच्छवि

6. निम्नलिखित में सम्राट अशोक की वह पत्नी कौन थी जिसने उसको प्रभावित किया था?
   A. चंडालिका B. चारूलता
   C. गौतमी D. कारूवाकी

7. बिन्दुसार ने विद्रोहियों को कुचलने के लिए अशोक को कहाँ भेजा था?
   A. स्वर्णगिरि B. तक्षशिला
   C. उज्जैन D. वैशाली

8. निम्नलिखित में से कनिष्क के समकालीन कौन थे?
   A. कंबन, बाणभट्ट, अश्वघोष
   B. नागार्जुन, अश्वघोष, वसुमित्र
   C. अश्वघोष, कालिदास, बाणभट्ट
   D. कालिदास, कंबन, वसुमित्र

9. शून्य की खोज किसने की?
   A. वराहमिहिर B. आर्यभट्ट
   C. भास्कर D. इनमें से कोई नहीं

10. 'इनाम' भूमि किसे दी जाती थी?
   A. विद्वान और धार्मिक व्यक्ति
   B. मनसबदार
   C. पैतृक राजस्व संग्राहक
   D. कुलीन

11. यात्री इब्नबतूता कहां से आया था?
A. मोरक्को B. फारस
C. तुर्की D. मध्य एशिया

12. पानीपत की दूसरी लड़ाई (5 अप्रैल, 1556) निम्नलिखित में से किसके बीच हुई थी?
A. अकबर और हेमू
B. राजपूत और मुगल
C. बाबर और इब्राहिम लोदी
D. सिकंदर और आदिलशाह

13. सती प्रथा की भर्त्सना करने वाला मुगल सम्राट था–
A. बाबर B. हुमायूँ
C. अकबर D. जहाँगीर

14. अकबर के शासनकाल में भू-राजस्व सुधारों के लिए कौन उत्तरदायी था?
A. बीरबल B. टोडरमल
C. जयसिंह D. बिहारीमल

15. 'एक वर्ष में स्वराज' का नारा गाँधी जी ने कब दिया?
A. डाण्डी मार्च के समय
B. असहयोग आन्दोलन के समय
C. सविनय अवज्ञा आंदोलन के समय
D. गोलमेज सम्मेलन के समय

16. 23 अक्टूबर, 1940 ई. में चलाए गए व्यक्तिगत अवज्ञा आन्दोलन में सत्याग्रह करने के लिए किसे पहला नेता नियुक्त किया गया था?
A. जे.एल. नेहरू
B. महात्मा गाँधी
C. आचार्य कृपलानी
D. विनोबा भावे

17. भारत के लिए 'संवैधानिक सभा' का विचार सर्वप्रथम निम्नांकित में रखा गया।
A. इण्डिया इण्डिपेण्डेण्ट एक्ट, 1942
B. वेवल प्लान
C. क्रिप्स पोटोकॉल
D. कैबिनेट मिशन प्लान

18. इण्डियन नेशनल कांग्रेस ने 'पूर्ण स्वराज' का प्रस्ताव कब पारित किया?
A. 1927 ई. B. 1929 ई.
C. 1931 ई. D. 1942 ई.

19. मुस्लिम नेता, जिसने मुस्लिम लीग के इलाहाबाद अधिवेशन (1930) में अपने अध्यक्षीय भाषण में प्रथम बार मुसलमानों के लिए अलग से निवास भूमि की वांछनीयता इंगित की।
A. मोहम्मद अली जिन्ना
B. मुहम्मद इकबाल
C. हसरत मोसानी
D. लियाकत अली

20. भारत में पृथक् निर्वाचन पद्धति अथवा साम्प्रदायिक निर्वाचन पद्धति का सूत्रपात कब हुआ?
A. 1892 ई. B. 1909 ई.
C. 1919 ई. D. 1935 ई.

21. मुस्लिम लीग ने 'मुक्त दिवस' कब मनाया?
A. खिलाफत आंदोलन की शुरुआत में
B. कांग्रेस मंत्रिमंडलों के इस्तीफा देने पर
C. मुसलमानों के लिए पृथक् निर्वाचन पद्धति की शुरुआत होने पर
D. अंग्रेजों के भारत छोड़ने पर

22. 1916 ई. में 'अखिल भारतीय होमरूल लीग' की स्थापना किसने की?
A. तिलक
B. लाला लाजपत राय
C. ऐनी बेसेण्ट
D. विपिन चन्द्र पाल

23. निम्न में से कौन सुविख्यात 'झण्डा ऊँचा रहे हमारा' का रचनाकार है?

A. मैथिलीशरण गुप्त
B. सूर्यकांत त्रिपाठी 'निराला'
C. माखनलाल चतुर्वेदी
D. श्यामलाल पार्षद

24. भारतीय राष्ट्रीय आंदोलन की निम्न घटनाओं को नीचे दिए गए कूट के अनुसार कालानुक्रम में व्यवस्थित करें?

1. गांधी-इरविन समझौता
2, पूना समझौता
3. भारतीय राष्ट्रीय कांग्रेस का कराची अधिवेशन
4. वैयक्तिक सत्याग्रह

कूट :

A. 1, 3, 2, 4 B. 2, 3, 4, 1
C. 3, 4, 2, 1 D. 4, 3, 2, 1

25. अप्रैल, 1916 ई. में स्थापित 'इण्डियन होमरूल लीग' का प्रथम प्रेसीडेण्ट कौन था?

A. जोसेफ वैपटिस्डा
B. एन.सी. केलकर
C. ऐनी बेसेण्ट
D. बी.जी. तिलक

26. 'होमरूल आंदोलन' के नेताओं ने 'होमरूल' शब्द कहाँ के सदृश आंदोलन से ग्रहण किया?

A. आयरलैण्ड
B. स्कॉटलैण्ड
C. संयुक्त राज्य अमेरिका
D. कनाडा

27. भारतीय स्वतन्त्रता में रजवाड़ों का समावेश सम्बन्धी प्रस्ताव कांग्रेस के किस अधिवेशन में पारित हुआ?

A. त्रिपुरी B. कराची
C. हरिपुरा D. रामगढ़

28. दक्षिण अफ्रीका से लौटने के बाद गाँधीजी ने अपना आंदोलन कहाँ से शुरू किया?

A. चौरी-चौरा B. चम्पारण
C. बारदोली D. अहमदाबाद

29. निम्न घटनाओं का सही कालानुक्रम क्या है?

1. गुरु का बाग आंदोलन
2. वायकूम सत्याग्रह
3. काकोरी काण्ड
4. नेहरू रिपोर्ट

नीचे दिए गए कूट का प्रयोग कर सही उत्तर चुनिए।

कूट :

A. 1, 2, 3, 4 B. 1, 2, 4, 3
C. 2, 1, 3, 4 D. 2, 1, 4, 3

30. सूची-I को सूची-II से सुमेलित कीजिए तथा सूचियों के नीचे दिए गए कूट का प्रयोग कर सही उत्तर चुनिए।

सूची-I	**सूची-II**
(*a*) बारदोली सत्याग्रह	1. स्वामी श्रद्धानन्द सरस्वती
(*b*) भारतीय किसान विद्यालय	2. सरदार वल्लभभाई पटेल
(*c*) बंगाल प्रजा पार्टी	3. फजलुल-हक
(*d*) बकाश्त संघर्ष	4. एन.जी. रंगा।

कूट :

A. (*a*)–2, (*b*)–3, (*c*)–4, (*d*)–1
B. (*a*)–2, (*b*)–4, (*c*)–3, (*d*)–1
C. (*a*)–3, (*b*)–1, (*c*)–2, (*d*)–4
D. (*a*)–4, (*b*)–3, (*c*)–2, (*d*)–1

31. सर्वप्रथम सौरमण्डल के बारे में विश्व के समक्ष जानकारी प्रस्तुत करने का श्रेय किस विद्वान को है?

A. स्ट्रैबो B. केपलर
C. गैलीलियो D. कॉपरनिकस

32. निम्नलिखित में किन देशों के समूह से भूमध्य रेखा गुजरती है?

A. ब्राजील, जाम्बिया तथा मलेशिया
B. कोलम्बिया, केन्या तथा मलेशिया
C. ब्राजील, सूडान तथा मलेशिया
D. वेनेजुएला, इथोपिया तथा इण्डोनेशिया

33. भू-गर्भ में जिस स्थान पर भूकम्पीय तरंगों की उत्पत्ति होती है, उस स्थान को क्या कहा जाता है?

A. अधिकेन्द्र B. भूकम्प अधिकेन्द्र
C. भूकम्प केन्द्र D. इक्लोजाइट

34. पृथ्वी के वायुमण्डल में सर्वाधिक घनत्व कहाँ पर होता है?

A. क्षोभ मंडल B. समताप मंडल
C. मध्य मंडल D. आयन मंडल

35. क्षोभ मंडल वायुमण्डल का सबसे तप्त परत है, क्योंकि–

A. यह सूर्य के निकटतम है
B. इसमें आवेशित कण हैं
C. यह पृथ्वी के पृष्ठ से तप्त हो जाती है
D. इसमें ऊष्मा पैदा होती है

36. ओजोन परत पायी जाती है–

A. प्रकाश मंडल में
B. क्षोभ मंडल में
C. क्षोभ सीमा में
D. समताप मंडल में

37. झीलों के अध्ययन को कहते हैं–

A. लिम्नोलॉजी B. पोटोमोलॉजी
C. टोपोलॉजी D. हाइड्रोलॉजी

38. श्रीहरिकोटा द्वीप स्थित है–

A. चिल्का झील के समीप
B. महानदी के मुहाने के समीप
C. पुलीकट झील के समीप
D. गोदावरी के मुहाने के समीप

39. विश्व का सबसे बड़ा शीत मरुस्थल है–

A. गोबी B. लुत
C. काविर D. तकला माकन

40. पाक स्ट्रेट किनके बीच स्थित है?

A. बंगाल की खाड़ी और मन्नार की खाड़ी
B. अण्डमान और निकोबार द्वीप समूह
C. रन ऑफ कच्छ और गल्फ ऑफ खम्भात
D. लक्षद्वीप और मालदीव

41. विश्व की सबसे तेज बहने वाली महासागरीय जलधारा है–

A. गल्फस्ट्रीम जलधारा
B. लेब्रोडोर जलधारा
C. बेंगुएला जलधारा
D. क्यूराइल जलधारा

42. निम्नलिखित में किस जलधारा को 'क्रिसमस के बच्चे की धारा' कहते हैं?

A. पेरू जलधारा
B. कैलिफोर्निया जलधारा
C. अलनिनो जलधारा
D. गल्फस्ट्रीम जलधारा

43. बांग्लादेश में किस नदी को पद्मा के नाम से पुकारा जाता है?

A. ब्रह्मपुत्र B. गंगा
C. तिस्ता D. हुगली

44. एक ही तापमान वाले स्थानों को जोड़ने वाली काल्पनिक रेखाएँ कहलाती हैं–

A. आइसोबार B. आइसोहाइट
C. आइसो हैलाइन D. आइसोथर्म

45. आइसोबार मानचित्र पर उन स्थानों को दर्शाने के लिए खींची गई रेखाएँ हैं, जहाँ पर–
A. एक जैसा तापमान है
B. एक जैसा वायुमंडलीय दाब है
C. एक जैसी ऊँचाई है
D. समान लवणता है

46. सापेक्षिक आर्द्रता के मापन हेतु किस उपकरण का प्रयोग किया जाता है?
A. हाइग्रोमीटर B. हाइड्रोमीटर
C. बैरोमीटर D. मैनोमीटर

47. भूमध्य रेखा के निकट किस तरह के वन पाए जाते हैं?
A. पतझड़ी वन B. शंकुधारी वन
C. घास स्थल वन D. उष्णकटिबंधीय वन

48. पैडंग क्या है?
A. द.पू. एशियाई उष्णकटिबंधीय घासभूमि
B. ऑस्ट्रेलिया के घास के मैदान
C. स्थानान्तरणशील कृषि पद्धति
D. अमेजन की सहायक नदी

49. सोपान कृषि कहाँ की जाती है?
A. पहाड़ों के ढलानों पर
B. शुष्क क्षेत्रों में
C. छतों पर पहाड़ों के ढलानों पर
D. पहाड़ों की चोटी पर

50. प्रसिद्ध मत्स्य क्षेत्र 'ग्रैंड बैंक' स्थित है–
A. प्रशांत महासागर में
B. आर्कटिक महासागर में
C. अटलांटिक महासागर में
D. हिन्द महासागर में

51. अफ्रीका की मूलभूत जनजाति 'पिग्मी' किस नदी घाटी में पायी जाती है?
A. नाइजर B. कांगो
C. नील D. जाम्बेजी

52. 'डूबते सूर्य का देश' किसे कहा जाता है?
A. जापान B. ब्रिटेन
C. नार्वे D. भारत

53. भारत के किस नगर को 'भारत की सिलिकन वैली' कहा जाता है?
A. बेंगलुरू B. चेन्नई
C. मुम्बई D. हैदराबाद

54. हिमाचल प्रदेश में स्थित दर्रा है–
A. शिपकी ला B. जोजिला
C. नाथुला D. जेलेप्ला

55. चम्बल नदी किन राज्यों से होकर बहती है?
A. उत्तर प्रदेश, मध्य प्रदेश, राजस्थान
B. मध्य प्रदेश, गुजरात, उत्तर प्रदेश
C. राजस्थान, मध्य प्रदेश, बिहार
D. गुजरात, मध्य प्रदेश, छत्तीसगढ़

56. भारत में सबसे लम्बा बांध है–
A. भाखड़ा बांध
B. हीराकुड बांध
C. नागार्जुन सागर बांध
D. कोसी बांध

57. गिरना परियोजना कहाँ स्थित है?
A. आंध्र प्रदेश B. महाराष्ट्र
C. ओडिशा D. छत्तीसगढ़

58. भारत का एकमात्र प्लावी राष्ट्रीय पार्क स्थित है–
A. मणिपुर में B. कुआलालम्पुर में
C. बिलासपुर में D. दिसपुर में

59. जीवमण्डल आरक्षित क्षेत्रों की पहली परियोजना स्कीम कौन-सी थी?
A. सुन्दरवन जीवमण्डल आरक्षित क्षेत्र
B. नीलगिरि जीवमण्डल आरक्षित क्षेत्र
C. नन्दादेवी जीवमण्डल आरक्षित क्षेत्र
D. मन्नार की खाड़ी जीवमण्डल आरक्षित क्षेत्र

60. भारत में श्वेत क्रांति के जनक माने जाते हैं–

A. डॉ वी. कुरियन
B. श्री एस.एस. राव
C. श्री एस.के. भारद्वाज
D. श्री मोरारजी देसाई

61. मिश्रित अर्थव्यवस्था किसका उल्लेख करती है?

A. भारी, लघु और कुटीर उद्योगों का सहअस्तित्व
B. कृषि के साथ-साथ कुटीर उद्योगों का संवर्धन
C. धनी और निर्धन दोनों का सहअस्तित्व
D. सार्वजनिक और निजी क्षेत्र दोनों का सहअस्तित्व

62. भारतीय अर्थव्यवस्था का कौन-सा क्षेत्र सकल राष्ट्रीय उत्पाद में सबसे अधिक योगदान करता है?

A. प्राथमिक क्षेत्र B. द्वितीयक क्षेत्र
C. तृतीयक क्षेत्र D. सार्वजनिक क्षेत्र

63. निम्नलिखित में से कौन-सा मानव विकास सूचकांक का हिस्सा नहीं है?

A. स्वास्थ्य एवं पोषण
B. प्रतिव्यक्ति आय
C. जन्म के समय जीवन प्रत्याशा
D. सकल नाम निवेश दर

64. मानव विकास सूचकांक किसने बनाया था?

A. UNCTAD B. ASEAN
C. IBRD D. UNDP

65. तेंदुलकर समिति ने भारत में गरीबी रेखा के नीचे की जनसंख्या का प्रतिशत कितना आकलित किया है?

A. 27.2% B. 37.2%
C. 22.2% D. 32.7%

66. भारत में राष्ट्रीय आय का आकलन सबसे पहले किसने किया था?

A. महालनोबिस
B. दादाभाई नौरोजी
C. वी.के.आर.वी. राव
D. सरदार पटेल

67. निम्नलिखित में से कौन-सी राष्ट्रीय आय के मापन की विधि नहीं है?

A. मूल्य वर्द्धित विधि
B. आय विधि
C. निवेश विधि
D. व्यय विधि

68. GNP और NNP निकालने के लिए निम्न में से किसे घटाया जाता है?

A. ह्रास B. ब्याज
C. कर D. इमदाद

69. किसी देश का निबल राष्ट्रीय उत्पाद (NNP) होती है–

A. सकल घरेलू उत्पाद में मूल्य ह्रास भत्ते घटाकर
B. सकल घरेलू उत्पाद में विदेशों से निबल आय जोड़कर
C. सकल घरेलू उत्पाद में विदेशों से निबल आय घटाकर
D. सकल राष्ट्रीय उत्पाद में मूल्य ह्रास भत्ते घटाकर

70. सॉफ्ट करेन्सी से तात्पर्य है–

A. वह मुद्रा जिसकी आपूर्ति मांग की अपेक्षा अधिक हो
B. वह मुद्रा जिसकी आपूर्ति मांग की अपेक्षा कम हो
C. वह मुद्रा जिसकी मांग और आपूर्ति दोनों स्थिर हों
D. उपर्युक्त में से कोई नहीं

71. बाजार के नियम के प्रस्तुतकर्ता थे–
A. जे॰बी॰ से B. रिकार्डो
C. ए॰सी॰ पिगाओ D. माल्थस

72. भारत में मुद्रास्फीति मापी जाती है–
A. थोक मूल्य सूचकांक द्वारा
B. शहरी और कामगारों के लिए उपभोक्ता मूल्य सूचकांक द्वारा
C. कृषि श्रमिकों के लिए उपभोक्ता मूल्य सूचकांक द्वारा
D. राष्ट्रीय आय अवस्फीति द्वारा

73. भारतीय मुद्रा को पूर्ण परिवर्तनीय बनाया गया–
A. 1992-93 के केन्द्रीय बजट में
B. 1993-94 के केन्द्रीय बजट में
C. 1994-95 के केन्द्रीय बजट में
D. 1995-96 के केन्द्रीय बजट में

74. भारतीय रिजर्व बैंक का लेखा वर्ष होता है–
A. अप्रैल-मार्च
B. जुलाई-जून
C. अक्टूबर-सितम्बर
D. जनवरी-दिसम्बर

75. प्रथम दादा साहेब फाल्के पुरस्कार किसे दिया गया था?
A. बी.एन. सरकार B. देविका रानी
C. पृथ्वीराज कपूर D. कानन देवी

76. राष्ट्रीय कृषि एवं ग्रामीण विकास बैंक की स्थापना किस पंचवर्षीय योजनावधि में की गई थी?
A. चौथी पंचवर्षीय योजना
B. पाँचवीं पंचवर्षीय योजना
C. छठी पंचवर्षीय योजना
D. सातवीं पंचवर्षीय योजना

77. भारतीय लघु उद्योग विकास बैंक (SIDBI) का मुख्यालय कहाँ है?
A. लखनऊ B. मुम्बई
C. दिल्ली D. कोलकाता

78. भारतीय यूनिट ट्रस्ट (U.T.I.) की स्थापना किस वर्ष की गई?
A. 1961 में B. 1962 में
C. 1963 में D. 1964 में

79. भारतीय जीवन बीमा निगम (L.I.C.) की स्थापना किस वर्ष की गई?
A. 1949 में B. 1956 में
C. 1952 में D. 1964 में

80. भारतीय प्रतिभूति एवं विनिमय बोर्ड की स्थापना कब की गई?
A. 1988 में B. 1992 में
C. 1982 में D. 1984 में

81. सस्ती मुद्रा का अर्थ है–
A. ब्याज की कम दर
B. बचत का निम्न स्तर
C. आय का निम्न स्तर
D. निम्न जीवन स्तर

82. भारतीय रिजर्व बैंक का राष्ट्रीयकरण किया गया था?
A. 1947 में B. 1948 में
C. 1949 में D. 1951 में

83. बैंक दर में परिवर्तन से प्रभावित होता है–
A. ब्याज की बाजार दर
B. निवेश के लिए चुनिंदा उद्योग
C. ऋण देने वाले बैंक
D. नकदी आरक्षण अनुपात

84. एक रुपये के नोट पर हस्ताक्षर होते हैं–
A. वित्त मंत्रालय के सचिव के
B. गवर्नर, भारतीय रिजर्व बैंक के

C. वित्त मंत्री के
D. इनमें से किसी के नहीं

85. भारत में रुपए का अवमूल्यन पहली बार जिस वर्ष किया गया था, वह था–
A. 1949 B. 1966
C. 1972 D. 1990

86. नई मुद्रा 'यूरो' किस वर्ष में प्रारंभ की गई?
A. 1996 में B. 1997 में
C. 1998 में D. 1999 में

87. किस वर्ष नाबार्ड की स्थापना हुई?
A. 1992 B. 1982
C. 1962 D. 1952

88. भारत में व्यापारिक बैंकों की देनदारी के घटकों में निम्नलिखित में से सबसे महत्वपूर्ण कौन है?
A. सावधि जमा धनराशि
B. माँग जमा धनराशि
C. अन्तर बैंक देनदारियाँ
D. अन्य उधार

89. निम्नलिखित में से कौन-सी मुद्रा/मुद्राएँ कृत्रिम समझी जाती हैं?
A. ADR
B. GDR
C. SDR
D. AAR व SCR दोनों

90. इनसाइडर ट्रेडिंग सम्बन्धित है–
A. सार्वजनिक व्यय से
B. करारोपण से
C. शेयर बाजार से
D. हवाला से

91. भारत की संविधान सभा गठित करने का आधार क्या था?
A. भारतीय राष्ट्रीय कांग्रेस का प्रस्ताव
B. कैबिनेट मिशन प्लान, 1946
C. भारतीय स्वतंत्रता अधिनियम, 1947
D. भारतीय डोमिनियन के प्रान्तीय/राज्य विधान मण्डल के प्रस्ताव

92. व्यास सम्मान किस क्षेत्र में उत्कृष्टता के लिए किया जात है?
A. नृत्य B. फिल्म
C. साहित्य D. विज्ञान

93. भारत का संविधान लागू हुआ था–
A. 26 जनवरी, 1950 को
B. 26 जनवरी, 1952 को
C. 15 अगस्त, 1948 को
D. 26 नवम्बर, 1949 को

94. भारतीय संविधान में समवर्ती सूची किसके संविधान से ली गई है?
A. यू.एस.ए. B. कनाडा
C. जर्मनी D. ऑस्ट्रेलिया

95. भारत में वैध प्रभुसत्ता निहित है–
A. राष्ट्रपति में
B. न्यायपालिका में
C. मंत्रिमंडल में
D. संविधान में

96. भारतीय संविधान में सम्मिलित नीति निदेशक तत्वों की प्रेरणा हमें किस संविधान से प्राप्त हुई है?
A. ऑस्ट्रेलिया B. अमेरिका
C. फ्रांस D. आयरलैंड

97. दल-बदल के आधार पर निर्वाचित सदस्यों की अयोग्यता सम्बन्धी विवरण संविधान की किस अनुसूची में दिया गया है?
A. 8वीं B. 9वीं
C. 10वीं D. 11वीं

98. मौलिक अधिकार के अंतर्गत कौन-सा अनुच्छेद बच्चों के शोषण से सम्बन्धित है?

A. अनुच्छेद 17 B. अनुच्छेद 19
C. अनुच्छेद 23 D. अनुच्छेद 24

99. भारतीय संविधान के किस अनुच्छेद में अनुसूचित-जनजातियों के लिए एक राष्ट्रीय आयोग का प्रावधान है?

A. अनुच्छेद 338A B. अनुच्छेद 341
C. अनुच्छेद 16 D. अनुच्छेद 82

100. भारतीय संविधान के निम्नलिखित अनुच्छेदों में से कौन विधायन सत्ता पर पूर्ण नियंत्रण लगाता है?

A. अनुच्छेद 14 B. अनुच्छेद 15
C. अनुच्छेद 16 D. अनुच्छेद 17

101. भारत में कार्यपालिका का अध्यक्ष कौन होता है?

A. राष्ट्रपति
B. प्रधानमंत्री
C. विरोधी दल का नेता
D. भारत सरकार का मुख्य सचिव

102. निम्नलिखित में से कौन लगातार दो बार राष्ट्रपति रहे थे?

A. डॉ. राजेन्द्र प्रसाद
B. डॉ. एस. राधाकृष्णन
C. डॉ. जाकिर हुसैन
D. A और B दोनों

103. राज्य सभा को भंग करने में कौन सक्षम है?

A. अध्यक्ष राज्य सभा
B. राष्ट्रपति
C. संसद का संयुक्त सत्र
D. उपर्युक्त में से कोई नहीं

104. लोक सभा चुनाव में कोई प्रत्याशी अपनी जमानत खो देता है यदि उसे प्राप्त न हो सके–

A. वैध मतों का 1/3
B. वैध मतों का 1/4
C. वैध मतों का 1/5
D. इनमें से कोई नहीं

105. भारतीय संविधान के अनुसार तथ्यात्मक सम्प्रभुता निवास करती है–

A. संसद में B. राष्ट्रपति में
C. प्रधानमंत्री में D. जनता में

106. भारत के एटॉर्नी जनरल (महान्यायवादी) की नियुक्ति कौन करता है?

A. सर्वोच्च न्यायालय का मुख्य न्यायाधीश
B. भारत का प्रधानमंत्री
C. भारत का राष्ट्रपति
D. संघ लोक सेवा आयोग

107. भारत के नियंत्रक एवं महालेखा परीक्षक का कार्यकाल है–

A. 6 वर्ष
B. 65 वर्ष की आयु तक
C. 6 वर्ष या 65 वर्ष की आयु जो भी पहले हो
D. 6 वर्ष या 62 वर्ष की आयु जो भी पहले हो

108. भारत के सर्वोच्च न्यायालय की स्थापना हुई थी–

A. 1950 के संसद के एक अधिनियम द्वारा
B. भारतीय स्वाधीनता अधिनियम, 1947 के अधीन
C. भारत सरकार अधिनियम, 1935 के अधीन
D. भारतीय संविधान के द्वारा

109. भारत में राज्य विधान परिषद् के सदस्यों का कितना हिस्सा स्थानीय निकायों द्वारा चुना जाता है?

A. एक-तिहाई

B. एक-चौथाई

C. एक छठा भाग

D. एक बारहवाँ भाग

110. अंतर्राज्यी परिषद् का निर्माण होता है–

A. संवैधानिक प्रावधान द्वारा

B. संसदीय कानून द्वारा

C. नीति आयोग की अनुशंसा पर

D. मुख्यमंत्री सम्मेलन द्वारा स्वीकृत संकल्प पर

उत्तरमाला

1	2	3	4	5	6	7	8	9	10
A	D	B	D	B	D	B	B	B	A
11	**12**	**13**	**14**	**15**	**16**	**17**	**18**	**19**	**20**
A	A	C	B	C	D	C	B	B	B
21	**22**	**23**	**24**	**25**	**26**	**27**	**28**	**29**	**30**
B	C	D	A	A	A	C	B	A	B
31	**32**	**33**	**34**	**35**	**36**	**37**	**38**	**39**	**40**
D	D	B	A	C	D	A	C	A	A
41	**42**	**43**	**44**	**45**	**46**	**47**	**48**	**49**	**50**
A	C	B	D	B	A	D	A	A	C
51	**52**	**53**	**54**	**55**	**56**	**57**	**58**	**59**	**60**
B	B	A	A	A	B	B	A	B	A
61	**62**	**63**	**64**	**65**	**66**	**67**	**68**	**69**	**70**
D	C	A	D	B	B	C	A	D	A
71	**72**	**73**	**74**	**75**	**76**	**77**	**78**	**79**	**80**
A	A	B	B	B	C	A	D	B	A
81	**82**	**83**	**84**	**85**	**86**	**87**	**88**	**89**	**90**
A	C	A	A	A	D	B	A	C	C
91	**92**	**93**	**94**	**95**	**96**	**97**	**98**	**99**	**100**
B	C	A	D	D	D	C	D	A	A
101	**102**	**103**	**104**	**105**	**106**	**107**	**108**	**109**	**110**
A	A	D	D	A	C	C	C	A	A

●●●